kolleg

philosophie

herausgegeben von Monika Sänger
erarbeitet von Mathias Balliet, Andreas Ehmer,
Beate Marschall-Bradl, Helke Panknin-Schappert,
Monika Sänger, René Torkler und Hans-Joachim Vogler
unter Mitarbeit von Monika Krah-Schulte

C.C.BUCHNER

kolleg philosophie

Unterrichtswerk für die Sekundarstufe II

herausgegeben von Monika Sänger
erarbeitet von Mathias Balliet, Andreas Ehmer,
Beate Marschall-Bradl, Helke Panknin-Schappert,
Monika Sänger, René Torkler und Hans-Joachim Vogler
unter Mitarbeit von Monika Krah-Schulte

1. Auflage 1[321] 2016 15 14
Die letzte Zahl bedeutet das Jahr des Druckes.

Alle Drucke dieser Auflage sind, weil untereinander unverändert, nebeneinander benutzbar.

Dieses Werk folgt der reformierten Rechtschreibung und Zeichensetzung. Ausnahmen bilden Texte, bei denen künstlerische, philologische oder lizenzrechtliche Gründe einer Änderung entgegenstehen.

Gesamtherstellung: creo Druck & Medienservice GmbH, Bamberg

www.ccbuchner.de

ISBN 978-3-661-6695-1

kolleg philosophie

ist ein Lehr- und Arbeitsbuch für den Philosophieunterricht in der gymnasialen Oberstufe. Grundlegend ist ein Verständnis von Philosophie als Reflexionswissenschaft, die keine Lehre, sondern eine Tätigkeit darstellt, angeregt durch Werke der philosophischen Tradition. Im Zentrum des Lehrwerks steht daher die Hinführung zum Philosophieren als Reflexionskompetenz.

Der Band ist in vier Kapitel nach den kantischen Fragen gegliedert, die sowohl argumentativ als auch inhaltlich die Struktur des Lehrwerkes vorgeben.

Beginnend mit der Frage „Was ist der Mensch?", auf die alle anderen Fragen zurückfallen, werden Formen der Selbstinterpretation sowie Bestimmungen und Definitionen des Wesens des Menschen aus der Perspektive verschiedener Wissenschaftsbereiche (Philosophie, Biologie, Soziologie) behandelt. Die unterschiedlichen Materialien vermitteln Einsichten in die Komplexität des menschlichen Wesens, untersuchen spezifische Dimensionen des Menschseins wie Selbstbewusstsein, Zeitlichkeit und Sprache und zeigen in der Auseinandersetzung mit unserer biologischen Natur die Kulturalität als Auszeichnung menschlichen Daseins auf.

Im zweiten Kapitel tritt mit der Frage „Was kann ich wissen?" das philosophische Wahrheits- und Erkenntnisproblem ins Zentrum. Thematisiert werden Wahrnehmung und Wirklichkeit, das Verhältnis von Erkenntnis-Subjekt, -Objekt und -Inhalt sowie Bedingungen, Wesen und Grenzen der Erkenntnis. Verschiedene Wahrheitstheorien und Verifikationsverfahren legen die Basis für die Erörterung des Wahrheitsproblems in den Wissenschaften. Dabei werden Methoden, Grundsätze, Begriffe und Ziele der Wissenschaften geklärt und einer kritischen Prüfung unterzogen. Außerdem werden Fragen des ästhetischen Urteils und Formen ästhetischen Empfindens und Erlebens erörtert.

Kants Frage „Was soll ich tun?" zielt sowohl auf die Kritik und Begründung sittlich-praktischer Vernunft als auch auf die Frage nach dem Glück und einem gelingenden Leben. Dazu werden im dritten Kapitel des Buches Grundpositionen ethischen Argumentierens (deontologische, utilitaristische und teleologische) vermittelt. An Fallbeispielen aus Biologie und Medizin werden zentrale Probleme exemplarisch analysiert und Handlungsalternativen entwickelt und beurteilt. Mit der Frage nach einer gerechten Ordnung werden praktische Probleme der Gegenwart in Recht und Staat betrachtet.

Die im letzten Kapitel behandelte Frage „Was darf ich hoffen?" betrifft den Sinn der Existenz und verweist über das empirisch Erfassbare hinaus auf eine transzendente Wirklichkeit. Die Themenbereiche fragen zunächst nach den ersten Gründen und Ursprüngen des Kosmos und nach dem göttlichen Sein. Die Frage nach Sinn und Zweck der Existenz betrifft dann den konkreten Lebensvollzug des Einzelnen, führt aber weiter zu dem Versuch, den Menschen in seiner Geschichtlichkeit zu begreifen und Wesen, Sinn und Verlauf der Geschichte zu erfassen und zu deuten.

Das **Doppelseitenprinzip** des Lehrwerks sorgt für eine klare Struktur: Jede Doppelseite besteht aus Materialien für den Unterricht und einem Aufgabenapparat. Die Doppelseiten sind jeweils als in sich abgeschlossene Einheiten konzipiert und können nach Bedarf auch im Unterrichtsgeschehen kombiniert werden. Komplexere Fragestellungen werden thematisch jeweils über mehrere Doppelseiten umfassend aufbereitet. Inhaltliche Querverweise zu anderen Themenseiten fördern dabei das vernetzte Denken.

Die **Materialien** – philosophische und literarische Texte sowie Sachtexte aus unterschiedlichen Wissenschaftsbereichen – fordern eine Auseinandersetzung mit der philosophischen Tradition und aktuellen wissenschaftlichen und gesellschaftlichen Problemen. Sie regen dazu an, grundsätzliche Fragen philosophisch zu reflektieren und eigene Antworten argumentativ zu vertreten. Besondere Bedeutung erhalten auch die Abbildungen von Kunstwerken. So zeigt das Cover von **Kolleg Philosophie** ein abstraktes Bild von Gerhard Richter, für den die Malerei „eine andere Form des Denkens" darstellt, und die Auftaktseiten der vier Kapitel stimmen mit bekannten Gemälden von Gauguin, Magritte, Picasso und van Gogh visuell in die Thematik ein.

Methoden-Bausteine und ein kleines **Philosophenlexikon** am Ende des Buches sind ein Zusatz-Angebot, das bei der konkreten Arbeit mit den Unterrichtsmaterialien ergänzend (und auch wiederholend) herangezogen werden kann.

Einführung in die Philosophie

1 Die großen Fragen 8
2 Was ist Philosophie? 10
3 Philosophen unter sich 12
4 Ins Philosophieren kommen 14
5 Einteilung der Philosophie 16

Kapitel 1

Was ist der Mensch?
Anthropologie

Der Mensch als Gegenstand seiner Reflexion

1 Der Mensch ist ...? 20
2 Sich selbst erforschen 22
3 Mit sich identisch sein 24
4 Gefühle machen die Person 26
5 Körper-Bewusstsein 28
6 Das Leib-Seele-Problem 30
7 Geist und Körper – alles Materie? 32
8 Der Mensch als Vernunftwesen 34
9 Sind wir einzigartig? 36
10 Anspruch der Anthropologie 38

Der Mensch als Teil der Natur

1 Der Blick auf unsere Mängel 40
2 ... und unsere Besonderheiten 42
3 Die biologische Ausstattung des Menschen 44
4 Im Spiegel unserer Stammesgeschichte 46
5 Umgang mit unserer Nachkommenschaft 48
6 Auseinandersetzung mit unserer Natur 50
7 Unsere Stellung in der Welt des Lebendigen 52
8 Der Mensch in der Ordnung der Natur 54
9 Die Welt im Kopf 56
10 Sprechen als eine Eigenart des Menschen 58

Der Mensch als Wesen, das Kultur hat

1 Der Mensch und seine Welt 60
2 Wir und die Dinge 62
3 Kultur als zweite Natur 64
4 Der schöpferische Mensch 66
5 Über Kultur nachdenken 68
6 Institutionen – Freiheit oder Zwang? 70
7 Menschen arbeiten 72
8 Menschen spielen 74
9 Der Mensch reflektiert die Welt über Symbole 76
10 Die Welt des menschlichen Geistes 78

Der Mensch als Sprachwesen

1 Nachdenken über die menschliche Sprache 80
2 Wer ist der Sprache mächtig? 82
3 Sprache: Werkzeug – Organ – Medium 84
4 Wort und Gegenstand – eine Einheit? 86
5 Der Morgenstern ist der Abendstern 88
6 Der vielfältige Gebrauch der Zeichen 90
7 Die Bedeutung von Sprachspielen 92
8 Die Unmöglichkeit einer privaten Sprache 94
9 Die Macht des Wortes 96

Methode: Filmanalyse 98

Kapitel 2 Was kann ich wissen? Theoretische Philosophie

Wahrnehmung und Wirklichkeit

1 Was ist schon wirklich? 104
2 Das Rätsel der Wahrnehmung 106
3 Der Verstand in den Sinnen 108
4 Unser Wissen über die Wirklichkeit 110
5 Gibt es Wirklichkeit im Virtuellen? 112
6 Welche Welt ist wirklich? 114
7 Die Wirklichkeit – ein Traum 116
8 Erscheinung und Wirklichkeit 118
9 Das Wissen vom Raum 120
10 Das Rätsel der Zeit 122
11 Wirklichkeit und Geist 124
12 Bin ich mein Gehirn? 126
13 Die konstruierte Wirklichkeit 128

Erkenntnis und Wahrheit

1 Von Wahrheit und Wissen 130
2 Wissen und Rechtfertigung 132
3 Erkennen ist Erinnern 134
4 Die Suche nach Wahrheit 136
5 Das Ich und die Außenwelt 138
6 Die Genese unseres Wissens 140
7 Empirismus oder Rationalismus? 142
8 Skeptische Zweifel 144
9 Eine neue Art des Denkens 146
10 Die Grenzen aller Erkenntnis 148
11 Ich bin, also denke ich 150
12 Erkenntnistheorie der Moderne 152
13 Unsere Zukunft – Künstliche Intelligenz? 154

Probleme der Wissenschaft

1 Zur Genese der Wissenschaften 156
2 So wird Wissen geschaffen ... 158
3 Heißt Verstehen (nicht) erklären? 160
4 Werkzeuge der Wissenschaft 162
5 Wie wissenschaftliche Theorien gebildet werden 164
6 Theorien – ein geheimer Kompass 166
7 Methoden der Wahrheitsfindung 168
8 Die Wahrheit als Abbild der Wirklichkeit 170
9 Wahrheit – pragmatisch betrachtet 172
10 Wissenschaft und Weltbild 174
11 Wissenschaftliche Theorien im Wandel 176
12 Die Grenzen wissenschaftlicher Erkenntnis 178

Das Schöne und das Wahre

1 Über Schönheit 180
2 Geschmack und ästhetisches Urteil 182
3 Zur Theorie ästhetischer Erfahrung 184
4 Was ist Kunst? 186
5 Kunst als (täuschende) Nachahmung 188
6 Kunst und Wahrheit 190
7 Das Sein der Kunstwerke 192
8 Was die Kunst dem Leben nutzt 194
9 Utopische Bedeutung der Kunst 196

Methode: Visualisierung philosophischer Texte 198

Kapitel 3

Was soll ich tun?
Praktische Philosophie

Freiheit und Moral

1 Wir sind so frei – oder nicht? 204
2 Kausalität und Freiheit 206
3 Handlungs- und Willensfreiheit 208
4 Freiheit ist Selbstbestimmung 210
5 Warum moralisch sein? 212
6 Urteilen und begründen 214
7 Begründungen normativer Ethik 216

Das Glück und der Nutzen

1 Willst du glücklich sein im Leben ... 218
2 Wege zum Glück 220
3 Durch Tugend zum Glück 222
4 Die vernünftige Lust 224
5 Streben nach Vollkommenheit 226
6 Das gute Leben 228
7 Das Prinzip der Nützlichkeit 230
8 Das Prinzip des größten Glücks 232
9 Grundformen des Utilitarismus 234

Gesinnung und Verantwortung

1 Moralische Dilemmata 236
2 Bürger zweier Welten 238
3 Der gute Wille 240
4 Gefühl oder Pflicht? 242
5 Der Moraltest 244
6 Auf zum Diskurs 246
7 Instrumentalisiere niemanden! 248
8 Gewissenskonflikte als Verantwortungskonflikte 250
9 Das Prinzip Verantwortung 252
10 Verantwortungsarten 254

Die Würde der Person

1 Person – der Schlüsselbegriff 256
2 Schöpfung im Labor 258
3 Umgang mit Embryonen 260
4 Die Dammbruchargumentation 262
5 Am Ende des Lebens 264
6 Organspende in der Diskussion 266
7 Diskursblocker 268
8 Gedankenexperiment: Menschen klonen 270

Recht und Staat

1 Wozu überhaupt Politik? 272
2 Politik und Moral 274
3 Herrschaft, Macht und Gewalt 276
4 Politische Freiheit 278
5 Der ideale Staat 280
6 Durch Vertrag verträglich ... 282
7 Die bürgerliche Gesellschaft – ein Irrtum? 284
8 Gerechtigkeit als erste Tugend 286
9 Eine Frage der Toleranz 288
10 Basis des demokratischen Rechtsstaats 290
11 Das Verhältnis von Recht und Moral 292
12 „Checks and balances“ 294
13 Andere Länder, andere Rechte ... 296
14 Menschenwürde und Menschenrechte 298

Methode: Gedankenexperiment 300

Kapitel 4

Was darf ich hoffen?
Metaphysik

Zeitlichkeit und Endlichkeit

1 Was ist Metaphysik? 306
2 Das Grundprinzip aller Dinge 308
3 Alles fließt – was aber bleibt? 310
4 Sein und Nichts 312
5 Die Struktur des Kosmos 314
6 Zeit und Ewigkeit 316
7 Unsterblichkeit der Seele 318
8 Das Dilemma der Vernunft 320
9 Metaphysikkritik 322
10 Das metaphysische Bedürfnis 324

Glaube und Vernunft

1 Sinnstiftung durch Religion 326
2 Ursprung der Religion 328
3 Kontingenz menschlichen Daseins 330
4 Gott als Ursache und Ziel 332
5 Glauben trotz des Bösen in der Welt 334
6 Existiert Gott? 336
7 Der ontologische Gottesbeweis 338
8 Der kosmologisch-teleologische Gottesbeweis 340
9 Gott ist tot oder eine Illusion 342
10 Wege zum Heil 344

Wesen und Sinn des Daseins

1 Existenz und Wesen 346
2 Freiheit als Aufgabe 348
3 Mein Sein in dieser Welt 350
4 Grenzsituationen 352
5 Angst und Sorge als Lebensmodus 354
6 Leben im Absurden 356
7 Existenz und Tod 358
8 Liebe als Ausweg? 360
9 Wagnis Lebenssinn 362

Sinn und Ziel der Geschichte

1 Nachdenken über Geschichte 364
2 Modelle der Geschichte 366
3 Geschichte: Fakten und Fiktionen 368
4 Zeit und Geschichte 370
5 Ordnung im Chaos der Ereignisse 372
6 Die Vernunft in der Geschichte 374
7 Das Individuum in der Weltgeschichte 376
8 Ökonomie als Motor der Geschichte 378
9 story & history – Literatur und Geschichte 380
10 Kritik der Geschichte 382
11 Das Ende der Geschichte 384
12 Utopie – Überwindung der Geschichte 386

Methode: Lektüre einer Ganzschrift 388

Methoden-Bausteine 394

Kleines Philosophenlexikon 416
Personenregister 428
Sachregister 430
Literaturverzeichnis 432
Bildnachweise 448

1 Die großen Fragen

M1 Manchmal frage ich mich ...

Gerhard Glück

Am Meer, am wüsten, nächtlichen Meer
Steht ein Jüngling-Mann,
Die Brust voll Wehmut, das Haupt voll Zweifel,
Und mit düstern Lippen fragt er die Wogen:

„O löst mir das Rätsel des Lebens,
Das qualvoll uralte Rätsel,
Worüber schon manche Häupter gegrübelt,
Häupter in Hieroglyphenmützen,
Häupter in Turban und schwarzem Barett,
Perückenhäupter und tausend andre
Arme, schwitzende Menschenhäupter –
Sagt mir, was bedeutet der Mensch?
Woher ist er kommen? Wo geht er hin?
Wer wohnt dort oben auf goldenen Sternen?"

Es murmeln die Wogen ihr ewges Gemurmel,
Es wehet der Wind, es fliehen die Wolken,
Es blinken die Sterne, gleichgültig und kalt,
Und ein Narr wartet auf Antwort.

Heinrich Heine, Werke 1, S. 182

M2 Fragen, die uns bewegen

Wer sind wir? Woher kommen wir? Was ist unsere Rolle im Universum? Was erwartet uns? Welchen Sinn können wir unserem Leben geben? Was ist der Sinn von Geschichte und Welt? Hat die ganze Wirklichkeit Wert, Ziel und Bedeutung, oder ist sie nur ein sinnloses Getöse?

Das sind, in schlichter Formulierung, die großen Fragen, die Fragen, die Menschen bewegt haben, soweit wir in die Geschichte zurückblicken können, und die sich auch heute jedem stellen, der über sich und sein Leben nachdenkt, der versucht, sein Dasein in dieser Welt zu verstehen und die Chancen, ihm Sinn zu geben – jedem, der sich nicht einfach treiben lassen will, sondern sein Leben verantworten will. Die Fragen sind groß, weil sie die wichtigsten Fragen sind und unsere Orientierung im Leben von der Antwort abhängt, die wir auf sie finden. Sie sind aber auch groß, weil sie an die Grenzen des uns Begreifbaren vorstoßen. Wir sehen uns der Ambivalenz der Wirklichkeit gegenüber: der Größe des Menschen und seinem Elend, seiner Sehnsucht nach Ewigem und seiner Vergänglichkeit, der Schönheit der Natur und der Brutalität des Kampfes ums Dasein, der Erkennbarkeit des Geschehens in der Natur und dem Walten blinden Zufalls. Diese Ambivalenz steht jeder einfachen Antwort entgegen. Die großen Fragen zielen zudem letztlich auf das Ganze der Wirklichkeit, das wir aus unserer lokalen Perspektive nicht überschauen können. Die Wirklichkeit und unser Dasein bleiben uns daher im Grunde rätselhaft und unbegreiflich.

Franz von Kutschera, Die großen Fragen, S. V

M3 Grundfragen

Wie wir alle wissen, können Kinder wieder und wieder nach dem „Warum" fragen. Und sie brauchen nicht lange, bis sie zu unseren tiefsten Überzeugungen vorgestoßen sind. Philosophen haben die gleiche Neigung, Grundsätzliches anzuzweifeln – Fragen zu stellen, die sich uns im Alltagsleben nicht stellen, weil sie mit dem zusammenhängen, was wir als selbstverständlich betrachten.

Philosophisches Denken kann ebenso anregend wie verwirrend sein. Philosophisch denken heißt Denken ohne Sicherheitsnetz. Der sichere Grund, den wir unter unseren Füßen wähnten, kann sich ganz schnell auflösen, und wir finden uns über einem Abgrund. Dieses durch Denken ausgelöste Schwindelgefühl gehört zur Philosophie. Verständlich, dass es viele von uns vorziehen, so weit nicht zu gehen. Menschen bleiben lieber dort, wo sie sich sicher fühlen.

Doch das Risiko lohnt sich. Grundsätzliche Fragen zu stellen, kann fruchtbar sein. Einige der bedeutendsten wissenschaftlichen Entwicklungen kamen nur zustande, weil Wissenschaftler an die Grenzen gingen. Einstein hat einmal gesagt, eine seiner größten Erleuchtungen verdanke er der Lektüre der Werke David Humes: Dieser Philosoph des 18. Jahrhunderts habe ihn dazu gebracht, in Frage zu stellen, was andere für wahr hielten. Nicht nur Wissenschaftler haben von solchen Fragen profitiert. Auch einige der bedeutsamsten moralischen und politischen Entwicklungen wurden von Menschen in Gang gesetzt, die sich nicht gescheut haben zu fragen, die in manchen Fällen auch verwarfen, was alle anderen für wahr hielten. [...] Moralischen und politischen Fortschritt haben diejenigen angestoßen, die einen Schritt zurückgetreten sind und hinterfragt haben, was andere als erwiesen ansahen. Es sind die Fragenden, denen die abendländische Zivilisation sehr viel verdankt.

Stephen Law, Philosophie, S. 15f.

M4 Wir wissen, dass wir nichts wissen

Erste These: Wir wissen eine ganze Menge – und nicht nur Einzelheiten von zweifelhaftem intellektuellem Interesse, sondern vor allem auch Dinge, die nicht nur von größter praktischer Bedeutung sind, sondern die uns auch tiefe theoretische Einsicht und ein erstaunliches Verständnis der Welt vermitteln können.

Zweite These: Unsere Unwissenheit ist grenzenlos und ernüchternd. Ja, es ist gerade der überwältigende Fortschritt der Naturwissenschaften (auf den meine erste These anspielt), der uns immer von neuem die Augen öffnet für unsere Unwissenheit, gerade auch auf dem Gebiet der Naturwissenschaften selbst. Damit hat aber die Sokratische Idee des Nichtwissens eine völlig neue Wendung genommen. Mit jedem Schritt, den wir vorwärts machen, mit jedem Problem, das wir lösen, entdecken wir nicht nur neue und ungelöste Probleme, sondern wir entdecken auch, dass dort, wo wir auf festem und sicherem Boden zu stehen glaubten, in Wahrheit alles unsicher und im Schwanken begriffen ist.

Karl R. Popper, Lesebuch, S. XIX

1 Entwerfen Sie ein Gespräch zwischen den abgebildeten Personen. ➜ M1
2 Geben Sie dem „Narren" aus Heines Gedicht einen Rat. ➜ M1
3 Schreiben Sie die im Text gestellten Fragen auf ein DIN-A5-Blatt, reihum notiert jeder eine Antwort. Werten Sie die Blätter aus: Welche Übereinstimmungen, welche Abweichungen stellen Sie fest? ➜ M2
4 Erläutern und ergänzen Sie die „Ambivalenzen" des Daseins aus Ihrem Erfahrungsbereich. Wie können Sie ihnen begegnen? ➜ M2
5 Sammeln Sie Warum-Fragen, die Kinder stellen. Welche sind auch für Erwachsene noch von Bedeutung? ➜ M3
6 Formulieren Sie eine grundsätzliche Frage, die verunsichert, und erklären Sie den Grund dafür. ➜ M3
7 Berichten Sie von einer Lektüre, die Sie ermuntert hat, etwas in Frage zu stellen, das andere für wahr hielten. ➜ M3
8 Informieren Sie sich über die Sokratische Idee des „Nichtwissens" (Platon: *Apologie. Verteidigungsrede des Sokrates*). ➜ M4
9 Zeigen Sie an einem Beispiel aus den Naturwissenschaften, dass wir immer mehr wissen und gleichzeitig unsere Unwissenheit stetig zunimmt. ➜ M4

2 Was ist Philosophie?

M1 Antriebe zum Philosophieren

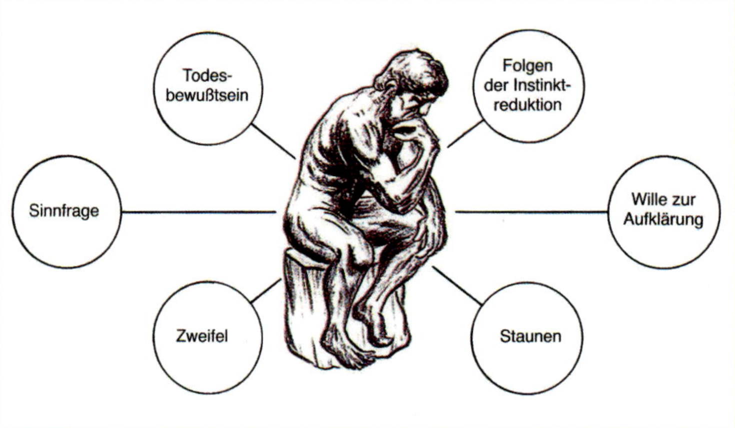

dtv-Atlas Philosophie, S. 10

M2 Staunen als Motiv

Denn Staunen veranlasste zuerst wie noch heute die Menschen zum Philosophieren. Anfangs staunte man über die unmittelbar sich darbietenden Erscheinungen, die man nicht erklären konnte. Dann ging man allmählich weiter und ließ sich auch auf größere Fragen ein, etwa über die Erscheinungen an Mond, Sonne und Gestirnen oder über die Entstehung des Alls. Wer aber fragt und staunt, hat das Gefühl der Unwissenheit. Darum ist der Freund der Mythen auch in gewisser Weise ein Philosoph. Denn Mythen sind voller Wunder. Um also der Unwissenheit zu entkommen, begannen sie zu philosophieren ...

Aristoteles, Metaphysik I, 2, 982 b

M3 Zu welchem Ende treibt man Philosophie?

Ist [...] Erstaunen der Anfang philosophischen Denkens? Die von Leibniz bis Heidegger als „metaphysische Grundfrage“ sich hindurchziehende Verwunderung: Warum ist überhaupt etwas und warum ist dies so? Oder die existenzielle Betroffenheit über Tod, Leid, Schmerz, Übel, Absurdes? Die Fremdheit der Welt? Das befremdliche Erlebnis, dass man als Ich vom Du durch eine unüberbrückbare Kluft getrennt ist? Die „Leidenschaft zum Existieren“ (Kierkegaard)? Die Unsicherheit beim eigenen Handeln und die Frage nach dessen Sinn? Oder ist dem Menschen ein „metaphysisches Bedürfnis“ (Kant) eingeboren, das ihn zum ruhelosen, radikalen Immer-weiter-Fragen treibt, das ihn mit philosophischen Problemen gar quält? Hat die Philosophie – wie Wittgenstein meint – nur die therapeutische Aufgabe, den Philosophen von der Philosophie zu heilen? Ist sie geistige Ideologietherapie? Hat „der Philosoph ... das schlechte Gewissen seiner Zeit zu sein“ (Nietzsche)? Ist Philosophie, wie Karl Kraus für die Psychoanalyse definierte, „die Krankheit, für deren Therapie sie sich hält“?

Es gibt nicht nur *einen* Anlass, zu philosophieren: Verwunderung, Betroffenheit, Befremden – sie alle und andere Gründe spielen mit.

Hans Lenk, Wozu Philosophie, S. 9

M4 Wir alle philosophieren

Manche lehnen Philosophie ab: sie sei die abgehobenste aller Wissenschaften, habe für unser alltägliches Leben keinerlei Bedeutung. Doch Philosophie kann durchaus von lebenspraktischer Bedeutung sein, und häufig ist sie es auch.

Selbst wenn wir uns dessen nicht bewusst sind, haben wir alle philosophische Überzeugungen. So gehen wir sicher alle davon aus, dass die Vergangenheit ein ziemlich verlässlicher Führer in die Zukunft sein kann. Das ist philosophisch gedacht. Vielleicht glauben wir an die Existenz Gottes oder aber daran, dass er nicht existiert – auch das sind philosophische Überzeugungen. Manche glauben, dass unsere Seele unsterblich ist, andere halten uns für rein materielle Wesen. Viele glauben, dass etwas, ganz unabhängig davon, was wir davon halten, moralisch richtig oder falsch sein kann; andere dagegen behaupten, dass richtig oder falsch von nichts anderem abhängt als von unseren subjektiven Einstellungen. Wir glauben, dass die Welt um uns real ist und dass diese Welt auch dann existiert, wenn wir sie nicht mehr betrachten. Auch das sind philosophische Überzeugungen, und alle wurden sie von Philosophen eingehend untersucht.

Ganz klar haben solche Überzeugungen Einfluss auf unser Leben. Jemand, für den moralische Urteile subjektiven Vorlieben entspringen, wird sich ganz anders verhalten als einer, der Stehlen oder Morden aus objektiven Gründen für falsch hält. Auch viele zeitgenössische Debatten über Moral oder Politik enthalten philosophische Aspekte. Ob Abtreibung, Tierschutz, Kriegsführung oder Redefreiheit – alle diese Themen haben bedeutsame philosophische Implikationen.

Jemand, der sich nie mit solchen Fragen auseinandergesetzt hat oder dem die Mittel für eine solche Auseinandersetzung fehlen, befindet sich in einer sehr schlechten Position, wenn er herausfinden will, was wahr oder sehr wahrscheinlich wahr ist.

Stephen Law, Philosophie, S. 14f.

M5 Erwartungen an die Philosophie

Was Philosophie sei und was sie wert sei, ist umstritten. Man erwartet von ihr außerordentliche Aufschlüsse oder lässt sie als gegenstandsloses Denken gleichgültig beiseite. Man sieht sie mit Scheu als das bedeutende Bemühen ungewöhnlicher Menschen oder verachtet sie als überflüssiges Grübeln von Träumern. Man hält sie für eine Sache, die jedermann angeht und daher im Grunde einfach und verstehbar sein müsse, oder man hält sie für so schwierig, dass es hoffnungslos sei, sich mit ihr zu beschäftigen. Was unter dem Namen der Philosophie auftritt, liefert in der Tat Beispiele für so entgegengesetzte Beurteilungen.

Für einen wissenschaftsgläubigen Menschen ist das Schlimmste, dass die Philosophie gar keine allgemeingültigen Ergebnisse hat, etwas, das man wissen und damit besitzen kann. Während die Wissenschaften auf ihren Gebieten zwingend gewisse und allgemein anerkannte Erkenntnisse gewonnen haben, hat die Philosophie dies trotz der Bemühungen der Jahrtausende nicht erreicht. Es ist nicht zu leugnen: In der Philosophie gibt es keine Einmütigkeit des endgültig Erkannten. Was aus zwingenden Gründen von jedermann anerkannt wird, das ist damit eine wissenschaftliche Erkenntnis geworden, ist nicht mehr Philosophie, sondern bezieht sich auf ein besonderes Gebiet des Erkennbaren.

Karl Jaspers, Einführung in die Philosophie, S. 9

M6 Philosophie und Einzelwissenschaften

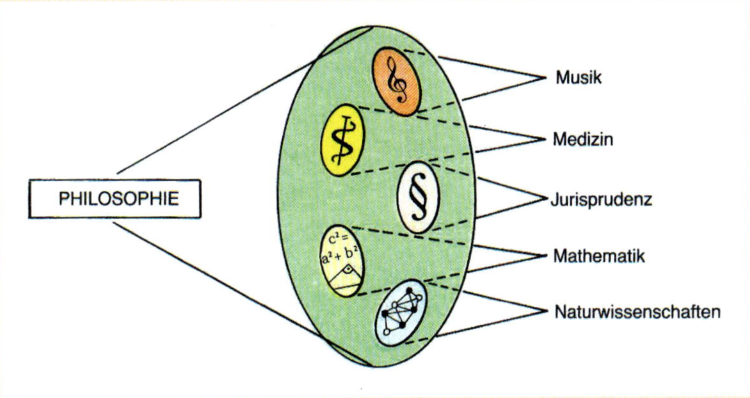

dtv-Atlas Philosophie, S. 10

1. Erläutern und ergänzen Sie die Antriebe zum Philosophieren. ➜ M1
2. Kennzeichnen Sie mit Aristoteles den Beginn des Philosophierens und suchen Sie nach Situationen in Ihrem eigenen Leben, die Anlass zum Philosophieren geben könnten. ➜ M2
3. Zeigen Sie an einem Mythos die Erklärung unerklärlicher Dinge. ➜ M2
4. Nehmen Sie sich einen von Lenk genannten „Anfang" und beginnen Sie zu philosophieren. ➜ M3
5. Diskutieren Sie die „lebenspraktische" Bedeutung der Philosophie. Wo stimmen Sie zu, was lehnen Sie ab? ➜ M4
6. Erarbeiten Sie den Unterschied zwischen Philosophie und Einzelwissenschaften. ➜ M5/6

3 Philosophen unter sich

M1 Eine antike Philosophenrunde

Anselm Feuerbach, Das Gastmahl des Plato, 1869 (erste Fassung)

M2 Philosophen im Gespräch über die Liebe

Zu Ehren des griechischen Tragödiendichters **Agathon** (1), der einen Preis erhalten hat, versammeln sich einige Freunde zu einem nächtlichen Gastmahl. Man isst und trinkt und beschließt, reihum eine Rede über Eros, den Gott der Liebe und die Verkörperung der sexuellen Lust, halten zu lassen. Es geht um sein Wesen, seine Kraft und um das, was er zwischen Menschen und darüber hinaus bewirkt.

Phaidros (2), ein junger Philosoph, beginnt: Eros ist der älteste Gott und Urheber der größten Wohltaten für die Menschen. Er allein vermag es, dass Liebende sich für einander aufopfern.

Eryximachos (3), Arzt und Naturphilosoph, sieht das Wirkungsfeld des Eros in der Natur des Leibes, wie die Heilkunde durch die Kenntnis der Liebesregungen des Körpers zeigt, aber auch in der Musik, was sowohl Harmonie und Rhythmus als auch die Melodie betrifft.

Aristophanes (4), Komödiendichter, stellt in seiner ironisch gefärbten Rede die Spaltung unserer Menschennatur dar, da die ursprüngliche Ganzheit von männlicher und weiblicher Natur verloren ist. Der Liebesakt, Eros, ist das Verlangen nach der Rückkehr zur ursprünglichen Einheit.

Für **Agathon** (1) dagegen ist Eros der schönste und glückseligste unter allen Göttern, er verkörpert die vollkommene Harmonie sowie die Tugenden der Gerechtigkeit, Besonnenheit, Tapferkeit und Weisheit. Als jüngster und zartester Gott bezaubert er Götter und Menschen.

Sokrates (5), der Philosoph, fragt zunächst nach dem Wesen der Liebe. Für ihn ist Eros kein Gott, sondern in der Mitte zwischen Gott und Mensch. „In der Mitte zwischen beiden ist er also die Ergänzung, dass nun das Ganze in sich selbst verbunden ist.“ Er ist das allen Menschen gemeinsame Verlangen nach dem Schönen und Guten. Und weil die Weisheit zu dem Schönsten gehört und Eros die Liebe zu dem Schönen ist, so ist Eros notwendig weisheitsliebend, also philosophisch, und die Philosophen sind die Vermittler. – Der junge **Platon** (6) hört aufmerksam zu.

Dann stürmt lärmend der angetrunkene **Alkibiades** (7), ein junger Adliger, mit seinen Gefährten herein und hält eine Preisrede auf Sokrates, in der er dessen äußerliche Hässlichkeit mit seiner inneren Schönheit vergleicht. *nach Platon, Das Gastmahl, 1777a-212a*

M3 Der Philosoph – ein komischer Kauz?

So wie man sich von Thales erzählt [...]: Als er einmal, um die Sterne zu betrachten, nach oben schaute und dabei in einen Brunnen fiel, soll ihn eine schlagfertige und tüchtige thrakische Magd mit den Worten verspottet haben, dass er zwar darauf aus sei zu wissen, was am Himmel vor sich gehe, ihm aber verborgen bleibe, was in seiner Nähe und vor seinen Füßen liege. Derselbe Spott gilt für alle, die ganz in der Philosophie aufgehen. Tatsächlich bleibt einem solchen nicht nur unbekannt, was sein Mitbürger und Nachbar tut, sondern beinahe auch, ob er überhaupt ein Mensch ist oder etwa ein anderes Lebewesen. Was aber der Mensch ist und was einer derartigen Natur im Unterschied zu anderen zu tun oder zu leiden zukommt, danach sucht er und gibt sich Mühe, es herauszufinden. Du verstehst doch, was ich meine, Theodoros, oder nicht? [...] Und immer wenn daher, mein Freund, ein solcher privat mit jemandem zusammenkommt oder vor der Öffentlichkeit, wie ja bereits gesagt, vor Gericht oder sonstwo gezwungen wird, über solche Dinge zu reden, die vor seinen Füßen oder vor aller Augen liegen, so erregt er nicht nur bei Thrakerinnen Gelächter, sondern auch sonst bei der großen Menge. Denn er stürzt aus Unerfahrenheit in Brunnen und jede sonstige Ausweglosigkeit. Seine Unbeholfenheit ist gewaltig und verschafft ihm den Ruf, einfältig zu sein. *Platon, Theätet, 174 a-c*

M4 Der Philosoph – der Denker der Zukunft?

Nichts ist verfehlter, als den Lebenswert der Philosophie zu leugnen. Gewiss hat der Philosoph für die Wirklichkeit des Tages nicht immer so große Bedeutung. Es ist im Allgemeinen sein Schicksal, erst nach seinem Tod verstanden zu werden. [...] Er ist eine von den Mächten, die im Zuge sind, die Welt zu verändern. Der Philosoph, lächerlich gemacht vom Volke, harmlos und in seinen Begriffen lebend, ist in Wirklichkeit eine furchtbare Macht. Sein Denken hat die Wirkung des Dynamit. Er geht seinen Weg, gewinnt Hand um Hand und ergreift schließlich die Massen. Es kommt der Augenblick, wo er siegreich alle Hindernisse überwindet und ungehindert den Gang der Menschheit bestimmt – oder das Leichentuch über ihre Ruinen breitet. Darum tun diejenigen, die wissen möchten, wohin der Weg geht, gut daran, nicht den Politikern, wohl aber den Philosophen Beachtung zu schenken: Was sie heute verkünden, wird der Glaube von morgen sein. *Joseph Maria Bochenski, Europäische Philosophie der Gegenwart, S. 9*

M5 Wir sind Philosophen

Es gibt ein Argument zur Verteidigung der Philosophie. Es ist das folgende: Alle Menschen haben eine Philosophie, ob sie es wissen oder nicht. Zugegeben, dass diese unsere Philosophien allesamt nicht viel wert sind. Aber ihr Einfluss auf unser Denken und Handeln ist oft geradezu verheerend. Damit wird es notwendig, unsere Philosophien *kritisch* zu untersuchen. *Das ist die Aufgabe der Philosophie;* und darin liegt ihre Verteidigung. Diese Aufgabe ist in ihrer Zielsetzung weniger unbescheiden als viele andere philosophische Aufgaben. Aber sie ist nur lösbar, wenn wir lernen, so klar und einfach als nur möglich zu sprechen und zu schreiben. Der modische Kult der Unklarheiten muss aufgegeben und der philosophische Expressionismus muss durch eine kritische und rationale Einstellung ersetzt werden. Nicht um Worte geht es, sondern um kritisierbare Argumente.

Karl Raimund Popper, Logik der Forschung, S. XXV

1. Beschreiben Sie die Haltung der einzelnen Gestalten auf dem Bild und überlegen Sie, welche Funktion sie in der Runde einnehmen. ➜ M1
2. Versetzen Sie sich in die Personen aus dem Bild und schalten Sie sich in den Dialog ein. Nehmen Sie Stellung oder ergänzen Sie durch eigene Beiträge. ➜ M2
3. Gestalten Sie ein philosophisches Gespräch zu einem Thema Ihrer Wahl. ➜ M2 (s. Sokratisches Gespräch, S. 394f.)
4. Erläutern Sie, wie Platon das Denken des Thales beschreibt und dem der Magd gegenüberstellt. ➜ M3
5. Finden Sie Beispiele aus der Geschichte oder Gegenwart, in der philosophisches Denken „die Wirkung des Dynamit" hat. ➜ M4
6. Diskutieren Sie die These Poppers, dass alle Menschen Philosophen sind, in Bezug auf die Auswirkungen auf das Denken und Handeln. ➜ M5

4 Ins Philosophieren kommen

M1 Philosophie oder Philosophieren lernen?

Die Philosophie muss *gelehrt und gelernt werden*, so gut als jede andere Wissenschaft. [...]
So sehr an und für sich das philosophische Studium Selbsttun ist, ebenso sehr ist es ein *Lernen* – das Lernen einer *bereits vorhandenen*, ausgebildeten Wissenschaft. Diese ist ein Schatz von erworbenem, herausbereitetem, gebildetem Inhalt; dieses vorhandene Erbgut soll vom Einzelnen erworben, d. h. *gelernt* werden. Der Lehrer besitzt ihn; er denkt ihn vor, die Schüler denken ihn nach.

Georg Wilhelm Friedrich Hegel, Über den Vortrag der Philosophie auf Gymnasien, S. 411f.

Es kann sich überhaupt keiner einen Philosophen nennen, der nicht philosophieren kann. Philosophieren lässt sich aber nur durch Übung und selbsteigenen Gebrauch der Vernunft lernen. [...]
Der wahre Philosoph muss also als Selbstdenker einen freien und selbsteigenen, keinen sklavisch nachahmenden Gebrauch von seiner Vernunft machen.

Immanuel Kant, Logik, S. 25f.

M2 Eine entmutigende Erfahrung

Auf einem kleinen Tischchen lag ein Renommierband Kant. Den nahm der Professor und zeigte ihn Törleß. „Sehen Sie dieses Buch, das ist Philosophie, es enthält die Bestimmungsstücke unseres Handelns. Und wenn Sie dem auf den Grund fühlen könnten, so würden Sie auf lauter solche Denknotwendigkeiten stoßen, die eben alles bestimmen, ohne dass sie selbst so ohne weiteres einzusehen wären. [...] Aber“, lächelte er, als er sah, dass Törleß richtig das Buch aufschlug und darinnen blätterte: „lassen Sie es doch jetzt noch. Ich wollte Ihnen nur ein Beispiel geben, an das Sie sich später einmal erinnern können; vorläufig dürfte es wohl noch zu schwer für Sie sein.“
Den ganzen Rest des Tages über befand sich Törleß in einem bewegten Zustande. Der Umstand, dass er Kant in der Hand gehabt hatte, – dieser ganz zufällige Umstand, dem er im Augenblicke wenig Beachtung geschenkt hatte, – wirkte mächtig in ihm nach. [...]
Aber schon der nächste Tag brachte eine arge Enttäuschung. Törleß hatte sich nämlich am Morgen die Reclamausgabe jenes Bandes gekauft, den er bei seinem Professor gesehen hatte, und benützte die erste Pause, um mit dem Lesen zu beginnen. Aber vor lauter Klammern und Fußnoten verstand er kein Wort, und wenn er gewissenhaft mit den Augen den Sätzen folgte, war ihm, als drehe eine alte, knöcherne Hand ihm das Gehirn in Schraubenwindungen aus dem Kopfe.
Als er nach etwa einer halben Stunde erschöpft aufhörte, war er nur bis zur zweiten Seite gelangt, und Schweiß stand auf seiner Stirne. Aber dann biss er die Zähne aufeinander und las nochmals eine Seite weiter, bis die Pause zu Ende war. Abends aber mochte er das Buch schon nicht mehr anrühren. Angst? Ekel? – er wusste nicht recht. Nur das eine quälte ihn brennend deutlich, dass der Professor, dieser Mensch, der nach so wenig aussah, das Buch ganz offen im Zimmer liegen hatte, als sei es für ihn eine tägliche Unterhaltung.

Robert Musil, Die Verwirrungen des Zöglings Törleß, S. 77f., 80

M3 Ratschläge für künftige Philosophen

Das praktische Philosophieren fördert wichtige Fertigkeiten des Denkens, die wir alle brauchen, wenn uns an Wahrheit gelegen ist. Sie sind gut auf andere Gebiete übertragbar und veralten nie. Die Fähigkeit, etwa einen logischen Fehler zu entdecken oder ein Argument klar vorzutragen, werden wir immer brauchen können. Ganz sicher sind diese Fertigkeiten nützlich für den Beruf, weswegen viele Unternehmen Wert auf eine akademische Qualifikation in Philosophie legen. Philosophische Fertigkeiten, logisches oder kritisches Denken etwa, sind auch in anderer Hinsicht von praktischem Nutzen. Sie machen uns immun gegen Tricks von Politikern, medizinischen Quacksalbern, Gebrauchtwagenhändlern, Holocaust-Leugnern, Lifestyle-Gurus und sonstigen Blendern. Es gibt gewisse Grundfehler, die uns allen unterlaufen, wenn wir Wahrscheinlichkeiten abwägen oder Schlüsse ziehen, und schon ein wenig Erfahrung mit philosophischem, kritischem Denken kann dazu beitragen, uns weniger anfällig zu machen. Darum wächst bei vielen die Überzeugung, dass es von nachweisbarem Nutzen ist, wenn man mit Schülern philosophische Diskussionen führt; nicht nur ihre intellektuelle Intelligenz wird damit gefördert, auch ihre soziale und emotionale. Wer in frühen Jahren auch nur ein wenig mit Philosophie in Berührung kam, wird lebenslang davon zehren. [...]

Um zum guten Philosophen zu werden, muss man sich viele Fähigkeiten des Denkens aneignen, unter anderem auch die, einen Sachverhalt klar und angemessen darzustellen. Zudem brauchen Philosophen die Fähigkeit, bei einem Problem zu bleiben, sie brauchen Geduld und Entschlossenheit. Zugleich aber müssen sie auch in der Lage sein, im Zweifelsfall einen Schritt zurückzutreten, Dinge aus einer neuen Perspektive zu betrachten. Sie müssen kreativ sein, sich vorstellen können, dass auf einem Feld gefundene Lösungen möglicherweise auch in einem anderen tauglich sind. Und sie kommen nicht ohne die Fähigkeit aus, Wahrscheinlichkeiten und die Verlässlichkeit von Beweisen zu beurteilen und abzuwägen, sie müssen eigene Vorurteile erkennen, ebenso wie Fehlschlüsse im Denken. Wenn wir uns mit einigen Fertigkeiten des Denkens vertraut machen, die wahrscheinlich jeder Philosoph besitzt und die seinen intellektuellen „Werkzeugkasten" bilden, werden wir alle möglichen Fragen und Argumente erfolgreicher untersuchen können.

Stephen Law, Philosophie, S. 20f., 192

M4 Den Verstand entknoten

Warum ist die Philosophie so kompliziert? Sie sollte doch *ganz* einfach sein. – Die Philosophie löst die Knoten in unserem Denken auf, die wir unsinnigerweise hineingemacht haben; dazu muss sie aber ebenso komplizierte Bewegungen machen, wie diese Knoten sind. Obwohl also das *Resultat* der Philosophie einfach ist, kann es nicht ihre Methode sein, dazu zu gelangen.

Die Komplexität der Philosophie ist nicht die ihrer Materie, sondern die unseres verknoteten Verstandes.

Ludwig Wittgenstein, Philosophische Bemerkungen, S. 52

M5 Regeln des Philosophierens

1. Selbst zu denken,
2. sich in der Stelle eines Andern zu denken, und
3. jederzeit mit sich selbst einstimmig zu denken.

Die Maxime des Selbstdenkens kann man die *aufgeklärte*; die Maxime sich in Anderer Gesichtspunkte im Denken zu versetzen, die *erweiterte*; und die Maxime, jederzeit mit sich selbst einstimmig zu denken, die *konsequente* oder *bündige* Denkart nennen.

Immanuel Kant, Logik, S. 57

1 Teilen Sie sich in zwei Gruppen, links und rechts der Tonne. Erarbeiten Sie weitere Argumente für beide Standpunkte. → M1

2 Erarbeiten Sie die Gründe, warum die erste Begegnung mit Kant für Törleß so frustrierend endete. → M2

3 Entwickeln Sie aus den Materialien M3-5 Ratschläge, die Sie Törleß (M2) geben würden. → M2-5

4 Diskutieren Sie den Nutzen, den philosophisches Denken in Bezug auf Ihren persönlichen Lebensbereich haben kann. → M3-5

5 Einteilung der Philosophie

M1 Ein Jahrhunderte alter Streit

Richard Osborne, Philosophie, S. 187

M2 Disziplinen der Philosophie

Anthropologie: Die Bemühung um die Erkenntnis der Natur des Menschen gehört zu den Grundproblemen der Philosophie. Der Versuch, das Allgemein-Menschliche zu bestimmen, dient der Selbstbesinnung des Menschen, der Klärung seiner eigenen Stellung in der Welt (im Vergleich etwa mit der übrigen belebten Natur) und gewinnt seinen Praxisbezug sowohl im Sinne einer sinnvollen Selbstverwirklichung als auch in der Gestaltung einer menschenwürdigen Gesellschaft.

Die **Sprachphilosophie** betrachtet die Entstehung, Entwicklung, Bedeutung und Funktion von Sprache. Die im Anschluss an Wittgenstein heute vorherrschende Sprachanalyse teilt sich in zwei Richtungen. Die idealsprachliche versucht anhand von Sprachkritik und Formalisierung eine Sprache von hoher logischer Präzision zu schaffen, die den Anforderungen exakter Wissenschaft entspricht. Dagegen wird in der „Philosophie der normalen Sprache" die Sprache auf ihre ursprüngliche, alltägliche Verwendung und Bedeutung hin analysiert.

Die **Erkenntnis- und Wissenschaftstheorie** ist die Lehre von den Bedingungen, vom Wesen und den Grenzen der Erkenntnis. Thematisiert wird dabei das Verhältnis von Erkenntnis-Subjekt, -Objekt und -Inhalt. Die Wissenschaftstheorie beschäftigt sich mit den Voraussetzungen und Grundlagen der Erkenntnis in den Einzelwissenschaften. Dabei werden deren Methoden, Grundsätze, Begriffe und Ziele geklärt und einer kritischen Prüfung unterzogen.

Die **Ästhetik** handelt von der allgemeinen Bestimmung des Schönen und seiner Erscheinungsformen in den Künsten und der Natur, sowie der Wirkung auf den Rezipienten. Je nach Ausrichtung geht sie dabei rein funktional-beschreibend oder normativ-setzend vor. Neben einer Theorie der Künste selbst werden Fragen des ästhetischen Urteils und der Formen ästhetischen Empfindens und Erlebens erörtert. In der neueren Ästhetik finden sich auch informationstheoretische und sprachanalytische Ansätze.

Die Grundfragen der **Ethik** betreffen das Gute, das Haltung und Handeln des Menschen bestimmen soll. Ihr Ziel ist, methodisch gesichert die Grundlagen für gerechtes, vernünftiges und sinnvolles Handeln und (Zusammen-)Leben aufzuzeigen. Die Prinzipien und Begründungen der Ethik sollen ohne Berufung auf äußere Autoritäten und Konventionen allgemein gültig und vernünftig einsehbar sein, weshalb sie gegenüber der geltenden Moral einen übergeordneten, kritischen Standpunkt einnimmt.

Aufgabe der *Meta-Ethik* ist es, die sprachlichen Formen sowie die Funktion der ethischen Aussagen selbst nochmals zu hinterfragen.

Die **Rechtsphilosophie** beschäftigt sich mit der Frage nach der Begründung von Recht, besonders ob es eine übergeordnete Norm gibt, von der her gesetztes Recht abgeleitet werden kann (z. B. Naturrecht). **Sozial- und Politische Philosophie** betrachten Aufbau, Funktion und Sinn des Staates und der Gesellschaft. Der Mensch wird als soziales Wesen begriffen, dessen Selbstverwirklichung sich in der Gemeinschaft vollzieht. Besonders in der Gegenwart schließt dies auch die Kritik an den Lebensbedingungen der modernen Industriegesellschaft ein.

Metaphysik und Ontologie wird von Aristoteles ausgehend verstanden als „Erste Philosophie", insofern sie nach den ersten Gründen und Ursprüngen des Seienden als Seienden fragt; ihre Themenbereiche sind: das Sein selbst *(Ontologie)*, das göttliche Sein (philosophische *Theologie*), die Seele *(Psychologie)* und der Zusammenhang alles Seienden im Ganzen *(Kosmologie)*. In der *Religionsphilosophie* wird das Phänomen Religion auf sein Wesen hin befragt und in seiner Funktion für den Menschen und die Gesellschaft erörtert, ggf. einer Kritik unterzogen. Der konkrete Lebensvollzug des Einzelnen steht im Mittelpunkt der *Existenzphilosophie*. Von Kierkegaard ausgehend wird sie im 20. Jahrhundert v. a. von Jaspers, Sartre und Camus vertreten. Kierkegaards Ausgangsfrage ist: Wie komme ich als existierendes Subjekt in ein Verhältnis zu Gott? Dazu bedarf es zunächst, die konkreten Existenzbedingungen des Einzelnen zu begreifen, d. h. „mich selbst in *Existenz* zu verstehen".

Die **Geschichtsphilosophie** versucht Wesen, Sinn und Verlauf der Geschichte zu erfassen und zu deuten, sowie den Menschen in seiner Geschichtlichkeit zu begreifen.

nach Peter Kunzmann u. a., dtv-atlas Philosophie, S. 13, 163, 183

M3 Das System der Philosophie

Philosophie ist also das System der philosophischen Erkenntnisse oder der Vernunfterkenntnisse aus Begriffen. Das ist der Schulbegriff dieser Wissenschaft. Nach dem Weltbegriffe ist sie die Wissenschaft von den letzten Zwecken der menschlichen Vernunft. Dieser hohe Begriff gibt der Philosophie Würde, d. i. einen absoluten Wert. [...]

Zur Philosophie nach dem Schulbegriffe gehören zwei Stücke: Erstlich ein zureichender Vorrat von Vernunfterkenntnissen, fürs Andere: ein systematischer Zusammenhang dieser Erkenntnisse oder eine Verbindung derselben in der Idee eines Ganzen. [...] Was aber die Philosophie nach dem Weltbegriffe betrifft, so kann man sie auch eine Wissenschaft von der höchsten Maxime des Gebrauches unserer Vernunft nennen, sofern man unter Maxime das innere Prinzip der Wahl unter verschiedenen Zwecken versteht. Denn Philosophie in der letzteren Bedeutung ist ja die Wissenschaft der Beziehung aller Erkenntnis und alles Vernunftgebrauches auf den Endzweck der menschlichen Vernunft, dem, als dem obersten, alle anderen Zwecke untergeordnet sind und sich in ihm zur Einheit vereinigen müssen.

Das Feld der Philosophie in dieser weltbürgerlichen Bedeutung lässt sich auf folgende Fragen bringen:

Was kann ich wissen?
Was soll ich tun?
Was darf ich hoffen?
Was ist der Mensch?

Die erste Frage beantwortet die Metaphysik, die zweite die Moral, die dritte die Religion und die vierte die Anthropologie. Im Grunde könnte man aber alles dieses zur Anthropologie rechnen, weil sich die drei ersten Fragen auf die letzte beziehen.

Der Philosoph muss also bestimmen können

1. die Quellen des menschlichen Wissens
2. den Umfang des möglichen und nützlichen Gebrauchs alles Wissens, und endlich
3. die Grenzen der Vernunft.

Immanuel Kant, Logik, S. 23-25

1 Die kantischen Fragen geben die Struktur des vorliegenden Arbeitsbuches vor: Ordnen Sie ihnen die einzelnen Disziplinen zu und überlegen Sie, welches Gebiet Sie besonders interessieren würde. Begründen Sie Ihre Entscheidung. Zeigen Sie dabei auch auf, was Ihnen ganz fremd oder suspekt erscheint. ➜ M1-3

2 Entwerfen Sie ein Programm für Ihren Philosophiekurs.

Paul Gauguin, Woher kommen wir? Wer sind wir? Wohin gehen wir?, 1897

Philosophische Fragen, die in diesem Kapitel reflektiert werden:

Wie kommt der Mensch zum Bild seiner selbst?
Worin besteht unsere Unverwechselbarkeit und Einzigartigkeit?
Sind Leib und Seele eine Einheit?
Gibt es einen prinzipiellen Unterschied zwischen Mensch und Tier?
Welches Verhältnis hat der Mensch zu den Dingen?
Wie deutet und gestaltet der Mensch die Welt?
Wer ist der Sprache mächtig?
Wie hängen Sprache, Denken und Erkennen zusammen?

Kapitel 1

Was ist der Mensch?
Anthropologie

Der Mensch als Gegenstand seiner Reflexion

Der Mensch als Teil der Natur

Der Mensch als Wesen, das Kultur hat

Der Mensch als Sprachwesen

1 Der Mensch ist ...?

M1 Ich bin, was ich bin

a) Durch meine Beziehung zu mir, bin ich immer mehr als der empirische Mensch. Ich schaue von einer Außensicht (exzentrische Sicht) auf mich. Das Ich hat eine doppelte Einstellung zum Selbst: Es ist deskriptiv: meine Vorstellung, wie ich bin – und es hat eine normative Einstellung: meine Vorstellung, wie ich sein sollte.
Zwischen Ich und Selbst besteht eine enge Verbindung, keiner kann ohne den anderen bestehen; jedoch nur das Ich kann eine Aussage über mich machen.

b) Der Leib thematisiert das Zentrum des Körpers. Der Körper verliert seine „objektiven" Konturen und wird zu einem besonderen Aufmerksamkeitsbereich. Ich lebe in einer präreflexiven Vertrautheit mit mir. Es ist ein besonderes Körperschema bzw. ich spüre einige Organe gar nicht, obwohl sie in meinem Körper existieren (siehe „Phantomschmerz"). Der Leib kann mit seiner Umgebung verschmelzen (Raumgefühl).

c) Das Selbst benötigt das Andere, um Selbst zu sein. Die Abgrenzung erfolgt über den Leib (Wahrnehmung). Es ist die Abgrenzung der Selbigkeit zum Anderssein (Alterität). Im sozialen Bereich lassen sich zwei Bereiche unterscheiden: Ähnlichkeit und Fremdheit.

d) Das Ich kann das Selbst beobachten („ich sehe mich selbst"), hingegen kann sich das Ich nicht selbst beobachten (es gibt kein Weiteres hinter dem Ich). Es ist quasi eine Innenperspektive: In der Psychologie hat sich der Begriff der Identität eingebürgert. Es ist jedoch schwierig mit diesem Begriff: *„Idem"* heißt gleich, jedoch wissen wir, dass wir uns verändern und doch eine Einheit bilden *(ipse)*.

e) Es ist der physische Körper, der im biologischen Sinn existiert.

f) In der zwischenmenschlichen Welt bin ich eine Person, die einen intrinsischen Wert (Eigenwert) hat.

g) Das Selbst ist als Seele bzw. Geist bestimmt. Der Geist ist eher die kognitive Ausrichtung des Menschen, wohingegen die Seele alles Fühlen, Handeln, aber auch Denken ist. Beide Begriffe werden oftmals gleichbedeutend benutzt.

h) Wir leben nicht einfach so, sondern wir sind uns bewusst, dass wir leben. Ein solches Leben zweiter Ordnung nennt man Existenz.

M2 Was ist menschlich?

Der Mensch war und ist leicht zu verleiten, eine bestimmte *Form* des Menschseins als dessen *Wesen* anzusehen. [...]

Vielleicht ist es hilfreich, an ein paar Definitionen „des Menschen" zu erinnern, die mit einem Begriff das spezifisch Menschliche zu erfassen versuchen. Der Mensch wurde definiert als *Homo faber* – als Werkzeugmacher.

Tatsächlich ist das der Mensch, aber unsere Vorfahren waren, ehe sie im vollkommenen Sinne menschlich wurden, auch schon Werkzeugmacher. Der Mensch wurde als *Homo sapiens* definiert, aber in dieser Definition hängt alles davon ab, was sapiens bedeutet. Wenn das Denken nur zu dem Zweck benutzt wird, bessere Überlebensmöglichkeiten zu entdecken oder etwas Gewünschtes zu erlangen, haben auch die Tiere diese Fähigkeit; hinsichtlich dieser Errungenschaft besteht zwischen ihnen und dem Menschen bestenfalls ein quantitativer Unterschied. Wenn man jedoch mit *sapiens* ein Denken meint, das den Kern der Erscheinungen zu begreifen versucht, das durch die täuschende Oberfläche zum „wirklichen Wirklichen" vordringt und dessen Zweck nicht das Manipulieren, sondern das Verstehen ist, dann wäre *Homo sapiens* tatsächlich eine richtige Definition des Menschen.

Der Mensch ist als Homo *ludens definiert* worden – als der spielende Mensch; Spiel meint hier eine zweckfreie Tätigkeit, die über die unmittelbaren Notwendigkeiten des Überlebens hinausgeht. Tatsächlich hat sich der Mensch, von den Höhlenzeichnungen bis in unsere Tage, immer auch mit zweckfreien Tätigkeiten beschäftigt. Zwei weitere Definitionen des Menschen wären noch hinzuzufügen: erstens der Mensch als *Homo negans*, als „Neinsagenkönner", obschon die meisten ja sagen, sobald ihr Überleben oder ihr Vorteil es verlangen. Vom statistischen Standpunkt aus sollte der Mensch seinem Verhalten entsprechend eher als Jasager bezeichnet werden. Doch unter dem Gesichtspunkt des menschlichen Potenzials unterscheidet er sich von allen anderen Lebewesen durch seine Fähigkeit, nein zu sagen und selbst auf Kosten seines physischen Überlebens für Wahrheit, Liebe und Integrität einzustehen. [...]

Welche Kenntnisse können wir heranziehen, um die Frage zu beantworten, was es bedeutet, menschlich zu sein? Die Antwort kann nicht in der Richtung liegen, wo solche Antworten bisher oft gesucht wurden: dass der Mensch gut oder schlecht ist, liebevoll oder zerstörerisch, leichtgläubig oder selbstständig usw. Offenbar kann der Mensch dies alles genau so sein wie musikalisch oder unmusikalisch, für Malerei aufgeschlossen oder farbenblind, ein Heiliger oder ein Schurke. [...] All diese *Ausprägungen der Menschlichkeit* geben keine Antwort auf die Frage, was es bedeutet, menschlich zu sein. Sie zeigen nur, *wie verschieden wir sein können und doch immer noch Mensch bleiben.* Wenn wir wissen wollen, was Menschlichsein bedeutet, dürfen wir also die Antwort nicht im Bereich der verschiedenen menschlichen Möglichkeiten suchen, sondern in den Bedingungen der menschlichen Existenz selbst, aus der sie alle als mögliche Alternativen entspringen.

Erich Fromm, Die Revolution der Hoffnung, S. 66-69

1. Einzelarbeit: Ordnen Sie die verschiedenen Oberbegriffe den menschlichen „Körperregionen" der Simpsonfigur zu. ➜ M1
2. Ordnen Sie nun jedem Begriff eine Erklärung zu. Vorsicht: Es gibt mehr Begriffe als Erläuterungen vorhanden sind! ➜ M1
3. Gruppenarbeit: Veranschaulichen Sie die Begriffe und Erklärungen durch Beispiele aus Ihrer Lebenserfahrung. Erläutern Sie, wenn Ihnen dies nicht möglich ist. ➜ M1
4. Überlegen und begründen Sie, welche der genannten Wesensmerkmale Ihnen für eine Bestimmung des Menschen besonders entscheidend erscheinen. ➜ M2
5. Finden Sie noch weitere sinnvolle Wesensmerkmale des Menschen. ➜ M2
6. Erläutern Sie, warum es Fromm ablehnt, vom Wesen des Menschen zu sprechen. ➜ M2
7. Verfassen Sie einen Essay „Über den Menschen Homer", der einige Aspekte aus den Materialien der Doppelseite berücksichtigt. ➜ M1/2

2 Sich selbst erforschen

M1 Wer bin ich?

Rembrandt van Rijn
Selbstbildnis, 1634

Frida Kahlo,
Die gebrochene Säule – Selbstporträt, 1944

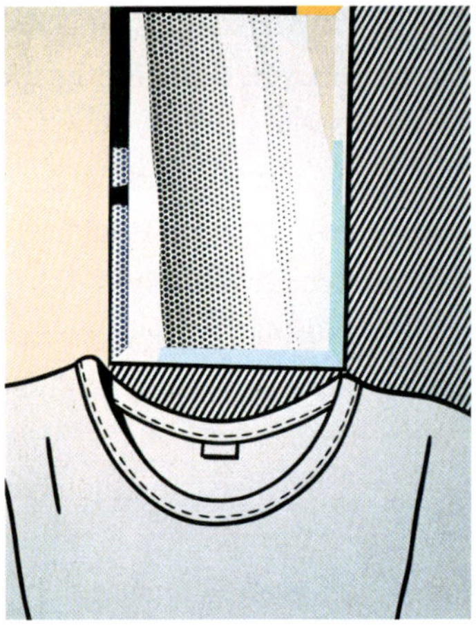

Roy Lichtenstein,
Self-Porträt, 1978

M2 Das Bedürfnis nach Deutung

Das von nachdenkenden Menschen empfundene Bedürfnis nach einer Deutung des eigenen menschlichen Daseins ist kein bloß theoretisches Bedürfnis. Je nach den Entscheidungen, die eine solche Deutung enthält, werden Aufgaben sichtbar oder verdeckt. Ob sich der Mensch als Geschöpf Gottes versteht oder als arrivierten Affen, wird einen deutlichen Unterschied in seinem Verhalten zu wirklichen Tatsachen ausmachen; man wird in beiden Fällen auch in sich sehr verschiedene Befehle hören.

Die Religionen, die Weltanschauungen, die Wissenschaften gehen in der Beantwortung dieser Frage nach dem Wesen des Menschen natürlich nicht auf. Aber sie pflegen eine Antwort anzubieten oder doch wenigstens Gesichtspunkte, von denen man eine solche ableiten kann. Hierbei ist keinerlei Übereinstimmung gewährleistet, denn die Antworten können sich [...] ausschließen.

Man sollte versuchen, gerade diese Umstände zur Bestimmung des Wesens des Menschen heranzuziehen; das würde bedeuten: es gibt ein lebendiges Wesen, zu dessen wichtigsten Eigenschaften es gehört, zu sich selbst Stellung nehmen zu müssen, wozu eben ein „Bild", eine Deutungsformel notwendig ist. Zu sich selbst heißt: zu den eigenen wahrgenommenen Antrieben und Eigenschaften – aber auch zu seinesgleichen, zu anderen Menschen, denn auch deren Behandlung wird davon abhängen, für was man sie hält, und für was man sich hält. Was es aber heißt: der Mensch muss sein Wesen deuten und von daher sich selbst und anderen gegenüber tätig und stellungnehmend sich verhalten – das ist nicht so leicht gesagt.

Arnold Gehlen, Der Mensch – Seine Natur und Stellung in der Welt, S. 9

M3 Bewusstsein seiner selbst

Dass der Mensch in seiner Vorstellung das Ich haben kann, erhebt ihn unendlich über alle andere auf Erden lebende Wesen. Dadurch ist er eine Person und vermöge der Einheit des Bewusstseins bei allen Veränderungen, die ihm zustoßen mögen, eine und dieselbe Person, d. i. ein von Sachen, dergleichen die vernunftlosen Tiere sind, mit denen man nach Belieben schalten und walten kann, durch Rang und Würde ganz unterschiedenes Wesen, selbst wenn er das Ich noch nicht sprechen kann, weil er es doch in Gedanken hat: wie es alle Sprachen, wenn sie in der ersten Person reden, doch denken müssen, ob sie zwar diese Ichheit nicht durch ein besonderes Wort ausdrücken. Denn dieses Vermögen (nämlich zu denken) ist der Verstand. Es ist aber merkwürdig: dass das Kind, was schon ziemlich fertig sprechen kann, doch ziemlich spät (vielleicht wohl ein Jahr nachher) allererst anfängt durch Ich zu reden, so lange aber von sich in der dritten Person sprach (Karl will essen, gehen usw.), und dass ihm gleichsam ein Licht aufgegangen zu sein scheint, wenn es den Anfang macht durch Ich zu sprechen: von welchem Tage an es niemals mehr in jene Sprechart zurückkehrt. – Vorher fühlte es bloß sich selbst, jetzt denkt es sich selbst. – Die Erklärung dieses Phänomens möchte dem Anthropologen ziemlich schwer fallen.

Immanuel Kant, Anthropologie in pragmatischer Hinsicht, S. 127

M4 Bewusstsein in der Zeit

Dass ein Wesen den Wunsch nach eigenem Überleben oder den Wunsch nach irgendeinem eigenen künftigen Erlebnis haben kann, setzt offenbar voraus, dass dieses Wesen in seinem Empfinden nicht nur dem jeweiligen Augenblick verhaftet ist, sondern dass es einen Begriff von einem Ich oder Selbst hat, das im Zeitablauf identisch bleibt. Um etwa wünschen zu können, dass ich heute Abend ein bestimmtes Konzert besuche, muss ich mir vorstellen können, dass einer der Konzertbesucher heute Abend mit mir im jetzigen Augenblick identisch sein wird. Das wünschende Wesen muss also nicht nur ein je momentanes Bewusstsein besitzen, sondern es muss ein Ich oder Selbstbewusstsein besitzen – mit der Folge, dass es sich selbst als dasselbe Wesen im Zeitablauf verstehen kann. Nur ein Wesen mit einem so verstandenen Ichbewusstsein kann zukunftsbezogene Wünsche und unter diesem Aspekt ein Überlebensinteresse haben. Es bedarf keiner Argumente, um zu erkennen, dass jedenfalls normale erwachsene Menschen ein derartiges Ichbewusstsein besitzen, dass andererseits zum Beispiel niedere Tiere ein derartiges Ichbewusstsein nicht besitzen.

Norbert Hoerster, Abtreibung im säkularen Staat, S. 75

M5 Ein besonderes Programm

Das menschliche Selbstbewusstsein überschreitet, wie ich meine, jedes rein biologische Denken. Ich möchte es so ausdrücken: Ich habe kaum Zweifel daran, dass Tiere bewusst leben, und vor allem, dass sie Schmerzen empfinden, und dass ein Hund hocherfreut sein kann, wenn sein Herr zurückkehrt. Aber ich vermute, dass nur ein menschliches, der Sprache mächtiges Wesen über sich selbst reflektieren kann. Ich glaube, dass jeder Organismus ein Programm hat. Ich glaube aber auch, dass nur ein menschliches Wesen sich einiger Teile dieses Programms bewusst sein und sie kritisch revidieren kann.

Die meisten, wenn nicht alle Organismen sind darauf programmiert, ihre Umwelt zu erkunden, und dabei nehmen sie Risiken auf sich. Doch sie nehmen diese Risiken nicht bewusst auf sich. Obwohl sie einen Selbsterhaltungs-Instinkt haben, wissen sie nicht um ihren Tod. Nur der Mensch kann auf seiner Suche nach Erkenntnis bewusst dem Tod ins Auge sehen.

Karl R. Popper/John C. Eccles, Das Ich und sein Gehirn, S. 183f.

1 Beschreiben Sie die Selbstporträts und die Wirkung, die sie auf Sie haben. ➜ M1
2 Erklären Sie, wie das Bedürfnis nach Deutung entsteht. ➜ M2
3 Zeigen Sie anhand der Bilder in M1 die Deutungsformel bzw. die Stellungnahme zu sich selbst. Recherchieren Sie dazu ggf. weitere Informationen zu den Künstlern bzw. Bildern. ➜ M1/2
4 Stellen Sie dar, wodurch Immanuel Kant die Sonderstellung des Menschen begründet. ➜ M3
5 Zeigen Sie, inwiefern mit der Entwicklung vom Sich-Fühlen zum Sich-Denken eine besondere Stufe erreicht ist. ➜ M3
6 Erläutern Sie die personale Identität nach Hoerster und vergleichen Sie sie mit der Bestimmung der Person nach Kant. ➜ M4/3
7 Überprüfen Sie die Argumente, die Popper für seine These anführt, an Beispielen. ➜ M5
8 Legen Sie dar, inwiefern das Selbstbewusstsein die spezifische Dimension des Menschseins im Unterschied zum tierischen Sein zeigt. ➜ M1-5

3 Mit sich identisch sein

M1 Ich bin ICH

Christa Wolf lässt in ihrem Roman Kindheitsmuster *(1976) die Ich-Erzählerin auf der Suche nach ihrer eigenen Geschichte an den Ort ihrer Kindheit zurückkehren.*

Ja: am häufigsten hast du damit angefangen, diesen Augenblick zu beschreiben, der, wie du dich durch Nachfragen überzeugen konntest, so selten erinnert wird. Du aber hast eine wenn auch abgegriffene Original-Erinnerung zu bieten, denn es ist mehr als unwahrscheinlich, dass ein Außenstehender dem Kind zugesehen und ihm später berichtet haben soll, wie es da vor seines Vaters Ladentür saß und in Gedanken das neue Wort ausprobierte, ICH ICH ICH ICH ICH, jedes Mal mit einem lustvollen Schrecken, von dem es niemandem sprechen durfte. Das war ihm gleich gewiss. [...]

Da hättest du es also. Es bewegt sich, geht, liegt, sitzt, isst, schläft, trinkt. Es kann lachen und weinen, Sandkuten bauen, Märchen anhören, mit Puppen spielen, sich fürchten, glücklich sein, Mama und Papa sagen, lieben und hassen und zum lieben Gott beten. Und das alles täuschend echt. Bis ihm ein falscher Zungenschlag unterliefe, eine altkluge Bemerkung, weniger noch: ein Gedanke, eine Geste, und die Nachahmung entlarvt wäre, auf die du dich beinahe eingelassen hättest.

Weil es schwerfällt, zuzugeben, dass jenes Kind da – dreijährig, schutzlos, allein – dir unerreichbar ist. Nicht nur trennen dich von ihm die vierzig Jahre; nicht nur behindert dich die Unzuverlässigkeit deines Gedächtnisses, das nach dem Inselprinzip arbeitet und dessen Auftrag lautet: Vergessen! Verfälschen! [...]

Die Hauptmerkmale der drei Lebensalter sind dir geläufig. Ein dreijähriges Kind trennt sich von der dritten Person, für die es sich bis jetzt gehalten hat. Woher aber dieser Stoß, den das erste bewusst gedachte ICH ihm versetzt?

Christa Wolf, Kindheitsmuster, S. 11-13

M2 Lernen ein Ich zu sein

Wie erlangen wir ein Wissen von uns selbst? Nicht durch Selbstbeobachtung, meine ich, sondern dadurch, dass man ein Ich wird und dass man Theorien über sich selbst entwickelt. Lange bevor wir Bewusstsein und Kenntnis von uns selbst gewinnen, sind wir uns normalerweise anderer Personen, meist unserer Eltern, bewusst geworden. Es scheint so etwas wie ein angeborenes Interesse am menschlichen Gesicht zu geben. Experimente von R. L. Fanz haben gezeigt, dass sogar sehr junge Säuglinge die schematische Darstellung eines Gesichts längere Zeit festhalten als eine ähnliche, doch „bedeutungslose“ Darstellung. Diese und andere Ergebnisse legen die Vermutung nahe, dass sehr junge Kinder ein Interesse an anderen Personen und eine Art von Verstehen anderer entwickeln. Ich nehme an, dass sich ein Bewusstsein des Ich durch das Medium anderer Personen zu entwickeln anfängt: Genau so, wie wir uns selbst im Spiegel sehen lernen, so wird sich das Kind dadurch seiner selbst bewusst, dass es sein Spiegelbild im Spiegel des Bewusstseins, das andere von ihm haben, spürt. (Ich bin sehr kritisch gegenüber der Psychoanalyse, doch es scheint mir, dass Freuds Betonung des prägenden Einflusses sozialer Erlebnisse in der frühen Kindheit richtig war.) Ich möchte zum Beispiel behaupten, dass es ein Teil dieses Lernprozesses ist, wenn das Kind lebhaft versucht, „die Aufmerksamkeit auf sich zu lenken“. [...] Um ein Ich zu sein, muss man viel lernen; insbesondere das Zeitgefühl, dass man sich in die Vergangenheit (wenigstens in das „Gestern“) und in die Zukunft (wenigstens in das „Morgen“) erstreckt. Doch das setzt *Theorie* voraus, zumindest in der rudimentären Form der Erwartung: Es gibt kein Ich ohne theoretische Orientierung, sowohl in einem primitiven Raum, als auch in einer primitiven Zeit. Das Ich ist also teilweise das Ergebnis der aktiven Erkundung der Umwelt und des Erfassen eines üblichen Zeitablaufs, der auf dem Tag- und Nacht-Zyklus beruht.

Karl R. Popper, in: Das Ich und sein Gehirn, S. 145

M3 Unser Ich als ein Bündel von Zuständen

Nach neuester Erkenntnis aus der Neurologie und Neuropsychologie stellt [...] das Ich *ein Bündel unterschiedlicher Zustände* dar. Diese sind unter anderem

1 das *Körper-Ich*, d. h. das Gefühl, das dasjenige, in dem ich „stecke" und das ich tatsächlich oder scheinbar beherrsche, *mein* Körper ist;

2 das *Verortungs-Ich*, d. h. das Bewusstsein, dass ich mich gerade an diesem Ort und nicht woanders oder sogar gleichzeitig an zwei Orten befinde;

3 das *perspektivische Ich*, d. h. der Eindruck, dass ich den Mittelpunkt der von mir erfahrbaren Welt bilde;

4 das *Ich als Erlebnis-Subjekt*, d. h. das Gefühl, *ich* habe diese Wahrnehmungen, Ideen, Gefühle, und nicht etwa ein anderer;

5 das *Autorenschafts- und Kontroll-Ich*, d. h. das Gefühl, dass ich Verursacher und Kontrolleur meiner Gedanken und Handlungen bin;

6 das *autobiographische Ich*, d. h. die Überzeugung, dass ich derjenige bin, der ich gestern war, und dass ich eine *Kontinuität* in meinen verschiedenen Empfindungen erlebe (hierbei spielt das Reden über mich selbst eine wichtige Rolle);

7 das *selbst-reflexive Ich*, d. h. die Möglichkeit des Nachdenkens über mich selbst (auch hier spielt die Sprache eine wichtige Rolle); und schließlich

8 das *ethische Ich* oder *Gewissen*, also das Gefühl, es gebe eine Instanz in mir, die mir sagt oder befiehlt, was ich zu tun und zu lassen habe.

Wir erleben diese vielen „Iche" in aller Regel als ein einheitliches Ich. Gleichzeitig empfinden wir uns aber als ein fluktuierendes Etwas, als ein Auf und Ab verschiedenster Selbstempfindungen, in denen von Minute zu Minute das Körperliche, das Perzeptive, das Emotionale oder das Kognitive dominiert. Dies bedeutet, dass die [...] verschiedenen Iche sich aktuell in verschiedener Weise zusammenbinden und den *Strom der Ich-Empfindung* konstituieren.

Gerhard Roth, Denken, Fühlen, Handeln, S. 325f.

M4 Identität wird vom Subjekt entwickelt

Identität ist nicht mehr etwas, was man von Geburt an hat, was die Gene oder der soziale Status zuschreiben, sondern wird vom Subjekt in einem lebenslangen Prozess entwickelt. [...] In ihrer Selbstkonstruktion nehmen die Subjekte Bezug auf soziale, lebensweltlich spezifizierte Anforderungen und auf eigene, individuelle Selbstentwürfe. Diese Identitätskonstruktionen eines Subjekts sind auch für Außenstehende (teilweise) erkennbar. [...]
Identität entsteht als Passungsprozess an der Schnittstelle von innen und außen. Auch wenn die Identitätsentwicklung ein im Subjekt stattfindender Prozess ist, so basiert dieser stets auf einem Aushandlungsprozess des Subjekts mit seiner gesellschaftlichen Umwelt. [...] Der Einklang „mit sich und der Welt" war in vergangenen Jahrzehnten und in traditionelleren Kulturen schon allein mit genügend Einpassungsbereitschaft zu erreichen. Man tat, wollte und war genau das, was erprobt und vorgeschrieben war. Demgemäß wurde Kohärenz auch als eine „innere, in sich harmonische Einheit" verstanden. Heutige Identitäten mit dem verbreiteten Offenhalten von Optionen und der Verknüpfung widersprüchlicher Arrangements würden nach diesem Verständnis als sehr inkohärent, ja diffus abqualifiziert werden.

Heiner Keupp, Identitätskonstruktionen, S. 64

1 Erörtern Sie, warum die Erzählerin die hier reflektierte Erinnerung für bemerkenswert hält, und beschreiben Sie das zugrunde liegende Problem bei dem Versuch, dem eigenen Kindheits-Ich auf die Spur zu kommen. ➜ M1

2 Erörtern Sie die These, dass ein Bewusstsein des Ich sich durch das Medium anderer Personen entwickelt. ➜ M2

3 Stellen Sie Gerhard Roths Erkenntnisse in einer Grafik dar. ➜ M3

4 Diskutieren Sie, warum Gerhard Roth von Ich-Zuständen spricht und inwiefern er dabei meint, auf den Begriff der Identität verzichten zu können. ➜ M3

5 Setzen Sie sich mit den Thesen auseinander, die Heiner Keupp vertritt. Verdeutlichen Sie dabei die Unterschiede heutiger und traditioneller Identitätsfindung. ➜ M4

4 Gefühle machen die Person

M1 Können wir uns menschliches Leben ohne Gefühle denken?

Wir haben nicht die Wahl zwischen einem Leben mit oder ohne Gefühle. Aber können wir nicht das Gedankenexperiment riskieren, uns ein Leben ohne Gefühle vorzustellen? Von einem solchen Gedankenexperiment ließe sich erhoffen, etwas über die Rolle, den Platz, den Gefühle in unserem Leben einnehmen, zu erfahren. [...] Lassen sich „gefühllose" Personen überhaupt denken, oder ist dies ein Widerspruch in sich? In einer radikalen Kritik von Gefühlen besteht der amerikanische Philosoph Shaffer nicht nur darauf, sich Individuen, ja eine Welt ohne Gefühle vorstellen zu können, sondern er denkt, dass eine solche Welt in vieler Hinsicht besser wäre als unsere. Denn die Erfahrung von Gefühlen sei keineswegs immer positiv und sofern Gefühle helfen, Probleme zu lösen, andere oder uns besser zu verstehen bzw. Handlungen zu motivieren, gäbe es bessere Mittel.
Er stellt sich Menschen vor, die Interessen, Wünsche, Meinungen haben, aber keine Gefühle.

Martin Löw-Beer, Zur Einschätzung von Gefühlen und Gefühlsleben, S. 92

M2 „You can't invest your emotion in a machine"

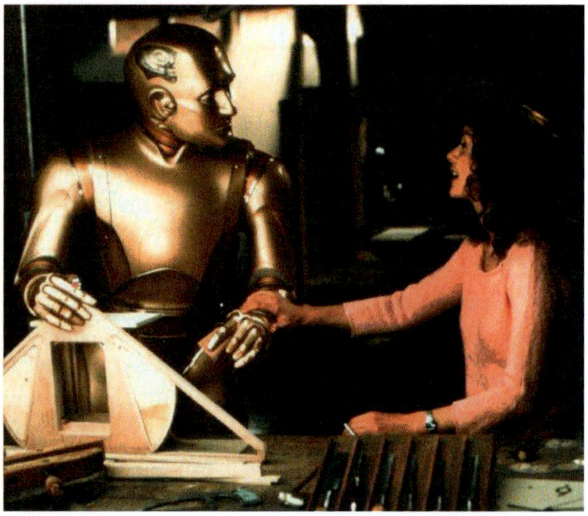

In dem Film Der 200 Jahre Mann *verliebt sich eine junge Frau in einen Androiden, der menschliche Gefühle entwickelt.*

M3 Beurteilung von Gefühlen

Man kann Gefühle aus unterschiedlichen Perspektiven einschätzen. Grob gesagt ist zwischen einem externen und internen Standpunkt der Beurteilung zu unterscheiden. Beispiele für externe Beurteilungen sind die folgenden Behauptungen: „(Bestimmte) Gefühle dienen dem Überleben und der Reproduktion von Individuen. (Bestimmte) Gefühle dienen der Gesellschaft, weil sie zu kooperativem Handeln motivieren. Es wäre besser für unser Leben, wenn bestimmte Gefühle und Stimmungen wie Zorn, Depression, Trotz ausstürben." Ob etwas dem Überleben oder der Kooperation dient, kann unabhängig von Gefühlen beurteilt werden, insofern handelt es sich um gefühlsexterne Gesichtspunkte. Solchen Einschätzungen von Gefühlen ist gemeinsam, dass sie von Problemstellungen ausgehen, deren Wichtigkeit unabhängig von Gefühlen einzusehen ist. Gefühle werden als Mittel oder Hindernis aufgefasst, bestimmte Probleme zu lösen, und müssen sich im Vergleich mit alternativen Problemlösungen bewähren.
Im Leben stehen wir meistens nicht vor der Alternative: Gefühle oder keine Gefühle, sondern vor der Frage, welche emotionale Haltung in einer Situation angemessen ist: „Ist eine Person wirklich zu bedauern? Ist die Wiedervereinigung ein Anlass zur Freude? Ist eine Situation erniedrigend, brutal, grausam oder ein schlechter Witz?" Dies sind Fragen nach internen Einschätzungen von Gefühlen. Häufig wird in ihrer Beantwortung vom Gefühlsvokabular Gebrauch gemacht: Um mir klarzuwerden, ob ich etwas wirklich bereue, erinnere ich mich, ob es mir gefallen hat, ob ich damit jemanden verärgert habe ... Interne Begründungen von Gefühlen empfehlen, begründen oder kritisieren Gefühlseinstellungen mit Argumenten, die häufig auf andere Gefühle Bezug nehmen.

Martin Löw-Beer, Zur Einschätzung von Gefühlen und Gefühlsleben, S. 89f.

M4 Person und Gefühl

Personen haben Gefühle. Inwiefern ist diese Selbstverständlichkeit etwas, worüber sich zu philosophieren lohnt? Dazu sind drei an Stärke zunehmende Thesen denkbar:

1. Die Philosophie hat wenn nicht nur, so sicher auch die Aufgabe, durch Untersuchung grundlegender Begriffe unser Selbstverständnis zu erhellen. Und die Begriffe „Person" und „Gefühl" gehören zweifellos zu diesen Begriffen.

2. Die Affektivität ist nicht einfach einer von mehreren wichtigen Bestandteilen des Personseins; sie nimmt vielmehr eine ausgezeichnete Stellung ein, insofern der Person ihr Sein/Leben *im Ganzen* nur in affektiven Erfahrungen gegeben sein kann. Der Befassung mit der Affektivität käme so ein methodischer Vorrang in der Klärung unseres Selbstverständnisses zu.

3. Diese These legt vielleicht von selbst die noch stärkere nahe, dass nicht nur das individuelle Selbstverständnis, sondern das Verstehen überhaupt nur im Ausgang von Gefühlen von Personen zugänglich ist. Denn das Verstehen ist nur im Ausgang von Personen greifbar, die es haben und befragen, so dass es letztlich immer dem Selbstverstehen zuzurechnen ist. [...]

Es ist üblich, die Affektivität als eine von drei Komponenten des bewussten Lebens von Personen einzuführen, die wechselseitig zusammenspielen: Personen können 1. meinen, 2. wollen, 3. fühlen. Das ist jedoch nur eine Ebene von Unterscheidungen, die neben oder auch quer zu anderen steht, und ich möchte nicht mit dieser vorgefertigten Einteilung beginnen. Zählen wir unsortiert einiges auf, was Personen tun: sie nehmen wahr, meinen, denken und urteilen, sie handeln und treffen Entscheidungen und verfolgen Ziele, sie haben Bedürfnisse und Wünsche, sie sprechen und haben soziale und persönliche Beziehungen, sie erleben Widerfahrnisse und machen Erfahrungen. [...] Gefühle können grundsätzlich in allen genannten Aspekten des Personseins vorkommen. [...] Wahrnehmungen können angenehm oder unangenehm sein, Meinungen erfreulich oder unerfreulich, persönliche Beziehungen liebevoll oder hasserfüllt.

Ursula Wolf, Gefühle im Leben und in der Philosophie, S. 112–114

M5 Mitglied der Spezies Homo sapiens?

Dieser Gebrauch von „Person" kann leider selbst irreführend sein, weil „Person" oft in der Bedeutung von „menschliches Wesen" verwendet wird. Dennoch sind die Begriffe nicht bedeutungsgleich; es könnte eine Person geben, die nicht Mitglied unserer Spezies ist. Es könnte auch Mitglieder unserer Spezies geben, die nicht Personen sind. Das Wort „Person" stammt ursprünglich von lateinisch *persona*, dem Wort für die Maske, die die Schauspieler im antiken Drama trugen. Indem die Schauspieler eine Maske benutzten, zeigten sie an, dass sie eine Rolle spielten. In der Folgezeit erhielt „Person" dann die Bedeutung eines Menschen, der eine Rolle im Leben spielt, eines Handelnden. Nach dem *Oxford Dictionary* lautet eine der gegenwärtig gebräuchlichen Bedeutungen des Begriffs Person: „ein selbstbewusstes oder rationales Wesen". In diesem Sinn ist der Begriff in der Vergangenheit von untadeligen Philosophen verstanden worden. [...] Es klingt merkwürdig, ein Tier eine Person zu nennen. Dass es merkwürdig klingt, mag lediglich ein Symptom für unsere Gewohnheit sein, unsere Gattung scharf von anderen abzugrenzen. Jedenfalls können wir die sprachliche Merkwürdigkeit vermeiden, indem wir die Frage entsprechend unserer Definition von „Person" neu formulieren. Wir fragen also, ob irgendwelche nichtmenschlichen Tiere vernunftbegabt und selbstbewusst sein, ob sie sich ihrer selbst als distinkter Entitäten mit einer Vergangenheit und Zukunft bewusst sind. *Peter Singer, Praktische Ethik, S. 142, 174f.*

1 Führen Sie das Gedankenexperiment durch (s. hierzu S. 397). → M1

2 Versuchen Sie eine Definition von „Gefühl". Beurteilen Sie, wer nach Ihrer Definition Gefühle haben kann: Menschen, Tiere, Androiden (zum Film vgl. S. 98–101). → M2

3 Erläutern Sie die externe und interne Beurteilung der Gefühle. → M3

4 Erörtern Sie den Zusammenhang von Person und Gefühl. → M4

5 Diskutieren Sie die These Singers, dass es auch nichtmenschliche Personen geben könne, in Bezug auf Tiere und Androiden. → M2/5

5 Körper-Bewusstsein

M1 Das siebenfache Ich

Hans Baldung Grien, Die sieben Lebensalter des Weibes, 1544

M2 Drei Theorien über persönliche Identität

Die erste Theorie – die *Körper-Theorie* der persönlichen Identität – besagt, dass der Körper die Identität eines Menschen bestimmt. Dieser Theorie zufolge ist das Ich einer Person immer dort, wo sich ihr Körper befindet. Die *Seelen-Theorie* besagt, dass jeder Mensch eine immaterielle Seele hat und dass diese es ist, die die Identität bestimmt. Dieser Theorie zufolge befindet sich das Ich eines Menschen immer dort, wo sich seine Seele befindet. Die bisher plausibelste Theorie ist die, die besagt, dass es die Erinnerungen und Wesenszüge sind, die die Identität eines Menschen bestimmen. Nennen wir sie die *Strom-Theorie* der persönlichen Identität.

nach Stephen Law, Philosophie. Abenteuer Denken, S. 80

M3 Probleme der Identität

Angenommen, jemand mache eine plötzliche und heftige Veränderung seines Charakters durch. Er, der früher ein stiller, rücksichtsvoller Kirchgänger und Hausvater war, wacht eines Morgens als lästernder Schreihals und Rüpel auf, der er auch bleibt. Hier könnte man folgende Frage stellen: Ist er dieselbe Person, die er zu sein pflegte? Anscheinend gibt es Schwierigkeiten hinsichtlich der Formulierung dieser Frage, zumindest soweit sie als *Identitätsfrage* gilt.

Probleme hinsichtlich Geist und Körper ergeben sich auf zwei Ebenen. Einerseits gibt es allgemeine Fragen hinsichtlich der Beziehungen zwischen den geistigen Zuständen des Subjekts und seiner Körperlichkeit, insbesondere Fragen über die Beziehungen zwischen jenen Zuständen und dem beobachtbaren Verhalten des Subjekts. Andererseits gibt es Fragen hinsichtlich der Beziehungen zwischen den geistigen Zuständen des Subjekts und gewissen inneren Zuständen seines Organismus (insbesondere des Zentralnervensystems), die man im Rahmen einer ausgereiften psychologischen Wissenschaft vielleicht zu den geistigen Zuständen in Beziehung setzen könnte, wobei durch den Ausdruck „in Beziehung setzen" hier keine Vorentscheidung getroffen werden soll.

nach Bernard Williams, Probleme des Selbst, S. 8f., 105

M4 Körper und Geist

Ich handele vermittels meines Körpers. Nur durch ihn kann ich sprechen. Mit meinen Händen mache ich Gesten. Um zu arbeiten, zu spielen und mich auszudrücken, benötige ich meine Arme, Beine und andere Teile meines Körpers. Verletzungen spüre ich als Schmerz; Berührungen bereiten mir Vergnügen. Fieber wiederum erzeugt Unbehagen. Je älter ich werde, um so mehr Aufmerksamkeit muss ich darauf verwenden, mich um ihn zu kümmern, ihm Nahrung zuzuführen und ihn ganz allgemein zu pflegen und in Schuss zu halten. Ich sage zwar, dass ich einen Körper habe; ich besitze ihn aber nicht in der gleichen Weise wie ich ein Fahrrad oder ein Auto besitze. Er dient nicht nur einfach einem Zweck. Mein Körper ist bis zu einem gewissen Grade Ich. Wenn andere ihn sehen, so sehen sie mich und nicht nur meinen kostbarsten Besitz.

Genauso offensichtlich haben wir auch einen Geist – vielleicht nicht unbedingt jeder, mit dem ich je zu tun hatte, aber doch die meisten von uns. Wir fühlen Schmerz und Vergnügen. Wir erfahren innerlich Freude und Leid. Wir denken, überlegen, reflektieren, träumen und hegen Hoffnungen für die Zukunft. Wir empfinden die unterschiedlichsten Sinnesreize. Die Farben, Töne und Gerüche, die ich wahrnehme, können aufregend und großartig sein. Ich hege Gedanken und habe ständig Ideen. Kurz: Ich besitze einen Geist.

Wenn ich sage, ich habe einen Geist, so ist diese Form des Habens nicht gleichzusetzen mit dem Haben einer Gitarre. Die Gitarre besitze ich, genauso wie mehrere Paar Schuhe, meinen Computer oder auch meinen Hund. Meinen Geist *besitze* ich aber nicht. Ich *bin* vielmehr irgendwie dieser Geist. Wenn Sie meinen Geist kennenlernen, so lernen sie gleichzeitig mich kennen. *Tom Morris, Philosophie für Dummies, S. 186f.*

M5 Gehirn und Geist

Wie jedermann weiß, hängen die Vorgänge in unserem Bewusstsein davon ab, was mit unserem Körper geschieht. Stößt man sich an der Zehe, so tut das weh. Schließt man die Augen, so kann man nicht sehen, was sich vor einem befindet. Beißt man in eine Tafel Toblerone, so schmeckt es nach Schokolade. Haut einem jemand eins über den Kopf, so wird man ohnmächtig.

Solche Belege zeigen, dass jeder Vorgang im Geist oder im Bewusstsein von einem entsprechenden Vorgang im Gehirn abhängen muss. (Man würde, wenn man sich an der Zehe stößt, keinen Schmerz spüren, würden die Nerven in unserem Bein und in der Wirbelsäule nicht Impulse von unserem Fuß ans Gehirn weiterleiten.) Wir wissen zwar nicht, was im Gehirn vor sich geht, wenn wir denken: „Ich frage mich, ob ich genug Zeit habe, mir heute Nachmittag die Haare schneiden zu lassen.“ Wir sind uns jedoch ziemlich sicher, dass dort etwas vor sich geht – etwas, das mit chemischen und elektrischen Ereignissen in den Milliarden von Nervenzellen zu tun hat, aus welchen unser Gehirn besteht. [...]

Es gibt jedoch auch eine philosophische Frage über die Beziehung zwischen dem Geist und dem Gehirn, und diese lautet: Ist unser Geist etwas, das zwar mit unserem Gehirn in Verbindung steht, aber doch von ihm verschieden ist, oder *ist* er unser Gehirn? Sind unsere Gedanken, Gefühle, Wahrnehmungen, Empfindungen und Wünsche Ereignisse, die zu den physikalischen Vorgängen in unserem Gehirn noch *hinzukommen*, oder machen sie ihrerseits eine Teilmenge dieser physikalischen Vorgänge aus? [...]

Eine mögliche Schlussfolgerung lautet, dass es eine Seele geben muss, die so an unseren Körper gebunden ist, dass beide aufeinander einwirken können. Trifft dies zu, so bestehen wir aus zwei sehr verschiedenartigen Dingen: einem komplexen physischen Organismus und einer rein psychischen Seele. (Diese Auffassung bezeichnet man aus offensichtlichen Gründen als DUALISMUS.)

Viele halten jedoch den Glauben an eine Seele für altmodisch und unwissenschaftlich. Alles andere auf der Welt besteht aus körperlicher Materie – aus unterschiedlichen Verbindungen der gleichen chemischen Elemente. Warum also nicht auch wir?

[...] Die Philosophie vermag uns nicht zu sagen, woraus sich Sterne oder Diamanten zusammensetzen, wie kann sie uns also sagen wollen, woraus Personen bestehen oder nicht bestehen?

Thomas Nagel, Was bedeutet das alles?, S. 25-28

1 Was zeichnet eine Person aus? Interpretieren Sie das Bild M1 und beziehen Sie den Text M2 in Ihre Überlegungen mit ein. ➜ M1/2

2 Sind Sie immer die Person, die Sie „zu sein pflegen"? ➜ M3

3 Diskutieren Sie das Problem veränderter oder doppelter Identitäten anhand literarischer Vorbilder, z. B.: Dr. Jekyll and Mr. Hyde. ➜ M3

4 Grenzen Sie folgende Aussagen voneinander ab: Ich habe ein Auto. Ich habe einen Körper. Ich habe einen Geist. ➜ M4

5 Klären Sie folgende Zusammenhänge: Geist / Bewusstsein und Gehirn; Seele / Geist und Körper. ➜ M5

6 Erarbeiten Sie weitere Argumente für und gegen eine dualistische Vorstellung vom Menschen. ➜ M5

6 Das Leib-Seele-Problem

M1 Die Seele entschwindet

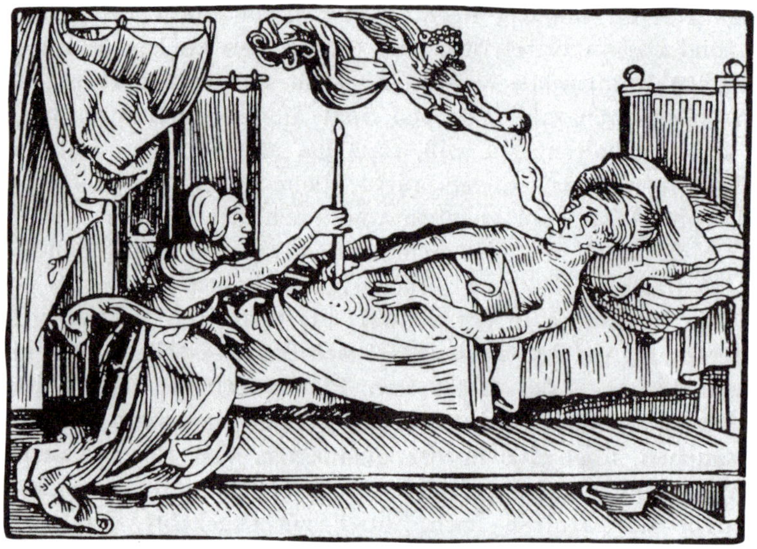

Seele des Toten steigt in den Himmel, Ausschnitt des Titelholzschnitts von Martin Luthers Werk Von der Bereitung zum Sterben, *1520*

M2 Unsterblichkeit der Seele

Der Anfang des Erweises ist dieser. Jede Seele ist unsterblich. Denn das stets Bewegte ist unsterblich, was aber anderes bewegt und selbst von anderem bewegt wird und also einen Abschnitt der Bewegung hat, hat auch einen Abschnitt des Lebens. Nur also das sich selbst Bewegende, weil es nie sich selbst verlässt, wird auch nie aufhören, bewegt zu sein, sondern auch allem, was sonst bewegt wird, ist dieses Quelle und Anfang der Bewegung. Der Anfang aber ist unentstanden. [...] Demnach also ist der Bewegung Anfang das sich selbst Bewegende; dies aber kann weder untergehen noch entstehen, oder der ganze Himmel und die gesamte Schöpfung müssten zusammenfallend still stehen und hätten nichts, woher bewegt sie wiederum entstehen könnten. Nachdem sich nun das sich von selbst Bewegende als unsterblich gezeigt hat, so darf man sich auch nicht schämen, eben dieses für das Wesen und den Begriff der Seele zu erklären. Denn jeder Körper, dem nur von außen das Bewegt-Werden kommt, heißt unbeseelt, der es aber in sich hat aus sich selbst, beseelt, als sei dieses die Natur der Seele. Verhält sich aber dieses so, dass nichts anderes das sich selbst Bewegende ist als die Seele, so ist notwendig auch die Seele unentstanden und unsterblich.

Platon, Phaidros, S. 67f.

M3 Leib und Seele

Und ich wandte mich auf mich und sprach zu mir: Wer bist nun du? Und gab zur Antwort: Mensch. Und da erzeigen sich in meinem Sinne Leib und Seele, eines draußen und das andere drinnen. Was von beiden ist's, wo ich meinen Gott erfragen soll, nach dem ich auf Leibes Weise schon auf der Suche war von der Erde bis zum Himmel, so weit ich nur als Boten die Blicke meiner Augen schicken konnte? Aber besser ist, was innen ist. Denn alle Boten meines Leibes brachten ihre Meldung bis dort hin in das Ich, das waltet und urteilt über die Antworten des Himmels und der Erde und aller Dinge in ihnen, als sie sagten: „nicht wir sind Gott" und „er ist's, der uns erschaffen hat". Der innere Mensch ward es inne durch den Dienst des äußeren; ich, der Innenmensch, ward es inne, ich, das Seele-Ich, durch das Binnenwesen meines Leibes. [...]

Denn die Wahrheit ist es, die mir sagt: dein Gott sind Himmel nicht und Erde noch irgend was Körper ist. Das sagt schon die Natur der Dinge dem, der sieht: denn jede Masse ist geringer im Teil als im Ganzen. So bist denn du, dir sag ich es, Seele, das Bessere, denn du durchdringst mit Kraft die Masse deines Leibes und verleihst ihm Leben, so wie es kein Körper einem Körper verleihen kann. Aber auch für dich ist ein Lebendigmacher, dein Gott, des Lebens Leben.

Augustinus, Bekenntnisse (X, 6), S. 160f.

M4 Seele als Materie

Nachdem man dem Menschen willkürlich zwei verschiedene Substanzen angedichtet hatte, behauptete man, wie wir gesehen haben, dass diejenige, die unsichtbar in ihm selbst wirken sollte, wesentlich von derjenigen verschieden sei, die außen wirkte; die erste bezeichnete man, wie wir gesagt haben, mit dem Wort Geist oder Seele. Aber wenn wir fragen: was ist Geist?, dann antworten uns die modernen Philosophen, das Ergebnis aller ihrer metaphysischen Untersuchungen beschränke sich auf die Erkenntnis, dass das, was den Menschen wirken lasse, eine Substanz unbekannter Natur sei, in einem solchen Sinne einfach, unteilbar, ohne Ausdehnung, unsichtbar und sinnlich unerfassbar, dass ihre Teile nicht einmal durch die Abstraktion oder in Gedanken getrennt werden können. Aber wie soll man sich eine solche Substanz vorstellen, die nur eine Negation alles dessen ist, was wir kennen? Wie soll man sich eine Idee machen von einer Substanz, die ohne Ausdehnung ist und dennoch auf unsere Sinne wirkt, das heißt auf materielle Organe, die Ausdehnung haben? Wie kann ein Ding ohne Ausdehnung beweglich sein und Materie in Bewegung setzen? Wie kann eine Substanz ohne Teile fortwährend zu verschiedenen Teilen des Raumes in Beziehung stehen? In der Tat ist die Bewegung, wie jeder zugeben muss, die fortlaufende Veränderung der Beziehungen eines Körpers zu verschiedenen Punkten eines Ortes oder des Raumes oder zu anderen Körpern. Wenn das, was man Geist nennt, imstande ist, Bewegungen zu empfangen oder mitzuteilen; wenn es wirkt; wenn es die Organe des Körpers spielen lässt: dann muss dieses Ding, um diese Wirkungen hervorzurufen, fortlaufend seine Beziehungen, sein Streben, seine wechselseitigen Verhältnisse und die Stellung seiner Teile zu verschiedenen Punkten des Raumes oder zu verschiedenen Organen des Körper, den es in Bewegung setzt, ändern: aber um seine Beziehungen zu dem Raum oder zu den Organen, die er bewegt, zu verändern, muss dieser Geist Ausdehnung, Festigkeit und folglich unterschiedliche Teile haben: hat eine Substanz diese Eigenschaften, dann ist sie das, was wir Materie nennen, und sie kann nicht, wie die modernen Philosophen wollen, als ein einfaches Ding angesehen werden. So sieht man, dass diejenigen, die im Menschen eine immaterielle, von seinem Körper unterschiedene Substanz angenommen haben, sich selbst nicht verstanden und sich nur eine negative Eigenschaft vorgestellt haben, von der sie keine wirkliche Idee hatten; nur die Materie kann auf unsere Sinne wirken, ohne die wir unmöglich irgendetwas erkennen könnten.

Paul Thiry d'Holbach, System der Natur, S. 83f.

Das Leib-Seele-Problem

Unter dem Leib-Seele-Problem (oder auch Körper-Geist-Problem) versteht man den philosophischen Diskurs über alle Fragen des Zusammenhangs zwischen körperlich-materiellen Prozessen einerseits sowie psychischen und geistigen Prozessen andererseits. Die Grundfrage lautet: Wie sind körperliche und seelische Funktionen aufeinander bezogen? Die Antworten lassen sich grundsätzlich in zwei Richtungen einteilen: den Dualismus und der Monismus.

Leib – Seele
Materie – Bewusstsein
Körper (Gehirn) – Geist

Dualismus	Monismus
Geist ist immateriell: Wechselwirkung zwischen Geist und Gehirn; Seele ist unsterblich.	Alles ist Materie: Geist ist nur Nebenprodukt oder Eigenschaft des Gehirns; es gibt keine Seele.

1. Beschreiben Sie die Vorstellung von der Seele, die der Holzschnitt darstellt. → M1
2. Analysieren Sie den Beweis für die Unsterblichkeit der Seele. → M2/Infokasten
3. Beschreiben Sie den daraus entstehenden abendländischen Dualismus. → M2/Infokasten
4. Zeigen Sie, wie Augustinus den Vorrang der Seele vor dem Leib begründet. → M3
5. Stellen Sie die Attribute der Seele zusammen: Inwiefern ist eine geistige Substanz ein Widerspruch in sich? → M4
6. Arbeiten Sie die Thesen des Textes heraus und diskutieren Sie sie in Hinblick auf die moderne Hirnforschung. → M4

7 Geist und Körper – alles Materie?

M1 Der Mensch als Maschine

Der menschliche Körper ist eine Maschine, die selbst ihre Federn aufzieht, ein lebendes Abbild der ewigen Bewegung. […]

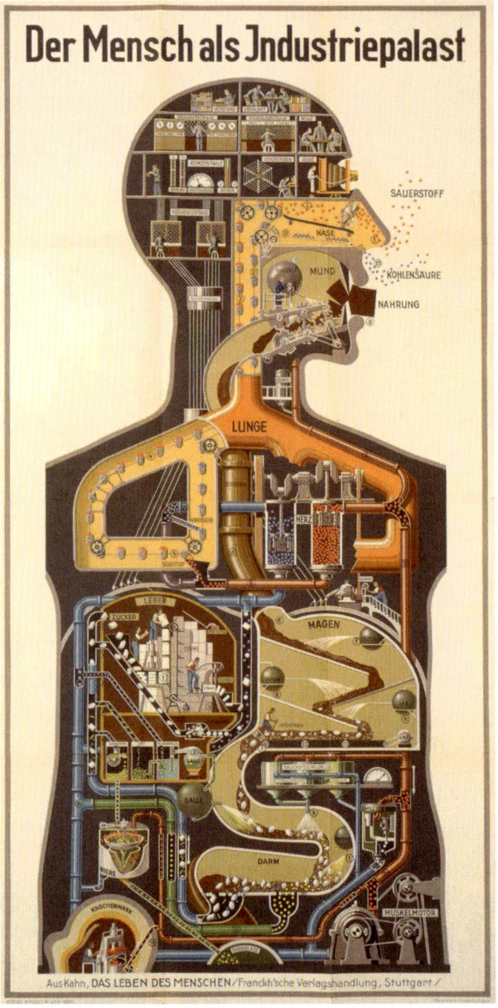

In der Tat, wenn das, was in meinem Gehirn denkt, nicht ein Teil dieses inneren Organs und folglich des ganzen Körpers ist, warum erhitzt sich dann mein Blut, während ich ruhig in meinem Bett den Plan eines Werkes entwerfe oder einen abstrakten Gedankengang verfolge? Warum überträgt sich das Fieber meines Geistes auf meine Blutgefäße? Fragen Sie das die Männer von Einbildungskraft, die großen Dichter, diejenigen, die ein gut wiedergegebenes Gefühl entzückt, die ein auserlesener Geschmack, die Reize der Natur, der Wahrheit oder der Tugend mitreißen! An ihrer Begeisterung, an dem, was sie Ihnen über ihre Empfindungen sagen werden, werden Sie die Ursache von den Wirkungen her beurteilen […]. Denn wenn schließlich die Anspannung der Nerven, die den Schmerz erzeugt, das Fieber verursacht, welches den Geist verwirrt und willenlos macht, und wenn umgekehrt der überanstrengte Geist den Körper beeinträchtigt und jenes verzehrende Feuer entzündet, das Bayle [frz. Schriftsteller und Philosoph der Aufklärung] in einem so wenig fortgeschrittenen Alter dahingerafft hat – wenn solcher Kitzel mich das wünschen lässt, mich zwingt, das heftig zu begehren, um das ich mich einen Augenblick zuvor nicht im geringsten gekümmert hatte; wenn ihrerseits gewisse Spuren des Gehirns die gleiche Begierde und die gleichen Wünsche hervorrufen – warum verdoppeln, was offensichtlich nur eins ist? Vergeblich beruft man sich auf die Macht des Willens. Für einen Befehl, den er gibt, nimmt er hundertmal das Joch auf sich. […]

Bedarf es noch weiterer Ausführungen […] um zu beweisen, dass der Mensch nur ein Tier oder eine Zusammensetzung von Triebfedern ist, die sich alle gegenseitig aufziehen, ohne dass man sagen könnte, an welchem Punkt des menschlichen Kreises die Natur den Anfang gemacht hat? Wenn diese Triebfedern sich voneinander unterscheiden, so ist es doch nur durch ihre Lage und durch einige Kraftgrade, und niemals durch ihre Beschaffenheit; und folgerichtig ist die Seele nur ein Bewegungsprinzip bzw. ein empfindlicher materieller Teil des Gehirns, den man – ohne einen Irrtum befürchten zu müssen – als eine Haupttriebfeder der ganzen Maschine betrachten kann, die einen sichtbaren Einfluss auf alle anderen hat und sogar als Erste geschaffen zu sein scheint; so dass alle anderen nur eine Emanation [Ausfluss, Folge] von ihr wären.

Julien Offray de la Mettrie, L'homme machine, S. 35, 107, 111

M2 Unser genetisches Programm

Wie abhängig oder wie emanzipiert ist der erblich gesunde Mensch von seinen Genen? Wie weit sind die Fähigkeiten und das Verhalten des Menschen durch sein Erbgut determiniert?

Die Antwort der Wissenschaft lautet, dass wir alle weit mehr genetisch determiniert sind als wir gemeinhin glauben und wahrhaben wollen. Gewiss, wir haben nichts dagegen, wenn man uns sagt, dass die Struktur unseres Haares, unsere Augenfarbe oder unsere Blutgruppe genetisch bestimmt sind, dass wir eine serologische Individualität besitzen, dass wir in unseren physischen Eigenschaften deshalb Unikate darstellen, weil wir genetisch so weitgehend determiniert sind. Aber wie steht es mit unserem geistig-seelischen Vermögen? Die mit einem hohen wissenschaftlichen Anspruch und äußerster Sorgfalt ausgeführten Studien an Zwillingen und an Adoptivkindern lassen keinen Zweifel daran, dass unsere Hirnleistungen, unsere mentalen und kognitiven Leistungen, von Umwelteinflüssen weitgehend unabhängig sind, solange eine dem Menschen angemessene Umgebung gewährleistet ist. Wir können „lernen" und „denken", gewiss; aber nur nach Maßgabe der genetisch vorgegebenen Kapazitäten und Strategien. Die geistig-seelischen Unterschiede zwischen den Menschen sind weitgehend genetisch bedingt (ähnlich wie die leiblichen Unterschiede), sofern die dem Menschen gemäßen („normalen") Umweltbedingungen gegeben sind. Wir können die humangenetischen Sachverhalte drehen und wenden, um diese Schlussfolgerung kommen wir nicht herum. Sowohl die dem Menschen eigene „forma substantialis" als auch die vielfältige „accidentia" haben ihre wesentlich Ursache in bestimmten materiellen Komponenten unseres Körpers. Einfacher ausgedrückt: Jeder von uns hat seinen individuellen genetischen Schatten, und keiner von uns kann über seinen genetischen Schatten springen. [...] Der Biologe kann das Leib-Seele-Problem lediglich als Aporie formulieren: Als vernunftbegabte Wesen können wir die Vorstellung sittlicher Freiheit für die Ethik ebenso wenig aufgeben wie die der kausalen Notwendigkeit für die Wissenschaft.

Hans Mohr, Natur und Moral, S. 90f.

M3 Materialismus als Glaube?

Nach dieser Philosophie ist die beobachtbare Materie die einzige Wirklichkeit, und alles, einschließlich des Denkens, des Wollens und des Fühlens, kann nur in Begriffen von Materie und den Naturgesetzen, die die Materie beherrschen, erklärt werden. [...] Diesem deterministischen Standpunkt zufolge ist das Bewusstsein Ihrer selbst und der Welt, die Sie umgibt, einfach das Nebenprodukt oder Epiphänomen neuronaler Aktivitäten, ohne dass es eine unabhängige Fähigkeit der Beeinflussung oder Steuerung neuronaler Aktivitäten gäbe. [...] Ich werde schlichtweg behaupten, dass diese deterministische materialistische Sichtweise ein Überzeugungssystem ist; es ist keine wissenschaftliche Theorie, die durch direkte Tests bestätigt wurde. Es stimmt zwar, dass wissenschaftliche Entdeckungen zunehmend starke Belege für die Art und Weise erbracht haben, in der mentale Fähigkeiten und sogar das Wesen der eigenen Persönlichkeit von spezifischen Strukturen des Gehirns abhängen und von ihnen gesteuert werden können. [...] Tatsächlich sind bewusste geistige Phänomene nicht auf die Kenntnis der Aktivitäten von Nervenzellen reduzierbar oder durch sie zu erklären. Man könnte in das Gehirn schauen und Verbindungen zwischen Nervenzellen sehen und neuronale Botschaften in großem Überfluss hin und her sausen sehen. Man würde aber kein bewusstes, geistiges, subjektives Phänomen beobachten. Nur der Bericht der Person, die solche Phänomene erlebt, könnte einen darüber aufklären. *Benjamin Libet, Mind Time, S. 24-26*

1. Erläutern Sie die Triebfedern, die den Menschen nach La Mettrie bestimmen. ➜ M1
2. Analysieren Sie das Bild und setzen Sie es in Beziehung zum Text (z. B. Z. 1-3, 69-77). ➜ M1
3. Finden Sie Beispiele für unsere genetische Programmierung. ➜ M2
4. Diskutieren Sie, ob eine durchgängige genetische Determinierung mit unserem alltäglichen Selbstbewusstsein vereinbar ist. ➜ M2
5. Erläutern Sie Libets Einwand gegen die materialistisch-monistische Einstellung. ➜ M3

8 Der Mensch als Vernunftwesen

M1 .....?

M2 Der Mensch, das vernunftfähige Tier

Es bleibt uns also, um dem Menschen im System der lebenden Natur seine Klasse anzuweisen und so ihn zu charakterisieren, nichts übrig als: dass er einen Charakter hat, den er sich selbst schafft, indem er vermögend ist, sich nach seinen von ihm selbst genommenen Zwecken zu perfektionieren; wodurch er als mit Vernunftfähigkeit begabtes Tier (animal rationabile) aus sich selbst ein vernünftiges Tier (animal rationale) machen kann; – wo er dann: erstlich sich selbst und seine Art erhält, zweitens sie übt, belehrt und für die häusliche Gesellschaft erzieht, drittens sie als ein systematisches (nach Vernunftprinzipien geordnetes), für die Gesellschaft gehöriges Ganze regiert; wobei aber das Charakteristische der Menschengattung in Vergleichung mit der Idee möglicher vernünftiger Wesen auf Erden überhaupt dieses ist: dass die Natur den Keim der Zwietracht in sie gelegt und gewollt hat, dass ihre eigene Vernunft aus dieser diejenige Eintracht, wenigstens die beständige Annäherung zu derselben herausbringe: [...] die Perfektionierung des Menschen durch fortschreitende Kultur, wenngleich mit mancher Aufopferung der Lebensfreuden desselben, zu bewirken.

Immanuel Kant, Anthropologie in pragmatischer Hinsicht, S. 277

M3 Vernunft – was ist das?

Für unseren Sprachgebrauch ist Vernunft etwas, was Menschen haben oder vermissen lassen, und wenn wir von ihnen verlangen, sie sollten endlich Vernunft annehmen, dann erwarten wir nicht, dass sie sich etwas außer ihnen Vorhandenes aneignen, sondern nur, dass sie das in sich zur Geltung bringen, was schon in ihnen angelegt ist: ihre Fähigkeit, vernünftig zu sein. Überhaupt haben wir mit dem Substantiv „Vernunft" Schwierigkeiten, denn was sollte das schon sein: „die" Vernunft? Das Adjektiv „vernünftig" liegt uns viel näher, und etwas Adjektivisches meinen wir meist auch, wenn wir von der Vernunft reden: nicht eine Substanz oder einen Gegenstand, sondern Eigenschaften, Beschaffenheiten, Möglichkeiten oder Ansprüche, die uns für Vernünftigkeit kennzeichnend zu sein scheinen.

Herbert Schnädelbach, Vernunft, S. 77

M4 Der Mensch hat als Gattungswesen Vernunft

Was also ist gemeint, wenn wir dem Menschen als Gattungswesen „Vernunft" zuschreiben? [...] Der Mensch lernt es [das Sprechen] erst im Laufe seiner ersten Lebensjahre und beherrscht es danach mehr oder weniger gut. Man sagt dann, dass er *sprechen* kann, ohne damit zu behaupten, er täte es *jederzeit, ununterbrochen* und stets vollkommen *fehlerfrei*. Wenn er sich unter den normalen Bedingungen des Lebens der Sprache bedienen kann, hat er die Fähigkeit zu sprechen und stellt somit unter Beweis, dass er ein *sprachbegabtes Wesen* ist. [...] Entsprechend ist es mit der Vernunft. Auch sie zeigt sich in bestimmten Fertigkeiten, von denen wir auf eine *Fähigkeit* schließen, über die der Mensch *nach Maßgabe des Lebens* verfügt. Die Fertigkeit lässt sich in allgemeiner Weise als Schlussfolgern bezeichnen, und sie zeigt sich, je nach den Umständen, im gemeinsamen Beratschlagen, im schlüssigen Argumentieren, in der konsequenten Darstellung eines Gedankens, im nachvollziehenden Verständnis oder einfach in der Tatsache, dass jemand das Richtige tut. Alles dies sind nur Beispiele, die jeder für sich beliebig erweitern kann. [...]

Natürlich ist die Vernunft nicht *mit mathematischer Exaktheit* auf jeden gleich verteilt; gewiss können wir gelegentlich auch einer Täuschung erliegen und jemanden für unvernünftig halten, der sich aus der Nähe betrachtet als durchaus rational erweist – und umgekehrt. Aufs Ganze gesehen kommt es nur zu häufig vor, dass sich etwas zunächst für vernünftig Angesehenes ins Gegenteil verkehrt. Gleichwohl ändert das alles nichts an der Tatsache, *dass* wir solche Verhaltensweisen an uns und unseresgleichen beobachten und dass wir sie als Leistungen der *Vernunft* verstehen, Leistungen, die wir stets nur an *Individuen* wahrnehmen und die wir dennoch – zumindest als Fähigkeit – der menschlichen Gattung zurechnen.

In dieser *Selbstzuschreibung* der Vernunft liegt auch nicht die Spur einer Anmaßung. Denn wir verfahren mit ihr nicht anders als beim Rechnen oder Sprechen: Wenn ein Mensch das durchschnittlich kann, was mit der Fähigkeit zu schließen üblicherweise verbunden ist, dann hat er Vernunft, ebenso wie er Sprache hat, wenn er denn sprechen kann. Und diese Fähigkeit hat er als Gattungswesen, weil alles, was der Leistung vernünftigen Verhaltens physisch, psychisch und intellektuell vorausliegt, und alles, was durch sie kulturell wie individuell möglich wird, an den Lebenszusammenhang der Population gebunden ist. Da wir nicht nur Kinder, Alte und Kranke, sondern auch Schlafende und Träumende, Narkotisierte und Volltrunkene als Menschen ansehen, die nach Maßgabe des Lebens (also im normalen Zustand ihrer ausgebildeten Kräfte) rechnen und sprechen können, hat auch der Mensch als Gattungswesen als vernünftig zu gelten. [...]

In den skizzierten Leistungen ist die Vernunft unverzichtbar, denn ohne sie könnten wir weder eine Situation noch ein Problem identifizieren und wären erst recht nicht in der Lage, sie auf uns zu beziehen. Somit könnten wir ohne Vernunft noch nicht einmal sagen, womit es uns ernst ist und worauf es uns dabei ankommt. *Volker Gerhardt, Selbstbestimmung, S. 315-317*

M5 Mehr als Vernunft

Wir verstehen uns selbst von jeher als Homo sapiens, als vernunftbegabte Wesen, die aufgrund ihres überlegenen Denkvermögens eine Sonderstellung unter den Tieren einnehmen. Das ist der Mensch, wie ihn Rodins Plastik *Der Denker* zeigt – das Kinn auf die Faust gestützt, in Gedanken versunken, für sich allein. In Wirklichkeit aber unterscheiden wir uns durch unsere überragenden sozialen Fähigkeiten von den anderen Tieren: Wir können unterrichten, lernen, Mitgefühl empfinden, uns in andere hineinversetzen, und wir können Kulturen, Institutionen und das komplexe geistige Gerüst von Zivilisationen aufbauen. Wer sind wir? [...] Wir sind Kommunikationszentren, und auch, wenn wir manche Prozesse nicht einmal annähernd verstehen, besitzen wir die Fähigkeit, diesen Datenverkehr teilweise zu steuern – unsere Aufmerksamkeit von einem Inhalt auf den anderen zu lenken, eine Auswahl vorzunehmen und uns zu konzentrieren. Erst durch das sich ständig anreichernde Wechselspiel unserer Netzwerke werden wir ganz wir selbst. Mehr als nach allem anderen streben wir danach, tiefere und umfassendere Beziehungen aufzubauen. *David Brooks, Das soziale Tier, S. 17f.*

1 Geben Sie der Karikatur einen Titel. → M1

2 Erläutern Sie den Unterschied, den Immanuel Kant zwischen der Bestimmung des Menschen als „animal rationale" und „animal rationabile" vornimmt. → M2

3 a) „Übersetzen" Sie den im Text dargelegten Gedanken Kants in unsere heutige Sprache. → M2

b) Führen Sie ein Interview mit dem Text, indem Sie Fragen formulieren, welche die Begriffe sowie die Gedanken des Textes deutlich machen. → M2

4 Erstellen Sie eine Liste von Fertigkeiten, die im Sinne von Herbert Schnädelbach gemeint sind, wenn wir von einem Menschen erwarten, dass er vernünftig sein solle. → M3

5 Geben Sie den Argumentationsgang wieder, den Volker Gerhardt hier entwickelt, und erarbeiten Sie die Leistungen der Vernunft. → M4

6 Argumentieren Sie mit David Brooks, dass der Mensch mehr ist als ein bloßes Vernunftwesen. → M5

9 Sind wir einzigartig?

M1 Der Mensch als höchstes Wesen

dtv-Atlas Philosophie, S. 98

M2 Die Stellung in der Ordnung des Universums

In einer 1486 gehaltenen Rede Mirandolas wird dem Menschen durch die Ansprache Gottes eine einmalige Sonderstellung zugewiesen.

„Keinen festen Ort habe ich dir zugewiesen und kein eigenes Aussehen, ich habe dir keine dich allein auszeichnende Gabe verliehen, da du, Adam, den Ort, das Aussehen, die Gaben, die du dir wünschst, nach eigenem Willen und Ermessen erhalten und besitzen sollst. Die beschränkte Natur der übrigen Wesen wird von Gesetzen eingegrenzt, die ich gegeben habe. Du sollst deine Natur ohne Beschränkung nach deinem freien Ermessen, dem ich dich überlassen habe, selbst bestimmen. Ich habe dich in die Weltmitte gestellt, damit du umso leichter alles erkennen kannst, was ringsum in der Welt ist. Ich habe dich nicht himmlisch noch irdisch, nicht sterblich noch unsterblich geschaffen, damit du dich frei, aus eigener Macht, selbst modellierend und bearbeitend zu der von dir gewollten Form ausbilden kannst. Du kannst ins Untere, zum Tierischen, entarten; du kannst, wenn du es willst, in die Höhe „ins Göttliche wieder geboren werden."

Giovanni Pico della Mirandola, De dignitate hominis, S. 27f.

M3 Eigendünkel als Erbkrankheit

Betrachten wir denn einmal den Menschen allein, ohne fremde Hilfe, nur mit seinen eigenen Waffen gerüstet und beraubt der Gnade und Erkenntnis Gottes, die all seine Ehre, seine Kraft und der Urgrund seines Daseins ist. Sehen wir, wie er sich in dieser schönen Rüstung ausnimmt. Mache er mir durch die Kraft seiner Schlussfolgerungen begreiflich, auf welchen Fels er diese großen Vorzüge gegründet hat, die er vor der übrigen Kreatur zu haben meint. Wer hat ihm in den Kopf gesetzt, dass dieser bewundernswürdige Reigen des Himmelsgewölbes, das ewige Licht dieser Flammenkörper, die so erhaben über seinem Haupte kreisen, die ungeheuren Bewegungen dieses unendlichen Meeres zu seiner Annehmlichkeit und zu seinen Diensten geschaffen und so viele Jahrhunderte in Gang gehalten wurden? Lässt sich etwas Lächerlicheres ausdenken, als wenn dieses elende und erbärmliche Geschöpf, das nicht einmal seiner selbst Herr und von allen Seiten jeder Unbill ausgesetzt ist, sich für den Herrn und Meister des Alls ausgibt, von dem auch nur den geringsten Teil zu überschauen, geschweige denn zu beherrschen, nicht in seiner Macht steht? Und dieses Vorrecht, das er sich zuschreibt, in diesem großen Gebäude der Einzige zu sein, der das Vermögen besitze, dessen Schönheit und dessen Bausteine zu erkennen, der Einzige, dem Baumeister Dank zu wissen und über Anlage und Haushalt der Welt Rechnung zu führen, wer hat ihm dieses Vorrecht verbrieft und gesiegelt? Er weise uns doch die Urkunde dieser schönen und großen Bestallung vor.

Die Anmaßung ist unsere natürliche Erbkrankheit. Das unglückseligste und gebrechlichste aller Geschöpfe ist der Mensch, und allzumal das hoffärtigste. [...] Aus dem Hochmut dieser gleichen Einbildung kommt es, dass er sich Gott gleichstellt, dass er sich göttliche Eigenschaften beimisst, dass er sich auserlesen dünkt und vom großen Haufen der übrigen Geschöpfe absondert, den Tieren, seinen Brüdern und Genossen, ihr Teil zuweist und ihnen das Maß von Fähigkeiten und Kräften zuwägt, das er ihnen gönnen will. Wie vermag er durch die Kraft seines Verstandes die inneren und geheimen Regungen der Tiere zu erkennen? Durch welche Vergleichung zwischen ihnen und uns schließt er auf die Unvernunft, die er ihnen beilegt?

Michel de Montaigne, Essais, 2. Buch, S. 432f.

M4 Erbfehler der Philosophen

Alle Philosophen haben den gemeinsamen Fehler an sich, dass sie vom gegenwärtigen Menschen ausgehen und durch eine Analyse desselben ans Ziel zu kommen meinen. Unwillkürlich schwebt ihnen „der Mensch" als eine *aeterna veritas [ewige Wahrheit]*, als ein Gleichbleibendes in allem Strudel, als ein sicheres Maß der Dinge vor. Alles, was der Philosoph über den Menschen aussagt, ist aber im Grunde nicht mehr als ein Zeugnis über den Menschen eines *sehr beschränkten* Zeitraumes. Mangel an historischem Sinn ist der Erbfehler aller Philosophen; manche sogar nehmen unversehens die allerjüngste Gestaltung des Menschen, wie eine solche unter dem Eindruck bestimmter Religionen, ja bestimmter politischer Ereignisse entstanden ist, als die feste Form, von der man ausgehen müsse. Sie wollen nicht lernen, dass der Mensch geworden ist, dass auch das Erkenntnisvermögen geworden ist; während einige von ihnen sogar die ganze Welt aus diesem Erkenntnisvermögen sich herausspinnen lassen. – Nun ist alles *Wesentliche* der menschlichen Entwicklung in Urzeiten vor sich gegangen, lange vor jenen 4000 Jahren, die wir ungefähr kennen; in diesen mag sich der Mensch nicht viel mehr verändert haben. Da sieht aber der Philosoph „Instinkte" am gegenwärtigen Menschen und nimmt an, dass diese zu den unveränderlichen Tatsachen des Menschen gehören und insofern einen Schlüssel zum Verständnis der Welt überhaupt abgeben können: Die ganze Teleologie ist darauf gebaut, dass man vom Menschen der letzten vier Jahrtausende als von einem *ewigen* redet, zu welchem hin alle Dinge in der Welt von ihrem Anbeginne eine natürliche Richtung haben. Alles aber ist geworden; es gibt *keine ewigen Tatsachen:* so wie es keine absoluten Wahrheiten gibt.

Friedrich Nietzsche, Menschliches, Allzumenschliches, Bd. I, S. 448

M5 Meine Einzigartigkeit

Der Hirnforscher J. C. Eccles wendet sich gegen die Auffassung, dass die persönliche Einzigartigkeit und das Selbstbewusstsein durch die genetische Einzigartigkeit erklärt werden könne.

So bin ich genötigt zu glauben, dass es etwas gibt, das wir einen übernatürlichen Ursprung meines einzigartigen selbstbewussten Geistes oder meiner einzigartigen Selbstheit der Seele nennen könnten; und das lässt natürlich ein ganzes Bündel neuer Probleme entstehen. Wie kommt meine Seele dazu, mit meinem Gehirn in Verbindung zu stehen, das einen evolutionären Ursprung besitzt? Mit dieser Idee einer übernatürlichen Schöpfung entkomme ich der unglaublichen Unwahrscheinlichkeit, dass die Einzigartigkeit meines eigenen Ich genetisch determiniert ist. Es gibt kein Problem wegen genetischer Einzigartigkeit meines Gehirns. Es ist die Einzigartigkeit des erlebten Ich, die diese Hypothese eines unabhängigen Ursprungs des Ich oder der Seele erforderlich macht, das dann mit einem Gehirn verknüpft wird, das so zu meinem Gehirn wird. Das ist es, wie das Ich dann dazu kommt, als ein selbstbewusster Geist zu handeln, indem es mit dem Gehirn auf all die Weise arbeitet, über die wir gesprochen haben, indem es empfängt und ihm gibt und eine wundervolle integrierende und antreibende und kontrollierende Tätigkeit auf der neutralen Maschinerie des Gehirns ausübt.

Karl R. Popper / John C. Eccles, Das Ich und sein Gehirn, S. 658

1 Erläutern Sie die Stellung und Funktion des Menschen in der Welt im Vergleich zu anderen Wesenheiten. ➜ M1
2 Erörtern Sie den Zweck, zu dem Gott den Menschen erschaffen hat, unter dem Gedanken der Möglichkeiten und der Entartung. ➜ M2
3 Zeichnen Sie die Entlarvungsstrategie nach, mit der Montaigne die Thesen Mirandolas infrage stellt. ➜ M3
4 Setzen Sie Nietzsche mit Montaigne und Mirandola in einen Dialog. ➜ M2-4
5 Belegen Sie die Einzigartigkeit des erlebten Ich an Beispielen aus Ihrem Erfahrungsbereich. ➜ M5
6 Diskutieren Sie die Antwort Poppers auf den genetischen Determinismus (vgl. hierzu auch S. 33). ➜ M5

10 Anspruch der Anthropologie

M1 Erste Thesen

Unter allem Wirklichen („Seienden") ist der Mensch bzw. sind die Menschen die einzigen Wesen, die sich selbst zum Problem und so zum Thema und Objekt werden. *Alwin Diemer, Elementarkurs Philosophie, S. 17*

Es ist die Frage, ob der Mensch überhaupt erschöpfend begriffen werden kann in dem, was von ihm wissbar ist. [...] Der Mensch ist grundsätzlich mehr, als er von sich wissen kann.

Karl Jaspers, Einführung in die Philosophie, S. 50

Dass der Mensch nicht nur, wie anderes Seiendes, einfach ist, sondern nach sich selbst fragt und sich selbst deutet, dass der Anthropos einen Anthropologen einschließt, das ist nicht theoretische Spielerei, die auch fehlen könnte; es entspringt der Notwendigkeit desjenigen Wesens, das sich selbst schaffen muss und das daher eines Bildes bedarf, auf das hin es sich schaffen soll.

Michael Landmann, Philosophische Anthropologie, S. 10

M2 Fragen der philosophischen Anthropologie

In der Anthropologie geht es um den Menschen als solchen. Die Frage „Was ist der Mensch?" bezieht sich auf den Menschen, insofern er Mensch ist, nicht darauf, wie der Mensch empfindet, denkt und handelt, wie er sich zu seiner Welt, zu anderen und zu sich selbst verhält. Diese Fragen, die in anderen philosophischen Disziplinen behandelt werden, setzen den Menschen und ein Verständnis des Menschen voraus; die philosophische Anthropologie macht dieses Vorverständnis ausdrücklich zum Thema.

Was macht die Frage nach dem Menschen interessant? Darauf sind sehr verschiedene Antworten möglich. Zumindest kann man sagen, die theoretische Neugierde des Menschen erfasst auch ihn selbst. Unabhängig von seinen kulturellen, individuellen und psychologischen Besonderheiten möchte er wissen, was und wer er ist, insofern er Mensch ist. Philosophie und Wissenschaften haben im Laufe der Zeit unzählige Antworten auf diese Frage gegeben. Das Lebewesen ist *homo*, es entstammt dem *humus*, der Erde. Es ist *animal*, beseelter Körper oder Leib. Wir sind *animal rationale* ebenso wie *homo demens* (verrückt), *imitans* (nachahmend), *loquax* (geschwätzig), ein vernunftfähiges, sprechendes, lachendes und weinendes, Symbole gebrauchendes, herstellendes, Ökonomie treibendes, Werkzeug gebrauchendes soziales Tier. Jede dieser Bestimmungen spricht etwas Wesentliches am Menschen an, aber gerade weil dies für alles zutrifft, kann keine allein einen exklusiven Erklärungsanspruch geltend machen. Eine und wohl die älteste allgemeine philosophische Bestimmung des Menschen allerdings verdient besondere Beachtung, weil ohne sie keine andere möglich wäre. Sie spricht die Fähigkeit des Menschen an, nach sich selbst zu fragen, sich auf sich selbst zu beziehen und diesen Bezug zu kommunizieren. Diese Fähigkeit zeichnet den Menschen im Griechischen als ein zóon lógon échon – lateinisch als *animal rationale* – aus, das zu Vernunft und Rede fähige Lebewesen bzw. Tier. Dass der Mensch ein vernunftbegabtes Lebewesen ist, ist buchstäblich selbstverständlich oder selbsterklärend; denn um überhaupt nach sich fragen zu können, muss vorausgesetzt werden, was die *animal rationale*-Formel erklären will: Man muss schon über Vernunft verfügen, um sich überhaupt etwas zuschreiben zu können. Bestreitet man die *animal rationale*-Formel, gerät man in den Widerspruch, dasjenige zu bestreiten, was für das Bestreiten vorausgesetzt werden muss. Die *animal rationale*-Formel ist eine allgemeine Bestimmung; sie enthält keine spezifischen Prädikate, die das anthropologische Wissen erweitern und aufklären könnten, wie es möglich ist, ein *animal rationale* zu sein, dasjenige Lebewesen, welches sich Vernunft und Sprache zuschreibt.

Wie beginnt man also mit der Untersuchung des *animal rationale*? Um nicht auf unerklärte Voraussetzungen zu bauen, bietet es sich an, auf eine grundlegende Kategorie zurückzugreifen, die nicht sinnvoll bestritten werden kann: Die Frage nach dem Menschen ist die Frage nach dem Lebewesen „Mensch". Wie immer man den Menschen anthropologisch bestimmt, jedenfalls ist er ein Lebewesen. Die philosophische Anthropologie lässt sich damit auf einen Grundbegriff ein, den sie mit der Biologie, der Wissenschaft von den Lebewesen, teilt. Unterscheidet sie sich von der Biologie und von der empirischen Anthropologie sowie der Paläoanthropologie, die die Vor- und Frühgeschichte, die Stammesgeschichte der Spezies Mensch erforscht? Ja, denn der Rückbezug auf den Fragenden selbst ist zentral für die philosophische Anthropologie, nicht aber für die Biologie und andere empirische Wissenschaften vom Menschen.

Auch wenn die philosophische Anthropologie mit der Biologie die Kategorie „Lebewesen" als Ausgangspunkt ihrer Untersuchungen teilt, so unterscheidet sie sich von der Biologie dadurch, dass sie sich nicht für Lebewesen überhaupt interessiert, sondern für ein bestimmtes Lebewesen. Ihr Interesse gilt der besonderen Form des Lebendigseins, dem *Bios* eines bestimmten Lebewesens oder der *Lebensform* „Mensch". Die anthropologische Frage bezieht sich auf ein Lebewesen, aber eben doch so – und das unterscheidet sie von der Biologie –, dass sie das durch sich selbst nach sich selbst fragende Lebewesen betrifft: Wie sind wir Lebewesen verfasst, dass es möglich ist zu sein, was wir sind: Mensch? Damit fragen wir nach der *Lebensform* des Lebewesens Mensch. Mit Lebensform ist die Form des Lebens gemeint, die der Mensch als solcher führt, nicht die kulturellen, privaten, sozialen, politischen Lebensformen. Die Lebensform „Mensch" ist hier ein Singular, und die grundlegende Kategorie, auf die die philosophische Anthropologie zurückgeht, ist ein einziges Lebewesen.

Anke Thyen, Wer sind wir? Zum Streit über das Lebewesen Mensch, S. 107-109

M3 Anthropologie in philosophischer Hinsicht

Doch die Berücksichtigung vieler Aspekte und deren Einbindung in die Sicht [...], die Interpretation des Menschen, das ist natürlich etwas, das die Philosophie interessiert. Philosophie ist ja immer, traditionell gesehen, eine Wissenschaft vom Ganzen gewesen, eine Disziplin, welche die umfassenden Gesichtspunkte des Ganzen behandelt – und das gilt natürlich erst recht für ein so umfassendes Thema wie dem des Menschen mit allen seinen Verwicklungen und Aspekten usw. Das heißt also, die Theorie, die Gesamtschau des Menschen, die Angelegenheit der philosophischen Anthropologie, ist darauf verpflichtet, eine interdisziplinäre Sicht einzunehmen bzw. zu integrieren. [...] Dies ist eine wichtige Hauptthese [...], dass eine Anthropologie in philosophischer Hinsicht nur möglich ist, wenn eben auch die Ergebnisse, Resultate, Gesichtspunkte der unterschiedlichen Erfahrungswissenschaften, die mit dem Menschen, seinen Fähigkeiten, Vermögen und seinen Veranstaltungen [...] zu tun haben, berücksichtigt werden.

Hans Lenk, Das flexible Vielfachwesen, S. 14

1. Erklären Sie die These Diemers und setzen Sie sie in Beziehung zu der Aussage von Jaspers. Formulieren Sie das Problem, das sich aus der Zusammenschau beider Thesen ergibt. ➜ M1
2. Erklären und erläutern Sie die Behauptung, die Landmann aufwirft, und formulieren Sie Gründe dafür. Vergleichen Sie seine Aussage mit denen Jaspers' und Diemers. ➜ M1
3. Stellen Sie den Untersuchungsbereich der philosophischen Anthropologie dem der Biologie in einer Tabelle gegenüber. ➜ M2
4. Formulieren Sie eine These zum Aufgabenbereich der philosophischen Anthropologie nach Anke Thyen. ➜ M2
5. Erörtern Sie die These Thyens, dass die Frage nach der Verfasstheit des Menschen und seiner Lebensform immer auch eine Frage nach dem Individuum, nach uns selbst sei. ➜ M2
6. Reflektieren Sie den neuen Aspekt, den Hans Lenk hinsichtlich der Aufgabe der heutigen Anthropologie in die Debatte wirft. ➜ M3

1 Der Blick auf unsere Mängel

M1 Der moderne Mensch ...

Der Spiegel 40/2009

M2 Ein unverhüllter Blick auf den Körper

Wenn ich daran denke, wie der Mensch nackt aussieht, auch das sogenannte schönere Geschlecht, was er alles für Fehler, natürliche Schwächen und Unvollkommenheiten aufweist, so finde ich, dass wir es nötiger gehabt haben als jedes andere Tier, für uns die Kleidung zu erfinden [...]. Es ist doch auch beachtenswert, dass von Leuten, die etwas davon verstehen, als Mittel gegen Liebesleidenschaft empfohlen wird, man solle den ersehnten Leib ganz frei und unverhüllt ansehen; man brauche den geliebten Gegenstand nur ganz vorurteilslos zu betrachten, da kühle sich die Zuneigung sofort ab [...].

Michel de Montaigne, Die Essais, S. 208

M3 Lücken und Mängel

Dass der Mensch den Tieren an Stärke und Sicherheit des Instinkts weit nachstehe, ja, dass er das, was wir bei so vielen Tiergattungen angeborene Kunstfähigkeiten und Kunsttriebe nennen, gar nicht habe, ist gesichert; nur, so wie die Erklärung dieser Kunsttriebe bisher den meisten [...] Philosophen Deutschlands missglückt ist, so hat auch die wahre Ursache von der Entbehrung dieser Kunsttriebe in der menschlichen Natur noch nicht völlig ins Licht gesetzt werden können. [...] Lücken und Mängel können doch nicht der Charakter seiner Gattung sein, oder die Natur war gegen ihn die härteste Stiefmutter, da sie gegen jedes Insekt die liebreichste Mutter war. Jedem Insekt gab sie, was und wie viel es brauchte: Sinne zu Vorstellungen, und Vorstellungen in Triebe gediegen; Organe zur Sprache, soviel es bedurfte, und Organe, diese Sprache zu verstehen. Bei dem Menschen ist alles in dem größten Missverhältnis: Sinne und Bedürfnisse; seine Kräfte und der Kreis der Wirksamkeit, der auf ihn wartet; seine Organe und seine Sprache. Es muss uns also „ein gewisses Mittelglied fehlen, die so abstehenden Glieder der Verhältnisse zu berechnen“. Fänden wir's, so wäre nach aller Analogie der Natur „diese Schadloshaltung seine Eigenheit, der Charakter seines Geschlechts“, und alle Vernunft und Billigkeit forderte, diesen Fund für das gelten zu lassen, was er ist, für Naturgabe, ihm so wesentlich als den Tieren der Instinkt. Ja fänden wir „eben in diesem Charakter die Ursache jener Mängel, und eben in der Mitte dieser Mängel, in der Höhle jener großen Entbehrung von Kunsttrieben, den Keim zum Ersatz“, so wäre diese Einstimmung ein genetischer Beweis, dass hier „die wahre Richtung der Menschheit“ liege und dass die Menschengattung über den Tieren nicht an Stufen des Mehr oder Weniger stehe, sondern an Art.

Johann Gottfried Herder, Abhandlung über den Ursprung der Sprache, S. 20f., 24f.

M4 Mängel- und Handlungswesen

Morphologisch [auf die äußere Gestalt bezogen] ist nämlich der Mensch im Gegensatz zu allen höheren Säugern hauptsächlich durch Mängel bestimmt, die jeweils im exakt biologischen Sinne als Unangepasstheiten, Unspezialisiertheiten, als Primitivismen, d. h. als Unentwickeltes zu bezeichnen sind: also wesentlich negativ. Es fehlt das Haarkleid und damit der natürliche Witterungsschutz; es fehlen natürliche Angriffsorgane, aber auch eine zur Flucht geeignete Körperbildung; der Mensch wird von den meisten Tieren an Schärfe der Sinne übertroffen, er hat einen geradezu lebensgefährlichen Mangel an echten Instinkten und er unterliegt während der Säuglings- und Kinderzeit einer ganz unvergleichlich langfristigen Schutzbedürftigkeit. Mit anderen Worten: innerhalb natürlicher, urwüchsiger Bedingungen würde er als bodenlebend inmitten der gewandtesten Fluchttiere und der gefährlichsten Raubtiere schon ausgerottet sein. [...] Er ist von einer einzigartigen [...] biologischen Mittellosigkeit, und er vergütet diesen Mangel allein durch seine Arbeitsfähigkeit oder Handlungsgabe, d. h. durch Hände und Intelligenz; eben deshalb ist er aufgerichtet, „umsichtig“, mit freigelegten Händen. [...]

Die physische Unspezialisiertheit des Menschen, seine organische Mittellosigkeit sowie der erstaunliche Mangel an echten Instinkten bilden also unter sich einen Zusammenhang, zu dem die „Weltoffenheit“ oder, was dasselbe ist, die Umweltenthebung den Gegenbegriff bilden. Umgekehrt entsprechen beim Tier die Organspezialisierung, das Instinktrepertoire und die Umweltfesselung einander. Es ist das anthropologisch entscheidend wichtig. Wir haben damit einen Strukturbegriff des Menschen, der nicht auf dem Merkmal des Verstandes, Geistes usw. allein beruht, und bewegen uns also von nun an jenseits der oben erwähnten Alternative, entweder einen nur graduellen Unterschied zwischen dem Menschen und den ihm nächststehenden höheren Tieren annehmen, oder den Wesensunterschied bloß in den Geist setzen zu müssen. Wir haben jetzt dagegen den „Entwurf“ eines organisch mangelhaften, *deswegen* weltoffenen, d. h. in keinem *bestimmten* Ausschnitt-Milieu *natürlich* lebensfähigen Wesens, und verstehen jetzt auch, was es mit den Bestimmungen auf sich hat, der Mensch sei „nicht festgestellt“ oder „sich selbst noch Aufgabe“: Es muss die bloße Existenzfähigkeit eines solchen Wesens fraglich sein, und die bare Lebensfristung ein Problem, das zu lösen der Mensch allein auf sich selbst gestellt ist, und wozu er die Möglichkeiten aus sich selbst herauszuholen hat. Das wäre also das handelnde Wesen. Da der Mensch lebensfähig ist, müssen die Bedingungen zur Lösung dieses Problems in ihm liegen, und wenn bei ihm schon die Existenz eine Aufgabe und schwierige Leistung ist, so muss diese Leistung durch die gesamte Struktur des Menschen hindurch nachweisbar sein. Alle seine besonderen menschlichen Fähigkeiten sind auf die Frage zu beziehen: Wie ist ein so monströses Wesen lebensfähig, und damit ist das Recht der biologischen Fragestellung gesichert. Eine biologische Betrachtung des Menschen besteht also nicht darin, seine Physis mit der des Schimpansen zu vergleichen, sondern besteht in der Beantwortung der Frage: Wie ist dieses mit jedem Tier wesentlich unvergleichbare Wesen lebensfähig? [...]

Schon hier liegt eine Aufgabe physischer und lebenswichtiger Dringlichkeit: Aus eigenen Mitteln und eigentätig muss der Mensch sich entlasten, d. h. die Mängelbedingungen seiner Existenz eigentätig in Chancen seiner Lebensfristung umarbeiten.

Arnold Gehlen, Der Mensch, S. 33-36

1. Untersuchen Sie arbeitsteilig, inwiefern und in welcher Hinsicht dem Menschen Mängel zugeschrieben werden. ➜ M1-4
2. Überprüfen Sie, auf welcher Grundlage die natürliche Ausstattung oder bestimmte Eigenschaften des Menschen als „Mängel“ aufgefasst werden. ➜ M1-4
3. Erläutern Sie das Problem, das entsteht, wenn der menschlichen Ausstattung Unvollkommenheit zugeschrieben wird. ➜ M1-4

2 ... und unsere Besonderheiten

M1 Hirn und Hand

Die verschiedenen Teile unseres Körpers sind in der Hirnrinde in sehr unterschiedlicher Ausdehnung vertreten, je nach dem Steuerungsaufwand, den sie erfordern. Eine maßstäbliche Wiedergabe der zuständigen Rindengebiete ergibt daher ein sehr ungewohntes Bild.

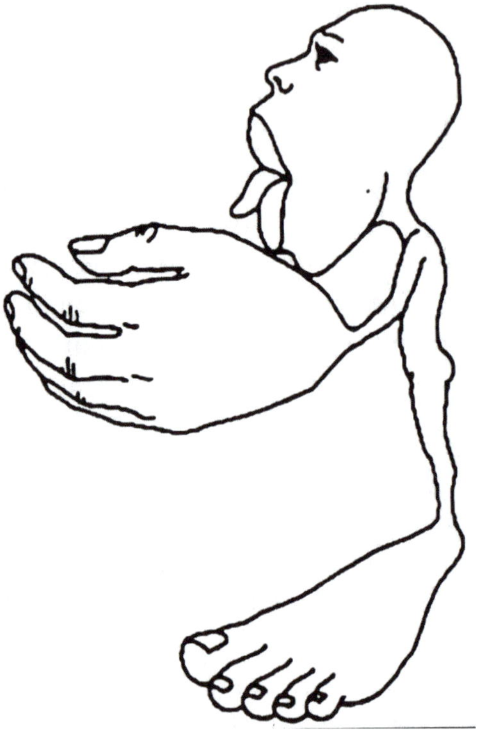

M3 Das Meisterorgan des Menschen

Dass Primaten ihre Hände nicht nur zum Greifen benutzen, zeigen uns eindrucksvoll die Schimpansen. Sie geben sich versöhnlich die Hände, betteln mit offener Handfläche, winken, gestikulieren, verbergen demonstrativ, klopfen sich umarmend auf die Schultern, legen eine Hand behutsam auf den Kopf des Sozialpartners, schlagen, stampfen, trommeln oder drohen mit den Händen. In der Hominisation unterstützte die Primatenhand entscheidend die Merkmalsbildung der Australopithecinen (der Aufrecht-Menschenaffen) insofern, als geschicktes, schnelles, beidhändiges Abernten junger Blätter, Samen, Beeren und Nüsse von den Sträuchern der Trockensavanne einen Selektionsdruck in Richtung auf zweifüßiges Stehen und Gehen ausübte. [...] Da bei all diesen Entwicklungen Wechselwirkungen stattgefunden haben, wurde gleichzeitig die Evolution der Hand zu dem feingliedrigen und feinfühligen Manipulationsorgan gefördert, über das wir heute verfügen. So mag der heutige Mensch der einzige Primat sein, der mit zehn Fingern Klavier spielen kann. Diese Besonderheit ist aber weniger durch die Anatomie der Hand als durch die nervöse Kontrolle ihrer Beweglichkeit bedingt. Erst wenn man als Vergleichsmaßstab nicht die konkrete Handform, sondern das Ausmaß ihrer zentralnervösen Repräsentation im Hirn wählt, erhält die Aussage, die Hand sei das „Meisterorgan“ des Menschen, eine vertretbare wissenschaftliche Interpretation.

Jürgen Lethmate, Vom Affen zum Halbgott, in: Funkkolleg Der Mensch, S. 10f.

M2 Die Hand als Werkzeug

Anaxagoras sagt nun zwar, dass der Mensch, weil er Hände besitzt, das klügste Wesen sei, logisch aber ist es, dass er Hände bekam, weil er das klügste Wesen ist. Die Hände sind nämlich ein Werkzeug, die Natur aber verteilt immer, wie ein vernünftiger Mensch, ein jedes Ding an denjenigen, der es gebrauchen kann. Denn es ist angemessener dem, der Flötenspieler ist, Flöten zu geben, als den, der eine Flöte besitzt, zum Flötenspieler zu machen; denn dem Größeren und Wichtigeren hat sie das Geringere, aber nicht dem Geringeren das Edlere und Größere gegeben. Wenn es nun so besser ist, und die Natur unter dem Möglichen immer das Beste schafft, so ist der Mensch nicht, weil er Hände hat, am vernünftigsten, sondern weil er das vernünftigste Wesen ist, hat er Hände. Denn je gescheiter jemand ist, mit desto mehr Werkzeugen versteht er gut umzugehen, die Hand aber scheint nicht ein Werkzeug zu sein, sondern viele, denn sie ist gewissermaßen ein Werkzeug, welches Werkzeuge ersetzt.

Aristoteles, Über die Teile der Tiere, S. 223-227

M4 Das nicht festgestellte Tier

Wenn es um den Menschen geht, darf also eine biologische Betrachtung nicht bloß auf das Somatische, auf das Körperliche gehen. Worin besteht denn dann die anthropo-biologische Fragestellung? Sie besteht allein in der Fragestellung nach den Existenzbedingungen des Menschen. Man sehe dieses sonderbare und unvergleichliche Wesen an, dem alle tierischen Lebensbedingungen fehlen, und frage sich: Vor welchen Aufgaben steht ein solches Wesen, wenn es einfach sein Leben erhalten, sein Dasein fristen, wenn es seine bare Existenz durchhalten will? Und es wird sich zeigen [...], dass dazu einsichtig und notwendig nichts weniger gehört als die ganze Breite der elementaren menschlichen Innerlichkeit; die Gedanken und die Sprache, die Phantasie, die sonderbaren bebilderten Antriebe, die kein Tier hat, die einzigartige Motorik und Beweglichkeit – alle diese Merkmale werden wir jedes für sich einfach daraufhin ansehen, was man darin bemerken kann, und sie werden sich dann alle gegenseitig erläutern und aufeinander hinweisen. Es ist ein höchst komplizierter, ein wunderbarer Aufbau von Leistungen erfordert, damit ein Wesen von gerade dieser leiblichen Verfassung morgen und nächste Woche und nächstes Jahr noch leben kann. So sieht die biologische Betrachtung aus, wenn es sich um den Menschen handelt.

Oben war gesagt worden: Der Mensch ist das noch nicht festgestellte Tier, er ist irgendwie nicht „festgerückt". Er ist, wie wir auch sagten, ein Wesen, welches in sich eine Aufgabe vorfindet und gerade deshalb braucht er eine Deutung seiner selbst, um die es immer gegangen ist und auch hier geht. Wir können diese Sätze jetzt etwas erweitern: Die Natur hat dem Menschen eine Sonderstellung angewiesen, oder anders gesagt, sie hat im Menschen eine sonst nicht vorhandene, noch nie ausprobierte Richtung der Entwicklung eingeschlagen, sie hat ein neues Organisationsprinzip zu erschaffen beliebt. Zu diesem gehört, dass der Mensch in seinem bloßen Dasein eine Aufgabe vorfindet, dass sein Dasein seine eigene Aufgabe und Leistung wird, ganz elementar: Es ist schon für ihn eine beträchtliche Leistung, nächstes Jahr noch zu leben, und zu dieser Leistung müssen die gesamten Fähigkeiten des Menschen von ihm selbst gebraucht werden. Er ist nicht „festgerückt" heißt: Er verfügt noch über seine eigenen Anlagen und Gaben, um zu existieren, er verhält sich zu sich selbst, lebensnotwendig, wie dies kein Tier tut; er lebt nicht, wie ich zu sagen pflege, er führt sein Leben. Nicht aus Spaß und nicht zum Luxus des Nachdenkens, sondern aus ernster Not: Wenn die Natur ein Wesen allen Gefahren der Störbarkeit und Abirrung auslieferte, die in diesem „Nichtfestgestelltsein", in diesem Zwang, sich selbst festzustellen und über sich zu verfügen, bestehen, so musste ein ernster Grund vorliegen. Und er liegt vor in dem Risiko einer Physis, die aller beim Tier wohlbewährten organischen Gesetzlichkeit geradezu widerspricht. Wenn irgendeine Betrachtungsweise biologisch genannt werden darf, so dürfte es diese sein: ein Wesen unter die Frage zu stellen, mit welchen Mitteln es eigentlich existiert. Wenn man dies tut, so gewahrt man einen außerordentlichen Bereich einer ganz neuen Wissenschaft: einer Gesamtwissenschaft vom Menschen. Man kann zeigen, warum diese besondere biologische, ja anatomische Leiblichkeit des Menschen seine Intelligenz notwendig macht, und eine gerade so funktionierende. Man kann zeigen, wie die Sprache ein System tieferliegender Bewegungs- und Empfindungszusammenhänge fortsetzt, wie das Denken, Vorstellen sich aufbauen, wie die unvergleichliche Wahrnehmungswelt des Menschen mit all dem zusammenstimmt. *Arnold Gehlen, Der Mensch, S. 16f.*

1. Deuten Sie die Grafik in Bezug auf die Besonderheiten des Menschen. ➜ M1
2. Diskutieren Sie: Ist der Mensch das klügste Wesen, weil er Hände besitzt, oder bekam er Hände, weil er das klügste Wesen ist? ➜ M2
3. Finden Sie weitere Beispiele für Funktionen des Meisterorgans Hand. ➜ M3
4. Setzen Sie die Aussage des letzten Satzes in Beziehung zu der Grafik (M1). ➜ M3
5. Prüfen Sie Gehlens Aussage, dass die rein körperliche Betrachtung nicht ausreicht, den Menschen zu erklären. ➜ M4
6. Setzen Sie sich mit der These auseinander, dass der Mensch das „nicht festgestellte Tier" ist. Was folgt daraus für Ihre Lebensführung? ➜ M4

3 Die biologische Ausstattung des Menschen

M1 Primaten unter sich

M2 Abstammung des Menschen

Der Mensch entwickelt sich aus einem Ei von etwa $1/5$ mm Durchmesser, das sich in keiner Hinsicht von den Eiern anderer Tiere unterscheidet. Der Embryo selbst kann auf einer gewissen Entwicklungsstufe kaum von den Embryonen anderer Wirbeltiere unterschieden werden. [...]

Der Mensch weicht von allen anderen Primaten auffällig darin ab, dass er fast nackt ist. Doch finden sich wenige kurze, straffe Haare verstreut über den größten Teil des Körpers beim Mann, feine dunenartige beim Weib. Die verschiedenen Rassen weichen in der Behaarung sehr voneinander ab, und bei den Individuen derselben Rasse sind die Haare sehr variabel, nicht nur in der Menge, sondern auch im Auftreten; so sind bei manchen Europäern die Schultern ganz nackt, während sie bei anderen dicke Haarbüschel tragen. Es ist kaum zu bezweifeln, dass diese über den Körper zerstreuten Haare die Überbleibsel des gleichmäßigen Haarkleids tiefer stehender Tiere sind. [...]

Wenn es ein Vorteil für den Menschen war, fest auf seinen Füßen zu stehen und seine Hände und Arme frei zu haben, woran nach seinem so hervorragendem Erfolg im Kampf ums Dasein kein Zweifel besteht, dann sehe ich keinen Grund, warum es für die Vorfahren des Menschen nicht vorteilhaft gewesen sein soll, mehr und mehr aufrecht oder zweifüßig zu werden. Sie wurden dadurch mehr und mehr befähigt, sich mit Steinen und Keulen zu verteidigen, oder ihre Beute anzugreifen, oder auf andere Weise Nahrung zu erlangen. [...]

In dem Maße, wie die Vorfahren des Menschen sich mehr und mehr aufrichteten, ihre Hände und Arme mehr und mehr zum Greifen und anderen Zwecken und ihre Beine und Füße gleichzeitig zur sicheren Stütze und zur Ortsbewegung modifiziert wurden, werden auch zahlreiche andere Veränderungen in ihrem Körperbau notwendig geworden sein. Das Becken musste breiter, das Rückgrat eigentümlich gebogen und der Kopf in einer veränderten Stellung befestigt werden, alles Veränderungen, die vom Menschen erworben wurden. [...] In dem Maße, wie die verschiedenen geistigen Fähigkeiten nach und nach sich entwickelt haben, wird auch das Gehirn sicherlich größer geworden sein. Niemand, denke ich, zweifelt daran, dass im Verhältnis zu seinem Körper die bedeutende Größe des Gehirns des Menschen verglichen mit den Verhältnissen beim Gorilla oder Orang, in enger Beziehung zu seinen höheren geistigen Kräften steht. [...] Die Abänderungen waren damals wie jetzt Wirkungen derselben allgemeinen Ursachen und unterlagen denselben allgemeinen und komplizierten Gesetzen. Wie alle Tiere sich über die Grenzen ihrer Existenzmittel hinaus zu vermehren streben, so muss dies auch mit den Vorfahren des Menschen der Fall gewesen sein, und dies wird unvermeidlich zu einem Kampfe ums Dasein und zu natürlicher Zuchtwahl geführt haben. Dieser letztere Vorgang wird sehr unterstützt worden sein durch die vererbten Wirkungen des vermehrten Gebrauchs der Teile, und diese beiden Vorgänge werden unablässig wechselseitig aufeinander gewirkt haben. [...]

Die wichtigste Schlussfolgerung, zu der wir hier gekommen sind, und die jetzt von vielen kompetenten und urteilsfähigen Naturforschern angenommen wird, ist der Satz, dass der Mensch von einer weniger hoch organisierten Form abstammt.

Charles Darwin, Die Abstammung des Menschen, S. 8, 20, 60f., 63, 74, 262

M3 Der Mensch als physiologische Frühgeburt

Ein hilfloser Nestflüchter – so erscheint der neugeborene Mensch dem Zoologen. Ist es uns bewusst, dass diese Tatsache die Regel der Säugetiere durchbricht? Suchen wir einmal in Gedanken den Geburtszustand zu erfinden, wie er sein müsste, wäre der Mensch wirklich dem Bildungsgesetze seiner Gestaltverwandten unterworfen. Ein solcher Versuch ist nicht nur müßige Konstruktion; er dient der Feststellung einer Möglichkeit, an der erst das Seltsame unserer wirklichen Entwicklung gemessen werden kann. [...]

Das Neugeborene aller hoch organisierten Säugergruppen ist ein Nestflüchter mit weit ausgebildeten, leistungsfähigen Sinnesorganen. Seine Gestalt ist, von geringen Proportionsverschiebungen, besonders der Kopfgröße, abgesehen, ein verkleinertes Abbild der Reifeform, und sein Verhalten wie seine Bewegungsweise entsprechen weitgehend dem Gebaren der Eltern. Auch verfügt es über die Elemente der für die Art kennzeichnenden sozialen Kommunikationsmittel. [...] Für ein echtes Säugetier vom Menschentypus müssen wir im Sinne dieser Definition ein Neugeborenes fordern, das in den Proportionen seines Körpers dem Erwachsenen ähnlich ist, das die artgemäße aufrechte Körperhaltung einnehmen kann und das wenigstens über die ersten Elemente unseres Beziehungsmittels, der Wortsprache (und Gebärdensprache), verfügt. Es gibt dieses theoretisch geforderte Stadium in der Tat in unserer Entwicklung: etwa ein Jahr nach der Geburt wird diese Stufe erreicht. Nach einem Jahr erlangt der Mensch den Ausbildungsgrad, den ein seiner Art entsprechendes echtes Säugetier zur Zeit der Geburt verwirklichen müsste. Würde also dieser Zustand beim Menschen auf echte Säugerweise gebildet, so müsste unsere Schwangerschaft etwa ein Jahr länger sein als sie tatsächlich ist; sie müsste etwa 21 Monate betragen. Dieser Zahl von 21 Monaten darf natürlich nicht ein allzu absoluter Wert zugesprochen werden. Es kommt doch sehr darauf an, welchen Grad der Annäherung an die Reifeform man in unserer Konstruktion fordert: je nachdem wird man ein paar Monate mehr oder weniger „verlangen" müssen. Entscheidend für unsere weitere Untersuchung ist die Notwendigkeit der Forderung einer um ungefähr ein Jahr verlängerten Tragzeit für ein menschenähnliches Säugetier.

Dass der menschliche Geburtszustand eine Art „physiologischer", d. h. normalisierter Frühgeburt ist, das wird kaum ernsthaft bestritten werden, und die Feststellung ist in dieser Form auch nicht neu. Aber der Gegensatz zur Entwicklungsnorm höherer Säuger ist nicht erkannt worden: durch die suggestive Wirkung der Gemeinsamkeiten von Menschen und Menschenaffen wird das Problem überblendet, das die Schwangerschaftsdauer beim Menschen uns in Wahrheit aufgibt.

Adolf Portmann, Zoologie und das neue Bild vom Menschen, S. 22

Evolutionslehre [zu lat. *evolvere*, „hervorströmen"] die zentrale Lehre von der naturgeschichtlichen Entwicklung aller Organismen durch die kontinuierliche Herausbildung neuer Anlagen und Wesensmerkmale aus einer sich immer weiter aufspaltenden Stammeslinie. Das Konzept der E. ist untrennbar verbunden mit dem Namen Charles Darwin (*1809, †1882), der sie erstmals umfassend formulierte. Grundgedanke der E. ist, dass die Entstehung der Artenvielfalt auf einen Prozess der „natürlichen Auslese" zurückzuführen sei. Demnach hat sich die Vielfalt des Lebens auf der Erde dadurch entwickelt, dass sich Pflanzen und Tiere an bestimmte Lebensräume immer besser angepasst haben, da nur die am besten angepassten Arten den Kampf ums Dasein gewinnen und sich fortpflanzen konnten. Entsprechend lässt sich für die Entstehung der Arten ein Stammbaum konstruieren, an dessen Anfang eine fortpflanzungsfähige Zelle steht. *Schülerduden Religion u. Ethik, S. 92*

1. Setzen Sie sich mit der Fotografie unter der Berücksichtigung ihrer Überschrift auseinander. → M1
2. Formulieren Sie die These Darwins über die biologische Ausstattung des Menschen. → M2
3. Erörtern Sie die Bedeutung der auf empirischen Beobachtungen und Vergleichen fußenden Thesen Darwins für die Anthropologie. → M2
4. Reflektieren Sie anlässlich der Überlegungen Adolf Portmannns die Besonderheit der menschlichen Ausstattung und Verfassung. → M3

4 Im Spiegel unserer Stammesgeschichte

M1 Den Menschen als gewesenes Tier verstehen

Was die stammesgeschichtliche Untersuchung menschlicher Verhaltensweisen und sozialer Merkmale an Kenntnissen zusammengetragen hat, entspricht dem Grundbedürfnis aller Wissenschaft: Es reduziert Irrationalität.

Wir erfahren, um nur ein paar Beispiele zu nennen, warum wir zwischendurch Süßes naschen: weil unsere Vorfahren tagsüber Früchte sammelten und aßen. Warum wir nicht dauernd essen, sondern uns am liebsten zu ein paar gemeinsamen Mahlzeiten versammeln: weil unsere jüngeren Vorfahren die gemeinsam erlegte Beute teilten und in gemeinsamen, sie in ihrem Zusammengehörigkeitsgefühl bestärkenden Mahlzeiten verzehrten. [...] Warum wir – die Qual öffentlicher Toiletten! – den Geruch der Fäzes unserer Artgenossen so schwer ertragen: weil der Respekt vor den Reviermarkierungen unserer Säugetiervorfahren [...] möglicherweise noch tief in uns steckt. Warum wir beim Essen im Restaurant vor fast jedem Bissen hochsehen: weil wir aus einem obsoleten Instinkt heraus immer noch „sichern“, obwohl kein anderer Lokalgast uns je das Essen entrissen hat oder entreißen wird. Und so fort.

Oft sind stammesgeschichtliche Ableitungen befriedigender als psychologische Hypothesen, die nur die Gegenwart und nur die Ontogenese in Betracht ziehen. Den Austausch von Zärtlichkeiten zwischen Mutter und Kind als frühe Sexualität zu interpretieren ist immerhin gewagt. Schließlich könnte es umgekehrt richtiger sein: Die Zärtlichkeitsformen der späteren Sexualität greifen auf das früh Erlernte und in angenehmer Erinnerung gebliebene Mutter-Kind-Repertoire zurück. Und bei der Rivalität zwischen Vater und Sohn braucht es sich nicht unbedingt um den ungeheuerlichen heimlichen Wunsch zu handeln, den Vater zu ermorden, um die Mutter besitzen zu können: Es könnte sich auch einfach um den für Primaten typischen Rangkampf handeln, mit dem die Jungtiere ihre Aufnahme in den Verband der erwachsenen Männchen betreiben.

Aber der Aufschwung der vergleichenden Verhaltensforschung ist auch noch in einem größeren Zusammenhang zu sehen. Seit Darwin kann der Mensch nicht mehr abstreiten, dass er eine Tierart ist. In den letzten anderthalb Jahrzehnten hat man entschlüsselt, was das Leben ist, nämlich ein spezieller, sich selber in immer komplexere Muster steuernder chemischer Vorgang, der nur unter höchst unwahrscheinlichen Umständen, wie sie zufällig auf unserem Planeten bestanden, in Gang kommen konnte. In den letzten Jahren wächst das Verständnis dafür, dass die Biosphäre ein ökologisches System darstellt, das sich in einem störanfälligen Gleichgewicht befindet – und der Hauptstörfaktor ist der Mensch.

Wir beginnen, die chemischen Grundvorgänge des Lebens zu verstehen und die Bedingungen seiner Entfaltung. Zum ersten Mal finden die Menschen eine nichtspekulative Antwort auf die Frage, aus welchem Grund sie sind. Ein Wozu gibt es nicht [...]. Wir beginnen auch zu begreifen, dass das viele menschliche Unglück heute damit zusammenhängen könnte, wie sehr unsere gegenwärtige Lebensweise tiefsitzenden Anpassungen teilweise zuwiderläuft.

Kurz, während die Geschichte des menschlichen Geistes bis vor einiger Zeit auf die anmaßende Überzeugung hinauslief, dass der Mensch über die Natur erhaben, sein Geist ihr geradezu entgegengesetzt sei, dass seine wichtigste Qualität darin bestehe, über seinen Körper, über das Primitive, das Tier in sich triumphiert zu haben, dass er etwas so Lästiges und Genierliches wie eine Stammesgeschichte nicht habe, beginnen wir, uns als den Teil der Natur zu begreifen, der wir immer noch sind. Es geschieht sicherlich nicht zufällig gerade in jenem geschichtlichen Augenblick, da uns klar wird, wie gefährlich wir ihr und damit auch uns selber geworden sind.

Dieter E. Zimmer, Unsere erste Natur. Die biologischen Ursprünge menschlichen Verhaltens, S. 98f.

M2 Unsere Stammesgeschichte

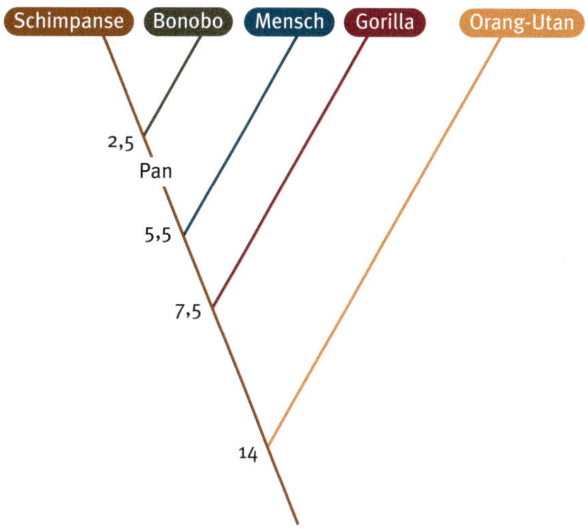

Der Stammbaum des Menschen und der vier Menschenaffen anhand von DNS-Vergleichen

Die Zahlen zeigen an, vor wie viel Millionen Jahren sich schätzungsweise die einzelnen Spezies abspalteten. Schimpansen und Bonobos bilden eine gemeinsame Gattung: Pan. Die menschliche Linie trennte sich vom Pan-Vorfahr vor rund 5,5 Millionen Jahren. Einige Wissenschaftler meinen, Menschen, Schimpansen und Bonobos seien eng genug miteinander verwandt, um eine einzige Gattung darzustellen: Homo. Da Bonobos und Schimpansen erst nach unserer Abspaltung getrennte Wege gingen – vor rund 2,5 Millionen Jahren –, sind wir mit beiden im gleichen Maß verwandt. Der Gorilla spaltete sich schon früher von der Entwicklungslinie ab und ist daher weniger eng mit uns verwandt, genau wie der einzige asiatische Menschenaffe, der Orang-Utan.

Frans de Waal, Der Affe in uns, S. 26

M3 Der Mensch – das soziale Säugetier

Unter den Ergebnissen dieser neuen Auffassung (der Annahme der Evolutionslehre) stellen wir [...] die Tatsache voran, die besonders paradox erscheinen mag, dass nämlich die „natürliche“ Wesensart des Menschen „historisch“, geschichtlich ist.

Wir sind primär sozial als Erben höherer Säugerart. Der ungesellige Mensch ist nicht lebensfähig; auch ein Robinson braucht zum mindesten einen Schiffbruch und das damit gelieferte Strandgut zum menschlichen Leben. Alle Robinsonaden liefern ihm dieses Existenzminimum, das die Gesellschaft und ihre Tradition repräsentiert.

Mit diesem primären Säugetiererbe des Soziallebens ist uns eine gewaltige Last natürlicher Triebe mitgegeben, die alle, im Gegensatz zu der festen Ordnung im höheren Tierleben, relativ verfügungsfrei, relativ ungeformt, zu vielseitigem Abfließen bereit in uns wirksam sind. Da sind die Bedürfnisse der Über- und Unterordnung, der innere Zwang zu Einordnung in Hierarchien, aber auch der zur Beherrschung anderer Artgenossen. Da ist die Macht des Sexualdranges, da ist vor allem auch die stark nachwirkende Macht der Mutter-Kind-Bindung. Die geringe instinktive Fixierung der meisten dieser Triebe ist ein humanes Kennzeichen – ein Merkmal, das die Zone der Konflikte bezeichnet, aber auch bereits auf das andere bedeutsame humane Merkmal, auf das Moment der Freiheit, hinweist. Alle diese Triebe sind „natürliche“ Zustände, die wir in jedem höheren Tierleben, nur viel klarer fixiert und gebunden, am Werk sehen.

Adolf Portmann, Zoologie und das neue Bild vom Menschen, S. 67f.

1. Erstellen Sie eine thesenhafte Zusammenfassung der Position Dieter E. Zimmers und formulieren Sie das Problem, das der Autor aufwirft. ➜ M1
2. Erklären Sie die Ausgangsthese Zimmers, dass die stammesgeschichtliche Untersuchung menschlicher Verhaltensweisen und sozialer Merkmale Irrationalität reduziere. ➜ M1
3. Beschreiben und interpretieren Sie die Grafik, in welcher der Primatenforscher Frans de Waal den menschlichen Stammbaum darstellt. ➜ M2
4. Diskutieren Sie die Folgen für die Auffassung vom Menschen, dass dessen „natürliche“ Wesensart (stammes-)geschichtlich bedingt sei. ➜ M3
5. Diskutieren Sie, inwiefern Adolf Portmann von einer „gewaltige(n) Last natürlicher Triebe“ spricht, die uns als unser „Säugetiererbe“ mitgegeben sei. ➜ M3

5 Umgang mit unserer Nachkommenschaft

M1 Empathie und Bindung

Empathie ist es, was den Bonobos erlaubt, die Bedürfnisse und Gelüste ihrer Artgenossen zu verstehen und ihnen zu helfen, sie zu befriedigen. Als die zweijährige Tochter einer Bonobofrau namens Linda ihre Mutter mit gespitzten Lippen anwinselte, zeigte sie damit, dass sie gesäugt werden wollte. Doch die Kleine war in der Aufzuchtstation des Zoos von San Diego gewesen und erst zur Gruppe zurückgekehrt, nachdem Linda schon lange keine Milch mehr hatte. Nichtsdestotrotz begriff die Mutter, ging zur Quelle und nahm den Mund voll Wasser. Dann setzte sie sich vor ihre Tochter und spitzte ihre Lippen so, dass ihr Kind daraus trinken konnte. Dreimal ging Linda zum Brunnen, bis ihre Tochter zufrieden war. Solch ein Verhalten bewundern wir – was selbst schon wieder ein Fall von Empathie ist. [...] Weder unser Körper noch unser Geist ist dafür geschaffen, allein zu leben. Ohne menschliche Gesellschaft werden wir hoffnungslos deprimiert, und unsere Gesundheit nimmt Schaden. [...] Frauen verstehen dieses Bedürfnis nach Bindung instinktiv. Bei Säugetieren kann man die Elternliebe nicht von der Laktation trennen. In den 180 Millionen Jahren der Säugetierevolution konnten sich Weibchen, die auf die Bedürfnisse ihrer Jungen eingingen, viel besser reproduzieren als jene, die kühl und distanziert blieben. Wir stammen von einer langen Ahnenreihe Mütter ab, die ihre Jungen gesäugt, gefüttert, saubergemacht, herumgetragen, liebkost und verteidigt haben, und so sollte es nicht überraschen, dass es bei der menschlichen Empathie Geschlechtsunterschiede gibt. Sie zeichnen sich schon lange vor der Sozialisation ab: Das erste Anzeichen von Empathie – zu weinen, wenn ein anderes Baby schreit – ist für weibliche Babys typischer als für männliche. Auch später im Leben bleibt die Empathie bei Frauen besser ausgebildet als bei Männern. Das soll nicht heißen, dass Männer keine Empathie empfinden oder keine Bindungen brauchten, aber sie suchen sie eher bei Frauen als bei anderen Männern. *Fans de Waal, Der Affe in uns, S. 13, 15f.*

M2 Mutterschaft als Beruf?

Der folgende Auszug stammt aus einem Interview der Süddeutschen Zeitung (SZ-Magazin) mit der Hebamme Irene Stadelmann.

SZ-Magazin: Im 21. Jahrhundert scheinen Frauen, die ein Kind bekommen, große Angst zu haben, irgendeinen Fehler zu machen. Sie lesen Dutzende von Ratgebern, decken sich mit Produkten ein, überlassen nichts dem Zufall. Warum fühlen sie sich so unter Druck?

Stadelmann: An diesem Druck ist unsere Leistungsgesellschaft schuld. Die Frauen stillen nicht mit dem Gefühl: „Wie schön, ich kann ein Kind ernähren", sondern mit dem sorgenvollen Gedanken: „Ich muss produzieren". Mutterschaft ist heute ein Beruf. Aber um einen Beruf zu erlangen, müssen Sie studieren oder eine Lehre machen. Und das ist beim Muttersein nicht anders, das kann auch niemand von heute auf morgen. [...]

SZ-Magazin: Manche Frauen fühlen sich durch das Stillen zu Hause gefesselt. [...]

Stadelmann: Nicht umsonst sprechen wir beim Stillen von „Mutter-Kind-Bonding", also tatsächlich von „fesseln". Und es mag schon sein, dass sich die eine oder andere Frau mal schlecht fühlt. Niemand hat behauptet, dass Kinderhaben eine Wellnessveranstaltung ist. Aber es kann – mit der richtigen Unterstützung – große Freude machen und die Frau bestätigen.

SZ-Magazin: Die französische Philosophin Elisabeth Badinter sagt, es sei ein Rückschritt für die Emanzipation, wenn Frauen stillen, statt zu arbeiten.

Stadelmann: Die Französinnen sind da anders als wir in Deutschland. Frankreich bietet ein Netzwerk von Kinderbetreuung, auch für ganz kleine Kinder. Und es gibt keinen Erziehungsurlaub. Dort ist es vollkommen normal, dass die Frau wieder arbeiten geht.

SZ-Magazin: Das alte Dilemma der Frauenbewegung: Ist die Natur nun ein Segen oder ein Übel?

Stadelmann: Weder noch. Die ist halt da. Die ist gegeben.

Julia Decker, Süddeutsche Zeitung Magazin, Nr. 20/2011, S. 26f.

M3 Frauen sind keine Schimpansen

Die französische Philosophin Elisabeth Badinter wurde anlässlich des Erscheinens ihres Buches Der Konflikt. Die Frau und die Mutter vom Wochenmagazin DER SPIEGEL interviewt; der folgende Textauszug stammt aus dem zweiten Teil des Artikels.

SPIEGEL: Sie beschreiben in Ihrem Buch *Der Konflikt*, wie der Druck auf Frauen, die Kinder haben wollen, heute wächst. Es reicht nicht mehr, Mutter zu sein, man sollte eine perfekte Mutter sein, die lange und ausschließlich stillt, die lange beim Kind bleibt, die es optimal fördert.

Badinter: Wir erleben zurzeit eine bedenkliche Entwicklung, einen Rückfall in längst überwundene Zeiten. [...]

SPIEGEL: Sie lehnen sich besonders gegen das Stillen auf, das den Frauen mit sanftem Druck nahegelegt wird.

Badinter: Mit sanftem Druck? Mit Hilfe eines massiven Einsatzes von Schuldgefühlen: „Sie wollen nicht stillen? Aber Madame, Sie wollen doch sicherlich das Beste für Ihr Baby", wird die Krankenschwester Ihnen sagen, der Sie erklären, dass Sie lieber die Flasche geben wollen. [...]

SPIEGEL: Was ist so schlimm am Stillen?

Badinter: Überhaupt nichts, aber ich glaube, es gibt kaum eine intimere und persönlichere Entscheidung. Wenn eine Frau das möchte, wunderbar, wenn sie es nicht möchte, auch gut. Das geht Politiker gar nichts an. Frankreich aber hat die Direktiven der Weltgesundheitsorganisation übernommen, die da heißen: Sechs Monate sollte das Kind ausschließlich gestillt werden, nach Möglichkeit dann noch weitere zwölf Monate mit ergänzender Nahrung. Diese Leitlinien sind sinnvoll für Entwicklungsländer, in denen man traurige Erfahrungen mit Milchpulver und verseuchtem Wasser gemacht hat. Warum aber in Gottes Namen muss man sie auch auf Pariserinnen und Berlinerinnen anwenden? Das katapultiert uns zurück in die Zeit unserer Großmütter. [...] Ich beobachte hier in Frankreich seit einigen Jahren mit großer Sorge eine Bewegung, die ein Zurück zur Natur einfordert und sich dabei als Avantgarde der Moderne empfindet. [...] Diese Bewegung ist eine ideologische und führt uns zurück ins 18. Jahrhundert, zu Jean-Jacques Rousseau und seinem Modell von der idealen Mutter. Es ist ein wenig so, als sollte das in der Frau schlummernde Säugetier wieder geweckt werden, aber wir Frauen sind nun mal keine Schimpansen.

SPIEGEL: Sie beschreiben Ihr Land in sehr schwarzen Farben: Die Französinnen bekommen aber immer noch mit die meisten Kinder in Europa – 2 pro Frau, in Deutschland sind es nur 1,38 –, und sie arbeiten auch als Mütter noch Vollzeit.

Badinter: Die Französinnen bekommen Kinder, weil es hier einfacher ist, Mutter zu sein und trotzdem zu arbeiten und noch andere Dinge zu tun. Trotzdem, ich finde es beunruhigend, dass nun, vermeintlich im Namen der Wissenschaft und zum Wohl des Kindes, Frauen ein anderes Modell propagiert wird. [...]
Lasst uns zu den Wurzeln zurückfinden, sagen die Vertreter dieser ökologischen Bewegung, lasst uns auf die Natur hören. Lasst uns stillen. Lasst uns bei den Kindern bleiben. Und erstaunlicherweise gefällt das vielen jungen Frauen. [...] Es ist das gute Recht jeder Frau, sich gegen Kinder zu entscheiden. Es gibt nicht mehr die Einheitsfront der Frauen, heute gibt es verschiedene Lager. Aber wir sind auch nicht, wie diese neue Naturalistenbewegung uns weismachen will, von Hormonen gesteuerte Säugetiere.

Britta Sandberg, DER SPIEGEL 34/2010, S. 142–144

1. Erarbeiten und diskutieren Sie die Grundüberlegungen, die hinter dem Ansatz der vergleichenden Verhaltensforschung stehen. ➜ M1
2. Beurteilen Sie die Bedeutung des Beispiels aus der Primatenforschung für das Verständnis unserer eigenen Natur. ➜ M1
3. Stellen Sie Gründe zusammen, die erklären, warum es Müttern heutzutage offenbar schwer fällt, bei der Aufzucht der Kinder „das Richtige" zu tun. ➜ M2
4. Diskutieren Sie die Haltung Elisabeth Badinters und stellen Sie ihre Argumente in einen größeren philosophischen Zusammenhang. ➜ M3
5. Ziehen Sie Schlussfolgerungen aus den drei Texten und formulieren Sie ein eigenes Urteil. ➜ M1-3

6 Auseinandersetzung mit unserer Natur

M1 Wir leben wider die Natur

Die äußerste Ungleichheit bei der Lebensweise, das Übermaß an Müßiggang bei den einen, das Übermaß an Arbeit bei den anderen; die Leichtigkeit, unsere Begierden und unsere Sinnlichkeit zu erregen und zu befriedigen; die allzu gekünstelten Speisen der Reichen, die sie mit erhitzenden Säften nähren und mit Verdauungsstörungen belasten; die schlechte Nahrung der Armen, die ihnen sogar zumeist noch fehlt und deren Mangel sie dazu verleitet, ihren Magen bei entsprechender Gelegenheit gierig zu überladen; die durchwachten Nächte, die Ausschweifungen jeder Art, die unmäßigen Ausbrüche aller Leidenschaften, die Ermüdungen und Erschöpfungen des Geistes; die Sorgen und Nöte ohne Zahl, die man in allen Ständen erdulden muss und von denen die Seelen fortwährend angenagt werden: das sind die unheilvollen Beweise dafür, dass die meisten unserer Leiden unser eigenes Werk sind und dass wir diese fast alle hätten vermeiden können, wenn wir die Lebensweise – einfach, gleichförmig und allein zu leben – beibehalten hätten, die uns von der Natur verordnet wurde.

Wenn diese uns dazu bestimmt hat, gesund zu sein, dann wage ich zu versichern, dass der Zustand der Reflexion ein Zustand wider die Natur ist und dass der Mensch, der nachdenkt, ein entartetes Tier ist. Wenn man an die gute körperliche Verfassung der Wilden denkt – zumindest derjenigen, die wir nicht mit unseren starken Spirituosen zugrundegerichtet haben –, wenn man weiß, dass sie fast keine anderen Krankheiten als die Verwundungen und das Alter kennen, dann ist man sehr geneigt zu glauben, dass man leicht die Geschichte der menschlichen Krankheiten schreiben könnte, indem man der Geschichte der zivilen Gesellschaften folgt.

Jean-Jacques Rousseau, Abhandlung über den Ursprung und die Grundlagen der Ungleichheit unter den Menschen, S. 40f.

M2 Uns sehr ähnlich

M3 Der Mensch – der bipolare Affe

Man kann den Affen aus dem Urwald nehmen, aber nicht den Urwald aus dem Affen.

Dies gilt auch für uns zweibeinige Affen. Seit unsere Vorfahren sich von Baum zu Baum hangelten, dreht sich bei uns alles um das Leben in kleinen Gruppen. Wir können nicht genug kriegen von Politikern, die sich im Fernsehen an die Brust schlagen, von den Stars der Soap-Operas, die sich von Bett zu Bett hangeln, und von Reality-Shows, bei denen es darum geht, wer drin bleibt und wer draußen ist. Vielleicht könnte man sich über all das Primatenverhalten lustig machen, wenn unsere Mitaffen die Jagd nach Macht und Sex nicht genauso ernst nähmen wie wir.

Wir haben jedoch mehr mit ihnen gemeinsam als nur Macht und Sex. Mitgefühl und Einfühlungsvermögen sind ebenso wichtig, doch sie werden kaum als Teil unseres biologischen Erbes erwähnt. Wir geben lieber der Natur die Schuld für das, was wir an uns nicht mögen, als ihr für das zu danken, was uns an uns sympathisch ist. [...]

Von den Millionen Seiten, die im Lauf der Jahrhunderte über die menschliche Natur geschrieben wurden, sind keine so düster wie die aus den letzten drei Jahrzehnten – und keine so falsch. Wir lesen dort, dass wir egoistische Gene hätten, dass menschliche

Güte nur Heuchelei sei und dass wir uns lediglich moralisch verhalten, um andere zu beeindrucken. Aber wenn das eigene Wohlergehen alles ist, um was sich Menschen kümmern, warum weint dann ein wenige Tage altes Baby, wenn es ein anderes kreischen hört? Damit fängt die Einfühlung an. Sie ist vielleicht noch nicht sehr ausgefeilt, aber wir können sicher sein, dass ein Neugeborenes nicht versucht, Eindruck zu schinden. Wir werden mit Impulsen geboren, die uns zu anderen hinziehen und uns später im Leben dazu bringen, uns um sie zu kümmern. [...]

Die Möglichkeit, dass Empathie Teil unseres Primatenerbes ist, sollte uns glücklich machen, aber wir sind es nicht gewohnt, uns zu unserer Natur zu bekennen. Wenn Menschen Völkermord begehen, bezeichnen wir sie als „Tiere“. Aber wenn sie für Notleidende spenden, preisen wir ihre „Menschlichkeit“. Das zweite Verhalten würden wir gern für uns selbst reservieren. Erst als ein Affe ein Mitglied unserer eigenen Art rettete, ging einer größeren Öffentlichkeit allmählich auf, dass Menschlichkeit auch bei nichtmenschlichen Spezies vorkommt. [...]

Ist Hass oder Liebe typischer für uns? Was ist für unser Überleben entscheidend: Konkurrenz oder Kooperation? [...] Solche Fragen sind für bipolare Charaktere wie uns Zeitverschwendung. Als würde man fragen, ob man eine Fläche am besten nach der Länge oder nach der Breite misst. Noch schlimmer sind Versuche, nur den einen Pol auf Kosten des anderen in Betracht zu ziehen. Gleichwohl ist es genau dies, was das Abendland Jahrhunderte lang gemacht hat, indem es unsere egoistische Seite als irgendwie authentischer als unsere soziale hingestellt hat. [...]

Bei Feldforschungen im Taï-Nationalpark an der Elfenbeinküste wurden Schimpansen dabei beobachtet, wie sie Gruppenmitglieder pflegten, die von Leoparden verwundet worden waren; sie leckten ihnen das Blut weg, säuberten die Wunden und sorgten dafür, dass keine Insekten in die Nähe kamen. Sie verscheuchten Fliegen, schützten die verletzten Gefährten und drosselten das Tempo, wenn diese nicht mitkamen. All dies erscheint absolut logisch, wenn man bedenkt, dass Schimpansen aus gutem Grund in Gruppen leben, genau wie Wölfe und Menschen aus gutem Grund Herdentiere sind. Wir stünden nicht da, wo wir heute sind, wenn unsere Vorfahren auf Distanz zueinander gegangen wären.

Frans de Waal, Der Affe in uns, S. 9-11; S. 295

M4 Keine voreiligen Schlüsse ziehen

Viele der besten Ideen der Wissenschaft über menschliches Verhalten leiten sich aus der Untersuchung von tierischem Verhalten ab. Bewusst oder unbewusst sehen wir uns durch das Prisma der Natur, deren Teil wir sind. Doch wir missbrauchen die Natur auch, indem wir unsere Ansichten auf sie projizieren und anschließend aus ihr zurückgewinnen, so dass wir sie auf eine zirkuläre Weise „beweisen“. Wenn Untersuchungen von Tierverhalten uns etwas lehren können, dann die Einsicht, dass es keine einfachen Lehren gibt. Ein Verhalten, das auf einer bestimmten Ebene selbstlos erscheint, kann auf einer anderen höchst egoistisch sein. Angesichts dieser vielschichtigen Realität sollten wir uns vor eingängigen Metaphern besonders hüten.

Frans de Waal, Der Affe und der Sushimeister, 3. Teil: Die menschliche Natur. Wie wir uns selbst sehen, S. 275

1 Formulieren Sie die These und die dazugehörigen Argumente, die Jean-Jacques Rousseau vertritt. ➜ M1

2 Diskutieren Sie darüber, wie Rousseau zu seiner Ansicht kommt und warum er den „Naturzustand“ des Menschen als Ideal konstruiert. ➜ M1

3 Beschreiben Sie das Foto der Schimpansen und deuten Sie ihre Haltung. Setzen Sie diese in Beziehung zu den Texten von Rousseau (M1) und Franz de Waal (M3). ➜ M3

4 Fassen Sie zusammen, welche Thesen Frans de Waal in den Textausschnitten vertritt und kennzeichnen Sie seinen Argumentationshintergrund. ➜ M3

5 Reflektieren Sie de Waals Anliegen in Bezug auf das Verhältnis des Menschen zu den Ergebnissen der Erforschung der menschlichen Natur. ➜ M4

6 Formulieren Sie ein eigenes Urteil hinsichtlich der menschlichen Natur. ➜ M1-4

7 Unsere Stellung in der Welt des Lebendigen

M1 Wir denken uns über die Natur erhaben

Die Dichter heben als besonderen Vorzug unseren aufrechten Gang hervor, so dass wir zum Himmel schauen, der unsere Heimat ist; [...] das ist wahrhaftig ein gedichteter Vorzug; denn es gibt eine ganze Menge kleiner Tiere; deren Augen ganz nach dem Himmel zu gerichtet sind; und den hohen Wuchs von Kamel und Strauß finde ich noch erhabener und aufrechter als unseren. Die meisten Tiere haben doch das Gesicht oben und vorn, sehen, wie wir, geradeaus, und wenn sie in ihrer Normalstellung sind, umfasst ihr Blick Himmel und Erde in gleicher Weise, wie der des Menschen.

Michel de Montaigne, Apologie des Raimond Sebond. Die Essais, S. 207f.

M2 Verbunden und abgekoppelt

M3 Der Mensch besitzt ein Monopol

Können wir unsere Sonderstellung in einer so naturalistisch denkenden Epoche wie der unsrigen noch gegen die suggestiven Beweisführungen der Biologie verteidigen? Das ist freilich kein biologisches, sondern ein philosophisches Problem, das zugleich dem Protest gegen ein noch zu wenig begriffenes Missverhältnis zwischen der Größe menschlichen Selbstvertrauens und der Höhe menschlicher Wesensbestimmung Ausdruck gibt. [...]

Als Körper wird der Mensch zum Tier nach Form und Funktion zur Spezies, zur Unterart einer umfassenden Einheit innerhalb des Umkreises der Wirbeltiere, der Säugetiere und schließlich der Anthropoiden. [...]

In dieser eigentümlichen Einschränkung des Aspektes auf die körperliche Erscheinung liegt die erste große Gefahr für die des Menschen in der Natur, wenn die logische Prozedur in Vergessenheit gerät, die im Rahmen der unwidersprechlichen Verwandtschaft des menschlichen und des tierischen Körpers richtig bleibt, aber sich die Gefahr einer Verfälschung birgt, wenn unbemerkt die Idee des Menschen mit der Idee des menschlichen Körpers gleichgesetzt wird. [...]

Keinen Augenblick zweifelt Darwin an der Höchststellung des Menschen in der Reihe, die sich zu ihm hin entwickelt hat, er ist das vorläufige Endprodukt eines gewaltigen Anpassungs- und Selektionsvorganges, wobei seine körperlichen und geistigen Fähigkeiten Resultat eines großen Naturvorgangs darstellen sollen. Der heimliche Maßstab dieser mehr oder weniger erreichten Zweckmäßigkeit ist stets der Mensch, dessen „sapientia [Weisheit]" als technische Intelligenz verstanden wird. Sie ist ihm die gewiss steigerungsfähige, aber fraglos einzig mögliche und notwendige und jedenfalls am weitesten vorgedrungene Auseinandersetzungsweise mit der Welt. Es ist hierbei nicht zu übersehen, dass die Prägorative [die Vorzüge] des Menschen, seine Geistigkeit, die ihn mit dem logos verbindet und seine Vernünftigkeit ausmacht, verstanden wird als Intelligenz, d. h. als etwas, was die

Tiere auch, wenn auch in geringerem Grade haben. Gerade darin liegt die große Gefahr für die Einsicht in die Sonderstellung des Menschen. Der Wesensunterschied wird in einen Gradunterschied verwandelt. Intelligenz aber, und das sehen wir heute sehr viel deutlicher als in den Zeiten Darwins, gerade an den Resultaten der Tierpsychologie, Intelligenz bleibt eine biologische Kategorie. Auch andere Tierformen, auch andere Arten, selbst diejenigen, die dem Menschen gar nicht verwandt sind, zeigen Intelligenz. Freilich, diese Intelligenz ist instinktgebunden. [...] Instinktgebundene Intelligenz findet sich auch beim Menschen, aber sie stellt weder eines seiner Monopole dar noch auch den Gradmesser für die Entwicklungshöhe eines Tieres. Nur die Vernunft, eine transbiologische [über die Biologie hinausgehende] Gabe, ist menschliches Monopol, und sie gibt seiner Intelligenz jene besondere Richtung, die sich bei keinem Tier findet: die Richtung auf den sachlichen Zusammenhang, die Freiheit von den Bindungen an Instinkte. [...] Während das Tier stets den bequemsten Weg zu gehen sucht und sich nach den einfachsten Marken seiner Umwelt orientiert, wenn es weiterhin nur das bemerkt, womit es etwas anfangen kann, weiß der Mensch diesen senso-motorischen Funktionskreis zu durchbrechen und zu dem Unterschied des Einzelnen vom Allgemeinen, der Praxis und der Theorie vorzudringen und mit dessen Unterschieden sein Verhalten zu durchdringen. [...] Wiewohl Wirbeltier und Anthropoide, fällt der Mensch nicht unter das Gesetz der biologischen Intelligenz. Er ist homo faber, soweit er sich mit seinem dem Raum verbundenen Verstand die Dinge unterwirft. Aber dieser rechnende Verstand dient nur der Praxis, ist kein Organ für die Wirklichkeit wie die der Zeit als realer Essenz alles Lebens verbundene Intuition. In der Intuition, die sich in der Gegenrichtung zur intellektuell-praktischen Bemeisterung der Dinge zurückwendet, erinnert sich der Mensch der nicht weiter auflösbaren Schwungkraft des Lebens. Darum ist er aus der Tierreihe herausgehoben, darum erscheint ihm das Leben noch einmal potenziert, darum ist er des Lebens Leben: Geist.

Helmuth Plessner, Mensch und Tier, S. 52-58

M4 Keine absolute Auszeichnung vor dem Tier

Rein biologisch – entsprechend Darwins Abstammungstheorie – ist der Mensch fraglos „Glied und Produkt einer umfassenden Entwicklung". Die emotionelle Abwehr gegen diese Theorie stützte sich meist auf Wunsch und Anmaßung von Menschen, qualitativ-absolut ihre Stellung als „Krone der Schöpfung" garantiert zu sehen. Weder als das Gemeinschaftswesen, als das „politische Lebewesen" (Aristoteles), als einziges verstandesbegabtes, sprachbegabtes oder lernfähiges, instinktungesichertes, „noch nicht festgestelltes" (Nietzsche), „weltoffenes" (Scheler) Wesen noch als „stellungnehmendes" [...] und „handelndes Wesen" ist der Mensch vor den Tieren *absolut* auszuzeichnen. Tiere leben in sozialen Einheiten, vom Gänsepaar bis zum Bienenstaat. Sie vollbringen, wie Delfine oder Schimpansen, intelligente Leistungen. Sie haben Kommunikationssysteme, die bei manchen Vogelarten offenbar „Wort"- und „Satz"-Bildungen aus kleineren bedeutungstragenden Zeichen umfassen. Sie lernen – und zwar nicht nur – durch Prägung bedingter Reflexe. [...]
Zweifellos ist die besondere Verbindung aller dieser Züge charakteristisch für den Menschen, und zweifellos ist jeder Zug beim Menschen in viel höherem Maße ausgeprägt als beim Tier. Hinsichtlich jedes einzelnen Zuges besteht also ein – wenn auch riesengroßer – Gradunterschied.

Hans Lenk, Wozu Philosophie? Eine Einführung in Frage und Antwort, S. 12

1 Erklären Sie die Intention der Ausführungen Montaignes. ➜ M1
2 Formulieren Sie die These, die in der Grafik zum Ausdruck gebracht wird. ➜ M2
3 Gliedern Sie den Plessnertext in Abschnitte und fassen Sie seine Hauptgedanken in Thesen zusammen. ➜ M3
4 Setzen Sie sich mit der Behauptung Lenks auseinander, dass der Unterschied von Mensch und Tier ein nur gradueller ist. ➜ M4

8 Der Mensch in der Ordnung der Natur

M1 Die Sonderstellung des Menschen

Nach Max Scheler nimmt der Mensch sowohl eine Stellung in einem biopsychischen Stufenbau im Verhältnis zu Pflanze und Tier (natursystematischer Begriff) als auch eine metaphysische Sonderstellung als geistige Person (Wesensbegriff) ein, die unabhängig von der biopsychischen Welt gedacht werden muss.

Das Wesen des Menschen und das, was man seine „*Sonderstellung*" nennen kann, steht *hoch* über dem, was man Intelligenz und Wahlfähigkeit nennt, und würde auch nicht erreicht, wenn man sich diese Intelligenz und Wahlfähigkeit quantitativ beliebig, ja bis ins Unendliche gesteigert vorstellte. Aber auch das wäre verfehlt, wenn man sich das Neue, das den Menschen zum Menschen macht, nur dächte als eine zu psychischen Stufen: Gefühlsdrang, Instinkt, assoziatives Gedächtnis, Intelligenz und Wahl hinzukommende neue Wesensstufe *psychischer* und der *Vital*sphäre angehöriger Funktionen und Fähigkeiten, die zu erkennen in der Kompetenz der Psychologie und Biologie läge. Das neue Prinzip steht *außerhalb* alles dessen, was wir „Leben" im weitesten Sinne nennen können. Das, was den Menschen allein zum „Menschen" macht, ist nicht eine neue Stufe des Lebens – erst recht nicht nur eine Stufe der *einen* Manifestationsform dieses Leben, der „Psyche"– , sondern es ist ein allem und *jedem Leben überhaupt, auch dem Leben im Menschen entgegengesetztes Prinzip:* eine echte neue Wesenstatsache, die als solche überhaupt nicht auf die natürliche Lebensevolution zurückgeführt werden kann *[...] „Geist".*

Was aber ist nun jener „Geist", jenes neue und so entscheidende Prinzip? [...] Die Grundbestimmung eines geistigen Wesens [...] [ist] *seine existentielle Entbundenheit vom Organischen*, seine Freiheit, Ablösbarkeit – oder doch die seines Daseinszentrums – von dem Bann, von dem Druck, von der Abhängigkeit vom *Organischen*, vom *„Leben"* und allem, was zum Leben gehört – also auch von seiner triebhaften „Intelligenz". Ein „geistiges" Wesen ist also nicht mehr trieb- und umweltgebunden, sondern „umweltfrei" und, wie wir es nennen wollen, *„weltoffen"*: Ein solches Wesen hat *„Welt"*. Ein solches Wesen vermag ferner die auch ihm ursprünglich gegebenen „Widerstands"- und Reaktionszentren seiner Umwelt, die das Tier allein hat und in die es ekstatisch aufgeht, zu *„Gegenständen"* zu erheben und das *Sosein* dieser Gegenstände prinzipiell *selbst* zu erfassen, ohne die Beschränkung, die diese Gegenstandswelt oder ihre Gegebenheit durch das vitale Triebsystem und die ihm vorgelagerten Sinnesfunktionen und Sinnesorgane erfährt. [...]

Alles, was das Tier merken und fassen kann von seiner Umwelt, liegt in den sicheren Zäunen und *Grenzen seiner Umweltstruktur.* [...] Der Verlauf des tierischen Verhaltens hat stets die Form:

T ⇄ **U**

Ganz anders ein Wesen, das *„Geist"* hat. Ein solches ist – wenn und soweit es sich seines Geistes sozusagen auch bedient – eines Verhaltens fähig, das eine genau *entgegengesetzte* Verlaufsform besitzt. [...]

Die Form eines solchen Verhaltens ist die der *„Weltoffenheit"*, der prinzipiellen Abschüttelung des Umweltbannes:

M ⇄ **W** → → ...

Dieses Verhalten ist, wo es einmal konstitutionell vorhanden ist, seiner Natur nach unbegrenzt erweiterungsfähig – so weit eben, als die „Welt" vorhandener Sachen reicht.

Der Mensch ist das X, das sich in unbegrenztem Maße „weltoffen" verhalten kann. Menschwerdung ist Erhebung zur Weltoffenheit kraft des Geistes.

Max Scheler, Stellung des Menschen im Kosmos, S. 37-40

M2 Exzentrische Positionalität

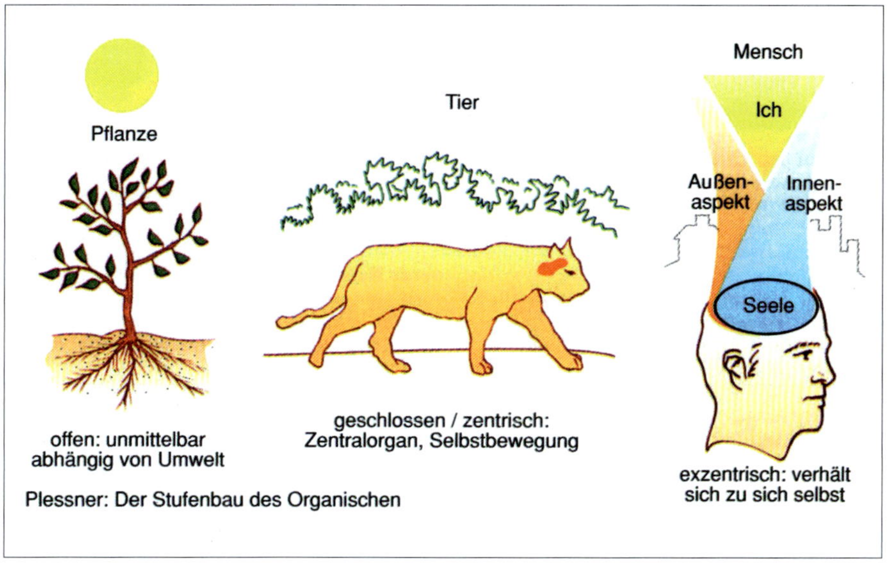

dtv-Atlas Philosophie, S. 236

Helmuth Plessner sieht die Sonderstellung des Menschen in der Fähigkeit zur Selbstreflexion, die ihm ein Selbstverhältnis zu seinem Körper und seinem Bewusstsein ermöglicht.

Der Mensch als das lebendige Ding, das in die Mitte seiner Existenz gestellt ist, weiß diese Mitte, erlebt sie und ist darum über sie hinaus. [...] Ist das Leben des Tieres zentrisch, so ist das Leben des Menschen, ohne die Zentrierung durchbrechen zu können, zugleich aus ihr heraus, exzentrisch. Exzentrizität ist die für den Menschen charakteristische Form seiner frontalen Gestelltheit gegen das Umfeld. [...]
Positional liegt ein Dreifaches vor: das Lebendige ist Körper, im Körper (als Innenleben oder Seele) und außer dem Körper als Blickpunkt, von dem aus es beides ist. Ein Individuum, welches positional derart dreifach charakterisiert ist, heißt Person. Es ist das Subjekt seines Erlebens, seiner Wahrnehmungen und seiner Aktionen, seiner Initiative. Es weiß und es will. Seine Existenz ist wahrhaft auf Nichts gestellt. [...] Als exzentrisch organisiertes Wesen muss er sich zu dem, was er schon ist, erst machen. Nur so erfüllt er die ihm mit seiner vitalen Daseinsform aufgezwungene Weise, im Zentrum seiner Positionalität – nicht einfach aufzugehen, wie das Tier, das aus seiner Mitte heraus lebt, auf seine Mitte alles bezieht, sondern zu stehen und so von seiner Gestelltheit zugleich zu wissen. [...] Der Mensch lebt nur, indem er sein Leben führt. Mensch sein ist die „Abhebung" des Lebendigseins vom Sein und der Vollzug dieser Abhebung, kraft dessen die Schicht der Lebendigkeit als quasi selbständige Sphäre erscheint, die bei Pflanze und Tier unselbständiges Moment des Seins, seine Eigenschaft bleibt (auch da noch, wo sie die organisierende, konstituierende Form für einen Seinstypus des Lebens bildet, nämlich für das Tier). Infolgedessen lebt der Mensch weder einfach das zu Ende, was er ist, er lebt sich nicht aus [...]. Seine Existenz ist von der Art [...]: sich zu dem erst machen zu müssen, was er schon ist, das Leben zu führen, das er lebt.

Helmuth Plessner, Die Stufen des Organischen und der Mensch, S. 291-293, 309f.

1. Fertigen Sie ein Schaubild zu Max Schelers psychischen Stufen an und erläutern Sie seine Begriffe mit Hilfe der heutigen Biologie. → M1
2. Erläutern Sie die Begriffe „Umweltgebundenheit" und „Weltoffenheit" anhand von Beispielen. → M1
3. Diskutieren Sie, ob der Mensch sich in „unbegrenztem Maße" weltoffen verhalten kann. → M1
4. Bestimmen Sie Helmuth Plessners Begriff der „exzentrischen Positionalität". → M2
5. Erarbeiten Sie den Unterschied zwischen menschlicher und tierischer Lebensweise anhand des letzten Satzes. → M2
6. Begründen Sie, warum sowohl die Weltoffenheit als auch die exzentrische Positionalität für menschliches Handeln eine zentrale Bedeutung besitzen. → M1/2

9 Die Welt im Kopf

M1 Unser Dreifachgehirn

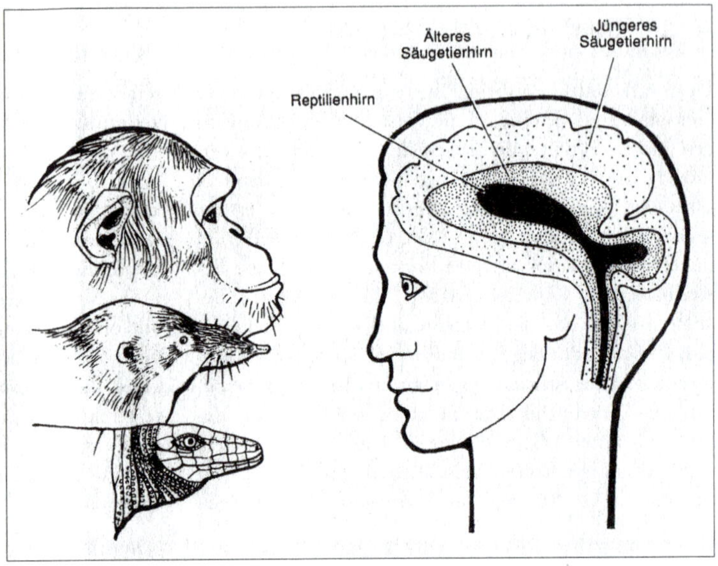

Das Dreifachgehirn des Menschen: Die Evolution hat dem reptilischen Gehirn eine „Denk-Kappe" aufgesetzt, deren Leistungen die eigentliche Sonderstellung der Primaten begründen.

M2 Evolution der Denkstrukturen

Die Hauptthese der Evolutionären Erkenntnistheorie ist einfach. Sie lautet: Der Mensch ist ein Produkt der Evolution, also müssen auch seine Denk- und Erkenntnisstrukturen – nicht nur seine Handlungsstrukturen – evolutiv entstanden und entsprechend erklärbar sein. Unsere subjektiven Erkenntnisstrukturen passen deshalb auf die reale Welt, weil sie sich im Laufe der Evolution in Anpassung an diese Welt herausgebildet haben. Die Struktur unseres Denkens – unsere Denkkategorien – und die Struktur der Welt – die Realkategorien – müssen wenigstens partiell übereinstimmen, weil nur eine solche Koinzidenz Überleben und Evolution in dieser Welt ermöglichte. Die Art, wie wir denken und die Reichweite unseres Denkens sind in unserem Erbgut, sind in unseren Genen vorgeprägt. [...]

Wenn es eine genetische Evolution der Organismen gegeben hat (was innerhalb der Wissenschaft niemand bezweifelt), dann müssen auch das Denken des Menschen, sein Erkenntnisvermögen, seine kognitiven Strukturen Teil dieser Evolution gewesen sein und dann war es nicht nur möglich, sondern notwendig, im strengen Sinn unausweichlich, dass sich unser Denken an die Strukturen der realen Welt angepasst hat. Die Selektion hat für uns die der Natur gemäßen Denkmuster ausgelesen. Es muss bei Tier und Mensch zu einer zumindest partiellen Entsprechung von kognitiver Struktur und Realstruktur gekommen sein. Die Muster unseres Denkens wurden an die Muster der Natur angepasst. Dieses prinzipielle Wissen über die Welt brauchen wir nicht zu lernen; es ist in unseren Genen verankert, ist genetische Information. Es ist ebenso in unseren Genen verankert wie die Information für unseren aufrechten Gang, für unsere Fähigkeit zum Sprechen, zum Sehen, zum Hören, zum Fühlen, zum Kooperieren. [...] Weil wir uns im Zuge der Evolution kognitiv an die Struktur der Welt angepasst haben, können wir im Einvernehmen mit den Strukturen der realen Welt richtig denken. Dieses richtige Denken brauchen wir nicht zu lernen. Jeder gesunde Mensch trägt dieses Denkvermögen a priori in seinen Genen.

Letztlich freilich stammt auch unser apriorisches Wissen über die Welt aus der Erfahrung; aber es ist die Erfahrung des Stammes, die im Laufe der Evolution durch Auslese und Anpassung akkumulierte genetische Information. So wie sich unsere Hand an die reale Welt angepasst hat, unsere Beine, unsere Augen, unser Kreislauf, so hat sich auch die kognitive Struktur unseres Gehirns an die reale Welt, in der die Evolution der Hominiden vonstattenging, angepasst. Es kann nicht anders gewesen sein.

Hans Mohr, Natur und Moral, S. 19f., 22f.

M3 Weltbildapparate

Für den Naturforscher ist der Mensch ein Lebewesen, das seine Eigenschaften und Leistungen, einschließlich seiner hohen Fähigkeiten des Erkennens, der Evolution verdankt, jenem äonenlangen Werdegang, in dessen Verlauf sich alle Organismen mit den Gegebenheiten der Wirklichkeit auseinandergesetzt und – wie wir zu sagen pflegen – an sie angepasst haben. Dieses stammesgeschichtliche Geschehen ist ein Vorgang der Erkenntnis, denn jede „Anpassung an" eine bestimmte Gegebenheit der äußeren Realität bedeutet, dass ein Maß von „Information über" sie in das organische System aufgenommen wurde. [...]

Alles, was wir Menschen über die reale Welt wissen, in der wir leben, verdanken wir stammesgeschichtlich entstandenen, Relevantes vermeldenden Apparaten des Informationsgewinns, die zwar sehr viel komplexer, aber nach gleichen Prinzipien gebaut sind wie jene, welche die Fluchtreaktion des Pantoffeltierchens bewirken. Nichts, was Gegenstand der Naturwissenschaft sein kann, ist auf einem anderen Wege zu unserer Kenntnis gelangt als auf eben diesem.

Aus dieser Einsicht folgt, dass wir die menschlichen Fähigkeiten zum Erkennen der Wirklichkeit anders beurteilen, als es die Erkenntnistheoretiker bisher getan haben. Wir sind, was unsere Hoffnung betrifft, den Sinn und die letzten Werte dieser Welt zu verstehen, sehr bescheiden. An unserer Überzeugung dagegen, dass alles, was unser Erkenntnisapparat uns meldet, wirklichen Gegebenheiten der außersubjektiven Welt entspricht, halten wir unerschütterlich fest. Diese erkenntnistheoretische Haltung entspringt dem Wissen, dass unser Erkenntnisapparat selbst ein Ding der realen Wirklichkeit ist, das in „Auseinandersetzung mit" und in „Anpassung an" ebenso wirkliche Dinge seine gegenwärtige Form erhalten hat. Auf dieses Wissen gründet sich unsere Überzeugung, dass allem, was unser Erkenntnisapparat uns über die äußere Wirklichkeit mitteilt, etwas Wirkliches entspricht. Die „Brillen" unserer Denk-und Anschauungsformen, wie Kausalität, Substantialität, Raum und Zeit, sind Funktionen einer neurosensorischen Organisation, die im Dienste der Arterhaltung entstanden ist. *Konrad Lorenz, Die Rückseite des Spiegels, S. 17*

M4 Sprechen und Hirnentwicklung

Jeder aber, der das Prinzip der Entwicklung annimmt, muss sehen, dass die geistigen Fähigkeiten der höheren Tiere [...] entwicklungsfähig sind. [...] Dieselbe Schlussfolgerung kann auf den Menschen angewendet werden; der Intellekt muss für ihn allesbedeutend gewesen sein, selbst in einer sehr weit zurückliegenden Periode [...].

Ein großer Schritt in der Entwicklung des Intellekts muss erfolgt sein, sobald die halb künstliche und halb instinktive Sprache in Gebrauch kam; denn der beständige Gebrauch der Sprache wird auf das Gehirn zurückgewirkt und eine vererbliche Wirkung hervorgebracht haben; und dies wieder wird der Vervollkommnung der Sprache zugutegekommen sein. Wie Chauncey Wright richtig bemerkt hat, mag die Größe des menschlichen Gehirns im Vergleich zu seinem Körper, verglichen mit dem Gehirn tiefer stehender Tiere, zum großen Teil dem frühen Gebrauch einer einfachen Form von Sprache zu verdanken sein – dieser wunderbaren Maschine, die allen Arten von Dingen und Eigenschaften Zeichen beilegt und Gedankenreihen wachruft, die niemals durch bloße Sinneseindrücke entstehen könnten, oder, wenn dies der Fall wäre, doch nicht weiter verfolgt werden könnten. Die höheren intellektuellen Fähigkeiten, wie das Schließen, Abstrahieren, das Selbstbewusstsein usw., entstanden wahrscheinlich aus der beständigen Vervollkommnung und Übung der anderen geistigen Fähigkeiten.

Charles Darwin, Die Abstammung des Menschen, S. 267f.

1. Finden Sie Beispiele für die einzelnen Regionen des Gehirns. ➜ M1
2. Diskutieren Sie die Hauptthese der evolutionären Erkenntnistheorie. ➜ M2
3. Skizzieren Sie den naturwissenschaftlichen Ansatz von Lorenz. Wie ist unser Erkenntnisapparat entstanden? ➜ M3
4. Kennzeichnen Sie die Besonderheit der menschlichen Weltbildapparate im Unterschied zu den tierischen. ➜ M3
5. Geben Sie Charles Darwins These über die Zusammenhänge zwischen der Entwicklung der Sprache und der des Gehirns wieder. ➜ M4

10 Sprechen als eine Eigenart des Menschen

M1 Der Mensch spricht

Wir sprechen im Wachen und im Traum. Wir sprechen stets; auch dann, wenn wir kein Wort verlauten lassen, sondern nur zuhören oder lesen, sogar dann, wenn wir weder eigens zuhören noch lesen, stattdessen einer Arbeit nachgehen oder in der Muße aufgehen. Wir sprechen ständig in irgendeiner Weise. Wir sprechen, weil Sprechen uns natürlich ist. [...] Die Lehre gilt, der Mensch sei im Unterschied zu Pflanze und Tier das sprachfähige Lebewesen. Der Satz meint nicht nur, der Mensch besitze neben anderen Fähigkeiten auch diejenige zu sprechen. Der Satz will sagen, erst die Sprache befähige den Menschen, dasjenige Lebewesen zu sein, das er als Mensch ist. Als der Sprechende ist der Mensch: Mensch.

Martin Heidegger, Unterwegs zur Sprache, S. 11

M2 Eine oder viele Sprachen?

Ein Marsmensch, der auf die Erde kommt und verschiedene Menschen an verschiedenen Orten des Globus beobachtet, würde, wie Noam Chomsky einmal bemerkt hat, zunächst glauben können, die Menschen sprächen eine einzige Sprache. In der Tat erzeugen sie alle akustische „Signale", bei allen sind diese akustischen Signale „artikuliert", also durch willkürliche Bewegungen des Mundes erzeugt, und offensichtlich werden diese gegliederten Laute von anderen Menschen gehört und erzeugen bei diesen bestimmte Reaktionen – vor allem beginnen diese nun ihrerseits zu sprechen. Diese Beobachtungen entsprechen sicher universellen Eigenschaften der Sprache. Bei näherem Hinhören würde der Marsmensch dann merken, dass es doch einige – syntaktische – Hauptunterschiede gäbe [...]. Wenn er sich dann noch näher in die menschlichen Gesellschaften und Sprechweisen hineinzoomt, wird auch er [...] die erwähnten Tausende von Sprachen feststellen, ja sich schließlich fragen, ob überhaupt ein einziger Mensch dieselbe Sprache wie ein anderer spricht [...].

M3 Angeborene Grundprinzipien der Sprache?

Während jedermann durchaus mit der Behauptung einverstanden war, dass die Sprachfähigkeit angeboren ist, so war es doch in der aktuellen Diskussion umstritten, was genau denn eigentlich angeboren sei: Auf der einen Seite haben wir diejenigen, die sagen, dass dem Menschen eine allgemeine Lernfähigkeit angeboren ist und dass der Spracherwerb entsprechend der Entwicklung der menschlichen Intelligenz erfolgt, innerhalb deren die Sprache nach einem bestimmten genetisch festgelegten Zeitplan im Kontakt mit der kulturellen Umwelt gelernt wird. Das Kind würde – nach den biologisch festgelegten Stadien wie Lallphase, Einwort-Phase, Zweiwort-Phase etc. – die Regeln der Grammatik aus dem sprachlichen Material induzieren, dem es in seiner gesellschaftlichen Umgebung begegnet. Das ist die sprach- und lernpsychologische Grundannahme des Behaviorismus in der Tradition des alten Locke'schen Empirismus, für den der menschliche Geist bei seiner Geburt ein unbeschriebenes weißes Blatt Papier war, auf das dann die Erfahrung ihre Schriftzeichen schreibe: „white paper void of all characters, without any ideas" [...]. Dagegen hat auf der anderen Seite insbesondere Chomsky eingewandt, dass dies schlechterdings nicht möglich sei, sondern dass die Grundprinzipien der Satzbildung genetisch gegeben sein müssen, weil man sonst nicht erklären könne, wie ein Kind nie gehörte Sätze verstehen oder selber völlig neue Sätze produzieren könne. Ähnlich wie Leibniz gegen Locke die Auffassung vertreten hatte, dass schon bei der Geburt etwas auf jenem Blatt Papier geschrieben stehen müsse, wendet Chomsky gegen den Behaviorismus ein, dass die Grundprinzipien der Grammatik nicht erworben werden, sondern angeboren seien. [...] Für ihn ist die menschliche Sprache – d. h. im Wesentlichen die Fähigkeit, Sätze zu bilden, Syntax – so einzigartig, dass er sie eher als ein einmaliges „emergentes" Phänomen betrachtet [...].

M2/3: Jürgen Trabant, Artikulationen. Historische Anthropologie der Sprache, S. 16f., 19f.

M4 Sprache – immer wieder neu

Die Frage nach dem Ursprung der Sprache darf [...] nicht so gestellt werden, dass man fragt, wie etwa die „Urmenschen“ es gemacht hätten, Sprache zu erfinden. Denn gehört die Sprache in den Zusammenhang eigentlicher menschlicher Leistungen, so ist sie ebenso alt wie der Mensch und das Problem fällt mit der Frage nach dem Ursprung des Menschen zusammen. [...] Hier haben wir eine positive Aussage gemacht: dass die Sprache zu den Wesensmerkmalen des Menschen gehöre. Das ist die Behauptung der Ursprünglichkeit der Sprache, und in eine konkrete Behauptung gefasst würde sie besagen: Auch ohne die gewöhnliche Tradierung der Sprache durch Erwachsene würden Kinder, die wir sprachlos aufgezogen dächten, aus sich selbst Sprache entwickeln. [...]

Der hervorragende dänische Sprachforscher Jespersen kommt zu der [...] Überzeugung: „Kinder in einer unbewohnten Gegend, wo sie nicht gleich dem Hunger- und Erfrierungstode anheimfallen, haben die Fähigkeit, eine Sprache zur gegenseitigen Verständigung zu entwickeln, und diese kann von der ihrer Eltern so verschieden sein, dass sie wirklich als Ausgangspunkt eines neuen Sprachstammes dienen kann“ [...]. Jespersen äußert diese Meinung anlässlich der Frage, wie die erstaunliche Buntheit amerikanischer Sprachen wohl zu erklären sei. In Kalifornien fand man eine große Zahl verschiedener einheimischer Sprachen, die man auf nicht weniger als 19 gesonderte Sprachstämme aufteilen konnte, ähnlich in Oregon (30 Sprachfamilien!) und in Brasilien. [...] Schon 1886 hat der amerikanische Forscher Hale die Anschauung vertreten, dass das milde Klima und die freigebige Natur der genannten Gegenden es hier Kindern, denen die Zufälle des Jägerlebens die Eltern nahmen, ermöglichten, auch ohne die Hilfe Erwachsener durchzukommen, wobei sie dann genötigt waren, untereinander eine Sprache zu entwickeln. Jespersen diskutiert einen sehr interessanten Fall aus dem 20. Jahrhundert, da sehr vernachlässigte dänische Zwillinge, bei einer fast tauben alten Frau aufwachsend, eine für alle anderen unverständliche Binnensprache entwickelten – also ein Kaspar-Hauser-Versuch der Natur. Als Jespersen sie 5 1/2-jährig sah, hatten sie in einem Kinderheim schon etwas Dänisch gelernt, aber allein gelassen, unterhielten sie sich ungezwungen in einem durchaus unverständlichen Kauderwelsch. Sie hatten Laute, die im Dänischen nicht vorkommen, eine völlig verschiedene Wortstellung und mehrfache Verneinung im Satz, wie in Bantusprachen. Lhalh (= Wasser, dän. vand) bedeutete Wasser, aber auch nass machen und nass, erinnernd an ähnliche Erscheinungen im Englischen. Die meisten Wörter, deren Bedeutung Jespersen verstand, konnte er als verstümmelte dänische nachweisen [...], aber sie redeten eine Menge, was niemand verstand. Wenn so etwas in einem zivilisierten Lande des 20. Jahrhunderts vorkommt, kann man schon mit Hale annehmen, dass Kinder in einer unbewohnten Gegend, wo ihnen die Natur entgegenkommt, untereinander eine Sprache entwickeln würden.

Arnold Gehlen, Der Mensch – Seine Natur und seine Stellung in der Welt, S. 268f.

1. Erläutern Sie die These Martin Heideggers, dass die Sprache den Menschen erst zum Menschen mache. → M1
2. Jürgen Trabant ergänzt die Bemerkungen über die Unterscheidungsfähigkeit des Marsmenschen hinsichtlich der menschlichen Sprachen, dass dieser „allerdings schon ein bisschen Linguistik [...] studiert haben müsste“. Erklären Sie diesen Zusatz. → M2
3. Stellen Sie die Thesen und Argumente der Behavioristen und diejenigen Chomskys gegenüber. Prüfen Sie die Evidenz beider Positionen. → M3
4. Ziehen Sie die Informationen aus dem Kapitel Sprachphilosophie (s. S. 84, M1) hinzu und beurteilen Sie die bisher gewonnenen Erkenntnisse auf der Grundlage der Hirnforschung. → M3
5. Stellen Sie einen Bezug her zwischen den Berichten des empirischen Sprachforschers Jespersen und den theoretischen Annahmen in M3. → M4
6. Schreiben Sie einen Essay zu dem Thema: „Der Mensch – das sprachfähige Wesen“. → M1-4

1 Der Mensch und seine Welt

M1 Die Leonardo-Welt

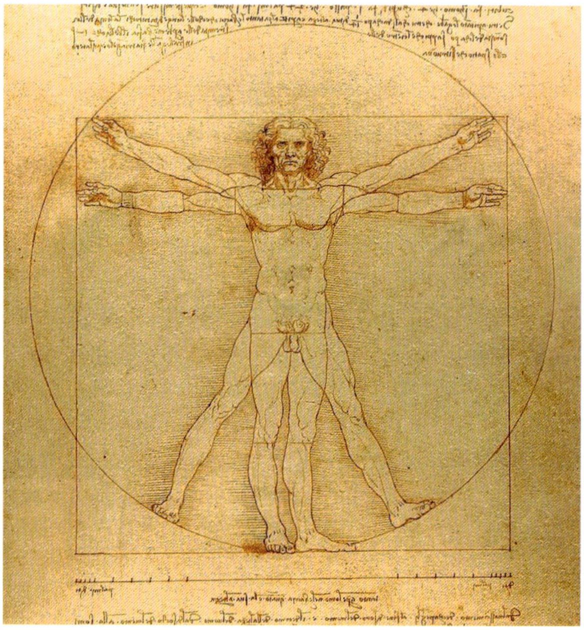

Leonardo da Vinci, Der vitruvianische Mensch (Proportionsstudie nach Vitruv), 1492

Wir leben in einer Welt, die in allen wesentlichen Hinsichten das Werk des Menschen ist. Mochten frühere Generationen noch glauben, dass sie in einer Welt Gottes lebten oder in einer Welt, in der die Natur alles regelt; heute wissen wir, dass diese Welt, eine Welt Gottes und eine Welt der Natur, allenfalls noch an den Rändern unseres Bewusstseins und unserer Erfahrungen existiert, nicht mehr in der Wirklichkeit moderner Industriegesellschaften. Wohin wir in dieser Welt auch gehen, der erkennende, der wirtschaftende, der bauende und der zerstörende Verstand waren immer schon da. Diese Welt nenne ich die Leonardo-Welt – nach Leonardo da Vinci, dem großen Renaissanceingenieur, Künstler und Wissenschaftler. Es ist eine Welt, in der sich der Mensch immer weniger als Entdecker bewegt (eine solche Welt nenne ich die Kolumbus-Welt) oder mit der der Mensch über seine Deutungen verbunden ist (diese Welt nenne ich die Leibniz-Welt). [...]

Es ist eine Welt, in der sich der Mensch in seinen eigenen Werken begegnet und in der er ein Teil seines eigenen Werkes wird. Drei Beispiele, die das deutlich machen:

1. Das Beispiel Natur: Mit der Menschwerdung des Menschen ist von Anfang an die Kulturwerdung der Natur verbunden. Diese vollzog sich in der Aneignung der Natur durch homo faber, durch das Wesen, das Hände hat, das sich Instrumente schafft und durch diese mit der Natur in einen Stoffwechselprozess tritt; nicht erst heute, sondern immer schon. Eine unberührte Natur hat es in der Umwelt des Menschen nie gegeben. [...]

2. Das Beispiel Gesellschaft: Moderne Gesellschaften sind in einem Maße von Wissenschaft und Technik abhängig geworden, dass jede Veränderung im Wissenschafts- und Techniksystem unmittelbar ihre Grundlagen berührt. Das gilt sowohl hinsichtlich der Existenz eines wissenschaftlich-technischen *Fortschritts* als auch hinsichtlich dessen möglichen Ausbleibens. [...]

3. Das Beispiel Mensch: Was für die Natur und für die moderne Gesellschaft im Allgemeinen gilt, gilt auch für den Menschen selbst. Wissenschaft und Technik beginnen, ihn als potenzielle neue Leonardo-Welt zu erkennen und in Anspruch zu nehmen. Wir gewöhnen uns an das wachsende Können der Medizin, etwa der Reproduktionsmedizin, und wir gewöhnen uns an den Gedanken, dass sich die Natur des Menschen ebenso verändern lässt wie die physische und die gesellschaftliche Welt. Nicht nur die physische Welt und die gesellschaftliche Welt werden mehr und mehr zu einem Artefakt, einem Werk des Menschen, das sich an die Stelle einer natürlichen Welt setzt; das Gleiche trifft auch auf den Menschen zu. Er hat, weitaus konsequenter als dies frühere Gesellschaften taten, seine Evolution in die eigene, wissenschaftliche und technische Hand genommen.

Jürgen Mittelstraß, Die Leonardo-Welt, S. 197, 105f.

M2 Dem Menschen ist eine ganze Welt offen

Der Stein ist weltlos, das Tier weltarm, der Mensch weltbildend [Heidegger]: Was ist gemeint? Es ist dem Stein egal, ob er auf der Erde, im Wasser oder in der Sonne liegt. Zwar wird er je nachdem kalt, nass oder warm, doch das macht für den Stein keinen Unterschied. Anders die Eidechse, die auf einer warmen Felsplatte liegt. Allein das Wort „liegen" wird hier bereits anders verwendet als im Falle des Steins. Es macht für die Eidechse sehr wohl einen Unterschied, ob sie auf einer warmen, einer nassen oder einer kalten Felsplatte liegt. Nun liegt sie zwar, wie das Eidechsen meistens so tun, auf einer warmen Platte, aber sie erfasst sie nicht *als* etwas, das man benutzen kann, *um* auf ihm zu liegen, *um* sich aufzuwärmen, *um* ausgeruht zu sein, *um* einen besseren Überblick zu haben, *um* darauf Faustkeile zu schlagen oder *um* seine Mineralstruktur zu erforschen. Erst dem Menschen sei der Stein als Stein oder die Platte als Platte und als Teil einer Welt gegeben. Anders als der Stein ist das Tier zwar offen für eine Welt, aber nur dem Menschen ist die Welt offen. Das Tier ist offen für seine Welt, nämlich seine arteigene ökologische Nische. Darin kann es angemessen auf Geschlechtspartner, Gefahren und bestimmte Gelegenheiten reagieren. Dem Menschen aber, so werden wir Heideggers These deuten [...], ist als ökologische Nische eine ganze Welt offen. [...]

Was ist eine ökologische Nische? Eine solche Nische ist nicht identisch mit der räumlichen Umwelt, in der ein Tier lebt. Vielmehr umfasst eine Nische die funktionalen Zusammenhänge zwischen einer biologischen Art und bestimmten Faktoren der Umwelt. Zu diesen Faktoren gehören etwa Nahrungsquellen oder Fressfeinde, Temperatur oder Luftfeuchtigkeit. Sie ermöglichen das Überleben und den Fortbestand der Art. [...] Man kann eine Nische auch als Gesamtmenge des selektiven Drucks auf eine Art (oder besser: Population) beschreiben. [...]

Auch der Mensch baut sich eine Nische, und diese Nische nimmt Einfluss auf seine Evolution und Entwicklung. Er ist an diese selbst gebaute Nische angepasst, er bewohnt sie. Betrachten wir einige generelle Züge dieser Nische. Im Unterschied etwa zur Kultur der Japanmakaken zeichnet sich die Nische des Menschen durch eine hohe Dichte an Artefakten aus, ja sie besteht nur aus Artefakten, d. h. zu bestimmten Zwecken hergestellten Objekten und Institutionen. Im Falle des Menschen sind sämtliche Umweltfaktoren seiner Nische entweder Artefakte oder durch Artefakte modifiziert. Feuchtigkeit oder Temperatur werden beispielsweise durch Häuser und Kleider modifiziert, Nahrung durch Zerlegung, Zubereitung, Viehzucht, Ackerbau, Kontrolle und Transport, Feinde durch Waffen, Fallen oder Forschung. Die Nischenkonstruktion ist total. In den Werkzeugkulturen der Schimpansen werden in erster Linie bestimmte Fertigkeiten zur Herstellung von Werkzeugen durch sozial vermitteltes Lernen weitergegeben. Demgegenüber werden beim Menschen sowohl die Werkzeuge (und andere Artefakte) als auch die Techniken ihrer Herstellung und Verwendung weitergegeben. Die Weitergabe von Artefakten und den Techniken ihrer Herstellung und Verwendung erfolgt kumulativ: Modifikationen gehen nicht verloren, sondern bleiben (zumindest teilweise) erhalten.

Markus Wild, Der Mensch ist das Tier, das eine Welt hat, S.152f., 178-181

1. Beschreiben Sie die Merkmale der Leonardo-Welt an Beispielen aus Wissenschaft und Technik. ➜ M1
2. Diskutieren Sie die Konsequenzen, die sich daraus ergeben, dass der Mensch seine Evolution in die eigene Hand genommen hat. ➜ M1
3. Besprechen Sie mit einem Partner die These Martin Heideggers. ➜ M2
4. Ziehen Sie die Auslegungen Markus Wilds hinzu und diskutieren Sie anhand seines Beispiels den Unterschied zwischen der Bedeutung der Steinplatte für die Eidechse und für den Menschen, dem „der Stein als Stein oder die Platte als Platte und als Teil einer Welt gegeben" sei. ➜ M2
5. Erklären Sie den Begriff „Ökologie". Verdeutlichen Sie auf dieser Grundlage, inwiefern Wild die Welt, die der Mensch sich bildet, als „ökologische Nische" bezeichnet und warum diese Nischenkonstruktion „total" ist. ➜ M2

2 Wir und die Dinge

M1 Ein Paar Schuhe

Was ist denn in Wahrheit das Ding, sofern es ein Ding ist? Wenn wir so fragen, wollen wir das Dingsein (die Dingheit) des Dinges kennenlernen. Es gilt, das Dinghafte des Dinges zu erfahren. Dazu müssen wir den Umkreis kennen, in den all jenes Seiende gehört, das wir mit dem Namen Ding belegen.

Der Stein am Weg ist ein Ding und die Erdscholle auf dem Acker. Der Krug ist ein Ding und der Brunnen am Weg. Wie steht es aber mit der Milch im Krug und mit dem Wasser des Brunnens? Auch das sind Dinge, wenn die Wolke am Himmel und die Distel auf dem Feld, wenn das Blatt im Herbstwind und der Habicht über dem Wald namensgerecht Dinge heißen. [...]

Wir wählen als Beispiel ein gewöhnliches Zeug: ein Paar Bauernschuhe. [...] Wir wählen dazu ein bekanntes Gemälde von van Gogh, der solches Schuhzeug mehrmals gemalt hat.

Vincent van Gogh, Stillleben, Ein paar Schuhe, 1886

Aber was ist da viel zu sehen? Jedermann weiß, was zum Schuh gehört. Wenn es nicht gerade Holz- oder Bastschuhe sind, finden sich da die Sohle aus Leder und das Oberleder, beide zusammengefügt durch Nähte und Nägel. Solches Zeug dient zur Fußbekleidung. Entsprechend der Dienlichkeit, ob zur Feldarbeit oder zum Tanz, sind Stoff und Form anders. Diese wohl richtigen Angaben erläutern nur, was wir schon wissen. Das Zeugsein des Zeuges besteht in seiner Dienlichkeit. Aber wie steht es mit dieser selbst? Fassen wir mit ihr schon das Zeughafte des Zeuges? Müssen wir nicht, damit das gelingt, das dienliche Zeug in seinem Dienst aufsuchen? Die Bäuerin auf dem Acker trägt die Schuhe. Hier erst sind sie, was sie sind.

Martin Heidegger, Der Ursprung des Kunstwerkes, S. 10, 22

M2 Lebens-Dinge

„Wie viele Dinge braucht der Mensch?“ [...] Sokrates: „Nichts zu bedürfen ist göttlich, möglichst wenig zu bedürfen, kommt der göttlichen Vollkommenheit am nächsten.“

Laut Statistik besitzt der Bundesbürger im Durchschnitt 10 000 Dinge. „Würde das Wirtschaftswachstum in diesem Tempo weitergehen, so würden unsere Kinder nochmals doppelt, unsere Enkel viermal und unsere Urenkel achtmal so viele Güter zur Verfügung haben.“ Dieses Zitat des Baseler Sozialwissenschaftlers René Frey hängt unweit einer Kurve des Wirtschaftswachstums, die sich so steil vor dem Besucher aufrichtet wie die Eigernordwand. Und noch ein Beweis für das Wettrüsten der Konsumenten: 1938 hat der Deutsche pro Jahr 8 Kilogramm Textilien verbraucht, 1993 waren es 23 Kilogramm. Langlebige Produkte, die Müll vermeiden helfen, sind selten geworden ...

Uta Kruse, Die Dinge des Lebens, in: DIE ZEIT, 25/1995, S. 25

M3 Fast jedes Ding ein Gefäß

Noch für unsere Großeltern war ein „Haus“, ein „Brunnen“, ein ihnen vertrauter Turm, ja ihr eigenes Kleid, ihr Mantel: unendlich mehr, unendlich vertraulicher; fast jedes Ding ein Gefäß, in dem sie Menschliches vorfanden und Menschliches hinzusparten. Nun drängen, von Amerika her, leere gleichgültige Dinge herüber, Schein-Dinge, *Lebens-Attrappen* ... Ein Haus, im amerikanischen Verstande, ein amerikanischer Apfel oder eine dortige Rebe, hat nichts gemeinsam mit dem Haus, der Frucht, der Traube, in die Hoffnung und Nachdenklichkeit unserer Vorväter eingegangen war ... Die belebten, die erlebten, die *uns mitwissenden* Dinge gingen zur Neige und können nicht mehr ersetzt werden. *Wir sind vielleicht die Letzten, die noch solche Dinge gekannt haben.* Auf uns ruht die Verantwortung, nicht allein ihr Andenken zu erhalten (das wäre wenig und unzuverlässig), sondern ihren humanen [...] Wert.

Rainer Maria Rilke, Briefe, S. 898f.

M4 Die Dinge sind für uns

Wir begegnen den Dingen unserer Umgebung nicht wie beliebigen Objekten und finden dann heraus, wozu sie gut sein mögen, sondern wir finden uns in einer Welt, die aus Um-zu-Strukturen besteht. Die Dinge, so Heidegger, sind uns zuerst „zuhanden" und dieses Zuhandene nennt er „Zeug".

Man kann diese Zuhandenheit ruhig in einem wörtlichen Sinne verstehen: Wir hantieren mit den Dingen, wir haben sie zur Hand. Es gibt vielerlei Arten von Zeug, nicht nur Türen, sondern auch Werkzeug, Schuhzeug, Schreibzeug, Flugzeug, Schleckzeug, Flickzeug, Fahrzeug, Schlagzeug, Häkelzeug, Esswaren, Hausrat, Operationsbesteck, Schminkutensilien usw. Andere Dinge sind da, um zu schreiben (der Laptop), zu fliegen (der Gleitschirm), zu häkeln (die Nadel), zu gehen (der Stiefel) usw. Andere Dinge sind da, um das Schreiben (die Tastatur), das Fliegen (das Ticket) oder das Häkeln (das Wollschaf) zu gewährleisten.

Dieses Zeug ist strukturiert, jeder Bestandteil verweist auf einen anderen im Sinne der Um-zu-Struktur. Diesen strukturierten Zusammenhang nennt Heidegger „Zeugzusammenhang". [...]

Erst vor dem Hintergrund der *Um-zu*-Struktur der Welt können uns diese Dinge überhaupt als Objekte erscheinen. [...] Aus Zuhandenem, so Heidegger, wird „Vorhandenes". Auch dies kann man wörtlich nehmen: Ein Werkzeug ist nicht mehr handlich und handhabbar, es ist vor unseren Händen. Dies geschieht etwa dann, wenn etwas seine Funktion nicht oder nur schlecht erfüllt. Der Schuh hat ein Loch, der Laptop reagiert nicht auf die Tastatur. Wir können nicht ins regennasse Freie treten und keine Mails versenden. Wenn wir solches merken, steht uns auch mit einem Mal die ganze Um-zu-Struktur des Zeugs vor Augen. Aber weil Laptop und Schuh nicht verwendet werden können, drängen sie sich als widerständige Gegenstände auf. Sie sind nun nicht mehr zuhanden, sondern vorhanden. [...]

Die Sprache können wir verwenden, um Zuhandenes oder Vorhandenes thematisch zu machen. So betrachtet ist die Sprache Zeug, das wir auf anderes Zeug anwenden, wenn wir über den Laptop oder die Schuhe sprechen. Dies trifft aber auch für anderes Zeug zu. So verwenden wir Werkzeuge, um anderes Zeug zu bearbeiten, oder Fahrzeuge, um anderes Zeug zu transportieren. Die Sprache ist aber ohne Einschränkung auf alles Zeug anwendbar und nicht nur auf Zuhandenes, sondern auch auf Vorhandenes. Wir können nun drei Aspekte des In-der-Welt-seins unterscheiden. *Zuhandenheit* [...], *Vorhandenheit* [...], *Sprachlichkeit*: Die Sprache ist ein Zeug unter anderem Zeug, in der die zuhandene und vorhandene Welt thematisch wird. Durch das In-der-Welt-sein ist dem Menschen die Welt offen. In dieser Welt tauchen Dinge auf, sobald sie in einen Zusammenhang mit anderen Dingen treten. Diese Dinge sind innerweltlich. Der Mensch jedoch ist nicht innerweltlich, er ist in der Welt. Er wäre nicht, was er ist, ohne seine Welt, d. h. die Summe seiner Praktiken.

Markus Wild, Der Mensch ist das Tier, das eine Welt hat, S. 153-157

1 Erörtern Sie anhand der Beispiele im Text und des Bildes von van Gogh, was unter dem Begriff „Ding" zu verstehen ist. ➜ M1

2 Übersetzen Sie den Satz „Das Zeugsein des Zeuges besteht in seiner Dienlichkeit" in Ihre Alltagssprache. ➜ M1

3 Setzen Sie sich mit der Bilanz für die Zukunft auseinander, die angesichts unserer Besitztümer gezogen wird, und problematisieren Sie Ihr eigenes Verhältnis zu den Dingen. ➜ M2

4 Diskutieren Sie die Aussagen Rilkes, die dieser brieflich mitteilt. Reflektieren Sie den letzten Satz und beurteilen Sie dessen Aussagekraft hinsichtlich unserer heutigen Situation. ➜ M3

5 Erstellen Sie eine Skizze, die den „strukturierten Zeugzusammenhang" verdeutlicht, in dem die Dinge nach Heidegger stehen. ➜ M4

6 Erläutern Sie den Unterschied zwischen vorhandenen und zuhandenen Dingen und berücksichtigen Sie dabei S. 61, M2. ➜ M4

7 Beurteilen Sie das Verhältnis des Menschen zu den Dingen. ➜ M1-4

3 Kultur als zweite Natur

M1 Menschliche Macht

Ungeheuer ist viel, und nichts
ungeheurer als der Mensch.
Der nämlich, über das graue Meer
im stürmenden Süd fährt er dahin,
andringend unter rings
umrauschenden Wogen. Die Erde auch,
der Göttlichen höchste, die nimmer vergeht
und nimmer ermüdet, schöpfet er aus
und wühlt, die Pflugschar pressend, Jahr
um Jahr mit Rössern und Mäulern.

Leichtaufmerkender Vögel Schar
umgarnt er und fängt, und des wilden Getiers
Stämme und des Meeres salzige Brut
mit reichgewundenem Netzgespinst –
er, der überaus kundige Mann.
Und wird mit Künsten Herr des Wildes,
des freien schweifenden auf den Höhen,
und zwingt den Nacken unter das Joch,
den dichtbemähnten des Pferdes, und
den immer rüstigen Bergstier. [...]

Diese beklommene Huldigung an des Menschen beklemmende Macht erzählt von seinem gewaltsamen und gewalttätigen Einbruch in die kosmische Ordnung, von der verwegenen Invasion der verschiedenen Naturbereiche durch seine rastlose Klugheit; aber zugleich auch davon, dass er mit den selbstgelehrten Vermögen der Rede, des Denkens und des sozialen Gefühls ein Haus für sein eigentliches Menschsein erbaut – nämlich das Kunstgebilde der Stadt. Die Vergewaltigung der Natur und die Zivilisierung seiner selbst gehen Hand in Hand. Beide bieten den Elementen Trotz, die eine, indem sie sich in diese vorwagt und ihre Geschöpfe überwältigt, die andere, indem sie in der Zuflucht der Stadt und ihrer Gesetze eine Enklave gegen sie errichtet. Der Mensch ist der Schöpfer seines Lebens als eines menschlichen; er fügt die Umstände seinem Willen und Bedürfen, und außer gegen den Tod ist er niemals ratlos.

Hans Jonas, Das Prinzip Verantwortung, S. 17f.

M2 Leistungen der Technik

Von seinem Ursprung an begleitet die Technik den Menschen, und sie ist so ursprünglich geistvoll wie er selbst. An diesen inneren Zusammenhang noch näher heran führt uns eine Überlegung, [...] [die] aus den Organmängeln des Menschen die Notwendigkeit der Technik herleitet. Zu den ältesten Zeugen menschlicher Werkarbeit gehören in der Tat die Waffen, die als Organe fehlen, und hierher würde auch das Feuer zu rechnen sein, wenn es zuerst dem Wärmeschutz diente. Das wäre das Prinzip des Organersatzes, neben das nun von vornherein die Organentlastung und Organüberbietung treten. Der Schlagstein in der Hand entlastet und überbietet zugleich im Erfolg die schlagende Faust; der Wagen, das Reittier entlasten uns von der Gehbewegung und überbieten weit deren Fähigkeit. Im Tragtier wird das Entlastungsprinzip handgreiflich anschaulich. Das Flugzeug wieder ersetzt uns die nicht gewachsenen Flügel und überbietet weit alle organische Flugleistung. Einige dieser Beispiele weisen darauf hin, dass es eine sehr alte Technik des Organischen gibt: Die Zähmung, vor allem die Züchtung von Tieren ist eine echte Technik, die erst nach vielen Experimenten gelingt. Das wären zunächst, im ganz leibnahen Bereich, die Prinzipien des Organersatzes, der Organentlastung und -überbietung. Dieses Verfahren setzt sich nun nach außen fort, es ergreift technisch immer größere Bereiche des Organischen überhaupt. Hier ist die Ausschaltung des Holzes (wie auch des Steines) durch die Erfindung der Metallbearbeitung eine echte Kulturschwelle, so wie man das in den Namen der Bronzezeit und Eisenzeit schon längst zum Ausdruck brachte. Das Metall ersetzt und überbietet diese unmittelbar vorfindbaren Materialien höchst wirkungsvoll, vor allem in der Waffentechnik, und dies war der erste große Schritt der Emanzipation von den Schranken der lebendigen Natur, der Ausschaltung und Überbietung nicht bloß der eigenen Organe, sondern des Organischen überhaupt.

Arnold Gehlen, Anthropologische Forschung, S. 93f.

Kultur (lat. *cultura*)

Der Begriff [...] ist abzuleiten von dem lateinischen Verb *colere*: Erde bebauen, Natur bearbeiten, Ackerbau betreiben. Dem entspricht das Sesshaftwerden in der Entwicklung der Menschheit. Der Wandel vom Nomaden zum Ackerbauern ermöglicht schließlich die Entstehung von stationären Hoch-Kulturen vor allem an den großen Flussläufen (Nil, Zweistromland, Indus). Die Bedeutung des lateinischen *colere/cultus* beschreibt in ihrem weiterweisenden Spektrum aber auch die von Cicero ausgesprochene Entwicklung vom *cultus* des Ackers zum *cultus animi*: Es heißt dann nicht mehr nur: bearbeiten, Ackerbau treiben, ansässig sein, sondern auch: pflegen, schmücken, ehren: die Götter, den Acker, Städte, Gesetzgebung und Rechtsprechung, politische Willensbildung und geregelte Entscheidungsfindung. Der Begriff der Kultur verweist schließlich auf Tradition, Sprache und Bildung.

Volker Steenblock, Die großen Themen der Philosophie, S. 199f.

M3 Die Kultur ist durch unsere Natur bedingt

Kultur hat weiteren Umfang und reicht tiefer, als man bisher wusste. Wie wir geschichtlich gelernt haben, dass es keinen Naturmenschen gibt, sondern dass schon der früheste Mensch in einer spezifisch geprägten Kultur steht, so haben wir anthropologisch gelernt, dass selbst das Allerelementarste und -notwendigste: wie wir uns ernähren und fortpflanzen, in welchen Beziehungen wir zu unserer Mitwelt stehen, wie wir unseren Nachwuchs aufziehen, in die Welt schauen und handeln sollen, dass selbst all dies, was wir an sich mit den Tieren teilen, was aber bei ihnen von der Natur geregelt wird, beim Menschen bereits seiner eigenen Regelung überlassen bleibt. Für keine Regelung, die wir treffen, dürfen wir uns auf eine Vorschreibung der Natur berufen. Weder für die Ehe, noch für das Gemeinschaftsleben usf. lässt sich von ihr her begründen, dass gerade diese und nicht jene Gestalt die richtige ist. Alle unsere Regelungen sind, wenn man so will, unnatürlich, künstlich. Sie beruhen [...] auf Brauch und Satzung. [...]

Die Natur selbst zwingt uns zur Kultur. Es ist unsere Natur, dass wir schon in der Sphäre des Animalischen die Verlaufsformen unseres Lebens frei erobern, dass wir kulturschöpferisch sein müssen. Schon diese Ebene ist bei uns Kulturebene. Wieder zeigt sich hier, der Mensch ist nicht ein Tier, über dessen Fundament sich erst das spezifisch Menschliche erhebt; das Menschliche greift durch und beginnt von unten an. Allerdings müssen wir uns ernähren, müssen mit unseresgleichen in Beziehung stehen. Nur die Formen, in denen wir dies tun, dürfen wir selbst bestimmen. Das Dass ist also hier naturverankert, nur das Wie uns anheimgegeben. Es besteht ein Kondominat [gemeinsame Herkunft] von Notwendigkeit und Freiheit. Nachdem aber die kulturschöpferische Kraft einmal in den Menschen gelegt ist, wendet er sie auch über das Notwendige hinaus an und schafft Kulturelles, das gleichsam nicht vorgesehen war und bei dem nicht nur das Wie, sondern auch das Dass auf seiner eigenen freien Tat beruht. Doppelschöpferisch gibt er nicht nur einem naturnotwendigen Gebiet die Gestalt, sondern schafft das Gebiet selbst.

Wenn Franklin den Menschen „a tool making animal", ein Werkzeugtier nannte, so spricht er nur den geringsten Teil der Wahrheit aus. Der Mensch bringt nicht nur Werkzeuge hervor, sondern Wissenstraditionen, Weltanschauungen, Techniken, Sitten, gesellschaftliche Ordnungen, Verständigungsmittel, Stile und vieles mehr.

Michael Landmann, Philosophische Anthropologie, S. 183f.

1. Erläutern Sie an Beispielen des Chorliedes den Zusammenhang zwischen der „Vergewaltigung" der Natur und der „Zivilisierung" des Menschen. → M1
2. Formulieren Sie die Hauptthese Arnold Gehlens. Erstellen Sie eine Tabelle, in der Sie die von Gehlen benannten „Prinzipien des Organersatzes, der Organentlastung und -überbietung" anhand von Beispielen ausfüllen. → M2
3. Erarbeiten Sie die Thesen des Textes von Michael Landmann. → M3
4. Diskutieren Sie, inwiefern die Entwicklung der Technik für den Menschen als Kulturwesen notwendig ist. → M1-3

4 Der schöpferische Mensch

M1 Homo faber – homo creator

„NUR HABEN WIR NICHT DIE TECHNOLOGIE, ES AUCH ZU MACHEN.“

M2 Der glückliche Griff

Der Mensch erfindet nichts, was er nicht entdeckt. Das Tier kann finden, erfinden kann es nicht, weil es nichts dabei findet (d. h. entdeckt). Es deckt sich ihm das Ergebnis seines Tuns nicht auf. Wie viel mehr aber wird erfordert, damit ein Lebewesen Sitte und zweckfreie Werke intendiert. Hier muss noch etwas ganz Anderes ins Spiel treten, das seinen Ursprung in der besonderen Existenzform der Ergänzungsbedürftigkeit hat. Nur weil der Mensch von Natur halb ist und (was damit wesensverknüpft ist) über sich steht, bildet Künstlichkeit das Mittel, mit sich und der Welt ins Gleichgewicht zu kommen. Das bedeutet nicht, dass Kultur eine Oberkompensation von Minderwertigkeitskomplexen darstellt, sondern zielt auf eine durchaus vorpsychologische, ontische Notwendigkeit. [...] Was also in die Sphäre der Kultur eingeht, zeigt Gebundenheit an das menschliche Urhebertum und zugleich (und zwar in demselben Ausmaß) Unabhängigkeit von ihm. Der Mensch kann nur erfinden, soweit er entdeckt. Er kann nur das machen, was es „schon“ an sich gibt – wie er selbst nur dann Mensch ist, wenn er sich dazu macht, und nur lebt, wenn er sein Leben führt. Seine Produktivität ist nur die Gelegenheit, bei welcher die Erfindung Ereignis wird und Gestalt gewinnt. Es wiederholt sich hier das früher besprochene Verhältnis der Korrelativität des apriorischen und des aposteriorischen Elementes, wie es die Situation des Lebewesens oder die Anpassung an seine Umgebung allgemein beherrscht, ja geradezu ausmacht, – in der Schicht bewussten Machens, das nur schöpferisch wird, wenn ihm die spezifische Anpassung an die objektive Welt gelingt. Das Geheimnis des Schöpfertums, des Einfalls besteht in dem glücklichen Griff, in der Begegnung zwischen dem Menschen und den Dingen. Nicht das Suchen nach etwas Bestimmten ist das Prius der eigentlichen Erfindung, denn wer nach etwas sucht, hat in Wahrheit schon gefunden. Er steht unter dem Gesetz des Seienden, nach welchem der Fund die bloße Erfüllung eines garantiert erfüllbaren Strebens ist. [...]

Aber niemand wird behaupten wollen, dass damit das Wesen der Erfindung und des glücklichen Griffs voll charakterisiert sei. Erfindung heißt auch Umsetzung aus der Möglichkeit in die Wirklichkeit. Nicht der Hammer hat existiert, bevor er erfunden wurde, sondern der Tatbestand, dem er Ausdruck verleiht. Das Grammophon war sozusagen erfindungsreif, als es feststand, dass Schallwellen sich mechanisch transformieren lassen und diesen Tatbestand hat kein Mensch geschaffen. Trotzdem musste es erfunden, d. h. die Form dafür musste gefunden werden. Der schöpferische Griff ist eine Ausdrucksleistung. Dadurch erhält der realisierende Akt, der sich auf die von der Natur dargebotenen Materialien stützen muss, den Charakter der Künstlichkeit.

Helmuth Plessner, Die Stufen des Organischen und der Mensch, S. 321f.

M3 Technik als Selbstdarstellung

Die Einordnung der Technik in das Ganze einer Auffassung vom Menschen zeigt uns im Spiegel eines anderen Problems die besondere Struktur der Anthropologie, um die wir uns gegenwärtig bemühen. [...] Die wissenschaftlich gründende Anthropologie wird zunächst das Eigenartige der menschlichen Technik sorgfältig herausheben. Sie wird das Einschalten einer uns eigenen Welt von Gegenständen zwischen die menschliche Gruppe und die außermenschliche Natur vergleichen und unterscheiden von ähnlichen Leistungen der Tiere. Bei diesem Vergleich wird sie die bedeutenden tierischen Sozialformen nicht gering achten, sondern gerade an ihren erstaunlichen Ähnlichkeiten mit unseren eigenen Zivilisationsstrukturen die Entsprechungen ebenso wie den Unterschied zum Humanen zu erfassen suchen. Dabei stoßen wir auf die Eigenart unserer historischen Lebensform – Glied unserer weltoffenen Anlage –, in der neue Erfindungen durch Leistungen Einzelner den anderen Menschen mitgeteilt, von ihnen übernommen und weitergegeben werden können. Damit wird aber für jeden neu in unsere Gesellschaft tretenden Menschen die Ausgangslage neu, und diese Neuerungen erzeugen in ihrer Ansammlung neue Ausgangslagen auch für die sich folgenden Generationen. Die historische Wandlung ist ein Glied unserer Seinsweise, ein Teil unserer Natur. So wird denn auch das tierische „Verhalten" vom menschlichen „Arbeiten" gesondert, und jede dieser Weltbeziehungen erscheint deutlicher in ihrem Eigenwert. Die Mauersegler, die im Sommer am Himmel unserer Städte in sausendem Fluge jagen, nisten seit Jahrtausenden im Gemäuer der Menschen, ohne dass davon ihre Lebensform im geringsten berührt würde. Ob sie in griechischen Tempeln oder in gotischen Kathedralen ihre Nester bauen oder in den Fugen moderner Viadukte und Kraftwerke, ist für diese Segler belanglos. Für uns aber ist der Wandel der menschlichen Bauten, in denen diese Vögel immer wieder die artgemäßen Brutplätze finden, Ausdruck und Faktor gewaltiger Wandlungen der gesamten Daseinsführung der Menschen.

Adolf Portmann, Biologie und Geist, S. 281f.

M4 Kultur als Produkt der Evolution

Aber die menschliche Welt der Kultur ist deshalb nicht unabhängig von der biologischen Welt, und die Kultur des Menschen ist in der Tat ein sehr junges evolutionäres Produkt, das aller Wahrscheinlichkeit nach erst seit wenigen hunderttausend Jahren existiert. Die Tatsache, dass die Kultur ein Produkt der Evolution ist, bedeutet nicht, dass jedes ihrer besonderen Merkmale seine eigenen genetischen Grundlagen hat. Dafür stand nicht genügend Zeit zur Verfügung. Ein plausibleres Szenario wäre, dass alle menschlichen kulturellen Institutionen auf der biologisch vererbten, sozio-kognitiven Fähigkeit beruhen, soziale Konventionen und Symbole zu schaffen und zu benutzen. Diese sozialen Konventionen und Symbole sind jedoch kein Zauberstab, der nichtmenschliche Primatenkognition unmittelbar in menschliche Kognition verwandelt. Die heutige Kognition von erwachsenen Menschen ist nicht nur das Ergebnis von genetischen Ereignissen, die über viele Millionenjahre hinweg in einem evolutionären Zeitraum stattfanden, sondern gleichfalls das Resultat von kulturellen Ereignissen, die über viele zehntausend Jahre hinweg in einem geschichtlichen Zeitraum auftraten, und von persönlichen Ereignissen, die sich über zehntausende von Stunden hinweg während der Ontogenese abspielten.

Michael Tomasello, Die kulturelle Entwicklung des menschlichen Denkens, S. 250

1 Erörtern Sie das Spannungsverhältnis zwischen homo faber und homo creator auch in Bezug auf heutige Technologien. → M1
2 Erarbeiten Sie mit dem Plessner-Text den wesentlichen Unterschied zwischen Mensch und Tier. Beziehen sie sich dabei auch auf das Wortspiel „finden" im zweiten Satz des Textes. → M2
3 Erläutern Sie, was Plessner unter dem „glücklichen Griff" versteht. → M2
4 Finden Sie weitere Beispiele aus Ihrem Lebensbereich für Selbstdarstellung durch Technik. → M3
5 Vergleichen Sie die Deutung der Technik bei Plessner, Portmann und Gehlen (S. 64). → M2/3
6 Diskutieren Sie das Zusammenspiel von Kultur und Evolution. → M4

5 Über Kultur nachdenken

M1 Der Kulturmensch – nur eine Maske?

M2 Kulturprodukte als Tarnung von Trieben

Der biologische Beitrag zum Bilde des Menschen steigert in eigenartiger Weise die Spannung, in der wir unser humanes Wesen erleben müssen. Denn die Lebensforschung hebt auf der einen Seite in kaum erst geahntem Umfang die verborgene Übereinstimmung hervor, die unsere humane Daseinsform mit allem Lebenden zur Einheit des Vitalen verbindet – auf der andern Seite aber weist dieselbe Biologie in unerwarteter Deutlichkeit hin auf die Eigenständigkeit der menschlichen Existenz. Diesen Doppelaspekt des biologischen Beitrags möchte ich heute in gedrängter Form darzustellen versuchen. Der am meisten beachtete Beitrag des biologischen Forschers zum kommenden Bilde des Menschen ist der Nachweis der Ordnungsfaktoren in den bewusstlos ablaufenden Lebensvorgängen. [...] Es entspricht der Entwertung des bewussten Schaffens, dass die Kulturschöpfung, als ein Werk des Verstandes taxiert, oft genug nur noch als Maskierung, als die Tarnung von Trieben gesehen worden ist, wobei im Augenblick für uns gleichgültig ist, ob man dem Macht-, dem Nähr- oder dem Sexualtrieb die führende Rolle zuordnet.

Adolf Portmann, Im Kampf um das Menschenbild, S. 315-317

M3 Zurück zur Kultur!

Die innere Unstabilität des menschlichen Antriebslebens erscheint als fast grenzenlos. Es sind sehr langsam, über Jahrhunderte und Jahrtausende, herausexperimentierte feste und stets auch einschränkende, inhibitorische [hemmende] Formen wie das Recht, das Eigentum, die monogame Familie, die bestimmt verteilte Arbeit, welche unsere Antriebe und Gesinnungen heraufgedrückt, heraufgezüchtet haben auf die hohen exklusiv und selektiven Ansprüche, welche Kultur heißen dürfen. Diese Institutionen wie das Recht, die monogame Familie, das Eigentum sind selbst in keinem Sinne natürlich und sehr schnell zerstört. Ebenso wenig natürlich ist die Kultur unserer Instinkte und Gesinnungen, die vielmehr von jenen Institutionen von außen her versteift, gehalten und hochgetrieben werden müssen. Und wenn man die Stützen wegschlägt, primitivisieren wir sehr schnell. [...] Wenn die äußeren Sicherungen und Stabilisierungen, die in den festen Traditionen liegen, entfallen und mit abgebaut werden, dann wird unser Verhalten entformt, affektbestimmt, triebhaft, unberechenbar, unzuverlässig. [...]
Ich vertrete geradezu einen umgekehrten Standpunkt als das 18. Jahrhundert: es ist Zeit für einen Gegen-Rousseau [...]. „Zurück zur Natur" hieß für Rousseau: Die Kultur entstellt den Menschen, der Naturzustand zeigt ihn in voller Naivität, Gerechtigkeit und Beseelung. Dagegen und umgekehrt scheint es uns heute, dass der Naturzustand im Menschen das Chaos ist, das Medusenhaupt, bei dessen Anblick man erstarrt. Die Kultur ist das Unwahrscheinliche, nämlich das Recht, die Gesittung, die Disziplin, die Hegemonie des Moralischen. [...] Zurück zur Kultur! Denn vorwärts geht es offenbar mit schnellen Schritten der Natur entgegen, da die fortschreitende Zivilisation uns die ganze Schwäche der durch strenge Formen nicht geschützten menschlichen Natur demonstriert.

Arnold Gehlen, Anthropologische Forschung, S. 59f.

M4 Reflexion der Kultur in der Kulturphilosophie

Auf den ersten Blick scheinen Kulturphilosophie und Anthropologie eng verwandte, ja nahezu identische Fachgebiete zu sein. Haben nicht letztlich beide mit dem Menschen und seiner Welt zu tun?

Wer genauer hinsieht, entdeckt die Unterschiede. Die Anthropologie wendet sich unmittelbar dem Menschen zu – dem, wie Arnold Gehlen sagt, was ihn als „selbständiges Wesen" ausmacht. Anders die Kulturphilosophie. Ihr Thema ist nicht die Natur des Menschen, sondern das, was seit der Antike als „zweite" Natur bezeichnet wird: die Welt, die Menschen hervorbringen, die sie bewohnen und gestalten. Allerdings verleiht die Kulturphilosophie diesem Begriff der *altera natura* eine neue Pointe. In den älteren Lesarten ist die „zweite" Natur der „ersten" unterlegen und ein Gegenstand von nachrangigem Interesse. Wahr konnte nur sein, was der universalen Präsenz des Kosmos unmittelbar Ausdruck verlieh. Die Kulturphilosophie setzt nun mit dem Anspruch ein, diese breit überlieferte Denkgewohnheit zu verabschieden. Sie korrigiert das traditionelle Wertungsgefälle zwischen erster und zweiter Natur und zugleich die kategorialen Voraussetzungen, die diese Rangfolge einst erzwungen und gefestigt haben. Für die Kulturphilosophie ist die Kultur nichts Zweites, sondern das Erste. Die Kultur ist die Welt des freigestellten Menschen. „Kultur" ist also alles andere als ein trivialer, sich aus anthropologischer Perspektive gleichsam von selbst einstellender Begriff. Aufschlussreich ist die Beobachtung, dass die älteren Versuche, den Menschen und seine Welt zu begreifen, keine Verwendung dafür hatten. Antike, Mittelalter und selbst noch die frühe Neuzeit kannten den Kulturbegriff, wie wir ihn heute ganz selbstverständlich gebrauchen, nicht.

Der Kulturbegriff hat also Voraussetzungen, die seine Verwendung überhaupt erst plausibel machen. Die wichtigste dieser Voraussetzungen ist die Normalität der Kontingenz [Zufall]: die moderne Erfahrung, dass das Leben auch anders sein könnte. Wie die Kulturphilosophie, so ist auch der Kulturbegriff selbst erst auf dem Boden der Moderne sinnvoll und möglich. Solange die Autorität zunächst der antiken Kosmosnatur und dann des christlichen Schöpfergottes Geltung besaß, konnte sich die Kultur nicht behaupten, geschweige denn emanzipieren. Die menschlichen Dinge *(res humanae)* waren, wie der Vorbegriff der „zweiten Natur" verdeutlicht, grundsätzlich nicht wahrheitsfähig und daher eine Nebensache [...]. Eben diese Wahrnehmungsgewohnheit bekommt auf dem Boden der Moderne, die um das Jahr 1800 den Kulturbegriff entdeckt, erstmals Konkurrenz. Die Anerkennung der Kultur ist eine Leistung der späten Aufklärungsphilosophie.

Der damit getane Schritt ist folgenreich, und es ist eine der wichtigsten Aufgaben der Kulturphilosophie, das Ausmaß dieser Konsequenzen aufzuzeigen und zu erläutern. Dazu gehört, dass die Anerkennung der Kultur eine neue Weise einführt, die Welt zu sehen. Die Dinge treten nun als Kulturdinge hervor, und es verändert sich, was wir unter Glaube und Natur verstehen, unter Mensch und Tier, unter Bild und Wort, unter Wahrheit und Zeit. Der spezifisch kulturelle Objektbezug schafft in einem wohlverstandenen Sinn neue, eben *kulturelle* Tatsachen. In solchen Effekten bestätigt sich die Nicht-Trivialität des Kulturbegriffs. Von Kultur zu reden heißt, eine eigensinnige, eigenen Regeln folgende Wirklichkeit zu entdecken.

Ralf Konersmann, Kiel 2012 (Originalbeitrag)

1 Formulieren Sie die These, die in der Zeichnung zum Ausdruck gebracht wird, und diskutieren Sie darüber, welches Problem hier aufscheint. ➜ M1

2 Erläutern Sie den Gedanken, dass Kulturschöpfung oft genug nur noch als „Maskierung von Trieben" gesehen wird, an Beispielen. ➜ M2

3 Erarbeiten Sie die Thesen Arnold Gehlens hinsichtlich der Aufgaben und Leistungen unserer Kultur. ➜ M3

4 Erörtern Sie die Befürchtungen Arnold Gehlens, dass wir mit dem Wegfall oder Rückgang kultureller Errungenschaften in das Chaos des Naturzustandes zurückfallen. ➜ M3

5 Diskutieren Sie, inwiefern die von Ralf Konersmann benannte Voraussetzung des Kulturbegriffs – „die Normalität der Kontingenz: die moderne Erfahrung, dass das Leben auch anders sein könnte" – als Argument gegen Gehlens Befürchtungen vom Rückfall in das Primitive (M3) verwendet werden kann. ➜ M4

6 Institutionen – Freiheit oder Zwang?

M1 Zwei anthropologische Grundthesen

1. Der Mensch ist ein Tier, das der Sprache mächtig ist und spricht: *zoon logon echon.*

2. Der Mensch ist ein Tier, das darauf angelegt ist, gemeinsam mit anderen, in einem Gemeinwesen „nach selbstgegebenen Gesetzen" zu leben; er ist ein politisches Tier: *physei politikon zoon.*

nach Aristoteles

M2 Soziale Institutionen als Besonderheiten menschlicher Kultur

Soziale Institutionen bestehen aus einer Reihe von Verhaltensweisen, die durch verschiedene, wechselseitig anerkannte Normen und Regeln bestimmt werden. So finden sich zum Beispiel in allen menschlichen Kulturen spezifische Regeln für Partnerwahl und Heirat. Wer diese Regeln verletzt, wird auf die eine oder andere Weise bestraft, vielleicht sogar aus der Gemeinschaft ausgeschlossen. [...]

Vorgaben für das Teilen oder den Tausch von Lebensmitteln oder anderen wertvollen Dingen sind ein weiteres Beispiel für Regeln, die in allen menschlichen Kulturen zu finden sind. [...]

Was für den kulturellen Wagenhebereffekt gilt, trifft auch auf soziale Institutionen zu: Bei keiner Tierart außer dem Menschen ist je etwas Ähnliches beobachtet worden.

Beide genannten Besonderheiten der menschlichen Kultur – kumulative Artefakte und soziale Institutionen – basieren auf einer Reihe von artspezifischen Fähigkeiten und Motivationen zur Kooperation. Dies scheint besonders im Hinblick auf die sozialen Institutionen offensichtlich zu sein. Soziale Institutionen sind gemeinsam organisierte und vereinbarte Interaktionsweisen – einschließlich bestimmter Regeln zu ihrer Durchsetzung und zum Vorgehen gegen Abweichler. *Michael Tomasello, Warum wir kooperieren, S. 10f.*

M3 Spielräume

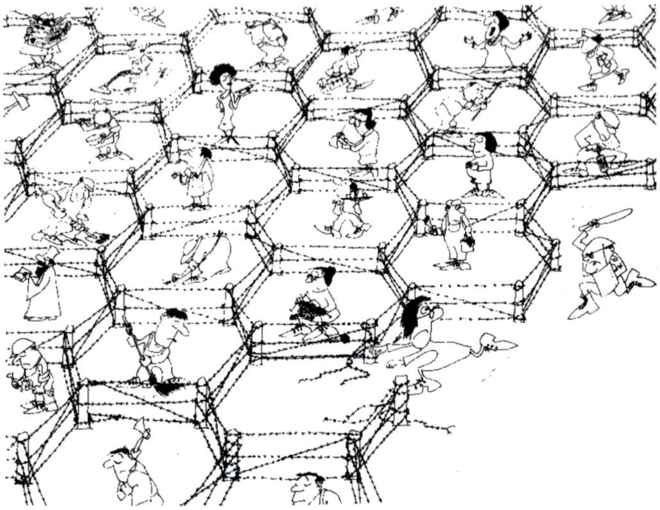

Karikatur von Billie Goussiou

M4 Institutionen als stabilisierende Gewalten

Wie bringt es denn der Mensch angesichts seiner Weltoffenheit und der Instinktreduktion, bei aller potentiell in ihm enthaltenen unwahrscheinlichen Plastizität und Unstabilität eigentlich zu einem voraussehbaren, regelmäßigen, bei gegebenen Bedingungen denn doch mit einiger Sicherheit provozierbaren Verhalten, also zu einem solchen, das man quasiinstinktiv oder quasiautomatisch nennen könnte, das bei ihm an Stelle des echt instinktiven steht und das offenbar den stabilen sozialen Zusammenhang erst definiert? So fragen, heißt das Problem der Institutionen stellen. Man kann geradezu sagen, wie die tierischen Gruppen und Symbiosen durch Auslöser und durch Instinktbewegungen zusammengehalten werden, so die menschlichen durch Institutionen und die darin erst „sich feststellenden" quasiautomatischen Gewohnheiten des Denkens, Fühlens, Wertens und Handelns, die allein als institutionell gefasste sich vereinseitigen, habitualisieren und damit stabilisieren. Erst so werden sie in ihrer Vereinseitigung gewohnheitsmäßig und einigermaßen zuverlässig, d. h. voraussehbar. Werden die Institutionen zerschlagen, so sehen wir sofort eine Unberechenbarkeit und Unsicherheit, eine Reizschutzlosigkeit des Verhaltens erscheinen, das man jetzt als triebhaft bezeichnen kann. Auch ist es einer der empörendsten Eindrücke, die es gibt, wenn die Tugenden nach Zerfall der Institutionen, in denen sie sich in charaktervoller Beschränktheit entwickelt hatten, auf den Einzelnen zurückfallen und sich als Verwirrung und Ratlosigkeit reflektieren. *Arnold Gehlen, Der Mensch, S. 79*

M5 Kritik der Institutionenlehre

Der Überschuss plastischer Antriebe, die Mannigfaltigkeit erlernbarer Bewegungen, die Reizüberflutung der Sinne, die Offenheit der Intelligenz nötigen den Menschen zum Handeln, nämlich dazu, sein Verhalten beherrschen zu lernen. Nun könnte daraus sehr wohl mit Herder gefolgert werden, dass der Mensch zur Freiheit organisiert, zur Autonomie bestimmt ist. Gehlen hingegen verallgemeinert ein historisch frühes Stadium menschlicher Entwicklung, in dem die überpersönliche Gewalt archaischer Institutionen das fundamentale Verhältnis von Instinkt und Auslöser auf der höheren Ebene des willkürlichen, erlernbaren Verhaltens wiederherzustellen scheint. Unversehens wird das, was für primitive Kulturen sehr wohl gelten mag, der menschlichen Natur schlechthin zugerechnet; so entsteht der Anschein, als sei der Mensch auf Repression angewiesen, ein für allemal; aus der Natur des Menschen springt die Notwendigkeit einer autoritär verfassten Gesellschaft heraus. [...] Gewiss, der Mensch muss sein Verhalten lernen. Aber wie es Verhältnisse gegeben hat und gibt, unter denen Institutionen jener Art als Lehrmeister unabdingbar sind, können doch andere Verhältnisse ebenso möglich und vielleicht schon wirklich sein, unter denen der Mensch in dem Maße, in dem er Triebenergien sublimiert und sich selbst gleichsam in die Hand bekommt, gerade unabhängig wird von den großen „Zuchtsystemen", deren Gewalt und Würde Gehlen für unveräußerlich hält. *Jürgen Habermas, Kultur und Kritik, S. 107-109*

M6 Freiheit in der Kultur

Die individuelle Freiheit ist kein Kulturgut. Sie war am größten vor jeder Kultur, allerdings damals meist ohne Wert, weil das Individuum kaum imstande war, sie zu verteidigen. Durch die Kulturentwicklung erfährt sie Einschränkungen, und die Gerechtigkeit fordert, dass keinem diese Einschränkungen erspart werden. Was sich in einer menschlichen Gemeinschaft als Freiheitsdrang rührt, kann Auflehnung gegen eine bestehende Ungerechtigkeit sein und so einer weiteren Entwicklung der Kultur günstig werden, mit der Kultur verträglich bleiben. Es kann aber auch dem Rest der ursprünglichen, von der Kultur ungebändigten Persönlichkeit entstammen und so Grundlage der Kulturfeindseligkeit werden. Der Freiheitsdrang richtet sich also gegen bestimmte Formen und Ansprüche der Kultur oder gegen Kultur überhaupt. Es scheint nicht, dass man den Menschen durch irgendwelche Beeinflussung dazu bringen kann, seine Natur in die eines Termiten umzuwandeln, er wird wohl immer seinen Anspruch auf individuelle Freiheit gegen den Willen der Masse verteidigen. Ein gut Teil des Ringens der Menschheit staut sich um die eine Aufgabe, einen zweckmäßigen, das heißt beglückenden Ausgleich zwischen diesen individuellen und den kulturellen Massenansprüchen zu finden, es ist eines ihrer Schicksalsprobleme, ob dieser Ausgleich durch eine bestimmte Gestaltung der Kultur erreichbar oder ob der Konflikt unversöhnlich ist.

Sigmund Freud, Das Unbehagen in der Kultur, S. 90f.

1. Erläutern Sie die Grundaussagen der antiken Philosophie an Beispielen. ➜ M1
2. Erörtern Sie, weshalb Tomasello der Schaffung sozialer Institutionen für die menschliche Kultur diese herausragende Stellung beimisst. ➜ M2
3. Beschreiben Sie anhand der Karikatur die Ambivalenz menschlicher Institutionen. ➜ M3
4. Stellen Sie Funktion und Leistung der Institutionen nach Gehlen dar. ➜ M4
5. Fassen Sie Habermas' Kritik an Gehlen zusammen und entwerfen Sie ein Gegenmodell („andere Verhältnisse") zu Institutionen als „Zuchtsystemen". ➜ M5
6. Diskutieren Sie das Verhältnis von Freiheit und kulturellen Institutionen. ➜ M6

7 Menschen arbeiten

Arbeit

a) Definition 1:

1. Zweckgerichtete Tätigkeit oder Wirksamkeit, durch die der Mensch sein Leben erhält und gestaltet.
2. Das Resultat oder Produkt dieser Arbeit.
3. Die Aufgabe oder der Zweck, dem die Tätigkeit dient (die A., die getan werden soll).

Der Begriff A. gilt als Schlüsselbegriff der philosophischen Anthropologie. Als solcher soll er das Eigentümliche der menschlichen Tätigkeit im Unterschied zur nicht-menschlichen (mechanischen oder instinktmäßigen) Tätigkeit herausstellen. Der Begriff A. bezeichnet also eine spezifisch menschliche Tätigkeit. Abgrenzungsprobleme stellen sich allerdings gegenüber dem Begriff der Handlung, die ihrerseits eine spezifisch menschliche Tätigkeit bezeichnet.

Anton Hügli / Poul Lübcke, Philosophielexikon, S. 52

b) Definition 2:

Allgemein jede menschliche Tätigkeit, sowohl körperlicher als auch geistiger Art, die im weitesten Sinne zur Herstellung eines Gegenstands führt. Im Gegensatz zum Spiel liegt das Ziel der Arbeit also nicht in sich selbst. Körperliche Arbeit kann genauer bestimmt werden als eine Interaktion zwischen Mensch und Natur, als ein Einwirken eines Subjekts (Mensch) auf ein Objekt (Natur) unter Verwendung selbstgeschaffener Werkzeuge. Die bis heute relevante Unterscheidung zwischen körperlicher und geistiger Arbeit ist implizit bereits in der antiken Philosophie angelegt. Dort galt allein die körperliche Arbeit als Arbeit im eigentlichen Sinn; sie war die Tätigkeit der Sklaven und als solche „unfrei". Demgegenüber betrachtete man alle philosophischen, wissenschaftlichen und politischen Tätigkeiten als das Vorrecht der Freien und dem gemäß nicht als Arbeit im eigentlichen Sinn. Diese Tätigkeiten hatten ja im Gegensatz zu der auf äußere Zwecke gerichteten Arbeit ihren Zweck in sich selbst.

Axel Spree, Arbeit, in: UTB Handwörterbuch Philosophie

M1 Nur der Mensch arbeitet

Das Tier ist unmittelbar eins mit seiner Lebenstätigkeit. Es unterscheidet sich nicht von ihr. Es ist sie. Der Mensch macht seine Lebenstätigkeit selbst zum Gegenstand seines Wollens und seines Bewusstseins. [...] Zwar produziert auch das Tier. Es baut sich ein Nest, Wohnungen, wie die Biene, Biber, Ameise etc. Allein es produziert nur, was es unmittelbar für sich oder sein Junges bedarf; es produziert einseitig, während der Mensch universell produziert; es produziert nur unter der Herrschaft des unmittelbaren physischen Bedürfnisses, während der Mensch selbst frei vom physischen Bedürfnis produziert und erst wahrhaft produziert in der Freiheit von demselben; es produziert nur sich selbst, während der Mensch die ganze Natur reproduziert; sein Produkt gehört unmittelbar zu seinem physischen Leib, während der Mensch frei seinem Produkt gegenübertritt. Das Tier formiert nur nach dem Maß und dem Bedürfnis der species, der es angehört, während der Mensch nach dem Maß jeder species zu produzieren weiß.

Karl Marx, Frühschriften, in: MEW, Ergänzungsband 1, S. 536

M2 Entfremdung oder Selbstverwirklichung?

Worin besteht nun die Entäußerung der Arbeit? Erstens, dass die Arbeit dem Arbeiter äußerlich ist, d. h. nicht zu seinem Wesen gehört, dass er sich daher nicht in seiner Arbeit bejaht, sondern verneint, nicht wohl, sondern unglücklich fühlt, keine freie physische und geistige Energie entwickelt, sondern seine Physis abkasteit [unterdrückt] und seinen Geist ruiniert. Der Arbeiter fühlt sich daher erst außer der Arbeit bei sich und in der Arbeit außer sich. Zu Hause ist er, wenn er nicht arbeitet, und wenn er arbeitet, ist er nicht zu Haus. Seine Arbeit ist daher nicht freiwillig, sondern gezwungen, *Zwangsarbeit.* Sie ist daher nicht Befriedigung eines Bedürfnisses, sondern sie ist nur ein *Mittel*, um Bedürfnisse außer ihr zu befriedigen. Ihre Fremdheit tritt darin klar hervor, dass, sobald kein physischer oder sonstiger Zwang existiert, die Arbeit als eine Pest geflohen wird. Die äußerliche Arbeit, die Arbeit, in welcher der Mensch sich entäußert, ist eine Arbeit der Selbstaufopferung, der Kasteiung. Endlich erscheint die Äußerlichkeit der Arbeit für den Arbeiter darin, dass sie ihm nicht gehört, dass er in ihr nicht sich selbst, sondern einem anderen angehört. [...] Gesetzt, wir hätten als Menschen produziert: Jeder von uns hätte in seiner Produktion sich selbst und den anderen *doppelt bejaht.* Ich hätte 1. in meiner *Produktion* meine *Individualität*, ihre *Eigentümlichkeit vergegenständlicht* und daher sowohl während der Tätigkeit eine individuelle *Lebensäußerung* genossen, als im Anschauen des Gegenstandes die individuelle Freude, meine Persönlichkeit als *gegenständliche*, sinnlich anschaubare und darum über *allen Zweifel* erhabene Macht zu wissen. 2. In deinem Genuss oder deinem Gebrauch meines Produkts hätte ich *unmittelbar* den Genuss, sowohl des Bewusstseins, in meiner Arbeit ein *menschliches* Bedürfnis befriedigt, also das *menschliche* Wesen vergegenständlicht und daher dem Bedürfnis eines andren menschlichen Wesens seinen entsprechenden Gegenstand verschafft zu haben, 3. für dich der *Mittler* zwischen dir und der Gattung gewesen zu sein, also von dir selbst als eine Ergänzung deines eigenen Wesens und als notwendiger Teil gewusst und empfunden zu werden, also sowohl in deinem Denken wie in deiner Liebe mich bestätigt zu wissen, 4. in meiner individuellen Lebensäußerung unmittelbar deine Lebensäußerung geschaffen zu haben, also in meiner individuellen Tätigkeit unmittelbar mein wahres Wesen, mein *menschliches*, mein *Gemeinwesen bestätigt* und *verwirklicht* zu haben. Unsere Produktionen wären ebenso viele Spiegel, woraus unser Wesen sich entgegenleuchtete.

Karl Marx / Friedrich Engels, Das Kapital, S. 445, 510f.

M3 Befreiung von der Arbeit

Die Emanzipation der Arbeit, da sie von der Emanzipation der Arbeiterklasse, ihrer Befreiung von Unterdrückung und Ausbeutung, gefolgt war, ist zweifellos „fortschrittlich", wenn wir den Fortschritt an der Abnahme von Gewalttätigkeit in der Menschengesellschaft messen. Schon Marx hat gewusst, dass die Emanzipation der Arbeit in der Moderne keineswegs damit zu enden braucht, das Zeitalter der Freiheit für alle heraufzuführen, und dass sie ganz genauso gut die gegenteilige Folge haben kann, nun zum ersten Mal alle Menschen unter das Joch der Notwendigkeit zu zwingen. Deshalb betonte er, das Ziel einer Revolution könne nicht in der Emanzipation der Arbeiterklasse bestehen – schon darum nicht, weil diese Emanzipation ja bereits erfolgt sei –, sondern nur in der Befreiung des Menschen von der Arbeit. Dies Ziel scheint auf den ersten Blick utopisch, es mutet sogar als das einzig wirklich utopische Element des Marxismus an [...]. Für Marx gerade war die Befreiung von der Arbeit identisch mit der Befreiung von der Notwendigkeit, und eine solche endgültige Befreiung kann schließlich nur heißen, dass der Mensch sich auch von der Notwendigkeit des Konsumierens, also von dem Stoffwechsel des Menschen mit der Natur überhaupt befreit, der ja doch die Vorbedingung des Lebens selbst ist. Betrachten wir jedoch die Entwicklungen der letzten Jahrzehnte, vor allem den Beginn und die fantastischen Möglichkeiten der Automation, so könnten uns wohl Zweifel daran kommen, ob nicht die Utopie von gestern sich als die Wirklichkeit von morgen entpuppen wird, sodass schließlich wirklich nichts von der Mühe und Arbeit, in deren biologischen Kreislauf menschliches Leben gebunden schien, übrigbleiben wird als die „Anstrengung", den Mund aufzumachen, um das Essen zu verzehren.

Hannah Arendt, Vita activa, S. 153f.

1 Erstellen Sie eine Mindmap zur Frage „Was ist Arbeit?" und erörtern Sie die Probleme, die sich mit der Begriffsbestimmung ergeben. ➜ Infokasten
2 Erläutern Sie anhand der Darstellung von Karl Marx den Unterschied zwischen menschlicher und tierischer Arbeit. ➜ M1
3 Beschreiben Sie das Verhältnis von Mensch und Arbeit nach Marx und bestimmen Sie den Begriff der Entfremdung. ➜ M2
4 Geben Sie Beispiele für ein nichtentfremdetes Verhältnis von Mensch und Arbeit. ➜ M2
5 Nehmen Sie von Hannah Ahrendt aus Stellung zu den Aussagen von Karl Marx. ➜ M3

8 Menschen spielen

M1 Interkulturelle Verständigung

Alfonso X., „der Weiße", spielt Schach mit einem Mauren. Miniatur aus einer spanischen Handschrift von 1283. Auf dem Weg des Schachspiels ins Abendland war das maurisch-christliche Spanien eine wichtige Station.

M2 Mensch, langweile dich nicht – spiele!

„Spielen? Macht man das echt noch?" – Wer sich als Brettspieler zu erkennen gibt, begegnet dem immer gleichen Vorurteil. Freundlich-ironisch machen Nichtspieler einen darauf aufmerksam, dass bereits vor geraumer Zeit das Computerzeitalter angebrochen ist. Mit Figürchen über Felder zu hüpfen sei anachronistisch, und das Brettspiel habe allenfalls eine glorreiche Zukunft als Dekoelement auf Retropartys. [...]
Warum sich das Brettspiel auch im digitalen Zeitalter gut behaupten kann, ist eigentlich leicht zu erklären: Computer ermöglichen vieles – aber eben nicht alles. Manche Erlebnisse lassen sich am Monitor nicht simulieren. Google Earth führt uns an alle schönen Orte dieser Erde. Einen Spaziergang ersetzt es aber nicht. Gerade das Analoge des Brettspiels ist einer seiner entscheidenden Reize. Holzfiguren lassen sich angenehm greifen, Karten werden schwungvoll gemischt, Münzen gleiten durch die Finger, Würfel poltern im Becher. Die Vorbereitungen zu einem Brettspiel ähneln dem festlichen Eindecken einer Tafel. Das Brett wird ausgeklappt, Figuren aufgestellt, Materialien fein säuberlich bereitgelegt. Das Spiel mit all seinen Komponenten bildet den gemeinsamen Mittelpunkt, es versammelt die Menschen um sich herum. [...]
Das Zwischenmenschliche ist beim Brettspiel der entscheidende Faktor. Dass andere mit am Tisch sitzen und dasselbe Spiel erleben, lässt das Erlebnis reicher werden. Spieler benötigen ein Gegenüber: um zu bluffen oder zu verhandeln, um subtil zu taktieren oder Spielzüge zu kommentieren. Und natürlich auch, um zu gewinnen oder zu verlieren. All das löst Emotionen aus. Triumph und Wut, Respekt und Schadenfreude. Das gemeinsame Spielen öffnet die Menschen und holt neue Charakterzüge aus ihnen heraus – aber ohne den Ernst der Realität und Furcht vor Konsequenzen. Schließlich bleibt alles nur ein Spiel.

Udo Bartsch, FAZ Sonntagszeitung vom 13.07.12, Nr. 28, S. 44

M3 Die Bedeutung des Spieltriebs

Der Gegenstand des sinnlichen Triebes, in einem allgemeinen Begriff ausgedrückt, heißt Leben in weitester Bedeutung; ein Begriff, der alles materiale Sein und alle unmittelbare Gegenwart in den Sinnen bedeutet. Der Gegenstand des Formtriebes, in einem allgemeinen Begriff ausgedrückt, heißt Gestalt, sowohl in uneigentlicher als in eigentlicher Bedeutung; ein Begriff, der alle formalen Beschaffenheiten der Dinge und alle Beziehungen derselben auf die Denkkräfte unter sich fasst. Der Gegenstand des Spieltriebes, in einem allgemeinen Schema vorgestellt, wird also *lebende Gestalt* heißen können; ein Begriff, der allen ästhetischen Beschaffenheiten der Erscheinungen und, mit *einem* Worte dem, was man in weitester Bedeutung Schönheit nennt, zur Bezeichnung dient. [...]
Denn, um es endlich auf einmal herauszusagen, der Mensch spielt nur, wo er in voller Bedeutung des Worts Mensch ist, und *er ist nur da ganz Mensch, wo er spielt.*

Friedrich Schiller, Über die ästhetische Erziehung des Menschen, S. 310, 315

M4 Wesen und Sinn menschlichen Spiels

Im Dasein des Kindes vollzieht sich die Ausbildung und Erhellung des Selbstbewusstseins in den üblichen Spielen, dem Umgang mit Dingen und Menschen. Etwas Tun wird etwas selbst *tun wollen*, und das bedeutet „sich selbst befehlen" [...]. Dieses sich Befehlen verdeutlicht sich als ein sich Verpflichten, und diese Verpflichtung impliziert eine neue Perspektivität, die Inauguration der „exzentrischen Positionalität" (Plessner). [...] Jeder spielende Mensch zeigt jugendliche Merkmale, und der gealterte, müde, kranke, schwermütige oder gelangweilte, auch der sorgende und arbeitende Mensch hat Sehnsucht nach dem „Paradies" des jugendlichen Lebensdrangs, der Spontaneität, Spannkraft, Vitalität und ein Verlangen, Möglichkeiten zu verwirklichen, Grenzen zu überschreiten, das Risiko des Abenteuers auf sich zu nehmen, das Glück zu versuchen – kurz: die Freude des Spielens zu genießen, das Glück des Gelingens. [...] Diese Kultur ist die Fortsetzung der Exploration des Jugendlichen, die Beglückung eines Lebens mit dem Bilderreichtum einer Welt, in der die Natur in und um uns eine Quelle von Möglichkeiten ist. Ihre Entdeckung ist jenes Geschenk der Freude, jene Beglückung des Lebens, die das *Gelingen* jedes „Spielens" bedeutet, mit dem Gewinn einer verborgenen Sinn- und Wertfülle im sinnlichen oder geistigen Bereich.

Frederik Jacobus Johannes Buytendijk, Das menschliche Spielen, in: Kulturanthropologie, S. 110–113

M5 Spiel als Fortpflanzungsvorteil

Wohl kaum ein Verhalten ist so vielschichtig und variabel wie das Spiel, dessen Schattierungen vom Balgen über das Kartenspiel und religiöse Rituale bis hin zu Kunst, Musik, Lachen, Witz und Humor reichen. Die Perspektive der Evolutionsbiologie scheint geeignet, Grundstrukturen dieses kreativen Chaos aufzudecken, denn ihr Ansatz ist stark reduktionistisch: Sie fragt nach den Auslesevorteilen eines Verhaltens – speziell danach, welchen Vorteil ein Merkmal seinen Trägern bei der Reproduktion verschafft. Nach – unter Umständen versteckten – Fortpflanzungsvorteilen muss aus dieser Perspektive auch beim Spielverhalten gesucht werden, obgleich es auf den ersten Blick „nutzlos" aussieht. Dem Vergleich des Menschen mit Tieren – speziell seinen stammesgeschichtlich nächsten Verwandten, den Primaten – kommt bei dieser Suche eine entscheidende Rolle zu. [...]

Wer nach den Ursachen des Spiels fragt, muss sorgfältig zwei Erklärungsebenen unterscheiden. Die erste ist proximater Natur und fragt nach den – unmittelbaren – Wirkursachen, also den physiologischen Mechanismen, die Spielverhalten auslösen. Im wesentlichen sind dies Alter (junge Individuen spielen mehr), Geschlecht (Hormoneinflüsse bewirken eine stärkere Neigung zum Balgspiel bei männlichen Primaten), soziales Umfeld (die Gegenwart anderer spielerisch motivierter Individuen stimuliert) und das Vorhandensein eines *entspannten Feldes* (das Gefühl der Sicherheit und körperlichen Wohlbefindens muss vorhanden sein, während etwa Hunger und Durst die Neigung zum Spiel blockieren). Die zweite – ultimate – Ebene fragt nach den (mittelbaren) Zweckursachen, also der Funktion von Spielverhalten – eben dem Fortpflanzungsvorteil, den es verschaffen könnte. Als Hauptfunktion des Spiels wird eine Art Entwicklungsförderung vermutet durch physiologisches Training (Muskelbewegungen, mannigfache Sinneseindrücke), kognitives Training (z. B. wiederholtes Durchlaufen komplexer Bewegungsabläufe) und soziales Training (Einüben sozialer Rollen).

Volker Sommer, Homo ludens, in: Funkkolleg Der Mensch, S. 37f.

1 Recherchieren Sie die Bedeutung des Brettspiels für die Kulturentwicklung verschiedener Völker (Japan, Indien, China usw.). → M1
2 Erstellen Sie eine Liste der Erlebnisse und Fähigkeiten, die nur das Brettspiel vermitteln kann. → M2
3 Erarbeiten Sie die Funktion des Spieltriebs. → M3
4 Erläutern Sie die Bedeutung des Spiels für die Entwicklung von Kindern und Jugendlichen an Beispielen. → M4
5 Stellen Sie die Hauptfunktionen des Spiels aus der Perspektive der Evolutionsbiologie dar. Setzen Sie sich mit dem Vorwurf auseinander, dass es sich hier um eine „reduktionistische" Sichtweise handelt. → M5

9 Der Mensch reflektiert die Welt über Symbole

M1 Was sind symbolische Formen?

Die Sprache, der Mythos, die Kunst: sie stellen je eine eigene Welt von Gebilden aus sich heraus, die nicht anders denn als Ausdrücke der Selbsttätigkeit, der „Spontaneität" des Geistes verstanden werden können. Aber diese Selbsttätigkeit vollzieht sich nicht in der Form der freien Reflexion und bleibt somit sich selbst verborgen. Der Geist erzeugt die Reihe der sprachlichen, der mythischen, der künstlerischen Gestalten [...]; hier schafft das Ich sich in seinen eigenen Produkten eine Art von „Gegenüber", das ihm als durchaus objektiv, als rein gegenständlich erscheint.

Ernst Cassirer, Philosophie der symbolischen Formen, 2. Teil, S. 259

M2 Weltverstehen durch symbolische Formen

Wenn man die Sprache, den Mythos, die Kunst als „symbolische Formen" bezeichnet, so scheint in diesem Ausdruck die Voraussetzung zu liegen, dass sie alle, als bestimmte geistige Gestaltungsweisen, auf eine letzte Urschicht des Wirklichen zurückgehen, die in ihnen nur wie durch ein fremdes Medium erblickt wird. Die Wirklichkeit scheint für uns nicht anders als in der Eigenart dieser Formen fassbar zu werden; aber darin liegt zugleich, dass sie sich in ihnen ebensowohl verhüllt wie offenbart. Dieselben Grundfunktionen, die der Welt des Geistes ihre Bestimmtheit, ihre Prägung, ihren Charakter geben, erscheinen andererseits als ebensoviele Brechungen, die das in sich einheitliche und einzigartige Sein erfährt, sobald es vom „Subjekt" her aufgefasst und angeeignet wird. Die Philosophie der symbolischen Formen ist, unter diesem Gesichtspunkt gesehen, nichts anderes als der Versuch, für jede von ihnen gewissermaßen den bestimmten Brechungsindex anzugeben, der ihr spezifisch und eigentümlich zukommt. Sie will die besondere Natur der verschiedenen brechenden Medien erkennen; sie will jedes von ihnen nach seiner Beschaffenheit und nach den Gesetzen seiner Struktur durchschauen. [...]

Wenn wir fragen, ob für das Denken irgendeine Möglichkeit besteht, die Schicht des bloß Symbolischen und Signifikativen zu durchstoßen, um hinter ihr die „unmittelbare", die entschleierte Wirklichkeit zu erfassen – so ergibt sich von selbst, dass dieses Ziel, wenn überhaupt, so keinesfalls auf dem Wege der „äußeren" Erfahrung erreichbar sein wird. Dass diese, dass die Erkenntnis der Dingwelt an ganz bestimmte theoretische Voraussetzungen und Bedingungen gebunden ist, und dass insofern der Prozess der Objektivierung, wie er sich in der Naturerkenntnis fortschreitend vollzieht, immer zugleich ein Prozess der logischen Vermittlung, der Mediatisierung ist – dies wird nach allen Fortschritten, die die erkenntniskritische Analyse im Gebiet der modernen Physik gemacht hat, kaum einem ernsthaften Zweifel unterliegen. Aber um so notwendiger scheint es jetzt, die Richtung der Betrachtung umzukehren. Das echte „Unmittelbare" dürfen wir nicht in den Dingen draußen, sondern wir müssen es in uns selbst suchen.

Ernst Cassirer, Philosophie der symbolischen Formen, 3. Teil, S. 3, 27

M3 Das symbolische Universum des Menschen

Es ist eine symbolische Welt, gar ein symbolisches Universum, in dem der Mensch „lebt". Der Mensch hat Symbole entwickelt, also Zeichen, die eine bestimmte konventionelle Bedeutung haben, die nicht nur die Welt, wie sie sich ihm darstellt, beschreiben, sondern die ihm auch die Weltversionen, die er sich macht, repräsentieren. Mit Symbolen, symbolischen Gerüsten – Begriffen, wissenschaftlichen Entwürfen, Theorien, Hypothesen, Fiktionen, kulturellen Produkten aller Art, Märchen – gestaltet sich der Mensch die Phantasiewelt, diese symbolische Welt, in der Weise, dass er gleichsam ein künstliches symbolisches Netz – wie Cassirer sagt – über die gesamte Welt zieht, die ihm dann Orientierung erlaubt, in der er sich wiederfindet, in der er Erklärungen zu geben und Voraussagen zu machen versucht. Er lebt also in diesem Sinne in einer künstlich gemachten symbolischen Welt –

was natürlich ein etwas ungenauer metaphorischer Ausdruck ist: „lebt in einer symbolischen künstlichen Welt" ist eine andere Verwendungsweise von „leben in einer Welt", als wenn wir z. B. sagen, „wir leben in Karlsruhe". Man müsste genauer diskutieren, wie die einzelnen Ausdrücke hier verwendet werden, was normalerweise in der philosophischen Anthropologie nicht gemacht wird. Man benutzt Ausdrücke metaphorisch. Statt genauer zu sagen, man interpretiert und deutet sich als in einer künstlichen symbolischen Welt befindlich, sagt man einfach, man „lebt in" einer solchen Welt; präziser müsste man sagen, man entwickelt eine Weltrepräsentation, eine Art „Bild" von der Welt und ordnet sich in Gedanken und gefühlsmäßig als in dieser Welt befindlich ein: Man macht sich ein Bild von sich selber in dieser Welt, man bildet sich Modelle, zum Teil interne Modelle von sich, von der Welt und ordnet sich dann in einem Metamodell so ein, dass man eben sich selbst als in diese Welt eingebettet versteht. Das sind interne Modelle des Selbst, interne Modelle der Außenwelt, die aufeinander bezogen werden; auf diese Weise hat man so etwas wie eine mentale Repräsentation der entsprechenden äußeren oder realen Verhältnisse im Vorstellungsbild, in der Auffassung, und in der Tat verstehen wir das ja alle in gewissem Sinne so und können auch gar nicht davon absehen. Dieser symbolische Charakter der Weltrepräsentation, der symbolische Charakter der Weltmodelle, der Instrumente dafür, wie sprachliche oder bildliche Bausteine, das ist für den Menschen charakteristisch. Cassirer definierte den Menschen geradezu als das symbolische Tier, als das *„animal symbolicum"*. Der Mensch sei dadurch gekennzeichnet, dass er Symbole verwenden kann; höhere Tiere könnten das nicht in dem Umfang. [...]

Ich behaupte, dass es für den Menschen charakteristisch ist, dass er nicht nur Symbole verwendet, sondern dass er seine Symbole selber wieder als Gegenstände analysieren kann. Er kann auf eine höhere Schicht steigen und seine Deutungen, seine Symbole, seine Interpretationen selber wieder zum Gegenstand einer höherstufigen Analyse machen. Er kann in der Abstraktion höher steigen, sich auf diese Weise zum Beispiel von der aktuellen Gegenwartsgebundenheit emanzipieren; er kann zum Beispiel auf nicht aktuell existierende Sachverhalte Bezug nehmen. [...] Der Mensch ist also das Tier, das Metastufen der Symbolisierung oder Metastufen der Symbolbildung, der Symbolverwendung einnehmen kann.

Hans Lenk, Das flexible Vielfachwesen, S. 21, 23

M4 Unsere Botschaft im All

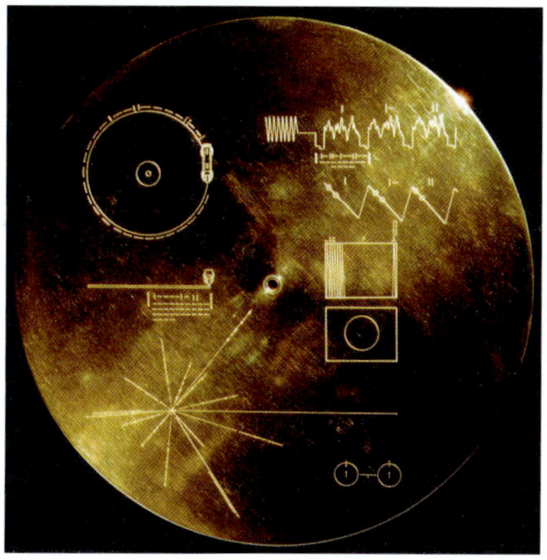

Die Voyager Golden Records sind Datenplatten mit Bild- und Audio-Informationen, die an Bord der beiden 1977 gestarteten interstellaren Raumsonden Voyager 1 und 2 angebracht sind, in der Hoffnung, etwaige intelligente, außerirdische Lebensformen könnten dadurch von der Menschheit und ihrer Position im Universum erfahren.

1 Erläutern Sie an einem Beispiel das Wesen symbolischer Formen. → M1
2 Diskutieren Sie, inwiefern nach Cassirer alle Arten symbolischer Formen als gleichberechtigte Weisen des Weltverstehens mit unterschiedlicher Funktion gelten können. → M2
3 Erklären Sie den Gedanken, dass wir das echte Unmittelbare nicht in den Dingen, sondern in uns suchen müssen. → M2
4 Verdeutlichen Sie anhand der bisher geführten Überlegungen die These Lenks, dass nur der Mensch symbolische Kreativität entfalten und darüber hinaus auf einer Metastufe mittels Symbolen über Symbole kommunizieren kann. → M3
5 Recherchieren Sie die Symbole auf den „Golden Records" und zeigen Sie, welche Informationen sie über den Menschen und seine Kultur enthalten. → M4

10 Die Welt des menschlichen Geistes

M1 Hausmusik im hohlen Fels

Beck für Die Zeit

M2 Die schöpferische Evolution

Mit dem Auftauchen des Menschen wird die Kreativität des Universums meiner Meinung nach offensichtlich. Denn der Mensch hat eine neue objektive Welt geschaffen, die Welt der Erzeugnisse des menschlichen Geistes; eine Welt der Mythen, der Märchen und der wissenschaftlichen Theorien, der Dichtung, der Kunst und der Musik. (Ich nenne das „Welt 3, im Unterschied zur physikalischen Welt 1 und der subjektiven psychologischen Welt 2) Die Existenz großartiger und fraglos schöpferischer Werke der Kunst und der Wissenschaft beweist die Kreativität des Menschen – und damit des Universums, das den Menschen hervorgebracht hat. [...]

Es ist aus verschiedenen Gründen zweckmäßig, einige dieser kosmisch-evolutionären Stufen in der folgenden Tabelle anzuordnen (sie ist von unten nach oben zu lesen). Man sieht sofort, dass aus dieser Tabelle Vieles weggelassen wurde und dass sie stark vereinfacht ist. Sie hat jedoch den Vorzug, einige der wohl größeren Ereignisse der schöpferischen oder emergenten Evolution knapp zusammenzufassen. [...]

Tabelle 1: Einige kosmisch-evolutionäre Stufen

Welt 3 (die Erzeugnisse des menschlichen Geistes)	5 Kunstwerke; wissenschaftliche Entdeckungen 6 Menschliche Sprachen; Theorien (Mythen) über uns selbst und über den Tod
Welt 2 (die Welt der subjektiven Erlebnisse)	4 Ich-Bewusstsein und Wissen über den Tod 3 Empfindung (tierisches Bewusstsein)
Welt 1 (die Welt der physikalischen Gegenstände)	2 Lebende Organismen 1 Die schwereren Elemente; Flüssigkeiten und Kristalle 0 Wasserstoff und Helium

M3 Die Welt 3 – Werke des menschlichen Geistes

Welt 3 ist die Welt der Erzeugnisse des menschlichen Geistes. Diese Erzeugnisse wurden im Verlauf der Evolution wahrscheinlich zuerst nur im menschlichen Gehirn kodiert, und auch da nur flüchtig. Das heißt, wenn der frühe Mensch eine Jagdgeschichte oder etwas Ähnliches erzählt, dann wird die Geschichte in seinem Gehirn wie auch in den Gehirnen seiner Zuhörer kodiert, doch sie wird bald vergessen und in einem gewissen Sinne verschwinden. Die charakteristischeren Gegenstände von Welt 3 sind Gegenstände von größerer Dauerhaftigkeit. Das sind zum Beispiel frühe Kunstwerke, Höhlenmalereien, verzierte Geräte, verzierte Werkzeuge, Boote und ähnliche Gegenstände der Welt 1. Auf dieser Stufe braucht man vielleicht noch nicht unbedingt eine getrennte Welt 3 postulieren. Notwendig wird das jedoch, wenn es zu solchen Dingen wie Werken der Literatur, Theorien, Problemen kommt, und am allereindeutigsten, wenn Dinge wie etwa musikalische Kompositionen entstehen. Eine musikalische Komposition hat eine sehr eigentümliche Daseinsweise. Zuerst existiert sie sicherlich verschlüsselt im Kopf des Musikers, doch sie existiert wahrscheinlich nicht einmal dort als Ganzheit, sondern eher als eine Folge von Anstrengungen oder Versuchen; und ob der Komponist die gesamte Partitur der Komposition im Gedächtnis behält oder nicht, ist nicht eigentlich wesentlich für die Frage nach der Existenz der Komposition, sobald sie einmal niedergeschrieben ist. Doch die niedergeschriebene Verschlüsselung ist nicht identisch mit der Komposition, etwa einer Symphonie. Denn die Symphonie ist etwas Akustisches und die niedergeschriebene Verschlüsselung hängt offensichtlich bloß konventionell und willkürlich mit den akustischen Vorstellungen zusammen, die diese niedergeschriebene Verschlüsselung verkörpern und in eine feste und dauerhafte Form bringen will. So entsteht hier bereits ein Problem. Wir wollen das Problem folgendermaßen darstellen. Mozarts Jupiter-Symphonie ist offenbar weder die Partitur, die er niedergeschrieben hat und die nur eine Art konventioneller und willkürlich verschlüsselter Festlegung der Symphonie ist; noch ist sie die Gesamtsumme der imaginierten akustischen Erlebnisse, die Mozart während der Niederschrift der Symphonie hatte. Sie ist auch nicht eine der Aufführungen und auch nicht alle Aufführungen zusammen oder die Klasse aller möglichen Aufführungen. Das ergibt sich daraus, dass Aufführungen gut oder weniger gut sein können, dass aber keine Aufführung wirklich als ideal bezeichnet werden kann. Irgendwie ist die Symphonie das, was durch Aufführungen interpretiert werden kann; sie ist etwas, bei dem die Möglichkeit besteht, durch eine Aufführung interpretiert zu werden. Man kann sogar sagen, dass die ganze Tiefe dieses Gegenstandes der Welt 3 nicht durch eine einzige Aufführung ausgelotet werden kann, sondern nur dadurch, dass man ihn immer wieder in verschiedenen Interpretationen hört. In diesem Sinne ist der Gegenstand der Welt 3 ein wirklicher idealer Gegenstand, den es wohl gibt, der aber nirgendwo da ist, und dessen Dasein irgendwie die Potentialität seines wiederholten Interpretiert-Werdens durch den Geist der Menschen ist. So ist er zuerst das Werk eines menschlichen Geistes oder des Geistes mehrerer; und zweitens besitzt er die Potentialität, aufs Neue durch den Geist der Menschen erfasst zu werden – wenn auch vielleicht nur teilweise.

M2/3: Karl R. Popper / John C. Eccles, Das Ich und sein Gehirn, S. 34-38

1 Fassen Sie anhand der Karikatur die kulturellen Leistungen des Menschen zusammen. ➜ M1
2 Erarbeiten Sie die Merkmale eines schöpferischen Universums. Wie stützt Popper seine These? ➜ M2
3 Erörtern Sie, wonach der Sprung zum Menschen in den kosmisch-evolutionären Stufen besteht. ➜ M2
4 Erarbeiten Sie aus dem Text den Ursprung und die Merkmale der Welt 3. ➜ M3
5 Hören Sie gemeinsam Mozarts „Jupitersymphonie" und vollziehen Sie die Argumentation des Textes anhand des Hörerlebnisses nach. ➜ M3
6 Diskutieren Sie, welche Bereiche der Philosophie die idealen Gegenstände der Welt des Geistes erfassen können. Orientieren Sie sich an den vier Fragen Kants (s. S. 17). ➜ M3

1 Nachdenken über die menschliche Sprache

M1 Ein Missverständnis?

Josef Schewe

Martin Perscheid

M2 Sprache ist …

Lernt, die ihr lebt, den Zaum in eure Lippen legen! / In welchen Heil und Schaden wohnet / Und was verdammt und was belohnet. / Wer Nutz durch Worte sucht, soll jedes Wort erwägen! / Die Zung ist dieses Schwert, / so schützet und verletzt, / die Flamme, so verzehrt / und eben wohl ersetzt, / ein Hammer, welcher baut und bricht, / ein Rosenzweig, der riecht und sticht, / ein Strom, der tränket und ertränket, / die Arznei, welch' erquickt und kränket, / die Bahn, auf der es oft gefehlet und gelungen. / Dein Leben, Mensch, und Tod hältst stets auf deiner Zungen!

Andreas Gryphius, Leo Armenius, S. 29

Die Sprache verkleidet den Gedanken. Und zwar so, dass man nach der äußeren Form des Kleides nicht auf die Form des bekleideten Gedankens schließen kann […].

Ludwig Wittgenstein, Tractatus logico-philosophicus 4.002, S. 32

Im Anfang war das Wort, / und das Wort war bei Gott, / und das Wort war Gott. / Im Anfang war es bei Gott. Alles ist durch das Wort geworden / und ohne das Wort wurde nichts, was geworden ist. In ihm war das Leben / und das Leben war das Licht der Menschen.
Und das Licht leuchtet in der Finsternis / und die Finsternis hat es nicht erfasst.

Die Bibel, Evangelium nach Johannes, 1, 1-5

Die Philosophie steht in diesem großen Buch geschrieben, das unserem Blick ständig offen liegt [gemeint ist das Universum]. Aber das Buch ist nicht zu verstehen, wenn man nicht zuvor die Sprache erlernt und sich mit den Buchstaben vertraut gemacht hat, in denen es geschrieben ist. Es ist in der Sprache der Mathematik geschrieben, und deren Buchstaben sind Kreise, Dreiecke und andere geometrische Figuren […].

Galileo Galilei, Il Saggiatore

Das Wort gehört zur Hälfte dem, welcher spricht, und zur Hälfte dem, welcher hört.

Michel de Montaigne, Essais, S. 246

Wenn man viel selbst denkt, so findet man viele Weisheit in die Sprache eingetragen.

Georg Christoph Lichtenberg, Aus den Sudelbüchern J443

M3 Aufgabe der Sprachphilosophie

Worin unterscheidet sich die menschliche Sprache von Verständigungssystemen anderer Tiere? Wie ist es möglich, dass Menschen ihre Muttersprache – und zwar jede beliebige – relativ rasch und mühelos erwerben und dann beliebige Sätze, die sie nie zuvor gehört haben, verstehen können? Wie hängen Bewusstsein und Sprache, wie Sprache und Wirklichkeit zusammen? Worin besteht die Bedeutung von Wörtern und Sätzen? Ist Erkenntnis, Wahrheit und Weltsicht sprachabhängig? Können wir allein schon durch Untersuchung sprachlicher Begriffe zu Erkenntnis gelangen? Die Sprachphilosophie sucht nach gut begründeten Antworten auf diese und noch eine Reihe weiterer Fragen. Sie kann deshalb einen Beitrag leisten zu einer philosophischen Erklärung der Natur des Menschen (Anthropologie), der Kultur (Kultur- und Geisteswissenschaften), der Erkenntnistheorie (Epistemologie) und der Ordnung alles Seienden (Ontologie).

M4 Bedeutende Sprachphilosophen

Aristoteles (384-322 v. Chr.) bestimmt die Fähigkeit zu vernünftiger Rede (Logos) als ein Wesensmerkmal des Menschen. Übersicht über die Mehrdeutigkeit zentraler Begriffe sowie Widerspruchsfreiheit in der Verknüpfung von Aussagen erklärt er zu Kriterien vernünftiger Rede. Aristoteles definiert auch die sprachlichen Voraussetzungen dafür, dass wir über Wahrheit und Falschheit urteilen können: die Form nämlich von prädikativen Sätzen (X ist P), in denen behauptet wird, dass etwas (z. B. eine Eigenschaft) einem bestimmten Gegenstand zukommt; und: Übereinstimmung (Korrespondenz) des Ausgesagten mit dem, was tatsächlich (in der Welt) ist.

John Locke (1632-1704) widmet einen beachtlichen Teil seines Hauptwerks *Essay Concerning Human Understanding* sprachphilosophischen Fragen. Zentrale Themen sind der Übereinkunftscharakter (Konventionalität) sprachlicher Zeichen und die für die Bildung von Allgemeinbegriffen erforderlichen Abstraktionsleistungen. Locke untersucht in sprachkritischer Absicht auch systematisch den Missbrauch von Wörtern im Hinblick auf Gewinnung und Mitteilung von Erkenntnissen.

Wilhelm von Humboldt (1767-1835) lernte und untersuchte zahlreiche Sprachen. Sprache sollte ihm zufolge nie als fertiges Produkt, sondern als Erzeugung und geistige Tätigkeit betrachtet werden; sie vollzieht sich in Dialog durch Sprechen und Verstehen und damit in der Einheit von Ich und Du. Sein Sprachenstudium verstand Humboldt als Mittel einer umfassenden philosophischen Anthropologie mit dem Ziel einer Theorie der Bildung des Menschen. „Die Sprache ist durchaus kein bloßes Verständigungsmittel, sondern bildendes Organ des Gedankens, Abdruck des Geistes und der Weltsicht des Redenden."

Ludwig Wittgenstein (1889-1951) befragt kritisch die Voraussetzungen früherer Theorien sprachlicher Bedeutung. Er öffnet den Blick für die Vielfalt sprachlicher Handlungsmöglichkeiten, deren Abhängigkeit von unterschiedlichen Zwecksetzungen und sozialen Gepflogenheiten. Nicht zuletzt schärft er die Aufmerksamkeit für die logischen Differenzierungen in unserer normalen Sprache. Wittgensteins außerordentliche intellektuelle Phantasie entwirft zwei völlig unterschiedliche philosophische Verfahren zur übersichtlichen Darstellung der „logischen Grammatik" unseres Denkens.

1 Interpretieren Sie die Cartoons im Hinblick auf die Frage, wie das „Missverständnis" zustande kommt. Haben Sie schon mal ähnliche Situationen erlebt? Berichten Sie. → M1

2 Arbeiten Sie heraus, welche Eigenschaften bzw. Funktionen die Autoren der Sprache zuschreiben, und organisieren Sie Ihre Ergebnisse in einer Mindmap. Welche dieser Eigenschaften zeigt sich in M1? → M1/2

3 Teilen Sie sich in Gruppen und geben Sie vorläufige Antworten auf die Fragen. Welche bereitet Ihnen besondere Schwierigkeiten? Überlegen Sie, warum. → M3

4 Lesen Sie die Infos zu den Sprachphilosophen und entscheiden Sie, welcher Autor Sie am meisten interessiert. Recherchieren Sie online weitere Informationen zur Sprachphilosophie Ihres Autors und stellen Sie die Ergebnisse in einem Kurzvortrag vor. → M4

2 Wer ist der Sprache mächtig?

M1 Interview mit Kanzi

www.kanzi-superstar.blogspot.com

Der Great Ape Trust in Des Moines, Iowa ist die Heimat von sieben Bonobos [...]. Wenn Sie meinen, dass dies ein seltsamer Platz für Affen ist, sprechen Sie es bitte nicht aus. Diese Affen verstehen die englische Sprache. Sie können mit den Affen sprechen, und die Affen wissen, über was Sie gerade reden. Die Einwohner von Great Ape Trust sind Teil der Grundlagenforschung für Sprachen. Die Affen sind in der Lage mit den Menschen zu kommunizieren. Zu diesem Zweck stehen ihnen 350 Symboltasten (Lexigrams) zur Verfügung [...]. Diese Symboltasten stellen Gedanken und Objekte dar. Der Superstar ist der 26 Jahre alte Kanzi; Bill Fields, der verantwortliche Wissenschaftler, arbeitet mit ihm seit Jahren. Um zu kommunizieren, spricht Fields mit dem Affen, dieser berührt die Symboltasten, um zu antworten, und zeigt so eine Ebene des Verständnisses. Fields: „Qualitativ betrachtet gibt es keinen Unterschied zwischen Kanzis Sprache und der meinen." Der Schlüssel für die Verständigung liegt in einer frühen Stufe des Erlernens, geradeso, als wenn Sie einem Baby das Sprechen beibringen. Die Experten sind der Auffassung, dass die Affen wahrscheinlich niemals akustisch antworten können, wobei Fields meinte, Kanzi hätte einmal versucht „Thank you" zu ihm zu sagen; akustisch, versteht sich. [...] Dann interviewte ich den ersten Affen in meinem Leben, überhaupt. Ich habe Kanzi eine Reihe von verschiedenen Worten vorgelesen, er sprang auf und drückte die entsprechenden Symboltasten fehlerfrei. Ich sagte: „Ei", er drückte „Ei". Ich sagte: „M und M". Er drückte „M und M". Dann übernahm Kanzi die Kontrolle über das Gespräch und drückte das Symbol für „Überraschung". Sinnlos zu sagen: Ich war völlig überrascht, hatte ich doch noch nie mit einem Affen gesprochen. Kanzi zeigte auf eine Schachtel mit Süßigkeiten, die sich in meiner Nähe befand. All das sind wichtige Schritte in der Verständigung zwischen Mensch und Affe. Kanzi erzählt über seine Magen- und Kopfschmerzen, wenn er allein sein möchte, oder aber was ihm Angst macht. [...] Manchmal ist die Ähnlichkeit der Affen mit uns Menschen total verblüffend; als ich Kanzi fragte, ob er einen Kaffee wünsche, nickte er enthusiastisch mit seinem Kopf. Sie teilen nicht nur 98% der DNA mit den Menschen, sondern auch deren Vorliebe für einen entkoffeinierten Latte Macchiato.

John Berman, Interview mit Kanzi – einem Bonobo, www.brightsblog.wordpress.com, 02.06.2007

M2 Kommunikation durch Sprache

Das Charakteristische der menschlichen Sprache ist, dass wir in Sätzen sprechen. Die komplexe Struktur der menschlichen Sprache ermöglicht, dass wir uns auf Dinge beziehen, die unabhängig von der Sprechsituation sind, während die rudimentären Sprachen anderer Tiere situationsbezogen sind. Weil Menschen nicht nur über unmittelbar Angenehmes und Unangenehmes Signale austauschen, sondern über Nützliches und Schädliches, über Gerechtes und Ungerechtes, also über Gutes und Schlechtes sprechen können, gehen sie die ihnen eigentümlichen sozialen Zusammenhänge in der Weise ein, dass sie sich wechselseitig darüber verständigen, was gut für alle ist. Während ein Ameisenstaat z. B. auf der Grundlage von chemischen Stimuli organisiert ist, haken sich in einer menschlichen Gesellschaft die Individuen auf Grund von Meinungen, was gut für jeden ist, ineinander ein und haben daher auch das Vermögen, sich abzuhaken. Die Einhakung läuft über sprachlich artikulierte Normen, zu denen jede vernünftige Person bejahend, verneinend oder fragend Stellung nehmen kann. Wenn Aristoteles sagt, dass für das menschliche Verstehen die Satzsprache *(logos)* wesentlich sei, heißt das, dass der Mensch das Tier ist, das nach Gründen *(rationes)* fragen kann, er ist ein rationales Tier, d. h. ein auf Gründe hin überlegendes Wesen.

nach Ernst Tugendhat, Anthropologie statt Metaphysik, S. 22f.

Screenshot aus „I-Robot" (USA 2004)

M3 Können Maschinen (sinnvoll) sprechen?

Wenn es Maschinen mit den Organen und der Gestalt eines Affen oder eines anderen vernunftlosen Tieres gäbe, so hätten wir gar kein Mittel, das uns nur den geringsten Unterschied erkennen ließe zwischen dem Mechanismus dieser Maschinen und dem Lebensprinzip dieser Tiere; gäbe es dagegen Maschinen, die unseren Leibern ähnelten und unsere Handlungen insoweit nachahmten, wie dies für Maschinen wahrscheinlich möglich ist, so hätten wir immer zwei ganz sichere Mittel zur Erkenntnis, dass sie deswegen keineswegs wahre Menschen sind. Erstens könnten sie nämlich niemals Worte oder andere Zeichen dadurch gebrauchen, dass sie sie zusammenstellten, wie wir es tun, um anderen unsere Gedanken bekannt zu machen. Denn man kann sich zwar vorstellen, dass eine Maschine so konstruiert ist, dass sie Worte und manche Worte sogar bei Gelegenheit körperlicher Einwirkungen hervorbringt, [...] wie zum Beispiel, dass sie, berührt man sie an irgendeiner Stelle, gerade nach dem fragt, was man ihr antworten will, dass sie, berührt man sie an einer anderen Stelle, schreit, man täte ihr weh und ähnliches; aber man kann sich nicht vorstellen, dass sie die Worte auf verschiedene Weise zusammenordnet, um auf die Bedeutung alles dessen, was in ihrer Gegenwart laut werden mag, zu antworten, wie es der stumpfsinnigste Mensch kann. Das zweite Mittel ist dies: Sollten diese Maschinen auch manches ebenso gut oder vielleicht besser verrichten als irgendeiner von uns, so würden sie doch zweifellos bei vielem anderen versagen, wodurch offen zutage tritt, dass sie nicht aus Einsicht handeln, sondern nur zufolge der Einrichtung ihrer Organe. Denn die Vernunft ist ein Universalinstrument, das bei allen Gelegenheiten zu Diensten steht, während diese Organe für jede besondere Handlung einer besonderen Einrichtung bedürfen; was es unwahrscheinlich macht, dass es in einer einzigen Maschine genügend verschiedene Organe gibt, die sie in allen Lebensfällen so handeln ließe, wie uns unsere Vernunft handeln lässt. *nach René Descartes, Bericht über die Methode, S. 105ff.*

1 Beschreiben Sie Kanzis kommunikative Möglichkeiten und Grenzen. Inwieweit teilen Sie Bill Fields Auffassung, dass es qualitativ keinen Unterschied zwischen Kanzis Sprache und der menschlichen gibt? ➜ M1
2 Erarbeiten Sie die spezifischen Merkmale menschlicher Sprache nach Ernst Tugendhat, ergänzen Sie ggf. eigene Ideen und stellen Sie Ihre Ergebnisse den Merkmalen der Bonobo-Sprache gegenüber. ➜ M1/2
3 Stellen Sie die Kriterien des von Descartes angedachten Unterschieds zwischen Mensch und Tier in einem strukturierten Schaubild dar. ➜ M3
4 Informieren Sie sich über den aktuellen Stand der wissenschaftlichen Bemühungen rund um KI („Künstliche Intelligenz", vgl. auch S. 154f.) und prüfen Sie, ob Descartes' Unterscheidung auch heute noch vertretbar ist. ➜ M3
5 Referatsthema: Der Film *I-Robot* (USA 2004) präsentiert eine Zukunftsvision, in der Roboter sowohl Sprache als auch Vernunft besitzen. Sehen Sie sich den Film an und stellen Sie dem Kurs „Triumph und Tragödie" dieser Entwicklung vor. ➜ M3

3 Sprache: Werkzeug – Organ – Medium

M1 Angeborene Grammatik?

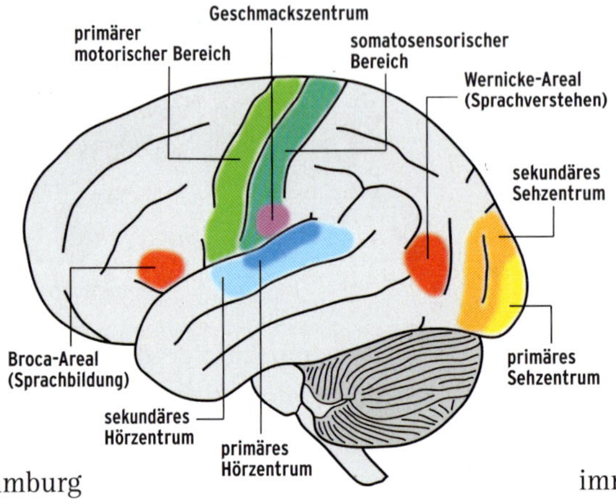

Wissenschaftler vermuten, dass allen Sprachen Regeln zugrunde liegen, die dem Menschen in die Wiege gelegt sind. Nun haben Forscher der Universität Hamburg Hinweise gefunden, dass diese Grammatik im Gehirn einen festen Platz haben könnte. In einem Experiment mussten acht junge Deutsche japanische, acht weitere italienische Vokabeln pauken. Dann wurden sechs Grammatikregeln erklärt; drei davon waren Nonsens. Die Probanden sollten beurteilen, ob bestimmte Sätze den erlernten Regeln entsprachen. Dabei wurden die Vorgänge in ihren Gehirnen beobachtet: Das Broca-Zentrum im linken Großhirn wurde immer dann besonders aktiv, wenn der Proband sich mit echten Regeln auseinandersetzte. Bei erfundenen Regeln klang die Aktivität rasch ab. [...] Wie hoch komplex die Sprachverarbeitung im menschlichen Gehirn abläuft, beginnen die Forscher erst langsam zu verstehen. An der Sprachbildung im Kopf ist, anders als früher angenommen, ein ganzes Orchester verschiedener Hirnregionen beteiligt; und das Netzwerk aus Neuronen ist derart flexibel, dass es bei jedem Menschen an ganz unterschiedlichen Stellen beheimatet sein kann. Bei der Spurensuche unter der Schädeldecke helfen den Forschern hirnkranke Menschen, besonders Epileptiker: Bevor Chirurgen ihre unkontrollierten Anfälle durch eine Hirnoperation stoppen können, müssen die Mediziner bei jedem einzelnen Patienten die fürs Sprechen zuständigen Hirnareale identifizieren [...].

Spiegel Special 4/2003, S. 93 und Gerald Traufetter, Stimmen aus der Steinzeit, in: DER SPIEGEL 43/2002, S. 222

M2 Die ursprünglichen Funktionen von Sprache

Die Ursprünge der Entstehung und damit auch die ursprünglichen Funktionen von Sprache zu rekonstruieren ist ein höchst spekulatives Unterfangen. Es überrascht daher nicht, dass sich Linguisten hinsichtlich der ursprünglichen Sprachfunktionen nicht einig sind. Dennoch tauchen einige Funktionen in den verschiedenen Theorien immer wieder auf. So gelangt zum Beispiel Halliday unter Berücksichtigung sprachlich-funktionaler und sozialhistorischer Gesichtspunkte zu einer Reihe von Sprachfunktionen, die sowohl für den frühen Spracherwerb als auch für die spätere Entwicklung charakteristisch sind:

- **Instrumentale Sprachfunktion:** Mit Hilfe von Sprache befriedigt das Kind seine materiellen Bedürfnisse.
- **Regulatorische Sprachfunktion:** Sprache dient dazu, das Verhalten der Mitmenschen zu steuern („Tu, was ich dir sage!“).
- **Interaktionale Sprachfunktion:** Durch Sprache können sich Menschen verständigen und soziale Beziehungen etablieren.
- **Personale Sprachfunktion:** Zur Bildung einer Ich-Identität und eines Ich-Bewusstseins ist Sprache unverzichtbar.
- **Heuristische Sprachfunktion:** Durch seine Sprache kann ein Kind seine Umwelt analysieren und verstehen.
- **Imaginative Sprachfunktion:** Sprache befähigt das Kind, sich (in seiner Phantasie) seine eigene Welt zu gestalten.
- **Repräsentative Sprachfunktion:** Sprache dient als Mittel, um etwas über die „Dinge“ mitzuteilen. Diese Sprachfunktion können Kinder in ihrem Reifeprozess erst recht spät nutzen.

nach Theodor Lewandowski, Linguistisches Wörterbuch in drei Bänden, Band 3, S. 1015

M3 Sprachansichten – Weltsichten

Der Mensch lebt mit den Gegenständen hauptsächlich, ja, da Empfinden und Handeln in ihm von seinen Vorstellungen abhängt, sogar ausschließlich so, wie die Sprache sie ihm zuführt. Durch denselben Akt, vermöge dessen er die Sprache aus sich herausspinnt, spinnt er sich in dieselbe ein, und jede zieht um das Volk, welchem sie angehört, einen Kreis, aus dem es nur insofern hinauszugehen möglich ist, als man zugleich in den Kreis einer andern hinübertritt. Die Erlernung einer fremden Sprache sollte daher die Gewinnung eines neuen Standpunkts in der bisherigen Weltsicht sein und ist es in der Tat bis auf einen gewissen Grad, da jede Sprache das ganze Gewebe der Begriffe und die Vorstellungsweise eines Teils der Menschheit enthält. Nur weil man in eine fremde Sprache immer, mehr oder weniger, seine eigne Welt-, ja seine eigne Sprachansicht hinüberträgt, so wird dieser Erfolg nicht rein und vollständig empfunden.

Wilhelm von Humboldt, in: Andreas Gardt, Geschichte der Sprachwissenschaft in Deutschland, S. 235

M4 Medium oder Organ?

Der philosophische Ruf der Sprache ist seit jeher schwankend. Sie wurde als ein Spiegel gesehen, der die äußere Welt getreulich wiedergibt, aber auch als ein blinder Spiegel, der dem Geist die Sicht auf das Wesen der Dinge verstellt. Seit Nietzsches Tagen kursiert eine dritte Version. Ihr zufolge ist die Sprache eher ein Zerrspiegel, der als Wirklichkeit nur das erkennbar macht, was ihre Benutzer „etwas angeht". [...] In einem neueren Artikel, der viele Motive seines Denkens noch einmal Revue passieren lässt, verwirft der amerikanische Philosoph Donald Davidson alle diese Varianten. Unter der Überschrift *Seeing Through Language* nimmt er eine Dekonstruktion seiner Titelmetapher vor. Hier der Geist, dort die Welt, dazwischen das Augenglas der Sprache: Dieses Bild führt in die Irre. Es suggeriert, dass Geist und Welt getrennte Sphären sind, die durch ein Drittes in Verbindung gebracht werden müssen. Geist aber, der nicht von der Welt, und Welt, die nicht erkennend zugänglich wäre, sind leere Begriffe. Um der Vorstellung einer getreuen oder ungetreuen Abbildung einer außerhalb unserer Reichweite gegebenen Welt zu entkommen, empfiehlt Davidson einen Vergleich mit den Sinnen. Wir sehen nicht durch die Augen, sondern mit ihnen. Wir hören nicht durch die Ohren, sondern mit ihnen. Entsprechend ist auch die Sprache nichts, was zwischen uns und der Welt stünde. Sie ist Teil von uns. Sie ist die Art, in der wir als erkennende Wesen Welt haben. Sie ist kein Fenster, kein Bildschirm, kein Mittleres und daher für Davidson kein Medium. Natürlich kann man sagen, dass sich die Menschen vermöge ihrer Sinne und Sprache mit ihrer Umwelt auseinandersetzen. Aber wie die Sinne einen direkten Kontakt mit der Umgebung ermöglichen, so auch die Sprache. Auch sie ist ein „Organ" des Menschen. Jedoch ist sie mehr als ein sechster Sinn. Sie ist das Organ einer „propositionalen Wahrnehmung", also einer gedanklichen Aufnahme von äußeren Zuständen und Geschehnissen. Sie erlaubt es nicht nur, in Kontakt mit der eigenen Umgebung zu stehen, sondern sich einen Begriff von den Dingen und Ereignissen der Welt zu machen. Sie macht es möglich, sich durch Meinungen und durch die Korrektur von Meinungen zu orientieren.

Martin Seel, Ist die Sprache ein Medium?, in: DIE ZEIT 05/1999, S. 46

1 Die moderne Hirnforschung ist der Sprache auf der Spur. Fassen Sie die Ergebnisse der Untersuchungen kurz zusammen. → M1
2 Die vielfältigen Funktionen der menschlichen Sprache bieten Selektionsvorteile: Klären Sie die Fachbegriffe und veranschaulichen Sie die einzelnen Funktionen anhand von Beispielen. → M2
3 „Sprachansichten – Weltsichten": Spekulieren Sie vor der Lektüre des Textes über mögliche Bedeutungen dieser Ausdrücke und prüfen Sie Ihre Hypothesen während der Lektüre. → M3
4 Diskutieren Sie Humboldts Behauptung über den Erkenntniswert des Fremdsprachenlernens anhand ihrer eigenen Fremdsprachenbiographie. → M3
5 Arbeiten Sie heraus, durch welche Merkmale sich nach Donald Davidson Medien und (Sinnes-)Organe unterscheiden. → M4
6 Verdeutlichen Sie, welcher Kategorie Davidson die Sprache zuordnet, und zeichnen Sie seinen Argumentationsgang nach. → M4

4 Wort und Gegenstand – eine Einheit?

M1 Kann ein Wort duften?

M2 What's in a name?

In Shakespeares Drama Romeo und Julia *hat das Liebespaar Probleme, weil die Familien Montagu und Capulet schon lange verfeindet sind.*

Julia:
O Romeo, Romeo! – Warum bist du Romeo?
Leugne den Vater, wehr dich deines Namens.
Oder wenn du nicht willst, bind dich an mich,
Und ich will keine Capulet mehr sein.

Romeo:
Soll ich noch horchen oder soll ich sprechen?

Julia:
Dein Name, nur dein Name ist mein Feind:
Du bleibst du selbst, auch ohne Montagu.
Was ist schon Montagu? Nicht Hand noch Fuß
Noch Arm noch Kopf noch irgend sonst ein Teil,
Das einen Menschen macht. Tausch deinen Namen!
Was sagt ein Name? Das, was Rose heißt,
Würd gleichsüß unter anderm Namen duften.
So bliebe Romeo, wenn er nicht Romeo hieße,
Die Makellosigkeit, die er besitzt,
Auch ohne Titel. Romeo, lass den Namen!
Und für den Namen, der dich nicht besitzt,
Besitze mich.

Romeo:
Ich nehme dich beim Wort.
Nenn mich Geliebter, und du taufst mich neu.
Von da an will ich nie mehr Romeo sein.

William Shakespeare, Romeo und Julia, Akt II, Szene II

M3 Die Willkürlichkeit aller Zeichen

Die Wörter [rufen] infolge häufigen Gebrauchs bei den Menschen so regelmäßig und so schnell bestimmte Ideen wach, dass sie leicht versucht sind, einen natürlichen Zusammenhang zwischen beiden anzunehmen. Dass die Wörter jedoch nur die besonderen menschlichen Ideen bezeichnen, und zwar *auf Grund einer durchaus willkürlichen Festlegung,* erhellt aus Folgendem: Die Wörter rufen häufig bei anderen (auch wenn sie dieselbe Sprache sprechen) tatsächlich nicht die Ideen hervor, als deren Zeichen sie uns gelten. Auch besitzt jedermann eine so unverletzliche Freiheit, die Wörter nach Gutdünken für jede beliebige Idee zu verwenden, dass kein Mensch die Macht besitzt, andere zu veranlassen, dieselben Ideen im Sinne zu haben wie er, wenn sie dieselben Wörter benutzen wie er. Darum gab selbst der große Augustus, der durch seine Macht die Welt beherrschte, zu, dass er nicht imstande sei, ein neues lateinisches Wort zu schaffen; das bedeutet, er könne nicht nach Belieben festsetzen, für welche Idee im Mund- und Sprachgebrauch seiner Untertanen ein bestimmter Laut als Zeichen dienen solle. Freilich weist in allen Sprachen der Sprachgebrauch durch stillschweigende Vereinbarung bestimmte Laute bestimmten Ideen zu; hierdurch wird zwar die Bedeutung des betreffenden Lautes insoweit beschränkt, als niemand richtig spricht, der diesen Laut nicht auf dieselbe Idee bezieht. Und niemand spricht verständlich – so möchte ich hinzufügen –, dessen Worte beim Hörer nicht eben die Ideen wachrufen, für die der Sprecher sie verwendet. Was aber auch daraus folgen möge, wenn jemand Wörter so verwendet, dass sie entweder von ihrer allgemeinen Bedeutung oder von dem besonderen Sinn, der ihnen beim Angeredeten zukommt, abweichen, eines ist gewiss: Ihre Bedeutung ist auf die Ideen dessen beschränkt, der sie gebraucht, und für nichts anderes können sie als Zeichen dienen.

John Locke, Versuch über den menschlichen Verstand, Band 2, Drittes Buch, II. Kapitel, 8. Absatz, S. 9

M4 Die Beziehung von Wort und Gegenstand

Hermogenes: Unser Kratylos hier behauptet, Sokrates, es gebe für jedes Ding eine richtige, aus der Natur dieses Dinges selbst hervorgegangene Bezeichnung, und nicht das sei als (wahrer) Name anzuerkennen, was einige nach Übereinkunft als Bezeichnung für das Ding anwenden, [...] sondern es gebe eine natürliche Richtigkeit der Namen, die für jedermann, für Hellenen wie Barbaren, die gleiche sei. [...]

Sokrates: [Wir] müssen [...] in gemeinsamer Überlegung uns darüber Klarheit zu verschaffen suchen, ob deine Ansicht die richtige ist oder die des Kratylos. [...]

Hermogenes: [Ich] kann mich aber nicht überzeugen, dass die Richtigkeit der Namen auf etwas anderem beruhe als auf Verabredung und Übereinkunft. Denn jeder Name, so scheint mir, den man einer Sache gibt, ist richtig; und wenn man ihn wieder mit einem andern vertauscht und den bisherigen nicht mehr braucht, so ist der spätere nicht minder richtig als der frühere. [...] Der Name [ist] eine Frucht der gesetzlichen Übereinkunft und Gewohnheit, ein Werk derer, die diese Gewohnheit und den Namen dafür einführten.

Platon, Kratylos oder über die Richtigkeit der Namen, S. 37-39

M5 Ausdrücke, Bedeutungen, Gegenstände

Aristoteles verdanken wir wichtige Weichenstellungen für das Verständnis von Sprache. Hier entwickelt Aristoteles Bestimmungen von Sprache, die über die in Platons Kratylos geführten Diskussionen hinausführen [...]: *„Es sind [...] die Laute, zu denen die Stimme gebildet wird, Zeichen der in der Seele hervorgerufenen Vorstellungen, und die Schrift ist wieder ein Zeichen der Laute. Und wie nicht alle dieselbe Schrift haben, so sind auch die Laute nicht bei allen dieselben. Was aber durch beide an erster Stelle angezeigt wird, die einfachen seelischen Vorstellungen, sind bei allen Menschen dieselben, und ebenso sind es die Dinge, deren Abbilder die Vorstellungen sind."* (Aristoteles, Peri hermeneias, 16a) [...] Sprachliche Ausdrücke sind [demnach] Lautgebilde. Allerdings sind Lautgebilde für sich genommen noch keine sprachlichen Ausdrücke. Sie sind dies erst dann, wenn sie auf Vorstellungen verweisen. Vorstellungen ihrerseits sind Repräsentationen von Gegenständen in der Welt. [...] Mit dieser Erläuterung wird ein Dreieck etabliert, das man als semiotisches Dreieck bezeichnen kann: Sprachliche Ausdrücke stehen demnach in einem doppelten Verweisungsverhältnis: Sie verweisen auf Vorstellungen (ihre Bedeutungen). Diese wiederum verweisen auf Gegenstände in der Welt. Sprache funktioniert in dem Dreieck, das sich zwischen sprachlichen Ausdrücken, Bedeutungen und Gegenständen in der Welt aufspannt.

Georg W. Bertram, Sprachphilosophie zur Einführung, S. 46-48

1 Erläutern Sie die Beziehung zwischen (geschriebenem) Wort und bezeichnetem Gegenstand, die hier gewünscht wird. Benennen Sie Situationen, in denen die vorgestellte Beziehung tatsächlich wünschenswert, und solche, in denen sie nicht wünschenswert ist. ➜ M1

2 *Namen* stellen eine besondere Art von Bezeichnungen dar. Suchen Sie nach der Ursache für die große Liebesmüh, die es Julia kostet, die Macht des Namens zu bestreiten. Beachten Sie, dass Julia sowohl für den *Eigennamen* „Romeo" als auch für den *Gattungsnamen* „Rose" eine Austauschbarkeit behauptet. ➜ M2

3 Fassen Sie John Lockes Auffassung von *„richtig sprechen"* (Z. 26f.) zusammen. In Ihrer Erklärung sollten folgende Ausdrücke vorkommen: Wörter – Sprachgebrauch – Zeichen – Ideen (Vorstellungen des Sprechers / Hörers) – Festlegung – Freiheit. ➜ M3

4 Arbeiten Sie anhand eines Beispiels Platons Ansicht über die Beziehung zwischen Wort und Gegenstand heraus. ➜ M4

5 Visualisieren Sie das auf Aristoteles zurückgehende semiotische Dreieck. Inwieweit stimmen Sie Georg Bertram zu, der die aristotelische Position als Weiterentwicklung des platonischen Ansatzes bezeichnet? ➜ M5/4

6 Kommentieren Sie Julias Aufforderung „Tausch deinen Namen!" (M2, Z. 13) aus der Perspektive Lockes und aus der Perspektive Aristoteles'. ➜ M2/3/5

7 Erarbeiten Sie die beiden sprachphilosophischen Positionen und begründen Sie, welcher der beiden platonischen Gesprächspartner Julias Position (M2) stützt – Kratylos oder Hermogenes? ➜ M2/4

5 Der Morgenstern ist der Abendstern

M1 Alles klar! Oder?

Der Besitzer saß mit seiner Frau und einem Kleinkind sowie dem Dackel der Familie im Kinderwagen vor dem Haus.

(aus der Frankenpost)
in: Spiegel Nr. 34/2013 vom 19.8.2013, S. 138

Der Rat der Stadt Oldenburg hatte im Juni 2011 die Kastrationspflicht für Katzenhalter, die frei herumlaufen, beschlossen.

(aus der Nordwest-Zeitung)
in: Spiegel Nr. 18/2013 vom 29.04.2013, S. 146

Rund sechs Millionen Verbrechen geschehen pro Jahr in Deutschland. 264 000 Polizisten sind dafür im Einsatz.

(aus der Berliner Morgenpost)
in: Spiegel Nr. 4/2013 vom 21.1.2013, S. 138

Gewalt gegen Frauen ist ein gesellschaftliches Problem und sollte aus genau diesem Grund mit öffentlichen Mitteln gefördert werden.

(aus der Westdeutschen Zeitung)
in: Spiegel 1/2013 vom 31.12.2012, S. 138

Mehrere Dutzend Menschen warfen mit Flaschen und Steinen auf Polizisten und versuchten, Schaufensterscheiben zu zerstören. Diese reagierten mit Pfefferspray und Blendgranaten.

(aus der taz)
in: Spiegel Nr. 43/2012 vom 22.10.2012, S. 174

Wir machen Ihren Computer fit und Viren resistent.

(Flyer einer Hamburger Firma)
in: Spiegel Nr. 43/2012 vom 22.10.2012, S. 174

In regelmäßigen Abständen wird Pfarrer Langer mit Predigten zu Gottesdiensten jede katholische Kirche im Kreis heimsuchen.

(aus dem Pinneberger Tagesblatt)
in: Spiegel Nr. 40/2012 vom 1.10.2012, S. 154

Laut Anklage kletterte der Gestorbene in der Nacht des 5. Juni bei Klein Quenstedt auf eine Weide, um jugendliche Camper zu erschrecken.

(aus der Welt)
in: Spiegel Nr. 40/2012 vom 1.10.2012, S. 154

M2 Ein Gespräch über „Bedeutung"

Moderator: Mit Sprache kann man ja so allerlei: Gedanken ausdrücken, Sachverhalte in der Welt darstellen, andere Leute dazu bringen, etwas zu tun usw. Sprache ist also jedenfalls bedeutungsvoll. Aber was genau macht die Eigenschaft, eine Bedeutung zu haben, aus? Was unterscheidet Zeichen, die Bedeutung haben, von denen, die keine Bedeutung haben? Worin besteht überhaupt Bedeutung?

Prof. Reference: Ist doch klar. Wenn ich sage „Thomy liegt auf dem Sofa", dann hat jeder Ausdruck dieser Äußerung Bedeutung, weil er sich auf einen Gegenstand bezieht. „Thomy" bezieht sich auf meinen Kater, „Sofa" auf ein bestimmtes Ding in meinem Wohnzimmer und „liegt" bezieht sich auf eine bestimmte Körperhaltung. Verallgemeinert also: Ein Zeichen hat dann Bedeutung, wenn es auf einen sinnlich wahrnehmbaren Gegenstand (im weitesten Sinn des Wortes) verweist.

Prof. Idea: Hm, auf welchen „Gegenstand" bezieht sich dann „Asterix"? Und was ist mit Wortarten, die man nicht wie Namensetiketten irgendwo draufkleben kann, zum Beispiel Adverbien oder Präpositionen – haben die keine Bedeutung? Deshalb meine ich, dass ein sprachliches Zeichen dann Bedeutung hat, wenn es Ideen oder Vorstellungen ausdrückt. Man versteht sich doch dann, wenn der Hörer mit einer Äußerung die Idee verbindet, die auch der Sprecher ausdrücken will.

Prof. Proposition: Und welche Vorstellung verbinden Sie z. B. mit „mit", „und" oder „Tausendeck"?

Prof. Reference: Außerdem scheint Prof. Idea zu übersehen, dass man so Kommunikation gerade nicht erklären kann: Vorstellungen sind immer subjektiv; um sich zu verstehen, müssen zwei Menschen mit einem Ausdruck aber dieselbe Bedeutung verbinden – Bedeutungen kann man teilen, geistige Bilder nicht.

Prof. Proposition: Um diesen Einwänden zu entgehen, sollten wir vielleicht zwei weitere Unterscheidungen treffen. Erstens gibt es ja noch etwas wie den Sinn *(meaning)*, der weder ein inneres Vorstellungsbild noch Gegenstand in der Welt ist; ich meine: das Wort „Morgenstern" mag bei jedem Hörer oder Leser unterschiedlich gefärbte Vorstellungen wecken, für alle Sprecher des Deutschen ist damit aber der hellste Stern am Morgenhimmel gegeben – und schließlich bezeichnet der Ausdruck denselben Gegenstand wie „Abendstern", nämlich den Planeten Venus. Zweitens schlage ich vor, Bedeutung von Einzelausdrücken und Bedeutung von Wortgefügen gesondert zu betrachten. Was ein ganzer Satz ausdrückt, ist ja zunächst, könnte man sagen, ein abstrakter Gegenstand, nämlich eine Aussage *(proposition)*. Der besondere Wert von Aussagen liegt darin, dass sie wahr oder falsch sein können.

Moderator: Im Blick auf die Ausgangsfrage „Worin besteht überhaupt Bedeutung?" sollten wir festhalten: Der Begriff „Bedeutung" selbst kann durchaus unterschiedlich gedeutet werden; dieser Umstand führt zu verschiedenen Auffassungen über die Beziehung von Bezeichnung und Bezeichnetem. Vielen Dank für die lebhafte Diskussion!

M3 Subjektiv, objektiv – wahr?

Wir fragen nun nach Sinn und Bedeutung eines ganzen Behauptungssatzes. Ein solcher Satz enthält einen Gedanken. Ist dieser Gedanke nun als dessen Sinn oder als dessen Bedeutung anzusehen? Nehmen wir einmal an, der Satz habe eine Bedeutung! Ersetzen wir nun in ihm ein Wort durch ein anderes von derselben Bedeutung, aber einem anderen Sinne, so kann dies auf die Bedeutung des Satzes keinen Einfluss haben. Nun sehen wir aber, dass der Gedanke sich in solchem Falle ändert; denn es ist z. B. der Gedanke des Satzes „der Morgenstern ist ein von der Sonne beleuchteter Körper" verschieden von dem des Satzes „der Abendstern ist ein von der Sonne beleuchteter Körper". Jemand, der nicht wüsste, dass der Abendstern der Morgenstern ist, könnte den einen Gedanken für wahr, den anderen für falsch halten. Der Gedanke kann also nicht die Bedeutung des Satzes sein, vielmehr werden wir ihn als den Sinn aufzufassen haben. Wie ist es nun aber mit der Bedeutung? Dürfen wir überhaupt danach fragen? [...] Der Satz „Odysseus wurde tief schlafend in Ithaka an Land gesetzt" hat offenbar einen Sinn. Da es aber zweifelhaft ist, ob der darin vorkommende Name „Odysseus" eine Bedeutung habe, so ist damit auch zweifelhaft, ob der ganze Satz eine habe. Aber sicher ist doch, dass jemand, der im Ernste den Satz für wahr oder falsch hält, auch dem Namen „Odysseus" eine Bedeutung zuerkennt, nicht nur einen Sinn. [...] Käme es nur auf den Sinn des Satzes, den Gedanken an, so wäre es unnötig sich um die Bedeutung seiner Satzteile zu kümmern; [...]. Der Gedanke bleibt derselbe, ob der Name „Odysseus" eine Bedeutung hat oder nicht.

Gottlob Frege, Funktion, Begriff, Bedeutung, S. 44f.

1. Lesen Sie die kurzen Zitate und beobachten Sie dabei, wie Sie auf die Lektüre reagieren. Reflektieren Sie anschließend die Besonderheiten dieser Zitate und tauschen Sie sich dann in Kleingruppen aus. ➜ M1
2. Legen Sie eine Tabelle für die in dem Gespräch verkörperten Bedeutungs-Theorien und die jeweiligen Kritikpunkte an. ➜ M2
3. Definieren Sie nach der Lektüre des Textes die Begriffe „Sinn", „Bedeutung" und „Gedanke" eines Aussagesatzes nach Frege. Veranschaulichen Sie Ihre Ergebnisse anhand des Satzpaares „Der Morgenstern ist ein von der Sonne beleuchteter Körper" und „Der Abendstern ist ein von der Sonne beleuchteter Körper". ➜ M3
4. Bestimmen Sie „Sinn", „Bedeutung" und „Gedanken" der folgenden Sätze:
   a) Durch sein entschlossenes Auftreten ist es Homer Simpson gelungen, eine Bombe in Springfield zu entschärfen.
   b) Ein Schwamm ist, sofern er richtig verarbeitet und zubereitet wird, eine Delikatesse.
   c) Schwarze Löcher sind die größten Energieansammlungen, die unser Universum kennt.

   Entscheiden Sie anschließend, unter welchen Bedingungen Sie diese Sätze als „wahr" oder „falsch" bezeichnen können. ➜ M3

6 Der vielfältige Gebrauch der Zeichen

M1 Worte über Worte ...

Im *Wort* [in der Bibel] ist nämlich ein buchstäblicher Sinn und ein geistiger Sinn; der buchstäbliche Sinn besteht aus dem, was in der Welt ist, der geistige Sinn aber aus dem, was im Himmel ist.

Emanuel Swedenborg, Himmel und Hölle, S. 73

Ein tröstliches Wort ist Arznei dem Trauernden.

Volksmund

Der Mensch ist ein sprachbegabtes Tier und wird sich immer durch das Wort verführen lassen.

Simone de Beauvoir, www.zitate-online.de

Hätten wir das Wort, hätten wir Sprache, wir bräuchten die Waffen nicht.

Ingeborg Bachmann, Fragen und Scheinfragen, S. 185

Diplomatie ist die Kunst, mit 100 Worten zu verschweigen, was man mit einem Wort sagen könnte.

Saint-John Perse, in: Horst Hanisch, Das große Buch der Rhetorik, S. 64

Man fasst das Pferd beim Zaum, den Mann beim Wort.

Volksmund

Der tote Buchstabe wirkt oft stärker als das lebendige Wort.

Søren Kierkegaard, in: Horst Hanisch, Das große Buch der Rhetorik, S. 62

M2 Worte sind auch Taten

Man meint, das Lernen der Sprache bestehe darin, dass man Gegenstände benennt. Und zwar: Menschen, Formen, Farben, Schmerzen, Stimmungen, Zahlen etc. [...] Ein bestimmtes Bild von dem Wesen der menschlichen Sprache [ist dann] dieses: Die Wörter der Sprache benennen Gegenstände – Sätze sind Verbindungen von solchen Benennungen. In diesem Bild von der Sprache finden wir die Wurzeln der Idee: Jedes Wort hat eine Bedeutung. Diese Bedeutung ist dem Wort zugeordnet. Sie ist der Gegenstand, für welchen das Wort steht. [...] – das Benennen ist [dann] etwas Ähnliches, wie, einem Ding ein Namentäfelchen anheften. [...]

Als ob mit dem Akt des Benennens schon das, was wir weiter tun, gegeben wäre. Als ob es nur Eines gäbe, was heißt: „von Dingen reden". Während wir doch das Verschiedenartigste mit unseren Sätzen tun. Denken wir allein an die Ausrufe. Mit ihren ganz verschiedenen Funktionen.

„Wasser!"
„Fort!"
„Au!"
„Hilfe!"
„Schön!"
„Nicht!"

Bist du nun noch geneigt, diese Wörter „Benennungen von Gegenständen" zu nennen?

Ludwig Wittgenstein, Philosophische Untersuchungen, in: Schriften, Band 1, S. 289, 302

M3 Werkzeugkasten

Wie viele Arten der Sätze gibt es aber? Etwa Behauptung, Frage und Befehl? – Es gibt *unzählige* solcher Arten: unzählige verschiedene Arten der Verwendung alles dessen, was wir „Zeichen", „Worte", „Sätze" nennen. Und diese Mannigfaltigkeit ist nichts Festes, ein für allemal Gegebenes; sondern neue Typen der Sprache, neue Sprachspiele, wie wir sagen können, entstehen und andere veralten und werden vergessen. [...] Das Wort „Sprach*spiel*" soll hier hervorheben, dass das Sprechen der Sprache ein Teil ist einer Tätigkeit, oder einer Lebensform. Führe dir die Mannigfaltigkeit der Sprachspiele an diesen Beispielen, und anderen, vor Augen:

- Befehlen, und nach Befehlen handeln
- Beschreiben eines Gegenstands nach dem Ansehen, oder nach Messungen
- Herstellen eines Gegenstands nach einer Beschreibung (Zeichnung)
- Berichten eines Hergangs [...]

- Eine Hypothese aufstellen und prüfen
- Darstellen der Ergebnisse eines Experiments durch Tabellen und Diagramme
- Eine Geschichte erfinden; und lesen
- Theater spielen
- Reigen singen
- Rätsel raten
- Einen Witz machen; erzählen [...]
- Aus einer Sprache in die andere übersetzen
- Bitten, Danken, Fluchen, Grüßen, Beten

Es ist interessant, die Mannigfaltigkeit der Werkzeuge der Sprache und ihrer Verwendungsweisen, die Mannigfaltigkeit der Wort- und Satzarten, mit dem zu vergleichen, was Logiker über den Bau der Sprache gesagt haben [z. B. mit ihrem Leitbild einer allgemeinen Form *des* Satzes; mit ihrem analytischen Ideal von Elementarsätzen und nur aus solchen zusammengesetzten komplexen Sätzen; mit ihrer Forderung, dass Aussagesätze die grundlegendsten seien und die Beschreibung von Sachverhalten in der Welt ihre wichtigste Rolle]. [...]

Man kann für eine *große* Klasse von Fällen der Benützung des Wortes „Bedeutung" – wenn auch nicht für alle Fälle seiner Benützung – dieses Wort so erklären: Die Bedeutung eines Wortes ist sein Gebrauch in der Sprache. *Ludwig Wittgenstein, Philosophische Untersuchungen, in: Schriften, Band 1, S. 300f., 311*

M4 Eine Gebrauchstheorie der Bedeutung

Wenn wir von einem sprachlichen Ausdruck sagen, er habe diese oder jene Bedeutung, dann meinen wir damit, dass er eine bestimmte Funktion der Verhaltenssteuerung oder der Interaktion erfüllt. Deutlich wird dies an Äußerungen in unserem Alltag wie „Guten Tag!", „Reich mir das Salz, bitte!" und „Ich komme morgen." Mit solchen Äußerungen beschreiben wir nicht die Welt und drücken auch nicht bloß unsere Gedanken aus, sondern wir *tun* etwas: Wir grüßen Bekannte, wir bitten um Salz, wir geben Versprechen ab und Unzähliges mehr. Dies alles tun wir, *indem* wir sprechen. Die Handlung ist dabei nicht etwas, was noch hinzukäme, sondern das Äußern des Satzes selbst ist die Handlung.

Funktionen der genannten Art kann ein Ausdruck deshalb erfüllen, weil es gewisse Regeln in der Sprache gibt, die seinen Gebrauch bestimmen. [...]

Das Kriterium, das objektiv überprüfbar macht, ob ich der Regel folge oder nicht, wird von der Sprachgemeinschaft geliefert. Die Sprachgemeinschaft lehrt das Kind oder allgemein den Neuling die Sprache, indem sie ihm das entsprechende richtige Verhalten beibringt. Richtiges Verhalten wird gelobt, falsches Verhalten sanktioniert. Die Sanktionen erlauben dem Neuling zu erkennen, ob er der jeweiligen Regel folgt oder nicht. Grüßt der Neuling am Abend seinen Bekannten mit „Guten Morgen!", so wird er mehr oder weniger freundlich darauf hingewiesen, dass nicht Morgen sondern bereits Abend sei, er sich also in der Bedeutung der Ausdrücke täusche bzw. in der Verwendung einen Fehler gemacht hat. Die Äußerung „Guten Morgen!" hat die Bedeutung, die sie hat, weil es eine Regel gibt, die verlangt, dass sie zum morgendlichen Grüßen verwendet wird.

nach Jonas Pfister, Philosophie, S. 197ff.

1 Analysieren Sie die Zitate im Blick auf die Frage, welche Funktionen Worte bzw. Wörter erfüllen können. Ergänzen Sie anschließend eigene Ideen. ➜ M1

2 Erschließen Sie die unterschiedlichen Handlungen, die durch das Äußern der (Einwort-) Sätze vollzogen werden. Ergänzen Sie gegebenenfalls Ihre Ergebnisse aus Aufgabe 1. ➜ M1/2

3 Kein Spiel ohne Regeln! Verdeutlichen Sie sich den Begriff des „Sprachspiels" und skizzieren Sie „Regeln" für die im Text aufgeführten Sprachspiele. ➜ M3

4 Inwieweit teilen Sie Wittgensteins These, dass „die Bedeutung eines Wortes [...] sein Gebrauch in der Sprache [ist]"? Beziehen Sie kritisch Stellung. ➜ M3

5 Fassen Sie die sogenannte Gebrauchstheorie der Bedeutung nach Jonas Pfister zusammen. Fertigen Sie dazu Kärtchen für neun bis elf Schlüsselbegriffe des Textes an und positionieren Sie diese dann in einem Begriffsnetz, das die sachlogischen Zusammenhänge visualisiert. ➜ M4

6 Beurteilen Sie folgende These: *Die Frage „Was ist eigentlich ein Wort?" ist analog der Frage „Was ist eigentlich eine Schachfigur?"*

7 Die Bedeutung von Sprachspielen

M1 Familie „Spiel"

→ **„Familienoberhäupter":**

- Brett-spiel
- Karten-spiel
- Würfel-spiel
- Rollen-spiel etc.

→ **„Familienmitglieder":**

- „Mensch ärgere dich nicht"
- „Siedler von Catan"
- „Mau Mau"
- „Mäxchen" etc.

M2 „Familienähnlichkeiten"

Man könnte mir einwenden: „Du machst dir's leicht! Du redest von allen möglichen Sprachspielen, hast aber nirgends gesagt, was das Wesentliche des Sprachspiels, und also der Sprache, ist. Was allen diesen Vorgängen gemeinsam ist und sie zur Sprache, oder zu Teilen der Sprache macht. [...]" Und das ist wahr. – Statt etwas anzugeben, was allem, was wir Sprache nennen, gemeinsam ist, sage ich, es ist diesen Erscheinungen gar nicht Eines gemeinsam, weswegen wir für alle das gleiche Wort verwenden, – sondern sie sind miteinander in vielen verschiedenen Weisen verwandt. Und dieser Verwandtschaft oder dieser Verwandtschaften wegen nennen wir sie alle „Sprachen". Betrachte z. B. einmal die Vorgänge, die wir „Spiele" nennen. Ich meine Brettspiele, Kartenspiele, Ballspiele, Kampfspiele, usw. Was ist allen diesen gemeinsam? – Sag nicht: „Es *muss* ihnen etwas gemeinsam sein, sonst hießen sie nicht ‚Spiele'" – sondern *schau*, ob ihnen allen etwas gemeinsam ist. – Denn wenn du sie anschaust, wirst du zwar nicht etwas sehen, was allen gemeinsam wäre, aber du wirst Ähnlichkeiten, Verwandtschaften, sehen, und zwar eine ganze Reihe. Wie gesagt: Denk nicht, sondern schau! – Schau z. B. die Brettspiele an, mit ihren mannigfachen Verwandtschaften. Nun geh zu den Kartenspielen über [...], zu Ballspielen, [...] Patiencen, [...] denk nun an die Reigenspiele [...].

Und so können wir durch die vielen, vielen anderen Gruppen von Spielen gehen, Ähnlichkeiten auftauchen und verschwinden sehen.

Und das Ergebnis dieser Betrachtung lautet nun: Wir sehen ein kompliziertes Netz von Ähnlichkeiten, die einander übergreifen und kreuzen. Ähnlichkeiten im Großen und Kleinen.

Ich kann diese Ähnlichkeiten nicht besser charakterisieren als durch das Wort „Familienähnlichkeiten"; denn so übergreifen und kreuzen sich die verschiedenen Ähnlichkeiten, die zwischen den Gliedern einer Familie bestehen: Wuchs, Gesichtszüge, Augenfarbe, Gang, Temperament, etc. etc. – Und ich werde sagen: die „Spiele" bilden eine Familie.

Ludwig Wittgenstein, Philosophische Untersuchungen, in: Schriften, Band 1, S. 323-325

M3 Hat ein Begriff feste Grenzen?

Wie ist denn der Begriff des Spiels abgeschlossen? Was ist noch ein Spiel und was keines mehr? Kannst du die Grenzen angeben? Nein. Du kannst welche

ziehen: denn es sind noch keine gezogen (Aber das hat dich noch nie gestört, wenn du das Wort „Spiel" angewendet hast).
„Aber dann ist ja die Anwendung des Wortes nicht geregelt; das ‚Spiel', welches wir mit ihm spielen, ist nicht geregelt." – Es ist nicht überall von Regeln begrenzt; aber es gibt ja auch keine Regel dafür z. B., wie hoch man im Tennis den Ball werfen darf, oder wie stark, aber Tennis ist doch ein Spiel und es hat auch Regeln. [...] Was nenne ich „die Regel, nach der er vorgeht?" – Die Hypothese, die seinen Gebrauch der Worte, den wir beobachten, zufriedenstellend beschreibt; oder die Regel, die er beim Gebrauch der Zeichen nachschlägt [...]? [...] Steckt uns da nicht die Analogie der Sprache mit dem Spiel ein Licht auf? Wir können uns doch sehr wohl denken, dass sich Menschen auf einer Wiese damit unterhielten, mit einem Ball zu spielen, so zwar, dass sie verschiedene bestehende Spiele anfingen, manche nicht zu Ende spielten, dazwischen den Ball planlos in die Höhe würfen, einander im Scherz den Ball nachjagen und bewerfen, etc. Und nun sagt einer: Die ganze Zeit hindurch spielen die Leute ein Ballspiel, und richten sich daher bei jedem Wurf nach bestimmten Regeln. Und gibt es nicht auch den Fall, wo wir spielen und „make up the rules as we go along"? Ja auch den, in welchem wir sie abändern – as we go along.

Ludwig Wittgenstein, Philosophische Untersuchungen, in: Schriften, Band 1, S. 325, 332f.

M4 Es gibt nicht *ein* Ideal der Genauigkeit

Was heißt es: wissen, was ein Spiel ist? Was heißt es, es wissen und es nicht sagen können? Ist dieses Wissen irgendein Äquivalent einer nicht ausgesprochenen Definition? So dass, wenn sie ausgesprochen wäre, ich sie als den Ausdruck meines Wissens anerkennen könnte? Ist nicht mein Wissen, mein Begriff vom Spiel, ganz in den Erklärungen ausgedrückt, die ich geben könnte? Nämlich darin, dass ich Beispiele von Spielen verschiedener Art beschreibe; zeige, wie man nach Analogie dieser auf alle möglichen Arten anderer Spiele konstruieren kann; sage, dass ich das und das wohl kaum mehr ein Spiel nennen würde ... [...]
Frage dich in dieser Schwierigkeit immer: Wie haben wir denn die Bedeutung dieses Wortes („gut" z. B.) gelernt? An was für Beispielen; in welchen Sprachspielen? Du wirst dann leichter sehen, dass das Wort eine Familie von Bedeutungen haben muss. [...]
Man kann sagen, der Begriff „Spiel" ist ein Begriff mit verschwommenen Rändern. – „Aber ist ein verschwommener Begriff überhaupt ein *Begriff*?" – Ist eine unscharfe Photographie überhaupt ein Bild eines Menschen? Ja, kann man ein unscharfes Bild immer mit Vorteil durch ein scharfes ersetzen? Ist das Unscharfe nicht oft gerade das, was wir brauchen?

Ludwig Wittgenstein, Philosophische Untersuchungen, in: Schriften, Band 1, S. 328f., 326

1 Entwerfen Sie einen Stammbaum der Familie „Spiel". Ordnen Sie den dicken Ästen zunächst die Familienoberhäupter zu und ergänzen Sie anschließend möglichst zahlreiche Familienmitglieder. Diskutieren Sie anschließend Probleme der Überschneidung über- oder unterordnender Merkmale. ➜ M1

2 Beziehen Sie den Text M2 auf Ihren Stammbaum der Familie „Spiel" (M1). Erstellen Sie dann den Stammbaum der Familie „Sprache", besetzen Sie dabei die dicken Äste mit verschiedenen „Sprachspielen", die dünneren Äste mit Charakteristika der jeweiligen Sprachspiele. ➜ M1/2

3 Arbeiten Sie heraus, welcher Zusammenhang von „Grenze" eines Begriffs und „Regel" (der Anwendung eines Wortes) hergestellt wird. ➜ M3

4 Nehmen Sie kritisch Stellung zu dieser These: „Wenn Wittgensteins Schlusssatz des Textes M3 stimmt, dann ist Sprache in ihrer Gestaltung völlig beliebig und Kategorien wie *richtig* oder *falsch* spielen dabei keine Rolle." ➜ M3

5 „Wissen heißt, eine genaue Definition geben können". Nennen Sie die Gründe für Wittgensteins Gegenposition. Diskutieren Sie dabei auch die Analogie von „verschwommenem Begriff" und „unscharfer Photographie". ➜ M4

6 Prüfen Sie, ob Wittgensteins Auffassung, „dass das Wort eine Familie von Bedeutungen haben muss" (Z. 16f.), hilfreich ist für das Verständnis dieser Begriffe: a) Zahl, b) Naturgesetz, c) Mensch, d) gut, e) Arbeit, f) Luxus, g) Gerechtigkeit. ➜ M4

8 Die Unmöglichkeit einer privaten Sprache

M1 Informationen an der Baustelle

www.stupidedia.org

M2 Ganz allein für sich

Diese Geschichte handelt von einem alten, gelangweilten Mann. Schließlich nervt ihn sogar das Immer-Gleiche der Bezeichnungen. Als er damit beginnt, die Bezeichnungen auszutauschen, erscheint ihm das als Befreiungsschlag aus der alltäglichen Monotonie.

„Immer derselbe Tisch“, sagte der Mann, „dieselben Stühle, das Bett, das Bild. Und dem Tisch sage ich Tisch, dem Bild sage ich Bild, das Bett heißt Bett, und den Stuhl nennt man Stuhl. Warum denn eigentlich? Die Franzosen sagen dem Bett „li“, dem Tisch „tabl“, nennen das Bild „tablo“ und den Stuhl „schäs“, und sie verstehen sich. Und die Chinesen verstehen sich auch. „Weshalb heißt das Bett nicht Bild“, dachte der Mann und lächelte, dann lachte er, lachte, bis die Nachbarn an die Wand klopften und „Ruhe“ riefen. „Jetzt ändert es sich“, rief er, und er sagte von nun an dem Bett „Bild“. „Ich bin müde, ich will ins Bild“, sagte er, und morgens blieb er oft lange im Bild liegen und überlegte, wie er nun dem Stuhl sagen wolle. [...] Jetzt wurde alles umbenannt. [...]

Dann lernte er für alle Dinge die neuen Bezeichnungen und vergaß dabei mehr und mehr die richtigen. Er hatte jetzt eine neue Sprache, die ihm ganz allein gehörte. *Peter Bichsel, Kindergeschichten, S. 18-27*

M3 Selbstgespräche

Ein Mensch kann sich selbst ermutigen, sich selbst befehlen, gehorchen, tadeln, bestrafen, eine Frage vorlegen und auf sie antworten. Man könnte sich also auch Menschen denken, die nur monologisch sprächen. Ihre Tätigkeiten mit Selbstgesprächen begleiteten. – Einem Forscher, der sie beobachtete und ihre Reden belauscht, könnte es gelingen, ihre Sprache in die unsere zu übersetzen. (Er wäre dadurch in Stand gesetzt, Handlungen dieser Leute richtig vorherzusagen, denn er hört sie auch Vorsätze und Entschlüsse fassen.)

Wäre aber auch eine Sprache denkbar, in der Einer seine inneren Erlebnisse – seine Gefühle, Stimmungen, etc. – für den eigenen Gebrauch aufschreiben oder aussprechen könnte? – Können wir denn das in unserer gewöhnlichen Sprache nicht tun? – Aber so meine ich's nicht. Die Wörter dieser Sprache sollen sich auf das beziehen, wovon nur der Sprechende wissen kann; auf seine unmittelbaren, privaten Empfindungen. Ein anderer kann diese Sprache also nicht verstehen. [...]

Man könnte sagen: Wer sich eine private Worterklärung gegeben hat, der muss sich nun im Inneren *vornehmen*, das Wort so und so zu gebrauchen. Und wie nimmt er sich das vor? Soll ich annehmen, dass er die Technik dieser Anwendung erfindet; oder dass er sie schon fertig vorgefunden hat?

„Ich kann mir (im Innern) doch vornehmen, in Zukunft DAS ‚Schmerz‘ zu nennen.“ – „Aber hast du es dir auch gewiss vorgenommen? Bist du sicher, dass es dazu genug war, die Aufmerksamkeit auf dein Gefühl zu konzentrieren?“ – Seltsame Frage. [...] Das Wesentliche am privaten Erlebnis ist eigentlich nicht, dass jeder sein eigenes Exemplar besitzt, sondern dass keiner weiß, ob der Andere auch dies hat, oder etwas anderes. Es wäre also die Annahme möglich – obwohl nicht verifizierbar – ein Teil der Menschheit habe *eine* Rotempfindung, ein anderer Teil eine andere.

Ludwig Wittgenstein, Philosophische Untersuchungen, in: Schriften, Band 1, S. 390, 395, 397f.

M4 Empfindungsausdrücke

Wenn ich von mir selbst sage, ich wisse nur vom eigenen Fall, was das Wort „Schmerz" bedeutet, – muss ich *das* nicht auch von Andern sagen? Und wie kann ich denn den *einen* Fall in so unverantwortlicher Weise verallgemeinern?

Nun, ein jeder sagt es mir von sich, er wisse nur von sich selbst, was Schmerzen seien! – Angenommen, es hätte jeder eine Schachtel, darin wäre etwas, was wir „Käfer" nennen. Niemand kann je in die Schachtel des Andern schauen; und jeder sagt, er wisse nur vom Anblick *seines* Käfers, was ein Käfer ist. – Da könnte es ja sein, dass jeder ein anderes Ding in seiner Schachtel hätte. Ja, man könnte sich vorstellen, dass sich ein solches Ding fortwährend veränderte. – Aber wenn nun das Wort „Käfer" dieser Leute doch einen Gebrauch hätte? – So wäre er nicht der der Bezeichnung eines Dings. Das Ding in der Schachtel gehört überhaupt nicht zum Sprachspiel; auch nicht einmal als ein *Etwas*: denn die Schachtel könnte auch leer sein. – Nein, durch dieses Ding in der Schachtel kann „gekürzt werden"; es hebt sich weg, was immer es ist. Das heißt: Wenn man die Grammatik des Ausdrucks der Empfindung nach dem Muster von „Gegenstand und Bezeichnung" konstruiert, dann fällt der Gegenstand als irrelevant aus der Betrachtung heraus.

Ludwig Wittgenstein, Philosophische Untersuchungen, in: Schriften, Band 1, S. 403

M5 „Privatsprache"

Unter einem privatsprachlichen Ausdruck ist zu verstehen (a) ein Ausdruck, den eine Person für ihren eigenen Gebrauch einführt, der aber nicht der intersubjektiven, von einer Sprachgemeinschaft gesprochenen Sprache angehört; (b) ein Ausdruck, der für ein inneres Erlebnis eines Subjekts (z. B. Gefühl oder Schmerzerlebnis) steht.

Zentral für die Zweifel Wittgensteins an der Möglichkeit einer Privatsprache ist folgende Überlegung: Ein Ausdruck hat nur dann eine Bedeutung, wenn es Regeln für dessen korrekten Gebrauch gibt. Der richtige Gebrauch zeigt sich im Einklang mit der normativen Wortverwendung der Sprachgemeinschaft. Ein korrekter Gebrauch privater Ausdrücke ist aber nicht definiert und nicht definierbar, denn: Mit Regeln werden auch die Anwendungsbedingungen festgelegt. Im Gegensatz zu den Anwendungskriterien durch den allgemeinen Sprachgebrauch gibt es aber für den privaten Bereich keine intersubjektiven Anwendungskriterien: Als richtig kann gelten, was immer mir als richtig erscheint – sodass eine private Regelbefolgung von einer willkürlichen Einstellung nicht unterscheidbar ist. Privatsprachliche Ausdrücke sind daher zur Anwendung im öffentlichen Bereich ungeeignet.

nach Peter Prechtel in: Helmut Glück (Hg.), Metzler Lexikon Sprache, S. 512

1. Die satirische Website www.stupidedia.org präsentiert die dargestellte Geheimsprache als Beispiel einer „ausgeklügelten Informationsweitergabe an Baustellen – dem Arbeitgeber immer eine Ecke voraus!" Erarbeiten und bewerten Sie Möglichkeiten und Grenzen dieser Geheimsprache. ➜ M1
2. Inwieweit scheinen Ihnen die Motive für das Unterfangen des alten Mannes plausibel? Schreiben Sie die Geschichte anschließend zu Ende. Diskutieren Sie Ihre Lösungen bzw. Konsequenzen, die sich aus dem Phänomen einer *„Sprache, die ihm ganz allein gehörte"*, ergeben. ➜ M2
3. Für das Verstehen anderer und das Verstandenwerden von anderen ist eine Voraussetzung, die Sprache als eine soziale Institution bzw. Sprechen als eine *soziale Praxis* zu betrachten. In welchem Maße gilt diese Voraussetzung auch für das Sich-selbst-Verstehen? Begründen Sie Ihre Ansicht. ➜ M3
4. Die Bedeutung von Ausdrücken für Empfindungen kann man nicht erklären mit hinweisenden Definitionen bzw. nach dem Modell von Bezeichnung und Gegenstand. Begründen Sie dies. ➜ M4
5. „Ein ‚innerer Vorgang' bedarf äußerer Kriterien." (Ludwig Wittgenstein) – Prüfen Sie die Allgemeingültigkeit dieser Feststellung anhand konkreter Beispiele. ➜ M4
6. Fassen Sie Wittgensteins Argumentation gegen die Möglichkeit einer Privatsprache in eigenen Worten zusammen und diskutieren Sie, zu welchen Konsequenzen die Feststellung führt, dass „als richtig [alles] gelten kann, was immer mir als richtig erscheint." (Z. 20-21) ➜ M5

9 Die Macht des Wortes

M1 Unwörter des Jahres

Herdprämie | Kollateralschaden | Ich-AG | Rentnerschwemme | Humankapital | Tätervolk | notleidende Banken | Integrationsverweigerer

Döner-Mord

Das Unwort des Jahres 2011 ist „Döner-Mord“. Der Vorschlag wurde 269-mal eingereicht. Es ist das 21. Unwort. „Alternativlos“ hatte es 2010 zum Unwort des Jahres geschafft. „Döner-Mord“ verharmlose als Schlagwort die Mordserie an acht türkischstämmigen und einem griechischen Kleinunternehmer, sagte Nina Janich. Die Sprachwissenschaftlerin sitzt der Unwort-Jury vor. [...] Außerdem kritisierte die Unwort-Jury den Ausdruck „Gutmensch“. Damit werde das ethische Ideal des guten Menschen in hämischer Weise aufgegriffen. Negativ fiel auch die Bundeskanzlerin Angela Merkel mit dem Begriff „marktkonforme Demokratie“ auf. Er relativiere in unzulässiger Weise, gab die Unwort-Jury an. *ZEIT online / dpa, „Döner-Mord“ ist Unwort des Jahres, www.zeit.de, 17.01.2012*

M2 Über den Missbrauch der Wörter

Wer Namen ohne Ideen besitzt, dessen Wörtern fehlt der Sinn; er spricht nur inhaltlose Laute aus. Wer komplexe Ideen, aber keine Namen dafür besitzt, dem fehlt die Freiheit und Schnelligkeit des Ausdrucks; er ist gezwungen, Umschreibungen zu gebrauchen. Wer seine Wörter sorglos und unbeständig verwendet, wird entweder unbeachtet bleiben oder nicht verstanden werden. Wer seine Namen auf Ideen anwendet, die von ihrer gewöhnlichen Verwendung abweichen, ermangelt der Korrektheit der Rede und spricht Kauderwelsch. Wer endlich Ideen von Substanzen besitzt, die mit der realen Existenz der Dinge nicht übereinstimmen, dem fehlt die Voraussetzung wahrer Erkenntnis und sein Verstand ist statt des wahren Materials mit Hirngespinsten angefüllt. *John Locke, Versuch über den menschlichen Verstand, Band 2, Drittes Buch, Kapitel X, 31. Absatz, S. 141*

M3 Beispiele für Neuschöpfungen / Metaphern

Urknall | Lichtwellen | Wutbürger | twittern | Bad Bank | Klimakatastrophe | Bundestrojaner | Rettungsschirm | Telenovela | Ekelfernsehen

iCloud

Informationen werden nicht mehr auf dem Computer gespeichert, sondern extern, in einer virtuellen sogenannten Wolke, aus der man Fotos, E-Mails und andere gespeicherte Dinge auf jedes Apple-Gerät abrufen kann. Dieses virtuelle Machtzentrum „Wolke" zu nennen, war allein schon eine fast kryptotheologische Geste, die den technologischen Informationsdienst wie eine Naturgewalt erscheinen lässt. Die Wolke, die Erinnerungen an den Menschen sendet wie Zeus seine Blitze, ist das externalisierte Gedächtnis; „iCloud ist viel mehr als eine Festplatte in den Wolken", heißt es auf der Website von Apple, „iCloud speichert Deine Inhalte", und man kann gespannt sein, ob man aus den Wolken von Cupertino demnächst auch seine Identität mit einem kleinen „i" als optimierte iDentity angeboten bekommt. Die iCloud ist vielleicht das eindringlichste Symbol eines Jahrzehnts der Unsichtbarkeit. [...] Mit der „iCloud" liefert die Firma jetzt das Signet zur Entmaterialisierung des Wahrnehmbaren; was der Wolkenkratzer war, Symbol einer Epoche und gleichzeitig Sitz realer Macht, wird die Wolke sein. *Niklas Maak, Wolkig ist besser, FAZ am Sonntag, m.faz.net, 24.07.11*

M4 Sinnreiche Metaphern für neue Ordnungen

Erst das Vergnügen, dann der Ernst. Das spielende Kind übt für die Aufgaben des Lebens. Impalajungtiere fechten beim Spiel miteinander, indem sie zustoßen und parierend abwehren. Kunst um der Kunst willen, war, wie man vermutet, der Hauptweg, auf dem die großen technischen Leistungen der Antike erbracht wurden. So geht es auch mit der Metapher: Sie gedeiht in spielerischer Prosa und hoher dichterischer Kunst, aber auch an der immer weiter vorgeschobenen Grenze von Wissenschaft und Philosophie ist sie lebenswichtig.

Die Molekulartheorie der Gase trat zunächst als sinnreiche Metapher auf den Plan: ein Gas sei so ähnlich wie ein riesiger Schwarm unvorstellbar kleiner Körper. Die Metapher war so treffend, dass sie für buchstäblich wahr erklärt wurde, wodurch sie als Metapher sogleich gestorben war; die der Phantasie entsprungenen Körperminiaturen wurden als real hingestellt, und der Ausdruck „Körper“ wurde weiter gefasst, damit auch sie unter ihn fielen. In den späteren Jahren sind die Moleküle dann durch Elektronenmikroskopie beobachtet worden; ich rede jedoch von Ursprüngen.

Oder betrachten wir Lichtwellen. Da es keinen Äther gibt, gibt es keine Substanz, deren Wellen sie sein könnten. Solange „Welle“ in altehrwürdiger Weise aufgefasst wird, begreift man das Reden von Lichtwellen am besten als metaphorisches. Wir können aber auch „Welle“ liberaler auffassen und der Metapher den Garaus machen.

Die philosophischen Grenzen der Wissenschaft entlang können wir auf Gründe stoßen, grundlegende Begriffsstrukturen in Frage zu stellen und tastend nach Möglichkeiten ihrer Umgestaltung suchen. Alte Ausdrucksweisen können uns dabei nicht helfen, und zunächst kann nur die Metapher die neue Ordnung umreißen. Wenn das Wagnis gelingt, kann die alte Metapher absterben und einbalsamiert werden in eine von neuem buchstäblich zu nehmende Ausdrucksweise, die der veränderten Betrachtungsweise Raum gewährt. [...]

Es ist demnach verfehlt zu glauben, der Sprachgebrauch sei in der Hauptsache buchstäblich zu nehmen und nur in seiner Verbrämung metaphorisch. Die Metapher, sofern sie schöpferische Übertragung durch Analogie ist, regiert sowohl die Entwicklung der Sprache als auch unseren Spracherwerb. Wenn die Sprache rein kognitiv und mit besonders trockener Buchstäblichkeit gebraucht wird, handelt es sich großenteils eher um eine Verfeinerung, wie sie für die sauber gearbeiteten inneren Bereiche der Wissenschaft kennzeichnend ist.

Willard Van Orman Quine, Theorien und Dinge, S. 227-229

M5 Nichts als Metaphern ...

Die verschiedenen Sprachen, nebeneinander gestellt, zeigen, dass es bei den Worten nie auf die Wahrheit, nie auf einen adäquaten Ausdruck ankommt: denn sonst gäbe es nicht so viele Sprachen. Das „Ding an sich“ (das würde eben die reine folgenlose Wahrheit sein) ist auch dem Sprachbildner ganz unfasslich und ganz und gar nicht erstrebenswert. Er bezeichnet nur die Relationen der Dinge zu den Menschen und nimmt zu deren Ausdrucke die kühnsten Metaphern zu Hilfe. Ein Nervenreiz, zuerst übertragen in ein Bild! Erste Metapher. Das Bild wieder nachgeformt in einem Laut! Zweite Metapher. Und jedes Mal vollständiges Überspringen der Sphäre, mitten hinein in eine ganz andere und neue. [...] Wir glauben etwas von den Dingen selbst zu wissen, wenn wir von Bäumen, Farben, Schnee und Blumen reden, und besitzen doch nichts als Metaphern der Dinge, die den ursprünglichen Wesenheiten ganz und gar nicht entsprechen.

Friedrich Nietzsche, Werke in drei Bänden, Band 3, S. 312f.

1. Spekulieren Sie über Kriterien und Begründungen für die Wahl der Unwörter. Prüfen Sie Ihre Hypothesen anschließend unter http://www.unwortdesjahres.net/index.php?id=2. ➜ M1
2. Veranschaulichen Sie Lockes Kategorien mit Beispielen für Missbrauch, den man mit Wörtern anstellen kann. ➜ M2
3. Wenden Sie Lockes Kategorien auf die Unwörter aus M1 an. Beurteilen Sie, inwieweit diese Begriffe einen Missbrauch der Sprache darstellen. ➜ M1/2
4. Entwickeln Sie Kriterien, um „Neuwörter“ von „Unwörtern“ (Aufgabe 1) abzugrenzen. ➜ M3/1
5. Geben Sie wieder, was die Funktion von Metaphern ist und in welchen Bereichen sie eine produktive Funktion entfalten können. ➜ M4
6. Zeichnen Sie nach, wie Nietzsche seine These, dass alle Wörter nur Metaphern der Dinge sind, entwickelt. Überzeugt Sie dieser Ansatz? Warum (nicht)? ➜ M5
7. Lassen Sie Locke, Quine und Nietzsche in einem fiktiven Gespräch Nietzsches These diskutieren: „Das Erkennen ist nur ein Arbeiten in den beliebtesten Metaphern.“ ➜ M2/4/5

Der 200 Jahre Mann

Inhaltsangabe

Der 200 Jahre Mann (Bicentennial Man) ist ein Zukunftsdrama aus dem Jahr 1999, basierend auf der Erzählung *Der Zweihundertjährige* von Isaac Asimov. Der Film wurde in Deutschland am 9. März 2000 veröffentlicht.

Im Jahr 2005 wird jede Familie ihren eigenen Androiden zum Verrichten von Hausarbeiten besitzen. So auch die Familie Martin, deren jüngste Tochter Amanda die Idee für den Namen *Andrew* (in Anlehnung an den Begriff Android) liefert. Nach Präsentation der Robotergesetze beginnt der Android mit seinen Aufgaben. Die Martins reagieren ganz unterschiedlich auf Andrew. Während die Mutter und die ältere Tochter ihn ablehnen, entwickelt er zu Amanda, die er nur „Little Miss“ zu nennen pflegt, eine tiefe Beziehung. Sie verliebt sich sogar in ihn, was er aber nicht erkennt, und heiratet schließlich einen anderen Mann.

Im Laufe der Zeit entwickelt Andrew künstlerische Fähigkeiten und nimmt menschliche Züge an. Diese Entwicklung wird von vielen Menschen als lächerlich abgetan, von seinem Besitzer Richard Martin aber sehr ernstgenommen. Er hilft dem Roboter, gegenüber der Herstellerfirma seine Rechte durchzusetzen, ist aber später sehr enttäuscht, als Andrew ihn bittet, sich „freikaufen“ zu dürfen. Andrew will weiterhin bei der Familie sein, aber sein Drang nach individueller Freiheit ist so groß, dass er sich mit Richard überwirft und sich in der Nachbarschaft ein Haus baut. Erst kurz vor seinem Tod bittet der gealterte Patriarch ihn zu sich und söhnt sich mit ihm aus.

Andrew beschließt nun, in die Welt hinauszuziehen. Auf der Suche nach Androiden seiner Baureihe mit ähnlichen Fähigkeiten trifft er den Roboterspezialisten Rupert Burns, den Sohn seines eigenen Konstrukteurs. Dieser hilft ihm unter anderem, sich mit künstlichen Körperteilen ein menschliches Erscheinungsbild zu erschaffen, deren Weiterverkauf beide zu sehr reichen Männern macht. Danach kehrt Andrew zu den Martins zurück, wo er eine gealterte Amanda vorfindet und sich in ihre Enkelin Portia verliebt. Diese erwidert seine Gefühle und die beiden beginnen eine langjährige, aber von der Regierung nicht anerkannte Beziehung.

Andrews großes Ziel ist es nun, vom Weltparlament offiziell als Mensch anerkannt zu werden. Dessen Vorsitzender erklärt jedoch, dass eines der wesentlichsten Merkmale eines Menschen seine Sterblichkeit ist; da Andrew aber theoretisch ewig leben könnte, trifft diese Definition auf ihn nicht zu. Portia erklärt ihm, dass sie auch nicht vorhabe, ihr Leben mit seinen künstlichen Organen zu verlängern, woraufhin Andrew seinen Körper so verändert, dass ein natürlicher Alterungsprozess einsetzt. Im Jahr 2205 stirbt er schließlich im Alter von 200 Jahren an Portias Seite, wenige Sekunden bevor das Weltparlament seine Menschlichkeit anerkennt und er als der älteste Mensch, der je gelebt hat, in die Geschichte eingeht.

nach wikipedia (Stand: 31.10.2013)

Themenübersicht (Advanced Organizer)

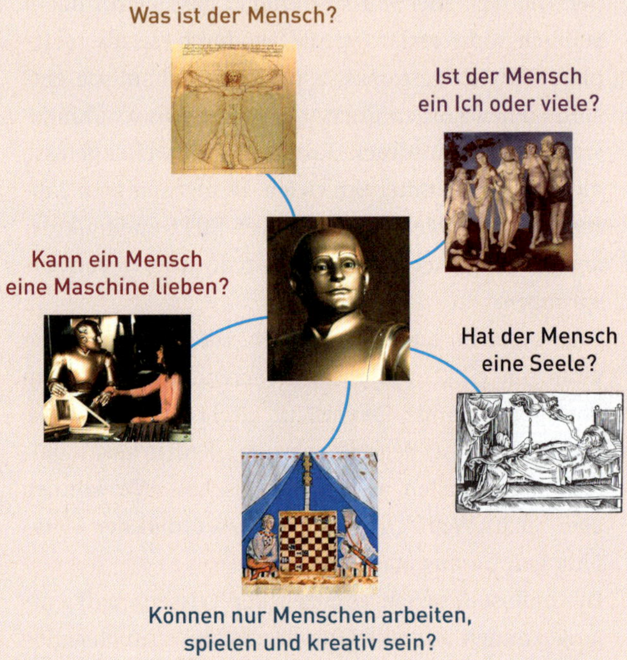

Sind Roboter Personen?

Im Grunde könnte man die Unterschiede (jedenfalls die Unterschiede der funktionalen Zusammensetzung) zwischen einem Roboter und einem Menschen auf Kleinigkeiten des physikalischen und chemischen Aufbaus reduzieren. Man könnte sogar einen Roboter haben, der bis hin zur Neuronenebene mit uns übereinstimmt. (Er könnte sogar, abgesehen vom Gehirn, einen Körper aus „Fleisch und Blut" haben.) Der Unterschied wäre, dass die Neuronen des Roboters aus elektronischem Material wären, während unsere aus Kohlenstoff, Wasserstoff, Proteinen usw. bestehen, doch von der Neuronenebene aufwärts würden alle Leitungen und Schaltungen genau übereinstimmen. Sofern man kein „Wasser- und Kohlenstoff-Chauvinist" ist [...], warum sollte man dann nicht sagen, dass dieser Roboter eine Person ist, deren Gehirn zufällig mehr Metall und weniger Wasserstoff und Kohlenstoff enthält?

Hilary Putnam, Vernunft, Wahrheit und Geschichte, S. 133f.

Kann man eine Maschine lieben?

Der britische Autor David Levy behauptet, dass wir uns spätestens im Jahr 2050 in Maschinen verlieben werden.

Erst haben Roboter in Fabriken Autos gebaut, dann sind sie zu uns nach Hause gekommen, saugen Teppiche und spielen uns auf der Violine etwas vor. In japanischen Altenheimen streicheln Roboter Bettlägerigen über den Arm, was sich nachweislich positiv auf deren Wohlbefinden auswirkt. Und sie sind längst als virtuelle Haustiere wie Tamagotchis oder Roboterhunde unsere Freunde. Wir sind uns emotional sehr viel nähergekommen. [...] 2050 wird es Roboter geben, die wir uns heute noch nicht vorstellen können. Sie werden so lebensecht in Aussehen, Funktion und Persönlichkeit sein, dass sie vom Mensch nicht mehr zu unterscheiden sind. [...] Wenn die Simulation perfekt ist, kommt es nicht darauf an, ob die Gefühle echt sind oder nicht. [...] Es ist weit gedacht, aber ich bin mir sicher, dass man mit Robotern eine Ehe führen kann.

Claudia Fromme, Man kann mit Robotern eine Ehe führen (Interview mit David Levy), in: Süddeutsche Zeitung vom 8./9.12.2007

Filmanalyse I:

1 Sehen Sie sich die **Exposition** von **Minute 0 bis 16:05** an und analysieren Sie die These des Films zum Verständnis von Mensch und Maschine.

2 Konfrontieren Sie die Exposition mit folgenden Texten aus dem Anthropologie-Kapitel:
S. 21, M2 / S. 22f., M3 / S. 23, M5
Erörtern Sie, inwieweit im Film eine Erwartungshaltung über die Differenz Mensch-Maschine erfüllt wird. Präsentieren Sie Ihr Ergebnis mit einer Mindmap.

3 Sehen Sie sich die **Filmszene 16:20 bis 37:30** an und analysieren Sie die These des Films zur Frage, ob Andrew eine Seele hat.

4 Führen Sie auf der Grundlage der Filmanalyse eine Pro- und Contra-Diskussion zu dieser Frage durch. Nehmen Sie dazu Bezug auf folgende Texte des Anthropologie-Kapitels:
S. 30, M2, M3 / S. 31, M4, Infokasten / S. 32, M2 / S. 33, M4 / S. 34, M4 / S. 35, M5

5 Diskutieren Sie die Frage, ob Andrews Protonengehirn ihn zum Nicht-Menschen macht, auf der Grundlage des Textes von Putnam sowie folgender Texte des Anthropologie-Kapitels:
S. 52, M3 / S. 55, M1

6 **Gedankenexperiment:** Stellen Sie sich nun vor, Sie sind Dr. No und im Besitz einer unbekannten Formel von Victor Frankenstein, die Ihnen die Möglichkeit gibt, einen Menschen zu kreieren. Nach und nach setzen Sie Hände, Arme, Rumpf und Kopf an das Gehirn. Ab welchen Moment würden Sie von einem Menschen sprechen? Reflektieren Sie anschließend Ihr Ergebnis in Bezug auf Andrew.

7 Sehen Sie sich den **Film von 1:12:35 bis 1:47:40** an und nehmen Sie spontan Stellung zur Aussage: „You can't invest your emotion in a machine" (vgl. S. 26, M2).

8 Erörtern Sie, ob es eine Liebe zwischen einem Androiden und einem Menschen geben kann. Beziehen Sie neben den Aussagen von David Levy auch folgende Texte des Anthropologie-Kapitels mit ein:
S. 26, M3 / S. 27, M4, M5

9 Sehen Sie sich den **Film von 16:20 bis 59:40** an. Erörtern Sie mit Hilfe der Arbeitsdefinition von S. 72, ob Andrew arbeitet. Diskutieren Sie unter Hinzunahme der Texte S. 66, M2 und S. 67, M3, ob der homo creator und homo faber langfristig seine Sonderstellung verliert.

Der 200 Jahre Mann

Bin ich immer der Gleiche – und wie kann ich das wissen?

Andrews Veränderung im Laufe des Films

Wird Andrew ein Mensch?

„Diese Woche wird das Urteil gesprochen", sagte Chee-Li-Hsing. „Länger konnte ich es nicht hinausschieben. Wir werden verlieren, Andrew, ich bin leider überzeugt davon."

„Ich bin Ihnen sehr dankbar, dass Sie den Aufschub erwirkt haben", sagte Andrew. „Die Zeit reichte gerade aus."

„Wofür?", fragte Chee-Li-Hsing.

„Ich konnte es Ihnen vorher nicht sagen, Chee. Auch den Leuten von Feingold & Martin nicht. Man hätte mich unter Garantie davon abgehalten. Sehen Sie, wenn das Gehirn der umstrittene Punkt ist, dann wohl deshalb, weil die Unsterblichkeit die größte Rolle spielt. Wen kümmert es wirklich, wie ein Gehirn aussieht oder aus welcher Masse es besteht? Dass Gehirnzellen sterben, sterben müssen, das ist der wesentliche Punkt. Selbst wenn jedes andere Organ eines Körpers funktionsfähig bleibt oder gegen ein prothetologisches Ersatzteil ausgetauscht ist, kann das Gehirn ohne die Veränderung und damit die Tötung der Personalität nicht ausgetauscht werden und muss daher sterben. Meine positronischen Gehirnbahnen haben fast zwei Jahrhunderte lang ihren Dienst getan und können noch jahrhundertelang ihren Dienst tun, und das ohne Verschleißerscheinung. Ist das nicht die fundamentale Schranke? Einen unsterblichen Robot tolerieren die Menschen, weil es ihnen egal ist, wenn eine Maschine ewig lebt. Einen unsterblichen Menschen tolerieren die Menschen jedoch nicht, weil sie selbst sterblich sind. Aus diesem Grund lehnen sie es ab, mir Menschenrechte zuzusprechen."

„Worauf wollen Sie hinaus, Andrew?", fragte Chee-Li-Hsing.

„Ich habe das Problem beseitigt, Chee", sagte Andrew. „Vor mehreren Dekaden wurde mein Positronengehirn an ein quasi-organisches Nervensystem angeschlossen. Durch eine letzte Operation wurde ein Prozess eingeleitet, in dessen Verlauf das Potential meiner Gehirnbahnen langsam, sehr langsam von diesem Anschluss abgezogen wird."

Das zerknitterte Gesicht Chee-Li-Hsing's blieb ausdruckslos, nur ihre Lippen wurden schmal. „Wollen Sie damit sagen, dass Sie sich sterblich haben machen lassen?", fragte sie." [...] „Andrew", sagte sie, „das durften Sie nicht. Machen Sie es rückgängig."

„Das kann nicht rückgängig gemacht werden", sagte Andrew. „Es ist bereits zu viel Schaden angerichtet. Ich habe noch ein Jahr zu leben – ungefähr. Den zweihundertsten Jahrestag meiner Fertigstellung werde ich noch feiern können. Ich war sentimental genug, den Chirurgen darum zu bitten."

„Das kann es doch nicht wert sein. Andrew, Sie sind ein Narr."

„Wenn es mir die Bezeichnung Mensch einbringt, war es die Sache wert", sagte Andrew. „Bringt es mir die Bezeichnung Mensch nicht ein, dann wenigstens das Ende der ständigen Sehnsucht danach, und auch das ist es wert."

Isaac Asimov, Der Zweihundertjährige, in: Alle Robotergeschichten, S. 725f.

Die Gerichtsversammlung: Soll Andrew zur Spezies Mensch zugehörig anerkannt werden?

> Verkäufer / Ingenieur der Herstellerfirma

Sie arbeiten für die Firma, die Andrew hergestellt hat und sind an Andrew als Produkt interessiert. Sie wittern ein großes Geschäft mit dem Prototyp Andrew und wollen seinen Roboterstatuts deshalb bewahren.

> Rupert

Sie haben Andrew zunehmend verändert, arbeiten mit ihm zusammen und sind ein wahrer Freund. Sie wollen Andrew helfen, einen menschlichen Status zu erhalten. Andrew ist für Sie beides: Roboter und etwas darüber hinaus.

> Sir

Mit Ihrem Feingefühl haben sie als Erster bemerkt, dass Andrew anders ist. An sein Anderssein glaubend haben Sie Andrew die Denkweise des Menschen nahe gebracht. Sie waren es auch, der ihm Werte wie Freundschaft, Loyalität oder Freiheit vermittelt hat.

> Portia

Sie haben eine lange Liebesbeziehung zu Andrew. Ihr Leben ist dadurch gezeichnet, dass Sie außerhalb von Konventionen leben. Sie möchten die Anerkennung von Andrew, damit auch Ihre Beziehung anerkannt wird. Andrew soll einen Status wie ein Mensch erhalten.

> Futurologe

Sie sind ein Wissenschaftler, der daran glaubt, dass die Roboter in absehbarer Zeit Lebenspartner des Menschen werden. Sie verweisen auf die Weiterentwicklung der Möglichkeiten und darauf, dass die Menschen in alten Denkkategorien verhaftet sind und emotional der Zeit hinterherhinken. Die Kategorien Roboter und Menschen sind Ihrer Ansicht nach von gestern. Andrew hat Ihres Erachtens einen eigenen Status.

Filmanalyse II:

1 Vorbereitung:

- Sehen Sie den **Film bis 1:53:38**. Halten Sie eine kurze Rede (Problemerfassung, -bearbeitung und -verortung) zu der Frage, inwieweit Andrew noch derselbe ist bzw. die gleiche Identität besitzt wie am Beginn des Films. Beziehen Sie sich dabei auf die vier Bilder, die Andrews Veränderung zeigen, sowie auf folgende Texte:
  S. 22, M2, M3 / S. 24, M2, M3 / S. 25, M4
  Was lässt Andrew sicher sein, dass er sich nicht über sich selbst irrt, dass er noch er ist?
- Schauen Sie sich den **Film bis 1:56** an und analysieren Sie, ob Andrew durch sein Sterben menschlich wird. Erarbeiten Sie dazu aus dem Asimov-Text die Argumente, die Andrew vorbringt.

2 Gerichtsverhandlung:

Bilden Sie Arbeitsgruppen und bearbeiten Sie die Ihnen zugedachte Rolle. Sie kennen die Figuren mehr oder weniger gut aus dem Film. Die einzelnen Figuren treffen nun bei einer Beratung der Richterin aufeinander, in der über den Status von Andrew entschieden wird: Soll Andrew der Spezies Mensch zugeordnet werden? Sie sollen diese Filmszene simulieren.

Auf den **Rollenkarten** sind Motive und eine Denkrichtung angedeutet, die Sie einnehmen sollen. Um diese Position zu vertreten, sollen Sie sich die verschiedenen Diskussionen und Quellen im Buch nochmals ansehen, um eine stichhaltige Argumentation aus Ihrer Rollenperspektive zu entwickeln. Beziehen Sie für Ihre Diskussion auch die Argumentation der Seiten 36ff. mit ein.

Nach der Ausarbeitung a) eines **Eingangsstatements** (3 Minuten) und b) Ihrer **Argumentation** für die anschließende Diskussion schickt die Gruppe einen Vertreter zur Gerichtsverhandlung.

Verhandlung: Die Richterin hat die Moderation und achtet darauf, dass die Redebeiträge gleichmäßig verteilt sind.

Beobachtungsauftrag für die Zuschauer während der Gerichtsverhandlung: Einigen Sie sich darauf, a) welchen Vertreter Sie beobachten, b) halten Sie die Argumente schriftlich auf einer Overhead-Folie fest und c) notieren Sie, inwieweit sich Ihr Vertreter durchsetzen konnte. Nach der Verhandlung sollen Beobachter die Ergebnisse am Overhead-Projektor präsentieren.

3 Bewertung:

Sehen Sie sich den **Urteilsspruch des Gerichts ab 01:53** an und beurteilen Sie, wie der Film mit der Beantwortung der Frage umgeht.

René Magritte, Die durchbohrte Zeit, 1938

Philosophische Fragen, die in diesem Kapitel reflektiert werden:

Existiert eine Wirklichkeit unabhängig vom wahrnehmenden Subjekt?
Gibt es Gewissheit in Bezug auf Erkenntnis?
Was sind die Grenzen der Erkenntnis?
Bin ich, weil ich denke - oder denke ich, weil ich bin?
Welcher Zusammenhang besteht zwischen Ich, Gehirn und Geist?
Worin besteht der Objektivitätsanspruch wissenschaftlicher Erkenntnis?
Wie unterscheiden sich die Methoden der Natur- und Geisteswissenschaften?
Kann man Kriterien für ästhetische Urteile finden?
Wie ist das Verhältnis von Kunst, Wahrheit und Schönheit?

Kapitel 2

Was kann ich wissen?
Theoretische Philosophie

Wahrnehmung und Wirklichkeit

Erkenntnis und Wahrheit

Probleme der Wissenschaft

Das Schöne und das Wahre

1 Was ist schon wirklich?

M1 Die Mondlandung fand nicht statt!

Nach amerikanischer Zeitrechnung betrat Neil Armstrong am 20. Juli 1969 als erster Mensch den Mond. Aber hat die Mondlandung wirklich stattgefunden oder wurde sie nur in Hollywood inszeniert? Beweise für die „Mondlandungslüge" sind z. B.

Beispiel 1:

Auf dem Mond gibt es keine Atmosphäre, folglich auch keinen Wind, so dass die amerikanische Flagge nach unten hängen müsste. Außerdem wirft die Flagge keinen Schatten.

Beispiel 2:

Auf dem Bild sollen links oben Teile der Deckenkonstruktion und ein Scheinwerfer des Filmstudios erkennbar sein, nicht zu sehen sind dagegen Sterne.

Vertreter dieser Theorie behaupten, dass folgende Motive die Amerikaner zur Mondlandungslüge bewegt haben:

1. Der technologische Sieg gegenüber der Sowjetunion war eine wichtige Machtdemonstration.
2. Die Mondlandung sollte von den Problemen im Vietnamkrieg ablenken.
3. Die NASA musste aufgrund ihres hohen Budgets Erfolge vorweisen.

nach www.geschichteinchronologie.ch

M2 Mozzarellamond

Der Mond besteht aus Käse – genauer gesagt, aus Mozzarella. Vielleicht handle ich mir durch diese Aussage mein Todesurteil ein, denn eigentlich sollten wir das nicht wissen. Sie werden behaupten, ich sei verrückt. Doch wie Kurosawa ganz richtig sagte: „In einer verrückten Welt sind nur die Verrückten normal."

„Aber es waren doch schon Menschen auf dem Mond", werden Sie sagen. Ach was. Das war gefälscht, von der NASA in einem Studio gefilmt.

„Es war nicht nur ein bemannter Mondflug", wenden Sie nun ein. Tja, die anderen waren auch fast alle Fälschungen, aber es gab ein paar echte, und von denen haben die Astronauten Materialproben mitgebracht, die die Mozzarellatheorie bestätigen. Natürlich hält man diese Ergebnisse unter Verschluss.

„Aber die Menschen beobachten den Mond doch mit Hilfe von Teleskopen." Und so soll sich feststellen lassen, ob der Mond aus hartem Gestein oder weichem Käse besteht?

„Wenn Ihre Theorie stimmen würde, hätte sie sich doch sicher längst herumgesprochen." Nun, würden Sie wohl eher schweigen, wenn man Ihnen einen ordentlichen Betrag bietet, oder sich als Wahnsinniger abstempeln oder umbringen lassen?

Denken Sie doch mal drüber nach: Wie sollte Elvis da oben ohne ordentlichen Vorrat an Käse überleben?

Verrückt, nicht? Aber was ist mit den etwa zwanzig Prozent der Amerikaner, die tatsächlich glauben, die Mondlandungen hätten nie stattgefunden? Sind sie alle verrückt? Wenn nicht: Was macht aus ihrer Überzeugung eine vernünftige Ansicht und aus unserer Mozzarellamondhypothese Humbug? [...] Was erhebt nun die eine Theorie über die andere? Wieso erscheint die von der Evolution überzeugend und die, dass die Mondlandungen fingiert waren, absurd? Darauf gibt es keine simple Antwort, was vielleicht erklärt, warum fast die Hälfte aller Amerikaner die Evolutionstheorie für Unfug hält. *Julian Baggini, Das Schwein, das unbedingt gegessen werden möchte, S. 191–193*

M3 Kampf gegen Windmühlen

Eben entdeckten sie dreißig bis vierzig Windmühlen auf dem Felde, wie man sie in jenen Gegenden findet. Kaum hatte Don Quixote sie erblickt, so sprach er zu seinem Schildknappen: „Das Glück führt unser Unternehmen besser, als wir verlangen konnten; denn sieh, Freund Sancho, dort zeigen sich dreißig oder mehr ungeschlachte Riesen, mit denen ich ein Treffen zu halten und ihnen sämtlich das Leben zu nehmen gedenke. Mit ihrer Beute wollen wir den Anfang machen, uns zu bereichern. Es ist ein redlicher Krieg, und es geschieht Gott zu Dienst und Ehren, wenn man solche böse Brut vom Angesicht der Erde vertilgt." „Was für Riesen?", fragte Sancho Pansa. „Die du dort siehst", erwiderte sein Herr, „die mit den langen Armen, denn manche haben ihrer, die sind an die zwei Meilen lang." „Gebt wohl Acht gestrenger Herr, was Ihr tut, denn was wir dort sehen, das sind keine Riesen, sondern Windmühlen, und was Ihr für die Arme haltet, das sind die Flügel, die den Mühlstein treiben, wenn der Wind sie dreht." Mit diesen Worten gab er seinem Gaul Rosinante die Sporen, ohne weiter auf den Schildknappen Sancho zu hören, der ihm immer noch nachschrie: es seien gewiss und wahrhaftig Windmühlen und keine Riesen, die er angreifen wollte. Allein die Riesen saßen ihm schon so fest im Kopfe, dass er weder auf Sanchos Rufe hörte, noch sich die Mühe gab, ihr wahres Wesen zu erkennen, so dicht er auch vor ihnen war. Mit lautem Feldgeschrei sprengte er auf sie ein: „Flieht nicht, ihr feigen, elenden Geschöpfe, ein einziger Rittersmann kündigt euch Fehde an." In diesem Augenblick erhob sich ein leiser Wind, der die großen Flügel bewegte. Das sah Don Quixote, und er rief: „Ha! wenn ihr auch mehr Arme ausstrecktet als der Riese Briareus, ihr solltet mir doch die Zeche bezahlen." Und damit empfahl er sich seinem Fräulein Dulcinea [...], deckte sich mit der Tartsche, legte die Lanze ein und sprengte mit seinem Rosinante in vollem Galopp auf die erste Mühle los. Als er nun eben wider den einen Flügel einen Stoß führte, drehte der Wind ihn so wütend herum, dass die Lanze in Splitter ging und Gaul und Ritter übel zugerichtet auf das Feld hinaus geschleudert wurden.

Miguel de Cervantes, Don Quixote, S. 78

M4 Wirklichkeit ist ...

WIRKLICHKEIT ist die Realität
im Unterschied zur Möglichkeit und zum Schein.
Brockhaus Philosophie, 2009, S. 457

Jeder meint, dass seine **WIRKLICHKEIT**
die richtige Wirklichkeit ist. Paul Watzlawick

Die **WIRKLICHKEIT** ist nichts als eine
bequeme Fiktion. Erwin Schrödinger

WIRKLICHKEIT kann nicht mehr eine
den gegebenen Dingen gleichsam anhaftende
Qualität sein. Hans Blumenberg

Eines Tages wird man offiziell zugeben
müssen, dass das, was wir **WIRKLICHKEIT**
getauft haben, eine noch größere Illusion ist
als die Welt des Traumes. Salvador Dalí

Nicht, was die Dinge **WIRKLICH** sind,
sondern was sie für uns in unserer Auffassung
sind, macht uns glücklich oder unglücklich.
Arthur Schopenhauer

Wir leben nicht in der **REALITÄT**, sondern
in einer Surrealität, einer Welt, geprägt durch
Wertungen und Ängste, Gewinn und Verlust,
Lohn und Strafe, Vertrautheit und Fremdheit
Robert C. Solomon

www.tausend-zitate.de

1. Beschreiben Sie, was auf den Bildern zu sehen ist, und erläutern Sie, welche Gründe dagegen sprechen, dass die Mondlandung wirklich stattgefunden hat. → M1
2. Analysieren Sie die Mozarellamondtheorie und führen Sie einen Gegenbeweis. Diskutieren Sie die Schlüssigkeit beider Theorien. → M2
3. Beschreiben Sie Don Quixotes Wahrnehmung der Windmühle und erörtern Sie anschließend sein Verständnis von Wirklichkeit. → M3
4. a) Erläutern Sie die einzelnen Aussagen zur Wirklichkeit mit Ihren eigenen Worten und begründen Sie, welche Sie am stärksten überzeugt.
   b) Schreiben Sie Ihre eigene Definition von Wirklichkeit. → M4

2 Das Rätsel der Wahrnehmung

M1 Was sehen wir?

Georges Seurat, Badeplatz bei Asnières, 1883

M2 Schwarz, Weiß und überall Rot

Mary weiß alles, was es über die Farbe Rot zu wissen gibt, weil sie sich als Wissenschaftlerin schon ihr Leben lang damit beschäftigt. Wer erfahren möchte, warum wir nicht infrarot sehen können, warum Tomaten rot sind oder warum Rot als Farbe der Leidenschaft gilt, der wende sich an Mary.

Das erstaunt, weil Mary als Farbenblinde selbst keine Farben sehen kann. Mary nimmt die Welt wahr wie einen Schwarzweißfilm.

Ihre Netzhaut ist zwar voll funktionsfähig; die Signale, die sie ans Gehirn weitergibt, werden aber nicht verarbeitet. Neue Erkenntnisse der Neurochirurgie eröffnen einen Ausweg. Schon bald wird Mary die Welt zum ersten Mal in Farbe sehen.

Trotz ihrer umfangreichen Kenntnisse weiß sie nicht alles über die Farbe Rot. Sie muss herausfinden, wie sie aussieht.

Frank Jackson, What Mary Didn't Know, in: Julian Baggini, Das Schwein, das unbedingt gegessen werden möchte, S. 45

M3 Schöner sehen mit Farben

Die Farbe ist eine der anziehendsten und wichtigsten Eigenschaften unserer Umgebung. Blumen, Früchte, Bäume, der Himmel und auch vieles, was der Mensch erschaffen hat, erschiene uns ohne Farbe sehr viel ärmer. Ein Gemälde ohne Farben wäre nicht nur langweiliger, viele Details wären auch schlechter zu erkennen. Das Licht von Leuchtquellen wie der Sonne kann uns farbig erscheinen, wie zum Beispiel beim Sonnenauf- oder untergang; auch angestrahlte Gegenstände haben scheinbar Farben. Und dennoch ist die Farbe eines Leuchtkörpers oder eines Objekts keine intrinsische Eigenschaft, sondern ein Attribut, das unser Gehirn ihm zuweist. Ein Feuer ist nicht rot, Gras ist nicht grün, sondern wir sehen es so. Farbe ist das Ergebnis von Verarbeitungsprozessen in Auge und Gehirn und entsteht in unserem Wahrnehmungsapparat, auch wenn wir das, was wir als Farbe empfinden, letztlich von den physikalischen Eigenschaften der Lichtquelle und der beleuchteten Objekte abhängt.

Diese Behauptung wird dadurch bestätigt, dass wir zum Farbensehen eine recht starke Helligkeit benötigen. In einer dämmrigen Umgebung können wir zwar noch vieles erkennen, Farben jedoch kaum oder gar nicht. „Bei Nacht sind alle Katzen grau", sagt schon ein Sprichwort. Kaum ist es wieder hell, sind auch die Farben wieder da.

Im Sonnenlicht erscheint und die Welt farbig. Das kommt daher, weil jedes Objekt monochromatisches Licht verschiedener Wellenlängen, aus denen das Sonnenlicht besteht, unterschiedlich stark reflektiert. Unser Auge erreichen also nur die Lichtstrahlen, die von der Oberfläche eines Körpers reflektiert werden oder die einen durchsichtigen Körper durchquert haben.

Manche Objekte reflektieren alle Anteile des Sonnenlichtes gleich stark. Diese Objekte sind nicht farbig. Sie erscheinen uns weiß oder grau, mehr oder weniger dunkel oder sogar schwarz.

nach Lamberto Maffei / Adriana Fiorentini, Das Bild im Kopf. Von der optischen Wahrnehmung zum Kunstwerk, S. 99, 109

M4 Die Welt als Täuschung

Bei der Erkenntnis durch die Sinne kann man sich in der Entfernung, in der Größe und Form der Objekte irren. Oft ist unser Urteil klar und deutlich, und wir fällen es gemäß unserer Erfahrung; es wird also an unseren Verstand appelliert. Die Täuschungen unterscheiden sich von den Irrtümern darin, dass bei ihnen das Urteil blind ist, und zwar in einem solchen Maße, dass eben die äußere Erscheinung der Dinge uns verändert vorkommt. Wenn wir zum Beispiel das gelungene Gemälde eines Panoramas sehen, meinen wir, die Entfernung und die Tiefe gegenständlich zu erfassen; das Bild tut sich vor unseren Blicken auf. Ebenso wollen wir Täuschungen immer mit irgendeiner Schwäche unserer Sinne erklären, da das der Beschaffenheit unserer Augen und Ohren entspricht. Es bedeutet einen großen Schritt in der philosophischen Erkenntnis, dies bei fast allen Täuschungen zu registrieren, in anderen aber die Arbeit des Verstandes zu erahnen und auch ein Urteil, das sich für uns in Form eines Objektes manifestiert. [...] Habe ich eine Wahrnehmung, so muss ich sie genau betrachten und versuchen, durch die Ausschaltung von Erlerntem oder Hergeleitetem zu bestimmen, was sich darbietet. Damit komme ich zu meiner zweiten Bemerkung, wonach es keineswegs leicht ist, ohne die geringste Antizipation zu wissen, was eine Empfindung ist. Denn das Vorgegebene besteht, was das Sehen betrifft, aus nebeneinandergesetzten Farbflecken. Aber wer sähe nicht, dass es sich hierbei immer noch um eine vereinfachte Wahrnehmung handelt, bei der ich alle Farben in einem Bild ohne Umriss und in einiger Entfernung von meinen Augen unterbringen will? Sicherlich ist die reine Empfindung der Farbe etwas Einfacheres, und ich dürfte sie in diesem oder jenem Teil meines Körpers noch nicht einmal fühlen, denn auf diese Art und Weise fühlen, hieße wiederum wahrnehmen, mit anderen Worten, Formen, Dimensionen und Situationen erkennen. Um die reine Empfindung zu erfassen, müsste man daher gewissermaßen denken, ohne zu denken.

Alain, 81 Kapitel über den menschlichen Geist, S. 24f., 35f.

M5 Die Wahrnehmung von Farben

Niemand wird aber annehmen, dass bei Dunkelheit die Dinge tatsächlich ihre Farben verlieren, vielmehr gehen wir davon aus, dass der Verlust der Farbigkeit der Welt bei Dunkelheit mit Eigenschaften unseres Sehapparats zusammenhängt. Die Erklärung hierfür besteht darin, dass es in der Netzhaut unseres Auges zwei unterschiedliche Typen von lichtempfindlichen Sinneszellen (Photorezeptoren) gibt, nämlich Zapfen, die farbempfindlich sind, und Stäbchen, die nur Graustufen vermitteln. Die Zapfen arbeiten nur bei Tageslicht und Dämmerlicht etwa bis zu einer Helligkeit einer Vollmondnacht, während die Stäbchen bei Tageslicht ebenso wie bei Dämmerlicht aktiv sind bis hinunter zu einer Helligkeit, die weit unter der einer sternklaren Nacht liegt. Allerdings müssen sie dabei lange Gelegenheit gehabt haben, sich an die Dunkelheit anzupassen. [...] Unser visuelles System konstruiert [...] etwas, das gar nicht vorhanden ist. Deshalb können Farb- und Bewegungswahrnehmung wie viele andere Wahrnehmungsinhalte keine Abbilder realer Gegebenheiten sein.

Gerhard Roth, Wahrnehmung, Abbildung oder Konstruktion?, S. 2f.

1. Beschreiben Sie das Gemälde von Georges Seurat. Achten Sie dabei besonders auf Farben und Flächen. Was genau nehmen Sie wahr? ➔ M1
2. Versetzen Sie sich in die Rolle Marys. Welche Probleme würden in Ihrem Alltag auftauchen? ➔ M2
3. Erklären Sie, warum ein wissenschaftlicher Bericht nicht alleine über die Farbe Rot Auskunft geben kann. ➔ M2
4. Stellen Sie sich eine Welt ohne Farben vor. Was würden Sie vermissen? ➔ M2/3
5. Erläutern Sie, warum Farbe keine Eigenschaft eines Objektes ist. ➔ M3
6. Stellen Sie den Zusammenhang der Begriffe „Objekt, Täuschung, Wahrnehmung und Urteil" bei Alain in einem Schaubild dar. ➔ M4
7. Geben Sie die naturwissenschaftliche Erklärung des Farbsehens in eigenen Worten wieder und diskutieren Sie die These Roths (M5), dass unsere Wahrnehmungsinhalte keine Abbilder realer Gegebenheiten sind. Was folgt daraus für unsere Sicht der Wirklichkeit? ➔ M3-5

3 Der Verstand in den Sinnen

M1 Wie bitte?

Luat eienr Stduie der Cambrdige Unievrstiät speilt es kenie Rlloe, in welcehr Reiehnfogle die Buhcstbaen in eniem Wrot vorkmomen, die eingzie whctige Sahce ist, dsas der ertse und der lettze Buhcstbaen stmimt. Der Rset knan in eienm völilegn Duchrienanedr sein und knan trtozedm prboelmols gelseen wreden. Das ist, wiel das menchsilche Ague nicht jeedn Buhcstbaen liset. *http://gehirnmanipulation.blogspot.de*

M2 Oben oder unten?

M. C. Escher, Relativität, 1953

M3 Rot oder blau?

Die Polizei steht vor einem echten Problem: Je mehr Menschen ein Verbrechen beobachtet haben, desto mehr unterschiedliche Versionen des Geschehens und Beschreibungen des Täters finden sich in der Regel in den Zeugenaussagen. Jeder hat etwas anderes gesehen. Aber wie kann das sein? Objektiv betrachtet ist die Sache doch meist ganz einfach: Ein Auto ist blau oder rot, vielleicht auch schwarz, aber keinesfalls in einem Moment blau und im nächsten dann schwarz. Das ist unmöglich. *Christian Satorius, Ich sehe was, was Du nicht ...!, in: Rhein Main Presse, 12.03.2011, S. 5*

M4 Täuschung oder Irrtum?

Gewiss, wenn ich einen schweren Körper in meiner Hand fühle, spüre ich sein Gewicht, und wie mir scheint, ändern meine Ansichten nichts daran. Doch geht hier eine erstaunliche Sinnestäuschung vor sich. Wenn Sie jemanden verschiedene Gegenstände desselben Gewichts, doch von sehr unterschiedlichem Umfang, mit der Hand wiegen lassen, eine Bleikugel, einen Holzwürfel, einen großen Karton, wird er immer finden, die größten seien die leichtesten. Dieser Effekt wird noch deutlicher, wenn es sich um Gebilde derselben Beschaffenheit, zum Beispiel um mehr oder weniger große Bronzeröhren, ebenfalls desselben Gewichts, handelt. Die Täuschung besteht fort, wenn die Gebilde an einem Ring oder Haken befestigt sind; doch verflüchtigt sich in diesem Fall bei verbundenen Augen die Täuschung. Und ich sage ausdrücklich Täuschung, denn diese eingebildeten Gewichtsunterschiede spürt man mit den Fingern genauso deutlich wie warm und kalt. Den Umständen zufolge, die ich ins Gedächtnis gerufen habe, ist diese irrtümliche Einschätzung offensichtlich das Ergebnis einer dem Verstand gestellten Falle; denn üblicherweise sind die größten Objekte die schwersten. Und so erwarten wir, dem bloßen Auge nach zu urteilen, dass die größten tatsächlich am meisten wiegen. [...]
Vielleicht ist dem Leser bereits aufgegangen, dass die Erkenntnis durch die Sinne etwas von einer Wissenschaft hat. Er wird zu einem späteren Zeitpunkt verstehen müssen, dass die ganze Wissenschaft in einer genaueren Wahrnehmung der Dinge besteht. Unsere ganze Anstrengung muss sich nun darauf richten, den Verstand in den Sinnen wiederzufinden, so wie sie sich später darauf konzentrieren wird, die Sinne im Verstand wiederzufinden, wobei immer Form und Inhalt zwar unterschieden, jedoch nie getrennt werden. Eine Aufgabe, die schwer genug ist, um darüber polemische Diskurse außer Acht zu lassen, die nicht genügend Übung darin besitzen.

Alain, 81 Kapitel über den menschlichen Geist, S. 25f., 27f.

M5 Das vollkommene Sinnenwesen

Das vollkommene Sinnenwesen, das Sinne und Vernunft besitzt, ist also wie ein Kosmograph zu betrachten, der eine Stadt mit fünf Toren, nämlich den fünf Sinnen besitzt, durch welche Boten aus der ganzen Welt eintreten und vom gesamten Aufbau der Welt berichten, und zwar in folgender Ordnung: Die Boten, welche von Licht und Farbe in der Welt Neues bringen, treten durch das Tor des Gesichtssinnes ein; die von Laut und Stimme durch das Tor des Gehörs; die von Gerüchen durch das Tor des Geruchssinnes; die von Geschmack durch das Tor des Geschmackssinnes; und die von Wärme, Kälte und anderem Tastbaren künden, treten durch das Tor des Tastsinns ein. Der Kosmograph sitzt da und zeichnet alle Berichte auf, damit er die Beschreibung der gesamten sinnenfälligen Welt in seiner Stadt aufgezeichnet besitze. Wenn aber ein Tor seiner Stadt, z. B. das des Gesichtssinnes, immer geschlossen blieb, wird die Beschreibung der Welt mangelhaft ausfallen, weil die Boten des Sichtbaren keinen Eingang fanden. Denn die Beschreibung wird nichts erwähnen von Sonne, Sternen, Licht und Farben, nichts von den Gestalten des Menschen, Tiere, Bäume und Städte und nichts vom größeren Teil der Schönheit der Welt. Wenn das Tor des Gehörsinnes geschlossen blieb, würde die Beschreibung ebenso nichts enthalten von Sprachen, Liedern, Melodien und dergleichen. Dasselbe träfe bei den übrigen Sinnen zu. Daher bemüht sich der Kosmograph mit allem Eifer, alle Tore offen zu halten und ständig die Berichte von immer neuen Boten zu vernehmen und seine Beschreibung immer wahrer zu gestalten. Wenn er schließlich in seiner Stadt eine Gesamtaufnahme der sinnenfälligen Welt fertiggestellt hat, trägt er sie, um ihrer nicht verlustig zu gehen, in rechter Ordnung und in den entsprechenden Größenverhältnissen auf eine Karte ein. Sodann wendet er sich dieser Karte zu, entlässt die Boten für die Folgezeit und schließt die Tore. Nun lenkt er seinen inneren Blick zum Schöpfer der Welt, der nichts von alledem ist, was der Kosmograph durch Vermittlung der Boten verstand und aufzeichnete; er ist vielmehr der Werkmeister und die Ursache von allem. Nach der Auffassung des Kosmographen verhält er sich in vorgängiger Weise so zur ganzen Welt, wie er selbst als Kosmograph zur Karte, und entsprechend dem Verhältnis der Karte zur wahren Welt betrachtet er in sich selbst als dem Kosmographen den Schöpfer der Welt und schaut so mit seinem Geiste die Wahrheit im Bilde und im Zeichen den Bezeichneten. Bei dieser Betrachtung wird er gewahr, dass kein vernunftloses Sinnenwesen eine solche Karte entwerfen konnte, wenn es auch eine ähnliche Stadt, Tore und Boten zu besitzen scheint. Und daher entdeckt er in sich selbst das erste und nächste Zeichen des Schöpfers, in dem die schöpferische Kraft mehr als in irgendeinem andern bekannten Sinnenwesen aufleuchtet. Das geistige Zeichen nämlich ist das erste und vollkommenste Zeichen des Schöpfers von allem, das sinnenfällige aber das letzte. Also zieht er sich soweit wie möglich von allen sinnenfälligen Zeichen zurück, um sich den geistigen, einfachen und formhaften Zeichen zuzuwenden. *Nikolaus von Kues, Compendium, Philosophisch-Theologische Werke, Band 4, S. 31-33*

1. Erläutern Sie, worin die „Täuschung" jeweils besteht, und stellen Sie die Leistung des Verstandes bei der Entschlüsselung bzw. Bewertung der drei Fälle dar. ➜ M1-3
2. Suchen Sie Beispiele aus Ihrem Alltag für ähnliche Situationen. ➜ M1-3
3. Erarbeiten Sie die Gründe für die These, dass „die ganze Wissenschaft in einer genaueren Wahrnehmung der Dinge besteht". ➜ M4
4. Erläutern Sie die Tätigkeit des Kosmographen. Übertragen Sie die „Boten" auf den Erkenntnisprozess. ➜ M5
5. Geben Sie den Sinn der Zeilen 28-32 sowie 43-49 mit eigenen Worten wieder. ➜ M5
6. Erklären Sie die Überzeugung Nikolaus von Kues', dass der Mensch ein zweiter Gott ist, der die Welt erschafft. ➜ M5
7. Erläutern und bewerten Sie mit Hilfe der Materialien den Zusammenhang von Wahrnehmung und Verstand. ➜ M1-5

4 Unser Wissen über die Wirklichkeit

M1 Was ist Wissen?

Text: ⇢ ⇢ ⇢ ⇢ Kommentar:

Sokrates. [...] Wahrnehmung, so behauptest du, sei Wissen?

Theätet. Ja.

Sokrates. Deine Bestimmung des Wissens scheint nicht schlecht zu sein, vielmehr ist es auch die, die Protagoras gegeben hat. In einer etwas anderen Weise hat er dasselbe ausgedrückt. Er sagt nämlich, „Maßstab aller Dinge“ sei der Mensch, „der seienden, dass sie sind, der nicht seienden, dass sie nicht sind“. Das hast du doch gelesen?

Theätet. Sicher, und sogar oft.

Sokrates. Meint er damit nicht Folgendes: „Für mich ist alles so, wie es mir erscheint, für dich wiederum so, wie es dir erscheint“, Mensch aber bin ich genauso wie du?

Theätet. Ja, das meint er damit.

Sokrates. Nun, ein kluger Mann wird vermutlich keinen Unsinn behaupten. Daher wollen wir uns mit seinem Gedanken näher beschäftigen. Kommt es nicht manchmal vor, dass beim Wehen desselben Windes der eine von uns friert, der andere aber nicht, oder dass der eine nur etwas friert, der andere aber sehr?

Theätet. Sicher.

Sokrates. Sollen wir nun in einem solchen Fall den Wind für sich genommen „kalt“ oder „nicht kalt“ nennen? Oder sollen wir übereinstimmend mit Protagoras sagen, dass er für den Frierenden kalt sei, für den anderen aber nicht?

Theätet. Natürlich.

Sokrates. Und erscheint es nicht auch beiden so?

Theätet. Ja.

Sokrates. Das „erscheint“ aber bedeutet doch Wahrnehmen?

Theätet. So ist es.

Sokrates. „Erscheinung“ und „Wahrnehmung“ ist also beim Warmen und bei allem derartigen dasselbe. Denn wie dieses ein jeder wahrnimmt, so ist es wohl auch für ihn.

Theätet. Offensichtlich.

Sokrates.. Wahrnehmung bezieht sich folglich immer auf etwas, das ist, und ist untrüglich, so wie Wissen.

Theätet. So scheint es. [...]

Sokrates. [...] Nichts sei für sich genommen „eines“; auch könne man nichts zu Recht als „etwas“ bezeichnen noch als „etwas von einer bestimmten Art“. Sondern wenn man etwas „groß“ nennt, erscheint es auch als klein, und wenn „schwer“, als leicht, ebenso alles andere. Denn nichts ist „eines“, „etwas“ oder „etwas von einer bestimmten Art“ [...]. Wenn wir daher etwas als „seiend“

Sokrates beschreibt unsere alltägliche Meinung, die sinnliche Wahrnehmung stelle bereits Erkennen und Wissen dar.
Er legt den Begriff des Wissens aus und analysiert den Homo-Mensura-Satz des Protagoras, dass der Mensch Maß aller Dinge sei: Über ein Sein als solches kann nur vom wahrnehmenden Menschen ausgesprochen werden, Sein ist Erscheinung für jemanden.

Sokrates weist nach, dass das Phänomen der Wahrnehmung von zwei gegensätzlichen Standpunkten aus betrachtet werden kann. Die Wahrheit der Wahrnehmung ist dialektisch.

Er widerlegt die Meinung, dass unsere Wahrnehmung bereits die Erkenntnis eines für sich selbst bestehendes Seins darstelle. Auf dieser Grundlage entwickelt er einen neuen Begriff von Wahrnehmung: Wahrnehmung bedeutet Erscheinung.

bezeichnen, müssen wir sagen, es sei für etwas, von etwas oder in Beziehung auf etwas, auch wenn wir „werden" sagen. Das aber etwas für sich selbst sei oder werde, darf niemand sagen oder es durchgehen lassen, wenn es ein anderer sagt. Dies folgt aus der Erklärung, die wir vorgetragen haben.

Sokrates lehnt Spekulationen über ein an sich bestehendes Sein, unabhängig von unserer Wahrnehmung, ab.

Theätet. Völlig richtig, Sokrates.

Sokrates. Da nun das, was auf mich einwirkt, für mich ist und für keinen anderen, nehme ich es auch wahr, ein anderer aber nicht?

Theätet. Sicher.

Sokrates. Also ist auch meine Wahrnehmung für mich wahr, denn sie bezieht sich jeweils auf das, was für mich ist, und ich bin nach Protagoras der Richter über das, was für mich ist, dass es ist, und über das, was nicht ist, dass es nicht ist.

Die Wahrheit verwirkliche sich allein in den individuellen Wahrnehmungen und habe somit eine bloß relative Bedeutung.

Theätet. Offensichtlich.

Platon, Theätet, 152 a–153 b, 160 bc

M2 Existiert die Welt außer uns?

Die Grundbehauptung des externen Realismus – dass es eine wirkliche Welt gibt, die von all unseren Repräsentationen, von all unsern Gedanken, Gefühlen, Meinungen, Sprachen, Diskursen, Texten usw. total und absolut unabhängig ist –, diese Behauptung halte ich für so offenkundig, ja für eine derart wesentliche Bedingung von Rationalität und sogar Verständlichkeit, dass es mir ein bisschen peinlich ist, darüber überhaupt reden und die verschiedenen Einwände dagegen erörtern zu müssen. Wie könnte jemand allen Ernstes den externen Realismus angreifen wollen? [...] Als Realisten nehmen wir auch im Allgemeinen an, dass unser Denken, Sprechen und Erleben in direkter Beziehung zur wirklichen Welt steht. Das heißt, wir nehmen an, dass wir, wenn wir Gegenstände wie Bäume oder Berge anschauen, diese dann typischerweise wahrnehmen; dass wir, wenn wir reden, typischerweise Wörter verwenden, die sich auf Gegenstände in einer Welt beziehen, die unabhängig von unserer Sprache existiert; und dass wir, wenn wir denken, oft an wirkliche Dinge denken. Außerdem ist, wie ich schon erwähnt habe, das, was wir über solche Gegenstände sagen, je nachdem wahr bzw. falsch, ob es dem entspricht, wie die Dinge in der Welt sind.

John Searle, Geist, Sprache und Gesellschaft, S. 24

Realismus

ein Standpunkt, der die faktische Realität / Wirklichkeit voraussetzt und der menschlichen Erkenntnisfähigkeit eine wie auch immer geartete Verbindung (z. B. Wahrnehmung) zum Sein zutraut.
Der naive Realismus setzt voraus, dass uns unsere Vorstellungen ein genaues Abbild der Gegenstände der Außenwelt liefern. Für den kritischen Realismus sind die Gegenstände der Außenwelt dagegen nur durch inadäquate Vorstellungen vermittelbar. Die Einsicht in die wirkliche Wirklichkeit der Außenwelt entsteht erst durch subjektive Leistungen, d. h., das Sein wird dem Wahrgenommenen in einem automatischen Urteilsakt als qualitative Zutat beständig untergeschoben.

nach Schülerduden Philosophie, S. 348

1 Interpretieren Sie den Text mit Hilfe des Kommentars. Finden Sie weitere Beispiele, die unsere vorphilosophische Meinung, Wahrnehmung sei Wissen, in Frage stellen. → M1

2 Formulieren Sie in eigenen Worten die Theorie des externen Realismus und finden Sie dafür Beispiele aus Ihrem Alltag. → M2

3 Erörtern Sie die Konsequenzen für unsere Auffassung von Wirklichkeit. → M2

4 Entwerfen Sie ein Streitgespräch zwischen einem Schüler Platons und einem Anhänger des externen Realismus. → M1/2

5 Gibt es Wirklichkeit im Virtuellen?

M1 Virtuell oder wirklich?

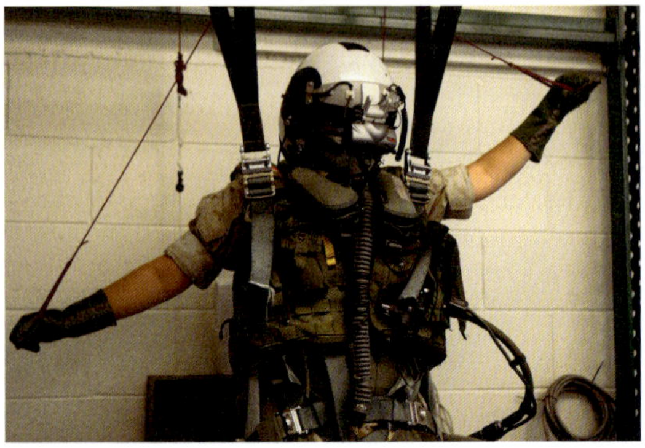

Ein Einsatzgebiet der virtuellen Realität ist die Pilotenausbildung in Flugsimulatoren: Amerikanische Fallschirmspringer bereiten sich virtuell auf ihren ersten Einsatz vor.

M2 Komm, flieg mit mir

In Second Life kann man schwerelos über Inseln, Wüsten und Meere fliegen.

M3 Second Life, Third Dimension

Second Life ist ein Muster dafür, wie die nächste Stufe des Internets, das Web 3.0 aussehen könnte. [...] Klickt man dann auf den Browser, wird man von seinem Avatar begrüßt, der über die eigenen Körpermaße, Kontoverbindungen, kulinarischen und musikalischen Vorlieben verfügt. [...] Dass man seinen Avatar zur Bank schickt, um ein Konto zu eröffnen und Geldgeschäfte abzuwickeln, wird in einem künftigen 3D-Intemet eine Selbstverständlichkeit sein.

Sandra Murr, Second Life,Third Dimension, in: bild der wissenschaft 10/07, S. 96

M4 Die virtuelle Realität

In der wohlhabenden westlichen Welt vergessen wir manchmal, in welchem Grad unsere Erfahrung bereits virtuell ist. Das Radio, das wir im Auto anstellen, die Musik in unseren Kopfhörern, der Fernsehapparat, den wir einschalten, wenn wir nach Hause kommen, sogar das Gedruckte, das wir in Büchern und Zeitungen lesen, sind sämtlich Mittel zur Simulierung menschlicher Gesellschaft. Wir können Filme, Musik und Bücher kaufen und herunterladen; wir können online fernsehen; wir können mit unseren Handys Radio hören. Durch die Technologie haben wir uns im Zentrum eines Reiches der Wahlfreiheit und des Selbst platziert. Wir wählen unsere Gesellschaft unter bemerkenswerten, über die ganze Welt verteilten Menschen aus, statt uns mit normalen Personen in unserer Nähe abzufinden. [...] Das Merkmal des Internets – und selbst der neuen Social-Networking-Sites – besteht darin, dass niemand wirklich dort ist. Wir sehen die Spuren, die jemand hinterlässt – die Buchrezensionen, die Tagebucheinträge, die Fotos auf einer MySpace-Seite –, doch zu keinem Zeitpunkt begegnen wir den Menschen persönlich. Virtuelle Welten dagegen sind anders. [...] Wenn man eine virtuelle Welt zum ersten Mal betritt, formt man sein virtuelles Selbst, um festzulegen, wie andere einen wahrnehmen sollen. In manchen Welten ist es ein schlichtes Verfahren: Man wählt unter einer Reihe vorgefertigter Charaktere und dann unter bereits existierenden Bäuchen, Kinnen und Frisuren. Es handelt sich um so etwas wie einen virtuellen Mr. Potato Head, was zu einer Welt aus seltsam gleichförmigen Menschen führen kann. In anderen Welten, etwa in Second Life, ist das Verfahren komplizierter. Dort kann man Hunderte von Einzelheiten – Augenfarbe, Gesichtsform, Größe, Schmerbauchbreite – modifizieren, um sein ideales Selbstbildnis anzufertigen.

Tim Guest, Die Welt ist nicht genug, S. 28f., 33, 50f.

M5 Die Grenze virtueller Welten

Nun könnten die Propheten der virtuellen Welt freilich entgegnen, dass das Verschwinden der alten Wirklichkeit erst mit dem allgemeinen freien Eintritt in die Weiten des Cyberspace eintreten werde. Sie könnten – mit Recht, wie ich meine – darauf hinweisen, dass der virtuelle Raum des Cyberspace gerade kein Bildraum ist, sondern ein Phänomen sui generis. Wir begegnen hier nicht, wie im Bild, (Zeichen von) Gegenständen oder Zuständen, die das Bild auf einer sichtbaren Fläche zur Erscheinung bringt. Wir explorieren einen Raum von Erscheinungen, der sich in vielen Aspekten nicht von dem Erscheinungsraum unterscheidet, der als Umgebung des Leibes erfahren wird. Es ist ein Raum, der (weitgehend) *wie* der Raum ist, in dem wir leiblich anwesend sind. – Die Grenze aber zwischen dem Raum, der *wie* jener ist, in dem wir sind, und jenem, in dem wir *sind*, dürfte erneut nicht zu überspringen sein – weder in der medial aufgerüsteten Praxis noch in der Theorie dieser Praxis. Denn sobald wir nicht länger wüssten, dass der Raum, den wir in unserem integrierten Fernsehsessel erfahren, nicht der Raum ist, in dem wir faktisch sind, wäre das, was wir erfahren, nicht länger ein anderer Raum, sondern allein ein chaotisches Andrängen von visuellen Impulsen, dem wir ohne Ordnungsmöglichkeit – ebenso hilflos wie angstvoll – ausgeliefert wären. Raumwahrnehmung ist nur möglich, wo das Subjekt dieser Wahrnehmung die Position seines Leibes kennt, wo es in einem minimalen Sinn weiß, wo es ist (andernfalls wäre es nicht einmal fähig, sich zu verirren). Daher ist keine Welt möglich, die vollständig oder auch nur in erster Linie eine virtuelle Welt wäre. Wie Bildwahrnehmung nur als eine Modifikation des räumlichen Sehens möglich ist, so ist der virtuelle Raum nur als eine Modifikation des Raums leiblicher Anwesenheit möglich. Trotzdem kann der Satz stehenbleiben, den ich vorhin zur Beschreibung der medialen Revolution gebraucht habe, die sich um uns herum vollzieht: „Es wird zu einer alltäglichen Grundsituation des Menschen am Ende des 20. Jahrhunderts, über die Situation seiner leiblichen Anwesenheit hinaus zu sein".

Martin Seel, Medien der Realität und Realität der Medien, in: Sybille Krämer (Hg.), Medien, Computer, Realität, S. 264f.

M6 Aufklärerische Wirkung

Dass die elektronischen Medien zu einer Virtualisierung unseres Realitätsbewusstseins führen, ist oft festgestellt und beklagt worden. Ich halte diese Diagnose für richtig, ihre pauschale Negativbewertung jedoch für falsch. Meines Erachtens kommt der Erfahrung der Medien und der künstlichen Welten auch eine geradezu aufklärerische Wirkung zu, sofern sie uns den grundsätzlich konstruktivistischen Charakter von Wirklichkeit, die Interpretativität all unserer Wirklichkeitsauffassungen zu Bewusstsein bringt. [...] Dank des Umgangs mit den medialen Wirklichkeiten begreifen wir, dass Wirklichkeit immer schon (jedenfalls zu großen Teilen) eine Konstruktion war, dass man sich dies nur früher nicht eingestehen mochte. [...] Was ich bislang sagte, könnte nach einer Apologie der elektronischen Welten und ihrer künstlichen Paradiese klingen – aber zuletzt will ich auf etwas anderes hinaus, will einen Gegenakzent setzen. Ich möchte darauf hinweisen, dass die Dominanz der elektronischen Welten im kulturellen Haushalt heute zugleich zu einer komplementären Neuschätzung, einer Revalidierung nicht-elektronischer Erfahrungsformen führt.

Wolfgang Welsch, Eine Doppelfigur der Gegenwart, S. 241f.

1. Versetzen Sie sich in die Rolle des Fallschirmspringers und erörtern Sie Vor- und Nachteile der Computersimulation. → M1
2. Erläutern Sie das Erleben von Körperlichkeit und Identität in der virtuellen Realität und vergleichen Sie es mit unserer empirischen Erfahrung. → M2/3
3. Kennzeichnen Sie die Grenze zwischen unserem Lebensraum und dem Raum des Cyberspace. → M4
4. Erläutern Sie die These Martin Seels, dass für uns „keine Welt möglich" sei, „die vollständig oder auch nur in erster Linie eine virtuelle Welt wäre". → M5
5. Geben Sie die Thesen Wolfgang Welschs von der aufklärerischen Wirkung der Medien in eigenen Worten wieder und beurteilen Sie diese. → M6
6. Finden Sie Beispiele für die These Welschs von der „Revalidierung von nichtelektronischen Erfahrungsformen". → M6

6 Welche Welt ist wirklich?

M1 Das Höhlengleichnis

Nächstdem, sprach ich, vergleiche dir unsere Natur in Bezug auf Bildung und Unbildung folgendem Zustande. Sieh nämlich Menschen wie in einer unterirdischen, höhlenartigen Wohnung, die einen gegen das Licht geöffneten Zugang längs der ganzen Höhle hat. In dieser seien sie von Kindheit an gefesselt an Hals und Schenkeln, so dass sie auf demselben Fleck bleiben und auch nur nach vorne hin sehen, den Kopf aber herumzudrehen der Fessel wegen nicht vermögend sind. Licht aber haben sie von einem Feuer, welches von oben und von ferne her hinter ihnen brennt. Zwischen dem Feuer und den Gefangenen geht obenher ein Weg, längs diesem sieh eine Mauer aufgeführt wie die Schranken, welche die Gaukler vor den Zuschauern sich erbauen, über welche herüber sie ihre Kunststücke zeigen.

- Ich sehe, sagte er.

Sieh nun längs dieser Mauer Menschen allerlei Geräte tragen, die über die Mauer herüberragen, und Bildsäulen und andere steinerne und hölzerne Bilder und von allerlei Arbeit; einige, wie natürlich, reden dabei, andere schweigen.

- Ein gar wunderliches Bild, sprach er, stellst du dar und wunderliche Gefangene.

Uns ganz ähnliche, entgegnete ich. Denn zuerst, meinst du wohl, dass dergleichen Menschen von sich selbst und voneinander je etwas anderes gesehen haben als die Schatten, welche das Feuer auf die ihnen gegenüberstehende Wand der Höhle wirft?

- Wie sollten sie, sprach er, wenn sie gezwungen sind, zeitlebens den Kopf unbeweglich zu halten!

Und von dem Vorübergetragenen nicht eben dieses?

- Was sonst?

Wenn sie nun miteinander reden könnten, glaubst du nicht, dass sie auch pflegen würden, dieses Vorhandene zu benennen, was sie sähen?

- Notwendig.

Und wie, wenn ihr Kerker auch einen Widerhall hätte von drüben her, meinst du, wenn einer von den Vorübergehenden spräche, sie würden denken, etwas anderes rede als der eben vorübergehende Schatten?

- Nein, beim Zeus, sagte er.

Auf keine Weise also können diese irgendetwas anderes für das Wahre halten als die Schatten jener Kunstwerke?

- Ganz unmöglich.

Nun betrachte auch, sprach ich, die Lösung und Heilung von ihren Banden und ihrem Unverstande, wie es damit natürlich stehen würde, wenn ihnen Folgendes begegnete. Wenn einer entfesselt wäre und gezwungen würde, sogleich aufzustehen, den Hals herumzudrehen, zu gehen und gegen das Licht zu sehn, und, indem er das täte, immer Schmerzen hätte und wegen des flimmernden Glanzes nicht recht vermöchte, jene Dinge zu erkennen, wovon er vorher die Schatten sah: was, meinst du wohl, würde er sagen, wenn ihm einer versicherte, damals habe er lauter Nichtiges gesehen, jetzt aber, dem Seienden näher und zu dem mehr Seienden gewendet, sähe er richtiger, und, ihm jedes Vorübergehende zeigend, ihn fragte und zu antworten zwänge, was es sei? Meinst du nicht, er werde ganz verwirrt sein und glauben, was er damals gesehen, sei doch wirklicher als was ihm jetzt gezeigt werde?

– Bei weitem, antwortete er.

Und wenn man ihn gar in das Licht selbst zu sehen nötigte, würden ihm wohl die Augen schmerzen, und er würde fliehen und zu jenem zurückkehren, was er anzusehen imstande ist, fest überzeugt, dies sei in der Tat deutlicher als das zuletzt Gezeigte?

– Allerdings.

Und, sprach ich, wenn ihn einer mit Gewalt von dort durch den unwegsamen und steilen Aufgang schleppte und nicht losließe, bis er ihn an das Licht der Sonne gebracht hätte, wird er nicht viel Schmerzen haben und sich gar ungern schleppen lassen? Und wenn er nun an das Licht kommt und die Augen voll Strahlen hat, wird er nicht das Geringste sehen können von dem, was ihm nun für das Wahre gegeben wird.

– Freilich nicht, sagte er, wenigstens nicht sogleich. Gewöhnung also, meine ich, wird er nötig haben, um das Obere zu sehen. Und zuerst würde er Schatten am leichtesten erkennen, hernach die Bilder der Menschen und der andern Dinge im Wasser, und dann erst sie selbst. Und hierauf würde er was am Himmel ist und den Himmel selbst leichter bei Nacht betrachten und in das Mond- und Sternenlicht sehen als bei Tage in die Sonne und in ihr Licht.

– Wie sollte er nicht!

Zuletzt aber, denke ich, wird er auch die Sonne selbst, nicht Bilder von ihr im Wasser oder anderwärts, sondern sie als sie selbst an ihrer eigenen Stelle anzusehen und zu betrachten imstande sein.

– Notwendig, sagte er.

Und dann wird er schon herausbringen von ihr, dass sie es ist, die alle Zeiten und Jahre schafft und alles ordnet in dem sichtbaren Raume und auch von dem, was sie dort sahen, gewissermaßen die Ursache ist.

– Offenbar, sagte er, würde er nach jenem auch hierzu kommen.

Und wie, wenn er nun seiner ersten Wohnung gedenkt und der dortigen Weisheit und der damaligen Mitgefangenen, meinst du nicht, er werde sich selbst glücklich preisen über die Veränderung, jene aber beklagen?

– Ganz gewiss.

Und wenn sie dort unter sich Ehre, Lob und Belohnungen für den bestimmt hatten, der das Vorüberziehende am schärfsten sah und am besten behielt, was zuerst zu kommen pflegte und was zuletzt und was zugleich, und daher also am besten vorhersagen konnte, was nun erscheinen werde: glaubst du, es werde ihn danach noch groß verlangen und er werde die bei jenen Geehrten und Machthabenden beneiden? Oder wird ihm das Homerische begegnen und er viel lieber wollen das Feld als Tagelöhner bestellen einem dürftigen Mann und lieber alles über sich ergehen lassen, als wieder solche Vorstellungen zu haben wie dort und so zu leben?

– So, sagte er, denke ich, wird er sich alles eher gefallen lassen, als so zu leben.

Auch das bedenke noch, sprach ich. Wenn ein solcher nun wieder hinunterstiege und sich auf denselben Schemel setzte: würden ihm die Augen nicht ganz voll Dunkelheit sein, da er so plötzlich von der Sonne herkommt?

– Ganz gewiss.

Und wenn er wieder in der Begutachtung jener Schatten wetteifern sollte mit denen, die immer dort gefangen gewesen, während es ihm noch vor den Augen flimmert, ehe er sie wieder dazu einrichtet, und das möchte keine kleine Zeit seines Aufenthalts dauern, würde man ihn nicht auslachen und von ihm sagen, er sei mit verdorbenen Augen von oben zurückgekommen und es lohne nicht, dass man auch nur versuche hinaufzukommen; sondern man müsse jeden, der sie lösen und hinaufbringen wollte, wenn man seiner nur habhaft werden und ihn umbringen könnte, auch wirklich umbringen?

[...] lieber Glaukon, [...] und wenn du nun das Hinaufsteigen und die Beschauung der oberen Dinge setzt als den Aufschwung der Seele in die Region der Erkenntnis, so wird dir nicht entgehen, [...] dass zuletzt unter allem Erkennbaren und nur mit Mühe die Idee des Guten erblickt wird, wenn man sie aber erblickt hat, sie auch gleich dafür anerkannt wird, dass sie für alle die Ursache alles Richtigen und Schönen ist, im Sichtbaren das Licht und die Sonne, von der dieses abhängt, erzeugend, im Erkennbaren aber sie allein als Herrscherin Wahrheit und Vernunft hervorbringend, und dass also diese sehen muss, wer vernünftig handeln will, es sei nun in eigenen oder in öffentlichen Angelegenheiten. *Platon, Politeia, 515 c–517 c*

1 Erschließen Sie das Höhlengleichnis, indem Sie zu den verschiedenen Handlungsschritten (Gefangenschaft in der Höhle, Befreiung, Blick in die Sonne, Abstieg) entweder
a) eine Skizze entwerfen,
b) einen inneren Monolog aus der Sicht eines Höhlenbewohners über seine Wahrnehmungen, Empfindungen und Gedanken verfassen,
c) eine Begründung aus der Sicht eines Befreiers schreiben, warum Sie die Höhlenbewohner ans Licht führen müssen. Berücksichtigen Sie dabei insbesondere den Zusammenhang von Licht, Erkennen und Wirklichkeit. ➔ M1

2 Diskutieren Sie, worin für Platon die Erkenntnis der Wirklichkeit besteht. ➔ M1

7 Die Wirklichkeit – ein Traum

M1 Der Schmetterlingstraum

Einst träumte Dschuang Dschou,
dass er ein Schmetterling sei,
ein flatternder Schmetterling,
der sich wohl und glücklich fühlte
und nichts wusste von Dschuang Dschou.

Plötzlich wachte er auf: da war er wieder
wirklich und wahrhaftig Dschuang Dschou.

Nun weiß ich nicht,
ob Dschuang Dschou geträumt hat,
dass er ein Schmetterling sei,
oder ob der Schmetterling geträumt hat,
dass er Dschuang Dschou sei,
obwohl doch zwischen Dschuang Dschou
und dem Schmetterling
sicher ein Unterschied ist.

So ist es mit der Wandlung der Dinge.

Zhuang Zi (Dschuang Dsi), 4. Jahrhundert v. Chr.

M2 Träume ich?

Alles nämlich, was ich bis heute als wahr gelten ließ, empfing ich unmittelbar oder mittelbar von den Sinnen; diese aber habe ich bisweilen auf Täuschungen ertappt, und es ist eine Klugheitsregel, niemals denen volles Vertrauen zu schenken, die uns auch nur ein einziges Mal getäuscht haben. Indessen, wenn uns auch die Sinne zuweilen über kleine und ferner liegende Gegenstände täuschen, so ist doch an den meisten anderen zu zweifeln gar nicht möglich, ungeachtet ihres sinnlichen Ursprungs; so z. B. dass ich hier bin, am Ofen sitze, meinen Winterrock anhabe, dieses Papier hier mit den Händen berühre und dergleichen. Mit welchem Recht könnte ich leugnen, dass diese Hände, dieser ganze Körper mein sind? [...] Gut so! Aber bin ich denn nicht ein Mensch, der nachts zu schlafen pflegt und dann alles das, und manchmal noch viel Unglaublicheres, im Traum erlebt wie jene im Wachen? Wie oft erst glaube ich gar nachts im Traume ganz Gewöhnliches zu erleben; ich glaube hier zu sein, den Rock anzuhaben und am Ofen zu sitzen – und dabei liege ich entkleidet im Bett! Jetzt aber schaue ich sicherlich mit ganz wachen Augen auf dieses Papier. Dieser Kopf, den ich bewege, ist nicht vom Schlaf umfangen. Mit Überlegung und Bewusstsein strecke ich diese Hand aus und empfinde dies auch. So deutlich würde ich nichts im Schlaf erleben. Ja, aber erinnere ich mich denn nicht, dass ich auch von ähnlichen Gedanken in Träumen getäuscht worden bin? Während ich aufmerksamer hierüber nachdenke, wird mir ganz klar, dass nie durch sichere Merkmale der Schlaf vom Wachen unterschieden werden kann, und dies macht mich so stutzig, dass ich gerade dadurch fast in der Meinung zu träumen bestärkt werde. [...] Ich will also annehmen, dass nicht der allgütige Gott, der die Quelle der Wahrheit ist, sondern ein ebenso böser wie mächtiger und listiger Geist *[genius malignus]* all sein Bestreben darauf richtet, mich zu täuschen; ich will glauben, dass der Himmel, die Luft, die Erde, die Farben, die Gestalten, die Töne und alles außerhalb von uns nur das Spiel von Träumen sei, durch die er meiner Leichtgläubigkeit nachstellt. Mich selbst will ich so ansehen, als hätte ich keine Hände, keine Augen, kein Fleisch, kein Blut noch irgendeinen Sinn, sondern dass ich mir dies bloß einbildete. Ich will hartnäckig in dieser Meditation verharren, und wenn es dann auch nicht in meiner Macht steht, etwas Wahres zu erkennen, will ich wenigstens, soweit es an mir ist, mit festem Geist mich hüten, etwas Falschem zuzustimmen, damit nicht jener Betrüger, sei er noch so mächtig, noch so listig, irgendwelchen Einfluss auf mich bekomme. Aber dies Unternehmen ist mühevoll, und eine gewisse Trägheit bringt mich zu den Lebensgewohnheiten zurück. Wenn ein Gefangener, der etwa im Traum eine eingebildete Freiheit genoss, nachher zu argwöhnen beginnt, dass er schläft, fürchtet er das Erwachen und hält bei schmeichlerischen Traumbildern lässig die Augen geschlossen; und ich falle von selbst zurück zu den alten Meinungen und fürchte aufzuwachen, damit nicht auf die friedliche Ruhe ein beschwerliches Wachen folge, welches dann nicht in einem Lichtschein, sondern in der undurchdringlichen Finsternis der nunmehr aufgerührten Schwierigkeiten verbracht werden muss.

René Descartes, Meditationen über die Erste Philosophie, S. 65, 67, 73

M3 Über die einfachen Ideen

Nehmen wir nun an, jemand wollte trotz alledem so skeptisch sein, dass er seinen Sinnen misstraut und behauptet, alles, was wir während unseres ganzen Lebens sehen und hören, fühlen und schmecken, denken und tun, sei nur eine Aufeinanderfolge trügerischer Eingebungen eines langen Traumes ohne jede Realität. Er würde infolgedessen die Existenz aller Dinge und unser gesamtes Wissen von den Dingen in Zweifel ziehen. Ihn müsste ich dann ersuchen, zu erwägen, ob auch er wenn alles nur ein Traum ist – nicht nur träumt, dass er diesen Zweifel erhebt. Dann aber wäre nicht viel daran gelegen, dass ihm ein Wachender antwortet. Immerhin möge er, wenn er will, träumen, dass ich ihm folgende Antwort erteile: Die Gewissheit, dass in *rerum natura* [Natur der Dinge] Dinge existieren, ist, wenn wir das Zeugnis unserer Sinne dafür besitzen, nicht nur so groß, wie es unsere Veranlagung gestattet, sondern auch so groß, wie unsere Verhältnisse es erfordern. [...]
Wenn es unserm Träumer gefällt, zu prüfen, ob die Gluthitze eines Glasschmelzofens etwa nur das flüchtige Bild in der Einbildung eines Schlaftrunkenen sei, indem er seine Hand hineinsteckt, so wird er vielleicht zu einer Gewissheit erweckt werden, die größer ist, als er gewünscht hat; er wird dann wohl nicht länger daran zweifeln, dass jene Glut etwas mehr ist als bloße Einbildung. [...] Wenn unsere Sinne tatsächlich unserem Verstand eine Idee zuführen, so dürfen wir überzeugt sein, dass in diesem Augenblick wirklich ein Ding außer uns existiert, welches auf unsere Sinne einwirkt, sich vermittels ihrer unserem Wahrnehmungsvermögen bemerkbar macht und tatsächlich jene Idee erzeugt, die wir dann wahrnehmen. [...] Unsere *einfachen Ideen* [sinnliche Qualitäten wie beispielsweise Farben] sind alle real und stimmen ausnahmslos mit der Realität der Dinge überein. Das bedeutet nicht, dass sie sämtlich Abbilder oder Darstellungen dessen sind, was existiert; vielmehr ist bereits für alle Ideen – mit Ausnahme der primären Qualitäten der Körper – das Gegenteil nachgewiesen worden. Obgleich nun Weiße und Kälte ebenso wenig im Schnee enthalten sind wie der Schmerz; so sind die Ideen Weiße, Kälte, Schmerz usw. – die in unserem Innern Wirkungen von Kräften der Dinge außerhalb von uns sind, die gemäß der Bestimmung unseres Schöpfers solche Sensationen in uns erzeugen – reale Ideen in uns, durch die wir die Qualitäten unterscheiden, die in den Dingen selbst tatsächlich vorhanden sind. Denn da uns die verschiedenen Erscheinungsformen als Merkmale dienen, um die Dinge, mit denen wir zu tun haben, zu erkennen und zu unterscheiden, so erfüllen unsere Ideen diesen Zweck ebenso vollkommen und sind ebenso real unterscheidende Schriftzeichen, wenn sie nur *beständige Wirkungen* sind, wie wenn sie die genauen Abbilder von etwas sind, das in den Dingen selber vorhanden ist.

John Locke, Versuch über den menschlichen Verstand, Band 2, S. 316f., Band 1, S. 468f.

1 Diskutieren Sie, ob es für Dschuang Dschou eine Möglichkeit gibt, zu entscheiden, ob er träumt oder nicht. → M1
2 Erörtern Sie den Anlass des Zweifels von René Descartes. Finden Sie ähnliche Beispiele aus Ihrem Alltag. → M2
3 Erstellen Sie eine Liste aller Wahrheiten, die Descartes bislang für wirklich gehalten hat, und erläutern Sie die Gründe einer möglichen Täuschung. Untersuchen Sie die Konsequenzen, die Descartes hieraus zieht. → M2
4 Analysieren Sie die Beziehung zwischen unseren Vorstellungen und der Realität der Außenwelt bei John Locke. → M3
5 Prüfen Sie, ob Locke die Zweifel Descartes' widerlegen kann. → M3
6 Entwerfen Sie einen Dialog, den René Descartes und John Locke über die Wirklichkeit unserer Vorstellungen führen könnten. → M2/3

8 Erscheinung und Wirklichkeit

M1 Ein Apfel?

René Magritte, Das ist kein Apfel, 1964

M2 Die Vorstellung der Dinge

Hylas: Alles, was du erkennst, ist, dass du solch eine bestimmte Vorstellung oder Erscheinung in deinem eigenen Geiste hast. Aber was ist das gegen den wirklichen Stein oder Baum? Ich sage dir, Farbe, Gestalt, Härte, die du wahrnimmst, sind nicht die wirkliche Natur der Dinge, oder im Mindesten ihr gleich. Dasselbe kann von allen übrigen Dingen oder körperlichen Substanzen, welche die Welt zusammensetzen, gesagt werden. Keine von ihnen hat an sich irgendetwas jenen sinnlichen, von mir wahrgenommenen Eigenschaften Ähnliches. [...]

Philonous: Es scheint demnach, wir müssen ganz und gar mit den Erscheinungen der Dinge vorlieb nehmen, und die sind noch dazu falsch. Selbst das Fleisch, das ich esse, das Kleid, das ich trage, haben nichts an sich, das dem, was ich sehe und fühle, gleich wäre.

George Berkeley, Drei Dialoge, S. 94

M3 Sein und Wahrnehmen

Jedem, der einen Blick auf die Gegenstände der menschlichen Erkenntnis wirft, leuchtet ein, dass sie teils den Sinnen gegenwärtig eingeprägte Vorstellungen (ideas) sind, teils Vorstellungen, welche durch ein Aufmerken auf das, was die Seele leidet und tut, gewonnen werden, teils endlich Vorstellungen, welche mittels des Gedächtnisses und der Einbildungskraft durch Zusammensetzung, Teilung oder einfache Vergegenwärtigung der ursprünglich in einer der beiden vorhin angegebenen Weisen empfangenen Vorstellungen gebildet werden. [...] Da nun beobachtet wird, dass einige von diesen Empfindungen einander begleiten, so geschieht es, dass sie mit einem Namen bezeichnet und infolge hiervon als ein Ding betrachtet werden. Ist z. B. beobachtet worden, dass eine gewisse Farbe, Geschmacksempfindung, Geruchsempfindung, Gestalt und Festigkeit vereint auftreten, so werden sie für ein bestimmtes Ding gehalten, welches durch den Namen *Apfel* bezeichnet wird. [...] Dass weder unsere Gedanken noch unsere Gefühle noch unsere Einbildungsvorstellungen außerhalb des Geistes existieren, wird ein jeder zugeben. Es scheint aber nicht weniger evident zu sein, dass die verschiedenen Sinnesempfindungen oder den Sinnen eingeprägten Vorstellungen (ideas), wie auch immer sie miteinander vermischt oder verbunden sein mögen (d. h. was für Objekte auch immer sie bilden mögen), nicht anders existieren können als in einem Geist, der sie wahrnimmt (perceiving them). Dies kann, glaube ich, von einem jeden anschaulich erkannt werden, der darauf achten will, was unter dem Ausdruck existieren bei dessen Anwendung auf sinnliche Dinge zu verstehen ist. Sage ich: der Tisch, an dem ich schreibe, existiert, so heißt das: ich sehe und fühle ihn; wäre ich außerhalb meiner Studierstube, so könnte ich seine Existenz in dem Sinne aussagen, dass ich, wenn ich in meiner Studierstube wäre, ihn wahrnehmen könnte, oder dass irgendein anderer Geist ihn gegenwärtig wahrnimmt. [...] Dies ist der einzige verständliche Sinn dieser und aller ähnlichen Ausdrücke. Denn was von einer absoluten Existenz nichtdenkender Dinge ohne irgendeine Beziehung auf ihr Wahrgenommenwerden gesagt zu werden pflegt, scheint durchaus unverständlich zu sein. Das Sein *(esse)* solcher Dinge ist Wahrgenommenwerden *(percipi)*. Es ist nicht möglich, dass sie irgendeine Existenz außerhalb der Geister oder denkenden Wesen haben, von denen sie wahrgenommen werden.

Es besteht in der Tat eine auffallend verbreitete Meinung, dass Häuser, Berge, Flüsse, mit einem Wort, alle sinnlichen Objekte eine natürliche oder reale Existenz haben, die von ihrem Wahrgenommenwerden durch den Verstand verschieden ist. [...] Wenn wir das Äußerste versuchen, um die Existenz äußerer Körper zu denken, so, betrachten wir doch immer nur unsere eigenen Ideen. Indem aber der Geist von sich selbst dabei keine Notiz nimmt, so täuscht er sich mit der Vorstellung, er könne Körper denken und denke Körper, die ungedacht vom Geist oder außerhalb des Geistes existieren, obschon sie doch zugleich auch von ihm vorgestellt werden oder in ihm existieren.

nach George Berkeley, Prinzipien der menschlichen Erkenntnis, S. 26f., 37

M4 Die Affektion der Sinne

Der Wohlgeschmack eines Weines gehört nicht zu den objektiven Bestimmungen des Weines, mithin eines Objekts sogar als Erscheinung betrachtet, sondern zu der besonderen Beschaffenheit des Sinnes an dem Subjekte, was ihn genießt. Die Farben sind nicht Beschaffenheiten der Körper, deren Anschauung sie anhängen, sondern auch nur Modifikationen des Sinnes des Gesichts, welches vom Lichte auf gewisse Weise affiziert wird. Dagegen gehört der Raum, als Bedingung äußerer Objekte, notwendigerweise zur Erscheinung oder Anschauung derselben. Geschmack und Farben sind gar nicht notwendige Bedingungen, unter welchen die Gegenstände allein für uns Objekte der Sinne werden können. Sie sind nur als zufällig beigefügte Wirkungen der besonderen Organisation mit der Erscheinung verbunden. [...]

Der Gegenstand der Vorstellung, der nur die Art enthält, wie ich von ihm affiziert werde, kann von mir nur erkannt werden, wie er mir erscheint, und alle Erfahrung (empirische Erkenntnis), die innere nicht minder als die äußere, ist nur Erkenntnis der Gegenstände, wie sie uns erscheinen, nicht wie sie (für sich allein betrachtet) sind.

Immanuel Kant, Kritik der reinen Vernunft, A 28-29; Anthropologie in pragmatischer Hinsicht, S. 141

M5 Der Begriff der Erscheinung

„Erscheinung“ ist die reale Gegebenheit empirischer Gegenstände, die so, wie wir sie erfahren, nur in Korrelation zu unserem Erkenntnisvermögen vorkommen. Anders ließen sie sich nicht erfahren. Der Ausdruck „Erscheinung“ soll deutlich machen, dass hier ein Gegenstand der Erkenntnis unter einschränkenden Bedingungen steht, die durch die Sinnlichkeit des erkennenden Menschen gesetzt sind. Das Etwas im Fokus der Aufmerksamkeit muss anschaulich gegeben sein. Ein Bezug zu einem in der Erscheinung gleichsam sichtbar werdenden „Ding an sich“ ist schon deshalb ausgeschlossen, weil wir absolut nichts von diesem „Ding an sich“ wissen. Es ist nur ein Grenzwert, mit dem wir uns vor der Totalisierung unserer Weltsicht schützen. Doch obgleich die „Erscheinung“ nicht „an sich“ gegeben ist, ist sie nicht ausschließlich „für mich“ (privat oder persönlich), sondern nur insofern „für mich“, als sie auch für alle anderen ist, die als meinesgleichen gelten können.

Volker Gerhardt, Immanuel Kant, S. 159

1 Deuten Sie das Bild René Magrittes. → M1
2 Erklären Sie das Verhältnis von Wahrnehmung und Wirklichkeit nach George Berkeley. Diskutieren Sie den Zusammenhang mit dem Bild von Magritte. → M1/2
3 Beschreiben Sie den Ursprung unserer Vorstellungen und unseres Begriffs eines Dinges. → M3
4 Erläutern Sie den Satz Berkeleys „Das Sein der Dinge ist Wahrgenommenwerden" *(Esse est percipi)* (Z. 44f.) und erklären Sie, was in den Wahrnehmungspausen geschieht. → M3
5 Beurteilen Sie Berkeleys Kritik am externen Realismus (Z. 49-61) und vergleichen Sie die Position Berkeleys mit denen von Descartes und Locke (s. S. 116f.). → M3
6 Geben Sie Kants Ausführungen zur Möglichkeit der Erkenntnis eines Gegenstandes wieder und vergleichen Sie diese mit der von Berkeley: Worin liegt die Neuerung? → M4
7 Verdeutlichen Sie den Unterschied zwischen dem Erkennen der bloßen Erscheinung und dem Ding an sich. → M5

9 Das Wissen vom Raum

M1 (Un)möglicher Würfel?

M. C. Escher, Belvedere, 1958

M2 Die Dinge im Raum

Zeichnen Sie den Würfel mit allen seinen sichtbaren Kanten, als bestehe er aus eisernem Gestänge, und üben Sie sich darin, ihn sich auf zweierlei Art vorzustellen: einmal von einer Seite und von oben, ein anderes Mal von der anderen Seite und von unten. Sie werden erkennen, wie das Äußere Form annimmt – und damit den Sinn meiner Weisung. Vielleicht gibt es kein philosophisches Experiment, das besser geeignet ist, die Reflexion für alle Zeit auf den richtigen Weg zu lenken. Lassen Sie uns zusammenfassend sagen, dass wir Dinge im Raum wahrnehmen, doch dass der Raum kein Objekt der Sinne ist, obwohl die Objekte der Sinne nur durch den Raum geordnet, voneinander unterschieden und wahrgenommen werden. Sagen wir, dass der Raum ein Kontinuum, das heißt unteilbar ist, dass er an sich weder Größe noch Form hat, obwohl er der Vater der Größenverhältnisse und der Formen ist, und dass er schlussendlich keineswegs in der Art eines Kieselsteins existiert. Woraus schon ersichtlich ist, dass Fragen wie die, ob der Raum begrenzt oder unbegrenzt sei, unsinnig sind.

Alain, 81 Kapitel über den menschlichen Geist, S. 41

M3 Der Raum als Form der Anschauung

[Wir stellen uns] Gegenstände als außer uns, und diese insgesamt im Raume vor. Darinnen ist ihre Gestalt, Größe und Verhältnis gegeneinander bestimmt, oder bestimmbar. Der innere Sinn, vermittelst dessen das Gemüt sich selbst, oder seinen inneren Zustand anschaut, gibt zwar keine Anschauung von der Seele selbst, als einem Objekt; allein es ist doch eine bestimmte Form, unter der die Anschauung ihres inneren Zustandes allein möglich ist, so dass alles, was zu den inneren Bestimmungen gehört, in Verhältnissen der Zeit vorgestellt wird. Äußerlich kann die Zeit nicht angeschaut werden, so wenig wie der Raum, als etwas in uns. Was sind nun Raum und Zeit? [...]

1. Der Raum ist kein empirischer Begriff, der von äußeren Erfahrungen abgezogen worden. Denn damit gewisse Empfindungen auf etwas außer mich bezogen werden, [...] imgleichen damit ich sie als außereinander, mithin nicht bloß verschieden, sondern als in verschiedenen Orten vorstellen könne, dazu muss die Vorstellung des Raumes schon zum Grunde liegen. Demnach kann die Vorstellung des Raumes nicht aus den Verhältnissen der äußeren Erscheinung durch Erfahrung erborgt sein, sondern diese äußere Erfahrung ist selbst nur durch gedachte Vorstellung allererst möglich.

2. Der Raum ist eine notwendige Vorstellung a priori, die allen äußeren Anschauungen zum Grunde liegt. Man kann sich niemals eine Vorstellung davon machen, dass kein Raum sei, ob man sich gleich ganz wohl denken kann, dass keine Gegenstände darin angetroffen werden. Er wird also als die Bedingung der Möglichkeit der Erscheinungen, und nicht als eine von ihnen abhängende Bestimmung angesehen, und ist eine Vorstellung a priori, die notwendigerweise äußeren Erscheinungen zum Grunde liegt.

3. Der Raum ist kein diskursiver, oder wie man sagt, allgemeiner Begriff von Verhältnissen der Dinge überhaupt, sondern eine reine Anschauung.

Immanuel Kant, Kritik der reinen Vernunft, B 37-38

M4 Der Raum als grundlegende Vorstellung

Beispiele zur Veranschaulichung:

Zu 1. „Gestern saß ich mit Fritz im Wohnzimmer bei einem Glas Wein; wir hatten eine nette Unterhaltung." Uns interessiert hier nur der Raum; klar ist, dass das Wohnzimmer eine empirische Raumvorstellung ist. Die gestrige Unterhaltung hätte jederzeit auch im Arbeitszimmer oder auf einem Spazierweg im Wald sein können. Nun kann aber das Wohnzimmer oder der Waldweg von den „äußeren Erfahrungen abgezogen werden", aber nicht die Tatsache, dass die Unterhaltung irgendwo stattgefunden hat. Es gibt nämlich keine Unterhaltung, die nicht räumlich ist, d. h. die an keinem Ort stattfindet. Das ist gemeint, wenn Kant sagt, die Vorstellung des Raumes muss zu Grunde liegen.

Zu 2. Man kann sich zwar vorstellen, dass keine Gegenstände in einem Raume sind, aber nicht, dass es keinen Raum gäbe. Das Räumliche kann nicht weggedacht werden. Deshalb ist der Raum eine notwendige und somit auch eine apriorische Vorstellung.

Zu 3. Auch wenn man von mehreren Räumen spricht, sind diese nicht Bestandteile des einen Raumes. Der Wohnraum kann zwar vom Schlafraum getrennt sein, aber nicht das spezifisch Räumliche vom Raum. *Die Vorstellung des Raumes liegt allen anderen Raumbegriffen zugrunde.* *Ralf Ludwig, Kant für Anfänger, S. 63f.*

M5 Der physikalische Raum

Die Diskussion über Begriff und Natur des Raumes spielt eine grundlegende Rolle für jede Theorie des Aufbaus und der Struktur der Materie. [...]

Die allgemeine Relativitätstheorie beschreibt die Wirkung der Anwesenheit gravitierender Materie in der Raumzeit als eine nicht euklidische „Raumkrümmung": Die durch Gravitationswirkung gekrümmte Bahn eines Körpers stellt sich in der „gekrümmten" Raumzeit als nicht euklidische Gerade („Geodätische") dar. Dass diese gravitative Raumkrümmung eine dem physikalischen Raum objektiv inhärente Eigenschaft ist, konnte dadurch bewiesen werden, dass auch Lichtstrahlen, die wegen ihrer Masselosigkeit nicht gravitativ Wechselwirken, in einem Gravitationsfeld abgelenkt werden.

Schülerduden Philosophie, S. 346f.

M6 Die Relativität des Raumes

Die Relativität der Bezugssysteme wird durch sehr einfache Experimente offensichtlich. Einstein schlug Folgendes vor: „Ich stehe am Fenster eines gleichförmig fahrenden Eisenbahnwagens und lasse einen Stein auf den Bahndamm fallen, ohne ihm einen Schwung zu geben. Dann sehe ich (abgesehen vom Einfluss des Luftwiderstandes) den Stein gradlinig herabfallen. Ein Fußgänger der die Übeltat vom Fußwege aus mit ansieht, bemerkt, dass der Stein in einem Parabelbogen zur Erde herabfällt (für diesen Betrachter summiert sich in der Tat die Bewegung des Steins mit der des Zuges). Ich frage nun: Liegen die Orte, welche der Stein durchläuft, in Wirklichkeit auf einer Geraden oder auf einer Parabel?"

Ubaldo Nicola, Bildatlas Philosophie, S. 477

1 Beschreiben Sie die Grafik Eschers. Was verrät sie uns über unsere Erkenntnis des Raumes? → M1

2 Unterscheiden Sie mit Alain die Vorstellung und die Erfahrung des Würfels. Erläutern Sie, welche Schlussfolgerung Alain über unser Wissen vom Raum zieht. → M2

3 Erarbeiten Sie Kants Ausführungen über unser Wissen vom Raum. → M3

4 Diskutieren Sie, ob die Vorstellung des Raumes aus der äußeren Erfahrung stammt oder ob sie der Erfahrung von Dingen vorausgeht. → M3/4

5 Informieren Sie sich (z. B. im Physikunterricht) über die Bedeutung der allgemeinen Relativitätstheorie für unser heutiges Weltbild. → M5

6 Geben Sie das Experiment Einsteins mit eigenen Worten wieder. Welche Konsequenzen ergeben sich hieraus für unsere Auffassung der Bewegung im Raum? → M6

10 Das Rätsel der Zeit

M1 Achill und die Schildkröte

Der griechische Philosoph Zenon von Elea (490-430 v. Chr.) hinterlässt uns eine Paradoxie über die Wirklichkeit der Bewegung und der Zeit. Zugrunde liegt die Annahme, dass Zeit und Raum zwei kontinuierliche Einheiten sind, die sich ad infinitum in immer kleinere Abschnitte einteilen lassen.

Achilles war bei den Griechen als schneller Läufer bekannt. Bei einem Rennen zwischen Achilles und einer Schildkröte fällt daher die Wette auf einen Sieger Achilles nicht schwer, selbst wenn der Schildkröte ein kleiner Vorsprung eingeräumt wird. Es gibt allerdings ein paar Probleme:

1. Bevor Achilles die Schildkröte überholen kann, muss er sie einholen.
2. Egal, wie schnell Achilles läuft – und er läuft sehr schnell –, er braucht eine gewisse Zeit, um zu der Stelle zu gelangen, an der die Schildkröte gestartet ist.
3. Egal, wie langsam die Schildkröte ist – und sie ist sehr langsam –, sie wird in dieser Zeit wieder ein Stück vorangekommen sein.
4. Das trifft natürlich auch für das nächste Stück der Rennstrecke zu. Achilles rennt auf den Punkt zu, den die Schildkröte erreicht hat, während er den Vorsprung aufholte; gleichzeitig bewegt sich die Schildkröte weiter. Dieses Mal nur ein noch kürzeres Stück, aber immerhin. Achilles kommt also immer näher, kann die Schildkröte aber nie ganz einholen.

Bei seiner Schnelligkeit wird Achilles sicherlich sehr bald ganz nah an die Schildkröte herankommen. Warum kann er aber, logisch gesehen, die Schildkröte nicht einholen?

nach Martin Cohen, 99 philosophische Rätsel, S. 57

M2 Von der Dauer

1. Es gibt noch eine andere Art des Abstandes oder der Länge, deren Idee wir nicht den beharrenden Teilen des Raumes, sondern den dahineilenden, stets vergehenden Teilen der Aufeinanderfolge entnehmen. Wir nennen sie *Dauer*. Ihre einfachen Modi sind ihre verschiedenen Längen, wovon wir bestimmte Ideen haben, zum Beispiel *Stunden, Tage, Jahre* usw., *Zeit* und *Ewigkeit*.

2. Die Antwort, die ein großer Mann [gemeint ist Augustin] auf die Frage gab, was die Zeit sei: *Si non rogas, intelligo* (was etwa heißt: Je mehr ich darüber nachdenke, umso weniger verstehe ich es), könnte uns vielleicht nahelegen zu glauben, dass die Zeit, die alle andern Dinge enthüllt, selbst nicht erkennbar sei. Nicht ohne Grund besteht die Ansicht, dass Dauer, Zeit und Ewigkeit etwas sehr Abstruses in ihrer Natur haben. Wie weit diese Ideen aber auch scheinbar unsere Fassungskraft übersteigen mögen, so werden sie sich doch, falls wir sie in der richtigen Weise bis auf ihren Ursprung zurückverfolgen, zweifellos aus einer der beiden Quellen unserer gesamten Erkenntnis, der Sensation oder der Reflexion, ebenso klar und deutlich herleiten lassen wie viele andere, die für weit weniger dunkel gelten [...].

3. Um *Zeit* und *Ewigkeit* recht zu verstehen, müssen wir aufmerksam darauf achten, welche Idee es ist, die wir von der *Dauer* besitzen, und wie wir diese erlangt haben. Für jeden, der die Vorgänge in seinem eigenen Geist beobachtet, liegt es klar auf der Hand, dass, solange er im wachen Zustand ist, in seinem Verstand eine Kette von Ideen vorhanden ist, die ununterbrochen aufeinander folgen. Die Reflexion darauf, wie diese verschiedenen Ideen nacheinander in unserm Geist erscheinen, ist das, was uns mit der Idee der *Aufeinanderfolge* ausstattet; den Abstand zwischen beliebigen Teilen dieser Aufeinanderfolge oder zwischen dem Erscheinen zweier beliebiger Ideen in unserem Geist nennen wir *Dauer*.

John Locke, Versuch über den menschlichen Verstand, S. 209f.

M3 Die Zeit als notwendige Vorstellung

Die Zeit ist 1) kein empirischer Begriff, der irgend von einer Erfahrung abgezogen worden. Denn das Zugleichsein oder Aufeinanderfolgen würde selbst nicht in die Wahrnehmung kommen, wenn die Vorstellung der Zeit nicht a priori zum Grunde läge. Nur unter deren Voraussetzung kann man sich vorstellen, dass einiges zu einer und derselben Zeit (zugleich) oder in verschiedenen Zeiten (nach einander) sei.

2) Die Zeit ist *eine* notwendige Vorstellung, die allen Anschauungen zum Grunde liegt. Man kann in Ansehung der Erscheinungen überhaupt die Zeit selbst nicht aufheben, ob man zwar ganz wohl die Erscheinungen aus der Zeit wegnehmen kann. Die Zeit ist also a priori gegeben. In ihr allein ist alle Wirklichkeit der Erscheinungen möglich. Diese können insgesamt wegfallen, aber sie selbst (als die allgemeine Bedingung ihrer Möglichkeit) kann nicht aufgehoben werden.

3) Auf diese Notwendigkeit a priori gründet sich auch die Möglichkeit apodiktischer Grundsätze von den Verhältnissen der Zeit oder Axiomen von der Zeit überhaupt. Sie hat nur *eine* Dimension; verschiedene Zeiten sind nicht zugleich, sondern nach einander (so wie verschiedene Räume nicht nach einander, sondern zugleich sind). Diese Grundsätze können aus der Erfahrung nicht gezogen werden, denn diese würde weder strenge Allgemeinheit noch apodiktische Gewissheit geben. Wir würden nur sagen können: so lehrt es die gemeine Wahrnehmung; nicht aber: so muss es sich verhalten. Diese Grundsätze gelten als Regeln, unter denen überhaupt Erfahrungen möglich sind, und belehren uns vor derselben, und nicht durch dieselbe.

4) Die Zeit ist kein diskursiver oder, wie man ihn nennt, allgemeiner Begriff, sondern eine reine Form der sinnlichen Anschauung. Verschiedene Zeiten sind nur Teile eben derselben Zeit. [...]

Die Zeit ist nichts anderes als die Form des inneren Sinnes, d. i. des Anschauens unserer selbst und unseres innern Zustandes. [...] Und, eben weil diese innere Anschauung keine Gestalt gibt, suchen wir auch diesen Mangel durch Analogien zu ersetzen, und stellen die Zeitfolge durch eine ins Unendliche fortgehende Linie vor.

Immanuel Kant, Kritik der reinen Vernunft, B46–48

M4 Raum und Zeit als Formen der Anschauung

Raum und Zeit [...] können nicht aus der Erfahrung stammen, da sie jeder äußeren bzw. inneren Anschauung zugrunde liegen. Damit ich einen Stuhl als „außer mir" und „neben dem Tisch" wahrnehmen kann, setze ich – über die Vorstellungen von mir, dem Tisch und dem Stuhl hinaus – immer schon die Vorstellung eines Außen und das heißt eines Raumes voraus, in dem Stuhl, Tisch und empirisches Ich eine bestimmte Position zueinander einnehmen, ohne dass der Raum eine Eigenschaft des Stuhles, Tisches oder empirischen Ichs wäre. Unter den Eigenschaften der äußeren Wahrnehmung finden wir zwar Farben, Formen und Geräusche, aber nicht den Raum. Entsprechend haben die seelischen Vorgänge bestimmte Qualitäten, die wir in zeitlicher Folge empfinden, ohne dass irgendeine der Empfindungen die Qualität der Zeit hätte. Auf das erste, negative Argument folgt ein positives: Raum und Zeit sind notwendige Vorstellungen. Denn wir können uns zwar Raum und Zeit ohne Gegenstände oder Erscheinungen vorstellen, aber nicht, dass kein Raum oder keine Zeit sei. Selbst im Bereich der Sinnlichkeit gibt es etwas, das man nicht erst aufgrund empirischer Wahrnehmung, sondern schon „im Voraus" kennt. Raum und Zeit verdanken sich der apriorischen Struktur des erkennenden Subjekts.

Otfried Höffe, Immanuel Kant, S. 80

1. Erklären Sie die Paradoxie Zenons. Erörtern Sie, welche Denkfehler in die Paradoxie führen und was wir über das Wesen der Zeit lernen. → M1
2. Erarbeiten Sie mit Locke den Unterschied zwischen dem bloßen Nacheinander und der Dauer. → M2
3. Zeigen Sie, inwiefern die Zeit der Struktur unseres Bewusstseins entstammt. → M2
4. Übersetzen Sie jeden Abschnitt in Ihre eigene Sprache und schreiben Sie dazu einen Kommentar. → M3
5. Diskutieren Sie, ob es sich bei der Analogie Kants, nach der die Zeitfolge als ins Unendliche führende Linie vorgestellt wird, um typisch westliches Denken handelt. Recherchieren Sie die Zeitvorstellungen anderer Kulturen. → M3
6. Erläutern Sie, inwiefern es sich bei Raum und Zeit nicht um Erfahrungstatsachen handelt. → M4

11 Wirklichkeit und Geist

M1 Du bist mir fremd!

JULIE: Glaubst du an mich?

DANTON: Was weiß ich! Wir wissen wenig voneinander. [...]

JULIE: Du kennst mich, Danton.

DANTON: Ja, was man so kennen heißt. Du hast dunkle Augen und lockiges Haar und einen feinen Teint und sagst immer zu mir: lieber Georg! Aber – er deutet ihr auf Stirn und Augen – da, da, was liegt hinter dem? Geh, wir haben grobe Sinne. Einander kennen? Wir müssten uns die Schädeldecken aufbrechen und die Gedanken einander aus den Hirnfasern zerren. *Georg Büchner, Dantons Tod, S. 5*

M2 Fledermaus sein

Wie ist es, eine Fledermaus zu sein? Versuchen Sie, es sich vorzustellen. Vielleicht sehen Sie sich nun als sehr kleines, fledermausförmiges Tier, das mit Hunderten seiner Artgenossen, Kopf nach unten, in einer Höhle hängt. Aber das kommt dem wahren Sachverhalt noch nicht einmal nahe. Was Sie sich gerade vorstellen, ist, den Körper einer Fledermaus zu bewohnen, nicht, eine Fledermaus zu sein. Versuchen Sie's noch mal. Wenn Ihnen das schwerfällt, liegt es vermutlich daran, dass Fledermäuse keine Sprache außer spitzen Schreien und hohen Piepsern und keine Gedanken haben, jedenfalls keine, die mit linguistischen Konzepten zu tun hätten. Ein anderer Grund dürfte sein, dass Fledermäuse sich mit Hilfe von Echolot orientieren. Die Schreie, die sie ausstoßen, funktionieren ein bisschen wie Radar; durch ihren Widerhall erkennen sie, welche Objekte sich in der Umgebung befinden. Wie ist es, die Welt auf diese Weise zu erfahren? Möglicherweise entsprechen die Wahrnehmungen der Fledermaus unseren visuellen, aber sehr wahrscheinlich ist es nicht. Die plausibelste Erklärung scheint zu sein, dass die Wahrnehmung der Welt mit Hilfe von Echolot einer dem Menschen völlig fremden Sinneserfahrung entspricht. Und wie sollen Sie sich die vorstellen?

Thomas Nagel, What is it like to be a bat?, in: Julian Baggini, Das Schwein, das unbedingt gegessen werden möchte, S. 227

M3 Was sind geistige Zustände?

Wer sich mit der Philosophie des Geistes befasst, stellt ganz allgemein Fragen, die den Geist betreffen. Um ein paar Beispiele zu nennen: Was sind geistige Zustände. Was hat es mit dem Bewusstsein auf sich? Wie können Zustände des Geistes von Außergeistigem handeln? Was sind Wahrnehmungen, Empfindungen, Gefühle, Gedanken? Sind die Zustände einer nichtphysischen Seele? Sind sie Zustände des Gehirns? Gibt es sie überhaupt?

1. Einige geistige Zustände werden von Zuständen der Welt verursacht. Bloggs' Schmerzen (mentaler Zustand) zum Beispiel werden dadurch bewirkt, dass eine Nadel in seinem Fuß steckt (Zustand der Welt).

2. Einige geistige Zustände verursachen Handlungen. Bloggs' Angst vor dem Zahnarzt (geistiger Zustand) ist die Ursache dafür, dass er davongelaufen ist (Handlung).

3. Einige geistige Zustände verursachen andere geistige Zustände. So ist bei Bloggs zum Beispiel durch den bei der letzten Plombierung empfundenen Schmerz (einen geistigen Zustand) Angst vor Zahnärzten (ebenfalls ein geistiger Zustand) ausgelöst worden.

4. Einige geistige Zustände sind bewusst. Fürs Erste können wir einfach festhalten, dass einige mentale Zustände mit einem subjektiven „Gefühl" oder einem „qualitativen" Empfinden einhergehen.

5. Einige geistige Zustände handeln von Dingen in der Welt. Das heißt: Sie repräsentieren die Welt als etwas, was in bestimmter Weise beschaffen ist.

6. Geistige Zustände einiger Arten korrelieren systematisch mit Gehirnzuständen bestimmter Art. Je mehr die Neurowissenschaft voranschreitet, desto deutlicher wird, dass mentale Zustände und Gehirnzustände miteinander korrelieren.

Ganz grob gesprochen, behauptet die Identitätstheorie, dass der Geist das Gehirn ist. Die Identitätstheorie heißt deshalb so, weil sie mentale Zustände und bestimmte Gehirnzustände miteinander gleichsetzt, mithin *Identität* zwischen ihnen beansprucht.

nach Ian Ravencroft, Philosophie des Geistes, S. 10-12

M4 Was ist Bewusstsein?

Nehmen wir einmal an, auf unserem Planeten würden außerirdische Wesen landen, die uns freundlich gesinnt sind [...]. Natürlich müssten wir, da diese Wesen das Problem des überlichtschnellen Reisens gelöst hätten, davon ausgehen, dass sie uns in wissenschaftlicher und möglicherweise auch in philosophischer Hinsicht extrem überlegen sind. Der Sprecher der Außerirdischen aber berichtet uns von einem Problem: „Es gibt etwas, das wir nicht verstehen. Wir können Eure Körper und Eure Gehirne auf jeder beliebigen Beschreibungsebene erschöpfend erfassen", sagt der extraterrestrische Besucher. „Wir wissen, wie Eure Gehirne aus der Evolution auf diesem Planeten entstanden sind, wir können Eure funktionalen Eigenschaften und den Informationsfluss in Eurem Nervensystem mit einer fast beliebigen Genauigkeit beschreiben und vorhersagen. Auch Eure repräsentationalen Zustände, die Inhalte Eurer kognitiven Prozesse und Eures Selbstmodells geben uns keinerlei Rätsel mehr auf – und sogar das aus diesen Zuständen resultierende Verhalten können wir mit großer Zuverlässigkeit vorhersagen. Ihr jedoch habt Ausdrücke in Eurer Sprache, die wir nicht besitzen: Worte wie „Bewusstsein", „Erleben" oder „subjektives Empfinden". Wir selbst haben all das nicht, und wir können auch nicht verstehen, worauf ihr Euch damit bezieht. Wir haben komplexe repräsentationale Zustände in unserem Geist, genau wie Ihr, aber keine bewussten Erlebnisse; wir sind intelligent und besitzen wesentlich mehr Wissen über die Welt und uns selbst als Ihr, aber so etwas wie „subjektive Empfindungen" – oder das, was Euch anscheinend so wichtig ist und was Ihr „Erlebnisse" oder „die Innenperspektive" nennt, – haben wir nicht. Für uns ist es deshalb vollkommen unverständlich, was Ihr mit dem Ausdruck „Bewusstsein" eigentlich meint, denn wir benötigen diesen Begriff weder um unser eigenes, noch um Euer Verhalten vorherzusagen. Wir wären Euch deshalb sehr dankbar, wenn Ihr eine Delegation Eurer besten Philosophen zu unserem Raumschiff schicken könntet, damit sie mit unseren Philosophen das Problem genauer erörtern können."

Thomas Metzinger, Was ist das Bewusstsein?, SWR2 AULA, S. 2

M5 Geist und Materie

Bei der Philosophie des Geistes steht immer die Frage im Hintergrund „Wie verhält sich der Geist zum Rest der Welt?" oder auch „Wie passt der Geist in eine materielle Welt?". In der Philosophie des Geistes will man vor allem wissen, in welchem Verhältnis geistige Vorgänge wie Empfindungen und Gedanken zu materiellen Ereignissen in der Welt stehen, und zwar genauer zu materiellen Ereignissen im Nervensystem, weil man durch zahlreiche Beobachtungen und Experimente starke Gründe dafür hat, dass Ereignisse und Zustände im Nervensystem mit geistigen Vorgängen und Zuständen zusammenhängen. Es geht in der Philosophie des Geistes also vor allem um diesen Zusammenhang, und wenn man meint, dass dieser Zusammenhang durch das Begriffspaar Dualismus-Monismus vollständig abgedeckt wird, geht es vor allem um diese Opposition von Dualismus und Monismus. Ist der Geist eine besondere Erscheinungsform der Materie? Lässt er sich auf körperliche Eigenschaften zurückführen oder ist er etwas Eigenständiges, das in einem bestimmten Sinne, wenn auch nicht völlig, von der Materie, vom Körper, vom Nervensystem unabhängig ist?

Jürgen Schröder, Einführung in die Philosophie des Geistes, S. 10

1. Was versteht Danton unter „Kennen"? Erklären Sie, warum sich aus der Außenperspektive die Innenperspektive des Denkens und Erlebens gar nicht fassen lässt. → M1
2. Beschreiben Sie den Unterschied, der darin besteht, zu wissen, wie es für Sie wäre, eine Fledermaus zu sein, und zu wissen, wie es für eine Fledermaus ist, eine Fledermaus zu sein. → M2
3. Formulieren Sie ein Fazit aus den Beispielen. → M1/2
4. Finden Sie für jeden „geistigen Zustand" ein weiteres Beispiel. Diskutieren Sie die Schwierigkeiten, die sich bei den einzelnen Aspekten ergeben. → M3
5. Sie werden in den Philosophenrat berufen. Erläutern Sie, auch mit Hilfe von M3 und einem philosophischen Lexikon, die wichtigsten Grundbegriffe des Textes. → M4
6. Erläutern Sie die Fragen und Probleme der „Philosophie des Geistes". → M5

12 Bin ich mein Gehirn?

M1 Gehirn und Geist

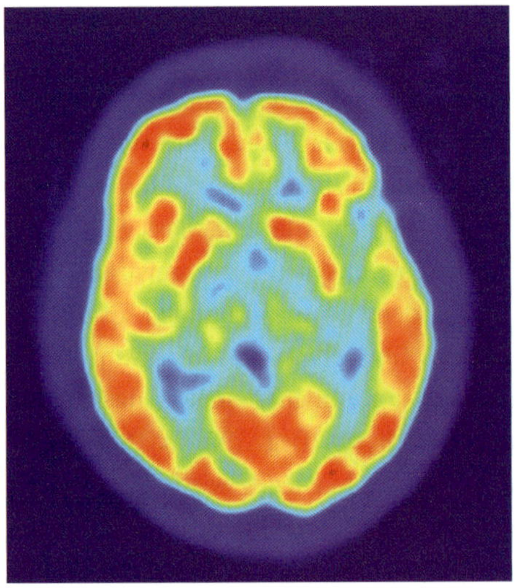

Moderne Techniken der Darstellungen des Gehirns, hier ein Positronen-Emmissions-Tomogramm (PET) gestatten uns, das Gehirn bei der Arbeit zu beobachten – aber wo und was ist der Verstand bzw. der Geist?

Würde ein Wissenschaftler unsere Schädeldecke entfernen und in unser Gehirn hineinsehen, während wir den Schokoladenriegel essen, so würde er nichts weiter sehen als eine graue Masse von Nervenzellen. Würde er mit Messinstrumenten bestimmen, was dort vor sich geht, so würde er komplizierte physikalische Vorgänge der unterschiedlichsten Art entdecken. Fände er jedoch den Geschmack von Schokolade? Es sieht so aus, als könnte er ihn in unserem Gehirn nicht finden, da unsere Empfindung des Geschmacks von Schokolade in unserem Geist auf eine Weise eingeschlossen ist, die sie für jeden anderen unzugänglich macht – auch wenn er unseren Schädel öffnet und in unser Gehirn hineinblickt. Unsere Erlebnisse sind im Innern unseres Geistes *in einem anderen Sinn von „innen"* als jenem, in dem unser Gehirn sich im Innern unseres Kopfes befindet. Ein anderer kann unseren Schädel öffnen und sich sein Innenleben ansehen, er kann jedoch nicht unseren Geist öffnen und in ihn hineinblicken – zumindest nicht auf die gleiche Weise. *Thomas Nagel, Was bedeutet das alles?, S. 31-33*

M2 Ich, Gehirn und Geist – die ganze Person

Beginnen wir, vor jeder begrifflichen Klärung, mit dem Versuch zu verstehen, wie man auf die Idee kommen kann, der menschliche Geist sei der Geist des Gehirns. Nun, die Beziehung zwischen einer Person und ihrem Gehirn ist eine besonders innige Beziehung; denn die Identität der Person hängt doch, offenkundig stärker von ihrem Gehirn ab als von andern Teilen ihres Körpers. Wird einem Menschen ein Arm abgenommen, so bleibt er ein und dieselbe Person wie vorher – nur jetzt diese Person ohne den einen Arm. Würde einem Menschen das Gehirn entfernt, so ginge daraus aber nicht ein und dieselbe Person hervor wie vorher – eben nicht: diese Person zwar, nur jetzt ohne ihr Gehirn.

Derartige Überlegungen mögen es sein, die manchen dazu verleiten, eine Person mit ihrem Gehirn zu identifizieren. Es gibt eine bedauerlich weit verbreitete Neigung, dies zu tun. Denn es ist offenkundig falsch. Ich bin nicht mein Hirn, denn ich habe jede Menge Eigenschaften, die meinem Hirn nicht zukommen. Ich bin etwa 1,80 m groß, 80 kg schwer, deutsch, verheiratet; mein Gehirn hat eine andere Größe, ein anderes Gewicht, hat keine Nationalität und ist weder verheiratet noch ledig. Wenn ich jedoch auch nur eine einzige Eigenschaft habe, die mein Gehirn nicht hat, dann bin ich nicht mein Gehirn. Ich wiege 80 kg, mein Gehirn wiegt nicht 80 kg; also bin ich nicht mein Gehirn. [...]

Nun, vielleicht denkt jemand, der so redet, „ich" bedeute soviel wie „mein Geist", und unterstellt, dass der Geist eines Menschen mit seinem Gehirn identisch ist. Zunächst einmal dies: Schon der erste Schritt ist hier ein Fehler. „Ich" bedeutet natürlich nicht dasselbe wie „mein Geist". Mit dem Wort „ich" spricht man über sich selbst, nicht über den eigenen Geist. Wer ist man selbst? Die Person, die man ist, der ganze Mensch. Würde mit „ich" nur über den eigenen Geist gesprochen, so wäre sehr vieles – ja, vielleicht sogar das meiste –, was wir unter Verwendung des Wortes

„ich“ sagen, flagrant falsch. „Ich habe im letzten Jahr ein paar gute Flaschen Wein getrunken“; das stimmt, aber es wäre falsch, wenn ich mit dem Wort „ich“ über meinen Geist spräche. „Ich war früher ein leidenschaftlicher Fußballspieler“; das stimmt, aber mein Geist war früher kein Fußballspieler, er war eben nur der Geist eines Fußballspielers. [...]

Das Gehirn ist nicht das, was geistige Eigenschaften hat. Die Person hat sie. Und der Umstand, dass Prozesse im Gehirn eine wichtige Rolle dabei spielen, wenn jemand Gedanken und Gefühle hat, ändert daran nicht das Geringste. Der logische Unterschied zwischen dem Subjekt, das geistige Eigenschaften hat, und denjenigen Organen des Subjekts, ohne die es diese Eigenschaften gar nicht haben könnte, ist kategorial. Solche Unterschiede lassen sich nicht verkleinern oder vergrößern. [...]

Der Versuch, genauer zu verstehen, welchen Beitrag das menschliche Gehirn zu den geistigen Leistungen des Menschen leistet, bezieht seine Faszination ja gerade daraus, dass wir damit die Hoffnung verbinden, es werde auf diese Weise möglich, erheblich besser zu verstehen, wie es, naturwissenschaftlich betrachtet, zugeht, dass ein Exemplar der Spezies *homo sapiens sapiens* eine menschliche Person ist. Wir werden es nicht dadurch besser verstehen, dass wir wichtige Begriffe durcheinanderwerfen und über das Gehirn so reden, als sei es eine Person, oder über Personen so, als seien sie Gehirne.

Andreas Kemmerling, Ich, mein Gehirn und mein Geist, in: Norbert Elsner / Gerd Lüer (Hg.), Das Gehirn und sein Geist, S. 223f., 231f., 239, 241

M3 Mit Kant ins Labor

Herr Professor Northoff, Sie möchten die Neurophilosophie als ein eigenständiges Fach jenseits von Philosophie und Hirnforschung etablieren – wozu?

Philosophen analysieren Begriffe; Neurowissenschaftler experimentieren und deuten die Ergebnisse. Die Neurophilosophie verknüpft philosophische Konzepte wie „Bewusstsein“ oder „Freiheit“ mit den empirischen Daten aus der Hirnforschung. Das ist eine ganz neue Methodik und damit eine eigenständige wissenschaftliche Disziplin.

[...] Wieso sollte eine Neurophilosophie sinnvoll sein?

Weil das Gehirn das zentrale Forschungsobjekt der Neurowissenschaftler und zugleich Sitz unserer Wahrnehmung und Erkenntnis ist. [...] Die Neurophilosophie [...] verbindet die objektive und die subjektive Perspektive bezüglich des Gehirns und betrachtet es nicht nur in empirischer, sondern auch in epistemologischer [er-kenntnistheoretischer] und ontologischer [auf das Sein und die Wirklichkeit bezogener] Hinsicht. [...] Unter Umständen ist das Selbst und somit das Subjekt viel grundlegender und basaler, als viele Philosophen annehmen. Das Subjekt wäre dann nicht mehr die höchste, sondern eine ganz basale Instanz. Ein solches Selbst, dass dann über die Verbindung zwischen Gehirn und Umwelt definiert werden muss, ermöglicht überhaupt erst die Organisation unserer Gehirnfunktionen und letztlich unserer Erfahrung inklusive des Bewusstseins. [...]

Welche Forschungsprojekte laufen im Bereich der theoretischen Neurophilosophie?

In Anlehnung an Kant interessiert mich besonders eine Frage: Was können wir auf Grund der Beschaffenheit unseres Gehirns nicht erkennen? Meine Umwelt kann ich zum Beispiel direkt erkennen, die Aktivität meiner eigenen Neurone aber nicht – höchstens über den Umweg technischer Kniffe. Das Gehirn selbst hat kein Sensorium für neuronale Zustände, wir erleben nur mentale Zustände. Dafür muss es Gründe geben – vielleicht in der Codierung der Umweltreize durch das Gehirn. Ein spannendes Forschungsfeld!

Carsten Könneker, Mit Kant ins Labor, in: Gehirn und Geist 3/2008, S. 68, 72

1. Erklären Sie den Unterschied zwischen Aktivitäten des Gehirns und Tätigkeiten des Geistes. → M1
2. Verfassen Sie Definitionen (auch mit Hilfe von Lexika) der Begriffe Person, Gehirn, Geist und erklären Sie die Beziehungen. → M2
3. Erläutern Sie den logischen Unterschied zwischen dem Subjekt, das geistige Eigenschaften hat, und dem Organ, das diese ermöglicht. → M2
4. Beschreiben Sie das Forschungsprogramm der Neurophilosophie und beurteilen Sie ihre Bedeutung für die philosophische Erkenntnistheorie. → M3

13 Die konstruierte Wirklichkeit

M1 Der Job

Jeden Tag, kurz vor neun Uhr, stellt sich ein Mann mit einer roten Mütze auf einen Platz und beginnt, die Mütze wild hin und her zu schwenken. Nach fünf Minuten verschwindet er wieder. Eines Tages tritt ein Polizist vor ihn: „Was tun Sie da eigentlich?" „Ich vertreibe die Giraffen." „Es gibt keine Giraffen hier." „Tja, ich mache eben einen guten Job."

Rolf Dobelli, Weshalb Sie viel weniger unter Kontrolle haben, als Sie denken, in: Frankfurter Allgemeine Zeitung vom 19.12.2010

M2 Der blinde Fleck

Halten Sie dieses Buch mit der rechten Hand, schließen Sie das linke Auge [...] und fixieren Sie mit dem rechten Auge den Stern in der Abbildung [...]. Bewegen Sie nun das Buch [...] langsam vor- oder rückwärts, bis überraschenderweise der schwarze runde Fleck plötzlich unsichtbar wird. [...] Diese Überraschung kommt natürlich davon, dass man überhaupt keine Ahnung von einem solchen blinden Fleck hat: Das Sehfeld ist überall zusammenhängend und geschlossen. Man sieht nirgendwo ein „schwarzes Loch", ob man mit beiden oder nur mit einem Auge schaut. Das heißt, man sieht nicht, dass man nicht sieht. [...] Das zeigt auch, dass der Begriff der Wahrnehmung nicht den üblichen Gesetzen der zweiwertigen Logik (tertium non datur) unterworfen ist.

Heinz von Foerster, Entdecken oder Erfinden?, in: Einführung in den Konstruktivismus, S. 49f.

M3 Der blinde Wanderer

Wo die Überlieferung, trotz Kant, zwischen Erlebnis und „Wirklichkeit" stets Gleichförmigkeit, Übereinstimmung oder zumindest Korrespondenz als natürliche und unerlässliche Voraussetzung betrachtete, postuliert der radikale Konstruktivismus die grundsätzlich andersartige Beziehung der Kompatibilität oder, wie ich sie in Anlehnung an den englischen Ausdruck nennen möchte, der Viabilität [gangbar, passend, brauchbar, funktional].

Im Gegensatz zu der „ikonischen" Relation der Übereinstimmung, die – auch wenn nur eine ungefähre Annäherung postuliert wird – begrifflich auf Isomorphie beruht, ist die Relation der Viabilität auf den Begriff des Passens im Sinne des Funktionierens gegründet. Das heißt, etwas wird als „viabel" bezeichnet, solange es nicht mit etwaigen Beschränkungen oder Hindernissen in Konflikt gerät.

Ein metaphorisches Beispiel mag den Unterschied greifbarer machen. Ein blinder Wanderer, der den Fluss jenseits eines nicht allzu dichten Waldes erreichen möchte, kann zwischen den Bäumen viele Wege finden, die ihn an sein Ziel bringen. Selbst wenn er tausendmal liefe und alle die gewählten Wege in seinem Gedächtnis aufzeichnete, hätte er nicht ein Bild des Waldes, sondern ein Netz von Wegen, die zum gewünschten Ziel führen, eben weil sie die Bäume des Waldes erfolgreich vermeiden. Aus der Perspektive des Wanderers betrachtet, dessen einzige Erfahrung im Gehen und zeitweiligen Anstoßen besteht, wäre dieses Netz nicht mehr und nicht weniger als eine Darstellung der bisher verwirklichten Möglichkeiten, an den Fluss zu gelangen. Angenommen der Wald verändert sich nicht zu schnell, so zeigt das Netz dem Waldläufer, wo er laufen kann; doch von den Hindernissen, zwischen denen alle diese erfolgreichen Wege liegen, sagt es ihm nichts, als dass sie eben sein Laufen hier und dort behindert haben. In diesem Sinn „passt" das Netz in den „wirklichen" Wald, doch die Umwelt, die der blinde Wanderer erlebt, enthält weder Wald noch Bäume, wie ein außenstehender Beobachter sie sehen könnte. Sie besteht lediglich aus Schritten, die der Wanderer erfolgreich gemacht hat, und Schritten, die von Hindernissen vereitelt wurden. [...]

Damit ist nun klar, dass Viabilität sich immer und ausschließlich nur auf die Fähigkeit bezieht, innerhalb der Bedingungen und trotz der Hindernisse zu überleben, welche die Umwelt oder „Wirklichkeit" dem Organismus als Schranken in den Weg stellt. Andererseits aber bedingt der Begriff der Viabilität nie eine im Vorhinein bestimmte Art und Weise, wie der Organismus dieses Überleben erreichen soll. Wie Organismen es fertigbringen, das Leben ihrer Art innerhalb der Umweltbedingungen zu erhalten, ist völlig gleichgültig – solange sie dieses Leben erhalten, sind sie lebensfähig und somit viabel. [...] Wahrnehmung und Erkenntnis wären demnach also konstruktive und nicht abbildende Tätigkeiten. *Ernst von Glasersfeld, Konstruktion der Wirklichkeit und des Begriffs der Objektivität, in: Einführung in den Konstruktivismus, S. 18, 25, 30*

M4 Konstruktivismus und Toleranz

Was wäre das Welterleben eines Menschen, der es fertigbrächte, ganz konsequenterweise seine Welt als seine eigene Konstruktion zu sehen? Dieser Mensch wäre [...] vor allem tolerant. Wer erfasst hat, dass seine Welt seine eigene Erfindung ist, muss dies den Welten seiner Mitmenschen zubilligen. Wer weiß, dass er nicht *recht* hat, sondern dass seine Sicht der Dinge nur recht und schlecht passt, wird es schwer finden, seinen Mitmenschen Böswilligkeit oder Verrücktheit zuzuschreiben. [...] Die Einsicht, dass wir nichts wissen, ist die Voraussetzung des Respekts für die von anderen Menschen erfundenen Wirklichkeiten. Erst wenn diese anderen Wirklichkeiten selbst intolerant werden, würde er – wiederum im Sinne Karl Poppers – das Recht für sich in Anspruch nehmen, die Intoleranz nicht zu dulden. [...].

Der Konstruktivismus erschafft oder „erklärt" keine Wirklichkeit „da draußen", sondern enthüllt, dass es kein Innen und Außen gibt, keine Welt der dem Subjekt gegenüberstehenden Subjekte. Er zeigt vielmehr, dass die Subjekt-Objekt-Trennung, auf deren Annahme sich die Myriaden von „Wirklichkeiten" aufbauen, nicht besteht; dass die Spaltung der Welt in Gegensatzpaare vom erlebenden Subjekt konstruiert wird; und dass die Paradoxien den Ausweg zur *Autonomie* öffnen. *Paul Watzlawick, Die erfundene Wirklichkeit, S. 314f.*

M5 Der Konstruktivismus in der Malerei

Kazimir Malevich, Das schwarze Quadrat auf weißem Grund, 1915
Der künstlerische Konstruktivismus (Beginn des 20. Jahrhunderts) sucht zu veranschaulichen, dass es keine vom Subjekt unabhängige Realität gibt. Der russische Maler Kazimir Malevich stellte 1915 „ein schwarzes Quadrat auf einem weißen Grundfeld" aus, das er als Versuch bezeichnete, „die Kunst vom Gewicht der Dinge zu befreien".

1. Schreiben Sie einen analogen Text und erklären Sie die Aussageabsicht. → M1
2. Beschreiben Sie, wie Sie das Experiment erlebt haben, und erklären Sie diesen Vorgang physiologisch. Diskutieren Sie, warum nach von Foerster der Begriff der Wahrnehmung nicht mit den Gesetzen der Logik erklärt werden kann. → M2
3. Erläutern Sie von Glasersfelds Ausführungen über den Konstruktivismus und schlagen Sie Ihnen unbekannte Begriffe nach. → M3
   a) Erörtern Sie, welche Neuerung der Konstruktivismus einzuführen beansprucht.
   b) Veranschaulichen Sie die Metapher des blinden Wanderers und erläutern Sie, auf welche Weise der Wanderer Wald erlebt und einen Begriff von Wald entwickelt.
4. Erklären Sie mit Hilfe der Metapher des blinden Wanderers die Geschichte mit dem Job. → M1/3
5. Schreiben Sie eine eigene Definition von „Konstruktivismus" und vergleichen Sie diese mit der von Watzlawick. Erläutern Sie, was Watzlawick unter Paradoxien versteht. → M4
6. Beschreiben Sie das Gemälde Malevichs. Welche Assoziationen löst das Gemälde bei Ihnen aus? → M5

1 Von Wahrheit und Wissen

M1 Die Wahrheit über die Wahrheit

M2 Was ist Wahrheit?

Nicht darum nämlich, weil unsere Meinung, du seiest weiß, wahr ist, bist du weiß, sondern darum, weil du weiß bist, sagen wir die Wahrheit, indem wir dies behaupten. *Aristoteles, Metaphysik, 1051b*

Wahrheit ist die Angleichung eines Dinges und des Verstandes [...]. Woraus offenkundig ist, dass die Dinge der Natur, von denen unser Verstand das Wissen hernimmt, sein Maß bilden. Sie sind aber ihrerseits vom göttlichen Verstand [...] gemessen.

Thomas von Aquin, Von der Wahrheit, S. 9, 17

Gibt es doch auch manche Fälle, wo wir sogar dem Urteil unserer eigenen Sinne allein nicht trauen, z. B. ob ein Geklingel bloß in unseren Ohren oder ob es das Hören wirklich gezogener Glocken sei, sondern noch andere zu befragen nötig finden.

Immanuel Kant, Anthropologie in pragmatischer Hinsicht, S. 129

Wahrheit nennen wir den Geltungsanspruch, den wir mit konstativen Sprechakten verbinden. Eine Aussage ist wahr, wenn der Geltungsanspruch der Sprechakte, mit denen wir, unter Verwendung von Sätzen, jene Aussage behaupten, berechtigt ist.

Jürgen Habermas, Wahrheitstheorien, in: Helmut Fahrenbach (Hg.), Wirklichkeit und Reflexion, S. 218

M3 Wahrheitserkenntnis

Es wird eine der Aufgaben [...] sein zu zeigen, dass und wie sich die heterogenen Theorien (der Wahrheit) gleichwohl systematisieren und auf eine gemeinsame Grundstruktur beziehen lassen. Diese Grundstruktur, von der sich alle Theorien als verschiedene Ausgestaltungen erweisen werden, ist die Erkenntnisrelation, wie sie zwischen einem erkennenden Subjekt und einem erkannten oder zu erkennenden Objekt besteht. Dass Wahrheit in den Kontext der Erkenntnistheorie gehört, dürfte keinem Zweifel unterliegen; denn Wahrheit und ihr Oppositum Falschheit werden stets von Erkenntnissen im weitesten Sinne ausgesagt: Meinungen, Sätze, Urteile, Behauptungen usw. sind wahr oder falsch. Wahrheit hat es stets mit Erkenntnis zu tun und umgekehrt Erkenntnis mit Wahrheit. Sollen Sinn und Bedeutung von Wahrheit erschlossen werden, dann muss dies im Rahmen und mit den Mitteln der Erkenntnistheorie geschehen. Da die Grundverfassung von Erkenntnis die Relation zwischen Subjekt und Objekt ist, die sich in formaler Notation als Beziehung zwischen zwei Beziehungsgliedern wiedergeben lässt, qualifiziert sich diese zugleich für eine exakte und präzise Beschreibungsweise nach dem Methodenideal der mathematischen Naturwissenschaften. Es wird zu zeigen sein, dass aus der je verschiedenen Betonung der Momente dieser Erkenntnisrelation je verschiedene Wahrheitsbegriffe bzw. Wahrheitstheorien resultieren. Die Akzentuierung der objektiven Seite, des erkannten oder zu erkennenden Seins [...], führt zu dem sogenannten ontischen Wahrheitsverständnis, zur Seinswahrheit. [...] Das zweite grundsätzliche Wahrheitsverständnis, das auf die skizzierte Erkenntnisrelation Bezug nimmt, ist die sogenannte Korrespondenztheorie [...]. Der dritte Typ von Wahrheitstheorien konzentriert sich auf den Subjektbegriff in der Erkenntnisrelation und führt zu einem subjektimmanenten Wahrheitsverständnis, das zumeist in aussagenlogischem Kontext unter dem Namen „Kohärenztheorie der Wahrheit“ begegnet. *Karen Gloy, Wahrheitstheorien, S. 7 f.*

M4 Wissen und Irrtum

Etwas wissen, das heißt: die Möglichkeit des Irrtums ausschließen zu können. Andernfalls weiß man nicht, sondern meint oder glaubt nur. Meinen oder glauben, das heißt: etwas annehmen und sich irren können. Meist lässt sich nicht sofort entscheiden, ob etwas gewusst oder nur angenommen wird. Der Weg, den man nimmt, könnte der richtige Weg sein; er könnte zu dem Ziel führen, das man erreichen will. Man nimmt es an, sonst hätte man sich für diesen Weg nicht entschieden und ginge ihn nicht. Doch ob es der richtige war, weiß man erst am Ziel. [...] Zum Wissen gehört nicht nur, dass man sich nicht irrt, sondern außerdem, dass ein Irrtum grundsätzlich möglich wäre, aber man im Stande ist, ihn auszuschließen. Etwas, im Hinblick auf das gar kein Irrtum möglich ist, wird nicht gewusst. So wäre es unsinnig zu sagen, man wisse, wie man atmet oder wie man schläft. Auch Sachverhalte, zu denen es in dem Augenblick, in dem sie festgestellt werden, keine Alternative gibt, sind keine Gegenstände des Wissens. Dass man selbst am Leben und nicht tot ist, dass man denkt oder spricht, lässt sich nicht wissen. Wie sollte man hier einen möglichen Irrtum ausschließen? [...] Man schließt einen Irrtum aus, indem man das Wissen, das man für sich in Anspruch genommen hatte, *nachweist* und *ausweist.*

Günther Figal, Was ist Wissen?, in: Der blaue Reiter, Wissen, S. 64

M5 Aufgabe philosophischer Erkenntnistheorie

Was verstehen wir unter „Erkenntnis", und was können wir als Erkenntnis gelten lassen? Können wir überhaupt etwas wissen, oder haben wir immer nur Meinungen? Das sind ganz grundsätzliche und als solche philosophische Fragen, und es ist nicht zu erwarten, dass die mit ihrer empirischen Forschung befassten Wissenschaftler sie uns beantworten. Natürlich hat jedermann und auch jeder Wissenschaftler darüber eine Meinung und damit eine implizite Erkenntnistheorie, aber nur im philosophischen Gespräch wird diese explizit gemacht und dann auch kritisierbar. [...] Wer auch immer sich jene Fragen stellt und sie weiter verfolgt, philosophiert, und das tun nicht nur die „Philosophen" genannten Philosophen. [...]

Dass es in der Erkenntnistheorie um Erkenntnis überhaupt geht, lässt sich wie folgt präzisieren: Es geht einmal um den Begriff der Erkenntnis und um die Beziehungen dieses Begriffs zu den verwandten Begriffen „Wissen", „Gewissheit", „Meinung", „Überzeugung", „Glauben" (i. S. von „belief"). Wir wollen wissen, was wir meinen, wenn wir von Erkenntnis sprechen, und dazu brauchen wir eine Übersicht im Netz der damit zusammenhängenden Begriffe. Dies nennen wir die *explikativen* Aufgaben der Erkenntnistheorie. – Dann suchen wir ein Kriterium (griech. kritérion: Kennzeichen; von krinein: unterscheiden) der Erkenntnis, und das bedeutet: Wir wollen uns nicht nur darüber verständigen, was wir unter Erkenntnis verstehen, sondern was wir als Erkenntnis gelten lassen wollen. Dies betrifft die Geltungscharaktere „wahr", „richtig", „stringent", „methodisch korrekt" etc. Hier geht es um die *normativen* Aufgaben der Erkenntnistheorie. Wir müssen darüber hinaus fragen, ob und wie dieses Kriterium anwendbar ist, denn es könnte ja sein, dass wir nur eine Erkenntnisutopie beschreiben [...]. Um über die Anwendbarkeit von Erkenntniskriterien etwas sagen zu können, muss man auch etwas über wirkliche Erkenntnisprozesse wissen, und daraus ergeben sich die *deskriptiven* Aufgaben der Erkenntnistheorie. Jede befriedigende Erkenntnistheorie muss mindestens diese drei Fragebereiche umfassen [...].

Herbert Schnädelbach, Erkenntnistheorie zur Einführung, S. 17f., 23f.

1 Schreiben Sie einen kurzen „Newsticker" zu dem Vorfall, auf den die in der Karikatur gezeigte Situation sich beziehen könnte. Finden Sie aktuelle Beispiele aus Ihrem Alltag. → M1
2 Geben Sie die verschiedenen Definitionen von Wahrheit in eigenen Worten wieder und überprüfen Sie ihre Plausibilität. → M2
3 Erörtern Sie die Erkenntnisrelation zwischen Subjekt und Objekt an einem Beispiel aus den Naturwissenschaften. → M3
4 Kennzeichnen Sie die Struktur des Wahrheitsbegriffes und ordnen Sie die Definitionen von Wahrheit (M2) den verschiedenen Wahrheitsbegriffen zu. → M3
5 Erläutern Sie, was Wissen ist. → M4
6 Nehmen Sie Stellung dazu, ob wir eine Theorie der Erkenntnis brauchen. → M5

2 Wissen und Rechtfertigung

M1 Vom Meinen, Glauben und Wissen

Das Fürwahrhalten, oder die subjektive Gültigkeit des Urteils, in Beziehung auf die Überzeugung (welche zugleich objektiv gilt), hat folgende drei Stufen: *Meinen* ist ein mit Bewusstsein *sowohl* subjektiv, *als* objektiv unzureichendes Fürwahrhalten. Ist das letztere nur subjektiv zureichend und wird zugleich für objektiv unzureichend gehalten, so heißt es *Glauben*. Endlich heißt das sowohl subjektiv als objektiv zureichende Fürwahrhalten das *Wissen*. Die subjektive Zulänglichkeit heißt *Überzeugung* (für mich selbst), die objektive Gewissheit (für jedermann). [...] Ich darf mich niemals unterwinden, zu meinen, ohne wenigstens etwas zu wissen, vermittelst dessen das an sich bloß problematische Urteil eine Verknüpfung mit Wahrheit bekommt, die, ob sie gleich nicht Vollständigkeit doch mehr als willkürliche Erdichtung ist.

Immanuel Kant, Kritik der reinen Vernunft, B 850

Die Astrologie versteht sich als Wissenssystem. Doch astrologische Behauptungen sind so lange kein Wissen, wie man sie nicht rechtfertigen kann.

M2 Meinung und Wissen

Vom Wissen sagt man, es sei der wichtigste Gegenstand der Philosophie. Die Fragen, was wir wissen können, wie wir wissen, was wir wissen, und was Wissen bzw. was Erkenntnis ist, stehen im Zentrum der gesamten Philosophie. [...] Es gibt verschiedene Arten des Wissens. Ich kann etwas wissen, weil ich es kenne (z. B. die Stadt Oxford), weil ich etwas kann (ich weiß, wie man Fahrrad fährt) oder weil ich es behaupte (ich weiß, dass Adler Vögel sind). Die Philosophie befasst sich vornehmlich mit dem Wissen, das in Sätzen formuliert wird. Ein Satz ist eine Aussage, die eine Behauptung (Proposition) enthält, etwa: „Elefanten sind grau." Im Alltag setzen wir voraus, dass wir das Ausgesagte „wissen" können, weil wir uns z. B. auf unsere Sinne verlassen oder uns an etwas erinnern, das wir irgendwann zuvor gelernt haben. Doch wissen wir tatsächlich so viel, wie wir zu wissen glauben? Was können wir wissen? [...] Wir unterscheiden intuitiv zwischen Meinen und Wissen. Menschen können wahre und falsche Meinungen haben. Doch wenn man etwas *(p)* zu wissen behauptet, dann muss *p* wahr sein. Wer sagt, Elefanten sind rosa, und behauptet, das auch zu wissen, irrt. Wenn Elefanten grau sind und nicht rosa, dann kann man das nicht wissen, allenfalls meinen. [...] Es gibt viele Evidenzen [Beweise] dafür, dass Astrologie keine sicheren Voraussagen treffen kann. Nehmen wir an, ich weiß das, lese mein Horoskop, glaube an die Voraussage, und sie trifft tatsächlich ein. *Wusste* ich, dass ich Recht hatte? Nein, denn ich hatte keinen triftigen Grund, die Voraussage für wahr zu halten. Wissen braucht also eine Art Stütze, bzw. Gründe dafür, eine Aussage, an die wir glauben, für wahr zu halten – kurz, Wissen muss gerechtfertigt werden. Doch was liefert eine Rechtfertigung? Die schnelle Antwort ist: Evidenzen.

Stephen Law, Philosophie, S. 49f.

M3 Die Standardanalyse von Wissen

Nehmen wir an, Peter glaubt, dass Heidi ihn liebt. Er ist sogar vollkommen überzeugt davon. Der Grund dafür ist jedoch nicht, dass Heidi sich ihm gegenüber irgendwie besonders freundlich benommen hätte. Sie benahm sich sogar eher abweisend. Der einzige Grund, warum Peter glaubt, dass Heidi ihn liebt, ist vielmehr, dass ein Wahrsager ihm das gesagt hat und Peter volles Vertrauen in die Magie hat. Nehmen wir einmal an, dass der Wahrsager tatsächlich ausnahmsweise Recht hat: Heidi liebt Peter wirklich, auch wenn sie es nicht zeigen will. Unter diesen Umständen muss man sagen, dass Peter die wahre Überzeugung hat, dass Heidi ihn liebt. Aber ganz sicher kann man nicht sagen, dass er *weiß*, dass Heidi ihn liebt. Die beiden bisher genannten Bedingungen mögen also notwendig sein; hinreichend sind sie nicht.

Wenn man sich überlegt, warum man Peter unter den geschilderten Umständen kein Wissen zuschreiben möchte, so kommt man sehr schnell auf den Gedanken, dass es ihm an einer Rechtfertigung für seine Überzeugung fehlt. Er stützt die Überzeugung, dass Heidi ihn liebt, auf die Aussage des Wahrsagers. Aber Wahrsager sind notorisch unzuverlässig. Peter hat also keinen guten Grund, an die Liebe Heidis zu glauben. Seine Überzeugung ist nur *zufälligerweise* wahr. Und darum schreiben wir ihm kein Wissen zu. Es liegt deshalb nahe, als dritte notwendige Bedingung für Wissen zu fordern, dass die Person S, um deren Wissen es geht, in der entsprechenden Überzeugung gerechtfertigt sein muss. Wir kommen damit zu folgender Wissensdefinition, die man gelegentlich auch als die *Standardanalyse von Wissen* bezeichnet:

Definition 1: Person S weiß, dass p, genau dann, wenn es (1) der Fall ist, dass p, wenn (2) S davon überzeugt ist, dass p, und wenn (3) S in dieser Überzeugung gerechtfertigt ist. [...]

Bevor wir dieser Frage weiter nachgehen, sollten wir uns vor Augen führen, dass die Standardanalyse von Wissen sehr nahe an dem zu sein scheint, was bereits Platon als Erläuterung des Wissensbegriffs erwog, vielleicht sogar akzeptierte. Auch er war der Ansicht, dass Wissen mehr ist als wahre Überzeugung.

Gerhard Ernst, Einführung in die Erkenntnistheorie, S. 69f.

M4 Das Gettier-Problem

1963 hat der amerikanische Philosoph Edmund Gettier den Aufsatz *Ist gerechtfertigte, wahre Meinung Wissen?* veröffentlicht – auf fünf Seiten präsentiert er einige Fälle, in denen jemand offensichtlich wahre Meinungen gerechtfertigt hat, aber kein Wissen. Hier ist einer davon: Angenommen, ich fahre durch eine mir unbekannte Gegend, in der ein Film gedreht wird. Viele „Häuser“, die ich sehe, sind *tatsächlich* nur Fassaden, einige von ihnen brennen. Ich denke: „Dieses Haus brennt.“ Wenn ich nur die Fassade sehe, ist meine Meinung falsch, also kein Wissen. Schaue ich aber zufällig auf das einzige Haus, das keine Kulisse ist, ist meine Meinung wahr. Und sie erscheint auch gerechtfertigt: Es sieht aus wie ein Haus, es brennt, und ich habe keinen Grund, meinen Sinnen zu misstrauen.
Meine Meinung ist wahr und gerechtfertigt, und doch, so Gettier, kein Wissen. Dafür ist die Verbindung zwischen den Gründen für meine Meinung (ihrer Rechtfertigung) und dem Umstand, dass sie sich als wahr erweist, zu zufällig. Ich hätte auf eine andere Fassade schauen können und keinen Unterschied erkannt. Wenn eine gerechtfertigte wahre Meinung nicht hinreicht, um Wissen zu sein, dann muss, damit aus ihr Wissen wird, etwas hinzu kommen – etwas, das Situationen Rechnung trägt, in denen uns nicht alle relevanten Möglichkeiten präsent sind.

Stephen Law, Philosophie, S. 62f.

1. Formulieren Sie den Unterschied zwischen Glauben, Meinen, Wissen in eigenen Worten. → M1
2. Finden Sie für die verschiedenen Arten von Wissen weitere Beispiele. Überlegen Sie, wie dieses Wissen erworben wird. → M2
3. Bestimmen Sie mit Hilfe von Lexika den Begriff „Evidenz“ und zeigen Sie seine Bedeutung für die Rechtfertigung von Wissen. → M2
4. Legen Sie die Beziehung zwischen (gerechtfertigter) Überzeugung und Wissen dar. → M3
5. Versuchen Sie das Gettier-Problem (M4) anhand eines eigenen Beispiels mit folgendem Definitionszusatz (s. M3, Z. 33-36) zu lösen:
   – und wenn (4) die persönliche Rechtfertigung von S nicht durch zusätzliche relevante Informationen zerstört werden kann. → M3/4

3 Erkennen ist Erinnern

M1 Was ist Wissen?

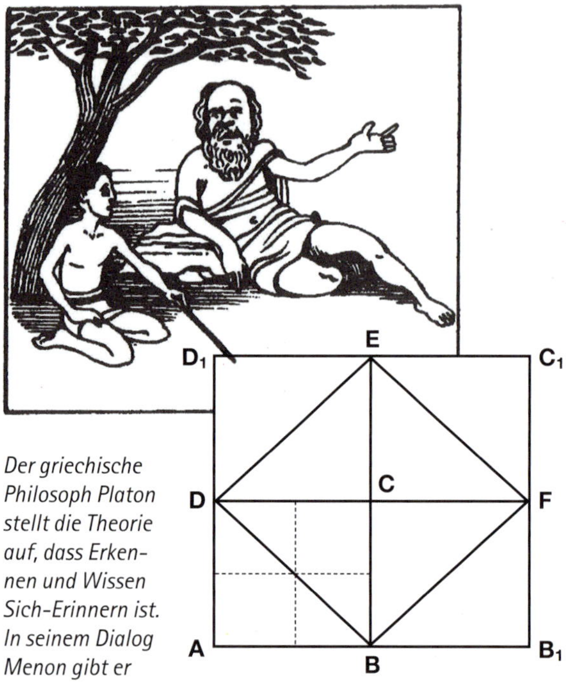

Der griechische Philosoph Platon stellt die Theorie auf, dass Erkennen und Wissen Sich-Erinnern ist. In seinem Dialog Menon gibt er dafür ein Beispiel. Der Gesprächsführer Sokrates bittet seinen Partner Menon, einen jungen Sklaven herbeizurufen, der von Mathematik keine Ahnung hat. Durch geschicktes Fragen entlockt er dem Jungen „Erkenntnisse" über geometrische Sachverhalte, die in seiner Seele schlummern.

Menon: Ja, Sokrates, aber meinst du dies so schlechthin, dass wir nicht lernen, sondern das, was wir so nennen, nur ein Erinnern ist? Kannst du mich wohl belehren, dass sich dieses so verhält? [...]

Sokrates: Freilich ist dies nicht leicht, ich will es aber doch unternehmen, dir zuliebe. Rufe mir also von den vielen Dienern hier, welche dich begleiten, irgendeinen her, welchen du willst, damit ich es dir an diesem zeige.

Menon: Sehr gern. Du da, komm her! [...]

Sokrates: Merke also wohl auf, wie er dir erscheinen wird, ob als erinnerte er sich oder als lernte er von mir.

Menon: Das will ich tun.

Sokrates: Sage mir also, Knabe, weißt du wohl, dass ein Viereck eine solche Figur ist?

Knabe: Das weiß ich.

Sokrates zeichnet ein Quadrat mit der Seitenlänge AB 2 Fuß und deutet die Seitenhalbierenden an. Dann verlängert er die Seiten AB und AD über ihre Endpunkte B und D hinaus um sich selbst, so dass das große Quadrat $AB_1 C_1 D_1$ entsteht mit einer Seitenlänge von 4 Fuß. Er verlängert ebenfalls die Seiten BC und DC über ihren Endpunkt C hinaus um sich selbst, so dass die Strecken BE und DF die Seitenhalbierenden des großen Quadrats $AB_1 C_1 D_1$ bilden.

Sokrates: Sage mir, ist dies nicht unser vierfüßiges Viereck? Verstehst du? **Knabe:** Ja.

Sokrates: Können wir nun nicht hier noch ein gleiches daransetzen? **Knabe:** Ja.

Sokrates: Und auch das dritte jedem von den beiden gleich? **Knabe:** Ja.

Sokrates: Können wir nun nicht auch das noch hier in der Ecke ausfüllen? **Knabe:** Allerdings.

Sokrates: Sind dies nun nicht vier gleiche Vierecke? **Knabe:** Ja.

Sokrates: Wie nun? Das Wievielfache ist wohl dies ganze von diesen? **Knabe:** Das Vierfache.

In den so entstandenen vier Teilquadraten ABCD, BB_1FC, CFC_1E und $DCED_1$ zieht er die Diagonalen DB, BF, FE und ED, die ein neues Quadrat DBFE ergeben. Sokrates beweist nun durch Fragen an den Sklaven, dass das über der Diagonale (DB) eines Quadrats (ABCD) errichtete Quadrat (DBFE) die doppelte Fläche dieses Quadrats (ABCD) hat.

Sokrates: Was dünkt dich nun Menon? Hat dieser irgendeine Vorstellung, die nicht sein war, zur Antwort gegeben? **Menon:** Nein, nur seine eigenen.

Sokrates: Und doch wusste er es vor kurzem noch nicht, wie wir gestanden? **Menon:** Ganz recht.

Sokrates: Es waren aber doch diese Vorstellungen in ihm. Oder nicht? **Menon:** Ja.

Sokrates: In dem Nichtwissenden also sind von dem, was er nicht weiß, dennoch richtige Vorstellungen? **Menon:** Das zeigt sich. [...]

Sokrates: Ohne dass ihn also jemand lehrt, sondern nur ausfragt, wird er wissen und wird die Erkenntnis nur aus sich selbst hervorgeholt haben. **Menon:** Ja.

Sokrates: Dieses nun, selbst aus sich eine Erkenntnis hervorholen, heißt das nicht sich erinnern?

Menon: Allerdings.

Sokrates: Hat er sie nun immer gehabt, so ist er auch immer wissend gewesen. Hat er sie einmal erlangt, so hat er sie wenigstens nicht in diesem Leben erlangt. [...] Wenn er sie aber in diesem Leben nicht erlangt hat und daher nicht wusste, so hat er sie ja offenbar in einer anderen Zeit gehabt und gelernt.

Menon: Offenbar.

Sokrates: Ist nun nicht dieses doch die Zeit, wo er kein Mensch war? **Menon:** Offenbar.

Sokrates: Wenn also in der ganzen Zeit, wo er Mensch ist, oder auch, wo er es nicht ist, richtige Vorstellungen in ihm sein sollen, welche, durch Fragen aufgeregt, Erkenntnisse werden, muss dann nicht seine Seele von jeher in dem Zustande des Gelernthabens sein? Denn offenbar ist er durch alle Zeit entweder Mensch oder nicht.

Menon: Das ist einleuchtend.

Sokrates: Wenn nun von jeher immer die Wahrheit von allem, was ist, der Seele einwohnt, so wäre ja die Seele unsterblich, so dass du getrost, was du jetzt nicht weißt, das heißt aber, dessen du dich nicht erinnerst, trachten kannst zu suchen und dir zurückzurufen.

Platon, Menon, 81d-86a

M2 Die der Seele innewohnenden Ideen

Die platonische Idee ist etwas Unräumliches, Zeitloses, Unveränderliches, nur dem Denken Zugängliches. Aber zuvorderst wollen wir wissen, welche Wirklichkeit sie besitzt. Dass es nicht die Realität der sinnlichen, raumzeitlichen Wirklichkeit *(res extensa)* ist, liegt auf der Hand. Es kommt ihr aber auch keine psychische Wirklichkeit *(res cogitans)* zu. Platon stellt ausdrücklich fest, dass die Idee nicht aktuelles Denken oder Wissen sei. Ihre Wirklichkeit ist vielmehr eine ideale. Was ideale Wirklichkeit ist, erfahren wir im Umgang mit mathematischen und logischen Geltungszusammenhängen. Sätze wie 2 mal 2 ist 4, der Satz der Winkelsumme des Dreiecks u. ä. können von keiner Macht der Welt umgestoßen werden. Sie stehen überhaupt nicht in der Zeit. Es ist sinnlos zu fragen, wann sie angefangen hätten zu gelten und ob, wenn einmal keine Welt mehr wäre, sie aufhörten zu gelten.

nach Johannes Hirschberger, Geschichte der Philosophie, S. 85

M3 Wahre Erkenntnis ist begrifflich

Die meisten modernen Menschen halten es für selbstverständlich, dass empirische Erkenntnis auf Wahrnehmung beruht oder davon abgeleitet ist. Plato aber vertritt wie die Philosophen verschiedener anderer Schulen eine ganz abweichende Doktrin, dass nämlich nichts, was aus sinnlicher Wahrnehmung herstammt, als „Erkenntnis" bezeichnet werden darf und dass die einzig wahre Erkenntnis mit Begriffen arbeitet. In diesem Sinn ist „2 + 2 = 4" echte Erkenntnis, eine Behauptung jedoch wie „Der Schnee ist weiß" enthält so viel Unklares und Unbestimmtes, dass der Philosoph sie nicht in seinen Bestand von Wahrheiten einreihen kann. [...] Wie Plato bin ich der Ansicht, dass die Arithmetik und ganz allgemein die reine Mathematik nicht aus der Wahrnehmung herrührt. Die reine Mathematik besteht aus Tautologien, analog dem Satz „Menschen sind Menschen"; sie sind gewöhnlich nur komplizierter. Um die Gültigkeit eines mathematischen Satzes zu erkennen, brauchen wir nicht die Welt, sondern nur die Bedeutung der Symbole zu studieren [...]. Nach Plato ist die mathematische Wahrheit also unabhängig von der Wahrnehmung; es ist jedoch eine ganz besonders geartete Wahrheit, die sich nur mit Symbolen befasst. [...] Ferner können wir, wenn wir wollen, sagen, Zahlen sind etwas Ewiges, Unveränderliches, und so fort, müssen jedoch hinzufügen, dass es sich dabei um logische Fiktionen handelt.

Bertrand Russell, Philosophie des Abendlandes, S. 171, 177f.

1. Spielen Sie die Szene nach. Entwickeln Sie Fragen, mit denen Sokrates das ursprüngliche mathematische Wissen aus Menon herausholen könnte. → M1
2. Erläutern Sie die Erklärung des Sokrates, woher Menon sein Wissen haben kann (Z. 29ff.). → M1
3. Fassen Sie kurz die platonische Ideenlehre zusammen. Beziehen Sie auch das „Höhlengleichnis" (S. 114f.) mit ein. → M2
4. Stellen Sie mit Russell die Aktualität der platonischen Erkenntnislehre dar. → M3

4 Die Suche nach Wahrheit

M1 Die belehrte Unwissenheit

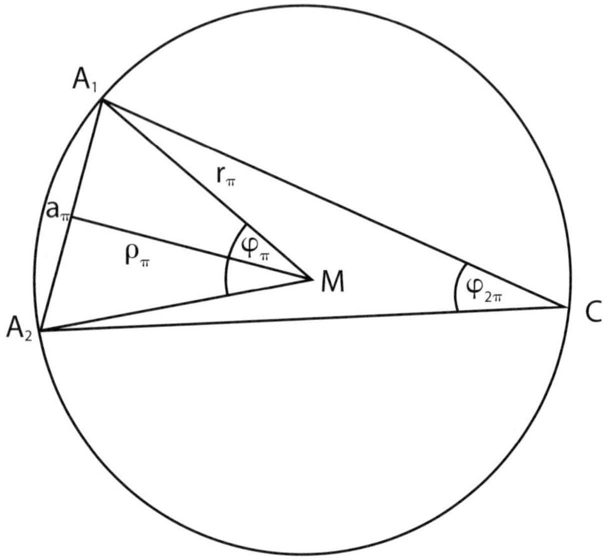

Nach dem mittelalterlichen Philosophen Nicolaus von Kues (1401-1464), der in der Tradition Platons steht, kann der menschliche Verstand etwas Absolutes wie das Maximum oder das Unendliche nicht erfassen. Dies zeigt sich beispielsweise darin, dass der Mensch nicht in der Lage ist, die genaue Wahrheit, etwa der Kreisoberfläche, zu berechnen.

Es ist also deutlich, dass wir über das Wahre nichts anderes wissen, als dass wir es in seiner Genauigkeit, so wie es ist, als unbegreiflich wissen. Die Wahrheit hat dabei die Bedeutung der absoluten Notwendigkeit, die nicht mehr oder weniger sein kann, als sie ist, unser Geist dagegen die Bedeutung der Möglichkeit. Die Wesenheit der Gegenstände, welche die Wahrheit der seienden Dinge ist, ist also in ihrer Reinheit unerreichbar. Sie wurde von allen Philosophen gesucht, aber von keinem wirklich gefunden. Je gründlicher wir in dieser Unwissenheit belehrt sind; desto näher kommen wir an die Wahrheit selbst heran. [...] die genaue Wahrheit leuchtet im Dunkel unserer Unwissenheit in der Weise des Nichterfassens auf. Das ist die belehrte Unwissenheit, die wir gesucht haben.

Nicolaus von Kues, De docta ignorantia 1, 3, Philosophische Werke, Bd. I, S. 15, 113

M2 Woran man zweifeln kann

Schon vor Jahren bemerkte ich, wie viel Falsches ich von Jugend auf als wahr hingenommen habe, und wie zweifelhaft alles sei, was ich später darauf gründete; darum war ich der Meinung, ich müsse einmal im Leben von Grund auf alles umstürzen und von den ersten Grundlagen an ganz neu anfangen, wenn ich später einmal etwas Festes und Bleibendes in den Wissenschaften errichten wollte. [...] Ich ziehe mich also in die Einsamkeit zurück und will ernst und frei diesen allgemeinen Umsturz aller meiner Meinungen vornehmen.

Dazu wird es indessen nicht nötig sein, dass ich allen die Falschheit nachweise; dies könnte ich vielleicht niemals erreichen. Da ja schon die Vernunft anrät, bei nicht ganz gewissen und zweifelsfreien Ansichten uns ebenso sorgfältig der Zustimmung zu enthalten wie bei solchen, die ganz sicher falsch sind, so reicht es für ihre Verwerfung insgesamt aus, wenn ich in einer jeden irgendeinen Anlass zum Zweifeln finde. Auch braucht man sie darum nicht einzeln durchzugehen; das wäre eine endlose Arbeit. Da bei der Untergrabung der Fundamente alles, was darauf gebaut ist, von selbst zusammenstürzt, werde ich unmittelbar die Prinzipien selbst angreifen, auf die sich alles stützte, was ich früher für wahr hielt. [...]

Wohlan denn, wir träumen, und unwahr sollen alle jene Einzelheiten sein: dass wir die Augen öffnen, den Kopf bewegen, die Hände ausstrecken, ja sogar, dass wir solche Hände, überhaupt solch einen Körper haben! Gleichwohl aber müssen wir eingestehen, dass uns im Schlaf gleichsam gewisse Malereien erschienen sind, die nur nach dem Vorbilde wirklicher Dinge gebildet werden konnten, und dass darum wenigstens im Allgemeinen Augen, Kopf, Hände und der ganze Körper nicht als eingebildete, sondern als wirkliche Dinge existieren. Denn es können ja selbst die Maler nicht einmal dann, wenn sie Sirenen und Satyrisken [Fabelwesen der griechischen Mythologie] in den ungewöhnlichsten Gestalten zu schaffen suchen, diesen in jeder Beziehung neue Eigentümlichkeiten beilegen; sie vermischen vielmehr lediglich Glieder verschiedener Geschöpfe miteinander. Ja, selbst wenn sie sich vielleicht etwas so Neues ausdenken, dass man überhaupt nie Ähnliches gesehen hat, also etwas völlig Erdichtetes und Unwahres, so müssen doch sicherlich mindestens die Farben wirklich sein, mit denen sie es darstellen. [...] [Man muss also anerkennen], dass notwendigerweise wenigstens irgendetwas anderes noch Einfacheres und Allgemeineres wirklich sein müsse, aus dem [...] alle jene wahren oder unwahren Bilder von Dingen gestaltet werden, die in unserem Bewusstsein vorhanden sind.

Dazu gehört anscheinend die Natur des Körpers im Allgemeinen und seine Ausdehnung, desgleichen die Gestalt der ausgedehnten Dinge, ferner die Quantität, d. h. ihre Größe und Anzahl; ebenso der Ort, an dem sie sind, die Zeit, während deren sie dauern, und Ähnliches.

Somit können wir hieraus wohl zu Recht schließen, dass [...] die Arithmetik, Geometrie und vergleichbare [Wissenschaften], die lediglich die einfachsten und allgemeinsten Dinge behandeln [...], etwas Sicheres und Unzweifelhaftes enthalten. Denn ob ich nun schlafe oder wache: zwei und drei geben zusammen fünf, und das Quadrat hat nicht mehr als vier Seiten. Es scheint unmöglich, dass so offenbare Wahrheiten in den Verdacht der Falschheit geraten könnten.

Nun ist aber meinem Geist eine gewisse althergebrachte Meinung eingeprägt, es gebe nämlich einen Gott, der alles vermag [...]. Warum aber soll dieser es nicht etwa so eingerichtet haben, dass es überhaupt gar keine Erde, keinen Himmel, nichts Ausgedehntes, keine Gestalt, keine Größe, keinen Ort gibt und dass trotzdem alles dies mir genauso wie jetzt da zu sein scheint? [...]

Nun aber nehme ich an, irgendein sehr mächtiger und, wenn ich so sagen darf, bösartiger Betrüger habe mich in allem, soweit es ihm nur irgend möglich war, absichtlich irregeführt. Kann ich mir dann noch das Geringste von alledem zuschreiben, was ich zur Natur des Körpers rechnete? Ich stutze, denke nach und überlege hin und her, aber nichts will sich mir zeigen; der fruchtlosen Wiederholung werde ich müde. Wie steht es aber mit dem, was ich der Seele zuschrieb, mit der Ernährung und dem Gehen? Offenbar bestehen auch diese Tätigkeiten bloß in der Einbildung, da ich nun einmal keinen Körper habe. Aber das Empfinden? Auch dieses geschieht nicht ohne Körper, aber gar oft erschien es mir im Traume, als empfände ich, während ich nachher merkte, dass es nicht wahr sei. Und das Denken? Hier werde ich fündig: Das Denken [= Bewusstsein] ist es; es allein kann von mir nicht abgetrennt werden; Ich bin, Ich existiere, das ist gewiss. Wie lange aber? Offenbar solange ich denke, denn es ist ja auch möglich, dass ich, wenn ich überhaupt nicht mehr denken würde, sogleich aufhörte zu sein. Ich lasse jetzt nichts gelten, als was notwendig wahr ist; demnach bin ich genaugenommen lediglich ein denkendes Ding *[res cogitans]*, d. h. Geist bzw. Seele bzw. Verstand bzw. Vernunft; lauter Bezeichnungen, deren Bedeutung mir früher unbekannt war. Ich bin nun ein wirkliches und wahrhaft seiendes Ding. Was denn für ein Ding? Ich sagte ja: ein denkendes. *René Descartes, Meditationen über die Erste Philosophie, S. 63, 65, 67, 69; 83*

1 Diskutieren Sie, welche Bedeutung dem Faktor pi zukommt. Ziehen Sie Schlussfolgerungen über die Erkenntnis von Wahrheit. → M1
2 Erläutern Sie den Begriff der Wahrheit und der belehrten Unwissenheit bei Nicolaus von Kues. → M1
3 Finden Sie eigene Beispiele aus Ihrem Alltag, die zeigen, dass die absolute Wahrheit nicht erreicht werden kann. → M1
4 Philosophieren Sie selbst: Schreiben Sie sich dazu an einer Stelle des Textes von René Descartes ein (z. B. in Z. 25) und entwickeln Sie eigene Überlegungen. Diese können, müssen aber nicht in Einklang mit Descartes' Argumentation stehen. → M2
5 Rekonstruieren Sie den Weg, den Descartes geht, um zur Wahrheit zu gelangen. Beachten Sie dabei insbesondere Aussagen wie „ich nehme an". → M2
6 Bestimmen Sie die Wahrheit des Satzes „ich bin, ich existiere". Erörtern Sie, was Descartes unter Existenz versteht. → M2

5 Das Ich und die Außenwelt

M1 Nur durch den Verstand

Wir wollen jene Dinge betrachten, die man gemeinhin am deutlichsten zu erkennen meint, nämlich die Körper, die wir betasten und sehen [...]. Nehmen wir z. B. dieses Stück Bienenwachs. Es ist ganz frisch aus Honigscheiben gewonnen worden. Noch hat es nicht allen Honiggeschmack verloren. Ein wenig bewahrt es von dem Duft der Blumen, aus denen es gesammelt wurde. Seine Farbe, seine Gestalt, seine Größe liegen offen zutage. Es ist hart, kalt, man kann es leicht anfassen, und wenn man mit dem Knöchel darauf klopft, gibt es einen Ton von sich. Kurz, alles ist ihm eigen, was zur ganz deutlichen Erkenntnis eines Körpers erforderlich erscheint.

Doch sieh da, während ich rede, kommt es dem Feuer nahe; der Rest des Geschmacks vergeht; sein Duft verflüchtigt sich; seine Farbe ändert sich; seine Form verschwindet. Es nimmt zu an Größe, wird flüssig, wird heiß, kaum kann man es noch anfassen, und schlägt man darauf, so gibt es keinen Ton mehr.

Bleibt es nun noch dasselbe Stück Wachs? Man muss es zugeben, niemand leugnet es, niemand ist anderer Meinung. Was wurde denn an ihm so deutlich aufgefasst? Sicherlich nichts von alledem, was ich mit den Sinnen erreichte, denn alles, was unter den Geschmack, den Geruch, das Gesicht, das Gefühl oder das Gehör fiel, hat sich jetzt geändert; das Stück Wachs bleibt.

Vielleicht ist es das mir jetzt Bewusste: Das Wachs selbst nämlich war gar nicht jene Honigsüße, nicht jener Blumenduft, jenes Weiß, jene Form, jener Ton, es war vielmehr ein Körper, der mir kurz vorher in solchen, jetzt aber in anderen Zustandsweisen erschien. Was aber fasse ich, genau gesagt, mit der Einbildungskraft auf? Aufgepasst! wir bringen alles in Abzug, was nicht zu dem Stück Wachs gehört, und sehen zu, was übrigbleibt: Es ist lediglich etwas Ausgedehntes, Biegsames, Veränderliches.

Was aber heißt hier biegsam, veränderlich? Etwa, dass in meiner Einbildung dieses Wachsstück aus der runden Gestalt in eine viereckige, oder aus dieser in eine dreieckige überführt werden kann? Keineswegs, denn es ist nach meinem Begriff unzähliger derartiger Umwandlungen fähig; unzählige aber kann meine Einbildungskraft nicht durchlaufen, und dies Begreifen kann mithin durch mein Einbildungsvermögen nicht erschöpfend dargestellt werden.

Was heißt ausgedehnt? Ist vielleicht sogar die Ausdehnung des Wachsstücks unbekannt? Beim schmelzenden Wachs wird sie ja größer, beim heißen noch mehr, und immer mehr, wenn die Hitze zunimmt. Ich würde also falsch beurteilen, was das Wachsstück ist, wenn ich nicht annähme, dass es auch seiner Ausdehnung nach mehr Veränderungen zulässt, als ich je in der Einbildung umfasst habe.

So muss ich schließlich gestehen, dass ich mir nicht einmal bildhaft vorstellen kann, was dieses Stück Wachs hier ist, sondern es allein durch den Geist auffasse. Ich rede von dem Wachs im Besonderen; beim Wachs im Allgemeinen ist dies noch viel klarer.

Was ist denn nun dieses Wachs, das man nur im Geiste auffassen kann? Offenbar eben das, was ich sehe, berühre, bildhaft vorstelle; überhaupt dasselbe, das ich von Anfang an für seiend gehalten habe. Aber, wohlgemerkt, die Auffassung desselben besteht nicht in einem Sehen, Berühren, sinnlichen Vorstellen, und bestand überhaupt nie darin, wenn es mir auch früher so vorkam; sie besteht vielmehr in einem bloßen geistigen Einblick, der unvollkommen und verworren sein kann wie vordem, oder klar und deutlich wie jetzt, je nachdem, ob ich mehr oder weniger auf seine Bestandteile achte.

[...] So erfasse ich also das, was ich mit den Augen zu sehen meinte, in Wahrheit nur durch das Urteilsvermögen, welches meinem Geiste innewohnt. [...]

Was soll aber von eben diesem Geist, das heißt von mir selbst gelten? Außer dem Geist erkenne ich nämlich noch nichts an mir. – Wie? Sollte Ich, der ich dieses Wachs so deutlich zu erfassen scheine, sollte ich nicht mich selbst nicht nur viel wahrer und gewisser, sondern auch viel deutlicher und evidenter erkennen?

Denn, wenn ich urteile, dass das Wachsstück existiert, weil ich es sehe, so folgt sicherlich noch viel klarer auch mein eigenes Dasein genau daraus, dass ich das Wachs sehe. Denn es ist ja möglich, dass das, was ich sehe, in Wirklichkeit gar kein Wachs ist; es ist sogar möglich, dass ich nicht einmal Augen habe, um damit etwas zu sehen; ganz und gar unmöglich aber ist es, dass ich, wenn ich sehe oder (was ich nicht länger als verschieden setze) wenn ich denke, dass ich sehe – dass Ich selbst, der ich denke, nicht etwas sei. *René Descartes, Meditationen über die Erste Philosophie, S. 89, 91, 93, 95*

Rationalismus

(von lat. *ratio:* Vernunft, Verstand): erkenntnistheoretische Position, die den Anteil der Vernunft an unseren Erkenntnisleistungen betont bzw. verabsolutiert. Die Verstandesphilosophie des Rationalismus sieht im menschlichen Verstand ein selbständiges, von allen äußeren Einflüssen unabhängiges Erkenntnisorgan und steht damit im Gegensatz zur Erfahrungsphilosophie des Empirismus (Verstand ist auf Sinneseindrücke angewiesen).
Wenn auch heute die strenge Unterscheidung von Rationalismus und Empirismus in Frage gestellt wird, so werden doch einzelne Philosophen wie Descartes, Spinoza, Leibniz, Wolff und im weiteren Sinne auch Platon und seine Ideenlehre (hierbei vor allem die Vorstellung von der nicht sinnlich erfahrbaren, sondern nur geistig erfassbaren, vernünftigen Ordnung der Dinge) der rationalistischen Strömung zugeordnet.
Die Denkweise von Descartes, Spinoza und Leibniz zeigt hinsichtlich ihres Optimismus Ähnlichkeiten mit der neuzeitlichen Philosophie der Aufklärung: Es gibt keine grundsätzlich unlösbaren, sondern nur vorläufige Probleme für die Erkenntniskraft des menschlichen Verstandes.
Der kritische Rationalismus des 20. Jahrhunderts stellt gleichsam die Umkehrung der Grundidee des traditionellen Rationalismus dar: Rational erarbeitete und geprüfte wissenschaftliche Sätze gelten als wahr, solange sie nicht (empirisch) widerlegt werden, d. h. an Stelle des klassischen Prinzips der Verifikation tritt das der Falsifikation.

nach Schülerduden Philosophie, S. 344-346

M2 Descartes' Irrtum

Darin liegt Descartes' Irrtum: in der abgrundtiefen Trennung von Körper und Geist, von greifbarem, ausgedehntem, mechanisch arbeitendem, unendlich teilbarem Körperstoff auf der einen Seite und dem ungreifbaren, ausdehnungslosen, nicht zu stoßenden und zu ziehenden, unteilbaren Geiststoff auf der anderen; in der Behauptung, dass Denken, moralisches Urteil, das Leiden, das aus körperlichem Schmerz oder seelischer Pein entsteht, unabhängig vom Körper existieren. Vor allem: in der Trennung der höchsten geistigen Tätigkeiten vom Aufbau und der Arbeitsweise des biologischen Organismus. [...] Die cartesianische Vorstellung eines körperlosen Geistes liegt möglicherweise auch der Auffassung jener Neurowissenschaftler zugrunde, die behaupten, Geist lasse sich ausschließlich durch Gehirnereignisse erklären, so dass man den Rest des Organismus sowie die physische und soziale Umwelt getrost ausklammern könne – einschließlich des Umstands, dass ein Teil der Umwelt das Ergebnis vorausgehender Handlungen des Organismus ist. [...] Die Vorstellung von einem körperlosen Geist scheint auch für die besondere Weise verantwortlich zu sein, in der die westliche Medizin sich der Untersuchung und Behandlung von Krankheiten zugewandt hat

Antonio R. Damasio, Descartes' Irrtum, S. 330-332

1 Skizzieren Sie den Argumentationsverlauf Descartes'. Gliedern Sie den Textauszug in Sinnabschnitte und finden Sie passende Überschriften. ➜ M1

2 Formulieren Sie das Grundproblem, das Descartes mit Hilfe des Stückes Wachs erklärt. Diskutieren Sie, welche Lösung des Problems Descartes gibt. ➜ M1

3 Schreiben Sie ein fiktives Interview mit René Descartes über die Erkenntnis von Dingen. Berücksichtigen Sie dabei insbesondere die Bedeutung der sinnlichen Qualitäten, der Einbildungskraft und des Einblicks des Geistes. ➜ M1

4 Erläutern und prüfen Sie die Feststellung Damasios, dass die Neurowissenschaft und die westliche Medizin auf einem dualistischen Menschenbild beruhen. ➜ M4

6 Die Genese unseres Wissens

M1 Die geborenen Experten

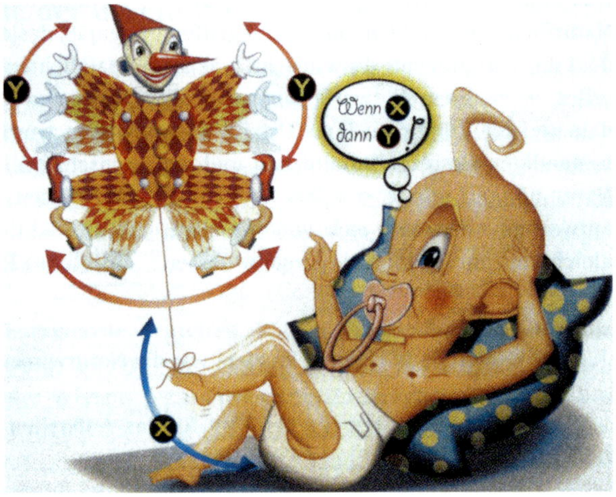

Bereits unmittelbar nach ihrer Geburt etwa vermögen Säuglinge zwischen Personen und Objekten zu unterscheiden. Zugleich sind sie darauf gepolt, dem Verhalten von Menschen höchste Aufmerksamkeit zu widmen. Diese Fähigkeit mag nebensächlich erscheinen, ist es aber nicht für ein kleines Wesen, das kurz zuvor noch die Dunkelheit des Mutterleibs vor Augen hatte: Denn woher weiß das Neugeborene, dass ein Mensch etwas anderes ist als ein Auto, das sich ebenfalls bewegt und Geräusche von sich gibt?
Offensichtlich bringen Kinder diese Fähigkeit – Gegenstände und Menschen auseinanderzuhalten – mit auf die Welt. Die Babyforscherin Elizabeth Spelke von der Harvard University hält diese Gabe, die Wissenschaftler „Kernkompetenz“ nennen, für genetisch fixiert.

Alexandra Rigos, Die Geburt der Gedanken, in: GEO kompakt Nr. 28, 2011, S. 49

M2 Begriffe sind nicht angeboren

Wenn daher Kinder und dumme Menschen eine Seele oder einen Verstand mit solchen Einprägungen haben, so müssen sie sie auffassen, sie kennen und diesen Wahrheiten beistimmen, und da sie dies nicht tun, kann es solche Eindrücke nicht geben. Denn wenn sie keine von Natur eingeprägten Begriffe sind, wie können sie da angeboren sein? Und wenn diese Begriffe eingeprägt sind, wie können sie da nicht gewusst werden? Sagt man: ein Begriff sei der Seele eingeprägt, und zugleich: die Seele kenne ihn nicht und habe ihn nie bemerkt, so macht man diese Einprägung zunichte. [...]
Ein Kind weiß nicht eher, dass 3 und 4 gleich 7 sind, als bis es bis 7 zählen kann und den Namen und die Vorstellung der Gleichheit erlangt hat; dann stimmt es bei Erklärung dieser Worte sofort zu oder begreift die Wahrheit dieses Satzes. Indes stimmt es dann nicht zu, weil es eine ihm eingeborene Wahrheit ist; und ebenso fehlte seine Zustimmung nicht deshalb so lange, weil ihm der Gebrauch der Vernunft fehlte, sondern die Wahrheit erscheint ihm dann, wenn es in seiner Seele die klaren und bestimmten Vorstellungen befestigt hat, zu denen diese Worte gehören. Dann erkennt es die Wahrheit dieses Satzes aus demselben Grunde und auf dieselbe Weise, als es vorher wusste, dass eine Rute und eine Kirsche nicht dasselbe Ding sind, und aus demselben Grunde, aus dem es später zu dem Wissen gelangt, dass es für dasselbe Ding unmöglich ist, zu sein und nicht zu sein, wie später noch weiter gezeigt werden soll. Je später also jemand zu diesen allgemeinen Vorstellungen gelangt, aus welchen diese Grundsätze bestehen, oder je später er die Bedeutung der Worte für diese Vorstellungen kennenlernt, oder je später er die Vorstellungen, welche sie bezeichnen, in seiner Seele zusammenbringt, desto später wird er auch diesen Sätzen zustimmen, deren Worte mit den dadurch bezeichneten Vorstellungen so wenig ihm angeboren sind, wie die einer Katze oder eines Wiesels; vielmehr muss er warten, bis die Zeit und Beobachtung ihn damit bekannt gemacht hat. Dann wird er fähig sein, die Wahrheit dieser Sätze zu verstehen, sobald ein Umstand ihn bestimmt, diese Vorstellungen zu verbinden und zu beobachten, ob sie so, wie diese Sätze es aussagen, zusammenstimmen oder nicht.

John Locke, Versuch über den menschlichen Verstand, Band 1, S. 44f., 50

M3 Die wahre Methode der Philosophie

Der Mensch, als Diener und Erklärer der Natur, wirkt und weiß nur so viel, als er von der Ordnung der Natur durch die Sache oder seinen Geist beobachtet hat; mehr weiß und vermag er nicht.

Weder die bloße Hand noch der sich selbst überlassene Geist vermag Erhebliches; durch Werkzeuge und Hilfsmittel wird das Geschäft vollbracht; man bedarf dieser also für den Verstand wie für die Hand. Und so wie die Werkzeuge die Bewegung der Hände erwecken und leiten, so müssen auch die Werkzeuge des Geistes den Verstand stützen und behüten. [...]

Die, welche die Wissenschaften bearbeiteten, waren entweder Empiriker oder Dogmatiker. Jene sammeln und verbrauchen nur, wie die Ameisen; Letztere aber, welche mit der Vernunft beginnen, ziehen wie die Spinnen das Netz aus sich selbst heraus. Das Verfahren der Bienen steht zwischen beiden; diese ziehen den Saft aus den Blumen in Gärten und Feldern, aber behandeln und verdauen ihn durch eigne Kraft. Ähnlich ist das Geschäft der Philosophie; es stützt sich nicht ausschließlich oder hauptsächlich auf die Kräfte der Seele, und es nimmt den von der Naturkunde und den mechanischen Versuchen gebotenen Stoff nicht unverändert in das Gedächtnis auf, sondern verändert und verarbeitet ihn im Geiste. Deshalb können auf das engere und festere Bündnis beider Vermögen des versuchenden nämlich und des denkenden, was bis jetzt noch nicht bestanden hat, die besten Hoffnungen gebaut werden. [...]

Nun beruht aber die Herrschaft des Menschen über die Dinge bloß auf den Künsten und Wissenschaften. Denn man kann der Natur nur gebieten, wenn man ihr gehorcht. [...] Da die Wege zur menschlichen Macht und zur Wissenschaft eng verbunden und ziemlich dieselben sind, so ist es in Folge der verderblichen, eingewurzelten Gewohnheit, sich in dem Abstrakten zu bewegen, sicherer, die Wissenschaften von den Grundlagen aus zu beginnen, welche sich auf den tätigen Teil beziehen; dieser hat dann den betrachtenden Teil zu bezeichnen und zu bestimmen.

Francis Bacon, Große Erneuerung der Wissenschaften, S. 58, 156, 201, 207, 220

M4 Empirismus heute

Die empiristischen Strömungen nehmen in der Philosophie der Gegenwart eine Sonderstellung ein. Das gemeinsame Band, welches sie verknüpft, ist nicht ein bestimmter Lehrgehalt, sondern *die Leugnung aller Art von Metaphysik*. Der Ausdruck „Metaphysik" ist dabei in einem sehr weiten Sinn zu nehmen, so dass darunter nicht nur eine Lehre von den übersinnlichen Gegenständen verstanden wird, sondern jede Philosophie, die den Anspruch erhebt, auf apriorischem Wege zu Wirklichkeitsbehauptungen oder zu normativen Aussagen gelangen zu können. Sollte man die gemeinsame Grundüberzeugung der Empiristen auf eine kurze Formel bringen, so könnte man sie etwa so ausdrücken: *Es ist unmöglich, durch reines Nachdenken und ohne eine empirische Kontrolle (mittels Beobachtungen) einen Aufschluss über die Beschaffenheit und über die Gesetze der wirklichen Welt zu gewinnen.* Was es an wissenschaftlichen Erkenntnissen gibt, gehört entweder zu den Formalwissenschaften Logik und Mathematik oder zu den empirischen Realwissenschaften; für eine Philosophie, die mit den einzelwissenschaftlichen Erkenntnissen konkurrieren oder über sie hinausführen könnte, ist daneben kein Platz.

Wolfgang Stegmüller, Hauptströmungen der Gegenwartsphilosophie, S. 346

1. Halten Sie fest, über welches Wissen ein Neugeborenes verfügt. ➜ M1
2. Erörtern Sie die These John Lockes, dass dem menschlichen Geist keine Ideen eingeboren sind. ➜ M2
3. Erläutern Sie, welche Stellung Francis Bacon dem menschlichen Geist beimisst. Unterscheiden Sie die Methoden des Empiristen und des Rationalisten (s. S. 138f.). Erörtern Sie Vor- und Nachteile der beiden Methoden. ➜ M3
4. Beschreiben Sie den Weg, den die Philosophie einschlagen sollte. ➜ M3
5. Fassen Sie in Form eines Infokastens kurz thesenartig zusammen: Empirismus ist ... ➜ M4
6. Diskutieren Sie die Folgen des empiristischen Ansatzes, dass unsere Erkenntnis durch die Erfahrung begründet ist. ➜ M4

7 Empirismus oder Rationalismus?

M1 Der Geist

A. Nehmen wir also an, der Geist sei, wie man sagt, ein unbeschriebenes Blatt, ohne alle Schriftzeichen, frei von allen Ideen; wie werden ihm diese dann zugeführt?

B. Die Rede von einer *Tabula rasa* ist lediglich eine Fiktion und kommt in der Natur nicht vor. Woher hat der Geist die verschiedenen Ideen?

M2 Der Ursprung des Wissens

C. In der Seele ist nichts, das nicht von den Sinnen kommt. Aber man muss die Seele selbst und ihre Zustände hiervon ausnehmen. *Nihil est in intellectu quod non fuerit in sensu, excipe: nisi ipse intellectu.*

D. Ich antworte darauf mit einem einzigen Worte: aus der *Erfahrung.* Auf sie gründet sich unsere gesamte Erkenntnis, von ihr leitet sie sich schließlich her.

M3 Die Quelle der Ideen

E. Um einen Streit, der uns schon allzu lange aufgehalten hat, zu vermeiden, erkläre ich Ihnen zum Voraus, dass, wenn Sie sagen, dass die Ideen aus der einen oder anderen dieser Ursachen stammen, ich dies von ihrem wirklichen Gewahrwerden verstehe: denn ich glaube gezeigt zu haben, dass sie in uns sind, ehe man sich ihrer in ihrer besonderen Bestimmtheit bewusst wird.

F. Unsere Beobachtung, die entweder auf äußere sinnlich wahrnehmbare Objekte gerichtet ist oder auf innere Operationen des Geistes, die wir wahrnehmen und über die wir nachdenken, liefert unserem Verstand das gesamte Material des Denkens.

M4 Die Ideen der äußeren Erfahrung

G. Wenn unsere Sinne mit bestimmten sinnlich wahrnehmbaren Objekten in Berührung treten, so führen sie dem Geist eine Reihe verschiedener Wahrnehmungen von Dingen zu, die der mannigfach verschiedenen Art entsprechen, wie jene Objekte auf die Sinne einwirken.

H. Wir sind niemals ohne Denken und auch Empfindung. Ich unterscheide nur zwischen Ideen und Gedanken, denn alle reinen oder distinkten Ideen besitzen wir stets von den Sinnen unabhängig, unsere Gedanken aber entsprechen immer irgendeiner Empfindung. Dem Geist sind verschiedene Wahrheiten eingeboren, selbst wenn er sich dieser Wahrheiten nicht bewusst ist. Diese Wahrheiten liegen in uns, auch ohne dass wir ausdrücklich an sie denken, so wie es im Marmor Adern gibt, bevor man sie entdeckt.

M5 Die Ideen der inneren Erfahrung

I. Die andere Quelle, aus der die Erfahrung den Verstand mit Ideen speist, ist die Wahrnehmung der Operationen des eigenen Geistes in uns, der sich mit den ihm zugeführten Ideen beschäftigt Diese Operationen statten den Verstand, sobald die Seele zum Nachdenken und Betrachten kommt, mit einer anderen Reihe von Ideen aus, die durch Dinge der Außenwelt nicht hätten erlangt werden können.

J. Ich bin seit langer Zeit der Meinung, dass es eine eingeborene Idee Gottes und auch andere eingeborene Ideen gibt. Ich glaube, dass alle Gedanken und Tätigkeiten unserer Seele oder unseres Geistes aus ihrem eigenen Grunde stammen. Die Seele enthält also das Sein, die Substanz, das Eine, das Selbige, die Ursache, die Perzeption, das Denken und eine Menge anderer Begriffe, die die Sinne nicht verleihen können.

M6 Die Beziehung zwischen unseren Vorstellungen und den Gegenständen

K. Wir dürfen nicht etwa denken, die Ideen seien die genauen Abbilder und Ebenbilder von etwas dem Gegenstand Inhärierenden. [...]. Wenn beispielsweise ein Schneeball die Kraft besitzt, in uns die Ideen von weiß, kalt und rund zu erzeugen, so nenne ich die Kraft, diese Ideen, wie sie im Schneeball sind, in uns zu erzeugen, Qualitäten; sofern sie aber Sensationen oder Wahrnehmungen in unserm Verstande sind, nenne ich sie Ideen. Wenn ich also zuweilen von diesen Ideen rede, als wären sie in den Dingen selbst, so möchte ich darunter jene Qualitäten in den Objekten verstanden wissen, die die Ideen in uns erzeugen.

L. Man kann also in gewisser Hinsicht sagen, dass die Wärme dem Wasser eines Bades angehört, obwohl es jemand geben kann, dem es kalt erscheint, wie auch der Honig schlechthin süß und das Silber schlechthin weiß genannt wird, wenngleich manchen Kranken der eine bitter, das andere gelb erscheint, denn die Bezeichnung richtet sich nach dem gewöhnlichsten Fall. Immerhin werden bei normaler Beschaffenheit des Organs und des Mediums die inneren Bewegungen und die Ideen, durch die sie in der Seele dargestellt werden, den Bewegungen des Gegenstandes, durch die die Farbe, die Wärme, der Schmerz usw. verursacht werden, gleichen oder, was hier auf dasselbe hinauskommt, sie nach einem ziemlich genauen Verhältnis zum Ausdruck bringen [...].

John Locke, Versuch über den menschlichen Verstand, Band 1, S. 107-109, 146

Gottfried Wilhelm Leibniz, Neue Abhandlung über den menschlichen Verstand, S. 37f., 55f., 83f., 94

1 Ordnen Sie die Textfragmente zur empiristischen oder rationalistischen Strömung zu und begründen Sie Ihre Entscheidung. ➔ M1-6

2 Schreiben und inszenieren Sie ein Streitgespräch, das sich zwischen einem Vertreter des Rationalismus und einem Vertreter des Empirismus ereignet haben könnte. In diesem Streitgespräch sollten die Begriffe „eingeborene Ideen, a priori, a posteriori, Erfahrung, Geist" fallen. ➔ M1-6

3 Beurteilen Sie die Plausibilität der beiden Positionen. Welche Position nehmen Sie ein? ➔ M1-6

8 Skeptische Zweifel

M1 (Un-)möglich?

René Magritte, Le Château des Pyrénées

M2 Ursache und Wirkung

Alle Gegenstände der menschlichen Vernunft und Forschung lassen sich naturgemäß in zwei Arten zerlegen, nämlich in Beziehungen von Vorstellungen und in Tatsachen. Von der ersten Art sind die Wissenschaften der Geometrie, Algebra und Arithmetik; und kurz gesagt, jede Behauptung von entweder intuitiver oder demonstrativer Gewissheit. Dass das Quadrat der Hypotenuse gleich ist den Quadraten der beiden Seiten, ist ein Satz, der eine Beziehung zwischen diesen Figuren ausdrückt. [...] Tatsachen, der zweite Gegenstand der menschlichen Vernunft sind nicht in gleicher Weise als gewiss verbürgt; ebenso wenig ist unsere Evidenz von ihrer Wahrheit, wenn auch noch so stark, von der gleichen Art wie bei der vorhergehenden. Das Gegenteil jeder Tatsache bleibt immer möglich, denn es kann niemals einen Widerspruch in sich schließen und wird vom Geist mit derselben Leichtigkeit und Deutlichkeit vorgestellt, als wenn es noch so sehr mit der Wirklichkeit übereinstimmte. Dass die Sonne morgen nicht aufgehen wird, ist ein nicht minder verständlicher Satz und nicht widerspruchsvoller, als die Behauptung, dass sie aufgehen wird. Wir würden daher vergeblich versuchen, seine Falschheit zu demonstrieren. Wäre er demonstrativ falsch, so enthielte er einen Widerspruch und ließe sich niemals deutlich vom Geiste vorstellen. [...] Alle Tatsachen betreffenden Vernunfterwägungen scheinen auf der Beziehung von *Ursache und Wirkung* zu beruhen. Einzig mittels dieser Beziehung können wir über die Evidenz unseres Gedächtnisses und unserer Sinne hinausgehen. Würde man jemanden fragen, weshalb er an eine nicht gegenwärtige Tatsache glaube, z. B., dass sein Freund auf dem Lande oder in Frankreich sei, so würde er einen Grund angeben, und dieser Grund würde eine andere Tatsache sein, etwa ein Brief, den er von ihm erhalten hat, oder das Wissen um seine früheren Entschlüsse und Versprechungen. Fände jemand auf einer einsamen Insel eine Uhr oder eine andere Maschine, würde er daraus schließen, dass einst auf jener Insel Menschen gewesen seien. Alle unsere Gedankengänge über Tatsachen sind von gleicher Art. Dabei wird immer vorausgesetzt, dass eine Verknüpfung zwischen der gegenwärtigen Tatsache und der aus ihr gefolgerten besteht. [...] Wollen wir somit eine zufriedenstellende Erklärung für das Wesen jener Evidenz der Gewissheit von Tatsachen erlangen, haben wir zu untersuchen, wie wir zur Erkenntnis von Ursache und Wirkung kommen. Ich wage es, den Satz als allgemeingültig und keine Ausnahme duldend aufzustellen, dass die Kenntnis dieser Beziehung in keinem Falle durch Denkakte *a priori* gewonnen wird, sondern ausschließlich aus der Erfahrung stammt, indem wir feststellen, dass gewisse Gegenstände immerdar miteinander verbunden sind. [...] Würde man uns irgendeinen Gegenstand zeigen und würden wir aufgefordert, die von ihm ausgehende Wirkung zu nennen, ohne frühere Beobachtungen zu Rate zu ziehen, auf welche Weise – so frage ich – muss der Geist dabei verfahren? Er muss sich ein Ereignis erfinden oder ausdenken, das er dem Gegenstand als dessen Wirkung zuschreibt, und es ist klar, dass diese Erfindung völlig willkürlich sein muss. Der Geist kann unmöglich jemals die Wirkung in der mutmaßlichen Ursache finden, nicht einmal durch die sorgfältigste Forschung und Untersuchung. Die Wirkung ist nämlich von der Ursache gänzlich verschieden und kann folglich niemals in ihr entdeckt werden [...]. Ein Stein oder ein Metallstück, das in die Luft gehoben und dort ohne Stütze gelassen wird, fällt unverzüglich; betrachten wir aber die Sache *a priori (unabhängig von Erfahrung)*, lässt sich wohl dann irgendetwas an dieser Lage entdecken, das eher die Vorstellung einer nach unten gerichteten als die einer nach oben oder anderswohin gerichteten Bewegung im Stein oder Metall hervorbringen kann?

M3 Die Sicherheit des Alltags

Man muss gewiss zugeben, dass uns die Natur in großer Ferne von allen ihren Geheimnissen gehalten und uns nur die Kenntnis einiger weniger oberflächlicher Eigenschaften der Dinge gestattet hat, während sie jene Kräfte und Prinzipien, von denen die Wirksamkeit dieser Dinge ganz und gar abhängt, vor uns verbirgt. Unsere Sinne informieren uns über Farbe, Gewicht und Konsistenz des Brotes; aber weder Sinne noch Vernunft können uns je über jene Eigenschaften informieren, die es zur Ernährung und Erhaltung des menschlichen Körpers geeignet machen. Gesichts- und Tastsinn vermitteln eine Vorstellung der tatsächlichen Bewegung von Körpern; was aber jene wunderbare Kraft oder Macht betrifft, die einen bewegten Körper in dauerndem Ortswechsel hält und welche die Körper nur durch Weitergabe an andere einbüßen – so können wir uns davon nicht im entferntesten einen Begriff bilden. Doch ungeachtet dieser Unkenntnis der Naturkräfte und Prinzipien, setzen wir, wenn wir gleiche Sinnesqualitäten wahrnehmen, voraus, dass sie gleiche verborgene Kräfte haben, und wir erwarten aus ihnen Wirkungen, die den von uns erfahrenen gleichartig sind. Wird uns ein Körper von gleicher Farbe und Konsistenz wie das Brot, das wir früher gegessen haben, vorgelegt, so haben wir keine Bedenken, dieses Experiment zu wiederholen, und erwarten mit Gewissheit gleiche Ernährung und Stärkung. Das ist ein Vorgang im Geiste oder Denken, für den ich gerne die Begründung wissen möchte. [...] Hinsichtlich der früheren Erfahrung kann eingeräumt werden, dass sie unmittelbare und zuverlässige Informationen nur über solchen bestimmten Objekte und jene bestimmte Zeitspanne geben kann, von denen sie Kenntnis hatte. Weshalb diese Erfahrung jedoch auf die Zukunft und andere Objekte ausgedehnt werden sollte, die soweit uns bekannt ist, nur dem Anschein nach gleichartig sein mögen: das ist die Hauptfrage, die ich hervorheben möchte. [...] In Wirklichkeit stützen sich alle Erfahrungsbeweise auf die Ähnlichkeit, die wir zwischen Naturobjekten feststellen und durch die wir verleitet werden, Wirkungen ähnlich denen zu erwarten, die wir schon als Folgen solcher Objekte angetroffen haben. [...] Von ähnlich erscheinenden Ursachen erwarten wir ähnliche Wirkungen. Das ist die Summe aller unserer Erfahrungsschlüsse.

M2/3: David Hume, Eine Untersuchung über den menschlichen Verstand, S. 41-46, 50f., 54

1 Beurteilen Sie das Bild von René Magritte a) als Künstler und b) als Naturwissenschaftler. ➔ M1
2 Erarbeiten Sie den Unterschied zwischen Vorstellungsbeziehungen und Tatsachen an weiteren Beispielen. ➔ M2
3 Erläutern Sie, wie der Verstand Aussagen über nichtgegenwärtige Tatsachen vollzieht. ➔ M2
4 Begründen Sie die These Humes, dass die Kenntnis der Relation von Ursache und Wirkung nicht durch Denken a priori gewonnen werden kann. Erläutern Sie dabei, was mit a priori gemeint ist. ➔ M2
5 Beschreiben Sie, welche Erwartungen der Mensch gegenüber den verborgenen Kräften hat. ➔ M3
6 Diskutieren Sie, was Hume unter Ähnlichkeit, die wir zwischen Naturobjekten feststellen, versteht (Z. 38-43). ➔ M3
7 Erarbeiten Sie den Unterschied zwischen Descartes' methodischem (s. S. 136f.) und Humes skeptischen Zweifeln. ➔ M1-3

9 Eine neue Art des Denkens

M1 Der dogmatische Schlummer

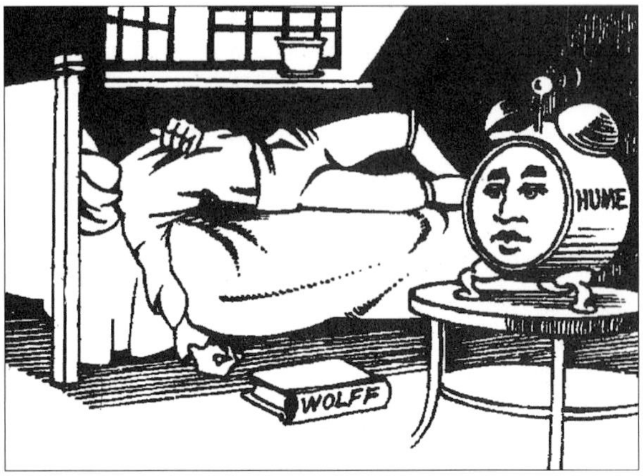

Philosophisch war Kant in seinen Anfängen von Wolffs Version der Leibniz'schen Philosophie beeinflusst, einem höchst systematischen Rationalismus, der die deutschen Universitäten beherrschte. Die Lektüre Humes ließ ihn aus seinem „dogmatischen Schlummer" erwachen, und er war danach nicht mehr der alte.

Richard Osborne, Philosophie: eine Bildergeschichte für Einsteiger, S. 107

M2 Unser Erkenntnisvermögen

kolleg philosophie: Sehr geehrter Herr Kant, Sie werden in der Philosophiegeschichte als der Überwinder des Gegensatzes von Rationalismus und Empirismus angesehen. Sie haben gestanden, dass David Humes Zweifel an dem Anspruch unseres Verstandes, a priori die Erfahrung durch Gesetze zu erkennen, Sie wachgerüttelt habe. Hume hatte gezeigt, dass wir durch bloße Analyse beispielsweise der Eigenschaften des Brotes nicht erkennen können, dass es uns satt macht. Ebenso wenig ist ein induktiver Schluss von der bisherigen Erfahrung auf ein allgemeines Gesetz zulässig. Worin würden Sie dem Empirismus zustimmen?

Kant: Dass alle unsere Erkenntnis mit der Erfahrung anfange, daran ist gar kein Zweifel; denn wodurch sollte das Erkenntnisvermögen sonst zur Ausübung erweckt werden, geschähe es nicht durch Gegenstände, die unsere Sinne rühren und teils von selbst Vorstellungen bewirken, teils unsere Verstandestätigkeit in Bewegung bringen, diese zu vergleichen, sie zu verknüpfen oder zu trennen, und so den rohen Stoff sinnlicher Eindrücke zu einer Erkenntnis der Gegenstände zu verarbeiten, die Erfahrung heißt? Der *Zeit nach* geht also keine Erkenntnis in uns vor der Erfahrung vorher, und mit dieser fängt alle an.

kolleg philosophie: Wenn Sie der empirischen Position, dass das menschliche Erkennen auf die sinnliche Erfahrung angewiesen ist, zustimmen, warum benötigen wir noch den Rationalismus?

Kant: Wenn aber gleich alle unsere Erkenntnis *mit* der Erfahrung anhebt, so entspringt sie darum doch nicht eben alle *aus* der Erfahrung. Denn es könnte wohl sein, dass selbst unsere Erfahrungserkenntnis ein Zusammengesetztes aus dem sei, was wir durch Eindrücke empfangen, und dem, was unser eigenes Erkenntnisvermögen (durch sinnliche Eindrücke bloß veranlasst) aus sich selbst hergibt, welchen Zusatz wir von jenem Grundstoffe nicht eher unterscheiden, als bis lange Übung uns darauf aufmerksam und zur Absonderung desselben geschickt gemacht hat. Ohne Sinnlichkeit würde uns kein Gegenstand gegeben, und ohne Verstand keiner gedacht werden. Gedanken ohne Inhalt sind leer, Anschauungen ohne Begriffe sind blind.

kolleg philosophie: Für Sie ist es somit notwendig, noch näher zu untersuchen, ob es eine solche von der Erfahrung und von den Sinnen unabhängige Erkenntnis gibt. Sie möchten durch eine Zergliederung unserer Erkenntnisvermögen zeigen, dass die Vernunft über Grundstrukturen a priori verfügt, die die Erfahrung ermöglichen. Können Sie uns erklären, worin sich die reine und die empirische Erkenntnis voneinander unterscheiden?

Kant: Es kommt hier auf ein Merkmal an, woran wir sicher die reine Erkenntnis von empirischen unterscheiden können. Die Erfahrung lehrt uns zwar, dass etwas so oder so beschaffen sei, aber nicht, dass es nicht anders sein könne.

kolleg philosophie: Das scheint ja ganz eindeutig zu sein, wenn etwas mit Notwendigkeit gedacht werden muss. Worin besteht die Schwierigkeit?

Kant: Erfahrung gibt niemals ihren Urteilen, der Verbindung eines Gegenstandes und einem Prädikat, wahre oder strenge, sondern nur angenommene und komparative Allgemeinheit (durch Induktion), so dass es eigentlich heißen muss: Soviel wir bisher wahrgenommen haben, findet sich von dieser oder jener Regel keine Ausnahme. Wird also ein Urteil in strenger Allgemeinheit gedacht, d. i. so, dass gar keine Ausnahme als möglich verstattet wird, so ist es nicht von der Erfahrung abgeleitet, sondern schlechterdings a priori gültig.

kolleg philosophie: Das war ja auch das, was ihr Kollege Hume schon erkannt hatte. Eine bloß komparative Allgemeinheit wäre ja auch das Beispiel der weißen Schwäne. Jeder von uns weiß, dass Schwäne im Allgemeinen weiß sind, aber wirklich sicher können wir hier nicht sein, das wäre also keine Erkenntnis a priori.

Kant: Genau, Erfahrungsurteile sind insgesamt synthetisch, da ich die Verbindung des Subjektes A mit dem Prädikat B nicht durch Identität, sondern durch die Erfahrung selbst erkenne, z. B. alle Körper sind schwer, dies wäre ein synthetisches Urteil a posteriori. Sichere Kennzeichen einer Erkenntnis a priori sind aber Notwendigkeit und strenge Allgemeinheit und gehören auch unzertrennlich zueinander. Alle analytischen Urteile, diejenigen, in welchen die Verknüpfung des Prädikats mit dem Subjekt durch Identität gedacht wird, z. B. alle Körper sind ausgedehnt, sind Urteile a priori und gelten also mit strenger Allgemeinheit und absoluter Notwendigkeit, weil sie sich gänzlich auf den Satz des Widerspruchs gründen. Andere Beispiele hierfür sind mathematische Sätze, die jederzeit Urteile a priori und nicht empirisch sind, weil sie Notwendigkeit bei sich führen, welche aus Erfahrung nicht abgenommen werden kann. Die mathematischen Urteile sind insgesamt synthetisch, da die Verknüpfung des Subjektes mit dem Prädikat ohne Identität gedacht wird. Der Begriff von Zwölf ist keineswegs schon dadurch gedacht, dass ich mir bloß eine Vereinigung von Sieben und Fünf denke. Man muss über diese Begriffe hinausgehen, indem man die Anschauung zu Hilfe nimmt, etwa seine fünf Finger.

kolleg philosophie: Aber was hat das mit der Überwindung von Rationalismus und Empirismus zu tun?

Kant: Nun zeigt es sich, welches überaus merkwürdig ist, dass selbst unter unsere Erfahrungen sich Erkenntnisse mengen, die ihren Ursprung a priori haben müssen und die vielleicht nur dazu dienen, um unseren Vorstellungen der Sinne Zusammenhang zu verschaffen. Denn, wenn man aus den Ersteren auch alles wegschafft, was den Sinnen angehört, so bleiben dennoch gewisse ursprüngliche Begriffe und aus ihnen erzeugte Urteile übrig, die gänzlich a priori, unabhängig von der Erfahrung entstanden sein müssen, weil sie machen, dass man von den Gegenständen, die den Sinnen erscheinen, mehr sagen kann, wenigstens es sagen zu können glaubt, als bloße Erfahrung lehren würde, und dass Behauptungen wahre Allgemeinheit und strenge Notwendigkeit enthalten, dergleichen die bloß empirische Erkenntnis nicht liefern kann.

kolleg philosophie: Dass allgemeine und notwendige Urteile von der Erfahrung ausgesagt werden, wie die Kausalität, obgleich dies der Verstand nicht erkennen und auch die Erfahrung nicht bestätigen kann?

Kant: Genau, hier liegt also ein gewisses Geheimnis verborgen, das ich aufdecken möchte, den Grund der Möglichkeit von synthetischen Urteilen a priori.

nach Immanuel Kant, Kritik der reinen Vernunft, B 1-5, 11-18, 75; Prolegomena, S. 268

1. Beschreiben Sie, was auf dem Bild zu sehen ist. Was könnte mit „dogmatischer Schlummer" gemeint sein? Warum ist David Hume als Wecker dargestellt? ➜ M1
2. Bestimmen Sie den Erkenntnisprozess nach Kant. Worin hat der Empirismus, worin der Rationalismus recht? ➜ M2
3. Geben Sie die Bedeutung von Erkenntnissen a priori in eigenen Worten wieder. Begründen Sie, ob a priori mit „eingeboren" oder „der Erfahrung vorausgehend" wiedergegeben werden kann. ➜ M2
4. Erläutern Sie die Aussage Kants: „Gedanken ohne Inhalte sind leer. Anschauungen ohne Begriffe sind blind." ➜ M2
5. a) Erklären Sie, warum analytische Urteile Erläuterungs- und synthetische Urteile Erweiterungsurteile sind.
   b) Finden Sie weitere Beispiele für synthetische Urteile a posteriori und analytische Urteile a priori.
   c) Erläutern Sie, was Kant unter synthetischen Urteilen a priori versteht. ➜ M2

10 Die Grenzen aller Erkenntnis

M1 Schein oder Sein?

Liebe Wilhelmine,

vor kurzem ward ich mit der neueren sogenannten kantischen Philosophie bekannt – und Dir muss ich jetzt daraus einen Gedanken mitteilen, indem ich nicht fürchten darf, dass er Dich so tief, so schmerzhaft erschüttern wird als mich. [...]

Wenn alle Menschen statt der Augen grüne Gläser hätten, so würden sie urteilen müssen, die Gegenstände, welche sie dadurch erblicken, sind grün – und nie würden sie entscheiden können, ob ihr Auge ihnen die Dinge zeigt, wie sie sind, oder ob es nicht etwas zu ihnen hinzutut, was nicht ihnen, sondern dem Auge gehört. So, ist es mit dem Verstande. Wir können nicht entscheiden, ob das, was wir Wahrheit nennen, wahrhaft Wahrheit ist, oder ob es uns nur so scheint. Ist das letzte, so ist die Wahrheit, die wir hier sammeln, nach dem Tode nicht mehr – und alles Bestreben, ein Eigentum sich zu erwerben, das uns auch in das Grab folgt, ist vergeblich –

22. März 1801 Heinrich von Kleist

Heinrich von Kleist, Sämtliche Werke und Briefe II, S. 634

M2 Die Revolution der Denkart

Bisher nahm man an, alle unsere Erkenntnis müsse sich nach den Gegenständen richten; aber alle Versuche, über sie a priori etwas durch Begriffe auszumachen, wodurch unsere Erkenntnis erweitert würde, gingen unter dieser Voraussetzung zunichte. Man versuche es daher einmal, ob wir nicht in den Aufgaben der Metaphysik damit besser fortkommen, dass wir annehmen, die Gegenstände müssen sich nach unserer Erkenntnis richten, welches so schon besser mit der verlangten Möglichkeit einer Erkenntnis derselben a priori zusammenstimmt, die über Gegenstände, ehe sie uns gegeben werden, etwas festsetzen soll. Es ist hiermit ebenso als mit den ersten Gedanken des Kopernicus bewandt, der, nachdem es mit der Erklärung der Himmelsbewegungen nicht gut fort wollte, wenn er annahm, das ganze Sternheer drehe sich um den Zuschauer, versuchte, ob es nicht besser gelingen möchte, wenn er den Zuschauer sich drehen und dagegen die Sterne in Ruhe ließ.

In der Metaphysik kann man nun, was die Anschauung der Gegenstände betrifft, es auf ähnliche Weise versuchen. Wenn die Anschauung sich nach der Beschaffenheit der Gegenstände richten müsste, so sehe ich nicht ein, wie man a priori von ihr etwas wissen könne; richtet sich aber der Gegenstand (als Objekt der Sinne) nach der Beschaffenheit unseres Anschauungsvermögens, so kann ich mir diese Möglichkeit ganz wohl vorstellen. Weil ich aber bei diesen Anschauungen, wenn sie Erkenntnisse werden sollen, nicht stehenbleiben kann, sondern sie als Vorstellungen auf irgendetwas als Gegenstand beziehen und diesen durch jene bestimmen muss, so kann ich entweder annehmen, die Begriffe, wodurch ich diese Bestimmung zustande bringe, richten sich auch nach dem Gegenstande, und dann bin ich wiederum in derselben Verlegenheit, wegen der Art, wie ich a priori hiervon etwas wissen könne; oder ich nehme an, die Gegenstände, oder, welches einerlei ist, die Erfahrung, in welcher sie allein (als gegebene Gegenstände) erkannt werden, richte sich nach diesen Begriffen, so sehe ich sofort eine leichtere Auskunft, weil Erfahrung selbst eine Erkenntnisart ist, die Verstand erfordert, dessen Regel ich in mir, noch ehe mir Gegenstände gegeben werden, mithin a priori voraussetzen muss, welche in Begriffen a priori ausgedrückt wird, nach denen sich also alle Gegenstände der Erfahrung notwendig richten und mit ihnen übereinstimmen müssen.

Immanuel Kant, Kritik der reinen Vernunft, B XVI–XVIII

M3 Unser Denkprogramm

Wir denken ständig schon in Begriffen und Regeln. Unser Verstand kombiniert zum Beispiel Ursache mit Wirkung, und wir bringen immer schon das Vermögen mit, in Mengenbegriffen, in Qualitätsbegriffen zu denken. Kant unterscheidet zwölf solcher Regelkreise unserer Verstandestätigkeit, die er „Kategorien" nennt. Operatoren wäre auch ein treffender Begriff. Hamann, der kritische Freund, fand dafür die glückliche Bezeichnung „Gliedmaße des Verstandes". Kants Kategorien sind also sozusagen die Hände, Finger oder Füße, deren sich unser Verstand bedient: „Wo die Kategorien aufhören, da hört auch der Verstand auf, weil sie ihn erst bilden und zusammensetzen." Kategorien, Operatoren – die Bezeichnung tut nichts zur Sache; wichtig ist nur, sich klarzumachen, dass unser Verstand vorprogrammiert ist. Und so kann er sich jetzt an die Datenverarbeitung machen. Dabei kommt ihm noch die Einbildungskraft zu Hilfe. Sie formatiert die Datenströme, die uns über die Raumzeit erreichen, damit unser Verstand die darin enthaltenen Einzeldaten auch lesen kann. Und schließlich müssen die Informationen noch zentral zusammengeführt werden: in unserem Ich. Das „Ich denke" muss alle meine Vorstellungen begleiten können, so formuliert es Kant. Und die Aufgabe der Vernunft? Nun, die passt auf, dass alles vernünftig dabei zugeht, sie stellt den Gesamtzusammenhang der Erfahrung sicher. Das Ergebnis ist die gewohnte Welt, in der wir leben. Kurzum, wir leben alle in einer „virtuellen" Wirklichkeit. Mit der Datenbrille im Kopf. Und unsere virtuellen Welten fallen nicht etwa grundverschieden aus. Nein, zum Glück funktioniert die Datenbrille im Kopf bei uns allen nach denselben Gesetzen. Und noch etwas: Unsere virtuellen Welten sind real. Sie kommen ja aufgrund von realen Außendaten zustande, die über unsere raumzeitlich formatierten Sinnesorgane die Rechenzentren der Großhirnrinde erreichen.

[...] Nirgends also begegnet uns die Realität, so wie sie wirklich ist, wir erfahren sie immer bloß als Erscheinung, virtuell eben. Ein merkwürdiges Gefühl.

Arnulf Zitelmann, Nur dass ich ein Mensch sei, S. 172f.

M4 Die transzendentale Wahrheit

Mit der Einsicht in die Bedingungen der Möglichkeit a priori von Erfahrung verbindet sich eine Einsicht in die Grenzen jedes erfahrungsmäßigen Erkennens. Deshalb kann die Transzendentalphilosophie sogar ein Wahrheitskriterium aufstellen, freilich kein Kriterium für die Wahrheit von Aussagen (-systemen), jedoch ein Kriterium dafür, über welche Gegenstände überhaupt wahre Aussagen im Sinne von erfahrungswissenschaftlichen Aussagen möglich sind. Um die Erfahrung als möglich zu denken, bildet die Vernunft zwar Begriffe des Unbedingten. Doch sind diese reinen Vernunftbegriffe (transzendentalen Ideen) – Gott als das schlechthin höchste Wesen, die Welt als der Inbegriff aller Erscheinungen, die Freiheit als unbedingter Anfang und die Seele als Unsterblichkeit – einem gegenständlich-begrifflichen Erkennen grundsätzlich entzogen. So führt die *Kritik der reinen Vernunft* schließlich zu dem Resultat, dass die Metaphysik trotz ihres erfahrungsfreien Wissenscharakters sehr wohl möglich ist. Allerdings ist sie es nicht transzendent: als Übersteigen des Erfahrungsbereichs, als Erkenntnis übersinnlicher Gegenstände, sondern transzendental: als Zurückfragen nach den Bedingungen, die allem empirischen Wissen vorausliegen. Kants neue, nicht mehr dogmatische, vielmehr kritische Metaphysik wirft die Frage auf: „Was kann ich wissen?" und beantwortet sie durch eine Theorie der apriorischen Tiefenstruktur von Erfahrung überhaupt.

Ottfried Höffe, Immanuel Kant, in: Klassiker der Philosophie II, S. 18

1. Antworten Sie auf den Brief Heinrich von Kleists. ➜ M1
2. Informieren Sie sich über die Entdeckung des Kopernikus und erklären Sie, worin die Parallele zu Kants „kritischer Wende" besteht. ➜ M2
3. Erläutern Sie, welche Konsequenzen die Aussage hat, dass der Gegenstand sich nach dem erkennenden Subjekt richten muss. ➜ M2
4. Spielen Sie an einem Objekt aus der Welt der Erscheinungen, z. B. einem Baum, den Erkenntnisprozess durch. Beachten Sie die Voraussetzungen im Subjekt (Anschauungsformen usw.). Was können Sie mit Gewissheit aussagen? ➜ M3
5. Formulieren Sie die Grenzen jedes erfahrungsmäßigen Erkennens. ➜ M4

11 Ich bin, also denke ich

M1 Die Evolution menschlichen Denkens

Die Entdeckung des eigenen Ichs, der Beginn der Reflexion, muss ein einschneidendes historisches Ereignis in der Geschichte des menschlichen Denkens gewesen sein. Nicht zu Unrecht hat man den Menschen als das reflektierende Wesen definiert. Die Einsicht, dass der Mensch selbst der Spiegel ist, in dem und von dem die Wirklichkeit abgebildet wird, hat verständlicherweise tiefgreifende Rückwirkungen auf alle anderen menschlichen Erkenntnisfunktionen gehabt: Sie wurden allesamt auf eine höhere Ebene der Integration gestellt. [...] Dieser größten aller Entdeckungen, die der Mensch im Verlaufe seiner Geistesgeschichte gemacht hat, folgte der größte und folgenschwerste aller Irrtümer auf dem Fuße: der Zweifel an der Realität der Außenwelt. Vielleicht war es gerade die Größe der Entdeckung, die Erschütterung, die sie verursachte, die unsere Vorväter am Selbstverständlichsten zweifeln ließ. Cogito, ergo sum – ich denke, also bin ich –, das ist Gewissheit. Wer aber kann wissen, wer beweisen, dass die bunte Welt, die wir erleben, ebenfalls Wirklichkeit ist? [...] Derartige Erwägungen müssen sich einem Menschen, der eben erst aus dem Dämmer eines unreflektierten „tierischen" Realismus erwacht war, mit überwältigender Macht aufgedrängt haben. Es ist verständlich, dass der von solchen Zweifeln Befallene sein Interesse von der Außenwelt abwendet und es ausschließlich auf die neu entdeckte Innenwelt konzentriert. [...] Auch heute noch blickt der Realist nur nach außen und ist sich nicht bewusst, ein Spiegel zu sein. Auch heute noch blickt der Idealist nur *in* den Spiegel und kehrt der realen Außenwelt den Rücken zu. Die Blickrichtung *beider* verhindert sie zu sehen, dass der Spiegel eine nicht spiegelnde Rückseite hat, eine Seite, die ihn in eine Reihe mit den realen Dingen stellt, die er spiegelt: Der physiologische Apparat, dessen Leistung im Erkennen der wirklichen Welt besteht, ist nicht weniger wirklich als sie.

Konrad Lorenz, Die Rückseite des Spiegels, S. 28, 33

M2 Die echte kopernikanische Wende

Wie kommt es, dass subjektive und objektive Strukturen so gut aufeinander passen, teilweise sogar übereinstimmen? Die meisten Philosophen waren der Meinung, dass diese Übereinstimmung kein Zufall, sondern einer Erklärung bedürftig sei. Die Evolutionäre Erkenntnistheorie gibt darauf eine biologisch orientierte Antwort: *Unser Erkenntnisapparat ist ein Ergebnis der biologischen Evolution. Die subjektiven Erkenntnisstrukturen passen auf die Welt, weil sie sich im Laufe der Evolution in Anpassung an diese reale Welt herausgebildet haben. Und sie stimmen mit den realen Strukturen (teilweise) überein, weil nur eine solche Übereinstimmung das Überleben ermöglichte.* Die Evolutionäre Erkenntnistheorie beantwortet also eine alte philosophische Frage über eine relativ junge biologische Theorie, nämlich die Evolutionstheorie. Die unleugbare und zum Teil verblüffende *Passung* wird dabei als Ergebnis einer *Anpassung* erklärt, die den beiden großen Baumeistern der Evolution, Mutation und Selektion, unterworfen war. Nicht nur Sinnesorgane, Zentralnervensystem und Gehirn sind evolutiv entstanden, sondern natürlich auch ihre *Funktionen:* Sehen, Wahrnehmen, Gedächtnis, Erkennen, Denken, Sprechen. [...]

Nehmen wir ein Beispiel: Baumlebende Tiere wie Affen, die von Ast zu und sogar von Baum zu Baum springen, müssen irgendwie die räumliche Struktur ihrer Lebenswelt bewältigen. Nur wenn sie die Entfernung eines Astes richtig einschätzen, wird ihre Greifhand im richtigen Moment zufassen. Dazu müssen sie die dreidimensionalen Objekte ihrer Umwelt aus zweidimensionaler Netzhautinformation rekonstruieren, also wahrnehmen. Es ist also kein Zufall, dass wir Menschen eine so gute Raumwahrnehmung besitzen: Wir verdanken sie unseren baumbewohnenden Vorfahren! „Um es grob, aber bildhaft auszudrücken: Der Affe, der keine realistische Wahrnehmung von dem Ast hatte, nach dem er sprang, war bald ein toter Affe – und gehört daher nicht zu unseren Urahnen." (Simpson) [...]

Kant hat seinen Standortwechsel gern als kopernikanische Wende gesehen. Tatsächlich war sein Schritt epochemachend; aber er entspricht eher einer ptolemäischen Gegenrevolution. Denn *erkenntnistheoretisch* setzte er den Menschen wieder in den Mittelpunkt der Welt, von wo Kopernikus ihn *kosmologisch* vertrieben hatte. Erst die Evolutionäre Erkenntnistheorie nimmt den erkennenden Menschen wieder aus seiner zentralen Stellung als „Gesetzgeber der Natur" heraus und macht ihn zu einem Beobachter kosmischen Geschehens, das ihn einschließt, in dem er aber seine Rolle meist überschätzt hat. [...]

Erst die Evolutionäre Erkenntnistheorie vollzieht also eine echte kopernikanische Wende in der Erkenntnistheorie. Sie erlaubt es deshalb auch, den Menschen in vieler Hinsicht in einer etwas bescheideneren Perspektive zu sehen.

Gerhard Vollmer, Was können wir wissen?, S. 37-41

M3 Die evolutionäre Erkenntnistheorie

Die evolutionäre Erkenntnistheorie bestätigt und sie widerlegt Kant. Sie bestätigt, dass es apriorische Denkformen vor jeder individuellen Erfahrung gibt. Sie widerlegt, dass diese Denkformen in keinerlei logischer, natürlicher Beziehung zu der Wirklichkeit an sich stehen und dass diese Denkformen absolut und für jedes erkennende Wesen gültig sind. Diese Denkformen nämlich sind stammesgeschichtlich entstanden, sie sind geworden. Sie haben nichts Endgültiges – einem Engel kämen sie vermutlich so primitiv vor, wie sie sich vom Standpunkt eines Frosches aus, hätte der einen, raffiniert ausnähmen. Während Kants Vertrauen, dass unsere Erkenntnisformen die einzig möglichen sind, damit hinfällig ist, erweist sich sein Misstrauen hinsichtlich einer Erkennbarkeit der Welt an sich als unbegründet. Es ist wahr, dass wir die Welt selbst, die Welt an sich, nicht erleben, sondern immer nur die von uns vorbewusst gedeutete Welt; dass wir also nicht zu sagen wissen, wie die Welt ohne uns beschaffen ist. Aber was unser Weltbildapparat uns zeigt, kann andererseits auch nicht rundheraus falsch sein oder ohne logische Beziehung zur Realität: Es musste sich ja in Jahrmillionen der Evolution dem Test eben der Realität an sich stellen, es wurde an ihr erprobt und musste sich in ihr bewähren. Ein Lebewesen, dessen Weltbildapparat ihm ein falsches Weltbild liefert, wäre ganz einfach nicht lebensfähig gewesen und von der Selektion verworfen worden. „Unsere vor jeder individuellen Erfahrung festliegenden Anschauungsformen und Kategorien passen aus ganz denselben Gründen auf die Außenwelt, aus denen der Huf des Pferdes schon vor seiner Geburt auf den Steppenboden, die Flosse des Fisches, schon ehe er dem Ei entschlüpft, ins Wasser passt" (Lorenz 1941).

Dieter Zimmer, Ich bin, also denke ich, in: DIE ZEIT, Nr. 24 vom 06.06.1980, S. 35f.

M4 Kants Denkhaube

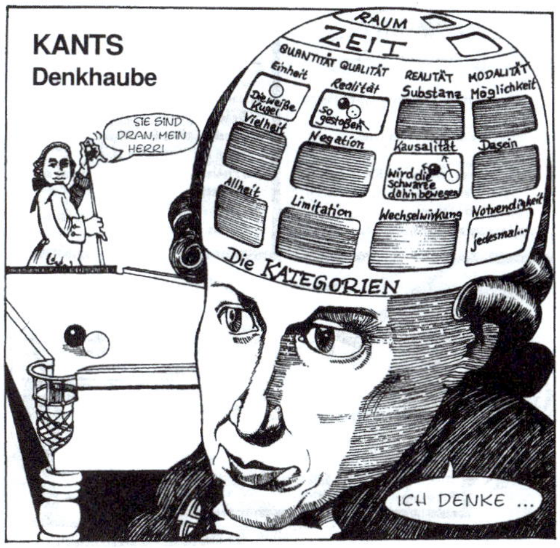

Richard Osborne, Philosophie: eine Bildergeschichte für Einsteiger, S. 110

1. Erklären Sie die evolutionäre Erkenntnistheorie. ➜ M1
2. Analysieren Sie den Satz: „Dieser größten aller Entdeckungen, die der Mensch im Verlaufe seiner Geistesgeschichte gemacht hat, folgte der größte und folgenschwerste aller Irrtümer auf dem Fuße: der Zweifel an der Realität der Außenwelt." ➜ M1
3. Erörtern Sie, was damit gemeint ist, dass der Spiegel eine Rückseite besitzt. ➜ M1
4. Erläutern Sie, worin nach Vollmer die echte kopernikanische Wende besteht. ➜ M2
5. Diskutieren Sie das Verhältnis zwischen der evolutionären Erkenntnistheorie und der Philosophie Immanuel Kants. ➜ M3/4
6. Gestalten Sie Kants Denkhaube im Sinne der evolutionären Erkenntnistheorie um. ➜ M4

12 Erkenntnistheorie der Moderne

M1 Kritischer Rationalismus

Es ist nun wohl an der Zeit, die erkenntnistheoretischen Resultate unserer Diskussion zusammenzufassen. Ich will sie in die Form von Thesen kleiden:

- Es gibt keine letzten Quellen der Erkenntnis. Jede Quelle, jede Anregung ist uns willkommen; aber jede Quelle, jede Anregung ist auch Gegenstand kritischer Überprüfung. [...]
- Die Fragen der Wissenschaftslehre haben mit Quellen eigentlich nichts zu tun. Was wir fragen, ist vielmehr, ob eine Behauptung wahr ist – das heißt, ob sie mit den Tatsachen übereinstimmt. [...] Wir versuchen das, so gut es geht, herauszufinden, indem wir die Behauptung selbstkritisch untersuchen und prüfen; das kann direkt geschehen, oder auch durch eine Untersuchung oder Prüfung der aus der Behauptung fließenden Folgerungen.
- Im Zuge einer solchen Untersuchung können alle nur möglichen Arten von Argumenten herangezogen werden. Eine der häufigsten Methoden ist, zu prüfen, ob zwischen unseren Theorien und unseren Beobachtungen kein Widerspruch besteht. [...]
- Erkenntnis kann nicht mit nichts beginnen – mit der tabula rasa – aber sie kann auch nicht von der Beobachtung ausgehen. Der Fortschritt unseres Wissens besteht in der Modifikation, in der Korrektur von früherem Wissen.
- Weder die Beobachtung noch die Vernunft sind Autoritäten. Intellektuelle Intuition und intellektuelle Einbildungskraft sind von größter Bedeutung, aber sie sind unverlässlich: Sie mögen uns die Dinge mit größter Klarheit zeigen und uns dennoch in die Irre führen. Sie sind die Hauptquellen unserer Theorien und als solche unersetzlich; aber die meisten unserer Theorien sind ja doch falsch. Die wichtigste Funktion von Beobachtung und logischem Denken, aber auch von intellektueller Intuition und Einbildungskraft liegt darin, dass sie uns bei der kritischen Prüfung jener kühnen Ideen helfen, die wir brauchen, um ins Unbekannte vorzudringen.
- Jede Lösung eines Problems schafft neue, ungelöste Probleme; umso interessantere Probleme, je schwieriger das ursprüngliche Problem war und je kühner der Lösungsversuch. Je mehr wir über die Welt erfahren, je mehr wir unser Wissen vertiefen, desto bewusster, klarer und fester umrissen wird unser Wissen über das, was wir nicht wissen, unser Wissen über unsere Unwissenheit. Denn die Hauptquelle unserer Unwissenheit liegt ja darin, dass unser Wissen nur begrenzt sein kann, während unsere Unwissenheit notwendigerweise grenzenlos ist.

Karl R. Popper, Erkenntnis ohne Autorität, S. 35-37

M2 Analytische Erkenntnistheorie

Mit „Analytischer Philosophie" wird häufig ein Bemühen sowie die Gesamtheit der Ergebnisse dieser Bemühungen verstanden, die Regeln zu erfassen und explizit zu formulieren, nach denen wir die Begriffe der Sprache unseres Alltags (der ordinary language) verwenden. Nach diesem philosophischen Selbstverständnis muss man die Sprache im Wesentlichen so lassen, wie sie ist und wie sie von alters her gebraucht worden ist; man muss sie nur von den Irrtümern reinigen, die die Philosophen in sie hineingebracht haben. Gelegentlich wird mit „Analytischer Philosophie" jedoch auch ein methodisches Vorgehen (zusammen mit den dabei erzielten Resultaten) verstanden, bei dem die Alltagssprache allenfalls eine heuristische Funktion ausübt. Nicht die Begriffe der Alltagssprache, sondern die der Wissenschaftssprachen und die mit ihnen formulierbaren Methoden werden analysiert; dabei kann man sich im einen oder anderen Fall zunächst durchaus vergegenwärtigen, wie diese Begriffe in der Alltagssprache verwendet werden; die für die wissenschaftliche Erkenntnis wichtigste Verwendung wird dann herausgegriffen und im Hinblick auf eine formale Sprache in allen Details präzisiert. [...] Man kann mit „Analytischer Philosophie" schließlich noch eine Forschungsrichtung meinen, die weder mit Alltagssprachen-Philosophie noch mit Formalsprachen-Philosophie zusammenfällt, die sich nicht auf eine spezielle Logik und Methodenlehre und auf ein spezielles System festlegt, sondern die alternative Systeme von Methoden und Begriffen untersucht und vergleicht und die gegebenenfalls durch minutiöse Charakterisierung solcher Systeme den Blick für Alternativen öffnet; sie versucht auf diese Weise, die Erkenntnismöglichkeiten und den Bereich der möglichen Methoden abzustecken. Hierbei wird sie sich an den Ergebnissen der Alltagssprachen-Philosophie und insbesondere der Formalsprachen-Philosophie orientieren, aber nicht bei diesen stehenbleiben. *Wilhelm Essler, Analytische Philosophie I, S. 19f.*

M3 Naturalisierte Erkenntnistheorie

Die Erkenntnistheorie befasst sich mit den Grundlagen der Wissenschaft. Versteht man sie so weit, so gehört auch die Untersuchung der Grundlagen der Mathematik zu ihren Gebieten. Um die Jahrhundertwende dachten Spezialisten, dass ihre Bemühungen in diesem besonderen Gebiet bemerkenswerte Erfolge erzielten. [...] Die Philosophen haben zu Recht die Hoffnung aufgegeben, alles in logisch-mathematische und Beobachtungsbegriffe übersetzen zu können [...] und manche Philosophen haben in dieser Irreduzibilität den Bankrott der Erkenntnistheorie erblickt. [...] Doch meine ich, dass es an dieser Stelle wohl nützlicher ist, stattdessen zu sagen, dass die Erkenntnistheorie auch weiterhin fortbesteht, wenn auch in einem neuen Rahmen und mit einem geklärten Status. Die Erkenntnistheorie, oder etwas Ähnliches, findet ihren Platz einfach innerhalb der Psychologie und somit innerhalb der empirischen Wissenschaften. Sie studiert ein empirisches Phänomen, nämlich ein physisches menschliches Subjekt. Diesem menschlichen Subjekt wird ein bestimmter, experimentell kontrollierter Input gegeben – z. B. bestimmte Bestrahlungsmuster in ausgesuchten Frequenzen –, und zur rechten Zeit liefert das Subjekt als Output eine Beschreibung der dreidimensionalen Außenwelt und ihres Verlaufs. Es ist diese Beziehung zwischen dem mageren Input und dem überwältigenden Output, zu deren Untersuchung uns mehr oder weniger diejenigen Gründe anspornen, die die Erkenntnistheorie schon immer motiviert haben: nämlich herauszufinden, in welcher Beziehung die Beobachtung zur Theorie steht und auf welche Weise jemandes Theorie über die Natur über alle Beobachtungen, die er je machen könnte, hinausgeht. [...] Die alte Erkenntnistheorie trachtete danach, die empirischen Wissenschaften in gewissem Sinne einzuschließen; sie wollte diese irgendwie aus Sinnesdaten zusammenbauen. In ihrem neuen Rahmen ist die Erkenntnistheorie umgekehrt als ein Teilgebiet der Psychologie in den empirischen Wissenschaften eingeschlossen.

Willard Van Orman Quine, Ontologische Relativität, S. 85, 98f.

M4 Im Labyrinth der Erkenntnis

1 Bilden Sie Gruppen zu je einer Position der modernen Erkenntnistheorie. ➔ M1-3
a) Fassen Sie die Grundgedanken des jeweiligen Textes zusammen.
b) Informieren Sie sich weiter über die jeweilige Theorie und ihre Vertreter (Biographie, Werke).

2 Diskutieren Sie, welche der klassischen oder modernen Theorien Ihnen einen Weg aus dem Labyrinth der Erkenntnis weisen könnte. ➔ M4

13 Unsere Zukunft – Künstliche Intelligenz?

M1 Ein Blick in die Zukunft

Ich sage, man wird Maschinen konstruieren, die das Verhalten des menschlichen Geistes recht genau simulieren werden. *Alan Turing, 1947*

Ich denke, die beste Form für unsere Nachfahren wird der intelligente Roboter sein; das derzeitige biologische Modell des Menschen ist dabei zu veralten. *Hans Moravec, 1997*

Aussagen auf einem Globalen Zukunftskongress:

»Verwandlung der Menschheit in eine unsterbliche planetare Meta-Intelligenz« *Peter Diamandis*

»Bis zum Jahr 2045 [wird] sich der Unterschied zwischen Mensch und Maschine aufgelöst haben.« *Ray Kurzweil*

Quelle: Christian Wüst, Die Hirningenieure, in: Der Spiegel 49/2013, S. 122

M2 Das „chinesische Zimmer"

Computer können Vorhersagen machen, Krankheiten diagnostizieren und Schach-Großmeister schlagen. Sie verhalten sich also auf eine Art, die höchst intelligent erscheint. Sollen wir daraus aber schließen, sie seien intelligent und könnten wirklich denken?

Der Philosoph John Searle ist diesbezüglich skeptisch. Er schlägt vor, wir sollten uns einen Menschen vorstellen, der nur Englisch spricht und sich in einem Raum aufhält, der voll mit Regelwerken ist, die auf jede chinesisch geschriebene Frage eine Antwort auf Chinesisch geben können. Schiebt nun jemand von draußen eine solche Frage unter der Tür durch, könnte er in einem der Regelwerke nachschauen, die Antwort finden und den Zettel zurückschieben – aber er hätte keine Ahnung, was sowohl Frage als auch Antwort bedeuteten. Eine solche bloße Handhabung von Symbolen – und mehr tun Computer nicht – bringt noch kein Verständnis mit sich. Searle schließt daraus, dass Computer nicht intelligent sein können und dass wahre Intelligenz ein biologisches Hirn braucht.

David Papineau, Philosophie, S. 46

M3 Nachbau des menschlichen Gehirns

Angenommen, man könnte diese „Anlage" nachbauen, indem man nicht Neuronen miteinander zu einem organischen Gehirn verwebt, sondern kleinste, nicht organische elektrische Schalteinheiten. Wenn diese genau so wie die biologischen Neuronen funktionieren, genau wie diese mit ihren Nachbarn interagieren, würden wir ein „Robotergehirn" erhalten, das über die gleiche Kausalarchitektur verfügt wie ein Gehirn aus Nervenzellen, Blutbahnen usw. Es könnte auf Sinnesreine reagieren, Muskeln steuern, den Körper bewegen wie unser Gehirn jetzt. Ein solches „Robotergehirn" wäre so wenig ein digitaler Computer wie unser Gehirn. Was in ihm vorgeht, ist kein Umherschieben von Zeichen. Selbst wenn Searle mit seinem Chinesischen Zimmer nachgewiesen hat, dass ein digitaler, Zeichen verarbeitender Computer nicht verstehen kann, was er tut, so ist nicht gesagt, dass dies auch für einen synthetischen Nachbau des Gehirns gilt. Doch würde Searle auch dem Robotergehirn, weil es aus dem „falschen" Material besteht, die Fähigkeit zu individuellem Verstehen absprechen.

Gefühlsmäßig werden wir dem zustimmen, sagen, dass dies mechanische Wunderwerk Denken, Verstehen und Fühlen simulieren kann, und doch „nur" eine Maschine ist – was diese „Maschine" für ihren Teil jedoch abstreiten wird. Schließlich ist der Aufbau ihres „Gehirns" exakt der gleiche wie der eines menschlichen Gehirns, und so wird auch dessen Output der gleiche sein. Die Maschine wird also darauf bestehen, Gedanken und Gefühle zu haben wie wir (zumindest kann sie sich, so wie wir auch, verhalten, „als ob"). Wer jetzt noch immer glaubt, dass es eine essentielle Qualität gibt, die den Geist, das Bewusstsein ausmacht, der Maschine jedoch fehlt, denke über Folgendes nach: Angenommen, wir ersetzen im Verlauf eines Jahres unsere Neuronen nacheinander durch Roboterneuronen. Wenn diese physisch genau das leisten, was unsere Neuronen geleistet haben (und angenommen, sie tun das wirklich), dann wird der schrittweise Austausch biologischer gegen nicht-organische Materie keinen Einfluss haben auf unsere Gehirnfunktionen und ihr Zusammenwirken mit anderen Körperorganen. Unser beobachtbares Verhalten wird sich nicht verändern.

Wenn aber, wie Searle sagt, Geist oder Bewusstsein zu haben tatsächlich vom Material abhängt, aus dem das Gehirn zusammengesetzt ist, dann müsste der schrittweise Austausch der Neuronen das schrittweise Schwinden des Bewusstseins zur Folge haben.

Stephen Law, Philosophie, S. 136

M4 Drei zentrale falsche Annahmen

Wir sind in einem System von Annahmen gefangen, die sich in Luft auflösen, sobald wir über sie nachdenken, wobei mit „wir" nicht nur Laien gemeint sind, sondern auch viele Philosophen und Naturwissenschaftler. Drei zentrale falsche Annahmen sind die folgenden:

Erstens glauben viele Menschen, dass Denken und Schlussfolgern im Wesentlichen dasselbe sind. Doch wenn man für einen Moment seine Arbeit unterbricht, aus dem Fenster blickt und seinen Gedanken freien Lauf lässt, denkt man immer noch. Unser Geist arbeitet auch dann. Diese Art freier Assoziation ist ein wichtiger Teil des menschlichen Denkens. Kein Computer wird je wie ein Mensch denken können, wenn er nicht frei assoziieren kann.

Zweitens glauben viele Menschen, dass die Realität eine Sache ist und unsere Gedanken eine andere. Die Realität ist draußen; die mentale Landkarte, die durch unsere Gedanken geschaffen wird, befindet sich hingegen in unserem Kopf, in unserem Geist – dessen Gesundheit vorausgesetzt sei. Doch halluzinieren wir jeden Tag, wenn wir einschlafen und träumen. Und wenn wir halluzinieren, dann definiert unser Geist, was für uns Realität ist; die „wirkliche" Realität, die äußere Realität, verschwindet. Kein Computer wird je wie ein Mensch denken können, wenn er nicht halluzinieren kann.

Und drittens glauben viele Menschen, dass der Denkende und der Gedanke zwei Paar Schuhe sind. Für viele Menschen bedeutet „denken" unter dem Strich so etwas wie die Betrachtung eines Gedankenstroms, als handele es sich um eine Powerpoint-Präsentation: Der Denker schaut dem Strom seiner Gedanken zu. Diese Vorstellung spielt in der Künstlichen-Intelligenz-Forschung eine wichtige Rolle: Wenn der Denkende und sein Gedankenstrom zweierlei sind, dann können wir den menschlichen Denker durch einen Computerdenker ersetzen, ohne die Veranstaltung abzubrechen. Der Mensch schleicht sich auf Zehenspitzen aus dem Theater. Der Computer rutscht auf den leeren Stuhl. Die Powerpoint-Präsentation geht weiter.

Doch wenn jemand träumt, halluziniert – wenn er sich in einer mental erzeugten Phantasielandschaft befindet –, dann sind der Denker und sein Gedankenstrom nicht voneinander getrennt. Sie gehen ineinander über. Der Denker bewohnt seine Gedanken. Kein Computer wird je in der Lage sein, wie ein Mensch zu denken, wenn nicht auch er seine Gedanken bewohnen, sich in seinen Geist versenken kann.

David Gelernter, Ein Geist aus Software, www.faz.net, 20.04.2011

1. Schreiben Sie einen eigenen Kommentar über die Zukunft des menschlichen Geistes: „Ich denke, ..." ➔ M1
2. Informieren sie sich über Searles Gedankenexperiment des „Chinesischen Zimmers". ➔ M2
3. Da der Computer lediglich Symbole nach Regeln verarbeitet, begreift er genauso wenig wie der Mensch im chinesischen Zimmer. Welcher Unterschied besteht dennoch zwischen einem „Englisch sprechenden" Computer und einem Menschen? ➔ M2
4. Begründen Sie, warum das nachgebaute „Robotergehirn" genauso wenig ein digitaler Computer wäre wie unser Gehirn. ➔ M3
5. Angenommen, der Nachbau des Gehirns gelänge. Welche Folgen würde das für unser Menschenbild, unser Selbst, unser Erkenntnisvermögen haben? ➔ M3
6. Erläutern Sie die drei Annahmen an Beispielen und nehmen Sie Stellung zu dem jeweils letzten Satz. ➔ M4
7. Bilden Sie zwei Gruppen: Befürworter und Skeptiker der künstlichen Intelligenz. Erarbeiten Sie anhand der Texte die Argumente und diskutieren Sie die Ergebnisse. ➔ M1-4

1 Zur Genese der Wissenschaften

M1 Der Turmbau zu Babel

Auf, steigen wir hinab und verwirren wir dort ihre Sprache, sodass keiner mehr die Sprache des anderen versteht.

Genesis 11,7

M2 Mythen – wissenschaftlich betrachtet

Der „Mythos" (gr. „Rede", „Erzählung") als diejenige mentale Formation, in der sich die kulturelle Identität archaischer Gesellschaften aufbaut und diese sich mit ihrer Umwelt auseinandersetzen, enthielt Wahrheiten, die, wie man glaubte, durch göttliche Eingebung veranlasst waren und an deren Weltbild und Regeln man sich zu orientieren hatte. Der Mythos ist narrativ strukturiert, d. h. er erzählt Geschichten: vom Anfang der Welt, von herausragenden Handlungen göttlicher oder heldenhafter Akteure usw. Es gibt eine Vielzahl von Mythen, z. B. Weltentstehungsmythen, Schöpfungsmythen, Heilsmythen.
Eine mit „Mythos" zu bezeichnende Struktur ist jedoch kein rein historisches Phänomen, sondern ein durchaus gegenwärtiges und aktuelles. [...] Wenn „Mythos" ursprünglich „Rede" heißen kann, so verbindet ihn dies durchaus mit seinem Widerpart „Logos". Als unbedingt wahres Wort von den jedes Beweises unbedürftigen, aus sich heraus gültigen göttlichen Dingen konnte er sogar einmal die größere Valenz beanspruchen gegenüber dem Logos als der argumentierenden, des Beweises zu ihrer Richtigkeit bedürfenden Rede. Dieser Sachverhalt hat mit dem Platzgreifen methodisierten wissenschaftlichen Selbstverständnisses eine fundamentale Umwertung erfahren: „Mythos" und „Logos", so könnte es nunmehr heißen, wollen beide orientieren und belehren, doch stellt der Mythos eine „bloße" Erzählung von vor allem eigener Kraft und ohne primäre Beweisführung, der Logos ein „Argumentieren und Begründen" dar.

Volker Steenblock, Arbeit am Logos, S. 11f.

M3 Demokrit und die Urkörper

Demokrit meint, dass das Wesen der ewigen Körper unzählige kleine Substanzen seien. [...] Er glaubt aber, dass die Urkörper so klein seien, dass sie von unseren Sinnen nicht erfasst werden könnten. Und sie hätten allerlei Gestalten und allerlei Formen; auch an Größe wären sie verschieden. Aus diesen Urkörpern nun lässt er gerade wie aus Elementen die sichtbaren und die überhaupt von unseren Sinnen wahrnehmbaren Körper entstehen und sich zusammenfinden. Sie wären aber im Zwist miteinander und bewegten sich im leeren Raum infolge ihrer Unähnlichkeit und der anderen genannten Unterschiede. Infolge ihrer Bewegung aber stießen sie aufeinander und verflöchten sich derartig miteinander, dass sie einander berührten und nahe beieinander wären; aber er lässt aus ihnen keinerlei wirkliche Einheit werden. Denn es wäre ja völlig töricht, anzunehmen, dass zwei oder mehr Dinge jemals ein einziges würden. Als Grund dafür aber, dass die Atome eine Zeitlang miteinander zusammenbleiben, gibt er ihre wechselseitige Verschränkung und ihr Haften aneinander an. Denn die einen von ihnen seien schief, die anderen hakenförmig, die einen mit muldenförmigen Vertiefungen, die anderen gewölbt, die anderen mit „anderen" unzähligen Unterschieden. *Wilhelm Capelle (Hg.), Die Vorsokratiker, S. 397f.*

M4 Geburt der modernen Wissenschaft

Bilder sind eine Wissensform vor den Begriffen, und sie entstehen durch die menschliche Fähigkeit der Wahrnehmung, die weder philosophisch noch physiologisch ausreichend erkundet ist. Anders ausgedrückt: Wissen beginnt mit Wahrnehmung, und bei diesem Satz kann man sich auf Aristoteles berufen. Seine *Metaphysik* beginnt mit der berühmten Fragestellung, dass die Menschen ihrer Natur gemäß nach Wissen streben, und sie tun dies – so Aristoteles –, weil sie Freude an der Wahrnehmung haben. Wissen macht also Freude, wenn die Wahrnehmung geeignete und gefällige Formen erfasst, die sowohl natürlicher als auch künstlerischer oder mathematischer Art sein können. [...]

Während die Menschen in Europa vor der Wissenschaftlichen Revolution [im 17. Jahrhundert] versuchten, Gewissheit durch Glauben zu erlangen, probierten sie es nun durch selbstständiges Denken und systematische Versuche. Während sie vorher Wert auf Traditionen legten und darin ihr Wissen suchten, stieg nun der Wert der Erfahrung, die man selbst gemacht hatte. Während sich die Gelehrten vor dem 17. Jahrhundert bemühten, möglichst umfassend Einsichten aus vorgegebenen, vermeintlich ewigen Prinzipien abzuleiten, das heißt auf deduktive Weise zu Wissen zu kommen, lernten sie nun, in die andere Richtung zu denken und induktive Fähigkeiten unter Beweis zu stellen. Es galt die schwierige Frage zu beantworten, wie aus der singulären Beobachtung und einzelnen Messung, die man im Rahmen eines Experiments machte, der allgemein gültige Schluss auf alle Erscheinungen gezogen werden konnte, für die man sich interessierte. [...]

Das Neue war damals wirklich ein neues Konzept, das bei Francis Bacon wohl seinen deutlichsten Ausdruck findet. [...] Bacons Grundeinsicht lautete, dass man die Natur und ihre Kräfte bzw. Gesetze nutzen und für sich arbeiten lassen kann. Damit dies gelingt, muss man natürlich wissen, wie die Natur funktioniert, und auch bereit sein, sich diesen Einsichten gemäß zu verhalten. Es ist sinnlos, gegen die Natur zu sein, man kann jedoch gegen die Natur kämpfen.

Ernst Peter Fischer, Die andere Bildung, S. 38-52

M5 Das Bacon-Projekt

Francis Bacon (1561-1626) hatte in der wissenschaftlich fundierten technischen Nutzung von Kräften und Stoffen der Natur ein Mittel gesehen, durch dessen Einsatz das materielle Wohlergehen aller Menschen gemehrt und gesichert werden könne. [...]

Im Vorwort von Bacons *Großer Erneuerung der Wissenschaften* heißt es: „Ich arbeite daran, die Grundlagen zu schaffen, nicht für eine Schule oder Doktrin, sondern für Nutzen und Macht des Menschen." Die Macht des Menschen wurzelt im angemessenen Wissen von den Naturprozessen, von den ursächlichen Wirkfaktoren. Deshalb muss man zuerst die Wirkmechanismen der Natur erfassen. „Menschliches Wissen und menschliche Macht sind eins; denn wo die Ursache nicht bekannt ist, kann die Wirkung nicht hervorgerufen werden. Will man der Natur befehlen, so muss man ihr gehorchen; denn was im Überlegen als Ursache gilt, das gilt im Tun als Regel."

Lothar Schäfer, Das Bacon-Projekt, S. 102f., 106f.

1. Sprechen Sie darüber, welche Funktionen der Mythos vom Turmbau zu Babel im Rahmen des christlichen Denkens erfüllt. ➜ M1
2. Erarbeiten Sie in einer tabellarischen Übersicht Gemeinsamkeiten und Unterschiede der Konzepte „Mythos" und „Logos". ➜ M2
3. Ist der „Turmbau zu Babel" eine mythische oder eine logische Denkstruktur? Begründen Sie Ihre Zuordnung und finden Sie weitere Beispiele für beide Kategorien. ➜ M1/2
4. Bewerten Sie Demokrits Atomtheorie a) vor dem Hintergrund seiner Zeit und b) unter Berücksichtigung unseres heutigen wissenschaftlichen Kenntnisstands. ➜ M2/3
5. Visualisieren Sie die „Geburt der modernen Wissenschaften in Europa" nach Fischer in einer Übersicht. Benutzen Sie dabei höchstens zwölf Begriffe aus dem Text und beschreiben sie deren Abhängigkeit voneinander durch beschriftete Pfeile, Symbole etc. ➜ M4
6. Bestimmen Sie die Aufgabe der Wissenschaft im Rahmen des Bacon-Projekts. ➜ M5
7. Recherchieren Sie Bilder und Informationen zu Galileis Arbeitszimmer (z. B. unter www.deutsches-museum.de). Inwiefern ist Galileis Methode innovativ und grundsätzlich verschieden von Forschungen vor dem 17. Jahrhundert?

2 So wird Wissen geschaffen …

M1 Bildung – alles, was man wissen muss

> Die naturwissenschaftlichen Kenntnisse werden zwar in der Schule gelehrt; sie tragen auch einiges zum Verständnis der Natur, aber wenig zum Verständnis der Kultur bei. […] So bedauerlich es manchem erscheinen mag: Naturwissenschaftliche Kenntnisse müssen zwar nicht versteckt werden, aber zur Bildung gehören sie nicht.

Dietrich Schwanitz, Bildung, S. 482

Skulptur zur Erinnerung an Johannes Gutenberg in Berlin, 2006

M2 Zur Bedeutung der Geisteswissenschaften

Unsere Gegenwartskultur benötigt die Geisteswissenschaften. Denn der Mensch lebt nicht als Mensch ohne Sprache, Verhaltensregeln, Daseinsdeutungen und Geschichten. Diese Bereiche sind in der modernen, nicht mehr „naturwüchsigen" Gesellschaft aber nicht ohne Wissenschaften denkbar. Gegründet in den „praktischen Bedürfnissen des Lebens" (Wilhelm Dilthey), haben die Geisteswissenschaften heute mindestens vier Aufgaben:

1) Sie ermöglichen die Kommunikation zwischen verschiedenen Kulturen und Sprachgemeinschaften und zwischen Gegenwart und Vergangenheit. Ohne die Geisteswissenschaften bliebe die menschliche Welt dem Menschen zum größten Teil fremd und unverstehbar.

2) Sie halten – inmitten der nivellierenden Massenkultur – orientierende Normen und damit auch Maßstäbe für die Kritik präsent. Ist die Möglichkeit einer rationalen Begründung von Handlungsnormen umstritten, so ermöglichen die Geisteswissenschaften doch eine Diskussion und Verständigung über solche Normen und ihre Konsequenzen.

3) Sie bewahren und explizieren Deutungen des Daseins, die durch die modernen Naturwissenschaften und die moderne Arbeits- und Konsumwelt verdrängt werden, die aber gleichwohl nötig sind, da die Naturwissenschaften kein eigentliches „Weltbild", d. h. keine erlebbare anschauliche Welt uns vor Augen stellen, wie sie in Mythos und Religion vorgegeben ist und von der Kunst gestaltet wird.

4) Sie erinnern als historische Wissenschaften unsere Vergangenheit und sagen uns so, wer wir sind. Denn Identitätsbewusstsein und -bildung ist nicht ohne Erinnerung möglich, weder für den Einzelnen noch für die Gesellschaft oder Gattung. Wir wissen nur, wer wir sind, wenn wir wissen, wer wir waren. Die moderne Zivilisation hat nur durch die Geisteswissenschaften, nicht durch die Naturwissenschaften ein Bewusstsein ihrer selbst.

Gunter Scholz, Zur Bedeutung der Geistes- oder Kulturwissenschaften, in: Volker Steenblock, Die großen Themen der Philosophie, S. 96

M3 Keine Zivilisation ohne Naturwissenschaften

Die Stellung, welche der Mensch gegenüber der Natur zuerst einnahm und im wilden Zustand noch einnimmt, ist bekanntlich sehr verschieden von der, welche Dichter und Philosophen sich einst erträumten. An den lieblichen Bildern, in denen die Phantasie sich erging, war nichts Wahres. Anstatt der edlen Hirten und anmutigen Hirtinnen, die unter gesegnetem Himmelsstrich, in reicher Landschaft, unschuldsvoll vom Ertrag ihrer Herden leben und mit wohlanständiger Sitte des reinsten Glückes genießen sollten, zeigt uns die Wirklichkeit hässlich rohe Horden im Kampfe mit Hunger, mit wilden Tieren, mit den Unbilden der Witterung, versunken im Schmutz, gedankenlose Unwissenheit und tückische Selbstsucht, das Weib geknechtet, das Alter verstoßen, Menschenfresserei durch Mangel geboten und geheiligt durch abergläubischen Brauch. [...] Naturwissenschaft ist das absolute Organ der Kultur, und die Geschichte der Naturwissenschaft die eigentliche Geschichte der Menschheit. Anstelle des Wunders setzte die Naturwissenschaft das Gesetz. Wie vor dem anbrechenden Tag erblichen vor ihr Geister und Gespenster. Sie brach die Herrschaft alter heiliger Lüge. Sie löschte die Scheiterhaufen der Hexen und Ketzer. Der historischen Kritik drückte sie die Schneide in die Hand. Aber auch den Übermut der Spekulation hat sie gezügelt [...]. Wie anders hat sie die Welt erobert als einst Alexander und das Römervolk. [...] Der Sieg der naturwissenschaftlichen Anschauung wird späten Zeiten als ebensolcher Sieg erscheinen wie der Sieg des Monotheismus vor achtzehnhundert Jahren.

Emil Du Bois-Reymond, Kulturgeschichte und Naturwissenschaft, in: Estelle Du Bois-Reymond (Hg.), Reden von Emil Du Bois-Reymond in zwei Bänden, Band 1, S. 567ff.

M4 Versuch einer Synthese

Da unbestritten ist, dass menschliches Handeln und Verhalten biologische Grundlagen haben, deren Ausprägung jedoch eine Kulturleistung ist, greifen an dieser Stelle Geistes- und Naturwissenschaften ineinander. Zwar ist die Einteilung in Fächer bzw. Disziplinen weiterhin sinnvoll, doch muss dabei gesehen werden, dass jeder Gegenstand von wissenschaftlicher Betrachtung dynamisch und offen ist und es gerade an den Rändern (z. B. Soziobiologie, Biochemie, Anthropologie, Ökologie) Bewegung gibt. Grenzen sollten daher nicht als trennendes Ende verstanden werden, sondern als die Notwendigkeit der Fortsetzung, als verbindende Berührungspunkte, eben als Schnittstellen, die sich überall da aufdrängen, wo die Herausforderungen der Zukunft nicht mehr mit einem einzigen Modell bzw. einer einzigen Methode innerhalb einer einzelnen Disziplin zu lösen sind. Im „Gegenstand“ Mensch werden die Grenzen zwischen Natur- und Geisteswissenschaften zu Überschneidungen, die zwar große Risiken bergen, aber auch enorme Chancen bieten.

Michael Klein / Ernst Theodor Rietschel, Schnittstellen zwischen Geistes- und Naturwissenschaften, in: APuZ 46/2007, S. 19

1. Beschreiben Sie das durch die Skulptur dargestellte Konzept von „Bildung“. ➜ M1
2. Bestimmen Sie Ihre persönliche Auffassung von „Bildung“. Welche Rolle spielen dabei die Naturwissenschaften, und inwiefern teilen Sie Schwanitz' Ansicht? ➜ M1
3. Visualisieren Sie in einer Mindmap die vier Aufgaben der Geisteswissenschaften nach Scholz, indem Sie jeder Aufgabe einen (!) passenden Begriff und ein anschauliches Beispiel eines geisteswissenschaftlichen Gegenstands zuordnen. ➜ M2
4. Stellen Sie stichwortartig die Beispiele zusammen, die Du Bois-Reymond für seine These des „Sieges der naturwissenschaftlichen Anschauung“ liefert. Bewerten Sie jedes Beispiel auf einer Skala von 1 (sehr plausibel) bis 5 (nicht nachvollziehbar) und begründen Sie Ihre Entscheidung. ➜ M3
5. Verfassen Sie ein fiktives Streitgespräch, in dem die Autoren der Texte M2 und M3 das Thema „Die Bedeutung von Geistes- und Naturwissenschaften im 21. Jahrhundert“ kontrovers diskutieren. ➜ M2/3
6. Recherchieren Sie Informationen zu den „Randdisziplinen“ und verdeutlichen Sie, auf welche Weise sich diese Disziplinen einer klassischen Trennung entziehen. Diskutieren Sie anschließend die Prädikate „große Risiken“ und „enorme Chancen.“ ➜ M4

3 Heißt Verstehen (nicht) erklären?

M1 Erklären und Verstehen in den Wissenschaften

Prof. Dr. Helmut Pulte (geb. 1956) lehrt Philosophie an der Ruhr-Universität Bochum. Dabei beschäftigt er sich vor allem mit Wissenschaftstheorie und -geschichte.

kolleg philosophie: Ein berühmtes Zitat des Philosophen Wilhelm Dilthey lautet: „Die Natur erklären wir, das Seelenleben verstehen wir." Was genau unterscheidet diese beiden Vorgänge?

Prof. Dr. Pulte: Dilthey äußerte diesen Gedanken Ende des 19. Jahrhunderts. Zu dieser Zeit bordeten die Naturwissenschaften geradezu über und begannen, die Geisteswissenschaften, auch die Philosophie, zu dominieren. Um die Autonomie der Geisteswissenschaften zu verteidigen, brachte er „Verstehen" als genuinen Begriff dieser Wissenschaften ins Spiel. Er betonte: Die Naturwissenschaften *erklären*, indem sie Phänomene auf Naturgesetze zurückführen. Dieses Verfahren bezieht sich auf die äußere Erfahrung, kann aber nicht im Blick auf den Menschen und das menschliche Zusammenleben im weitesten Sinne funktionieren. *Verstehen* hingegen erfolgt aufgrund eines inneren Erlebens, das dem Menschen eigentümlich ist. Wir sind als Menschen in der Lage, uns in andere Menschen hineinzuversetzen – im Anderen nachzuvollziehen, was er denkt und empfindet. Auf diesem Gebiet des Verstehens haben die Naturwissenschaften laut Dilthey nichts verloren, was die moderne, empirische Psychologie natürlich anders sieht.

kolleg philosophie: „Erklären" und „Verstehen" stehen demnach für unterschiedliche wissenschaftliche Blickwinkel auf den Menschen und seine Umwelt?

Prof. Dr. Pulte: Dilthey würde diese These vehement vertreten. Aus heutiger Perspektive lässt sich diese Unterscheidung allerdings kaum so streng durchhalten.

kolleg philosophie: Kann man zumindest sagen, dass durch „Erklären" objektive, durch „Verstehen" hingegen subjektive Erkenntnisse entstehen?

Prof. Dr. Pulte: Das wäre zu einfach; Dilthey selbst beansprucht auch für das Verstehen, z. B. das unserer Geschichte, Objektivität. Ich sehe den Unterschied eher so: Oft haben wir einen gewissen Zugang zu Phänomenen und glauben zu „verstehen", was vor sich geht. Damit muss noch nicht einhergehen, dass wir das Phänomen auch erklären und Ursachen bzw. Gesetze nennen können. „Verstehen" bezieht sich oft auf etwas Vertrautes, „Erklären" nicht unbedingt. Ein Beispiel: Schüttet Herr Müller morgens Milch in seinen Kaffee, stellt er das vertraute Phänomen einer Vermischung fest. Möchte er hingegen das Vertraute wirklich verstehen, z. B. warum sich Kaffee und Milch nicht wieder entmischen, benötigt er einen theoretischen Erklärungsansatz, der auf recht abstrakten Gesetzen der Physik basiert. Diese Gesetze sind ihm alles andere als vertraut, obwohl sie das Vertraute erklären.

kolleg philosophie: Das klingt, anders als bei Dilthey, nach einer gegenseitigen Abhängigkeit der beiden Konzepte „Erklären" und „Verstehen".

Prof. Dr. Pulte: Man sollte die Begriffe „Erklären" und „Verstehen" nicht identifizieren; dennoch liegen sie enger beieinander, als viele Philosophen glauben möchten. Wenn man die *Erklärung* eines Phänomens als das auffasst, was vertieftes *Verstehen* in den Wissenschaften erst ermöglicht, dann verschwindet die starke Dichotomie dieser Begriffe und wird zu einem qualitativen Unterschied. Verstehen geht in diesem Sinne über Erklären hinaus und impliziert, ein Phänomen oder viele in einen allgemeineren, gesetzlichen oder zumindest regelhaften Zusammenhang zu stellen. Die neuere Naturwissenschaft versucht so, ein möglichst erschöpfendes Verstehen der Welt auf Grundlage weniger Prinzipien zu erlangen: Stephen Hawking und andere Theoretiker verfolgen die Vision einer „Weltformel“, die alle irdischen Phänomene und Spezialgesetze umfasst. Sie soll uns ein vollständiges Verständnis der Welt bescheren, indem ihr gesetzlicher Zusammenhang aufgezeigt wird. Ob dieser Traum am Ende des Tages wirklich wird, bleibt aber offen ...

M2 Leben, Ausdruck und Verstehen

Die Menschheit wäre, aufgefasst in Wahrnehmung und Erkennen, für uns eine physische Tatsache, und sie wäre als solche nur dem naturwissenschaftlichen Erkennen zugänglich. Als Gegenstand der Geisteswissenschaften entsteht sie aber nur, sofern menschliche Zustände erlebt werden, sofern sie in Lebensäußerungen zum Ausdruck gelangen und sofern diese Ausdrücke verstanden werden. [...] Was wir einmal waren, wie wir uns entwickelten und zu dem wurden, was wir sind, erfahren wir daraus, wie wir handelten, welche Lebenspläne wir einst fassten, wie wir in einem Beruf wirksam waren, aus alten verschollenen Briefen, aus Urteilen über uns, die vor langen Tagen ausgesprochen wurden. Kurz, es ist der Vorgang des Verstehens, durch den Leben über sich selbst in seinen Tiefen aufgeklärt wird, und andererseits verstehen wir uns selber und andere nur, indem wir unser erlebtes Leben hineintragen in jede Art von Ausdruck eigenen und fremden Lebens. So ist überall der Zusammenhang von Erleben, Ausdruck und Verstehen das eigene Verfahren, durch das die Menschheit als geisteswissenschaftlicher Gegenstand für uns da ist. Die Geisteswissenschaften sind so fundiert in diesem Zusammenhang von Leben, Ausdruck und Verstehen. Hier erst erreichen wir ein ganz klares Merkmal, durch welches die Abgrenzung der Geisteswissenschaften definitiv vollzogen werden kann. Eine Wissenschaft gehört nur dann den Geisteswissenschaften an, wenn ihr Gegenstand uns durch das Verhalten zugänglich wird, das im Zusammenhang von Leben, Ausdruck und Verstehen fundiert ist.

Wilhelm Dilthey, Der Aufbau der geschichtlichen Welt in den Geisteswissenschaften, S. 98f.

M3 Kein Interesse!

SEIT SIE IN DER LAGE SIND, KURZMITTEILUNGEN ABZUFANGEN, HABEN AUSSERIRDISCHE FORSCHER DAS INTERESSE AN DER MENSCHLICHEN SPEZIES VERLOREN.

1 Stellen Sie die diltheysche Auffassung von Erklären und Verstehen dem modernen Verständnis der beiden Begriffe gegenüber. ➜ M1

2 Verdeutlichen Sie in einem Schaubild, wie die Begriffe Leben, Ausdruck und Verstehen nach Dilthey zusammen- und voneinander abhängen. ➜ M2

3 Nehmen Sie kritisch Stellung zu der These, dass geisteswissenschaftliches Verstehen subjektiv, individuell, beliebig und daher unwissenschaftlich ist. ➜ M2

4 Beschreiben Sie das Forschungsprojekt der Außerirdischen und erläutern Sie deren Reaktion auf die übermittelten Kurzmitteilungen. ➜ M3

5 Verfassen Sie ein fiktives Gespräch, in dem Sie mit Wilhelm Dilthey über den Cartoon sprechen und das Verhalten der Außerirdischen im Blick auf die Frage deuten: „Verstehen oder erklären die Außerirdischen das menschliche Verhalten?“ ➜ M3

4 Werkzeuge der Wissenschaft

M1 Geschichte eines Geistesblitzes

FRANKLIN'S EXPERIMENT, JUNE 1752.
Demonstrating the identity of Lightning and Electricity, from which he invented the Lightning Rod.

M2 Benjamin Franklins Drachenexperiment

Kein Experiment hat je eine steilere Karriere gemacht. Am 19. Oktober 1752 veröffentlichte die *Pennsylvania Gazette* einen Brief von Benjamin Franklin, in dem er beschrieb, wie er während eines Gewitters einen Drachen steigen ließ. Kurze Zeit später war das „mutigste Experiment, das je ein Mensch gemacht hat" – so die Einschätzung eines Zeitgenossen – in aller Munde. Der Philosoph Immanuel Kant nannte Franklin einen „modernen Prometheus". [...]

Franklin war ein brillanter Wissenschaftler. Eines seiner vielen Interessen galt der Elektrizität. Ohne Kenntnisse über die Natur der Elektronen – sie wurden erst viel später entdeckt – stellte er sich Elektrizität korrekt als eine Art unsichtbare Flüssigkeit vor, die vom Ort höherer zum Ort tieferer Ladung fließt. Der Drachenversuch drehte sich um die Frage, ob Gewitterblitze eine Form elektrischer Entladung seien. Franklin war ihre Ähnlichkeit mit den Funken, die man mit den einfachen Elektrisierungsmaschinen jener Zeit erzeugen konnte, aufgefallen. Um zu beweisen, dass sie ein und dasselbe waren, musste er den Blitz an einen Ort leiten, wo er ihn untersuchen konnte. [...] Franklin schilderte in der *Pennsylvania Gazette*, wie er den Drachen aus Zedernholzleisten und einem Seidentuch baute, einen Eisendraht an der Spitze befestigte und das Fluggerät mit einer langen Hanfleine versah. An das untere Ende der Leine hängte er einen Schlüssel und knüpfte als Isolation ein kurzes Seidenband daran, an dem er den Drachen aus einem Fenster einer Hütte herausfliegen ließ. Auf diese Weise blieb das Seidenband im Trockenen und verlor seine Eignung als Isolation nicht.

Was immer es war, was dann die Leine entlang vom Himmel strömte – laut Franklin erzeugte es Funken, wenn er einen Finger dem Schlüssel näherte, und er konnte es in eine Leidener Flasche leiten, der damals üblichen Vorrichtung, um elektrische Ladung zu speichern. Diese Ladung konnte für elektrische Experimente verwendet werden, und damit, so Franklin, sei „die Gleichheit von elektrischem Stoff mit dem von Blitzen zweifelsfrei nachgewiesen".

Reto U. Schneider, Das neue Buch der verrückten Experimente, S. 24

M3 Zweifel an Franklins Experiment

Anders als es in vielen Darstellungen wiedergegeben wird, ist kein Blitz in den Drachen eingeschlagen – das hätten weder der Drachen noch Franklin überlebt. Aber Franklin nahm richtig an, dass die vom Himmel abgeleitete Elektrizität dieselbe war, die zu

Blitzen führte. Schon bald nach Bekanntwerden von Franklins Heldentat wurden Zweifel laut. Der Brief in der Pennsylvania Gazette enthielt weder Angaben zum Ort noch zum Datum des Experiments und nannte auch keine Zeugen. [...] Warum hat Franklin vier Monate mit der Publikation gewartet? Warum hat er nicht, wie damals üblich, [...] Zuschauer eingeladen? Warum hat er das Experiment nie wiederholt? Die These [vieler Ungereimtheiten] vertritt auch Tom Tucker in seinem Buch *Bolt of Fame* (etwa: „Blitzstrahl des Ruhms"). Tucker konnte den bereits bekannten Indizien noch weitere hinzufügen, die für einen Betrug sprechen. Dazu gehört auch der Schlüssel: Ein Hausschlüssel des 18. Jahrhunderts wog ein Viertelpfund. Tucker hat mit einem Nachbau des Drachens versucht, dieses Gewicht in die Luft zu befördern – ohne Erfolg. Damit hatte offensichtlich auch der Zeichner von Currier & Ives Probleme. Franklin hält die Hanfleine dort mit der rechten Hand vor dem Schlüssel und dem isolierenden Seidenband, was keinen Sinn ergibt, da die Elektrizität dann sofort über ihn abflösse. Tucker versuchte später, das Gewicht mit einem modernen Drachen nach oben zu bekommen. Seine Frau hielt einen großen Bilderrahmen als Modell für das Fenster. Als Tucker sich an die unmöglich zu lösende Aufgabe machte, das Ende der Leine mit dem Gewicht im Trockenen zu halten, ohne dass die Drachenleine den Bilderrahmen berührte, sei ihm klar geworden: Franklin hat das Experiment nie durchgeführt.

Reto U. Schneider, Das neue Buch der verrückten Experimente, S. 25

M4 Schichten der Wissenschaft

Ziel der Wissenschaft ist erstens die möglichst vollständige begriffliche Erfassung und Verknüpfung der Sinneserlebnisse in ihrer ganzen Mannigfaltigkeit, zweitens aber die Erreichung dieses Ziels *unter Verwendung eines Minimums von primären Begriffen und Relationen* (Streben nach möglichst logischer Einheitlichkeit des Weltbildes beziehungsweise logischer Einfachheit seiner Grundlagen). Die Wissenschaft braucht die ganze Mannigfaltigkeit der primären, d. h. unmittelbar mit Sinneserlebnissen verknüpften Begriffe sowie der sie verknüpfenden Sätze. In ihrem ersten Entwicklungsstadium enthält sie nichts weiter. Auch das Denken des Alltags begnügt sich im Großen und Ganzen mit dieser Stufe. Diese kann aber einen wirklich wissenschaftlich eingestellten Geist nicht befriedigen, da die so gewinnbare Gesamtheit von Begriffen und Relationen der logischen Einheitlichkeit völlig entbehrt. Um diesem Mangel abzuhelfen, erfindet man ein begriffs- und relationsärmeres System, welches die primären Begriffe und Relationen der „ersten Schicht" als logisch abgeleitete Begriffe und Relationen enthält. Dieses neue „sekundäre System" erkauft die gewonnene höhere logische Einheitlichkeit mit dem Umstande, dass seine an den Anfang gestellten Begriffe (Begriffe der zweiten Schicht) nicht mehr unmittelbar mit Komplexen von Sinneserlebnissen verbunden sind. [...] So geht es fort, bis wir zu einem System von denkbar größter Einheitlichkeit und Begriffsarmut der logischen Grundlagen gelangt sind, das mit der Beschaffenheit des sinnlich Gegebenen vereinbar ist.

Albert Einstein, Physik und Realität, in: Aus meinen späten Jahren, S. 67f.

1 Beschreiben Sie die Darstellung und stellen Sie Hypothesen hinsichtlich der Zielrichtung des Experiments auf. ➜ M1

2 Prüfen Sie Ihre Hypothesen durch Lektüre des Textes M2. Ordnen Sie anschließend in einer Tabelle den Begriffen „Erklärung", „Voraussage", „Regel", „Naturgesetz", „Modell", „Theorie" und „Hypothese" Elemente des Franklin-Experiments sowie eine allgemeine Definition zu. ➜ M2

3 Zeichnen Sie den Argumentationsgang bis hin zum Fazit „Franklin hat das Experiment nie durchgeführt" nach. Entwickeln Sie daraus Indikatoren von „Wissenschaftlichkeit", denen Franklins Experiment nicht gerecht wird. ➜ M3

4 Bereiten Sie einen Kurzvortrag zu einem Experiment Ihrer Wahl (z. B. Milgram-Experimente, Libet-Experimente etc.) vor, in dem Sie die Begriffe aus Aufgabe 2 sowie die Kriterien von Wissenschaftlichkeit aus Aufgabe 3 berücksichtigen und inhaltlich füllen. ➜ M2/3

5 Setzen Sie neun bis zwölf Kernbegriffe des Textes strukturiert unter der Überschrift „Erkenntnis durch Abstraktion" in Beziehung. Inwiefern passt dieses Strukturdiagramm zu Ihrem Experiment aus Aufgabe 4? ➜ M4

5 Wie wissenschaftliche Theorien gebildet werden

M1 Vorsicht: Wirklichkeit!

Horst Haitzinger

M2 Das Problem der Induktion

Wir wissen, dass singuläre Aussagen über Tatsachen, die durch Beobachtung gewonnen wurden, niemals absolut sicher sind, da wir bei unseren Beobachtungen Fehler machen; aber bei den Gesetzen ist die Unsicherheit noch größer. Ein Naturgesetz sagt aus, dass in jedem Einzelfall, an jedem Ort und zu jeder Zeit gilt: Wenn Eines wahr ist, dann ist auch ein Zweites wahr. Natürlich wird hier über eine unendliche Anzahl möglicher Fälle gesprochen. Die wirklichen Anwendungsfälle sind vielleicht nicht unendlich viele, aber es gibt eine Unendlichkeit von möglichen Fällen. Ein physiologisches Gesetz sagt uns: Wenn man einen Dolch in das Herz eines Menschen stößt, wird dieser Mensch sterben. Da man niemals eine Ausnahme zu diesem Gesetz beobachtet hat, wird es als allgemein gültig angenommen. Es ist natürlich wahr, dass die Anzahl der Fälle, in denen man beobachtet hat, dass Dolche in Menschenherzen gestoßen wurden, endlich ist. Und es ist möglich, dass eines Tages die Menschheit aufhören wird zu existieren. In diesem Falle ist die Zahl der menschlichen Wesen, der vergangenen und der zukünftigen, endlich. Aber wir wissen ja nicht, ob die Menschheit ausgelöscht werden wird. Deshalb müssen wir sagen, dass es unendlich viele mögliche Anwendungsfälle des Gesetzes gibt. Und wenn es unendlich viele Fälle gibt, dann kann keine endliche Zahl von Beobachtungen, auch wenn sie sehr groß ist, das universelle Gesetz vollständig sichern. [...] Wenn wir darüber nachdenken, wird uns aber klar, dass auch die bestbegründeten Gesetze der Physik höchstens auf einer endlichen Zahl von Beobachtungen beruhen können. Es ist stets möglich, dass morgen schon ein Gegenbeispiel gefunden wird. Niemals ist es möglich, zu einer vollständigen Verifikation eines Naturgesetzes zu gelangen. Man sollte gar nicht von „Verifikation" sprechen – wenn man damit eine endgültige Feststellung der Wahrheit meint –, sondern nur von Bestätigung.

Rudolf Carnap, Einführung in die Philosophie der Naturwissenschaft, S. 29f.

M3 Erkenntnis durch Deduktion

Die Methode der kritischen Nachprüfung, der Auslese der Theorien, ist nach unserer Vorstellung immer die folgende: Aus der vorläufig unbegründeten Antizipation, dem Einfall, der Hypothese, dem theoretischen System, werden auf logisch-deduktivem Weg Folgerungen abgeleitet; diese werden untereinander und mit anderen Sätzen verglichen, indem man feststellt, welche logische Beziehung (z. B. Äquivalenz, Ableitbarkeit, Vereinbarkeit, Widerspruch) zwischen ihnen bestehen. [...] [Die aus einer neuen Theorie abgeleiteten Folgerungen müssen einer empirischen Prüfung standhalten]. Auch hier ist das Prüfungsverfahren ein deduktives: Aus einem System werden (unter Verwendung bereits anerkannter Sätze) empirisch möglichst leicht nachprüfbare bzw. anwendbare singuläre Folgerungen („Prognosen") deduziert und aus diesen insbesondere jene ausgewählt, die aus bekannten Systemen nicht ableitbar sind bzw. mit ihnen in Widerspruch stehen. Über diese – und andere

– Folgerungen wird nun im Zusammenhang mit der praktischen Anwendung, den Experimenten usw., entschieden. Fällt die Entscheidung positiv aus, werden die singulären Folgerungen anerkannt, *verifiziert*, so hat das System die Prüfung vorläufig bestanden; wir haben keinen Anlass, es zu verwerfen. Fällt eine Entscheidung negativ aus, werden Folgerungen *falsifiziert*, so trifft ihre Falsifikation auch das System, aus dem sie deduziert wurden. Die positive Entscheidung kann das System immer nur vorläufig stützen; es kann durch spätere negative Entscheidungen immer wieder umgestoßen werden. Solange ein System eingehenden und strengen deduktiven Nachprüfungen standhält und durch die fortschreitende Entwicklung der Wissenschaft nicht überholt wird, sagen wir, dass es sich bewährt.

Karl R. Popper, Die deduktive Überprüfung der Theorien, in: David Miller (Hg.), Karl Popper Lesebuch, S. 120f.

M4 Einsteins EJASE-Modell

Wissenschaftlicher Fortschritt basiert nach Einstein stets auf Sinneseindrücken, auf Erlebnissen (E). Diese Erlebnisse sind in ihrer Gesamtheit chaotisch, wirr und fordern den Beobachter heraus, sie in ein logisches gedankliches System zu integrieren. In einem gewagten und spekulativen Sprung (J, „jump") formuliert der Beobachter ein über der Ebene der Sinneserlebnisse schwebendes System von Axiomen (A), verstanden als fundamentale, abstrakte Prinzipien. Aus diesen Axiomen werden anschließend Einzelaussagen (S, S', S'', usw.) als Prognosen abgeleitet, die ihrerseits auf ihre Verträglichkeit mit den Phänomenen der Erfahrungen (E) geprüft werden. Sollten sich die Vorhersagen an der Erfahrung bestätigen lassen, hat sich das theoretische Gebilde aus Hypothesen, Postulaten und Deduktionen vorerst bestätigt. Je länger sich die Vorhersagen tatsächlich mit der Sinneserfahrung vereinbaren lassen, desto mehr Überzeugungskraft gewinnt die Theorie, doch der endgültige Beweis für die Richtigkeit einer Theorie lässt sich nach Einstein niemals erbringen.

1 Entwerfen Sie analog zu M1 einen Cartoon, in dem die „Statistische Wahrscheinlichkeit" und das „Restrisiko" nicht personifiziert, sondern im Rahmen einer konkreten Situation vorkommen. ➜ M1

2 Nutzen Sie die wesentlichen Informationen des Texts M2 für einen 100-Worte-Lexikoneintrag mit dem Titel „Induktion – Verfahren und Gefahren". ➜ M2

3 Beziehen Sie den Cartoon auf den Carnap-Text. Inwieweit veranschaulicht der Cartoon das Induktionsproblem? ➜ M1/2

4 Erstellen Sie auf einer Folie / einem Poster ein Schaubild, das das Induktions- und das Deduktionsverfahren darstellt. Präsentieren Sie Ihr Schaubild und erläutern Sie diese allgemeine Darstellung anhand einer konkreten Theorie bzw. Aussage. ➜ M3

5 Stellen Sie gemäß Einsteins EJASE-Modell eine Theorie auf (z. B. „Die Grünphasen von Fußgängerampeln sind kürzer als deren Rotphasen" etc.) und durchlaufen Sie alle fünf Schritte der Prüfung. Liefern Sie dem Kurs einen Forschungsbericht. ➜ M4

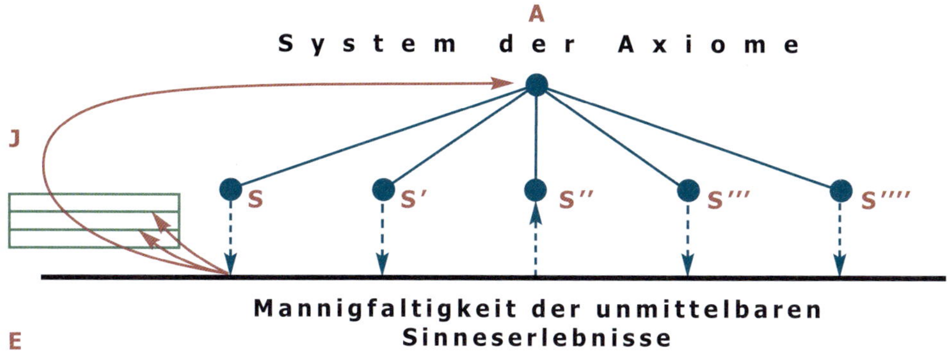

nach Gerald Holton, Thematische Analyse der Wissenschaft, S. 376

6 Nehmen Sie Stellung zu der These „Einsteins größte wissenschaftliche Erfolge basieren maßgeblich auf Schritt J („jump")." Wie bewerten Sie die Rolle von Spekulation und Wagnis im Prozess wissenschaftlichen Fortschritts?

6 Theorien – ein geheimer Kompass

M1 Die Geschichte mit dem Hammer

Ein Mann will ein Bild aufhängen. Den Nagel hat er, nicht aber den Hammer. Der Nachbar hat einen. Also beschließt unser Mann, hinüberzugehen und ihn auszuborgen. Doch da kommt ihm ein Zweifel: „Was, wenn der Nachbar mir den Hammer nicht leihen will? Gestern schon grüßte er mich nur so flüchtig. Vielleicht war er in Eile. Aber vielleicht war die Eile nur vorgeschützt, und er hat etwas gegen mich. Und was? Ich habe ihm nichts angetan; der bildet sich da etwas ein. Wenn jemand von mir ein Werkzeug borgen wollte, ich gäbe es ihm sofort. Und warum er nicht? Wie kann man einem Mitmenschen einen so einfachen Gefallen abschlagen? Leute wie dieser Kerl vergiften einem das Leben. Und dann bildet er sich noch ein, ich sei auf ihn angewiesen. Bloß weil er einen Hammer hat. Jetzt reicht's mir wirklich." – Und so stürmt er hinüber, läutet, der Nachbar öffnet, doch noch bevor er „Guten Tag" sagen kann, schreit ihn unser Mann an: „Behalten Sie sich Ihren Hammer, Sie Rüpel!"

Paul Watzlawick, Anleitung zum Unglücklichsein, S. 10

M2 Dies ist ein Stück Kreide, oder etwa nicht?

Betrachten wir als Beispiel die Aussage eines Lehrers „Dies ist ein Stück Kreide", während er auf einen rechteckigen weißen Gegenstand zeigt, den er vor der Tafel in die Höhe hält. Selbst diese überaus grundlegende Beobachtungsaussage schließt eine Theorie mit ein und ist fehlbar. Es wird zum Beispiel einfach von der Verallgemeinerung „Weiße Gegenstände, die man in Klassenräumen in der Nähe der Tafel findet, sind Kreide" ausgegangen. Aber diese Verallgemeinerung braucht natürlich nicht unbedingt wahr zu sein. Der Lehrer in unserem Beispiel könnte sich irren.

Der besagte weiße Gegenstand ist vielleicht gar kein Stück Kreide, sondern eine genau nachgemachte Kreideattrappe, die ein pfiffiger Schüler, der sich einen Spaß machen wollte, dort hingelegt hat. Der Lehrer [...] könnte Schritte unternehmen, um die Wahrheit der Aussage „Dies ist ein Stück Kreide" zu überprüfen. Allerdings muss man sich, je strenger diese Überprüfung ausfallen soll, auch auf umso mehr Theorie berufen; aber absolute Sicherheit wird man trotzdem nicht erlangen. Forderte man den Lehrer zum Beispiel dazu auf, mit dem weißen Gegenstand doch etwas auf die Tafel zu zeichnen, dann kann er auf den weißen Strich, der sich ergibt, hinweisen und verkünden: „Seht ihr, es *ist* ein Stück Kreide." [...] Die Beweisführung des Lehrers könnte man mit dem Einwand zurückweisen, dass außer Kreide noch andere Gegenstände weiße Spuren auf einer Tafel hinterlassen.

Vielleicht wird der betreffende Lehrer nach einer Reihe weiterer Versuche, wie zum Beispiel, die Kreide zu zerbröckeln, und erneuten Einwänden dagegen, schließlich zu einer chemischen Analyse Zuflucht nehmen. [...]

Um die Gültigkeit einer Beobachtungsaussage nachzuweisen, muss man auf eine Theorie verweisen, und je zuverlässiger die Gültigkeit nachgewiesen werden soll, desto umfassender muss das herangezogene theoretische Wissen sein. Dies steht in einem direkten Widerspruch zu dem, was wir aufgrund der induktivistischen Auffassung erwarten würden, dass nämlich, um die Wahrheit einer problematischen Beobachtungsaussage nachzuweisen, auf gesichertere Beobachtungsaussagen, und vielleicht auf die Gesetze, die aus ihnen induktiv abgeleitet wurden, rekurriert wird, jedoch nicht auf Theorien.

In der Umgangssprache ist es häufig der Fall, dass eine anscheinend unproblematische „Beobachtungsaussage" sich als falsch herausstellt, wenn ein erwartetes Ereignis nicht eintrifft, weil eine Theorie falsch war, die eine Voraussetzung für die betreffende Beobachtungsaussage darstellte. So könnten zum Beispiel Sommerfrischler auf dem Gipfel eines hohen Berges, die einen Blick auf ihr Lagerfeuer werfen, die Beobachtung machen „Das Wasser ist heiß genug, um den Tee damit aufzugießen". Wenn sie jedoch das dann entstandene Gebräu kosten, müssten sie feststellen, dass sie sich kläglich geirrt haben. Die Theorie, die irrtümlicherweise vorausgesetzt wurde, ist die, dass kochendes Wasser heiß genug ist, um schmackhaften Tee zuzubereiten. Dies braucht jedoch nicht der Fall zu sein, wenn das Wasser unter so geringem Druck zum Kochen gelangt, wie er in großen Höhen registriert wird.

Alan Francis Chalmers, Wege der Wissenschaft, S. 34f.

M3 Die Theoriebeladenheit der Erfahrungen

Auch in beobachtungsmäßige Feststellungen gehen unbegründete Antizipationen ein. Der empiristischen Idee nach sollen sie durch Sätze ausgedrückt werden, die durch einfache, direkte Beobachtungen entscheidbar sind und nicht auf zusätzlichen Hypothesen beruhen. Selbst bei einfachen Messungen machen wir Voraussetzungen. Stellen wir z. B. durch Abtragen eines Meterstabes auf zwei Strecken deren gleiche Länge fest, so setzen wir voraus, dass der Meterstab beim Transport seine Länge nicht verändert hat, und das können wir offenbar nicht wieder durch Messungen mit dem Meterstab überprüfen. Wenn ich ferner eine Beobachtung so beschreibe, dass da eine Katze auf der Wiese sitzt, so setze ich voraus, dass andere mögliche Deutungen meiner Beobachtung, dass es sich z. B. um ein Plüschtier handelt oder ein Exemplar einer bislang unbekannten Spezies, das aussieht wie eine Katze, aber Eier legt und sich von Gras ernährt, höchst unwahrscheinlich sind. Man spricht in der Wissenschaftstheorie von einer *Theoriebeladenheit der Erfahrungen*. Das heißt: Beobachtungsmäßige Feststellungen erfolgen im Lichte vorgängiger Annahmen oder Erwartungen, und sind daher nicht sicherer als diese. Ohne Vorurteile keine Erfahrung, also sind selbst einfache Beobachtungssätze keine brauchbare Basis im Sinn des Empirismus. Sie beruhen auf Voraussetzungen, die sich immer als falsch erweisen können.

Franz von Kutschera, Die falsche Objektivität, S. 138f.

M4 Theorie und Irrtum

Plassmann / Baaske Cartoons

1 Rekonstruieren Sie, wie der Mann zu seinem Urteil über den Nachbarn gelangt. Welche subjektiven Theorien führen zu der Eskalation, die sich im letzten Satz des Texts ausdrückt? ➔ M1

2 Verdeutlichen Sie die These aus den Zeilen 34-38 anhand des Kreide-Beispiels. Welche Theorien werden zum Beweis der Aussage „Dies ist ein Stück Kreide" herangezogen, und wie verhält es sich mit deren Abstraktionsgrad? ➔ M2

3 Formulieren Sie in eigenen Worten, was Kutschera unter der „Theoriebeladenheit der Erfahrungen" versteht und welche Konsequenzen er daraus ableitet. ➔ M3

4 Beziehen Sie Kutscheras Ansatz auf die in M1 und M2 beschriebenen Situationen. ➔ M1-3

5 Erläutern und diskutieren Sie die Karikatur. ➔ M4

6 Nehmen Sie zu folgenden Thesen kritisch Stellung:
   a) „Wir sind im Alltag auf solche Theorien angewiesen, da sie unsere Wahrnehmung recht zuverlässig strukturieren. Irrtümer muss man dabei in Kauf nehmen."
   b) „Theorien sind immer auch Vorurteile, und wir müssen uns ständig kritisch beobachten, um keiner unzulässigen Verallgemeinerung auf den Leim zu gehen."

7 Methoden der Wahrheitsfindung

M1 Was ist Wahrheit?

Eine Frau kommt zur Polizei und meldet ihren Mann als vermisst. Der Polizist bittet sie um eine Personenbeschreibung und sie sagt: „1,85 groß, muskulös und mit dichtem, lockigen Haar."

„Hey", ruft da ihre Freundin, die sie begleitet hat, „was erzählst du da? Dein Mann ist höchstens 1,65, hat eine Glatze und einen gewaltigen Bierbauch."

Darauf die Frau: „Ja, aber wer will den schon zurückhaben?"

„Meine Beste", meldet sich der Polizist zu Wort, „wir möchten von Ihnen eine Beschreibung, die mit dem Aussehen ihres Ehemannes übereinstimmt."

Darauf die Frau: „Übereinstimmung! Pah! Die Wahrheit lässt sich nicht allein anhand erkenntnistheoretischer Kriterien bestimmen, da die Angemessenheit dieser Kriterien unmöglich unabhängig von den angestrebten Zielen und jeweils vertretenen Werten bestimmt werden kann. Mit anderen Worten, wahr ist schlussendlich das, was einen zufrieden stellt, und das hat mich mein Mann weiß Gott noch nie."

Thomas Cathcart / Daniel Klein, Platon und Schnabeltier, S. 96f.

M2 Wahr oder nicht wahr?

1. ALLE ELEFANTEN HABEN EINEN RÜSSEL.
2. DIE JAHRESDURCHSCHNITTSTEMPERATUR IN BARCELONA IST HÖHER ALS IN TORONTO.
3. IM MOMENT SCHEINT DIE SONNE.
4. IM JAHRE 2030 WIRD ES IN JEDEM HAUSHALT EINEN PUTZROBOTER GEBEN.
5. IMMANUEL KANT TRANK JEDEN MORGEN NACH DEM AUFWACHEN IM BETT EIN GLAS WASSER.
6. DER SINN DES LEBENS IST DIE SUCHE NACH GLÜCK.
7. DIE DEUTSCHE FUSSBALLNATIONALMANNSCHAFT HAT BEI DER WM 2010 SCHLECHT GESPIELT.
8. DA VINCIS MONA LISA HAT EIN HÜBSCHES LÄCHELN.

M3 Die Forderung nach Verifizierbarkeit

Eine Zeichenverbindung, von der man entweder zeigen kann, dass sie wahr ist, oder zeigen kann, dass sie falsch ist, wird sinnvoll genannt. Dieser Begriff ist sehr wichtig, weil wir uns oft mit Zeichenverbindungen befassen, deren Wahrheit oder Falschheit im Augenblick noch unbestimmt ist [...]. Der Hinweis auf Verifizierbarkeit ist ein notwendiger Bestandteil einer Theorie des Sinnes sprachlicher Ausdrücke. [...] Sätze können auf verschiedene Weise verifiziert werden. Die einfachste Methode des Wahrheitsentscheids ist die direkte Beobachtung; aber nur eine kleine Gruppe von Sätzen kann so verifiziert werden, wie z. B. „es regnet", oder „Peter ist größer als Paul". Wenn sich ein Beobachtungssatz auf die Vergangenheit bezieht, sehen wir eine Verifizierung auch dann als möglich an, wenn es keinen Beobachter dieses vergangenen Ereignisses gegeben hat; so ist z. B. der Satz „es hat am 28. November im Jahre 4 n. Chr. auf der Insel Manhattan geschneit", verifizierbar und daher sinnvoll, da es ja einen Beobachter dort hätte geben können. [...] Man hat eingewendet, dass die Frage nach dem Sinn eine subjektive Angelegenheit sei, dass man einem anderen nicht beweisen kann, was er mit einem Satz meint, und dass man es jedem überlassen soll, seine Worte in dem Sinne zu gebrauchen, wie es ihm angemessen erscheint. [...] Dieser Einwand beruht jedoch auf einem Missverständnis der Verifikationstheorie. [...] Der wissenschaftliche Philosoph ist von Haus aus tolerant und erlaubt jedem, zu meinen, was er will. Er sagt nur: Wenn jemand unverifizierbare Bedeutungen gebraucht, dann können seine Worte nicht den Grund für seine Handlungen angeben. Was man tut, bezieht sich immer auf die Zukunft, und Aussagen über die Zukunft können nur soweit in mögliche Erfahrungen übersetzt werden, als sie verifizierbar sind.

Hans Reichenbach, Der Aufstieg der wissenschaftlichen Philosophie, S. 287-290

M4 Kritik am Verifikationsprinzip

Erstens ist ein Satz [nach dem Verifikationsprinzip] dann und nur dann sinnvoll, wenn er verifiziert bzw. empirisch überprüft werden kann, und zweitens (was vielleicht nicht ganz so wichtig ist) besteht oder zeigt sich sein Sinn in der Methode seiner Verifikation – wobei angenommen wurde, dass in jedem Falle wenigstens der letzte Schritt des Verifikationsverfahrens auf empirische Beobachtungen bzw. Sinneswahrnehmungen führen würde. [...] Das Verifikationsprinzip hat eine ganze Reihe von höchst merkwürdigen und interessanten Eigenschaften. Das vielleicht merkwürdigste ist, dass es ganz einfach, wenn auch irreführend ist, ihm einen Anstrich bestürzender Radikalität und (erfreulicher oder betrüblicher) Destruktivität zu geben, dass es andererseits aber ebenso einfach und irreführend ist, es als einen ganz harmlosen und nahezu trivialen Grundsatz darzustellen. Nehmen wir zuerst einmal an, dass es wirklich als ganz allgemeines Sinnkriterium zu betrachten ist, dass also wirklich alles, was diesen Test nicht passiert, als sinnlos gelten muss. Dann sehen wir sofort, dass nicht nur die Aussagen der Metaphysik und Theologie, sondern auch alle singulären moralischen und ästhetischen Urteile, ja alle Werturteile überhaupt als sinnlos betrachtet werden müssen. *Geoffrey James Warnock, Englische Philosophie im 20. Jahrhundert, S. 59*

M5 Die Idee der kritischen Prüfung

Die neue Konzeption der kritischen Rationalität, die sich im Prinzip der kritischen Prüfung verkörpert, unterscheidet sich vor allem insofern von der klassischen Lehre, als sie keinen Rekurs auf irgendwelche Dogmen notwendig macht und die Dogmatisierung von Problemlösungen irgendwelcher Art [...] nicht zulässt. Damit wird zugleich auch jeder *Unfehlbarkeitsanspruch* für irgendeine Instanz zugunsten eines konsequenten Fallibilismus zurückgewiesen. [...] Es gibt weder eine Problemlösung, noch eine für die Lösung bestimmter Probleme zuständige Instanz, die notwendigerweise von vornherein der Kritik entzogen sein müsste. [...] Wenn man die Rolle der Logik bei einem solchen Verfahren bestimmen möchte, dann wird man sagen können, dass sie hier nicht als Instrument der positiven Begründung, sondern als Organon der Kritik in Betracht kommt. Dementsprechend ist diese Methodologie auch *nicht* wie die klassische am *Satz vom zureichenden Grunde* orientiert, *sondern* vielmehr an einer methodologischen Version des *Satzes vom ausgeschlossenen Widerspruch*, die man etwa so formulieren könnte: Suche stets nach relevanten Widersprüchen, um bisherige Überzeugungen dem Risiko des Scheiterns auszusetzen, so dass sie Gelegenheit haben, sich zu bewähren. Diese Suche wird also nicht etwa deshalb empfohlen, weil Widersprüche an sich erwünscht wären und aufrechterhalten werden müssten, oder gar deshalb, weil man so dem widerspruchsvollen Charakter der Wirklichkeit besser gerecht werden könnte, sondern gerade deshalb, weil man beim Auftauchen relevanter Widersprüche aufgrund des Prinzips der Widerspruchsfreiheit Veranlassung hat, seine Überzeugung zu revidieren.

Hans Albert, Traktat über kritische Vernunft, S. 35-43

1 Wie könnte der Polizist auf die letzte Äußerung der Frau reagieren? Führen Sie das Gespräch fort. ➜ M1

2 Entscheiden Sie, ob die acht Thesen wahr oder unwahr sind. Ferner sollten Sie ...
a) ... Ihre Entscheidung begründen.
b) ... Ihren „Lösungsweg" beschreiben.
c) ... mögliche Schwierigkeiten der Beweisführung erwähnen. ➜ M2

3 Verfassen Sie ein fiktives Interview, in dem Sie mit Hans Reichenbach (Un-)Wahrheit bzw. (Nicht-)Verifizierbarkeit der acht Thesen aus M2 diskutieren. Machen Sie dabei deutlich, inwieweit Sie seine Forderung nach Verifizierbarkeit teilen. ➜ M3

4 Arbeiten Sie die Hauptpunkte der Kritik am Verifikationsprinzip heraus. ➜ M4

5 Beurteilen Sie aus Sicht Reichenbachs bzw. Warnocks die Frage, ob die Thesen in M2 sinnvoll oder sinnlos sind. Wo wären sie sich uneins? ➜ M2-4

6 Erstellen Sie einen Katalog der wichtigsten Prinzipien der „kritischen Prüfung". ➜ M5

7 Benutzen Sie den Katalog aus Aufgabe 6, um die Thesen aus M2 kritisch zu prüfen. Führt dieses Verfahren ggf. zu anderen Einschätzungen als zu denen, die Sie in Aufgabe 2 erarbeitet haben? Erklären Sie diese Differenzen. ➜ M2/5

8 Die Wahrheit als Abbild der Wirklichkeit

M1 So war es wirklich ...

M2 Indikatoren von „Wahrheit"

(1) Objektivität, (2) Zeitlosigkeit, (3) Sprachunabhängigkeit, (4) Transzendenz, (5) Immanenz

(a) Eine Proposition, im Unterschied zum Für-Wahr-Halten (Überzeugung), Erkenntnis oder Wissen, kann nicht ihren Wahrheitswert mit der Zeit verändern. Wahrheit hat keine Geschichte, Glauben und Wissen hingegen schon.

(b) Wahrheit ist unabhängig von Erkennbarkeit. Es ist prinzipiell möglich, dass es Wahrheiten gibt, die wir nicht erkennen können. Zu wissen, was Wahrheit ist (eine Definition der Wahrheit zu kennen), hat nur mittelbar etwas damit zu tun, dass ich weiß, wie ich herausfinden kann, was wahr ist (d. h. ein Kriterium der Wahrheit zu kennen).

(c) Die Wahrheit einer Proposition hängt nicht davon ab, ob sie irgendjemand für wahr hält oder nicht. Es besteht eine Differenz zwischen „Wahr-Sein" und „Für-Wahr-Halten".

(d) Wahrheit und Erkenntnis sind untrennbar miteinander verbunden. Wenn ich weiß, was Wahrheit ist (wenn ich die Definition der Wahrheit kenne bzw. den Begriff der Wahrheit anwenden kann), dann weiß ich notwendig auch, wie ich herausfinden kann, was wahr ist (d. h. dann kenne ich zugleich ein Kriterium der Wahrheit).

(e) Wenn der Wahrheitsbegriff nicht in allen Sprachen derselbe wäre, dann ließen sich die Sätze der verschiedenen Sprachen nicht ineinander übersetzen.

Holm Bräuer, Was ist Wahrheit, Folie 255

M3 Die Korrespondenztheorie der Wahrheit

Das Wort „wahr" ist wie andere Wörter unserer Umgangssprache sicher nicht eindeutig. Und mir scheint nicht, dass die Philosophen [...] geholfen hätten, seine Mehrdeutigkeit zu verringern. In den Werken und Diskussionen der Philosophen begegnen wir sehr verschiedenen Konzeptionen der Wahrheit und Falschheit, und wir müssen angeben, welche die Grundlage unserer Diskussion sein soll. Wir möchten, dass unsere Definition den Intuitionen der *klassischen aristotelischen Konzeption der Wahrheit* gerecht wird – die ihren Ausdruck in den wohl bekanntesten Worten der Metaphysik des Aristoteles finden: *Von etwas, das ist, zu sagen, dass es nicht ist, oder von etwas, das nicht ist, dass es ist, ist falsch, während von etwas, das ist, zu sagen, dass es ist, oder von etwas, das nicht ist, dass es nicht ist, wahr ist.* Wenn wir uns der modernen philosophischen Terminologie anpassen wollten, könnten wir diese Konzeption vielleicht durch die bekannte Formulierung ausdrücken: *Die Wahrheit einer Aussage besteht in ihrer Übereinstimmung (oder Korrespondenz) mit der Wirklichkeit.* [...] Wir wollen [...] die Aussage „Schnee ist weiß" betrachten. Wir stellen uns die Frage, unter welchen Umständen diese Aussage wahr oder falsch ist. Es scheint klar, dass wir, wenn wir auf dem klassischen Begriff der Wahrheit basieren, sagen werden, dass die Aussage wahr ist, wenn Schnee weiß ist, und dass sie falsch ist, wenn Schnee nicht weiß ist. Dergestalt muss die Definition der Wahrheit, wenn sie unserer Konzeption entspricht, die folgende Äquivalenz implizieren: Die Aussage „Schnee ist weiß" ist wahr genau dann, wenn Schnee weiß ist.

Alfred Tarski, Die semantische Konzeption der Wahrheit und die Grundlagen der Semantik, in: Gunnar Skirbeck (Hg.), Wahrheitstheorien, S. 142

M4 Kritik an der Korrespondenztheorie

Versuchen wir nun, den Wahrheitsbegriff der Korrespondenztheorie als *Kriterium* zu verwenden, so geraten wir in größte Schwierigkeiten, denn der *anwendungsbezogene* Nutzen dieser Theorie ist deutlich beschränkt.

Die Korrespondenztheorie versteht unter einer „wahren Proposition" so etwas wie eine „genaue Kopie" eines Textes: Wir haben das Original (die „Tatsache, um die es geht") und vergleichen es mit der Kopie (oder Proposition), um festzustellen, ob sie miteinander korrespondieren oder nicht. Ihr Paradigma ist die Überprüfung des Satzes: „Die Katze ist auf der Matte", indem man hingeht und *nachsieht*, ob die Katze auf der Matte ist. [...] Aber dieses Verfahren einer beobachtenden „Konfrontation mit den Tatsachen" ist in mehrfacher Hinsicht unbrauchbar:

1. Es funktioniert nicht bei All-Sätzen: Wie sollte man mit Hilfe irgendeines bestenfalls fragmentarischen Verfahrens die „Korrespondenz mit den Tatsachen" bei einem All-Satz mit seinen potentiell unendlich vielen Anwendungsfällen prüfen? [...]
2. Es funktioniert nicht bei Propositionen über Vergangenes, bei denen die „Tatsachen, um die es geht", einfach nicht zum Vergleich zur Verfügung stehen.
3. Es funktioniert nicht bei Propositionen über Wahrscheinlichkeiten [...].
4. Es funktioniert nicht bei modalen Propositionen über Notwendigkeit und Möglichkeit. Bezüglich der notwendigen Wahrheiten von Logik und Mathematik können wir nicht sagen, wohin man sich wenden muss, um die wirklichen Tatsachen zu betrachten. Und mit wahren Aussagen über (nicht verwirklichte) Möglichkeiten steht es diesbezüglich noch schlimmer.

Nicholas Rescher, Kritik an der Korrespondenztheorie, in: Ossner / Rumpf / Vahland, Kurs Erkenntnis- und Wissenschaftstheorie, S. 32

Wahrheitstheorien kompakt

Adäquations- und Korrespondenztheorien:
Kurz gesagt: Wahr ist eine Aussage dann, wenn sie mit dem behaupteten Sachverhalt übereinstimmt. Der Grundgedanke ist, dass unser Erkenntnisvermögen – Verstand, Vernunft, Intellekt – Übereinstimmung, Angleichung mit den behaupteten Sachverhalten anstreben muss.

Kohärenztheorien:
Die Kohärenztheorie begnügt sich damit zu fordern, dass Aussagen mit anderen Aussagen nicht in Widerspruch treten dürfen. Treten also innerhalb einer wissenschaftlichen Theorie logische Widersprüche auf, muss etwas falsch sein an der Theorie: Sie ist dann „inkohärent".

Konsenstheorien:
Wenn Menschen über eine Sache verhandeln und eine Übereinstimmung, einen „Konsens", erreicht haben, müssen sie der Wahrheit zumindest nahe sein. Voraussetzung dieser Theorie ist allerdings, dass Menschen verhandlungsfähige Vernunft und Kommunikationsfähigkeit besitzen und keine Beeinflussungen oder Drohungen entstehen.

1 Arbeiten Sie heraus, welches Verständnis von „Wahrheit" den Äußerungen / Gedanken des Anglers und des Zuhörers zugrunde liegt. ➜ M1

2 Beschreiben Sie Ihr persönliches Verständnis von „Wahrheit", indem Sie z. B. verschiedene Indikatoren von „Wahrheit" in einer Mindmap organisieren.

3 Ordnen Sie die Begriffe (1-5) den Definitionen (a-e) zu. ➜ M2

4 Vergleichen Sie die Aspekte Ihrer Mindmap aus Aufgabe 2 mit den Indikatoren aus M2. Welche Gemeinsamkeiten stellen Sie fest, welche Aspekte fehlen in Ihrer Mindmap? ➜ M2

5 Wenden Sie die Korrespondenztheorie der Wahrheit auf den Cartoon M1 an. Was fällt Ihnen auf? ➜ M1/3

6 Formulieren Sie die vier Kritikpunkte an der Korrespondenztheorie in eigenen Worten und ordnen Sie jedem Punkt eine konkrete Aussage zu, an der man die Kritik veranschaulichen kann. ➜ M4

7 Inwieweit teilen Sie die Kritik, die Nicholas Rescher übt? Überlegen Sie konkret, welches Wahrheitsverständnis bleibt, wenn man seine Kritik an der Korrespondenztheorie uneingeschränkt teilt. ➜ M4

9 Wahrheit – pragmatisch betrachtet

M1 Das Experiment von Solomon Asch

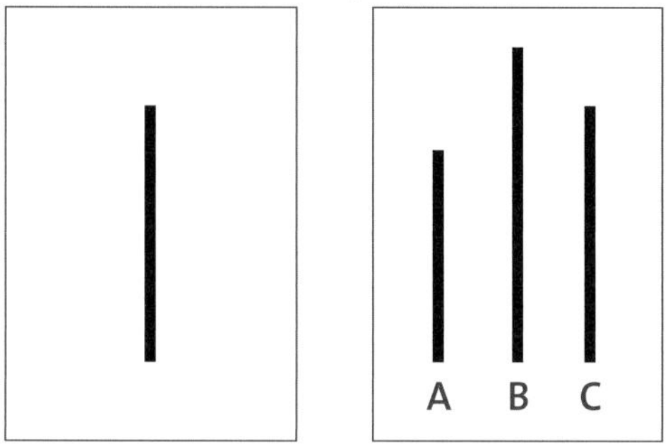

Welche Linien sind gleich lang?

M2 Die Autorität der Mehrheit

Asch wollte wissen, wie leicht Menschen dem Gruppendruck nachgeben. Den Resultaten früherer Studien traute er nicht, weil auf die Fragen an die Versuchspersonen oft keine eindeutigen Antworten erfolgt waren. [...] Das war bei der Längeneinschätzung der Linien ganz anders. Entweder waren die Linien gleich lang, oder sie waren es nicht. Entweder Versuchsteilnehmer Nummer sechs traute seiner Wahrnehmung und stellte sich gegen alle anderen, oder er passte sich an und ignorierte, was er sah. Er konnte nicht wissen, dass alle anderen „Versuchspersonen" Komplizen des Versuchsleiters waren, deren falsche Antworten auf einem festen Drehbuch basierten. [...] In einem Drittel aller Längenurteile passten sich die Versuchsteilnehmer der Gruppe an und antworteten ebenfalls falsch. Nur ein Viertel aller Versuchspersonen erlag nie der Versuchung, dem Gruppendruck nachzugeben. [...] In einer Variante des Versuchs versuchte Asch übrigens herauszufinden, wie stark sich die Längen der Linien unterscheiden müssen, damit kein Versuchsteilnehmer mehr bereit war, seine Wahrnehmung zu verleugnen. Es gelang ihm nicht: Selbst wenn der Längenunterschied 18 Zentimeter betrug, gab es immer noch einige, die sich der falschen Mehrheitsmeinung anschlossen.

Reto U. Schneider, Das neue Buch der verrückten Experimente, S. 92-95

M3 Die Demokratisierung des Wissens

Das kostenlose Mitmachlexikon ist ein Paradebeispiel für den Siegeszug von Web 2.0, dessen Grundlage die Bereitschaft des Nutzers ist, nicht nur zu rezipieren, sondern zu partizipieren. Es sind wissenschaftliche Arbeiten über Wikipedia geschrieben, schöne Worte und Beschreibungen ersonnen worden: „Graswurzeldemokratie" zum Beispiel, und „Schwarmintelligenz". Weil die vielen das Viele in einem Online-Kompendium zusammenfassen und dabei in so regem Austausch stehen, dass bisweilen Tastaturen an die Wand geklatscht werden. [...] Als Experte für nutzergenerierte Inhalte im Netz beschäftigt sich der 35-Jährige [Robinson Aschoff] auch mit Wikipedia. Wenn man ihm die Frage stellt, ob Wikipedia zur Demokratisierung des Wissens beigetragen hat, muss Aschoff nicht lange überlegen. Wer Internet hat, kann auch durch Wikipedia auf freies Wissen zugreifen, „und deswegen ist die Verteilung von Wissen tendenziell fairer geworden", sagt Aschoff. Außerdem leiste Wikipedia im Wust der Informationen einen strukturierenden Beitrag, „die Enzyklopädie konsolidiert das Wissen".

Thomas Andre, Hamburger Abendblatt vom 02.01.2010

M4 Eine pragmatische Theorie der Wahrheit

Ich bin mir dessen wohl bewusst, dass es Ihnen recht seltsam vorkommt, wenn Sie mich sagen hören, ein Gedanke sei so lange wahr, als der Glaube an ihn für unser Leben nützlich ist. Dass er gut ist, insofern er nützt, werden Sie gerne zugeben. Wenn das, was wir mit Hilfe eines Gedankens tun, gut ist, so werden Sie auch zugeben, dass der Gedanke selbst so weit gut ist, denn wir sind besser daran, weil wir ihn besitzen. Aber, werden Sie sagen, ist es nicht ein seltsamer Missbrauch des Wortes „Wahrheit", Gedanken aus diesem Grund auch wahr zu nennen? [...] *Wahr heißt alles, was sich auf dem Gebiete der intellektuellen Überzeugung aus bestimmt angebbaren Gründen als gut erweist.* [...] Sollen wir nicht wirklich immer das glauben, was zu glauben für uns besser ist? Und können wir dann den Begriff dessen, was für uns besser ist, und dessen, was für uns wahr ist, auf die Dauer auseinanderhalten? Der Pragmatismus sagt: „Nein", und ich stimme vollständig mit ihm überein. [...] Kurz, der Pragmatismus erweitert das Gebiet, auf dem man Gott suchen kann. Der Rationalismus klebt an der Logik und am Himmelreich. Der Empirismus klebt an den äußeren Sinnen. Der Pragmatismus ist zu allem bereit, er folgt der Logik oder den Sinnen und lässt auch die bescheidenste und persönlichste Erfahrung gelten. Er würde auch mystische Erfahrungen gelten lassen, wenn sie praktische Folgen hätten. Als annehmbare Wahrheit gilt ihm einzig und allein das, was uns am besten führt, was für jeden Teil des Lebens am besten passt, was sich mit der Gesamtheit der Erfahrungen am besten vereinigen lässt. Wenn theologische Ideen das können, wenn speziell der Gottesbegriff sich hierbei bewährt, wie könnte da der Pragmatismus die Existenz Gottes leugnen. Er könnte gar keinen Sinn darin erblicken, ein Urteil, das pragmatisch so erfolgreich war, als unwahr zu betrachten. Welche andere Art von Wahrheit könnte es für den Pragmatismus geben als diese Übereinstimmung mit der konkreten Wirklichkeit?

William James, Was will der Pragmatismus?, in: Hans-Georg Gadamer, Philosophisches Lesebuch, Band 3, S. 266-268

M5 Kritik am Pragmatismus

Pragmatisten wird oft der Vorwurf gemacht, Relativismus zu betreiben. Sie würden jeden Glauben und jede Überzeugung akzeptieren. Beispielsweise nähme die Entstehungsgeschichte der Welt, wie sie von Kreationisten vertreten wird, einen gleichwertigen Platz neben naturwissenschaftlichen Theorien und volkstümlichen Mythen ein. Alles wäre wahr, nichts könne man als Unsinn ablehnen. Das Wort „wahr" hätte damit unendlich viele Bedeutungen, wodurch es seinen Sinn verliert. [...] An dieser Stelle kommt die zweite Kritik am Pragmatismus ins Spiel, nämlich der [...] Vorwurf des Ethnozentrismus. Der ethnozentristische Standpunkt besagt, [...] dass wir in der Praxis die eigene Gruppe bevorzugen müssen, obwohl es keine nichtzirkuläre Rechtfertigung dieses Verhaltens geben kann [...]. Damit widerspricht er noch nicht der pragmatischen Grundannahme, dass es viele Wahrheiten geben kann, aber er stellt die eigene über die anderen. Die Kritik der Realisten zielt darauf, dass der Pragmatismus hier seine eigenen Prinzipien über Bord werfen muss, weil er sonst in der Praxis scheitert. Auch der Pragmatist wird die westliche Demokratie befürworten gegenüber einer Diktatur, die geprägt ist durch religiös-fundamentalistische Doktrinen. Wenn nun jemand der Meinung ist, die Diktatur sei besser für den Menschen, dann steht der Pragmatist vor der Situation, entweder die Wahrheit des Gegenübers anzuerkennen und seinen pragmatistischen Standpunkt aufrecht zu erhalten. Oder er gibt ihn auf und vertritt seine Ansicht, dass er z. B. Diktaturen grundsätzlich ablehnt. Damit wäre er, so die Kritik der Realisten, kein Pragmatist mehr.

Teresa Tammer, Welchen Zweck hat Wahrheit?, in: Tabula Rasa No 42, 08/2009

1. Bewerten Sie, zunächst für sich selbst, die Länge der linken Linie im Vergleich zu den rechten Linien. Führen Sie dann im Kurs eine Abstimmung durch, welche der Linien A, B oder C mit der linken Linie übereinstimmt. Halten Sie das Ergebnis der Abstimmung schriftlich fest und überprüfen Sie die Wahrheit Ihrer Aussage(n) durch Messung. ➜ M1
2. Notieren Sie die wichtigsten Ergebnisse des Asch-Experiments in eigenen Worten. Wie erklären Sie sich das anpassende Verhalten, das ein Drittel der Probanden zeigte? ➜ M2
3. Erklären Sie, wie *Wikipedia* zur Demokratisierung des Wissens beiträgt. Diskutieren Sie, ob dabei „Demokratisierung des Wissens" mit „Demokratisierung der Wahrheit" gleichzusetzen ist. ➜ M3
4. Erarbeiten Sie die Grundannahmen des Pragmatismus und nutzen Sie Ihre Ergebnisse, um zu entscheiden, inwieweit man Aschs Probanden (M2) und Wikipedia-Nutzer (M3) als Anhänger des Pragmatismus bezeichnen könnte. ➜ M2-4
5. Definieren Sie die beiden Kritikpunkte am Pragmatismus (Relativismus, Ethnozentrismus) und veranschaulichen Sie diese anhand eines Beispiels. Bis zu welchem Punkt teilen Sie die Kritik? ➜ M5

10 Wissenschaft und Weltbild

M1 Der Mittelpunkt des Universums

Im ptolemäischen Weltbild umgaben [...] Sphären die Erde. Jede Sphäre war größer als die vorhergehende, ähnlich wie russische Puppen. Die Erde bildete den Mittelpunkt der Sphären. Was jenseits der letzten Sphäre lag, wurde nie deutlich erklärt; mit Sicherheit aber gehörte es nicht zu dem Teil des Universums, der menschlicher Beobachtung zugänglich war.

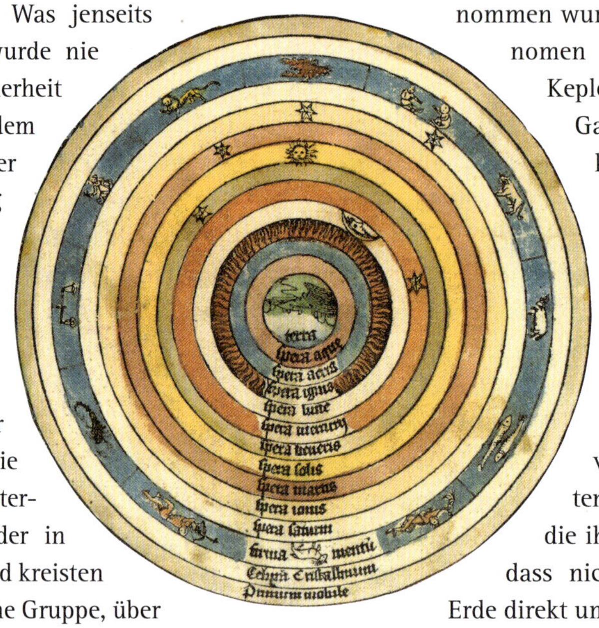

Die äußerste Sphäre war also eine Art Grenze, oder Behältnis, für das Universum. Die Sterne nahmen feste Positionen auf dieser Sphäre ein. Wenn sich die Sphäre drehte, blieben die Sterne daher relativ zueinander in den gleichen Positionen und kreisten gemeinsam, als geschlossene Gruppe, über den Himmel – genauso, wie wir es beobachten. [...]

Die christliche Kirche übernahm es als Bild des Universums, da es sich in Einklang mit der Heiligen Schrift bringen ließ, denn es hatte den großen Vorteil, dass es jenseits der Sphäre der Fixsterne noch genügend Platz für Himmel und Hölle ließ. [...]

1514 schlug Nikolaus Kopernikus [...] ein anderes System vor. (Vielleicht aus Angst, von seiner Kirche als Ketzer gebrandmarkt zu werden, brachte er seine Thesen zunächst anonym in Umlauf). Kopernikus hatte die revolutionäre Idee, dass nicht alle Himmelskörper die Erde umkreisen müssen. Vielmehr glaubte er, die Sonne ruhe unbewegt im Mittelpunkt des Sonnensystems, während die Erde und die anderen Planeten sich in kreisförmigen Bahnen um die Sonne bewegten. Wie das ptolemäische so bewährte sich auch das kopernikanische Modell recht gut, deckte sich aber nicht vollkommen mit den Beobachtungen.

Da es sehr viel einfacher als das ptolemäische Modell war, hätte man erwarten können, dass die Menschen es sich rasch zu eigen machen würden. Doch es vergingen fast hundert Jahre, bevor die Idee ernst genommen wurde. Dann traten zwei Astronomen – der deutsche Johannes Kepler und der Italiener Galileo Galilei – öffentlich für die kopernikanische Theorie ein. 1609 begann Galilei, den Nachthimmel mit einem Fernrohr zu beobachten, das gerade erfunden worden war. Als er den Planeten Jupiter betrachtete, entdeckte er, dass dieser von einigen kleinen Satelliten oder Monden begleitet wird, die ihn umkreisen. Daraus folgte, dass nicht alle Himmelskörper die Erde direkt umkreisen müssen, wie Aristoteles und Ptolemäus gemeint hatten. Gleichzeitig verbesserte Johannes Kepler die kopernikanische Theorie, indem er vorschlug, dass sich die Planeten nicht auf Kreis-, sondern auf Ellipsenbahnen bewegten.

Mit dieser Veränderung der Theorie deckten sich die Vorhersagen plötzlich mit den Beobachtungen. Das war der Todesstoß für das ptolemäische Modell. [...] Ohne den Begriff der ptolemäischen Sphären gab es keinen Grund mehr für die Annahme, das Universum habe eine natürliche Grenze, die äußerste Sphäre. [...] Damit hatte die Menschheit nicht nur die Idee aufgegeben, dass die Erde der Mittelpunkt des Universums sei, sondern sogar die Vorstellung, dass unsere Sonne und sogar unser Sonnensystem privilegierte Teile des Universums seien. Dieses veränderte Weltbild bedeutete einen tiefgreifenden Wandel des menschlichen Denkens: Es war der Beginn einer wissenschaftlichen Erklärung des Universums.

Stephen Hawking, Die kürzeste Geschichte der Zeit, S. 14 -18

M2 Der Ursprung des Menschen

Wenn man die embryonale Bildung des Menschen betrachtet, die Homologien, die ihn mit tiefer stehenden Tieren verbinden, die Rudimente, die er bewahrt, und die Rückschläge, denen er unterliegt, so können wir uns ungefähr eine Vorstellung machen von dem Zustand unserer Vorfahren und können ihnen den gehörigen Platz im zoologischen System anweisen. Wir erkennen so, dass der Mensch von einem haarigen, geschwänzten Vierfüßer abstammt, der wahrscheinlich auf Bäumen lebte und die Alte Welt bewohnte. [...]
Wenn wir zu dieser Schlussfolgerung vom Ursprung des Menschen gekommen sind, so stellt sich uns der hohe Zustand unserer intellektuellen Fähigkeiten und moralischen Disposition als die größte Schwierigkeit dar. Jeder aber, der das Prinzip der Entwickelung annimmt, muss sehen, dass die geistigen Fähigkeiten der höheren Tiere, welche zwar dem Grade nach, aber nicht der Art nach von denen des Menschen verschieden sind, entwicklungsfähig sind. Der Unterschied zwischen den geistigen Fähigkeiten der höheren Affen und eines Fisches, oder zwischen einer Ente und einer Schildlaus ist ungeheuer; aber ihre Entwickelung bietet keine besondere Schwierigkeit; denn bei unseren Haustieren sind die geistigen Fähigkeiten sehr variabel, und die Variationen werden auch vererbt. Niemand zweifelt, dass sie für Tiere im Naturzustand von der größten Bedeutung sind. Somit sind die Bedingungen ihrer Entwickelung durch natürliche Zuchtwahl günstig. Dieselbe Schlussfolgerung kann auf den Menschen angewendet werden; der Intellekt muss für ihn alles bedeutend gewesen sein.

Charles Darwin, Die Abstammung des Menschen, S. 266f.

M3 Darwins Gegner holen zum Gegenschlag aus

Er zögerte, weil er wusste, welche dramatischen Konsequenzen seine Erkenntnisse für das gängige Weltbild haben würden. 20 Jahre lang behielt Charles Darwin seine revolutionären Ideen zur Evolution für sich. „Es ist, als ob man einen Mord begeht", schrieb er einem Freund. Seine Angst war berechtigt, denn aus seiner Sicht war es kein geringerer als Gott selbst, der seiner Theorie der Evolution zum Opfer fallen würde. [...]

Wissenschaft und Religion

Darwin behielt Recht: Schon zu seinen Lebzeiten wurde er heftig bekämpft und angefeindet. Und er wird es auch noch heute, 150 Jahre später: Kreationisten, fundamentalistische Christen, leugnen das Prinzip der Evolution und haben zum Gegenschlag ausgeholt. Sie drucken eigene Schulbücher, in denen Evolution als eine Ideologie diffamiert wird. Sie ziehen vor Gerichte, um zu erwirken, dass Intelligent Design, die abgeschwächte Variante des Kreationismus, parallel zur Evolution im Biologieunterricht gelehrt wird – als gleichberechtigte wissenschaftliche Theorie und Alternative zur Evolutionslehre.

Jens Lubbadeh, SPIEGEL online am 23.02.2009

1 Beschreiben Sie mit Hilfe des Textes, welche Auswirkungen die Annahme eines geozentrischen Weltbilds auf das Selbstverständnis der Menschen hat. ➜ M1

2 Erklären Sie, warum Darwins Theorie (vgl. auch S. 44f.) als eine der großen „Kränkungen der Menschheit" aufgefasst wird. ➜ M2

3 Ein Vertreter der Evolutionstheorie und ein Anhänger des Intelligent Design diskutieren die Frage, welche der beiden Theorien in Biologie-Schulbüchern gelehrt werden sollte. Nutzen Sie die Anregungen des Textes M3 und finden Sie in Partnerarbeit weitere Argumente für beide Positionen. Anschließend schreiben Sie das Streitgespräch auf und lesen es mit verteilten Rollen vor. ➜ M1-3

4 Ergänzen Sie den Cartoon um zwei Sprechblasen: Was könnte die linke Figur sagen, und was könnte die rechte Figur darauf entgegnen? ➜ M3

11 Wissenschaftliche Theorien im Wandel

M1 Die Demokratisierung der Mathematik

Das bekannteste Werk des Mathematikers Leonardo Fibonnacci (ca. 1180-1241) ist die Fibonacci-Folge: eine unendliche Folge von Zahlen, bei der sich die jeweils folgende Zahl aus der Addition der beiden vorangegangenen Zahlen ergibt, beginnend mit 0 und 1. Verbindet man die Eckpunkte von Quadraten mit den Fibonacci-Zahlen (0, 1, 1, 2, 3, 5, 8, ...) als Seitenlängen, so entsteht die sog. Goldene Spirale, die als Gestaltungsprinzip auch in der Natur zu beobachten ist.

Leonardo Fibonacci [...] hat dem Abendland das Rechnen beigebracht. Er ersetzte die römischen Zahlen durch arabische. Dadurch wurde alles viel leichter. Bis dahin hatte man im Abendland noch überwiegend mit den römischen und hebräischen Zahlensystemen gerechnet, die das Multiplizieren und Dividieren schwierig machen. Der „Liber Abaci" verhalf dem indisch-arabischen Dezimalsystem in Europa zum Durchbruch. [...] Die katholische Kirche lehnte Fibonaccis Lehrbuch für lange Zeit ab. Der Bannstrahl traf insbesondere die wesentliche mathematische Neuerung, die Einführung der Null: Die Darstellung des Nichts, der Nichtexistenz galt als Teufelswerk der Ungläubigen. Doch bei den Kaufleuten und frühen Bankiers Norditaliens fand das Buch bald weite Verbreitung. Denn die neue Art zu rechnen war viel einfacher und verschaffte Vorteile beim Handel mit Waren und beim Umtausch von Währungen. Im Laufe der Zeit erschloss der Liber Abaci breiteren Bevölkerungsschichten die Welt der Zahlen, er demokratisierte die Mathematik. Gleichzeitig förderte er das abstrakte Denken und gab Anstöße zur Lösung komplizierterer Fragestellungen. *Benedikt Fehr, Die Demokratisierung der Mathematik, in: FAZ am Sonntag vom 22.01.2012, S. 46*

M2 Wissenschaftliche Revolutionen

Die normale Wissenschaft unterdrückt oft fundamentale Neuerungen, weil diese notwendigerweise subversiv sind für ihre grundlegenden Bindungen. Und trotzdem, solange diese Bindungen noch ein Element für Willkür enthalten, bietet gerade das Wesen der normalen Forschung die Gewähr dafür, dass das Neue nicht sehr lange unterdrückt wird. Manchmal widersteht ein normales Problem [...] dem wiederholten Ansturm der fähigsten Mitglieder des Kreises, in dessen Zuständigkeit es fällt. Bei anderen Gelegenheiten arbeitet ein für die normale Forschung entwickeltes Ausrüstungsstück nicht in der erwarteten Weise und lässt eine Anomalie erkennen, die sich trotz wiederholter Bemühungen nicht mit der professionellen Erwartung in Einklang bringen lässt. [...] Und wenn sie es tut [...], dann beginnen die außerordentlichen Untersuchungen, durch welche die Fachwissenschaft schließlich zu einer neuen Reihe von Bindungen, einer neuen Grundlage für die Ausübung der Wissenschaft geführt wird. Die außerordentlichen Episoden, in denen jener Wechsel der fachlichen Bindungen vor sich geht, werden in diesem Essay als wissenschaftliche Revolutionen bezeichnet. Sie sind die traditionszerstörenden Ergänzungen zur traditionsgebundenen Betätigung der normalen Wissenschaft. [...] [Solche Leistungen] werde ich von nun an als „Paradigmata" bezeichnen, ein Ausdruck, der eng mit dem der „normalen Wissenschaft" zusammenhängt. Durch seine Wahl möchte ich andeuten, dass einige anerkannte Beispiele für konkrete wissenschaftliche Praxis [...] Modelle abgeben, aus denen bestimmte festgefügte Traditionen wissenschaftlicher Forschung erwachsen. Das sind die Traditionen, die der Historiker unter Rubriken wie „Ptolemäische Astronomie" (oder „Kopernikanische"), „Aristotelische Dynamik" (oder „Newtonsche"), „Korpuskular-Optik" (oder Wellenoptik") und so weiter beschreibt. [...] Paradigmata unterscheiden sich aber in mehr als in der Substanz, denn sie zielen nicht nur auf die Natur, sondern auch wieder zurück auf die Wissenschaft, die sie hervorbrachte. Sie sind die Quelle für Methoden, Problemgebiete und Lösungsnormen, die von einer reifen wissenschaftlichen Gemeinde zu irgendeinem Zeitpunkt anerkannt werden. Daraus ergibt sich, dass die Annahme eines neuen Paradigmas oft eine neue Definition der entsprechenden Wissenschaft erfordert. *Thomas S. Kuhn, Die Struktur wissenschaftlicher Revolutionen, S. 21ff., 28f., 142f.*

M3 Wissenschaftliche Evolution

[Das] Wachstum unseres Wissens [ist] das Ergebnis eines Vorgangs [...], der dem sehr ähnlich ist, das Darwin „natürliche Auslese" nannte; es gibt also eine natürliche Auslese von Hypothesen: unser Wissen besteht zu jedem Zeitpunkt aus denjenigen Hypothesen, die ihre (relative) Tüchtigkeit dadurch gezeigt haben, dass sie bis dahin in ihrem Kampf ums Dasein überlebt haben, einem Konkurrenzkampf, der die untüchtigen Hypothesen eliminiert. Diese Interpretation lässt sich auf das tierische Wissen, das vorwissenschaftliche Wissen und die wissenschaftliche Erkenntnis anwenden. [...] Von der Amöbe bis Einstein ist das Wachstum des Wissens immer dasselbe: wir versuchen, unsere Probleme zu lösen und durch Auslese zu einigermaßen brauchbaren vorläufigen Lösungen zu kommen. Trotzdem ist beim Menschen etwas Neues dazugekommen. Um das sofort erkennbar zu machen, möchte ich dem Baum der Evolution das gegenüberstellen, was man den wachsenden Baum der Erkenntnis nennen könnte. [...] Der Evolutionsbaum unserer Werkzeuge und Geräte [...] fing wahrscheinlich mit einem Stein oder Stock an; unter dem Einfluss immer speziellerer Probleme verzweigte er sich in eine ungeheure Zahl hochspezialisierter Formen. [...] Mit derselben Zeitrichtung müsste der Baum der Erkenntnis so dargestellt werden, dass er aus zahllosen Wurzeln entspringt, die nach oben [...] statt nach unten wachsen und schließlich weit oben dazu neigen, sich zu einem einzigen Stamm zu vereinigen. Mit anderen Worten, die Entwicklungsstruktur des Wachstums der reinen Erkenntnis ist fast umgekehrt wie die des evolutionären Baumes der lebenden Organismen, der menschlichen Gerätschaften oder des angewandten Wissens.

Karl R. Popper, Objektive Erkenntnis, S. 273-275

M4 Ein Kraftfeld des Wissens

Die Gesamtheit unseres sogenannten Wissens oder Glaubens [...] ist ein von Menschen geflochtenes Netz, das nur an seinen Rändern mit der Erfahrung in Berührung steht. Oder, um ein anderes Bild zu nehmen, die Gesamtwissenschaft ist ein Kraftfeld, dessen Randbedingungen Erfahrung sind. Ein Konflikt mit der Erfahrung an der Peripherie führt zu Anpassungen im Inneren des Feldes. Wahrheitswerte müssen über einige unserer Aussagen neu verteilt werden. Die Umbewertung einiger Aussagen zieht aufgrund ihrer logischen Zusammenhänge die Umbewertung einiger anderer Aussagen nach sich [...]. Doch das gesamte Feld ist so sehr durch seine Randbedingungen, durch die Erfahrung unterdeterminiert, dass wir eine breite Auswahl haben, welche Aussagen wir angesichts einer beliebigen individuellen dem System zuwiderlaufenden Erfahrung neu bewerten wollen.

Willard Van Orman Quine, Von einem logischen Standpunkt: Neun logisch-philosophische Essays, S. 47

1 Zu welchen Konsequenzen führte die in M1 dargestellte mathematische Revolution? Vergleichen Sie ihre Ergebnisse mit der Tragweite moderner technischer Revolutionen. ➜ M1

2 Stellen Sie das von Kuhn vorgestellte Modell wissenschaftlichen Fortschritts in einer Grafik dar. ➜ M2

3 Erläutern Sie den zentralen Begriff „Paradigmata", indem Sie sich auf die im Text genannten Beispiele für Wechsel solcher Paradigmata beziehen. Recherchieren Sie weitere Informationen zu diesen wissenschaftlichen Revolutionen und stellen Sie heraus, was sie zu „echten" Paradigmata macht. ➜ M2

4 Popper beschreibt wissenschaftlichen Fortschritt als evolutionär. Veranschaulichen Sie diesen Prozess, indem sie Poppers Vorstellung eines „Entwicklungsbaums" und eines „Erkenntnisbaums" skizzieren. ➜ M3

5 Vergleichen Sie Kuhns Theorie wissenschaftlicher Revolutionen, Poppers Idee evolutionärer Wissenschaftsentwicklung und Quines Kraftfeld des Wissens. Welcher Ansatz erscheint Ihnen plausibler? Arbeiten Sie mit konkreten Beispielen. ➜ M2-4

12 Die Grenzen wissenschaftlicher Erkenntnis

M1 Im Grenzgebiet zwischen Wissen und Glauben

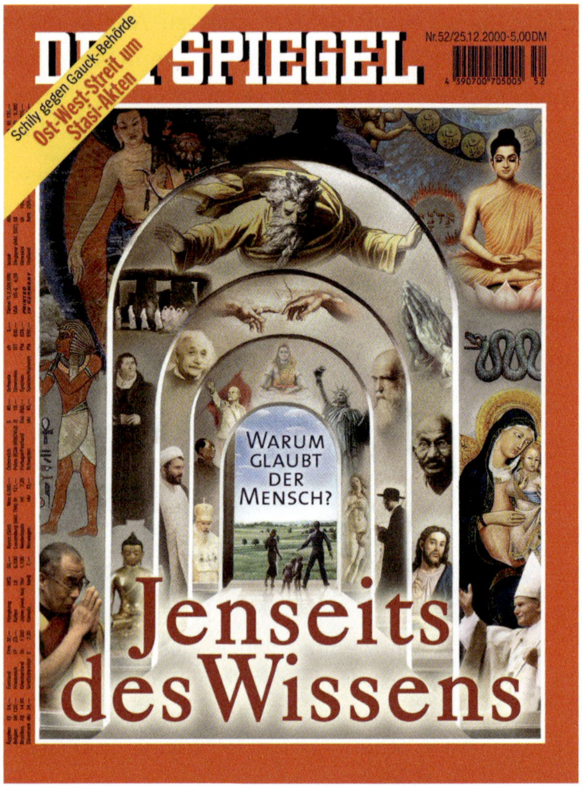

Der SPIEGEL Nr. 52/2000 vom 25.12.2000

Der amerikanische Astrophysiker und damalige Leiter des Observatoriums im Vatikan George Coyne schrieb im Leitartikel der SPIEGEL-Ausgabe zum Verhältnis von Wissenschaft und Religion:

Es liegt unserer westlichen Mentalität nahe, die Wissenschaft anzubeten. Einige Wissenschaftler – und viele Nichtwissenschaftler – meinen, Forscher wüssten alles und die Wissenschaft sei der einzige Weg zur wahren und gesicherten Erkenntnis. Und doch wird jeder praktizierende Wissenschaftler einräumen, dass wir dieses sichere Wissen nicht besitzen. [...] Wir können nur jeden Tag hoffen, dass wir uns der Wahrheit nähern. *George V. Coyne, Was wusste Gott?, in: DER SPIEGEL 52/2000, S. 118*

M2 Ich fürchte mich so

Ich fürchte mich so vor der Menschen Wort.
Sie sprechen alles so deutlich aus:
Und dieses heißt Hund und jenes heißt Haus,
und hier ist Beginn und das Ende ist dort.

Mich bangt auch ihr Sinn, ihr Spiel mit dem Spott,
sie wissen alles, was wird und war;
kein Berg ist ihnen mehr wunderbar;
ihr Garten und Gut grenzt grade an Gott.

Ich will immer warnen und wehren: Bleibt fern.
Die Dinge singen hör ich so gern.
Ihr rührt sie an: sie sind starr und stumm.
Ihr bringt mir alle die Dinge um.

Rainer Maria Rilke, Gesammelte Werke, Band I, S. 110

M3 Ein Leben gegen wissenschaftliche Zwänge

Vernunft war für ihn „nix anderes als eine eingefrorene Leidenschaft“, und um die aufzutauen, war ihm fast jedes Mittel recht. Kollegen schockierte der kriegsverletzte, auf eine Krücke angewiesene Denker, als er sie in den siebziger Jahren mit einem Vers von Cole Porter abservierte: „Anything goes“, methodisch sei einfach „alles brauchbar“, Vernunft oder Magie, Wetter-Computer so gut wie Regentänze. [...]
Zu viel Abstraktion, zu wenig Weltgehalt: Für Feyerabend reicht solch „schrittweise Versteinerung des Lebens“ durch die Denker bis in die Gegenwart. [...] Lebenslang lustvoller Forschungs-Anarchist, warnt er ein letztes Mal: Niemand müsse sich seiner Ansichten schämen, auch wenn andere sie als unvernünftig abkanzelten. Ein brauchbares Weltbild für den Alltag sei in jedem Fall besser als die „PR der Wissenschaftsmafia“. *Johannes Saltzwedel, Märchen des Geistes, in: DER SPIEGEL 07/1999, S. 201*

M4 Wissenschaftliche Autorität als Ideologie?

Erfolgreiches Forschen gehorcht nicht allgemeinen Regeln – es verlässt sich bald auf den einen, bald auf den anderen Maßstab, und die Schachzüge, die es fördern, werden dem Forscher oft erst nach Vollendung der Forschung klar. Eine Wissenschaftstheorie, die Maßstäbe für alle wissenschaftlichen Tätigkeiten aufstellt und sie durch Hinweis auf eine Rationalitätstheorie autorisiert, sieht vielleicht sehr eindrucksvoll aus – aber ist viel zu grob und einseitig, als dass sie den Wissenschaftlern bei ihrem Geschäft helfen könnte. [...] Wenn wir die Natur verstehen und unsere materielle Umgebung beherrschen wollen, dann müssen wir *alle* Ideen, *alle* Methoden verwenden, nicht nur einen kleinen Ausschnitt aus ihnen. Die Behauptung aber, außerhalb der Wissenschaft gebe es keine Erkenntnis, [...] ist nichts als ein weiteres und höchst bequemes Märchen. In primitiven Kulturen gibt es ausführlichere Klassifikationen von Tieren und Pflanzen als in der heutigen wissenschaftlichen Zoologie und Botanik, es gibt Heilmittel, deren Wirkung die Ärzte in Erstaunen setzt, [...] in der älteren Steinzeit gab es eine hochentwickelte und international bekannte Astronomie, die mit den Tatsachen übereinstimmte, und gleichzeitig emotional befriedigte, die sowohl physikalische als auch soziale Probleme löste (was man von der modernen Astronomie nicht behaupten kann) und auf sehr einfache und sinnreiche Weise geprüft wurde (steinerne Sternwarten in England und im Südpazifik, astronomische Schulen in Polynesien). [...] Wir, die Bürger einer freien Gesellschaft, müssen entscheiden, ob wir den Chauvinismus der Wissenschaft widerspruchslos hinnehmen oder durch öffentliches Handeln überwinden wollen. [...] Der Weg zu diesem Ziel ist klar. Eine Wissenschaft, die behauptet, über die einzig richtige Methode und die einzig brauchbaren Ergebnisse zu verfügen, ist Ideologie und muss vom Staat und insbesondere vom Bildungswesen getrennt werden. Man mag sie lehren, aber nur denen, die sich entschlossen haben, sich diesen besonderen Aberglauben zu eigen zu machen.

Paul Feyerabend, Wider den Methodenzwang, S. 376-395

M5 Grenzen der Erkenntnis

Schlechte Nachrichten von den Physikern. Sie wissen nicht mehr, woraus die Welt besteht. Was nach den bisherigen Theorien das Universum zu füllen schien – Galaxien, Sterne, Schwarze Löcher, Supernovae und so weiter – ist nahezu nichts im Vergleich zu dem, was der Kosmos nach neuer Einsicht tatsächlich enthält: eine neue mysteriöse Energieform. Sie wird von den Astrophysikern erst mal „Dunkle Energie" genannt – zurzeit das größte Rätsel der Physik. Diese Dunkle Energie wird, das scheint jetzt festzustehen, die Welt auf ewig auseinander treiben. Auf diese rätselhafte Kraft sind die Astrophysiker vor zehn Jahren bei der Suche nach weit entfernten Supernovae gestoßen. Dabei haben sie bemerkt: diese Supernovae bewegen sich alle von uns weg und zwar umso schneller, je weiter sie entfernt sind.

Florian Hildebrand, Der Kosmos und sein großes Rätsel, br-online am 18.03.2009

1 Antworten Sie mit einer kurzen E-Mail auf Coynes These. Inwieweit teilen Sie seine Perspektiven, und wie grenzen Sie „Wissen" von „Glauben" ab? → M1

2 Entwickeln Sie eine Interpretation ausgehend von der letzten Zeile des Gedichts. → M2

3 Stellen Sie dar, worin Feyerabends Wissenschaftskritik besteht und inwiefern sich diese Überzeugung in seiner Biographie wiederfindet. → M3

4 In seinem Werk *Wider den Methodenzwang* präzisiert Paul Feyerabend seine Kritik an wissenschaftstheoretischen Dogmen. Stellen Sie seinen Ansatz in einem Schaubild dar, indem Sie die Begriffe „Forschung", „Wissenschaftstheorie", „Natur", „Beherrschung", „Methode", „Erkenntnis", „primitive Kulturen", „Problemlösung" und „Ideologie" sowie höchstens drei weitere Begriffe in Beziehung setzen. → M4

5 Verbinden Sie Coynes Zitat (M1) mit dem Rätsel um „Dunkle Energie" (M5). Wo verorten Sie die Grenzen naturwissenschaftlicher Erkenntnis? → M1/5

6 Recherchieren Sie weitere ungelöste Rätsel wissenschaftlicher Erkenntnis und stellen Sie diese dem Kurs in einem Kurzvortrag vor.

1 Über Schönheit

M1 Gedanken über das Schöne

* Eine geburtshelfende Göttin also ist die Schönheit für die Erzeugung. Denn die Liebe, o Sokrates, geht nicht auf das Schöne, sondern auf die Erzeugung und Ausgeburt im Schönen. Warum aber auf die Erzeugung? Weil eben die Erzeugung das Ewige ist und das Unsterbliche, wie es im Sterblichen sein kann.

Platon, Symposion, 206 d, e

* Ordnung und Proportion sind schön und nutzbringend, Unordnung aber und das Fehlen von Proportion sind hässlich und unnütz.

Stobaios IV, 40 H, Frg. D4, in: Michael Hauskeller, S. 11

* Schönheit ist keine Eigenschaft, die den Dingen an ihnen selbst zukommt; sie existiert lediglich im Geiste dessen, der die Dinge betrachtet.

David Hume, Über den Maßstab des Geschmacks, S. 78

* Die Qualitäten der Schönheit, soweit es sich um rein sinnliche [...] handelt, sind die Folgenden: 1. verhältnismäßige Kleinheit, 2. Glätte, 3. Verschiedenheit in der Richtung der Teile, aber 4. nicht derart, dass die Teile winklig aufeinanderstoßen, sondern derart, dass sie gegenseitig ineinander übergehen, 5. ein zarter Bau ohne jeden deutlichen Anschein von Stärke, 6. klare und helle, aber nicht sehr grelle und glänzende Farben und 7., wenn doch irgendeine glänzende Farbe vorhanden sein muss, dann nur zusammen mit anderen.

Edmund Burke, Philosophische Untersuchung über den Ursprung unserer Ideen vom Erhabenen und Schönen, S. 158

* Analogie einer Erscheinung mit der Form des reinen Willens oder der Freiheit ist Schönheit [...]. Schönheit also ist nicht anders als Freiheit in der Erscheinung. Schön [...] ist eine Form, die keine Erklärung fordert, oder auch eine solche, die sich ohne Begriff erklärt.

Friedrich Schiller, Kallias oder über die Schönheit, S. 400-403

* Die Schönheit ist lediglich Verheißung von Glück.

Stendhal, Über die Liebe, S. 76

Schöne, das: (gr. *kalon*; lat. *pulchrum*)

Grundbegriff der Philosophie, der wie das Wahre und Gute in der Metaphysik der Explikation des Wesens und der Einheit des Seins dient. Seit dem 18. Jahrhundert Bedeutungsverengung des S. auf Ästhetik und Kunst.

Antike und Mittelalter: Vom S. kann nur angemessen im Kontext mit der Idee des S. als Element des Aufschwungs der Seele zum Göttlichen und ihrer Umlenkung zur Idee des Guten gesprochen werden (Platon). Mit Aristoteles zerfällt die Bestimmung des S. in die Vielfalt technischer, praktischer und ästhetischer Kontexte. Die Scholastik tradiert die antiken Bestimmungen des S. als Einheit, Ordnung, Proportion. Sichtbare Welt und menschliche Artefakte gelten als Abbild göttlicher Schönheit.

Neuzeit und Moderne: Die Theorie des S. wird aus dem Kontext der Metaphysik gelöst. Es kommt zu einer Subjektivierung und Ästhetisierung des S.: das S. wird Gegenstand des Geschmacks (Hutcheson, Hume, Kant). Kant zufolge ermöglicht die Erfahrung des Schönen ein zwangloses Welt- und Selbstverhältnis der Subjekte. Das Vermögen des Geschmacks befördert durch seine kommunikative Leistung die Humanität (Schönheit als Symbol der Sittlichkeit). Im Deutschen Idealismus wird das S. wieder als das Absolute verstanden. Zudem rückt bei Hegel die Geschichtlichkeit des S. und das Kunstschöne (Abwertung des Naturschönen) ins Zentrum. Dem S. wird Versöhnungsfunktion zugeschrieben. In der Moderne verliert das S. an Bedeutung. Konstatiert wird sein Verfall in den Kitsch, das Kleine, Hübsche und Nette. Im Kontext avantgardistischer Ansätze (Architektur, Design) werden funktionale Neubestimmungen des S. versucht. In der „negativen Ästhetik" (Adorno) wird das S. nur noch schnell vergänglichen Phänomenen (Sternschnuppen, Feuerwerk) zugeschrieben.

nach Thomas Rentsch, in: Enzyklopädie Philosophie und Wissenschaftstheorie, Bd. 3, S. 721-726

M2 Was „schön" bedeutet

Ganz grob lassen sich zwei Positionen unterscheiden, nämlich *ästhetischer Anti-Realismus* und *ästhetischer Realismus*. Ästhetischer Antirealismus ist die Auffassung, dass es ästhetische Eigenschaften nicht gibt. Ästhetischer Realismus ist die Auffassung, dass es ästhetische Eigenschaften gibt.

Wenn ich im Folgenden von ästhetischem Realismus spreche, dann meine ich ausschließlich jene Auffassung, wonach es ästhetische Eigenschaften zwar gibt, diese aber *abhängig* sind von gewissen nicht-ästhetischen Eigenschaften. In einer etwas älteren Terminologie lässt sich dasselbe so ausdrücken: *Ästhetische Eigenschaften sind fundiert durch nicht-ästhetische Eigenschaften.* Zum Beispiel könnte die Schönheit eines Gegenstandes fundiert sein durch Anmut und Harmonie. Anmut und Harmonie sind ihrerseits aber wieder durch andere Eigenschaften fundiert. Nach der Auffassung, die hier vorgestellt wird, müssen an der Basis dieser Hierarchie nicht-ästhetische Eigenschaften sein. Im Falle eines Musikwerkes sind das wahrscheinlich sehr komplexe Klangstruktur-Eigenschaften.

Der Anti-Realismus setzt dagegen: Das Urteil „Dieses Bild ist schön" drückt, nach subjektivistischer Auffassung, ungefähr dasselbe aus wie „Dieses Bild gefällt mir". Das Urteil „Dieses Bild gefällt mir" ist in erster Linie *ein Urteil über die Sprecherin*, die dieses Urteil äußert. Es wird mit diesem Urteil nicht dem Bild eine Eigenschaft zugeschrieben, jedenfalls nicht eine *intrinsische* Eigenschaft. Eine Eigenschaft E wird „intrinsisch" genannt, wenn ein Gegenstand, der E bekommt oder verliert, sich (in sich) verändert. Es ist eine Tatsache, dass es über ästhetische Urteile Diskussionen gibt. Wenn es Diskussionen gibt, muss es auch Meinungsverschiedenheiten geben. Aber im Lichte der subjektivistischen Position sind echte ästhetische Meinungsverschiedenheiten unmöglich. Denn die beiden Sätze „Der Person A gefällt der Gegenstand x" und „Der Person B gefällt der Gegenstand x nicht" widersprechen sich ja nicht.

Nach naturalistischer Auffassung stehen die ästhetischen Wertprädikate nicht für ästhetische Werteigenschaften, sondern für natürliche Eigenschaften. Ästhetische Naturalisten sind also darauf festgelegt, dass jedes ästhetische Prädikat grundsätzlich ersetzbar ist durch ein natürliches. Aber diese Übersetzbarkeitshypothese ist sehr problematisch. Denn durch welches natürliche Prädikat soll man zum Beispiel das Prädikat „ist schön" ersetzen? Man könnte auf den Gedanken kommen, dass man nur die fundierenden Eigenschaften des „schön" genannten Bildes angeben müsste, um das gesuchte natürliche Prädikat zu finden. Das Problem dabei ist aber, dass wir derzeit davon ausgehen müssen, dass nicht alle schönen Gegenstände dieselben fundierenden Eigenschaften haben. Ein Bild von Mark Rothko hat wahrscheinlich ganz andere fundierende Eigenschaften als die Klaviersonate Nr. 21 von Franz Schubert. Trotzdem sind beide schön.

nach Maria Reicher, Einführung in die philosophische Ästhetik, S. 60-72

M3 Der Schönheitswahn

Der Mensch glaubt die Welt selbst mit Schönheit überhäuft – er vergisst sich als deren Ursache. Er allein hat sie mit Schönheit beschenkt, ach! nur mit einer sehr menschlich-allzumenschlichen Schönheit ... Im Grunde spiegelt sich der Mensch in den Dingen, er hält alles für schön, was ihm sein Bild zurückwirft: das Urteil „schön" ist seine *Gattungs-Eitelkeit.*

Friedrich Nietzsche, Götzendämmerung, S. 1001

1. Erläutern Sie die Zitate. ➔ M1
2. Führen Sie das folgende Gedankenexperiment (nach Maria Reicher, Einführung, S. 60) durch: Stellen Sie sich vor, die Welt ist genauso wie sie ist, nur dass es keine ästhetischen Eigenschaften gibt. Die Dinge sehen aus, wie sie jetzt aussehen, nur sind sie nicht schön oder hässlich. Hat die Welt jetzt weniger Eigenschaften?
3. Erarbeiten Sie die drei Positionen über die Bedeutung des Prädikats „schön", insbesondere den Unterschied zwischen der naturalistischen und der anti-realistischen Position. ➔ M2
4. Erläutern Sie die Einwände gegen die Positionen und finden Sie weitere Argumente. ➔ M2
5. Diskutieren Sie abschließend: Ist Schönheit eine objektive Eigenschaft von Dingen? ➔ M1/2
6. Nehmen Sie Stellung zu Nietzsches „Schönheitswahn". ➔ M3

2 Geschmack und ästhetisches Urteil

M1 Good taste – bad taste?

At the Royal wedding, considered as the biggest event of the year, we expected from all the guests to show their best style. Not surprisingly, there is always someone who stands out with bad taste.

news.bgfashion.net

M2 Eine Anekdote über Feinsinnigkeit

Es hat seinen guten Grund, sagt Sancho zum Ritter mit der großen Nase, dass ich mir auf mein Urteil über Weine etwas zugute halte, denn dies Vermögen ist in unserer Familie erblich. Zwei Verwandte von mir wurden einmal aufgefordert, einen Wein zu beurteilen, der für exzellent galt [...]. Der eine kostet den Wein [...] und erklärt den Wein nach reiflicher Überlegung für gut, wäre da nicht ein leiser Beigeschmack nach Leder. Der andere [...] spricht sich gleichfalls zugunsten des Weines aus, aber mit der Reserve, dass er [...] nach Eisen schmecke. Ihr könnt euch nicht vorstellen, wie beide wegen ihres Urteilsspruchs verlacht wurden. Aber wer lachte am Ende? Als man das Fass leerte, fand sich am Boden ein alter Schlüssel an einem Lederband. [...] Die allgemeinen Regeln oder anerkannten Muster künstlerischer Komposition aufzustellen, ist dasselbe, wie den Schlüssel mit dem Lederband zu finden [...].

David Hume, Über den Maßstab des Geschmacks, S. 84

M3 Der ideale Betrachter

Nach Hume gibt es bei aller Verschiedenheit des Geschmacks „bestimmte allgemeine Gesetze“, auf denen das Urteil beruht und damit „bestimmte Formen und Qualitäten“, die gefallen. Den Grund für Differenzen in den Geschmacksurteilen sieht er in unterschiedlichen ästhetischen Kompetenzen der Urteilenden. Ein „wahrer Kunstrichter“ benötigt Hume zufolge:

> ein feines Unterscheidungsvermögen, das an passenden Beispielen geschult ist
> die Fähigkeit, vorurteilsfrei zu urteilen
> einen klaren Verstand, der die „Schönheiten planvoller Gestaltung“ erkennen kann

Solche Betrachter sind nach Hume zwar selten anzutreffen, aber durch ihre „überlegenen geistigen Fähigkeiten“ leicht zu erkennen. „Durch die Vorrangstellung, die sie erlangen, erhält die lebhafte Zustimmung, mit der sie ein Werk des Genies aufnehmen, allgemein Anerkennung und Vorherrschaft“. Dadurch bildet das „vereinte Urteil solcher Kritiker“ den wahren Maßstab des Geschmacks.

nach David Hume, Über den Maßstab des Geschmacks, S. 82-96

M4 Ästhetisch urteilen muss jeder selbst

Wenn jemand ein Gebäude, ein Gedicht nicht schön findet, so lässt er sich den Beifall nicht durch hundert Stimmen innerlich aufdringen. Er mag sich zwar stellen, als ob es ihm gefalle, um nicht für geschmacklos angesehen zu werden, er kann sogar zu zweifeln anfangen, ob er seinen Geschmack, durch Kenntnis einer genugsamen Menge von Gegenständen auch genug gebildet habe. Das sieht er aber doch klar ein: dass der Beifall anderer gar keinen für die Beurteilung der Schönheit gültigen Beweis abgebe, dass andere allenfalls für ihn sehen mögen, und, was viele auf einerlei Art gesehen haben, als hinreichender Beweisgrund für ihn, der es anders gesehen zu haben glaubt, zum theoretischen [...], niemals aber das, was anderen gefallen hat, zum Grunde eines ästhetischen Urteils dienen könne.

nach Immanuel Kant, Kritik der Urteilskraft, B 140f.

M5 ...

A) ....

Um zu entscheiden, ob etwas schön sei [...], beziehen wir die Vorstellung nicht durch den Verstand auf das Objekt zum Erkenntnisse, sondern durch die Einbildungskraft (vielleicht mit dem Verstand verbunden) auf das Subjekt und das Gefühl der Lust oder Unlust [...]. Das Geschmacksurteil ist also kein Erkenntnisurteil, mithin nicht logisch, sondern ästhetisch, worunter man dasjenige versteht, dessen Bestimmungsgrund nicht anders als subjektiv sein kann.

B) ....

In Ansehung des Angenehmen bescheidet sich ein jeder: dass sein Urteil, [...] wodurch er von einem Gegenstande sagt, dass er ihm gefalle, sich auch bloß auf seine Person einschränke. [...] Mit dem Schönen ist es ganz anders bewandt. Es wäre lächerlich, wenn jemand, der sich auf seinen Geschmack etwas einbildete, sich damit zu rechtfertigen gedächte: Dieser Gegenstand ist für mich schön. Denn er muss es nicht schön nennen, wenn es bloß ihm gefällt. [...] Wenn er aber etwas für schön ausgibt, so mutet er anderen eben dasselbe Wohlgefallen zu [...] und spricht alsdann von der Schönheit als wäre sie eine Eigenschaft der Dinge.

C) ....

Interesse wird das Wohlgefallen genannt, was wir mit der Vorstellung der Existenz eines Gegenstandes verbinden. Ein solches hat daher immer zugleich Beziehung auf das Begehrungsvermögen [...]. Nun will man aber, wenn die Frage ist, ob etwas schön sei, nicht wissen, ob uns [...] an der Existenz der Sache irgendetwas gelegen sei, [...] sondern wie wir sie in der bloßen Betrachtung beurteilen.

D) ....

Wenn man Objekte bloß nach Begriffen beurteilt, so geht alle Vorstellung der Schönheit verloren. Also kann es keine Regel geben, nach der jemand genötigt werden sollte, etwas für schön anzuerkennen. [...]

E) ....

Man will das Objekt seinen eigenen Augen unterwerfen, gleich als ob sein Wohlgefallen von der Empfindung abhinge; und dennoch wenn man den Gegenstand alsdann schön nennt, glaubt man eine allgemeine Stimme für sich zu haben, und macht Anspruch auf den Beitritt von jedermann.

F) ....

Also ist es die allgemeine Mitteilungsfähigkeit des Gemütszustandes in der gegebenen Vorstellung, welche, als subjektive Bedingung des Geschmacksurteils, demselben zum Grunde liegen, und die Lust an dem Gegenstande zur Folge haben muss. Es kann aber nichts allgemein mitgeteilt werden, als Erkenntnis, und Vorstellung, sofern sie zum Erkenntnis gehört. [...] Soll nun der Bestimmungsgrund des Urteils über diese allgemeine Mitteilbarkeit der Vorstellung bloß subjektiv, [...] ohne einen Begriff vom Gegenstande gedacht werden, so kann er kein anderer als der Gemütszustand sein, der im Verhältnis der Vorstellungskräfte (Einbildungskraft und Verstand) zu einander angetroffen wird, sofern sie eine gegebene Vorstellung auf Erkenntnis überhaupt beziehen.

Immanuel Kant, Kritik der Urteilskraft, B 3-29

1 Diskutieren Sie mit: Wer war bei der Hochzeit von Kate und William gut und wer war schlecht angezogen? Hat jeder seinen eigenen Geschmack? ➜ M1

2 Erklären Sie, warum es nach Hume so schwer ist, sich in Geschmacksfragen zu einigen. ➜ M2/3

3 Erläutern Sie die Fähigkeiten, die ein wahrer Kunstrichter benötigt, an einem Kunstbeispiel Ihrer Wahl. ➜M2/3

4 Begründen Sie, warum sich ein ästhetisches Urteil nicht „aufdringen" lässt. ➜ M4

5 Formulieren Sie zu jedem Abschnitt (A-F) eine Überschrift und finden Sie schließlich einen Gesamttitel für den Text. ➜ M5

6 Fertigen Sie eine Strukturskizze an, die deutlich macht, wie sich das Geschmacksurteil vom Urteil über das Angenehme und vom Erkenntnisurteil unterscheidet. ➜ M5

7 Erläutern Sie, was Kant unter der „allgemeine[n] Mitteilungsfähigkeit des Gemütszustandes" versteht. ➜ M5

8 Schreiben Sie einen Brief Kants an Hume, in dem Kant aufzeigt, wo er Hume zustimmt und wo er ihn kritisiert. ➜ M2-5

3 Zur Theorie ästhetischer Erfahrung

M1 Kabakovs „Sendemast"

„Das ‚Salz' der Installation ist die Stärke der Linien, aus denen die Buchstaben und der gesamte Text entstehen. Sie ist (als 3 mm starker Draht) so bemessen, dass sie vor dem Hintergrund des Himmels aus 13 Metern Entfernung vom Boden aus eine Art Flimmereffekt erzeugen: ‚Sehe ich da etwas oder nicht?' Mit einer gewissen Anstrengung unserer Augen können wir also diesen Text lesen, doch strengen wir uns nicht an, so könnten wir glauben, es gäbe ihn nicht. Mal erscheint der Text vor unseren Augen, dann löst er sich wieder vor dem Himmel auf. Dieses Flimmern beim Entziffern des Textes stimmt mit seiner Doppeldeutigkeit überein." *Ilya Kabakov, www.lwl.org*

M2 Wie etwas ästhetisch erfahren wird

Ästhetische Erfahrung ist eine Form äußeren Erlebens, in der die Aufmerksamkeit sich auf die sinnliche Erscheinungsweise des Gegenstandes, zu der auch seine expressiven Qualitäten zählen, richtet. So kann man z. B. bei einem Wettlauf auf dessen Verlauf achten, wie die Läufer einen Vorsprung gewinnen oder verlieren. Man kann aber auch von der Tatsache, dass es sich um einen Wettlauf handelt, absehen und allein auf den Bewegungsablauf bei den Läufern achten, auf den Rhythmus ihres Laufs, seine Eleganz oder Kraft, und somit eine ästhetische Sichtweise einnehmen.

nach Franz von Kutschera, Ästhetik, S. 74–76

M3 Der Zweck ästhetischer Wahrnehmung

Geht es der nichtästhetischen Wahrnehmung vorwiegend um die Ziele eines jeweiligen Handelns, dabei oft auch um das, *was* jeweils wahrgenommen wird, so geht es der ästhetischen außerdem um den *Vollzug* dieser Wahrnehmung, und zwar so, dass dieser zu einem dominanten Zweck der Wahrnehmung wird. Ästhetisch ist eine Wahrnehmung zu nennen, bei der es gleichermaßen um die Wahrnehmung und das jeweils Wahrgenommene selbst geht. [...] Eine solche Wahrnehmung aber eröffnet eine *besondere* Zeit und einen *besonderen* Raum wahrnehmender Tätigkeit, die uns, auf sehr verschiedene Weise, in einen Zustand erfüllter Freiheit gegenüber unseren pragmatischen Orientierungen versetzt.

Martin Seel, Ästhetik und Aisthetik, S. 38

M4 Ästhetische Erfahrung und Reflexion

Ästhetische Erfahrungen sind Erfahrungen, die wir an konkreten Gegenständen unserer sinnlichen Wahrnehmung, an konkreten Sachverhalten oder Ereignissen, machen und die mit einer ästhetischen Bewertung dieser Gegenstände verbunden sind. Jeder ästhetischen Erfahrung von etwas liegt ein Zeichenprozess ästhetischer Reflexion zugrunde, und die ästhetische Bewertung von etwas ist deren Resultat. Für den Umgang mit Gegenständen, die als ästhetische Zeichen oder Kunstwerke interpretiert werden sollen, kann aber kein fertiges Zeichensysteme bereit liegen, wie z. B. das Zeichensystem der Wissenschaften, denn ästhetische Zeichen als Kunstwerke sind neuartig, singulär und autonom. Entsprechend lässt sich die ästhetische Reflexion über ein Kunstwerk nicht als Entziffern eines Zeichens in Bezug auf einen bereitliegenden Code analysieren. Die ästhetische Reflexion interpretiert vielmehr einen Gegenstand als Zeichen, indem sie ein entsprechendes Zeichensystem entwirft. Gegenstände, die im Prozess der Reflexion als Zeichen in Bezug auf ein zu entwerfendes Zeichensystem interpretiert werden, werden dabei als freie Zeichen angesehen. Die syntaktische und semantische Freiheit darf aber nicht als eine Freiheit von jeder Einschränkung hinsichtlich seiner formalen Gestalt und Bedeutung missverstanden werden, als eine Freiheit, in der sich bestenfalls Willkür artikuliert. Sie ist nicht nur frei von Vorgaben eines bestimmten Zeichensystems, sondern auch die Freiheit dazu, den ästhetischen Maßstab wohlgeformtes und bedeutungsvolles Zeichen auf eine jeweils neue Weise zu bestimmen.

Aus der syntaktischen Freiheit und der entsprechend geringen Bedeutungstransparenz eines ästhetischen Zeichens ergibt es sich, dass wir am Anfang einer ästhetischen Reflexion über einen Gegenstand unsere Aufmerksamkeit erst einmal seiner äußeren Erscheinung zuwenden. Die Beschreibung der äußeren Erscheinung verhilft, uns der Identität des Gegenstands auch im Prozess seiner experimentellen syntaktischen Klassifikation, in der wir alle seine Eigenschaften als sein Zeichenpotential erkunden, zu vergewissern. Die äußere Gestalt dient uns zudem zur Orientierung für die Analyse seines Zeichenpotentials, insofern wir annehmen, ein ästhetisches Zeichen ist syntaktisch füllig, also nahezu alle Gestalteigenschaften sind relevant, und exemplifizierend in der Weise von Materialproben. Wir suchen in unserer ästhetischen Reflexion über einen Gegenstand nicht nur nach einer vielfältigen oder multiplen, sondern auch nach einer komplexen Bedeutung, die dieser Gegenstand in seiner Gestalt, als syntaktisch fülliges Zeichen exemplifiziert.

nach Christel Fricke, Zeichenprozess und ästhetische Erfahrung, S. 305-318

1 Interpretieren Sie Kabakovs Erläuterung zu seiner Installation. Beachten Sie dabei, dass der Text im Sendemast, also das betrachtete Kunstwerk, selbst den Betrachter „sieht", beschreibt und „bewertet". ➜ M1

2 Diskutieren Sie den Unterschied zwischen einer Sportreportage und der sprachlichen Darstellung einer ästhetischen Sichtweise eines Sportereignisses und bestimmen Sie, was eine ästhetische „Einstellung" auszeichnen könnte. ➜ M2

3 Erklären Sie, durch welchen Zweck die ästhetische Wahrnehmungstätigkeit geleitet ist und was ihr besonderer Zeit-Raum und ihre Freiheit ist. Versuchen Sie, Ihre Antwort an Kabakovs *Sendemast* nachzuvollziehen. ➜ M1/3

4 Interpretieren Sie die Thesen von Fricke, indem Sie erläutern, was ein Zeichenprozess ästhetischer Reflexion, ein freies, ästhetisches Zeichen ist und wie die äußere Gestalt eines ästhetischen Gegenstands als Zeichen seine Bedeutung exemplifiziert. ➜ M4

5 Beziehen Sie die Thesen von Fricke auf die Installation von Kabakov und erläutern Sie, 1. warum die gesamte Installation sowie die Gesamt*situation* und nicht nur der installierte Text nach Fricke zu einem angemessenen Umgang mit dem Werk führt.
Versuchen Sie, 2. das, was mit *Zeichenpotential* und *Zeichenprozess* gemeint ist, an der Installation zu entwickeln.
Diskutieren Sie 3. Ihre Ergebnisse. ➜ M5

4 Was ist Kunst?

M1 Kunst erkennen

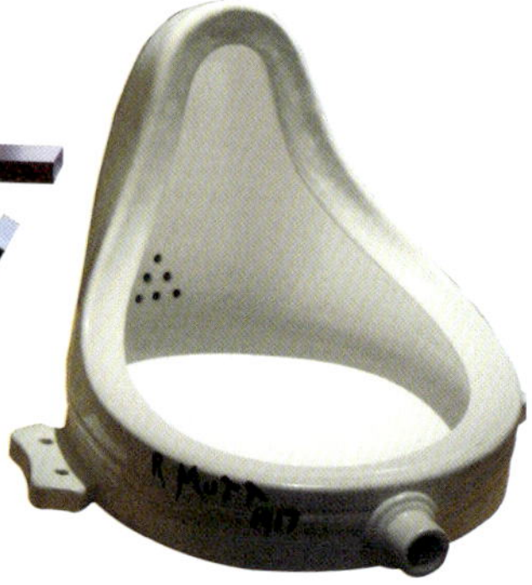

M2 Kunst ist ... ein Versuch

Wir wollen nun [...] eine Definition von „Kunst" versuchen, indem wir den Satz: „Etwas ist ein Kunstwerk, wenn und nur wenn ..." ergänzen. Wir geben uns also nicht damit zufrieden, Kunst zu „definieren", indem wir mit dem Finger auf einige Beispiele zeigen. [...] Wir wollen vielmehr wissen, was für ein Kunstwerk *wesentlich* ist. Wir wollen wissen, was in jedem denkbaren Zusammenhang für alle Kunstwerke und nur für Kunstwerke gilt. Um es im Jargon der Philosophen zu sagen: Wir wollen sowohl die notwendigen als auch die hinreichenden Bedingungen herausfinden, die etwas zum Kunstwerk machen.

Stephen Law, Warum die Kreter lugen, wenn sie die Wahrheit sagen, S. 115f.

M3 Design ist keine Kunst

Die Idee von der Autonomie und der Aura der Kunst ist angesichts ihrer heutigen Formen und Medien und angesichts der zunehmenden – intendierten wie erzwungenen – Vermischungen dessen, was einst in U und E geschieden schien, fragil geworden.

Ganz anders, aber ebenfalls neu zu bestimmen, sind die Perspektiven im Design. Längst geht es um mehr als die Gestaltung von einzelnen Dingen oder Produktgruppen. Design strukturiert Information, Kommunikation und deren Schnittstellen, ist Konzept und Prozess viel eher als Objekt, es vermittelt und vernetzt Ökonomie und Ökologie, Technik, Medien und Dienstleistung, Kultur und Sozialität. [...]

Die meisten Menschen würden der Aussage bedingungslos zustimmen, dass Gebrauchsgegenstände, die sie alltäglich in ihrem Leben benutzen, praktisch, nützlich und funktional sein sollten. [...] Die Form folgt aus der Funktion – das war und ist eine der großen Bedingungen, die viele Designer sich seit dem Bauhaus und dann wieder seit den fünfziger Jahren zum Maßstab genommen haben.

Uta Brandes, Design ist keine Kunst, S. 9, 111

M4 Kunstwerke sind keine physischen Objekte

Am nächsten dürfte es wohl liegen, Kunstwerke als eine besondere Klasse von wahrnehmbaren physischen Gegenständen anzusehen, die von Menschen hergestellt worden sind, um sich und anderen ästhetische Erfahrungen verfügbar zu machen. Aber wenn wir dies verallgemeinern wollen und die Gleichsetzung von Kunstwerken mit physischen Gegenständen für alle Kunstwerke in Anspruch nehmen, gibt es Schwierigkeiten: Wie steht es mit den Kunstwerken, die wir der Gattung nach Opern, Sinfonien, Gedichte, Dramen und Romane nennen? In irgendeinem Sinne kann man wohl auch die Aufführung eines musikalischen oder sprachlichen Kunstwerks einen raumzeitlichen Vorgang, einen physischen Gegenstand nennen. Aber nicht diese Aufführung, die ich heute Abend sehen werde, ist die Oper. Das Kunstwerk kann also mit einer bestimmten Realisierung nicht identisch sein. Es ist vielmehr das, was bei dieser Aufführung realisiert wird. Ähnlich ist es auch bei Dichtungen, die gelesen werden. Nicht dies Exemplar des *Mannes ohne Eigenschaften* von Musil ist der Roman, das literarische Kunstwerk. Dies Exemplar, das auf meinem Tisch liegt, kann verloren gehen, ohne dass deshalb das Kunstwerk verloren ginge. Literarische Kunstwerke sind ihrer Art nach daher abstrakte Gegenstände. Sie würden nach Frege dem Bereich des Objektiv-Nichtwirklichen [z. B. Zahlen, der Gedanke des pythagoreischen Lehrsatzes] angehören; freilich wären Sie in ihrer Existenz fundiert in raum-zeitlichen Manifestationen. Bei Gemälden, Statuen und dergleichen sieht die Sache auf den ersten Blick weniger kompliziert aus. Altdorfers *Alexanderschlacht* hängt in der Alten Pinakothek in München. Hier haben wir doch eindeutig jeweils einen physikalischen Gegenstand, an dessen Vorhandensein Existenz und Nichtexistenz des Kunstwerks hängen. Richard Wollheim führt einige Einwände an. Sie konzentrieren sich auf den Nachweis, dass Kunstwerke als solche Eigenschaften haben, die physische Gegenstände als solche nicht haben können.

nach Günther Patzig,
Über den ontologischen Status von Kunstwerken,
in: Reinold Schmücker, Identität und Existenz, S. 109-115

M5 Kunst im Kontext

Die Gründe, die angeführt werden, um einem Ding den Status des Kunstwerks zu verweigern, können einen Hinweis darauf geben, welche Bedingungen ein Objekt erfüllen muss, um als Kunst zu gelten. So würden manche Menschen die meisten Architekturen oder keramischen Produkte nicht als Kunst bezeichnen, da sie meist dem praktischen Gebrauch unterliegen. Damit haben wir die unausgesprochene Annahme, dass Kunst keinen nützlichen Zweck hat – sie muss nicht in erster Linie dafür gemacht worden sein. Das legt wiederum die Ansicht nahe, dass Kunst um ihrer selbst willen wertgeschätzt wird, nicht wegen ihres praktischen Nutzens. [...]

Heute wird Kunst also sowohl einer konventionellen philosophischen Analyse unterworfen als auch einer Reihe neuerer ausgefeilter Kritiken: Sie kann auch begriffen werden als von kulturellen Haltungen bestimmt und als Beziehungen fördernd, jeweils mit Erklärungen nach Begriffen der Psychoanalyse und Kulturtheorie. Eine andere zeitgenössische Position versucht, diesen begrifflichen Kontroversen auszuweichen, und sagt, dass Kunst schlicht das ist, was in Kunstgalerien ausgestellt wird (die „Kontext"-Theorie), oder – eine verwandte Ansicht – dass alles, was jemand für Kunst hält, auch Kunst ist.

David Papineau (Hg.), Philosophie, S. 174f.

1. Stellen Sie sich eine sehr große Halle vor, die mit allen möglichen Dingen gefüllt ist, z. B.: Bilder jeder Art, Noten für musikalische Werke, Möbel, Werkzeuge, Bücher, Plastiken, Kleidungsstücke usw. Sie erhalten die Aufgabe, alle Kunstwerke herauszubringen. Woran würden Sie sie erkennen? ➜ M1
2. Versuchen Sie eine Definition: Kunst ist ... ➜ M2
3. Zeigen Sie an einem Beispiel die Schwierigkeit, Design von Kunst zu unterscheiden. ➜ M3
4. Erläutern Sie, inwiefern nach Patzig Kunstwerke Eigenschaften haben, die physische Gegenstände als solche nicht haben können. ➜ M4
5. Prüfen Sie die These, dass Kunst um ihrer selbst willen geschätzt wird. ➜ M5
6. Diskutieren Sie die Ansicht, dass alles, was jemand für Kunst hält, auch Kunst ist, an selbstgewählten Beispielen. ➜ M5

5 Kunst als (täuschende) Nachahmung

M1 Täusche das Auge!

Zeuxis malte im Wettstreit mit Parrhasius so naturgetreue Trauben, dass Vögel herbeiflogen, um an ihnen zu picken. Daraufhin stellte Parrhasius seinem Rivalen ein Gemälde vor, auf dem ein leinener Vorhang zu sehen war. Als Zeuxis ungeduldig bat, diesen doch endlich beiseite zu schieben, um das sich vermeintlich dahinter befindliche Bild zu betrachten, hatte Parrhasius den Sieg sicher, da er es geschafft hatte, Zeuxis zu täuschen. Der Vorhang war nämlich gemalt.

Plinius, Naturalis Historia XXXV, 64, in: Bärbel Hedinger, Gottfried Böhm (Hg.): Illusion und Wirklichkeit in der Kunst

M2 Nachahmung des bloßen Scheins

Sokrates im Gespräch mit Glaukon über das Wesen der Nachahmung:

Maler, Tischler, Gott, diese drei sind die Meister von drei Arten von Stühlen. [...] Ob nun Gott selbst nicht wollte oder ob er unter einer zwingenden Notwendigkeit stand, nicht mehr als einen wesenhaften Stuhl zu machen, jedenfalls schuf er nur einen, jenen wesenhaften Stuhl. [...] – *Wieso?*

Wenn er je auch nur zwei hätte machen wollen, wäre es offensichtlich wieder nur einer, von dem jene beiden ihre Gestalt hätten, und so wäre wieder nur einer der wahrhaft Seiende, nicht die zwei. – *Richtig.* [...]

Sollen wir ihn nun als den Wesensschöpfer bezeichnen oder so ähnlich? – *So mag es stimmen; denn er hat ja dies und alles andere wesenhaft erschaffen.*

Und wie nennen wir den Tischler? Etwa den Handwerksmeister des Stuhles? [...] Und den Maler einen Handwerksmeister und Schöpfer dieses Dinges? – *Keineswegs.*

Wie könnte man seine Beziehung zum Stuhle dann bezeichnen? – *Am besten bezeichnen wir ihn als den Nachahmer der Erzeugnisse der Handwerker.*

Gut! Den Schöpfer des dritten Werkes – von der wesenhaften Gestalt her gerechnet – nennst du Nachahmer? – *Ja.* [...]

Über den Nachahmer sind wir uns einig! Nun sag mir vom Maler dies! Versucht er deiner Meinung nach jenes Wesenhafte nachzuahmen oder die Werke der Handwerker? – *Das Letztere!*

Wie sie sind oder wie sie ihm erscheinen? [...] – *Wie meinst du das?*

So: Wenn du einen Stuhl von der Seite oder von vorne oder sonstwie ansiehst, dann ändert er sich doch nicht? Vielmehr bleibt er selber gleich, erscheint aber anders, nicht? Und ebenso bei andern Dingen. – *So ist es: Er erscheint anders, ohne sich zu ändern.*

Nun bedenke dies! Wie verhält sich die Malerei zu jedem Ding? Schafft sie ihre Nachahmung nach dem wirklichen Objekt oder nach seiner Erscheinung, ist sie also Nachahmung der Realität oder des Scheinbildes? – *Des Scheinbildes.*

Platon, Der Staat, Zehntes Buch, 597b-598b, S. 434-436

M3 Nachahmung als Mimesis

Nach Aristoteles ist die Nachahmung (mimesis) das Grundprinzip aller Kunst, die er nach Mitteln (Farben, Formen, Tönen, Rhythmus und Wort) sowie nach Gegenständen und der Art der Nachahmung einteilt. [...] In der „Poetik" nimmt Aristoteles dem Begriff Nachahmung das Pejorative, das ihm bei Platon anhaftet und beschränkt ihn konsequenter auf die Kunst. [...] Die Nachahmung kann die Menschen idealisierend, satirisch oder realistisch darstellen, vor allem aber ist sie „philosophischer als die Geschichte", weil sie nicht das durch den Zufall bestimmte und begrenzte Einzelne darstellt, sondern das Wesenhafte, Allgemeine, das überall geschehen kann oder muss. Hiermit hat Aristoteles ein Hauptproblem der Ästhetik formuliert und die Kunst rehabilitiert, indem er ihr eine *Wesenserkenntnis* zugesteht; ihr Gegenstand ist nicht mehr ein bloßes Schattenbild der eigentlichen Wirklichkeit, sondern die sich durch die Verbindung von Form und Materie konstituierende Natur, deren Ziel und Wesen im Artefakt dargestellt werden kann.

S.-A. Jørgensen, Nachahmung der Natur, in: Historisches Wörterbuch der Philosophie, Band 6, Sp. 338

M4 Das unschuldige Auge gibt es nicht

„Um ein getreues Abbild herzustellen, muss man das Objekt, so wie es ist, möglichst genau kopieren.“ Dieser einfältige Vorschlag verwirrt mich; denn das Objekt, das ich vor Augen habe, ist ein Mensch, ein Zellkomplex, ein Freund und vieles mehr.

Wenn dies alles Seinsweisen des Objekts sind, dann ist keines von ihnen *die* Seinsweise. Was ich abbilden soll, ist offensichtlich eine der Weisen, wie das Objekt ist oder aussieht, wie das Objekt sich dem normalen Auge aus angemessener Entfernung, aus günstigem Blickwinkel, bei gutem Licht, unbeeinflusst durch Zuneigung oder Interessen und unausgeschmückt durch Gedanken oder Interpretationen bietet. Der Haken dabei ist, dass es, wie Ernst Gombrich mit Nachdruck dargelegt hat, ein unschuldiges Auge nicht gibt. Nicht nur wie, sondern auch was es sieht, ist von Bedürfnis und Vorurteil bestimmt. Es wählt aus, organisiert, unterscheidet, klassifiziert, analysiert, konstruiert. Die Abbildtheorie der Repräsentation scheitert also schon beim ersten Schritt an ihrem Unvermögen zu spezifizieren, was abgebildet werden soll. Nicht ein Objekt so, wie es ist, noch auch in allen seinen Seinsweisen, noch auch in der Weise, wie es sich dem geistlosen Auge bietet. Darüber hinaus ist etwas grundsätzlich falsch an der Vorstellung, irgendeine der Seinsweisen, irgendeinen Aspekt des Objekts abbilden zu können. Denn ein Aspekt ist nicht einfach das Objekt-aus-einer-gegebenen-Entfernung-und-einem-Blickwinkel-und-unter-gegebenen-Lichtverhältnissen; es ist das Objekt, wie wir es betrachten oder es uns vorstellen. Wenn wir ein Objekt repräsentieren, dann bilden wir nicht ein solches Konstrukt oder ein solches Interpretament ab – wir *stellen es her.*

nach Nelson Goodman, Sprachen der Kunst, S. 18-21 (gekürzt)

M5 Ein genaues Abbild?

Franz Gertsch, Silvia II., 2000, 290 x 280 cm

Es ist ein Bild mit magischer Präsenz: „Silvia II“, das Porträt einer jungen Frau. Auf den ersten Blick sieht es aus wie eine überdimensionale Fotografie. Erst bei genauerer Betrachtung entpuppt es sich als Gemälde. In der Nahsicht wird das Bild immer abstrakter, bis es sich in einem Meer von feinsten Strichen auflöst. „Meine Bilder kommen langsam rüber, man sieht immer mehr, je länger man schaut“, sagt der 1930 im Kanton Bern geborene Franz Gertsch.

Claudia Kuhland, west.art, www.wdr.de

1 Suchen Sie Beispiele für ein sog. Trompe-l'Œil und zeigen Sie, inwiefern es das Auge täuscht. ➜ M1

2 Zeigen Sie, wie Platon Malerei definiert und wie er sie bewertet. Erläutern Sie den Unterschied zwischen einer Nachahmung des „Wesenhaften“, der „Realität“ und des „Scheinbildes“. ➜ M2

3 Zeigen Sie, in welcher Weise Mimesis als Nachahmung über das Gegebene hinausgeht, und vergleichen Sie Aristoteles' Antwort mit Platon. ➜ M2/3

4 Arbeiten Sie Goodmans Kritikpunkte am Nachahmungsprinzip der Kunst heraus und diskutieren Sie ihre Stichhaltigkeit. ➜ M4

5 Informieren Sie sich über die Technik, mit der Gertsch seine großen Frauenporträts herstellt, und erklären Sie den Unterschied zwischen einer Fotografie und dem Bild. ➜ M5

6 Kunst und Wahrheit

M1 Wie Allgemeingültigkeit anschaulich wird

Gerhard Richter, 1973

Warum vermeiden Sie in Ihrer Malerei den persönlichen Ausdruck?

Ich habe dem immer misstraut bzw. ich habe mich nicht getraut. Aber es interessiert mich auch nicht besonders, und ich glaube, es wäre auch für andere nicht sonderlich interessant. Wie ich mich fühle und was ich denke, ist ziemlich belanglos. Deshalb bin ich immer versucht zu verallgemeinern, oder ich versuche, den Dingen etwas Allgemeingültiges zu geben.

Gerhard Richter, Text 1961-2007, S. 153

M2 Das Geistige als Gehalt der Kunst

Die Kunst ist nie bloße Darstellung eines Seins, ohne zugleich Produktion und darin Manifestation eines Selbst zu sein – selbst dort, wo sie vielleicht den Anschein erweckt, bloß „objektive Darstellung" eines Natürlichen zu sein. Das Kunstwerk ist aus dem Geist geboren und für die geistige Rezeption – aus dem Selbst und für ein Selbst, Spiegel der Geistigkeit des Menschen. Seine „scheinende", aus dem Geist geborene Wirklichkeit hat „höhere Realität" als die vergängliche Welt. In der Kunst drückt der Mensch der Natürlichkeit sein Siegel auf.

nach Walter Jäschke, Hegel-Handbuch, S. 422-429

M3 Die Idee des Schönen

Sagten wir nun, die Schönheit sei Idee, so ist Schönheit und Wahrheit einerseits dasselbe. Das Schöne nämlich muss wahr an sich selbst sein. Näher aber *unterscheidet* sich ebenso sehr das Wahre von dem Schönen. *Wahr* nämlich ist die Idee, wie sie als Idee ihrem Ansich und allgemeinen Prinzip nach ist und als solches gedacht wird. Dann ist nicht ihre sinnliche und äußere Existenz, sondern in dieser nur die *allgemeine Idee* für das Denken. Doch die Idee soll sich auch äußerlich realisieren und bestimmte vorhandene Existenz als natürliche und geistige Objektivität gewinnen. Das Wahre, das als solches ist, existiert auch. Indem es nun in diesem seinem äußerlichen Dasein unmittelbar für das Bewusstsein ist und der Begriff unmittelbar in Einheit bleibt mit seiner äußeren Erscheinung, ist die Idee nicht nur wahr, sondern schön. Das Schöne bestimmt sich dadurch als das sinnliche Scheinen der Idee. Denn das Sinnliche und Objektive überhaupt bewahrt in der Schönheit keine Selbständigkeit in sich, sondern hat die Unmittelbarkeit seines *Seins* aufzugeben, da dies Sein nur Dasein und Objektivität des Begriffs und als eine Realität gesetzt ist, die den *Begriff* als in Einheit mit seiner Objektivität und deshalb in diesem objektiven Dasein, das nur als Scheinen des Begriffs gilt, die Idee selber zur Darstellung bringt.

Aus diesem Grunde ist es denn auch für den Verstand nicht möglich, die Schönheit zu erfassen, weil der Verstand, statt zu jener Einheit durchzudringen, stets deren Unterschiede nur in selbständiger Trennung festhält, insofern ja die Realität etwas ganz anderes als die Idealität, das Sinnliche etwas ganz anderes als der Begriff, das Objektive etwas ganz anderes als das Subjektive sei und solche Gegensätze nicht vereinigt werden dürften. So bleibt der Verstand stets im Endlichen, Einseitigen und Unwahren stehen. Das Schöne dagegen ist in sich selber *unendlich* und frei.

Georg Wilhelm Friedrich Hegel, Vorlesungen über die Ästhetik, S. 151f.

M4 Die Kunst in ihrer geschichtlichen Entwicklung

Die Philosophie der Kunst kann nach Hegel nicht nur dem Begriff der Kunst als solchem gelten, ohne ihre Geschichte, die sonst nur kontingent wäre, mit zu thematisieren. Denn die Kunst ist wesentlich geschichtlich, so dass ihr Begriff auch ihre Geschichte begreifen können muss.

Hegel unterscheidet drei Kunstepochen, die sich auf unterschiedliche Weise auf das Ideal der Schönheit beziehen, die Epoche der noch nicht schönen, die der schönen und die der nicht mehr schönen Kunst.

Idee, noch abstrakt und unbestimmt, sucht ihren Kunstausdruck	**Symbolische Kunst** Aufgreifen von Naturformen, die ins Immense überhöht werden, um das Unendliche/Göttliche auszudrücken (orientalische Kunst)
Idee hat sich zur freien unendlichen Subjektivität entwickelt und erfasst diese als Geist in der ihm adäquaten äußeren Gestalt	**Klassische Kunst** Realisierung des Ideals der Schönheit in der griechischen Kunst/ Gott in Menschengestalt
Der Geist erfährt sich als für sich selbst freier Geist, der sich nicht mehr in der Äußerlichkeit realisiert findet, sondern sein Dasein in sich selbst, in seiner Innerlichkeit hat	**Romantische Kunst** Gestalt wird zu einer gleichgültigen Äußerlichkeit, gezeigt wird die Zurücknahme des Inneren in sich, so dass die Äußerlichkeit dem Zufall, der Endlichkeit anheimgegeben wird

Weltgeschichte

M5 Vom Ende der Kunst

Uns gilt die Kunst nicht mehr als die höchste Weise, in welcher die Wahrheit sich Existenz verschafft. Im Ganzen hat sich der Gedanke früh schon gegen die Kunst als versinnlichende Vorstellung des Göttlichen gerichtet [...]. Die Kunst in ihren Anfängen lässt noch Mysteriöses, ein geheimnisvolles Ahnen und eine Sehnsucht übrig, weil ihre Gebilde noch ihren vollen Gehalt nicht vollendet für die bildliche Anschauung herausgestellt haben. Ist aber der vollkommene Inhalt vollkommen in Kunstgestalten hervorgetreten, so wendet sich der weiterblickende Geist von dieser Objektivität in sein Inneres zurück und stößt sie von sich fort. Solch eine Zeit ist die unsrige. Man kann wohl hoffen, dass die Kunst immer mehr steigen und sich vollenden werde, aber ihre Form hat aufgehört, das höchste Bedürfnis des Geistes zu sein. Mögen wir die griechischen Götterbilder noch so vortrefflich finden und Gottvater, Christus, Maria noch so würdig und vollendet dargestellt sehen – es hilft nichts, unsere Knie beugen wir doch nicht mehr.

Georg Wilhelm Friedrich Hegel, Vorlesungen über die Ästhetik, S. 141f.

1. Geben Sie Richters Bild einen Titel und erläutern Sie dann, was mit „allgemeingültig" gemeint ist. → M1
2. Erläutern Sie, inwiefern das Schöne für Hegel das Wahre darstellt, und beziehen Sie Ihre Ergebnisse auf Richters Begriff der Allgemeingültigkeit. → M3/1
3. Erläutern Sie, worum es in der Kunst nach Hegel geht. → M2/3
4. Schreiben Sie aus der Sicht Hegels eine Erwiderung auf Platon (s. S. 188, M2). → M2/3
5. Suchen Sie Beispiele für die drei Kunstformen. → M4
6. Erläutern Sie, warum für Hegel antike Skulpturen am ehesten das Ideal der Schönheit verkörpert haben. → M4
7. Diskutieren Sie ausgehend von Hegels Kunstskepsis den Stellenwert der Kunst heute und erwägen Sie an Richter oder anderen Beispielen der modernen Kunst einen möglichen Einfluss einer von Wissenschaft bestimmten Kultur. → M5/1

7 Das Sein der Kunstwerke

M1 Was Kunstwerke sind

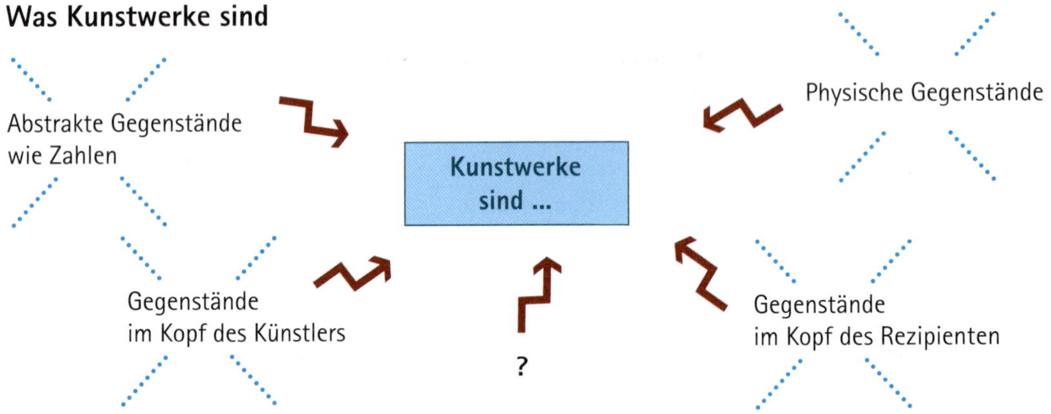

M2 Die Dialektik von Künstler und Werk

Die Frage nach dem Ursprung des Kunstwerkes fragt nach seiner Wesensherkunft. Das Werk entspringt nach der gewöhnlichen Vorstellung aus der und durch die Tätigkeit des Künstlers. Wodurch aber und woher ist der Künstler das, was er ist? Durch das Werk; denn, dass ein Werk den Meister lobe, heißt: das Werk erst lässt den Künstler als einen Meister der Kunst hervorgehen. Der Künstler ist der Ursprung des Werkes. Das Werk ist der Ursprung des Künstlers. Keines ist ohne das andere. Gleichwohl trägt auch keines der beiden allein das andere. Künstler und Werk *sind* je in sich und in ihrem Wechselbezug durch ein Drittes, das wohl das erste ist, durch jenes nämlich, von woher Künstler und Kunstwerk auch ihren Namen haben, durch die Kunst.

So notwendig der Künstler in einer anderen Weise der Ursprung des Werkes ist als das Werk der Ursprung des Künstlers, so gewiss ist die Kunst in einer noch anderen Weise der Ursprung für den Künstler und das Werk zumal. Aber kann denn die Kunst überhaupt ein Ursprung sein? Wo und wie gibt es die Kunst? Die Kunst, das ist nur noch ein Wort, dem nichts Wirkliches mehr entspricht. Es mag als eine Sammelvorstellung gelten, in der wir das unterbringen, was allein von der Kunst wirklich ist: die Werke und die Künstler. Selbst wenn das Wort Kunst mehr bezeichnen sollte als eine Sammelvorstellung, so könnte das mit dem Wort Kunst Gemeinte nur sein auf Grund der Wirklichkeit von Werken und Künstlern. Oder liegt die Sache umgekehrt? Gibt es Werk und Künstler nur, sofern die Kunst ist als ihr Ursprung? [...] Um das Wesen der Kunst zu finden, die wirklich im Werk steckt, suchen wir das wirkliche Werk auf und fragen das Werk, was und wie es sei. Kunstwerke sind jedermann bekannt. [...] Wenn wir die Werke auf ihre unangetastete Wirklichkeit hin ansehen und uns selber dabei nichts vormachen, dann zeigt sich: die Werke sind so natürlich vorhanden wie die Dinge sonst auch.

Martin Heidegger, Der Ursprung des Kunstwerkes, S. 7f.

M3 Das Kunstwerk entsteht im Betrachter

Jedes Kunstwerk ist demgemäß eigentlich bemüht, uns das Leben und die Dinge so zu zeigen, wie sie in Wahrheit sind, aber durch den Nebel objektiver und subjektiver Zufälligkeiten hindurch nicht von jedem unmittelbar erfasst werden können. Diesen Nebel nimmt die Kunst hinweg.

Die Werke der Dichter, Bildner und darstellenden Künstler überhaupt enthalten anerkanntermaßen einen Schatz tiefer Weisheit: eben weil aus ihnen die Weisheit der Natur der Dinge selbst redet, deren Aussagen sie bloß durch Verdeutlichung und reinere Wiederholung verdolmetschen. Deshalb muss aber freilich auch jeder, der das Gedicht liest oder das Kunstwerk betrachtet, aus eigenen Mitteln beitragen, jene Weisheit zutage zu fördern: folglich fasst er nur so viel davon, als seine Fähigkeit und seine Bildung zulässt [...]. Die oben zum Genuss eines Kunstwerks verlangte Mitwirkung des Beschauers beruht zum Teil darauf, dass jedes Kunstwerk nur durch das Medium der Phantasie wirken kann, daher es diese anregen muss und sie nie aus dem Spiel gelassen werden und untätig bleiben darf. Dies ist eine Bedingung der ästhetischen Wirkung und daher ein Grundgesetz aller schönen Künste. Aus demselben aber folgt, dass durch das Kunstwerk nicht alles geradezu den Sinnen gegeben werden darf, vielmehr nur so viel, als erfordert ist, die Phantasie auf den rechten Weg zu leiten: ihr muss immer noch etwas, und zwar das Letzte zu tun übrig bleiben. Muss doch sogar der Schriftsteller stets dem Leser noch etwas zu denken übrig lassen.

Arthur Schopenhauer, Die Welt als Wille und Vorstellung, S. 522f.

M4 Kunstwerke sind imaginäre Objekte

Während die Arbeit von Handwerkern und Technikern erst dann getan ist, wenn sie ein physisches Objekt hergestellt haben, müsse ein Künstler, um ein Kunstwerk hervorzubringen, nur schöpferisch imaginierend tätig sein. Denn ein Kunstwerk ist für Collingwood nichts anderes als eine „imaginary experience", die sich der schöpferischen Betätigung der menschlichen Einbildungskraft verdankt. Collingwood bezeichnet ein Kunstwerk deshalb auch als „imaginary thing". Wesentlich ist einem solchen imaginären Gegenstand, dass er nur im Geist desjenigen existiert, der ihn imaginiert. Ein Künstler kann sein Werk zwar öffentlich machen, indem er ein physisches Objekt herstellt, das bei anderen die Imagination eines Gegenstandes hervorzurufen vermag, der demjenigen gleicht, den er vor seinem eigenen inneren Auge hat erstehen lassen. [...]
Wären Kunstwerke imaginäre Gegenstände, wie Collingwood sie beschreibt, müsste ihre Existenz an das Leben ihrer Urheber gebunden sein. In der Regel endet die Existenz eines Kunstwerks jedoch nicht in dem Moment, in dem der Künstler stirbt. Collingwood hat seine Theorie jedoch diesem Einwand zu entziehen versucht: Weil er die Kunstrezeption nicht als einen passiv-kontemplativen Akt versteht, sondern als Re-Produktion eines imaginären Objekts, legt er sich gerade *nicht* auf die durch den Einwand widerlegte These fest, ein Kunstwerk gehöre als imaginäres Objekt *allein* dem Bewusstsein seines Schöpfers an. Die Annahme, Kunstwerke seien imaginäre Gegenstände, die sich in physische Objekte transponieren und aus diesem physischen Aggregatzustand wieder in das mentale Ursprungsmedium zurückübersetzen lassen, unterstellt die Möglichkeit einer Korrespondenz imaginärer und physischer Gegenstände. Zwar bestimmt die künstlerische Gestaltungsabsicht wesentlich mit über die Wahrnehmungseigenschaften eines jeden Werks; doch ist dieses in der Vorstellung des Künstlers nicht schon vollständig präformiert. Vielmehr wirkt der Kontakt mit dem zur Bearbeitung ausgewählten, ihr aber nicht selten unvorhergesehen sich sperrenden oder Schwierigkeiten bereitenden, Material – sei es ein Steinblock, oder das Vokabular und Regelwerk einer natürlichen Sprache – auf die ursprüngliche Gestaltungsabsicht zurück, so dass diese im Prozess ihrer Verwirklichung eine Präzisierung, oft genug aber auch eine Veränderung erfährt.

nach Reinold Schmücker, Was ist Kunst?, S. 211-217 (gekürzt)

1 Diskutieren Sie, welchem Gegenstandsbereich das Kunstwerk zugeordnet werden kann. ➜ M1
2 Erörtern Sie Heideggers Frage nach dem Ursprung und Wesen der Kunst. ➜ M2
3 Zeigen Sie an einem Beispiel (Bild, Gedicht), inwiefern das Kunstwerk im Kopf des Betrachters entsteht. ➜ M3
4 Bilden Sie zwei Gruppen, in denen Sie die Positionen Heideggers und Schopenhauers schriftlich erarbeiten und durch Beispiele ergänzen. ➜ M2/3
5 Erläutern Sie Collingwoods Theorie von Kunstwerken als imaginären Objekten. Suchen Sie nach weiteren Kritikpunkten, die gegen Collingwood sprechen könnten. ➜ M4
6 Erstellen Sie ein erweitertes Schaubild zu M1, in dem Sie Ihre Ergebnisse aus der Auseinandersetzung mit M2, M3 und M4 berücksichtigen. Formulieren Sie ggf. einen begründeten weiteren Vorschlag, was Kunstwerke sind. ➜ M1-4

8 Was die Kunst dem Leben nutzt

M1 Kunst und Kultus

Die Menschen der Vorzeit waren keine Wilden, die sich ein Fell überwarfen. Grabfunde belegen, dass sich die Menschen Kleidungsstücke auf den Leib schneiderten. Wie die meisten Völker, die sich den Gewalten der Natur ausgesetzt sahen, suchten auch sie nach höheren Wesen, die Schutz und Hilfe boten. Weit verzweigte Höhlenlabyrinthe hielten sie für die Wohnstätten der Götter. [...] Hinter den Felsen schienen Geistertiere zu wohnen und um mit ihnen Kontakt aufzunehmen, brauchte man sie nur auf die Wände zu malen. So wurden auch Felskanten Bestandteil einer Abbildung, etwa zur Rückenline eines Wisents. [...]

Höhlenmalerei aus Altamira

Dr. Jean Clottes, Felsbildforscher: „Die Menschen haben damals aufgrund ihres Glaubens in Höhlen gemalt und graviert. Höchstwahrscheinlich glaubten sie einfach, dass die unterirdische Welt eine übernatürliche Welt ist. In den Grotten glaubten sie Geistern, Göttern, ihren Vorfahren, Verstorbenen zu begegnen. Die Bilder sollten als Mittler zwischen der hiesigen und der jenseitigen Welt dienen."

terra-x.zdf.de, Entdeckung der Eiszeitkultur, Sendung vom 31.08.2008

M2 Wirkung auf die Affekte

Die Tragödie ist Nachahmung einer in sich geschlossenen Handlung von bestimmter Größe, in anziehend geformter Sprache, wobei diese formenden Mittel in den einzelnen Abschnitten je verschieden angewandt werden – Nachahmung von Handelnden und nicht durch Bericht, die Jammer *(éleos)* und Schaudern *(phóbos)* hervorruft und hierdurch eine Reinigung *(kátharsis)* von derartigen Erregungszuständen bewirkt. Man darf nicht zeigen, wie makellose Männer einen Umschlag vom Glück ins Unglück erleben; dies ist nämlich weder schaudererregend noch jammervoll, sondern abscheulich. Andererseits darf man auch nicht zeigen, wie der ganz Schlechte einen Umschlag vom Glück ins Unglück erlebt. [...] So bleibt der Held übrig, der zwischen den genannten Möglichkeiten steht. Dies ist bei jemandem der Fall, der nicht trotz seiner sittlichen Größe [...], aber auch nicht wegen seiner Schlechtigkeit und Gemeinheit einen Umschlag ins Unglück erlebt, sondern wegen eines Fehlers [*hamartia*: Fehlgriff: die falsche Einschätzung einer Situation durch mangelnde Einsicht].

Aristoteles, Poetik, S. 50, 66f.

M3 Kunst als Katharsis

Das Wort *éleos* lässt sich am besten durch „Jammer" oder Rührung" wiedergeben: es bezeichnet stets einen heftigen, physisch sich äußernden Affekt und wurde oft mit den Ausdrücken für Klagen, Zetern und Wehgeschrei verbunden. Die aristotelische „Rhetorik" verlieh dem Begriff eine ethische Komponente: *éleos* sei der Verdruss über ein großes Übel, das jemanden treffe, der es nicht verdient habe; wer *éleos* empfinde, nehme an, dass das Übel auch ihn selbst oder eine ihm nahestehende Person treffen könne (2,8) [...] Der Begriff *kátharsis* wurde seit jeher in zwei Bereichen verwendet. In der Religion, im Kult bezeichnete er ursprünglich materiell aufgefasste Purifikation von einer Befleckung. [...] Die Ärzte hingegen gebrauchten das Wort als Terminus technicus für die Ausscheidung schädlicher Substanzen. [...] Die orgiastische, Entspannung verschaffende Musik appelliert an die Affekte, zumal an Jammer und Schaudern, und sie bewirkt eine mit Lust verbundene *kátharsis*. Dasselbe gilt offenbar für die Tragödie: Auch sie verschafft dem Publikum Gelegenheit, bestimmten Affekten freien Lauf zu lassen, und bereitet ihm durch diese Entladung Vergnügen.

Manfred Fuhrmann, Einführung in die Poetik, S. 22-25

M4 Kunst als Ersatzbefriedigung

Wie Triebbefriedigung Glück ist, so wird es Ursache schweren Leidens, wenn die Außenwelt uns darben lässt, die Sättigung unserer Bedürfnisse verweigert. Man kann also hoffen, durch Einwirkung auf diese Triebregungen von einem Teil des Leidens frei zu werden. [...] Die zu lösende Aufgabe ist, die Triebziele solcherart zu verlegen, dass sie von der Versagung der Außenwelt nicht getroffen werden können. Die Sublimierung der Triebe leiht dazu ihre Hilfe. Am meisten erreicht man, wenn man den Lustgewinn aus den Quellen psychischer und intellektueller Arbeit genügend zu erhöhen versteht. Das Schicksal kann einem dann wenig anhaben. Die Befriedigung solcher Art, wie die Freude des Künstlers am Schaffen, an der Verkörperung seiner Phantasiegebilde, die des Forschers an der Lösung von Problemen und am Erkennen der Wahrheit, haben eine besondere Qualität, die wir gewiss eines Tages werden metapsychologisch charakterisieren können. Derzeit können wir nur bildweise sagen, sie erscheinen uns „feiner und höher“, aber ihre Intensität ist im Vergleich mit der aus der Sättigung grober, primärer Triebregungen gedämpft; sie erschüttern nicht unsere Leiblichkeit. [...] Wenn schon bei diesem Verfahren die Absicht deutlich wird, sich von der Außenwelt unabhängig zu machen, indem man seine Befriedigungen in inneren, psychischen Vorgängen sucht, so treten die gleichen Züge noch stärker bei dem nächsten hervor. Hier wird der Zusammenhang mit der Realität noch mehr gelockert, die Befriedigung wird aus Illusionen gewonnen, die man als solche erkennt, ohne sich durch deren Abweichung von der Wirklichkeit im Genuss stören zu lassen. Das Gebiet, aus dem diese Illusionen stammen, ist das des Phantasielebens; es wurde seinerzeit, als sich die Entwicklung des Realitätssinnes vollzog, ausdrücklich den Ansprüchen der Realitätsprüfung entzogen und blieb für die Erfüllung schwer durchsetzbarer Wünsche bestimmt. Obenan unter diesen Phantasiebefriedigungen steht der Genuss an Werken der Kunst, der auch dem nicht selbst Schöpferischen durch die Vermittlung des Künstlers zugänglich gemacht wird. Wer für den Einfluss der Kunst empfänglich ist, weiß ihn als Lustquelle und Lebenströstung nicht hoch genug einzuschätzen. Doch vermag die milde Narkose, in die uns die Kunst versetzt, nicht mehr als eine flüchtige Entrückung aus den Nöten des Lebens herbeiführen und ist nicht stark genug, um reales Elend vergessen zu machen.

Sigmund Freud, Das Unbehagen in der Kultur, S. 354ff.

M5 Konsum als neuer Kultus

Banksy, Höhlenmalerei

1. Erläutern Sie die Bedeutung der Höhlenmalerei für die Steinzeitmenschen. ➔ M1
2. Recherchieren Sie, welche Funktion die bildende Kunst für den Katholizismus hat, und vergleichen Sie dies mit Ihren Ergebnissen von Aufgabe 1. ➔ M1
3. Erklären Sie, was es heißt, dass durch das Hervorrufen der Affekte *éleos* und *phóbos* gerade eine Reinigung von diesen Affekten erzielt werden kann. ➔ M2/3
4. Für Aristoteles ist Ödipus Paradigma des tragischen Helden, der einen Fehler begangen hat. Zeigen Sie, worin der Fehler des Ödipus besteht. ➔ M2
5. Verdeutlichen Sie den Katharsis-Effekt an Beispielen aus Ihren eigenen Erfahrungen mit Musik, Filmen, Theaterbesuchen. ➔ M2/3
6. Diskutieren Sie die individuelle und gesellschaftliche Bedeutung des Katharsis-Effekts. ➔ M2/3
7. Geben Sie Freuds Auffassung von der Funktion der Kunst in eigenen Worten wieder. ➔ M4
8. Nehmen Sie kritisch Stellung zu Freuds These, dass Kunst nur Triebsublimierung ist. ➔ M4
9. Interpretieren Sie Banksys Höhlenmalerei-Graffiti im Zusammenhang mit M1. ➔ M5

9 Utopische Bedeutung der Kunst

M1 Die Illusion eines Durchbruchs

Banksy, Graffito auf der Mauer von Bethlehem
„The British artist Banksy has painted new murals on the West Bank barrier which runs beside Bethlehem." news.bbc.co.uk (03.12.2007)

Utopie

Der Name „Utopia", von griechisch *„ou"* und *„tópos"* abgeleitet, bezeichnet ein „Nirgendwo", durch dessen Unauffindbarkeit alle Sehnsüchte in eine unerreichbare Ferne projiziert werden. Als Utopie gilt somit eine Vorstellung, die als Idee zwar denkbar, aber unmittelbar nicht umzusetzen ist. Sie ist Wunschtraum, Konzept und Vision einer Welt oder einer Zeit, in der eine neue gesellschaftliche, religiöse oder technische Ordnung herrscht.

Ulrich Arnswald / Hans-Peter Schütt, Thomas Morus' Utopia und das Genre der Utopie in der Politischen Philosophie, S. VII

M2 Beispiel einer Utopie

Kleists Novelle Das Erdbeben in Chili *erzählt von zwei Liebenden, die aufgrund einer unerlaubten Beziehung mit Gefängnis und Tod bestraft werden sollen. Beide werden gerettet, weil ein Erdbeben die Stadt erschüttert, das die Menschen in Not und Elend stürzt. Sie finden Zuflucht bei Don Fernando und seiner verletzten Frau Donna Elvire.*

In Jeronimos und Josephens Brust regten sich Gedanken von seltsamer Art. Wenn sie sich mit so vieler Vertraulichkeit und Güte behandelt sahen, so wussten sie nicht, was sie von der Vergangenheit denken sollten, vom Richtplatze, von dem Gefängnisse [...]; und ob sie bloß davon geträumt hätten? Es war, als ob die Gemüter, seit dem fürchterlichen Schlage, der sie durchdröhnt hatte, alle versöhnt wären. [...]
Man erzählte, wie die Stadt gleich nach der ersten Haupterschütterung von Weibern ganz voll gewesen, die vor den Augen aller Männer niedergekommen seien; wie die Mönche darin, mit dem Kruzifix in der Hand, umhergelaufen wären, und geschrieen hätten: das Ende der Welt sei da! wie man einer Wache, die auf Befehl des Vizekönigs verlangte, eine Kirche zu räumen, geantwortet hätte: es gäbe keinen Vizekönig von Chili mehr! wie der Vizekönig in den schrecklichsten Augenblicken hätte müssen Galgen aufrichten lassen, um der Dieberei Einhalt zu tun [...]. Donna Elvire, bei deren Verletzungen Josephe viel beschäftigt war, hatte in einem Augenblick [...] Gelegenheit genommen, sie zu fragen: wie es denn ihr an diesem fürchterlichen Tag ergangen sei? [...] Ein Gefühl, das [Josephe] nicht unterdrücken konnte, nannte den verflossnen Tag, so viel Elend er auch über die Welt gebracht hatte, eine Wohltat, wie der Himmel noch keine über sie verhängt hatte. Und in der Tat schien, mitten in diesen grässlichen Augenblicken, in welchen alle irdischen Güter der Menschen zugrunde gingen und die ganze Natur verschüttet zu werden drohte, der menschliche Geist selbst, wie eine schöne Blume, aufzugehn. Auf den Feldern, soweit das Auge reicht, sah man Menschen von allen Ständen durcheinanderliegen, Fürsten und Bettler, Matronen und

Bäuerinnen, Staatsbeamte und Tagelöhner, Klosterherren und Klosterfrauen, einander bemitleiden, sich wechselseitig Hilfe reichen, von dem, was sie zur Erhaltung ihres Lebens gerettet haben mochten, freudig mitteilen, als ob das allgemeine Unglück alles, was ihm entronnen war, zu einer Familie gemacht hätte. *Heinrich von Kleist, Erdbeben in Chili, S. 723f.*

M3 Alle Kunst ist Utopie

Solange das Leben anders ist, als es sein sollte, muss es auch Kunst geben, um das Bewusstsein der Negativität solchen Lebens wachzuhalten, die Erinnerung an das, was noch nicht ist, aber sein könnte, das ausstehende Glück. „In jedem genuinen Kunstwerk erscheint etwas, was es nicht gibt." Alle Kunst ist Utopie: sie verweist auf die Vorläufigkeit einer empirischen Realität, in der kein Glück von Dauer ist. So wird sie zum Statthalter unbeschädigten Lebens. Allerdings darf die Kunst ein solches Leben nicht positiv zeigen, denn sobald sie dies tut oder auch nur versucht, trägt sie dazu bei, dass schon für wirklich genommen wird, was doch gerade als Nichtseiendes, als noch zu Verwirklichendes, aufgewiesen werden sollte. Anstatt die Empörung gegen das Bestehende zu bewahren, gegen die „Armseligkeit eines Lebens, das immer zu wenig ist", tröstet sie über dessen Mängel hinweg. „In ihrer Wahrheit selbst, der Versöhnung, welche die empirische Realität verweigert, ist sie Komplize der Ideologie, täuscht vor, Versöhnung wäre schon". Als Utopie ist Kunst eine Art Versprechen, dass die Realität einmal so werde wie sie, dass, was nun bloßer Schein ist, einmal wirklich sein werde. Wenn aber dieses Versprechen eine Chance haben soll, jemals in Erfüllung zu gehen – was gänzlich ungewiss ist, muss es von der Kunst gewissermaßen gebrochen werden. Um das Leiden an der Wirklichkeit und die Sehnsucht nach ihrer Veränderung nicht zu schwächen, darf die Kunst nicht den geringsten Anschein von Versöhnung erwecken. Sie hat zu zeigen, was ist, aber auf eine Weise, dass dessen Falschheit erkennbar wird und damit zugleich das, was sein könnte, aber nicht ist. Darum ist alle echte Kunst traurig, „ das Versprechen des Glücks, das gebrochen wird".

Michael Hauskeller, Was ist Kunst?, S. 81f.

M4 Blochs Ästhetik des Vor-Scheins

Im Zentrum der Philosophie Ernst Blochs steht der Begriff der konkreten Utopie. Diese zielt auf gesellschaftliche Veränderung. Sie intendiert sich auf real Mögliches beziehend qualitativ Neues, den humanen Endzweck einer harmonischen Gesellschaft ohne Eigennutz, ohne Ungleichheit und ohne Entfremdung. Bloch entwirft dabei kein Bild einer vollkommenen Gesellschaft, keine Gesellschaftsutopie, vielmehr werden die Bestimmungen dieser Utopie tastend und experimentierend hervorgebracht, indem auf Tendenzen der Wirklichkeit verwiesen wird. Reinster Ausdruck utopischen Bewusstseins ist für Bloch die Kunst, deren ästhetischer Schein als Vor-Schein bezeichnet wird, weil er aufzeigt, was in der Wirklichkeit als real Mögliches angelegt ist. Kunst ist somit Vor-Schein des Noch-Nicht-Gewordenen. Dieser Vorschein bleibt im Unterschied zum Religiösen weltimmanent. Auch in den illusionären oder phantastischen Wunschbildern der Tagträume wird das Utopische präsent. In ihnen drückt sich so die Unzufriedenheit mit der mangelhaften Wirklichkeit aus. Diese Tagträume finden in Märchen, Phantasiedichtungen und in den Werken großer Kunst ihre Objektivierung.

1 Beschreiben und interpretieren Sie Banksys Graffito in Hinblick auf den Begriff der Utopie. Zeigen Sie, inwieweit der Begriff der Utopie hier anschaulich wird. Beachten Sie dabei, dass es sich bei M1 um ein Foto eines auf eine Mauer gemalten Bildes von Banksy handelt. ➜ M1

2 Recherchieren Sie die Fabel der Novelle von Kleist und interpretieren Sie den Textauszug in Hinblick auf das Ende der Novelle. ➜ M2

3 Erläutern Sie, wie sich nach Hauskeller die Kunst zwischen Realität und Utopie positionieren muss, um ihre utopische Funktion zu erfüllen. ➜ M3

4 Erklären Sie den Zusammenhang von Kunst und Utopie bei Bloch. ➜ M4

5 Führen Sie eine Diskussionsrunde zwischen Hauskeller und Bloch durch, in der beide an Kleist und Banksy ihre Position erläutern und ihren Differenzpunkt erörtern. ➜ M1-4

Philosophische Texte visualisieren

Komplizierte Texte lassen sich manchmal besser verstehen, wenn sie grafisch umgesetzt werden, z. B. durch Strukturdiagramme, die zentrale Aspekte eines Textes in ihrer Verflechtung untereinander anschaulich darstellen. Inhalte, Strukturen und Aussagen werden durch bildliche und/oder typografische Elemente gewichtet, zueinander in Beziehung gesetzt und mit visuellen Gestaltungselementen verdeutlicht.

Die Grundrelation der Erkenntnistheorie

Wie kommt Erkenntnis zustande?

Frage nach dem Ursprung im erkennenden Subjekt

ICH

Eindrücke der Sinne werden zu Vorstellungen:

Verarbeitung durch den Verstand:
Denken und urteilen: „Das ist eine Rose."

Wie komme ich zu dieser Erkenntnis?

Frage nach der Realität des zu erkennenden Objekts

WELT

Gegenstand

Gibt es unabhängig von mir eine existierende Welt?

Platon: Die Teilhabe an den Ideen

Platon erklärt den Weg zur Erkenntnis in Gleichnissen. Wahres Wissen kann nicht durch die Sinneswahrnehmung, sondern durch reines Denken erreicht werden. Im „Höhlengleichnis" wird dieser Weg bildlich dargestellt. Nach seiner Befreiung wendet sich der Erkennende zunächst vom Gewohnten (Schattenbildern) ab und orientiert sich schrittweise immer mehr im philosophischen Denken (Aufstieg aus der Höhle), bis er zur philosophischen Erkenntnis des wahren Seins, den Ideen und zuletzt zur Idee des Guten als ihrer Ursache gelangt.

Bild			**Bedeutung**
	Sonne	Idee des Guten	
Oberwelt	wahre Gegenstände	Ideen / Urbilder	Bereich des Denkbaren
	Feuer	Licht	
Höhle	Gegenstände Schatten	empirisches Sein Abbilder	Bereich des Wahrnehmbaren

Abstieg (von der Oberwelt in die Höhle) – Aufstieg (aus der Höhle zur Oberwelt)

René Descartes: Zweifelsschritte

bisher anerkannte Wahrheit	**Grund des Zweifels**
Existenz der äußeren Realität (die Dinge sind so, wie ich sie wahrnehme) →	Sinneswahrnehmungen können täuschen
Existenz der inneren Realität (ich weiß, dass ich jetzt hier bin und Wahrnehmungen habe) →	Traum und Wirklichkeit können nicht unterschieden werden
Gewissheit evidenter Wahrheiten (2+2=4) →	Hypothese eines boshaft täuschenden Gottes

aber: Wenn ich denke, dass ich keinen Körper habe, dass ich träume oder betrogen werde, dann *denke* ich, dass ich ...

also: COGITO, ERGO SUM

denn es ist ein Widerspruch, dass das, was denkt, in dem Augenblick, in dem es denkt, nicht existiert. Demnach ist der Satz: *„Ich denke, also bin ich" (cogito, ergo sum)* als Erkenntnis sicher und gewiss und muss von jedem Philosophierenden als gültig erachtet werden.

Das heißt: Ich bin, ich existiere, sooft ich diesen Gedanken ausspreche.
Ich bin ein denkendes Ding *(res cogitans)*. = Selbstgewissheit des denkenden Ich

Frage: Existiert auch die Außenwelt? Habe ich einen Körper *(res extensa)*?

David Hume: Empirische Grundlagen der Erkenntnis

Nach Hume sind die Sinneseindrücke die Grundlage unseres Wissens. Auf Gegenstände bezogenes Denken verarbeitet Wahrnehmungen und ist erfahrungsabhängig, erfahrungsunabhängig ist nur die reine Denktätigkeit (Mathematik), die aber keine Aussagen über die Wirklichkeit machen kann. Die Vorstellung der notwendigen Verknüpfungen von Ursache und Wirkung wird aufgrund der wiederholten Erfahrung gebildet und gibt diese Erfahrung subjektiv wieder; eine letzte Gewissheit bleibt uns verschlossen.

Objekte der Vernunft

Reine Denktätigkeit: Beziehungen zwischen Vorstellungen	unmittelbare Erfahrung: Tatsachen
z. B. $a^2 + b^2 = c^2$	z. B. Die Sonne scheint jetzt

↓

Notwendige und allgemeingültige Aussagen

z. B. Jeden Morgen geht die Sonne auf
Brot macht immer satt

↓

Warum glauben wir, durch reine Denktätigkeit die Erfahrung zu begreifen?

↓

Beziehung von Ursache und Wirkung

SUCHE NACH DER BEGRÜNDUNG

gedachte Wahrheit ? **erfahrener Eindruck**

Immanuel Kant: Die Grenzen unseres Erkenntnisvermögens

Kant zeigt in seiner Transzendentalphilosophie, dass die Bedingungen der Möglichkeit der Erkenntnis und objektiven Gesetzgebung im theoretischen und praktischen Bereich in der Vernunft des erkennenden und handelnden Subjekts gesucht werden müssen.

Subjekt			Objekt	Ding an sich
	Erkennendes Ich			
Vernunft	Verstand	Sinnlichkeit	Gegenstand der Erscheinung *empirisch gegeben als Empfindung*	*a priori*
	a priori vorausgesetzt			
Ideen	Kategorien	Anschauungsformen		
Gott Freiheit Unsterblichkeit der Seele	Quantität Qualität Relation Modalität	Raum Zeit	Konstitution des Gegenstandes in der Erfahrung	denkbar aber unerkennbar

Postulate der reinen Vernunft

Immanuel Kant: Der Weg der Erkenntnis

Kant weist nach, dass wir Gegenstände nur dann erkennen können, wenn wir die in unserer Anschauung gegebenen sinnlichen Vorstellungen unter die einheitsstiftende Funktion des Verstandes bringen. Die Tafel der Kategorien zeigt, welche formalen Eigenschaften Gegenstände besitzen müssen. Die Kategorien wurden mit einem Beispiel veranschaulicht.

Ich denke ...

Mannigfaltigkeit der Anschauung in Raum und Zeit

Tafel der Kategorien:

1. Der Quantität:
Einheit, Vielheit, Allheit
Ein Baum, ...

2. Der Qualität:
Realität, Negation, Limitation
... der von mir empfunden und gesehen wird, ...

3. Der Relation:
Inhärenz und Subsistenz, Kausalität und Dependenz, Gemeinschaft
... bleibt mit sich selbst identisch,

obgleich sich sein Äußeres verändert ...

4. Der Modalität:
Möglichkeit, **Dasein**, Notwendigkeit
... und ich stelle mir ihn wirklich vor.

→ Einheit des Gegenstandes

Strukturschema wissenschaftlichen Vorgehens

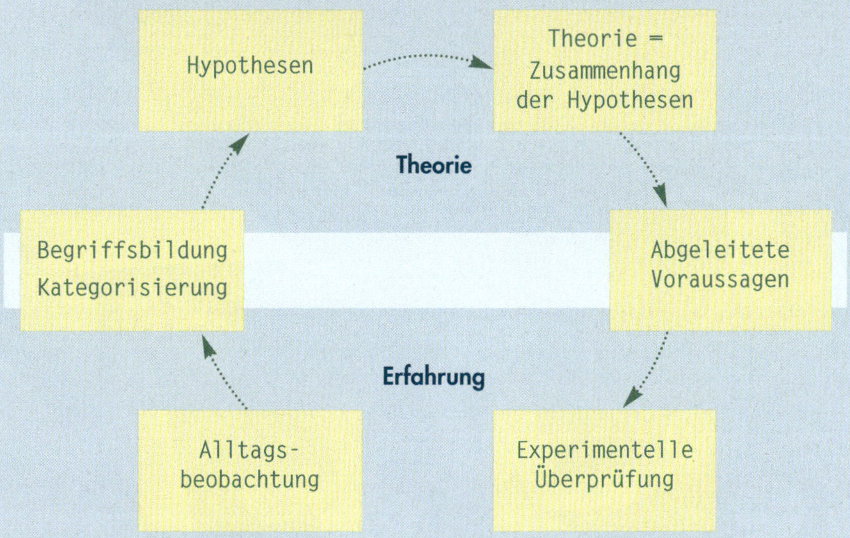

Wissenschaftliche Theorienbildung

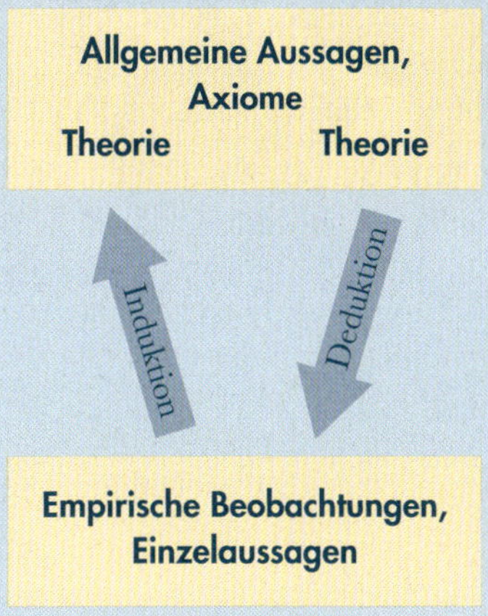

Der hermeneutische Zirkel

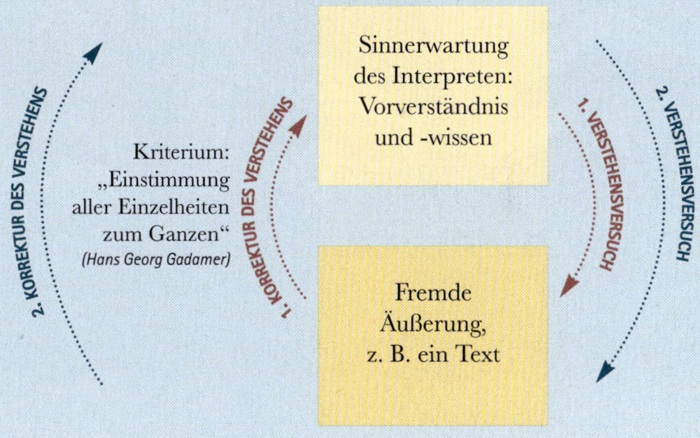

Thomas S. Kuhn: Wissenschaftliche Revolutionen

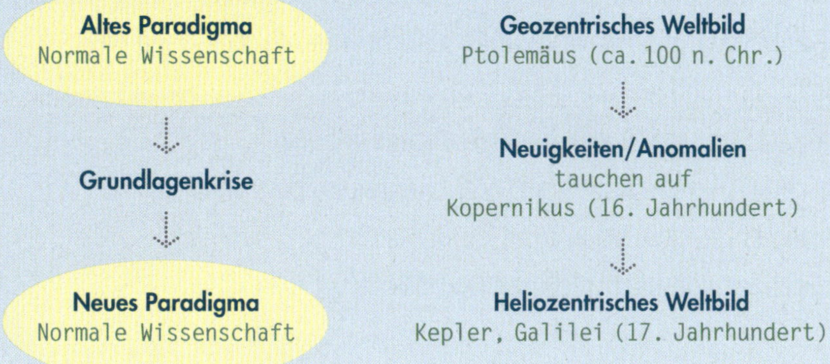

Pablo Picasso, Der Friede, 1952

Philosophische Fragen, die in diesem Kapitel reflektiert werden:

Hat der Mensch einen freien Willen oder ist Freiheit eine Illusion?
Wie können moralische Normen begründet werden?
Lässt sich Glück als Ziel und Zweck menschlichen Handelns rechtfertigen?
Ist das Gefühl oder die Pflicht grundlegend für moralisches Handeln?
Wer trägt wofür und warum die Verantwortung?
Wann beginnt und wann endet menschliches Leben?
Lassen sich Menschenwürde und Menschenrechte begründen?
Wie werden staatliche Ordnungen legitimiert?
Gibt es Grenzen von Recht, Freiheit und Toleranz?

Kapitel 3

Was soll ich tun?
Praktische Philosophie

Freiheit und Moral

Das Glück
und der Nutzen

Gesinnung
und Verantwortung

Die Würde der Person

Recht und Staat

1 Wir sind so frei – oder nicht?

M1 Debatte um die Freiheit

1996

„Wir tun nicht, was wir wollen, sondern wir wollen, was wir tun.“

Wolfgang Prinz, Psychologe

2001

„Die subjektiv empfundene Freiheit des Wünschens, Planens und Wollens sowie des aktuellen Willensaktes ist eine Illusion.“

Gerhard Roth, Neurobiologe

2007

„Wir alle glauben, dass wir einen freien Willen haben, und es gibt auch keine Möglichkeit, wie wir unseren eigenen freien Willen wegdenken könnten [...]“

John Searle, Philosoph

2004

„Verschaltungen legen uns fest: Wir sollten aufhören, von Freiheit zu reden.“

Wolf Singer, Neurobiologe

2011

„Jetzt wissen wir, dass der freie Wille eine Illusion ist. Wir sind nur – wenngleich wundervoll entworfene Maschinen, die rein deterministisch arbeiten.“

Michael Gazzaniga, Neurowissenschaftler

M2 Auch die Partnerwahl ist nicht frei

*Der Neurobiologe und Philosoph Gerhard Roth (*1942) führte im Magazin* Der Spiegel *mit dem Moraltheologen Eberhard Schockenhoff (*1953) ein Streitgespräch zur Frage, ob der Mensch einen freien Willen hat:*

SPIEGEL: Herr Roth, verfügen Brautleute über einen freien Willen, wenn sie vor dem Traualtar bekunden: „Ja, ich will“?

ROTH: Auch in solch einem Augenblick ist der Mensch nicht wirklich frei. Womöglich wird er von psychischen Extrembedingungen beherrscht: Er ist wahnsinnig verliebt und handelt praktisch im Affekt. Es kann aber auch sein, dass er sich Fragen gestellt hat: Heirate ich Frau Müller oder doch lieber Frau Meier? Soll ich überhaupt heiraten? [...]

SPIEGEL: Immerhin wäre der Mensch demnach nicht nur seinen Trieben ausgeliefert. Können sich Brautleute denn mit kühlem Kopf füreinander entscheiden?

ROTH: Nein, auch das nicht. Die Natur gibt einem nicht die Freiheit mit, sich für Frau Meier und gegen Frau Müller zu entscheiden. Experimente zeigen, dass jeder Entscheidung, und halten wir sie noch so sehr für unseren eigenen Willen, zuvor wichtige Vorentscheidungen vorausgegangen sind – und zwar unbewusst. Wir bekommen davon überhaupt nichts mit. Warum sich Herr Müller für Frau Müller entscheidet, ist für Forscher im Prinzip Schritt für Schritt nachvollziehbar [...].

SCHOCKENHOFF: Da machen Sie es sich zu einfach! Sie reduzieren einen so komplexen Bewusstwerdungsvorgang wie das Heiratsversprechen auf einen physikalischen Vorgang, bei denen Nervenzellen elektrische Ladungen abfeuern – und behaupten dann, die Freiheit, dies oder das zu tun, sei eine bloße Illusion. Sie verkennen die Fähigkeit des Menschen, sein Handeln an Gründen zu orientieren und Alternativen abzuwägen. Im Falle einer Ehe geht eine lebensgeschichtliche Vorbereitungsphase voraus. [...]

ROTH: Aber woher hat der Mensch diese eigenständige Freiheit? Es ist unbefriedigend, bloß zu behaupten, der Geist agiere außerhalb der Naturgesetze – zumal sich im Rahmen des Naturgeschehens alle Entscheidungen von Menschen erklären lassen.

SCHOCKENHOFF: Ich bleibe dabei, dass es eine Wirklichkeit gibt, die sich mit Ihren Methoden nicht angemessen erfassen lässt.

Gerhard Roth / Eberhard Schockenhoff, „Das Hirn trickst das Ich aus“. In: Der Spiegel, 20.12.2004, S. 116–120

M3 Schöne neue Neuro-Welt

25. Mai 2030, Berliner Olympiastadion

Tom, mittlerweile 21, macht sich auf den Weg zum letzten Saisonspiel seiner Hertha. Nervös ist er, angespannt, doch das wundert nicht: Noch ein Sieg, und die Berliner sind Meister. Entschlossen, sein Team bis zur letzten Sekunde nach vorn zu peitschen, passiert Tom die Sicherheitskontrolle. Plötzlich blinkt ein rotes Licht auf, ein Beamter stoppt ihn.

„Entschuldigung, aber wir dürfen Sie nicht ins Stadion lassen. Ihre Hirnscans ergaben Anzeichen für aggressive Gefühle." – „Das ist doch nicht Ihr Ernst?! Okay, ich hatte vorhin Streit mit meiner Freundin, aber ..." – „Schon klar, doch laut unserer Datenbank neigen Sie nun einmal zu erhöhter Gewaltbereitschaft. Und heute gilt Sicherheitsstufe 2. Tut mir leid."

Ulrich Kraft, Schöne Neue Neuro-Welt, S. 29

M4 Manifest der Hirnforschung

Elf führende Neurowissenschaftler veröffentlichten 2004 ein „Manifest" zur Hirnforschung des 21. Jahrhunderts:

Wie entstehen Bewusstsein und Ich-Erleben, wie werden rationales und emotionales Handeln miteinander verknüpft, was hat es mit der Vorstellung des „freien Willens" auf sich? Die großen Fragen der Neurowissenschaften zu stellen, ist heute schon erlaubt – dass sie sich bereits in den nächsten zehn Jahren beantworten lassen, ist allerdings eher unrealistisch. Selbst ob wir sie bis dahin auch nur sinnvoll angehen können, bleibt fraglich. Dazu müssten wir über die Funktionsweise des Gehirns noch wesentlich mehr wissen. Sehr wohl aber kann es der Hirnforschung innerhalb der nächsten Dekade gelingen, Erkenntnisse zu erarbeiten, die für Antworten auf diese übergeordneten Fragen entscheidend sein werden. *Das Manifest, S. 30, 34*

M5 Antwort der Philosophie

Es gibt also nicht den geringsten Grund zu erschrecken, wenn wir vor den Tomographieaufnahmen unseres Gehirns sitzen und sehen, wie fest gefügte naturgesetzliche Dinge vor sich gehen, wenn wir unsere Freiheit ausüben, indem wir uns entscheiden. Aber zeigen die Bilder nicht, dass in Wirklichkeit gar nicht wir entscheiden, sondern das Gehirn? Das klingt, als wären wir unfreie Marionetten. Doch so kann es nicht sein. Das Gehirn nämlich kann gar nichts entscheiden, die Idee des Entscheidens hat keinen logischen Ort in der Rede übers Gehirn. Entscheidungen im eigentlichen Sinne gibt es nur, wo von Gründen und Überlegen die Rede sein kann. Es ist ein Fehler, in die Rede über das Hirn einen Begriff wie „entscheiden" aus der Sprache des Geistes einzuschmuggeln. Es ist so, als spräche man in der physikalischen Geschichte über ein Gemälde plötzlich von seinem Thema. Die neurobiologische Herausforderung trifft uns, weil sie die Idee der Verantwortung und den Sinn moralischer Empfindungen in Frage stellt. Hätte die Hirnforschung die Willensfreiheit widerlegt, so müssten wir umdenken: Therapie statt Schuld und Sühne, Mitleid statt Groll und Empörung. Es wäre eine Revolution in unserem Menschenbild. Ist sie nötig? Nein, denn diejenige Freiheit, die durch keine Hirnforschung widerlegt werden kann, reicht für Verantwortung. Wir knüpfen Verantwortung nicht an einen unbewegten Beweger oder einen nicht-physischen Willen. Wir prüfen, ob jemand denkend Kontrolle über seinen Willen auszuüben vermochte oder nicht. Im ersten Fall schreiben wir Verantwortung zu, im anderen nicht. Man kann Philosophie als den Versuch beschreiben, sich im Denken zu orientieren.

Peter Bieri, Unser Wille ist frei, in: Der Spiegel, 10.01.2005, S. 124f.

1 Nehmen Sie Stellung zu den einzelnen Aussagen und der Entwicklung, die sich in ihnen abzeichnet. → M1

2 Stellen Sie die zentralen Argumente Roths und Schockenhoffs gegenüber. Formulieren Sie eine eigene Position. → M2

3 Erfinden Sie eine Geschichte der determinierten Neuro-Welt. → M3

4 Recherchieren Sie die Ergebnisse der modernen Hirnforschung und zeigen Sie ihre Grenzen auf. → M4

5 Geben Sie Bieris Position zum Thema Freiheit wieder. → M5

2 Kausalität und Freiheit

M1 Wer hat das verursacht?

Ohne Ursache gäbe es keine Wirkung. Was aber ist die Ursache dafür, dass der Kellner die Teller fallen lässt: der schlecht gespielte Ball, der zu hohe Tellerstapel oder dass er in der Schusslinie ist – oder alle drei Gründe zusammen?

Wenn etwas Bedeutendes passiert, wollen wir den Grund dafür wissen. Die Vorstellung einer Wirkung ohne Ursache ist nicht widersprüchlich, für uns jedoch zutiefst mysteriös. Normalerweise schauen wir nach den Ursachen, wenn wir herausfinden wollen, warum etwas passiert. Was aber bedeutet es, dass eine Sache eine andere verursacht?

David Papineau, Philosophie, S. 20

M2 Kausalität der Natur

Die Verwendung des Begriffs Kausalität für die Regel von Ursache und Wirkung ist historisch noch relativ jung. In der früheren Philosophie hatte das Wort *causa* eine viel allgemeinere Bedeutung als jetzt. Zum Beispiel wurde [...] im Anschluss an Aristoteles von vier Formen der „Ursache“ gesprochen. Dort wird die *causa formalis* genannt, die man etwa heute als die Struktur oder den geistigen Gehalt einer Sache bezeichnen würde; die *causa materialis*, d. h. der Stoff, aus dem eine Sache besteht; die *causa finalis*, der Zweck, zu dem eine Sache geschaffen ist, und schließlich die *causa efficiens* [bewirkende Ursache]. Nur die *causa efficiens* entspricht etwa dem, was wir heute mit dem Wort Ursache meinen.

Die Veränderung des Begriffs *causa* zu dem heutigen Begriff Ursache hat sich im Laufe der Jahrhunderte vollzogen, im inneren Zusammenhang mit der Veränderung der ganzen von den Menschen erfassten Wirklichkeit und mit der Entstehung der Naturwissenschaft beim Beginn der Neuzeit. In demselben Maße, in dem der materielle Vorgang an Wirklichkeit gewann, bezog sich auch das Wort *causa* auf dasjenige materielle Geschehen, das dem zu erklärenden Geschehen vorherging und dies irgendwie bewirkt hat.

Werner Heisenberg, Das Naturbild der heutigen Physik, S. 24f.

M3 Ursachen und Gründe

Handeln kann in der Mehrzahl der Fälle nur verstanden werden, wenn man ein System von Regeln voraussetzt, in dem die einzelne Handlung eine bestimmte Bedeutung hat. Sowohl diese Regeln als auch die Bedeutung können in dem Sprachsystem, mit dem wir die physikalische Welt beschreiben und zu dem das Paar Ursache-Wirkung gehört, nicht dargestellt werden.

Die Ursache für den Pfiff des Schiedsrichters war ein Luftstoß, der aus dessen Lunge drang. Der Grund dafür war, dass ein Flügelstürmer im Abseits stand. Die Bedeutung des Pfiffs war, dass ein Freistoß gegeben wurde. „Abseits“ und „Freistoß“ sind unabdingbar, wenn man verstehen will, weshalb diese Handlung zustande kam und was sie *als* Handlung war. Beide Ausdrücke können nicht in ein System der physikalischen Ereignisbeschreibung und -Verknüpfung eingehen. [...]

Gründe, die ein Handelnder für eine Handlung hat, zwingen ihn nicht, sondern geben nur einen Gesichtspunkt an, unter dem die Handlung sinnvoll geboten, richtig erscheint. Der Handelnde selbst ist, auch wenn es „starke“ Gründe für eine Handlung gibt, immer noch frei, ihnen zu folgen oder nicht.

Ulrich Pothast, Einleitung, S. 27, 26

M4 Der Widerstreit der Vernunft

Antithesis

Es ist keine Freiheit, sondern alles in der Welt geschieht lediglich nach Gesetzen der Natur.

Thesis

Die Kausalität nach Gesetzen der Natur ist nicht die einzige, aus welcher die Erscheinungen der Welt insgesamt abgeleitet werden könne. Es ist noch eine Kausalität durch Freiheit zur Erklärung derselben anzunehmen notwendig.

Für die Antithese spricht:

1. Alle Handlungen vernünftiger Wesen, sofern sie Erscheinungen [= empirisch nachweisbar] sind, stehen unter der Naturnotwendigkeit.
2. Der Mensch hat als Wesen der Sinnenwelt einen empirischen Charakter und steht unter empirischen Gesetzen. Alle Handlungen des Menschen sind daher nach der Ordnung der Natur bestimmt.
3. Wenn wir alle Erscheinungen seiner Willkür bis auf den Grund erforschen könnten, so würde es keine einzige menschliche Handlung geben, die wir nicht mit Gewissheit vorhersagen und aus ihren vorhergehenden Bedingungen als Notwendigkeit erkennen könnten.

Für die These spricht:

1. Wenn wir aber eben dieselben Handlungen in Beziehung auf die Vernunft erwägen, sofern praktische Vernunft die Ursache ist, sie selbst zu erzeugen, so finden wir eine ganz andere Regel und Ordnung, als die Naturordnung ist.
2. Denn da sollte vielleicht alles das nicht geschehen sein, was doch nach dem Naturlaufe geschehen ist und nach seinen empirischen Gründen unausbleiblich geschehen musste.
3. Bisweilen aber finden wir, oder glauben wenigstens zu finden, dass die Ideen der Vernunft wirklich Kausalität in Ansehung der Handlungen des Menschen als Erscheinungen bewiesen haben und dass sie darum geschehen sind, nicht weil sie durch empirische Ursachen, nein, sondern weil sie durch Gründe der Vernunft bestimmt waren.

nach Immanuel Kant, Kritik der reinen Vernunft, S. 585, 589

M5 Kausalität aus Freiheit

Nun behaupte ich: dass wir jedem vernünftigen Wesen, das einen Willen hat, notwendig auch die Idee der Freiheit leihen müssen, unter der es allein handle. Denn in einem solchen Wesen denken wir uns eine Vernunft, die praktisch ist, d. i. Kausalität in Ansehung ihrer Objekte hat. [...]

Um deswillen muss ein vernünftiges Wesen sich selbst als *Intelligenz* (also nicht von Seiten seiner untern Kräfte), nicht als zur Sinnen-, sondern zur Verstandeswelt zugehörig ansehen; mithin hat es zwei Standpunkte, daraus es sich selbst betrachten und Gesetze des Gebrauchs seiner Kräfte, folglich aller seiner Handlungen erkennen kann, *einmal*, sofern es zur Sinnenwelt gehört, unter Naturgesetzen (Heteronomie), *zweitens* als zur intelligiblen Welt gehörig, unter Gesetzen, die, von der Natur unabhängig, nicht empirisch, sondern bloß in der Vernunft gegründet sind.

Als ein vernünftiges, mithin zur intelligiblen Welt gehöriges Wesen kann der Mensch die Kausalität seines eigenen Willens niemals anders als unter der Idee der Freiheit denken; denn Unabhängigkeit von den bestimmenden Ursachen der Sinnenwelt (dergleichen die Vernunft jederzeit sich selbst beilegen muss) ist Freiheit. Mit der Idee der Freiheit ist nun der Begriff der *Autonomie* unzertrennlich verbunden, mit diesem aber das allgemeine Prinzip der Sittlichkeit, welches in der Idee allen Handlungen *vernünftiger* Wesen eben so zum Grunde liegt, als das Naturgesetz den Erscheinungen.

Immanuel Kant, Grundlegung zur Metaphysik der Sitten, S. 448, 452

1 Klären Sie den Begriff der Kausalität unter Bezug auf die Naturwissenschaften. ➜ M1/2

2 Entwickeln Sie weitere Argumente, warum Gründe keine Ursachen sind. ➜ M3

3 Formulieren Sie in eigenen Worten, wie Kant den Widerspruch zwischen Freiheit und Notwendigkeit auflöst. ➜ M4

4 Ordnen Sie die markierten Grundbegriffe in einem Schema einander zu. ➜ M5

5 Zeigen Sie an einem Beispiel, wie ein Handelnder sich unter den zwei Standpunkten betrachten kann. ➜ M5/S. 238, M2

3 Handlungs- und Willensfreiheit

M1 Kleine Fabel

„Ach", sagte die Maus, „die Welt wird enger mit jedem Tag. Zuerst war sie so breit, dass ich Angst hatte, ich lief weiter und war glücklich, dass ich endlich rechts und links in der Ferne Mauern sah, aber diese langen Mauern eilen so schnell aufeinander zu, dass ich schon im letzten Zimmer bin, und dort im Winkel steht die Falle, in die ich laufe" – „Du musst nur die Laufrichtung ändern", sagte die Katze und fraß sie.

Franz Kafka, Sämtliche Erzählungen, S. 320

M2 Wählen können

Nehmen wir an, Sie stehen Schlange in einem Selbstbedienungsrestaurant, und nun da Sie bis zu den Desserts vorgedrungen sind, können Sie sich nicht zwischen einem Pfirsich und einem riesigen Stück Schokoladentorte mit Buttercreme obendrauf entscheiden. Die Torte sieht gut aus, doch Sie wissen, dass sie dick macht. Dennoch nehmen Sie sie und essen sie mit Vergnügen auf. Am folgenden Tag schauen Sie in den Spiegel oder stellen sich auf die Waage und denken: „Hätte ich doch diese Schokoladentorte nicht gegessen. Ich hätte stattdessen einen Pfirsich essen können." [...] Diesen Gedanken von „können" und „hätte ... können" wenden wir nur auf Personen (und vielleicht auf einige Tiere) an. Was bedeutet das? [...] Sie mögen sehr zornig auf jemanden sein, der auf einer Party in Ihrer Wohnung Ihre gesamten Glenn-Gould-Platten stiehlt. Nehmen Sie jedoch an, Sie glaubten, seine Handlung stand aufgrund seiner Natur und der Situation von vorneherein fest. Nehmen Sie an, Sie glaubten, dass alles, was er bisher getan hat, die früheren Handlungen inbegriffen, die zur Bildung seines Charakters beitrugen, durch die vorangegangenen Umstände determiniert war. Könnten Sie ihn immer noch für sein erbärmliches Verhalten verantwortlich machen? Wäre es nicht vernünftiger, ihn als eine Art Naturkatastrophe anzusehen – als wären Ihre Platten von Termiten aufgefressen worden?

Thomas Nagel, Was bedeutet das alles?, S. 50f., 56

M3 Die Idee der Willensfreiheit

Es macht unsere Freiheit aus, dass wir in ganz unterschiedliche Richtungen gehen können. Die Linie unseres Handelns hat eine Vielfalt möglicher Verzweigungen. Wir können überlegen, bevor wir etwas tun, und in diesem Überlegen zeigt sich ein *Spielraum verschiedener Möglichkeiten*, zwischen denen wir wählen können. Ich kann überlegen, ob ich jetzt an diesem Buch weiterschreibe oder lieber ins Kino oder essen gehe. Ich bin der felsenfesten Überzeugung, dass mir all diese Handlungen offenstehen. Wenn schon zum Voraus feststünde, was ich tun werde: Was hätte es dann für einen Sinn, darüber nachzudenken, was ich tun will? Es ist aus dieser Perspektive *unmöglich*, mir vorzustellen, ich hätte keine Wahl. Das verstieße gegen die Logik der Innenperspektive und widerspräche meiner manifesten, unbezweifelbaren Erfahrung der Freiheit. Zu dieser Erfahrung nämlich gehört, dass ich der *Urheber* meines Tuns bin und nicht ein Wesen, das als bloßer Spielball des Weltgeschehens eine zuvor gezogene Weltlinie entlanggeführt wird. Das gilt auch, wenn ich aus dieser Perspektive erneut auf mein vergangenes Tun zurückblicke. Es gehört zu meinem Selbstverständnis als freie Person, dass ich damals auch etwas anderes hätte tun können, als ich tatsächlich tat. Jeder vergangene Moment war auch eine vergangene Gegenwart mit einer vergangenen Zukunft, und in jedem dieser Momente galt dasselbe, was jetzt gilt: Ich hätte auch anders handeln können. Ich hatte die Wahl und die Freiheit der Entscheidung. [...] Sich als Urheber eines sinnvollen Tuns zu erfahren, heißt also, sich in seinem Verhalten als auf eine bestimmte Weise bedingt zu erfahren. Dazu passt [...], dass man einen Willen als einen handlungswirksamen Wunsch verstehen kann, als etwas also, das uns in Bewegung setzt. Das macht den Willen zu etwas Bedingendem. Außerdem ist er [...] selbst auch etwas Bedingtes, denn als Wille ist er notwendigerweise ein ganz bestimmter Wille, und diese Bestimmtheit kann er nur dadurch bekommen, dass er ein Wille ist, der unter bestimmten äußeren und inneren Umständen entsteht, die ihn bedingen und begrenzen. Gegeben diese Idee eines bedingten Willens, ließ sich eine erste Form von Freiheit beschreiben: die Freiheit des Handelns als die Möglichkeit, tun und lassen zu können, was man will. Zu dieser Freiheit gehört [...] der Gedanke, dass uns zu einem bestimmten Zeitpunkt mehrere Wege offenstehen: Was wir tatsächlich tun, ist nicht das Einzige, was wir tun könnten. Es liegt an uns, welche der verschiedenen Möglichkeiten wir verwirklichen, und das heißt: Es liegt daran, was wir wollen. Sind wir in diesem Wollen frei? Gibt es also Willensfreiheit? Hier kam die nächste Bedingtheit ins Spiel: Der freie Wille wurde als ein Wille beschrieben, der sich unter dem Einfluss von Gründen, also durch Überlegen bildet. Durch diesen Einfluss werden wir zu seinem Urheber. Das ist die Idee der Willensfreiheit als Freiheit der Entscheidung. Was seine Freiheit anlangt – so war der Gedanke –, kommt es darauf an, ob der Wille auf die richtige Weise, nämlich durch die richtigen Faktoren bedingt ist.

Peter Bieri, Das Handwerk der Freiheit, S. 19f., 165f.

M4 Zwei Ebenen der Freiheit

Man kann zwei Ebenen unterscheiden, auf denen Freiheit auftritt: die des Handelns und die des Wollens. Demgemäß kann man Handlungsfreiheit und Willensfreiheit einander gegenüberstellen.

Die Handlungsfreiheit besteht darin, dass der Mensch das, was er will, auch tatsächlich ausführen kann; so ist sie Freiheit von Zwang, der von außen, von der Welt her ausgeübt wird. [...]

Die Willensfreiheit stellt vor das ethische Grundproblem; es geht dabei um die Möglichkeit von Ethik überhaupt. [...] Wären alles Tun und aller dahinter stehende Wille unwiderruflich bestimmt und außerhalb aller Verfügung des Menschen, dann könnte es auch keine moralischen Appelle und keine sittlichen Gebote und Verbote geben. Soll also überhaupt Ethik möglich sein, dann muss sie sich, so scheint es, in der Annahme der Willensfreiheit gründen.

Wilhelm Weischedel, Skeptische Ethik, S. 124–126

M5 Der menschliche Wahn

Damit der Mensch irgendeine seelische Lust oder Unlust empfinde, muss er von einer dieser beiden Illusionen beherrscht sein: *entweder* glaubt er an die *Gleichheit* gewisser Fakta, gewisser Empfindungen: dann hat er durch die Vergleichung jetziger Zustände mit früheren und durch Gleich- oder Ungleichsetzung derselben (wie sie bei aller Erinnerung stattfindet) eine seelische Lust oder Unlust; oder er glaubt an die *Willens-Freiheit*, etwa wenn er denkt „dies hätte ich nicht tun müssen", „dies hätte anders auslaufen können", und gewinnt daraus ebenfalls Lust oder Unlust. Ohne die Irrtümer, welche bei jeder seelischen Lust und Unlust tätig sind, würde niemals ein Menschentum entstanden sein – dessen Grundempfindung ist und bleibt, dass der Mensch der Freie in der Welt der Unfreiheit sei, der ewige *Wundertäter*, sei es, dass er gut oder böse handelt, die erstaunliche Ausnahme, das Übertier, der Fast-Gott, der Sinn der Schöpfung, der Nichthin-wegzudenkende, das Lösungswort des kosmischen Rätsels, der große Herrscher über die Natur und Verächter derselben, das Wesen, das seine Geschichte *Weltgeschichte* nennt! – *Vanitas vanitatum homo.*

Friedrich Nietzsche, Menschliches allzu Menschliches, in: Werke in drei Bänden, Band I, S. 879

1 Interpretieren Sie Kafkas Fabel unter den Aspekten von Wahl- bzw. Handlungsfreiheit. ➜ M1

2 „Ich hätte stattdessen etwas anderes wählen können." Überprüfen Sie die Bedeutung dieses Satzes an Beispielen. ➜ M2

3 Gliedern Sie den Text in Abschnitte. Finden Sie Zwischenüberschriften. ➜ M3

4 Fassen Sie die wichtigsten Aussagen des Textes in Form von Thesen zusammen. ➜ M3

5 Grenzen Sie Handlungs- und Willensfreiheit gegeneinander ab und zeigen Sie an einem Beispiel, inwiefern beide Arten der Freiheit zusammenspielen müssen. ➜ M3/4

6 Entwerfen Sie einen Dialog zwischen Bieri und Nietzsche. ➜ M3/5

4 Freiheit ist Selbstbestimmung

M1 Gegen den Strom

M2 Zur Freiheit verurteilt

Das entscheidende, vom gesunden Menschenverstand gegen die Freiheit benutzte Argument besteht darin, uns an unsere Ohnmacht zu erinnern. Weit entfernt, dass wir unsere Situation willkürlich ändern können, scheint es sogar, dass wir nicht einmal uns selbst ändern können. Ich bin weder „frei", dem Schicksal meiner Klasse, meines Volkes, meiner Familie zu entgehen, noch auch mir Einfluss oder ein Vermögen zu schaffen, noch meine unbedeutendsten Neigungen oder meine Gewohnheiten zu besiegen. Ich komme als Arbeiter zur Welt, als Franzose, mit Erbsyphilis oder Tuberkulose. Die Geschichte eines beliebigen Lebens ist die Geschichte eines Scheiterns. Der Feindseligkeitskoeffizient der Dinge ist ein solcher, dass es Jahre der Geduld bedarf, um den geringsten Erfolg zu erreichen. Außerdem muss man „der Natur gehorchen, um sie zu beherrschen", das heißt, ich muss mein Tun zwischen die Kettenglieder des Determinismus einfügen. Viel mehr als er „sich zu machen" scheint, wird der Mensch scheinbar „gemacht" vom Klima und der Erde, von der Rasse und der Klasse, der Sprache, der Geschichte des Kollektivs, dem er angehört, von der Erbmasse, den individuellen Umständen seiner Kindheit, den angenommenen Gewohnheiten, den großen und kleinen Ereignissen seines Lebens.

Dieses Argument hat die Verfechter der menschlichen Freiheit niemals ernstlich beunruhigt: Dergestalt, dass die Widerstände, die die Freiheit im Seienden enthüllt, weit davon entfernt sind, eine Gefahr für die Freiheit zu sein, vielmehr es ihr erst ermöglichen, als Freiheit aufzutauchen. Es kann ein freies Für-sich nur als eingesetzt in eine Widerstand leistende Welt geben. Außerhalb dieses Eingesetztseins verlieren die Begriffe Freiheit, Determiniertheit, Notwendigkeit an Wert, sogar ihren Sinn.

Überdies muss man, entgegen dem gesunden Menschenverstand, feststellen, dass die Wendung „frei sein" nicht bedeutet „erreichen, was man gewollt hat", sondern „sich dazu bestimmen, durch sich selbst zu wollen (das heißt zu wählen im weiteren Sinne)". Anders ausgedrückt, der Erfolg ist für die Freiheit in keiner Weise wichtig. Die Auseinandersetzung, die den gesunden Menschenverstand den Philosophen gegenüberstellt, beruht auf einem Missverständnis: der empirische und volkstümliche Begriff von „Freiheit", hervorgegangen aus geschichtlichen, politischen und geistigen Gegebenheiten, ist gleichbedeutend mit „Fähigkeit, die gewählten Ziele zu erreichen". Der fachphilosophische Begriff von Freiheit, den wir hier allein in Betracht ziehen, bedeutet nur: Autonomie des Wählens. [...]

Tatsächlich sind wir eine Freiheit, die wählt, aber wir wählen nicht, frei zu sein: wir sind, wie wir oben sagten, zur Freiheit verurteilt, in die Freiheit geworfen oder, wie Heidegger sagt, in ihr „verlassen". Und wie man sieht hat diese Verlassenheit keinen anderen Ursprung als eben die Existenz der Freiheit. [...] Die wesentliche Folgerung aus unseren vorhergehenden Darlegungen ist, dass der Mensch, der verurteilt ist, frei zu sein, das ganze Gewicht der Welt auf seinen Schultern trägt: er ist, was seine Seinsweise betrifft, verantwortlich für die Welt und für sich selbst.

Jean-Paul Sartre, Das Sein und das Nichts, S. 426f., 429, 431

M3 Das autonome Individuum

Damit sind wir beim äußersten Punkt der Selbständigkeit eines Individuums angelangt: Das einzelne Wesen wählt nicht nur für sich selbst die Nahrung aus, die sein Stoffwechsel braucht, entscheidet sich nicht nur für oder gegen einen Geschlechtspartner, den es zur Fortpflanzung benötigt, begnügt sich, wenn es entwickelt und zu bewusster Auswahl fähig ist, auch nicht damit, für mehr oder weniger Bewegungsraum, für oder gegen Spielgefährten, für bestimmte Fächer, Tätigkeiten, Lebenspartner, Parteien, für seine Formen des Aussehens, Auftretens und seinen Lebensstil zu optieren, sondern es gibt sich selbst *ein Gesetz – sein Gesetz, wie* wir gleich hinzufügen müssen. [...]

Der Begriff der *Autonomie* macht in seinen Komponenten klar, worauf es in der Moral ankommt: Zunächst und vor allem auf das *Selbst (to auto)*, das hier in der *Doppelrolle als Akteur und Adressat* fungiert: Vom Selbst geht etwas aus, das primär für das Selbst gültig ist. Das Selbst ist auch hier nur der Begriff für die *prozessuale Einheit* eines aus eigenen Energien gespeisten Regelkreises: *Etwas bezieht sich auf sich selbst zurück, so dass es in seiner Eigenart aktiv sein kann.* [...] Das zweite Moment der Autonomie liegt im *Gesetz (nomos)*. Das ist die auf den Lebenszusammenhang des Selbst ausgreifende *Regel*, an die sich das Selbst zu halten hat, weil es *sein eigenes* Gesetz ist, das der Logik seines eigenen Selbst- und Weltverständnisses entspringt.

Die Bindung an das Gesetz folgt aus der Tatsache, dass man es sich selbst gegeben hat. Denn würde man das selbstgegebene Gesetz verwerfen, stünde man in *Widerspruch zu sich selbst.* Für den Selbstwiderspruch aber ist man empfindlich, weil der Begriff des Selbst bereits durch die Vernunft gewirkt ist. Wäre es anders, brauchten wir beim Lügen nicht rot zu werden. Die Scham zeigt an, wie tief der Identitätsanspruch in unserer leiblichen Verfassung verankert ist, auch wenn wir die Logik brauchen, um ihn dingfest zu machen.

So schließt die Autonomie des vernünftigen Wesens nur etwas ab, was in unserer Natur angelegt ist.

Volker Gerhardt, Selbstbestimmung, S. 406-413

M4 Zauber der Freiheit

Wenn es Freiheit gibt, dann gibt es ein Innerstes im Menschen, das den Ausgangspunkt der Bestimmung bildet [...]. Selbstbestimmung des Menschen bedeutet somit: nicht von etwas anderem her bestimmt sein, sondern rein aus sich selber und von sich selbst her. Das Selbst in der Selbstbestimmung ist also keine Ich-Substanz und kein personales Zentrum, sondern nichts anderes als die Spontaneität des Seins von sich selber her. Eben als solche ist die Selbstbestimmung das entscheidende Moment im Wesen der Freiheit.

Im Wesensmoment der Selbstbestimmung liegt auch das Geheimnis der Bezauberung, die die Freiheit auf uns ausübt. Wir wollen uns ursprünglich und unmittelbar als solche, die über sich selber bestimmen. Wir finden ein Leben, in dem bloß über uns verfügt wird, nicht eigentlich lebenswert. Wir streben, wenn wir ein gewisses Alter erreicht haben, aus dem Elternhaus in ein sich selbst bestimmendes Leben. Wir spüren, wie uns in der Stickluft der politischen Unfreiheit der Atem ausgeht. Aus dieser Tendenz zur Selbstbestimmung heraus sträuben wir uns auch dagegen, bloße Räder in der Maschinerie der Wirtschaft, der Gesellschaft und des Staats zu sein. Und wenn uns zum Bewusstsein kommt – worauf wir zumeist nicht achten –, in wie hohem Maß anonyme Mächte über uns herrschen – Konvention, öffentliche Meinung, Propaganda, Massenmedien, Mode –, dann lehnen wir uns vom Grunde unseres Wesens her dagegen auf. *Wilhelm Weischedel, Skeptische Ethik, S. 134-136*

1 Übertragen Sie die dargestellte Szene auf menschliches Verhalten und entwerfen Sie einen Rollendialog. → M1

2 Zeigen Sie, dass der Satz „Wir sind zur Freiheit verurteilt" die Bedingung für menschliche Autonomie darstellt. → M2

3 Erläutern Sie den Gedanken, dass sich Selbstbestimmung im Bewusstsein von Regeln vollzieht. → M3

4 Finden Sie Beispiele für die doppelte Bestimmung von Autonomie. → M3

5 Nehmen Sie Stellung zu dem Gedanken, dass Freiheit und Selbstbestimmung für unsere Lebensführung unverzichtbar sind. → M4

5 Warum moralisch sein?

M1 Verbindliche Regeln für alle?

In der Zeitschrift „Geo" diskutieren der katholische Pfarrer Franz Meurer und Inge Wolff, Vorsitzende des „Arbeitskreises Umgangsformen International", mit den Philosophen Detlef Horster und Kurt Bayertz über Moral in einer pluralistischen Gesellschaft.

Geo: In welchem Zustand befindet sich die Moral? Einerseits gibt es ein großes Wehklagen über den zunehmenden Sittenverfall. Andererseits spenden die Menschen so viel wie noch nie. [...]

Wolff: Ich glaube, viel Zusammenhalt ist dadurch verloren gegangen, dass die verbindenden Rituale immer weniger geworden sind. Die Strukturen, die von der Kirche vorgegeben waren, haben sich weitgehend aufgelöst. Und es gibt keine großen homogenen Gruppen mehr, die sich der gleichen Moral verpflichtet fühlen. Jetzt fangen wir plötzlich an, darüber nachzudenken: Oh Gott, wie kriegen wir wenigstens diese kleinen Alltagswerte wieder hin, die den Umgang miteinander erträglicher machen? [...]

Horster: Wandel ist ja nicht unbedingt Verlust. Wenn ich die Vorstellung habe, außerehelicher Geschlechtsverkehr oder ein uneheliches Kind sind unmoralisch, dann leben wir natürlich in einer abgrundtief unmoralischen Gesellschaft. Aber wer sagt denn, dass das unmoralisch ist?

Meurer: Ich zum Beispiel. Wenn man mit 13, 14 oder 15 ein Kind bekommt, ist das nicht gut. [...] Das Fehlen moralischer Regeln ist gerade für arme und einfache Menschen ein großes Problem. [...]

Bayertz: Wir müssen einfach damit leben, dass die Gesellschaft sich ändert, und bestimmte Wertvorstellungen ändern sich auch. Wenn Sie sagen, es ist nicht gut, dass eine 13-Jährige ihr Kind bekommt – sofort einverstanden. Aber nicht alles, was wir nicht gut finden, ist deswegen schon unmoralisch. [...] Manche glauben, dass die Philosophie ihnen sagen kann, „wo es langgehen soll". Diesem Bedürfnis sollte sich die Moralphilosophie aber entziehen. Ihre Leistung besteht darin, das Handwerkszeug zur Lösung von Problemen bereitzustellen, nicht die Problemlösung selbst. Philosophische Theorien ersetzen das eigene Denken und Entscheiden nicht. [...] Wir leben in einer Gesellschaft, die dem Individuum in ungeheurem Maße Freiheit zubilligt. Das ist ein großer Fortschritt. Nicht alle sind jedoch in der Lage, mit dieser Freiheit umzugehen. Daraus entsteht eine Verunsicherung, die manche in den Fundamentalismus treibt. Früher wurde einem vorgegeben, welchen Beruf man zu ergreifen hatte, welche Frau oder welchen Mann man heiraten sollte, in welcher Stadt man lebte, in welcher Kirche man war. Heute können wir uns alles frei aussuchen, sogar unseren eigenen Tod. Wir diskutieren zum Beispiel über Patienten-Testamente. Das heißt, ich kann festlegen, unter welchen Umständen ich reanimiert werden möchte oder nicht. Ich halte das für gut, aber wir dürfen nicht übersehen, dass viele Menschen damit überfordert sind. [...]

Geo: Reicht die Verfassung mit ihren Grundwerten als Fundament einer modernen nachchristlichen Moral? [...]

Bayertz: Die Verfassung ist eine notwendige, aber keine hinreichende moralische Bedingung. Das Gleiche gilt für die Kirchen, Greenpeace, für die Gewerkschaften. Alle Gruppen spielen im Moralkonzert eine Rolle. [...] Moralische Wahrheit kann in diesem Konzert niemand für sich beanspruchen. [...] Ein großer Teil der Unzufriedenheit mit modernen pluralistischen Moralauffassungen resultiert wohl daraus, dass wir immer noch der Vorstellung verhaftet sind, Moral sei ein unumstößliches Gesetz, das in steinerne Tafeln gemeißelt ist. Und eine zentrale Institution müsse dieses Gesetz vertreten und durchsetzen. Ich halte das für grundfalsch. Es ist doch eine Errungenschaft, dass wir heute nicht mehr nur eine Partei haben, sondern viele. Die gefallen uns vielleicht alle nicht besonders gut, aber immerhin können wir zwischen ihnen wählen. Warum soll es in Sache Moral anders sein? Es gibt zwar einen harten Kern von Regeln, die von allen respektiert werden müssen; drum herum ist aber Raum für verschiedene Ansichten. *Geo-Wissen Nr. 35/2005, S. 22-27*

M2 Begründungen moralischer Handlungen

M3 Die Rolle der Moral

Eine *Moral* ist der Inbegriff jener Normen und Werte, die durch gemeinsame Anerkennung als verbindlich gesetzt worden sind und in der Form von
- Geboten (Du sollst ...) oder
- Verboten (Du sollst nicht ...)

an die Gemeinschaft der Handelnden appellieren. Jede Moral ist somit als geschichtlich entstandener und geschichtlich sich mit dem Freiheitsverständnis von Menschen verändernder Regelkanon immer eine Gruppenmoral, deren Geltung nicht ohne weiteres über die Mitglieder der Gruppe hinaus ausgedehnt werden kann. [...]

Bei manchen „primitiven" Gruppen, z. B. bei den Eskimos, soll es Brauch gewesen sein, alte und schwache Leute zu töten. Diese Regel steht in krassem Widerspruch zu unserem Verständnis von Menschenwürde und wird nur nachvollziehbar vor dem Hintergrund extremer Lebensverhältnisse, die durch große Unwirtlichkeit des Lebensraums und knappe Lebensmittel gekennzeichnet sind. Nur so ist es verstehbar, dass die moralische Norm, seinen Eltern Gutes zu tun und ihnen Leid zu ersparen, dadurch erfüllt wird, dass man ihnen einen qualvollen Tod erspart, indem man sie auf schmerzlose Weise tötet und somit die Überlebenschance der Jungen vergrößert.

Hier wird also der moralische Grundsatz: „Du sollst deinen alten Eltern Gutes tun" durchaus anerkannt, allerdings auf eine Weise, die uns als das genaue Gegenteil einer moralischen Praxis erscheint.

Wenn man jedoch bedenkt, wie lieblos bei uns alte Menschen oft ohne Not in Alten- oder Seniorenheime abgeschoben werden, so kann man sich mit Recht fragen, ob diese Form der „Aussetzung" in der Tat sehr viel menschenwürdiger ist als die Praxis sogenannter „primitiver" Stämme.

Wohlgemerkt: Die Tötung alter Menschen geschah bei den Eskimos nicht gegen den Willen der Alten, sondern mit ihrem Einverständnis. Sie waren ja mit dieser Regel bereits aufgewachsen und wussten um ihre Bedeutung. Ihnen wurde also keineswegs Zwang oder Gewalt im eigentlichen Sinn angetan. [...] Die Frage, die sich in diesem Zusammenhang stellt, ist die, wie solche unterschiedlichen Praktiken ethisch zu beurteilen sind. *Annemarie Pieper, Einführung in die Ethik, S. 31-33*

Ethischer Relativismus

Der Relativismus vertritt die These, dass nichts einfach moralisch gut oder moralisch richtig ist, sondern dass alles nur für eine Person, eine Gesellschaft, eine moralische Tradition, eine Epoche oder einen Ethos moralisch gut oder moralisch richtig ist. Ein ethischer Relativist bestreitet damit nicht nur die Wahrheitsfähigkeit moralischer Aussagen, [...] sondern auch, dass es moralische Urteile gibt, die gegenüber jedem verteidigt werden können. Es gibt keine universell geltenden moralischen Urteile.

Marcus Düwell u. a. (Hg.), Handbuch Ethik, S. 498f.

1 Erstellen Sie eine Mindmap von den Regeln, die Ihrer Auffassung nach in einer Gesellschaft von allen beachtet werden müssen.

2 Nehmen Sie Stellung zu der Aufgabe, die Bayertz der Moralphilosophie in einer Gesellschaft mit pluralistischen Wertvorstellungen zuweist. ➜ M1

3 Erarbeiten Sie in Gruppen Beispiele für die verschiedenen Begründungen von Moral. ➜ M2

4 Diskutieren Sie, welche Begründung für Ihre Generation in Betracht käme. ➜ M2

5 Recherchieren Sie verschiedene Gruppenmoralen in unterschiedlichen Kulturen, zum Beispiel in Bezug auf Ehe oder Kindererziehung. Überlegen Sie, ob sie sich in den moralischen Grundsätzen oder der moralischen Praxis unterscheiden. ➜ M3

6 Diskutieren Sie, ob es unumstößliche, universell geltende moralische Grundsätze geben kann.

6 Urteilen und begründen

M1 Das Ticking-Bomb-Szenario

M2 Moralische Urteile

1. „Foltern ist in manchen Fällen moralisch legitim."
2. „In der Gesellschaft a ist zum Zeitpunkt t die Mehrzahl der Personen davon überzeugt, dass foltern in manchen Fällen moralisch legitim ist."
3. „Es besteht ein statistisch signifikanter Zusammenhang zwischen einer autoritären Erziehung und dem Ausbilden der Überzeugung, dass foltern in manchen Fällen moralisch legitim ist."

Während Aussage (1) selbst eine moralische Aussage ist, werden mit der Äußerung von Satz (2) und (3) keine moralischen Urteile gefällt, vielmehr werden mit ihnen deskriptive Aussagen zum Ausdruck gebracht. Mit Aussage (2) wird beschrieben, welche moralischen Urteile in einer bestimmten Gesellschaft vertreten werden, und (3) beschreibt eine Bedingung, die zum Auftreten bestimmter moralischer Urteile führt. [...] Aber was ist eigentlich ein moralisches Urteil?

Nico Scarano, in: Marcus Düwell u. a. (Hg.), Handbuch Ethik, S. 25

M3 Begründung durch Intuition oder Emotion?

Die Metaethik, eine Position des 20. Jahrhunderts, fragt vor allem nach der Rechtfertigung sittlicher Urteile. Hier haben sich verschiedene Positionen ausgebildet:

- *Die Kognitivisten, z. B. die Intuitionisten, behaupten, moralische Aussagen würden sich auf eine rationale, objektiv überprüfbare Tätigkeit des Menschen beziehen.*
- *Die Nonkognitivisten, z. B. die Emotivisten, behaupten, moralische Aussagen brächten ein rein gefühlsmäßiges, nicht objektiv überprüfbares Verhalten des Menschen zum Ausdruck.*

Schwarz: Was ist denn an moralischen Tatsachen so problematisch? Wenn jemand die Existenz einer objektiven moralischen Ordnung leugnet oder die Behauptung aufstellt, dass ethische Aussagen Pseudoaussagen seien, kann ich ihn dann nicht dadurch widerlegen, dass ich ihm entgegenhalte: „Du weißt doch recht gut, dass es von Peter nicht richtig war, seine Frau zu schlagen. Du weißt recht gut, dass du Versprechen halten solltest. Du weißt recht gut, dass menschliche Zuneigung gut, Grausamkeit aber schlecht ist, dass viele Handlungen falsch und dass einige richtig sind?"

Weiß: Sind unsere Probleme mit moralischen Tatsachen nicht einfach ein spezieller Fall der Probleme, die wir mit der Erkenntnis bzw. mit dem Zustandekommen unserer Erfahrungen haben? Tatsachen über die Außenwelt finden wir durch Sehen und Hören heraus; Tatsachen über uns selbst durch unser Fühlen; solche über andere Leute durch Sehen, Hören *und* Fühlen. [...]

Du solltest dir dadurch nur gesagt sein lassen, ja nicht zu vergessen, dass der einzige Zugang zur moralischen Welt über die Gefühle der Reue, der Billigung usw. führt [...].

Schwarz: Ich gebe natürlich zu, dass wir das Gutsein von etwas nicht so sehen können, wie wir seine Farbe sehen, und dass wir nicht durch den Tastsinn entscheiden können, ob etwas richtig ist oder nicht. [...] Wir wissen von ihm allein durch die Intuition. Die fundamentale kognitive Situation in der Moral ist, dass wir die Richtigkeit einer bestimmten Handlung oder das Gutsein eines bestimmten Sachverhalts *unmittelbar sehen* (intuit). Emotionen und Urteile gründen sich jedoch gleichermaßen auf Intuitionen. Emotionen mögen die Türhüter zur moralischen Welt sein, das Tor selbst ist jedoch die Intuition.

Peter F. Strawson, Der ethische Intuitionismus, in: Sprache und Ethik, S. 100-102

M4 Ist das Tötungsverbot logisch begründbar?

Der Philosoph Norbert Hoerster sieht im Kontraktualismus die Möglichkeit einer rein rationalen Moralbegründung ohne Metaphysik. Damit müssten moralische Normen allein durch eine logisch zwingende Ableitung geschlossen werden können.

In der Logik nennt man die einfachste Form eines solchen Schlusses Syllogismus. Aus zwei Aussagen (Prämissen) mit Bezug auf einen die Sätze verbindenden Mittelbegriff kann ein dritter Satz geschlussfolgert werden:

- **Alle Menschen sind sterblich.** (1. Prämisse)
- **Sokrates ist ein Mensch.** (2. Prämisse)
- **Sokrates ist sterblich.** (Conclusio)

Wenn ich den beiden Prämissen zustimme, muss ich logisch zwingend auch der Schlussfolgerung, der conclusio, zustimmen, weil diese nichts enthält, was nicht schon in den Prämissen enthalten ist. Solche Syllogismen nennt man dann im Bereich der Ethik bzw. der praktischen Philosophie praktische Syllogismen, weil sie den Anspruch haben, eine moralische Handlungsnorm zu begründen:

- **Stehlen ist verwerflich.**
- **Ein geliehenes Gut nicht zurückzugeben ist wie Stehlen.**
- **Man soll Geliehenes wieder zurückgeben.**

Die Gültigkeit der Sollensaussage fällt und steht mit den Prämissen, vor allem mit der moralischen Basisaussage. Wie man aber einen solchen moralischen Basissatz logisch begründen könnte, versucht Hoerster am Beispiel eines allgemeinen Tötungsverbots zu zeigen. Er braucht also Prämissen, die als unabweisbare Aussagen logisch den Satz folgern lassen:

- **Man darf niemanden töten.**

Die Prämissen müssen dafür lauten:

- **Jeder ist an seinem Überleben interessiert.**
- **Jeder hat ein größeres Interesse am eigenen Überleben als am (gelegentlichen) Töten.**
- **Jeder kann sein Überlebensinteresse in der Gesellschaft dadurch und nur dadurch sichern, dass er auf sein (ihm geringerwertiges) Tötungsinteresse verzichtet.**

Unter Voraussetzung dieser Prämissen ist es begründet, nicht nur ein auf sich selbst bezogenes Tötungsverbot, sondern ein *allgemeines* Tötungsverbot zu wollen. Denn jeder ist zur Respektierung des Lebens aller anderen nur bereit, sofern auch sein eigenes Leben von jedem anderen respektiert wird. Und diesen wechselseitigen Respekt des Lebens von jedem durch jeden kann nur ein *allgemeines* Tötungsverbot sicherstellen. *nach Norbert Hoerster, Moralbegründung ohne Metaphysik, in: Aufklärung und Kritik, Sonderheft 7/2003, S. 24f.*

1 Versetzen Sie sich in die am Szenario beteiligten Personen und formulieren Sie für die Sprech- bzw. Denkblasen moralische Urteile, wie gehandelt werden sollte. → M1

2 Formulieren Sie weitere normative und deskriptive moralische Urteile und erklären Sie den Unterschied. → M2

3 Bilden Sie zwei Gruppen, Emotivisten und Intuitionisten, und erarbeiten Sie am Beispiel des Folterverbots eine Begründungsstrategie. → M1-3

4 Konstruieren Sie weitere Beispiele für praktische Syllogismen. → M4

5 Prüfen Sie, ob sich neben dem Tötungsverbot auch das zweite grundlegende Moralprinzip, das Verbot willkürlicher Ungleichbehandlung, logisch herleiten lässt. → M4

7 Begründungen normativer Ethik

M1 Verpflichtungs- und Werturteile

Normsätze (auch normative Urteile oder Verpflichtungsurteile) sind Aussagen, in denen Handlungen als geboten, verboten oder erlaubt hingestellt werden. Sie sind daher in dem betrachteten Zusammenhang entweder wahr oder falsch. [...]
Urteile über Wertverhalten heißen Werturteile und gehören in speziellen Fällen zur Ethik. Das folgende Schema zeigt, wie die Ethik als Lehre allgemeiner moralischer Verpflichtungs- und Werturteile aufgefasst werden kann.

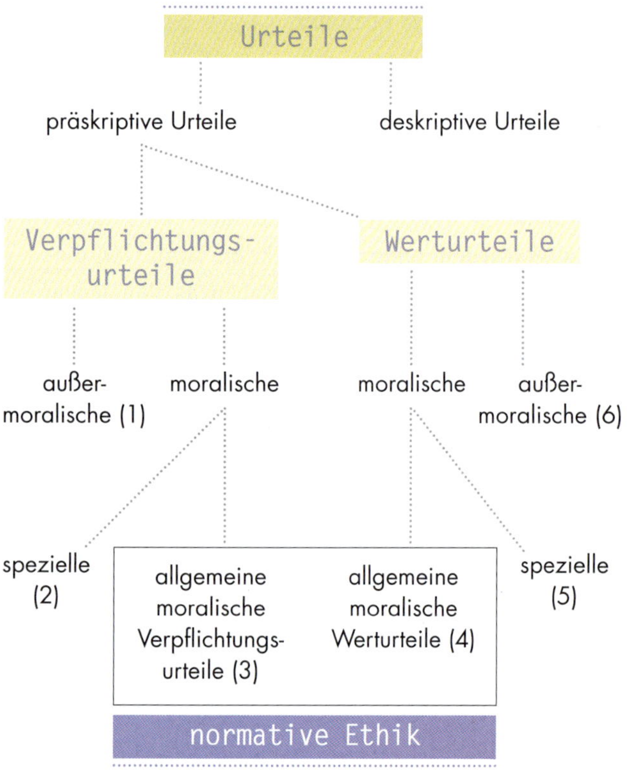

Beispiele:
1. Du sollst bei Rot an der Ampel warten.
2. Hans sollte seinen hungernden Vater unterstützen.
3. Du sollst nicht töten.
4. In der Not helfen ist gut.
5. Die Aktion „Misereor" ist eine gute Sache.
6. Dieses Auto ist ein vorzüglicher Personenkraftwagen.

Die normative Ethik befasst sich ausschließlich mit allgemeinen moralischen Verpflichtungs- und Werturteilen. [...] Außermoralische Verpflichtungen und Werte können von der Rechtsprechung abhängig sein. Rechtsnormen sind institutionell verankert und betreffen die sogenannte *Legalität*. Sie sind zeit- und ortsabhängig und üben Sanktionen in der Form von Strafen aus. Nicht alle Normen sind moralisch oder durch Rechtsprechung begründet. Wir finden auch zahlreiche *bloße Konventionen* ohne rechtliche Bindung vor, z. B. Anstandsregeln und Verhaltensweisen im Brauchtum. Hier werden Sanktionen vor allem durch Missbilligung und Mahnung vollzogen.
Moralität, Legalität und gesellschaftliche Konvention können sich gelegentlich überschneiden und eine Reihe von Konflikten bewirken. Zum Beispiel taucht die Frage auf, ob jedes Gesetz einen moralischen Kern haben muss. *nach Kurt Wuchterl, Lehrbuch der Philosophie, S. 146f.*

M2 Begründung der Moral durch Ethik

Das Problem der Begründung oder Rechtfertigung von Moral – von moralischen Verhaltensweisen, Einstellungen, Urteilen – wurde nicht von Philosophen erfunden: Es ist ein Problem, mit dem wir alle fast täglich im Alltag konfrontiert werden. Bin ich in einer bestimmten Situation berechtigt zu lügen? Ist Ehebruch ausnahmslos moralisch verboten? Nach welchen Gesichtspunkten sollen wir unsere Kinder erziehen? [...] Solche und ähnliche Fragen lassen sich mit einem einfachen Ja oder Nein oder mit einem lapidaren Satz nicht zufriedenstellend beantworten. Zufriedenstellend ist eine Antwort nur dann, wenn wir diese Antwort als stichhaltig, begründet, gerechtfertigt betrachten können.
Die Antworten, die wir in unseren moralischen Alltagsüberlegungen und -argumentationen geben, werden diesem Erfordernis lediglich mehr oder weniger gerecht und können insofern auch nur bis zu einem gewissen Grade zufriedenstellen. Gewöhnlich haben wir weder genug Zeit noch die Ausbildung und das Wissen, um

bis zur letztmöglichen Begründung unserer Auffassungen vorzudringen. Das zu tun, ist die Aufgabe der Ethik; sie versucht, die letzten Begründungsprinzipien des moralisch Richtigen und Guten zu ermitteln. [...]

Ein Beispiel

Angenommen, A möchte sich von seiner Frau scheiden lassen, um seine Sekretärin zu heiraten. B, ein Freund des A, macht ihm deshalb Vorhaltungen; er hält A's Schritt für moralisch falsch. B macht sich also das moralische Urteil zu eigen: „A sollte sich nicht scheiden lassen." Im Zuge der von A geforderten Begründung dieses Urteils könnte B früher oder später (je nach seiner moralischen Grundüberzeugung) etwa die folgenden Sätze ins Treffen führen:

1. „Wenn du dich scheiden lässt, versündigst du dich; nach dem Willen Gottes darf eine gültig geschlossene Ehe zu Lebzeiten der Ehegatten nicht aufgelöst werden"; oder
2. „Du hast deiner Frau durch die Eheschließung in bindender und feierlicher Form versprochen, zeitlich unbegrenzt eine enge Lebensgemeinschaft mit ihr zu führen. Ein solches Versprechen darf man nicht brechen, nur weil man jemanden kennengelernt hat, den man momentan attraktiver findet"; oder
3. „Das Unglück, das du durch eine Scheidung über deine Frau und deine Kinder brächtest, würde das Glück, das du in deinem Alter noch für dich und deine neue Frau erwarten könntest, weit überwiegen. Man darf sein eigenes Glück nicht auf Kosten anderer verfolgen"; oder
4. „Auf die Dauer gesehen, würdest du dir in deiner Situation mit einer Scheidung und einer Wiederheirat nur schaden. Man sollte nie etwas tun, wodurch man auf lange Sicht die eigenen Interessen verletzt".

B kann sich auf unterschiedliche moralische Prinzipien stützen und sagen: Moralisch falsch handelt derjenige,

1. der Gottes Willen missachtet.	2. der seine Versprechen bricht.	3. der andere unglücklich macht.	4. der sich langfristig schadet.

A kann dagegen einwenden, dass für ihn diese moralischen Prinzipien nicht gelten:

1. Gottes Wille ist für mich kein Grund; ich bin nicht gläubig.	2. Versprechen ist bloße Konvention, an die man sich nicht halten muss.	3. Jeder ist seines Glückes Schmied; die Folgen kann niemand voraussagen.	4. Für mich zählt nur der Augenblick.

Hier handelt es sich um eine Auseinandersetzung im Bereich der *normativen Ethik*: Es geht um die oberste Norm – oder doch eine der obersten Normen – sittlich richtigen Handelns. Dabei repräsentieren die vier alternativen Argumente des B die vier wichtigsten normativ-ethischen Positionen innerhalb der Moralphilosophie: die Positionen einer religiösen, einer deontologischen [gr. *to deon*: Pflicht], einer utilitaristischen und einer egoistischen Ethik.

nach Norbert Hoerster, Ethik und Moral, S. 9-12

1 Ergänzen Sie weitere Beispiele zu Verpflichtungs- und Werturteilen. → M1

2 Unterscheiden Sie moralische und außermoralische Urteile. Worauf beziehen sie sich? Welche Kriterien gelten? → M1

3 Zeigen Sie an Beispielen die Unterschiede von Moralität, Legalität und Konventionen. → M1

4 Führen Sie die Argumentation weiter aus, indem Sie die Rolle von B übernehmen und A antworten. → M2

1 Willst du glücklich sein im Leben ...

M1 Anweisungen zum Glücklichsein

„Glück ist, wenn die Biochemie im Gehirn stimmt."

„Schönheit macht glücklich"

„Glück ist Aktivität"

„Glücklich-Sein durch Meditation"

M2 Ein Hochgefühl

Wenn man heute jemanden fragt, was er unter Glück verstehe, so wird man in den allermeisten Fällen zur Antwort bekommen, dass es eine Art Hochgefühl sei, das uns gelegentlich erfülle. Glück wäre demnach ein bestimmtes psychisches Phänomen, ein Gefühl, das, wie andere Gefühle auch, zuweilen in uns auftritt, zuweilen nicht und das als im höchsten Grade positiv empfunden wird. Die Konsequenz dieser Auffassung ist, dass jeder nur allein entscheiden kann, ob er glücklich ist. Denn zu unseren Gefühlen haben andere keinen unmittelbaren Zugang, so dass jeder nur über sich selbst urteilen kann, von welchen Gefühlen er zurzeit beherrscht wird. Wir rechnen durchaus mit der Möglichkeit, dass jemand, der offenbar vom Glück verwöhnt wird, der gesund und wohlhabend ist, im Beruf erfolgreich, mit einem zuverlässigen Partner in Liebe verbunden, woraus ein strebsamer Sohn und eine schöne Tochter entsprungen sind, und dem auch sonst zuteilwurde, was immer man für positiv halten mag – dass also ein solcher „wahrer Glückspilz" uns dennoch betrübt anblickt und behauptet, er sei todunglücklich. Und wenn wir ihm alle seine Vorteile herzählen und er dabei bleibt, dass er unglücklich sei, so sehen wir uns mit unserem Latein am Ende.

Malte Hossenfelder, Antike Glückslehren, Einleitung, S. XIII

M3 Hier wohnt das Glück

Tief im Himalaya, in einem kleinen Land zwischen Indien und China, steht ein Mann auf dem Reisfeld und erntet sein Glück. Er hält eine Holzbarke in der Hand und kehrt Stroh zusammen. Später wird er den Ballen anzünden, es wird seine Freude befeuern über Tausende Reiskörner, die nun geerntet sind.

Denn das Glück, sagt Bauer Dorij, sei ein Reiskorn. Dorja, Herr über sieben winzige Felder, ist 79 Jahre alt, ein Mann mit vielen Falten und wenigen Zähnen. Er lebt in Bhutan, dem einzigen Land der Welt, dem das Glück seiner Bewohner wichtiger ist als sein wirtschaftlicher Erfolg. [...]

Ausgerechnet Bhutan. Ausgerechnet dieses kleine, weltpolitisch unbedeutende Land, in dem noch immer fast 25 Prozent der Bevölkerung unter der Armutsgrenze leben, will der Welt erklären, dass es eine Alternative zum Kapitalismus gefunden hat. Kann Deutschland etwas lernen von Bhutan?

Man kann sich Reichtum und Zufriedenheit wie Geschwister vorstellen, die Hand in Hand einen Berg hinaufgehen. Irgendwann kommt der Punkt, an dem Bruder Reichtum weiter aufsteigt und Schwester Zufriedenheit umdreht und absteigt. Die Bundesrepublik hat diesen Punkt längst erreicht. Die Deutschen werden immer reicher, aber nicht glücklicher. Laut einer

Studie des Deutschen Instituts für Wirtschaftsforschung nimmt die Lebenszufriedenheit in Deutschland seit Jahren ab. Auch die Zufriedenheit mit dem Einkommen, der Arbeit und der Gesundheit sinkt. In Bhutan sind die Geschwister noch ganz am Anfang des Berges. Noch gehen sie gemeinsam nach oben. Aber es ist das Ziel der Politik, dass das so bleibt, dass sie den Gipfel zusammen erreichen, auch wenn sie dann ein bisschen länger unterwegs sind.

Amrai Coen, 40,9 Prozent sind schon glücklich, in: DIE ZEIT 49 vom 01.12.2011, S. 30/31

M4 Glück – eine Philosophensache?

Mit der Behauptung, dass das Glück Philosophensache sei, soll sicher nicht gesagt werden, dass die Gattung der philosophischen Menschen regelmäßig eine besonders glückliche Sorte von Menschen sei. Gemeint ist vielmehr, dass das Glück seit Anbeginn ein besonders bevorzugtes Thema der Philosophie gewesen ist, und dass daher die Philosophen vom Fach seit je die in besonderer Weise kompetenten Theoretiker in Bezug auf Fragen des Glücks seien, sowie schließlich, dass Glück eben nicht nur Glücks- und Zufallssache, sondern auch eine Angelegenheit der *ars vitae*, der vernünftigen Lebensführung und sinnvollen Lebensplanung eines jeden Menschen sei, der bewusst und mit Vernunft – das aber heißt: der weisheitsliebend – lebt. Die Philosophie ist daher denn auch über Jahrhunderte hin verstanden worden als Lehre von und Anweisung zum glücklichen Leben, als erlernbare und auszubildende Kunst einer richtigen, gelingenden und erfüllten Lebensführung, als *ars bene beateque vivendi*.
Denn das gehört zu den ausgemachten Selbstverständlichkeiten, seitdem man sich mit der Frage nach dem Glück beschäftigt hat, dass das Glück das einzige der möglichen menschlichen Lebensziele ist, das den Charakter hat, letztes Ziel zu sein, d. h. in keiner Weise auf ein anderes, übergeordnetes Ziel hin als Mittel oder Durchgangsstufe funktionalisiert werden zu können. Es ist darum auch immer als das höchste, durch Handeln realisierbare Gut (das *summum bonum*) des Menschen und als der Endzweck *(finis ultimus)* des menschlichen Lebens angesehen worden. *Günther Bien, Über das Glück, in: Joachim Schummer: Glück und Ethik, S. 27f.*

Eudämonismus

(zu griech. *eudaimonia* „Glück", zentraler Begriff griechischer Ethik: Eudaimonia sei das Ziel, auf das Menschen bei ihrem Handeln eigentlich hinstreben.) Die danach benannte philosophische Theorie umfasst ganz unterschiedliche ethische Lehren, denen nur eins gemeinsam ist: Sie betrachten das (sehr unterschiedlich verstandene) Glück als das höchste erstrebenswerte Gut. Den geeigneten Weg dazu sieht z. B. der moralische Eudämonismus (u. a. Platon, Aristoteles, Stoa) im tugendhaften Leben.

Hedonismus

(zu griech. *hedone* „Lust"): geht von der Grundthese aus, dass Glück, negativ ausgedrückt, Vermeidung von Unlust und Schmerz bedeutet, positiv formuliert, einen möglichst großen Gewinn von Lust. Der psychologische Hedonismus vertritt die anthropologische These, dass alles menschliche Tun letztlich im Streben nach Lust seinen Beweggrund habe. Der ethische Hedonismus argumentiert normativ und vertritt die Ansicht, dass der Mensch in seinem Tun nach der größtmöglichen Lusterfahrung streben soll. In der Neuzeit entwirft der Utilitarismus die Spielart eines universalistischen Hedonismus.

nach Schülerduden Philosophie, 2009, S. 131, 175

1 Prüfen Sie die Modeschlagwörter und die Publikationen in Hinblick auf Ihr eigenes Leben: Inwiefern sind sie hilfreich für Ihr Leben? Was muss gegeben sein, damit Sie Ihr Leben als gelungen und glücklich bezeichnen würden? ➔ M1

2 Unterscheiden Sie an Beispielen einen inneren und äußeren Glücksbegriff. ➔ M2

3 Bhutan hat ein „Glücksministerium" eingerichtet, das sich um das „Bruttoinlandsglück" kümmert. Diskutieren Sie, ob ein Staat für das Glück seiner Bevölkerung verantwortlich sein kann. ➔ M3

4 Diskutieren Sie die These, dass es sich bei Glück um eine Angelegenheit der *ars vitae* handelt. ➔ M4

5 Diskutieren Sie, ob Glück eine Sache der Politiker (Medien, Mediziner, Lehrer, Philosophen usw.) oder nur eine reine Privatsache ist.

2 Wege zum Glück

M1 Viele Zwischenziele – ein Endziel

Aristoteles legt in seiner philosophischen Ethik den Grund für eine eudämonistische Handlungstheorie, die die Frage nach dem Glück als letztem Ziel und Zweck menschlichen Handelns thematisiert. Dabei geht er von den gegebenen Wert- und Normvorstellungen einer konkreten Gesellschaft aus. Er sammelt die in der „Meinung der Menge" vorhandenen Vorstellungen vom Guten, beschreibt und ordnet sie systematisch.

1. Jedes praktische Können und jede wissenschaftliche Untersuchung, ebenso alles Handeln und Wählen strebt nach einem Gut, wie allgemein angenommen wird. Daher die richtige Bestimmung von „Gut" als „das Ziel, zu dem alles strebt". Dabei zeigt sich aber ein Unterschied zwischen Ziel und Ziel: das eine Mal ist es das reine Tätig-Sein, das andere Mal darüber hinaus das Ergebnis des Tätig-Seins: das Werk. Wo es Ziele über das Tätig-Sein hinaus gibt, da ist das Ergebnis naturgemäß wertvoller als das bloße Tätig-Sein. Da es aber viele Formen des Handelns, des praktischen Könnens und des Wissens gibt, ergibt sich auch eine Vielzahl von Zielen: Ziel der Heilkunst ist die Gesundheit, der Schiffsbaukunst das Schiff, das Ziel der Kriegskunst: Sieg, der Wirtschaftsführung: Wohlstand. Überall nun, wo solche „Künste" einem bestimmten Bereich untergeordnet sind – so ist z. B. der Reitkunst untergeordnet das Sattlerhandwerk und andere Handwerke, die das Reitzeug herstellen, während die Reitkunst ihrerseits, wie das gesamte Kriegswesen, unter der Feldherrnkunst steht, und was dergleichen Unterordnungen mehr sind –, da ist durchweg das Ziel der übergeordneten Kunst höheren Ranges als das der untergeordneten: um des ersteren willen wird ja das letztere verfolgt. Hierbei ist es gleichgültig, ob das Tätig-Sein selber Ziel des Handelns ist oder etwas darüber hinaus wie bei den eben aufgezählten Künsten.

Wenn es nun wirklich für die verschiedenen Formen des Handelns ein Endziel gibt, das wir um seiner selbst willen erstreben, während das Übrige nur in Richtung auf dieses Endziel gewollt wird, und wir nicht jede Wahl im Hinblick auf ein weiteres Ziel treffen – das gibt nämlich ein Schreiten ins Endlose, somit ein leeres und sinnloses Streben –, dann ist offenbar dieses Endziel „das Gut", und zwar das oberste Gut.

2. Nachdem also jede Erkenntnis und jeder Entschluss nach einem bestimmten Gut zielt, wollen wir wieder einsetzen mit der Frage: „Was ist das Ziel der Staatskunst und welches das höchste von allen Gütern, die man durch Handeln erreichen kann?" In seiner Benennung stimmen fast alle überein. „Das Glück" – so sagen die Leute, und so sagen die feineren Geister, wobei gutes Leben und gutes Handeln in eins gesetzt werden mit Glücklichsein. Aber was das Wesen des Glücks sei, darüber ist man unsicher, und die Antwort der Menge lautet anders als die des Denkers. Die Menge stellt sich etwas Handgreifliches und Augenfälliges darunter vor, z. B. Lust, Wohlstand, Ehre: jeder etwas anderes. Bisweilen wechselt sogar ein und derselbe Mensch seine Meinung: wird er krank, so sieht er das Glück in der Gesundheit, ist er arm, dann im Reichtum. Im Bewusstsein aber der eigenen Unwissenheit bestaunen die Leute jene, die etwas vortragen, was bedeutsam klingt und über ihre Fassungskraft hinausgeht.

Aristoteles, Nikomachische Ethik, I, 1, 2

Definition

≠

Beispiele
1.
2.
3.
4.

Jeder Zweck (Z) einer Handlung wird wieder zum Mittel (M) für einen nächs folgenden, höheren Zweck, Z → M

Tätig-Sein selbst oder Ergebnis als Ziel: Prozess oder Produkt?

Definition

Gefahr: regressus ad infinitum (endloses Zurückschreiten)

Endziel allen Handelns?

Was ist das Wesen des Glücks?

Antwort 1

Antwort 2 und 3

M2 Drei Lebensformen nach Aristoteles

Nachdem Aristoteles dargelegt hat, dass alle Menschen nach Glück, nach eudaimonia streben, untersucht er nun die praktische Umsetzung: Wie sieht ein Leben, das zum Glück führen soll, aus? Aristoteles beobachtet und analysiert die verschiedenen Lebensformen seiner Zeit und kommt zu folgenden Ergebnissen:

Eine Meinung darüber, was oberster Wert und was Glück sei, gewinnt man wohl nicht ohne Grund aus den bekannten Lebensformen. In der Mehrzahl entscheiden sich die Leute, d. h. die besonders grobschlächtigen Naturen, für den Genuss [...].

a) Das Leben des Genusses

Die Vielen also bekunden ganz und gar ihren knechtischen Sinn, da sie sich ein animalisches Dasein aussuchen. Und doch bekommen sie einen Schein von Recht, weil es unter den Hochgestellten so manchen gibt, der ähnliche Passionen hat wie Sardanapal [letzter König von Ninive, steht für ein ausschweifendes, üppiges Leben]. Das Leben des Geldmenschen hat etwas Forciertes an sich und der Reichtum ist gewiss nicht das gesuchte oberste Gut. Er ist nur ein Nutzwert: Mittel für andere Zwecke. Daher kann man eher die [später] genannten Dinge (Lust und Ehre) als Endziele auffassen, denn sie werden um ihrer selbst willen geschätzt. Und doch sieht es so aus, als seien auch dies keine echten Ziele, obgleich viele Argumente zu ihren Gunsten Gemeingut geworden sind.

b) Das Leben des Politikers

Edle und aktive Naturen entscheiden sich für die Ehre. Denn das ist im Ganzen gesehen das Ziel eines Lebens für den Staat. Doch ist dieses Ziel wohl etwas äußerlich und kann nicht als das gelten, was wir suchen. Hier liegt nämlich der Schwerpunkt mehr in dem, der die Ehre spendet, als in dem, der sie empfängt. Den obersten Wert aber erahnen wir als etwas, was uns zuinnerst zugeordnet und nicht leicht ablösbar ist. Außerdem ist anzunehmen, dass man nach Ehre strebt, um sich des eigenen Wertes zu vergewissern. Deshalb sucht man von Urteilsfähigen geehrt zu werden, von Menschen, die uns kennen, und zwar auf Grund der Tüchtigkeit. Jedenfalls ergibt sich aus diesem Verhalten ganz klar, dass die Tüchtigkeit der höhere Wert ist, und man darf dann vielleicht eher in ihr das Ziel des Lebens für den Staat erkennen. Und doch ist auch sie noch nicht ganz Ziel im vollen Sinn. Denn man kann sich die Möglichkeit vorstellen, dass jemand die Tüchtigkeit zwar hat, aber dabei schläft oder ein Leben lang untätig, ja darüber hinaus mit größtem Leid und Unglück beladen ist. Wer aber ein solches Leben führt, den wird niemand als glücklich bezeichnen, außer er möchte eine paradoxe Behauptung unter allen Umständen retten. [...]

c) Das Leben des Philosophen

Die dritte Lebensform ist die Hingabe an die Philosophie. Denn einmal ist das die oberste Form menschlichen Wirkens: es hat ja auch der Geist von dem, was in uns ist, den obersten Rang, und obersten Rang unter den Erkenntnisobjekten haben die des Geistes. Sodann aber hat dieses Wirken auch die größte Stetigkeit, denn in stetiger geistiger Schau können wir leichter verharren als in irgendeiner Tätigkeit (nach außen). Wie wir ferner annehmen, muss Glück mit Lust vermischt sein; am lustvollsten aber unter den Formen hochwertiger Tätigkeit ist zugestandenermaßen das lebendige Wirken des philosophischen Geistes. Jedenfalls gilt von der Philosophie, dass sie eine durch ihre Reinheit und Dauer großartige Lust gewährt.

nach Aristoteles, Nikomachische Ethik I, 3, X, 7

1 Erarbeiten Sie, welche grundlegenden Unterscheidungen Aristoteles vornimmt. → M1

2 Suchen Sie weitere Beispiele für Zwischenziele und Zweck-Mittel-Relationen und stellen Sie diese grafisch dar. → M1

3 Erarbeiten Sie, welche Lebensformen Aristoteles unterscheidet und wie er sie bewertet. → M2

4 a) Formulieren Sie Fragen zum Text.
b) Erstellen Sie mit Hilfe Ihres Fragenkatalogs ein Interview mit Aristoteles, in dem dieser auf die von Ihnen gestellten Fragen antwortet. → M2

3 Durch Tugend zum Glück

M1 Aufbau der Seele

Vernünftiger Seelenteil (Wollen/Denken)	theoretisch/denkend	Mensch/Gott
	praktisch/handelnd	Mensch
Empfindender Seelenteil (Wahrnehmung/Trieb)	vernunftorientiert/pragmatisch	Mensch
	affektgesteuert/triebhaft	Mensch/Tier
Vegetativer Seelenteil (Wachstum/Ernährung)	unbewusst/nicht steuerbar	Mensch/Tier/Pflanze

M2 Tätigkeit der Seele

Aristoteles definiert die Eudämonie als „Tätigsein der Seele im Sinne der ihr wesenhaften Tüchtigkeit". Damit ist Folgendes gemeint: Für Aristoteles bildet die Welt einen sinnvoll geordneten Kosmos, in dem jedem Ding und jedem Wesen sein bestimmter Platz und seine bestimmte Rolle zugewiesen sind. Daher hat auch jedes Wesen eine bestimmte für es wesenhafte Tätigkeit. Für den Schuster ist es das Schuhemachen, für den Zitherspieler das Zitherspielen, für das Pferd der schnelle Lauf, und so muss es auch für den Menschen als solchen eine spezifische Tätigkeit geben. In der Körperlichkeit nun kann sie nicht liegen, denn diese haben wir mit allen, selbst mit den anorganischen Dingen gemein. In der Lebendigkeit kann sie ebenfalls nicht liegen, denn diese besitzen auch schon die Pflanzen. Im Beseeltsein kann sie wiederum nicht liegen, weil wir es mit den Tieren teilen. Also kann sie nur in einem bestimmten Teil der Seele liegen, nämlich in der Vernunft, denn diese ist es, die uns vor allen anderen vergänglichen Wesen auszeichnet. Vernünftiges Denken ist also die wesenhafte Rolle des Menschen, sein eigentlicher Zweck in der Welt. Dies ist das Gut, nach dem er streben soll, und wenn er es in vollkommener Weise erreicht, verwirklicht er damit sein höchstes Gut.

Malte Hossenfelder, Antike Glückslehren, Einleitung, S. XV

M3 Seelenlehre und Tugend

In der Seelenkunde findet man in erster Linie die Teilung der Seele in ein irrationales und ein rationales Element. Nach dieser Unterscheidung wird nun auch die sittliche Trefflichkeit unterteilt. Wir sprechen nämlich teils von Vorzügen des Verstandes (dianoëtische), teils von Vorzügen des Charakters (ethische). Die Weisheit (des Philosophen), Intelligenz und sittliche Einsicht sind Verstandesvorzüge, Großzügigkeit und Besonnenheit sind Charakterwerte. Wenn wir nämlich den Charakter eines Menschen bezeichnen, so sagen wir nicht, er ist weise oder intelligent, sondern, er ist von vornehm-ruhigem Wesen oder besonnen. Allerdings loben wir auch den Weisen wegen seiner (geistigen) Haltung. Haltungen aber, die uns zu Lob veranlassen, nennen wir Wesensvorzüge.

nach Aristoteles, Nikomachische Ethik I, 13

M4 Ethische Tugenden: die Wahl der Mitte

Zunächst ist die Tugend eine durch Gewöhnung erworbene charakterliche Haltung (ethos) in unserem Wollen, welche auf die rechte Mitte zielt und diese Mitte durch Vernunft bestimmt.

Betrachtet man diese aristotelische Konzeption genauer, so ergibt sich Folgendes: Hinter jeder aristotelischen Tugend stecken in Wahrheit stets zwei Werte. Die Tugend ist nicht ein Wert im Gegensatz zu zwei Unwerten, sondern vielmehr eine Synthese zweier Werte;

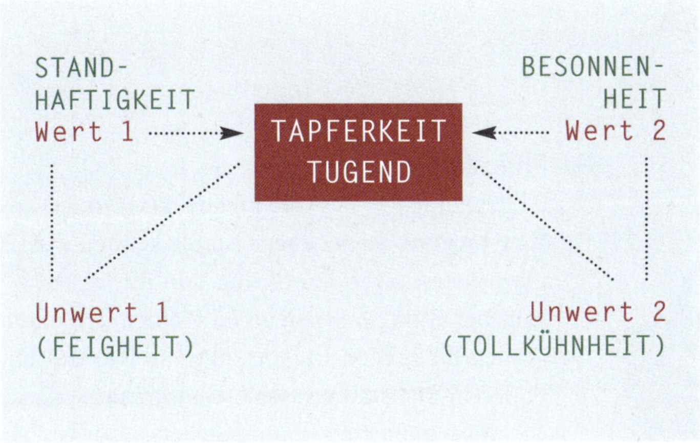

denn jedem Unwert liegt ein Wert gegenüber. Erst in der Synthese der beiden Werte kann die Tugend liegen. So steht z. B. dem Unwert der Feigheit ein positives Moment, nämlich beherztes Ausharren, Standhaftigkeit gegenüber, und im Gegensatz zur Tollkühnheit befindet sich die wertvolle bedachtsame Vorsicht, die Besonnenheit. Nicht das Standhalten allein und nicht nur bedachtsame Vorsicht machen die Tapferkeit aus, sondern erst beide zusammen.

Nicolai Hartmann, Einführung in die Philosophie, S. 148f.

M5 Dianoëtische Tugenden: die Vollendung

Ein glücklich erfülltes Leben verwirklicht sich in höchstem Maße erst in der theoretisch-kontemplativen Existenz. Im Gegensatz zum ethisch hochstehenden, glücklichen Leben der politischen Existenz, das noch abhängig ist von äußeren Umständen, Mitbürgern, Freunden, ist ein der geistigen Tätigkeit gewidmetes Leben ganz und gar sich selbst genug und autark. Darum ist die theoretische Existenz (bios theoretikos) als höchste Form des Lebens reiner Selbstzweck und Endziel, und die Verstandestugenden (dianoëtische Tugenden) sind auch die höchsten Tugenden, weil sie sich auf die Realisierung von Geist (nous), Wissenschaft (episteme) und Weisheit (sophia) richten. Die Philosophie, die die Erforschung der Prinzipien und Gründe aller Wirklichkeit um ihrer selbst willen durchführt, nimmt den höchsten Rang ein, da sie weder von äußeren Umständen abhängt noch zugunsten anderer Ziele relativiert wird.

M6 Geistige Schau als größtes Glück

Wenn das Glück ein Tätig-Sein im Sinne der Trefflichkeit ist, so darf darunter mit gutem Grund die höchste Trefflichkeit verstanden werden: das aber kann nur die der obersten Kraft in uns sein. Mag nun der Geist oder etwas anderes diese Kraft sein, die man sich gewiss als wesenhaft herrschend, führend, auf edle und göttliche Gegenstände gerichtet vorstellt – mag diese Kraft selbst auch göttlich oder von dem, was in uns ist, das göttlichste Element sein – das Wirken dieser Kraft gemäß der ihr eigentümlichen Trefflichkeit ist das vollendete Glück. Dass dieses Wirken aber ein geistiges Schauen ist, haben wir bereits festgestellt.
Das ist in Übereinstimmung, so dürfen wir behaupten, mit den früheren Erkenntnissen und mit der Wahrheit. Denn einmal ist das die oberste Form menschlichen Wirkens: es hat ja auch der Geist von dem, was in uns ist, den obersten Rang, und obersten Rang unter den Erkenntnisobjekten haben die des Geistes. [...]
Wie wir ferner annehmen, muss Glück mit Lust vermischt sein; am lustvollsten aber unter den Formen hochwertiger Tätigkeit ist zugestandenermaßen das lebendige Wirken des philosophischen Geistes.

Aristoteles, Nikomachische Ethik X, 7

1 Erschließen Sie aus dem Schema die spezifischen Schichten der menschlichen Seele in Bezug zur modernen Anthropologie. ➜ M1
2 Untersuchen Sie, in welche Bereiche Aristoteles die Seele aufteilt, und erarbeiten Sie die Aufgaben eines jeden Seelenteils. ➜ M1/2
3 Erarbeiten Sie, welche Rolle die Seelenteile nach Aristoteles bei der Ausbildung von Tugenden spielen. ➜ M3
4 Untersuchen Sie, welche Fähigkeiten zum Treffen der rechten Mitte in einer konkreten Situation benötigt werden. ➜ M4
5 Zeigen Sie an einem Beispiel, dass Standhaftigkeit alleine nicht die vollendete Tugend sein kann. ➜ M4
6 Erarbeiten Sie anhand der angeführten Argumente die Vorzüge der Verstandestugenden und der Kontemplation. ➜ M5/6

4 Die vernünftige Lust

M1 Die Lustmaschine

Friederike Groß

M2 Positive Emotionen

Stellen Sie sich vor, Sie könnten an eine „Erfahrungsmaschine“ angeschlossen werden, die Ihr Gehirn für den Rest Ihres Lebens stimulieren und Ihnen alle positiven Gefühle geben könnte, die Sie sich wünschen. Die meisten Menschen, die ich vor diese ja nur in der Vorstellung existierende Wahl gestellt habe, lehnten eine solche Maschine ab. Wir wollen nicht nur positive Gefühle erfahren, sondern auch einen berechtigten Anspruch auf unsere positiven Gefühle haben. Dennoch wurde eine Unzahl von Abkürzungen auf dem Weg zu guten Gefühlen erfunden: Drogen, Schokolade, Sex ohne Liebe, Einkaufen, Masturbation oder Fernsehkonsum sind Beispiele dafür. [...]
Der Glaube, dass wir uns auf Abkürzungen zu Glück, Freude, Begeisterung, Behagen und Ekstase verlassen und somit die Mühe umgehen können, menschliche Stärken und Tugenden zu praktizieren, ist das Lebensmotto unzähliger Menschen, die mitten im Überfluss seelisch verhungern.

Martin E. P. Seligman, Der Glücks-Faktor, S. 26f.

M3 Philosophie der Freude

Darum behaupte ich, dass die Freude das A und O des glückselig gestalteten Lebens ist. Sie kennen wir als unser erstes angeborenes Gut, von ihr lassen wir uns bei unserem Streben und Meiden leiten und nach ihr richten wir uns, alles andere Gut mit ihrem Maßstab messend. Und gerade weil sie unser allererstes, naturgegebenes Gut ist, darum streben wir auch nicht nach jeder Freude, sondern übergehen bisweilen viele, wenn uns von ihnen nur ein desto größeres Unbehagen droht. Ja, viele Schmerzen bewerten wir mitunter sogar höher als Freuden, nämlich dann, wenn auf eine längere Schmerzenszeit eine umso größere Freude folgt. So bedeutet für uns also jede Freude, weil sie an sich etwas Annehmliches ist, zwar gewiss ein Gut, aber nicht jede ist erstrebenswert, wie umgekehrt jeder Schmerz wohl ein Übel ist, aber darum doch nicht unbedingt vermieden werden muss. Unsere Aufgabe ist es, durch Abwägen und Unterscheiden des Zuträglichen und Abträglichen immer alles richtig zu bewerten, denn manchmal bedienen wir uns des Guten gleich wie eines Übels und umgekehrt.
Auch die Selbstgenügsamkeit halten wir für ein großes Gut, doch nicht, damit wir uns unter allen Umständen am wenigen genügen lassen, sondern damit wir mit wenigem zufrieden sind, wenn wir nicht viel haben. Dabei leitet uns die Überzeugung, dass der einen reichen Aufwand am stärksten genießt, der seiner am wenigsten bedarf, dass alles Natürliche leicht zu beschaffen ist, das Sinnlose aber schwer, und dass schließlich die schlichten Genüsse ebenso viel Freude bereiten wie der größte Luxus, wenn nur das Schmerzgefühl des Entbehrens nicht aufkommt. Womit also gemeint ist, dass schon Brot und Wasser, wenn man sie zuvor entbehrte, einen Hochgenuss bereiten können. Außerdem fördert die Gewöhnung an eine einfache, nicht üppige Lebensweise die Gesundheit,

befähigt den Menschen, unverdrossen zu leisten, was das Leben von ihm fordert, lässt uns die reicheren Genüsse, die uns dann und wann einmal geboten werden, umso stärker empfinden und unterstützt unsere Furchtlosigkeit gegenüber dem Zufall.

Wenn wir nun also sagen, dass Freude unser Lebensziel ist, so meinen wir nicht die Freuden der Prasser, denen es ums Genießen schlechthin zu tun ist. Das meinen die Unwissenden oder Leute, die unsere Lehre nicht verstehen oder sie böswillig missverstehen. Für uns bedeutet Freude: keine Schmerzen haben im körperlichen Bereich und im seelischen Bereich keine Unruhe verspüren. Denn nicht eine endlose Reihe von Trinkgelagen und Festschmäusen, nicht das Genießen schöner Knaben und Frauen, auch nicht der Genuss von leckeren Fischen und was ein reich besetzter Tisch sonst zu bieten vermag, schafft ein freudevolles Leben, vielmehr allein das klare Denken, das allem Verlangen und allem Meiden auf den Grund geht und den Wahn vertreibt, der wie ein Wirbelsturm die Seelen erschüttert.

An allem Anfang aber steht die Vernunft, unser größtes Gut. Aus ihr ergeben sich alle übrigen Tugenden von selbst, ja sie ist sogar wertvoller als das Philosophieren, weil sie uns lehrt, dass in Freude zu leben unmöglich ist, ohne dass man ein vernünftiges, sittlich hochstehendes und gerechtes Leben führt, dass es umgekehrt aber auch unmöglich ist, ein vernünftiges, sittlich hochstehendes und gerechtes Leben zu führen, ohne in Freude zu leben. Denn die Tugenden sind mit dem freudevollen Leben eng verwachsen, und dieses ist von jenen nicht zu trennen.

Epikur, Philosophie der Freude, S. 43-46

M4 Fürchte weder die Götter noch den Tod

Glaube daran, dass die Gottheit ein unvergängliches und seliges Wesen ist – so jedenfalls lässt sich unsere Vorstellung von ihr ganz allgemein umreißen –, und hänge ihr nichts an, was ihrer Unvergänglichkeit zuwiderläuft oder was mit ihrer Seligkeit unvereinbar ist, vielmehr bringe zu ihr nur das in Beziehung, was ihrer mit Unvergänglichkeit gepaarten Seligkeit gemäß ist. [...]

Ferner gewöhne Dich an den Gedanken, dass der Tod für uns ein Nichts ist. Beruht doch alles Gute und alles Üble nur auf Empfindung, der Tod aber ist Aufhebung der Empfindung. Darum macht die Erkenntnis, dass der Tod ein Nichts ist, uns das vergängliche Leben erst köstlich. Dieses Wissen hebt natürlich die zeitliche Grenze unseres Daseins nicht auf, aber es nimmt uns das Verlangen, unsterblich zu sein, denn wer eingesehen hat, dass am Nichtleben gar nichts Schreckliches ist, den kann auch am Leben nichts schrecken. Sagt aber einer, er fürchte den Tod ja nicht deshalb, weil er Leid bringt, wenn er da ist, sondern weil sein Bevorstehen schon schmerzlich sei, der ist ein Tor; denn es ist doch Unsinn, dass etwas, dessen Vorhandensein uns nicht beunruhigen kann, uns dennoch Leid bereiten soll, weil und solange es nur erwartet wird!

So ist also der Tod, das schrecklichste der Übel, für uns ein Nichts: Solange wir da sind, ist er nicht da, und wenn er da ist, sind wir nicht mehr. Folglich betrifft er weder die Lebenden noch die Gestorbenen, denn wo jene sind, ist er nicht, und diese sind ja überhaupt nicht mehr da.

Epikur, Philosophie der Freude, S. 39-41

1 Gedankenexperiment: Stellen Sie sich vor, Sie wären an eine Lustmaschine angeschlossen, die Ihnen sofort die Befriedigung aller Ihrer Wünsche simuliert: Welche Erfahrungen sollte diese Maschine für Sie simulieren? Wären Sie glücklich an einer solchen Lustmaschine? Inwiefern würde es einen Unterschied machen, ob Sie sich dabei Ihrer Lage bewusst wären oder nicht? ➜ M1

2 Überprüfen sie anhand des Gedankenexperiments aus Aufgabe 1 die Aussagen Seligmans. ➜ M2

3 Bestimmen Sie durch eine genaue Textanalyse, was Epikur unter „Freude" versteht. ➜ M3

4 Begründen Sie, warum Epikur in der Selbstgenügsamkeit ein hohes Gut sieht. ➜ M3

5 Geben Sie möglichst genau die Argumente Epikurs wieder, warum wir weder die Götter noch den Tod fürchten müssen. ➜ M4

6 Grenzen Sie die Bestimmung der vernünftigen Lust gegen Vorstellungen der heutigen Spaßgesellschaft ab.

7 Schreiben Sie einen Artikel oder Essay: Über die Möglichkeiten, ein lustvolles Leben zu führen.

5 Streben nach Vollkommenheit

M1 Vom glücklichen Leben

Lieber Bruder Gallio!

Glücklich leben wollen alle, aber wenn man herausfinden will, was ein glückliches Leben ausmacht, dann gewinnt man keine Klarheit. Es ist nicht so leicht, ein glückliches Leben zu erreichen: Ist man vom richtigen Weg abgekommen, entfernt man sich umso weiter von seinem Ziel, je rascher man darauf zueilt. Führt aber der Weg in die entgegengesetzte Richtung, so ist eben jene Eile die Ursache für die wachsende Entfernung. Deshalb muss man sich als Erstes vor Augen führen, welches Ziel man eigentlich erstrebt, sodann, wie man am schnellsten dorthin kommt. Ist man erst einmal auf dem rechten Weg, wird man sehen, wie viel man davon täglich zurückgelegt hat und wie weit das Ziel noch entfernt ist, zu dem uns ein natürliches Verlangen führt. Solange wir aber ohne Orientierung herumtreiben, uns von verworrenen Stimmen hierhin und dorthin ziehen lassen, wird unser Leben ein fortwährender Irrweg sein, auch wenn wir uns Tag und Nacht um eine richtige Ansicht von den Dingen bemühen. [...] Wenn es um das glückliche Leben geht, darfst du nicht wie bei Abstimmungen sagen: „Auf dieser Seite scheint die Mehrheit zu sein", denn aus folgendem Grund ist eben dies das Schlimmere. Es steht mit den menschlichen Angelegenheiten nicht so gut, dass das Bessere der Mehrheit gefällt: Die Masse ist der Beweis für das Schlechteste. Lasst uns deshalb fragen, was das Beste, nicht, was das Übliche ist, was uns in den Besitz eines beständigen Glücks bringt, nicht, was der Masse gefällt, die unfähig ist, über die Wahrheit zu urteilen. Inzwischen halte ich mich, worin alle Stoiker einig sind, an die Natur: Von ihr nicht abzuirren und sich nach ihrem Gesetz und Beispiel zu bilden – das ist Weisheit. Glücklich ist also ein Leben, welches mit seiner Natur im Einklang steht. Dieser Zustand aber ist nur dann erreichbar, wenn die Seele erstens gesund ist und bleibt, wenn sie stark, entschlossen und aufs Schönste leidensfähig ist, sich den Zeitumständen fügt, sich um den Körper und um alles, was damit zusammenhängt, kümmert, ohne Ängstlichkeit, wenn sie aufmerksam allem gegenüber ist, was zum Leben gehört, ohne irgendetwas Einzelnes zu überschätzen, bereit, die Gaben des Schicksals zu nutzen, nicht aber, ihnen sklavisch ausgeliefert zu sein. Du siehst ein, auch wenn ich es nicht besonders betonen möchte, dass daraus beständige Gemütsruhe und Freiheit folgen, wenn alles verbannt ist, was uns reizt oder abschreckt. Denn wenn die sinnlichen Genüsse geringgeschätzt und all die Dinge, die kleinlich, hinfällig und in ihrer Gemeinheit schädlich sind, überwunden werden, dann entsteht eine unendlich große, unerschütterliche und sich gleich bleibende Freude, dazu Friede, Harmonie der Seele und Größe, verbunden mit Milde; alle ungebändigte Natur aber erwächst aus der Schwäche. [...] Man kann aber den Begriff auch so bestimmen, dass man den Menschen glücklich nennt, für den es kein Gut und kein Übel gibt als allein eine gute oder schlechte Seele, der das sittlich Gute bewahrt, über seine Tugend hinaus nichts begehrt, den Zufälliges weder erhebt noch niederschlägt. Ein solcher kennt kein höheres Gut als das, das er sich selbst geben kann, und Lust bereitet es ihm, die Lust geringzuschätzen.

Seneca, Über das glückliche Leben, in: Wolfgang Weinkauf (Hg.): Philosophie der Stoa, S. 261ff.

M2 Von dem Leiden des Lebens

Alles im Leben gibt kund, dass das irdische Glück bestimmt ist, vereitelt oder als eine Illusion erkannt zu werden. Hiezu liegen tief im Wesen der Dinge die Anlagen. Demgemäß fällt das Leben der meisten Menschen trübselig und kurz aus. Die komparativ Glücklichen sind es meistens nur scheinbar, oder aber sie sind, wie die Langlebenden, seltene Ausnahmen, zu denen eine Möglichkeit übrig bleiben musste, - als Lockvogel. Das Leben stellt sich dar als ein fortgesetzter Betrug, im Kleinen, wie im Großen. Hat es versprochen, so hält es nicht; es sei denn, um zu zeigen, wie wenig wünschenswert das Gewünschte war: so täuscht uns also bald die Hoffnung, bald das Gehoffte. Hat es gegeben, so war es, um zu nehmen. Der Zauber der Entfernung zeigt uns Paradiese, welche wie optische Täuschungen verschwinden, wann wir uns haben hinäffen lassen. Das Glück liegt demgemäß stets in der Zukunft, oder auch in der Vergangenheit, und die Gegenwart ist einer kleinen dunkeln Wolke zu vergleichen, welche der Wind über die besonnte Fläche treibt: vor ihr und hinter ihr ist alles hell, nur sie selbst wirft stets einen Schatten. Sie ist demnach allezeit ungenügend, die Zukunft aber ungewiss, die Vergangenheit unwiederbringlich. Das Leben, mit seinen stündlichen, täglichen, wöchentlichen und jährlichen, kleinen, größeren und großen Widerwärtigkeiten, mit seinen getäuschten Hoffnungen und seinen alle Berechnung vereitelnden Unfällen, trägt so deutlich das Gepräge von etwas, das uns verleidet werden soll, dass es schwer zu begreifen ist, wie man dies hat verkennen können und sich überreden lassen, es sei da, um dankbar genossen zu werden, und der Mensch, um glücklich zu sein. Stellt doch vielmehr jene fortwährende Täuschung und Enttäuschung, wie auch die durchgängige Beschaffenheit des Lebens, sich dar als darauf abgesehen und berechnet, die Überzeugung zu erwecken, dass gar nichts unsers Strebens, Treibens und Ringens wert sei, dass alle Güter nichtig seien, die Welt an allen Enden bankrott, und das Leben ein Geschäft, das nicht die Kosten deckt; – auf dass unser Wille sich davon abwende.

Arthur Schopenhauer, Die Welt als Wille und Vorstellung, II, Kapitel 46, S. 666f.

M3 Die Paradoxie des Glücks

Es ist höchste Zeit, mit dem jahrtausendealten Ammenmärchen aufzuräumen, wonach Glück, Glücklichkeit und Glücklichsein erstrebenswerte Lebensziele sind. Zu lange hat man uns eingeredet – und haben wir treuherzig geglaubt –, dass die Suche nach dem Glück uns schließlich das Glück bescheren wird. [...]
Machen wir uns nichts vor: Was oder wo wären wir ohne unsere Unglücklichkeit? Wir haben sie bitter nötig; im wahrsten Sinne dieses Wortes. [...] Unserer Welt, die in einer Flutwelle von Anweisungen zum Glücklichsein zu ertrinken droht, darf ein Rettungsring nicht länger vorenthalten werden. Nicht länger darf das Verstehen dieser Mechanismen und Prozesse die eifersüchtig gehütete Domäne der Psychiatrie und der Psychologie bleiben. Die Zahl derer, die sich ihr eigenes Unglück nach bestem Wissen und Gewissen selbst zurechtzimmern, mag verhältnismäßig groß scheinen. Unendlich größer aber ist die Zahl derer, die auch auf diesem Gebiet auf Rat und Hilfe angewiesen sind.

Paul Watzlawick, Anleitung zum Unglücklichsein, S. 10, 12f.

1 Teilen Sie den Seneca-Text in Abschnitte und fassen Sie die Kerngedanken in eigenen Worten kurz zusammen. ➜ M1
2 Überprüfen Sie anhand konkreter Situationen, ob diese Ratschläge Ihnen in Ihrem Leben hilfreich sein können. ➜ M1
3 Verfassen Sie einen Brief an Epikur oder Seneca, in dem Sie darlegen, warum Sie seine Theorie des glücklichen Lebens entweder überzeugend oder aber wenig plausibel finden. Begründen Sie Ihre Position ausführlich. ➜ M1 und S. 224f., M3/4
4 Verfassen Sie einen Gegentext zu Schopenhauer, indem Sie beginnen: Nichts im Leben gibt kund, dass das irdische Glück bestimmt ist, ... ➜ M2
5 Wählen Sie und schreiben Sie einen Ratgeber: Anleitung zum Glücklichsein/zum Unglücklichsein. ➜ M3

6 Das gute Leben

M1 Bedingungen des guten Lebens

Die amerikanische Philosophin Martha Nussbaum ist Aristotelikerin. Sie geht von der Praxis aus, von den Lebensumständen, Problemen und Fragestellungen, die sie bei ihrer Arbeit antrifft, und sucht dann in einem zweiten Schritt nach der „passenden" Theorie des guten Lebens.

Aristoteles sprach über den Menschen und das gute menschliche Leben. Er sprach auch über die Gestaltung der staatlichen Institutionen in den vielen Lebensbereichen, die seiner Ansicht nach in die Zuständigkeit des Gesetzgebers fallen sollten. Er verknüpfte diese beiden Reflexionsebenen mit einer bestimmten Konzeption von der Aufgabe staatlicher Planung. Diese Aufgabe besteht seiner Ansicht nach darin, jedem Bürger die materiellen, institutionellen und pädagogischen Bedingungen zur Verfügung zu stellen, die ihm einen Zugang zum guten menschlichen Leben eröffnen und ihn in die Lage versetzen, sich für ein gutes Leben und Handeln zu entscheiden. Im Folgenden möchte ich eine philosophische Beschreibung einer auf diesen aristotelischen Gedanken basierenden politischen Konzeption geben.

Martha Nussbaum, Gerechtigkeit oder das gute Leben, S. 24

M2 Eine Konzeption des Menschen

Die grundlegende Idee ist zu fragen: Was sind die charakteristischen Tätigkeiten des Menschen? Was tut der Mensch als solcher – und nicht als Mitglied einer bestimmten Gruppe oder einer bestimmten lokalen Gemeinschaft? Um es anders auszudrücken: Welche Formen des Tuns und Seins konstituieren die menschliche Lebensform und heben sie von anderen tatsächlichen oder vorstellbaren Lebensformen wie denen von Tieren und Pflanzen einerseits und von den unsterblichen Göttern der Mythen und Legenden andererseits ab? [...] Ich werde jetzt [...] einige Grundfähigkeiten beschreiben, die jede Gesellschaft für ihre Bürger anstreben sollte und die bei Messungen der Lebensqualität eine Rolle spielen sollten. Ist man zu einer wahrhaft menschlichen Ausübung bestimmter Tätigkeiten fähig, so ist man – entsprechende Anstrengungen und Förderungen vorausgesetzt – auch zu einem guten menschlichen Leben befähigt.

Ich verstehe diese **Liste** als eine Liste von Fähigkeiten und nicht von tatsächlichen Handlungsweisen, da ich meine, dass Fähigkeiten und nicht tatsächliche Handlungsweisen das Ziel der Politik sein sollten.

Martha Nussbaum, Gerechtigkeit oder das gute Leben, S. 187, 200

M3 Kritisch nachgefragt

Zu 1: Bis wann ist ein Leben lebenswert? Wer darf entscheiden, ab wann das Leben eines anderen nicht mehr lebenswert ist? Ist nicht gerade die Gesellschaft und mit ihr die Politik gefordert, diese Grenze genauer zu bestimmen? Führt ein Alzheimer-Patient, der keinen seiner Angehörigen mehr wiedererkennt oder sie gar mit Menschen verwechselt, die er mal kannte, noch ein „lebenswertes Leben"? Beeinträchtigt bei schwerstkranken Patienten das Wissen um den baldigen Tod die Eigenschaft „lebenswert"?

Zu 2: Was geschieht mit Menschen, die nicht heterosexuell sind – mit Menschen, deren sexuelle Befriedigung nicht dem „Durchschnittsgeschmack" entspricht? Welche Möglichkeiten müssen diese Menschen haben – welche müssen ihnen durch die Gesellschaft und die Politik gesichert werden?

Brigitte Wiesen, Braucht man Recht und Gerechtigkeit für ein gutes Leben, in: ZDPE 1/2002, S. 48

1 Erarbeiten Sie für jede geforderte Grundfähigkeit ein konkretes Beispiel, ebenso für die Verletzung dieser Grundfähigkeiten. ➜ M2
2 Analysieren und begründen Sie ausführlich, welche der genannten Fähigkeiten und Möglichkeiten Ihnen die wichtigste scheint. ➜ M2
3 Prüfen Sie, ob die an Nussbaum formulierte Kritik gerechtfertigt ist oder nicht. ➜ M3
4 Untersuchen Sie, wo weitere Kritik ansetzen könnte. ➜ M1-3

DIE MENSCHLICHEN GRUNDFÄHIGKEITEN

1. Die Fähigkeit, ein menschliches Leben von normaler Länge zu leben, nicht vorzeitig zu sterben oder zu sterben, bevor das Leben so reduziert ist, dass es nicht mehr lebenswert ist.

2. Die Fähigkeit, sich guter Gesundheit zu erfreuen, sich angemessen zu ernähren, eine angemessene Unterkunft und Möglichkeiten sexueller Befriedigung zu haben, sich in Fragen der Reproduktion frei entscheiden und sich von einem Ort zum anderen bewegen zu können.

3. Die Fähigkeit, unnötigen Schmerz zu vermeiden und freudvolle Erlebnisse zu haben.

4. Die Fähigkeit, seine Sinne und seine Phantasie zu gebrauchen, zu denken und zu urteilen – und diese Dinge in einer Art und Weise zu tun, die durch eine angemessene Erziehung geleitet ist, zu der auch (aber nicht nur) Lesen und Schreiben sowie mathematische Grundkenntnisse und eine wissenschaftliche Grundausbildung gehören. Die Fähigkeit, seine Phantasie und sein Denkvermögen zum Erleben und Hervorbringen von geistig bereichernden Werken und Ereignissen der eigenen Wahl auf den Gebieten der Religion, Literatur, Musik usw. einzusetzen. Der Schutz dieser Fähigkeit, so glaube ich, erfordert nicht nur die Bereitstellung von Bildungsmöglichkeiten, sondern auch gesetzliche Garantien für politische und künstlerische Meinungsfreiheit sowie für Religionsfreiheit.

5. Die Fähigkeit, Beziehungen zu Dingen und Menschen außerhalb unserer selbst einzugehen, diejenigen zu lieben, die uns lieben und für uns sorgen, traurig über ihre Abwesenheit zu sein, allgemein Liebe, Kummer, Sehnsucht und Dankbarkeit zu empfinden. Diese Fähigkeit zu unterstützen bedeutet, Formen des menschlichen Miteinanders zu unterstützen, die nachweisbar eine große Bedeutung für die menschliche Entwicklung haben.

6. Die Fähigkeit, eine Vorstellung des Guten zu entwickeln und kritische Überlegungen zur eigenen Lebensplanung anzustellen. Dies schließt heutzutage die Fähigkeit ein, einer beruflichen Tätigkeit außer Haus nachzugehen und am politischen Leben teilzunehmen.

7. Die Fähigkeit, mit anderen und für andere zu leben, andere Menschen zu verstehen und Anteil an ihrem Leben zu nehmen, verschiedene soziale Kontakte zu pflegen; die Fähigkeit, sich die Situation eines anderen Menschen vorzustellen und Mitleid zu empfinden; die Fähigkeit, Gerechtigkeit zu üben und Freundschaften zu pflegen. Diese Fähigkeit zu schützen bedeutet abermals, Institutionen zu schützen, die solche Formen des Miteinanders darstellen, und die Versammlungs- und politische Redefreiheit zu schützen.

8. Die Fähigkeit, in Verbundenheit mit Tieren, Pflanzen und der ganzen Natur zu leben und sie pfleglich zu behandeln.

9. Die Fähigkeit, zu lachen, zu spielen, sich an erholsamen Tätigkeiten zu erfreuen.

10. Die Fähigkeit, sein eigenes Leben und nicht das eines anderen zu leben. Das bedeutet, gewisse Garantien zu haben, dass keine Eingriffe in besonders persönlichkeitsbestimmende Entscheidungen wie Heiraten, Gebären, sexuelle Präferenzen, Sprache und Arbeit stattfinden.

10 a. Die Fähigkeit, sein Leben in seiner eigenen Umgebung und seinem eigenen Kontext zu führen. Dies heißt Garantien für Versammlungsfreiheit und gegen ungerechtfertigte Untersuchungen und Festnahmen; es bedeutet auch eine gewisse Garantie für die Unantastbarkeit des persönlichen Eigentums, wenngleich diese Garantie durch die Erfordernisse sozialer Gerechtigkeit auf verschiedene Weise eingeschränkt werden kann und im Zusammenhang mit der Interpretation der anderen Fähigkeiten immer verhandelbar ist, da das persönliche Eigentum im Gegensatz zur persönlichen Freiheit ein Mittel und kein Selbstzweck ist. Ich meine, dass ein Leben, dem eine dieser Fähigkeiten fehlt, kein gutes menschliches Leben ist, unabhängig davon, was es sonst noch aufweisen mag. Daher wäre es vernünftig, den Blick auf diese Dinge zu richten, wenn es darum geht, die Lebensqualität eines Landes zu ermitteln und nach der Rolle zu fragen, die der Politik bei der Befriedigung menschlicher Bedürfnisse zukommt.

Martha Nussbaum, Gerechtigkeit oder das gute Leben, S. 200-202

7 Das Prinzip der Nützlichkeit

M1 Pleasures

Keith Haring, Untitled, 1984

M2 Leid und Freude sind messbar

Die Natur hat die Menschheit unter die Herrschaft zweier souveräner Gebieter – *Leid* und *Freude* [pain and pleasure] – gestellt. Es ist an ihnen allein aufzuzeigen, was wir tun sollen, wie auch zu bestimmen, was wir tun werden. Sowohl der Maßstab für Richtig und Falsch als auch die Kette der Ursachen und Wirkungen sind an ihrem Thron festgemacht. Sie beherrschen uns in allem, was wir tun, was wir sagen, was wir denken: Jegliche Anstrengung, die wir auf uns nehmen können, um unser Joch von uns zu schütteln, wird lediglich dazu dienen, es zu beweisen und zu bestätigen. Jemand mag zwar mit Worten vorgeben, ihre Herrschaft zu leugnen, aber in Wirklichkeit wird er ihnen ständig unterworfen bleiben. Das *Prinzip der Nützlichkeit* erkennt dieses Joch an und übernimmt es für die Grundlegung jenes Systems, dessen Ziel es ist, das Gebäude der Glückseligkeit durch Vernunft und Recht zu errichten. [...]

Diese Bezeichnung [Prinzip der Nützlichkeit] hat man unlängst durch das Prinzip des *größten Glücks* oder der *größten Glückseligkeit* [the greatest happiness principle] ergänzt oder ersetzt. [...] Das Wort *Nützlichkeit* verweist nicht so eindeutig auf die Vorstellung von *Freude* und *Leid*, wie es die Wörter *Glück* und *Glückseligkeit* tun; es veranlasst uns auch nicht zur Berücksichtigung der Zahl der betroffenen Interessen, obwohl die *Zahl* der Umstand ist, der in größtem Ausmaß bei der Aufstellung des *Maßstabs, um den es hier geht, mitwirkt: des Maßstabs für Richtig und Falsch*, mit dem allein die Angemessenheit menschlichen Verhaltens in jeder Situation angemessen überprüft werden kann.

Unter Nützlichkeit ist jene Eigenschaft an einem Objekt zu verstehen, durch die es dazu neigt, Gewinn, Vorteil, Freude, Gutes oder Glück hervorzubringen [...] oder [...] die Gruppe, deren Interesse erwogen wird, vor Unheil, Leid, Bösem oder Unglück zu bewahren; sofern es sich bei dieser Gruppe um die Gemeinschaft im Allgemeinen handelt, geht es um das Glück der Gemeinschaft; sofern es sich um ein bestimmtes Individuum handelt, geht es um das Glück dieses Individuums. [...]

Die Gemeinschaft ist ein fiktiver *Körper*, der sich aus den Einzelpersonen zusammensetzt, von denen man annimmt, dass sie sozusagen seine *Glieder* bilden. Was ist also das Interesse der Gemeinschaft? – Die Summe der Interessen der verschiedenen Glieder, aus denen sie sich zusammensetzt.

Es hat keinen Sinn, vom Interesse der Gemeinschaft zu sprechen, ohne zu wissen, was das Interesse des Individuums ist. Man sagt von einer Sache, sie sei dem Interesse des Individuums förderlich oder *zugunsten* des Interesses eines Individuums, wenn sie dazu neigt, zur Gesamtsumme seiner Freuden beizutragen: oder [...] die Gesamtsumme seiner Leiden zu vermindern.

Man kann also von einer Handlung sagen, sie entspreche dem Prinzip der Nützlichkeit [...], wenn die ihr innewohnende Tendenz, das Glück der Gemeinschaft zu vermehren, größer ist als irgendeine andere ihr innewohnende Tendenz, es zu vermindern.

nach Jeremy Bentham, Eine Einführung in die Prinzipien der Moral und der Gesetzgebung, S. 56-58

M3 Das hedonistische Kalkül

Wenn man einen Menschen *für sich* betrachtet, so ist für ihn der Wert einer Freude oder eines Leids gemäß den folgenden Umständen größer oder geringer:

a) der *Intensität*,
b) der *Dauer*,
c) der *Gewissheit* oder *Ungewissheit*,
d) der *Nähe* oder *Ferne* einer Freude oder eines Leids,
e) der *Folgenträchtigkeit*,
f) der *Reinheit* der Freude oder des Leids.

Für eine *Anzahl* von Personen kommt für die Berechnung noch ein weiterer Umstand hinzu:

g) das *Ausmaß* (das heißt die Anzahl der Personen, die davon betroffen sind).

Wenn man also die allgemeine Tendenz einer Handlung, durch die die Interessen einer Gemeinschaft betroffen sind, bestimmen will, verfahre man so:

1. Man beginne mit einer der Personen, deren Interessen am unmittelbarsten durch eine derartige Handlung betroffen zu sein scheinen, und bestimme den Wert jeder erkennbaren *Freude* und jeden erkennbaren *Leids*, die die Handlung hervorgebracht hat.
2. Man addiere die Werte aller *Freuden* auf der einen und die aller *Leiden* auf der anderen Seite. Wenn die Seite der Freude überwiegt, ist die Tendenz der Handlung im Hinblick auf die Interessen der *einzelnen* Person insgesamt *gut*; überwiegt die Seite des Leids, ist ihre Tendenz insgesamt *schlecht*.
3. Man bestimme die *Anzahl* der Personen, deren Interessen anscheinend betroffen sind, und wiederhole dieses Verfahren im Hinblick auf jeden von ihnen.
4. Man *addiere* die Zahlen, die den Grad der *guten* Tendenz ausdrücken, die die Handlung hat, das Gleiche tue man für die Handlungen, die eine *schlechte* Tendenz zeigen.
5. Man ziehe die *Bilanz*: Befindet sich das Übergewicht auf der Seite der *Freude*, so ergibt sich daraus für die betroffene Gesamtzahl oder Gemeinschaft von Individuen eine allgemein *gute Tendenz* der Handlung; befindet es sich auf der Seite des *Leids*, ergibt sich daraus für die gleiche Gemeinschaft eine allgemein *schlechte Tendenz*.

nach Jeremy Bentham, Eine Einführung in die Prinzipien der Moral und der Gesetzgebung, S. 79-81

1 Benennen Sie die dargestellten Formen der Lust. Welche halten Sie für besonders befriedigend? → M1

2 Erstellen Sie unter Verwendung der zentralen Begriffe eine Argumentationsskizze zu Benthams hedonistischer Grundlegung der Ethik. → M2

3 Gestalten Sie Benthams Text in ein Interview um, indem Sie zu den einzelnen Abschnitten geeignete Fragen formulieren und die Antworten paraphrasieren. → M2

4 Erläutern Sie, was unter der einer Handlung „innewohnende[n] Tendenz" zu verstehen ist. Welche Schwierigkeit ergibt sich daraus für die genaue Bestimmung des Nutzens einer Handlung? → M2

5 Nehmen Sie Stellung zur der Behauptung Benthams, das Prinzip der Nützlichkeit könne und müsse nicht weiter begründet werden. → M2

6 Arbeiten Sie an anschaulichen Fallbeispielen (z. B. Tempolimit, öffentliches Rauchverbot) heraus, welche Schwierigkeiten sich bei der Anwendung des hedonistischen Kalküls ergeben. → M3

8 Das Prinzip des größten Glücks

M1 Quantität ist nicht gleich Qualität

Die Auffassung, für die die Nützlichkeit oder das Prinzip des größten Glücks die Grundlage der Moral ist, besagt, dass Handlungen insoweit und in dem Maße moralisch richtig sind, als sie die Tendenz haben, Glück zu befördern, und insoweit moralisch falsch, als sie die Tendenz haben, das Gegenteil von Glück zu bewirken. Unter „Glück" [happiness] ist dabei Lust [pleasure] und das Freisein von Unlust [pain], unter „Unglück" [unhappiness] Unlust und das Fehlen von Lust verstanden. [...] Zusätzliche Erklärungsversuche ändern nichts an der Lebensauffassung, auf der diese Theorie der Moral wesentlich beruht: dass Lust und das Freisein von Unlust die einzigen Dinge sind, die als Endzwecke wünschenswert sind, und dass alle anderen wünschenswerten Dinge [...] entweder deshalb wünschenswert sind, weil sie selbst lustvoll sind oder weil sie Mittel sind zur Beförderung von Lust und zur Vermeidung von Unlust. [...]

Fragt man mich nun, was ich meine, wenn ich von der unterschiedlichen Qualität von Freuden spreche, und was eine Freude – bloß als Freude, unabhängig von ihrem größeren Betrag – wertvoller als eine andere macht, so gibt es nur eine mögliche Antwort: Von zwei Freuden ist diejenige wünschenswerter, die von allen oder nahezu allen, die beide erfahren haben – ungeachtet des Gefühls, eine von beiden aus moralischen Gründen vorziehen zu müssen –, entschieden bevorzugt wird. Wird die eine von zwei Freuden von denen, die beide kennen und beurteilen können, so weit über die andere gestellt, dass sie sie auch dann noch vorziehen, wenn sie wissen, dass sie größere Unzufriedenheit verursacht, und sie gegen noch so viele andere Freuden, die sie erfahren könnten, nicht eintauschen möchten, sind wir berechtigt, jener Freude eine höhere Qualität zuzuschreiben, die die Quantität so weit übertrifft, dass diese im Vergleich nur gering ins Gewicht fällt.

Es ist nun aber eine unbestreitbare Tatsache, dass diejenigen, die mit beiden gleichermaßen bekannt und für beide gleichermaßen empfänglich sind, der Lebensweise entschieden den Vorzug geben, an der auch ihre höheren Fähigkeiten beteiligt sind. Nur wenige Menschen würden darein einwilligen, sich in eines der niederen Tiere verwandeln zu lassen, wenn man ihnen verspräche, dass sie die Befriedigung des Tiers im vollen Umfange auskosten dürften. Kein intelligenter Mensch möchte ein Narr, kein gebildeter Mensch ein Dummkopf, keiner, der feinfühlig und gewissenhaft ist, selbstsüchtig und niederträchtig sein – auch wenn sie überzeugt wären, dass der Narr, der Dummkopf oder der Schurke mit seinem Schicksal zufriedener ist als sie mit dem ihren. [...] Wer meint, dass diese Bevorzugung des Höheren ein Opfer an Glück bedeutet – dass das höhere Wesen unter den gleichen Umständen nicht glücklicher sein könne als das niedrigere –, vermengt die zwei durchaus verschiedenen Begriffe des Glücks [happiness] und der Zufriedenheit [content]. Es ist unbestreitbar, dass ein Wesen mit geringerer Fähigkeit zum Genuss die besten Aussichten hat, voll zufriedengestellt zu werden; während ein Wesen von höheren Fähigkeiten stets das Gefühl haben wird, dass alles Glück, das es von der Welt, so wie sie beschaffen ist, erwarten kann, unvollkommen ist. Aber wenn diese Unvollkommenheiten überhaupt nur erträglich sind, kann es lernen, mit ihnen zu leben, statt die anderen zu beneiden, denen diese Unvollkommenheiten nur deshalb nicht bewusst sind, weil sie sich von den Vollkommenheiten keine Vorstellung machen können, mit denen diese verglichen werden. Es ist besser, ein unzufriedener Mensch zu sein als ein zufriedenes Schwein; besser ein unzufriedener Sokrates als ein zufriedener Narr. Und wenn der Narr oder das Schwein anderer Ansicht sind, dann deshalb, weil sie nur die eine Seite der Angelegenheit kennen. Die andere Partei hingegen kennt beide Seiten.

John Stuart Mill, Der Utilitarismus, S. 13-18

M2 Bedürfnishierarchie

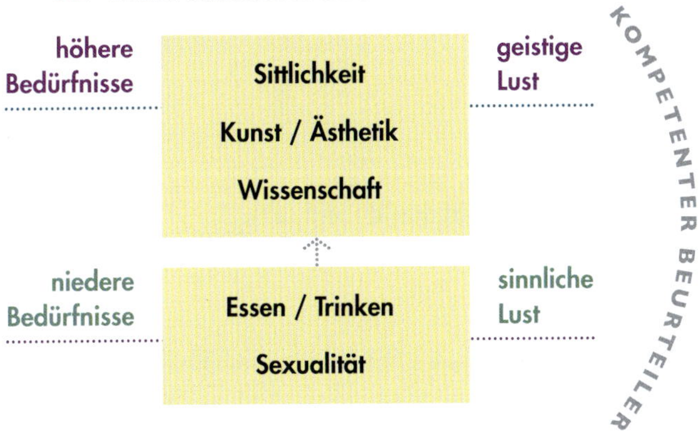

M3 Zum Wohl des Ganzen

Der Utilitarismus kann sein Ziel [...] nur durch die allgemeine Ausbildung und Pflege eines edlen Charakters erreichen, selbst wenn für jeden Einzelnen der eigene Edelmut eine Einbuße an Glück und nur jeweils der Edelmut der anderen einen Vorteil bedeuten würde. [...] Die Forderungen, sich dem andern gegenüber so zu verhalten, wie man möchte, dass er sich einem selbst gegenüber verhält, und den Nächsten zu lieben wie sich selbst, stellen die utilitaristische Moral in ihrer höchsten Vollkommenheit dar. Um sich diesem Ideal so weit wie möglich anzunähern, fordert das Nützlichkeitsprinzip erstens, dass Gesetze und gesellschaftliche Verhältnisse das Glück oder [...] die Interessen jedes Einzelnen so weit wie möglich mit dem Interesse des Ganzen in Übereinstimmung bringen; und zweitens, dass Erziehung und öffentliche Meinung, die einen so gewaltigen Einfluss auf die menschliche Gesinnung haben, diesen Einfluss dazu verwenden, in der Seele jedes Einzelnen eine unauflösliche gedankliche Verknüpfung herzustellen zwischen dem eigenen Glück und dem Wohl des Ganzen und insbesondere zwischen dem eigenen Glück und der Gewohnheit, so zu handeln, wie es die Rücksicht auf das allgemeine Glück gebietet; so dass er nicht nur unfähig wird, die Möglichkeit eines Glücks für sich selbst mit einer Handlungsweise, die dem Gemeinwohl zuwider ist, zusammen zu denken, sondern auch so, dass ein unmittelbares Motiv zur Förderung des allgemeinen Wohlseins jedem Einzelnen einer der gewohnheitsmäßigen Handlungsantriebe wird [...].

John Stuart Mill, Der Utilitarismus, S. 21, 30f., 49f.

M4 Stärken des Utilitarismus

Der Standpunkt des Utilitarismus ist erstens nichttranszendent, d. h., er beruft sich auf nichts, das außerhalb des menschlichen Lebens liegt, vor allem nicht auf religiöse Überzeugungen. Dadurch kommt er der durchaus vernünftigen Forderung entgegen, dass die Moral sich heutzutage offen vom Christentum emanzipieren sollte. [...]
Zweitens scheint das oberste Gut der Utilitaristen, das Glück, kaum irgendwelche Probleme aufzuwerfen: wie sehr sich die Menschen auch sonst unterscheiden mögen, sie möchten doch wenigstens alle glücklich sein; und welche anderen Ziele dabei auch aufgegeben werden müssen, das Streben nach einem Maximum an Glück muss sicherlich eine vernünftige Zielsetzung sein. [...] Der springende Punkt hier [...] ist vielmehr, dass es sich beim Utilitarismus um eine Moral handelt, die ein *minimales Engagement* erfordert: Sobald man der Mindestforderung für den Eintritt in das Reich der Moral genügt und bereit ist, die Wünsche und Bedürfnisse anderer ebenso in Betracht zu ziehen wie die eigenen, besitzt der Utilitarismus bereits eine Basis, von der aus er operieren kann. [...]
Der dritte Grund besteht darin, dass moralische Fragen durch die Berechnung ihrer empirischen Konsequenzen entscheidbar sind. Das moralische Denken wird empirisch und damit alle entscheidenden Fragen der Gesellschaftspolitik eine Sache der Sozialwissenschaft.

nach Bernard Williams, Der Begriff der Moral, S. 94ff.

1 Analysieren Sie Mills Grundlegung des qualitativen Hedonismus, indem Sie die Argumentationsstruktur des Textes herausarbeiten. ➜ M1
2 Beurteilen Sie Mills Verfahren zur Bestimmung der Qualität von Freuden und Leiden. ➜ M1
3 Prüfen Sie die Überzeugungskraft von Mills Argument, dass Menschen höhere Freuden niederen immer vorziehen würden, sofern sie beide kennen. ➜ M1
4 Rekonstruieren Sie Mills Menschenbild anhand der Grafik zur Bedürfnishierarchie. ➜ M2
5 Setzen Sie sich kritisch mit dem utilitaristischen Ideal auseinander. ➜ M3
6 Bilden Sie zwei Parteien, wobei die eine den Utilitarismus verteidigt, die andere ihn durch Fragen und Gegenargumente angreift. ➜ M4

9 Grundformen des Utilitarismus

M1 Allgemeines Prinzip der Nützlichkeit

Utilitaristischer Imperativ „Handle so, dass die Folgen deiner Handlung bzw. Handlungsregel für das Wohlergehen aller optimal sind!“

Diejenigen Handlungen bzw. Handlungsregeln sind moralisch richtig, deren

1. **Folgen** ⇢	**Konsequenzenprinzip (Folgenprinzip)**	Moralische Richtigkeit einer Handlung oder Handlungsregel bestimmt sich ausschließlich von den **Folgen** her.
für das 2. **Wohlergehen** ⇢	**hedonistisches Prinzip (Glücksprinzip)**	Kriterium der moralischen Beurteilung einer Handlung ist das durch die Handlung erzielte **Glück**.
3. **aller Betroffenen** ⇢	**universalistisches Prinzip (Verallgemeinerungsprinzip)**	Entscheidend für den moralischen Wert einer Handlung oder Handlungsregel ist das Wohlergehen **aller** von der Handlung **Betroffenen**.
4. **optimal** sind. ⇢	**Utilitätsprinzip (Nutzenprinzip)**	Maßstab für die Beurteilung der Folgen einer Handlung ist der **Nutzen** für das, was als an sich gut erachtet wird.

nach Otfried Höffe, Einleitung, S. 10f.

M2 Handlungs- und Regelutilitarismus

Wir müssen zwei Formen des Utilitarismus unterscheiden: den *Handlungsutilitarismus* und den *Regelutilitarismus*. Handlungsutilitaristen sind der Meinung, man solle, was richtig oder pflichtgemäß ist, im Allgemeinen [...] unter unmittelbarer Heranziehung des Prinzips der Nützlichkeit entscheiden; mit anderen Worten, man solle herauszufinden suchen, welche der möglichen Handlungen vermutlich das größte Übergewicht von guten gegenüber schlechten Konsequenzen in der Welt herbeiführen wird. Man muss sich fragen: „Welche Folgen wird *meine* Ausführung *dieser* Handlung in *dieser* Situation haben?“ [...] Verallgemeinerungen wie „Die Wahrheit zu sagen, dient wahrscheinlich immer dem größten allgemeinen Wohl“ oder „Die Wahrheit zu sagen, dient im Allgemeinen dem größten allgemeinen Wohl“ mögen als Faustregeln, gegründet auf in der Vergangenheit gemachte Erfahrungen, von Nutzen sein; aber die entscheidende Frage ist stets, ob es in *diesem* Fall dem größten allgemeinen Wohl dient, die Wahrheit zu sagen oder nicht. Es kann niemals richtig sein, der Regel, die Wahrheit zu sagen, Folge zu leisten, wenn in einem konkreten Fall stichhaltige Gründe für die Annahme bestehen, dass dem genannten Ziel mit einer Lüge besser gedient ist [...].

Anderer Meinung ist der Regelutilitarismus, [...] der aber erst in der letzten Zeit populär geworden ist. Der Regelutilitarismus betont die zentrale Rolle von Regeln für die Moral und besteht darauf – wenn schon nicht immer, so doch im Allgemeinen –, konkrete moralische Entscheidungen im Einklang mit einer Regel zu fällen (wie der Regel, die Wahrheit zu sagen), ohne Rücksicht darauf, welche Handlungsalternative in der betreffenden Situation die besten Folgen hat. Aber anders als die deontologische Auffassung verlangt der Regelutilitarismus weiter, Regeln stets so zu wählen, dass sie ihrerseits auf das größte allgemeine Wohl ausgerichtet sind. Das heißt, die Frage lautet nicht mehr, welche *Handlung* am nützlichsten ist, sondern welche *Regel*. Wenn wir eine Handlung in Betracht ziehen, so sollten wir uns nicht fragen „Was werden die Folgen sein, wenn ich in diesem Fall so handle?“, sondern „Was wären die Folgen, wenn jeder in derartigen Fällen so handelte?“ – eine Frage, die wir uns tatsächlich in unseren moralischen Überlegungen häufig stellen. Das Utilitätsprinzip wird – im Normalfall zumindest – nicht bei der Festlegung unserer konkreten Pflichten relevant, sondern bei der Festlegung von Regeln, nach denen diese sich richten. Die Auswahl, Beibehaltung, Abänderung und Aufhebung dieser Regeln darf allein auf der Basis ihrer Nützlichkeit erfolgen. Das Prinzip der Nützlichkeit bleibt damit der letzte Maßstab, wenn es auch, anstatt auf der Ebene von konkreten Urteilen, auf der Ebene von Regeln eingreift.

nach William K. Frankena, Analytische Ethik, S. 55f.

M3 Präferenzutilitarismus

Ethik nimmt einen universalen Standpunkt ein. Dies bedeutet nicht, dass ein einzelnes moralisches Urteil universal anwendbar sein muss. [...] Es bedeutet vielmehr, dass wir dort, wo wir moralische Urteile fällen, über unsere eigenen Neigungen und Abneigungen hinausgehen. Von einem moralischen Standpunkt *[moral point of view]* aus betrachtet ist die Tatsache unerheblich, dass ich es bin, der beispielsweise davon profitiert, zu mogeln, und dass du es bist, der dabei verliert. Die Ethik verlangt von uns, dass wir über „Ich“ und „Du“ hinausgehen hin zu einem universalen Gesetz, dem universalisierbaren Urteil, dem Standpunkt des unparteiischen Betrachters oder idealen Beobachters, oder wie immer wir es nennen wollen. [...]

Der universale Aspekt der Ethik, meine ich, liefert uns eine Basis dafür, zumindest anfänglich eine utilitaristische Position im weiteren Sinn einzunehmen. [...] Meine Begründung für diese Behauptung ist folgende: Indem ich akzeptiere, dass moralische Urteile von einem universalen Standpunkt aus getroffen werden müssen, akzeptiere ich, dass meine eigenen Bedürfnisse, Wünsche und Interessen nicht einfach deshalb, weil sie meine Präferenzen sind, mehr zählen als die Interessen von irgendjemand anderem. Daher muss dann, wenn ich moralisch denke, mein ganz natürliches Bestreben, dass für meine Bedürfnisse, Wünsche und Interessen – ich werde sie von nun an als „Präferenzen“ bezeichnen - gesorgt wird, ausgedehnt werden auf die Präferenzen anderer. [...]

Also muss ich nun anstelle meiner eigenen Präferenzen die all der anderen berücksichtigen, die von meiner Entscheidung betroffen sind. Wenn es nicht irgendwelche weiteren ethisch relevanten Gesichtspunkte gibt, wird mich das dazu bringen, sämtliche vorhandenen Präferenzen abzuwägen und jenen Handlungsverlauf zu wählen, von dem es am wahrscheinlichsten ist, dass er die Präferenzen der Betroffenen weitestgehend befriedigt. [...]

Die hier skizzierte Denkweise ist eine Form von Utilitarismus, aber nicht die von klassischen Utilitaristen [...]. Diese behaupteten, dass wir immer das tun sollten, was Lust oder Glück vermehrt und Schmerz oder Unglück verringert. [...] Im Gegensatz dazu ist die bereits erwähnte Auffassung unter dem Namen „Präferenz-Utilitarismus“ bekannt, weil sie behauptet, dass wir das tun sollten, was per saldo die Präferenzen der Betroffenen fördert. *Peter Singer, Praktische Ethik, S. 37-41*

1 Wenden Sie das Verfahren der Verallgemeinerung im Handlungs- und im Regelutilitarismus auf Fallbeispiele an. Bewerten Sie die unterschiedlichen Ergebnisse. ➜ M1/2

2 Erörtern Sie, ob der Präferenzutilitarismus grundlegende Schwierigkeiten des klassischen Utilitarismus lösen kann. ➜ M3

1 Moralische Dilemmata

M1 Die Qual der Wahl

Stellen Sie sich eine Straßenbahn vor, die einen Berg hinabrollt. Plötzlich sieht der Fahrer, dass fünf Menschen auf den Schienen stehen. Er versucht zu bremsen – doch die Bremsen versagen. Er hat nun die Wahl, eine Weiche vor der Bahn umzustellen und so in Kauf zu nehmen, einen Menschen auf dem Nachbargleis zu überfahren – oder die fünf anderen Menschen zu überrollen: Was soll er tun? Ist es moralisch besser, der Bahn ihren Lauf zu lassen und fünf Menschen zu töten – oder den Kurs zu ändern und nur einen Menschen zu töten? (Und was, wenn dieser eine Albert Einstein wäre – oder aber ein entflohener Sträfling?)

Ein moralisches Dilemma dieser Art gibt es nicht nur in philosophischen Gedankenexperimenten. Wie real eine solche Situation werden könnte, zeigte die Diskussion um das Luftsicherheitsgesetz [...]: Wäre es moralisch akzeptabel, ein voll besetztes, von Terroristen gekapertes Flugzeug abzuschießen, um zu verhindern, dass es möglicherweise in ein Hochhaus oder Fußballstadion gelenkt wird und noch viel mehr Menschen sterben? Die meisten Menschen – Philosophen eingeschlossen – würden die Weiche im Straßenbahn-Beispiel umstellen, um das Unglück möglichst klein zu halten.

M2 Darf man Leben gegeneinander aufrechnen?

Doch angenommen, die Bahn rattert auf die potenziellen fünf Opfer zu und es gibt keine Weiche – aber eine unbeteiligte Passantin am Schienenrand hätte die Möglichkeit, einen sehr dicken Mann, der neben ihr steht, auf die Schienen zu stoßen, um so die heranrollende Bahn zum Stillstand zu bringen und den fünf Menschen das Leben zu retten. Es steht also wieder fünf zu eins. Sollte die Passantin handgreiflich werden? (Sie selbst ist zu schlank, um durch ihren Märtyrer-Tod die Bahn aufzuhalten.)

Von einem utilitaristischen Standpunkt aus – einer quasi-mathematischen ethischen Kosten-Nutzen-Abwägung – wäre es besser, den dicken Mann zu opfern, um die fünf anderen zu retten. Trotzdem ergaben Umfragen, dass die meisten Menschen, auch viele Philosophen, nicht so handeln würden. Und auch nicht wollen, dass die Passantin so handelt. Was also macht es moralisch (mehr) akzeptabel, den einen Menschen im ersten Fall (Weichenumstellung) zu opfern, um fünf andere zu retten, nicht aber im zweiten?

M1/2: Rüdiger Vaas, Wie das Gehirn sein Urteil fällt, in: bild der wissenschaft 1/2008, S. 88

M3 Was ist ein moralisches Dilemma?

Ein moralisches Dilemma beschreibt eine Situation, in der mindestens zwei moralische Prinzipien miteinander - oder sogar mit sich selbst - in Konflikt geraten, indem sie dem Handelnden einander widersprechende Handlungen vorschreiben. Hinzu kommt ein durch die Situation gegebener Zeitdruck, der eine (baldige) Entscheidung verlangt. Berühmt geworden ist das „Heinz-Dilemma" des amerikanischen Moralpsychologen Lawrence Kohlberg (1927-1987).

Eine Frau in Europa leidet an einer besonderen Krebsart und ist dem Tod nahe. Soeben hat man ein höchstwahrscheinlich wirksames Mittel gegen diese Krankheit entwickelt. Es kann aber nur in der Apotheke des Erfinders und Herstellers gekauft werden, der eine Unsumme für eine kleine Dosis verlangt. Heinz, der Ehemann der Kranken, sammelt verzweifelt Geld unter seinen Freunden und versucht auch, mit dem Apotheker zu verhandeln. Als alle Bemühungen ohne Erfolg bleiben, bricht er in die Apotheke ein, um das Mittel für seine Frau zu stehlen. Hat er richtig gehandelt?

M4 Vorzugsregeln für alltägliche moralische Konflikte

Es ist eine unbestreitbare Tatsache, dass wir trotz untadeliger ethischer Gesinnung immer wieder in Dilemmasituationen geraten können, in denen wir bei der Erfüllung des einen Grundsatzes eine Verletzung eines anderen in Kauf nehmen müssen. Obwohl man die moralische Pflicht hätte, jede der beiden Handlungen auszuführen, müssen wir uns zwischen ihnen entscheiden. Man hat das sich infolgedessen einstellende Gefühl von Ohnmacht und Bedauern als Einwand gegen eine kognitivistische Ethik geltend gemacht [...]. Kehren wir zum Heinz-Dilemma zurück: Tatsächlich dürfte *präferenzutilitaristisch* betrachtet der Wunsch zu leben stärker sein als das Interesse des Apothekers an der kleinen, wieder herstellbaren Dosis des Medikamentes. [...] Nach *kantischer Ethik* hingegen wären verschiedene Rechte und Pflichten zu unterscheiden, die sich in einer hierarchischen Ordnung befinden. Dabei wäre weniger das von Kohlberg benannte Recht auf Eigentum und Recht auf Leben relevant. Zwar rangiert das „Recht auf Leben" höher als das „Recht auf Eigentum" bzw. der Wert menschlichen Lebens höher als der Eigentumswert, weshalb wir einen Diebstahl eindeutig als weniger gravierend einschätzen als einen Mord. Heinz würde jedoch seine Frau mitnichten töten, wenn er vor dem fraglichen Diebstahl aus moralischen Gründen zurückschreckte. Dem „Recht auf Eigentum" kann also nicht das „Recht auf Leben" entgegengestellt werden, sondern allenfalls ein „Recht auf Wohltätigkeit". [...]
Bei vielen alltäglichen moralischen Konflikten hilft es uns zweifellos weiter, auf diese Weise die relevanten Rechte, Prinzipien oder Werte in eine hierarchische Ordnung zu bringen.
Vorzugsregeln für alltägliche moralische Konflikte:

1. Es müssen alle Werte, Prinzipien und Rechte in Betracht gezogen werden, die in einer bestimmten Handlungssituation relevant sind.
2. Moralische Rechte dürfen nicht verletzt werden.
3. Die höherrangigen Prinzipien verdienen den Vorzug.
4. Bei gleichwertigen Prinzipien oder Grundrechten muss ein Kompromiss gefunden werden, der alle Betroffenen gleichermaßen berücksichtigt.
5. Erst dann kommen situationsspezifische Nutzenüberlegungen bezüglich der zu erwartenden Folgen für die Einzelnen ins Spiel, um konkrete, anwendungsorientierte Normen zu formulieren.

M3/4: Dagmar Fenner, Ethik, S. 174, 176f.

1 Überlegen Sie, warum man ein moralisches Dilemma nicht so einfach durch eine Kosten-Nutzen-Analyse entscheiden kann. ➜ M1/2

2 Informieren Sie sich über das „Luftsicherungsgesetz". Setzen Sie sich mit der Begründung auseinander. ➜ M1

3 Recherchieren Sie weitere Beispiele für moralische Dilemmata. ➜ M1/2

4 Führen Sie anhand des Heinz-Dilemmas eine moralische Dilemmadiskussion (Präsentation, Erarbeitung von Argumenten, Pro-Contra Diskussion, Abstimmung, Begründung) durch. ➜ M3

5 Formulieren Sie für Ihr Leben grundlegende Rechte, Prinzipien und Werte, die niemals verletzt werden sollten (z. B. Recht auf Leben, Wahrhaftigkeit), und erstellen Sie eine hierarchische Ordnung. Diskutieren Sie die Probleme, die hierbei auftreten. ➜ M4

2 Bürger zweier Welten

M1 Der gestirnte Himmel über mir ...

Anselm Kiefer: Der gestirnte Himmel über mir, das moralische Gesetz in mir, 1980
Der berühmte Titel von Anselm Kiefers Bild verweist auf Immanuel Kants Kritik der praktischen Vernunft. *Der Künstler gestaltet eine Schwarzweiß-Aufnahme seiner eigenen Person und schreibt der schwarzen Acrylfarbe eine verwirrende Komplexität seines Symbolkosmos ein: Er und seine Kunst sollen zu Mittlern werden zwischen Himmel und Erde.*

M2 Zwei Standpunkte

In dem folgenden fiktiven Interview stammen die Antworten aus dem berühmten Schluss von Kants Kritik der praktischen Vernunft.

Moderator: Herr Kant, Sie haben mit Ihrem Nachdenken über Gott, das Weltall und den Menschen die abendländische Philosophie revolutioniert, aber ihre Texte sind schwer zu verstehen. Können Sie uns mit wenigen Worten sagen, was Sie am meisten beeindruckt hat?

Kant: Zwei Dinge erfüllen das Gemüt mit immer neuer und zunehmender Bewunderung und Ehrfurcht, je öfter und anhaltender sich das Nachdenken damit beschäftigt: *der bestirnte Himmel über mir, und das moralische Gesetz in mir.* Beide darf ich nicht als in Dunkelheiten verhüllt, oder im Überschwänglichen, außer meinem Gesichtskreise suchen und bloß vermuten; ich sehe sie vor mir und verknüpfe sie unmittelbar mit dem Bewusstsein meiner Existenz.

Moderator: Wie sollen wir uns das vorstellen?

Kant: Das erste fängt von dem Platze an, den ich in der äußern Sinnenwelt einnehme, und erweitert die Verknüpfung, darin ich stehe, ins unabsehlich Große mit Welten über Welten und Systemen von Systemen, überdem noch in grenzenlose Zeiten ihrer periodischen Bewegung, deren Anfang und Fortdauer.

Moderator: Damit wäre also unsere Stellung im System der Natur erklärt. Was hat es nun mit dem zweiten „Ding" auf sich?

Kant: Das zweite fängt von meinem unsichtbaren Selbst, meiner Persönlichkeit, an und stellt mich in einer Welt dar, die wahre Unendlichkeit hat, aber nur dem Verstande spürbar ist, und mit welcher (dadurch aber auch zugleich mit allen jenen sichtbaren Welten) ich mich, nicht wie dort, in bloß zufälliger, sondern allgemeiner und notwendiger Verknüpfung erkenne.

Moderator: Sie haben daraus bedeutende Folgerungen für das Selbstbewusstsein des Menschen gezogen. Wie fühle ich mich als reines „Naturwesen"?

Kant: Der erstere Anblick einer zahllosen Weltenmenge vernichtet gleichsam meine Wichtigkeit, als eines *tierischen Geschöpfs*, das die Materie, daraus es ward, dem Planeten (einem bloßen Punkt im Weltall) wieder zurückgeben muss, nachdem es eine kurze Zeit (man weiß nicht wie) mit Lebenskraft versehen gewesen.

Moderator: Diese Gedanken passen sehr gut in unser 21. Jahrhundert. Aber Sie behaupten, dass der Mensch mehr ist als bloße Materie. Können Sie uns auch hierzu eine kurze Erklärung geben?

Kant: Der zweite [Anblick] erhebt dagegen meinen Wert als einer *Intelligenz*, unendlich, durch meine Persönlichkeit, in welcher das moralische Gesetz mir ein von der Tierheit und selbst von der ganzen Sinnenwelt unabhängiges Leben offenbart, wenigstens so viel sich aus der zweckmäßigen Bestimmung meines Daseins durch dieses Gesetz, welche nicht auf Bedingungen und Grenzen dieses Lebens eingeschränkt ist, sondern ins Unendliche geht, abnehmen lässt.

Immanuel Kant, Kritik der praktischen Vernunft, S. 161f.

M3 Die moralisch-praktische Vernunft

Handeln nach Maßgabe der praktischen Vernunft – mit dieser Forderung zeigt Kant, dass moralisches Urteilen und Handeln nicht Sache eines persönlichen Gefühls oder einer willkürlichen Entscheidung, auch nicht eine Frage der Tradition oder Konvention ist, sondern Gegenstand einer rationalen Argumentation. Diese Behauptung einer moralisch gesetzgebenden, das heißt normsetzenden und zwecksetzenden und insofern motivierenden Vernunft steht im Gegensatz zu den ethischen Theorien, die in dem moralischen Gefühl oder einer Intuition die Motivation moralischen Handelns sehen. Kant stellt dagegen heraus: „Reine Vernunft ist für sich allein praktisch und gibt [dem Menschen] ein allgemeines Gesetz, welches wir das Sittengesetz nennen." Er behauptet damit, dass es unbedingte praktische Gesetze gibt, die in der Vernunft begründet liegen. Damit unterstellt Kant der Vernunft eine *Autonomie*, der zwei mögliche Fremdbestimmungen entgegenstehen:

- göttliche Gebote, die nicht aus Vernunft einsehbar sind;
- natürliche Triebe, Affekte und Neigungen als Äußerungen des natürlichen Selbstinteresses oder der Eigenliebe.

Besonders mit der zweiten Form der *Heteronomie* setzt Kant sich auseinander und zeigt, dass der Mensch als moralisch Handelnder aufgrund seiner Freiheit und Vernünftigkeit eine Autonomie in der Handlungsbestimmung erreichen kann durch die Fähigkeit, das Handeln unabhängig von den empirischen Bestimmungsgründen zu wählen.

Für diese bewussten und absichtlichen Handlungen und die dafür geltenden moralischen Normen grundlegend ist der Begriff der Maxime; sie ist eine selbstgesetzte Handlungsregel. Bedürfnisse und Zwecke bestimmen zwar das Handeln, Maximen aber sind die selbstgesetzten Grundsätze aufgrund dieser Bestimmungen. Maxime kann also eine Art Lebensentwurf sein, z. B.: „Ich will bei jeder Gelegenheit Profit machen."

M4 Vernunft bestimmt die Moral

In der Vorrede seiner *Grundlegung zur Metaphysik der Sitten* legt Kant den Ansatz seiner Moralphilosophie deutlich dar:

1. Jedermann muss eingestehen, dass ein Gesetz, wenn es moralisch, d. i. als Grund einer Verbindlichkeit, gelten soll, absolute Notwendigkeit bei sich führen müsse (z. B. das Gebot: du sollst nicht lügen);
2. der Grund der Verbindlichkeit liegt nicht in der Natur des Menschen oder den Umständen der Welt, darin er gesetzt ist, sondern a priori in Begriffen der reinen Vernunft;
3. daraus folgt: dass jede andere Vorschrift, die sich auf Prinzipien der bloßen Erfahrung gründet, niemals ein moralisches Gesetz heißen kann.

nach Immanuel Kant, Grundlegung zur Metaphysik der Sitten, S. 389

1 Fertigen Sie zu Anselm Kiefers Bild eine genaue Bildanalyse an und deuten Sie die dargestellten Symbole. → M1

2 Bilden Sie zwei Gruppen und erarbeiten Sie die beiden Standpunkte, die der Mensch einnehmen kann. Ergänzen Sie Kants Argumente. → M2

3 Diskutieren Sie, inwiefern Kiefer Elemente des Kanttextes aufnimmt. → M1/2

4 Entwerfen Sie Möglichkeiten der Visualisierung von Kants dualistischem Menschenbild. → M2

5 Erklären Sie Heteronomie und Autonomie in Bezug auf die Begründung moralischer Urteile. → M3

6 Formulieren Sie Maximen, die Ihr Leben und Ihr Handeln täglich bestimmen. → M3

7 Erläutern Sie, welchen Anspruch ein oberstes Gesetz der Moral nach Kant haben muss. → M4

3 Der gute Wille

Eine wichtige Rolle, die die praktische Vernunft in den menschlichen Handlungen spielt, ist die Suche nach dem höchsten Gut, unabhängig von menschlichen Bedürfnissen und Wünschen. Nach Kant ist die praktische Vernunft dabei gerichtet auf:

1. ein bedingtes Gut: die Glückseligkeit,
2. ein unbedingtes Gut: den guten Willen.

Im Gegensatz zur überlieferten Moralphilosophie besteht das schlechthin Gute nicht in einem höchsten Gegenstand des Willens (z. B. der Eudämonie), sondern im guten Willen selbst.
Der Anfang der *Grundlegung zur Metaphysik der Sitten*, einer grundlegenden und einflussreichen Schrift der Moralphilosophie, beginnt mit der Bestimmung des an sich guten Willens.

Text: → → → → **Kommentar:**

Es ist überall nichts in der Welt, ja überhaupt auch außer derselben zu denken möglich, was ohne Einschränkung für gut könnte gehalten werden, als allein ein *guter Wille*.

These: Nur ein guter Wille ist gut an sich bzw. absolut oder unbedingt gut. = zwei Teilthesen:
1. Außer dem guten Willen lässt sich nichts als absolut gut bezeichnen.
2. Der gute Wille ist ohne jede Einschränkung gut.

Verstand, Witz, Urteilskraft, und wie die *Talente* des Geistes sonst heißen mögen, oder Mut, Entschlossenheit, Beharrlichkeit im Vorsatze, als Eigenschaften des *Temperaments*, sind ohne Zweifel in mancher Absicht gut und wünschenswert; aber sie können auch äußerst böse und schädlich werden, wenn der Wille, der von diesen Naturgaben Gebrauch machen soll und dessen eigentümliche Beschaffenheit darum *Charakter* heißt, nicht gut ist.

1. Teil des Begründungsverfahrens:
Prüfung: Gibt es andere Güter, die uneingeschränkt gut sind?
Methode: Einteilung der natürlichen Eigenschaften des Menschen.
Ergebnis: Naturgaben sind moralisch indifferent; sie können sowohl gute wie auch schlechte Handlungen hervorbringen.
Fazit: Gut sind sie nur in Verbindung mit dem guten Willen.

Mit den *Glücksgaben* ist es eben so bewandt. Macht, Reichtum, Ehre, selbst Gesundheit, und das ganze Wohlbefinden und Zufriedenheit mit seinem Zustande, unter dem Namen der *Glückseligkeit*, machen Mut und hiedurch öfters auch Übermut, wo nicht ein guter Wille da ist, der den Einfluss derselben aufs Gemüt, und hiemit auch das ganze Prinzip zu handeln, berichtige und allgemeinzweckmäßig mache […].

Prüfung: Wie steht es mit von außen kommenden Gütern?
Ergebnis: Auch die „Glücksgaben“ können nur in Verbindung mit dem guten Willen gut sein.

Problem: Dass Macht und Reichtum nicht an sich gut sind, leuchtet ein, aber es ist schon etwas schwerer vorstellbar, dass selbst die Gesundheit oder die Glückseligkeit nicht etwas unbedingt Gutes ist.

Einige Eigenschaften sind sogar diesem guten Willen selbst beförderlich und können sein Werk sehr erleichtern, haben aber dem ungeachtet keinen innern unbedingten Wert, sondern setzen immer noch einen guten Willen voraus, der die Hochschätzung, die man übrigens mit Recht für sie trägt, einschränkt, und es nicht erlaubt, sie für schlechthin gut zu halten. Mäßigung in Affekten und Leidenschaften, Selbstbeherrschung und nüchterne

Kritik der Hauptaussage der aristotelischen Ethik:
Im Gegensatz zur überlieferten Moralphilosophie besteht das schlechthin Gute nicht in einem höchsten Gegenstand des Willens, etwa der Glückseligkeit wie bei Aristoteles, sondern im guten Willen selbst.

Überlegung sind nicht allein in vielerlei Absicht gut, sondern scheinen sogar einen Teil vom *innern* Werte der Person auszumachen; allein es fehlt viel daran, um sie ohne Einschränkung für gut zu erklären (so unbedingt sie auch von den Alten gepriesen worden). Denn ohne Grundsätze eines guten Willens können sie höchst böse werden, und das kalte Blut eines Bösewichts macht ihn nicht allein weit gefährlicher, sondern auch unmittelbar in unsern Augen noch verabscheuungswürdiger, als er ohne dieses dafür würde gehalten werden.

Beispiel: So sind z. B. Mut und Entschlossenheit für einen Kriminalkommissar unentbehrliche gute Eigenschaften, bei einem Bankräuber hingegen sind sie äußerst böse und schädlich.

Der gute Wille ist nicht durch das, was er bewirkt oder ausrichtet, nicht durch seine Tauglichkeit zu Erreichung irgendeines vorgesetzten Zweckes, sondern allein durch das Wollen, d. i. an sich gut, und, für sich selbst betrachtet, ohne Vergleich weit höher zu schätzen als alles, was durch ihn zu Gunsten irgendeiner Neigung, ja, wenn man will, der Summe aller Neigungen, nur immer zu Stande gebracht werden könnte.

2. Teil des Begründungsverfahrens: Was sind die Bedingungen für den guten Willen?

Antwort: Der gute Wille darf weder nach seinen Wirkungen noch als Mittel für eine bestimmte Wirkung beurteilt werden. Denn er ist an sich gut, d. h. allein gut durch das gute Wollen.

Folgerung: Daher hat er auch nicht sein Gutsein durch etwas, was außer ihm liegt, und sei es auch eine gute Wirkung.

Wenngleich durch eine besondere Ungunst des Schicksals oder durch kärgliche Ausstattung einer stiefmütterlichen Natur es diesem Willen gänzlich an Vermögen fehlte, seine Absicht durchzusetzen; wenn bei seiner größten Bestrebung dennoch nichts von ihm ausgerichtet würde und nur der gute Wille (freilich nicht etwa ein bloßer Wunsch, sondern als die Aufbietung aller Mittel, so weit sie in unserer Gewalt sind) übrig bliebe: so würde er wie ein Juwel doch für sich selbst glänzen, als etwas, das seinen vollen Wert in sich selbst hat.

Problem: So würde ein guter Wille, auch wenn er gar nichts bewirkt, seinen vollen Wert in sich selbst haben.

Die Nützlichkeit oder Fruchtlosigkeit kann diesem Werte weder etwas zusetzen noch abnehmen. Sie würde gleichsam nur die Einfassung sein, um ihn im gemeinen Verkehr besser handhaben zu können, oder die Aufmerksamkeit derer, die noch nicht genug Kenner sind, auf sich zu ziehen, nicht aber, um ihn Kennern zu empfehlen und seinen Wert zu bestimmen.

Folgerung: Wenn das so ist, dann kann das Gute eines guten Willens auch nicht vom Erfolg oder Misserfolg beim Erreichen der Wirkungen hergeleitet werden. Ein faktisch erreichter Nutzen ist lediglich eine „Einfassung des Juwels".

Immanuel Kant, Grundlegung zur Metaphysik der Sitten, S. 393f.

1 Der Text ist in Sinnabschnitte gegliedert. Formulieren Sie zu jedem Abschnitt die Frage, auf die der Text antwortet.

2 Fassen Sie die wichtigen Aussagen des Textes in Form von Thesen zusammen. Erläutern Sie jede These. Dazu können Sie
- auf den Text und den Kommentar zurückgreifen,
- die Gegenthesen ausformulieren und evtl. widerlegen,
- anhand von Beispielen die Thesen illustrieren.

3 Schreiben Sie einen eigenen Kommentar, in dem Sie Ihren Mitschülern die Grundgedanken des Textes erklären.

4 Antworten Sie in einem Kommentar auf den Text, indem Sie einzelne Aussagen, denen Sie nicht unbedingt zustimmen können, kritisch durchleuchten.

4 Gefühl oder Pflicht?

M1 Warum helfen wir?

Touristin bei der Erstversorgung gestrandeter Bootsflüchtlinge auf Teneriffa, 2006

M2 Das moralische Gefühl

In jüngster Zeit ist eine Kontroverse in Gang gekommen, die viel eher eine Untersuchung verdient.
Sie gilt der allgemeinen Grundlegung der Moral: ob diese aus dem *Verstand* oder aus dem *Gefühl* herzuleiten sei; ob wir zu ihrer Erkenntnis durch eine Kette von Argumentationen und durch Induktion gelangen oder durch ein unmittelbares Gefühl und einen feineren inneren Sinn. Es muss zugegeben werden, dass sich für beide Standpunkte blendend argumentieren lässt. [...]
Der Begriff der Moral schließt ein allen Menschen gemeinsames Gefühl ein, das denselben Gegenstand der allgemeinen Zustimmung empfiehlt; und das alle oder die meisten Menschen veranlasst, sich davon die gleiche Meinung zu bilden oder darüber dieselbe Entscheidung zu treffen. Dieser Begriff der Moral schließt ferner ein Gefühl ein, das so universell und umfassend ist, dass es sich auf die gesamte Menschheit erstreckt; und das die Handlungen und das Verhalten selbst ganz fernstehender Personen zu einem Gegenstand des Beifalls oder des Tadels macht, je nachdem, ob diese mit jenem anerkannten Rechtsgrundsatz übereinstimmen oder nicht. Diese beiden notwendigen Bedingungen treffen allein auf das Gefühl der Menschlichkeit zu, auf das hier Gewicht gelegt wurde. [...]
Wenn jemand einen anderen seinen *Feind*, seinen *Rivalen*, seinen *Widersacher*, seinen *Gegner* nennt, so meint man, dass er die Sprache der Selbstliebe spricht und dass er Gefühle ausdrückt, die ihm eigen sind und die auf seinen besonderen Umständen und seiner besonderen Lage beruhen. Aber wenn er irgendjemanden als *lasterhaft*, *hassenswert* und *verdorben* bezeichnet, dann spricht er eine andere Sprache und drückt Gefühle aus; von denen er erwartet, dass alle seine Zuhörer darin mit ihm übereinstimmen. Er muss daher in diesem Fall von seiner privaten und besonderen Situation absehen und einen Standpunkt wählen, den er mit anderen gemeinsam hat; er muss auf ein allgemeines Prinzip der menschlichen Natur einwirken und eine Saite anschlagen, die bei allen Menschen harmonisch widerklingt. Wenn er daher zum Ausdruck bringen möchte, dass dieser Mensch Eigenschaften besitzt, deren Tendenz für die Gesellschaft schädlich ist, so hat er diesen gemeinsamen Standpunkt gewählt und hat das Prinzip der Menschlichkeit berührt, an dem alle Menschen bis zu einem gewissen Grad Anteil haben.

David Hume, Eine Untersuchung über die Prinzipien der Moral, S. 88, 202f.

M3 Handeln aus Pflicht

Die Begründung einer moralisch guten Handlung leistet nach Kant die praktische Vernunft; sie zeigt sich im guten Willen. Worin der gute Wille besteht, entwickelt Kant am Begriff der Pflicht.

Ich übergehe hier alle Handlungen, die schon als pflichtwidrig erkannt werden, ob sie gleich in dieser oder jener Absicht nützlich sein mögen; denn bei denen ist gar nicht einmal die Frage, ob sie *aus Pflicht* geschehen sein mögen, da sie dieser sogar widerstreiten. Ich setze auch die Handlungen bei Seite, die wirklich pflichtmäßig sind, zu denen aber Menschen unmittelbar *keine Neigung* haben, sie aber dennoch ausüben, weil sie durch eine andere Neigung dazu getrieben werden. Denn da lässt sich leicht unterscheiden, ob die pflichtmäßige Handlung *aus Pflicht* oder aus selbstsüchtiger Absicht geschehen sei.

Weit schwerer ist dieser Unterschied zu bemerken, wo die Handlung pflichtmäßig ist und das Subjekt noch überdem *unmittelbare* Neigung zu ihr hat. Z. B. es ist allerdings pflichtmäßig, dass der Krämer seinen unerfahrnen Käufer nicht überteure, und, wo viel Verkehr ist, tut dieses auch der kluge Kaufmann nicht, sondern hält einen festgesetzten allgemeinen Preis für jedermann, so dass ein Kind ebenso gut bei ihm kauf als jeder andere. Man wird also *ehrlich* bedient; allein das ist lange nicht genug, um deswegen zu glauben, der Kaufmann habe aus Pflicht und Grundsätzen der Ehrlichkeit so verfahren; sein Vorteil erforderte es; dass er aber überdem noch eine unmittelbare Neigung zu den Käufern haben sollte, um gleichsam aus Liebe keinem vor dem andern im Preise den Vorzug zu geben, lässt sich hier nicht annehmen. Also war die Handlung weder aus Pflicht, noch aus unmittelbarer Neigung, sondern bloß in eigennütziger Absicht geschehen.

Wohltätig sein, wo man kann, ist Pflicht, und überdem gibt es manche so teilnehmend gestimmte Seelen, dass sie, auch ohne einen andern Bewegungsgrund der Eitelkeit oder des Eigennutzes, ein inneres Vergnügen daran finden, Freude um sich zu verbreiten, und die sich an der Zufriedenheit anderer, so fern sie ihr Werk ist, ergötzen können. Aber ich behaupte, dass in solchem Falle dergleichen Handlung, so pflichtmäßig, so liebenswürdig sie auch ist, dennoch keinen wahren sittlichen Wert habe, sondern mit andern Neigungen zu gleichen Paaren gehe, z. E. der Neigung nach Ehre, die, wenn sie glücklicherweise auf das trifft, was in der Tat gemeinnützig und pflichtmäßig, mithin ehrenwert ist, Lob und Aufmunterung, aber nicht Hochschätzung verdient; denn der Maxime fehlt der sittliche Gehalt, nämlich solche Handlungen nicht aus Neigung, sondern *aus Pflicht* zu tun.

Immanuel Kant, Grundlegung zur Metaphysik der Sitten, S. 397f.

M4 Pflicht ohne Folgen?

Ich denke, dass die Idee des Befolgens der Pflicht um ihrer selbst willen heute von niemandem mehr akzeptiert wird. Jeder versteht diese Idee sofort konsequentialistisch, also mit Bezug auf ein konkret herzustellendes Gut, dessentwegen man der Pflicht folgt, und nicht, wie Kant fordert, als Ausdruck der von den menschlichen Bedürfnissen und Neigungen säuberlich getrennten praktischen Vernunft. Es kommt uns nicht in den Sinn, dass wir unserem Vernunftwesen widersprechen, wenn wir eine Pflicht verletzen, sondern wir meinen ganz naheliegend, dass wir dadurch die über ihre Interessen gerechtfertigten Ansprüche der anderen missachten. Die Kehrseite der allein vernunftbasierten Pflichten ist außerdem, dass sie in gewissem Sinn kontextlos gelten sollen, nicht spezifiziert und abgewogen werden dürfen. Kants Sehnsucht nach absolut und kategorisch geltenden Pflichten hat den in der Moralphilosophie beliebten Konflikt zwischen „deontologischer" und „konsequentialistischer" Ethik mit hervorgerufen sowie die anhaltende Polemik und Abwehr gegenüber dem Utilitarismus unterstützt.

Anton Leist, Kants Ethik in der Diskussion, www.information-philosophie.de

1 Schreiben Sie einen Zeitungskommentar zu dem Bild. ➜ M1
2 Rekonstruieren Sie Humes Begründung der Moral durch das moralische Gefühl. ➜ M2
3 Zeigen Sie an Beispielen den Unterschied zwischen der Sprache der Moral und der Alltagssprache. ➜ M2
4 Erklären Sie, warum das Prinzip „Menschlichkeit" sowohl Gefühl als auch Verstand umfasst. ➜ M2
5 Analysieren Sie den Argumentationsgang des Textes. Fassen Sie Ihre Ergebnisse in einem Schaubild zusammen. ➜ M3
6 Entwerfen Sie einen Dialog zwischen Kant und Hume zu dem Thema: Wie begründen wir moralisch gute Handlungen? ➜ M2/3
7 Nehmen Sie Stellung zu der Kritik von Anton Leist.
Teilen Sie sich in zwei Gruppen und diskutieren Sie das Beispiel der Hilfeleistung unter deontologischen und utilitaristischen Aspekten. ➜ M4

5 Der Moraltest

M1 Soll ich oder soll ich nicht?

Als Richard am Bankautomaten Geld abhob, erlebte er eine erfreuliche Überraschung: Obwohl er den Betrag von einhundert Pfund eingab, bekam er zehntausend Pfund ausgezahlt – mit einer Quittung über hundert. Zuhause überprüfte er seinen Kontostand online und stellte fest, dass ihm tatsächlich nur einhundert Pfund abgebucht worden waren. Er versteckte die Scheine an einem sicheren Ort, weil er fest damit rechnete, dass die Bank den Fehler bald bemerken und das Geld zurückfordern würde. Doch Wochen später hatte sich immer noch niemand gemeldet. Nach zwei Monaten war Richard sicher, dass die Bank ihn nicht mehr kontaktieren würde, und machte sich auf den Weg zum BMW-Händler. Unterwegs bekam er ein schlechtes Gewissen. Hatte er die Bank nicht bestohlen? Nun, dachte er, davon konnte nicht die Rede sein, denn schließlich hatte er das Geld ja nicht absichtlich genommen, sondern ungefragt erhalten. Für die Bank waren das Peanuts, und bestimmt hatte sie für solche Fälle eine gute Versicherung. Letztlich war alles der Fehler der Bank – sie brauchte sich nur um ein besseres Sicherheitssystem zu bemühen. Nein, es handelte sich definitiv nicht um einen Diebstahl, sondern um den größten Glücksfall, der ihm je widerfahren war.

Julian Baggini, 100 philosophische Gedankenspiele, S. 48

M2 Das falsche Versprechen

Ein anderer sieht sich durch Not gedrungen, Geld zu borgen. Er weiß wohl, dass er nicht wird bezahlen können, sieht aber auch, dass ihm nichts geliehen werden wird, wenn er nicht festiglich verspricht, es zu einer bestimmten Zeit zu bezahlen. Er hat Lust, ein solches Versprechen zu tun; noch aber hat er so viel Gewissen, sich zu fragen: Ist es nicht unerlaubt und pflichtwidrig, sich auf solche Art aus Not zu helfen?
Gesetzt, er beschlösse es doch, so würde seine Maxime der Handlung so lauten: Wenn ich mich in Geldnot zu sein glaube, so will ich Geld borgen und versprechen es zu bezahlen, ob ich gleich weiß, es werde niemals geschehen. Nun ist dieses Prinzip der Selbstliebe oder der eigenen Zuträglichkeit mit meinem ganzen künftigen Wohlbefinden vielleicht wohl zu vereinigen, allein jetzt ist die Frage: ob es recht sei?
Ich verwandle also die Zumutung der Selbstliebe in ein allgemeines Gesetz und richte die Frage so ein: wie es dann stehen würde, wenn meine Maxime ein allgemeines Gesetz würde. Da sehe ich nun sogleich, dass sie niemals als allgemeines Naturgesetz gelten und mit sich selbst zusammenstimmen könne, sondern sich notwendig widersprechen müsse. Denn die Allgemeinheit eines Gesetzes, dass jeder, nachdem er in Not zu sein glaubt, versprechen könne, was ihm einfällt, mit dem Vorsatz, es nicht zu halten, würde das Versprechen und den Zweck, den man damit haben mag, selbst unmöglich machen, indem niemand glauben würde, dass ihm was versprochen sei, sondern über alle solche Äußerung als eitles Vorgeben lachen würde.

Immanuel Kant, Grundlegung zur Metaphysik der Sitten, S. 422

Der Moraltest:

1. *Beschreibe das moralische Dilemma.*
2. *Formuliere eine zweckrationale Maxime (immer wenn ..., dann ...).*
3. *Überprüfe diese Maxime im Verallgemeinerungstest.*
4. *Ergebnis: Denkunmöglichkeit der zweckrationalen Maxime als allgemeines Gesetz*
5. *Fazit für die Anwendung in der Praxis*

Formeln des kategorischen Imperativs

Der kategorische Imperativ bestimmt, welche Maximen zur Bestimmung einer moralisch guten Handlung tauglich sind. Die allgemeine Gesetzesfähigkeit der Maxime, die sie für jedes sinnlich-vernünftige Wesen zum unbedingten objektiven Prinzip macht, wird ausgedrückt durch die **Grundformel:** *„Handle nur nach derjenigen Maxime, durch die du zugleich wollen kannst, dass sie ein allgemeines Gesetz werde."*

Dies setzt folgende Annahmen voraus:

1. Das Prinzip moralischen Handelns muss für alle vernünftigen Wesen dasselbe sein, es darf keine Ausnahmen zugunsten subjektiver Vorlieben zulassen.
2. Das oberste moralische Gesetz muss allgemein sein, d. h. objektiv und unpersönlich – unparteiisch, als solches kann es aber nur die Form der moralischen Verbindlichkeit enthalten.

Während die erste Formulierung nur die Form betrifft, gibt dagegen die **Naturgesetzformel** eine inhaltliche Bestimmung: *„Handle so, als ob die Maxime deiner Handlung durch deinen Willen zum allgemeinen Naturgesetz werden sollte."*

Durch die vorsichtige Formulierung „als ob" wird das Sittengesetz nicht zum Naturgesetz im empirischen Sinne, sondern Kant überträgt nur die Form der Gesetzmäßigkeit. Analog formulieren wir eine Regel, die wie die Naturgesetze ohne Ausnahme, bedingungslos gültig wäre. Kant fordert den Handelnden auf, sich selbst zu fragen, „ob die Handlung, die du vorhast, wenn sie nach einem Gesetz der Natur, von der du selbst ein Teil wärest, geschehen sollte, du sie wohl als durch deinen Willen möglich ansehen könntest".

M3 Es kommt auf die Situation an

Nehmen wir das Beispiel der Lüge. Kant hat zwar bestritten, dass es irgendeine Situation geben könnte, in der es erlaubt sein könnte, zu lügen oder die Unwahrheit zu sagen. Aber er geht dabei von der irrigen Voraussetzung aus, es sei eine Handlung unter Menschen durch *einen* ihrer Charaktere schon voll bestimmt. Aber in den Fällen, in denen uns die sittliche Entscheidung schwerfällt, ist es regelmäßig anders. Da wäre eine Handlung zwar vielleicht einerseits eine Lüge, aber andererseits der einzige Weg, einen Menschen zu retten. Man denke an den Fall dessen, der einen politisch Verfolgten vor der Geheimpolizei verbirgt. Sagt er auf Fragen der Polizei die Wahrheit, so liefert er den Verfolgten einer ungerechten Anklage und Verurteilung aus. Ähnlich sehen sich auch demokratische Regierungen erpresserischen Drohungen von Entführern ausgesetzt. Hier stehen Pflicht zur Hilfe in Gefahr und Standfestigkeit gegenüber dem Unrecht in Konkurrenz.

Man soll seine Versprechen einhalten, aber niemand wird seinen Kindern während einer gefährlichen Epidemie erlauben, schwimmen zu gehen, bloß weil er es ihnen vorher versprochen hat. Denn die Handlung, die eine Erfüllung des Versprechens wäre, wäre zugleich leichtsinnige Gefährdung von Leben und Gesundheit der uns anvertrauten Kinder. So viel ist wahr: Ein Versprechensbruch oder eine Lüge machen jede Handlung sittlich verwerflich, falls nicht noch andere, sittlich relevante Züge an ihr auftreten. Aber es können doch andere Faktoren hinzutreten, die diesen negativen Charakter wieder aufwiegen.

Günther Patzig, Ethik ohne Metaphysik, S. 59f.

1 Teilen Sie sich in Gruppen und geben Sie Richard Hilfen für die ethische Entscheidungsfindung. ➜ M1

2 Übertragen und vervollständigen Sie die Randspalte „Moraltest" ➜ M2

3 Wenden Sie den kantischen Moraltest auf das Anfangsbeispiel an. ➜ M1/2

4 Diskutieren Sie, welche der beiden Formeln des kategorischen Imperativs in der Praxis am ehesten umsetzbar ist. ➜ Infokasten

5 Begründen Sie, warum es nach der kantischen Ethik ausnahmslos verboten ist, die Unwahrheit zu sagen. ➜M2/3

6 Stellen Sie in eigenen Worten den Konflikt dar, in den der Handelnde nach den Beispielen geraten kann. ➜ M3

7 Erläutern Sie an einem selbstgewählten Beispiel, welche Zusatzüberlegungen („andere Faktoren") angestellt werden müssen, um moralisch richtig zu handeln. ➜ M3

6 Auf zum Diskurs

M1 Gedudel aus dem Radio

Tony stört die Popmusik, die im Druckerraum den ganzen Tag aus dem Radio dudelt. Er selbst spielt einigermaßen gut Violine und hat hochempfindliche Ohren, so seine Argumentation. Aber sein unmittelbarer Vorgesetzter macht eine informelle Umfrage unter den Leuten, die im Druckerraum arbeiten, und die Mehrheit von ihnen ist für die Beibehaltung der Popmusik. Daraufhin wendet sich der gekränkte Tony an Mustafa, den Abteilungsleiter.

Was sollte der Chef machen?

Nichts, weil die Mehrheit Popmusik mag.

Dem Verantwortlichen des Druckerraums empfehlen, unterschiedliche Musikrichtungen zu spielen, zum Beispiel am Montag klassische Streichquartette, am Mittwoch Funk Jazz, am Freitag Techno ...

Oder, falls er von moderner Musik nichts hält, etwas ganz anderes.
Vielleicht sollte er, der Beschwerden über die Musik überdrüssig, einfach den Stecker herausziehen und basta?

Martin Cohen, 99 moralische Zwickmühlen, S. 71

M2 Was ist ein Diskurs?

„Diskurs" ist eine Argumentation, die man zur Prüfung einer aufgestellten Behauptung durchführt und die einen idealen dialogischen Anspruch erhebt. Sie kann jederzeit und mit jedermann als gleichberechtigtem Dialogpartner durchgeführt werden und führt immer zu demselben Ergebnis. Natürlich kann man eine solche Prüfung, empirisch gesehen, für sich allein, zum Beispiel am Schreibtisch sitzend, durchführen. Aber auch dann erhebt man diesen Anspruch auf Wiederholbarkeit des Diskurses mit prinzipiell jedem, der vernünftig fragt. Man beansprucht eben, das Ergebnis eines solchen Diskurses gegenüber jedem, der einzig sinnvolle Argumente gelten lässt, verteidigen und es so als das richtige Ergebnis erweisen zu können.

Dietrich Böhler, Philosophischer Diskurs, nach Funkkolleg Praktische Philosophie / Ethik, Studientexte, Band 2, S. 331

M3 Grundsätze der Diskursethik

- Nur diejenigen Normen dürfen Geltung beanspruchen, die die Zustimmung aller Betroffenen als Teilnehmer eines praktischen Diskurses finden könnten.
- Bei gültigen Normen müssen Ergebnisse und Nebenfolgen, die sich voraussichtlich aus einer allgemeinen Befolgung für die Befriedigung der Interessen eines jeden ergeben, von allen zwanglos akzeptiert werden können.

Universalistisch nennen wir schließlich eine Ethik, die behauptet, dass dieses (oder ein ähnliches) Moralprinzip nicht nur die Intuitionen einer bestimmten Kultur oder einer bestimmten Epoche ausdrückt, sondern allgemein gilt.

nach Jürgen Habermas, Erläuterungen zur Diskursethik, S. 12

M4 Kant neu verstehen

Alle kognitivistischen Ethiken knüpfen [...] an jene Intuition an, die Kant im kategorischen Imperativ ausgesprochen hat. [...] Das Moralprinzip wird so gefasst, dass es die Normen als ungültig ausschließt, die nicht die qualifizierte Zustimmung aller möglicherweise Betroffenen finden könnten. Das konsensermöglichende Brückenprinzip soll also sicherstellen, dass nur die Normen als gültig akzeptiert werden, die einen *allgemeinen Willen* ausdrücken: sie müssen sich, wie Kant immer wieder formuliert, zum „allgemeinen Gesetz" eignen. Der kategorische Imperativ lässt sich als ein Prinzip verstehen, welches die Verallgemeinerungsfähigkeit von *Handlungsweisen* und *Maximen* bzw. der von ihnen berücksichtigten (also in den Handlungsnormen verkörperten) *Interessen* fordert. Kant will alle diejenigen Normen als ungültig eliminieren, die dieser Forderung „widersprechen". Er hat „jenen inneren Widerspruch im Auge, der in der Maxime eines Handelnden dann auftritt, wenn seine Verhaltensweise überhaupt nur dadurch zum Ziele führen kann, dass sie nicht die allgemeine Verhaltensweise ist".

Jürgen Habermas, Moralbewusstsein und kommunikatives Handeln, S. 73f.

M5 Sei konsensfähig!

Wenn wir an der Lösung eines Problems ernsthaft interessiert sind, dann müssen wir uns um eine vernünftige Lösung bemühen, der jedermann zustimmen könnte: *Wir müssen uns um einen vernünftigen Konsens bemühen.*

Denn wir sind als ernsthaft Argumentierende verpflichtet zu kooperieren und einander dabei als gleichberechtigte, wahrheits- und zurechnungsfähige Argumentationspartner anzuerkennen und zu behandeln. Diese Verpflichtung zum Konsens und die damit verbundene gegenseitige Anerkennung ist eine bindende, letztbegründete Metanorm, die inhaltliche Normen ihrerseits begründen kann. Was sich nicht sinnvoll, d. h. ohne Selbstwiderspruch bestreiten lässt, weil es bei jeder sinnvollen Argumentation vorausgesetzt werden muss, das ist eine sichere, durch nichts zu erschütternde Basis. Normen, in denen bestimmte Handlungstypen geboten oder verboten werden, wie etwa „Du sollst nicht töten!“ können dagegen nicht unmittelbar letztbegründet werden.

Damit entwirft die Diskursethik ein zweistufiges Verfahren der Normbegründung. Die erste Stufe der Konsenspflicht erhebt Anspruch auf Letztbegründung, auf der zweiten Stufe muss die Begründung inhaltlicher situationsbezogener Normen dagegen möglichst revidierbar sein, da sie in realen praktischen Diskursen der Betroffenen geleistet wird. *nach Wolfgang Kuhlmann, Philosophische Letztbegründung, S. 60–70*

M6 Kritik an der Diskursethik

Die Annahme, dass konkrete moralische Fragen durch einen realen Diskurs entschieden werden können oder gar sollen, erscheint nicht nur unbegründet, sondern auch abwegig. Gewiss ist es wichtig, die eigenen moralischen Überzeugungen dadurch zu überprüfen, dass man sie zur Diskussion stellt, genauso wie seine theoretischen Überzeugungen. Hier gilt das einfache Prinzip, dass andere mich auf Fehler und evtl. Perspektiven aufmerksam machen können, die ich nicht gesehen habe. Nun meint aber Habermas, dass der Diskurs gerade mit den von einer moralischen Entscheidung Betroffenen stattfinden soll, während doch das Umgekehrte der Fall ist, weil die von einer moralischen Entscheidung Betroffenen unweigerlich parteiisch sind, während wir an einer unparteiischen Klärung interessiert sein müssen.

Ich will ein Beispiel geben. Nehmen wir an, zwischen zwei Ehepartnern besteht eine wechselseitige Treueverpflichtung und einer ist dem anderen gleichwohl untreu geworden. Dann entsteht für denjenigen, der den Seitensprung getan hat, das moralische Dilemma, ob er das – aus Achtung – dem anderen sagen soll oder ob er es ihm – aus Schonung – verschweigen soll. Soll er nun in einem „realen Diskurs“ mit dem anderen darüber zu Rate gehen, welchen Weg er einschlagen soll? Man sieht, dass in diesem Fall ein realer Diskurs sogar unmöglich ist, weil mit der Entscheidung, den anderen in die moralische Überlegung einzubeziehen, das Dilemma bereits zugunsten einer der beiden Alternativen entschieden ist.

Wenn ich vor einem moralischen Dilemma stehe, bin ich zwar, sofern besondere Wünsche und Bedürfnisse von anderen betroffen sind, dazu verpflichtet, diese von ihnen zu erfahren (sofern das möglich ist; in meinem Beispiel der Ehepartner ist es nicht möglich), aber die moralische Entscheidung muss ich selbst treffen.

nach Ernst Tugendhat, Vorlesungen über Ethik, S. 171f.

1 Spielen Sie die Situation nach und suchen Sie nach einer Lösung, mit der alle Beteiligten zufrieden sein können. ➜ M1
2 Arbeiten Sie die Konfliktlösungsstrategie der Diskursethik heraus und wenden Sie sie auf den Fall M1 an. ➜ M2
3 Überprüfen Sie die Grundsätze der Diskursethik auf ihre Anwendbarkeit. ➜ M3
4 Nennen Sie die Bedingungen, denen eine universalistische Ethik genügen muss. ➜ M4
5 Fassen Sie Habermas' Interpretation des kategorischen Imperativs zusammen. ➜ M4
6 Informieren Sie sich über die Theorie des herrschaftsfreien Diskurses bei Jürgen Habermas.
7 Erläutern Sie, inwiefern die Verpflichtung zum Konsens eine allgemein verbindliche Metanorm darstellen kann. ➜ M5
8 Welche Probleme ergeben sich, wenn konkrete moralische Fragen durch reale Diskurse entschieden werden sollen? Finden Sie weitere Beispiele. ➜ M6

7 Instrumentalisiere niemanden!

M1 Dieser Junge näht Ihr Hemd

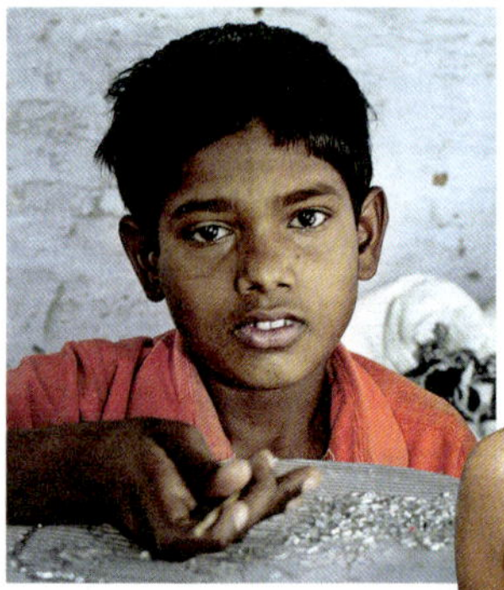

Mohammed aus Neu-Delhi, 10 Jahre alt

Necki-Top Nr. S40762 aus der Sommerkollektion eines deutschen Bekleidungshauses, bestickt mit 200 Perlen, Preis: 25,95 Euro

M2 Die Idee der Würde

Der Begriff eines jeden vernünftigen Wesens, das sich durch alle Maximen seines Willens als allgemeingesetzgebend betrachten muss, um aus diesem Gesichtspunkte sich selbst und seine Handlungen zu beurteilen, führt auf einen ihm anhängenden sehr fruchtbaren Begriff, nämlich den eines Reichs der Zwecke. [...]
Im Reiche der Zwecke hat alles entweder einen *Preis* oder eine *Würde*. Was einen Preis hat, an dessen Stelle kann auch etwas anderes als *Äquivalent* gesetzt werden; was aber dagegen über allen Preis erhaben ist, mithin kein Äquivalent verstattet, das hat eine Würde. Was sich auf die allgemeinen menschlichen Neigungen und Bedürfnisse bezieht, hat einen *Marktpreis*; [...] das aber, was die Bedingung ausmacht, unter der allein etwas Zweck an sich selbst sein kann, hat nicht bloß einen relativen Wert, d. i. einen Preis, sondern einen innern Wert, d. i. *Würde*.

Immanuel Kant, Grundlegung zur Metaphysik der Sitten, S. 434f.

M3 Jedes Menschenleben hat seinen Preis

Mit der Aufgabe, den Wert der Anschlagsopfer vom 11. September zu bemessen, wurde der Rechtsanwalt Kenneth Feinberg betraut. Er rechnete zunächst die wirtschaftlichen Schäden aus, die Menschen erlitten, weil der Verdienst ihrer Angehörigen verloren war. Die Familien von erfolgreichen Bankern bekamen viel Geld, die von Putzfrauen weniger. Das war das Grundprinzip. Es gab aber auch eine Grenze: Mehr als 231 000 Dollar Jahreseinkommen wurden nicht ausgeglichen. [...]
Den Wert eines Menschen ausrechnen? Darf man das? Nach Zugunglücken oder Flugzeugabstürzen erhalten die Angehörigen Entschädigungen. An der Börse fällt der Kurs der Apple-Aktie, als Gerüchte die Runde machen, Apple-Chef Steve Jobs sei schwer erkrankt. Im staatlichen Gesundheitswesen der Engländer entscheidet ein Institut, dass es höchstens 30 000 Pfund kosten darf, das Leben um statistisch ein Jahr zu verlängern. Täglich wird der Wert des Menschen beziffert. Trotzdem erscheint die Frage, wie viel das Leben wert ist, den meisten Menschen als unethisch. In Umfragen geben sie an, das Leben sei ihnen unendlich viel wert oder es sei nicht in Geld auszudrücken. Doch sie verhalten sich nicht so. Sonst müssten sie alle auf dem Land wohnen, an jeder roten Ampel stehen bleiben und die Finger von Zigaretten lassen.
Das tun sie nicht. Und das ist unproblematisch, weil sie allein entscheiden. Schwierig wird es, wenn andere dem eigenen Leben einen Wert zuordnen. So etwa nach dem 11. September 2001, als die Familie eines umgekommenen Bankers höhere Entschädigungen erhielt als die eines Feuerwehrmanns. Oder im Gesundheitswesen, wenn ein Patient Leistungen nicht mehr erstattet bekommt, weil sie zu teuer sind. Oder nach einem Verkehrsunfall, wenn der stark verletzte Überlebende mehr Geld erhält als die Angehörigen der Toten. Über den Wert des Lebens zu bestimmen geht fast immer schief.

Lisa Nienhaus / Winand von Petersdorff, Frankfurter Allgemeine Zeitung am Sonntag, 10.08.08, S. 38

M4 Der Mensch als Zweck an sich selbst

Nun sage ich: Der Mensch und überhaupt jedes vernünftige Wesen *existiert* als Zweck an sich selbst, *nicht bloß als Mittel* zum beliebigen Gebrauche für diesen oder jenen Willen, sondern muss in allen seinen sowohl auf sich selbst, als auch auf andere vernünftige Wesen gerichteten Handlungen jederzeit *zugleich als Zweck* betrachtet werden. [...] Alle Gegenstände der Neigungen haben nur einen bedingten Wert; denn, wenn die Neigungen und darauf gegründete Bedürfnisse nicht wären, so würde ihr Gegenstand ohne Wert sein. Die Neigungen selber aber als Quellen des Bedürfnisses haben so wenig einen absoluten Wert, um sie selbst zu wünschen, dass vielmehr, gänzlich davon frei zu sein, der allgemeine Wunsch eines jeden vernünftigen Wesens sein muss. Also ist der Wert aller durch unsere Handlung *zu erwerbenden* Gegenstände jederzeit bedingt. Die Wesen, deren Dasein zwar nicht auf unserm Willen, sondern der Natur beruht, haben dennoch, wenn sie vernunftlose Wesen sind, nur einen relativen Wert, als Mittel, und heißen daher *Sachen*, dagegen vernünftige Wesen *Personen* genannt werden, weil ihre Natur sie schon als Zwecke an sich selbst, d. i. als etwas, das nicht bloß als Mittel gebraucht werden darf, auszeichnet, mithin sofern alle Willkür einschränkt (und ein Gegenstand der Achtung ist). Dies sind also nicht bloß subjektive Zwecke, deren Existenz als Wirkung unserer Handlung *für uns* einen Wert hat; sondern *objektive Zwecke*, d. i. Dinge, deren Dasein an sich selbst Zweck ist, und zwar einen solchen, an dessen statt kein anderer Zweck gesetzt werden kann, dem sie *bloß* als Mittel zu Diensten stehen sollten, weil ohne dieses überall gar nichts von *absolutem Werte* würde angetroffen werden; wenn aber aller Wert bedingt, mithin zufällig wäre, so könnte für die Vernunft überall kein oberstes praktisches Prinzip angetroffen werden.

Wenn es denn also ein oberstes praktisches Prinzip und in Ansehung des menschlichen Willens einen kategorischen Imperativ geben soll, so muss es ein solches sein, das aus der Vorstellung dessen, was notwendig für jedermann Zweck ist, weil es *Zweck an sich selbst ist*, ein *objektives* Prinzip des Willens ausmacht, mithin zum allgemeinen praktischen Gesetz dienen kann. Der Grund dieses Prinzips ist: *Die vernünftige Natur existiert als Zweck an sich selbst.* So stellt sich notwendig der Mensch sein eignes Dasein vor; sofern ist es also ein *subjektives* Prinzip menschlicher Handlungen. So stellt sich aber auch jedes andere vernünftige Wesen sein Dasein zufolge eben desselben Vernunftgrundes, der auch für mich gilt, vor; also ist es zugleich ein *objektives* Prinzip, woraus als einem obersten praktischen Grunde alle Gesetze des Willens müssen abgeleitet werden können. Der praktische Imperativ wird also folgender sein:

Handle so, dass du die Menschheit sowohl in deiner Person, als in der Person eines jeden andern jederzeit zugleich als Zweck, niemals bloß als Mittel brauchst.

Immanuel Kant, Grundlegung zur Metaphysik der Sitten, S. 428f.

1 In Ländern der sog. Dritten Welt werden von Kindern unter unmenschlichen Bedingungen Damen-Tops, T-Shirts usw. hergestellt und verziert, die in unseren Geschäften verkauft werden. Diskutieren Sie, welche Haltung wir diesen Kindern gegenüber einnehmen. ➜ M1/2

2 Erklären Sie, warum nach Kant nur Menschen (vernünftigen Wesen) eine Würde zugesprochen werden kann, nicht aber Sachen oder Tieren. ➜ M2/4

3 Recherchieren und beurteilen Sie Fälle, in denen das Menschenleben „berechnet" wird oder werden muss (z. B. Entschädigung nach dem ICE-Unfall in Eschede). ➜ M3

4 Kant unterscheidet Zweck und Mittel. Erläutern Sie an Beispielen, inwiefern subjektive Zwecke relativ sind und worin sie sich von objektiven Zwecken unterscheiden. ➜ M4

5 Überprüfen Sie die Behauptung Kants, dass sich jeder Mensch sein eigenes Dasein als „Zweck an sich selbst" vorstellt und nicht instrumentalisiert werden will. Kann er sich hier auf eine Erfahrungstatsache berufen? ➜ M4

6 Überlegen Sie, ob es Fälle geben kann, in denen Menschen in berechtigter Weise als Mittel benutzt werden dürfen. Diskutieren Sie die Grenzen. ➜ M4

7 Entwickeln Sie aus der „Mensch-Zweck-Formel" Grundsätze für alltägliches Handeln. ➜ M4

8 Gewissenskonflikte als Verantwortungskonflikte

M1 Der Ökofreak

Borislav Sajtinac, Ökofreak, 1993

M2 Gesinnungsethik und Verantwortungsethik

Der Nationalökonom, Soziologe und Politiker Max Weber (1864–1920) setzt gegen die traditionelle Ethik der „Gesinnung" den Gedanken einer Verantwortungsethik, die den eigentlich moralischen Wert einer Handlung in den realen oder möglichen Folgen sieht.

Wir müssen uns klarmachen, dass alles ethisch orientierte Handeln unter zwei voneinander grundverschiedenen, unaustragbar gegensätzlichen Maximen stehen kann: es kann „gesinnungsethisch" oder „verantwortungsethisch" orientiert sein. Nicht dass Gesinnungsethik mit Verantwortungslosigkeit und Verantwortungsethik mit Gesinnungslosigkeit identisch wäre. Davon ist natürlich keine Rede. Aber es ist ein abgrundtiefer Gegensatz, ob man unter der gesinnungsethischen Maxime handelt – religiös geredet: „Der Christ tut recht und stellt den Erfolg Gott anheim" – oder unter der verantwortungsethischen: dass man für die (voraussehbaren) Folgen seines Handelns aufzukommen hat. [...]
Wenn die Folgen einer aus reiner Gesinnung fließenden Handlung üble sind, so gilt ihm nicht der Handelnde, sondern die Welt dafür verantwortlich, die Dummheit der anderen Menschen oder – der Wille des Gottes, der sie so schuf. Der Verantwortungsethiker dagegen rechnet mit eben jenen durchschnittlichen Defekten der Menschen, – er hat [...] gar kein Recht, ihre Güte und Vollkommenheit vorauszusetzen, er fühlt sich nicht in der Lage, die Folgen eigenen Tuns, soweit er sie voraussehen konnte, auf andere abzuwälzen. Er wird sagen: Diese Folgen werden meinem Tun zugerechnet. „Verantwortlich" fühlt sich der Gesinnungsethiker nur dafür, dass die Flamme der reinen Gesinnung, die Flamme z. B. des Protestes gegen die Ungerechtigkeit der sozialen Ordnung, nicht erlischt. Sie stets neu anzufachen, ist der Zweck seiner, vom möglichen Erfolg her beurteilt, ganz irrationalen Taten, die nur exemplarischen Wert haben können und sollen.
Aber auch damit ist das Problem noch nicht zu Ende. Keine Ethik der Welt kommt um die Tatsache herum, dass die Erreichung „guter" Zwecke in zahlreichen Fällen daran gebunden ist, dass man sittlich bedenkliche oder mindestens gefährliche Mittel und die Möglichkeit oder auch die Wahrscheinlichkeit übler Nebenerfolge mit in den Kauf nimmt, und keine Ethik der Welt kann ergeben: wann und in welchem Umfang der ethisch gute Zweck die ethisch gefährlichen Mittel und Nebenerfolge „heiligt".
Ob man aber als Gesinnungsethiker oder als Verantwortungsethiker handeln soll, und wann das eine und das andere, darüber kann man niemandem Vorschriften machen. [...] Insofern sind Gesinnungsethik und Verantwortungsethik nicht absolute Gegensätze, sondern Ergänzungen, die zusammen erst den echten Menschen ausmachen, den, der den „Beruf zur Politik" haben kann.

Max Weber, Politik als Beruf, in: Gesammelte politische Schriften 3, S. 551–559

M3 Die Challenger-Tragödie

Am 28. Januar 1986 kam es in Cape Canaveral (Florida) zu einer der größten Katastrophen der Raumfahrtgeschichte. 73 Sekunden nach dem Start explodierte der Raumgleiter Challenger. Sieben Astronauten, die gesamte Besatzung, kamen ums Leben. [...] Die unmittelbare Unglücksursache war ein spröder Gummidichtungsring an einer der Antriebsraketen. An dieser Stelle trat Treibstoff aus und entzündete sich, worauf der Raumgleiter explodierte.

Ingenieure von Morton Thiokol, der Herstellerfirma der Raketen, hielten die Dichtungsringe schon seit längerer Zeit für eine der Schwachstellen. [...] Noch am Vorabend des geplanten Raumflugs hatten sich Ingenieure des Raketenherstellers – vor allem Allen McDonald, der Projektleiter, und Roger Boisjoly, der Experte für Raketendichtungen – gegen einen Start ausgesprochen. In einer Telefonkonferenz mit der NASA machten sie nochmals auf die Schwierigkeiten bei solch niedrigen Temperaturen aufmerksam, wie sie für den kommenden Tag, den Tag des Abflugs, zu erwarten waren. Die NASA und deren Projektmanager, Larry Mulloy, drängen aber auf einen Start. Er wies insbesondere darauf hin, dass es keine Starteinschränkungen wegen bestimmter Temperaturen gebe. Die Telefonkonferenz wurde daraufhin abgebrochen. Die Ingenieure trugen ihre Bedenken auch Robert Lund vor, dem stellvertretenden Direktor der Ingenieurabteilung bei Morton Thiokol. Lund schloss sich den Bedenken an und erstattete seinem Vorgesetzten, dem Ingenieur Jerry Mason, Bericht. In einer internen Besprechung beim Raketenhersteller Thiokol sagte Mason dann zu Lund den entscheidenden, die Diskussion beendenden Satz: [...] „Nimm Deinen Ingenieurs-Hut ab und setze Deinen Management-Hut auf!“ Lund kapitulierte und stimmte der Startfreigabe zu. Er teilte dies dem Projektleiter der NASA mit. Dieser wiederum meldete seinen Vorgesetzten die Startfreigabe durch den Raketenhersteller Thiokol, ohne dessen Bedenken zu erwähnen. So nahm das Unglück seinen Lauf.

Christoph Hubig / Hans Lenk / Matthias Maring, in: Funkkolleg Technik, Studienbrief 2, S. 4/10

M4 Der Neusser Ärztefall 1987

Einem Ärzteteam, in der klinischen Humanpharmakologie eines Neusser Pharmakonzerns beschäftigt, wurde fristgerecht gekündigt, weil die Betroffenen sich weigerten, an der Erforschung eines neuen Medikaments für Krebskranke mitzuarbeiten, welches das Erbrechen nach bestimmten Chemo- und Strahlentherapien verhindert. Die Ärzte verweigerten die Arbeit als sie erfuhren, dass die Firma als relevanten Absatzmarkt den militärischen Bereich, die NATO, ins Auge gefasst hatte: Das Medikament sollte dazu dienen, im Falle eines Nuklearkrieges bei bereits tödlich verstrahlten Soldaten das Erbrechen zu verhindern, damit sie bis zu ihrem unvermeidlichen Tod noch weiterkämpfen können. Die Ärzte sahen unter diesen Bedingungen eine Mitarbeit als unvereinbar mit ihren ärztlichen Pflichten und ihrem Gewissen an: Die Menschenwürde der betroffenen Soldaten werde missachtet, weil das „Medikament“ nur dazu diene, die Funktionsfähigkeit der Soldaten noch für einige Zeit zu gewährleisten; sie würden auf die Funktion eines bloßen Mittels reduziert.

Das Gericht, das die Klage der Ärzte gegen die Kündigung zunächst abwies, argumentierte im Sinne des Pharmakonzerns utilitaristisch: Gesellschaftliche Interessen gehen vor subjektiven Gewissensentscheidungen; wenn noch mehr Ärzte die Arbeit in Zukunft verweigern würden, würde dies zu erheblichen Schwierigkeiten in der Forschungsabteilung führen. Außerdem sei der im Rahmen des Arbeitsvertrags liegende Forschungsbeitrag wertneutral und von den Ärzten werde keine Identifikation verlangt. Erst in letzter Instanz wurde der Klage der Ärzte stattgegeben.

1. Beurteilen Sie das „reine Gewissen" des Ökofreaks. ➜ M1
2. Arbeiten Sie die Merkmale der Gesinnungs- und Verantwortungsethik heraus. ➜ M2
3. Analysieren Sie das Verhalten der beteiligten Personen unter gesinnungs- bzw. verantwortungsethischen Aspekten. ➜ M3
4. Prüfen Sie die Begründung der Ärzte und nehmen Sie Stellung zu dem Einwand, dass sie ihrer Verantwortung für Staat und Gesellschaft nicht nachgekommen sind. ➜ M4

9 Das Prinzip Verantwortung

M1 Hiobsbotschaften

M2 Warum versagt die bisherige Ethik?

1. Aller Umgang mit der außermenschlichen Welt, das heißt der ganze Bereich der *techne* (Kunstfertigkeit) war – mit Ausnahme der Medizin – ethisch neutral – im Hinblick auf das Objekt sowohl wie auf das Subjekt solchen Handelns: Im Hinblick auf das Objekt, weil die Kunst die selbsterhaltende Natur der Dinge nur unerheblich in Mitleidenschaft zog und somit keine Frage dauernden Schadens an der Integrität ihres Objektes, der natürlichen Ordnung im Ganzen, aufwarf; und im Hinblick auf das handelnde Subjekt, weil *techne* qua Tätigkeit sich selbst als begrenzten Tribut an die Notwendigkeit verstand [...]. Kurz, Wirkung auf nichtmenschliche Objekte bildete keinen Bereich ethischer Bedeutsamkeit.

2. Ethische Bedeutung gehörte zum direkten Umgang von Mensch mit Mensch, einschließlich des Umganges mit sich selbst; alle traditionelle Ethik ist *anthropozentrisch*.

3. Für das Handeln in dieser Sphäre wurde die Entität „Mensch" und ihr fundamentaler Zustand als im Wesen konstant angesehen und nicht selber als Gegenstand umformender *techne* (Kunst).

4. Das Wohl oder Übel, worum das Handeln sich zu kümmern hatte, lag nahe bei der Handlung, entweder in der *Praxis* selbst oder in ihrer unmittelbaren Reichweite und war keine Sache entfernter Planung. Diese Nähe der Ziele galt für Zeit sowohl als Raum. Die wirksame Reichweite der Aktion war klein, die Zeitspanne für Voraussicht, Zielsetzung und Zurechenbarkeit kurz, die Kontrolle über Umstände begrenzt. [...]

Ethik hatte es demgemäß mit dem Hier und Jetzt zu tun, mit Gelegenheiten, wie sie zwischen Menschen sich einstellen, mit den wiederkehrenden, typischen Situationen des privaten und öffentlichen Lebens. Der gute Mensch war ein solcher, der diesen Gelegenheiten mit Tugend und Weisheit begegnete, der die Fähigkeit dazu in sich selbst kultivierte und im Übrigen sich mit dem Unbekannten abfand.

Alle Gebote und Maximen überlieferter Ethik, inhaltlich verschieden wie sie immer sein mögen, zeigen diese Beschränkung auf den unmittelbaren Umkreis der Handlung. *Hans Jonas, Das Prinzip Verantwortung, S. 22f.*

M3 Neue Imperative

1. Kants kategorischer Imperativ sagte: „Handle so, dass du auch wollen kannst, dass deine Maxime allgemeines Gesetz werde." Das hier angerufene „kann" ist das der Vernunft und ihrer Einstimmung mit sich selbst: Die Existenz einer Gesellschaft menschlicher Akteure (handelnder Vernunftwesen) *vorausgesetzt*, muss die Handlung so sein, dass sie sich ohne Selbstwiderspruch als allgemeine Übung dieser Gemeinschaft vorstellen lässt. [...]

2. Ein Imperativ, der auf den neuen Typ menschlichen Handelns passt und an den neuen Typ von Handlungssubjekt gerichtet ist, würde etwa so lauten: „Handle so, dass die Wirkungen deiner Handlung verträglich sind mit der Permanenz echten menschlichen Lebens auf Erden";
oder negativ ausgedrückt: „Handle so, dass die Wirkungen deiner Handlung nicht zerstörerisch sind für die künftige Möglichkeit solchen Lebens";
oder einfach: „Gefährde nicht die Bedingungen für den indefiniten Fortbestand der Menschheit auf Erden";
oder, wieder positiv gewendet: „Schließe in deine gegenwärtige Wahl die zukünftige Integrität des Menschen als Mit-Gegenstand deines Wollens ein".

3. Es ist ohne weiteres ersichtlich, dass kein rationaler Widerspruch in der Verletzung dieser Art von Imperativ involviert ist. Ich *kann* das gegenwärtige Gut unter Aufopferung des zukünftigen Guts wollen. Ich kann, so wie mein eigenes Ende, auch das Ende der Menschheit wollen. Ich kann, ohne in Widerspruch mit mir selbst zu geraten, wie für mich so auch für die Menschheit ein kurzes Feuerwerk äußerster Selbsterfüllung der Langeweile endloser Fortsetzung im Mittelmaß vorziehen.

Aber der neue Imperativ sagt eben, dass wir zwar unser eigenes Leben, aber nicht das der Menschheit wagen *dürfen*; und dass Achill zwar das Recht hatte, für sich selbst ein kurzes Leben ruhmreicher Taten vor einem langen Leben ruhmloser Sicherheit zu wählen (unter der stillschweigenden Voraussetzung nämlich, dass eine Nachwelt da sein wird, die von seinen Taten zu erzählen weiß); dass wir aber nicht das Recht haben, das Nichtsein künftiger Generationen wegen des Seins der jetzigen zu wählen oder auch nur zu wagen. Warum wir dieses Recht nicht haben, warum wir im Gegenteil eine Verpflichtung gegenüber dem haben, was noch gar nicht ist und „an sich" auch nicht zu sein braucht, jedenfalls als nicht existent keinen *Anspruch* auf Existenz hat, ist theoretisch gar nicht leicht und vielleicht ohne Religion überhaupt nicht zu begründen. Unser Imperativ nimmt es zunächst ohne Begründung als Axiom. *Hans Jonas, Das Prinzip Verantwortung, S. 35f.*

M4 Heuristik der Furcht

An die Stelle der *Liebe zum höchsten Gut*, das der Mensch sich in seinem Tugendstreben selber zum Ziele setzen kann, muss heute die *Furcht vor dem größten Übel* treten. Eine gewisse negative Motivierung der Moral ist heute nötig geworden.

Das Gefühl davon oder das Bewusstsein davon, dass es so einfach nicht weitergeht, ist eigentlich leicht zu vermitteln. Wie weit das zu einer persönlichen *Motivierung* führt, ist aber eine andere Frage. Denn es könnte sein, dass die Menschheit die unausrottbare Neigung hat, stets das Nächste zunächst zu tun; und das ist, für sich und die Seinen zu sorgen und für sein Fortkommen, und das Entfernte mehr sich selbst zu überlassen. Die Erzeugung von Angst, von echter wohlbegründeter Angst, nicht Panik, sondern *wohlbegründeter Angst um die Zukunft*, scheint mir ein wesentlicher Faktor zu sein, der eine Zeitlang an die Stelle der Anweisung der Liebe zum höchsten Gute treten muss.

Hans Jonas, in: Dietrich Böhler (Hg.), Ethik für die Zukunft, S. 206

1. Diskutieren Sie, welche Probleme der Verantwortung auf diesen Bildern sichtbar werden. → M1
2. Stellen Sie die Merkmale „bisheriger Ethik" zusammen, die Jonas aufführt. Welche haben besonders zum „Versagen" der Ethik geführt? → M2
3. Erläutern Sie die neuen Imperative von Hans Jonas und zeigen Sie auf, inwiefern er Kants „kategorischen Imperativ" aufnimmt und ihn erweitert. → M3
4. Erarbeiten Sie an einem Beispiel aus Wissenschaft oder Medizin, was Jonas unter „Heuristik der Furcht" versteht. → M4

10 Verantwortungsarten

M1 Die Verantwortungsrelation

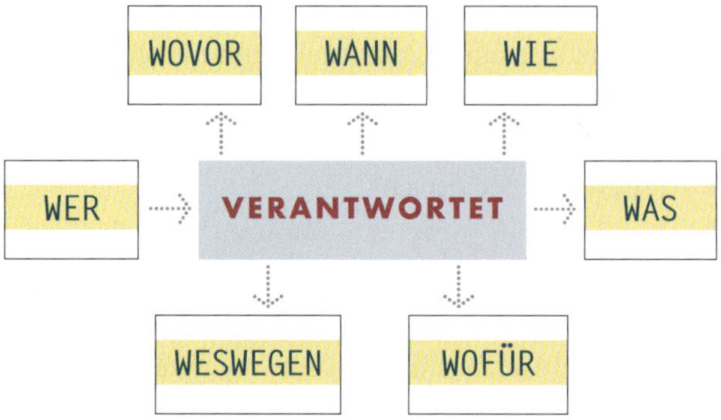

Der Kern der Verantwortungsrelation besteht darin, dass jemand etwas verantwortet. Wer ist das Subjekt der Verantwortung? In der traditionellen Verantwortungsethik kommt als Akteur nur die individuelle Person in Betracht: formal ist es jedoch nicht ausgeschlossen, inhaltlich gar in vielen Fällen zwingend notwendig, auch kollektive oder institutionelle Akteure als Subjekt der Verantwortung zu betrachten. Beispielsweise ist die Idee des Großraumbüros nicht von einem einzelnen Planer, sondern von einem organisierten Planungsteam kollektiv entwickelt worden. Was ist nun zu verantworten? Das Objekt der Verantwortung ist zunächst eine bestimmte Handlung, die der Akteur ausführt. Eine Handlung soll im weitesten Sinne als zweckbestimmte Transformation einer Anfangssituation in eine Endsituation begriffen werden; dazu gehören als Grenzfälle auch Unterlassungen und reine Sprechakte. Wer es beispielsweise unterlässt, wohlbegründete Kritik am Großraumbüro zu äußern, obwohl er das mit der Aussicht auf Wirksamkeit tun könnte, hat ebenfalls eine Handlung zu verantworten. Nun ergibt sich aber der besondere Charakter der Verantwortung nicht schon aus der Handlung selbst, sondern daraus, wofür man verantwortlich ist: für die beabsichtigten und unbeabsichtigten Folgen der Handlung. Zunächst geht es um konkrete primäre Handlungsfolgen, die andere Personen oder auch Sachen betreffen. Wird ein Schaden verursacht, der bei richtigem Handeln hätte vermieden werden können, und ist ein solcher Schaden in der einen oder anderen Weise wiedergutzumachen, kann sich Verantwortung als Haftung konkretisieren. So kann ein Statiker, der eine Baukonstruktion grob fahrlässig so falsch berechnet hat, dass diese einstürzt, dafür haftbar gemacht werden, indem er für den materiellen Schaden aus eigenen Mitteln aufkommen muss. Heute wird zunehmend darüber diskutiert, ob sich Verantwortung auch auf sekundäre, tertiäre und weitere Fernwirkungen einer Handlung erstrecken kann oder muss, ob neben dem Nahbereich auch der Fernbereich, neben der Gegenwart auch die Lebenssituation künftiger Generationen zu berücksichtigen ist. Schließlich gibt es auch Handlungen, deren Folgen bestimmte Elemente der Verantwortungsrelation betreffen, so vor allem die Organisation von Verantwortungsinstanzen und die Entwicklung des Wertsystems; in solchen Fällen geht es sozusagen um Meta-Verantwortung. Überhaupt kann Verantwortung nur dann sinnvoll wahrgenommen werden, wenn man weiß, weswegen man mit einer Handlung bestimmte Folgen herbeiführen und andere vermeiden soll. Das kann letztlich nur im Rückgriff auf Werte begründet werden, die als normative Orientierungskonzepte gewisse Klassen von Handlungen und Handlungsfolgen auszeichnen, die es anzustreben, zu befürworten oder vorzuziehen gilt. Letzte Maxime der Verantwortung ist schließlich das gute Leben aller; diese Maxime setzt sich aus den Prinzipien der Nützlichkeit, des Wohlwollens und der Gerechtigkeit zusammen.

Günter Ropohl, in: Hans Lenk / Günter Ropohl (Hg.), Technik und Ethik, S. 155f.

M2 Handlungs- und Fürsorgeverantwortung

Der nächstliegende und allgemeinste Typ von Verantwortung ist die Verantwortung für die Folgen und das Ergebnis des eigenen Handelns. Wir können hier von *Kausalhandlungsverantwortung* sprechen: Man ist für die durch das eigene Handeln verursachten Ergebnisse und Folgen gegenüber mindestens einer der möglichen Instanzen [z. B. Gott, Gesellschaft, Staat, Recht, einer Person] verantwortlich oder mitverantwortlich (falls ein übergeordneter Verantwortungsträger existiert). Der Ingenieur, der einen Damm plant, ist für das Ergebnis seines Entwurfs und seiner Berechnungen verantwortlich. – Verantwortung wird oft nicht durch den Regelfall der positiven Kausalhandlungs(ergebnis)verantwortung, sondern durch negative Fälle brisant und bekannt: Ein Dammbruch kann auf falsche oder schludrige Berechnungen zurückzuführen sein. Deshalb gibt es eine *negative* Kausalhandlungsverantwortung: Die Sorgfalt der Handlungsausführung umfasst die Vermeidung von Unterlassungen. Doch auch Unterlassungen an sich – gerade ohne jede Handlung – können ursächlich sein und Verantwortung aktivieren: Aufgrund unterlassener Hilfeleistung kann z. B. jemand sterben.

Neben der Verantwortung zur Vermeidung von Unterlassungen gibt es auch eine aktive Verhinderungsverantwortung *(Präventionsverantwortung)*: Der Kontrollingenieur muss aktiv und systematisch nach Schwachstellen suchen. Dies gehört zu seiner besonderen positiven wie negativen Kausalhandlungs- und Aufgabenverantwortung. Sie dient der Abwendung von Unfällen oder Störungen sowie der Vorsorge für das Wohlergehen der vom reibungslosen Ablauf des betreffenden Systems abhängigen Menschen (oder auch Tiere). [...]

Hans Jonas hat gegenüber der traditionellen Kausalhandlungsergebnisverantwortung eine moralische Erweiterung der Verantwortlichkeit auf eine generelle moralische Fürsorge- und Erhaltungsverantwortung gefordert, die er „Seinsverantwortung“ oder *„Sorge-für-Verantwortung“* nennt. Wie Eltern üblicherweise für das Wohl ihrer abhängigen Kinder verantwortlich sind, ist der technische Mensch im Maße seiner gewachsenen technologischen Macht für die künftige Existenz und das Wohlergehen der von dieser Macht abhängigen Menschen und Naturwesen verantwortlich. Diese Fürsorgeverantwortung geht über die positive und negative Kausalhandlungsverantwortung hinaus, obwohl sie diese wie auch die Präventionsverantwortung in konkreten Fällen aktiviert.

nach Hans Lenk / Günter Ropohl (Hg.), Technik und Ethik, S. 116f.

M3 Verantwortungsbereiche

Handlungs(folgen)verantwortung:

Verantwortung für die verursachten Folgen und Ergebnisse des eigenen Handelns (oder auch Nichthandelns, wo ein Handeln erwartet werden könnte)

Aufgaben- und Rollenverantwortung:

Verantwortung im Rahmen einer Aufgabe oder Rolle (Vater-Kind, Ingenieurin-Firma)

moralische Verantwortung:

universelle, nicht auf bestimmte Bereiche eingeschränkte Verantwortung; richtet sich an Handlungen aus, die das Wohl anderer – aber auch die eigene Menschenwürde – betreffen; gilt für jeden Menschen im gleichen Maß

rechtliche Verantwortung:

Verantwortung eines Rechtssubjekts für das eigene oder fremde Handeln

Gruppen-, Mitverantwortung:

gemeinschaftlich getragene Verantwortung in einer Gruppe oder einer Institution (moralische Verantwortung kann sich auch auf Individuen in Gruppen beziehen, jedoch wird das Individuum dadurch nicht der moralischen Verantwortung entzogen)

nach Hans Lenk / Günter Ropohl (Hg.), Technik und Ethik, S. 116f.

1. Zeigen Sie anhand des Schemas und Textes die Kern- bzw. Grundrelation auf. Begründen Sie, ob die Elemente gleichwertig nebeneinander stehen können oder ob hier unterschiedliche Ebenen angesprochen sind. → M1
2. Nehmen Sie Stellung zu der von Ropohl vorgeschlagenen letzten Maxime. → M1
3. Grenzen Sie die Handlungs- und Fürsorgeverantwortung gegeneinander ab. → M2
4. Diskutieren Sie unter verantwortungsethischen Gesichtspunkten die Rollen- bzw. Loyalitätskonflikte, in die ein Familienvater, ein Forscher usw. geraten kann. → M2/3
5. Analysieren Sie die Beispiele Challenger-Tragödie und Neusser Ärztefall von Seite 251 unter verantwortungsethischen Aspekten. → M3

1 Person – der Schlüsselbegriff

M1 Der Verlust der Person

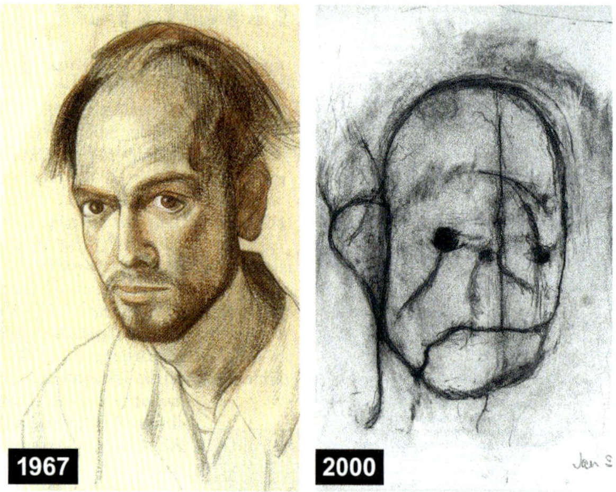

Selbstporträts des Malers William Utermohlen (1933-2007)
Im Jahre 1995 wurde bei dem Künstler eine Alzheimer-Erkrankung diagnostiziert. Der Abbau von Nervenzellen und Nervenzellkontakten führt bei dieser hirnorganischen Krankheit zu geistigem Verfall.

Traditionell sind unsere Konzepte von Autonomie und Personalität eng geknüpft an das Vernunftvermögen. [...] Heute bestimmen Philosophen das Personsein auf der Basis von Kriterien, zu denen meist unabdingbar Rationalität und Selbstbewusstsein gehören. Menschen mit Demenz fallen tendenziell aus diesem Personenbegriff heraus. Der Oxforder Ethiker Jeff McMahan etwa sieht Demenzbetroffene als „Post-Personen", die moralisch keine Personen im eigentlichen Sinn mehr seien, und sein Kollege Peter Singer von der Universität Princeton spricht deshalb schwer demenzkranken Menschen das Personsein überhaupt ab. Das passt zusammen mit der Auffassung mancher Hirnforscher, nach der wir nichts anderes sind als ein hochkomplexes Netzwerk von Nervenzellen. Wenn das Gehirn zerstört ist, so folgt aus dieser Sicht, ist auch die Person zerstört. In der Summe läuft eine solche „Entpersonalisierung" darauf hinaus, den Würdeanspruch von Demenzkranken zu relativieren – und damit auch unsere gesellschaftlichen Verpflichtungen gegenüber den Betroffenen.

Thomas Vasec, Damit die Würde bleibt, in: DIE ZEIT, Nr.20/2011, S. 18

M2 Wer ist eine Person?

Meiner Meinung nach bezeichnet dieses Wort ein denkendes, verständiges Wesen, das Vernunft und Überlegung besitzt und sich selbst als sich selbst betrachten kann. Das heißt, es erfasst sich als dasselbe Ding, das zu verschiedenen Zeiten und an verschiedenen Orten denkt. Das geschieht lediglich durch das Bewusstsein, das vom Denken untrennbar ist und, wie mir scheint, zu dessen Wesen gehört. Denn unmöglich kann jemand wahrnehmen, ohne *wahrzunehmen*, dass er es tut. Wenn wir etwas sehen, hören, riechen, schmecken, fühlen, überlegen oder wollen, so wissen wir, dass wir das tun. Das gilt jederzeit hinsichtlich unserer gegenwärtigen Sensationen und Wahrnehmungen; jeder wird dadurch für sich selbst zu dem, was er *sein eigenes Ich* nennt. Hierbei kommt es in diesem Falle nicht darauf an, ob dasselbe Selbst in derselben oder in verschiedenen Substanzen weiterbesteht. Denn da das Bewusstsein das Denken stets begleitet und jeden zu dem macht, was er sein Selbst nennt und wodurch er sich von allen anderen denkenden Wesen unterscheidet, so besteht hierin allein die Identität der Person, das heißt das Sich-selbst-gleich-Bleibende eines vernünftigen Wesens. Soweit nun dieses Bewusstsein rückwärts auf vergangene Taten oder Gedanken ausgedehnt werden kann, so weit reicht die Identität dieser Person. Sie ist jetzt dasselbe Selbst wie damals; jene Handlung wurde von demselben Selbst ausgeführt, das jetzt über sie nachdenkt. [...]

Auf diese Identität der Person allein gründet sich das Recht und die Gerechtigkeit von Lohn und Strafe, weil Glück und Unglück das sind, woran jeder um *seiner selbst* willen interessiert ist, während es ihn nicht kümmert, was aus irgendeiner *Substanz* wird, die mit seinem Bewusstsein nicht verknüpft ist und davon nicht berührt wird.

John Locke, in: Martin Brasser (Hg.), Person. Philosophische Texte von der Antike bis zur Gegenwart, S. 79, 81

M3 Der Streit um die Person

Der Begriff der Person und die mit ihm verbundene „Familie“ von Eigenschaften, Fähigkeiten und Wertvorstellungen ist in unserer Kultur fest verankert und umfasst ein großes Spektrum von Phänomenen. Dennoch, oder vielleicht auch: gerade deswegen, gibt es in der biomedizinischen Ethik sowohl einen Streit um den Begriff der Person selbst, als auch heftige Auseinandersetzungen, die unter Verwendung des Personbegriffs ausgefochten werden. [...]

In der Abtreibungsdebatte beispielsweise wird der Schutz des ungeborenen Lebens genauso mit dem Begriff der Person und der mit Personalität einhergehenden Menschenwürde verteidigt, wie das Recht auf Selbstbestimmung der schwangeren Frau, in deren personale Autonomie und individuelle Lebensplanung man nicht mittels ethischer Reglementierung oder gar juristischer Verfolgung eingreifen solle. Auch im Streit um die Zulässigkeit freiwilliger aktiver Sterbehilfe wird, unter Rückgriff auf den Begriff der Person, von beiden Lagern Gegensätzliches begründet. Die Gegner sagen, dass eine Person nicht absichtlich durch aktives Eingreifen getötet werden darf, auch wenn sie es selbst, z. B. von einem Arzt, verlangt. Die Befürworter der Legalisierung freiwilliger aktiver Sterbehilfe dagegen sehen in dem autonomen Wunsch eines Patienten, aus einer für ihn unerträglichen Lage durch die möglichst schmerzfreie und in angemessener Weise durchgeführte Tötung erlöst zu werden, einen respektablen Ausdruck der Selbstbestimmung. Kritiker der Zulässigkeit von Abtreibungen oder der freiwilligen aktiven Sterbehilfe sehen in der Tötung ungeborenen und „unschuldigen“ menschlichen Lebens eine faktische Verletzung der Menschenwürde [...]. Verteidiger der Zulässigkeit von Abtreibungen und freiwilliger aktiver Sterbehilfe sehen dagegen in religiöser bzw. moralisierender Indoktrination oder gar rechtlicher Reglementierung eine unzulässige Einschränkung des Rechts auf Selbstbestimmung und auf die eigene Lebensführung [...].

Michael Quante, Menschenwürde und personale Autonomie, S. 91f.

M4 Ethische Herausforderungen am Anfang und Ende des Lebens

Der Anfang und das Ende des menschlichen Lebens, auch Zeugung und Geburt, sind nicht mehr nur natürliche Ereignisse, insofern sie dem Manipulationshandeln des modernen Menschen ausgesetzt sind. Anfang und Ende des Lebens können sich dem helfenden, heilenden, oft aber auch verletzenden und schmerzenden, häufig wohl auch unethischen Eingriff moderner Technik nicht entziehen. Das Leben kann über den Tod des Herzens oder Hirns hinaus intensivmedizinisch verlängert werden; explantierte Organe können den Leib, dem sie entnommen wurden, als Teil eines anderen Leibes und Menschen um viele Jahre überleben. Leben kann außerhalb des Mutterleibes gezeugt oder auf verschiedene Weise innerhalb des Mutterleibes an Befruchtung oder Einnistung gehindert werden. Die genannten und andere uns durch medizinische Fortschritte zugewachsenen Handlungsoptionen transponieren die Frage nach dem Anfang und Ende des Lebens aus dem Raum der *curiositas*, der theoretischen Neugierde, in den der *responsibilitas*, der Verantwortung für die Ziele und Grenzen des technisch möglichen Interventionshandelns. Sie verlangen auch nach einer ethischen und kulturellen Neubewertung des Verhältnisses von Kultur und Natur und der Aufgaben und Grenzen des kulturellen Manipulierens von Natur.

Hans-Martin Sass, Medizinethik, in: Annemarie Pieper / Urs Thurnherr (Hg.), Angewandte Ethik, S. 100f.

1. Beschreiben Sie anhand von Bild und Text, worin der Verlust der Person bei Demenzkranken gesehen werden kann. → M1
2. Verfassen Sie eine Kurzdefinition zum Begriff „Person“. Diskutieren Sie, welche Merkmale für Sie zentral sind. → M2
3. Sammeln Sie Material aus der biomedizinischen Ethik, das den Streit um den Begriff der Person an einem Beispiel (Abtreibung, Sterbehilfe u. ä.) zeigt. → M3
4. Erörtern Sie die Probleme, die sich durch moderne Wissenschaft, Medizin und Technik am Anfang und Ende menschlichen Lebens ergeben können. → M4

2 Schöpfung im Labor

M1 Es wird ein Mensch gemacht

WAGNER *ängstlich.* Willkommen zu dem Stern der Stunde!
Leise. Doch haltet Wort und Atem fest im Munde!
Ein herrlich Werk ist gleich zustand gebracht.

MEPHISTOPHELES *leiser.* Was gibt es denn?

WAGNER *leise.* Es wird ein Mensch gemacht.

MEPHISTOPHELES. Ein Mensch? Und welch verliebtes Paar
Habt Ihr ins Rauchloch eingeschlossen?

WAGNER. Behüte Gott! wie sonst das Zeugen Mode war, Erklären wir für eitel Possen.

Johann Wolfgang Goethe, Faust II, S. 200

M2 Gott spielen?

Eine Truppe von Biologen macht sich daran, das Leben neu zu erfinden. Sie nutzen die Gene von Tieren, Pflanzen und Bakterien als Bausteine, um neue Organismen zu schaffen. Das weckt Ängste: Maßt sich der Mensch an, das Handwerk des Schöpfers zu übernehmen?

Wenn demnächst die erste von Menschenhand gebaute Kreatur die Weltbühne betritt, dann werden einige der wichtigsten Bauteile aus Regensburg stammen. „Das ist unsere Tagesproduktion", sagt Biotechniker Marcus Graf und hebt behutsam drei Plättchen aus dem Kühlschrank, jeweils kaum größer als ein Bierdeckel. Nach viel sieht das nicht aus, aber es reicht, den Weltmarkt zu beherrschen. Denn Grafs Firma Geneart betreibt ein Geschäft, bei dem auch kleinste Mengen kostbar sind: Sie produziert künstliche Gene.

Johann Grolle, Konkurrenz für Gott, in: Der Spiegel, 1/2010, S. 110

M3 Bausteine des Lebens

Im Grenzgebiet von Biologie, Molekularbiologie, Chemie, Ingenieurwissenschaften, Biotechnologie und Informationstechnik entwickelt sich derzeit ein neues Forschungsgebiet, die Synthetische Biologie. Wissenschaftler der verschiedenen Disziplinen arbeiten dabei zusammen, um biologische Systeme mit neuen, definierten Eigenschaften zu entwickeln. Dabei sollen die Systeme nicht nur künstlich generiert bzw. nachgebaut, sondern kreativ gestaltet und mit Komponenten ausgestattet werden, die in der Natur in dieser Form bisher nicht vorkommen. Die Synthetische Biologie versucht daher, breit einsetzbare Methoden und Technologien zu entwickeln und zu standardisieren, um ingenieurwissenschaftliche Prinzipien in die Biologie zu übertragen. Zusammenfassend kann man Synthetische Biologie als Design und Zusammenführung von synthetischen biologischen Einheiten definieren, wobei nicht nur angestrebt wird, einige der charakteristischen Merkmale eines Organismus zu verändern, sondern gezielt darauf hingearbeitet wird, neue Systeme zu erschaffen, deren Eigenschaften hauptsächlich vom Menschen entworfen werden. Dabei geht es vor allem um die Übertragung der biologischen Analysen hin zum synthetischen System. Der Biologe wird damit zum Designer neuartiger Moleküle, ganzer Zellen, bis hin zu Geweben und Organismen.

Nikolai Raffler, Synthetische Biologie, www.dfg.de

M4 Neue Dimensionen der Verantwortung

Der wissenschaftlich-technische Fortschritt erweitert die Handlungsmöglichkeiten des Menschen und vermindert dessen Angewiesenheit auf das von Natur oder Kultur Vorgegebene. Grenzen des Handelns werden durchlässig oder gar aufgelöst. Damit entstehen neue Entscheidungsfreiräume und Handlungsoptionen, aber auch Orientierungsnotwendigkeiten und gelegentlich auch Orientierungsprobleme. Dies zeigt sich zurzeit deutlich in der Debatte um die Synthetische Biologie. Es geht dabei um die Vision, Lebendiges aus Nichtlebendigem neu zu schaffen und mittels Grenzmanagement traditionelle durch vom Menschen gesetzte und veränderliche Grenzen zu ersetzen.

Grenzmanagement heißt zunächst, die bestehenden Grenzen des Handelns zu erkennen und zu reflektieren. Immer wieder, so auch in der Synthetischen Biologie, kommt es zu Debatten, was „wirklich" qualitativ

neu ist. Je nach Antwort stellt sich die Frage nach dem Umgang mit sich andeutenden Grenzüberschreitungen anders. In den 1990er Jahren gab es beispielsweise einen Streit darüber, ob die Gentechnik bloß eine avancierte und effizientere Form der traditionellen Züchtung oder etwas qualitativ anderes ist – die Frage ist letztlich die, ob es sich hier um einen evolutionären Fortschritt der Wissenschaft handelt oder um einen revolutionären Durchbruch. [...]
Diese „technische“ Perspektive auf das Leben ist vorbereitet durch eine lange Geschichte technischer Eingriffe in lebende Systeme und in den Gang der Evolution, die zur Wortprägung der „Biofakte“ (Nicole Karafyllis) geführt hat. Neu ist der Anspruch, in nicht allzu ferner Zukunft aus nicht lebenden Bestandteilen wie organischen Molekülen Einheiten herzustellen, die lebenstypische Eigenschaften wie Stoffwechsel und Reproduktion aufweisen. Wenn das gelingt, und dies ist mehr als eine bloße Vision, tritt damit unzweifelhaft der genannte Fall der erheblichen Kontingentsteigerung menschlichen Handelns ein, welcher zu einem Orientierungsbedarf in Bezug auf Grenzmanagement und Grenzpolitik führt.
Etwa seit 2006 ist eine internationale Debatte über ethische, rechtliche und soziale Fragen der Synthetischen Biologie entbrannt. Diese knüpft an die Debatten zu gentechnisch veränderten Organismen an, reicht aber aufgrund der größeren Reichweite und Tragweite darüber hinaus. Allerdings kann bislang über Risiken von Verfahren oder Produkten der Synthetischen Biologie konkret noch wenig gesagt werden – vielmehr ist der Forschungsprozess selbst Gegenstand der ethischen Debatte, es geht um die Frage nach der Verantwortbarkeit des weiteren Forschungsprozesses, um Sicherheitsstrategien, das Vorsorgeprinzip und Formen des „Containment“, wie sie aus der Geschichte der Gentechnik vertraut sind. Es geht um Fragen nach der Verantwortung der beteiligten Wissenschaftler und Disziplinen, nach der Verantwortbarkeit bestimmter Forschungsrichtungen sowie nach dem Verhältnis von wissenschaftlicher Selbststeuerung und Selbstverpflichtung und staatlicher Regulierung.

Armin Grunwald, Synthetische Biologie, in: Information Philosophie 12/2011, S. 8-10

M5 Neue philosophische Fragen

Freilich ist es auf absehbare Zeit nicht möglich, dass Forscher aus dem Nichts Leben erzeugen – die damit verbundenen ethischen Fragen betreffen allenfalls Sciencefiction-Szenarien. Allerdings lassen sich schon jetzt vor dem Hintergrund der Synthetischen Biologie grundlegende philosophische Fragen unter neuen Vorzeichen diskutieren: „Was heißt ‚Leben‘, wenn biochemisch von der Synthetisierung von Leben die Rede ist? Inwiefern strebt die Synthetische Biologie an, ‚neues Leben‘ zu schaffen? Welche Bedeutung kann man Ausdrücken wie ‚künstliche Zelle‘ genau zuschreiben? Was heißt es für den Umgang mit Leben, wenn dieses Leben ‚künstliches Leben‘ genannt wird?“ [...] Freilich muss die Entwicklung des Feldes durchgängig beobachtet werden, insbesondere hinsichtlich einer Risikobewertung bzw. der Betrachtung von Sicherheitsaspekten. Schlagworte wie „Leben Erschaffen“ oder „Gott Spielen“ mögen Interesse für ein neues Forschungsfeld erregen, stehen jedoch einem Verständnis der relevanten wissenschaftlichen und ethischen Aspekte entgegen; solche Vokabeln mögen – so sehen es auch die meisten Wissenschaftler auf dem Gebiet – hier in Zukunft vermieden werden.

Marc-Denis Weitze, Synthetische Biologie, in: InfoPhilosophie 12/2011, S. 21

1 Übersetzen Sie den Dialog aus Goethes Faust in den Sprachgebrauch des 21. Jahrhunderts. → M1
2 Recherchieren Sie die neue Forschungsrichtung „Synthetische Biologie“. → M2/3
3 Erörtern Sie, inwiefern die Synthetische Biologie bisher gesetzte Grenzen überschreitet. → M4
4 Zeigen Sie an anderen Forschungsrichtungen, inwiefern die technische Perspektive auf das Leben im 21. Jahrhundert maßgebend geworden ist. → M4
5 Diskutieren Sie, warum schon jetzt vor dem Hintergrund der Synthetischen Biologie grundlegende philosophische Fragen unter neuen Vorzeichen diskutiert werden sollten. → M5
6 Wenden Sie die „Heuristik der Furcht“ von Hans Jonas (s. S. 253) auf diese Forschungen an. → M1-M5

3 Umgang mit Embryonen

M1 Verwickelte Verhältnisse

Matthias Kettner, Neue Formen gespaltener Elternschaft, S. 36

M2 Das Ende für die Zufallslotterie der Natur

Dass Mann und Frau in der geschlechtlichen Vereinigung ein Kind zeugen und den Nachwuchs der Zufallslotterie der Natur überlassen – dieses Grundgesetz menschlicher Fortpflanzung ist nicht mehr die Regel. Reproduktionsmedizin, Stammzellforschung und Genetik sind dabei, jahrtausendealte Vorstellungen von Elternschaft und Familie zu verändern und die Schicksalhaftigkeit unserer genetischen Ausstattung zu überwinden. [...] Spielt der Mensch tatsächlich Gott – oder machen Wissenschaftler und Mediziner nur, was sie seit je getan haben: die Grenze der Erkenntnis zum Wohle der Menschheit immer ein wenig weiter zu verschieben? Und lässt sich die Entwicklung überhaupt noch stoppen [...]? Alle 80 Minuten wird heute irgendwo in Deutschland ein Kind geboren, das im Labor gezeugt wurde. [...] Schon heute kann die PID dazu dienen, das Geschlecht eines Kindes auszuwählen oder ein Kind zu zeugen, das als Zellspender für einen schwer kranken Bruder oder eine kranke Schwester geeignet ist. „Rettungskinder“ werden sie von den Befürwortern der Diagnostik genannt, Kritiker sprechen von „Ersatzteillieferanten“.

Ulrich Bahnsen u. a., Die Zukunftskinder, in: Die Zeit 23/2008, S. 35f.

M3 Elternwunsch: eine Instrumentalisierung?

Da die Eltern nicht spenden konnten, wurde in den USA für die sechsjährige Molly Nash mit angeborener Blutarmut mittels PID ein geeigneter Embryo selektiert und von der Mutter ausgetragen. Mit Hilfe des Blutes des Neugeborenen konnte seine Schwester gerettet werden.

Auch wenn dadurch ein Leben gerettet werden konnte, wurde hier die Schwelle zur positiven Eugenik überschritten. Ziel der Selektion war nicht die Verwerfung kranker Embryonen, sondern die Auswahl eines gesunden „schwesterverträglichen“ Kindes. Der Embryo wurde nicht als ein „Zweck an sich selbst“ betrachtet, sondern als Mittel für einen anderen Zweck instrumentalisiert. Von diesem Präzedenzfall ist es nur noch ein kleiner Schritt zur gezielten Auswahl von Embryonen z. B. nach Geschlecht, um die Wünsche der Eltern nach einer „perfekten“ Familie zu befriedigen, oder zur Aufzucht von „Blutspendern auf Abruf“.

Thomas Zoglauer, Konstruiertes Leben, S. 45

M4 Was zählt, ist, ob sie das Kind lieben

In einem Gespräch berichtet die britische Psychologin Susan Golombok von den Ergebnissen ihrer Langzeitstudie (seit 1985), in der sie im Labor gezeugte Kinder mit normal gezeugten vergleicht.

Zeit: Zeigen diese Kinder [...] irgendwelche Auffälligkeiten?

Golombok: Wir konnten keine feststellen. [...]

Zeit: Gilt das genauso für Kinder, die mit Hilfe einer Samen- oder Eizellspende gezeugt wurden?

Golombok: Hier existierten zusätzliche Sorgen, weil bei dieser Art der Fortpflanzung einem Elternteil die genetische Verbindung zum Kind fehlt. Dennoch zeigen auch diese Kinder keine sozialen oder emotionalen Auffälligkeiten. Probleme kann aber das Tabu verursachen, das die Samen- oder Eizellspende umgibt.

Zeit: Inwiefern?

Golombok: Wir wissen aus Studien mit Adoptivkindern, dass es für Kinder besser ist, wenn sie ihre Herkunft kennen. Auch Spenderkinder sollten von ihren

Eltern über die Umstände ihres Entstehens aufgeklärt werden. [...]

Zeit: Was wissen wir über das Wohlergehen sogenannter Retterkinder, die gezeugt wurden, um einem kranken Geschwisterkind zu helfen?

Golombok: [...] Wir wissen [...], dass die Eltern ihr Kind nicht als Ersatzteillager begreifen, dass sie es lieben wie ihre anderen Kinder auch. Ich vermute, dass die Schwierigkeiten woanders liegen, und zwar bei dem, was die sogenannten Helferkinder durchmachen müssen. Das hängt sehr von der Krankheit ab, unter der die Schwester oder der Bruder leidet. Ob nur die Nabelschnur benötigt wird [...] oder gar größere Operationen.

Auf die Liebe kommt es an. Ein Gespräch mit der britischen Psychologin Susan Golombok, in: Die Zeit 23/2008, S. 37

M5 Stammzellenforschung

Debatten um die ethische Zulässigkeit „verbrauchender" Embryonenforschung, die also frühe Embryonen verwendet und dabei zerstört, [...] erhielten [...] einen ernsthaften [...] Hintergrund [...], als wissenschaftliche Befunde die mögliche Bedeutung humaner Stammzellen als Grundlage künftigen Zell- und Gewebeersatzes erkennen ließen. Maßgeschneidertes Ersatzgewebe für Parkinsonkranke, Querschnittsgelähmte oder Patienten nach schwerem Herzinfarkt herzustellen, scheint der internationalen Wissenschaftlergemeinschaft inzwischen eine ziemlich realistische Zukunftsoption zu sein [...]. Unter den verschiedenen Stammzellen, die es gibt, eignen sich dafür *embryonale* Stammzellen nach überwiegender Auffassung am besten. Auch wenn sich die Hoffnungen auf therapeutische Ansätze nicht sicher und bestenfalls in etlichen Jahren verwirklichen lassen, haben sie doch die Abwägungsfragen zwischen Embryonenschutz und hochrangiger Forschung sehr realitätsnah und zum Gegenstand kontroverser ethischer und biorechtlicher Auseinandersetzungen werden lassen [...]. Systematisch geht es einmal mehr um die Frage nach dem rechtsethischen Status früher (4-5 Tage alter) Embryonen, die durch die Stammzellgewinnung zerstört werden [...]: Wer ihnen den vollen Lebens- und Würdeschutz eines geborenen Menschen zuschreibt [...], kann konsequenterweise auch die hochrangigste für den Embryo tödliche Forschung, deren Durchführung schließlich an einem geborenen Menschen schlechterdings undenkbar wäre, nicht befürworten – auch wohl nicht an „überzähligen", d. h. im Rahmen der IFV unbeabsichtigt übrig gebliebenen und der Forschung gespendeten Embryonen. Vertreter einer Position, der zufolge man gegenüber frühen Embryonen nur Respekt zeigen oder schwache Schutzpflichten realisieren muss, halten hingegen die Förderung und Durchführung solcher Forschung nicht nur zulässig, sondern unter Umständen nachgerade geboten [...]. Die Debatte wird noch komplizierter dadurch, dass es verschiedene „Quellen" zur Gewinnung von embryonalen Stammzellen gibt: „überzählige" Embryonen aus assistierten Befruchtungsversuchen, gezielt für die Forschung hergestellte Embryonen und solche, die durch Zellkern-Transfer in eine zuvor entkernte Eizelle hergestellt wurden. *Bettina Schöne-Seifert, Grundlagen der Medizinethik, S. 173-175*

1 Unterscheiden Sie verschiedene Formen von Elternschaft. Was verstehen Sie unter Elternschaft? Ist Ihr Verständnis mit allen Möglichkeiten vereinbar? ➜ M1

2 Diskutieren Sie die Problematik der sog. „Rettungskinder". ➜ M2-4

3 Erörtern Sie folgenden Fall: Ein gehörloses Paar aus England will durch die dort unter bestimmten Umständen erlaubte Embryonenselektion dafür sorgen, dass es ein gehörloses Kind bekommt. Taubheit sei eine Lebensform, keine Behinderung, die wie andere Lebensformen auch Wertschätzung verdiene. Haben die Eltern hierzu ein Recht? Prüfen Sie auch, ob sich dieser Fall von dem sog. „Rettungskinder" unterscheidet. ➜ M5

4 Recherchieren Sie die die rechtliche Situation bezüglich der Stammzellenforschung in Deutschland und anderen Ländern, z. B. unter www.drze.de, www.kritischebioethik.de. ➜ M5

5 Klären Sie, welche Interessen durch die Stammzellenforschung in welcher Weise berührt sind. ➜ M5

4 Die Dammbruchargumentation

M1 Auf einer rutschigen, schiefen Ebene

Was in der Biotechnologie und in der Fortpflanzungsmedizin geschieht oder möglich ist, das hat in einem wesentlichen Punkt eine völlig neue Qualität: [...] Zum ersten Mal scheint die Menschheit fähig, den Menschen selber zu verändern, ja ihn genetisch neu zu entwerfen. [...] Man [...] [kann wissen und spüren], dass bestimmte Möglichkeiten und Vorhaben der Bio- und Gentechnik im Widerspruch zu grundlegenden Wertvorstellungen vom menschlichen Leben stehen. Diese Wertvorstellungen [...] liegen auch dem schlichten Satz zu Grunde, der in unserem Grundgesetz allem anderen vorangestellt ist: Die Würde des Menschen ist unantastbar. [...] Diese Wertvorstellungen zieht niemand ausdrücklich in Zweifel. Wir können es uns aber auch nicht leisten, ethische Überzeugungen unbewusst oder schweigend aufzugeben oder sie zur Privatangelegenheit zu erklären. [...] Wir müssen uns darüber klar sein, was die Folgen wären, wenn wir den Wertekanon, den wir in einer langen Geschichte entwickelt haben, als Grundlage allen staatlichen Handelns in Frage stellten. Würden wir dann nicht die Gefangenen einer Fortschrittsvorstellung, die den perfekten Menschen als Maßstab hat? Würden damit nicht Auslese und schrankenlose Konkurrenz zum obersten Lebensprinzip? [...] Das wäre eine völlig andere, das wäre eine neue Welt – keine schöne. [...] Nach meinem Eindruck haben sich solche Vorstellungen durchaus schon verbreitet. [...] Die Optimierung zum Stärksten und Besten wird zu einer selbstverständlichen Vorstellung. Wird dann nicht der menschliche Körper selber zur Ware und zu einem Gegenstand ökonomischen Kalküls?

Johannes Rau, Berliner Rede vom 18.05.2001, www.bundespraesident.de

M2 Wer A sagt ...

Bei der Debatte um die PID und Embryonenforschung wird immer wieder auf die Gefahr eines Dammbruchs und die unaufhaltsame Erosion moralischer Maßstäbe hingewiesen. Das Dammbruch-Szenario könnte so aussehen: Zuerst wird die PID in wenigen begründeten Ausnahmefällen zugelassen. Die Liste der Ausnahmefälle wird im Laufe der Zeit schrittweise erweitert, und letztlich führt die Selektion von Embryonen zu einer eugenischen Praxis, die man eigentlich verhindern wollte. Wenn die Tür nur einen Spalt breit geöffnet wird, droht sie irgendwann vollständig eingerannt zu werden. Daher sollte man die PID besser nicht einführen.
Das Dammbruchargument hat die folgende Form:

1. Aus A folgt B, oder A führt über eine Kette von Zwischenschritten zu B.
2. B ist moralisch nicht wünschenswert.
3. Daher dürfen wir A nicht zulassen.

M3 Die Beweislast

Dammbruchargumente müssen zunächst die Negativität der befürchteten Schäden auch im Verhältnis zum anderenfalls entgehenden Nutzen annehmen. Und sie müssen sich auf empirische Evidenzen für eine (inakzeptabel hohe) Eintrittswahrscheinlichkeit der von ihnen prognostizierten Schäden stützen können. Als Prophezeiungen tertiären Schadens dann müssen Dammbruchargumente eine gewisse Labilität der öffentlichen Moral annehmen. Und schließlich müssen sie empirischen Anhalt für Unaufhaltbarkeit und Lawinencharakter der einmal gebahnten Katastrophe haben.

M4 Befürchtungen unter der Lupe

Die Ängste richten sich auf Regelungen, die eine bestimmte Praxis, wie z. B. PID, (unter bestimmten Bedingungen) zulassen.

Es geht um die Einschätzung möglichen Schadens, der im Gefolge der offenen Legitimierung oder Ausübung einer generellen Handlungspraxis zu erwarten wäre.

(1) Alle Zulässigkeitsregeln können in der Praxis missbraucht werden – unabsichtlich, eigennützig oder böswillig. Weiterhin können sie in der Bevölkerung Ängste vor solchem Missbrauch wecken. Man könnte solchen direkt durch die Regelung ermöglichten Missbrauch und solche von ihr erweckten Befürchtungen „sekundären" Schaden nennen.

(2) Moralische Zulässigkeitsregeln könnten aber auch unbeabsichtigt die moralische Haltung ihrer Adressaten zum Schlechten verändern und auf diesem Weg eine wiederum neue, nun unmoralische Praxis bewirken, die von der ursprünglichen Regelung selbst weder intendiert noch abgedeckt wäre. Solcher „tertiäre" Schaden könnte entweder durch normative Fehlsignale der erwogenen Regel eintreten, d. h. durch vermeintlich implizierte Werturteile, oder er könnte ein ungewollter Effekt der sich einschleifenden neuen Praxis selbst sein.

M5 Offene Fragen

Die Unplausibilität von Dammbrüchen wird gerne an Beispielen wie diesem demonstriert: Wenn es eine Geschwindigkeitsbegrenzung von 50 km/h innerhalb geschlossener Ortschaften gibt, besteht keine Gefahr, dass das Limit auf 100 km/h erhöht wird, obwohl es einen kontinuierlichen Übergang zwischen den Geschwindigkeiten gibt [...]. Es besteht keine Notwendigkeit und es ist auch wenig wahrscheinlich, dass die bestehende Regelung in Zukunft aufgeweicht wird. Die Frage ist nur, wer die Beweislast zu tragen hat: die Befürworter oder die Kritiker einer neuen Technologie? Reicht der Hinweis auf einen möglichen Dammbruch oder die bloß theoretisch postulierte Gefahr, die uns eine Eugenik durch die Hintertür bescheren kann, aus, um die PID zu verbieten? Müssen die Kritiker ihre Bedenken glaubhaft machen oder müssen umgekehrt die Befürworter der PID die Unbedenklichkeit dieser Technik nachweisen können? [...] Es gibt sicherlich keinen deterministischen kausalen Zusammenhang zwischen der Zulassung der PID und einer zukünftigen Eugenik. Eine solche unheilvolle Entwicklung kann jederzeit aufgehalten werden, wenn der Wille dazu besteht. [...] diese Voraussetzung ist bedeutsam.

M2/5: Thomas Zoglauer, Konstruiertes Leben, S. 71f., 74f.

M6 Gefahr des Konservatismus

Moralische Normierungen gerade in der Medizin werden nicht selten mit Hilfe von *Dammbruchsprognosen* zu rechtfertigen versucht. So hellhörig jede Befürchtung einer Katastrophenauslösung hier machen muss, so sehr birgt andererseits deren inflationäres und ungedecktes Beschwören die Gefahr eines ungerechtfertigten Konservativismus. Daher lohnt sich eine Untersuchung der Bedingungen echter Dammbruchrisiken.

M3/4/6: Bettina Schöne-Seifert, Medizinethik, S. 590f., 593, bearbeitet

1 Rekonstruieren Sie das Argument, das Johannes Rau gegen die Biotechnologie und Fortpflanzungsmedizin geltend macht. ➔ M1/2
2 Markieren Sie in Ihrer Analyse der Rau'schen Argumentation die sog. „sekundären" und „tertiären" Schäden sowie die Teile, die die Begründungslast tragen. ➔ M1/3/4
3 Erläutern Sie, welche Fragen nach Thomas Zoglauer offen bleiben. Welche Antworten halten Sie für richtig? ➔ M5
4 Untersuchen Sie die Bedeutsamkeit der Voraussetzung, die Zoglauer in den letzten zwei Sätzen formuliert, am Beispiel des Geschwindigkeitslimits und der PID. ➔ M5
5 Erläutern Sie, wieso Bettina Schöne-Seifert die Ablehnung von Neuerungen in der Medizin (z. B. PID) kritisch einschätzt. ➔ M6
6 Untersuchen Sie in Gruppen weitere Dammbruchargumente, z. B. die Ausweitung
- von freiwilliger auf unfreiwillige Sterbehilfe;
- von einer Diskussion über aktive Sterbehilfe auf ein generelles Infragestellen menschlichen Lebensrechts;
- von Abtreibung auf Früheuthanasie;
- von pränataler Diagnostik und Keimbahntherapie auf eine Diskriminierung Behinderter und / oder einer Eugenik.

Formulieren Sie jeweils die befürchteten sekundären und / oder tertiären Schäden. Stellen Sie diesen Prognosen die Argumente gegenüber, die für die Zulässigkeit der umstrittenen Regelung sprechen.

5 Am Ende des Lebens

M1 Ende einer Qual

Für die Eltern ist es die schwierigste Entscheidung ihres Lebens: Sie bitten den behandelnden Arzt, ihre gerade vier Wochen alte Tochter mit Hilfe von Medikamenten für immer einschlafen zu lassen. Das Baby hat das Downsyndrom und ist mit einer offenen Wirbelsäule auf die Welt gekommen; Nervenstränge hängen in einem dünnen Hautsack aus ihrem Rücken, das Gehirn ist fehlgebildet, und anstelle des Gaumens klafft ein Loch. „Dieses Kind hätte etwa zwanzig chirurgische Eingriffe allein innerhalb des ersten Lebensjahres benötigt. Doch zwei erfahrene Operateure rieten davon ab, die allgemeine Prognose sei zu schlecht“, sagt Eduard Verhagen, Chefarzt der Universitätskinderklinik in Groningen. „Selbst die starken Schmerzmittel haben oft nicht mehr geholfen. Für unser Kind war das eine furchtbare Qual“, sagt die Mutter. Die Eltern sind verzweifelt und wollen ein langes Warten auf den Tod nicht hinnehmen. Eduard Verhagen [...] kann sie verstehen und geht auf ihre Bitte ein. Als der Arzt dem Säugling eine hohe Dosis Schlafmittel und Morphin spritzt, hat die Mutter ihre Tochter auf dem Arm [...]. Es dauert nur wenige Minuten, bis das Mädchen tot ist.

Achim Wüsthof, Entscheidung an der Wiege, in: Die Zeit, Nr. 6/03.02.2005

M2 Ein Ende in Würde

Mein 77-jähriger Vater hatte eine Patientenverfügung, die besagte, dass er Notfallmedizin ablehne. Er litt unter einem Schmerzsyndrom, Diabetes und [...] Demenz und war schon sehr schwach. Schon länger hatte er sterben wollen, weil ihm sein Leben zu einer unerträglichen Last geworden war. [...] Ein Notarzt war gerufen worden, der [...] mir sagte, dass mein Vater eine Lungenentzündung entwickeln würde und er ihn unter normalen Umständen ins Krankenhaus einweisen würde. Was ihn davon abhielt, war seine Patientenverfügung. Er wollte von mir als Bevollmächtigtem wissen, was er tun solle. Darauf fragte ich ihn, was die Patientenverfügung seiner Meinung nach für diesen Fall aussagen würde. Der Arzt erwiderte, dass mein Vater nicht behandelt werden wolle, worauf ich sagte, dass man ihm dann doch seinen Willen lassen sollte. Die Antwort des Arztes überraschte [...] mich, denn er sagte, dass er das auch so entschieden hätte, wenn es sein Vater gewesen wäre. – Frank S.

www.standard-patientenverfuegung.de/erfahrungen.htm

M3 Probleme der Patientenverfügung

Das erste Gegenargument ist der berechtigte Hinweis auf die Schwierigkeiten, die Bedingungen eines Behandlungsabbruchs so genau zu benennen, dass ein Arzt immer zuverlässig weiß, was die Vorausverfügung für eine konkrete Situation vorsieht. Typische und häufig benutzte Formulierungen wie „Verzicht auf Intensivmedizin“, „bei unheilbarer Erkrankung“ oder „Ermöglichung eines würdigen Sterbens“ lassen zu große Interpretationsspielräume zu; präzise Auflistungen aller relevanten Konstellationen andererseits sind oft nicht praktikabel. [...] Der eine Einwand führt an, dass ein Patient niemals im Voraus wissen könne, wie subjektiv lebenswert auch noch ein „miserables“ Leben sein mag. [...] Der andere Einwand führt die generelle Unsicherheit ärztlicher Diagnosen und Prognosen an. [...] In diesem Zusammenhang stellt sich aber auch die philosophische Frage nach der personalen Identität zwischen jenem Patienten, der in gesunden Tagen eine Vorausverfügung tätigt, und jenem späteren Patienten in Dauerkoma oder schwerster Demenz, für den die Verfügung gelten soll. [...] [e]s ist die Annahme einer solchen Identität in der Tat problematisch, wenn man, wie üblich, psychische Kontinuität als eine ihrer notwendigen Bedingungen ansieht. Da aber andererseits die Wahrscheinlichkeit von Interessenkonflikten zwischen dem früheren und dem späteren Patienten gering sei, spreche die Annahme personaler Diskontinuität in der Regel nicht gegen die Bindungskraft von Vorausverfügungen.

Bettina Schöne-Seifert, Medizinethik, S. 577f.

M4 Regelungen zur Sterbehilfe europaweit

		D	I	CH	NL
aktive	Tötung auf ausdrücklichen Patientenwunsch	verboten, Strafrahmen bei „Tötung auf Verlangen": 6 Monate - 5 Jahre	verboten, Strafrahmen bei „Tötung mit Einwilligung": 6-15 Jahre	erlaubt, sofern nicht aus selbstsüchtigen Motiven	erlaubt, wenn bestimmte Kriterien (z. B. unabhängiges weiteres Urteil eines Mediziners) eingehalten sind
passive	Therapieabbruch mit der Absicht, Patienten sterben zu lassen	erlaubt, wenn z. B. eine entsprechende Patientenverfügung vorliegt	erlaubt, bei entsprechender Patientenverfügung, sonst „Tötung durch Unterlassen"	erlaubt	erlaubt
indirekte	Inkaufnahme der lebensverkürzenden Wirkung z. B. einer Schmerztherapie	erlaubt	erlaubt	erlaubt	erlaubt
nicht freiwillige	Tötung eines nicht entscheidungsfähigen Patienten	verboten	verboten	verboten	verboten

Quelle: Deutsches Referenzzentrum für Ethik in den Biowissenschaften

M5 Grundsätze der Bundesärztekammer

Präambel

[...] [Der Arzt] muss den Willen des Patienten beachten. [...] Ein offensichtlicher Sterbevorgang soll nicht durch lebenserhaltende Therapien künstlich in die Länge gezogen werden. [...] Aktive Sterbehilfe ist unzulässig und mit Strafe bedroht, auch dann, wenn sie auf Verlangen des Patienten geschieht. Die Mitwirkung des Arztes bei der Selbsttötung widerspricht dem ärztlichen Ethos. [...]

I. Ärztliche Pflichten bei Sterbenden

Der Arzt ist verpflichtet, Sterbenden, bei denen der Eintritt des Todes in kurzer Zeit zu erwarten ist, so zu helfen, dass sie unter menschenwürdigen Bedingungen sterben können. Die Hilfe besteht in palliativ-medizinischer Versorgung. [...] Maßnahmen zur Verlängerung des Lebens dürfen in Übereinstimmung mit dem Willen des Patienten unterlassen oder nicht weitergeführt werden, wenn diese nur den Todeseintritt verzögern und die Krankheit in ihrem Verlauf nicht mehr aufgehalten werden kann. Bei Sterbenden kann die Linderung des Leidens so im Vordergrund stehen, dass eine möglicherweise dadurch bedingte unvermeidbare Lebensverkürzung hingenommen werden darf. [...]

III. Behandlung bei schwerster zerebraler Schädigung

Patienten mit schwersten zerebralen Schädigungen und anhaltender Bewusstlosigkeit (Wachkoma) haben, wie alle Patienten, ein Recht auf Behandlung, Pflege und Zuwendung. [...]

IV. Betreuung von schwerstkranken und sterbenden Kindern und Jugendlichen

[...] Bei Neugeborenen mit schwersten Beeinträchtigungen, bei denen keine Aussicht auf Heilung oder Besserung besteht, kann nach hinreichender Diagnostik und im Einvernehmen mit den Eltern eine lebenserhaltende Behandlung, die ausgefallene oder ungenügende Vitalfunktionen ersetzen soll, unterlassen oder nicht weitergeführt werden. [...]

Bundesärztekammer, in: Deutsches Ärzteblatt, Jg. 108, Heft 7, 18.02.2011

1 Analysieren Sie die Fälle (M1/2) mit Hilfe der begrifflichen Unterscheidungen und der „Grundsätze zur Sterbebegleitung". → M1/2/4/5

2 Diskutieren Sie: Haben die Verantwortlichen Ihrer Meinung nach richtig entschieden? Gibt es Ihrer Meinung nach Alternativen? → M1/2

3 Stellen Sie die Argumente für und gegen eine Patientenverfügung gegenüber. Halten Sie das Festhalten an einer Verfügung im Falle einer schwerwiegenden Demenz für richtig? → M2/3

6 Organspende in der Diskussion

M1 Selbstbestimmung

Dieses Prinzip betrifft das Recht eines Menschen, über seinen Körper bzw. einzelne seiner Teile auch über den Tod hinaus zu verfügen:

Einem breiten, unausgesprochenen Konsens folgend wird die Frage nach der Verfügung über Spendeorgane hierzulande in *persönlichkeitsrechtlichen* Kategorien geregelt. Spendeorgane werden also nicht als Eigentum des Organspenders betrachtet; für persönlichkeitsrechtliche Argumente steht vielmehr die Frage im Vordergrund, unter welchen Bedingungen Organe legitimerweise entnommen werden dürfen. Alle im Vorfeld des Transplantationsgesetzes in Deutschland diskutierten Modelle der Organentnahme am Leichnam [...] messen dabei der zu Lebzeiten getroffenen *selbstbestimmten Entscheidung des Organspenders* jeweils unterschiedliches Gewicht bei.

Johann Ach / Georg Marckmann, Transplantationsmedizin, S. 295

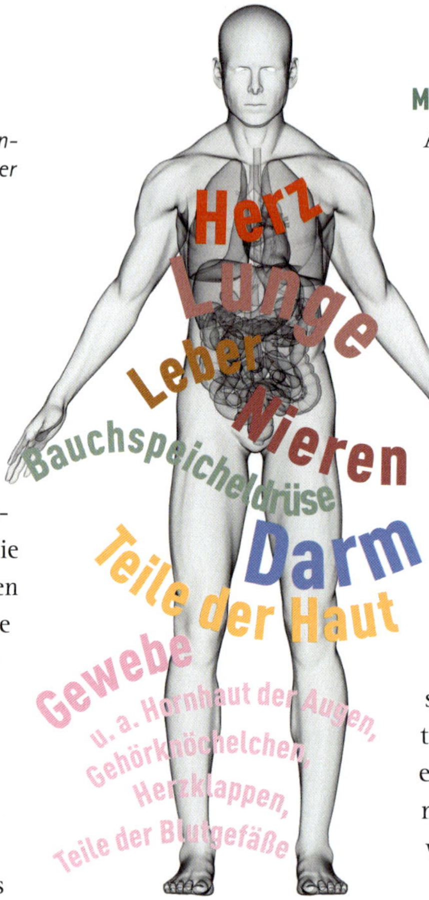

M3 Sicheres Todeskriterium?

Am Hirntodkriterium wird sowohl von medizinischer als auch von philosophischer Seite eine unterschiedlich motivierte Kritik geübt. Einerseits wird (vorwiegend von medizinischer Seite) die Bestimmung als zu eng kritisiert und auf ein Teilhirntodkriterium gedrängt [...]. Andererseits wird (vorwiegend von philosophischer Seite) eingewendet, das Hirntodkriterium sei die Folge eines externen pragmatischen Interesses – des Transplantationsinteresses – und beinhalte eine ethisch problematische Minimalisierung der Todesbestimmung, welche die objektive Unbestimmtheit der Grenze zwischen Leben und Tod missachte [...].

Günther Pöltner, Grundkurs Medizin-Ethik, S. 230f.

M2 Der Hirntod ist der Tod des Menschen

Als klinischer Tod wird bezeichnet, wenn die Atmung endet und das Herz nicht mehr schlägt. Dieser Zustand kann in besonderen Fällen durch Wiederbelebung, v. a. Herzmassage und Beatmung, rückgängig gemacht werden. Wenn das Gehirn jedoch nicht innerhalb weniger Minuten wieder mit Sauerstoff versorgt wird, kommt es zum Absterben von Gehirnzellen. „Mit dem Hirntod ist naturwissenschaftlich-medizinisch der Tod des Menschen festgestellt. (...) Der Hirntod wird definiert als Zustand der irreversibel erloschenen Gesamtfunktion des Großhirns, des Kleinhirns und des Hirnstamms. Dabei wird durch kontrollierte Beatmung die Herz- und Kreislauffunktion noch künstlich aufrechterhalten.“ *nach Bundesärztekammer*

M4 Umgang mit den Toten

Aus ethischer Perspektive stellt sich die Frage nach dem *moralischen Status des menschlichen Leichnams.* Der Leichnam darf durch die Entnahme von Geweben und Organen nicht zu einer bloßen Sache degradiert werden, sondern muss einen moralischen Schutz genießen, der sich in einem pietätvollen Umgang ausdrückt. Wie eine Gesellschaft mit den Toten umgeht, ist für ihr soziales und kulturelles Selbstverständnis von großer Bedeutung. Der Tod und das Sterben gehören zu denjenigen Lebensbereichen, die dem Zugriff von Verwertungsinteressen entzogen bleiben sollten. Ein respektloser, instrumentalisierender Umgang mit Toten könnte auf den Umgang mit Lebenden ausstrahlen.

Johann Ach / Georg Marckmann, Transplantationsmedizin, S. 297

M5 Recht auf den eigenen Körper?

Nach Dieter Birnbacher kollidieren in Fällen der Organentnahme ohne ausdrückliche Zustimmung des Verstorbenen die gleichwertigen Prinzipien der Hilfeleistung und der Respektierung der individuellen Selbstbestimmung.

[Es ist für mich] [...] nicht einsehbar, warum viele zwar Extremlösungen auf der Seite der Priorität der Hilfeleistungspflicht, nicht aber Extremlösungen auf der Seite der Priorität des Selbstbestimmungsrechts ablehnen. Die überwiegende Mehrheit lehnt eine Regelung ab, [...] nach der eine Entnahme von Organen vom Toten auch bei vorliegendem ausdrücklichen Widerspruch zulässig ist. Nur wenige lehnen aber auf der anderen Seite eine Regelung ab, die eine Entnahme vom Toten an eine ausdrückliche vorherige Einwilligung des Verstorbenen bindet. Von der ersten Extremlösung könnte man sagen, dass sie mit einer Reihe anderer bestehender und akzeptierter Regelungen unvereinbar ist. Unser eigener Körper ist uns näher als unser Vermögen. Aber auch dieses darf man uns nach unserem Tode nicht einfach wegnehmen, um damit – unabhängig davon, was wir vor dem Tod bestimmt haben – einen anderen zu retten. Wenn wir bestimmen dürfen, was nach unserem Tode mit unserem Vermögen geschieht, sollten wir auch bestimmen dürfen, was nach unserem Tode mit unserer sterblichen Hülle geschieht. Dieselbe Überlegung kann man aber auch für die Extremlösung auf der anderen Seite anstellen. Wenn die Gesellschaft befugt ist, den Körper eines Verstorbenen auch ohne dessen Einwilligung (und sogar ohne die Einwilligung der Nahestehenden) zum Zweck der Rechtssicherheit öffnen zu lassen, warum soll sie dann nicht auch befugt sein, ihn ohne ausdrückliche Einwilligung zum Zweck der Organentnahme öffnen zu lassen? Wiegt die Aussicht, mit dem entnommenen Organ das Leben eines anderen zu retten bzw. (bei einem Nierenkranken) dessen Lebensqualität nachhaltig zu verbessern wirklich weniger als die (zum Teil geringe) Chance, mit Hilfe der Obduktion ein Verbrechen aufzuklären? [...] Das heißt, ich meine, dass die mangelnde Bereitschaft, einem anderen durch eine Organspende das Leben zu retten, zu Unrecht als moralisch unbedenklich gilt.

Dieter Birnbacher, Organtransplantation, S. 312-314

Regelungen zur Organentnahme

Während in Deutschland die sogenannte „erweiterte Zustimmungslösung" für eine Organentnahme gilt, gibt es in anderen Ländern auch andere gesetzliche Regelungen:

- **Widerspruchslösung:** Organentnahme grundsätzlich zulässig; Voraussetzung: kein ausdrücklicher Widerspruch des Spenders zu Lebzeiten (mündlich oder schriftlich)
- **enge Zustimmungslösung:** Organentnahme ohne ausdrückliche schriftliche oder mündliche Zustimmung des Spenders zu Lebzeiten verboten; keine Möglichkeit der „Nachreichung" einer fehlenden Einwilligung, kein Mitspracherecht für Angehörige
- **erweiterte Zustimmungslösung:** Organentnahme auch ohne schriftliche Zustimmung des Spenders zulässig; Voraussetzung: Einverständnis der nächsten Angehörigen, entscheidend dabei der mutmaßliche Wille des Verstorbenen
- **Informationslösung:** Organentnahme grundsätzlich zulässig; Voraussetzung: kein ausdrücklicher Widerspruch zu Lebzeiten, Unterrichtung der Angehörigen über geplante Entnahme muss erfolgen (dabei kein Widerspruchsrecht der Angehörigen)
- **Notstandslösung:** Organspende immer zulässig, selbst bei Vorliegen eines Widerspruches des möglichen Spenders

1 Stellen Sie die momentane Situation der Transplantationsmedizin und die Spendenbereitschaft in Deutschland dar.

2 Erstellen Sie eine Übersicht der unterschiedlichen ethischen Bewertungskriterien zum Thema Organtransplantation. ➜ M1/4

3 Wann ist ein Mensch tot? Beschreiben Sie die Schwierigkeiten, diese Frage zu beantworten. ➜ M2/3

4 Erarbeiten und diskutieren Sie die These Dieter Birnbachers. ➜ M5

5 Diskutieren Sie, ob sich aus ethischer Sicht eine moralische Verpflichtung zur Organspende rechtfertigen lässt. ➜ M5

6 Diskutieren Sie Vor- und Nachteile der verschiedenen Modelle zur postmortalen Organspende.

7 Diskursblocker

M1 Der „normativistische“ Fehlschluss

Im Bereich z. B. der Kliniken oder der Politikberatung haben sich Ethik-Kommissionen etabliert. Dahinter steht oftmals ein bestimmtes Verständnis über die Leistungsfähigkeit „großer“ ethischer Theorien (z. B. Utilitarismus).

Indem [...] [„die Bioethiker“] so taten, als wären die ihnen gestellten Probleme tatsächlich nach einem Technikermodell zu lösen, schufen sie Hoffnungen, die sie nicht einlösen konnten. Sie stellten den Fall so dar, als bräuchten sie als Fachleute für ethische Fragen nur ihre Theorien auf den zu lösenden Fall anzuwenden, schon folge die richtige Lösung. Aber ethische Theorien geben keine unumstößlichen Axiome vor, aus denen Antworten einfach abgeleitet werden können. [...] Zu dieser verfehlten Auffassung beigetragen hat wahrscheinlich die verbreitete, aber missverständliche Beschreibung von Bioethik als Bereich der angewandten Ethik. Das klingt, als würde man eine bestimmte Moraltheorie [...] anwenden. Eine angemessene Interpretation lautet hingegen, dass die Ethik als Disziplin [...] sich Themen zuwendet, die aus der Praxis stammen. Die ethische Reflexion ist demnach anwendungsorientiert.

Thomas Schramme, Bioethik, S. 15

M2 Diskussionstabus

Die mörderischen Menschenversuche, Eugenikprogramme und sogenannten „Euthanasie“-Aktionen der Nationalsozialisten und die ungeheuerliche Demoralisierung und Verrohung vieler Ärzte und Nichtärzte, die solches geduldet, unterstützt und ausgeführt hatten, haben Fragen etwa der Sterbehilfe oder der humangenetischen Diagnostik und ihrer Folgen nachhaltig tabuisiert. Seit in den späten 80er Jahren offene Befürwortungen der Pränataldiagnostik oder aktiven Sterbehilfe vorgebracht worden sind, werden solche Positionen von manchen ihrer Kritiker durch Kontinuitäts- und Analogiebehauptungen als faschistisch diffamiert. Ja, zum Teil werden solche befürwortenden oder erlaubenden Positionen geradezu als Definitionsmerkmale der „Bioethik“ wahrgenommen, die deswegen durch regelrechte „Anti-Bioethik“-Kampagnen verschiedener gesellschaftlicher Gruppierungen bekämpft worden ist [...].

Bettina Schöne-Seifert, Medizinethik, S. 558f.

M3 „Humanitaristische Fehlschlüsse“

Mit der Ethik des Heilens und Helfens im Hintergrund berufen sich manche medizinische Forscher auf die pathetische Diagnose einer „schuldhaften Verstrickung“. Man befinde sich nämlich in dem „tragischen Dilemma“, entweder an A, beispielsweise heutigen menschlichen Embryonen, oder aber an B, zukünftigen Patienten, schuldig zu werden. [...] Diesem Rechtfertigungsversuch liegt ein Fehlschluss zugrunde. Wegen der Berufung auf die „humanitäre“ Ethik des Heilens und Helfens kann er „humanitaristischer Fehlschluss“ genannt werden. Dieser tritt sogar in mehrfacher Gestalt auf.

M4 Rechts- sind keine Tugendpflichten

Der erste und moralisch gravierendste Fehlschluss ergibt sich aus der Verkennung, dass unterschiedliche Verpflichtungsgründe [...] vorliegen. Schon die Alltagsmoral trifft [...] die Unterscheidung einer unverzichtbaren Elementarmoral von den darüber hinausreichenden, gleichwohl moralisch gebotenen Mehrleistungen. Die philosophische Ethik bringt diese Unterscheidung auf den Begriff: Während die Anerkennung gewisser Pflichten, der sogenannten Rechtspflichten, den Mitmenschen geschuldet ist, sie deshalb notfalls mit Zwang durchgesetzt werden dürfen, reichen andere Pflichten, die Tugendpflichten, über das Geschuldete und Zwangsbefugte hinaus in den Bereich freiwilliger Mehrleistungen. [...] Der [...] Fehlschluss besteht nun im Verkennen des grundsätzlichen Vorrangs, den der Lebensschutz vor dem Hilfsgebot genießt.

M5 Medizinische Forschung = Nächstenliebe?

Es gibt die Meinung, medizinische Forschung sei der Nächstenliebe verpflichtet.

[Dies ist] [...] aber [...] nur ein „Viertel" der Wahrheit. Wer auf das Muster der Nächstenliebe, den barmherzigen Samariter, blickt, entdeckt einen beträchtlichen Anteil an Selbsttäuschung. Der Samariter hilft nämlich selbstlos; medizinische Hilfe wird dagegen bezahlt, herausragende Arbeit überdies mit wissenschaftlichem Prestige und Forschungspreisen, nicht selten auch mit Wohlstand belohnt. [...] Pauschal und universal reine Selbstlosigkeit anzunehmen wäre [...] eine Illusion. Weiterhin hilft der Samariter jemandem [...] aus existentieller Not. Während andere Technik häufig nur der Lebenserleichterung [...] dient, geht es in der Medizin zwar auch um Leben und Tod, glücklicherweise [...] aber nicht immer. [...] Der Samariter behandelte die Wunden, brachte den Verletzten in eine Herberge, bat den Wirt, Sorge zu tragen, und bezahlte ihn dafür. [...] [Die] Hilfe besteht in der Übernahme der Kosten, was weder bei Ärzten und Pflegern noch bei Forschern der Fall ist.

M6 Forschung ist Hilfe für jetzt Leidende?

Seriöse Diskursteilnehmer [...] halten es für einen Unsinn, mit der Hoffnung derjenigen Patienten zu argumentieren, die jetzt an [...] Erkrankungen leiden. [...] Medizinische Forschung [bringt] keine konkrete Hilfe, sondern erst eine Diagnose- und Therapiemöglichkeit, für deren kundige Anwendung bei einem individuellen Patienten die derzeitig Forschenden gar nicht zuständig sind. [...] Schließlich ist eine moralisch problematische Forschung selten alternativlos. Und dann will der Forscher lediglich auf „seiner" Methode beharren, obwohl es andere, eventuell moralisch unbedenkliche Methoden gibt.

M3-6: Otfried Höffe, Medizin ohne Ethik, S. 44-48

M7 Die Unverfügbarkeitsthese

Dass wir dem menschlichen Leben einen sehr hohen Wert zuschreiben, ist evident. Das Menschenrecht der Unverletzlichkeit von Leib und Leben und die medizinischen Anstrengungen zur Rettung menschlichen Lebens geben davon Zeugnis.

In den schwierigsten und erbittertsten Kontroversen der Medizinethik geht es jedoch gerade um die Zulässigkeit von Ausnahmen vom Lebensschutzgebot [...]. Nach der [...] „Unverfügbarkeits"-These ist alles menschliche Leben [...] absolut schützenswert. [...] Selbst passive Sterbehilfe könnte dann konsequenterweise gar nicht gerechtfertigt werden oder allenfalls damit, dass es unter bestimmten Umständen (z. B. während des bereits irreversibeln Sterbeprozesses) gegen Gott oder die Natur wäre, den betreffenden Patienten mit medizinischem Aufwand am Leben zu halten. Dieses Argument ist offensichtlich schon deshalb problematisch, weil man einerseits ein Merkmal braucht, um das Natürliche vom Unnatürlichen (bzw. das von Gott Gewollte vom Nichtgewollten) zu unterscheiden, und weil sich andererseits alles medizinische Eingreifen „gegen die Natur" richtet [...]. Außerdem gibt diese Position bei der Lebenserhaltung weder der Zumutbarkeit noch dem Selbstbestimmungsrecht Raum.

Bettina Schöne-Seifert, Medizinethik, S. 558f., S. 583

1. Erklären Sie, welches Missverständnis durch den Begriff „angewandte Ethik" im Gegensatz zu einer „anwendungsorientierten Reflexion" Schramme befürchtet, und betrachten Sie mögliche Konsequenzen, z. B. hinsichtlich der Bedeutung von Ethik-Kommissionen. ➔ M1
2. Sammeln Sie Antworten auf die Frage, wozu medizinische Forschung Ihrer Meinung nach dient.
3. Stellen Sie diesen Antworten die Überlegungen von Höffe gegenüber und diskutieren Sie deren Berechtigung. ➔ M3-6
4. Erläutern Sie die Thesen der Tabuisierung (z. B. der Euthanasie) und der „Heiligkeit" des Lebens bzw. des Handelns wider die Natur. ➔ M2/7
5. Nehmen Sie Stellung zu der Frage, ob es Ihrer Meinung nach Tabus in ethischen Diskussionen geben muss.

8 Gedankenexperiment: Menschen klonen

M1 Eine schöne Vorstellung?

O Wunder!
Was gibt's für herrliche Geschöpfe hier!
Wie schön der Mensch ist!
Schöne neue Welt,
Die solche Bürger trägt!

William Shakespeare, Der Sturm, zitiert nach: Aldous Huxley, Schöne neue Welt, S. 5

Der Spiegel 10/1997

Die Botschaft ist eindeutig: Nach dem geklonten Schaf Dolly droht der Menschheit das Szenario der unendlichen Reproduktion von Diktatoren, Supermodels und Genies. Droht? Was, bitte schön, wäre denn so problematisch an einer Welt mit ein paar tausend weiteren Genies oder Traumfrauen?

Udo Schüklenk, Klonen, in: der blaue Reiter, Bd. 9, 1999, S. 99

M2 Der Mut des Prometheus

Diese Entwicklung, die erstmals in der Geschichte die Verantwortung für die Qualität der Nachkommen ganz bewusst in die Hände der Eltern und der „von ihnen beauftragten Genetiker“ überstellt, revolutioniere unser Menschenbild grundlegend, hält Ronald Dworkin fest und prophezeit eine fundamentale „moralische Verunsicherung“. Diese Verunsicherung aber gelte es auszuhalten – und dann komme die Zeit, in der die Menschheit „diese Herausforderung annehmen muss“. Schon immer in der Menschheitsgeschichte, „seit Prometheus, dem Schutzheiligen der gefährlichen Entdeckungen, haben wir Sterblichen nichts anderes getan“. Die Menschen spielten von jeher mit dem Feuer „und nehmen die Konsequenzen in Kauf, weil die Alternative gleichbedeutend wäre mit Feigheit vor dem Unbekannten.“

Christoph Keller, Bioethik, in: Die Zeit 50/2002, S. 36

M3 Warum sollten wir Menschen klonen wollen?

Welche Vorteile könnte das Klonen dem Menschen bieten, wenn man einmal von rein egoistischen Motiven absieht, wie zum Beispiel dem narzisstischen Wunsch, die eigene Person vervielfältigen zu wollen? Von den Befürwortern des Klonens wird darauf hingewiesen, dass in Zukunft auch unfruchtbare Paare, Schwule und Lesben Kinder bekommen könnten, und zwar nicht durch Adoption, sondern durch Klonierung eines Elternteils. Eltern, die ihr einziges Kind durch einen Unfall verloren haben, könnten es genetisch wiederauferstehen lassen. Das Klonen erscheint damit als eine folgerichtige Erweiterung des Rechts auf Fortpflanzung. In der Reproduktionsmedizin wird es als selbstverständlich und als ärztliche Pflicht angesehen, zeugungsunfähigen Paaren zu Kindern zu verhelfen. Weshalb sollte man dann nicht auch das Klonen zulassen, wenn man dadurch das Ziel der Fortpflanzung sehr viel einfacher erreichen kann? Man könnte das Klonen auch als Mittel zur Selektion und Vermehrung der Gesunden sehen, um dadurch Erbkrankheiten wenn schon nicht zu heilen, dann zumindest durch geeignete Klonwahl einzudämmen. Das ausgewählte Klonen der Besten (Genies, Sportler, Filmstars?) könnte auch dazu beitragen, den Genpool der Menschheit zu verbessern. Durch solche Selektionsregeln würde allerdings die Grenze zur Eugenik (Erbgesundheitslehre) überschritten, weshalb diese Pläne (zurzeit jedenfalls) keine Zustimmung finden können. Auf mehr Akzeptanz und Verständnis stoßen dagegen Pläne, die die Einrichtung von Zell- und Organbanken als eine Art menschliches Ersatzteillager vorschlagen. Bürger, die es sich leisten können, könnten eigene Zellen klonen und aus diesen Stammzellen maßgeschneiderte Organe züchten lassen, die bei Bedarf (nach schwerem Unfall oder Krankheit) in den Körper des Spenders transplantiert werden könnten. Die Vorteile dieses Verfahrens liegen auf der Hand: Man muss sich nicht mehr auf die langwierige Suche nach geeigneten Spendern begeben und sich nicht mehr um die Organverträglichkeit kümmern, wenn als Spender eine einzige Körperzelle genügt. [...]

Ein Kind, das ein geklontes Ebenbild seines Vaters darstellt, sieht in seinem Vater quasi die eigene Zukunft vor sich. Und selbstverständlich erwartet der Vater von seinem Sprössling, dass er genauso wird wie er. Der Klon wird zwar als freier Mensch geboren, doch bleibt er stets in einer unsichtbaren Abhängigkeit von seinem Erschaffer gefangen. Ein natürlich gezeugtes Kind kann als genetisches Zufallsprodukt sein Lebensziel selbst definieren. [...]

In dem Plan desjenigen, der sich klonen lässt, spiegelt sich auch die Sehnsucht, das eigene Leben über den Tod hinaus zu verlängern, um so wenigstens in den Genuss einer potentiellen genetischen Unsterblichkeit zu gelangen. Durch die Projektion dieses persönlichen Ehrgeizes auf den Klon wird ein Erwartungsdruck erzeugt, dem sich der Klon nicht entziehen kann, zumal er weiß, dass er zu dieser Bestimmung genetisch ausgewählt wurde.

Thomas Zoglauer, Der Mensch als Gebrauchsgegenstand, in: der blaue Reiter, S. 104-106

M4 Ist der Klon eine Person?

Der Mensch lebt sein Leben nicht nur, sondern er führt es, indem er sich selbst Zwecke setzt, das heißt sich eigenen Gesetzen verpflichtet fühlt und sich insofern in seinem Handeln frei bestimmen kann. [...] Erwägt man nun, einen Menschen zu klonen, dann besteht der Verdacht, diesen Menschen für außerhalb seiner selbst liegenden Zwecke instrumentalisieren zu wollen. [...] Diesem Argument [könnte] jedoch entgegengehalten werden, dass die klontechnische Erzeugung eines menschlichen Individuums nicht notwendigerweise eine unzulässige Instrumentalisierung darstellen muss. Denn selten sind Kinder, ob natürlich gezeugt oder in vitro erzeugt, ausschließlich reiner Zweck an sich, sondern es werden Bedürfnisse Anderer wie Kinderwunsch, gesellschaftlicher Nachwuchs etc. befriedigt. Insofern würde nur dann eine Verletzung der Menschenwürde vorliegen, wenn die Selbstzwecklichkeit der Klone grundsätzlich missachtet würde. Dies ist aber nicht zwingend mit der Anwendung eines Klonverfahrens beim Menschen zu reproduktiven Zwecken gegeben: Nutzt man eine Klontechnik, um einem ansonsten unfruchtbaren Paar den Kinderwunsch zu erfüllen, dann schließt das keineswegs aus, dass das Kind, wie natürlich gezeugte Kinder auch, um seiner selbst willen geliebt und als „Zweck an sich" geachtet wird.

Dirk Lanzerath, Der geklonte Mensch, in: Marcus Düwell u. a. (Hg.), Bioethik, S. 259f.

1 Legen Sie eine Tabelle an, in der Sie die Hoffnungen und Befürchtungen formulieren, die sich in Ihren Augen mit dem Klonen von Menschen verbinden. ➜ M1/2

2 Vergleichen Sie Ihre Tabelle mit den Überlegungen, die für das Klonen von Menschen angeführt werden, und ergänzen Sie sie gegebenenfalls. ➜ M3

3 Setzen Sie sich mit folgenden Fragen auseinander:
- Ist der menschliche Klon eine Person?
- Stellt das Klonen von Menschen eine unzulässige Instrumentalisierung dar?
- Kann ein Klon ein freies, selbstbestimmtes Leben führen? ➜ M2-4

1 Wozu überhaupt Politik?

M1 Politik – eine gute Show

Nachdem Ronald Reagan zwischen 1937 und 1964 sehr erfolgreich als Schauspieler gearbeitet hatte, wurde er 1966 zum Gouverneur von Kalifornien und 1989 zum 40. Präsidenten der Vereinigten Staaten gewählt.

M2 Politik – nein danke!

„Diese Politiker haben ihren eigenen Lebensstatus, von dem sie ausgehen. Die machen sich gar nicht den Kopf, wie's bei uns aussieht. […]" weibl., 25 Jahre

„Zu Politikern habe ich kein Vertrauen, die sind unglaubwürdig. Deshalb habe ich eigentlich auch kein großes Interesse an Politik." weibl., 29 Jahre

„Wenn die Politiker sagen, ‚Die Jugendlichen kümmern sich nur um sich selbst', dann haben sie recht: Die Politiker kümmern sich ja auch nur um sich selbst, warum sollen wir uns dann um sie kümmern?" männl., 16 Jahre

„Die Themen, die in der Politik aufkommen, sind nichts für Jugendliche. Die Politiker machen eigentlich nur Politik für sich selber. […]" weibl., 25 Jahre

„Politik interessiert mich gar nicht. Habe mich auch noch nie irgendwo engagiert. Was soll man auch sonst machen, als halt so sein eigenes Ding durchzuziehen? Wenn Leute sich engagieren, dann ist das eben ihr Interessengebiet. Wenn sich jemand für Politik interessiert, dann soll er sich da engagieren. […]" männl., 20 Jahre

Deutsche Shell (Hg.), Jugend 97, 12. Shell-Jugendstudie, S. 45f., 49; Jugend 2000, 13. Shell-Jugendstudie, Band 2, S. 348

M3 Politik – wir können gar nicht anders!

Dass also der Staat von Natur ist und ursprünglicher als der Einzelne, ist klar. Sofern nämlich der Einzelne nicht autark für sich zu leben vermag, so wird er sich verhalten wie auch sonst ein Teil zu einem Ganzen. Wer aber nicht in Gemeinschaft leben kann oder in seiner Autarkie ihrer nicht bedarf, der ist kein Teil des Staates, sondern ein wildes Tier oder Gott.
Alle Menschen haben also von Natur den Drang zu einer solchen Gemeinschaft, und wer sie als Erster aufgebaut hat, ist ein Schöpfer größter Güter. Wie nämlich der Mensch, wenn er vollendet ist, das beste der Lebewesen ist, so ist er abgetrennt von Gesetz und Recht das schlechteste von allen. Das Schlimmste ist die bewaffnete Ungerechtigkeit. Der Mensch besitzt von Natur als Waffen die Klugheit und Tüchtigkeit, und gerade sie kann man am allermeisten in verkehrtem Sinne gebrauchen. Darum ist der Mensch ohne Tugend das gottloseste und wildeste aller Wesen und in Liebeslust und Essgier das schlimmste. Die Gerechtigkeit dagegen ist der staatlichen Gemeinschaft eigen. Denn das Recht ist die Ordnung der staatlichen Gemeinschaft, und die Gerechtigkeit urteilt darüber, was gerecht sei. *Aristoteles, Politik, 1253a*

M4 Politik – alles nur Gerede?

Unverständlich groß ist für viele die Diskrepanz zwischen dem, was die Menschheit in Naturwissenschaft und Technik vermag, und dem, was sie in der Politik und bei der Bewältigung ihrer sozialen Probleme zustande bringt. Wir sind auf dem Weg, den Weltraum zu erobern, und scheitern daran, die Erde zu befrieden. [...] Physiker und Techniker haben es fertig gebracht, die im Atom schlummernden Urkräfte des Universums zu bändigen und für die Energieversorgung nutzbar zu machen, die Politiker dagegen verhandeln seit Jahren erfolglos darüber, wie man den zerstörerischen Missbrauch ausschließen könnte, der mit dieser Kraft auch getrieben werden kann. [...]

Zwar stimmt es, dass die Wissenschaft unser Verständnis von Gesellschaft und Politik verbessert hat. Und selbstverständlich erschweren mächtige Interessengruppen, Unzulänglichkeiten der Politik oder schlichte Dummheit die Lösung mancher Probleme. Dennoch gibt es einen nicht aufzuhebenden Unterschied zwischen der Verwirklichung naturwissenschaftlich-technischer Projekte und der Erreichung politischer und sozialer Ziele, der ein Erfolgsgefälle unvermeidlich macht. Die 1975 verstorbene Philosophin Hannah Arendt [...] hat dieses Phänomen mit der Unterscheidung zwischen Herstellen und Handeln [...] zu fassen versucht. Das Herstellen geht von einer Idee oder einem Modell aus, für deren Verwirklichung ein „Produktionsprogramm“ entworfen wird. Dieses orientiert den ganzen Herstellungsprozess auf ein Ziel hin. Die an der Herstellung Beteiligten haben sich an diesem Programm auszurichten, sie müssen in seinem Rahmen „funktionieren“. Am Herstellen, das zeigt die Entwicklung der vergangenen Jahre deutlich, sind Menschen nur so lange beteiligt, wie ihre „Funktion“ nicht besser von Maschinen erfüllt werden kann [...]; durch Ausschließen des „menschlichen Faktors“ wird das Ziel am sichersten erreicht.

Ohne Menschen gibt es dagegen kein Handeln. Es ist die Domäne des Umgangs der Menschen miteinander. Zwar kann dieses Miteinander-Umgehen besser oder schlechter organisiert sein; doch ist es sein prinzipielles Kennzeichen, dass es nie reibungslos „funktioniert“. Handeln ist ein Miteinander, in das jeder seine Vorstellungen und Ideale, Interessen und Bedürfnisse, Wünsche und Träume einbringt. [...] So viele Handelnde, so viele Pläne, die sich zumindest teilweise wechselseitig durchkreuzen. Die Resultate des Miteinander-Handelns sind nicht zu prognostizieren: Keiner erreicht genau das, was er angestrebt hat, alle stehen am Ende vor Ergebnissen, die sie nicht vorhergesehen haben. „Wenn dennoch versucht wird, die Gesellschaft durchzuplanen, dann beginnt dies stets damit, dass man sich bemüht, alle nur möglichen Störfaktoren auszuschließen – das aber bedeutet zunächst und vor allem, dass man die Wahl- und Entscheidungsfreiheit der Menschen ausschaltet, dass man sie also am Handeln hindert.“

Die Unterscheidung zwischen Herstellen und Handeln ist nicht nur ein Spiel mit philosophischen Begriffen; das Verwechseln oder Vermischen von beidem ist auch ein Mangel an politischem Begreifen. Es genügt, an Reden zu erinnern, in denen Politiker – in durchaus guter Absicht – von der „Herstellung gerechter Verhältnisse“, von der „Planung einer friedlichen Welt“ sprachen und sprechen. Gerechtigkeit und Frieden – das sind Ziele, die sich nicht herstellen, sondern nur miteinander handelnd anstreben lassen.

Günther Nonnenmacher, Der Unterschied von Herstellen und Handeln, in: FAZ vom 23.02.1985, S. 1

1 Klären Sie, was es über den Beruf des Politikers aussagt, wenn ein Schauspieler in der Politik Karriere machen kann, und beurteilen Sie, ob Politiker alle nur gute Schauspieler sind. ➜ M1

2 Diskutieren Sie die Auffassungen der jungen Erwachsenen zur Politik. ➜ M2

3 Erarbeiten Sie Aristoteles' Position und erläutern Sie, in welchem Verhältnis der Mensch danach zur Politik steht. Was geschieht, wenn man sich aus der Politik „raushält“? ➜ M3

4 Erklären Sie, warum Politik und technischer Fortschritt sich unterscheiden und worin die spezifische Leistung der Politik besteht. Erläutern Sie dazu den Unterschied zwischen Herstellen und Handeln. ➜ M4

5 Untersuchen Sie, inwiefern in den Positionen Lösungen oder Antworten für die Probleme der Jugendlichen aus M2 enthalten sind. Warum ist es wichtig, Politik zu betreiben? ➜ M2-4

2 Politik und Moral

M1 Pinocchio als Politiker

„Politik und Moral", Karikatur von Tobias Wieland

M2 Macht und Moral

Machiavelli steht mit seiner Schrift Der Fürst *in der Tradition der mittelalterlichen Fürstenspiegel, welche versuchten, Ratschläge für eine gelungene Regierungspraxis zu formulieren.*

Es ist ein so außerordentlicher Unterschied zwischen der Art, wie man wirklich lebt und wie man leben sollte, dass alle, welche bloß darauf sehen, was geschehen sollte, und nicht auf das, was wirklich geschieht, eher ihren Untergang als ihre Erhaltung erleben. Es ist daher unvermeidlich, dass ein Mann, der überall rein moralisch handeln will, unter so vielen anderen, die nicht so handeln, früher oder später zugrunde gehen muss. Es ist also notwendig, dass ein Fürst, der sich behaupten will, auch lernen müsse, nicht gut handeln zu können, um erforderlichenfalls hiervon Gebrauch zu machen. [...]

Jedem ist es klar, dass es lobenswürdig ist, wenn ein Fürst sein Wort hält, und mit Rechtschaffenheit und ohne Hinterlist seinen Weg geht. Allein die Erfahrung unserer Tage lehrt uns, dass bloß jene Fürsten mächtig geworden sind, die es mit Treu und Glauben leicht nahmen und sich darauf verstanden, andere zu täuschen und zu betrügen, und dass jene, welche redlich ihre Verbindlichkeiten befolgten, am Ende übel wegkamen. [...] Man kann als richtig voraussetzen: Ein Fürst und namentlich ein neuer Fürst kann nicht so handeln, wie die Menschen gewöhnlich handeln sollten, um rechtschaffen genannt zu werden; das Staatserfordernis nötigt ihn oft, Treue und Glauben zu brechen und der Menschenliebe, der Menschlichkeit und Religion entgegen zu handeln. Er muss also nach dem Winde segeln, aber nicht ganz vom Wege des Guten ablenken, solange dies nur möglich ist; erst dann muss er ohne Bedenken Verbrechen begehen, wenn es die äußerste Not erfordert.

Es muss sich daher ein Fürst angewöhnen, sich nie anders zu äußern als auf eine, jenen fünf Tugenden entsprechende Weise, so dass jeder, der ihn sieht, sich überzeugt halte, er sei die Güte, die Redlichkeit, die Treue, die Höflichkeit und Frömmigkeit selbst. Letztere Eigenschaft besonders darf er nie unterlassen äußerlich zu zeigen; denn die Menschen pflegen gemeiniglich mehr nach den Augen, als nach den Händen zu urteilen; denn jeder ist in der Lage zu sehen, wenige aber zu fühlen. Jeder sieht, was der Fürst scheint, aber fast niemand weiß es, was er in Wirklichkeit ist, und diese Minorität wagt es nicht, der Meinung der vielen entgegenzutreten, welche der Schild der Majestät des Staates deckt.

Man beurteilt die Handlungen aller Menschen, besonders die Handlungen der Fürsten, welche keinen Richter über sich haben, bloß nach dem Erfolge. – Es muss also des Fürsten einziger Zweck sein, sein Leben und seine Herrschaft zu erhalten.

Niccolo Machiavelli, Vom Fürsten, S. 62, 72f.

M3 Von Schlangen und Tauben

Die Politik sagt: „Seid klug wie die Schlangen"; die Moral setzt (als einschränkende Bedingung) hinzu: „und ohne Falsch wie die Tauben". Wenn beides nicht in einem Gebote zusammen bestehen kann, so ist wirklich ein Streit der Politik mit der Moral; soll aber doch durchaus beides vereinigt sein, so ist der Begriff vom Gegenteil absurd, und die Frage, wie jener Streit auszugleichen sei, lässt sich gar nicht einmal als Aufgabe hinstellen. Obgleich der Satz: Ehrlichkeit ist die beste Politik, eine Theorie enthält, der die Praxis, leider! sehr häufig widerspricht: so ist doch der gleichfalls theoretische: Ehrlichkeit ist besser denn alle Politik, über allen Einwurf unendlich erhaben, ja die unumgängliche Bedingung der letzteren. [...] Ich kann mir nun zwar einen moralischen Politiker, d. i. einen, der die Prinzipien der Staatsklugheit so nimmt, dass sie mit der Moral zusammen bestehen können, aber nicht einen politischen Moralisten denken, der sich eine Moral so schmiedet, wie es der Vorteil des Staatsmanns sich zuträglich findet. [...] Statt der Praxis, deren sich diese staatsklugen Männer rühmen, gehen sie mit Praktiken um, indem sie bloß darauf bedacht sind, dadurch, dass sie der jetzt herrschenden Gewalt zum Munde reden (um ihren Privatvorteil nicht zu verfehlen), das Volk und wo möglich die ganze Welt preiszugeben [...]. Aus allen diesen Schlangenwendungen einer unmoralischen Klugheitslehre, den Friedenszustand unter Menschen aus dem kriegerischen des Naturzustandes herauszubringen, erhellet wenigstens so viel: dass die Menschen, eben so wenig in ihren Privatverhältnissen, als in ihren öffentlichen, dem Rechtsbegriff entgehen können, und sich nicht getrauen, die Politik öffentlich bloß auf Handgriffe der Klugheit zu gründen [...]. Es gibt also objektiv (in der Theorie) gar keinen Streit zwischen der Moral und der Politik. Dagegen subjektiv (in dem selbstsüchtigen Hange der Menschen, der aber, weil er nicht auf Vernunftmaximen gegründet ist, noch nicht Praxis genannt werden muss) wird und mag er immer bleiben, weil er zum Wetzstein der Tugend dient. [...] Die wahre Politik kann also keinen Schritt tun, ohne vorher der Moral gehuldigt zu haben.

Immanuel Kant, Zum ewigen Frieden, S. 370-380

M4 Eine notwendige Lüge?

Das verkündete George W. Bush im Mai 2003 und versuchte, mit dieser Unwahrheit einen Kriegseinsatz im Irak zu rechtfertigen, der viele tausend Soldaten das Leben gekostet hatte. Er wurde 2004 wiedergewählt.

1 Stellen Sie eine Vermutung an, was Tobias Wieland mit seiner Karikatur aussagen möchte. In welchem Verhältnis stehen Politik und Moral? ➜ M1
2 Erarbeiten Sie, welche Rolle nach Machiavelli die Moral für den Erfolg eines Politikers spielt, und stellen Sie dar, wie er seine Position begründet. ➜ M2
3 Welche Lehren könnten Politiker aus Machiavellis Philosophie ziehen? Formulieren Sie eine Checkliste mit fünf Regeln, die ein Politiker nach Machiavelli beachten sollte, um erfolgreich zu sein. ➜ M2
4 Erklären Sie, wie Kant das Verhältnis von Politik und Moral bestimmt. ➜ M3
5 Diskutieren Sie, inwiefern Verhaltensweisen wie die des amerikanischen Expräsidenten George W. Bush in M4 als Argumente für oder gegen die beiden philosophischen Positionen verwendet werden können. ➜ M2-4
6 Recherchieren Sie weitere „Politikerlügen" und erörtern Sie auf dieser Grundlage, inwiefern Lügen eine politische Karriere eher befördern oder behindern. ➜ M4
7 Schreiben Sie ein Gespräch zwischen Kant und Machiavelli, in dem die beiden über das Verhalten von George Bush und der anderen, von Ihnen in Aufgabe 6 recherchierten Politiker diskutieren. ➜ M4

3 Herrschaft, Macht und Gewalt

M1 Machtvoller Auftritt ...

M2 Formen der Herrschaft

Macht bedeutet jede Chance, innerhalb einer sozialen Beziehung den eigenen Willen auch gegen Widerstreben durchzusetzen, gleichviel worauf diese Chance beruht.

Herrschaft soll heißen die Chance, für einen Befehl bestimmten Inhalts bei angebbaren Personen Gehorsam zu finden; Disziplin soll heißen die Chance, kraft eingeübter Einstellung für einen Befehl prompten, automatischen und schematischen Gehorsam bei einer angebbaren Vielheit von Menschen zu finden.

[...] „Herrschaft" soll [...] die Chance heißen, für spezifische (oder: für alle) Befehle bei einer angebbaren Gruppe von Menschen Gehorsam zu finden. Nicht also jede Art von Chance, „Macht" und „Einfluss" auf andere Menschen auszuüben. [...]

Es gibt drei reine Typen legitimer Herrschaft. Ihre Legitimitätsgeltung kann nämlich primär sein:

1. rationalen Charakters: auf dem Glauben an die Legalität gesetzter Ordnungen und des Anweisungsrechts der durch sie zur Ausübung der Herrschaft Berufenen ruhen (legale Herrschaft), – oder
2. traditionalen Charakters: auf dem Alltagsglauben an die Heiligkeit von jeher geltender Traditionen und die Legitimität der durch sie zur Autorität Berufenen ruhen (traditionale Herrschaft), – oder endlich
3. charismatischen Charakters: auf der außeralltäglichen Hingabe an die Heiligkeit oder die Heldenkraft oder die Vorbildlichkeit einer Person und der durch sie offenbarten oder geschaffenen Ordnungen [ruhen] (charismatische Herrschaft).

Im Fall der satzungsmäßigen Herrschaft wird der legal gesetzten sachlichen unpersönlichen Ordnung und dem durch sie bestimmten Vorgesetzten kraft formaler Legalität seiner Anordnungen und in deren Umkreis gehorcht. Im Fall der traditionalen Herrschaft wird der Person des durch Tradition berufenen und an die Tradition (in deren Bereich) gebundenen Herrn kraft Pietät im Umkreis des Gewohnten gehorcht. Im Fall der charismatischen Herrschaft wird dem charismatisch qualifizierten Führer als solchem kraft persönlichen Vertrauens in Offenbarung, Heldentum oder Vorbildlichkeit im Umkreis der Geltung des Glaubens an dieses sein Charisma gehorcht. [...]

Dass keiner der drei [...] Idealtypen historisch wirklich „rein" vorzukommen pflegt, darf natürlich hier so wenig wie sonst die begriffliche Fixierung in möglichst reiner Ausprägung hindern.

Max Weber, Wirtschaft und Gesellschaft, S. 38, 159f.

M3 Schlüsselbegriffe der Politik

Es spricht, scheint mir, gegen den gegenwärtigen Stand der politischen Wissenschaft, dass unsere Fachsprache nicht unterscheidet zwischen Schlüsselbegriffen wie Macht, Stärke, Kraft, Autorität und schließlich Gewalt – die sich doch alle auf ganz bestimmte, durchaus verschiedene Phänomene beziehen und kaum existieren würden, wenn sie das nicht täten. [...]

Macht entspricht der menschlichen Fähigkeit, nicht nur zu handeln oder etwas zu tun, sondern sich mit anderen zusammenzuschließen und im Einvernehmen mit ihnen zu handeln. Über Macht verfügt niemals ein Einzelner; sie ist im Besitz einer Gruppe und bleibt nur so lange existent, als die Gruppe zusammenhält. Wenn wir von jemand sagen, er „habe die Macht“, heißt das in Wirklichkeit, dass er von einer bestimmten Anzahl von Menschen ermächtigt ist, in ihrem Namen zu handeln. In dem Augenblick, in dem die Gruppe, die den Machthaber ermächtigte und ihm ihre Macht verlieh (potestas in populo – ohne ein „Volk“ oder eine Gruppe gibt es keine Macht), auseinander geht, vergeht auch „seine Macht“. Wenn wir in der Umgangssprache von einem „mächtigen Mann“ oder einer „machtvollen Persönlichkeit“ sprechen, gebrauchen wir das Wort schon im übertragenen Sinn; nicht metaphorisch gesprochen handelt es sich um einen starken Mann oder eine starke Persönlichkeit.

Denn *Stärke*, im Gegensatz zu Macht, kommt immer einem Einzelnen, sei es Ding oder Person, zu. Sie ist eine individuelle Eigenschaft [...]. Stärke hält der Macht der Vielen nie stand; der Starke ist nie am mächtigsten allein, weil auch der Stärkste Macht gerade nicht besitzt. Wo der Starke mit der Macht der Vielen zusammenstößt, wird er immer durch die schiere Zahl überwältigt, die sich oft nur darum zusammenschließt, um mit der der Stärke eigentümlichen Unabhängigkeit fertig zu werden. [...]

Gewalt schließlich ist, wie ich bereits sagte, durch ihren instrumentalen Charakter gekennzeichnet. Sie steht dem Phänomen der Stärke am nächsten, da die Gewaltmittel, wie alle Werkzeuge, dazu dienen, menschliche Stärke bzw. die der organischen „Werkzeuge“ zu vervielfachen, bis das Stadium erreicht ist, wo die künstlichen Werkzeuge die natürlichen ganz und gar ersetzen.

Wenn wir uns solcher begrifflichen Unterscheidungen bedienen, dürfen wir nicht vergessen, dass sie zwar keineswegs willkürlich sind und den Phänomenen in der Wirklichkeit durchaus entsprechen, dass sie aber andererseits aus dieser Wirklichkeit gleichsam herauspräpariert sind und in begrifflicher Reinheit nur selten in ihr anzutreffen sind. So nimmt Macht in organisierten Gemeinwesen oft Kennzeichen an, die eigentlich der Autorität angehören, immer dann nämlich, wenn das Funktionieren des sozialen Lebens sofortige, fraglose Anerkennung von Anordnungen erfordert. [...]

Auch Macht und Gewalt treten gewöhnlich, wie wir sehen werden, kombiniert auf und sind nur in extremen Fällen in ihrer reinen Gestalt anzutreffen – woraus man natürlich nicht folgern kann, dass Autorität, Macht und Gewalt alle auf dasselbe hinauslaufen.

Nun ist allerdings die Versuchung, sich in der Bestimmung des Wesens der Macht an den Kategorien des Gehorchens und Befehlens zu orientieren, besonders groß, wenn es sich um die Staatsmacht handelt, also um einen speziellen Fall von Macht. [...] Bei näherem Zusehen jedoch sind diese und ähnliche Vorstellungen von dem Verhältnis zwischen Macht und Gewalt sehr viel weniger einleuchtend, als man auf den ersten Blick glaubt. *Hannah Arendt, Macht und Gewalt, S. 44-48*

1. Diskutieren Sie, welche der abgebildeten Personen Macht haben und welche nicht. Begründen Sie Ihre Meinung. → M1
2. Erläutern Sie in eigenen Worten, in welchem Verhältnis Macht und Herrschaft für Max Weber stehen. → M2
3. Arbeiten Sie in einem Begriffsnetz heraus, was Hannah Arendt unter Macht versteht, wie sie diese definiert und von welchen anderen Phänomenen sie sie abgrenzt. Verwenden Sie dazu die gelb unterlegten Begriffe und ergänzen Sie die Auswahl, wenn Ihnen weitere Begriffe wichtig erscheinen. → M3
4. Diskutieren Sie im Kurs, wie Arendt und Weber Aufgabe 1 lösen würden.
5. Vergleichen Sie Arendts Machtbegriff mit demjenigen Webers. Welche Folgen hat die Ausübung von Macht jeweils für das Verhältnis der beteiligten Personen? → M2/3

4 Politische Freiheit

M1 Worin die Freiheit besteht

Es stimmt, dass in den Demokratien das Volk scheinbar machen kann, was es will. Jedoch bedeutet politische Freiheit nicht, dass man machen kann, was man will. In einem Staat, das heißt einer mit Gesetzen ausgestatteten Gesellschaft, kann Freiheit lediglich bedeuten, dass man zu tun vermag, was man wollen soll, und man nicht zu tun gezwungen wird, was man nicht wollen soll.

Man muss ich vor Augen halten, was Unabhängigkeit ist und was Freiheit. Freiheit ist das Recht, all das zu tun, was die Gesetze gestatten. Wenn ein Staatsbürger machen dürfte, was sie untersagen, so gäbe es keine Freiheit mehr, denn die anderen hätten diese Möglichkeit dann ja ebenso gut. [...]

Die philosophische Freiheit besteht in der Betätigung des eigenen Willens oder zumindest, um es allen Systemen recht zu machen, in der Überzeugung, dass man seinen eigenen Willen betätige. Die politische Freiheit besteht in der Sicherheit oder der Überzeugung, man habe seine Sicherheit.

Charles de Montesquieu, Vom Geist der Gesetze, S. 214, 255

M2 Das angeborene Recht

Freiheit (Unabhängigkeit von eines anderen nötigender Willkür), sofern sie mit jedes anderen Freiheit nach einem allgemeinen Gesetz zusammen bestehen kann, ist dieses einzige, ursprüngliche, jedem Menschen, kraft seiner Menschheit, zustehende Recht. – Die angeborne Gleichheit, d. i. die Unabhängigkeit, nicht zu mehrerem von anderen verbunden zu werden, als wozu man sie wechselseitig auch verbinden kann [...]; endlich auch die Befugnis, das gegen andere zu tun, was an sich ihnen das Ihre nicht schmälert, [...] alle diese Befugnisse liegen schon im Prinzip der angebornen Freiheit, und sind wirklich von ihr nicht (als Glieder der Einteilung unter einem höheren Rechtsbegriff) unterschieden.

Immanuel Kant, Die Metaphysik der Sitten, S. 237f.

M3 Freiheit und Pluralität

Ursprünglich erfahre ich Freiheit und Unfreiheit im Verkehr mit anderen und nicht im Verkehr mit mir selbst. Frei sein können Menschen nur in Bezug aufeinander, also nur im Bereich des Politischen und des Handelns; nur dort erfahren sie, was Freiheit positiv ist und dass sie mehr ist als ein Nicht-gezwungen-Werden.

Man kann nicht über Politik sprechen, ohne immer auch über Freiheit zu sprechen, und man kann nicht über Freiheit sprechen, ohne immer auch schon über Politik zu sprechen. Wo das Zusammenleben der Menschen nicht politisch organisiert ist – also zum Beispiel im Zusammenleben primitiver Stämme oder in der Privatsphäre des Familienhaushaltes –, ist es nicht von Freiheit bestimmt, sondern von der Notwendigkeit des Lebens und der Sorge um seine Erhaltung bestimmt; und wenn die von den Menschen erstellte Welt nicht der Schauplatz politischen Handelns wird – wie in einem despotisch regierten Gemeinwesen, das die Untertanen in die Enge ihrer Häuser und Privatsorgen verbannt –, hat Freiheit keine wirkliche Realität. Ohne einen politisch garantierten öffentlichen Bereich hat Freiheit in der Welt keinen Ort. [...] Im Sinne einer nachweisbaren Realität fallen Politik und Freiheit zusammen, sie verhalten sich zueinander wie die beiden Seiten der nämlichen Sache. [...] Was in diesem Problemzusammenhang so außerordentlich schwer zu verstehen ist, ist die einfache Tatsache [...], dass Menschen im Singular gar nicht vorstellbar sind, dass ihre Gesamtexistenz daran hängt, dass es immer auch andere gibt, die ihresgleichen sind. [...]

Die Freiheit liegt nicht in einem Ich-will, dem je nachdem ein Ich-kann entsprechen oder widersprechen mag, ohne doch die menschliche Freiheit in Frage zu stellen; das Freisein beginnt überhaupt erst mit dem Handeln.

Hannah Arendt, Freiheit und Politik, 201f., 214, 216, 224f.

M4 Freiheit ohne Ende?

M5 Zwei Freiheitsbegriffe

[Es gibt] Theorien, die in der liberalen Gesellschaft weitverbreitet sind, die Freiheit ausschließlich im Sinne der Unabhängigkeit des Individuums von der Einmischung anderer definieren wollen, sei es in Gestalt der Regierung, von Körperschaften oder von Privatpersonen; und ebenso klar ist, dass diese Theorie von denen abgelehnt wird, die überzeugt sind, dass Freiheit zumindest zum Teil auf der kollektiven Kontrolle über das gemeinsame Leben beruht. [...]
Innerhalb jeder Kategorie gibt es eine ganze Palette von Auffassungen. Dies sollte man im Kopf behalten, da es allzu einfach ist, sich [...] auf die extremen, fast schon karikaturistischen Varianten beider theoretischen Lager zu fixieren. Diejenigen, die die Theorien positiver Freiheit attackieren, haben im Allgemeinen irgendeine totalitäre linke Theorie vor Augen, der zufolge Freiheit ausschließlich in der Ausübung kollektiver Kontrolle über das eigene Schicksal in einer klassenlosen Gesellschaft besteht. [...] Kurz, Menschen können gezwungen werden, frei zu sein. Sogar bezogen auf den offiziellen Kommunismus ist dieses Bild ein wenig überzogen [...].
Dem korrespondiert auf der anderen Seite eine sich in den Vordergrund drängende karikaturistische Version negativer Freiheit, [...] die Freiheit einfach als die Abwesenheit von externen physischen oder gesetzlichen Hindernissen begreift. [...]
Um dies zu verstehen, müssen wir näher untersuchen, was zwischen den beiden Auffassungen auf dem Spiel steht. Die negativen Theorien wollen Freiheit, wie wir gesehen haben, im Sinne individueller Unabhängigkeit von anderen definieren; die positiven Theorien wollen Freiheit außerdem mit kollektiver Selbstregierung identifizieren. Dahinter verbergen sich jedoch einige tieferreichende Differenzen in den Doktrinen. [...] Doktrinen positiver Freiheit haben eine Auffassung von Freiheit zum Thema, die ganz besonders die Ausübung von Kontrolle über das eigene Leben betrifft. Dieser Auffassung zufolge sind wir nur in dem Maße frei, in dem wir tatsächlich über uns selbst und die Form unseres Lebens bestimmen. Der Freiheitsbegriff ist hier ein Verwirklichungsbegriff.
Negative Theorien können sich im Gegensatz hierzu einfach auf einen Möglichkeitsbegriff berufen, dem zufolge frei zu sein davon abhängt, was wir tun können, was unserem Handeln offensteht, unabhängig davon, ob wir etwas tun, um diese Optionen wahrzunehmen oder nicht. [...] Freiheit besteht lediglich in der Abwesenheit von Hindernissen. Hinreichende Bedingung unserer Freiheit ist, dass keine Hindernisse im Wege stehen.

Charles Taylor, Der Irrtum der negativen Freiheit, S. 118-121

1 Arbeiten Sie in Gruppen à drei Personen: Stellen Sie dar, was Freiheit im Bereich der Politik für den jeweiligen Autor bzw. die Autorin bedeutet, und klären Sie dabei, in welchem Verhältnis der Einzelne jeweils zu seinen Mitmenschen gesehen wird. → M1-3
2 Diskutieren Sie, in welcher Hinsicht der Mann auf der Abbildung tatsächlich als frei bezeichnet werden kann – und in welcher vielleicht auch nicht. Klären Sie dabei auch, welcher der Philosophen dem Mann aus M4 Recht geben würde (oder nicht). → M4
3 Erarbeiten Sie in der Gruppe, welche verschiedenen Arten von Freiheit Taylor unterscheidet und was diese jeweils ausmacht. → M5
4 Ordnen Sie die Positionen M1-3 der Unterscheidung von Taylor (s. Aufgabe 3) zu. → M1-3/5
5 Spekulieren Sie, wie sich die verschiedenen Autoren einen idealen Staat vorstellen. Was muss beachtet werden, um möglichst hohe Freiheit zu garantieren? Wo unterscheiden sich die politischen Vorstellungen der Autoren möglicherweise? → M1-3/5

5 Der ideale Staat

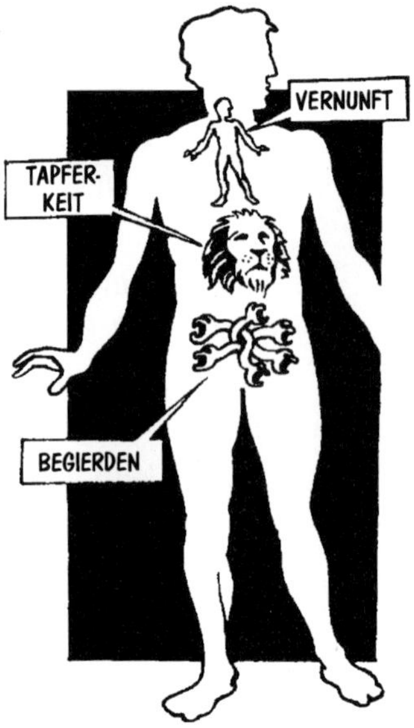

Illustration zu Platons Politeia, *in: Richard Osborne, Philosophie, S. 21*
In dem Buch geht es um die Frage, wie der ideale Staat aufgebaut sein müsste.

M1 Der Staat – eine Einheit, wie der Mensch?

Wir nahmen also an, wenn wir die Gerechtigkeit zuerst in einem größeren Gegenstande zu erkennen versuchten, dann wäre es nachher leichter, ihr Wesen beim einzelnen Menschen festzustellen. Dieser größere Gegenstand schien uns die Stadt zu sein, und so gründeten wir denn eine möglichst gute Stadt, wohl wissend, dass sich die Gerechtigkeit in der guten Stadt finden müsse. Was sich uns nun dort gezeigt hat, das wollen wir auf den Einzelnen übertragen [...].

„Ja", sagte er, „du nennst das richtige Verfahren, und so müssen wir es machen." [...]

So wird sich also ein gerechter Mann von einer gerechten Stadt, was die Gerechtigkeit selbst betrifft, nicht unterscheiden, sondern ihr ähnlich sein.

„Freilich", sagte er.

Nun, eine Stadt erschien uns doch als gerecht, wenn sich in ihr drei Arten von Naturen finden und jede das Ihre tut; als besonnen und tapfer dagegen und als weise dank anderen Zuständen und Haltungen dieser gleichen Arten.

„Richtig", erwiderte er.

Und wenn nun der Einzelne die nämlichen Arten in seiner Seele aufweist, mein Freund, dann werden wir diesen mit Recht auf Grund derselben Zustände die gleichen Namen zubilligen wie der Stadt.

„Ja, das ist unbedingt nötig", erwiderte er. [...]

Gibt es nun auch Leute, die zwar Durst haben, aber doch nicht trinken wollen?

„Ja", erwiderte er, „viele und in vielen Fällen."

Wird man nun, fragte ich, von diesen Leuten nicht sagen, es sei in ihrer Seele etwas, das sie trinken heißt, aber auch etwas, das sie daran hindert, und dieses sei anders und sei stärker als jenes, das sie antreibt?

„Ja, mir scheint das so", sagte er.

Wenn sich nun aber das einstellt, was Derartiges hindert, so entspringt es doch der vernünftigen Überlegung; was aber dazu antreibt und zieht, das entsteht durch Leidenschaften und ungesunde Zustände.

„Offenbar."

Nicht ohne Grund, fuhr ich fort, werden wir also der Meinung sein, dass die beiden zweierlei und voneinander verschieden sind, wobei wir das, wodurch die Seele vernünftig überlegt, als ihr Überlegungsvermögen bezeichnen und das, womit sie liebt und hungert und dürstet oder sonst etwas mit Leidenschaft begehrt, als das Unvernünftige und Begehrungsvermögen, den Freund von Sättigungen und Lüsten.

„Ja, das werden wir wohl mit Recht so annehmen", sagte er.

So wollen wir also bestimmt haben, fuhr ich fort, dass sich diese beiden Arten in unserer Seele finden. Was nun aber den Mut betrifft und das, wodurch wir mutig sind – ist das ein Drittes, oder welchem von jenen beiden wäre es wohl von Natur gleich?

„Vermutlich dem zweiten, dem Begehrenden." [...]

Wenn jemand wider seine vernünftige Überlegung von den Begierden bezwungen wird, dann schilt er sich selbst und wird unmutig über das, was ihm Zwang antut, und sein Mut stellt sich wie bei einem Bürgerkrieg zwischen zwei Parteien auf die Seite der Vernunft. Dass es aber gemeinsame Sache mit den Begierden macht und der Vernunft zuwiderhandelt, wenn diese ihm das verbietet – das hast du schwerlich je bei dir selbst beobachtet und wohl auch bei keinem anderen.

„Nein, beim Zeus", erwiderte er. [...]

Du verstehst also recht wohl, was ich sagen will, gab ich zur Antwort. Doch ob du nun auch das Folgende einsiehst?

„Was denn?"

Dass sich uns jetzt das Muthafte als das Gegenteil von dem erweist, was wir vorhin glaubten. Da meinten wir nämlich, es sei etwas dem Begehrungsvermögen Verwandtes. Jetzt aber behaupten wir, dies sei bei weitem nicht so; vielmehr ergreife es bei dem Bürgerkrieg, der sich in unserer Seele abspielt, die Waffen auf der Seite des Überlegungsvermögens.
„Ja, durchaus", erwiderte er.
Ist es nun auch von diesem verschieden, oder ist es eine Art des Überlegungsvermögens, so dass nicht drei, sondern nur zwei Arten in der Seele sind, das Überlegungsvermögen und das Begehrungsvermögen? Oder ist es wie in der Stadt: wie diese aus den drei Ständen, dem gelderwerbenden, dem helfenden und dem ratgebenden bestand, so ist dieses Muthafte auch in der Seele ein Drittes, von Natur ein Helfer des Überlegungsvermögens, wenn es nicht durch schlechte Erziehung verdorben ist.
„Es ist notwendig ein Drittes", sagte er. [...]
Damit wären wir nun also glücklich hindurchgeschwommen, sagte ich, und sind uns gebührend darüber einig geworden, dass die nämlichen Teile wie in der Stadt auch in der Seele jedes Einzelnen sich finden, und auch gleich viele.
„So ist es." [...]
Und wir haben doch sicher nicht vergessen, dass jene dadurch gerecht war, dass von ihren drei Ständen ein jeder das Seine tut.
„Ich glaube nicht", sagte er, „dass wir das vergessen haben." *Platon, Der Staat, 434d-441e*

M2 Der Staat ist eine Vielheit

1. Da wir uns vorgenommen haben zu untersuchen, welches von allen die beste staatliche Gemeinschaft ist für diejenigen Menschen, die in der Lage sind, soweit als irgend möglich ihren Wünschen gemäß zu leben, so müssen wir auch die sonstigen Staatsverfassungen beachten [...].
Wir müssen mit dem beginnen, was der naturgemäße Anfang einer solchen Prüfung ist. Notwendigerweise haben alle Bürger entweder alles gemeinsam oder nichts oder einiges. Dass sie nichts gemeinsam haben, ist offenbar unmöglich. Denn der Staat ist eine Gemeinschaft und es ist als Erstes notwendig, den Raum gemeinsam zu haben; der Raum Eines Staates ist Einer und die Bürger sind Teilhaber eben an einem Staate. Aber ist es für einen Staat, der gut eingerichtet sein soll, am besten, dass die Bürger möglichst viel gemeinsam haben, oder nur einiges? Denn die Bürger können ja auch Frauen, Kinder und Besitz untereinander gemeinsam haben, wie es im Staate Platons der Fall ist. Dort sagt nämlich Sokrates, dass Kinder, Frauen und Besitz gemeinsam sein sollen. Ist es nun besser, es so zu halten, wie es tatsächlich ist, oder wie es in Platons Staat geregelt wird?
2. [...] Außerdem ergibt sich als das Ziel, das nach ihm der Staat erreichen soll, Unmögliches, so wie er nämlich die Sache formuliert. Wie man da aber unterscheiden müsse, davon wird nichts gesagt.
Ich meine dies, dass es das Beste sein soll, wenn der gesamte Staat so sehr als möglich eins wird; diese Voraussetzung macht nämlich Sokrates. Es ist aber doch klar, dass ein Staat, der immer mehr eins wird, schließlich gar kein Staat mehr ist. Seiner Natur nach ist er eine Vielheit. Wird er immer mehr eins, so wird er aus dem Staat ein Haus und aus dem Hause ein einzelner Mensch. Denn wir dürfen wohl sagen, dass ein Haus mehr eins ist als ein Staat, und ein einzelner Mensch noch mehr als ein Haus. Auch wenn man also diese Einheit herstellen könnte, dürfte man es nicht. Denn man würde den Staat überhaupt aufheben.

Aristoteles, Politik, 1261a

1 Diskutieren Sie, was mit der Abbildung über den Menschen ausgesagt werden soll. → M1
2 Erklären Sie, wie Platon das Verhältnis zwischen dem Einzelnen und dem Staat versteht. → M1
3 Vergleichen Sie Ihre Ergebnisse aus Aufgabe 2 mit der Abbildung und verdeutlichen Sie die Zusammenhänge auf einem Lernplakat. Sie können dazu eine Vergrößerung der Abbildung anfertigen und diese in die Mitte des Plakats kleben. → M1
4 Arbeiten Sie Aristoteles' Kritik an Platons Staatsauffassung heraus. → M2
5 Auch Aristoteles' Text enthält eine dreigliedrige Unterscheidung: Staat, Haus, Mensch. Fertigen Sie eine Visualisierung der Unterscheidung dieser Begriffe auf Folie an und präsentieren Sie diese im Kurs. → M2

6 Durch Vertrag verträglich ...

M1 Wenn man keinem vertrauen kann

In seinem berühmten Werk Leviathan *beschreibt der Philosoph Thomas Hobbes den vorstaatlichen Naturzustand:*

Die natürlichen Gesetze wie Gerechtigkeit, Billigkeit, Bescheidenheit, Dankbarkeit, kurz, das Gesetz, andere so zu behandeln, wie wir selbst behandelt werden wollen, sind an sich, ohne die Furcht vor einer Macht, die ihre Befolgung veranlasst, unseren natürlichen Leidenschaften entgegengesetzt, die uns zu Parteilichkeit, Hochmut, Rachsucht und Ähnlichem verleiten. [...]

Und eine Menge mag noch so groß sein: Wenn die Handlungen der Einzelnen von ihren besonderen Urteilen und Neigungen geleitet werden, so können sie von ihnen weder Verteidigung noch Schutz gegen einen gemeinsamen Feind, noch gegen Übergriffe, die sie sich gegenseitig zufügen, erwarten. [...] Und wegen dieses gegenseitigen Misstrauens gibt es für niemand einen anderen Weg, sich selbst zu sichern, der so vernünftig wäre wie die Vorbeugung, das heißt mit Gewalt oder List nach Kräften jedermann zu unterwerfen, und zwar so lange, bis er keine andere Macht mehr sieht, die groß genug wäre, ihn zu gefährden. [...] Es ist richtig, dass gewisse Lebewesen wie Bienen und Ameisen gesellig zusammenleben, weshalb sie von Aristoteles zu den politischen Lebewesen gerechnet werden, und dass sie doch keine andere Führung haben als ihre eigenen Urteile und Neigungen, auch keine Sprache, wodurch der eine dem anderen zu erkennen geben könnte, was seiner Meinung nach dem Gemeinwohl zuträglich ist. Und deshalb möchten manche vielleicht wissen, weshalb sich die Menschheit nicht ebenso verhalten kann. Darauf gebe ich zur Antwort: [...] Die Übereinstimmung dieser Lebewesen ist natürlich, die der Menschen beruht nur auf Vertrag, der künstlich ist. Und deshalb ist es kein Wunder, dass außer dem Vertrag noch etwas erforderlich ist, um ihre Übereinstimmung beständig und dauerhaft zu machen, nämlich eine allgemeine Gewalt, die sie im Zaum halten und ihre Handlungen auf das Gemeinwohl hinlenken soll. Der alleinige Weg zur Errichtung einer solchen allgemeinen Gewalt, die in der Lage ist, die Menschen vor dem Angriff Fremder und vor gegenseitigen Übergriffen zu schützen und ihnen dadurch eine solche Sicherheit zu verschaffen, dass sie sich durch eigenen Fleiß und von den Früchten der Erde ernähren und zufrieden leben können, liegt in der Übertragung ihrer gesamten Macht und Stärke auf einen Menschen oder eine Versammlung von Menschen, die ihre Einzelwillen durch Stimmenmehrheit auf einen Willen reduzieren können.

Thomas Hobbes, Leviathan, S. 95, 131-134, umgestellt

M2 Der Staat als rationale Handlungsstrategie

In der lähmenden Furcht des Kriegszustandes stagniert die zivilisatorische Entwicklung. Die Überlebensanstrengungen zehren alle Kräfte auf. Wie alle echten Grenzsituationen ist der Naturzustand völlig unproduktiv, weil sich produktive menschliche Energien nur in Situationen entfalten können, in denen die Befriedigung der transzendentalen Überlebensbedürfnisse mit unauffälliger Selbstverständlichkeit immer schon gewährleistet ist.

Aus dem Konfliktgeschehen selbst erwächst keine Friedensordnung, die doch alle wollen. Der Naturzustand Hobbes' kennt keine Kriegsgewinnler, die an einer Aufrechterhaltung des Kriegszustands interessiert sein könnten. Aber warum beenden dann die Menschen nicht einvernehmlich den Kriegszustand? [...] Hobbes' Naturzustandsargument und das logisch auf ihm aufbauende kontraktualistische Argument sind spieltheoretische Musterargumentationen. [...]

Die Lektion des Gefangenendilemmas besteht, allgemein gefasst, in der Einsicht, dass es vorteilhaft ist, die eigene Vorteilsmaximierungsstrategie Regeln zu unterwerfen, die einen für alle vorteilhaften Zustand ermöglichen und deren Aufrechterhaltung im langfristigen Interesse aller liegt.

Wolfgang Kersting, Thomas Hobbes zur Einführung, S. 118-125

M3 Arbeit soll sich lohnen ...

Um politische Gewalt richtig zu verstehen und sie von ihrem Ursprung abzuleiten, müssen wir erwägen, in welchem Zustand sich die Menschen von Natur aus befinden. Es ist ein Zustand vollkommener Freiheit, innerhalb der Grenzen des Gesetzes der Natur ihre Handlungen zu regeln und über ihren Besitz und ihre Persönlichkeit so zu verfügen, wie es ihnen am besten scheint, ohne dabei jemanden um Erlaubnis zu bitten oder vom Willen eines anderen abhängig zu sein. Es ist darüber hinaus ein Zustand der Gleichheit, in dem alle Macht und Rechtsprechung wechselseitig sind, da niemand mehr besitzt als ein anderer. [...]

Obwohl die Erde und alle niederen Lebewesen allen Menschen gemeinsam gehören, so hat doch jeder Mensch ein Eigentum an seiner Person. Auf diese hat niemand ein Recht als er nur allein. Die Arbeit seines Körpers und das Werk seiner Hände sind, so können wir sagen, im eigentlichen Sinne sein Eigentum. Was immer er also dem Zustand entrückt, den die Natur vorgesehen und in dem sie es belassen hat, hat er mit seiner Arbeit gemischt und ihm etwas Eigenes hinzugefügt. Er hat es somit zu seinem Eigentum gemacht. [...]

Das Maß des Eigentums hat die Natur durch die Ausdehnung der menschlichen Arbeit und durch die Annehmlichkeiten des Lebens festgesetzt. Keines Menschen Arbeit konnte sich alles unterwerfen oder aneignen, und sein Genuss konnte nicht mehr als nur einen kleinen Teil verbrauchen. [...] So war es die Arbeit, die zuerst ein Eigentumsrecht verlieh, wo immer der Mensch sie auf das Gemeingut verwenden wollte. [...] Doch später wurde in manchen Gegenden der Welt durch die Zunahme der Bevölkerung und des Viehbestandes und durch den Gebrauch des Geldes das Land knapp, wodurch ihm einiger Wert verliehen wurde. Die einzelnen Gemeinschaften setzten deshalb die Grenzen ihrer verschiedenen Gebiete fest, regelten durch eigene Gesetze das private Eigentum innerhalb ihrer Gesellschaft und entschieden so durch Vertrag und Übereinkunft die Frage des Eigentums, das seinen Ursprung in der Arbeit und im Fleiß hatte.

John Locke, Über die Regierung, S. 4-8

Vertragstheorien

Im 17. Jahrhundert wollten viele Philosophen die Frage „Warum dürfen Menschen eigentlich über andere Menschen herrschen?" nicht mehr mit „Weil Gott es so will!" beantworten, wie die meisten absolutistischen Herrscher ihrer Zeit es taten. Zur Begründung des Staates fragten sie deshalb jetzt anders: „Was wäre, wenn es gar keinen Staat gäbe?" Diese Überlegung führte sie zur Vorstellung eines *Naturzustandes* – eines Zustands ohne Staat, welchen es in dieser Form allerdings niemals gegeben hat und den man deshalb als *Gedankenexperiment* bezeichnen kann. Um aus diesem staatslosen, für die Menschen mit Problemen verbundenen Zustand entkommen zu können, soll ein *Staatsvertrag* dafür sorgen, dass das Leben in geordneten Bahnen verläuft.

Die bekanntesten Vertragstheoretiker des 17./18. Jahrhunderts sind Hobbes, Locke und Rousseau. Ihre auf unterschiedlichen Menschenbildern basierenden Theorien gehen alle von einem Naturzustand aus, der durch einen Staatsvertrag überwunden wird, wobei die Vorstellungen über Regelungen, Ziele und das Leben in dem Staat, den sie begründen wollen, zum Teil stark differieren.

1. Führen Sie das Spiel von S. 301 im Kurs durch. Welches Ergebnis ist zu beobachten?
2. Untersuchen Sie, inwieweit die Situation im Naturzustand der Situation im Spiel ähnelt, und diskutieren Sie, welche Lösungsstrategien in dieser Situation denkbar sind. ➜ M1
3. Diskutieren Sie, warum der Mensch die „natürlichen Gesetze" im Naturzustand nicht befolgt und wer oder was daran etwas ändern könnte. ➜ M1
4. Recherchieren Sie im Internet, was ein „Gefangenendilemma" ist. Erläutern Sie in eigenen Worten, warum Kersting meint, der Naturzustand sei mit einem Gefangenendilemma vergleichbar. ➜ M2
5. Vergleichen Sie die Situation des Naturzustandes bei Hobbes (M1) mit der bei Locke. ➜ M3
6. Erläutern Sie, inwiefern den unterschiedlichen Naturzustandsbeschreibungen unterschiedliche Staatsziele entsprechen. ➜ M1-3

7 Die bürgerliche Gesellschaft – ein Irrtum?

M1 Eine verhängnisvolle Unachtsamkeit ...

Schlüsselszene des Films „Die Götter müssen verrückt sein" (Botsuana 1980)

Aus der Handlung des Films:

In der Wüste Kalahari lebt ein Stamm Eingeborener in paradiesischer Harmonie – ohne Verbrechen, Gesetze oder Bestrafung, ohne Hierarchie oder Gewalt, glücklich und im Einklang mit der Natur. Von der Existenz einer „zivilisierten Welt" wissen die Eingeborenen nichts. Sie kennen auch kein Eigentum und keinen Besitz, denn die Kalahari gibt dafür wenig her – und alles, was es braucht, kann jedes Stammesmitglied selbst herstellen. Als ein Pilot gedankenlos eine leere Colaflasche aus dem Cockpit seiner Maschine wirft, landet die gläserne Flasche direkt vor den Füßen des Stammesoberhauptes Xi und sorgt unter den Eingeborenen für ziemliche Aufregung. Auch wenn niemand so recht weiß, wozu die als Werkzeug identifizierte Flasche eigentlich dienen soll, so ist das Interesse an ihr groß, weil es die Coca-Cola-Flasche – im Gegensatz zu anderen Gegenständen in ihrer Umgebung – nur einmal gibt.

M2 Die !Kung

Die Wirklichkeit in der Kalahari beschreibt ein aktueller Zeitungsartikel folgendermaßen:

Viele Tausend Jahre vor Beginn der großen Finanzkrise lebte in der Wüste Kalahari in Südwestafrika das Volk der !Kung. Zähe, klein gewachsene Männer und Frauen waren das, die Antilopen und Zebras mit vergifteten Pfeilen töteten. Bevor sie das Fleisch aßen, verteilten sie es. Die Beute des einen gehörte auch den anderen, so war das bei den !Kung.
Anfang der 1980er Jahre lebten die !Kung noch immer in der Kalahari. Auch sonst hatte sich dort wenig verändert. Der Rest der Welt hatte das Auto, die Atombombe und den Aktienhandel erfunden. Die !Kung schossen noch immer ihre Pfeile ab. Noch immer waren sie es gewohnt, zu teilen. Aber nicht mehr lange. Wenig später meldete ein amerikanischer Anthropologe gravierende Neuigkeiten aus den Dörfern der !Kung. Die Jäger blieben zu Hause, die Hütten standen jetzt so, dass die Nachbarn nicht mehr hineinsehen konnten, fast jede Familie hatte sich eine Kiste angeschafft, in der sie ihr Eigentum aufbewahrte. An den Kisten hingen Schlösser. Was genau war geschehen? Nicht viel. Die Regierung von Botswana hatte begonnen, Handel mit den !Kung zu treiben. Die Marktwirtschaft war in die Kalahari gekommen, ein kleines, bis dahin überaus genügsames Volk hatte Gefallen am Eigentum gefunden, das war alles.
Für die !Kung war es der Anfang vom Kapitalismus.

Wolfgang Uchatius, Kapitalismus in der Reichtumsfalle, in: DIE ZEIT, Nr. 46 vom 10.11.2011, S. 23

M3 Der Ursprung der Ungleichheit

Der Philosoph Jean-Jacques Rousseau hat bereits im 18. Jahrhundert einen ähnlichen Zusammenhang als Gedankenexperiment benutzt, um die Entstehung von Ungleichheit in der bürgerlichen Gesellschaft zu erklären:

Der Erste, der ein Stück Land eingezäumt hatte und dreist sagte: „Das ist mein" und so einfältige Leute fand, die das glaubten, wurde zum wahren Gründer der bürgerlichen Gesellschaft. Wie viele Verbrechen, Kriege, Morde, Leiden und Schrecken würde einer dem Menschengeschlecht erspart haben, hätte er die Pfähle herausgerissen oder den Graben zugeschüttet und seinesgleichen zugerufen: „Hört ja nicht auf diesen Betrüger. Ihr seid verloren, wenn ihr vergesst, dass die Früchte allen gehören und die Erde keinem!" Aber mit großer Wahrscheinlichkeit waren die Dinge zu dem Punkt gelangt, wo es nicht mehr so weitergehen konnte wie bisher. Denn dieser Begriff des Eigentums hängt von so vielen vorausgehenden Begriffen ab, die nur nach und nach entstehen konnten, dass er sich nicht auf einmal im menschlichen Geist bildete. Man musste große Fortschritte machen, viel Geschick und Kenntnisse erlangen und von Zeitalter zu Zeitalter weitergeben und vermehren, bevor man in dies letzte Stadium des Naturzustandes kommen konnte. Beginnen wir wieder ganz von vorne. Versuchen wir, diese allmähliche Abfolge der Ereignisse und Erkenntnisse unter einem einzigen Gesichtspunkt nach der ihnen natürlichsten Ordnung zusammenzufassen. [...] Solange sich die Menschen mit ihren ländlichen Hütten begnügten, solange sie sich darauf beschränkten, ihre Kleider aus Häuten mit Dornen oder Gräten zu nähen, sich mit Federn und Muscheln zu schmücken, sich den Körper mit verschiedenen Farben zu bemalen, Bogen und Pfeile zu verbessern und zu verschönern, mit scharfen Steinen einige Fischerkähne oder einige grobe Musikinstrumente zu zimmern, kurzum: solange sie nur Werke herstellten, die einer allein machen konnte, und Künste pflegten, die nicht die Zusammenarbeit mehrerer Hände erforderten, lebten sie so frei, gesund, gut und glücklich, wie sie es ihrer Natur nach sein konnten, genossen weiter unter sich die Wonne eines unabhängigen Verkehrs. Aber seit dem Augenblick, da der Mensch die Hilfe des anderen nötig hatte, seit man bemerkte, dass es einem Einzelnen nützlich war, Vorräte für zwei zu haben, verschwand die Gleichheit. Das Eigentum war eingeführt, die Arbeit wurde nötig und die weiten Wälder verwandelten sich in lachende Felder, die mit dem Schweiß des Menschen begossen werden mussten. Die Sklaverei und das Elend entsprossen bald auf ihnen und wuchsen mit den Ernten.

Jean-Jacques Rousseau, Schriften zur Kulturkritik, S. 99

M4 Der Gesellschaftsvertrag

Ich unterstelle, dass die Menschen jenen Punkt erreicht haben, an dem die Hindernisse, die ihrem Fortbestehen im Naturzustand schaden, in ihrem Widerstand den Sieg davontragen über die Kräfte, die jedes Individuum einsetzen kann, um sich in diesem Zustand zu halten. Dann kann dieser ursprüngliche Zustand nicht weiter bestehen und das Menschengeschlecht würde zugrunde gehen, wenn es die Art seines Daseins nicht änderte.

Da die Menschen nun keine neuen Kräfte hervorbringen, sondern nur die vorhandenen vereinen und lenken können, haben sie kein anderes Mittel, sich zu erhalten, als durch Zusammenschluss eine Summe von Kräften zu bilden, stärker als jener Widerstand, und diese aus einem einzigen Antrieb einzusetzen und gemeinsam wirken zu lassen. Diese Summe von Kräften kann nur durch das Zusammenwirken mehrerer entstehen: da aber Kraft und Freiheit jedes Menschen die ersten Werkzeuge für seine Erhaltung sind – wie kann er sie verpfänden, ohne sich zu schaden und ohne die Pflichten gegen sich selbst zu vernachlässigen? Diese Schwierigkeit lässt sich, auf meinen Gegenstand angewandt, so ausdrücken: „Finde eine Form des Zusammenschlusses, die mit ihrer ganzen gemeinsamen Kraft die Person und das Vermögen jedes einzelnen Mitglieds verteidigt und schützt und durch die doch jeder, indem er sich mit allen vereinigt, nur sich selbst gehorcht und genauso frei bleibt wie zuvor." Das ist das grundlegende Problem, dessen Lösung der Gesellschaftsvertrag darstellt.

Jean-Jacques Rousseau, Vom Gesellschaftsvertrag, S. 16f.

1. Beschreiben Sie in einer eigenen Zusammenfassung, wie der Film weitergehen könnte: Wie reagieren die Eingeborenen auf den Flaschenfund? Wie ändert sich möglicherweise ihr soziales Zusammenleben? ➜ M1
2. Vergleichen Sie Ihren Text mit dem Zeitungsbericht. Wie lässt sich die Entwicklung bei den !Kung erklären? ➜ M2
3. Erklären Sie, in welchem Verhältnis Eigentum und bürgerliche Gesellschaft für Rousseau stehen. ➜ M3
4. Erarbeiten Sie den Text als Bildergeschichte oder als Comic. ➜ M3
5. Erläutern Sie, welche Schlussfolgerungen Rousseau aus seiner Analyse zieht. ➜ M4
6. Erarbeiten Sie, wie ein Staat die von Rousseau beschriebenen Probleme lösen kann. ➜ M3/4

8 Gerechtigkeit als erste Tugend

M1 Eine Theorie der Gerechtigkeit als Fairness

Die Gerechtigkeit ist die erste Tugend sozialer Institutionen, so wie die Wahrheit bei Gedankensystemen. Eine noch so elegante und mit sparsamen Mitteln arbeitende Theorie muss fallen gelassen werden oder abgeändert werden, wenn sie nicht wahr ist; ebenso müssen noch so gut funktionierende und wohl abgestimmte Gesetze und Institutionen abgeändert oder abgeschafft werden, wenn sie ungerecht sind. Jeder Mensch besitzt eine aus der Gerechtigkeit entspringende Unverletzlichkeit, die auch im Namen des Wohles der ganzen Gesellschaft nicht aufgehoben werden kann. [...] Als Haupttugenden für das menschliche Handeln dulden Wahrheit und Gerechtigkeit keine Kompromisse. [...]

Ich möchte eine Gerechtigkeitsvorstellung darlegen, die die bekannte Theorie des Gesellschaftsvertrages etwa von Locke, Rousseau und Kant verallgemeinert und auf eine höhere Abstraktionsebene hebt. Dazu darf man sich den ursprünglichen Vertrag nicht so vorstellen, als ob er in eine bestimmte Gesellschaft eingeführt würde oder eine bestimmte Regierungsform errichtete. Der Leitgedanke ist vielmehr, dass sich die ursprüngliche Übereinkunft auf die Gerechtigkeitsgrundsätze für die gesellschaftliche Grundstruktur bezieht. [...] Ihnen haben sich alle weiteren Vereinbarungen anzupassen; sie bestimmen die möglichen Arten der gesellschaftlichen Zusammenarbeit und der Regierung. Diese Betrachtungsweise der Gerechtigkeitsgrundsätze nenne ich Theorie der Gerechtigkeit als Fairness.

Wir wollen uns also vorstellen, dass diejenigen, die sich zu gesellschaftlicher Zusammenarbeit vereinigen wollen, in einem gemeinsamen Akt die Grundsätze wählen, nach denen Grundrechte und -pflichten und die Verteilung der gesellschaftlichen Güter bestimmt werden. Die Menschen sollen im Voraus entscheiden, wie sie ihre Ansprüche gegeneinander regeln wollen und wie die Gründungsurkunde ihrer Gesellschaft aussehen soll. [...] Die Entscheidung, die vernünftige Menschen in dieser theoretischen Situation der Freiheit und Gleichheit treffen würden, bestimmt die Grundsätze der Gerechtigkeit. [...] In der Theorie der Gerechtigkeit als Fairness spielt die ursprüngliche Situation der Gleichheit dieselbe Rolle wie der Naturzustand in der herkömmlichen Theorie des Gesellschaftsvertrages. Dieser Urzustand wird natürlich nicht als wirklicher natürlicher Zustand vorgestellt, noch weniger als primitives Stadium der Kultur. Er wird als rein theoretische Situation aufgefasst, die so beschaffen ist, dass sie zu einer bestimmten Gerechtigkeitsvorstellung führt. Zu den wesentlichen Eigenschaften dieser Situation gehört, dass niemand seine Stellung in der Gesellschaft kennt, seine Klasse oder seinen Status, ebenso wenig sein Los bei der Verteilung natürlicher Gaben wie Intelligenz oder Körperkraft. Ich nehme sogar an, dass die Beteiligten ihre Vorstellungen vom Guten und ihre besonderen psychologischen Neigungen nicht kennen. Die Grundsätze der Gerechtigkeit werden hinter einem Schleier des Nichtwissens festgelegt. [...] Da sich alle in der gleichen Lage befinden und niemand Grundsätze ausdenken kann, die ihn aufgrund seiner besonderen Verhältnisse bevorzugen, sind die Grundsätze der Gerechtigkeit das Ergebnis einer fairen Übereinkunft oder Verhandlung. [...]

Ich werde jetzt in einer vorläufigen Form die beiden Gerechtigkeitsgrundsätze angeben, auf die man sich nach meiner Auffassung im Urzustand einigen würde [...]: Erster Grundsatz. Jedermann hat gleiches Recht auf das umfangreichste Gesamtsystem gleicher Grundfreiheiten, das für alle möglich ist.

Zweiter Grundsatz. Soziale und wirtschaftliche Ungleichheiten müssen folgendermaßen beschaffen sein:

a) sie müssen [...] den am wenigsten Begünstigten den größtmöglichen Vorteil bringen und
b) sie müssen mit Ämtern und Positionen verbunden sein, die allen gemäß fairer Chancengleichheit offen stehen.

John Rawls, Eine Theorie der Gerechtigkeit, S. 19f., 27-29, 336, 82

M2 Das Leben als Hotelzimmer?

Worin genau liegt die kritische Kraft der Erfindung des Philosophen – wobei wir immer noch annehmen, diese sei die einzig mögliche Erfindung? Ich will versuchen, diese Fragen mit einer eigenen Geschichte zu beantworten, einer Geschichte, die einige Züge der Rawls'schen Darstellung dessen, was im „Urzustand" geschieht, unterstreicht und übertreibt. [...]

Stellen wir uns also eine Gruppe von Reisenden vor, die aus verschiedenen Ländern mit unterschiedlichen moralischen Kulturen kommen, verschiedene Sprachen sprechen und sich in irgendeinem neutralen Raum (wie dem Weltraum) begegnen. Sie müssen, zumindest für eine gewisse Zeit, zusammenarbeiten, und wenn sie kooperieren wollen, so muss jede(r) von ihnen davon ablassen, auf seinen oder ihren Werten und Praktiken zu beharren. Wir berauben sie also der Kenntnis ihrer eigenen Werte und Handlungsweisen; und da diese Kenntnis nicht nur eine persönliche, sondern auch eine in Sprache verkörperte gesellschaftliche Erkenntnis ist, löschen wir ihr Sprachgedächtnis und verlangen von ihnen (für eine gewisse Zeit), in irgendeiner Pidgin-Sprache zu reden und zu denken, die gegenüber all ihren ursprünglichen Sprachen in gleicher Weise parasitär ist – eine Art perfekteres Esperanto. Welche Kooperationsprinzipien würden diese Reisenden übernehmen?

[...] Männer und Frauen hinter einem Schleier des Nichtwissens, denen man alle Kenntnisse ihrer eigenen Lebensweise geraubt hat und die gezwungen sind, mit anderen ähnlich beraubten Männern und Frauen zusammenzuleben, werden vielleicht – unter welchen Schwierigkeiten auch immer – einen modus vivendi (er)finden: keine Lebensweise, sondern eine Überlebensweise. Aber auch wenn diese der einzig mögliche modus vivendi für diese Leute unter solchen Bedingungen ist, so folgt daraus keinesfalls, dass sie auch eine allgemeingültige Regelung darstellt. [...] Hier scheint also eine Verwirrung vorzuliegen: so, als ob wir ein Hotelzimmer oder eine Gelegenheitsunterbringung oder eine gesicherte Wohnung für das Idealmodell eines menschlichen Zuhause nähmen. Natürlich sind wir auf Reisen dankbar für den Schutz und die Annehmlichkeiten eines Hotelzimmers. Wenn wir aller Kenntnisse darüber, wie unser eigenes Zuhause beschaffen war, bar wären und mit Leuten diskutierten, die auf ähnliche Weise ihr Heim verloren hätten, würden wir vermutlich auf irgendetwas Ähnliches (wenngleich nicht derart kulturell Spezifisches) kommen wie das Hilton Hotel. Mit folgendem Unterschied: Wir würden keine Luxussuiten zulassen; alle Zimmer würden dieselbe Ausstattung haben; oder: wenn es Luxussuiten gäbe, so läge ihre einzige Funktion darin, dem Hotel zusätzliche Kundschaft zu verschaffen und uns damit möglich zu machen, alle anderen Hotelzimmer zu verbessern – angefangen bei denen, die am meisten der Renovierung bedürfen. Aber auch wenn diese Ausstattung ziemlich komfortabel ausfiele, so würden wir uns immer noch nach unserem Zuhause sehnen, das wir einst hatten, an das wir uns aber nicht mehr erinnern können. Wir würden uns nicht moralisch daran gebunden fühlen, beständig in dem von uns entworfenen Hotel zu leben.

Michael Walzer, Kritik und Gemeinsinn, S. 22-24

1 Formulieren Sie in eigenen Worten, was Rawls unter Gerechtigkeit versteht und wie sie zu erreichen ist. ➜ M1

2 Arbeiten Sie Rawls' Argumentationsgang stichpunktartig heraus ➜ M1
   a) Überlegen Sie zunächst, welche argumentativen Schritte (These, Argument, Beispiel, Frage, Antwort Ergebnis etc.) sich mit den vier vorgegliederten Textabschnitten jeweils verbinden.
   b) Erarbeiten Sie nun die Binnengliederung der vier Abschnitte selbständig.

3 Erarbeiten Sie Walzers Text in gleicher Weise. ➜ M2

4 Arbeiten Sie heraus, an welchen Punkten von Rawls Theorie Walzer Kritik übt und wie er diese begründet. Stellen Sie die Ergebnisse tabellarisch gegenüber und zeigen Sie, auf welche Ideen Rawls' sich Walzers Kritik richtet – und wo er mit Rawls übereinstimmt. ➜ M1/2

5 Führen Sie Walzers Gedankenexperiment in Kleingruppen durch. Erstellen Sie in der Gruppe eine Liste von konsensfähigen Gesetzen, welche sich unter den von Walzer beschriebenen Bedingungen aufstellen lassen. ➜ M2

9 Eine Frage der Toleranz

M1 Cuius regio, eius religio

François Dubois, Bartholomäusnacht, Paris, ca. 1572-84

Im 16. und 17. Jahrhundert wurde Europa von einer Vielzahl von Religionskriegen überzogen, welche in der Mehrheit von dem Interesse der Monarchen gekennzeichnet waren, die eigene Konfession – sei sie katholisch, calvinistisch, lutherisch oder anglikanisch – sowohl im europäischen Machtkampf gegenüber anderen Fürsten als auch gegenüber der eigenen Bevölkerung durchzusetzen.

Einen der traurigen Höhepunkte dieser Zeit bildet die Bartholomäusnacht (auch Pariser Bluthochzeit genannt). Sie bezeichnet die Nacht zum 24. August 1572, in der Führer der französischen Protestanten, genannt Hugenotten, zusammen mit Tausenden von Glaubensgenossen auf Befehl der (katholischen) französischen Königin ermordet wurden.

Auch nach dem 30-jährigen Krieg galt in Europa noch sehr weitgehend das Motto *cuius regio, eius religio* (lat.: wessen Gebiet, dessen Religion) – was besagte, dass der Herrscher eines Landes berechtigt war, die Religion für dessen Bewohner vorzugeben.

M2 Ein Brief über Toleranz

Das gemeine Wesen scheint mir eine Gesellschaft von Menschen zu sein, deren Verfassung lediglich die Befriedigung, Wahrung und Beförderung ihrer bürgerlichen Interessen bezweckt.

Bürgerliche Interessen nenne ich Leben, Freiheit, Gesundheit, Schmerzlosigkeit des Körpers und den Besitz äußerer Dinge wie Geld, Ländereien, Häuser, Einrichtungsgegenstände und dergleichen.

Es ist die Pflicht der staatlichen Obrigkeit, durch die unparteiische Ausführung von Gesetzen, die für alle gleich sind, allgemein dem ganzen Volke und jedem ihrer Untertanen im Besonderen den gerechten Besitz dieser Dinge, die zu seinem Leben gehören, zu sichern. [...]

Dass nun die ganze Rechtsgewalt der Obrigkeit sich nur auf diese bürgerlichen Anliegen erstreckt, und dass alle staatliche Gewalt, ihr Recht und ihre Herrschaft durch die alleinige Sorge für die Beförderung dieser Dinge gebunden und begrenzt ist, dass sie in keiner Weise auf das Heil der Seelen ausgedehnt werden kann noch darf – das scheinen mir die folgenden Betrachtungen im Überfluss zu beweisen.

Erstens, weil die Sorge für die Seelen nicht der staatlichen Obrigkeit [...] übertragen ist. Ich meine, sie ist ihr nicht übertragen von Gott, weil es nicht den Anschein hat, als hätte Gott jemals einem Menschen eine derartige Autorität über einen andern gegeben wie die, irgendjemanden zu seiner Religion zu zwingen. [...]

An zweiter Stelle kann die Sorge für die Seelen deswegen nicht der staatlichen Obrigkeit obliegen, weil deren Macht nur im äußeren Zwange liegt; aber die wahre und heilbringende Religion liegt in der inneren Gewissheit des Urteiles [...].

[...] Bei der Vielfalt und dem Widerspruch religiöser Meinungen, in denen die Fürsten der Welt ebenso gespalten sind wie in ihren weltlichen Interessen, würde der enge Weg noch sehr verengt werden.

John Locke, Ein Brief über Toleranz, S. 13-19

M3 Der Fall Nadarkhani

Screenshot eines Internetaufrufs zur Freilassung von Youcef Nadarkhani auf facebook

Im September 2011 fällte ein iranisches Gericht eine Entscheidung, die international heftige Diskussionen auslöste: Tod für Youcef Nadarkhani durch den Strang. Sein Vergehen: Konversion.

Der geborene schiitisch-muslimische Iraner war im Alter von 19 Jahren zum Christentum übergetreten und hatte seitdem als Pastor eine Pfingstgemeinde im Untergrund geleitet. Apostasie, Glaubensabfall also, wird in den meisten islamischen Ländern nicht als private Entscheidung, sondern als Verbrechen gegen die Gemeinschaft interpretiert, als religiöse Fahnenflucht gewissermaßen.

Im Iran, in Saudi-Arabien, im Sudan und im Jemen steht die Abwendung von der Staatsreligion unter Todesstrafe. Hinrichtungen sind jedoch selten, weil die Fälle von Apostasie selten sind.

nach Dietrich Alexander, Iraner sitzt in der Todeszelle, weil er Christ wurde, www.welt.de

M4 Ein Imam nimmt Stellung

Der Penzberger Imam Benjamin Idriz schrieb als Reaktion folgenden Brief an den höchsten Rechtsgelehrten des Iran:

Eure Eminenz,

als Imam der Islamischen Gemeinde Penzberg [...] muss ich Ihnen mitteilen, dass ich entsetzt und traurig bin über die Nachricht eines möglichen Vollzugs der Todesstrafe an dem iranischen evangelischen Pastor Youcef Nadarkhani. [...]

Als Muslime dürfen wir die Freiheit, die wir uns selbst wünschen, nicht anderen vorenthalten. Es ist eine Doppelmoral, wenn wir unter uns die Freiheiten einschränken, während wir für uns von anderen absolute Freiheit fordern. Vor allem wir Muslime müssen die Freiheit anerkennen, anders zu glauben, zu denken und zu leben, die Unterschiede zu achten und zu akzeptieren. Mit dem Koranvers: „Es soll keinen Zwang geben in Sachen des Glaubens" (2/256) erlaubte Gott die freie Wahl des Glaubens und verbot den Zwang zu irgendeinem Glauben. [...]

Die natürlichen Rechte des Menschen gründen in seiner Würde und menschlichen Natur. Religiöse, ethnische, oder andere Unterschiede z. B. das Geschlecht ändern nichts an dieser Tatsache. Der Mensch hat ein Recht auf Leben, weil er Mensch ist, und nicht weil er Muslim, Christ, Jude oder ohne Glaube ist. Die Ablehnung von Zwang und der Wunsch nach einem selbstbestimmten Leben impliziert das Recht auf Meinungsfreiheit, Redefreiheit und Religionsfreiheit des Einzelnen. Der Islam erkennt jedes dieser Bedürfnisse an, akzeptiert sie ausnahmslos und fordert vom Menschen unter keinen Umständen den Verzicht auf eines dieser natürlichen und essentiellen Bedürfnisse. Dafür hat Gott den Menschen mit Vernunft begabt, Propheten entsandt und Heilige Schriften offenbart und ihm die Freiheit der Zustimmung oder Ablehnung gewährt.

Ich bitte Eure Eminenz, dem Pastor zu vergeben und ihn freizulassen, weil Gott die liebt, die „... ihren Ärger unter Kontrolle halten und ihren Mitmenschen vergeben, weil Gott die liebt, die Gutes tun" (3/134) [...].

Benjamin Idriz, Appell zur Amnestierung und Freilassung von Pastor Youcef Nadarkhani, http://blog.zeit.de

1 Recherchieren Sie über die Religionskriege des 17. Jahrhunderts und diskutieren Sie, ob Toleranz damals wichtiger war als heute. ➜ M1

2 Erarbeiten Sie Lockes Argumente für religiöse Toleranz und diskutieren Sie, ob diese auch für nicht-religiöse Meinungen gelten können. ➜ M2

3 Diskutieren Sie den Umgang mit der sogenannten „Apostasie" in manchen islamischen Ländern. ➜ M3

4 Erarbeiten Sie die Argumentation von Idriz und vergleichen Sie diese mit der Position Lockes. ➜ M4/2

10 Basis des demokratischen Rechtsstaats

M1 Standpunkte

Es wird der „gemeinsame Boden“ unseres Zusammenlebens verlassen, wenn ...

a. jemand mit Burka in den Unterricht kommt.
b. ein Mädchen keine Anstellung bei einer Bank bekommt, weil es ein Kopftuch trägt.
c. alle Schüler und Schülerinnen auf dem Pausenhof deutsch sprechen müssen.
d. jemand Geld für die Gefangenen der USA im „Kampf gegen den Terror“ sammelt.
e. Mitschüler glatzköpfig und mit Kampfstiefeln und Bomberjacke in die Schule kommen.
f. Mitschüler oder Mitschülerinnen Symbole verfassungsfeindlicher Gruppierungen offen tragen.
g. eine Zeitschrift durch Text und Bild die religiösen Gefühle anderer verletzt.
h. eine Lehrerin mit Kopftuch unterrichten darf.
i. im Ramadan meine Nachbarn abends lange laut sind.
j. Krawallmacher den 1. Mai nutzen, um massiv Gewalt gegen Sachen anzuwenden.
k. Minderheiten in der Abi-Zeitung die Gelegenheit nutzen, um sich an Schülern oder Lehrern zu rächen.
l. mich die Frau meines muslimischen Nachbarn nicht grüßen darf.
m. Jungen in einer Klasse Mädchen nur mit sehr abfälligen Äußerungen belegen.
n. Mädchen aus religiösen Gründen nicht ins Schullandheim dürfen oder nicht am Sportunterricht teilnehmen dürfen.
o. ...

M2 Die Grenzen der Toleranz

Der Toleranzbegriff bringt notwendig drei unterschiedliche „normative Bereiche“ mit sich, die es zu unterscheiden gilt: Einen Bereich des „Eigenen“, mit dem man ganz übereinstimmt, und einen Bereich des „Tolerierbaren“, der zwar prinzipiell abgelehnt wird, den man jedoch aufgrund einer gewissen „Akzeptanz“ eben tolerieren kann. Der dritte Bereich schließlich ist derjenige, welcher so strikt abgelehnt wird, dass er als Bereich des „nicht Tolerierbaren“ gelten muss.

Diese systematische Vorüberlegung hat dreierlei Konsequenzen:

1. Toleranz hat schon von sich aus mit Grenzen zu tun, genau genommen mit zwei Grenzen: Um von Toleranz sprechen zu können, muss zwischen eigenem und toleriertem Standpunkt ein Unterschied bestehen. Ansonsten wäre die Toleranz keine Toleranz, sondern eine Übereinstimmung. Die erste Grenzziehung ist also diejenige zwischen dem „Eigenen“ und dem Tolerierbaren.
2. Weiterhin gehört es zu den Paradoxien des Toleranzbegriffes, dass auch die Grenze zur extremen Gegenposition notwendig ist: Um den Bestand der Toleranz zu sichern, ist also auch Intoleranz notwendig, mindestens der Intoleranz gegenüber.
3. Zur Qualifikation einer Toleranzkonzeption ist nicht die Quantität des zweiten und dritten Bereiches (etwa den Bereich des Tolerierbaren möglichst groß und denjenigen des nicht Tolerierbaren möglichst klein zu halten) entscheidend, sondern die Qualität der Gründe, mit dem die Grenzziehungen zwischen den beiden Bereichen vorgenommen werden.

nach Rainer Forst, Toleranz im Konflikt, S. 30-41

M3 Der säkulare Staat

Das Grundgesetz ist die Verfassung eines säkularen Staates. Säkular heißt, dass der Staat seine Aufgaben ausschließlich im weltlich-irdischen Bereich sieht und zur Durchsetzung seiner Rechtsordnung nur eigene Mittel einsetzt, also weder auf die ergänzende Unterstützung von Religionsgemeinschaften zurückgreift noch sich religiös legitimiert. Der säkulare Staat überlässt das Religiöse seiner Eigengesetzlichkeit und beschränkt sich auf die Sorge für Sicherheit, Ordnung und irdisches Wohl.

Der säkulare Staat hat keine Zuständigkeit für die Religion und damit das Seelenheil der in ihm vereinigten Menschen. In einem säkularen Staat ist die

Religion zu einer innermenschlichen Angelegenheit spiritualisiert. Für sein religiöses Heil ist der Einzelne selbstverantwortlich. Eine Folge der Säkularität ist die religiöse und weltanschauliche Neutralität des Staates [...].

Der säkulare Staat ist aus einer Säkularisierung hervorgegangen. Die Säkularisierung bestand in einer Ablösung des Staates von seiner ursprünglich geistlich-religiösen Bestimmung und Durchformung. Säkularisierung bedeutet damit Verweltlichung des Staates im Sinne des Heraustretens aus einer vorgegebenen religiös-politischen Einheitswelt.

Säkularisierung bedeutet aber ebenfalls Entlassung des Staates aus kirchlich-geistlicher Herrschaftsgewalt. Säkularisierung läuft letztlich auf eine Entzauberung des Staates hinaus: Er ist eine nützliche, auf Übereinkunft basierende menschliche Einrichtung, mehr nicht [...].

Der säkulare Staat hat deshalb seinen Zweck und seine Legitimation nicht in einer göttlichen Stiftung. Er steht auch nicht im Dienst einer religiösen Wahrheit. Sein Bezugspunkt ist der Mensch als Mensch. Seine Aufgabe ist die Sicherung von dessen Rechten und Freiheiten. Die Religion ist in einer säkularen Ordnung eine Angelegenheit der Gesellschaft. Dort müssen sich die Religionsgemeinschaften behaupten [...].

Joachim Detjen, Die Werteordnung des Grundgesetzes, S. 59f.

M4 Verfassungspatriotismus

Das vermisste „einigende Band" ist der demokratische Prozess selbst [...]. So geht es etwa [in] aktuellen Auseinandersetzungen [...] nicht nur um einzelne policies [Politikinhalte], sondern immer auch um die strittige Interpretation von Verfassungsprinzipien – und implizit darum, wie wir uns im Licht der Vielfalt unserer kultureller Lebensweisen, unserer Weltanschauungen und religiösen Überzeugungen als Bürger der Bundesrepublik wie als Europäer verstehen wollen. Gewiss, im historischen Rückblick waren ein gemeinsamer religiöser Hintergrund und eine gemeinsame Sprache, vor allem aber das neu geweckte Nationalbewusstsein für die Entstehung einer hoch abstrakten staatsbürgerlichen Solidarität hilfreich. Die republikanischen Gesinnungen haben sich inzwischen jedoch von diesen vorpolitischen Verankerungen weitgehend gelöst [...]. Denken Sie an die politisch-ethischen Diskurse über den Holocaust und die im Namen der eigenen Regierung begangenen Massenverbrechen: Sie haben den Bürgern der Bundesrepublik die Verfassung als Errungenschaft zu Bewusstsein gebracht. Das Beispiel einer selbstkritischen [...] „Gedächtnispolitik" zeigt, wie sich verfassungspatriotische Bindungen im Medium der Politik selbst bilden und erneuern können. [...] Entgegen einem weit verbreiteten Missverständnis heißt „Verfassungspatriotismus", dass sich Bürger die Prinzipien der Verfassung nicht allein in ihrem abstrakten Gehalt, sondern konkret aus dem geschichtlichen Kontext ihrer jeweils eigenen nationalen Geschichte zu eigen machen. [...] Unter Staatsbürgern entsteht eine wie immer auch abstrakte und rechtlich vermittelte Solidarität erst dann, wenn die Gerechtigkeitsprinzipien in das dichtere Geflecht kultureller Wertorientierungen Eingang finden.

Jürgen Habermas, Vorpolitische Grundlagen des demokratischen Rechtsstaates?, S. 24f.

1 Nehmen Sie Stellung. Erweitern Sie die Liste und stellen Sie Ihre Punkte zur Diskussion. ➜ M1
2 Prüfen Sie anhand von Forsts Unterscheidung (M2), welchen Meinungen aus M1 Sie (a) zustimmen, welche Sie (b) tolerieren können und welche Sie (c) nicht tolerieren können. Sprechen Sie über die Gründe für Ihre Entscheidungen. ➜ M1/2
3 Klären Sie vor dem Hintergrund von Forsts Position, wo der Unterschied zwischen Toleranz und Gleichgültigkeit liegt. ➜ M2
4 Erläutern Sie, in welcher Beziehung Staat und Religion nach Joachim Detjen stehen. ➜ M3
5 Diskutieren Sie, welche Vor- und welche Nachteile für den Staat mit der Säkularisierung verbunden sind, und legen Sie eine entsprechende Tabelle an. ➜ M3
6 Diskutieren Sie, ob Sie die Habermas'sche Position, dass die Menschenrechte den Rahmen für die demokratische Willensbildung ziehen, überzeugt. ➜ M4

11 Das Verhältnis von Recht und Moral

M1 Muxmäuschenstill

Zu Beginn des Films *Muxmäuschenstill* (Deutschland 2004) konstatiert „Mux", oben rechts im Bild: „Ich lebe in einer Gesellschaft, in der wir unsere Ideale verloren haben, in der es keine Utopie mehr gibt von einer gerechteren Gesellschaft. Und dafür bin ich da ..."
Angespornt von dieser Überzeugung hat er es sich zum Ziel gesetzt, im Namen von Moral und Anstand seine Mitbürger zu überwachen und – wo er dies für angebracht hält – auch zu bestrafen. Dabei greift er oft zu ungewöhnlichen Maßnahmen – wie z. B. bei dem Student im Freibad (links im Bild), den er aufgrund seiner Verfehlung im Schwimmbad öffentlich an den Pranger stellt. Die sogenannten „Täter" lassen sich ihre Bestrafungen zumeist widerstrebend gefallen – was sollen sie auch tun, schließlich ist Mux bewaffnet.
Da Mux sich einer gerechten Sache verpflichtet fühlt, reflektiert er nicht, wie sein eigenes Verhalten rechtlich zu bewerten ist. Auch wenn er einige seiner Handlungen noch als „pädagogische Maßnahmen" verharmlosen kann, wird diese Frage aber spätestens aktuell, als er seine Angebetete – nachdem sie sich von ihm getrennt hat – auf recht grausame Weise bestraft ...

M2 Allgemeines Prinzip des Rechts

„Eine jede Handlung ist recht, die oder nach deren Maxime die Freiheit der Willkür eines jeden mit jedermanns Freiheit nach einem allgemeinen Gesetze zusammen bestehen kann etc."
Wenn also meine Handlung, oder überhaupt mein Zustand, mit der Freiheit von jedermann nach einem allgemeinen Gesetze zusammen bestehen kann, so tut der mir Unrecht, der mich daran hindert; denn dieses Hindernis (dieser Widerstand) kann mit der Freiheit nach allgemeinen Gesetzen nicht bestehen.
Es folgt hieraus auch: dass nicht verlangt werden kann, dass dieses Prinzip aller Maximen selbst wiederum meine Maxime sei, d. i. dass ich es mir zur Maxime meiner Handlung mache; denn ein jeder kann frei sein, obgleich seine Freiheit mir gänzlich indifferent wäre, oder ich im Herzen derselben gerne Abbruch tun möchte, wenn ich nur durch meine äußere Handlung ihr nicht Eintrag tue. Das Rechthandeln mir zur Maxime zu machen, ist eine Forderung, die die Ethik an mich tut.
Also ist das allgemeine Rechtsgesetz: handle äußerlich so, dass der freie Gebrauch deiner Willkür mit der Freiheit von jedermann nach einem allgemeinen Gesetze zusammen bestehen könne, zwar ein Gesetz, welches mir eine Verbindlichkeit auferlegt, aber ganz und gar nicht erwartet, noch weniger fordert, dass ich, ganz um dieser Verbindlichkeit willen, meine Freiheit auf jene Bedingungen selbst einschränken solle, sondern die Vernunft sagt nur, dass sie in ihrer Idee darauf eingeschränkt sei und von andern auch tätlich eingeschränkt werden dürfe; und dieses sagt sie als ein Postulat, welches gar keines Beweises weiter fähig ist. - Wenn die Absicht nicht ist, Tugend zu lehren, sondern nur was recht sei vorzutragen, so darf und soll man selbst nicht jenes Rechtsgesetz als Triebfeder der Handlung vorstellig machen.

Immanuel Kant, Die Metaphysik der Sitten, S. 230f.

M3 Moralische und juridische Rechte

Wie ist nun das Verhältnis von subjektiven Rechten des Rechts zu solchen der Moral? Da Recht und Moral zwei verschiedene faktische und primäre Normordnungen in einer Gesellschaft sind, können in diesen Normenordnungen unterschiedliche subjektive Rechte bestehen. Diese auf Grund ihrer Zugehörigkeit zu verschiedenen faktischen Normordnungen unterschiedlichen subjektiven Rechte können nun aber natürlich inhaltlich parallel laufen oder auch variieren. Wir können etwa in Deutschland sowohl ein subjektives juridisches als auch ein subjektives moralisches Recht feststellen, nicht getötet zu werden. Anders ist die Lage aber etwa in der Frage von Wahrhaftigkeit und Lüge. Wir haben sicher ein moralisches Recht, nicht belogen zu werden, in den allermeisten Fällen aber, – man mag dies bedauern –, kein juridisches Recht. Ein Verkäufer kann uns etwa zur Motivation unseres Kaufes wahrheitswidrig mitteilen, dass er den Gegenstand ebenfalls nutzt, ohne dass daraus irgendwelche juristischen Folgen erwachsen würden. [...]

Dabei kann es natürlich wechselseitig faktische Beeinflussungen zwischen moralischen und juridischen Normen und damit auch zwischen moralischen und juridischen Rechten geben. Und die Chance auf Befolgung wird sicher zunehmen, sofern und soweit die Forderungen beider Normordnungen inhaltlich parallel laufen. Aber das sind kontingente Tatsachen ohne begriffliche Notwendigkeit. Man kann also etwa nicht sagen, dass moralische Rechte in juridische transformiert werden. Das Recht schafft allenfalls angeregt durch die Moral inhaltlich gleichlaufende juridische Rechte. [...]

Neues Recht kann moralische Veränderungen bewirken und umgekehrt. So hat etwa die Einführung rechtlicher Promillegrenzen des Alkoholgenusses im Straßenverkehr auch zu einem moralischen Umdenken im Hinblick auf Trunkenheitsfahrten geführt. Und die gewachsene Moralität in Umweltfragen hat die Bereitschaft zum Erlass schärferer rechtlicher Regelungen gefördert.

Dietmar von der Pfordten,
Zur Differenzierung von Recht, Moral und Ethik, S. 45f.

M4 Das Gewaltmonopol des Staates

„Staat ist diejenige menschliche Gemeinschaft, welche innerhalb eines bestimmten Gebiets [...] das Monopol legitimer physischer Gewalt für sich (mit Erfolg) beansprucht."

Max Weber, Politik als Beruf, S. 272

„Der Staatsapparat ist ein Zwangs- und Unterdrückungsapparat. Das Wesen der Staatstätigkeit ist, Menschen durch Gewaltanwendung oder Gewaltandrohung zu zwingen, sich anders zu verhalten, als sie sich aus freiem Antriebe verhalten würden."

Ludwig von Mises, Im Namen des Staates oder die Gefahren des Kollektivismus, S. 68

„Der Staat, das sind wir selber."

Richard von Weizsäcker, Markt und Staat. Ökonomisches Symposium der HU-Berlin, 2006

„Der letzte Zweck des Staates ist nicht, zu herrschen noch die Menschen in Furcht zu halten oder sie fremder Gewalt zu unterwerfen, sondern vielmehr den Einzelnen von der Furcht zu befreien, damit er so sicher als möglich leben und sein natürliches Recht zu sein und zu wirken ohne Schaden für sich und andere vollkommen behaupten kann. Der Zweck des Staates ist in Wahrheit die Freiheit."

Baruch de Spinoza, Theologisch-Politischer Traktat, S. 301

1. Stellen Sie Vermutungen an, wie es zu dieser Szene gekommen ist. ➔ M1
2. Diskutieren Sie im Kurs: Ist Mux' Verhalten rechtens? ➔ M1
3. In M2 formuliert Kant seinen sogenannten Rechtsimperativ. Erkundigen Sie sich über Kants moralischen Imperativ (den „kategorischen Imperativ", s. S. 245) und vergleichen Sie die beiden miteinander. ➔ M2
4. Erklären Sie, wie Kant das Recht charakterisiert und wie es sich von der Ethik unterscheidet. ➔ M2
5. Erläutern Sie von der Pfordtens Unterscheidung von Rechten der Moral und Rechten des Rechts. ➔ M3
6. Finden Sie weitere Beispiele, in denen moralische und juridische Rechte in Verbindung stehen – und solche, wo sie es nicht tun. ➔ M3
7. Legen Sie eine Tabelle zum Unterschied von Recht und Moral an. ➔ M2/3
8. Setzen Sie sich kritisch mit den Zitaten auseinander. ➔ M4

12 „Checks and balances"

M1 Die Macht bremsen

Die politische Freiheit ist nur unter maßvollen Regierungen anzutreffen. Indes besteht sie selbst in maßvollen Staaten nicht immer, sondern nur dann, wenn man die Macht nicht missbraucht. Eine ewige Erfahrung lehrt jedoch, dass jeder Mensch, der Macht hat, dazu getrieben wird, sie zu missbrauchen. Er geht immer weiter, bis er an Grenzen stößt. Wer hätte das gedacht: Sogar die Tugend hat Grenzen nötig.

Das System von „Checks and balances"

Damit die Macht nicht missbraucht werden kann, ist es nötig, durch die Anordnung der Dinge zu bewirken, dass die Macht die Macht bremse. Ein Staat kann so aufgebaut werden, dass niemand gezwungen ist, etwas zu tun, wozu er nach dem Gesetz nicht verpflichtet ist, und niemand gezwungen ist, etwas zu unterlassen, was das Gesetz gestattet. [...]

Es gibt in jedem Staat drei Arten von Vollmacht: die legislative Befugnis, die exekutive Befugnis in Sachen, die vom Völkerrecht abhängen, und die exekutive Befugnis in Sachen, die vom Zivilrecht abhängen.

Aufgrund der ersteren schafft der Herrscher oder Magistrat Gesetze auf Zeit oder für die Dauer, ändert geltende Gesetze oder schafft sie ab. Aufgrund der zweiten stiftet er Frieden oder Krieg, sendet oder empfängt Botschaften, stellt die Sicherheit her, sorgt gegen Einfälle vor. Aufgrund der dritten bestraft er Verbrechen oder sitzt zu Gericht über die Streitfälle der Einzelpersonen. Diese letztere soll richterliche Befugnis heißen, und die andere schlechtweg exekutive Befugnis des Staates. Politische Freiheit für jeden Bürger ist eine geistige Beruhigung, die aus der Überzeugung hervorgeht, die jedermann von seiner Sicherheit hat. Damit man diese Freiheit genieße, muss die Regierung so beschaffen sein, dass kein Bürger einen anderen zu fürchten braucht.

Sobald in ein und derselben Person oder derselben Beamtenschaft die legislative Befugnis mit der exekutiven verbunden ist, gibt es keine Freiheit. Es wäre nämlich zu befürchten, dass derselbe Monarch oder derselbe Senat tyrannische Gesetze erließe und dann tyrannisch durchführte. Freiheit gibt es auch nicht, wenn die richterliche Befugnis nicht von der legislativen und von der exekutiven Befugnis geschieden wird. Die Macht über Leben und Freiheit der Bürger würde unumschränkt sein, wenn jene mit der legislativen Befugnis gekoppelt wäre, denn der Richter wäre Gesetzgeber. Der Richter hätte die Zwangsgewalt eines Unterdrückers, wenn jene mit der exekutiven Gewalt gekoppelt wäre.

Alles wäre verloren, wenn ein und derselbe Mann beziehungsweise die gleiche Körperschaft entweder der Mächtigsten oder der Adligen oder des Volkes folgende drei Machtvollkommenheiten ausübte: Gesetze erlassen, öffentliche Beschlüsse in die Tat umsetzen, Verbrechen und private Streitfälle aburteilen. [...]

Daher haben alle Herrscher, die sich zu Despoten machen wollten, stets mit einer Vereinigung aller Ämter in ihrer Hand den Anfang gemacht; desgleichen mehrere europäische Könige mit der Vereinigung aller höchsten Stellen ihres Staats. [...]

Eigentlich müssten diese drei Befugnisse einen Stillstand oder eine Bewegungslosigkeit herbeiführen, doch durch den notwendigen Fortgang der Dinge müssen sie notgedrungen fortschreiten und sind daher gezwungen, in gleichem Schritt zu marschieren.

Charles de Montesquieu, Vom Geist der Gesetze, S. 211-214, 223

M2 Eine vierte Gewalt?

Die Begriffe „vierte Gewalt" und „vierte Macht" werden üblicherweise synonym verwendet, aber die Ausdrücke meinen nicht dasselbe. Wer „vierte Gewalt" sagt, geht von einer – virtuellen – vierten Säule im System der Gewaltenteilung aus. Neben Exekutive, Legislative und Justiz gibt es danach die Medien, die zwar keine eigene Gewalt zur Änderung der Politik oder zur Ahndung von Machtmissbrauch besitzen, aber durch korrekte Berichterstattung und öffentliche Diskussion die Verhältnisse zum Tanzen bringen können. Wer nur den Begriff der „vierten Macht" akzeptiert (weil Journalisten bekanntlich kein Mandat haben), redet in der Regel über jene Macht, die dann zum Zuge kommt, wenn die drei Gewalten versagen. Je nach Standort und Gemütsverfassung des Medienschaffenden ist es entweder Berufsrisiko oder Privileg, wenn die Staatsmacht grob wird und Muskeln zeigt. [...]
Aber viele Medien rennen hinter denselben Geschichten her. Bei diesem Mainstreamjournalismus will jeder mit irgendeiner Nachricht aufwarten. Es gibt Strichlisten mit angeblichen Exklusivgeschichten. Es existieren keine Listen, wie viele dieser Geschichten recycelt oder falsch waren. Vierte Macht, vierte Gewalt? Eitle Ohnmacht.

Hans Leyendecker, V wie Vierte Gewalt, in: SZ-Magazin, Heft 19/2009

M3 Die „Blogosphäre" – eine fünfte Gewalt?

Es herrscht ein rüder Ton in vielen Foren, kein Zweifel, viel derber als im persönlichen Gespräch, drastischer meist auch als am Stammtisch. Eben ist das Wort „Shitstorm" zum „Anglizismus des Jahres" gewählt worden. [...] Tatsächlich muss man das Wort gar nicht ins Deutsche übersetzen, um die Drastik zu verstehen: Wem die Scheiße um die Ohren fliegt, dem vergehen Hören und Sehen. [...] Die Einbahnstraße der Massenkommunikation ist abgeschafft – In der digitalen Gesellschaft gibt es keine Monopole der Meinungsbildung mehr. Jeder kann im Netz Sender sein und jeder Empfänger. [...]
Seither ist klar, dass sich gegen das Netz keine Politik mehr machen lässt. Jedenfalls nicht, wenn es um Netzthemen geht. Und schon gar nicht mit den herkömmlichen Mitteln: analog, per Presseerklärung und Fernsehinterview. [...] Noch fehlen aber auch die Fühler, die Frühwarnsysteme, die Orientierungspunkte. Wer ist das, der da so laut ist? Wie einflussreich sind die Lärmenden? Wie wichtig ist ein Thema wirklich? [...] Im Netz [...] agieren Individuen, die sich spontan zusammenschließen, punktuell, flüchtig. *Politics without parties* nennen das manche US-Forscher, eine Politik, die irgendwann ohne Parteien auskommen könnte. Die Demokratie in der digitalen Gesellschaft will eine andere sein. Öffentlichkeit, Teilhabe, Legitimation – alle Gewissheiten der alten Welt sind infrage gestellt. Alle Institutionen müssen sich verändern. Und sie werden sich verändern. Aber sie werden nicht verschwinden. Das ist der große Irrtum der Netz-Utopiker: Sie unterschätzen die Lernfähigkeit der Systeme.

Heinrich Wefing, Wir! Sind! Wütend!, in: DIE ZEIT vom 01.03.2012, S. 3

1 Erarbeiten Sie, welche Maßnahmen nach Montesquieu denkbar sind, um der Gefahr des Machtmissbrauchs entgegenzuwirken. ➜ M1
2 Erarbeiten Sie, was Montesquieu unter Gewaltenteilung versteht. Klären Sie dabei, welche Gewalten er unterscheidet und welche Aufgaben ihnen zukommen. ➜ M1
3 In englischsprachigen Ländern spricht man meist nicht von „Gewaltenteilung", sondern von einem System der „checks and balances". Erklären Sie anhand des Bildes, was mit diesem Ausdruck gemeint ist. ➜ M1
4 Diskutieren Sie, inwieweit es angemessen ist, die Presse als „vierte Gewalt" zu bezeichnen. ➜ M2
5 Überlegen Sie, inwiefern das Internet geeignet ist, die Funktion einer demokratischen Öffentlichkeit zu unterstützen. ➜ M3
6 Erörtern Sie, welche Gefahren und Veränderungen für die Demokratie mit modernen Medien verbunden sein könnten. ➜ M3/4
7 Diskutieren Sie, ob Sie weitere Machtfaktoren und/oder Möglichkeiten der Machtkontrolle kennen, die man auch als „Gewalten" bezeichnen könnte. ➜ M1-4
8 Recherchieren Sie, in welchen Ländern der Welt es Gewaltenteilung gibt und in welchen nicht, und beurteilen Sie das Ergebnis Ihrer Recherche. ➜ M1-4

13 Andere Länder, andere Rechte ...

M1 Das Rechte tun ...

Trying to do the right thing,
play it straight
The right thing changes
from state to state

Textzeile aus dem Lied „Without a trace" von der Band Soul asylum, 1992

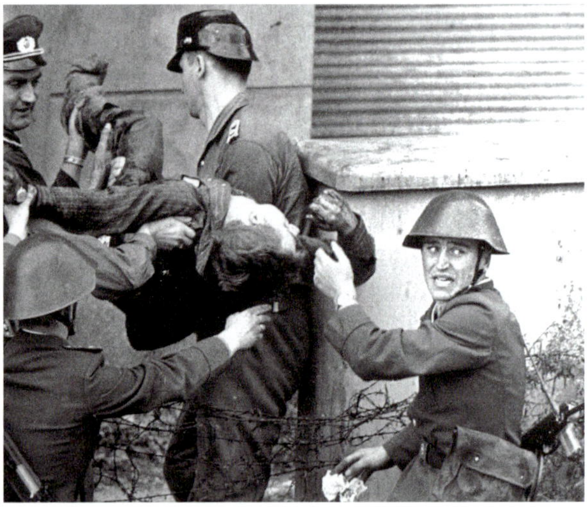

Erschossen, weil er in den freien Westen flüchten wollte: Der „Mauertote" Peter Fechter gehört zu den Opfern des Kalten Krieges. Diese Aufnahme zeigt, wie der Sterbende von DDR-Grenzposten weggeschafft wird.

M2 DDR-Recht

Folgende Gesetze waren zur Zeit der DDR geltendes Recht:

§ 213. Ungesetzlicher Grenzübertritt.

(1) Wer widerrechtlich [...] oder ohne staatliche Genehmigung das Gebiet der Deutschen Demokratischen Republik verlässt oder in dieses nicht zurückkehrt, wird mit Freiheitsstrafe bis zu zwei Jahren oder mit Verurteilung auf Bewährung, Geldstrafe oder öffentlichem Tadel bestraft.

StGB der DDR

(2) Die Anwendung der Schusswaffe ist gerechtfertigt, um die unmittelbar bevorstehende Ausführung oder die Fortsetzung einer Straftat zu verhindern, die sich den Umständen nach als ein Verbrechen darstellt.

aus § 27 des DDR-Grenzgesetzes

M3 Recht bleibt Recht

Die Frage nach dem Geltungsgrund einer zu einer bestimmten staatlichen Rechtsordnung gehörigen Rechtsnorm kann sich aus Anlass eines Zwangsaktes ergeben, zum Beispiel wenn ein Mensch einem anderen zwangsweise das Leben entzieht, [...] und nun die Frage aufgeworfen wird, warum dieser Akt ein Rechtsakt, die Vollstreckung einer Strafe, und nicht ein Mord ist. [...] Die Antwort auf diese Frage ist: weil diese individuelle Norm in Anwendung des Strafgesetzes gesetzt wurde, das eine generelle Norm enthält, derzufolge unter Bedingungen, die im gegebenen Fall vorliegen, eine Todesstrafe verhängt werden soll. Fragt man nach dem Geltungsgrund dieses Strafgesetzes, so erhält man zur Antwort: Das Strafgesetz gilt, weil es von der gesetzgebenden Körperschaft beschlossen wurde und diese durch eine Norm der Staatsverfassung ermächtigt ist, generelle Normen zu setzen. Fragt man nach dem Geltungsgrund der Staatsverfassung, auf der die Geltung aller generellen Normen und die Geltung der auf Grund dieser generellen Normen erzeugten individuellen Normen beruht, [...] dann kann die Antwort [...] nur sein, dass die Geltung dieser Verfassung, die Annahme, dass sie eine verbindliche Norm sei, vorausgesetzt werden muss [...]. Die Normen einer Rechtsordnung [...] sind [...] ein Stufenbau einander über- und untergeordneter Normen. [...]

Eine Rechtsnorm gilt nicht darum, weil sie einen bestimmten Inhalt hat, [...] sondern darum, weil sie in einer bestimmten, und zwar in letzter Linie in einer von einer vorausgesetzten Grundnorm bestimmten Weise erzeugt ist. Darum und nur darum gehört sie zu der Rechtsordnung, deren Normen dieser Grundnorm gemäß erzeugt sind. Daher kann jeder beliebige Inhalt Recht sein. Es gibt kein menschliches Verhalten, das als solches, kraft seines Gehalts, ausgeschlossen wäre, Inhalt einer Rechtsnorm zu sein. Deren Geltung kann nicht darum verneint werden, weil ihr Inhalt dem einer anderen Norm widerspricht, die nicht zu der

Rechtsordnung gehört [...]. Die Normen einer Rechtsordnung müssen durch einen besonderen Setzungsakt erzeugt werden. Es sind gesetzte, das heißt positive Normen, Elemente einer positiven Ordnung. [...] Dass Gerechtigkeit kein das Recht von anderen Zwangsordnungen unterscheidendes Merkmal sein kann, ergibt sich aus dem relativen Charakter des Werturteiles, demzufolge eine Gesellschaftsordnung gerecht ist. [...]

Wird Gerechtigkeit als Kriterium der als Recht zu bezeichnenden normativen Ordnung angenommen, dann sind die kapitalistischen Zwangsordnungen der westlichen Welt, vom Standpunkt des kommunistischen Gerechtigkeitsideals, und die kommunistische Zwangsordnung der Sowjetunion, vom Standpunkt des kapitalistischen Gerechtigkeitsideals, kein Recht. Ein zu solcher Konsequenz führender Begriff des Rechts kann von einer positivistischen Rechtswissenschaft nicht akzeptiert werden. Eine Rechtsordnung mag vom Standpunkt einer bestimmten Gerechtigkeitsnorm aus als ungerecht beurteilt werden. Aber die Tatsache, dass der Inhalt einer wirksamen Zwangsordnung als ungerecht beurteilt werden kann, ist jedenfalls kein Grund, diese Zwangsordnung nicht als Rechtsordnung gelten zu lassen.

Hans Kelsen, Reine Rechtslehre, S. 202-204, 200f., 50f.

M4 Naturrecht

Der Rechtspositivismus behauptet, dass das Recht eine von der Moral vollständig getrennte Normenordnung sei. Er definiert das Recht als eine Zwangsordnung mit einem beliebigen Inhalt. [...] Das „Sollen“ des Rechts habe daher keinen ethischen Gehalt. Es sei ethisch indifferent. Daher könne jeder beliebige Inhalt rechtlich geboten oder verboten werden. [...] Rechtlich gesollt sei also, was ein Rechtssatz durch Androhung einer Rechtsfolge sanktioniert. [...]

Neben dieser Art des positiv-rechtlichen „Sollens“ gibt es aber noch eine andere Art, die der Rechtspositivismus regelmäßig übersieht. [...] So trägt zum Beispiel das Gesetz den obersten Gerichten eines Staates auf, seine Normen zu befolgen und anzuwenden. [...] In jeder Rechtsgemeinschaft stoßen wir also schließlich auf ein letztes Organ, das wir als Grenzorgan bezeichnen wollen. Auch ein Grenzorgan „soll“ auf Grund der positiven Rechtsordnung ein bestimmtes Verhalten beobachten. Dieses „Sollen“ wird aber nicht durch die Androhung einer Unrechtsfolge, sondern durch einen Appell an das Gewissen des Grenzorgans, also durch die Verweisung auf die Moral begründet, die das Grenzorgan verpflichtet, die Rechtsordnung nach bestem Wissen und Gewissen zu beobachten. [...]

Das beweist uns, dass das in einer Rechtsordnung ausgedrückte „Sollen“ eine doppelte Bedeutung hat: Es bedeutet in den an die Privatperson (und an die untergeordneten Organe) gerichteten Normen ein sanktioniertes Sollen (handle so, sonst wird dich eine Strafe treffen), hingegen in den an die obersten Organe gerichteten Normen ein sanktionsloses Sollen (handle so, weil die Moral es so gebietet). Mündet aber jeder Rechtssatz schließlich in eine Verweisung auf ein moralisches Sollen, dann ist auch die Geltung der sanktionierten Normen von den sanktionslosen moralischen Normen abhängig. [...] Damit wird aber bewiesen, dass die Geltung positiver Rechtsnormen von der Moral abhängig ist. [...]

Diese notwendige Verknüpfung von Recht und Moral bedeutet aber nicht, dass sich Recht und Moral decken. Sie bedeutet nur, dass das positive Recht von einzelnen moralischen Normen abhängig ist. Diesen Ausschnitt der Moral nennt man in der Regel das „Naturrecht“.

Alfred Verdroß, Die naturrechtliche Basis der Rechtsgeltung, in: Recht und Moral, S. 42-46

1 Diskutieren Sie im Kurs, was der Sänger mit der Textzeile ausdrücken will. ➜ M1
2 Beschreiben Sie Ihre Gefühle beim Betrachten des Bildes und Lesen der Bildunterschrift. ➜ M1
3 Beurteilen Sie, wie die Tötungen durch die sog. „Mauerschützen" vor dem Hintergrund der Gesetze der DDR zu beurteilen sind. ➜ M2
4 Erarbeiten Sie, was Kelsen unter Recht versteht und wie es sich zur Gerechtigkeit verhält. ➜ M3
5 Erarbeiten Sie den Zusammenhang zwischen Recht, Naturrecht und Moral. ➜ M4
6 Schreiben sie ein fiktives Streitgespräch zwischen Kelsen und Verdroß, in dem die beiden über eine rechtliche Bewertung der Tötungen an der innerdeutschen Mauer streiten. ➜ M2-4

14 Menschenwürde und Menschenrechte

M1 Zwergenwerfen als Partyspaß

Beim sogenannten Zwergenwerfen wird ein kleinwüchsiger Mann, ausgestattet mit Schutzausrüstung und einem Helm, von einem Mann auf eine Matte geschleudert und der weiteste Wurf gewinnt.

In vielen Ländern der Erde haben Menschenrechtsorganisationen, darunter viele Verbände, die die Interessen von kleinwüchsigen Menschen vertreten, erreicht, dass das Zwergenwerfen aufgrund der Verletzung der Menschenwürde und der damit einhergehenden Diskriminierungen verboten ist. Die Argumente der Menschenrechtler beschäftigen sich mit der Gefahr, dass durch das Zwergenwerfen der Eindruck entstehen könnte, dass Kleinwüchsige lediglich Objekte seien, die man wegwerfen kann.

Der kleinwüchsige Stuntman Manuel Wackenheim legte 1999 bei der UNO Beschwerde gegen das Verbot des Zwergenwerfens in Frankreich ein, da er mit dem Zwergenwerfen einen großen Teil seines Lebensunterhalts verdiente – er sah sein Recht auf freie Berufsausübung verletzt.

Das Menschenrechtskomitee der UNO befand, dass Zwergenwerfen nicht mit dem Schutz der Menschenwürde und der öffentlichen Ordnung vereinbar sei, und wies die Klage am 27. September 2002 ab.

nach Stephan Schulz, Zwergenwerfen und der Schutz der Menschenwürde, www.suite101.de

M2 Menschenwürde als Axiom

Dass Menschen Abkommen miteinander eingehen können, die für alle verlässlich gelten sollen; dass sie wechselseitige Versprechungen machen und auf deren Einhaltung pochen; dass sie für sich allein und im Gespräch mit anderen Orientierung suchen und normative Eckpunkte in einer gemeinsamen Verfassungsurkunde festschreiben – dies alles hängt daran, dass die betreffenden Personen sich selbst und einander als Subjekte möglicher Verantwortung ansehen und respektieren. [...] Ohne diesen grundlegenden Achtungsanspruch sind Verbindlichkeiten gar nicht denkbar; sie könnten weder entstehen noch aufrechterhalten werden. [...]

Die Idee der Menschenwürde steht für die Grunderfahrung, dass der Mensch im Innewerden dieses Achtungsanspruchs sich selbst und seine Mitmenschen als Träger möglicher Verantwortung anerkennt. Sie ist das innere Worumwillen der Achtung. Dies macht ihren besonderen Stellenwert für sämtliche Bereiche von Moral und Recht aus. Die Menschenwürde ist deshalb nicht ein konkreter moralischer Wert von derselben Art wie andere Werte, sie ist auch keine Rechtsnorm neben anderen Normen und kein Rechtsgut in Konkurrenz zu anderen Rechtsgütern, sondern hat einen prinzipiell anderen, übergeordneten Status. Der Menschenwürde eignet axiomatische Qualität für den gesamten Kosmos des Normativen. [...]

Dass die Menschenwürde Grund der Menschenrechte ist, heißt nicht, dass letztere aus ihr schlichtweg „abgeleitet" werden könnten. Menschenrechte entstehen und gewinnen ihre konkrete Gestalt vielmehr in Antwort auf öffentlich artikulierte Erfahrungen strukturellen Unrechts. [...] Als spezifisch moderne politisch-rechtliche Antworten auf Erfahrungen strukturellen Unrechts bleiben die Menschenrechte historisch offen. [...]

So wenig Kant und seine Zeitgenossen es für möglich gehalten hätten, dass der in der Menschenwürde begründete Gleichheitsanspruch einmal Anlass für For-

derungen nach Heiratsmöglichkeiten für Lesben und Schwule werden würde, so wenig sind wir heute in der Lage, uns im Einzelnen vorzustellen, wie die Menschenrechtsstandards in hundert Jahren aussehen werden. [...]
Die historische Entwicklungsoffenheit der Menschenrechte meint deshalb nicht Beliebigkeit. [...] Die Idee der Menschenwürde umspannt das Ganze der Menschenrechte. Alle Menschenrechte stehen im Horizont der Menschenwürde, und es gibt demnach kein Menschenrecht, dessen ernsthafte Verletzung nicht zugleich eine Kränkung des in der Würde begründeten personalen Achtungsanspruchs bedeutet. Als der tragende Grund der Menschenrechte stellt die Würde nicht ihrerseits einen konkreten Rechtsanspruch dar, der parataktisch in das Gefüge der Rechte – als ein Recht neben anderen Rechten – eingeordnet werden könnte. Für ein spezielles Menschenrecht auf Würdeschutz [...] besteht kein Bedarf; denn genau dies ist die Funktion aller Menschenrechte. [...] Ein eigenständiges Menschenrecht auf Würdeschutz neben anderen Menschenrechten wäre bestenfalls redundant.
[...] Der fundierende Charakter der Menschenwürde, wie er sowohl UN-Erklärung der Menschenrechte und aus ihr folgenden Konventionen als auch im ersten Artikel des Grundgesetzes Ausdruck findet, käme nicht mehr zum Tragen. [...]
Über bestimmte per se uneinschränkbare menschenrechtliche Normen beziehungsweise Kernbereiche hinaus umspannt die Menschenwürde auch jene menschenrechtlichen Gewährleistungen, die unter Wahrung bestimmter rechtsstaatlicher Voraussetzung in bestimmtem Maße eingeschränkt werden können. Genau auf die präzise Formulierung und Durchführung der rechtsstaatlichen Kriterien kommt es dabei an. Dass sie sich in ihrer konkreten Gestalt nicht von der Menschenwürde unmittelbar herleiten lassen, versteht sich von selbst. Dass ihre Ausarbeitung und Einhaltung aber hohen Sorgfalts- und Darlegungspflichten unterliegt, weil sich erst daran der praktische Verkehrswert der positivierten Menschenrechte erweist, folgt aber wiederum zuletzt als Postulat aus der Menschenwürde.

Heiner Bielefeldt, Die Würde des Menschen, S. 105-114

M3 Menschenrechte weltweit

Die Menschenrechte sind der weltweit anerkannteste Katalog von Grundbedürfnissen, die für jeden einzelnen gesichert werden müssen. Schon in der Allgemeinen Erklärung der Menschenrechte von 1948 wird klar gesagt, dass diese Rechte auch moralische Ansprüche an soziale Regeln einschließen. Der Artikel 28 lautet: „Jeder hat Anspruch auf eine soziale und internationale Ordnung, in der die in dieser Erklärung verkündeten Rechte und Freiheiten voll verwirklicht werden können."
Beachtenswert ist hier, dass der Artikel 28 nicht einfach ein zusätzliches Menschenrecht formuliert, sondern vielmehr Anleitung dazu gibt, wie die anderen Menschenrechte zu interpretieren sind. Er hält fest, dass die Menschenrechte nicht nur Ansprüche an Akteure stellen, sondern auch an die Regeln von Sozialsystemen und zwar an die nationalen und internationalen Regeln gleichermaßen. Es heißt ja, dass jeder Anspruch auf eine soziale und internationale Ordnung hat, die die Verwirklichung seiner Rechte und Freiheiten ermöglicht. Wir haben unsere internationale Ordnung also so zu gestalten, dass sie menschenrechtskonform ist. [...] Wenn wir die Allgemeine Erklärung der Menschenrechte als eine minimale Gerechtigkeitstheorie zugrunde legen, müssen wir feststellen, dass unsere internationale Ordnung möglicherweise sehr ungerecht ist und im Hinblick auf bessere Erfüllung der Menschenrechte reformiert werden sollte. *Thomas Pogge, Gerechtigkeit in der einen Welt, S. 13f.*

1 Diskutieren Sie, inwiefern Zwergenwerfen Ihrer Meinung nach der Menschenwürde widerspricht. Beziehen Sie in Ihre Überlegungen die Diskussion um die Menschenwürde im Ethikkapitel (S. 248f.) mit ein. → M1
2 Recherchieren Sie, inwieweit Pornografie und Prostitution ähnliche Debatten ausgelöst haben und wie beide in verschiedenen Ländern rechtlich geregelt sind.
3 Erläutern Sie den Zusammenhang zwischen Menschenwürde und Menschenrechten. → M2
4 Diskutieren Sie den Fall von Manuel Wackenheim vor dem Hintergrund von M2. → M1/2
5 Erläutern Sie Pogges Forderung (Z. 25ff.) an selbstgewählten Beispielen. → M3

Regeln des Zusammenlebens: Inselexperiment

Der Flugzeugabsturz

Auf Ihrer Urlaubsreise in ein tropisches Land gerät Ihr Flugzeug in Turbulenzen – und stürzt über dem Meer ab. Wie durch ein Wunder können sich jedoch ungefähr dreißig Personen auf eine kleine Insel retten. Da das Flugzeug durch die Turbulenzen von seinem Kurs abgekommen war und sich nun in einem Gebiet befindet, das recht weit von den üblichen Handelsrouten entfernt liegt, muss sich die Gruppe auf eine längere Zeit auf der Insel einstellen – wenngleich es gelungen ist, einige nützliche Gegenstände und Werkzeuge aus dem Flugzeug zu retten, sind nämlich alle Handys durch den Absturz im Wasser unbrauchbar geworden.

Die Insel ist ein echtes Tropenparadies; nach und nach werden Erkundungen zeigen, dass sie in fünf Tagen nicht umrundet werden kann. Es gibt Trinkwasser und verschiedene Früchte wie Bananen und Kokosnüsse. Größere Tiere wurden bisher ebenso wenig gesichtet wie menschliche Einwohner. Die Temperaturen sind angenehm – wenngleich es nachts durchaus kühl werden kann.

Nachdem sich alle vom Schock des Unglücks etwas erholt haben und wieder zu klaren Gedanken im Stande sind, kommen alle am Strand zusammen und beginnen, Pläne für das Zusammenleben auf der Insel zu schmieden. Es wird entschieden, vier Gruppen zu bilden, in denen über die Regelung des Zusammenlebens entschieden werden soll. Wenn die Gruppen fertig beraten haben, sollen die Ergebnisse den anderen vorgestellt und über das weitere Vorgehen abgestimmt werden. Fünf junge Männer protestieren laut, hier solle das Paradies den Regeln des Obrigkeitsstaates unterworfen werden und verschwinden schimpfend im Urwald. Nachdem sie Stunden später immer noch nicht zurückgekehrt sind, machen sich die anderen an die Arbeit.

Die Gesetzgebung

Versetzen Sie sich in die Lage der gestrandeten Inselbewohner. Bilden Sie Gruppen und arbeiten Sie ein Modell des Zusammenlebens für Ihren neuen Inselstaat aus. Berücksichtigen Sie bei Ihrer Arbeit z. B. die folgenden Aspekte:

Bei Ihrer Ankunft sind Sie auf der Insel ohne Gesetze und Regeln.
Wer soll bestimmen, welche Regeln oder Gesetze gelten sollen?

Versuchen Sie, den Gesetzgebungsprozess evtl. als Schaubild zu visualisieren.

- Wie wird die Arbeitsaufteilung und die Freizeit geregelt?
- Welche Regeln gelten für Männer, Frauen und Kinder?
- Wem gehört was? Was ist Privatbesitz, was gehört allen?
- Soll eine Währung eingeführt werden oder kommt der Inselstaat ohne Geld aus?
- Wie sollen ggf. Preise festgelegt werden, wer verwaltet das Geld? Wie wird über die Höhe von Preisen / Löhnen entschieden?
- Welche Grundrechte haben die Menschen auf Ihrer Insel?
- Welche Gesetze gelten für die Umwelt (Wasser, Luft, Pflanzen, Tiere)?
- Gibt es einen Verbots-, Strafkatalog? Was steht darin?
- Welche weiteren Gesetze müssen für Ihre Gruppe gelten?
- Welche ethischen Werte sollen in Ihrer Gemeinschaft für alle als verbindlich gelten?

Dokumentieren Sie alle Ihre Überlegungen, indem Sie auf den angeschwemmten Kartonbögen eine Übersicht (ein Lernplakat) erstellen.

Die Freizeit

Nachdem sich das Zusammenleben auf der Insel einigermaßen eingespielt hat und für alle eine improvisierte Unterkunft gebaut worden ist, wird deutlich, dass nach der Erledigung der für das Überleben wichtigen Arbeiten noch Zeit für Freizeitaktivitäten übrig wäre – allerdings hat niemand Instrumente, Bücher oder Spiele aus dem Flugzeug retten können. Einer der Inselbewohner erinnert sich aber an ein Spiel, für das man nur Gewinnpunkte benötigt – und da es auf der Insel Muscheln in Hülle und Fülle gibt, wird ein Eimer voller Muschelschalen gesammelt, die als Punkte dienen können. Unterdessen hat der besagte Inselbewohner für jede Gruppe die wichtigsten Regeln mit einem Stück Kohle auf ein kleines Holzbrett notiert. Die Inselbewohner spielen in ihren vier Teams vom ersten Tag.

Spiel: Gewinnt, soviel ihr könnt!

1. Jedes Team erhält zu Beginn 25 Spielpunkte.
2. Es werden 10 Runden gespielt.
3. Jedes Team fällt in jeder Runde die Entscheidung (rot oder schwarz). Die Teams dürfen nicht miteinander kommunizieren.
4. In drei Sonderrunden hat jedes Team nach seiner Diskussionsphase (1 Minute) die Möglichkeit, einen Diskussionsführer zu bestimmen, der sich mit den Diskussionsführern der anderen Gruppen zur Beratung und Absprache zurückziehen kann (1 Minute) und danach sein Team kurz über das Ergebnis der Beratung informiert.
5. Nach jeder Runde gibt jedes Team seine Entscheidung bekannt.
6. Am Ende wird ausgewertet, welches Team mit welcher Taktik gewonnen hat.

Gewinnmöglichkeiten für jede Runde:

1. Möglichkeit	4 x „Schwarz“	für jedes Team 1 Verlustpunkt
2. Möglichkeit	3 x „Schwarz“ 1 x „Rot“	für jedes „Schwarz-Team“ 1 Gewinnpunkt für jedes „Rot-Team“ 3 Verlustpunkte
3. Möglichkeit	2 x „Schwarz“ 2x „Rot“	für jedes „Schwarz-Team“ 2 Gewinnpunkte, für jedes „Rot-Team“ 2 Verlustpunkte
4. Möglichkeit	1 x „Schwarz“ 3 x „Rot“	für das „Schwarz-Team“ 3 Gewinnpunkte für jedes „Rot-Team“ 1 Verlustpunkt
5. Möglichkeit	4 x „Rot“	für jedes Team 1 Gewinnpunkt

Regeln des Zusammenlebens: TIT FOR TAT

Das Schmarotzer-Dilemma

1. Angenommen, Sie wollen eine schwer zu beschaffene Ware auf dem Schwarzmarkt tauschen. Sie kennen Ihren Partner nicht und werden ihm vermutlich nie begegnen und auch keine weiteren Geschäfte mit ihm machen. Die Ware soll an einem geheimen Ort deponiert werden. Sie überlegen: „Wenn der Händler einen vollen Sack bringt, ich aber einen leeren abgestellt habe, bin ich fein raus; denn dann kriege ich das, was ich wollte, umsonst. Aber auch wenn der Händler einen leeren Sack zurücklässt, war es besser, auch einen leeren Sack deponiert zu haben; denn dann bin ich wenigstens nicht übers Ohr gehauen worden. Ich habe zwar nichts bekommen, aber auch nichts verloren. Wie es aussieht, bin ich mit einem leeren Sack in jedem Fall also besser dran, egal wozu sich der Händler entschließt. Folglich deponiere ich einen leeren Sack.“

Der Händler, der ja mehr oder weniger im gleichen Boot sitzt (wenn auch am anderen Ende), hat sich mittlerweile dasselbe überlegt. Auch er ist zu dem Schluss gekommen, am besten nichts in den Sack zu tun. Und so deponieren beide auf Grund ihrer (scheinbar) unfehlbaren Logik einen leeren Sack – und gehen beide leer aus. Traurig, traurig: denn wenn sie kooperiert hätten, hätten beide bekommen, was sie wollten.

Nach dieser Matrix trägt beiderseitige Kooperation beiden Beteiligten 2 Punkte ein (für einen vollen Sack des eigenen Gutes erhalten beide einen vollen des erwünschten Gutes).

Beiderseitiges Mogeln bringt beiden 0 Punkte.

Zu kooperieren, während der Händler mogelt, tut weh: Sie erhalten -1 Punkte, während der Schuft 4 Punkte einheimst. Warum so viele? Weil es so angenehm ist, etwas umsonst zu bekommen.

Und natürlich: Wenn zufälligerweise Sie einmal der Schuft sind, während der Händler kooperiert, dann kassieren Sie die 4 Punkte, und er kriegt -1.

2. Angenommen, sowohl Sie als auch Ihr Händler sind sehr daran interessiert, mit dem, was der andere anzubieten hat, regelmäßig beliefert zu werden. Vor der ersten Transaktion verabreden Sie also, auf Lebenszeit einmal pro Monat einen Tausch durchzuführen. Was nun machen Sie diesmal beim ersten Tausch? Einen leeren Sack zu deponieren, wäre eine ausgesprochen fiese Art, eine Beziehung anzuknüpfen, und wohl kaum geeignet, eine Vertrauensbasis zu schaffen. Angenommen also, Sie bringen einen vollen Sack, und der Händler tut das Gleiche. Alles ist eitel Freude – einen Monat lang. Dann beginnt das Spielchen von vorn: leerer oder voller Sack? Jeden Monat müssen Sie neu entscheiden, ob Sie „mogeln“ (einen leeren Sack bringen) oder „kooperieren“ (einen vollen Sack hinterlassen).

Nutzenmatrix

		Der Händler	
		kooperiert	mogelt
Sie	kooperieren	2, 2	-1, 4
	mogeln	4, -1	0, 0

Gestalten Sie eine Diskussionsrunde zu aktuellen Problemen (Steuerhinterziehung, Schwarzfahren) mit dem Thema: **Die Ehrlichen sind die Dummen!**
mit folgender Rollenverteilung:

- der kurzsichtig handelnde Egoist (ich betrüge stets)
- der langfristig planende Egoist (ich kooperiere, solange es mir Vorteile bringt)
- der kooperationsbereite Altruist (ich tue das, was der andere getan hat)
- der idealistische Moralist (ich betrüge nie)

Computer-Turniere: Ozean

In der Spieltheorie haben Mathematiker versucht zu beweisen, dass radikaler Egoismus sich nicht auszahlt, sondern langfristig kooperatives Handeln. Robert Axelrod (Politologe an der Universität Michigan) versuchte die Frage zu beantworten, ob es gewinnbringender ist, unsere Mitmenschen zu betrügen oder doch besser ehrlich zu sein – selbst wenn man selbst der Betrogene ist. Auf der Suche nach der erfolgreichsten Strategie veranstaltete er mehrere Computer-Turniere, indem einige Dutzend Computer-Programme mit unterschiedlichen Strategien gegeneinander antraten:
Man stellt sich einen *Ozean* vor, in dem Dutzende von Tierchen umher schwimmen und permanent „Schmarotzerdilemma" miteinander spielen. Immer, wenn zwei Tierchen aufeinander treffen, erinnern sie sich an frühere Begegnungen und können aufgrund dieser Erfahrungen neu entscheiden, wie sie sich verhalten. Nach einiger Zeit werden sich alle Tierchen so oft getroffen haben, dass alle Strategien Gelegenheit hatten, sich miteinander zu messen.

Das Programm mit der erfolgreichsten Strategie war: TIT FOR TAT (Wie Du mir, so ich Dir). Es gewann das Turnier nicht, indem es den anderen Spieler schlug, sondern indem es ihn zu einem Verhalten ermunterte, das ihnen beiden zum Vorteil gereichte.
Aus den Analysen der Computerturniere ergaben sich vier strategische Grundprinzipien, deren Einhaltung wichtig ist, um sich langfristig durchzusetzen:
1. Nettigkeit: Mogele nie als Erster. Zeige bei der ersten Entscheidung guten Willen und kooperiere.
2. Provozierbarkeit: Lass Dich nicht ausnutzen! Es ist gut, schnell böse zu werden und zurückzuschlagen, wenn man hereingelegt wurde. Wenn der andere kooperiert, kooperiere weiter, wenn er mogelt, mogele ebenfalls.
3. Versöhnlichkeit: Vergiss allen Ärger, nachdem Du zurückgeschlagen hast und kehre zur Kooperation zurück. Rache hat keinen Sinn; ist der andere wieder kooperativ, reagiere ebenso.
4. Klarheit: Versuche nicht zu tricksen. Bleibe für den anderen durchschaubar und berechenbar. Handele so, dass dein Verhalten für die anderen transparent erscheint (wenn deine Strategie willkürlich erscheint, wird niemand dauerhaft mit dir kooperieren).
Das Turnier wurde noch in einer zweiten und dritten Runde ausgetragen. Es gab folgende Beobachtung: Schlitzohrige Strategien hatten schnelle Anfangserfolge, brachen aber dann zusammen, weil ihnen „die Dummen" ausgingen. Aggressive Theorien waren nur so lange erfolgreich, wie sie naive Strategien ausnutzen konnten. Gutmütige Strategien hatten langsame Anfangserfolge, wurden dann aber dauerhaft instabil.

nach R. Douglas Hofstadter, TIT FOR TAT, in: Spektrum der Wissenschaft – Digest Kooperation und Konkurrenz, Nr. 1 / 1998, S. 60-66

Tausche Gummibärchen gegen Lakritz!

Spielen Sie das Ocean-Turnier, bei dem jeder Spieler wiederholt gegen jeden anderen antritt. Teilen Sie sich in Gruppen und erarbeiten Sie für sich eine Strategie, mit der Sie das Schmarotzerdilemma spielen:

- TIT FOR TAT: kooperiert beim ersten Zug, tut danach stets das, was der andere Spieler im Zug davor getan hat.
- IMMER M: mogelt in jeder Runde, unabhängig von der Wahl des Gegners, denkt sich alle möglichen Tricks aus.
- EWIGE VERDAMMNIS: ist vollständig unnachsichtig, kooperiert solange, bis der andere zum ersten Mal abweicht und übt dann Vergeltung für immer.
- TESTER: ist auf der Suche nach „Softies", um diese gehörig auszunehmen, andererseits aber auch darauf vorbereitet, auszuweichen, wenn der Mitspieler sich nicht ausbeuten lässt. TESTER mogelt bereits beim ersten Zug, um die Reaktion des Mitspielers zu testen, mogelt der auch, kooperiert TESTER für den Rest des Spiels.
- IMMER K: ist in jeder Runde kooperativ, auch wenn der Mitspieler mogelt, schlägt nie zurück.

Gemeinsame Analyse des Spiels

Welche Strategien sind wann am erfolgreichsten und warum?
Welche Haltungen, Tugenden werden in den einzelnen Strategien gefordert?
Nehmen Sie Stellung zu der These, dass der wahre Egoist kooperiert.

Vincent van Gogh, Sternennacht über der Rhone, 1888

Philosophische Fragen, die in diesem Kapitel reflektiert werden:

Können wir die Entstehung und Struktur des Kosmos erklären?
Warum ist überhaupt ETWAS und warum ist es genau so?
Was ist Zeit und was ist Ewigkeit?
Ist die Seele unsterblich oder endet alles mit dem Tod?
Existiert ein Gott und wenn ja, wie kann man ihn beweisen?
Wie soll der Mensch den Erfahrungen von Angst, Leid und Zufälligkeit begegnen?
Welchen Sinn können wir unserem Dasein geben?
Hat die Weltgeschichte einen Sinn?
Gibt es einen Fortschritt in der Geschichte?

Kapitel 4

Was darf ich hoffen?
Metaphysik

Zeitlichkeit und Endlichkeit

Glaube und Vernunft

Wesen und Sinn des Daseins

Sinn und Ziel der Geschichte

1 Was ist Metaphysik?

M1 Der große Metaphysiker

Giorgio de Chirico, Der große Metaphysiker, 1924-26

M2 Die Funktion des Metaphysikers

Anstatt zu fragen: Was ist die Metaphysik?, fragen wir: Was ist der Metaphysiker und was ist seine Funktion? Die Berechtigung zu dieser Wende liegt darin, dass der Metaphysiker die lebendige Realität, die Metaphysik dagegen nur eine Abstraktion ist. Es gibt Metaphysiker, aber es gibt nicht die Metaphysik. Sie haben eine zentrale Funktion innerhalb der menschlichen Gesellschaft. Sie sind die Vereinheitlicher, Synoptiker, Synthetiker, die Zusammenfasser der Gesamterfahrung und des Gesamtwissens einer bestimmten Epoche. Sie können auf die Einheit des Seins, des Sinnes, der Erkenntnis, der Werte oder der Methode ausgerichtet sein. Sie leben in derselben Welt wie ihre Mitmenschen, aber sie antworten auf andere Impulse. In gewissem Sinne sehen sie mehr, nämlich die vereinheitlichenden Tendenzen, die sich anderen entziehen, sie blicken auf das Ganze mit neuen Augen und von unerwarteten Gesichtspunkten aus; andrerseits sehen sie weniger, da sie Einzelheiten, die außerhalb ihrer Konzeption liegen, unberücksichtigt lassen. Ihre Aufgabe ist es, die anschaulichen und begrifflichen Schemata zu schaffen, durch die neue Sinngebungen des menschlichen Lebens und des Daseins möglich werden. Gerade in einer Zeit wie der unseren, wo die Kirchen ihre Macht über die Menschen weithin verloren haben und wo das menschliche Leben sinnlos geworden zu sein scheint, könnte der Metaphysiker eine heilsame Funktion ausüben. Es ist seine Aufgabe, grundlegende Akte der Seins-, Sinn- und Wertgebung zu vollziehen. Er hat das Sein neu zu verteilen, den Schein und das Unwesentliche zu durchstoßen, um zum Sein und zum Wesentlichen zu gelangen. Er hat die Werte neu abzuwägen, festzustellen und vielleicht umzuwerten. Er hat sich zu fragen, ob wir nicht das äußere Sein und die äußeren Werte zuungunsten des inneren Seins und der inneren Werte überschätzt haben. Er hat damit zugleich dem Handeln neue Ziele zu geben, nicht um die Welt zu verändern in einem äußerlich revolutionären Sinne, sondern um in der Menschenwelt eine Veränderung zu ermöglichen, die auf einer Revolution der Denkungsart beruht.

Fritz Heinemann, Metaphysik, S. 366

M3 Schnappsack der Metaphysiker

Allen denen, welche so großtuerisch von der Wissenschaftlichkeit ihrer Metaphysik reden, soll man gar nicht antworten; es genügt, sie an dem Bündel zu zupfen, welches sie, einigermaßen scheu, hinter ihrem Rücken verborgen halten; gelingt es, dasselbe zu lüpfen, so kommen die Resultate jener Wissenschaftlichkeit, zu ihrem Erröten, ans Licht: ein kleiner lieber Herrgott, eine artige Unsterblichkeit, vielleicht etwas Spiritismus und jedenfalls ein ganzer verschlungener Haufen von Armensünderelend und Pharisäerhochmut.

Friedrich Nietzsche, Menschliches, Allzumenschliches, S. 748

M4 Die großen Fragen

Die menschliche Vernunft hat das besondere Schicksal in einer Gattung ihrer Erkenntnisse: dass sie durch Fragen belästigt wird, die sie nicht abweisen kann, denn sie sind ihr durch die Natur der Vernunft selbst aufgegeben, die sie aber auch nicht beantworten kann, denn sie übersteigen alle Vermögen der menschlichen Vernunft. [...] Und gerade in diesen letzteren Erkenntnissen, welche über die Sinnenwelt hinausgehen, wo Erfahrung gar keinen Leitfaden, noch Berechtigung geben kann, liegen die Nachforschungen unserer Vernunft, die wir, der Wichtigkeit nach, für weit vorzüglicher, und ihre Endabsicht für viel erhabener halten, als alles, was der Verstand im Felde der Erscheinungen lernen kann [...]. Diese unvermeidlichen Aufgaben der reinen Vernunft selbst, sind GOTT, FREIHEIT und UNSTERBLICHKEIT. Die Wissenschaft aber, deren Endabsicht mit allen ihren Zurüstungen eigentlich nur auf die Auflösung derselben gerichtet ist, heißt METAPHYSIK.

Immanuel Kant, Kritik der reinen Vernunft, S. 864, 55

M5 Und keine Antworten?

Die Frage, was Metaphysik sei und ob sie nach Kant in der Philosophie noch eine Aussicht auf Begründung und auf Wahrheit habe, lässt sich nicht auf die Interessen und Aufgaben von Professoren eingrenzen. Denn sie hat Implikationen, die den Menschen als solchen, also auch in unserer Zeit, angehen oder gar angehen müssen. Was immer nämlich „Metaphysik“ als eine Weise von Philosophie war und sein kann – sie war immer schon mit Themen befasst, die auch die Gedanken der Menschen in ihrem Alltag bewegten. An den drei Themen, nach denen ehedem die Lehrbücher der Metaphysik organisiert waren, lässt sich das leicht erkennen: Es hat Lebensbedeutung für einen Menschen, ob ein Gott ist oder nicht, ob er wissen kann, welchen Plan ein Gott im Gange der Welt verfolgt, und ob er sein Leben auf seinen Willen oder seine Gnade orientieren kann. Etwas mit Lebensbedeutung steht für ihn in Frage, wenn er erwägt, von welcher Verfassung die Welt im ganzen sein mag – ob menschliches Planen in sie eingreifen kann, um Katastrophen abzuwenden, oder ob menschliches Handeln in einem durchaus materiellen Universum nur ein Epiphänomen ist, das zuletzt, mit allem seinem guten Willen, in den „Schlund des zwecklosen Chaos der Materie“ zurückgeworfen wird. Und ebenso hat es Bedeutung für ihn zu wissen, als was er sich selbst eigentlich zu verstehen hat – als Naturwesen durchaus – als Lichtfunke eines anonymen Geistlebens, zu dem hin er sich durch die rechte Besinnungsart steigern oder befreien kann – als Person, die, in wie immer eng gezogenen Grenzen, bestimmt ist zur Selbstverwirklichung oder zu verantwortlichem oder liebendem Handeln. Alle diese Gedanken und Fragen haben die Menschen der professionellen Philosophie nicht ablernen müssen. Sie bilden sich spontan zusammen mit jedem Bewusstsein aus, das zur Lebensreife kommt – oft schon in der frühen Kindheit. Und so sind sie viel mehr umgekehrt von diesem Leben der Philosophie überantwortet worden, und zwar vor sehr langer Zeit. Freilich fragt es sich durchaus, was die Philosophie ändern könnte daran, dass sich die Beirrung vor den Fragen und die Konflikte zwischen den möglichen Antworten immer aufs Neue auftun. Es möchte ja sein, dass sie die Antworten selbst gar nicht zu geben vermag, so dass es nur ihre Aufgabe wäre, die Gedanken zu klären, die möglichen Gründe zu prüfen, aber nicht über sie zu entscheiden, und die Situation des Menschen, der vor solchen Fragen steht, in größerer Tiefe zu begreifen.

Dieter Henrich, Bewusstes Leben und Metaphysik, S.74f.

1 Erarbeiten Sie mit dem Bild die Merkmale eines Metaphysikers. ➔ M1
2 Beziehen Sie Ihr Ergebnis aus Aufgabe 1 auf die im Text genannten Funktionen des Metaphysikers. ➔ M1/2
3 Entwickeln Sie Interviewfragen, auf die der Metaphysiker antworten könnte. ➔ M2
4 Beurteilen Sie das Bild vom Metaphysiker, das hinter Nietzsches Kritik steht. ➔ M3
5 Sammeln Sie Fragen, die Sie weder abweisen noch beantworten können. ➔ M4
6 Erläutern Sie das Paradoxon der Vernunft. ➔ M4
7 Diskutieren Sie, welche Fragen für das menschliche Leben Bedeutung haben. Welche sind für Sie zentral? ➔ M5

2 Das Grundprinzip aller Dinge

M1 Der Urgrund

Von denen, die zuerst philosophiert haben, haben die meisten geglaubt, dass es nur stoffliche Urgründe der Dinge gebe. Denn woraus alle Dinge bestehen, und woraus sie als Erstem (d. h. ursprünglich) entstehen und worein sie als Letztes (d. h. schließlich) vergehen, indem die Substanz zwar bestehen bleibt, aber in ihren Zuständen wechselt, das erklären sie für das Element und den Urgrund (Arché) der Dinge, und daher glauben sie, dass weder etwas (aus dem Nichts) entstehe noch (in das Nichts) vergehe, in der Meinung, dass eine solche Substanz (Physis) immer erhalten bleibt. Denn es muss eine gewisse Substanz vorhanden sein, entweder eine einzige oder mehrere, aus denen alles Übrige entsteht, während sie selbst erhalten bleibt. Über die Anzahl und die Art eines solchen Urgrundes haben freilich nicht alle dieselbe Meinung, sondern Thales, der Begründer von solcher Art Philosophie, erklärt als den Urgrund das Wasser (daher glaubt er auch, dass die Erde auf dem Wasser ruhe). [...] Anaximenes erklärte für den Urgrund der Dinge die Luft. Denn aus dieser entstände alles und in diese löse sich alles (dereinst) wieder auf. Sagt er doch: „Wie unsere Seele, die Luft ist, uns regiert, so umfasst auch den ganzen Kosmos Hauch und Luft.“ [...] Anaximandros, der Schüler und Nachfolger des Thales, hat als Urgrund und Element der Dinge das Unendliche [apeiron] angenommen, indem er als Erster diesen Namen für den Urgrund gebrauchte. Er bezeichnet aber als Urgrund weder das Wasser noch ein anderes der sogenannten Elemente, sondern eine andere unendliche Substanz, aus der sämtliche Himmel entstanden seien und die Welten in ihnen. [...] Offenbar hat Anaximandros, der den Wandel der vier Elemente ineinander beobachtet hatte, nicht eins von diesen als Grundlage (Substrat) annehmen wollen, sondern ein anderes neben ihnen.

Wilhelm Capelle, Die Vorsokratiker, S. 70f., 95, 81f.

M2 Die vier Elemente

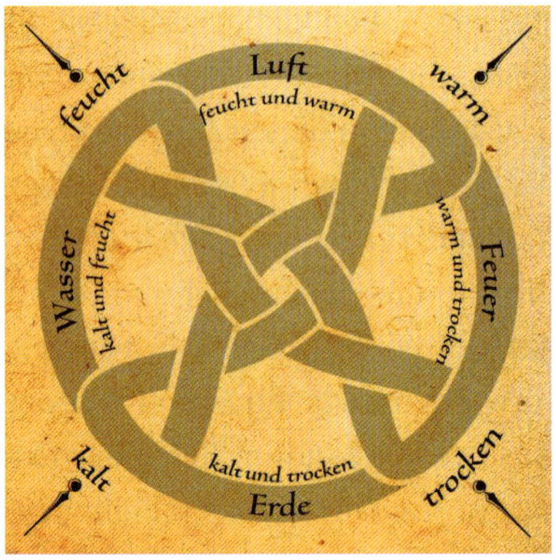

M3 Alles ist eins

Die griechische Philosophie scheint mit einem ungereimten Einfalle zu beginnen, mit dem Satze: dass das *Wasser* der Ursprung und der Mutterschoß aller Dinge sei. Ist es wirklich nötig, hierbei stillezustehen und ernst zu werden? Ja, und aus drei Gründen: erstens weil der Satz etwas vom Ursprung der Dinge aussagt; zweitens weil er dies ohne Bild und Fabelei tut; und endlich drittens, weil in ihm, wenngleich nur im Zustande der Verpuppung, der Gedanke enthalten ist „alles ist eins“. Der erstgenannte Grund lässt Thales noch in der Gemeinschaft mit Religiösen und Abergläubischen, der zweite aber nimmt ihn aus dieser Gesellschaft und zeigt uns ihn als Naturforscher, aber vermöge des dritten Grundes gilt Thales als der erste griechische Philosoph. Hätte er gesagt: aus Wasser wird Erde, so hätten wir nur eine wissenschaftliche Hypothese, eine falsche, aber doch schwer widerlegbare. Aber er ging über das Wissenschaftliche hinaus. Thales hat in der Darstellung dieser Einheits-Vorstellung durch die Hypothese vom Wasser den niedrigen Stand der physikalischen Einsichten seiner Zeit nicht überwunden, sondern höchstens übersprungen. Die dürftigen und ungeordneten Beobachtungen empirischer Art, die Thales über das Vorkommen und die Verwandlungen des Wassers oder, genauer, des Feuchten gemacht hatte, hätten am wenigsten eine solche ungeheure Verallgemeinerung erlaubt oder gar angeraten; das, was zu dieser trieb, war ein metaphysischer Glaubenssatz, der seinen Ursprung in einer mystischen Intuition hat und dem wir bei allen Philosophien samt den immer erneuten Versuchen, ihn besser auszudrücken, begegnen – der Satz *„alles ist eins"*.

Es ist merkwürdig, wie gewaltherrisch ein solcher Glaube mit aller Empirie verfährt: gerade an Thales kann man lernen, wie es die Philosophie zu allen Zeiten gemacht hat, wenn sie zu ihrem magisch anziehenden Ziele über die Hecken der Erfahrung hinweg hinüber wollte. Sie springt auf leichten Stützen voraus: die Hoffnung und die Ahnung beflügeln ihren Fuß. Schwerfällig keucht der rechnende Verstand hinterdrein und sucht bessere Stützen, um auch selbst jenes lockende Ziel zu erreichen, an dem der göttlichere Gefährte schon angelangt ist, [...] die Reflexion bringt nachher ihre Maßstäbe und Schablonen heran und sucht die Ähnlichkeiten durch Gleichheiten, das Nebeneinander-Geschaute durch Kausalitäten zu ersetzen. Aber selbst wenn dies nie möglich sein sollte, selbst im Falle des Thales hat das unbeweisbare Philosophieren noch einen Wert; sind auch alle Stützen gebrochen, wenn die Logik und die Starrheit der Empirie hinüber will zu dem Satze „alles ist Wasser", so bleibt immer noch, nach Zertrümmerung des wissenschaftlichen Baues, ein Rest übrig; und gerade in diesem Reste liegt eine treibende Kraft und gleichsam die Hoffnung zukünftiger Fruchtbarkeit.

Friedrich Nietzsche, Die Philosophie im tragischen Zeitalter der Griechen, S. 361

Dieses Ursprüngliche ist vielfach. Aus dem *Staunen* folgt die Frage und die Erkenntnis, aus dem *Zweifel* am Erkannten die kritische Prüfung und die klare Gewissheit, aus der *Erschütterung des Menschen* und dem Bewusstsein seiner Verlorenheit die Frage nach sich selbst. Vergegenwärtigen wir uns zunächst diese drei Motive.

Erstens: Plato sagte, der Ursprung der Philosophie sei das *Erstaunen*. Unser Auge hat uns „des Anblicks der Sterne, der Sonne und des Himmelsgewölbes teilhaftig werden lassen". Dieser Anblick hat uns „den Trieb zur Untersuchung des Alls gegeben. Daraus ist uns die Philosophie erwachsen, das größte Gut, das dem sterblichen Geschlecht von den Göttern verliehen ward". Und Aristoteles: „Denn die Verwunderung ist es, was die Menschen zum Philosophieren trieb: sie wunderten sich zuerst über das ihnen aufstoßende Befremdliche, gingen dann allmählich weiter und fragten nach den Wandlungen des Monds, der Sonne, der Gestirne und der Entstehung des Alls."

Sich wundern drängt zur Erkenntnis. Im Wundern werde ich mir des Nichtwissens bewusst. Ich suche das Wissen, aber um des Wissens selber willen, nicht „zu irgendeinem gemeinen Bedarf". Das Philosophieren ist wie ein Erwachen aus der Gebundenheit an die Lebensnotdurft. Das Erwachen vollzieht sich im zweckfreien Blick auf die Dinge, den Himmel und die Welt, in den Fragen: was das alles und woher das alles sei – Fragen, deren Antwort keinem Nutzen dienen soll, sondern an sich Befriedigung gewährt.

Karl Jaspers, Einführung in die Philosophie, S. 16

M4 Ursprünge der Philosophie

Die Geschichte der Philosophie als methodisches Denken hat ihre Anfänge vor zweieinhalb Jahrtausenden, als mythisches Denken aber viel früher.

Doch Anfang ist etwas anderes als Ursprung. Der Anfang ist historisch und bringt für die Nachfolgenden eine wachsende Menge von Voraussetzungen durch die nun schon geleistete Denkarbeit. Ursprung aber ist jederzeit die Quelle, aus der der Antrieb zum Philosophieren kommt. Durch ihn erst wird die je gegenwärtige Philosophie wesentlich, die frühere Philosophie verstanden.

1 Überprüfen Sie die Erklärungsversuche der Vorsokratiker: Wie kamen sie auf den Urgrund? ➜ M1
2 Recherchieren Sie die Bedeutung der vier Elemente. ➜ M2
3 Stellen Sie die wissenschaftliche und philosophische Leistung des Thales dar. Beziehen Sie Ihre mathematischen Kenntnisse mit ein. ➜ M3
4 Unterscheiden Sie den Anfang und den Ursprung der Philosophie. ➜ M4
5 Finden Sie Beispiele für die drei Motive des Philosophierens: Staunen, Zweifel, Erschütterung. ➜ M4

3 Alles fließt ... – was aber bleibt?

M1 Alles Geschehen erfolgt infolge eines Gegensatzes

Das Kalte wird warm, Warmes kalt, Feuchtes trocken, Trockenes feucht.
Unsterbliche sterblich, Sterbliche unsterblich; sie leben den Tod jener und sterben das Leben jener.
Es lebt das Feuer der Erde Tod und die Luft lebt des Feuers Tod, das Wasser lebt der Luft Tod, die Erde den des Wassers. [...]
Diese Welt, dieselbige von allen Dingen, hat weder der Götter noch der Menschen einer gemacht, sondern sie war immer und ist und wird immer sein ein ewig lebendiges Feuer, nach Maßen sich entzündend und nach Maßen erlöschend.

Heraklit, in: Wilhelm Capelle, Die Vorsokratiker, S. 133, 142

M2 Die Welt als Prozess

Heraklit war der Philosoph, der die Idee der *Veränderung* entdeckte. Bis zu seiner Zeit hatten die griechischen Philosophen, von morgenländischen Ideen beeinflusst, die Welt als ein riesiges Gebäude angesehen, dessen Baustoff die materiellen Dinge darstellten. Die Welt war die Totalität der Dinge – *der Kosmos* (der ursprünglich ein orientalisches Zelt oder Mantel gewesen zu sein scheint). Die Philosophen stellten sich Fragen wie diese: „Aus welchem Stoff ist die Welt verfertigt?“ oder „Wie ist sie gebaut, wie ist ihr wahrer Grundplan beschaffen?“ Sie hielten die Philosophie oder die Physik (beide waren lange Zeit hindurch ununterscheidbar) für die Untersuchung der „Natur“, das heißt des ursprünglichen Materials, aus dem dieses Gebäude, die Welt, errichtet worden war. *Prozesse*, soweit sie in Betracht gezogen wurden, spielten sich entweder innerhalb des Gebäudes ab; oder man nahm an, dass sie es aufbauten oder in Gang hielten, indem sie die Stabilität oder das Gleichgewicht einer im Wesentlichen statisch gedachten Struktur störten und wiederherstellten. Diese Prozesse waren zyklisch (wenn wir von den Prozessen absehen, die mit dem Ursprung des Gebäudes in Verbindung stehen; die Frage „Wer erbaute es?“ wurde von den Orientalen, von Hesiod und von anderen diskutiert). Diese sehr natürliche Fragestellung - natürlich auch heute noch für viele von uns - wurde vom Genius des Heraklit überwunden. Er führte die Ansicht ein, dass es kein solches Gebäude, keine stabile Struktur, keinen Kosmos gebe. „Der Kosmos ist bestenfalls ein planlos aufgeschütteter Misthaufen“, lautet einer seiner Aussprüche. Er stellte sich die Welt nicht als ein Bauwerk, sondern eher als einen ungeheuren Prozess vor, nicht als Gesamtheit der *Dinge*, sondern als die Gesamtheit aller Ereignisse, Veränderungen oder *Tatsachen*. „Alles, ist in Fluss und nichts in Ruhe“ ist der Leitspruch seiner Philosophie.

Karl Raimund Popper, Die offene Gesellschaft, Band 1, S. 35

M3 Der Fluss aller Dinge

Wer in denselben Fluss steigt, dem fließt anderes und wieder anderes Wasser zu.
Wir steigen in denselben Fluss und doch nicht in denselben; wir sind es, und wir sind es nicht.

Heraklit, in: Wilhelm Capelle, Die Vorsokratiker, S. 132

Dieses Gleichnis hat man jahrtausendelang metaphysisch umgewälzt, es ist aber erst zu Beginn unseres Jahrhunderts in dem Gedanken fruchtbar geworden, dass die „Welt“ nicht *räumlich*, sondern *raumzeitlich* gesehen werden müsse; dass sie nicht aus *Raumpunkten*, sondern aus *„Ereignissen“* bestehe. Ein „Ereignis“ im Sinne der Physik ist ein Ort zu einer Zeit, ein Punkt des Heraklit'schen Flusses *in einem bestimmten Zeitpunkt* – abstrakter: ein Quadrupel aus drei Raumkoordinaten und einer Zeitkoordinate. Eine Welt aus „Ereignissen“ ist daher „vierdimensional“. [...]
Gegenstand unserer Wahrnehmung sind immer nur Orte und Zeiten verbunden. Es hat niemand einen Ort anders bemerkt als zu einer Zeit, eine Zeit anders als an einem Ort.

Harro Heuser, Als die Götter lachen lernten, S.179f.

M4 Der Pfad der Wahrheit

Wohlan, ich will es dir sagen, welche Wege der Forschung allein denkbar sind. Du aber höre mein Wort und bewahr' es wohl! Der eine „zeigt", dass „das Seiende" ist und dass es unmöglich ist, dass es nicht ist. Das ist der Pfad der Überzeugung; folgt er doch der Wahrheit. Der andere aber „behauptet", dass es nicht ist und dass es dieses Nichtsein notwendig geben müsse. Dieser Weg ist – das sage ich dir – völlig unerforschlich. Denn das Nichtseiende kannst du weder erkennen (denn das ist unmöglich) noch aussprechen. Dies muss man denken und sagen: „Nur" das Seiende gibt es. Denn es ist möglich, dass es wirklich vorhanden ist; das Nichtseiende aber ist unmöglich; das heiße ich dich bedenken. [...] So bleibt nur noch der Beweis des einen Weges übrig: dass es das Seiende gibt. Auf diesem sind ja viele Merkmale: weil ungeworden, ist es auch unvergänglich, ganz, einzig, unerschütterlich und ohne Ende. Und nie war es oder wird es sein, da es jetzt zugleich ein einheitliches, zusammenhängendes Ganzes ist. Was wolltest du denn auch für einen Ursprung für das Seiende erfinden? Wie und woher sollte es gewachsen sein? (Weder aus dem Seienden kann es hervorgegangen sein; sonst gäbe es ja ein anderes Sein vorher.) Noch kann ich zulassen, dass du denkst oder sagst, es sei aus dem Nichtseienden geworden. Denn man darf es weder denken noch aussprechen, dass es nicht vorhanden wäre! Was für ein Zwang hätte es denn auch dazu treiben können, früher oder später mit dem Nichts zu beginnen und dann zu wachsen? So muss es denn notwendig schlechthin vorhanden sein oder überhaupt nicht!

Parmenides, in: Wilhelm Capelle, Die Vorsokratiker, S. 165, 167

M5 Die Antipoden

Es ist auch sehr richtig gesagt worden, dass der Ausgangspunkt des parmenideischen Denkens ein völlig anderer ist als der all seiner Vorgänger. Denn er geht überhaupt nicht von der Außenwelt, sondern vom Denken selber aus, indem er dabei grundsätzlich und vollkommen von aller menschlichen Erfahrung und Anschauung absieht. Denn er will die Wahrheit an sich erfassen. Das aber ist nur auf dem Wege des reinen Denkens möglich. Nun zeigt uns Menschen die tägliche Erfahrung, der Sinnenschein, eine ständige Veränderung der (sichtbaren) Welt, ein ewiges Werden und, verbunden hiermit, Bewegung verschiedenster Art. Beides, sowohl die allgemeine Veränderung der Dinge wie ihre räumliche Bewegung, ist für Parmenides jedoch vollständig undenkbar, d. h. nichts als Trug und Schein. [...] Der Augenschein widerstreitet also den Denkgesetzen, denen zufolge das Denken, d. h. das Erkennen, sich nur auf ein Seiendes richten kann; es wird daher von Parmenides der Inhalt jeder sinnlichen Wahrnehmung, weil undenkbar, als Trug und Schein verworfen.

Parmenides unterscheidet als Erster nach Herakleitos, aber er mit ganz neuer Begründung, die sinnliche Wahrnehmung vom Denken, und er fordert die unbedingte Unterwerfung der Sinneswahrnehmung unter die Gesetze des Denkens.

Durch Herakleitos und Parmenides sind zwei Urtatsachen entdeckt worden: Der Weltprozess vollzieht sich als ewiges Werden, das jedes starre Sein ausschließt. – Das Denken dagegen ist an eine Urteilsform gebunden, die das Sein zu ihrer unerlässlichen Grundlage hat. Als Glieder des Weltganzen sind wir Menschen unentrinnbar einbezogen in ein kontinuierliches Werden. Aber als denkende Intellekte, die die Welt als Objekt begrifflich erfassen, sind wir auf das vom Denken unweigerlich geforderte Sein angewiesen.

Wilhelm Capelle, Die Vorsokratiker, S. 158f.

1 Fassen Sie die Aussagen Heraklits in einem prägnanten Satz zusammen. ➜ M1
2 Unterscheiden Sie die beiden Weltbilder. Überlegen Sie, welches unserer heutigen Vorstellung vom Kosmos entspricht. ➜ M2
3 Erörtern Sie aufgrund Ihrer physikalischen Kenntnisse, inwiefern Heraklit einen sehr modernen Gedanken äußert. ➜ M3
4 Stellen Sie in einer sehr genauen Textanalyse dar, wie Parmenides beweist, dass es das Seiende gibt. ➜ M4
5 Bilden Sie zwei Gruppen und diskutieren Sie aus der Sicht von Heraklit und von Parmenides über die Welt und das Sein. ➜ M5

4 Sein und Nichts

M1 Die Geburt einer Galaxie

Max Ernst, Naissance d'une galaxie, 1969

In seinem Spätwerk beschäftigt sich Max Ernst intensiv mit den vier Elementen Luft, Wasser, Feuer und Erde sowie mit kosmischen Themen. Sterne und Planeten, ganze Galaxien zeigt er in ihrem Werden und Vergehen. Die Unendlichkeit des Alls dient ihm als Folie für seine Fantasie, während zur gleichen Zeit die Menschen tatsächlich den Weltraum erobern und wissenschaftlich erforschen. 1969, im Jahr der ersten bemannten Mondlandung, lässt Max Ernst in *Geburt einer Galaxie* ein neues, funkelndes Sternensystem aus dem blauen Universum aufsteigen. Die goldenen Himmelskörper bilden dabei ein vollkommenes Muster in Form einer kreisrunden (Loch-) Scheibe. Max Ernst verwendet dieses Motiv häufig als Sinnbild für die Entstehung des Universums.

Raphael Bouvier, Ioana Jimborean, Saaltexte. Ausstellung Max Ernst, S. 22

M2 Warum ist ETWAS und nicht NICHTS?

Bis hierher haben wir als einfache Physiker gesprochen, jetzt nun müssen wir uns zur Metaphysik erheben, indem wir uns des gemeiniglich wenig benutzten *großen Prinzips* bedienen, wonach *nichts ohne zureichenden Grund geschieht*, d. h. nichts eintritt, ohne dass der, welcher die Dinge hinlänglich kennt, einen Grund angeben könnte, welcher hinreicht, um darzulegen, warum es so und nicht anders ist. Nachdem dies Prinzip festgestellt ist, wird die erste mit Recht aufgeworfene Frage die sein. *Warum gibt es eher Etwas als Nichts?* Denn das Nichts ist einfacher und leichter als das Etwas. Ferner muss man, vorausgesetzt, dass Dinge existieren müssen, angeben können, *warum sie so und nicht anders existieren müssen.*

Gottfried Wilhelm Leibniz, Die in der Natur begründeten Prinzipien, S. 110

M3 Der Begriff des Seins ist der dunkelste

Das „Sein" ist der selbstverständliche Begriff. In allem Erkennen, Aussagen, in jedem Verhalten zu Seiendem, in jedem Sich-zu-sich-selbst-verhalten wird von „Sein" Gebrauch gemacht, und der Ausdruck ist dabei „ohne weiteres" verständlich. Jeder versteht: „Der Himmel *ist* blau"; „ich *bin* froh" und dgl.

Allein diese durchschnittliche Verständlichkeit demonstriert nur die Unverständlichkeit. Sie macht offenbar, dass in jedem Verhalten und Sein zu Seiendem als Seiendem a priori ein Rätsel liegt. Dass wir je schon in einem Seinsverständnis leben und der Sinn von Sein zugleich in Dunkel gehüllt ist, beweist die grundsätzliche Notwendigkeit, die Frage nach dem Sinn von „Sein" zu wiederholen. [...]

Wir kennen nicht einmal den Horizont, aus dem her wir den Sinn fassen und fixieren sollten. *Dieses durchschnittliche und vage Seinsverständnis ist ein Faktum.*

Martin Heidegger, Sein und Zeit, S. 4f.

M4 Die Grundwissenschaft

Es gibt eine Wissenschaft, welche das Seiende als solches untersucht und das demselben an sich Zukommende.

Diese Wissenschaft ist mit keiner der einzelnen Wissenschaften identisch; denn keine der übrigen Wissenschaften handelt allgemein vom Seienden als solchem, sondern sie scheiden sich einen Teil des Seienden aus und untersuchen die für diesen sich ergebenden Bestimmungen, wie z. B. die mathematischen Wissenschaften.

Indem wir nun die Prinzipien und die letzten Ursachen erforschen, ist offenbar, dass diese notwendig Ursachen einer Wesenheit an sich sein müssen. Wenn nun auch diejenigen, welche die Elemente des Seienden suchten, diese Prinzipien suchten, so müssen auch die Elemente des Seienden dies nicht in akzidentellem [zufälligem] Sinne sein, sondern insofern sie [notwendig] sind. Auch wir also haben die ersten Ursachen des Seienden als solchen aufzufassen.

Das Seiende wird in mehrfacher Bedeutung gebraucht, aber immer in Beziehung auf eines und auf eine einzige Wesenheit und nicht nach bloßer Namensgleichheit; sondern wie alles, was gesund genannt wird, sich auf Gesundheit bezieht, indem es dieselbe nämlich erhält oder hervorbringt, oder ein Zeichen derselben oder sie aufzunehmen fähig ist; wie etwas ärztlich heißt in Beziehung auf die Arzneikunde, entweder weil es die Arzneikunde besitzt oder zu ihr wohl befähigt oder ein Werk derselben ist; und wie wir dasselbe beim Gebrauch der übrigen Wörter finden werden: ebenso wird auch das Seiende zwar in vielfachen Bedeutungen ausgesagt, aber doch alles in Beziehung auf ein Prinzip.

Aristoteles, Metaphysik, 1003a-b

M5 Ontologie als Erste Wissenschaft

Mit der Aufgabe, Seiendes als Seiendes zu untersuchen, ruft Aristoteles eine neue philosophische Disziplin, ins Leben, eine allgemeine Seinswissenschaft. Den Titel „Ontologie" erhält sie allerdings erst in der Schulmetaphysik der Neuzeit [...]. Aristoteles versteht unter dem *on*, dem Seienden, jede Art von Gegenstand, sowohl Sachen als auch Personen, sowohl diese „Dinge" als auch ihre Eigenschaften, sowohl Individuelles als auch Allgemeines, nicht zuletzt Sachverhalte. Seine Ontologie sondiert die Realität – die praktische und soziale Welt ausgenommen – in ihrer allgemeinen und grundlegenden Form.

Weil das Seiende im primären Sinn *ousia* heißt, läuft die Ontologie, auch wenn sie [...] die Theorie der Axiome mitumfasst, im Wesentlichen auf eine Theorie der *ousia* hinaus. *Ousia* ist eine Nominalbildung zu *einai* (sein) und heißt daher wörtlich „Seiendheit"; *ousia* ist der Inbegriff dessen, was wirklich da ist: die beständige, tatsächlich gegebene Wirklichkeit. Das Wort stammt, wie fast die gesamte Terminologie des Aristoteles, aus der Umgangssprache, während die analogen Nominalbildungen im Lateinischen (essentia, substantia) und im Deutschen (Seiendheit) Kunstworte sind. Übersetzen könnte man mit „Wesen", sofern man den Ausdruck im Sinne von Lebe„wesen" versteht. [...]

Bis weit in die Neuzeit ist die Substanztheorie eines der meistdiskutierten Themen der Philosophie. Obwohl sie eine Voraussetzung macht, die durch die Transzendentalphilosophie fragwürdig wird, nämlich eine von apriorischen Bewusstseinsleistungen unabhängige Objektivität, spielt sie – nach Spinoza und Leibniz – noch bei Hegel eine Rolle. *Otfried Höffe, Aristoteles, S. 161f.*

1. Lassen Sie sich von dem Bild zu einem Essay inspirieren. Beziehen Sie die vorherigen Doppelseiten mit ein. ➜ M1
2. Setzen Sie sich mit der Titel-Frage auseinander. ➜ M2
3. Schlagen Sie in einem Philosophielexikon nach und erläutern Sie den „zureichenden Grund". ➜ M2
4. Erklären Sie, inwiefern das „Sein" zugleich der selbstverständlichste und der dunkelste Begriff genannt werden kann. ➜ M3
5. Entwerfen Sie eine eigene Definition von „Sein". ➜ M2/3
6. Zeigen Sie in einer genauen Analyse des Aristotelestextes, inwiefern es sich bei der „Wissenschaft vom Sein" um eine Grundwissenschaft handelt. ➜ M4
7. Verfassen Sie einen kleinen Infokasten zum Begriff „Ontologie". ➜ M5

5 Die Struktur des Kosmos

M1 Der vollkommene Kosmos

Also den Urheber und Vater dieses Weltalls aufzufinden ist schwer und, nachdem man ihn auffand, ihn allen zu verkünden, unmöglich. Folgendes aber müssen wir ferner hinsichtlich desselben erwägen, nach welchem der Vorbilder sein Werkmeister es auferbaute, ob nach dem stets ebenso und in gleicher Weise Beschaffenen oder nach dem Gewordenen. Ist aber diese Welt schön und ihr Werkmeister gut, dann war offenbar sein Blick auf das Unvergängliche gerichtet; ist sie aber – was auch nur auszusprechen frevelhaft wäre, dann *war sein Blick* auf das Gewordene gerichtet. Jedem aber ist doch deutlich, dass *er* auf das Unvergängliche *gerichtet war*, denn sie *(die Welt)* ist das Schönste unter dem Gewordenen, er der Beste unter den Ursachen. So also entstanden, ist sie nach dem durch Nachdenken und Vernunft zu Erfassenden und sich Gleichbleibenden auferbaut. [...]

Geben wir denn an, aus welchem Grund der Schöpfer das Entstehen und dieses Weltall schuf. Er war gut; in einem Guten erwächst nimmer und in keiner Beziehung irgendwelche Missgunst. Von ihr frei, wollte er, dass alles ihm möglichst ähnlich werde. [...] Indem nämlich der Gott wollte, dass alles gut und nach Möglichkeit nichts schlecht sei, so nahm er also alles, was sichtbar war und keine Ruhe hielt, sondern in ungehöriger und ordnungsloser Bewegung war, und führte es aus der Unordnung zur Ordnung, da ihm dieser Zustand in jeder Beziehung besser schien als jener. Aber dem Besten war es weder noch ist es gestattet, etwas anderes als das Schönste zu tun. Indem er es überdachte, fand er, dass unter dem seiner Natur nach Sichtbaren nichts Vernunftloses als Ganzes je schöner sein werde als das mit Vernunft Begabte als Ganzes, dass aber unmöglich ohne Seele etwas der Vernunft teilhaftig werden könne. Von dieser Überlegung bewogen, gestaltete er das Weltall, indem er die Vernunft in der Seele, die Seele aber im Körper schuf, um so das seiner Natur nach schönste und beste Werk zu vollenden.

Platon, Timaios, Werke, Bd. 7, S. 35f.

M2 Die beste aller möglichen Welten

Gott ist die erste Ursache aller Dinge [...]. [...] Gäbe es nicht die beste aller möglichen Welten, dann hätte Gott überhaupt keine erschaffen. „Welt“ nenne ich hier die ganze Folge und das ganze Beieinander aller bestehenden Dinge, damit man nicht sagen kann, mehrere Welten könnten zu verschiedener Zeit und an verschiedenen Orten bestehen. Man muss sie insgesamt für eine Welt rechnen, oder, wie man will, für ein Universum. Erfüllte man jede Zeit und jeden Ort; es bleibt dennoch wahr, dass man sie auf unendlich viele Arten hätte erfüllen können und dass es unendlich viel mögliche Welten gibt, von denen Gott mit Notwendigkeit die beste erwählt hat, da er nichts ohne höchste Vernunft tut.

Gottfried Wilhelm Leibniz, Die Theodizee, S. 100f.

M3 Gibt es einen nichtphysischen Grund?

Nun kann die Existenz wie die Beschaffenheit der physischen Welt nicht zirkelfrei durch sie selbst oder durch Sachverhalte in ihr erklärt werden. Der Urknall, der Ursprung des Universums, lässt sich als erstes physikalisches Ereignis nicht mehr kausal erklären, und ebensowenig die fundamentalen physikalischen Gesetze als Mittel aller physikalischen Erklärungen. Nach dem Prinzip vom zureichenden Grund muss es also einen nichtphysischen Grund der Welt geben. Eine andere Version dieses Gedankens ist folgende: Alles Empirische ist kontingent [zufällig], und für alles Kontingente stellt sich die Frage, warum es ist, und warum es gerade so ist, wie es ist. Daher bleibt letztlich jede Erklärung von Kontingentem mit anderem Kontingenten unbefriedigend. Kausale Erklärungen sind von dieser Art. Ein unendlicher Regress der Ursachen wird nur dann vermieden, wenn sich ein Grund angeben lässt, der selbst nicht kontingent ist, sondern notwendigerweise besteht, also keine weitere Erklärungen mehr erfordert. So etwas findet sich aber in der physischen Welt nicht.

Franz von Kutschera, Die großen Fragen, S. 155

M4 Expansion und Kontraktion

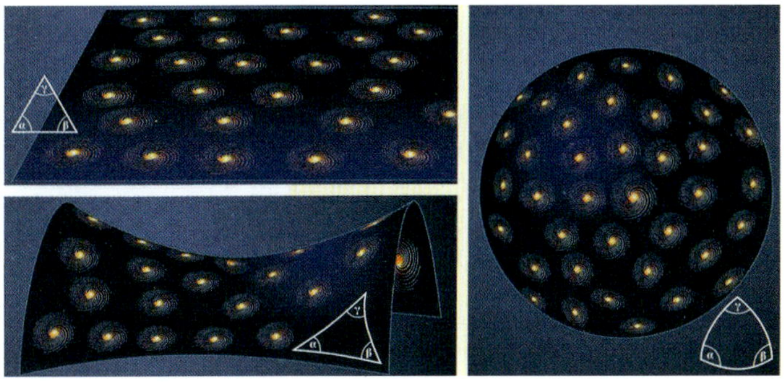

Verschiedene Modelle veranschaulichen die Vorstellungen vom Kosmos: Ist der Raum positiv gekrümmt, ist das Volumen, das der Materie zur Verfügung steht – ähnlich der Oberfläche einer Kugel – endlich. Man spricht dann von einem geschlossenen Universum (rechts). Die Galaxien bewegen sich auf der expandierenden Kugeloberfläche voneinander fort, bis sich die Bewegung zu einer Kontraktionsbewegung wendet. Bei der Variante des offenen Universums, das man mit dem Modell einer Sattelfläche beschreiben kann (links unten), ist der Raum negativ gekrümmt und das Volumen unendlich groß. Die Materie entfernt sich voneinander, da die Schwerkraft nicht ausreicht, um sie zusammenzuhalten. Ein Kompromiss zwischen den beiden Modellen wäre eine offene, ungekrümmte Welt, die als einfache Fläche dargestellt werden kann (links oben), auf der sich die Galaxien zwar immer langsamer, aber dennoch bis in alle Ewigkeit voneinander fortbewegen.

Brockhaus Philosophie, S. 82

M5 Die Grenzen der Physik und die Philosophie

Wir können sagen: In der Welt hat alles, was existiert, Begrenzungen in Raum und Zeit. Aber hat auch die Welt selbst, also die Welt in ihrer Gesamtheit, einen Anfang und ein Ende?

Das ist keine Frage für die Physiker, sondern eine philosophische Frage. Denn die Physik beschäftigt sich mit den materiellen Gegenständen in der Welt. Und sie bestimmt das Wesen der einzelnen Körper in der Welt aus den Wirkungen, die die Körper auf andere ausüben. [...] Allerdings glauben die Physiker der Gegenwart, sie könnten die Frage nach dem Anfang beantworten. Indem sie den Zustand unserer Welt als Explosion deuteten, wollten sie den Anfang der Explosion berechnen. Diesen Anfang setzten sie als absoluten Anfang. Nun ist eines ganz unbestreitbar: Ich kann über einen Gegenstand dann eine zutreffende Aussage machen, wenn ich ihn zur Gänze überblicke, wenn ich seine räumliche Ausdehnung kenne und über seinen zeitlichen Anfang etwas aussagen kann. Deshalb also suchen die Physiker

1. den Anfang der Welt,
2. die untere Grenze, also das Kleinste,
3. die obere Grenze, das Ende der Welt, d. h. das allerletzte, am weitesten entfernte Objekt im Weltall.

Fänden die Physiker zweifelsfrei einen dieser Extrempunkte, dann könnten sie auch die anderen erschließen. Fänden sie das Ende der Welt, könnten sie den Anfang berechnen, das tun sie ja bereits ständig, aber das ist so vorläufig wie die Berechnungen des Kolumbus. Fänden sie das zweifelsfrei kleinste Teilchen, dann könnten sie die Frage untersuchen, ob die Welt aus endlich oder unendlich vielen Teilchen besteht usw. Da alles, was sie finden, aber immer nur vorläufig das Kleinste, das Erste, das Größte usw. ist, können sie keine endgültigen Erkenntnisse aussprechen.

Roland Simon-Schaefer, Kleine Philosophie für Berenike, S. 105f.

1 Erarbeiten Sie aus dem platonischen Schöpfungsbericht die Merkmale eines vollkommenen Kosmos. ➜ M1

2 Verfassen Sie eine Charakteristik des Schöpfers und vergleichen Sie mit anderen Schöpfungsberichten (z. B. Genesis). ➜ M1

3 Prüfen Sie die Behauptung, dass wir in der besten aller Welten leben. ➜ M2

4 Vergleichen Sie die Ausführungen von Platon und Leibniz. ➜ M1/2

5 Zeigen Sie, worin die Grenzen physikalischer Erklärungen begründet liegen. ➜ M3

6 Recherchieren Sie die verschiedenen Modelle des Kosmos. ➜ M4

7 Arbeiten Sie den Unterschied zwischen Physik und Philosophie heraus. ➜ M5

6 Zeit und Ewigkeit

M1 Dumme Frage

Ein Mann spricht zu Gott: „Lieber Gott, ich würde dir gern eine Frage stellen."

Gott antwortet: „Warum nicht. Stelle nur deine Frage."

„Ist es eigentlich wahr, dass eine Million Jahre für dich nur eine Sekunde sind?"

„Ja, das ist wahr."

„Gut, und was sind dann eine Million Dollar für dich?"

„Eine Million Dollar sind für mich nur ein Cent."

„Aha", sagt der Mann, „könnte ich dann einen Cent von dir haben?"

„Gewiss", antwortet Gott, „warte eine Sekunde."

Thomas Cathcart / Daniel Klein, Platon und Schnabeltier, S. 212

M2 Was ist die Zeit?

Wer kann das leicht und kurz erklären? Wer könnte dieses Wort, wenn er es spricht, auch im Gedanken nur umfassen? Und doch kennt unsre Sprache kein vertrauteres und kein geläufigeres Wort als das der Zeit. Und immer wissen wir dabei, wovon wir sprechen, und verstehen's auch, wenn andre davon sprechen. Was also ist die Zeit? Solang mich niemand danach fragt, ist mir's, als wüsste ich's; doch fragt man mich und soll ich es erklären, so weiß ich's nicht. Doch kann ich zuversichtlich sagen, dass ich weiß, es gäbe kein Vergangenes, wenn nichts verginge, keine künftge Zeit, wenn nichts in Zukunft käme, und keine gegenwärtige Zeit, wenn nichts uns gegenwärtig wäre. Wie aber ist's mit jenen beiden Zeiten, der vergangnen und der künftigen? Denn die vergangne ist nicht mehr und die zukünftige, die ist noch nicht. Die gegenwärtige aber, wenn die immer gegenwärtig wäre und nie in ein Vergangnes überginge, die wäre nicht mehr Zeit, die wäre Ewigkeit. Wenn also nun die gegenwärtge Zeit nur deshalb Zeit ist, weil sie hinübergeht in die Vergangenheit, wie können wir dann sagen, dass sie sei, da doch für sie der einzige Grund des Seins nur der ist, dass sie nicht mehr sein wird? So dass wir also dann von Zeit nur sprechen könnten, wenn etwas strebt, nicht mehr zu sein.

Und dennoch sprechen wir von langer Zeit und kurzer Zeit, und dann nur, wenn von der Vergangenheit die Rede ist und von der Zukunft. Wir sagen, um ein Beispiel nur zu geben: es ist schon lange her, wenn's etwa hundert Jahre sind, und sagen: es ist noch lange hin, wenn es in hundert Jahren erst geschehen wird. Und wir sagen: es ist nicht lange her, so etwa rechne ich, wenn's vor zehn Tagen war, und sagen: es ist nur kurze Zeit noch, wenn's in zehn Tagen erst geschehen wird. Doch wie ist etwas lang und kurz, was gar nicht ist? Denn das Vergangne ist nicht mehr und das Zukünftge ist noch nicht. Wir sollten also niemals sagen: solang ist es, sondern von dem Vergangnen: solang war es, und von dem Künftigen: solange wird es sein.

Augustinus, Bekenntnisse, 11. Buch, 14./15. Kapitel, S. 287f.

M3 Was ist Ewigkeit?

Die Ewigkeit ist nicht vor oder nach der Zeit, nicht vor der Erschaffung der Welt, noch wenn sie untergeht; sondern die Ewigkeit ist absolute Gegenwart, das Jetzt ohne Vor und Nach. [...] Das Endliche aber ist zeitlich, hat ein Vor und Nach; und wenn man das Endliche vor sich hat, so ist man in der Zeit. Es hat einen Anfang, aber keinen absoluten; seine Zeit fängt mit ihm an, und die Zeit ist nur des Endlichen.

Georg Wilhelm Friedrich Hegel, Enzyklopädie II, S. 26

M4 Die Unendlichkeit im Menschen

Wann immer wir auch leben mögen; stets stehn wir, mit unserm Bewusstsein, im Centro der Zeit, nie an ihren Endpunkten, und könnten daraus abnehmen, dass jeder den unbeweglichen Mittelpunkt der ganzen unendlichen Zeit in sich selbst trägt. Dies ist es auch im Grunde, was ihm die Zuversicht gibt, mit der er ohne beständige Todesschauer dahinlebt. Wer nun aber, vermöge der Stärke seiner Erinnerung und Phantasie, sich das längst Vergangene am lebhaftesten vergegenwärtigen kann, der wird sich der IDENTITÄT DES JETZT IN ALLER ZEIT deutlicher, als die Andern, bewusst. Vielleicht sogar gilt dieser Satz richtiger umgekehrt. Jedenfalls aber ist ein solches deutlicheres Bewusstsein der Identität alles Jetzt ein wesentliches Erfordernis zur philosophischen Anlage. Mittelst seiner fasst man das Allerflüchtigste, das Jetzt, als das allein Beharrende auf. Wer nun auf solche intuitive Weise inne wird, dass die GEGENWART, welche doch die alleinige Form aller Realität, im engsten Sinne, ist, ihre Quelle IN UNS hat, also von innen, nicht von außen quillt, der kann an der Unzerstörbarkeit seines eigenen Wesens nicht zweifeln. Vielmehr wird er begreifen, dass bei seinem Tode zwar die objektive Welt, mit dem Medio ihrer Darstellung, dem Intellekt, für ihn untergeht. Dies aber sein Dasein nicht anficht: denn es war eben so viel Realität innerhalb, wie außerhalb.

Arthur Schopenhauer, Parerga II, S. 248

M5 Die Endlichkeit im Menschen

Wie soll nach der Endlichkeit im Menschen gefragt werden? Ist das überhaupt ein ernsthaftes Problem? Liegt die Endlichkeit des Menschen nicht allerorts und jederzeit tausendfältig zutage?

So mag es schon genügen, Endliches am Menschen zu nennen, aus seinen Unvollkommenheiten beliebige anzuführen. Auf diesem Wege gewinnen wir allenfalls Belege dafür, dass der Mensch ein endliches Wesen ist. Wir erfahren aber weder, worin das Wesen seiner Endlichkeit besteht, noch gar, wie diese Endlichkeit den Menschen als das Seiende, das er ist, von Grund aus im Ganzen bestimmt.

Selbst wenn es gelingen könnte, die Summe aller menschlichen Unvollkommenheiten zusammenzurechnen und das Gemeinschaftliche derselben zu „abstrahieren", wäre nichts vom Wesen der Endlichkeit erfasst, weil im Vorhinein fraglich bleibt, ob die Unvollkommenheiten des Menschen überhaupt seine Endlichkeit unmittelbar sehen lassen, ob sie nicht vielmehr entfernte faktische Folgen des Wesens seiner Endlichkeit sind und daher nur aus diesem verständlich werden. Und wenn gar das Unmögliche möglich wäre, ein Geschaffensein des Menschen rational nachzuweisen, dann wäre durch die Kennzeichnung des Menschen als eines ens creatum [geschaffenes Wesen] nur wieder das Faktum seiner Endlichkeit erwiesen, aber nicht das Wesen derselben aufgewiesen und dieses Wesen als Grundverfassung des Seins des Menschen bestimmt. So ist es denn gar nicht selbstverständlich, wie die Frage nach der Endlichkeit im Menschen – der alltäglichsten Bekundung seines Wesens – überhaupt angesetzt werden soll. Die bisherige Untersuchung hat nur das Eine ergeben: die jetzige Frage nach der Endlichkeit im Menschen ist kein beliebiges Erkunden menschlicher Eigenschaften. Sie erwächst vielmehr in der Aufgabe der Grundlegung der Metaphysik. Von dieser Aufgabe selbst wird sie als Grundfrage gefordert. Demgemäß muss die Problematik der Grundlegung der Metaphysik in sich die Anweisung auf die Richtung enthalten, in der sich die Frage nach der Endlichkeit des Menschen zu bewegen hat.

Martin Heidegger, Kant und das Problem der Metaphysik, S. 213f.

1 Beschreiben Sie das Problem der subjektiven Zeitempfindung. ➔ M1/2
2 Stellen Sie kurz dar, was Augustinus unter Zeit versteht. ➔ M2
3 Verfassen Sie einen Kommentar zu dem Bild. ➔ M3
4 Grenzen Sie Zeit und Ewigkeit voneinander ab. ➔ M3
5 Erläutern Sie den Gedanken, dass der Mensch die Unendlichkeit in sich trägt. Überlegen Sie die Konsequenzen für das Leben. ➔ M4
6 Erarbeiten Sie die Probleme bei der Bestimmung der Endlichkeit des Menschen. ➔ M5
7 Setzen Sie Schopenhauer und Heidegger in einen Dialog. ➔ M4/5

7 Unsterblichkeit der Seele

M1 Aufstieg der Seelen

Hieronymus Bosch, Der Aufstieg in das himmlische Paradies (Ausschnitt), um 1500

M2 Sehnsucht nach Unsterblichkeit

Der Prinz von Homburg wird mit verbundenen Augen vor seiner vermeintlichen Erschießung in den Garten geführt. In der Ferne hört man Trommeln des Totenmarsches.

Nun, o Unsterblichkeit, bist du ganz mein!
Du strahlst mir, durch die Binde meiner Augen,
Mir Glanz der tausendfachen Sonne zu!
Es wachsen Flügel mir an beiden Schultern,
Durch stille Ätherräume schwingt mein Geist;
Und wie ein Schiff, vom Hauch des Winds entführt,
Die muntre Hafenstadt versinken sieht,
So geht mir dämmernd alles Leben unter:
Jetzt unterscheid ich Farben noch und Formen,
Und jetzt liegt Nebel alles unter mir.

Heinrich von Kleist, Der Prinz von Homburg, Bd. 1, S. 707

M3 Die Unvergänglichkeit der individuellen Seele

Sollen wir also, sprach er, zwei Arten der Dinge setzen, sichtbar die eine und die andere unsichtbar? [...] – Wie aber die Seele, ist die unsichtbar oder sichtbar? - Menschen wenigstens ist sie es nicht, o Sokrates, sagte er. [...] Ähnlicher also als der Leib ist die Seele dem Unsichtbaren, er aber dem Sichtbaren. – Ganz notwendig, o Sokrates. – [...]

Wie nun, wenn sich dieses so verhält, kommt nicht dem Leibe wohl zu, leicht aufgelöst zu werden, der Seele hingegen, ganz und gar unauflöslich zu sein oder wenigstens beinahe so? – Wie sollte es nicht? – [...] Und die Seele also, das Unsichtbare und sich an einen andern ebensolchen Ort Begebende, der edel und rein und unsichtbar ist, nämlich in die wahre Geisterwelt zu dem guten und weisen Gott, wohin, wenn Gott will, alsbald auch meine Seele zu gehen hat, diese, die so beschaffen und geartet ist, sollte, wenn sie von dem Leibe getrennt ist, sogleich verweht und untergegangen sein, wie die meisten Menschen sagen? Daran fehlt wohl viel, ihr lieben Kebes und Simmias! Sondern vielmehr verhält es sich so. Wenn sie sich rein losmacht und nichts von dem Leibe mit sich zieht, weil sie mit gutem Willen nichts mit ihm gemein hatte im Leben, sondern ihn floh und in sich selbst gesammelt blieb und dies immer im Sinn hatte, was nichts anderes heißen will, als dass sie recht philosophierte und darauf dachte, leicht zu sterben; oder hieß dies nicht, auf den Tod bedacht sein? – Allerdings ja. – Also welche sich so verhält, die geht zu dem ihr Ähnlichen, dem Unsichtbaren, zu dem Göttlichen, Unsterblichen, Vernünftigen, wohin gelangt ihr dann zuteil wird, glückselig zu sein, von Irrtum und Unwissenheit, Furcht und wilder Liebe und allen andern menschlichen Übeln befreit, indem sie, wie es bei den Eingeweihten heißt, wahrhaft die übrige Zeit mit Göttern lebt. Wollen wir so sagen, o Kebes, oder anders? – So, beim Zeus, sprach Kebes.

Platon, Phaidon, S. 73-81

M4 Überindividuelle Unsterblichkeit

Du, als Individuum, endest mit deinem Tode. Allein das Individuum ist nicht dein wahres und letztes Wesen, vielmehr eine bloße Äußerung desselben: es ist nicht das Ding an sich selbst, sondern nur dessen Erscheinung, welche in der Form der Zeit sich darstellt und demgemäß Anfang und Ende hat. Dein Wesen an sich selbst hingegen kennt weder Zeit, noch Anfang, noch Ende, noch die Schranke einer gegebenen Individualität: daher kann es von keiner Individualität ausgeschlossen werden; sondern ist in Jedem und Allem da. Im ersteren Sinne also wirst du durch deinen Tod zu nichts; im zweiten bist und bleibst du Alles. Daher sagte ich, dass du, nach deinem Tode, Alles und Nichts sein würdest. Schwerlich lässt deine Frage eine richtigere Antwort, so in der Kürze, zu, als eben diese, welche aber allerdings einen Widerspruch enthält; weil eben dein Leben in der Zeit ist, deine Unsterblichkeit aber in der Ewigkeit. – Daher kann diese auch eine Unzerstörbarkeit ohne Fortdauer genannt werden, – welches denn abermals auf einen Widerspruch hinausläuft. Aber so geht es, wenn das Transzendente in die immanente Erkenntnis gebracht werden soll: dieser geschieht dabei eine Art Gewalt, indem sie missbraucht wird zu dem, wozu sie nicht geboren ist.

Hieraus ergibt sich, dass die Individualität keine Vollkommenheit, sondern eine Beschränkung ist: daher ist, sie los zu werden, kein Verlust, vielmehr Gewinn. Lass daher eine Sorge fahren, welche dir wahrlich, wenn du dein eigenes Wesen ganz und bis auf den Grund erkenntest, nämlich als den universellen Willen zum Leben, der du bist, – kindisch und überaus lächerlich erscheinen würde.

Arthur Schopenhauer, Parerga II, S. 256f.

M5 Problem des körperlosen Weiterlebens

Wenn *Philosophen* über ein Leben nach dem Tode reden, haben sie zumeist etwas anderes vor Augen: [...] Zu jedem Menschen gehört etwas, das ganz und gar materielos ist, sein Geist oder seine Seele. Es ist diese Seele, die sieht, hört, fühlt, denkt und entscheidet, kurz: Bewusstsein hat. Die Seele ist die Person; der Leib dagegen ist der Person so äußerlich wie die Kleidung. Obwohl Leib und Seele aufeinander Einfluss haben, ist die *Existenz* der Seele von der Existenz des Leibes gänzlich unabhängig. Deshalb gibt es keinen Grund, warum die Seele nach dem Tode des Leibes nicht auf unbestimmte Zeit ihr Bewusstsein behalten sollte – selbst dann, wenn sie sich nie wieder in der Weise mit einem Körper verbindet, in der sie mit ihrem gegenwärtigen Körper verbunden ist. [...] Wenn nur Seelen gerettet werden, werde nicht *ich* gerettet – und ebenso wenig irgendein anderer Mensch. Nur wenn sich irgendwann nach dem Tode von Peter Geach ein Mensch findet, der als Peter Geach identifiziert werden kann, lebt Peter Geach wieder (oder noch), andernfalls nicht.

Dass ein geistiges Überbleibsel nach dem Tode, das in einer gewissen physikalischen Kontinuität mit dem Menschen Peter Geach steht, nicht Peter Geach wäre, heißt nicht, dass ein solches Maß an Weiterleben nach dem Tode schlechthin unmöglich ist. Doch ist diese Möglichkeit selbst für *den* Fall mit erheblichen Schwierigkeiten verbunden, dass man sich ein derart entmenschlichtes Denken und Wollen vorstellen kann. Denn wessen Gedanken würden diese Gedanken sein? Würden wir entscheiden können, ob es *ein* oder *mehrere* körperlose Geister sind, die diese Gedanken denken? [...] Die Existenz einer körperlosen Seele wäre nicht dasselbe wie das Weiterleben der Person Peter Geach; und selbst in einer solch verdünnten Form scheint eine individuelle Fortexistenz zumindest die permanente Möglichkeit zu erfordern, dass sich die Seele wieder zu einem Menschen vervollständigt, der als Peter Geach identifizierbar ist.

Peter Geach, Unsterblichkeit der Seele, S. 245-250

1. Setzen Sie das Bild und den Monolog des Prinzen von Homburg in Beziehung. ➜ M1/2
2. Erarbeiten Sie aus dem Text die Argumente für die Unsterblichkeit der Seele. ➜ M3
3. Schopenhauer nimmt Kants Unterscheidung (s. S. 149 und S. 200) wieder auf. Stellen Sie dar, inwiefern sie Voraussetzung für den Nachweis der Unsterblichkeit der Seele ist. ➜ M4
4. Diskutieren Sie die Probleme eines körperlosen Weiterlebens der Seele. ➜ M5

8 Das Dilemma der Vernunft

M1 Die Antinomien der reinen Vernunft

Erster Widerstreit

Thesis: Die Welt hat einen Anfang in der Zeit und ist dem Raum nach auch in Grenzen eingeschlossen.

Antithesis: Die Welt hat keinen Anfang und keine Grenzen im Raume, sondern ist, sowohl in Ansehung der Zeit als des Raums, unendlich.

Zweiter Widerstreit

Thesis: Eine jede zusammengesetzte Substanz in der Welt besteht aus einfachen Teilen, und es existiert überall nichts als das Einfache oder das, was aus diesem zusammengesetzt ist.

Antithesis: Kein zusammengesetztes Ding in der Welt besteht aus einfachen Teilen, und es existiert überall nichts Einfaches in derselben.

Vierter Widerstreit

Thesis: Zu der Welt gehört etwas, das, entweder als ihr Teil oder ihre Ursache, ein schlechthin notwendiges Wesen ist.

Antithesis: Es existiert überall kein schlechthin notwendiges Wesen, weder in der Welt noch außer der Welt, als ihre Ursache.

Immanuel Kant, Kritik der reinen Vernunft, B 454–481

M2 Skeptische Dialektik

Alle unsere Erkenntnis hebt von den Sinnen an, geht von da zum Verstande, und endigt bei der Vernunft, über welche nichts Höheres in uns angetroffen wird, den Stoff der Anschauung zu bearbeiten und unter die höchste Einheit des Denkens zu bringen. Da ich jetzt von dieser obersten Erkenntniskraft eine Erklärung angeben soll, so finde ich mich in einiger Verlegenheit. Es gibt von ihr, wie von dem Verstande, einen bloß formalen, d. i. logischen Gebrauch, da die Vernunft von allem Inhalte der Erkenntnis abstrahiert, aber auch einen realen, da sie selbst den Ursprung gewisser Begriffe und Grundsätze enthält, die sie weder von den Sinnen, noch vom Verstande entlehnt. [...]

Wenn wir unsere Vernunft nicht bloß, zum Gebrauch der Verstandesgrundsätze, auf Gegenstände der Erfahrung verwenden, sondern jene über die Grenze der letzteren hinaus auszudehnen wagen, so entspringen *vernünftelnde* Lehrsätze, die in *der* Erfahrung weder Bestätigung hoffen noch Widerlegung fürchten dürfen und deren jeder nicht allein an sich selbst ohne Widerspruch ist, sondern sogar in der Natur *der* Vernunft Bedingungen seiner Notwendigkeit antrifft, nur dass unglücklicherweise der Gegensatz ebenso gültige und notwendige Gründe der Behauptung auf seiner Seite hat.

Immanuel Kant, Kritik der reinen Vernunft, S. 381, 463

M3 Dialektik als ewige Bewegung des Geistes

Das *dialektische* Moment ist das eigene Sichaufheben solcher endlichen Bestimmungen und ihr Übergehen in ihre entgegengesetzten. [...]

Die Dialektik wird gewöhnlich als eine äußere Kunst betrachtet, welche durch Willkür eine Verwirrung in bestimmten Begriffen und einen bloßen Schein von Widersprüchen in ihnen hervorbringt, so dass nicht diese Bestimmungen, sondern dieser Schein ein Nichtiges und das Verständige dagegen vielmehr das Wahre ist. Oft ist die Dialektik auch weiter nichts als ein subjektives Schaukelsystem von hin- und herübergehendem Räsonnement, wo der Gehalt fehlt und die Blöße durch solchen Scharfsinn bedeckt wird, der als solches Räsonnement erzeugt. – In ihrer eigentümlichen Bestimmtheit ist die Dialektik vielmehr die eigene, wahrhafte Natur der Verstandesbestimmungen, der Dinge und des Endlichen überhaupt. [...]

Das Dialektische gehörig aufzufassen und zu erkennen ist von der höchsten Wichtigkeit. Es ist dasselbe überhaupt das Prinzip aller Bewegung, alles Lebens und aller Betätigung in der Wirklichkeit. Ebenso ist das Dialektische auch die Seele alles wahrhaft wissenschaftlichen Erkennens. In unserem gewöhnlichen Bewusstsein erscheint das Nicht-Stehenbleiben bei den abstrakten Verstandesbestimmungen als bloße Billigkeit, nach dem Sprichwort: „leben und leben lassen", so dass das eine gilt und *auch* das andere. Das Nähere aber ist, dass das Endliche nicht bloß von außen her beschränkt wird, sondern durch seine eigene Natur sich aufhebt und durch sich selbst in sein Gegenteil übergeht. So sagt man z. B.: der Mensch ist sterblich, und betrachtet dann das Sterben als etwas, das nur in äußeren Umständen seinen Grund hat, nach welcher Betrachtungsweise es zwei besondere Eigenschaften des Menschen sind, lebendig und *auch* sterblich zu sein. Die wahrhafte Auffassung aber ist diese, dass das Leben als solches den Keim des Todes in sich trägt und dass überhaupt das Endliche sich in sich selbst widerspricht und dadurch sich aufhebt.

Georg Wilhelm Friedrich Hegel, Enzyklopädie I, Bd. 8, S. 172f.

M4 Spekulative Dialektik

Dialektik als die dem Begriff immanente Bewegung ist immer dort, wo der Geist mit seinem Anderen in Berührung kommt. Weder ist das Reale dialektisch (d. h. in sich gegensätzlich), weil es daselbst ohne Geist gar nichts als Bestimmtes gibt, noch ist der Geist allein für sich dialektisch. Die Dialektik ist die ewige Bewegung der Differenz der Natur oder des Geistes in sich, in der jede Bestimmtheit zugleich die Wirklichkeit und nicht die endgültige ist. So zeigt sie auf, wie die Verstandesbestimmungen in ihrer Einzelheit, in ihrer Isolierung ihr Gegenteil fordern, wie man das Sein nicht ohne das Nichts, den Begriff nicht ohne das Wirkliche, das Subjekt nicht ohne das Objekt, die Endlichkeit nicht ohne Unendlichkeit usw. denken kann. [...] So zeigt Hegel in seiner Dialektik, wie eine festgesetzte Position ihre Negation schon in sich hat, wie diese aber, auf derselben Ebene gedacht, leer bleibt, als bloße Negation nur die leere Grenze des Verstandes bezeichnet, sie selbst also wiederum negiert werden muss, damit in dieser synthetischen Aufhebung die Position mit ihrer Negation versöhnt, diese aber auch als das Konkrete an jener erfahren wird; diese dialektische Erkenntnis nennt Hegel spekulativ oder vernünftig, die Gegensätze, die notwendig sind, zugleich vernichtet wie ihren sich gegenseitig begrenzenden Sinn beibehält.

Peter Heintel, Hegel, S. 101f.

1 Erläutern Sie die Antinomien mit eigenen Beispielen. Beziehen Sie die 3. Antinomie (s. S. 207) mit ein. ➜ M1

2 Diskutieren Sie die Behauptung Kants, dass wir über die Widersprüche nicht hinauskommen, weil sie in der Natur des Seins und der Unzulänglichkeit unseres Denkens liegen. ➜ M2

3 Erläutern Sie Hegels Verständnis des „Dialektischen" und entwerfen Sie eine grafische Darstellung des dialektischen Prozesses. ➜ M3

4 Finden Sie Beispiele für die alltägliche Erfahrung der Dialektik. ➜ M3

5 Erarbeiten Sie die Merkmale der spekulativen Dialektik. ➜ M4

6 Verfassen Sie zwei kurze Lexikonartikel zu skeptischer und spekulativer Dialektik. ➜ M2-4

9 Metaphysikkritik

M1 Zur Psychologie der Metaphysik

Diese Welt ist scheinbar: *folglich* gibt es eine wahre Welt; – diese Welt ist bedingt – *folglich* gibt es eine unbedingte Welt; – diese Welt ist widerspruchsvoll: *folglich* gibt es eine widerspruchslose Welt; – diese Welt ist werdend: *folglich* gibt es eine seiende Welt: – lauter falsche Schlüsse (blindes Vertrauen in die Vernunft: wenn A *ist*, so muss auch sein Gegensatz Begriff B *sein*). Zu diesen Schlüssen *inspiriert das Leiden:* im Grunde sind es *Wünsche*, es möchte eine solche Welt geben; ebenfalls drückt sich der Hass gegen eine Welt, die leiden macht, darin aus, dass eine andere imaginiert wird, eine *wertvollere:* das *Ressentiment* der Metaphysiker gegen das Wirkliche ist hier schöpferisch.

Friedrich Nietzsche, Nachlass, Bd. III, S. 883

Es ist wahr, es könnte eine metaphysische Welt geben; die absolute Möglichkeit davon ist kaum zu bekämpfen. Wir sehen alle Dinge durch den Menschenkopf an und können diesen Kopf nicht abschneiden; während doch die Frage übrigbleibt, was von der Welt noch da wäre, wenn man ihn doch abgeschnitten hätte. Dies ist ein rein wissenschaftliches Problem und nicht sehr geeignet, den Menschen Sorge zu machen; aber alles, was ihnen bisher metaphysische Annahmen *wertvoll, schreckenvoll, lustvoll* gemacht, was sie erzeugt hat, ist Leidenschaft, Irrtum und Selbstbetrug; die allerschlechtesten Methoden der Erkenntnis, nicht die allerbesten, haben daran glauben lehren. Wenn man diese Methoden als das Fundament aller vorhandenen Religionen und Metaphysiken aufgedeckt hat, hat man sie widerlegt! [...] – Denn man könnte von der metaphysischen Welt gar nichts aussagen als ein Anderssein, ein uns unzugängliches, unbegreifliches Anderssein; es wäre ein Ding mit negativen Eigenschaften. – Wäre die Existenz einer solchen Welt noch so gut bewiesen, so stünde doch fest, dass die gleichgültigste aller Erkenntnisse eben ihre Erkenntnis wäre [...].

Friedrich Nietzsche, Menschliches, Allzumenschliches, S. 452

M2 Metaphysik und Materialismus

Die Metaphysik verspricht sich von ihrer Beschäftigung mit dem „Rätsel“ des Daseins, mit dem „Ganzen“ der Welt, mit dem „Leben“, dem „An-Sich“ oder wie sonst sie immer die Art ihrer Frage beschreiben mag, die Möglichkeit, positive Konsequenzen für das Handeln zu ziehen. Das Sein, zu dem sie vorstößt, muss eine Verfassung haben, deren Kenntnis für die menschliche Lebensführung entscheidend ist, es muss eine diesem Sein angemessene Haltung geben. Das Bestreben, sein persönliches Leben in allen Teilen vom Einblick in die letzten Gründe abhängig zu machen, kennzeichnet den Metaphysiker, gleichviel ob das, was er erblickt, ihn zu höchster weltlicher Aktivität, Gleichmut oder Askese bestimmt, gleichgültig auch, ob die Forderung als für alle Zeiten und Menschen identisch oder als differenziert und wandelbar sich darstellt.

Der metaphysische Glaube, dass die Gestaltung des individuellen Lebens aus dem zu entdeckenden Sein begründbar sei, spricht sich am deutlichsten in den unmittelbar theologischen Systemen aus. Gott kann ein bestimmtes Verhalten von den Menschen fordern; die, welche ihm zuwiderhandeln, verfallen in Sünde. Die theologischen Systeme sind mit sich selbst einig; nur ein persönliches Wesen kann Forderungen stellen, nur ein bewusster Wille so eindeutig sein, dass sich die Richtigkeit eines Lebens an ihm messen lässt. Die über ihr Verhältnis zur Theologie unklare Metaphysik pflegt die Übereinstimmung des individuellen Lebens mit der Forderung des Absoluten nicht als Gehorsam, sondern als Angemessenheit, Echtheit, Eigentlichkeit oder überhaupt als philosophische Weisheit anzusehen. [...] Die materialistische These schließt ihrer Natur nach solche Konsequenzen aus. [...] Die Materie ist an sich selbst sinnlos, aus ihren Qualitäten folgt keine Maxime für die Lebensgestaltung: weder im Sinn eines Gebots noch eines Musterbildes.

Max Horkheimer, Materialismus und Metaphysik, S. 108f.

M3 Metaphysische Sätze sind sinnlos

Von den griechischen Skeptikern bis zu den Empiristen des 19. Jahrhunderts hat es viele *Gegner der Metaphysik* gegeben. Die Art der vorgebrachten Bedenken ist sehr verschieden gewesen. Manche erklärten die Lehre der Metaphysik für *falsch*, da sie der Erfahrungserkenntnis widerspreche. Andere hielten sie nur für *ungewiss*, da ihre Fragestellung die Grenzen der menschlichen Erkenntnis überschreite. Viele Antimetaphysiker erklärten die Beschäftigung mit metaphysischen Fragen für *unfruchtbar*; ob man sie nun beantworten könne oder nicht, jedenfalls sei es unnötig, sich um sie zu kümmern; man widme sich ganz der praktischen Aufgabe, die jeder Tag dem tätigen Menschen stellt! [...]

Wenn wir sagen, dass die Sätze der Metaphysik völlig sinnlos sind, gar nichts besagen, so wird auch den, der unseren Ergebnissen verstandesmäßig zustimmt, doch noch ein Gefühl des Befremdens plagen: sollten wirklich so viele Männer der verschiedensten Zeiten und Völker, darunter hervorragende Köpfe, so viel Mühe, ja wirkliche Inbrunst auf die Metaphysik verwendet haben, wenn diese in nichts bestände als in bloßen, sinnlos aneinandergereihten Wörtern? Und wäre es verständlich, dass diese Werke bis auf den heutigen Tag eine so starke Wirkung auf Leser und Hörer ausüben, wenn sie nicht einmal Irrtümer, sondern überhaupt nichts enthielten? Diese Bedenken haben insofern recht, als die Metaphysik tatsächlich etwas enthält; nur ist es kein theoretischer Gehalt. Die (Schein-)Sätze der Metaphysik dienen *nicht zur Darstellung von Sachverhalten*, weder von bestehenden (dann wären es wahre Sätze) noch von nicht bestehenden (dann wären es wenigstens falsche Sätze); sie dienen *zum Ausdruck des Lebensgefühls.*

Rudolf Carnap, Überwindung der Metaphysik durch logische Analyse der Sprache, S. 50, 73

M4 Gedanken zu einer modernen Metaphysik

Ein metaphysischer Entwurf muss meiner Überzeugung nach heute von vier sachlich gut begründeten Annahmen ausgehen:

1. Es gibt keinen externen Standpunkt, von dem aus wir einen von den Besonderheiten und Beschränkungen unseres Erkennens ungetrübten Blick auf die Natur und uns selbst hätten. Dieser erkenntnistheoretischen Grundeinsicht muss jede sinnvolle Metaphysik Rechnung tragen. Sie kann daher nur eine immanente Auslegung unserer Erfahrungen sein, der äußeren wie der inneren.
2. Die Wirklichkeit, von der sie auszugehen hat, besteht aus der physischen Natur und Subjekten, welche die Natur erfahren und in deren Abläufe handelnd eingreifen können. Es zeigt sich, dass weder die physische Natur im Sinn des Idealismus auf Geistiges, auf Subjekte und ihre Zustände des Empfindens oder Akte des Denkens reduzierbar ist, noch Geistiges auf Physisches. Beide Realitätsbereiche sind also gleich fundamental.
3. Sie kann keine vollständige Theorie von allem sein wollen, sondern muss der Einsicht Rechnung tragen, dass es keine vollständige Theorie unseres eigenen Denkens gibt, also auch nicht von uns selbst. Die Metaphysik muss in diesem Sinn offen sein.
4. Sie muss von menschlicher Freiheit ausgehen und damit von einer kausal nicht geschlossenen Welt.

Diese vier Bestimmungen führen zu einer Metaphysik, für die physische Realität nicht die ganze Wirklichkeit ist, für die es vielmehr mit dem Geistigen eine ihr gegenüber transzendente Realität gibt, ohne die sich viele Vorgänge in der physisch-empirischen Welt nicht verstehen lassen.

Franz von Kutschera, Die großen Fragen, S. 169f.

1 Erläutern Sie die Motive für einen Glauben an eine metaphysische Welt. → M1
2 Entscheiden Sie, ob uns eine metaphysische Welt gleichgültig sein kann. → M1
3 Beurteilen Sie, ob die Ansprüche der Metaphysik durch den Materialismus widerlegt sind. → M2
4 Nehmen Sie Stellung zu den einzelnen Argumenten der Antimetaphysiker. → M3
5 Setzen Sie sich mit der These auseinander, dass es sich bei metaphysischen Aussagen um Schein-Sätze handelt. → M3
6 Diskutieren Sie die Möglichkeit einer Metaphysik trotz der kritischen Einwände. → M4

10 Das metaphysische Bedürfnis

M1 Metaphysische Sehnsucht

Caspar David Friedrich, Der Mönch am Meer, 1808-1810

M2 Die Kunst macht dem Denker das Herz schwer

Wie stark das metaphysische Bedürfnis ist, und wie sich noch zuletzt die Natur den Abschied von ihm schwer macht, kann man daraus entnehmen, dass noch im Freigeiste, wenn er sich alles Metaphysischen entschlagen hat, die höchsten Wirkungen der Kunst leicht ein Miterklingen der lange verstummten, ja zerrissenen metaphysischen Saite hervorbringen, sei es zum Beispiel, dass er bei einer Stelle der neunten Sinfonie Beethovens sich über der Erde in einem Sternendome schweben fühlt, mit dem Traume der *Unsterblichkeit* im Herzen: alle Sterne scheinen um ihn zu flimmern und die Erde immer tiefer hinabzusinken. – Wird er sich dieses Zustandes bewusst, so fühlt er wohl einen tiefen Stich im Herzen und seufzt nach dem Menschen, welcher ihm die verlorene Geliebte, nenne man sie nun Religion oder Metaphysik, zurückführe. In solchen Augenblicken wird sein intellektualer Charakter auf die Probe gestellt.

Friedrich Nietzsche, Menschliches, Allzumenschliches, Bd. I, S. 548

M3 Letzte Gedanken

Zeitschrift für philosophische Praxis: Sehr geehrter Herr Henrich, es ist populär geworden, vom „nachmetaphysischen Zeitalter" zu sprechen. [...]

Henrich: Man sollte wohl zunächst etwas über Metaphysik sagen. Das Wort kommt in Gold-, Blei- und Basaltgewicht daher. Mit ihm verbinden sich Versprechungen, denen gegenüber Misstrauen zu hegen am Platze ist. Ich verstehe aber unter Metaphysik etwas anderes als Nietzsche, wenn er sie kritisiert: Nicht die Annahme einer Hinterwelt oder einer Überwelt, die von dieser sichtbaren Welt durch irgendeinen Chorismos (eine reale Abtrennung) geschieden ist. Man kann zu einem Weltenpluralismus oder zur Überzeugung vom Dasein einer intelligiblen Welt gelangen. Doch davon hängt nicht ab, ob man eine Metaphysik hat oder nicht. Vielleicht sollte man das Wort preisgeben. Es ist jedoch das einzige, mit dem jeder wenigstens eine vage Vorstellung von dem verbindet, wovon die Rede sein soll. Ich selbst würde es bevorzugen, von „letzten Gedanken" zu reden. In ihnen wird ein Leben in einer Summe zusammengefasst und zugleich auf das Ganze dessen, was ist, bezogen. Ein solcher Gedanke greift immer über das hinaus, was aus dem Alltagswissen oder der wissenschaftlichen Erkenntnis bekannt ist, geht also auf etwas diesseits oder jenseits (meta) der Physik aus. Wer Metaphysik in diesem Sinne verteidigt, der muss dafür argumentieren, dass solche Gedanken nicht jederzeit relativ sind auf Interessen des Lebens, um derentwillen sie entwickelt und angenommen werden. Gewiss kommen sie aus dem Denken im Leben auf und greifen in es ein. Aber sie sind mehr als Funktionen zu dessen Selbststabilisierung. Dass man sie auch als solche ansehen und untersuchen kann, ist allerdings die wirksamste Waffe der Metaphysikkritik. Das Ganze, welches die Metaphysik zu denken versuchte und was letzte Gedanken artikulieren, ist aber umgekehrt so zu bestimmen, dass das Leben, aus dem solche Gedanken aufkommen, selbst eine Stellung in dem Ganzen und eine Bedeutung für es hat, in und aus dem es sich begreift. [...]

ZPP: Ich hätte eine Nachfrage: Die „Summe des Lebens" und die „letzten Gedanken" – in welchem Zusammenhang sehen Sie das?

Henrich: „Letzte Gedanken" – darunter verstehe ich einmal die Gedanken über mein Leben, die ich als nicht revidierbar ansehe, also definitive Gedanken; und zum anderen Gedanken, die letzte sind auch in dem Sinne, dass ich mein Leben mit ihnen enden lassen kann, ohne verloren zu sein. Wir wissen zwar nicht, ob uns in unseren letzten Stunden als Lebewesen überhaupt noch Gedanken möglich sein werden, die so etwas wie eine Summe ziehen. Wir können in einem Strudel schwinden, in Schwäche oder im Koma vergehen. Doch leben wir auch als Gesunde in der Antizipation des Endes. Wir wissen auch nicht nur von ihm als einer unausweichlichen Tatsache. Es lässt sich nicht einmal denken, wie es wäre, als Unsterbliche unter Unsterblichen auf der Erde zu leben. Wir könnten dann keine Geborene sein, keine Eltern und keine Kinder haben, kaum im tiefsten Sinne lieben. Die Menschheit ist wesentlich eine Folge der Generationen. Aber jedes einzelne Leben ist zugleich noch ein Ganzes für sich. Es kann, was es für sich ist, nicht von anderen oder in irgendeiner Zukunft bestimmen lassen. Die Frage „Wer bin ich eigentlich?" kann nur von jedem Einzelnen selbst beantwortet werden. Das wissen wir, und darum sind wir um die Wahrheit über uns besorgt. Wir wollen zum Schluss, und eben deshalb möglichst jetzt schon, etwas über uns sagen können, was nicht nur wahr ist, sondern von dem wir auch wissen, dass es alles zusammenbringt und angemessen gewichtet, was von unserem Leben in Wahrheit gesagt werden kann – so etwas wie die Wahrheit über uns. Es ist wohl leicht zu sehen, dass dies nicht so geschehen kann, als liefe im letzten Moment alles, was in unserem Leben geschah und was wir erfuhren, in rasantem Tempo noch einmal durch unser Bewusstsein. Wir wollen vielmehr wissen und sagen können, was es mit uns auf sich hatte. Das aber heißt, dass wir das eigentlich Bedeutsame, was über alles hinweg standhält, von dem abheben, aber auch zu dem in Beziehung setzen wollen, was bloß geschah, was auch anders hätte geschehen können oder sollen, was uns nur betraf, ohne uns eigentlich und in Beziehung auf alles zu berühren. Da kommt nun ins Spiel, was doch „Metaphysik" genannt werden darf. Indem man sagt, was für ein Leben definitive Bedeutung hat, sagt man auch etwas darüber, was dieses Leben ist. [...] Kein Wesen, das seiner nicht bewusst ist, kann solche Fragen stellen. Wir sind, soweit wir wissen können, derzeit die einzigen Wesen, die ihrer selbst im Denken bewusst sind. Vielleicht hat es früher in diesem Weltall keine anderen gegeben und werden auch keine anderen nach der Menschheit kommen. Darin liegt eine metaphysische Provokation: Diesen hinfälligen, verführbaren, in so vielen Beziehungen ärmlichen Lebewesen ist als Ort, an dem sie aufkommt, die Frage nach der Beziehung von Endlichem und Unendlichem aufgegeben?

Dieter Henrich, Bewusstes Leben und Metaphysik, S. 194-198

1 Die Betrachtung der Natur löst bei uns oft das Bedürfnis nach dem Unendlichen, Unerklärlichen, sprich Metaphysischen aus. Finden Sie weitere Beispiele dafür. ➜ M1/2

2 Stellen Sie dar, inwiefern durch die Beschäftigung mit metaphysischen Fragen der intellektuale Charakter auf die Probe gestellt wird. ➜ M2

3 Formulieren Sie in eigenen Worten „letzte Gedanken". ➜ M3

4 Schalten Sie sich in das Interview ein und kommentieren Sie einen Ausschnitt Ihrer Wahl. ➜ M3

5 Verfassen Sie einen Essay über die metaphysische Provokation. ➜ M1-3

1 Sinnstiftung durch Religion

M1 Der Aufstieg

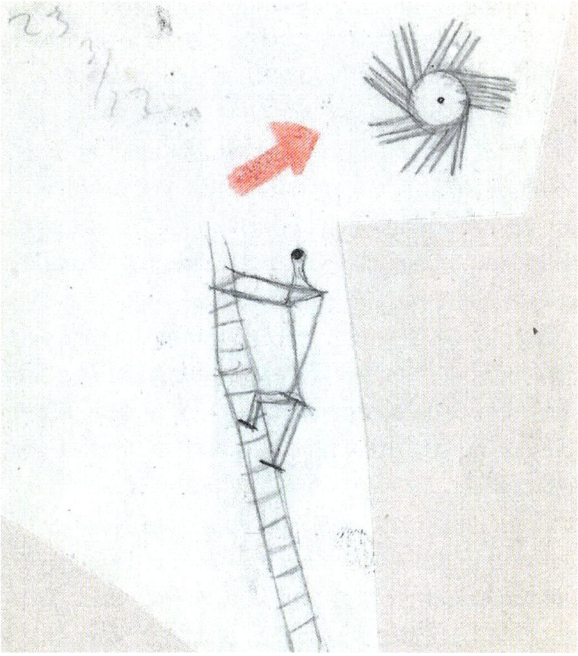

Paul Klee, 1923

M2 Das Wesen der Religion

Sie begehrt nicht das Universum seiner Natur nach zu bestimmen und zu erklären wie die Metaphysik, sie begehrt nicht aus Kraft der Freiheit und der göttlichen Willkür des Menschen es fortzubilden und fertig zu machen wie die Moral. Ihr Wesen ist weder Denken noch Handeln, sondern Anschauung und Gefühl. Anschauen will sie das Universum, in seinen eigenen Darstellungen und Handlungen will sie es andächtig belauschen, von seinen unmittelbaren Einflüssen will sie sich in kindlicher Passivität ergreifen und erfüllen lassen. So ist sie beiden in allem entgegengesetzt, was ihr Wesen ausmacht, und in allem, was ihre Wirkungen charakterisiert. Jene sehen im ganzen Universum nur den Menschen als Mittelpunkt aller Beziehungen, als Bedingung alles Seins und Ursache alles Werdens, sie will im Menschen nicht weniger als in allen andern Einzelnen und Endlichen das Unendliche sehen, dessen Abdruck, dessen Darstellung. Die Metaphysik geht aus von der endlichen Natur des Menschen, und will aus ihrem einfachsten Begriff, und aus dem Umfang ihrer Kräfte und ihrer Empfänglichkeit mit Bewusstsein bestimmen, was das Universum für ihn sein kann, und wie er es notwendig erblicken muss. Die Religion lebt ihr ganzes Leben auch in der Natur, aber in der unendlichen Natur des Ganzen, des Einen und Allen; was in dieser alles Einzelne und so auch der Mensch gilt, und wo alles und auch er treiben und bleiben mag in dieser ewigen Gärung einzelner Formen und Wesen, das will sie in stiller Ergebenheit im Einzelnen anschauen und ahnden. Die Moral geht vom Bewusstsein der Freiheit aus, deren Reich will sie ins Unendliche erweitern, und ihr alles unterwürfig machen; die Religion atmet da, wo die Freiheit selbst schon wieder Natur geworden ist, jenseits des Spiels seiner besondern Kräfte und seiner Personalität fasst sie den Menschen und sieht ihn aus dem Gesichtspunkte, wo er das sein muss, was er ist, er wolle oder wolle nicht. So behauptet sie ihr eigenes Gebiet und ihren eigenen Charakter nur dadurch, dass sie aus dem der Spekulation sowohl als aus dem der Praxis gänzlich herausgeht, und indem sie sich neben beide hinstellt, wird erst das gemeinschaftliche Feld vollkommen ausgefüllt und die menschliche Natur von dieser Seite vollendet. Sie zeigt sich euch als das notwendige und unentbehrliche Dritte zu jenen beiden, als ihr natürliches Gegenstück, nicht geringe an Würde und Herrlichkeit als welches von ihnen ihr wollt.

Friedrich Schleiermacher, Über das Wesen der Religion, S. 71f.

M3 Religion und Metaphysik

Jede Religion enthält eine Weltanschauung, wenn sie auch nicht allein aus einer Weltanschauung besteht – zu ihr gehören z. B. auch Riten und Institutionen. Sie entwickelt eine Vorstellung vom Ganzen der Wirklichkeit und ein Menschenbild, sie macht Wertaussagen und legt Normen des Verhaltens fest. Vor allem aber gibt sie Antwort auf die existentiellen Fragen, welche die Menschen bedrängen und zeigt einen Sinnhorizont für das individuelle Leben auf wie für die Geschichte und die Welt insgesamt. Die überragende Bedeutung der Religionen in der Menschheitsgeschichte wie die Wirkungsmacht, die sie auch heute noch haben, lässt sich nur daraus verstehen, dass sie den Menschen Hoffnung in den Nöten ihres Lebens geben, und zu diesen Nöten zählt vor allem auch, dass wir unserem Tun und Streben nicht selbst Sinn garantieren können. Eine religiöse Weltanschauung ist immer eine transzendente Weltanschauung. Sie sieht die empirische Welt und unser Leben vor dem Hintergrund einer größeren, wertvolleren und mächtigeren Realität.

Da sich in der westlichen Tradition des Christentums Theologie schon früh sehr eng mit Metaphysik verbunden hat, so dass man manchmal fast den Eindruck hat, christlicher Glaube sei geoffenbarte Metaphysik, ist es wichtig, sich die Unterschiede zwischen Religion und Metaphysik klar zu machen – Metaphysik im strikt philosophisch-wissenschaftlichen Sinn. Der erste Unterschied betrifft die Sprache. Die Sprache der Metaphysik ist beschreibend, ebenso wie die in anderen philosophischen und wissenschaftlichen Disziplinen. Die Aussagen sollen Informationen über die Wirklichkeit liefern, und dafür kommt es darauf an, dass sie einen begrifflich klar bestimmten Inhalt haben. Die Aussagen der Religion wollen hingegen oft keine sachlichen Informationen geben, sondern das, wovon sie reden, dem Erleben nahebringen. Eine religiöse Weltanschauung ist keine Theorie – auch in existentiell wichtigen Fragen sind ihre Auskünfte oft erstaunlich dürftig –, sondern vermittelt eine Sichtweise der Wirklichkeit und eine Haltung zu ihr. Die Erzählung der Genesis von der Erschaffung der Welt ist keine Naturgeschichte, ihre zentrale Aussage ist vielmehr, dass die Welt ein Werk Gottes ist, das gut und sinnvoll ist. Über den Prozess der Schöpfung erfahren wir nichts, es werden keine sachlichen Beschreibungen oder Erklärungen natürlicher Phänomene gegeben. In ihren Bildern vermittelt die Erzählung [...] die Sicht der Welt als einer vernünftigen Ordnung und eine Haltung der Verantwortung für sie vor Gott.

Franz von Kutschera, Die großen Fragen, S. 170 f.

M4 Grundfunktionen der Religion

Religionen sprechen mit absoluter Autorität, und sie bringen diese nicht nur mit Worten und Begriffen, Lehren und Dogmen, sondern auch mit Symbolen und Gebeten, Riten und Festen – also rational und emotional – zum Ausdruck. Denn Religionen besitzen Mittel, um nicht nur für eine intellektuelle Elite, sondern auch für breite Bevölkerungsschichten die ganze Existenz des Menschen zu formen – und dies geschichtlich erprobt, kulturell angepasst und individuell konkretisiert. Nein, Religion kann nicht alles, doch vermag sie ein gewisses „Mehr“ im Menschenleben zu eröffnen und zu schenken:

+ Religion vermag eine spezifische Tiefendimension, einen umfassenden Deutungshorizont angesichts auch von Leid, Ungerechtigkeit, Schuld und Sinnlosigkeit und einen letzten Lebenssinn auch angesichts des Todes zu vermitteln: das *Woher und Wohin* unseres Daseins.
+ Religion vermag oberste Werte, unbedingte Normen, tiefste Motivationen und höchste Ideale zu garantieren: das *Warum und Wozu* unserer Verantwortung.
+ Religion vermag durch gemeinsame Symbole, Rituale, Erfahrungen, Ziele ein Zuhause des Vertrauens, des Glaubens, der Gewissheit, Ich-Stärke, Geborgenheit und Hoffnung zu schaffen: *eine geistige Gemeinschaft und Heimat.*
+ Religion vermag Protest und Widerstand gegen Unrechtsverhältnisse zu begründen: die schon jetzt wirksame, unstillbare *Sehnsucht nach dem „ganz Anderen“*.

Hans Küng, Projekt Weltethos, S. 78

1 Interpretieren Sie das Bild – was bedeutet für Sie Aufstieg? ➜ M1
2 Erarbeiten Sie die Wesensbestimmungen von Religion. Welche leuchtet Ihnen am ehesten ein? ➜ M2
3 Grenzen Sie die metaphysische von der religiösen Weltanschauung ab. ➜ M3
4 Zeigen Sie an Beispielen aus den großen Weltreligionen die Grundfunktionen der Religion auf. ➜ M4
5 Formulieren Sie eine eigene These: Religion ist ...

2 Ursprung der Religion

M1 Ursprung des Götterglaubens

Als die Menschen der Vorzeit die Vorgänge in der Höhe sahen, wie Donner und Blitz, das Zusammentreffen von Sternen und die Verfinsterungen von Sonne und Mond, da gerieten sie in Furcht, weil sie glaubten, von diesen Erscheinungen seien göttliche Wesen die Urheber.

Sommer und Winter, Frühling und Herbst und alles Derartige erfolgt von oben, vom Himmel her. Daher hätten denn auch die Menschen, als sie die Urheber hiervon erkannt hätten, sie als Götter verehrt. [...] So hatten sie denn als ihre Zuflucht, alles den Göttern zu überlassen und nach ihrem Wink alles zu tun. Und in den Himmel verlegten sie die Wohnsitze und Tempel der Götter, weil Sonne und Mond durch den Himmel ihre Bahn zu nehmen scheinen; der Mond, Tag und Nacht und die ernsten Zeichen der Nacht und die in der Nacht einherfahrenden Fackeln des Himmels und fliegende Flammen, Wolken, Tau, Regen, Schnee, Wind, Blitz und Hagel und ungestümes Getöse und furchtbare dumpfe Geräusche, die wie Drohungen klangen – das alles erweckte die Vorstellung von übernatürlichen Mächten, von „Göttern" in ihnen.

Demokrit, in: Wilhelm Capelle, Die Vorsokratiker, S. 419f.

M2 Wie die Menschen – so ihr Gott

Alles haben Homer und Hesiod den Göttern angedichtet, was nur immer bei den Menschen Schimpf und Schande ist. Stehlen, Ehebrechen und sich gegenseitig Betrügen. Doch die Sterblichen wähnen, die Götter würden geboren und hätten Gewand, Stimme und Gestalt ähnlich wie sie selber.

Die Äthiopen stellen sich ihre Götter schwarz und stumpfnasig vor, die Thraker dagegen blauäugig und rothaarig. Wenn Kühe, Pferde oder Löwen Hände hätten und damit malen und Werke wie die Menschen schaffen könnten, dann würden die Pferde pferde-, die Kühe kuhähnliche Götterbilder malen und solche Gestalten schaffen, wie sie selber haben.

Xenophanes, in: Wilhelm Capelle, Die Vorsokratiker, S. 121

M3 Gott als Zuchtmeister

Es gab einmal eine Zeit, da war das Leben der Menschen jeder Ordnung bar, ähnlich dem der Raubtiere, und es herrschte die rohe Gewalt. Damals wurden die Guten nicht belohnt und die Bösen nicht bestraft. Und da scheinen mir die Menschen sich Gesetze als Zuchtmeister gegeben zu haben, auf dass das Recht in gleicher Weise über alle herrsche und den Frevel niederhalte. Wenn jemand ein Verbrechen beging, so wurde er nun gestraft. Als so die Gesetze hinderten, dass man offen Gewalttat verübte, und daher nur insgeheim gefrevelt wurde, da scheint mir zuerst ein schlauer und kluger Kopf die Furcht vor den Göttern für die Menschen erfunden zu haben, damit die Übeltäter sich fürchteten, auch wenn sie insgeheim etwas Böses täten oder sagten oder (auch nur) dächten. – Er führte daher den Gottesglauben ein:

Es gibt einen Gott, der ewig lebt, voll Kraft, der mit dem Geiste sieht und hört und übermenschliche Einsicht hat; der hat eine göttliche Natur und achtet auf dies alles. Der hört alles, was unter den Menschen gesprochen wird und alles, was sie tun, kann er sehen. Und wenn du schweigend etwas Schlimmes sinnst, so bleibt es doch den Göttern nicht verborgen. Denn sie besitzen eine übermenschliche Erkenntnis. – Mit solchen Reden führte er die schlauste aller Lehren ein, indem er die Wahrheit mit trügerischem Worte verhüllte. Die Götter, sagte er, sie wohnen dort, wo es die Menschen am meisten erschrecken musste, von wo, wie er wusste, die Angst zu den Menschen herniederkommt wie auch der Segen für ihr armseliges Leben: aus der Höhe da droben, wo er die Blitze zucken sah und des Donners grauses Krachen hörte, da, wo des Himmels gestirntes Gewölbe ist. [...] Mit Ängsten solcher Art schreckte er die Menschen und wies so passend und wohlbedacht der Gottheit an geziemender Stätte ihren Wohnsitz an und tilgte den ungesetzlichen Sinn durch die Gesetze.

Kritias, in: Wilhelm Capelle, Die Vorsokratiker, S. 378f.

M4 Die Antenne zu Gott

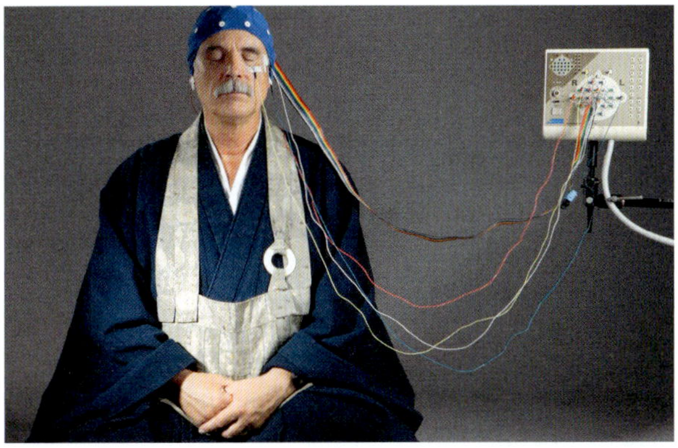

Meditation als Form spirituellen Erlebens: [...] Offenbar gibt es besondere Zustände des Gehirns, die für das Erfahren einer transzendenten Welt wichtig sind.

Geo kompakt, Nr. 16/2008, S. 60

M5 Religion entsteht im Gehirn

bild der wissenschaft: Ist es eine vermessene Grenzüberschreitung der Wissenschaft, wenn Forscher jetzt nach Gott im Gehirn zu suchen beginnen?

Eugen Drewermann (Theologe): Das ist zunächst die Frage nach einer brauchbaren Definition von Religion. Wenn man jeden drogeninduzierten Zustand von Halluzination bereits als religiöse Erfahrung interpretiert, ist das Feld möglicher Zusammenhänge von Neurologie und Religionen natürlich riesig. [...] Unter Religion sollte eine Antwort auf die radikale Zufälligkeit und Ungesichertheit unseres Daseins verstanden werden, die Vertrauen ermöglicht und die das Ich des Menschen stärkt. [...]

bdw: Wie sehen Sie das Verhältnis von Gehirn und Glauben?

Drewermann: Religion entsteht aus Fragen, die das vordere Stirnhirn stellt, dessen Verschaltungen sich unter ständigen Lernerfahrungen im Rahmen kultureller Vorgaben prägen. Schon die Idee scheint methodisch absurd, man könnte ein so komplexes Phänomen wie das religiöse Bewusstsein auf die Wirkung einzelner Hirnstrukturen zurückführen. Ganz grob müsste man wahrscheinlich sagen: Die Religion besteht darin, mit den Mitteln der Assoziationscortices, vor allem des vorderen Stirnhirns, auf Fragen der Daseinsbegründung zu antworten, indem sie die Ängste des limbischen Systems, besonders des Mandelkerns, mit Mitteln des limbischen Systems und der rechten Hirnhälfte zu beruhigen versucht: mittels symbolischer Bilder und Vorstellungen. Religion ist gebunden an die Aktivierung so gut wie aller Teile unseres Gehirns. [...]

bdw: Mit magnetischen, elektrischen oder biochemischen Hirnstimulationen lassen sich tiefgreifende, von den Menschen häufig sehr spirituell gedeutete und metaphysisch interpretierte Erlebnisse hervorrufen. Ist das ein Zugang zu Gott mit neurologischen Mitteln?

Drewermann: Das Spiel des Zufalls mag beantworten, warum es einen Menschen gibt. Doch wonach ein Individuum fragt, ist die Berechtigung seiner Existenz als eines Einzelnen. Gerade dieses wissenschaftlich Unableitbare ist das menschlich Problematische. Es gibt auf die Frage „Warum existiere ich?" nach Überzeugung der Religion eigentlich nur eine paradoxe Antwort: „Es muss dich nicht geben aufgrund einer apriorischen Notwendigkeit. Aber es soll dich geben, weil ich möchte, dass du bist." Die Begründung unseres Lebens ergibt sich als eine absolute Freiheit, die Liebe ist. *bild der wissenschaft 7/2005, S. 44f.*

1. Erarbeiten Sie die Funktion, die Götter in der Vorzeit für die Menschen erfüllten. ➜ M1
2. Diskutieren Sie, ob der Fortschritt der modernen Naturwissenschaft die Vorstellung von übernatürlichen Mächten überflüssig macht. ➜ M1
3. Geben Sie weitere Beispiele für anthropomorphe (vermenschlichte) Gottesvorstellungen. ➜ M2
4. Erarbeiten Sie die Argumente für Ursprung und Notwendigkeit von Göttern. ➜ M3
5. Nennen Sie weitere Formen religiösen Erlebens. ➜ M4
6. Nehmen Sie Stellung zu der These der Neurotheologen, dass Religiosität auf Gehirnaktivitäten zurückführbar sei. ➜ M5
7. Diskutieren Sie, ob die Ergebnisse der Hirnforscher uns bei der Frage nach der Religiosität des Menschen weiterbringen können. ➜ M4/5
8. Recherchieren Sie andere Theorien zum Ursprung der Religion (z. B. soziokulturelle) und erarbeiten Sie eine Präsentation. ➜ M1-5

3 Kontingenz menschlichen Daseins

M1 Hyperions Schicksalslied

Ihr wandelt droben im Licht
Auf weichem Boden, seelig Genien
Glänzende Götterlüfte
Rühren euch leicht,
Wie die Finger der Künstlerin
Heilige Saiten. [...]

Doch uns ist gegeben
Auf keiner Stätte zu ruhen,
Es schwinden, es fallen
Die leidenden Menschen
Blindlings von einer
Stunde zur andern,
Wie Wasser von Klippe
Zu Klippe geworfen,
Jahrlang ins Ungewisse hinab.

Friedrich Hölderlin, Sämtliche Werke, Band I, S. 265

Kontingenz [mittellat. „Zufall", „Möglichkeit"] im allgemeinen philosophischen Sprachgebrauch die Zufälligkeit im Gegensatz zur Notwendigkeit. Kontingent ist alles, was nicht aus eigener Wesensnotwendigkeit hervorgeht. Vor allem die christliche Metaphysik vertritt die Ansicht, dass das Dasein des Menschen – wie das aller geschaffenen und endlichen Wesen – nicht notwendig aus seinem Wesen hervorgeht; nur Gott wird als nicht kontingent existierend betrachtet. [...] Anthropologisch bedeutet Kontingenz, dass es dem Menschen unmöglich ist, über das Eintreten bestimmter Ereignisse zu verfügen; sie gehört also zu den menschlichen Grunderfahrungen.

Schülerduden Philosophie (2009), S. 235

M2 Gott als Halt

Wir erfahren die Beschränktheit unseres empirischen Daseins. Wir erkennen, dass wir einem zufälligen Schicksal ausgeliefert sind, dass unser Leben endlich ist und dass alles Glück, das wir erleben, und alles, was wir schaffen und bewirken können, vergänglich ist. Dadurch sehen wir den Sinn und Wert unseres Lebens in Frage gestellt. Unsere Ideale von einem erfüllten Leben, von freier Selbstbestimmung, von Sicherheit vor Angst, Not, Krankheit und Tod, und von unserer Bedeutung im Ganzen des Universums, finden in der empirischen Realität keinen Anhalt. In ihr besteht eine tiefe Diskrepanz zwischen dem, was wir sind, und dem was wir sein wollen, zwischen Lebenssehnsucht und Lebensrealität. Der Glaube an einen guten und allmächtigen Gott gibt unseren Idealen nun ein Fundament in der Realität. Gott hat es in der Hand, unserem Leben die ersehnte Fülle zu geben.

Franz von Kutschera, Die großen Fragen, S. 178

M3 Kontingenz- und Sinnprobleme

Warum-Fragen können in jeder Situation aufkommen: Warum musste gerade mir dieses oder jenes passieren? Warum gerade jetzt? Warum ging diese Liebe zu Ende? Warum wurde ich zum Vorstellungsgespräch eingeladen? Warum habe ich mich im Datum geirrt? Das Problem der Kontingenz, auf das sich Religion bezieht, ist von universaler Relevanz. Die Voraussetzung für sein Aufkommen besteht in dem Bewusstsein anderer Möglichkeiten, die im Augenblick zwar nicht aktualisierbar, prinzipiell aber denkbar sind. Das Wissen um die Kontingenz ist an die Weite des vorstellbaren Welthorizonts gebunden. Kontingenz ist emotional vor allem erfahrbar, wenn etwas Unerwartetes, etwas Gutes oder Schlechtes, geschieht. Die affektive Kontingenzerfahrung ist häufig mit Gefühlen von Furcht und Hoffnung, von Freude und Dankbarkeit, von Trauer und Bedauern verbunden. Hervorgebracht wird die Kontingenzerfahrung insbesondere, wenn Menschen Situationen von Ohnmacht, Hilflosigkeit und Unvermögen ausgeliefert sind, wenn sie zum Beispiel konfrontiert sind mit Krankheit, Tod, Armut, unaufhaltsamen sozialem Abstieg, Ungerechtigkeit, mit dem Zerbrechen sozialer Beziehungen oder unerklärlichen inneren Ängsten. Zieht man die unterschiedlichen Arten der Kontingenzerfahrung in Rechnung, so lassen sich eine kognitive, eine affektive und eine Verhaltensdimension der Kontingenzerfahrung unterscheiden.

In jedem Falle bringt die Kontingenzerfahrung ein Gefühl der Unsicherheit und Ungewissheit mit sich und ein Bedürfnis nach Sicherheit, Ordnung, Beruhigung und Trost. [...] Es ist klar, dass das Bedürfnis nach Religion, wenn es von Kontingenzerfahrungen abhängt, nicht konstant ist, sondern nach sich wandelnden Umständen jeweils variiert. Das Kontingenzproblem selbst kann wohl kaum als religiös bezeichnet werden, denn Sinnlosigkeit, Tragik und Zufälligkeit stellen Dimensionen der menschlichen Existenz dar, die nicht als solche religiös sind, und es gibt die verschiedensten Strategien, mit denen man auf derartige Probleme reagieren kann: Man kann sich Ideologien und Weltdeutungen zurechtlegen, die die erfahrene Kontingenz erklären, man kann sich in psychotherapeutische Behandlung begeben, sein Verhalten verändern, Gespräche mit guten Freunden führen, sich in harte Arbeit stürzen oder auch seine Erwartungen zurücknehmen. Religiöse Ideen und Praktiken sind nur eine Möglichkeit neben anderen, mit Kontingenzproblemen umzugehen.

Was unterscheidet religiöse Lösungsformen von anderen Antworten auf das Kontingenz- und Sinnproblem? Religion arbeitet mit der Unterscheidung von Immanenz und Transzendenz. Während alles Immanente erreichbar, hinterfragbar, bezweifelbar und kritisierbar ist, bietet das Transzendente aufgrund seiner Unerreichbarkeit Sicherheit und Nicht-Irritierbarkeit. Mit der Einführung der Unterscheidung von Immanenz und Transzendenz schließt Religion die Horizonte der Welt und überführt das Unbestimmbare der Welt in Bestimmbares. Auf diese Weise macht sie Kontingenz hinnehmbar und steigert sie tragbare Unsicherheit. *Detlef Pollack, Rückkehr des Religiösen?, S. 64f.*

M4 Kontingenzbewältigung

Daseinskontingenz, soweit sie religiös thematisiert wird, ist in Handlungssinn prinzipiell nicht transformierbare Kontingenz. Was soll da ihre „Bewältigung“ heißen? Dass wir sind und nicht vielmehr nicht sind, dass wir in eins damit dieser und nicht vielmehr ein anderer sind – daran lässt sich nun einmal, sozusagen, nichts ändern. Wer der Kontingenz seines Lebens inne wird, findet sich nicht mit einem Problem konfrontiert, durch das wir in unseren Kompetenzen, handelnd die Wirklichkeit zu verändern, herausgefordert wären. [...] Weder technisch noch organisatorisch, weder politisch noch moralisch lässt sich sinnvoll auf Erfahrungen schlechthinniger Abhängigkeit reagieren. [...]

Kontingenzbewältigung ist „Bewältigung“ durch Anerkennung. Geläufiger als die Charakteristik religiöser Lebenspraxis durch die Funktion der Anerkennung unverfügbarer Daseinskontingenz ist die Charakteristik der Religion durch die Funktion, sogenannte Sinnfragen zu beantworten. [...] „Was ist der Sinn des Lebens? Was ist der Sinn dieser Welt?“ Ersichtlich sind das keine religiösen Fragen.

Hermann Lübbe, Religion nach der Aufklärung, S. 160, 177-179

1. Formulieren Sie anhand des Gedichtes die Situation des Menschen in dieser Welt. ➜ M1
2. Arbeiten Sie die Vorteile des Glaubens in der Beschränktheit des empirischen Daseins heraus. ➜ M2
3. Erläutern Sie, wie das Problem von Kontingenz entsteht. ➜ M3
4. Unterscheiden Sie religiöse und nichtreligiöse Lösungsversuche des Kontingenzproblems. ➜ M3
5. Finden Sie Beispiele „schlechthinniger Abhängigkeit“, d. h. Daseinsfaktoren, die Sie weder verursacht haben, noch verändern können. ➜ M3/4
6. Erklären Sie, warum wir diesen Abhängigkeiten nicht handelnd begegnen können. ➜ M4
7. Sinnfragen sind nicht-religiöse Fragen. Formulieren Sie nicht-religiöse Antworten. ➜ M4

4 Gott als Ursache und Ziel

M1 Gott als letztes Ziel der Erkenntnis

Da aber alle Geschöpfe, auch jene, die keinen Verstand haben, auf Gott als letztes Ziel hingeordnet sind und zu diesem Ziel alle gelangen, insofern sie an der Ähnlichkeit mit ihm einen Anteil haben: So gelangen die geistigen Geschöpfe auf eine besondere Weise zu ihm, nämlich indem sie ihn durch die ihnen eigene Tätigkeit erkennen. Daher ist dies notwendig das Ziel des geistigen Geschöpfes: Gott zu erkennen. Denn das letzte Ziel jedes Dinges ist Gott, wie dargelegt wurde. Also strebt ein jedes danach, sich so weit wie möglich mit Gott als dem letzten Ziel zu verbinden. Es wird etwas aber dadurch mit Gott enger verbunden, dass es auf irgendeine Weise zu seiner Substanz selbst gelangt, was geschieht, wenn jemand etwas von der göttlichen Substanz erkennt, als wenn es irgendeine (andere) Ähnlichkeit erreicht. Die geistige Substanz strebt also nach der Erkenntnis Gottes als dem letzten Ziel.

Ebenso. Eines jeden Dinges eigene Tätigkeit ist sein Ziel, denn sie ist seine zweite Vollkommenheit; was sich daher in guter Übereinstimmung mit der ihm eigenen Tätigkeit befindet, das heißt tauglich und gut. Erkennen ist aber die der geistigen Substanz eigene Tätigkeit. Diese also ist ihr (der Substanz) Ziel. Was in dieser Tätigkeit das Vollkommenste ist, das ist demnach das letzte Ziel, vor allem bei Tätigkeiten, die nicht auf etwas Verfertigtes hingeordnet sind, wie Erkennen und Wahrnehmen. Da aber derartige Tätigkeiten von den Gegenständen her ihre Art empfangen, durch welche sie auch (selbst) erkannt werden, so ist eine dieser Tätigkeiten notwendigerweise umso vollkommener, je vollkommener ihr Gegenstand ist. Und so ist das Erkennen des vollkommensten Erkennbaren, Gottes also, die vollkommenste in der Tätigkeitsgattung Erkennen. Gott also mit dem Verstand zu erkennen ist das letzte Ziel jeder geistigen Substanz.

Thomas von Aquin, Summe gegen die Heiden, S. 96

M2 Über den letzten Ursprung der Dinge

Leibniz setzt den Satz vom zureichenden Grund voraus. Da die Welt selbst kontingent ist, muss es einen zureichenden, d. h. notwendigen und nicht kontingenten Grund für die Welt geben, der etwas anderes sein muss als die Welt.

Neben der *Welt* oder der *Anhäufung* der endlichen Dinge gibt es ein *Herrschendes*, nicht bloß wie die Seele in mir oder vielmehr wie das Ich in meinem Körper, sondern in einer noch weit höhern Weise. Denn das die Welt beherrschende Eine regiert nicht bloß das Universum, sondern baut es auch auf und macht es und ist ein Höheres als die Welt und etwas sozusagen Außerweltliches und daher der letzte Grund der Dinge. Denn weder in irgendeinem einzelnen noch in der ganzen Anhäufung und Reihe der Dinge kann der zureichende Grund für deren Sein aufgefunden werden. [...]

Die Gründe der Welt liegen also in etwas Außerweltlichem, das von der Kette der Zustände oder der Reihe der Dinge, deren Anhäufung die Welt bildet, verschieden ist. Auf diese Weise gelangt man aber von der physischen oder hypothetischen Notwendigkeit, welche die späteren Dinge in der Welt aus den frühern bestimmt, zu einer unbedingten oder metaphysischen Notwendigkeit, für die kein Grund angegeben werden kann. Denn die gegenwärtige Welt ist physisch oder hypothetisch, nicht aber unbedingt oder metaphysisch notwendig, da gesetzt, dass einmal eine solche sei, folgt, dass wiederum solches daraus entsteht. Weil demnach die letzte Wurzel in etwas bestehen muss, das von metaphysischer Notwendigkeit ist, und der Grund eines seienden Dinges nur einem seienden entnommen werden kann, so muss es ein Wesen von metaphysischer Notwendigkeit geben, d. h., dessen Wesen das Sein ist, und mithin etwas bestehen, das von der Mehrheit der Dinge oder der Welt, die, wie wir eingeräumt und dargelegt haben, nicht von metaphysischer Notwendigkeit ist, verschieden ist.

Gottfried Wilhelm Leibniz, Über den letzten Ursprung der Dinge, S. 177–179

M3 Die göttliche Wesenheit

Jeder muss ja zugeben, dass nichts ohne Gott sein oder begriffen werden kann. Denn allerseits wird anerkannt, Gott sei die alleinige Ursache aller Dinge, ihrer Wesenheit sowohl wie ihrer Existenz, das heißt Gott sei nicht nur die Ursache der Dinge hinsichtlich ihres Werdens, wie man zu sagen pflegt, sondern auch hinsichtlich ihres Seins. Nun aber sagen die meisten, zur Wesenheit eines Dinges gehöre das, ohne was das Ding weder sein noch begriffen werden kann, und auf Grund dieser Definition meinen sie dann entweder, dass die Natur Gottes zur Wesenheit der erschaffenen Dinge gehöre, oder dass die erschaffenen Dinge ohne Gott sein und begriffen werden können, oder aber, was wohl das wahrscheinlichste ist, sie vermögen sich darüber nicht recht schlüssig zu werden. Die Ursache hiervon ist, glaube ich, die, dass sie die Ordnung des philosophischen Denkens nicht eingehalten haben. Denn die göttliche Natur, die vor allen anderen Dingen hätte betrachtet werden sollen, weil sie sowohl der Erkenntnis wie der Natur nach das Erste ist, hielten sie für das Letzte in der Ordnung der Erkenntnis, und die Dinge, die man Objekte der Sinne nennt, glaubten sie, gingen allen anderen Dingen voran; woher es denn kam, dass sie bei der Betrachtung der natürlichen Dinge an nichts weniger dachten als an die göttliche Natur, und dass sie nachgehends, als sie sich dann anschickten, die göttliche Natur zu betrachten, an nichts weniger denken konnten als an ihre vorausgesetzten Einbildungen, auf die sie die Erkenntnis von den natürlichen Dingen aufgebaut hatten, weil diese nämlich zur Erkenntnis der göttlichen Natur nichts helfen konnten. Kein Wunder daher, wenn sie sich da und dort selbst widersprochen haben. Doch will ich dies auf sich beruhen lassen. Denn meine Absicht war hier nur, die Ursache anzugeben, warum ich die Definition, dass zur Wesenheit eines Dinges das gehöre, ohne was das Ding weder sein noch begriffen werden kann, nicht verwendet habe, nämlich deswegen nicht, weil die Einzeldinge ohne Gott weder sein noch begriffen werden können und Gott gleichwohl zu ihrer Wesenheit nicht gehört. Ich habe dagegen gesagt, zur Wesenheit eines Dinges gehöre notwendig das, wodurch, wenn es gegeben ist, das Ding notwendig gesetzt, und wodurch, wenn es aufgehoben wird, das Ding notwendig aufgehoben wird, oder das, ohne was das Ding, und umgekehrt, was ohne das Ding weder sein noch begriffen werden kann. [...] Daraus folgt, dass die menschliche Seele ein Teil des unendlichen Verstandes Gottes ist.

Baruch de Spinoza, Die Ethik, S. 58f.

M4 Gott und Welt in der Moderne

René Magritte, Le Rossignol (Die Nachtigall / Der Ladenhüter), 1962

1 Erarbeiten Sie die Argumentationsstruktur des Textes anhand der farbig unterlegten Konjunktionen. → M1

2 Stellen Sie die Argumente für Gott als zureichenden Grund aller Dinge zusammen. → M2

3 Beschreiben Sie die Bestimmung der göttlichen Wesenheit in Bezug auf die erschaffenen Dinge. → M3

4 Zeigen Sie in einer genauen Analyse des Bildes
- welche Gottesvorstellung darin zum Ausdruck kommt,
- welche Beziehung zwischen irdischer und himmlischer Sphäre besteht,
- was daraus für die Existenz des Menschen folgt. → M4

5 Glauben trotz des Bösen in der Welt

M1 Eloi, Eloi, lema sabachtani?

Hans Grundig, Opfer des Faschismus, 1946/47

M2 Grenzfragen

Lass die heilgen Parabolen,
Lass die frommen Hypothesen –
Suche die verdammten Fragen
Ohne Umschweif uns zu lösen.

Warum schleppt sich blutend, elend,
Unter Kreuzlast der Gerechte,
Während glücklich als ein Sieger
Trabt auf hohem Ross der Schlechte?

Woran liegt die Schuld? Ist etwa
Unser Herr nicht ganz allmächtig?
Oder treibt er selbst den Unfug?
Ach, das wäre niederträchtig.

Also fragen wir beständig,
Bis man uns mit einer Handvoll
Erde endlich stopft die Mäuler –
Aber ist das eine Antwort?

Heinrich Heine, Zum Lazarus, in: Werke 1, S. 479f.

M3 Kann er nicht oder will er nicht?

Entweder, sagt Epikur, will Gott die Übel aufheben und kann es nicht, oder er kann es und will es nicht, oder er will es weder, noch kann er es, oder er will es und kann es. Wenn er will und nicht kann, ist er schwach, was auf Gott nicht zutrifft. Wenn er kann und nicht will, ist er missgünstig, was Gott ebenso fremd ist. Wenn er weder will noch kann, ist er missgünstig und schwach und deshalb auch kein Gott. Wenn er sowohl will als kann, was Gott allein zukommt, woher kommen dann die Übel, oder warum hebt er sie nicht auf?

Laktanz, in: Malte Hossenfelder, Antike Glückslehren, S. 208

M4 Gottes Vorsehung

Gottes überlegene Weisheit konnte in Verbindung mit seiner nicht weniger unendlichen Güte einzig und allein das Beste erwählen. [...] Kann ein Gegner diesem Argument nicht beikommen, so wird er vielleicht auf unsere Schlussfolgerung mit einem entgegengesetzten Argument antworten: Er wird sagen, die Welt hätte ja ohne Sünde und ohne Leiden sein können; aber was ich bestreite, ist, dass sie dann besser wäre. Wissen muss man, dass in jeder möglichen Welt alles miteinander *in Verbindung* steht; jedwedes *Universum* ist ein Ganzes aus einem Stück, gleich dem Ozean; die geringste Bewegung breitet sich in beliebige Entfernung aus, wenn sie auch schwächer und schwächer wird entsprechend dieser Entfernung: So hat Gott ein für allemal alles im Voraus geregelt, er, der die Gebete, die guten und schlechten Handlungen und alles andere voraussah; und jedes Ding hat vor seiner Existenz *idealiter* zu dem Entschluss beigetragen, der über das Dasein aller Dinge gefasst wurde. Darum kann in der Welt nichts, ohne Schaden an seiner Wesensart oder (wie bei einer Zahl) an seiner *numerischen Individualität* zu nehmen, verändert werden. Wenn somit das geringste Übel, das in der Welt eintrifft, fehlte, es wäre nicht mehr diese Welt, die, alles in allem, von dem sie auswählenden Schöpfer als die beste befunden worden ist.

Gottfried Wilhelm Leibniz, Die Theodizee, S. 101

M5 Das Problem des Übels

„Wenn es einen Gott gibt, woher kommt dann das Übel?" Diese Frage des römischen Denkers Boethius (480-524) bewegt die Theologie und Philosophie des Abendlandes bis auf den heutigen Tag. Sie wird in der Tat unabweisbar, sobald man an die Existenz Gottes glauben und diesem Glauben ein Gottesbild wie das christliche zugrunde legen möchte: Wie kann ein Gott, der sowohl allmächtig und allwissend als auch allgütig ist, ja der alle denkbaren positiven Eigenschaften in höchstem Maße verkörpert, das Übel in der Welt, also etwas Negatives erschaffen haben oder zumindest zulassen?

Das Problem stellt sich in unterschiedlicher Schärfe – je nachdem, auf welcher Basis man seinen Gottesglauben begründet sieht. Wer den Anspruch erhebt, die Existenz eines göttlichen Wesens mit den genannten Eigenschaften aus den empirischen Gegebenheiten dieser Welt zu folgern (etwa mit Hilfe des teleologischen Beweises), hat es besonders schwer. Denn wie kann man aus den gemischt guten und schlechten Aspekten dieser Welt auf einen einzigen, *ausschließlich guten* Schöpfer und Herrscher derselben schließen? Ist das nicht ebenso absurd, als wollte man aus eben denselben Phänomenen auf einen *ausschließlich schlechten* Schöpfer und Herrscher schließen? Läge es nicht, wenn man schon einen theologischen Schluss über diese Welt hinaus wagen will, viel näher, sich den einen Gott entweder als moralisch indifferent zu denken oder aber verschiedene, gute wie schlechte Götter zu postulieren, die sich in die Verantwortung für die Welt teilen? [...]

Aurelius Augustinus (354-430) und Gottfried Wilhelm Leibniz, die eine solche Theodizee vom christlichen Standpunkt aus vertreten, versuchen auf unterschiedliche Weise, diesem Erfordernis gerecht zu werden. Augustinus argumentiert in erster Linie, dass das Übel – letztlich und im eigentlichen Sinne – gar keine Realität besitzt und daher auch nicht von Gott geschaffen worden sein muss. Daneben vertritt er die Auffassung, dass eine Welt unter Einschluss des Übels wegen dessen Kontrastwirkung einer Welt ohne Übel überlegen ist. Der allgemeine Gedanke, dass man die einzelnen Übel in der Welt nicht isoliert sehen darf, sondern in ihrer Funktion im Gesamtzusammenhang des Universums würdigen muss, steht im Mittelpunkt der Leibniz'schen Argumentation.

Norbert Hoerster (Hg.), Glaube und Vernunft, S. 96

M6 Was bleibt, ist die Sehnsucht

Horkheimer: Religion lehrt, dass es einen allmächtigen und allgütigen Gott gibt. Ein kaum glaubhaftes Dogma angesichts des Grauens, das seit Jahrtausenden auf dieser Erde herrscht!

Spiegel: Und?

Horkheimer: Ich würde sagen, man solle Theologie erneuern. Es ist keine Gewissheit, dass es einen allmächtigen Gott gibt. Ja, wir können es nicht einmal glauben angesichts dieser Welt und ihres Grauens.

Spiegel: Was bleibt dann?

Horkheimer: Die Sehnsucht.

Spiegel: Wonach?

Horkheimer: Sehnsucht danach, dass es bei dem Unrecht, durch das die Welt gekennzeichnet ist, nicht bleiben soll. Dass das Unrecht nicht das letzte Wort sein möge. Diese Sehnsucht gehört zum wirklich denkenden Menschen.

Spiegel: Also eine neue Religion?

Horkheimer: Nein, wir können nicht eine neue Religion gründen. Mögen die alten Konfessionen weiter existieren und wirken in dem Eingeständnis, dass sie eine Sehnsucht ausdrücken und nicht ein Dogma.

Max Horkheimer, Gesammelte Schriften, Bd. 7, S. 349-352

1. Ausschwitz steht für das schlechthin „Böse" in der Welt. Formulieren Sie verschiedene Erklärungen für den Ursprung von Leiden, Grausamkeiten bzw. des Bösen. ➜ M1/2
2. Überlegen Sie, ob sich die Titelfrage sinnvoll beantworten lässt. ➜ M3
3. Prüfen Sie die Argumente Leibniz', die er für die „unendliche Güte Gottes" vorbringt. Werden sie durch die Welterfahrungen eines Menschen im 21. Jahrhundert widerlegt? ➜ M4
4. Zeigen Sie, wie sich vor allem aus dem christlichen Gottesbild (Allmacht, Allwissenheit, Allgüte) und der Erfahrung des Bösen, des Übels in der Welt das Theodizeeproblem ergibt. ➜ M5
5. Diskutieren Sie die These, dass das Unrecht nicht das letzte Wort behalten soll. ➜ M6

6 Existiert Gott?

M1 Gott: Hypothese oder Wirklichkeit?

Für die theistischen Denker ist Gott in der Tat eine unumstößliche Gewissheit. Für die meisten materialistischen Philosophen und für alle Empiristen, die als einzige Erkenntnisquelle die Sinneserfahrung zulassen (man spricht oft auch von „Pragmatikern"), ist Gott nichts anderes als eine dumme Hypothese, von den Menschen erfunden, um sich zu schützen und es sich gemütlich zu machen in ihrer „existentiellen" Angst.

Denis Huisman, Philosophie für Einsteiger, S. 25, 32

M2 Vernünftige Zweifel

Payne: [...] Es gibt keinen Gott, denn: entweder hat Gott die Welt geschaffen oder nicht. Hat er sie nicht geschaffen, so hat die Welt ihren Grund in sich, und es gibt keinen Gott, da Gott nur dadurch Gott wird, dass er den Grund alles Seins enthält. Nun kann aber Gott die Welt nicht geschaffen haben; denn entweder ist die Schöpfung ewig wie Gott, oder sie hat einen Anfang. Ist Letzteres der Fall, so muss Gott sie zu einem bestimmten Zeitpunkt geschaffen haben, Gott muss also, nachdem er eine Ewigkeit geruht, einmal tätig geworden sein, muss also einmal eine Veränderung in sich erlitten haben, die den Begriff Zeit auf ihn anwenden lässt, was beides gegen das Wesen Gottes streitet. Gott kann also die Welt nicht geschaffen haben. Da wir nun aber sehr deutlich wissen, dass die Welt oder dass unser Ich wenigstens vorhanden ist und dass sie dem Vorhergehenden nach also auch ihren Grund in sich oder in etwas haben muss, das nicht Gott ist, so kann es keinen Gott geben. Quod erat demonstrandum. [...]

Mercier: Halten Sie, Payne! Wenn aber die Schöpfung ewig ist?

Payne: Dann ist sie schon keine Schöpfung mehr, dann ist sie eins mit Gott oder ein Attribut desselben, wie Spinoza sagt; dann ist Gott in allem, in Ihnen, Wertester, im Philosoph Anaxagoras und in mir. Das wäre so übel nicht, aber Sie müssen mir zugestehen, dass es gerade nicht viel um die himmlische Majestät ist, wenn der liebe Herrgott in jedem von uns Zahnweh kriegen, den Tripper haben, lebendig begraben werden oder wenigstens die sehr unangenehmen Vorstellungen davon haben kann.

Mercier: Aber eine Ursache muss doch da sein.

Payne: Wer leugnet dies? Aber wer sagt Ihnen denn, dass diese Ursache das sei, was wir uns als Gott, d. h. als das Vollkommne denken? Halten Sie die Welt für vollkommen?

Mercier: Nein.

Payne: Wie wollen Sie denn aus einer unvollkommnen Wirkung auf eine vollkommne Ursache schließen? [...]

Mercier: Ich frage dagegen: kann eine vollkommne Ursache eine vollkommne Wirkung haben, d. h., kann etwas Vollkommnes was Vollkommnes schaffen? Ist das nicht unmöglich, weil das Geschaffne doch nie seinen Grund in sich haben kann, was doch, wie Sie sagten, zur Vollkommenheit gehört?

Payne: Beruhige dich, Philosoph! – Sie haben recht; aber muss denn Gott einmal schaffen, kann er nur was Unvollkommnes schaffen, so lässt er es gescheiter ganz bleiben. Ist's nicht sehr menschlich, uns Gott nur als schaffend denken zu können? Weil wir uns immer regen und schütteln müssen, um uns nur immer sagen zu können: wir sind! müssen wir Gott auch dies elende Bedürfnis andichten?

Georg Büchner, Dantons Tod, Dritter Akt, 1. Szene, S.46f.

M3 Überzeugt der Theismus?

Wie groß die Ausgangsunwahrscheinlichkeit der nackten, unerklärten Tatsache, dass es eine Welt gibt, auch sein mag, weitaus unwahrscheinlicher ist immer noch die theistische Behauptung, es gebe als nackte, unerklärte Tatsache einen Gott, der die Macht habe, eine Welt zu erschaffen.

Am Ende können wir demnach dem Laplace'schen Ausspruch über Gott zustimmen: Wir bedürfen dieser Hypothese nicht. Zu diesem Schluss kann man schon aufgrund der bloßen Prüfung der zugunsten des Theismus vorgetragenen Argumente gelangen; man muss nicht unbedingt die stärksten Gegenargumente, das Problem des Übels und die verschiedenen natürlichen Erklärungen der Religion, ins Spiel bringen. Wirft man diese Gegenargumente noch in die Waagschale, so senkt sie sich noch mehr zuungunsten des Theismus. Obwohl wir nicht die Möglichkeit ausschließen konnten, dass mit irgendeiner annehmbaren Modifizierung des traditionellen Theismus das Vorkommen von Übeln in Einklang zu bringen wäre, mussten wir doch feststellen, dass bislang keine überzeugende Lösung dieser Art vorgelegt worden ist [...]. Und obwohl die unverkennbare Möglichkeit, Ursprung, Entwicklung und Fortdauer des religiösen Glaubens natürlich zu erklären, kein primäres Argument gegen den Theismus darstellt, da es sogleich durch ein zwingendes Argument zugunsten der Existenz eines Gottes beiseite gefegt würde, hilft sie doch aufgrund des Fehlens eines solchen Arguments, die Gegenposition zu stärken. Diese natürliche Erklärung beseitigt das vage, doch hartnäckige Gefühl, es müsse doch etwas daran sein, dass so viele Menschen so fest – und manchmal so inbrünstig – geglaubt haben und dass religiöses Denken und religiöse Organisation sich als so zählebig und unausrottbar erwiesen haben. [...]
Das Aufkommen und die Fortdauer des Theismus sind keineswegs [...] ein fortdauerndes Wunder, das allen Prinzipien unseres Denkens widerstreitet.

Nach Abwägen der Wahrscheinlichkeiten gelangt man demnach zu dem Ergebnis, dass weitaus mehr gegen die Existenz Gottes spricht als dafür.

John Leslie Mackie, Das Wunder des Theismus, S. 400f.

M4 Verifikation im Jenseits

Zwei Männer reisen gemeinsam eine Straße entlang. Der eine glaubt, dass sie zur Himmlischen Stadt, der andere, dass sie nach nirgendwo führt. Aber da es nur diese eine Straße gibt, sind beide Männer auf sie angewiesen. Beide haben den Weg noch nie zurückgelegt; deshalb wissen sie zu keinem Zeitpunkt, was sie hinter der nächsten Straßenbiegung erwartet. Sie erleben auf ihrer Reise Augenblicke der Freude und Ermunterung, aber auch solche der Mühe und Gefahr. Die ganze Zeit über sieht sich der eine der beiden auf einer Pilgerfahrt zur Himmlischen Stadt. Die angenehmeren Reiseabschnitte begreift er als Ermutigungen, die Hindernisse als Prüfungen und Lektionen, die ihm vom König jener Stadt auferlegt wurden, damit er bei seiner Ankunft am Zielort würdig ist, dort zu leben. Der andere der beiden glaubt jedoch an nichts dergleichen und betrachtet die Reise als eine ziellose, aber unvermeidbare Irrfahrt. Da ihm in der Sache keine Wahl bleibt, erfreut er sich der angenehmen Seiten und erträgt die unangenehmen. Für ihn gibt es keine Himmlische Stadt, die man erreichen, keinen allumfassenden Zweck, der der Reise einen Sinn verleihen könnte. Im Guten wie im Schlechten gibt es nur die Straße und die Geschicke der Reise. Während sie reisen, ist die Meinungsverschiedenheit zwischen den beiden keiner empirischen Überprüfung zugänglich. Über den weiteren Verlauf der Straße haben sie keine unterschiedlichen Erwartungen, sondern nur über den endgültigen Zielort. Hinter der letzten Straßenbiegung wird es jedoch offenkundig werden, dass einer von ihnen die ganze Zeit über mit seinen Vermutungen recht hatte und der andere unrecht.

John Hick, in: Norbert Hoerster (Hg.), Glaube und Vernunft, S. 220f.

1. Überlegen Sie die Folgen, die sich aus Laplaces Aussage ergeben. ➜ M1
2. Arbeiten Sie die Zweifel an der Existenz Gottes aus dem Dialog heraus. ➜ M2
3. Prüfen Sie die Argumente, die auf den Doppelseiten 1-5 für den Theismus vorgetragen wurden auf ihre Überzeugungskraft. ➜ M3
4. Entwickeln Sie einen Dialog zwischen den beiden Männern. ➜ M4

7 Der ontologische Gottesbeweis

M1 Die Erwartung

Richard Oelze, Erwartung

M2 Dass in Wahrheit Gott existiert

Das ontologische Argument entlehnt seinen Namen von zwei griechischen Wörtern: on, ontos bedeutet „seiend" oder „existierend", logos bedeutet soviel wie „Vernunft". Es geht davon aus, dass aus einer Idee, d. h. einer Vorstellung, auf ein Wesen geschlossen werden kann, das sich in dieser Idee ausdrückt.

Es ist zweierlei, ob eine Sache im Erkennen ist, oder ob erkannt wird, dass die Sache in Wirklichkeit da ist. Wenn ein Maler sich ein Bild ausdenkt, so hat er dieses in seinem Denken; aber er kann es nicht als daseiend erkennen, da er es noch nicht gemalt hat. Hat er es aber gemalt, so hat er es zum einen in seinem Denken, erkennt aber auch, dass es wirklich da ist.

Also wird auch der Tor davon überzeugt sein, dass es wenigstens in seinem Denken etwas gibt, worüber hinaus Größeres nicht gedacht werden kann; denn er versteht, was er hört, und alles, was verstanden wird, ist im Verstande.

Aber das, worüber hinaus Größeres nicht gedacht werden kann, kann nicht nur im Denken sein. Ist es nämlich nur in unserem Denken, so kann man es sich auch als wirklich seiend vorstellen; dann aber wäre es größer. Wenn also das, worüber hinaus Größeres nicht gedacht werden kann, nur im Denken ist, so ist eben das, worüber hinaus Größeres nicht gedacht werden kann, etwas, über das hinaus etwas Größeres denkbar ist. Dies ist aber offenbar unmöglich. Daher ist zweifellos etwas, worüber hinaus Größeres nicht gedacht werden kann, sowohl dem Denken als auch der Sache nach wirklich.

Gottes Dasein ist also so gewiss, dass sein Nichtsein nicht einmal gedacht werden kann. Denn es ist eine Wirklichkeit denkbar, deren Nichtsein undenkbar ist, und sie ist größer als eine Wirklichkeit, deren Nichtsein gedacht werden kann. Wenn das Nichtsein dessen, worüber hinaus Größeres nicht gedacht werden kann, gedacht werden kann, so ist das, worüber hinaus Größeres nicht gedacht werden kann, *nicht* das, worüber hinaus Größeres nicht gedacht werden kann; und das ist ein Widerspruch. Es gibt also wahrhaft etwas, über das hinaus Größeres nicht gedacht werden kann, derart, dass nicht einmal der Gedanke an dessen Nichtsein möglich ist. Und das bist Du, Herr, unser Gott.

So also bist Du, Herr, mein Gott, wirklich, dass Dein Nichtsein gar nicht gedacht werden kann. Und dies mit Recht. Denn könnte irgendein Geist etwas ausdenken, das besser wäre als Du, so stände das Geschöpf höher als der Schöpfer und urteilte über ihn, was wohl sehr widersinnig wäre. Alles Seiende, außer Dir allein, kann auch als nichtseiend gedacht werden. Nur Du allein bist in wahrhaftester Weise und daher in höchstem Maße unter allem Sein als Wirklichkeit da, weil jegliches sonstige Ding nicht in so wahrer Weise und somit in geringerem Grade Sein hat. [...]

Gott ist nämlich das, worüber hinaus Größeres nicht gedacht werden kann. Wer diesen Satz richtig versteht, erkennt, dass Er so ist, dass Er nicht einmal in Gedanken als nichtseiend angenommen werden kann. Begreift also jemand, dass Gott solcherart ist, so kann er sein Nichtsein auch nicht denken.

Dank sei Dir, Herr, Dank sei Dir dafür, dass ich durch Dich erleuchtet erkenne, was ich früher durch Dich beschenkt schon geglaubt habe; wollte ich auch an Dein Dasein nicht glauben, so wäre ich doch außerstande, es nicht zu erkennen.

Anselm von Canterbury, Der ontologische Beweis, S. 19–21

M3 Gott existiert durch die Vorstellung

Das heißt: indem ich mein Augenmerk auf mich selbst richte, sehe ich nicht nur ein, dass ich ein unvollständiges, von einem anderen abhängiges Wesen bin, ein Wesen, das nach Größerem und Größerem oder nach Besserem ohne Ende strebt, sondern zugleich auch, dass der, von dem ich abhänge, dieses Größere nicht nur endlos fortschreitend und als bloße Möglichkeit, sondern wirklich unendlich in sich befasst – und also Gott ist. Die ganze Kraft dieses Beweises liegt in der Erkenntnis, dass ich selbst mit der Natur, die mir eigentümlich ist, – nämlich im Besitze einer Vorstellung Gottes – unmöglich existieren könnte, wenn nicht auch Gott wirklich existierte, derselbe Gott, sage ich, dessen Vorstellung in mir ist, d. h. der alle die Vollkommenheiten besitzt, die ich zwar nicht begreifen, aber doch gewissermaßen mit den Gedanken berühren kann, und der durchaus für Schwächen unempfänglich ist.

René Descartes, Meditationen über die Grundlagen der Philosophie, S. 47

M4 Gott: das Vollkommene und Unbegrenzte

Descartes hat den Gottesbeweis des hl. Anselm aufgegriffen und weiterentwickelt. Im Großen und Ganzen akzeptiert er ihn. Gott ist also das einzige Wesen, dessen Wesen und Existenz sich decken, überschneiden, ineinander übergehen: per definitionem besteht seine Natur, sein Wesen darin, vollkommen zu sein [...].

Inspiriert von dieser großartigen Argumentation, fügt Descartes einen anderen metaphysischen Beweis hinzu: die Idee des Unbegrenzten. Ich bin ein begrenztes Wesen. Ich habe aber die Vorstellung des Unbegrenzten. Also muss nach der Regel *causa aequat effectum* (die Ursache kommt der Wirkung gleich), wenn ich selber nicht unbegrenzt bin, aber die Vorstellung des Unbegrenzten habe, dieses Unbegrenzte durch ein Mittel oder jemand anderen in mich hinein versetzt worden sein.

Was beweist das? Es beweist: Wenn ich, ein begrenztes Wesen, in mir die Idee des Unbegrenzten habe, ist diese Vorstellung durch ein unbegrenztes Wesen in mir angelegt worden, das notwendigerweise außerhalb von mir existiert. Wenn dies nicht so wäre, könnte ich mir keine Vorstellung vom Unbegrenzten machen. Da ich mir ihrer aber ganz sicher bin und Gott allein fähig ist, sie in mich hinein gegeben zu haben, und das ausschließlich deshalb, weil ich mir das *Vollkommene* oder *Unbegrenzte* vorstellen kann, kann ich daraus schließen, dass Gott mit Gewissheit existiert.

M5 Kritik des ontologischen Beweises

Kant hat in der Kritik der reinen Vernunft *diese berühmte ontologische Argumentation wiederaufgegriffen und zu zeigen versucht, dass sie nicht aufrechtzuhalten ist.*

Kant stellt sich vor, dass sich in seiner Tasche ein Hunderttalerstück befindet, das vollkommen ist. Bei dieser Hypothese hat das Goldstück absolut alle Qualitäten: Es ist fein graviert, es hat genau das Goldgewicht, das es haben muss, es ist glänzend, rein, tadellos sauber wie ein neues Geldstück, ganz glatt usw. Es ist vollkommen, hat alle Eigenschaften ohne eine Ausnahme. Es ist also auch existent. Ich stecke plötzlich die Hand in die Hosentasche, ich ziehe sie wieder hervor, ich drehe sie um, kein Geldstück da!

– Halt! Ich habe doch geglaubt, dass es alle Eigenschaften besitzt, also auch Realität!

– Was beweist das? Es beweist, dass die Vorstellung von diesem Geldstück nicht ausreicht, die Realität selber entstehen zu lassen. Im Falle der Idee des Vollkommenen oder des Unbegrenzten ist das Problem dasselbe: Man hat nur bewiesen, dass die Idee Gottes möglich ist, dass Gott existieren könnte – aber nicht, dass man Gewissheit haben kann, dass er existiert. Das ist ebenso nur möglich, wie es auch nur möglich ist, dass ich ein Hunderttalerstück in meiner Tasche habe. Aber es ist nicht gewiss.

M4/5: Denis Huisman, Philosophie für Einsteiger, S. 34-36

1. Interpretieren Sie das Bild. Was könnten die Menschen „erwarten"? → M1
2. Stellen Sie den ontologischen Beweis Anselms in eigenen Worten dar. Kann man aus der Idee auf die Existenz schließen? → M2
3. Zeigen Sie, worin die „ganze Kraft des Beweises" nach Descartes liegt. → M3/4
4. Begründen Sie mit Kant, dass der ontologische Beweis Gottes scheitern muss. → M5

8 Der kosmologisch-teleologische Gottesbeweis

M1 (K)ein Platz für GOTT?

William Blake (1757-1827)

D. van Ravenswaay in: bild der wissenschaft 7/2008

M2 Gott als Ursache und Ziel der Welt

Aristoteles führte einen anderen berühmten Beweis an für die Existenz Gottes. Er sprach von einem „ersten Grund". Seine Idee ist einfach: Das Universum kann nicht existieren, ohne am Anfang in die Planetenbahn gesetzt, entworfen und hergestellt worden zu sein. Es kann nicht aus dem Nichts geboren sein. Auf lateinisch heißt das: *ex nihilo*. So sagt auch ein lateinisches Sprichwort: *ex nihilo nihil*, aus dem Nicht-Sein kann nichts entstehen. Es muss also am Anfang einen Architekten, einen Ingenieur, einen Arbeiter gegeben haben, der den ersten Anstoß gab. [...] Die Welt könnte nicht existieren, wenn es nicht am Anfang ein höheres Wesen gegeben hätte, das sie „in Gang" gesetzt hat. Der Einfachheit halber wollen wir dieses höhere Wesen „Gott" nennen und sagen, dass Gott die Welt erschaffen hat. [...] Eine Argumentation, die mit der vom „Anfang der Welt" übereinstimmt, ist der *teleologische Beweis* (telos, griech.: Ziel, Zweck). Unser Universum ist eine Welt, die gut organisiert und entworfen ist; sie ist konstruiert in Abhängigkeit von einer leitenden Idee, einem wohlbestimmten Ziel, einem Endzweck. Das heißt auch, sie enthält mehr Gutes als Schlechtes. Es ist eine gute, harmonische Welt.

Denis Huisman, Philosophie für Einsteiger, S. 36-38

M3 Fünf Wege für einen Beweis Gottes

Thomas von Aquin, der einflussreichste Philosoph und Theologe des Mittelalters, unternimmt in seiner Summa Theologiae *den Versuch, die Existenz Gottes anhand von verschiedenen Anzeichen in der Welt zu beweisen.*

Es kann auf fünf Wegen bewiesen werden, dass Gott existiert.

Der erste und recht offenkundige ist der, der von der Bewegung ausgeht. Denn es ist sicher und wird durch die Sinneswahrnehmung bestätigt, dass einiges in dieser Welt bewegt wird. Alles aber, was in Bewegung ist, wird von etwas Anderem bewegt. [...] Also müssen wir unbedingt zu einem ersten Bewegenden kommen, das von keinem bewegt ist – und dieses erste Bewegende meinen alle, wenn sie von „Gott" sprechen.

Der zweite Weg geht vom Gedanken einer bewirkenden Ursache aus. Wir finden nämlich innerhalb der sinnlich wahrnehmbaren Dinge eine gewisse Ordnung von bewirkenden Ursachen; es ist jedoch nie festgestellt worden und ist auch nicht möglich, dass etwas seine eigene bewirkende Ursache ist, da es dann ja früher als es selbst existiert haben müsste – was unmöglich ist. Es ist aber ebenso unmöglich, dass die bewirkenden Ursachen ins Unendliche gehen. [...] Also müssen wir etwas als erste bewirkende Ursache annehmen – und die nennen alle „Gott".

Der dritte Weg ist aus dem Möglichen und dem Notwendigen hergeleitet [...]. Wir finden nämlich unter den Dingen welche, denen es möglich ist zu existieren und nicht zu existieren. [...] Also ist nicht alles Seiende nur möglich, sondern es muss unter den Dingen etwas Notwendiges geben. [...] Also müssen wir etwas annehmen, das durch sich selbst notwendig ist und das den Grund für seine Notwendigkeit nicht von anderswoher hat, sondern das selbst der Grund für die Notwendigkeit aller anderen notwendigen Wesen ist – und das nennen alle „Gott".

Der vierte Weg geht von den Abstufungen aus, die wir in den Dingen finden. Es findet sich nämlich in den Dingen mehr oder weniger Gutes, Wahres, Edles und von anderem dieser Art. [...] Also gibt es etwas, das für alles Seiende die Ursache des Seins ist: Und das nennen wir „Gott".

Der fünfte Weg geht aus von der Weltordnung. Wir sehen nämlich, dass einiges, das der Vernunft entbehrt, zum Beispiel natürliche Körper, dennoch auf ein festes Ziel hin tätig sind. Das zeigt sich darin, dass sie immer oder regelmäßig in derselben Weise tätig sind, sodass sich daraus das Beste ergibt. Daher ist offensichtlich, dass sie nicht zufällig, sondern absichtlich zu einem Ziel gelangen. Die Dinge aber, die keine Vernunft haben, sind nur deshalb auf ein Ziel hin tätig, weil sie von etwas Vernünftigem und Erkennendem gelenkt werden, so wie ein Pfeil von einem Schützen. Es muss also etwas Erkennendes geben, von dem alle natürlichen Dinge auf ein Ziel hin geordnet werden: Und das nennen wir „Gott".

Thomas von Aquin, Summa theologiae, I 2, 3

M4 Argumente für den göttlichen Plan

Der vielleicht populärste Grund, die Existenz Gottes anzunehmen, leitet sich aus der Überzeugung ab, dass das Universum eine Ordnung, einen Plan oder Zweck offenbart. Thomas beobachtete, dass zielgerichtetes Verhalten überall in der Welt zu finden ist (Wurzeln suchen Wasser, Blätter öffnen sich dem Licht), und er folgerte daraus, dass „Dinge, die kein Wissen haben, auch keinem Ziel zustreben; es sei denn, sie werden von einer Intelligenz geleitet, so wie ein Pfeil vom Bogenschützen". Der Zweck scheint in der Natur weit verbreitet zu sein; außerdem scheinen selbst unbelebte Dinge für viele eine Art innerer Harmonie oder Ordnung aufzuweisen. [...]

Der berühmte schottische Philosoph David Hume war gegenüber solchen Plan-Argumenten höchst skeptisch. Er sagte, dass wir, da wir nie zugeschaut haben, wie eine Welt entstand, nicht behaupten können, die in unserer Welt vorgefundene Ordnung müsse einen göttlichen Verstand als Ursprung haben. Ein weiterer Schlag gegen die Plan-Argumente wurde durch Darwins Theorie der natürlichen Auslese geführt, die besagte, dass komplexe Lebensformen auch aus dem blinden Prozess der zufälligen Variation sowie dem Überlebenskampf entstehen könnten, ohne dass in diesem Zusammenhang eine leitende Intelligenz angenommen werden muss.

David Papineau (Hg.), Philosophie, S. 109f.

1. Vergleichen Sie die beiden Darstellungen des Anfangs unseres Weltalls und diskutieren Sie die Konsequenzen für das Welt- und Menschenbild. ➜ M1
2. Führen Sie ein Sokratisches Gespräch (s. Methoden-Bausteine, S. 394f.) durch mit dem Thema: Aus Nichts kann nichts entstehen. ➜ M2
3. Bilden Sie fünf Gruppen, in denen Sie jeweils einen Gottesbeweis bearbeiten. Finden Sie ergänzende Argumente aus dem alltäglichen menschlichen Denken oder dem Bereich der Naturwissenschaften. ➜ M3
4. Begründen Sie die Popularität des teleologischen Gottesbeweises (heute oft „intelligent design" genannt). ➜ M4
5. Diskutieren Sie, ob durch Hume und Darwin diese Art von Gottesbeweisen widerlegt ist. ➜ M4

9 Gott ist tot oder eine Illusion

M1 Wir Furchtlosen

Das größte neuere Ereignis – dass „Gott tot ist", dass der Glaube an den christlichen Gott unglaubwürdig geworden ist – beginnt bereits seine ersten Schatten über Europa zu werfen. Für die wenigen wenigstens, deren Augen, deren *Argwohn* in den Augen stark und fein genug für dies Schauspiel ist, scheint eben irgendeine Sonne untergegangen, irgendein altes tiefes Vertrauen in Zweifel umgedreht: ihnen muss unsre alte Welt täglich abendlicher, misstrauischer, fremder, „älter" scheinen. In der Hauptsache aber darf man sagen; das Ereignis selbst ist viel zu groß, zu fern, zu abseits vom Fassungsvermögen vieler, als dass auch nur seine Kunde schon *angelangt* heißen dürfte; geschweige denn, dass viele bereits wüssten, was eigentlich sich damit begeben hat – und was alles, nachdem dieser Glaube untergraben ist, nunmehr einfallen muss, weil es auf ihm gebaut, an ihn gelehnt, in ihn hineingewachsen war: zum Beispiel unsre ganze europäische Moral. [...]

Stehen wir vielleicht zu sehr noch unter den *nächsten Folgen* dieses Ereignisses – und diese nächsten Folgen, seine Folgen für *uns* sind, umgekehrt als man vielleicht erwarten könnte, durchaus nicht traurig und verdüsternd, vielmehr wie eine neue schwer zu beschreibende Art von Licht, Glück, Erleichterung, Erheiterung, Ermutigung, Morgenröte... In der Tat, wir Philosophen und „freien Geister" fühlen uns bei der Nachricht, dass der „alte Gott tot" ist, wie von einer neuen Morgenröte angestrahlt; unser Herz strömt dabei über von Dankbarkeit, Erstaunen, Ahnung, Erwartung – endlich erscheint uns der Horizont wieder frei, gesetzt selbst, dass er nicht hell ist, endlich dürfen unsre Schiffe wieder auslaufen, auf jede Gefahr hin auslaufen, jedes Wagnis des Erkennenden ist wieder erlaubt, das Meer, *unser* Meer liegt wieder offen da, vielleicht gab es noch niemals ein so „offnes Meer".

Friedrich Nietzsche, Die fröhliche Wissenschaft, S. 126-128, 205f.

M2 Religion als Illusion

Die religiösen Vorstellungen, die sich als Lehrsätze ausgeben, sind nicht Niederschläge der Erfahrung oder Endresultate des Denkens, es sind Illusionen, Erfüllungen der ältesten, stärksten, dringendsten Wünsche der Menschheit; das Geheimnis ihrer Stärke ist die Stärke dieser Wünsche. Wir wissen schon, der schreckende Eindruck der kindlichen Hilflosigkeit hat das Bedürfnis nach Schutz – Schutz durch Liebe – erweckt, dem der Vater abgeholfen hat, die Erkenntnis von der Fortdauer dieser Hilflosigkeit durchs ganze Leben hat das Festhalten an der Existenz eines – aber nun mächtigeren Vaters – verursacht. Durch das gütige Walten der göttlichen Vorsehung wird die Angst vor den Gefahren des Lebens beschwichtigt, die Einsetzung einer sittlichen Weltordnung versichert die Erfüllung der Gerechtigkeitsforderung, die innerhalb der menschlichen Kultur so oft unerfüllt geblieben ist, die Verlängerung der irdischen Existenz durch ein zukünftiges Leben stellt den örtlichen und zeitlichen Rahmen bei, in dem sich diese Wunscherfüllungen vollziehen sollen. Antworten auf Rätselfragen der menschlichen Wissbegierde, wie nach der Entstehung der Welt und der Beziehung zwischen Körperlichem und Seelischem, werden unter den Voraussetzungen dieses Systems entwickelt; es bedeutet eine großartige Erleichterung für die Einzelpsyche, wenn die nie ganz überwundenen Konflikte der Kinderzeit aus dem Vaterkomplex ihr abgenommen und einer von allen angenommenen Lösung zugeführt werden. [...]

Wir heißen also einen Glauben eine Illusion, wenn sich in seiner Motivierung die Wunscherfüllung vordrängt, und sehen dabei von seinem Verhältnis zur Wirklichkeit ab, ebenso wie die Illusion selbst auf ihre Beglaubigungen verzichtet. Wenden wir uns nach dieser Orientierung wieder zu den religiösen Lehren [...]: Sie sind sämtlich Illusionen, unbeweisbar, niemand darf gezwungen werden, sie für wahr zu halten, an sie zu glauben. *Sigmund Freud, in: Norbert Hoerster (Hg.), Glaube und Vernunft, S. 177-179*

M3 Gott als menschliches Selbstbewusstsein

Wie der Mensch denkt, wie er gesinnt ist, so ist sein Gott: So viel Wert der Mensch hat, so viel Wert und nicht mehr hat sein Gott. *Das Bewusstsein Gottes ist das Selbstbewusstsein des Menschen, die Erkenntnis Gottes die Selbsterkenntnis des Menschen.* Aus seinem Gotte erkennst du den Menschen, und wiederum aus dem Menschen seinen Gott; beides ist eins. Was dem Menschen *Gott* ist, das ist *sein Geist, seine Seele,* und was des *Menschen Geist, seine Seele, sein Herz,* das ist sein Gott: Gott ist das *offenbare* Innere, das *ausgesprochne* Selbst des Menschen; die Religion die feierliche Enthüllung der verborgenen Schätze des Menschen, das Eingeständnis seiner innersten Gedanken, das *öffentliche Bekenntnis seiner Liebesgeheimnisse.* [...]

Die Religion, wenigstens die christliche, ist *das Verhalten des Menschen zu sich selbst,* oder richtiger: *zu seinem Wesen,* aber das Verhalten zu seinem Wesen *als zu einem andern Wesen. Das göttliche Wesen ist nichts andres als das* menschliche Wesen oder besser: *das Wesen des Menschen,* abgesondert von den Schranken des individuellen, das heißt wirklichen, leiblichen Menschen, vergegenständlicht, das heißt *angeschaut* und *verehrt als ein andres, von ihm unterschiednes, eignes Wesen* – alle *Bestimmungen* des göttlichen Wesens sind darum Bestimmungen des menschlichen Wesens. [...]

Gott ist dir ein Existierendes, ein Wesen aus demselben Grunde, aus welchem er dir ein weises, ein seliges, ein gütiges Wesen ist. Der Unterschied zwischen den göttlichen Eigenschaften und dem göttlichen Wesen ist nur dieser, dass dir das Wesen, die Existenz *nicht* als ein Anthropomorphismus *erscheint,* weil in diesem deinem *Wesensein* die *Notwendigkeit* liegt, dass dir Gott ein Existierendes, ein Wesen ist, die Eigenschaften dagegen als Anthropomorphismen *erscheinen.* [...]

Du bist *Wesen* nur als *menschliches* Wesen; die Gewissheit und Realität deiner Existenz liegt nur in der Gewissheit und Realität deiner menschlichen Eigenschaften.

Ludwig Feuerbach, in: Norbert Hoerster (Hg.), Glaube und Vernunft, S. 170-172

M4 Wie der Mensch, so sein Gott ...

Denis Huisman, Philosophie für Einsteiger, S. 33

1 Stellen Sie die negativen und positiven Folgen dar, die sich aus dem Tod Gottes ergeben. → M1

2 Zeigen Sie, inwiefern der von Nietzsche beschriebene Nihilismus zu einer Befreiung werden kann. → M1

3 Erklären Sie die Entstehung und Bedeutung von Gott als übermächtiger Vaterfigur. → M2

4 Prüfen Sie Freuds Auffassung, dass es sich bei der Religion um eine Illusion aus der Kindheit handelt. Können Erwachsene auf diese Illusion verzichten? → M2

5 Erläutern Sie den Satz: „Die Erkenntnis Gottes ist die Selbsterkenntnis des Menschen." → M3

6 Zeigen Sie an verschiedenen Religionen, inwiefern Gott als Projektion des idealen Menschen gesehen werden kann. → M3

7 Entwerfen Sie ein Bild von Gott, das den Idealen des 21. Jahrhunderts entspricht. → M4

10 Wege zum Heil

M1 Wohin gehen wir?

René Magritte, Das Jenseits, L'Au-delà, 1938

M2 Die Wette mit Gott

Der französische Philosoph Blaise Pascal (1623-1662) geht von der Voraussetzung aus, dass Gottes Existenz weder beweisbar noch widerlegbar ist. Um die Frage zu entscheiden, ob man an ihn glauben solle, wird den Ungläubigen eine Wette vorgeschlagen. In ihr geht es um die ewige Seligkeit, die man erlangen kann, wenn es Gott gibt und wenn man auf ihn gesetzt hat (also an ihn glaubt).

Und der Herr sprach zum Philosophen: „Ich bin der Herr, dein Gott, und obwohl du keinen Beweis dafür hast, dass ich bin, wer ich behaupte zu sein, gebe ich dir einen Grund für deinen Glauben, der dir fehlbarem Menschen gefallen wird: eine Wette, die auf Eigennutz basiert.

Es gibt zwei Möglichkeiten: Ich existiere oder ich existiere nicht. Wenn du an mich glaubst und meinen Willen tust und ich existiere, winkt dir das ewige Leben. Wenn ich nicht existiere, hast du immerhin ein endliches sowie einen kleinen Trost durch den Glauben. Natürlich vergeudest du einen Teil deiner Zeit in der Kirche und verpasst ein paar Vergnügungen, aber das ist egal, sobald du tot bist. Falls ich jedoch existiere, gehört das ewige Glück dir.

Wenn du nicht an mich glaubst und ich nicht existiere, hast du ein sorgenfreies Leben, stirbst jedoch trotzdem und lebst ohne den Trost des Glaubens an das Göttliche. Falls ich allerdings existiere, droht dir eine Ewigkeit in der Hölle.

Wenn du also auf meine Nicht-Existenz setzt, hast du im besten Fall ein kurzes Leben zu erwarten, im schlechtesten ewige Verdammnis. Wettest du aber, dass ich existiere, ist die schlimmste Möglichkeit ein kurzes, die beste das ewige Leben. Du wärst also verrückt, nicht so zu wetten."

Quelle: Gedanken von Blaise Pascal (1670)

Die Wette ergibt nur dann Sinn, wenn tatsächlich zwei Möglichkeiten existieren, aber natürlich ist das nicht der Fall. Es gibt viele Götter, an die man glauben kann, und zahlreiche Formen des Glaubens. Da wäre der, dass man in die Hölle kommt, wenn man Jesus Christus nicht als den Erlöser sieht. Wer also auf Islam, Hinduismus, Jainismus, Buddhismus, Judaismus, Konfuzianismus oder irgendeine andere Religion setzt, verliert, wenn sich am Ende herausstellt, dass Jesus Christus der Herr des Himmels ist.

Das Risiko bleibt das gleiche: Bei der falschen Entscheidung droht ewige Verdammnis. Gegen diese höchst unwahrscheinliche Eventualität kann man sich nicht absichern; man ist verdammt, wenn man die falsche Religion wählt. Vielleicht glauben Sie ja, ein wohlwollender Gott würde die Menschen schon nicht in die Hölle schicken, wenn sie sich für die falsche Religion entscheiden, also sei jede gerecht. Aber ein solchermaßen toleranter Gott würde mit Sicherheit auch keinen Atheisten mit den ewigen Flammen der Verdammnis bestrafen. Der einzige Gott, für den es sich lohnt, eine Wette abzuschließen, ist ein ganz spezifisch fundamentalistischer.

Julian Baggini, 100 philosophische Gedankenspiele, S. 242f.

M3 Lebenssinn ohne Gott

Angenommen, es gibt einen Gott; zwischen ihm und einigen Menschen finden Begegnungen statt; und die bei diesen Begegnungen von Gott angeordneten Tätigkeiten „erhalten einen Sinn", da sie der Bestimmung dienen, Gott zu gefallen oder zu gehorchen. Selbst wenn man all das zugesteht, so folgt trotzdem nicht, dass Gehorsam gegenüber Gott das einzig mögliche umfassende Ziel ist. Es wäre lächerlich zu behaupten, dass es dem Leben *aller* Ungläubigen an umfassenden Zielen fehlt oder dass das Leben von Gläubigen niemals andere umfassende Zielvorstellungen enthält als den Gehorsam gegenüber Gott. Es hat fromme Menschen gegeben, denen außerdem der Fortschritt der Wissenschaft, die Ausübung der Medizin oder soziale Reformen am Herzen lagen, und die diese Dinge, auch unabhängig von irgendwelchen Geboten Gottes, als erstrebenswert betrachteten. Außerdem gibt es wirklich keinen guten Grund für die Annahme, dass das Leben eines bestimmten Menschen schon da-durch in der irdischen Bedeutung sinnvoll wird, dass das Leben des Menschen im Allgemeinen in der kosmischen Bedeutung sinnvoll ist. Wenn ein außermenschliches Wesen einen Plan hat, in dem ich eine Rolle spiele, so wird diese Tatsache mein Leben in der irdischen Bedeutung nur dann sinnvoll machen (oder dazu beitragen), wenn ich diesen Plan kenne und ihn samt der mir zugewiesenen Rolle akzeptiere.

Paul Edwards, Unglaube, Pessimismus und Sinn des Lebens, S. 352

M4 Eine einfache Überlegung

Der Mensch ist im Unterschied zu Gott – falls dieser existiert – sterblich, oder, um mit den Philosophen zu sprechen, ein „endliches Wesen", begrenzt durch Raum und Zeit. Und er ist das einzige Lebewesen, das sich, im Gegensatz zum Tier, seiner Grenzen bewusst ist. Er weiß, dass er sterben wird, genauso wie seine Angehörigen und alle, die er liebt. Er kommt also nicht darum herum, über diese Situation, die grundsätzlich beängstigend, ja geradezu absurd, wenn nicht unerträglich ist, nachzudenken. Und natürlich wendet er sich als Erstes den Religionen zu, die ihm das „Heil" versprechen. [...]

Wie nun gehen die Religionen vor, um uns vor der äußersten Bedrohung zu bewahren, wie sie es uns verheißen? Dazu braucht es im Wesentlichen den Glauben. Er und er allein ist es in Wirklichkeit, der die Gnade Gottes über uns bringen kann: Wenn du an Gott glaubst, wird er dich retten, sagen sie, womit sie vor jeder anderen Tugend die *Demut* einfordern, die in ihren Augen – das wiederholen unablässig die größten christlichen Denker, von Augustinus bis Pascal – genau das Gegenteil der Arroganz und Eitelkeit der Philosophie ist. Woher kommt diese Verdammung des freien Denkens? Ganz einfach daher, dass auch dieses in Anspruch nimmt, uns zu retten, wenn nicht vor dem Tod selbst, so doch wenigstens vor den mit ihm verbundenen Ängsten, *jedoch aus eigener Kraft und einzig vermöge unserer Vernunft.* [...] Da ihm der Glaube an einen rettenden Gott nicht gegeben ist, zeichnet sich der Philosoph in erster Linie dadurch aus, dass er denkt, wir könnten unsere Ängste überwinden, wenn wir die Welt kennenlernen und uns selbst und die anderen verstehen, soweit es unser Verstand zulässt, also eher durch Intelligenz als durch blinden Glauben.

Mit anderen Worten, wenn die Religionen sich selbst als „Lehren zur Erlangung des Heils" ***durch einen anderen,*** *nämlich Gott, verstehen, so könnte man die großen Philosophien definieren als Doktrinen zur Erlangung des Heils* ***durch sich selbst,*** *ohne die Hilfe Gottes.*

Luc Ferry, Leben lernen: Eine philosophische Gebrauchsanweisung, S. 14f., 18f.

1 Religion entsteht aus dem Bewusstsein des Todes. Setzen Sie sich mit dieser These anhand des Bildes auseinander. ➜ M1

2 Spielen Sie die Möglichkeiten der Wette durch, indem Sie verschiedene Gottesbilder als Prämissen setzen: ➜ M2
Gott existiert und man wettet auf ihn.
Gott existiert nicht und man wettet auf ihn.
Gott existiert und man wettet gegen ihn.
Gott existiert nicht und man wettet gegen ihn.

3 Prüfen Sie die Argumente gegen Gott als Sinn und letztes Ziel des Daseins. ➜ M3

4 Bilden Sie ein Diskussionsforum über verschiedene Wege zum „Heil". ➜ M4

1 Existenz und Wesen

M1 … und Gott schuf den Menschen nach seinem Ebenbild

Michelangelo, Die Erschaffung Adams (Sixtinische Kapelle), zwischen 1508 und 1512

M2 Wenn Gott nicht existiert

Kompliziert werden die Dinge dadurch, dass es zwei Arten von Existentialisten gibt: die ersten sind Christen, zu ihnen würde ich Jaspers und Gabriel Marcel (katholischer Konfession) zählen; auf der anderen Seite stehen die atheistischen Existentialisten, zu denen man Heidegger sowie die französischen Existentialisten und mich selbst zählen muss. Gemeinsam ist ihnen einfach die Tatsache, dass ihrer Ansicht nach die Existenz dem Wesen vorausgeht, oder, wenn Sie so wollen, dass man von der Subjektivität ausgehen muss. Was ist eigentlich darunter zu verstehen? Wenn man einen produzierten Gegenstand betrachtet, zum Beispiel ein Buch oder einen Brieföffner, so wurde dieser Gegenstand von einem Handwerker hergestellt, der sich von einem Begriff hat anregen lassen. […]

Wenn wir einen Schöpfer-Gott annehmen, ist dieser Gott meistens einem höheren Handwerker vergleichbar. […] So ist der Begriff des Menschen im Geiste Gottes dem Begriff des Brieföffners im Geiste des Produzenten vergleichbar; und Gott schafft den Menschen entsprechend bestimmter Verfahren und gemäß einem Begriff, genauso wie der Handwerker einen Brieföffner gemäß einer Definition und einem Verfahren herstellt. So verwirklicht der individuelle Mensch einen bestimmten Begriff, der im göttlichen Verstand enthalten ist. […]

Der atheistische Existentialismus, den ich vertrete, ist kohärenter. Er erklärt: wenn Gott nicht existiert, so gibt es zumindest ein Wesen, bei dem die Existenz der Essenz vorausgeht, ein Wesen, das existiert, bevor es durch irgendeinen Begriff definiert werden kann, und dieses Wesen ist der Mensch oder, wie Heidegger sagt, das Dasein. Was bedeutet hier, dass die Existenz der Essenz vorausgeht? Es bedeutet, dass der Mensch erst existiert, auf sich trifft, in die Welt eintritt, und sich erst dann definiert. […] [Der] Mensch ist nichts anderes, als das, wozu er sich macht. Das ist das erste Prinzip des Existentialismus. […] Wir wollen sagen, dass der Mensch erst existiert, das heißt, dass der Mensch erst das ist, was sich in eine Zukunft wirft und was sich bewusst ist, sich in die Zukunft zu entwerfen. Der Mensch ist zunächst ein sich subjektiv erlebender Entwurf, anstatt Schaum, Fäulnis oder ein Blumenkohl zu sein; nichts existiert vor diesem Entwurf; nichts ist am intelligiblen Himmel, und der Mensch wird zuerst das sein, was er zu sein entworfen haben wird. [...] Wenn jedoch die Existenz wirklich dem Wesen vorausgeht, ist der Mensch für das, was er ist, verantwortlich. So besteht die erste Absicht des Existentialismus darin, jeden Menschen in den Besitz seiner selbst zu bringen und ihm die totale Verantwortung für seine Existenz aufzubürden. Und wenn wir sagen, der Mensch ist für sich selbst verantwortlich, wollen wir nicht sagen, er sei verantwortlich für seine strikte Individualität, sondern für alle Menschen. [...] Subjektivismus bedeutet einerseits die Wahl des individuellen Subjekts durch sich selbst und andererseits die Unmöglichkeit für den Menschen, die menschliche Subjektivität zu überschreiten. Der zweite Sinn ist der tiefe Sinn des Existentialismus. *Jean-Paul Sartre, Der Existentialismus ist ein Humanismus, S. 147-150*

M3 Der Mensch erschafft sein Wesen

In philosophischen Begriffen gesprochen, hat jeder Gegenstand ein Wesen und eine Existenz. Ein Wesen, das heißt eine konstante Gesamtheit von Eigenschaften; eine Existenz, das heißt eine gewisse effektive Anwesenheit in der Welt. Viele glauben, erst komme das Wesen und dann die Existenz: dass zum Beispiel Erbsen entsprechend der Idee von Erbsen wüchsen und rund würden und dass Gurken deshalb Gurken seien, weil sie am Wesen der Gurken teilhaben. Diese Idee entspringt dem religiösen Denken: Wer ein Haus bauen will, muss ja tatsächlich genau wissen, welchen Gegenstand er schaffen will: das Wesen geht hier also der Existenz voraus; und für alle, die glauben, dass Gott die Menschen schuf, muss er es entsprechend der Idee getan haben, die er von ihnen hatte. Aber selbst jene, die nicht glauben, haben diese traditionelle Auffassung behalten, dass ein Gegenstand immer nur in Übereinstimmung mit seinem Wesen existiere, und das ganze 18. Jahrhundert hat gedacht, dass es ein allen Menschen gemeinsames Wesen gäbe, das man *Menschennatur* nannte. Der Existentialismus dagegen hält daran fest, dass beim Menschen – und nur beim Menschen – die Existenz dem Wesen vorausgeht. Das bedeutet ganz einfach, dass der Mensch zunächst *ist* und erst danach dies oder das ist. Mit einem Wort, der Mensch muss sich sein eigenes Wesen schaffen; indem er sich in die Welt wirft, in ihr leidet, in ihr kämpft, definiert er sich allmählich; und die Definition bleibt immer offen; man kann nicht sagen, was *ein bestimmter* Mensch ist, bevor er nicht gestorben ist, oder was die Menschheit ist, bevor sie nicht verschwunden ist.

Jean-Paul Sartre, Zum Existentialismus. Eine Klarstellung, S. 115f.

1 Was verstehen Sie unter den Begriffen „Existenz" und „Wesen"?
   a) Nehmen Sie dazu ein DIN-A4-Blatt und teilen Sie es in zwei Hälften.
   b) Zeichnen Sie auf die erste Hälfte ein Symbol oder Bild, um die Begriffe „Existenz" und „Wesen" augenfällig zu machen.
   c) Beschreiben Sie auf der zweiten Hälfte die Begriffe.
   d) Hängen Sie die Bilder und Texte im Raum auf, lesen und betrachten Sie die anderen Ergebnisse.
   e) Jeder hat eine Stimme: Wählen Sie das gelungenste Bild und die beste Beschreibung aus, indem Sie mit Ihrem Namen unterschreiben.
   f) Kopieren Sie die beste Darstellung.

2 Analysieren Sie und interpretieren Sie das Bild. → M1

3 Erläutern Sie den Unterschied zwischen dem christlichen und atheistischen Existentialismus. → M2

4 Überlegen Sie, wie die Bildaussage (M1) sich zum Text von Sartre (M2) verhält. Kopieren Sie das Bild und verändern Sie es durch Montage, Farbe usw. im Sinne Sartres. Präsentieren Sie Ihre Produkte und überprüfen Sie jeweils, ob die Bearbeitung inhaltlich und künstlerisch gelungen ist. → M1/2

5 Stellen Sie den Ansatz von Sartre dar. → M3

6 Vergleichen Sie Ihre Begriffsbestimmungen aus Aufgabe 1 mit der Position von Sartre. Erläutern und beurteilen Sie Gemeinsamkeiten und Unterschiede. Führen Sie anschließend eine Schreibkonferenz durch. → M1-3

2 Freiheit als Aufgabe

M1 Der Mensch auf der Suche nach Orientierung

Freiheit lässt sich definieren als Zustand der Unabhängigkeit, des Nicht-Bestimmtwerdens durch etwas anderes. [...] Konkret erscheint F. nur in jeweils bestimmten Beziehungen (F. „wovon"), die Handlungsspielräume eröffnen (F. „wozu"), aber Abhängigkeiten in anderer Hinsicht nicht aufheben, möglicherweise neue Bindungen begründen [...].

Schüler-Duden: Politik und Gesellschaft, S. 139

[...] ich bin verurteilt, frei zu sein. Das bedeutet, dass man für meine Freiheit keine anderen Grenzen als sie selbst finden kann oder, wenn man lieber will, dass wir nicht frei sind, nicht mehr frei zu sein.

Jean-Paul Sartre, Das Sein und das Nichts, S. 764

Existentialisten App

Was kann allein *unsere* Lehre sein? – Dass niemand dem Menschen seine Eigenschaften *gibt*, weder Gott, noch die Gesellschaft, noch seine Eltern und Vorfahren, noch *er selbst* [...] *Niemand* ist dafür verantwortlich, dass er überhaupt da ist, dass er so und so beschaffen ist, dass er unter diesen Umständen, in dieser Umgebung ist. [...] Wir haben den Begriff „Zweck" erfunden: in der Realität *fehlt* der Zweck .... Man ist notwendig, man ist ein Stück Verhängnis, man gehört zum Ganzen, man ist im Ganzen, – es gibt nichts, was unser Sein richten, messen, vergleichen, verurteilen könnte, denn dies hieße das Ganze richten, messen, vergleichen, verurteilen ...

Friedrich Nietzsche, Götzen-Dämmerung, S. 423-424

Es gibt kein anderes Universum als ein menschliches, das Universum der menschlichen Subjektivität. Diese Verbindung von den Menschen ausmachender Transzendenz – nicht in dem Sinn, wie Gott transzendent ist, sondern im Sinn von Überschreitung – und Subjektivität, in dem Sinn, dass der Mensch nicht in sich selbst eingeschlossen, sondern immer in einem menschlichen Universum gegenwärtig ist, das ist es, was wir existentialistischen Humanismus nennen.

Jean-Paul Sartre, Der Existentialismus ist ein Humanismus, S. 175f.

Freiheit ist Überwindung der Willkür. Denn Freiheit fällt zusammen mit der Notwendigkeit des Wahren. Bin ich frei, so will ich nicht, weil ich so will, sondern weil ich mich vom Rechten überzeugt habe. Der Anspruch der Freiheit ist daher, nicht aus Willkür, nicht aus blindem Gehorsam, nicht aus äußerem Zwang zu handeln, sondern aus eigener Vergewisserung, aus Einsicht. Daher der Anspruch, selbst zu erfahren, gegenwärtig zu verwirklichen, aus eigenem Ursprung zu wollen durch Suchen des Ankers im Ursprung aller Dinge.

Karl Jaspers, Von der Weite des Denkens, S. 37

[...] die Zukunft ist das, was nicht ergriffen wird, was uns überfällt und sich unser bemächtigt. Die Zukunft, das ist das andere.

Emmanuel Levinas, Die Zeit und der Andere, S. 48

Ein Mensch ist zu nichts „berufen" und hat keine „Aufgabe", keine „Bestimmung", so wenig als eine Pflanze oder ein Tier einen „Beruf" hat. [...] Einen Beruf hat er nicht, aber er hat Kräfte, die sich äußern, wo sie sind, weil ihr Sein ja einzig in ihrer Äußerung besteht und so wenig untätig verharren können als das Leben, das, wenn es auch nur eine Sekunde „still stände", nicht mehr Leben wäre. Nun könnte man dem Menschen zurufen: gebrauche deine Kraft. Doch in diesem Imperativ würde der Sinn gelegt werden, es sei des Menschen Aufgabe, seine Kraft zu gebrauchen. So ist es nicht.

Max Stirner, Der Einzige und sein Eigentum, S. 366

M2 Freiheit als Selbstwahl

Vom Gedanken der menschlichen Freiheit aus entwickelt Kierkegaard seine Lehre von den Existenzmöglichkeiten. Das ästhetische Stadium, in dem der Mensch im Äußerlichen und Sinnlichen lebt, muss überwunden werden durch das ethische, das Stadium der Freiheit. Mit einer ursprünglichen Wahl bringt der Einzelne in freier Selbstbejahung sich selbst als Persönlichkeit hervor; durch die Selbstwahl wählt er auch, dass er Verantwortung für sein Selbst übernehmen will.

Die Wahl selbst ist entscheidend für den Gehalt der Persönlichkeit; durch die Wahl sinkt sie in das Gewählte hinab, und wenn sie nicht wählt, welkt sie in Auszehrung dahin. Einen Augenblick lang ist es so, einen Augenblick lang mag es so scheinen, als ob das, zwischen dem gewählt werden soll, außerhalb des Wählenden liege; er steht in keinerlei Beziehung dazu, er kann dem gegenüber in Indifferenz verharren. Dies ist der Augenblick der Überlegung [...]. Was gewählt werden soll, steht in der tiefsten Beziehung zum Wählenden, und wenn von einer Wahl die Rede ist, die eine Lebensfrage betrifft, so muss das Individuum ja gleichzeitig leben und kommt damit, je weiter es die Wahl hinausschiebt, leicht dazu, sie zu verändern, obwohl es ständig überlegt und überlegt und damit glaubt, die Gegensätze der Wahl recht auseinanderzuhalten. [...]

Wenn du nun dich selbst absolut wählst, entdeckst du leicht, dass dieses Selbst keine Abstraktion oder Tautologie ist; so mag es allenfalls im Augenblick der Orientierung erscheinen, in dem man sondert, bis man den abstraktesten Ausdruck für dieses Selbst findet, und selbst dann ist es eine Illusion, dass es völlig abstrakt und inhaltslos sei, denn es ist ja doch nicht das Bewusstsein der Freiheit im Allgemeinen, dies ist eine Bestimmung des Gedankens; sondern es ist entstanden durch eine Wahl und ist das Bewusstsein von diesem bestimmten freien Wesen, das es selbst ist und kein anderer. Dieses Selbst enthält in sich eine reiche Konkretion, eine Vielfalt von Bestimmtheiten, von Eigenschaften, kurz, ist das ganze ästhetische Selbst, das ethisch gewählt ist. Je mehr du dich darum in dich selbst vertiefst, umso mehr wirst du die Bedeutung selbst des Unbedeutenden empfinden, nicht im endlichen Sinne, sondern im unendlichen, weil es durch dich gesetzt ist, und indem man solchermaßen im ethischen Sinne sich selbst wählt, ist dies nicht nur eine Besinnung auf sich selbst, sondern man könnte, um diesen Akt zu bezeichnen, an das Wort der Schrift erinnern: Rechenschaft geben von einem jeglichen unnützen Wort, das geredet worden ist. Wenn nämlich die Leidenschaft der Freiheit erwacht ist, so ist sie eifersüchtig auf sich selbst und lässt keineswegs zu, dass derart unbestimmt durcheinanderstehe, was einem zugehört und was nicht. In dem ersten Augenblick der Wahl tritt daher die Persönlichkeit anscheinend ebenso nackt hervor wie das Kind aus der Mutter Schoß, im nächsten Augenblick ist sie konkret in sich selbst, und nur durch eine willkürliche Abstraktion kann es geschehen, dass der Mensch auf diesem Punkte verharrt. Er wird er selbst, ganz derselbe, der er zuvor war, bis auf die unbedeutendste Eigentümlichkeit, und doch wird er ein anderer, denn die Wahl durchdringt alles und verwandelt es. So ist nun seine endliche Persönlichkeit verunendlicht in der Wahl, darin er sich selbst unendlich wählt.

Søren Kierkegaard, Entweder-Oder, II, S. 711f., 782f.

1 Analysieren Sie die Freiheitsaspekte in den Zitaten der Philosophen und referieren Sie den Inhalt mit Hilfe der Stichworte „Freiheit als Zwang, Verantwortung, Menschliches Universum, Das Selbst als Grenze, Bestimmung/Aufgabe". ➜ M1

2 Vergleichen Sie das Freiheitsverständnis der Philosophen mit dem Freiheitsbegriff von S. 208f. und schreiben Sie für ein Schülerlexikon der Philosophie (Klasse 10) einen Text zum Freiheitsbegriff des Existentialismus. ➜ M1

3 Beurteilen Sie die Aussage der Karikatur, ob darin der Freiheitsbegriff des Existentialismus ausgedrückt wird. Fertigen Sie ggf. eine alternative Karikatur an. ➜ M1

4 Erarbeiten Sie das Verhältnis von Wahl und Persönlichkeit. ➜ M2

5 Finden Sie Beispiele für die ästhetische Existenz (konsumorientierte Lebensweise) und überlegen Sie, wie sie durch eine freie Selbstwahl überwunden werden kann. ➜ M2

3 Mein Sein in dieser Welt

M1 In-der-Welt-sein als Dasein

Martin Heideggers Hauptwerk *Sein und Zeit* erschien 1927 und war sogleich Gegenstand der Diskussion. Heideggers Anliegen ist, das „Sein" nicht als bestimmte Bedeutung, als ein Gegebenes zu verstehen, sondern als Werdendes in der Zeit. Der Grundbaustein ist das „Da" des Menschen als „Dasein", die Existenz des Menschen in der Zeit und Welt. Dieses Dasein (des bewussten Subjekts) vollzieht sich im Zusammenhang mit anderen Menschen und Dingen (Mitwelt): Das „In-der-Welt-sein" des Menschen bedeutet, dass er immer auch schon bei anderen Menschen und in einer Umwelt lebt. Dabei ist jeder einzelne Mensch aufgefordert, sein Leben zu entwerfen. Die Frage, was aus ihm werden soll, die Notwendigkeit, sich um sich zu sorgen, wird für den Menschen zur Last. Die Sorge als Fürsorge oder als alltägliches Besorgen ist der existentielle Grundmodus des Menschen: sie macht den Menschen ängstlich. Im alltäglichen Besorgen begegnet der Mensch den Anderen, er kommt in die Welt und nimmt seine Welt an, indem er sich dem „Man" der anonymen Normen und Regeln (Durchschnittlichkeit) anpasst. Damit entsteht eine Struktur einer anonymen Macht, die die eigene Existenz in die Existenz der „Botmäßigkeit" der Anderen drängt. Mit dieser Beschreibung stellt sich für Heidegger die Frage, wer man eigentlich in dieser Welt ist („Jeder ist der Andere und Keiner er selbst"). Folgende Begriffe sind zentral in Heideggers Werk:

Geworfen: Die Geworfenheit [...] ist die Seinsart eines Seienden, das je seine Möglichkeiten selbst ist, so zwar, dass es sich in und aus ihnen versteht (auf sich entwirft). *Martin Heidegger, Sein und Zeit, S. 181*

Mit-sein: [Die] Anderen sind die, von denen man sich zumeist *nicht* unterscheidet, unter denen man auch ist. [...] Auf dem Grunde dieses *mithaften* In-der-Welt-sein ist die Welt je schon immer die, die ich mit den Anderen teile. Die Welt des Daseins ist *Mitwelt*. Das In-Sein ist *Mitsein* mit Anderen. Das innerweltliche Ansichsein dieser ist Mitdasein.

Martin Heidegger, Sein und Zeit, S. 118

Man: *Das „Man" ist ein Existential und gehört als ursprüngliches Phänomen zur Verfassung des Daseins. [...] Zunächst* „bin" nicht „ich" im Sinne des eigenen Selbst, sondern die Anderen in der Weise des Man. Aus diesem her und als dieses werde ich mir „selbst" zunächst „gegeben". Zunächst ist das Dasein Man und zumeist bleibt es so. [...] Das Man ist überall dabei, doch so, dass es sich auch immer davongeschlichen hat, wo das Dasein auf Entscheidung drängt. Weil das Man jedoch alles Urteilen und Entscheidungen vorgibt, nimmt es dem jeweiligen Dasein die Verantwortlichkeit ab. Das Man kann es sich gleichsam leisten, dass „man" sich ständig auf es beruft. Es kann am leichtesten alles verantworten, weil keiner es ist, der für etwas einzustehen braucht. Das Man „war" es immer und doch kann gesagt werden, „keiner" ist es gewesen. [...] Jeder ist der Andere und Keiner er selbst. [...] Die verfallende Flucht in das Zuhause der Öffentlichkeit ist Flucht vor dem Unzuhause, das heißt der Unheimlichkeit, die im Dasein als geworfenen, ihm selbst in seinem Sein überantworteten In-der-Welt-sein liegt. *Martin Heidegger, Sein und Zeit, S. 129,189*

Selbstsein: Das *eigentliche Selbstsein* beruht nicht auf einem vom Man abgelösten Ausnahmezustand des Subjekts, sondern *ist eine existentielle Modifikation des Man als eines wesenhaften Existentials.* [...]
Das Aufgehen im Man und bei der besorgten „Welt" offenbart so etwas wie eine *Flucht* des Daseins vor ihm selbst als eigentlichem Selbst-sein-können.

Martin Heidegger, Sein und Zeit, S. 130, 184

Das Sein: Das Seiende [...] sind wir je selbst. Das Sein dieses Seienden ist je *meines*. Im Sein dieses Seienden verhält sich dieses selbst zu seinem Seien [...] Das Was-sein (essentia) dieses Seiens muss [...] aus einem Sein (existentia) begriffen werden.

Martin Heidegger, Sein und Zeit, S. 41-42

Existenz: Das Sein selbst, zu dem das Dasein sich so oder so verhalten kann und immer irgendwie verhält, nennen wir Existenz. *Martin Heidegger, Sein und Zeit, S. 12*

M2 Sein und Nichts in der Existenz

Eine zentrale Rolle für den Existentialismus spielt die Frage nach dem Sein. Heidegger und Sartre möchten diese Frage aus der Existenz des Menschen beantworten, ohne eine Letztbegründung. Zur Erschließung dieses Phänomens haben sie ein dichtes Netz analytischer Begriffe entwickelt.

Textbaustein	Erläuterung
1 Erscheinen bzw. Da-Sein Das „Wesen" des Daseins liegt in seiner Existenz. [...] Dasein ist Seiendes, das sich in seinem Sein verstehend zu diesem Sein verhält. Damit ist der formale Begriff von Existenz angezeigt. Dasein ist ferner Seiendes, das je ich selbst bin. Zum existierenden Dasein gehört die Jemeinigkeit als Bedingung der Möglichkeit von Eigentlichkeit und Uneigentlichkeit. [...] Diese Seinsbestimmung des Daseins müssen nun aber a priori auf dem Grunde der Seinsverfassung gesehen und verstanden werden, die wir In-der-Welt-sein nennen. *Martin Heidegger, Sein und Zeit, S. 42, 52-53*	**a)** Stellen wir uns das Sein als einen riesigen Schaufelradbagger vor, wie er im Tagebau benutzt wird. Dieses Sein gräbt sich durch das Nichts (geseint) und schafft „Sein/Nichts" (genichtet).
2 Das Leben als sinnlose Möglichkeit Das Sein ist das, was es ist. [...] Was wir Freiheit nennen, ist [...] unmöglich *vom Sein* der „menschlichen-Realität" zu unterscheiden. Der Mensch ist keineswegs *zunächst*, um *dann* frei zu sein, sondern es gibt keinen Unterschied zwischen dem Sein des Menschen und seinem *„Frei-sein"*. [...] In diesem Sinn erfasse ich mich als ersten Ursprung meines Möglichen, und das nennt man Freiheitsbewusstsein [...]. [Wir] erfassen unser Mögliches, indem wir vermeiden, die anderen Möglichkeiten zu betrachten [...]. *Jean-Paul Sartre, Das Sein und das Nichts, S. 42, 84, 111, 114*	**b)** Sobald ich vom Nichts rede, habe ich daraus einen Gegenstand gemacht. Das „Nichts" umgibt das Sein und wird unendlich erschlossen. Hinter unserer menschlichen Existenz gibt es kein Weiteres, das wir „Nichts" nennen könnten.
3 Das Nichts Wir haben [...] gemerkt, dass man das Nichts nicht *außerhalb* des Seins erfassen kann. [...] das Nichts *ist nicht*. Wenn wir davon sprechen können, so deshalb, weil es nur einen Anschein von Sein hat, ein entfliehendes Sein [...]. Das Nichts ist nicht, das Nichts *„wird geseint"*; das Nichts nichtet sich nicht, das Nichts „wird genichtet". [...] Der Mensch ist das Sein, durch das das Nichts zur Welt kommt. *Jean-Paul Sartre, Das Sein und das Nichts, S. 79-83*	**c)** Es gibt keinen Grund hinter dem ersten. Wenn wir über das Erscheinen sprächen, würden wir den Gegenstand bereits zu einem Gegenstand der Reflexion machen. Das Dasein hat keinen Grund, außer sich selbst. Es gibt einfach nichts dahinter. Alles Weitere passiert. Es ist eine Möglichkeit, die eher dem Zufall angehört als einem übergeordneten Sinn.

1 Erstellen Sie eine Grafik, indem Sie die verschiedenen Zitate analysieren und in eine Beziehung setzen (Anordnung, Pfeile, Comic usw.). → M1

2 Diskutieren Sie, inwieweit das „Man" unser Leben bestimmt und ob wir zu einem Selbstsein gelangen können. → M1

3 Sortieren Sie die verschiedenen Textbausteine zueinander, so dass Erläuterung und Textauszug zueinander passen. Begründen Sie Ihre Entscheidung. → M2

4 Verfassen Sie eine eigene Erläuterung zu den Textbausteinen 1-3. → M2

4 Grenzsituationen

M1 Der unendliche Augenblick

Der Philosoph Emmanuel Levinas (1906-1995) tastet sich in diesem Text an das Phänomen der Existenz heran: Was passiert in dem Augenblick, wenn wir in die Welt kommen? In seiner Vorstellung gibt es einen unendlichen Fluss des Seins, in den ein Mensch „eintritt": Durch das Bewusstsein kommt der Mensch zu sich und muss in dem anonymen Sein existieren. Die Hypostase beschreibt den aktiven Eintritt, den Augenblick des Beginns des Daseins (siehe zu diesem Begriff auch Heidegger, S. 350f).

Das Sein ohne Seiendes, das ich das Es-gibt nenne, ist der Ort, an dem sich die Hypostase ereignet. [...] Das Ereignis der Hypostase ist die Gegenwart. Die Gegenwart geht von sich aus, mehr noch, sie ist der Ausgang von sich. Im unendlichen Gewebe des Seins, ohne Anfang und Ende, ist sie der Riss. Die Gegenwart zerreißt und knüpft wieder neu an; sie beginnt; sie ist der Anfang selbst. Sie hat eine Vergangenheit, aber nur in Form der Erinnerung. Sie hat eine Geschichte, aber sie ist nicht die Geschichte.
Die Hypostase als Gegenwart setzen heißt noch nicht, die Zeit in das Sein einführen. [...] Es handelt sich nicht um eine Gegenwart, die aus einer immer schon konstituierten Zeit herausgeschnitten wird, nicht um ein Element der Zeit, sondern um die Funktion der Gegenwart, um den Riss, den sie in der unpersönlichen Unendlichkeit des Seins bewirkt. Sie ist so etwas wie ein ontologisches Schema. Einerseits ist sie ein Ereignis, noch nicht Etwas, sie existiert nicht; sie ist vielmehr ein Ereignis der Existenz, durch das etwas dazu gelangt, von sich auszugehen. Sie ist [...] noch reines Ereignis, das durch ein Verb ausgedrückt werden muss; dennoch gibt es in diesem Sein so etwas wie einen Umbruch, gibt es schon etwas, schon Seiendes. Es ist wesentlich, die Gegenwart an der Grenze zwischen dem Sein und dem Seienden zu erfassen, wo sie, als Funktion des Seins, sich schon ins Seiende wendet. [...] Genau deswegen, weil die Gegenwart eine Weise darstellt, das „von sich ausgehen" zu vollziehen, ist sie immer schon Vergehen. [...] [Das] Ich [stellt], wenn es an die Grenze zwischen Sein und Seiendem als Funktion der Hypostase erfasst wird, von vornherein außerhalb des Gegensatzes von Veränderlich und Beständig, so, wie es außerhalb der Kategorien von Sein und Nichts steht. Das Paradox löst sich auf, wenn man begreift, dass das „ich" anfänglich nicht ein Seiendes ist, sondern die Weise zu sein als solche, dass es also im eigentlichen Sinne nicht „existiert".

Emmanuel Levinas, Die Zeit und der Andere, S. 25-28

M2 Der Augenblick als äußerste Grenze

Der Augenblick bezeichnet das Gegenwärtige als solches, das kein Vergangenes und kein Zukünftiges hat, denn gerade darin besteht die Unvollkommenheit des sinnlichen Lebens. Auch das Ewige bezeichnet das Gegenwärtige, das kein Vergangenes und kein Zukünftiges hat, und dies ist die Vollkommenheit des Ewigen. [...] Sobald der Geist gesetzt ist, ist der Augenblick da. [...] Der Augenblick ist jenes Zweideutige, in dem sich Zeit und Ewigkeit berühren, und damit ist der Begriff *Zeitlichkeit* gesetzt, wo die Zeit ständig die Ewigkeit abschneidet und die Ewigkeit ständig die Zeit durchdringt. Jetzt erst bekommt jene erwähnte Einteilung ihre Bedeutung: die gegenwärtige Zeit, die vergangene Zeit, die zukünftige Zeit.

Søren Kierkegaard, Der Begriff Angst, S. 102, 104-105

M3 Trennlinie von Raum und Zeit

Lucio Fontana, Spatial Concept „Waiting" / Concetto spaziale „Attesa" (1960), Informelle Kunst

M4 Eine Grenzerfahrung

Augustinus (354-430), Philosoph und Kirchenlehrer, beschreibt in seinen Bekenntnissen, *wie er den Tod eines Freundes erlebte.*

Da war es in meinem Herzen dunkel vor Schmerz, und wo ich hinblickte, war Tod. Da ward mir die Vaterstadt zur Qual, das Mutterhaus zu wundersamer Bitternis. Was ich einst mit ihm geteilt, das kehrte sich jetzt ohne ihn zu übergroßer Pein. Überall suchten ihn meine Augen, aber er kam mir nicht wieder. Und ich hasste alle Dinge, weil sie mir ihn nicht wiederbringen konnten, wie sie mir nimmer sagen konnten: sieh, da kommt er, wie früher wohl in den Tagen seines Lebens, da er fort war und wiederkommen sollte. Und mir selbst ward ich zum großen Rätsel, und ich fragte meine Seele: Warum bist du traurig und warum betrübst du mich? Und sie wusste keine Antwort. [...] Die Tränen nur waren mir süß, und sie waren an des toten Freundes Platz getreten in dem, was meiner Seele Freude war. [...]

Was aber war's bei meinem Schmerz um das Verlorene und bei der Trauer, die mich damals drückte? Ich hoffte ja nicht, dass mir der Freund zum Leben wieder käme, und bat nicht darum in meinen Tränen. Ich klagte nur und weinte; denn arm war ich geworden, und meine Freude hatte ich verloren. Oder ist auch das Weinen ein bitter Ding und freut uns nur, weil alles andre, was wir sonst genossen, uns zum Ekel wurde, und freut uns nur, solang wir andre Freuden hassen? Doch was rede ich hier? Denn jetzt ist's nicht mehr Zeit zu fragen, Zeit ist's, dir zu bekennen. Elend war ich und elend ist jede Seele, die von Liebe zu vergänglichen Dingen gefesselt zerrissen wird, wenn sie verliert, was sie geliebt hat. Und dann erst fühlt sie das Elend, dessen sie voll war, noch ehe sie verloren. So war es mir in jener Zeit, und ich weinte bitterlich und ruhte aus in meiner Bitterkeit. So war ich elend und liebte doch mein elend Leben mehr als den verlorenen Freund. [...] Ich glaube, je mehr ich den Toten liebte, um so mehr fürchtete ich den Tod, der ihn mir weggenommen, als meinen blutigsten Feind, und ich wähnte, er werde hinterrücks alle Menschen verschlingen, wo wie er ihn verschlingen konnte. So war ich damals, ich entsinne mich.

Augustinus, Bekenntnisse, S. 84-86

M5 Grundsituationen unseres Daseins

Vergewissern wir uns unserer menschlichen Lage. Wir sind immer in Situationen. Die Situationen wandeln sich, Gelegenheiten treten auf. Wenn sie versäumt werden, kehren sie nicht wieder. Ich kann selber an der Veränderung der Situation arbeiten. Aber es gibt Situationen, die in ihrem Wesen bleiben, auch wenn ihre augenblickliche Erscheinung anders wird und ihre überwältigende Macht sich in Schleier hüllt: ich muss sterben, ich muss leiden, ich muss kämpfen, ich bin dem Zufall unterworfen, ich verstricke mich unausweichlich in Schuld. Diese Grundsituationen unseres Daseins nennen wir Grenzsituationen. Das heißt, es sind Situationen, über die wir nicht hinaus können, die wir nicht ändern können. Das Bewusstwerden dieser Grenzsituationen ist nach dem Staunen und dem Zweifel der tiefere Ursprung der Philosophie. Im bloßen Dasein weichen wir oft vor ihnen aus, indem wir die Augen schließen und leben, als ob sie nicht wären. Wir vergessen, dass wir sterben müssen, vergessen unser Schuldigsein und unser Preisgegebensein an den Zufall. Wir haben es dann nur mit den konkreten Situationen zu tun, die wir meistern zu unseren Gunsten, und auf die wir reagieren durch Plan und Handeln in der Welt, getrieben von unseren Daseinsinteressen.

Karl Jaspers, Einführung in die Philosophie, S. 18

1. Analysieren Sie den Begriff „Riss" in Levinas' Text. ➜ M1
2. Erläutern Sie den Begriff des Augenblicks bei Kierkegaard und entwerfen Sie eine Grafik zum Text, die die Begriffe „Vergangenheit, Gegenwart, Zukunft und Augenblick" enthält. ➜ M2
3. Vergleichen Sie Levinas' Begriff „Riss" mit dem Begriff „Augenblick" bei Kierkegaard. ➜ M1/2
4. Setzen Sie den „Riss" in Fontanas Bild zu Levinas in Beziehung. ➜ M1/3
5. Zeigen Sie die Gedanken und Gefühle des jungen Augustinus in der Grenzerfahrung. ➜ M4
6. Erörtern Sie, welche Grundsituationen als Grenzerfahrung erlebt werden und wie wir mit ihnen umgehen. ➜ M5

5 Angst und Sorge als Lebensmodus

M1 Angst

Edvard Munch, Der Schrei, 1893

M2 Verlassenheit

Wer, wenn ich schriee, hörte mich denn aus der Engel
Ordnungen? und gesetzt selbst, es nähme
einer mich plötzlich ans Herz: ich verginge von seinem
stärkeren Dasein. Denn das Schöne ist nichts
als des Schrecklichen Anfang, den wir noch grade ertragen,
und wir bewundern es so, weil es gelassen verschmäht,
uns zu zerstören. Ein jeder Engel ist schrecklich.
Und so verhalt ich mich denn und verschlucke den Lockruf
dunkelen Schluchzens. Ach, wen vermögen
wir denn zu brauchen? Engel nicht, Menschen nicht,
und die findigen Tiere merken es schon,
dass wir nicht sehr verlässlich zu Haus sind
in der gedeuteten Welt. Es bleibt uns vielleicht
irgendein Baum an dem Abhang, dass wir ihn täglich
wiedersähen; es bleibt uns die Straße von gestern
und das verzogene Treusein einer Gewohnheit,
der es bei uns gefiel, und so blieb sie und ging nicht.
O und die Nacht, die Nacht, wenn der Wind voller Weltraum
Uns am Angesicht zehrt –, wem bliebe sie nicht, die ersehnte
Sanfte enttäuschende, welche dem einzelnen Herzen
Mühsam bevorsteht. Ist sie den Liebenden leichter?
Ach, sie verdecken sich nur miteinander ihr Los.
Weißt du's noch nicht? Wirf aus den Armen die Leere
Zu den Räumen hinzu, die wir atmen; vielleicht dass die Vögel
Die erweiterte Luft fühlen mit innigerm Flug

Rainer Maria Rilke, Duineser Elegien, Erste Elegie, S. 11

M3 Das Dasein im Nichts

Mein Leben ist zum Äußersten gebracht, ich ekle mich am Dasein, es ist geschmacklos, ohne Salz und Sinn [...]. Man steckt den Finger in die Erde, um zu riechen, in welch einem Lande man ist, ich stecke den Finger ins Dasein – es riecht nach nichts. Wo bin ich? Was will das sagen: die Welt? Was bedeutet dies Wort? Wer hat mich in das Ganze hineingenarrt und lässt mich nun da stehen? Wer bin ich? Wie kam ich in die Welt hinein; warum wurde ich nicht befragt, warum nicht bekannt gemacht mit Sitten und Herkommen, sondern mich hineingesteckt in Reih und Glied als sei ich von einem Menschenhändler gekauft? Wie bin ich Teilhaber geworden in der großen Unternehmung, die man die Wirklichkeit nennt? Warum soll ich Teilhaber sein? Ist das keine freiwillige Sache? Und falls ich genötigt werden soll, es zu sein, wo ist da der Dirigent, ich habe eine Bemerkung zu machen? Gibt es keinen Dirigenten? Wo soll ich mich mit meiner Klage hinwenden? Das Dasein ist ja eine Debatte, darf ich bitten, das meine Betrachtung miterörtert wird? Soll man das Dasein nehmen, wie es ist, wäre es dann nicht am besten, man bekäme zu wissen, *wie* es ist? [...] Will da niemand antworten? Ist dies denn nicht von äußerster Wichtigkeit für alle die Herren Teilnehmer? *Søren Kierkegaard, Die Wiederholung, S. 62f.*

M4 Die Angst als Modus der Welterschließung

Nach Heidegger ist Angst – im Gegensatz zur Furcht – kein Phänomen der konkreten Erfahrung (empirisch), sondern ein menschliches Merkmal, um die unerklärliche Welt zu erschließen. Die Angst ist quasi der Motor, sich in der Welt zurechtzufinden, in der man eigentlich nicht zuhause ist. Die Angst zeigt auf (Indikator), dass jede Existenz alleine für sich in dieser Welt ist.

Das Wovor der Angst ist das In-der-Welt-sein als solche. [...] Das Wovor der Angst ist kein innerweltliches Seiendes. Daher kann es damit wesenhaft keine Bewandtnis haben. [...] Daher „sieht" die Angst auch nicht ein bestimmtes „Hier" und „Dort", aus dem her sich das Bedrohliche nähert. Dass das Bedrohende *nirgends* ist, charakterisiert das Wovor der Angst. Diese „weiß nicht", was es ist, davor sie sich ängstet. „Nirgends" aber bedeutet nicht nichts, sondern darin liegt Gegend überhaupt, Erschlossenheit von Welt überhaupt für das wesenhaft räumliche In-Sein. [...] *[D]as Wovor der Angst ist die Welt als solche.* [...] Das Sichängstigen erschließt ursprünglich direkt die Welt als Welt. [...] Die Angst ist nicht nur Angst vor ..., sondern als Befindlichkeit zugleich Angst *um* .... Worum die Angst sich abängstet, ist nicht eine *bestimmte* Seinsart und Möglichkeit des Daseins. [...] Worum sich die Angst ängstet, ist das In-der-Welt-sein selbst. [...] Die Angst offenbart im Dasein *das Sein* zum eigensten Seinkönnen, das heißt das *Freisein für* die Freiheit des Sich-selbst-wählens und -ergreifens. Die Angst bringt das Dasein vor sein *Freisein für* ... die Eigentlichkeit seines Seins als Möglichkeit, die es immer schon ist. Dieses Sein aber ist es zugleich, dem das Dasein als In-der-Welt-sein überantwortet wird.

[...] In der Angst ist einem *„unheimlich"*. Darin kommt zunächst die eigentümliche Gestimmtheit dessen, wobei sich das Dasein in der Angst befindet, zum Ausdruck: das Nichts und Nirgends. Unheimlich meint aber dabei zugleich das Nicht-zuhause-sein. [...] Die alltägliche Vertrautheit bricht in sich zusammen. Das Dasein ist vereinzelt [...]. Das In-Sein kommt in den existentialistischen „Modus" des *Un-zuhause*. Nichts anderes meint die Rede von der „Unheimlichkeit".

Martin Heidegger, Sein und Zeit, S. 186-189

M5 Sorge als Grundbefindlichkeit des Daseins

Als einst die „Sorge" über einen Fluss ging, sah sie tonhaltiges Erdreich, sinnend nahm sie davon ein Stück und begann es zu formen. Während sie bei sich darüber nachdenkt, was sie geschaffen, tritt Jupiter hinzu. Ihn bittet die „Sorge", dass er dem geformten Stück Ton Geist verleihe. Das gewährt ihr Jupiter gern. Als sie aber ihrem Gebilde nun ihren Namen beilegen wollte, verbot das Jupiter und verlangte, dass ihm sein Name gegeben werden müsse. Während über den Namen die „Sorge" und Jupiter stritten, erhob sich auch die Erde (Tellus) und begehrte, dass dem Gebilde ihr Name beigelegt werde, da sie ja doch ihm ein Stück ihres Leibes dargeboten habe. Die Streitenden nahmen Saturn zum Richter. Und ihnen erteilte Saturn folgende anscheinend gerechte Entscheidung: „Du, Jupiter, weil du den Geist gegeben hast, sollst bei seinem Tode den Geist, du, Erde, weil du den Körper geschenkt hast, sollst den Körper empfangen. Weil aber die „Sorge" dieses Wesen zuerst gebildet, so möge, solange es lebt, die „Sorge" es besitzen. Weil aber über den Namen Streit besteht, so möge es „homo" heißen, da es aus humus (Erde) gemacht ist."

Martin Heidegger, Sein und Zeit, S. 198

1 Das Bild *Der Schrei* stammt aus der Serie „Lebensfries" zum Thema „Leben und Tod". Entwickeln Sie ein Bild zum Begriff „Sorge". Erläutern Sie Ihre Darstellung, indem Sie die Begriffe Angst und Sorge bestimmen und voneinander abgrenzen. ➔ M1

2 Geben Sie dem Elegie-Auszug von Rilke einen eigenen Titel. Begründen Sie Ihre Entscheidung. ➔ M2

3 Suchen Sie sich aus dem Text eine Frage von Kierkegaard heraus und schreiben Sie einen Kommentar dazu. ➔ M3

4 Deuten Sie auf der Grundlage des Textes eine Formulierung von Heidegger: „Die Angst vereinzelt und erschließt [...] das Dasein." (Martin Heidegger, *Sein und Zeit*, S. 188) ➔ M4

5 Interpretieren Sie die Fabel und bringen Sie den Begriff der „Sorge" mit dem Bild von Munch bzw. Ihrem Entwurf aus Aufgabe 1 in einen inhaltlichen Zusammenhang. ➔ M1/5

6 Diskutieren Sie die Frage, ob die Sorge ein wesentliches Merkmal des Menschen ist. ➔ M5

6 Leben im Absurden

M1 Absurder Held

Die Götter hatten Sisyphos dazu verurteilt, einen Felsblock unablässig den Berg hinaufzuwälzen, von dessen Gipfel der Stein kraft seines Gewichts wieder hinunterrollte. Sie meinten nicht ganz ohne Grund, es gäbe keine grausamere Strafe, als unnütze und aussichtslose Arbeit. [...]

Sisyphos ist der absurde Held. Ebenso sehr aufgrund seiner Leidenschaften wie seiner Qual. Seine Verachtung der Götter, sein Hass auf den Tod und sein leidenschaftlicher Lebenswille haben ihm die unsagbare Marter eingebracht, bei der sein ganzes Sein sich abmüht, ohne etwas zu vollenden. Das ist der Preis für die Leidenschaften dieser Welt. [...]

Auf diesem Rückweg, während dieser Pause, interessiert mich Sisyphos. Ein Gesicht, das sich so nahe am Stein abmüht, ist selbst bereits Stein! Ich sehe, wie dieser Mann schwerfälligen, aber gleichmäßigen Schrittes zu der Qual hinuntergeht, deren Ende er nicht kennt. Diese Stunde, die gleichsam ein Aufatmen ist und ebenso zuverlässig wiederkehrt wie sein Unheil, ist die Stunde des Bewusstseins. In diesen Augenblicken, in denen er den Gipfel verlässt und allmählich in die Schlupfwinkel der Götter entschwindet, ist er seinem Schicksal überlegen. Er ist stärker als sein Fels.

Dieser Mythos ist tragisch, weil sein Held bewusst ist. Worin bestünde tatsächlich seine Strafe, wenn ihm bei jedem Schritt die Hoffnung auf Erfolg neue Kraft gäbe? Der Arbeiter von heute arbeitet sein Leben lang an den gleichen Aufgaben, und sein Schicksal ist genauso absurd. Tragisch ist es aber nur in den wenigen Augenblicken, in denen er sich dessen bewusst wird. Sisyphos, der ohnmächtige und rebellische Proletarier der Götter, kennt das ganze Ausmaß seiner unseligen conditio: über sie denkt er nach während des Abstiegs. Die Klarsichtigkeit, die Ursache seiner Qual sein sollte, vollendet zugleich seinen Sieg. Es gibt kein Schicksal, das durch Verachtung nicht überwunden werden kann.

Albert Camus, Der Mythos des Sisyphos, S. 155-158

M2 Absurder Alltag

Manchmal stürzen die Kulissen ein. Aufstehen, Straßenbahn, vier Stunden Büro oder Fabrik, Essen, Straßenbahn, vier Stunden Arbeit, Essen, Schlafen, Montag, Dienstag, Mittwoch, Donnerstag, Freitag, Samstag, immer derselbe Rhythmus – das ist meist ein bequemer Weg. Eines Tages aber erhebt sich das „Warum", und mit diesem Überdruss, in den sich Erstaunen mischt, fängt alles an. „Fängt an" – das ist wichtig. Der Überdruss steht am Ende der Handlungen eines mechanischen Lebens, gleichzeitig leitet er aber auch eine Bewusstseinsregung ein. Er weckt das Bewusstsein und fordert den nächsten Schritt heraus. Der nächste Schritt ist die unbewusste Rückkehr in die Kette oder das endgültige Erwachen. [...]

Um es deutlich auszusprechen: je mehr ich hoffe, je mehr ich besorgt bin um eine mir eigene Wahrheit, um eine Art, zu sein oder zu schaffen, je mehr ich schließlich mein Leben ordne und dadurch beweise, dass ich ihm einen Sinn unterstelle, umso mehr Schranken schaffe ich mir, zwischen denen ich mein Leben einzwänge. Ich mache es wie so viele Beamte des Geistes und des Herzens, die [...] nichts anderes tun, als die Freiheit des Menschen ernst zu nehmen.

Das Absurde klärt mich über diesen Punkt auf: es gibt kein Morgen. Das ist von nun an der Grund meiner tiefen Freiheit. [...]

So erahnt der absurde Mensch ein glühendheißes und eiskaltes, durchsichtiges und begrenztes Universum, in dem nichts möglich, aber alles gegeben ist, und jenseits ist nur noch Niedergang und Nichts. [...] Was aber bedeutet das Leben in einem solchen Universum? Nichts anderes zunächst als die Gleichgültigkeit der Zukunft gegenüber und das leidenschaftliche Verlangen, alles Gegebene auszuschöpfen. Der Glaube an den Sinn des Lebens setzt immer eine Wertskala voraus, eine Wahl, unsere Vorlieben. Der Glaube an das Absurde lehrt nach unseren Definitionen das Gegenteil. Es lohnt, dabei zu verweilen.

Albert Camus, Der Mythos des Sisyphos, S. 22f., 77f., 79f.

M3 Alles Denken ist anthropomorph

Das Wesentliche ist das Zufällige. Die Existenz ist nicht – wenn man sie definieren will – das Notwendige. Existieren, das heißt einfach: da sein. Die Existierenden erscheinen, sie lassen sich antreffen, aber niemals kann man sie herleiten. Es gibt Leute, glaube ich, die das begriffen haben. Sie haben versucht, dieser Zufälligkeit Herr zu werden, indem sie ein notwendiges, ein in sich begründetes Sein erfanden. Kein notwendiges Sein aber kann die Existenz erklären: Die Zufälligkeit ist nicht ein falsches Scheinen, eine äußere Erscheinungsform, die man verscheuchen kann – sie ist das Absolute und mithin das vollkommen Zwecklose. Alles ist zwecklos – der Park, die Stadt, ich selbst. Wenn man sich darüber klar wird, dreht es einem das Herz im Leibe um, und alles beginnt zu schwimmen [...]. Meine Augen erblickten nur Volles, es wimmelt von Existenzen an den Spitzen der Zweige, Existenzen, die sich unaufhörlich erneuerten, niemals aber geboren werden. Der existierende Wind setzte sich wie eine große Fliege auf den Baum, und der Baum erschauert. [...] Und alle diese Existierenden, die sich rings um den Baum zu schaffen machten, kamen von irgendwo her und gingen nirgendwo hin. Sie existieren plötzlich – und plötzlich existieren sie nicht mehr: die Existenz hat keine Erinnerung. *Jean-Paul Sartre, Der Ekel, S. 139-141*

M4 Der verstellte Blick auf die Existenz

Auch wenn die Menschen dank Fluoxetin, Fluvoxamin, Paroxetin [...] in der Lage sind, soviel Glück in ihren stressvernarbten Hirnen zu produzieren wie Hochleistungskühe Milch in ihren überdimensionierten Eutern, so werden sie doch weiterhin genauso permanent elendig verrecken, bis es nichts mehr gibt, was sich in Nichts auflösen kann. Ja, so wird die Welt enden [...], unbeeindruckt wird ein winziges Knäul aus verzweifelt aufeinander einschlagenden, schweißnassen Leibern einfach so verschwinden. All das Keuchen und Schreinen wird in stinkendem Lärm ertränkt, und das uns überall anschweigende Leiden wird endlich verstummen, als hätte es nie stattgefunden. [...] Was uns verband, war das Wissen, dass es irgendwann passiert. Dieses Wissen um die Sinnlosigkeit der Existenz, dass sowieso alles endet und nichts bleibt, macht uns zu Göttern. Um uns herum tat die Menschheit weiterhin hartnäckig so, als ob es Sartre und den Ekel vor sich und der Welt nie gegeben hätte.

Thomas Manegold, Morbus Dei, S. 37f.

M5 Der Sinn des Absurden

Doch auch „Absurdität" hat eine Bedeutung. Wer ausruft: „Aber das ist doch absurd!", verweist damit auf die Möglichkeit eines kohärenten Sinns. Absurdität hat nur Sinn vor dem Hintergrund von Sinnfälligkeit, wie auch Zweifel nur Sinn vor dem Hintergrund von Gewissheit hat. Wenn jemand sagt, das Leben sei sinnlos, können wir ihn immer fragen, was daran denn sinnlos sei, und seine Antwort muss sich auf Sinn und Bedeutung beziehen. Wer nach dem Sinn des Lebens fragt, der fragt gewöhnlich, worauf die vielen und vielfältigen Lebenssituationen letztlich hinauslaufen. [...] Es mag zwecklos in dem Sinn sein, dass ein vorgegebenes Ziel fehlt. Aber es kann nicht absurd im Sinne von unsinnig sein, sofern es keine Logik gibt, mit der sich diese Tatsache ermessen ließe.

Terry Eagleton, Der Sinn des Lebens, S. 84f.

1 Erläutern Sie das Tragische des Sisyphos im Text von Camus. → M1
2 Analysieren Sie Camus' Ausführungen über das Absurde (M2) und setzen Sie den Begriff in eine Beziehung zu M1. → M1/2
3 Vergleichen Sie den Begriff des Absurden mit dem Begriff des Zufälligen (vgl. hierzu auch S. 330f.). → M3
4 Setzen Sie sich mit der Auffassung von Manegold auseinander, indem Sie einen eigenen Text verfassen. Benutzen Sie folgenden Aufbau: → M4
   A) Einleitung: Hinführung zum Problem
   B) Hauptteil: Auseinandersetzung mit dem Autor im Rahmen von A
   C) Schluss: Ableitung einer eigenen Position aus A+B
5 Eagleton spricht vom Sinn hinter dem Begriff der Absurdität. Diskutieren Sie, ob damit das Anliegen von Camus und Sartre angegriffen wird. → M5

7 Existenz und Tod

M1 The end

This is the end
Beautiful friend
This is the end
My only friend, the end
Of our elaborate plans, the end
Of everything that stands, the end
No safety or surprise, the end
I'll never look into your eyes ... again

The Doors (Jim Morrison u. a.)

M2 In einem Chatroom

15. Mai 2013

Hallo Leute, habe mir gerade *The end* angehört. Wirklich abgefahrener Song! Es ist ja die Ansicht weit verbreitet, dass *The end* ein Liebeslied sei. Ich glaube jedoch, dass ein metaphysischer Hintergrund vorliegt. Jim Morrison war sehr durch Nietzsche und Heidegger beeinflusst. Bei Heidegger ist der Tod die Vollendung des Daseins. Vielleicht ist das gemeint, wenn Morrison von „my only friend" spricht. Heidegger glaubte, dass mit dem Tod die Sorge im Leben seine Erfüllung gefunden hat:

„Das Sein zum Tode gründet in der Sorge. Als geworfenes In-der-Welt-sein ist das Dasein je schon seinem Tod überantwortet. […] Der Tod ist eine Weise zu sein, die das Dasein übernimmt, sobald es ist. ‚Sobald ein Mensch zum Leben kommt, sogleich ist er alt genug zu sterben.'"

Martin Heidegger, Sein und Zeit, S. 259 und § 48, S. 245

Der Gebrauch des Worts „stands" bei Morrison verweist auf das Dasein. Sein ist bei Heidegger eine Vergangenheit-Gegenwart-Zukunfts-Verbindung. Aber bei Sartre ist das irgendwie anders. Ich bin mir nicht sicher, ob man den ganzen Song auch mit Sartre interpretieren kann. Kann mir da jemand helfen?

M3 Gegen Heideggers Sein zum Tode

Ich kann meinen Tod weder entdecken noch erwarten, noch eine Haltung ihm gegenüber einnehmen, denn er ist das, was sich als das Unentdeckbare enthüllt, was alle Erwartungen entwaffnet, was sich in alle Haltungen und besonders in die, die man ihm gegenüber einnähme, einschleicht, um sie in entäußerte und erstarrte Verhaltensweisen umzuwandeln, deren Sinn für immer anderen als uns selbst anvertraut ist. Der Tod ist ein reines Faktum wie die Geburt; er geschieht uns von draußen und verwandelt uns in Draußen. [...] Was ist er also? Nichts anderes als ein gewisser Aspekt der Faktizität und des Seins für Andere, das heißt nichts anderes als *Gegebenes*. Es ist absurd, dass wir geboren werden, es ist absurd, dass wir sterben; andererseits bietet sich diese Absurdität als permanente Entfremdung meines Möglichkeitsseins dar, das nicht mehr *meine Möglichkeit*, sondern die des andern ist. [...] Es handelt sich also wirklich um eine permanente Grenze meiner Entwürfe; und als solche muss diese Grenze übernommen werden. [...] Während der Tod meinen Entwürfen entgeht, weil er unrealisierbar ist, entgehe ich selbst dem Tod in meinem Entwurf selbst. Da er ist, was immer jenseits meiner Subjektivität ist, gibt es keinen Platz für ihn in meiner Subjektivität. [...] *Sterblich* stellt das gegenwärtige Sein dar, das ich für-Andere bin; tot stellt den künftigen Sinn meines aktuellen Für-sich für den anderen dar. Es handelt sich also wirklich um eine permanente Grenze meiner Entwürfe; und als solche muss diese Grenze übernommen werden. [...] Während der Tod meinen Entwürfen entgeht, weil er unrealisierbar ist, entgehe ich selbst dem Tod in meinem Entwurf selbst. Da er das ist, was immer jenseits meiner Subjektivität ist, gibt es keinen Platz für ihn in meiner Subjektivität.

Jean-Paul Sartre, Das Sein und das Nichts, S. 937, 939f., 941

M4 Das Sterben und der Tod

Es herrscht heute weitgehend Einigkeit darüber, dass Leben der Prozess ist, in dem sich bestimmte organische Körper mittels der sogenannten Lebensfunktionen (Vitalfunktionen) selbst organisieren und erhalten. [...] Der menschliche Organismus verfügt über fünf Vitalfunktionen: die Steuerung durch das Zentralnervensystem, den Blutkreislauf, die Atmung, den Stoffwechsel und die Temperaturregulation. [...]

Wenn man von der Voraussetzung ausgeht, dass Leben nichts anderes ist als die Selbstorganisation und Selbsterhaltung eines Organismus mittels der genannten Funktionen, dann lässt sich der Tod als der irreversible Ausfall der Lebensfunktionen definieren, durch den bewirkt wird, dass die Selbstorganisation des Organismus an ihr Ende gelangt. [...] Im Unterschied zum Tod, der die Grenze zwischen dem Leben und dem Totsein darstellt, bildet das Sterben einen Teil des Lebens, der zumindest partiell auch bewusst erlebt werden kann. Mediziner unterscheiden heute zwei Phasen des Sterbens. [...] Der Organismus ist tot, wenn die Einzelfunktionen seiner Organe und Systeme sowie ihre Wechselwirkung unwiderruflich nicht mehr zur übergeordneten Einheit des Lebewesens in seiner funktionellen Ganzheit zusammengefasst und unwiderruflich nicht mehr von ihr gesteuert werden.

Héctor Wittwer, Philosophie des Todes, S. 12f.

M5 Warum ist der Tod schlecht?

Denken wir an unseren eigenen Tod, so ist die Tatsache, dass all die guten Dinge des Lebens zu Ende sein werden, mit Sicherheit ein Grund des Bedauerns. Doch das scheint noch nicht alles zu sein. Viele Leute wollen mehr von dem haben, was sie am Leben genießen, doch für einige ist die Aussicht der Nichtexistenz selbst beängstigend, und zwar auf eine Art und Weise, die durch das bisher Gesagte noch nicht angemessen erklärt wird. Der Gedanke, dass die Welt ohne mich weitergeht, dass ich zu *nichts* werde, ist nur sehr schwer zu schlucken.

Es ist nicht ganz klar, warum eigentlich. Wir akzeptieren alle die Tatsache, dass es eine Zeit vor unserer Geburt gab, zu der wir noch nicht existierten – warum sollte uns also die Aussicht der Nichtexistenz nach unserem Tod stören? Doch irgendwie scheint uns da ein Unterschied zu bestehen. Die Aussicht der künftigen Nichtexistenz ist zumindest für viele Leute auf eine Weise beängstigend, auf die es die vergangene Nichtexistenz nicht sein kann.

Im Gegensatz zum Kummer über das Ende des Lebens ist die Angst vor dem Tod etwas sehr Rätselhaftes. Man kann leicht verstehen, dass wir mehr Leben und mehr von den Dingen haben wollen, die es enthält, und daher den Tod als ein negatives Übel ansehen. Doch wie kann die Aussicht unserer eigenen Nichtexistenz auf eine positive Weise beunruhigend sein? Wenn wir mit dem Tod wirklich zu existieren aufhören, wie kann es dann etwas geben, vor dem wir Angst haben? Denkt man logisch darüber nach, so sieht es so aus, als sollten wir vor dem Tod nur Angst haben, sofern wir ihn überleben und vielleicht irgendeiner schrecklichen Verwandlung unterworfen sein werden. Doch dies hindert viele Leute nicht daran, das Ausgelöschtsein für etwas vom Schlimmsten zu halten, das ihnen zustoßen kann.

Thomas Nagel, Der Tod, S. 78f.

1. Hören Sie sich den Song von Jim Morrison *This is the end* an, recherchieren Sie zu Leben und Tod des Sängers. ➜ M1
2. Erläutern Sie die Formulierung von Heidegger „Kein Leben ohne Tod, kein Tod ohne Leben!" und versuchen Sie, den Song von Morrison zu interpretieren. ➜ M2/1
3. Vergleichen Sie Sartres Position mit der von Heidegger. ➜ M3/2
4. Antworten Sie auf die Anfrage im Chatroom. ➜ M1-3
5. Setzen Sie die Position von Sartre und Heidegger mit der Darstellung des Todes von Wittwer in Beziehung. ➜ M4/3/2
6. Schreibgespräch: Was ist schlimm daran, dass ich nicht mehr existiere? Schreiben Sie Ihre Gedanken zu dem Thema nieder und suchen Sie sich zwei bis drei Gesprächspartner/innen in der Klasse.
7. Diskutieren Sie die Position von Nagel, dass der Tod an und für sich nicht schlecht sei. ➜ M5

8 Liebe als Ausweg?

M1 Ewige Suche ...

Des Nachts auf meinem Lager suchte ich ihn,
den meine Seele liebt. Ich suchte ihn und fand ihn nicht.
Aufstehen will ich, die Stadt durchstreifen,
die Gassen und Plätze, ihn suchen, den meine Seele liebt.
Ich suchte ihn und fand ihn nicht. *Das Hohelied, 3,1-2*

M2 Liebe als freiwilliger Zwang

Warum will der Liebende *geliebt* werden? Wenn die Liebe nämlich bloßes Verlangen nach physischem Besitz wäre, könnte sie in vielen Fällen leicht befriedigt werden. [...] Es ist also gewiss, dass die Liebe das „Bewusstsein" gefangennehmen will. Aber warum will sie es? Und wie?

Dieser „Eigentums"begriff, mit dem man so oft die Liebe erklärt, kann ja nicht primär sein. [...] Er will eine Freiheit als Freiheit besitzen. [...] Er will von einer Freiheit geliebt werden und verlangt, dass diese Freiheit als Freiheit nicht mehr frei sei. Er will sowohl, dass die Freiheit des anderen sich selbst dazu bestimmt, Liebe zu werden – und das keineswegs nur zu Beginn des Abenteuers, sondern jeden Augenblick –, als auch, dass diese Freiheit *durch sich selbst* gefangengenommen wird, dass sie sich, wie im Wahn, wie im Traum, auf sich selbst zurückwendet und ihre eigene Gefangenschaft will. Und diese Gefangenschaft soll frei und zugleich an unsere Hände gekettete Abdankung sein. [...] Daher dieser neue Widerspruch und dieser neue Konflikt: jeder Liebende ist gänzlich Gefangener des anderen, insofern er von ihm unter Ausschluss jedes anderen geliebt werden will; gleichzeitig aber verlangt jeder vom anderen eine Liebe, die sich keineswegs auf den „Entwurf, geliebt zu werden" beschränkt. [...] Jeder will, dass der andere ihn liebt, ohne sich darüber klarzumachen, dass lieben geliebt werden wollen heißt und dass er also, wenn er will, dass der andere ihn lieben soll, nur will, dass der andere will, dass er ihn liebt [...], bei der jedes von ihnen seine Alterität wahrt, um den andern zu begründen.

Jean-Paul Sartre, Das Sein und das Nichts, S. 642-644

M3 Es gibt in der Liebe keine Verschmelzung

Der Unterschied der Geschlechter ist auch keine Dualität zweier komplementärer Bezugspunkte, denn zwei komplementäre Bezugspunkte setzen ein präexistentes Ganzes voraus. Zu sagen, dass die geschlechtliche Dualität ein Ganzes voraussetzt, hieße, von vornherein die Liebe als Verschmelzen zu setzen. Die Leidenschaftlichkeit der Liebe besteht jedoch in einer unüberwindbaren Dualität der Seienden. Es ist ein Verhältnis zu dem, das sich für immer entzieht. Das Verhältnis neutralisiert nicht *ipso facto* die Andersheit, sondern bewahrt sie. Die Leidenschaftlichkeit der Wollust besteht darin, zu zweit zu sein. Das andere als anderes ist hier nicht ein Objekt, das das unsrige wird oder das wir wird; es zieht sich im Gegenteil in sein Geheimnis zurück. Dieses Geheimnis des Weiblichen – des Weiblichen als des wesenhaft anderen – bezieht sich nicht mehr auf irgendeinen romantischen Begriff der geheimnisvollen, unbekannten oder verkannten Frau. [...] Wenn man den anderen besitzen, ergreifen und erkennen könnte, wäre er nicht mehr der andere. Besitzen, Erkennen, Ergreifen sind Synonyme des Könnens.

Emmanuel Levinas, Die Zeit und der Andere, S. 56-57, 61

M4 Die Verschmelzung als Rettung der Existenz

Dieses Bewusstsein seiner selbst als einer eigenständigen Größe, das Gewahrwerden dessen, dass er eine kurze Lebensspanne vor sich hat, dass er ohne seinen Willen geboren wurde und gegen seinen Willen sterben wird, [...] dass er allein und abgesondert und den Kräften der Natur und der Gesellschaft hilflos ausgeliefert ist – all das macht seine abgesonderte, einsame Existenz zu einem unerträglichen Gefängnis. [...] Das tiefste Bedürfnis des Menschen ist demnach, seine Abgetrenntheit zu überwinden und aus dem Gefängnis seiner Einsamkeit herauszukommen.

Ein absolutes Scheitern bei diesem Versuch führt zum Wahnsinn, weil das panische Entsetzen vor einer völligen Isolation nur dadurch zu überwinden ist, dass

René Magritte, Die Liebenden, 1928

man sich so völlig von der Außenwelt zurückzieht, dass das Gefühl des Abgetrenntseins verschwindet, und zwar weil die Außenwelt, von der man abgetrennt ist, verschwunden ist. Der Mensch sieht sich – zu allen Zeiten und in allen Kulturen – vor das Problem der Lösung der einen und immer gleichen Frage gestellt: wie er sein Abgetrenntsein überwinden, wie er zur Vereinigung gelangen, wie er sein eigenes einzelnes Leben transzendieren und das Einswerden erreichen kann. *Erich Fromm, Die Kunst des Liebens, S. 17-19*

M5 Es gibt kein Recht auf Liebe

Wie nun, hat irgendwer oder irgendwas, den und das Ich nicht liebe, ein *Recht* darauf, von mir geliebt zu werden? Ist meine Liebe das Erste oder ist sein Recht das Erste? Eltern, Verwandte, Vaterland, Volk, Vaterstadt usw., endlich überhaupt die Mitmenschen [...] behaupten, ein Recht auf meine Liebe zu haben und nehmen sie ohne Weiteres in Anspruch. Sie sehen sie als *ihr* Eigentum an. [...] Ich *soll* lieben. Ist die Liebe ein Gebot und Gesetz, so muss Ich dazu erzogen, herausgebildet und, wenn Ich dagegen Mich vergehe, gestraft werden. [...] Jede Liebe, an welcher auch nur der kleinste Flecken von Verpflichtung haftet, ist eine uneigennützige [...], ist sie Besessenheit. Wer dem Gegenstande seiner Liebe etwas *schuldig* zu sein glaubt, der liebt romantisch oder religiös. [...] All unsere romantische Liebe bewegt sich in demselben Zuschnitt: überall die Heuchelei oder vielmehr Selbsttäuschung einer „uneigennützigen Liebe", ein Interesse am Gegenstande um des Gegenstandes willen, nicht um Meinet- und zwar allein um Meinetwillen. [...] Du bist für mich nichts als – meine Speise, gleichwie auch Ich von Dir verspeist und verbraucht werde. Wir haben zueinander nur Eine Beziehung, die der *Brauchbarkeit*, der Nutzbarkeit, des Nutzens. Wir sind *einander* nichts schuldig, denn was Ich Dir schuldig zu sein scheine, das bin Ich höchstens Mir schuldig.

Max Stirner, Der Einzige und und sein Eigentum, S. 324-327, 331

1 Sammeln Sie Texte (Lieder, Gedichte etc.) über die Liebe und bewerten Sie, inwiefern die Suche nach Liebe eine existenzielle Erfahrung ist. → M1

2 Diskutieren Sie über den Freiheitsbegriff der Liebe bei Sartre. → M2

3 Erläutern Sie die These der „unüberwindbaren Dualität" bei Levinas. → M3

4 Analysieren Sie den Text von Fromm hinsichtlich der Dualität von Isolation und Einswerden. → M4

5 Nehmen Sie Stellung zu den Thesen von Levinas und Fromm, indem Sie sich im Klassenraum auf die linke (Levinas) und rechte (Fromm) Seite stellen und von dort Ihre Ansicht vertreten. Sie können während der Diskussion die Seiten wechseln. → M3/4

6 Geben Sie die Position von Stirner wieder und beurteilen Sie seine Sichtweise auf die Liebe. → M5

7 Talk Show: Stirner, Sartre, Levinas und Fromm diskutieren über folgenden Satz von Lutz von Werder: Das Ich ist für den Existenzialismus nicht ohne das Du. [...] Am schönsten ist aber für den Existenzialismus die Liebe zur Rebellion in allen ihren hellen Seiten. Jede Revolte aber, die die Liebe zu anderen leugnet, büßt den Namen Revolte sofort ein. (Lutz von Werder: *Existenzialismus jetzt!*, S. 165f.)

8 Führen Sie ein Sokratisches Gespräch (s. Methoden-Bausteine, S. 394f.) zu der Frage durch: „Gibt es wahre Liebe?"

9 Wagnis Lebenssinn

M1 Schwierige Frage ...

»Wir nennen sie so, weil wir glauben, dass die Menschen gänzlich frei sind und deswegen verantwortlich dafür, was sie aus sich machen. Also, wollen Sie immer noch die extragroße Pizza mit Anchovis und Mozarella?«

M2 Denken als Weg zum Glück

Sollten Sie sich gezwungen sehen, intensiv über den Sinn des Daseins schlechthin nachzudenken, kann man jede Wette eingehen, dass die Welt aus den Fugen geraten ist. Die Frage nach dem Sinn des eigenen Lebens ist etwas anderes, denn man könnte behaupten, dass Selbstreflexion normaler Bestandteil eines erfüllten Lebens sei. Wer sich noch nie gefragt hat, wie es um das eigene Leben bestellt sei und ob es nicht verbesserungsfähig wäre, dem scheint es in erheblichem Maße an Selbsterkenntnis zu mangeln. Im Leben eines solchen Menschen dürfte es mehrere Bereiche geben, in denen es nicht besonders gut läuft. [...] Wenn sich in Ihrem Leben alles bestens entwickelt, dürfte das auch daran liegen, dass Sie von Zeit zu Zeit grübeln, ob Sie ein wenig daran herumbasteln oder etwas verändern sollten. [...] Mit anderen Worten, es stimmt nicht, dass man nur dann glücklich ist, wenn man nicht weiß. Dieser naiven romantischen Vorstellung zufolge ist Selbstreflexion auf fatale Weise hinderlich. [...] Wissen ist ein Weg zum Glück, nicht sein Gegenspieler.

Terry Eagleton, Der Sinn des Lebens, S. 34f.

M3 Einfach das Leben genießen

Wer nur besorgt ist, dass er lebe, vergisst über diese Ängstlichkeit leicht den *Genuss* des Lebens. Ist's ihm nur ums Leben zu tun und denkt er, wenn Ich nur das liebe Leben habe, so verwendet er nicht seine volle Kraft darauf, das Leben zu nutzen, d. h. zu genießen. Wie aber nutzt man das Leben? Indem man's verbraucht, gleich dem Lichte, das man nutzt, indem man's verbrennt. Man nutzt das Leben und mithin sich, den Lebendigen, indem man es und sich *verzehrt. Lebensgenuss* ist Verbrauch des Lebens. [...] Erst dann, wenn Ich Meiner gewiss bin und Mich nicht mehr suche, bin Ich wahrhaft mein Eigentum: Ich habe Mich, darum brauche und genieße Ich Mich. [...] Von jetzt an lautet die Frage, nicht wie man das Leben erwerben, sondern wie man's vertun, genießen könne oder nicht wie man das wahre Ich in sich herzustellen, sondern wie man sich aufzulösen, sich auszuleben habe. *Max Stirner, Der Einzige und sein Eigentum, S. 358f.*

M4 Existentialismus als Optimismus ...

Der Mensch kann nichts wollen, wenn er nichts zunächst begriffen hat, dass er auf nichts anderes als auf sich selber zählen kann, dass er allein ist, verlassen auf der Erde inmitten seiner unendlichen Verantwortlichkeiten, ohne Hilfe noch Beistand, ohne ein anderes Ziel als das, das er sich selbst geben wird, ohne ein anderes Schicksal als das, das er sich auf dieser Erde schmieden wird. Diese Gewissheit, diese intuitive Erkenntnis seiner Situation, das ist es, was wir Hoffnungslosigkeit nennen: es ist keine schöne romantische Verstörtheit, wie man sieht [...]. *So wie die Angst sich nicht vom Sinn für die Verantwortlichkeit unterscheidet, ist die Hoffnungslosigkeit eins mit dem Willen;* mit der Hoffnungslosigkeit beginnt der wahre Optimismus: der Optimismus dessen, der nichts erwartet, der weiß, dass er keinerlei Recht hat und ihm nichts zukommt, der sich freut, auf sich allein zu zählen und allein zum Wohl aller zu handeln.

Jean-Paul Sartre, Zum Existentialismus. Eine Klarstellung, S. 118

M5 ... als Verantwortung

Wenn wir sagen, der Mensch wählt sich, verstehen wir darunter, jeder von uns wählt sich, doch damit wollen wir auch sagen, sich wählend wählt er alle Menschen. In der Tat gibt es für uns keine Handlung, die, den Mensch schaffend, der wir sein wollen, nicht auch zugleich ein Bild des Menschen hervorbringt, wie er unserer Ansicht nach sein soll. Wählen, dies oder das zu sein, heißt gleichzeitig, den Wert dessen, was wir wählen zu bejahen, denn wir können niemals das Schlechte wählen; was wir wählen, ist immer das Gute, und nichts kann gut für uns sein, ohne es für alle zu sein. Wenn andererseits die Existenz dem Wesen vorausgeht und wir zugleich existieren und das Bild von uns gestalten wollen, so gilt dieses Bild für alle und für unsere gesamte Epoche. [...] [Der] Mensch, der sich engagiert und sich bewusst wird, dass er nicht nur jener ist, der zu sein er wählt, sondern auch ein Gesetzgeber, der mit sich die gesamte Menschheit wählt, dieser Mensch kann dem Gefühl seiner totalen und tiefen Verantwortung nicht entrinnen.

Jean-Paul Sartre, Der Existentialismus ist ein Humanismus, S. 150-152

M6 ... und Aufgabe

Was ist eine Frau? Ganz einfach, sagen die Freunde einfacher Formeln: Sie ist ein Uterus mit Ovarien; sie ist ein Weibchen: mit diesem Wort ist sie ausreichend definiert. [...] Das In-der-Welt-sein impliziert unwiderlegbar das Vorhandensein eines Körpers, der sowohl ein Ding der Welt als auch eine Anschauung dieser Welt ist. [...] Man kommt nicht als Frau zur Welt, man wird es. Keine biologische, psychische oder ökonomische Bestimmung legt die Gestalt fest, die der weibliche Mensch in der Gesellschaft annimmt. [...] Nur die Vermittlung anderer kann ein Individuum zum *Anderen* machen. Solange das Kind für sich existiert, vermag es sich nicht als geschlechtlich differenziertes Wesen zu begreifen. Für Mädchen wie für Knaben ist der Körper zunächst die Ausstrahlung einer Subjektivität, das Werkzeug zum Verständnis der Welt: sie erfassen das Universum mit den Augen, mit den Händen, nicht mit den Geschlechtsteilen.

Simone de Beauvoir, Das andere Geschlecht, S. 27, 31, 334

M7 Existentialismus als Lebenshaltung

Die philosophische Situation in der Zeit sei zum Abschluss im Gleichnis charakterisiert:
Nachdem der Philosoph auf dem sicheren Boden des Festlandes – in realistischer Erfahrung, in Einzelwissenschaften, in Kategorien- und Methodenlehre – sich orientiert und an den Grenzen dieses Landes die Welt der Ideen im ruhigen Bahn durchlaufen hat, flattert er schließlich am Gestade des Ozeans wie ein Schmetterling, hinaus gedrängt auf das Wasser, erspähend ein Schiff, mit dem er auf die Entdeckungsreise fahren möchte zur Erforschung des Einen, das als Transzendenz ihm in seiner Existenz gegenwärtig ist. Er späht nach dem Schlüssel – der Methode des philosophischen Denkens und der philosophischen Lebensführung –, dem Schiff, das er sieht und doch nicht endgültig erreicht hat; so müht er sich und macht vielleicht die wunderbarsten Taumelbewegungen.
Wir sind solche Falter, und wir sind verloren, wenn wir in die Orientierung am festen Lande aufgegeben. Aber wir sind nicht zufrieden, dort zu bleiben. Darum ist unser Flattern so unsicher und vielleicht so lächerlich für die, die auf dem festen Lande sicher sitzen und befriedigt sind, nur begreiflich für jene, die die Unruhe erfasst hat. Ihnen wird die Welt zum Ausgangspunkt für jenen Flug, auf den alles ankommt, den jeder aus eigenem antreten und in Gemeinschaft wagen muss, und der als solcher nie Gegenstand einer eigentlichen Lehre werden kann.

Karl Jaspers, Einführung in die Philosophie, S. 100

1 Erklären Sie den Zusammenhang von Existenz, Freiheit und Verantwortung. ➜ M1
2 Diskutieren Sie die These von Eagleton. ➜ M2
3 Vergleichen Sie den Ansatz von Eagleton mit dem von Stirner. ➜ M2/3
4 Beschreiben Sie die Lebenshaltung des Existentialismus. ➜ M4-6
5 Diskutieren Sie, ob der Existentialismus als eine politische Aufgabe betrachtet werden kann, sein Leben zu gestalten. ➜ M2-6
6 Interpretieren Sie das Gleichnis von Jaspers und entwickeln Sie ein eigenes Gleichnis zum Thema „Leben leben". ➜ M7

1 Nachdenken über Geschichte

M1 Geschichte als Erbe und Auftrag

Du Zhenjun, Europa, Fotomontage 2010

M2 Geschichte als Erbschaft

So wie der Urwald immer ragender und gewaltiger zur Höhe strebt, seines Wachstums Kräfte aus dem eigenen Niedergange, seinen im schlammigen Boden verwesenden und zerfallenden Teilen saugend, so erwächst jede neue Generation der Menschheit auf einem Grunde, geschichtet durch den Zerfall unzähliger Geschlechter, die hier vom Reigen des Lebens ausruhen. Wohl sind die Körper der Gewesenen, die zuvor ihren Tanz geendet, vernichtet, im flüchtigen Sande verweht oder vermodert auf dem Grund der Meere. Doch ihre Teile, ihre Atome werden vom Leben, dem sieghaften, ewig jungen, wieder herangerissen in rastlosem Wechsel und so erhoben zu ewigen Trägern lebendiger Kraft. So behält auch des Daseins Inhalt, jeder Gedanke, jede Tat und jedes Gefühl, das diese endlose Reihe von Vorgängern durch die Gefilde des Lebens schnellte, ewigen Wert. Wie der Mensch sich aufbaut auf dem Tier und seinen Bedingungen, so wurzelt er auch auf allem, was seine Väter durch Faust, Hirn und Herz im Gang der Zeiten erschufen. Seine Geschlechter gleichen den Schichten eines Korallenstaates; kein Steinchen ist denkbar ohne die unzähligen, schon längst erloschenen, auf die es sich gründet. Der Mensch ist der Träger, das ständig wechselnde Gefäß all dessen, was vor ihm getan, gedacht und empfunden wurde. Er ist auch der Erbe aller Sehnsucht, die vor ihm andere mit unwiderstehlicher Gewalt den fernen, in Nebel gehüllten Zielen zutrieb.

Noch immer schaffen die Menschen an einem Turmbau von unermesslicher Höhe, zu dem sie ein Geschlecht, einen Zustand ihres Seins mit Blut, Qual und Sehnsucht auf den anderen schichten.

Wohl schwingt sich der Turm in immer steilere Höhe, seine Zinnen erheben den Menschen immer mehr zum Überwinder, geben seinem Blick immer größere, reichere Länder preis, doch schreitet der Aufbau nicht in ruhigem Gleichgewicht fort. Oft ist das Werk bedroht, Mauern stürzen oder werden niedergerissen von Toren, Entmutigten, Verzweifelten. Rückschläge längst bezwungen geglaubter Zustände, Ausbrüche elementarer Gewalten, die brodelnd kochten unter erstarrter Kruste, offenbaren die lebendige Macht uralter Kräfte.

Aufgebaut aus unzähligen Bausteinen ist auch der Einzelne. Die endlose Kette der Ahnen schleift ihm am Boden nach; er ist gefesselt und gesponnen mit tausend Bändern und unsichtbaren Fäden an das Wurzelgeflecht des Urwaldsumpfes, dessen gärende Wärme seinen Urkeim gebrütet. Zwar hat sich das Wilde, Brutale, die grelle Farbe der Triebe geglättet, geschliffen und gedämpft in den Jahrtausenden, in denen die Gesellschaft die jähen Begierden und Lüste gezäumt. Zwar hat die zunehmende Verfeinerung ihn geklärt und veredelt, doch immer noch schläft das

Tierische auf dem Grunde des Seins [...]; doch wenn des Lebens Wellenkurve zur roten Linie des Primitiven zurückschwingt, fällt die Maskierung: nackt wie je bricht er hervor, der Urmensch, der Höhlensiedler, in der ganzen Unbändigkeit seiner entfesselten Triebe. Das Erbteil seiner Väter flammt in ihm auf, immer wieder, wenn das Leben sich auf seine Urfunktionen besinnt. *Ernst Jünger, Der Kampf als inneres Erlebnis, S. 14f.*

M3 Geschichte als Auftrag

Welche Zustände durchwanderte der Mensch [...] vom ungeselligen Höhlenbewohner [...] zum geistreichen [...], gebildeten Weltmann [...]? – Die allgemeine Weltgeschichte gibt Antwort auf diese Frage. [...]
Selbst dass wir uns in diesem Augenblick hier zusammenfanden, uns mit diesem Grade von Nationalkultur, mit dieser Sprache, diesen Sitten, diesen bürgerlichen Vorteilen, diesem Maß von Gewissensfreiheit zusammenfanden, ist das Resultat vielleicht aller vorhergegangenen Weltbegebenheiten: die ganze Weltgeschichte würde wenigstens nötig sein, dieses einzige Moment zu erklären. [...]
Selbst in den alltäglichsten Verrichtungen des bürgerlichen Lebens können wir es nicht vermeiden, die Schuldner vergangener Jahrhunderte zu werden; die ungleichartigsten Perioden der Menschheit steuern zu unserer Kultur [...]. Die Kleider, die wir tragen, die Würze an unsern Speisen und der Preis, um den wir sie kaufen, viele unserer kräftigsten Heilmittel, und ebenso viele neue Werkzeuge unseres Verderbens – setzten sie nicht einen Columbus voraus, der Amerika entdeckte, einen Vasco da Gama, der die Spitze von Afrika umschiffte? [...]
Unser menschliches Jahrhundert herbeizuführen haben sich – ohne es zu wissen oder zu erzielen – alle vorhergehenden Zeitalter angestrengt. Unser sind alle Schätze, welche Fleiß und Genie, Vernunft und Erfahrung im langen Alter der Welt endlich heimgebracht haben. Aus der Geschichte werden Sie lernen, einen Wert auf die Güter legen, denen Gewohnheit und unangefochtener Besitz so gern unsere Dankbarkeit rauben: kostbare teure Güter, an denen das Blut der Besten und Edelsten klebt, die durch die schwere Arbeit so vieler Generationen haben errungen werden müssen! Und welcher unter Ihnen, bei dem sich ein heller Geist mit einem empfindenden Herzen gattet, könnte dieser hohen Verpflichtung eingedenk sein, ohne dass sich ein stiller Wunsch in ihm regte, an das kommende Geschlecht die Schuld zu entrichten, die er dem vergangenen nicht mehr abtragen kann? Ein edles Verlangen muss in uns entglühen, zu dem reichen Vermächtnis von Wahrheit, Sittlichkeit und Freiheit, das wir von der Vorwelt überkamen und reich vermehrt an die Folgewelt wieder abgeben müssen, auch aus unseren Mitteln einen Beitrag zu legen, und an dieser unvergänglichen Kette, die durch alle Menschengeschlechter sich windet, unser fliehendes Dasein zu befestigen. Wie verschieden auch die Bestimmung sei, die in der bürgerlichen Gesellschaft Sie erwartet – etwas dazusteuern können Sie alle! Jedem Verdienst ist eine Bahn zur Unsterblichkeit aufgetan, zu der wahren Unsterblichkeit meine ich, wo die Tat lebt und weiter eilt, wenn auch der Name ihres Urhebers hinter ihr zurückbleiben sollte.

Friedrich Schiller, Was heißt und zu welchem Ende studiert man Universalgeschichte?, S. 367f., 370, 374f.

1 Interpretieren Sie das Bild unter dem Aspekt „Geschichte als Erbe und Auftrag". → M1
2 Untersuchen Sie den Text auf Metaphern für die Geschichte bzw. die Stellung des Menschen in der Geschichte und charakterisieren Sie diese. → M2
3 Überprüfen Sie die These, Jüngers Geschichtsphilosophie diene dazu, Gewalt zu legitimieren. → M2
4 Arbeiten Sie heraus, inwiefern der Mensch von der Geschichte profitiert und worin nach Schiller seine Gegenleistung zu bestehen hat. → M3
5 Schiller nennt uns „Schuldner vergangener Jahrhunderte". Verfassen Sie eine Gegenrede aus heutiger Sicht, die den Standpunkt einnimmt, „Gläubiger vergangener Jahrhunderte" zu sein. → M3
6 Vergleichen Sie alle Materialien dieser Doppelseite hinsichtlich ihres Geschichtsbildes: Was haben sie gemeinsam, worin unterscheiden sie sich? → M1-3

2 Modelle der Geschichte

M1 Vorstellungen vom Verlauf der Geschichte

Wenn denn nun gefragt wird: Leben wir jetzt in einem aufgeklärten Zeitalter? So ist die Antwort: Nein, aber wohl in einem Zeitalter der Aufklärung. [...] Allein, dass [...] die Hindernisse der allgemeinen Aufklärung, oder des Ausganges aus ihrer selbstverschuldeten Unmündigkeit, allmählich weniger werden, davon haben wir deutliche Anzeichen.

Immanuel Kant,
Was ist Aufklärung?, S. 59

[Unser] Ruinen-Freund, der die Maya liebt, gerade weil sie keinerlei Technik hatten, dafür Götter, er findet es hinreißend, dass man alle zweiundfünfzig Jahre einfach ein neues Zeitalter startet, nämlich alles vorhandene Geschirr zerschmettert, alle Herdfeuer löscht, dann vom Tempel her das gleiche Feuer wieder ins ganze Land hinausträgt, die ganze Töpferei neuerdings herstellt; [...] – Er findet es sinnvoll, obschon unwirtschaftlich, geradezu genial, tiefsinnig (profond), und zwar im Ernst.

Max Frisch,
Homo faber, S. 47

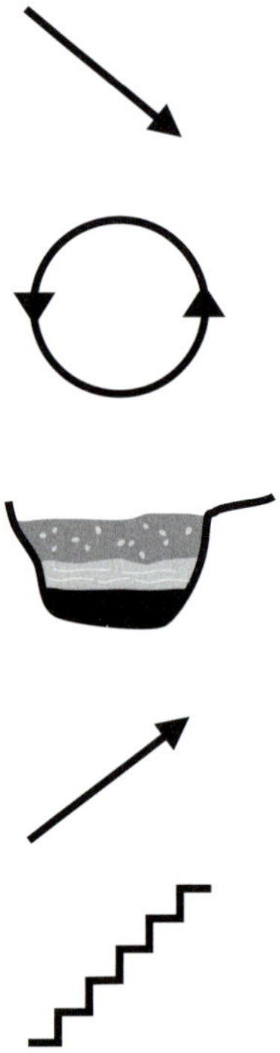

Der Geist ist frei; und sich dies sein Wesen wirklich zu machen, diesen Vorzug zu erreichen, ist das Bestreben des Weltgeistes in der Weltgeschichte. Sich zu wissen und zu erkennen ist seine Tat, die aber nicht mit einem Male, sondern im Stufengange vollbracht wird.

Georg Wilhelm Friedrich Hegel,
Philosophie der Weltgeschichte, S. 73

Und zwar bildet sich zuerst auf natürlichem Wege und ohne Zutun die Alleinherrschaft heraus; auf sie folgt, aus ihr entwickelt sich durch ordnendes Eingreifen, durch Überwindung der Willkür das Königtum. Wenn dieses in die ihm von Natur naheliegenden Fehler verfällt, das heißt zur Tyrannis entartet, entsteht wiederum aus ihrem Sturz eine Aristokratie. Wenn diese, wie es in ihrer Natur liegt, zur Oligarchie abgleitet und das aufgebrachte Volk für die Untaten der leitenden Männer Rache nimmt, kommt es zur Demokratie. Der Übermut und die Zügellosigkeit des Volks wiederum führt mit der Zeit zur Ochlokratie [...] und diese verwandelt sich in eine Herrschaft der rohen Gewalt [...], bis die vertierte Masse wieder einen Herrn, einen Alleinherrscher, gefunden hat.

Polybios, Geschichte,
S. 528, 534

Jeder Versuch, den Naturzwang zu brechen, indem Natur gebrochen wird, gerät nur umso tiefer in den Naturzwang hinein. So ist die Bahn der europäischen Zivilisation verlaufen.

Max Horkheimer / Theodor Adorno,
Dialektik der Aufklärung, S. 38

M2 Geschichtsmodelle

Denkt man über das eigene Leben [...] nach, so stellt sich die Geschichte eines Individuums als Kreislauf dar: Geburt, Kindheit, Jugend, Blüte, Alter, Tod. Dieses Bild vom Werden und Vergehen bildet die „natürliche" Einstellung zur Geschichte. Die Verlaufsformen von Natur und Geschichte stimmen hier überein. Das Geschichtsbewusstsein gründet sich auf eine naturale Zeitauffassung, die vom organischen Wachstum geprägt ist.

Die individuelle Lebenserfahrung lässt sich auf die Geschichte der ganzen Menschheit beziehen. Auf Reisen betrachten wir etwa die Ruinen aus früheren historischen Epochen; wir erleben die verfallenen Bauwerke als Zeugnisse vergangener Kulturen und damit als Symbole des Aufstiegs und Untergangs in der Geschichte. In der Tat haben viele Philosophen das Modell des Lebenszyklus auf die Geschichte im Ganzen übertragen: Auch die Geschichte von Staaten, Nationen und Kulturen folgt dem Verlauf von Blüte und Verfall. [...]

Ein ebenso „natürliches" Bild von der Geschichte ist die Zeitachse mit fortlaufenden Jahreszahlen, auf der die historischen Ereignisse eingetragen werden. Diese Darstellung der Geschichte nennen wir Chronologie [...]. Viele populäre Geschichtsbücher tragen den Titel „Chronik", wie z. B. „Chronik des 20. Jahrhunderts" [...]. Damit soll offenbar das „naive" Geschichtsbewusstsein [...] angesprochen werden.

Mit der linearen Zeitachse verbindet sich die Idee des Fortschritts, die in unserer modernen Lebenswelt, vor allem in den Bereichen Wissenschaft und Technik, eine Rolle spielt. Ingenieure sprechen ständig von „Fortschritten", weil sie auf ihren speziellen Gebieten dafür ziemlich eindeutige Parameter vorweisen können. Exemplarisch ist die Erfolgslinie der Mikroelektronik: sprunghaft steigende Speicherkapazität und Rechengeschwindigkeit [...]. Derartige Verlaufskurven begründen die Zeiterfahrung eines beschleunigten Wandels, dem das Geschichtsbild eines aufsteigenden Pfeils entspricht. Diese Metapher orientiert sich nicht mehr am zyklischen Wachstum oder an der gleichförmigen [...] Zeit, sondern an den von den Menschen erzeugten Kulturgütern. Kombiniert man die Geschichtsbilder Zyklus und Pfeil, ergibt sich das Modell der Spirale als zyklische Aufwärtsbewegung.

Johannes Rohbeck, Geschichtsphilosophie, S. 10f.

M3 Faktoren und Akteure der Geschichte

Verlaufsmodelle sind aber nicht das Einzige, was die spekulative Geschichtsphilosophie anzielt. Sie will auch wissen, wie es zu diesem Verlauf kommt – und kommen muss. Sie will die *Faktoren und Akteure* der Geschichte benennen. [...] Ich spreche von einem autonomen Geschichtsbild, wenn die Auffassung vertreten wird, dass die Subjekte die Geschichte, die Menschen, dieses Geschehen ausschließlich selbst bewirken und gestalten. Von Heteronomie spreche ich, wenn hinter den Menschen eine ihnen fremde, übergeordnete Kraft angesetzt wird, deren Willen oder deren Eigengesetzlichkeit die Menschen in der Geschichte lediglich vollziehen. [...] Unter den *heteronomen Geschichtsauffassungen* möchte ich zwei Grundtypen unterscheiden: Entweder wird angenommen, dass in der Geschichte ein *Natur- oder Weltgesetz* wirkt, eine unpersonale Kraft, oder es wird gedacht, dass eine planend-voraussehende, *personale Kraft*, die über den Menschen steht, das Geschehen lenkt.

Franz M. Wimmer, Typen und Theorien von von Geschichtsphilosophie, S. 5

1 Setzen Sie sich mit den Symbolen auseinander. Erläutern Sie, welche Vorstellung vom Verlauf der Geschichte jeweils zum Ausdruck kommt. → M1

2 Arbeiten Sie aus den philosophischen, literarischen und historischen Texten das jeweils zugrunde liegende Modell vom Verlauf der Geschichte heraus. → M1

3 Ordnen Sie die Texte den Symbolen zu. → M1

4 Zeigen Sie weitere Geschichtsmodelle auf und beschreiben Sie, welche Personengruppe welches Geschichtsmodell vertritt. → M2

5 Diskutieren Sie, welches Ihr Geschichts-Bild ist. Entwerfen Sie ggf. ein eigenes Geschichts-Bild. → M2

6 Gestalten Sie eigene Geschichts-Bilder, die die Faktoren und Akteure berücksichtigen. → M3

3 Geschichte: Fakten und Fiktionen

M1 „Geschichte" – ein doppeldeutiger Begriff

Geschichte vereinigt in unsrer Sprache die objektive sowohl als subjektive Seite und bedeutet ebenso gut die historiam rerum gestarum [Erzählung von Taten] als die res gestas [Taten] selbst; sie ist das Geschehene nicht minder wie die Geschichtserzählung. Diese Vereinigung der beiden Bedeutungen müssen wir für höherer Art als für eine bloß äußerliche Zufälligkeit ansehen: Es ist dafür zu halten, dass Geschichtserzählung mit eigentlich geschichtlichen Taten und Begebenheiten gleichzeitig erscheine; es ist eine innerliche gemeinsame Grundlage, welche sie zusammen hervortreibt. Familienandenken, patriarchalische Traditionen haben ein Interesse innerhalb der Familie und des Stammes; der gleichförmige Verlauf ihres Zustandes ist kein Gegenstand für die Erinnerung, aber sich unterscheidende Taten oder Wendungen des Schicksals mögen die Mnemosyne [„die Erinnerung", Mutter der Musen] zur Fassung solcher Bilder erregen [...]. Aber der Staat erst führt einen Inhalt herbei, der für die Prosa der Geschichte nicht nur geeignet ist, sondern sie selbst mit erzeugt. Statt nur subjektiver, für das Bedürfnis des Augenblicks genügender Befehle des Regierens erfordert ein festwerdendes, zum Staate sich erhebendes Gemeinwesen Gebote, Gesetze, allgemeine und allgemeingültige Bestimmungen und erzeugt damit sowohl einen Vortrag als ein Interesse von verständigen, in sich bestimmten und in ihren Resultaten dauernden Taten und Begebenheiten, welchen die Mnemosyne, zum Behuf des perennierenden [lang bestehenden] Zweckes dieser Gestaltung und Beschaffenheit des Staates, die Dauer des Andenkens hinzuzufügen getrieben ist. Die [...] bei ihren vernünftigen Gesetzen und Sitten zugleich äußerliche Existenz des Staates ist eine unvollständige Gegenwart, deren Verstand zu ihrer Integrierung des Bewusstseins der Vergangenheit bedarf.

Georg Wilhelm Friedrich Hegel, Philosophie der Geschichte, S. 114f.

M2 Geschichte schreiben – Geschichte machen

Geschichtsschreibung: der Umsatz von Blut in Papier. Und von Papier in Blut. Schriebe man anders Geschichte, würde sie nicht anders gemacht?

Die meisten Historiker breiten den Dreck der Vergangenheit aus, als wäre er der Humus für künftige Paradise.

Historiker – ein Hund, der mit den Wölfen heult. Ein rückwärtsgewandter Opportunist.

Wer Weltgeschichte nicht als Kriminalgeschichte schreibt, ist ihr Komplize.

Je gläubiger man in die Zukunft blickt, desto weniger hat man sich in der Vergangenheit umgesehen.

Es gibt nie große Zeiten oder kleine – nur kleine Sprüche und große.

Völker sterben schneller unter den Schlagwörtern als die Schlagwörter unter den Völkern.

In Deutschland schätzt man Tradition; jedes Kriegerdenkmal stärkt die Zuversicht auf ein neues.

Karlheinz Deschner, Ärgernisse. Aphorismen, S. 35-38

M3 Geschichte als gedeutete Vergangenheit

Die Geschichte ist kein bloßes Faktum, das man in der Geschichtswissenschaft oder Philosophie nur abzubilden bräuchte. Vielmehr ist dasjenige, was wir Geschichte nennen, eine Frage der Interpretation. Standpunkte und Perspektive bestimmen, wie wir historische Ereignisse beschreiben und beurteilen oder was wir überhaupt unter Geschichte verstehen.

Radikalisiert man diesen Gedanken, entsteht Geschichte erst durch die Art und Weise, in der die Menschen von den vergangenen Ereignissen wissen. Dieses Wissen hängt wiederum davon ab, über welche Zeugnisse der Vergangenheit sie verfügen, wie sie sich an die Überlieferungen erinnern und was sie davon auch wieder vergessen. Ein solches Gedächtnis darf man sich nicht als neutralen Speicher vorstellen, weil die Erinnerung immer auch von Interessen, Emotionen und Wertvorstellungen geprägt wird. Das historische Bewusstsein wählt daher bestimmte Ereignisse aus, es deutet und wertet sie. Selbstverständlich wird die Geschichte nicht frei erfunden, schließlich müssen historische Quellen berücksichtigt werden. Aber was aus Geschehnissen erst Geschichte macht, ist die Konstruktion der rückblickenden Betrachter. [...]

Auf diese Weise kann die Geschichtsbetrachtung dazu beitragen, Identität zu stiften; das gilt für einzelne Individuen wie für soziale Gruppen. Mit Hilfe von Tagebüchern, Lebensläufen und Erzählungen vergewissern wir uns der eigenen und fremden Identität. Wer jemandem mitteilen möchte, wer er ist, erzählt seine Lebensgeschichte. Dieses Verfahren lässt sich auf gesellschaftliche Institutionen, nationale Kulturen und Staaten anwenden. Schulen und Firmen pflegen ihre Geschichtsschreibung, wenn sie etwas auf sich halten; Staaten haben ihre nationalen Gedenktage und Feiern. Denkmäler symbolisieren geschichtliche Ereignisse und nationale Identität. Dadurch dokumentieren die Menschen ihr Gefühl der Zugehörigkeit zu einer bestimmten Tradition und Gemeinschaft. [...] Dabei geht es auch um Macht – um die Deutungsmacht, Geschichte darzustellen und damit über das Geschichtsbewusstsein der Menschen zu verfügen.

Doch erschöpft sich Geschichtsbewusstsein nicht in der Identitätsbildung. Die Vergegenwärtigung des Vergangenen dient auch der Orientierung in der Lebenspraxis. Der praktische Umgang mit den Zeugnissen der Vergangenheit ist unsere Geschichtskultur, die wiederum Bestandteil unserer sozialen und politischen Kultur ist. [...] Nicht zuletzt ist daher die Aneignung von Geschichte mit politischer Praxis verbunden. *Johannes Rohbeck, Geschichtsphilosophie, S. 13f.*

M4 Identitätsstiftende Geschichte

Der Sturm auf das Winterpalais – Standbild aus dem Film „Oktober" (1928) von Sergej Eisenstein

1. Zeigen Sie auf, warum der Begriff „Geschichte" für Hegel nicht zufällig doppeldeutig ist. ➔ M1
2. Charakterisieren Sie das von Hegel beschriebene Verhältnis der Geschichtsschreibung zum Staat. ➔ M1
3. Untersuchen Sie die Aphorismen auf das in ihnen implizierte Verhältnis von Geschichte und Geschehen. ➔ M2
4. Vergleichen Sie die Aphorismen mit Hegels Ausführungen. ➔ M1/2
5. Erörtern Sie, welches Verhältnis die Geschichtsschreibung zum Staat einnehmen sollte. ➔ M1/2
6. Erläutern Sie, warum der Geschichte keine Objektivität zukommt. ➔ M3
7. Arbeiten Sie die Faktoren heraus, die dazu beitragen, dass Geschichte konstruiert wird. Benennen Sie die Funktion, die die Geschichte in dem hier verstandenen Sinn übernimmt. ➔ M3
8. Informieren Sie sich über die Oktoberrevolution 1917 und interpretieren das Standbild aus dem Film von Eisenstein im Sinne Rohbecks (M3). Berücksichtigen Sie insbesondere den Umstand, dass bei den Dreharbeiten am Originalschauplatz das Winterpalais stärker beschädigt wurde als bei dem tatsächlichen Ereignis zehn Jahre davor. ➔ M3/4

4 Zeit und Geschichte

M1 Der Engel der Geschichte

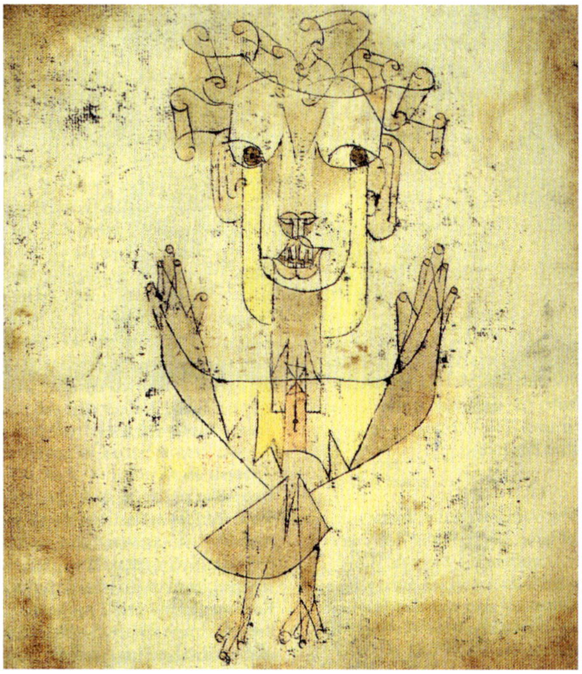

Paul Klee, Angelus Novus, 1920

Es gibt ein Bild von Klee, das Angelus Novus heißt. Ein Engel ist darauf dargestellt, der aussieht, als wäre er im Begriff, sich von etwas zu entfernen, worauf er starrt. Seine Augen sind aufgerissen, sein Mund ist offen und seine Flügel sind ausgespannt. Der Engel der Geschichte muss so aussehen. Er hat das Antlitz der Vergangenheit zugewandt. Wo eine Kette von Begebenheiten vor uns erscheint, da sieht er eine einzige Katastrophe, die unablässig Trümmer auf Trümmer häuft und sie ihm vor die Füße schleudert. Er möchte wohl verweilen, die Toten wecken und das Zerschlagene zusammenfügen. Aber ein Sturm weht vom Paradiese her, der sich in seinen Flügeln verfangen hat und so stark ist, dass der Engel sie nicht mehr schließen kann. Dieser Sturm treibt ihn unaufhaltsam in die Zukunft, der er den Rücken kehrt, während der Trümmerhaufen vor ihm zum Himmel wächst. Das, was wir den Fortschritt nennen, ist dieser Sturm.

Walter Benjamin, Über den Begriff der Geschichte, S. 84f.

M2 Zeit in der Geschichte

Zunächst umfasst das Konzept der Universalgeschichte alle historischen Zeiten von den Anfängen der Menschheit bis zur Gegenwart, ohne allerdings einen mythischen Ursprung und ein in ferner Zukunft liegendes Ende der Geschichte behaupten zu müssen. Wichtiger ist die Berücksichtigung aller bekannten Epochen, was Unterbrechungen, Stagnationen und Brüche bestimmter Traditionen keineswegs ausschließt. Grundlegend vorauszusetzen ist lediglich ein zeitlich lineares und nicht umkehrbares Kontinuum zwischen Vergangenheit, Gegenwart und Zukunft. Sodann enthält die Universalgeschichte alle geographischen Räume der Erde, beschränkt sich also nicht etwa auf die Geschichte Europas, sondern berücksichtigt auch die Geschichte anderer Erdteile und der dort lebenden Völker und Nationen. In diesem Sinne spricht man heute von Globalgeschichte, um zu betonen, dass diese Art Geschichte tendenziell den eurozentristischen Standpunkt verlassen muss und der Vielheit der Kulturen Rechnung zu tragen hat.

Die zeitliche und räumliche Dimension der Universalgeschichte hat eine nicht zu unterschätzende theoretische Konsequenz. Aus dem Vergleich zwischen Völkern, die in unterschiedlichen Regionen und Epochen leben, resultiert die Erkenntnis, dass verschiedene Stadien der Zivilisation nicht nur an einem Ort zeitlich aufeinander folgen, sondern auch gleichzeitig an verschiedenen Orten anzutreffen sind. Darin besteht die geschichtsphilosophisch bedeutsame Einsicht in die Ungleichzeitigkeit der Geschichte.

Bedeutsam ist diese Einsicht deshalb, weil die Geschichte auf diese Weise von der bloßen Chronologie von Tag und Nacht, Monaten und Jahren abgekoppelt wird und dadurch ihren eigenen Inhalt gewinnt. Gefragt wird nach einem allgemeinen Modell historischer Entwicklung, deren Kernbereich seit der Neuzeit in Wissenschaft, Technik und Ökonomie gefunden wird. Dieser Komplex bildet auch die Grundlage für die Idee des Fortschritts. Sofern darüber hinaus erwartet wird, dass sich der wissenschaftlich-technische und wirtschaftliche Fortschritt auch auf andere Gebiete wie Moral und Politik übertragen lässt, beansprucht die Geschichtsphilosophie schließlich die gleichzeitige Universalität aller Lebensbereiche. Da dieser Fortschritt eine eigene Dynamik entfaltet und einem beschleunigten Rhythmus folgt, trennt sich die Geschichte von der naturalen Zeit, die an den Kreislauf der Planeten sowie an den Wachstumszyklus der Lebewesen gebunden ist. Daher spricht man von einer Denaturalisierung der Geschichte und von einer daraus hervorgegangenen Verzeitlichung bzw. spezifisch historischen Zeit, die sich an der von den Menschen gemachten und bewussten Geschichte orientiert. Mit dieser Wende zur selbst gemachten Geschichte ist auch deren Subjekt benannt. [...] Und weil die Universalgeschichte tendenziell alle Menschen meint, postuliert sie die ganze Menschheit als Subjekt der Geschichte. Nicht die Individuen schreiten letztlich voran, sondern die menschliche Gattung. Die Geschichte löst sich von der zyklischen Lebenszeit der Individuen und öffnet sich zur tendenziell endlosen Weltzeit. *Johannes Rohbeck, Geschichtsphilosophie, www.philosophie-woerterbuch.de*

M3 Die Gleichzeitigkeit des Ungleichzeitigen

Der Beginn der Neuzeit ist ein längerfristiger Prozess, an dessen Ende erst die Einsicht in die Prozesshaftigkeit der Neuzeit steht: eben die Entstehung der „Geschichte überhaupt“ als Ergebnis der Aufklärung. Zuvor gab es eine Vielzahl von Geschichten, die grundsätzlich einander ähneln oder sich gar wiederholen mochten; Geschichten mit bestimmten handelnden oder leidenden Subjekten, oder, in der Erzählung, mit bestimmbaren Objekten. Seit dem 18. Jahrhundert gibt es eine „Geschichte schlechthin“, die ihr eigenes Subjekt und Objekt zu sein schien, ein System und kein Aggregat, wie man damals sagte. Ihr korrespondiert räumlich die eine Weltgeschichte. Zeitlich entspricht ihr die Einmaligkeit des Fortschritts, der erst mit der „Geschichte“ zugleich auf seinen Begriff gebracht wurde – bevor sich beide Begriffe im 19. Jahrhundert mehr oder weniger auseinanderbewegten. Es gehört zu den strukturellen Merkmalen dieser neuen Geschichte, dass sie die Gleichzeitigkeit von Ungleichzeitigem bzw. die Ungleichzeitigkeit von Gleichzeitigem auf einen Begriff gebracht hat, auch darin dem Fortschritt verwandt. Das gilt nicht nur in dem selbstverständlichen Sinne, dass jede Erzählung Vergangenes in die Gegenwart einholt und insofern die Zeitunterschiede, die sie thematisiert, aufhebt. Vielmehr setzt sich die Wirklichkeit der modernen Geschichte aus einer Vielzahl, nach Kalenderrechnung gleichzeitiger, aber nach Herkunft, Ziel und Entwicklungsphasen ungleichzeitiger Abläufe zusammen. Daraus entstehen Spannungen, Perspektiven der Verzögerung und der Beschleunigung, Verzerrungen und Vereinheitlichungen, die zur Thematik unserer Weltgeschichte gehören. [...]

Seit der Entdeckung der Kugelgestalt unserer Erde wird die Gleichzeitigkeit des Ungleichzeitigen zur allgemeinen Erfahrung der auf diesem Globus lebenden Völker. Seitdem wird die Geschichte in einem genuinen Sinne verzeitlicht. Die Zeit wird mehrschichtig, nicht mehr nur als naturgegeben erfahren, sondern als Vollzugsweise und Ergebnis menschlichen Handelns, menschlicher Kultur und vor allem menschlicher Technik. Erst seitdem Beschleunigung und Verzögerung Erfahrungsdifferenzen ausmessen, die so oder so auszugleichen ein Leitmotiv politisch-sozialen Handelns wird, und erst seitdem sich damit die Erwartung einer planbaren Zukunft verbindet, gibt es den Begriff der Geschichte. *Reinhart Koselleck, Geschichte, Historie, in: Geschichtliche Grundbegriffe, S. 593f.*

1 Erläutern Sie, welche Deutung des Geschichtsverlaufs Walter Benjamin gibt. Nehmen Sie Stellung zu dieser Sichtweise. ➜ M1
2 Zeigen Sie, auf welchem Verständnis von Zeit die Universalgeschichte beruht. ➜ M2
3 Erklären Sie den Unterschied zwischen der naturalen Zeit und der spezifisch historischen Zeit. ➜ M2
4 Erarbeiten Sie die Gründe dafür, dass die Gleichzeitigkeit des Ungleichzeitigen zur allgemeinen Erfahrung der auf diesem Globus lebenden Völker wird, und diskutieren Sie die Konsequenzen. ➜ M2/3

5 Ordnung im Chaos der Ereignisse

M1 Der Mensch als errechenbare Masse

An der TU Dresden untersuchten Wissenschaftler die Bewegungsphänomene von Menschenmassen und kamen dabei zu interessanten Ergebnissen:

Vergleicht man die Abläufe in solchen [Menschen-]Mengen mit den physikalischen Modellen, die für Gase, Flüssigkeiten und Granulate gelten, fallen erstaunliche Übereinstimmungen auf. Die Bahn der Kinobesucher, die eine Vorstellung verlassen und sich durch die wartende Menge vor dem Eingang schieben, ähnelt dem Flussbett in einer Uferlandschaft. Also unterlegten die Dresdener Wissenschaftler ihren Beobachtungen die Gesetze der Strömungslehre und entdeckten tatsächlich sehr viele Analogien.

VDI Nachrichten vom 07.02.2003 (B. Genath/wip)

M2 Verläuft die Geschichte nach Plan?

Was man sich auch in metaphysischer Absicht für einen Begriff von der *Freiheit des Willens* machen mag: so sind doch die *Erscheinungen* desselben, die menschlichen Handlungen, ebenso wohl als jede andere Naturbegebenheit nach allgemeinen Naturgesetzen bestimmt. Die Geschichte, welche sich mit der Erzählung dieser Erscheinungen beschäftigt, so tief auch deren Ursachen verborgen sein mögen, lässt dennoch von sich hoffen: dass, wenn sie das Spiel der Freiheit des menschlichen Willens im *Großen* betrachtet, sie einen regelmäßigen Gang derselben entdecken könne; und dass auf die Art, was an einzelnen Subjekten verwickelt und regellos in die Augen fällt, an der ganzen Gattung doch als eine stetig fortgehende, obgleich langsame Entwickelung der ursprüng-ursprünglichen Anlagen derselben erkannt werden können. [...] Einzelne Menschen und selbst ganze Völker denken wenig daran, dass, indem sie, ein jedes nach seinem Sinne und einer oft wider den anderen, ihre eigene Absicht verfolgen, sie unbemerkt an der Naturabsicht, die ihnen selbst unbekannt ist, als an einem Leitfaden fortgehen und an derselben Beförderung arbeiten, an welcher, selbst wenn sie ihnen bekannt würde, ihnen doch wenig gelegen sein würde. Da die Menschen in ihren Bestrebungen nicht bloß instinktmäßig wie Tiere und doch auch nicht wie vernünftige Weltbürger nach einem verabredeten Plan im Ganzen verfahren: so scheint auch keine planmäßige Geschichte [...] von ihnen möglich zu sein. Man kann sich eines gewissen Unwillens nicht erwehren, wenn man ihr Tun und Lassen auf der großen Weltbühne aufgestellt sieht und bei hin und wieder anscheinender Weisheit im Einzelnen doch endlich alles im Großen aus Torheit, kindischer Eitelkeit, oft auch aus Bosheit und Zerstörungssucht zusammengewebt findet: wobei man am Ende nicht weiß, was man sich von unserer auf ihre Vorzüge so eingebildeten Gattung für einen Begriff machen soll. Es ist hier keine Auskunft für den Philosophen, als dass, da er bei Menschen und ihrem Spiele im Großen gar keine vernünftige *eigene Absicht* voraussetzen kann, er versuche, ob er nicht eine *Naturabsicht* in diesem widersinnigen Gange menschlicher Dinge entdecken könne; aus welcher von Geschöpfen, die ohne eigenen Plan verfahren, dennoch eine Geschichte nach einem bestimmten Plane der Natur möglich sei.

Immanuel Kant, Idee zu einer allgemeinen Geschichte in weltbürgerlicher Absicht, S. 74f.

M3 Die Geschichte zur Vernunft bringen

Weil die Weltgeschichte von dem Reichtum und der Armut an Quellen abhängig ist, so müssen ebenso viele Lücken in der Weltgeschichte entstehen, als es leere Strecken in der Überlieferung gibt. [...] Es ist daher zwischen dem Gange der Welt und dem Gange der Weltgeschichte ein merkliches Missverhältnis sichtbar. Jenen möchte man mit einem ununterbrochen fortfließenden Strom vergleichen, wovon in der Weltgeschichte nur hier und da eine Welle beleuchtet wird. [...] So würde denn unsere Weltgeschichte nie etwas anderes als ein Aggregat von Bruchstücken werden und nie den Namen einer Wissenschaft verdienen. Jetzt also kommt ihr der philosophische Verstand zur Hilfe, und indem er diese Bruchstücke durch künstliche Bindungsglieder verkettet, erhebt er das Aggregat zum System, zu einem vernunftmäßig zusammenhängenden Ganzen. Seine Beglaubigung dazu liegt in der Gleichförmigkeit und unveränderlichen Einheit der Naturgesetze und des menschlichen Gemüts [...]. [...] Nicht lange kann sich der philosophische Geist bei dem Stoffe der Weltgeschichte verweilen, so wird ein neuer Trieb in ihm geschäftig werden, [...] alles um sich herum seiner eigenen vernünftigen Natur zu assimilieren [...]. Je öfter also und mit je glücklicherem Erfolg er den Versuch erneuert, das Vergangene mit dem Gegenwärtigen zu verknüpfen: desto mehr wird er geneigt, was er als Ursache und Wirkung ineinander greifen sieht, als Mittel und Absicht zu verbinden. Eine Erscheinung nach der anderen fängt an, sich dem blinden Ungefähr, der gesetzlosen Freiheit zu entziehen, und sich einem übereinstimmenden Ganzen (das freilich nur in seiner Vorstellung vorhanden ist) als ein passendes Glied anzureihen. [...] Er nimmt also diese Harmonie aus sich selbst heraus und verpflanzt sie außer sich in die Ordnung der Dinge[, d. h.] er bringt einen vernünftigen Zweck in den Gang der Welt und ein teleologisches Prinzip in die Weltgeschichte. Mit diesem durchwandert er sie noch einmal, und hält es prüfend gegen jede Erscheinung, welche dieser große Schauplatz ihm darbietet.

Friedrich Schiller, Was heißt und zu welchem Ende studiert man Universalgeschichte, S. 372-374

M4 Geschichte ist machbar

Die Geschichte hat keinen Sinn, das ist meine Behauptung. [...] Wir sind es, die Zweck und Sinn in die Natur und in die Geschichte einführen. Die Menschen sind einander nicht gleich; aber wir können uns entschließen, für gleiche Rechte zu kämpfen. [...] Wenn wir glauben, dass die Geschichte fortschreitet oder dass wir selbst fortschreiten müssen, dann begehen wir denselben Fehler wie der Mensch, der die Geschichte für sinnvoll hält und der glaubt, dass sich dieser Sinn in ihr entdecken lässt [...]. Denn fortschreiten heißt, sich auf ein bestimmtes Ziel zu bewegen, auf ein Ziel, das für uns als menschliche Wesen besteht. „Die Geschichte" kann dies nicht tun; nur wir, die menschlichen Individuen, können es tun; wir können es tun, indem wir jene demokratischen Institutionen verteidigen und stärken, von denen die Freiheit und mit ihr der Fortschritt abhängt. [...] Statt als Propheten zu posieren, müssen wir zu den Schöpfern unseres Geschicks werden.

Karl Raimund Popper, Die offene Gesellschaft und ihre Feinde, Bd. 2, S. 326-328

1 Diskutieren Sie, welche Auswirkungen das bei Menschenmassen beobachtete Verhalten für unser Menschenbild sowie für die Rolle des Menschen in der Geschichte hat. ➜ M1
2 Arbeiten Sie heraus, auf welche Art Kant Geschichte betrieben sehen möchte. ➜ M2
3 Erörtern Sie, ob es zulässig ist, der Menschheitsgeschichte (als Resultat menschlicher Handlungen!) eine „Naturabsicht" zu unterstellen. ➜ M2
4 Erläutern Sie, wie der Historiker nach Ansicht Schillers bei lückenhafter Überlieferung zu verfahren hat. Beurteilen Sie das Vorgehen. ➜ M3
5 Diskutieren Sie anhand historischer Beispiele den Vorschlag Schillers, das Ursache-Wirkungs-Verhältnis als Mittel-Zweck-Verhältnis zu interpretieren. Beginnen Sie mit folgendem Beispiel: „Der 11. September war nicht die Ursache für den Krieg gegen den Terror. Der 11. September fand statt, damit dieser Krieg geführt werden konnte." ➜ M3
6 Vergleichen Sie den Ansatz Schillers und Poppers. ➜ M3/4
7 Weisen Sie nach, dass Popper in der Tradition der Aufklärungsphilosophie steht. ➜ M4

6 Die Vernunft in der Geschichte

M1 Die Vernunft regiert die Welt

Ich will über den vorläufigen Begriff der Philosophie der Weltgeschichte zunächst dies bemerken, dass [...] man in erster Linie der Philosophie den Vorwurf macht, dass sie mit Gedanken an die Geschichte gehe und diese nach Gedanken betrachte. Der einzige Gedanke, den sie mitbringt, ist aber der einfache Gedanke der Vernunft, dass die Vernunft die Welt beherrscht, dass es also auch in der Weltgeschichte vernünftig zugegangen ist [...], dass sie der vernünftige, notwendige Gang des Weltgeistes gewesen, der die Substanz der Geschichte ist, der eine Geist, dessen Natur eine und immer dieselbe ist, und der in dem Weltdasein diese seine eine Natur expliziert. [...]

Die Wahrheit nun, dass eine, und zwar die göttliche Vorsehung den Begebenheiten der Welt vorstehe, entspricht dem angegebenen Prinzip. Denn die göttliche Vorsehung ist die Weisheit nach unendlicher Macht, welche ihre Zwecke, d.i. den absoluten, vernünftigen Endzweck der Welt verwirklicht; die Vernunft ist das ganz frei sich selbst bestimmende Denken. [...] Man kann, wie gesagt, häufig hören, dass es eine Vermessenheit sei, den Plan der Vorsehung einsehen zu wollen. Darin ist ein Resultat der Vorstellung zu sehen, die jetzt fast allgemein zum Axiom geworden ist, dass man Gott nicht erkennen könne. [...] Der Vernunft wird es zwar zum Hochmut angerechnet, darüber etwas wissen zu wollen. Vielmehr aber muss man sagen, dass die wahrhafte Demut gerade darin besteht, Gott in allem zu erkennen, ihm in allem die Ehre zu geben und vornehmlich auf dem Theater der Weltgeschichte. [...] So war es eine Zeit lang Mode, die Weisheit Gottes in Tieren und Pflanzen zu bewundern. Man zeigt, dass man Gott kenne, indem man über menschliche Schicksale oder über Produktionen der Natur erstaunt. Wenn zugegeben wird, dass sich die Vorsehung in solchen Gegenständen und Stoffen offenbare, warum nicht in der Weltgeschichte? *Georg Wilhelm Friedrich Hegel, Philosophie Philosophie der Weltgeschichte, S. 28, 30, 39, 41f.*

M2 Geschichte als ein geistiger Prozess

Zuerst müssen wir beachten, dass unser Gegenstand, die Weltgeschichte, auf dem geistigen Boden vorgeht. Welt begreift die physische und psychische Natur in sich. Die physische Natur greift gleichfalls in die Weltgeschichte ein [...]. Aber der Geist und der Verlauf seiner Entwicklung ist das Substanzielle. [...]

Die Natur des Geistes lässt sich an seinem vollkommenen Gegensatz erkennen. Wir stellen den Geist der Materie gegenüber. Wie die Schwere die Substanz der Materie, so müssen wir sagen, ist die Freiheit die Substanz des Geistes. [...] Die Materie [...] besteht aus lauter einzelnen Teilen, die alle nach dem Mittelpunkte streben [...]. [...] Wenn der Geist nach seinem Mittelpunkte strebt, so strebt er, seine Freiheit zu vervollkommnen; und dieses Streben ist ihm wesentlich. Sagt man nämlich, der Geist ist, so hat das zunächst den Sinn: er ist etwas Fertiges. Er ist aber etwas Tätiges. Die Tätigkeit ist sein Wesen; er ist sein Produkt und so ist er sein Anfang und auch sein Ende. Seine Freiheit besteht nicht in einem ruhenden Sein, sondern in einer beständigen Negation dessen, was die Freiheit aufzuheben droht. Sich zu produzieren, sich zum Gegenstande seiner selbst zu machen, von sich zu wissen, ist das Geschäft des Geistes; so ist er für sich selber. Die natürlichen Dinge sind nicht für sich selber; darum sind sie nicht frei. Der Geist produziert, realisiert sich nach seinem Wissen von sich; er wirkt, dass das, was er von sich weiß, auch realisiert werde. So kommt alles auf das Bewusstsein des Geistes von sich an; wenn der Geist weiß, dass er frei ist, so ist dies ganz etwas anderes, als wenn er es nicht weiß. Denn wenn er es nicht weiß, dann ist er Sklave und mit der Sklaverei zufrieden und weiß nicht, dass sie sich nicht gebührt. Die Empfindung der Freiheit ist es erst, die den Geist frei macht, obgleich er an und für sich immer frei ist. *Georg Wilhelm Friedrich Hegel, Philosophie der Weltgeschichte, S. 50, 55f.*

M3 Der Treppenaufgang des Geistes zur Freiheit

Nach dieser abstrakten Bestimmung kann von der Weltgeschichte gesagt werden, dass sie die Darstellung des Geistes sei, wie er sich das Wissen dessen, was er an sich ist, erarbeitet, und wie der Keim die ganze Natur des Baumes, den Geschmack, die Form der Früchte in sich trägt, so enthalten auch schon die ersten Spuren des Geistes [...] die ganze Geschichte. Die Orientalen wissen es noch nicht, dass der Geist oder der Mensch als solcher an sich frei ist; weil sie es nicht wissen, sind sie es nicht; sie wissen nur, dass Einer frei ist, aber eben darum ist solche Freiheit nur Willkür [...]. Dieser Eine ist darum nur ein Despot, nicht ein freier Mann. – In den Griechen ist erst das Bewusstsein der Freiheit aufgegangen, und darum sind sie frei gewesen, aber sie, wie auch die Römer, wussten nur, dass einige frei sind, nicht der Mensch, als solcher. [...] Darum haben die Griechen [...] Sklaven gehabt, und ist ihr Leben und der Bestand ihrer schönen Freiheit daran gebunden gewesen [...]. – Erst die germanischen Nationen sind im Christentume zum Bewusstsein gekommen, dass der Mensch als Mensch frei, die Freiheit des Geistes seine eigenste Natur ausmacht; dies Bewusstsein ist zuerst in der Religion, in der innersten Region des Geistes aufgegangen; aber dieses Prinzip auch in das weltliche Wesen einzubilden, das war eine weitere Aufgabe, welche zu lösen und auszuführen eine schwere lange Arbeit der Bildung erfordert. Mit der Annahme der christlichen Religion hat z. B. nicht unmittelbar die Sklaverei aufgehört, noch weniger ist damit sogleich in den Staaten die Freiheit herrschend, sind die Regierungen und Verfassungen auf eine vernünftige Weise organisiert oder gar auf das Prinzip der Freiheit gegründet worden. Diese Anwendung des Prinzips auf die Weltlichkeit, die Durchbildung und Durchdringung des weltlichen Zustandes durch dasselbe ist der lange Verlauf, welcher die Geschichte selbst ausmacht. [...] Die Weltgeschichte ist der Fortschritt im Bewusstsein der Freiheit, – ein Fortschritt, den wir in seiner Notwendigkeit zu erkennen haben.

Georg Wilhelm Friedrich Hegel, Philosophie der Geschichte, S. 59-61

M4 Die Freiheit führt das Volk

Eugène Delacroix, Die Freiheit führt das Volk, 1830

1. Erläutern Sie die These Hegels vom vernünftigen Verlauf der Weltgeschichte. Erörtern Sie die These, indem Sie historische Entwicklungen gegenüberstellen, die die These bestätigen bzw. widerlegen. ➜ M1
2. Analysieren Sie das metaphysische Prinzip, das nach Hegel die Geschichte bestimmt. Setzen Sie hierfür zunächst die Unterscheidung des Textes fort, indem Sie alle Merkmale des einen Prinzips (rot) und jene des anderen (blau) benennen. ➜ M2
3. Gestalten Sie ein beschriftetes Schaubild, das den Verlauf der Geschichte nach Hegel als Treppenaufgang darstellt. Zeigen Sie jeweils auf, worin sich die höhere Stufe vor der niedrigeren auszeichnet. ➜ M3
4. Erläutern Sie, warum Hegel betont, dass nicht die tatsächliche Freiheit, sondern das Bewusstsein der Freiheit befreit. ➜ M3
5. Interpretieren Sie das Bild. Beschreiben Sie die Darstellung der Freiheit. Begründen Sie, warum der Künstler das Mittel der Allegorie bzw. Personifikation wählte. ➜ M4
6. Vergleichen Sie das Bild vom Verlauf der Geschichte, das dem Bild zugrunde liegt, mit Hegels Geschichtsphilosophie. ➜ M1-4

7 Das Individuum in der Weltgeschichte

M1 Der Mensch denkt: Gott lenkt

M2 Freiheit und Notwendigkeit

Wir haben es in der Weltgeschichte mit der Idee zu tun, wie sie sich in dem Elemente des menschlichen Willens, der menschlichen Freiheit äußert [...]. [...] Der Wille des Einzelnen ist frei, wenn er abstrakt, absolut und an und für sich setzen kann, was er will. Wie kann dann das Allgemeine, das Vernünftige überhaupt in der Geschichte bestimmend sein? [...] Man denke [...] an Folgendes. [...]

[W]enn einer ein Haus bauen will, so steht dies in seiner Willkür; die Elemente aber müssen ihm alle dazu helfen. Und doch ist das Haus da, um die Menschen gegen die Elemente zu schützen. Die Elemente werden hier also gegen sich selbst gebraucht; aber das allgemeine Naturgesetz wird dadurch nicht gestört. Ein Hausbau ist zunächst ein innerer Zweck und Absicht. Dem gegenüber stehen als Mittel die besonderen Elemente, als Material Eisen, Holz, Steine. Die Elemente werden angewendet, dieses zu bearbeiten: Feuer, um das Eisen zu schmelzen, Luft, um das Feuer anzublasen, Wasser, um die Räder in Bewegung zu setzen, das Holz zu schneiden usf. Das Produkt ist, dass die Luft, die geholfen, durch das Haus abgehalten wird, ebenso die Wasserfluten des Regens und die Verderblichkeit des Feuers, insoweit es feuerfest ist. Die Steine und Balken gehorchen der Schwere, drängen hinunter in die Tiefe, und durch sie sind hohe Wände aufgeführt. So werden die Elemente ihrer Natur gemäß gebraucht und wirken zusammen zu einem Produkt, wodurch sie beschränkt werden. In ähnlicher Weise befriedigen sich die Leidenschaften, sie führen sich selbst und ihre Zwecke aus nach ihrer Naturbestimmung und bringen das Gebäude der menschlichen Gesellschaft hervor, worin sie dem Rechte, der Ordnung die Gewalt gegen sich verschafft haben. Im täglichen Leben sehen wir, dass ein Recht vorhanden ist, welches uns sichert; und dies Recht gibt sich von selbst, es ist eine substanzielle Handlungsweise der Menschen, die oft gegen ihre besonderen Interessen und Zwecke gerichtet ist. Im Einzelnen fechten die Menschen ihre besonderen Zwecke gegen das allgemeine Recht aus; sie handeln frei. Aber dadurch wird der allgemeine Boden, das Substanzielle, das Recht, nicht getrübt. So ist es auch in der Weltordnung; hier sind die Leidenschaften das eine und das Vernünftige ist das andere Ingrediens. Die Leidenschaften sind [...] keineswegs immer der Sittlichkeit entgegengesetzt, sondern verwirklichen das Allgemeine. [...] Das Allgemeine muss durch das Besondere in die Wirklichkeit treten. *Georg Wilhelm Friedrich Hegel, Philosophie der Weltgeschichte, S. 83-85*

M3 Der Siegeszug der Idee

In Georg Büchners Geschichts-Drama Dantons Tod, *das während der Französischen Revolution spielt, wird diskutiert, ob es legitim ist, im Namen der Freiheit zu morden.*

St. Just: Es scheint in dieser Versammlung einige empfindliche Ohren zu geben, die das Wort Blut nicht wohl vertragen können. Einige allgemeine Betrachtungen mögen sie überzeugen, dass wir nicht grausamer sind als die Natur und als die Zeit. Die Natur folgt ruhig und unwiderstehlich ihren Gesetzen; der Mensch wird vernichtet, wo er mit ihnen in Konflikt kommt. Eine Veränderung in den Bestandteilen der Luft, ein Auflodern des [...] Feuers, ein Schwanken in dem Gleichgewicht einer Wassermasse und eine Seuche, ein vulkanischer Ausbruch, eine Überschwemmung begraben Tausende. Was ist das Resultat? Eine unbedeutende, im großen Ganzen kaum bemerkbare Veränderung der physischen Natur, die fast spurlos vorübergegangen sein würde, wenn nicht Leichen auf ihrem Wege lägen.

Ich frage nun: soll die moralische Natur in ihren Revolutionen mehr Rücksicht nehmen als die physische? Soll eine Idee nicht ebenso gut wie ein Gesetz der Physik vernichten dürfen, was sich ihr widersetzt? Soll überhaupt ein Ereignis, was die ganze Gestaltung der moralischen Natur, d. h. der Menschheit, umändert, nicht durch Blut gehen dürfen? Der Weltgeist bedient sich in der geistigen Sphäre unserer Arme ebenso, wie er in der physischen Vulkane und Wasserfluten gebraucht. Was liegt daran, ob sie an einer Seuche oder an der Revolution sterben?

Georg Büchner, Dantons Tod (II,7), S. 47f.

M4 Hegel im Interview

kolleg philosophie: Herr Professor, warum haben Sie den Gedanken, dass sich der Mensch im Laufe der Geschichte moralisch weiterentwickelt hat, immer zurückgewiesen?

Hegel: Denn die Weltgeschichte bewegt sich auf einem höheren Boden, als der ist, auf dem die Moralität ihre eigentliche Stätte hat, welche die Privatgesinnung, das Gewissen der Individuen, ihr eigentümlicher Wille und ihre Handlungsweise ist; diese haben ihren Wert, [...] Lohn oder Bestrafung für sich.

kolleg philosophie: Könnte man eigentlich für das, was der Gang der Weltgeschichte fordert, aber gegen geltendes Recht verstößt, ins Gefängnis kommen?

Hegel: Was der an und für sich seiende Endzweck des Geistes fordert und vollbringt, was die Vorsehung tut, liegt über den Verpflichtungen und der Imputationsfähigkeit [Schuldfähigkeit] und Zumutung, welche auf die Individualität in Rücksicht ihrer Sittlichkeit fällt.

kolleg philosophie: Jetzt eine provokante Frage mit der Bitte um eine klare Antwort, Herr Professor: Hat der Antisemitismus in Deutschland und Europa nicht auch in einem verqueren Sinne Anteil daran, dass das jüdische Volk seit 1948 wieder in einem eigenen Staat lebt, nachdem es Jahrhunderte lang danach gestrebt hat, in sein Land zurückzukehren?

Hegel: Die, welche demjenigen, was der Fortschritt der Idee des Geistes notwendig macht, in sittlicher Bestimmung und damit edler Gesinnung widerstanden haben, stehen in moralischem Werte höher als diejenigen, deren Verbrechen in einer höheren Ordnung zu Mitteln verkehrt worden sind, den Willen dieser Ordnung ins Werk zu setzen.

Georg Wilhelm Friedrich Hegel, Philosophie der Geschichte, S. 122

1. Gehen Sie von der Prämisse aus, dass eine Vorsehung die Weltgeschichte lenkt. Diskutieren Sie, ob Fehlentwicklungen in der Geschichte auf den fehlerhaften Gebrauch menschlicher Freiheit zurückzuführen sind – oder aber wegen (bzw. trotz) der Leitung durch die Vorsehung vorkommen. ➜ M1
2. Erläutern und bewerten Sie, wie Hegel den Widerspruch zwischen individueller Freiheit und geschichtlicher Notwendigkeit gelöst sehen will. ➜ M2
3. Arbeiten Sie die Begründung dafür heraus, dass im Namen der Freiheit gemordet werden dürfe. ➜ M3
4. Recherchieren Sie, was ein „Sein-Sollen-Fehlschluss" ist, und prüfen Sie, ob ein solcher in der Rede St. Justs vorliegt. ➜ M3
5. Überprüfen Sie, ob Hegel der Argumentation St. Justs zustimmen würde. ➜ M3/4
6. Nehmen Sie Stellung zu der These, der Zweck heilige die Mittel.

8 Ökonomie als Motor der Geschichte

M1 Der Verlauf der Geschichte nach Karl Marx

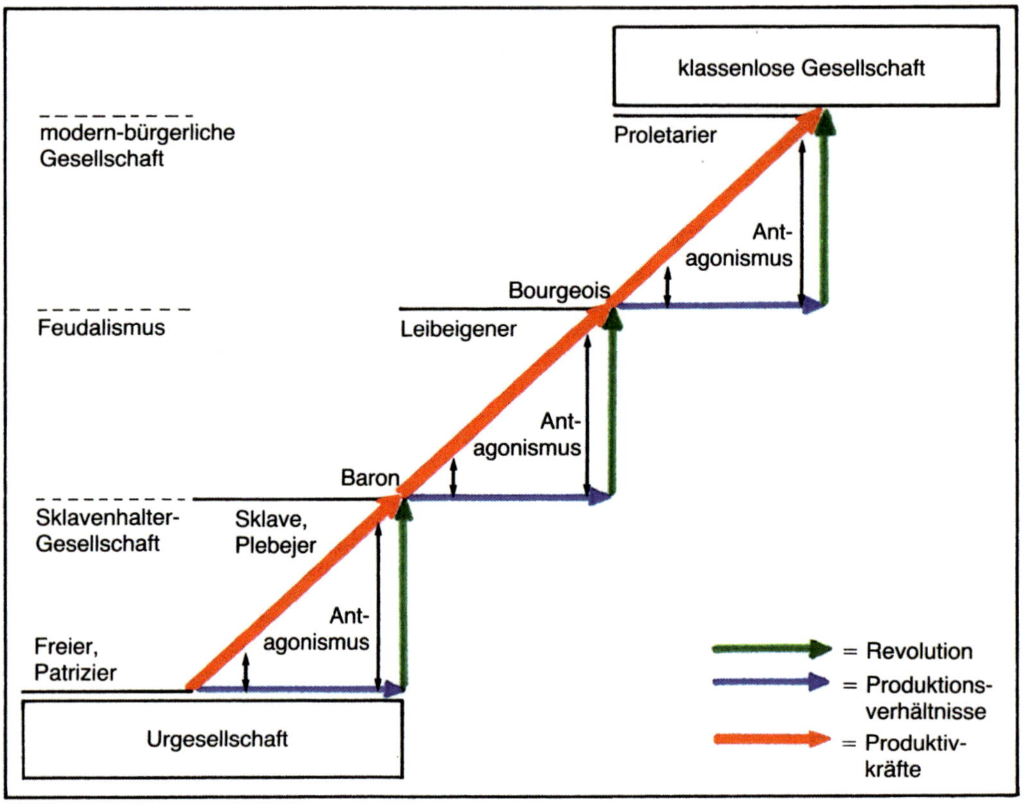

dtv-Atlas Philosophie, S. 170

M2 Geschichte als Abfolge von Klassenkämpfen

Die Geschichte aller bisherigen Gesellschaft ist die Geschichte von Klassenkämpfen. Freier und Sklave, Patrizier und Plebejer, Baron und Leibeigener, Zunftbürger und Gesell, kurz, Unterdrücker und Unterdrückte standen in stetem Gegensatz zueinander, führten einen ununterbrochenen, bald versteckten, bald offenen Kampf, einen Kampf, der jedes Mal mit einer revolutionären Umgestaltung der ganzen Gesellschaft endete oder mit dem gemeinsamen Untergang der kämpfenden Klassen. In den früheren Epochen der Geschichte finden wir fast überall eine vollständige Gliederung der Gesellschaft in verschiedene Stände, eine mannigfaltige Abstufung der gesellschaftlichen Stellungen. Im alten Rom haben wir Patrizier, Ritter, Plebejer, Sklaven; im Mittelalter Feudalherren, Vasallen, Zunftbürger, Gesellen, Leibeigene, und noch dazu in fast jeder dieser Klassen besondere Abstufungen. Die aus dem Untergang der feudalen Gesellschaft hervorgegangene moderne bürgerliche Gesellschaft hat die Klassengegensätze nicht aufgehoben. Sie hat nur neue Klassen, neue Bedingungen der Unterdrückung, neue Gestaltungen des Kampfes an die Stelle der alten gesetzt. Unsere Epoche, die Epoche der Bourgeoisie, zeichnet sich jedoch dadurch aus, dass sie die Klassengegensätze vereinfacht hat. Die ganze Gesellschaft spaltet sich mehr und mehr in zwei große feindliche Lager, in zwei große, einander direkt gegenüberstehende Klassen: Bourgeoisie und Proletariat.

Karl Marx, Manifest der kommunistischen Partei, S. 339f.

M3 Das Gesetz der geschichtlichen Entwicklung

In der gesellschaftlichen Produktion ihres Lebens gehen die Menschen bestimmte, notwendige, von ihrem Willen unabhängige Verhältnisse ein, Produktionsverhältnisse, die einer bestimmten Entwicklungsstufe ihrer materiellen Produktivkräfte entsprechen. Die Gesamtheit dieser Produktionsverhältnisse bildet die ökonomische Struktur der Gesellschaft, die reale Basis, worauf sich ein juristischer und politischer Überbau erhebt und welcher bestimmte gesellschaftliche Bewusstseinsformen entsprechen. Die Produktionsweise des materiellen Lebens bedingt den sozialen, politischen und geistigen Lebensprozess überhaupt. Es ist nicht das Bewusstsein der Menschen, das ihr Sein, sondern umgekehrt ihr gesellschaftliches Sein, das ihr Bewusstsein bestimmt. Auf einer gewissen Stufe ihrer Entwicklung geraten die materiellen Produktivkräfte der Gesellschaft in Widerspruch mit den vorhandenen Produktionsverhältnissen oder, was nur ein juristischer Ausdruck dafür ist, mit den Eigentumsverhältnissen, innerhalb deren sie sich bisher bewegt hatten. Aus den Entwicklungsformen der Produktivkräfte schlagen diese Verhältnisse in Fesseln derselben um. Es tritt dann eine Epoche sozialer Revolution ein. Mit der Veränderung der ökonomischen Grundlage wälzt sich der ganze ungeheure Überbau langsamer oder rascher um. In der Betrachtung solcher Umwälzungen muss man stets unterscheiden zwischen der materiellen [...] Umwälzung in den ökonomischen Produktionsbedingungen und den [...] ideologischen Formen, worin sich die Menschen dieses Konflikts bewusst werden und ihn ausfechten. [...] Die bürgerlichen Produktionsverhältnisse sind die letzte antagonistische Form des gesellschaftlichen Produktionsprozesses, [...] aber die im Schoß der bürgerlichen Gesellschaft sich entwickelnden Produktivkräfte schaffen zugleich die materiellen Bedingungen zur Lösung dieses Antagonismus. Mit dieser Gesellschaftsformation schließt daher die Vorgeschichte der menschlichen Gesellschaft ab.

Karl Marx, Zur Kritik der politischen Ökonomie, S. 490f.

M4 Die Theorie in der Praxis

Freiheit, Gleichheit, Brüderlichkeit – dieser Dreiklang der Französischen Revolution bildete für Marx den Ausgangspunkt seines revolutionären Strebens. [...] Proletarische Revolution im internationalen Maßstab, Diktatur des Proletariats, Enteignung der kapitalistischen Unternehmer – so lautete der Dreiklang, den Marx' politische Gefolgsleute und selbst ernannten Erben aus dessen Werk rezipiert haben. In der politischen Praxis verkehrte sich Marx' prophetisches Befreiungsideal dabei mitunter in sein Gegenteil und mündete in Unfreiheit und Terror. [...]

Der Blick auf die Geschichte der kommunistischen Regime von Russland bis China und von Kuba bis Vietnam zeigt, dass in keinem einzigen dieser durchweg ökonomisch rückständigen Länder die beiden entscheidenden Punkte der Marx'schen Revolutionsprognose erfüllt waren: dass sich die Revolution in entwickelten Industriegesellschaften und in einem internationalen Zusammenhang ereignen würde. Die Paradoxie der realen historischen Entwicklung bestand darin, dass fast überall eine sich proletarisch nennende Revolution und die Herrschaft einer Monpolpartei dazu genutzt wurden, durch eine technokratische und bürokratische Planökonomie eine Industriegesellschaft überhaupt erst zu entwickeln. [...] Eine gewisse Mitverantwortung der Marx'schen Theorie für die totalitären Systeme, die sich auf ihn beriefen, liegt höchstens darin, dass Marx für die nachrevolutionäre Gesellschaft keinerlei verbindliche politische Form vorgesehen hat. Seine utopische Prognose besagte stattdessen, dass eine politische Ordnung, ein Staat nicht mehr notwendig sei, weil die befreiten Menschen im höheren Stadium der postrevolutionären Gesellschaft sich spontan sozial zueinander verhalten würden. Diese Annahme, dass soziale Konflikte in einer Gesellschaft nur dann entstehen, wenn es Privateigentum an Produktionsmitteln gibt, war sein vermutlich größter Irrtum.

Iring Fetscher, Im Namen des Vaters, in: Die ZEIT Geschichte Nr. 3/2009, S. 86, 90

1 Erklären Sie mit Hilfe der Texte das Schaubild zum Geschichtsverlauf nach Marx. → M1-3

2 Begründen Sie, woran eine Umsetzung der Theorie von Marx scheiterte. Diskutieren Sie, ob die Theorie durch die Praxis widerlegt wurde. → M4

9 story & history – Literatur und Geschichte

M1 Tragödien der Geschichte

Titel eines historischen Werks aus den 1920er Jahren

M2 Geschichte im Gedicht

AM BRANDENBURGER TOR
Alles eins nur ich gespalten
Dies mein Herz und das mein Hirn
Deutschland Deutschland unter
anderem
Bröckelt deine Denkerstirn

Alles glühte nur ich rußte
Still zerbiss ich mir die Lippen
Herr im Himmel hilf den Schwachen
Flick mir die zerdrückten Rippen

Alles schrie die Raben krächzten
Deutschland einig Vaterland
Hab dann meinen Vers geflüstert
So dass niemand ihn verstand

Hans-UlrichTreichel, in: Karl Otto Conrady (Hg.), Das große deutsche Gedichtbuch, S. 1193

M3 Dichtung und Geschichte

Aus dem Gesagten ergibt sich auch, dass es nicht Aufgabe des Dichters ist mitzuteilen, was wirklich geschehen ist, sondern vielmehr, was geschehen könnte, d. h. das nach den Regeln der Wahrscheinlichkeit oder Notwendigkeit Mögliche. Denn der Geschichtsschreiber und der Dichter unterscheiden sich nicht dadurch voneinander, dass sich der eine in Versen und der andere in Prosa mitteilt – man könnte ja auch das Werk Herodots in Verse kleiden, und es wäre in Versen um nichts weniger ein Geschichtswerk als ohne Verse –; sie unterscheiden sich vielmehr dadurch, dass der eine das wirklich Geschehene mitteilt, der andere, was geschehen könnte. Daher ist Dichtung etwas Philosophischeres und Ernsthafteres als Geschichtsschreibung; denn die Dichtung teilt mehr das Allgemeine, die Geschichtsschreibung hingegen das Besondere mit. Das Allgemeine besteht darin, dass ein Mensch von bestimmter Beschaffenheit nach der Wahrscheinlichkeit oder Notwendigkeit bestimmte Dinge sagt oder tut – eben hierauf zielt die Dichtung, obwohl sie den Personen Eigennamen gibt. Das Besondere besteht in Fragen wie: was hat Alkibiades getan oder was ist ihm zugestoßen.

Aristoteles, Poetik, S. 29-31

M4 Dichtende Geschichte

Geschichtswerke beziehen einen Teil ihrer Erklärungswirkung daraus, dass es ihnen gelingt, aus bloßen Chroniken Geschichten (stories) zu machen; und Geschichten (stories) werden ihrerseits aus Chroniken mit Hilfe eines Verfahrens gemacht, das ich als „emplotment“ (Verleihung einer Plotstruktur) bezeichnet habe. Unter „emplotment“ verstehe ich einfach die Kodierung der in der Chronik enthaltenen Fakten.
Der englische Historiker und Philosoph Collingwood (1889-1943) betonte, dass der Historiker vornehmlich ein Geschichtenerzähler sei, und behauptete, dass Geschichtsbewusstsein sich in der Fähigkeit zeige, eine plausible Geschichte aus einer ungesonderten Masse

von Fakten, die in ihrer unverarbeiteten Form überhaupt keinen Sinn ergäben, zu machen. [...] Collingwood behauptete, dass die Historiker an ihre Quellen mit einem Sinn für mögliche Formen, die verschiedene Arten von erkennbar menschlichen Situationen annehmen können, herangehen. Er bezeichnete diesen Sinn als das Gespür für die im Quellenmaterial enthaltene „Geschichte" (story) oder für die unter der „oberflächlichen" Geschichte liegende oder hinter ihr versteckte „wahre" Geschichte. Und er folgerte, dass Historiker plausible Erklärungen für bestimmte Mengen von historischem Quellenmaterial geben, wenn es ihnen gelingt, die Geschichte (story), die implizit in ihnen enthalten ist, zu entdecken.

Was Collingwood übersah, war die Tatsache, dass eine gegebene Menge von zufällig überlieferten Ereignissen niemals für sich selbst eine Geschichte darstellen kann; das Äußerste, was sie einem Historiker bieten kann, sind die Elemente einer Geschichte. Die Ereignisse werden zu einer Geschichte gemacht durch das Weglassen oder die Unterordnung bestimmter Ereignisse und die Hervorhebung anderer, durch Beschreibung, motivische Wiederholung, Wechsel im Ton und Perspektive und Ähnlichem – kurz mit Hilfe all derer Verfahren, die wir normalerweise beim Aufbau einer Plotstruktur eines Romans oder eines Dramas erwarten. So ist zum Beispiel kein historisches Ereignis an sich tragisch; man kann es nur so sehen aus einer bestimmten Perspektive oder vom Kontext einer strukturierten Folge von Ereignissen her. Als potentielle Elemente einer Geschichte betrachtet sind historische Ereignisse wertneutral. Ob sie ihren Platz am Ende in einer tragischen, komischen, romantischen oder ironischen Geschichte (story) finden, hängt von der Entscheidung des Historikers ab. Dieselben Ereignisse können als Komponenten einer Geschichte dienen, die entweder tragisch oder komisch ist, je nachdem, welche Plotstruktur der Historiker gewählt hat, die er für die Anordnung derartiger Ereignisse am angemessensten hält, damit aus ihnen eine verständliche Geschichte entsteht. [...] Das ist im Wesentlichen ein literarisches, d. h. fiktionsbildendes Verfahren. [...]

Die historische Erzählung bildet daher nicht die Dinge ab, auf die sie verweist; sie ruft die Bilder von Dingen, auf die sie verweist, ins Bewusstsein, in derselben Weise, wie es eine Metapher tut. Wenn ein gegebenes Zusammentreffen von Ereignissen die Plotstruktur einer Tragödie erhält, bedeutet das einfach, dass der Historiker die Ereignisse so beschrieben hat, dass sie uns an die Form von Fiktion erinnern, die wir mit dem Begriff des „Tragischen" verbinden. [...] Das alles verweist auf die Notwendigkeit, die traditionellerweise gemachte Unterscheidung zwischen dichterischem und prosaischem Diskurs zu revidieren und zu erkennen, dass diese seit Aristoteles gemachte Unterscheidung zwischen Geschichte und Dichtung bei beiden ebenso viel verdunkelt wie erhellt. Wenn es ein Element des Historischen in aller Dichtung gibt, gibt es in jeder historischen Darstellung der Welt ein Element der Dichtung. [...] Die Unterscheidung, in der die Fiktion als die Darstellung des Vorstellbaren und Geschichtsschreibung als die Darstellung des Tatsächlichen verstanden wird, muss der Erkenntnis Platz machen, dass wir das Tatsächliche nur erkennen, wenn wir es mit dem Vorstellbaren kontrastieren und vergleichen. *nach Hayden White, Auch Klio dichtet oder die Fiktion des Faktischen, S. 103-106, 112, 120*

1 Definieren Sie den Begriff „Tragödie" und erörtern Sie, ob es angemessen ist, eine literaturwissenschaftliche Gattungsbezeichnung auf ein historisches Ereignis anzuwenden. ➜ M1
2 Arbeiten Sie heraus, wie das historische Ereignis der Wiedervereinigung dichterisch verarbeitet wurde. Vergleichen Sie das Gedicht mit einer Darstellung aus dem Geschichtsbuch: Wo liegen Vor-, wo Nachteile des poetischen Textes? ➜ M2
3 Stellen Sie die Aufgaben des Dichters und jene des Geschichtsschreibers gegenüber. ➜ M3
4 Überprüfen Sie die Auffassungen des Aristoteles anhand des Gedichts. ➜ M2/3
5 Erläutern Sie, warum fiktionale Literatur eine Bedingung der Geschichtsschreibung darstellt. ➜ M4
6 Verfassen Sie eine Erwiderung auf Hayden Whites Position aus der Sicht eines Juden, der den Holocaust überlebt hat und sich gegen die Fiktionalisierung der NS-Geschichte wehren möchte. ➜ M4

10 Kritik der Geschichte

M1 Die Last des Vergangenen

Betrachte die Herde, die an dir vorüberweidet: sie weiß nicht, was Gestern, was Heute ist, springt umher, frisst, ruht, verdaut, springt wieder, und so vom Morgen bis zur Nacht und von Tage zu Tage, kurz angebunden mit ihrer Lust und Unlust, nämlich an den Pflock des Augenblicks, und deshalb weder schwermütig noch überdrüssig. Dies zu sehen geht dem Menschen hart ein, weil er seines Menschentums sich vor dem Tiere brüstet und doch nach seinem Glücke eifersüchtig hinblickt – denn das will er allein, gleich dem Tiere weder überdrüssig noch unter Schmerzen leben [...]. Er wundert sich aber auch über sich selbst, das Vergessen nicht lernen zu können und immerfort am Vergangenen zu hängen: mag er noch so weit, noch so schnell laufen, die Kette läuft mit. Es ist ein Wunder: der Augenblick, im Husch da, im Husch vorüber, vorher ein Nichts, nachher ein Nichts, kommt doch noch als Gespenst wieder und stört die Ruhe eines späteren Augenblicks. Fortwährend löst sich ein Blatt aus der Rolle der Zeit, fällt heraus, flattert fort – und flattert plötzlich wieder zurück, dem Menschen in den Schoß. Dann sagt der Mensch „ich erinnere mich“ und beneidet das Tier, welches sofort vergisst und jeden Augenblick wirklich sterben, in Nebel und Nacht zurücksinken und auf immer verlöschen sieht. So lebt das Tier unhistorisch: denn es geht auf in der Gegenwart, wie eine Zahl, ohne dass ein wunderlicher Bruch übrigbleibt [...]. Der Mensch hingegen stemmt sich gegen die große und immer größere Last des Vergangenen: diese drückt ihn nieder oder beugt ihn seitwärts, diese beschwert seinen Gang als eine unsichtbare und dunkle Bürde [...]. Deshalb ergreift es ihn, als ob er eines verlorenen Paradieses gedächte, die weidende Herde oder, in vertrauterer Nähe, das Kind zu sehen, das noch nichts Vergangenes zu verleugnen hat und zwischen den Zäunen der Vergangenheit und der Zukunft in überseliger Blindheit spielt. [...] Also: es ist möglich, fast ohne Erinnerung zu leben, ja glücklich zu leben, wie das Tier zeigt; es ist aber ganz und gar unmöglich, ohne Vergessen überhaupt zu leben. Oder, um mich noch einfacher über mein Thema zu erklären, es gibt einen Grad von Schlaflosigkeit, von Wiederkäuen, von historischem Sinne, bei dem das Lebendige zu Schaden kommt und zuletzt zugrunde geht, sei es nun ein Mensch oder ein Volk oder eine Kultur. [...] Die Heiterkeit, das gute Gewissen, die frohe Tat, das Vertrauen auf das Kommende – alles das hängt, bei dem Einzelnen wie bei dem Volke, davon ab, dass es eine Linie gibt, die das Übersehbare, Helle von dem Unaufhellbaren und Dunkeln scheidet; davon, dass man ebenso gut zur rechten Zeit zu vergessen weiß, als man sich zur rechten Zeit erinnert; davon, dass man mit kräftigem Instinkte herausfühlt, wann es nötig ist, historisch, wann, unhistorisch zu empfinden. Dies gerade ist der Satz, zu dessen Betrachtung der Leser eingeladen ist: das Unhistorische und das Historische ist gleichermaßen für die Gesundheit eines Einzelnen, eines Volkes und einer Kultur nötig.

Friedrich Nietzsche, Sämtliche Werke, S. 248-252

M2 Die Lasten der deutschen Geschichte

Denkmal für die ermordeten Juden Europas (Berlin)

M3 Das Ende der „großen Erzählungen"

Können wir heute damit fortfahren, die Fülle der Ereignisse, die aus der menschlichen und nicht-menschlichen Welt auf uns zukommen, [zu] organisieren, indem wir sie der Idee einer allgemeinen Geschichte der Menschheit unterordnen? [...] Denken und Handeln des 19. und 20. Jahrhunderts werden von einer Idee bestimmt (ich verstehe Idee im kantischen Sinne). Diese Idee ist die Idee der Emanzipation. Zwar wird mit ihr unterschiedlich argumentiert, je nachdem, was man Geschichtsphilosophie, große Erzählungen nennt, in die man die Fülle der Ereignisse einzuordnen versucht: christliche Erzählung der Erlösung von der Erbsünde Adams durch Liebe, aufklärerische Erzählung der Emanzipation von der Unkenntnis und der Knechtschaft durch Erkenntnis und Egalitarismus, spekulative Erzählung der Verwirklichung der universellen Idee durch die Dialektik des Konkreten, marxistische Erzählung der Emanzipation von der Ausbeutung und der Entfremdung durch die Sozialisierung der Arbeit, kapitalistische Erzählung der Emanzipation von der Armut durch die technisch-industrielle Entwicklung. Zwischen diesen Erzählungen besteht Anlass zu einem Rechtsstreit, ja sogar zu einem Widerstreit. Aber alle bringen die Gegebenheiten, die die Ereignisse mit sich bringen, im Verlauf einer Geschichte unter, deren Ende – selbst wenn es außer Reichweite bleibt – universelle Freiheit, Befreiung der gesamten Menschheit heißt. [...]

Jede der großen Emanzipationserzählungen, welchem Genre sie auch immer die Hegemonie eingeräumt hat, ist in den letzten fünfzig Jahren sozusagen in ihrem Prinzip verstümmelt *(invalider)* worden. Alles, was real ist, ist rational; alles, was rational ist, real: „Auschwitz" widerlegt die spekulative Doktrin. Wenigstens dieses Verbrechen ist real, aber nicht rational. Alles, was proletarisch ist, ist kommunistisch; alles, was kommunistisch ist, proletarisch: „Berlin 1953, Budapest 1956, Tschechoslowakei 1968, Polen 1980" (ich lasse es dabei bewenden) widerlegen die Doktrin des historischen Materialismus: Die Arbeiter erheben sich gegen die Partei. – Alles, was demokratisch ist, ist demokratisch durch das Volk und für das Volk, und umgekehrt: Der „Mai 1968" widerlegt die Doktrin des parlamentarischen Liberalismus. Der gesellschaftliche Alltag lässt die repräsentative Institution scheitern. – Alles, was freies Spiel von Angebot und Nachfrage ist, begünstigt die allgemeine Bereicherung und umgekehrt: Die „Krisen von 1911 und 1929" widerlegen den ökonomischen Liberalismus, und die „Krise von 1974-1979" widerlegt die postkeynesianische Umrüstung [John Maynard Keynes (1883-1946), Ökonom] dieser Doktrin. Mit den Namen dieser Ereignisse bringt der Untersuchungsrichter ebenso viele Zeichen eines Versagens der Moderne bei. Die großen Erzählungen sind wenig glaubwürdig geworden. Also ist man versucht, die große Erzählung vom Niedergang der großen Erzählungen zu akkreditieren.

Jean-François Lyotard, Postmoderne für Kinder, S. 38-40, 45f.

1. Erläutern Sie die von Nietzsche beschriebene Sehnsucht des Menschen, indem Sie eigene Beispiele anführen, die veranschaulichen, wann ein Einzelner bzw. ein Volk „vergessen" möchten. ➔ M1
2. Fassen Sie Nietzsches Forderungen zum Umgang mit der Vergangenheit zusammen und erörtern Sie, ob man in Deutschland im Hinblick auf den Holocaust „historisch" oder „unhistorisch" empfinden sollte. ➔ M1/2
3. Setzen Sie sich mit dem Holocaust-Mahnmal in Berlin auseinander. Diskutieren Sie, ob es sich hierbei um eine gelungene Form handelt, mit der Vergangenheit umzugehen. ➔ M2
4. Zählen Sie die „großen Erzählungen" der Moderne auf und ordnen Sie sie den geschichtsphilosophischen Konzeptionen zu, die damit gemeint sind. ➔ M3
5. Untersuchen Sie, warum Lyotard die „großen Erzählungen" für gescheitert erklärt. ➔ M3
6. Interpretieren Sie die Tatsache, dass Lyotard die geschichtsphilosophischen Konzeptionen der Moderne, aber auch seine eigenen Ausführungen „Erzählungen" nennt. ➔ M3
7. Erörtern Sie, ob der Verlauf der deutschen Geschichte überhaupt noch erlaubt, Geschichtsphilosophie zu betreiben.

11 Das Ende der Geschichte

M1 „Das Ende ist nah!"

M2 Menschheitsdämmerung

Alle Kundigen wissen […], dass die Frage inzwischen nur noch lautet, ob der Mensch auf diesem Planeten überhaupt noch überleben kann, angesichts der Verwüstungen, die er schon angerichtet hat. […] Die tödliche Vermehrung der Menschen. Der absehbare Zusammenbruch ihrer Ernährung und Wasserversorgung. Die Vergiftung von Wasser, Luft und Böden durch Chemikalien bis hin zum Schwinden der schützenden Ozonschicht. Die zunehmende Gefahr der radioaktiven Verseuchung aus Hunderten von Atomanlagen, die auch ohne Atomkrieg schon weite Regionen unbewohnbar gemacht haben. Der Treibhauseffekt der Kohlenoxide mit folgender Veränderung des Klimas und des Weltwasserspiegels. Das Abbrennen und Roden der Wälder in der Dritten Welt und ihr Absterben in den Industrieländern. Das Ausrotten und Aussterben der Tiere und Pflanzen, die der Mensch braucht, denen er aber die Lebensgrundlage entzieht. Die mit unheimlichen Risiken behafteten Genmanipulationen an Pflanzen, Tieren und Menschen. Die schnelle Ausplünderung der Erdvorräte an fossilen Brennstoffen und mineralischen Rohstoffen. Die steigende Abfallbelastung aller Kontinente und Meere und sogar schon des Weltraums. […] Doch die Eingriffe und Belastungen nehmen Jahr für Jahr zu. Dabei kann schon jede einzelne dieser Beschädigungen unseres Planeten das menschliche Leben auf dieser Erde beenden. […] Die menschliche Gattung […] hat sich den Erdball rücksichtslos unterworfen; sie kann sich nicht zügeln, und sie wird das nie können.

Herbert Gruhl, Die Menschheit ist am Ende,
in: Der Spiegel 13 (1992), S. 57, 59

M3 Zenit der Menschheitsentwicklung

Weder Hegel noch Marx glaubte, dass die Entwicklung der menschlichen Gesellschaften unendlich weitergehen würde. Sie nahmen vielmehr an, dass sie enden würde, wenn die Menschheit eine Gesellschaftsform erreicht hätte, die ihren tiefsten Sehnsüchten entspräche. Beide Denker postulierten also ein „Ende der Geschichte“, für Hegel war es der liberale Staat, für Marx die kommunistische Gesellschaft. Damit meinten sie nicht, dass der natürliche Kreislauf von Geburt, Leben und Tod enden würde, dass keine großen Ereignisse mehr stattfinden würden. Beide meinten vielmehr, dass es keinen weiteren Fortschritt in der Entwicklung grundlegender Prinzipien und Institutionen mehr geben würde. Ist es – am Ende des 20. Jahrhunderts wieder – sinnvoll von einem kohärenten und zielgerichteten Verlauf der Menschheitsgeschichte zu sprechen, der letztlich den größten Teil der Menschheit zur liberalen Demokratie führen wird? Diese Frage beantworte ich aus zwei unterschiedlichen Gründen mit ja. Der eine Grund ist wirtschaftlicher Natur, der andere hat mit dem sogenannten „Kampf um Anerkennung“ zu tun.

Die moderne Naturwissenschaft bewirkt, dass die Geschichte zielgerichtet und kohärent verläuft. Die Entfaltung der modernen Naturwissenschaften hatte in allen Gesellschaften, in denen sie stattfand, eine einheitliche Wirkung. Erstens verschafft Technologie einem Land entscheidende militärische Vorteile. Zweitens wird durch die moderne Naturwissenschaft ein einheitlicher Horizont wirtschaftlicher Produktionsmöglichkeiten geschaffen. Dieser Prozess hat zwangsläufig eine Homogenisierung aller menschlichen Gesellschaften zur Folge. Alle Länder, die einen wirtschaftlichen Modernisierungsprozess durchlaufen, werden einander zwangsläufig immer ähnlicher: Sie brauchen nationale Einigung und eine zentralisierte Verwaltung, sie brauchen Städte, sie müssen traditionelle soziale Organisationen wie Stämme, Religionsgemeinschaften oder Familien durch wirtschaftlich rationale Organisationen ersetzen, die auf den Prinzipien der Funktionalität und Effizienz beruhen.

[W]as wir die „Logik der modernen Naturwissenschaften" nennen, ist eine rein ökonomische Interpretation des gesellschaftlichen Wandels, die als Endergebnis allerdings (im Gegensatz zu ihrer marxistischen Variante) nicht zum Sozialismus, sondern zum Kapitalismus führt. Rein ökonomische Interpretationen der Geschichte sind jedoch unvollständig und unbefriedigend, weil der Mensch nicht nur ein ökonomisches Wesen ist. Insbesondere können sie nicht erklären, warum wir Demokraten sind, das heißt warum wir das Prinzip der Volkssouveränität und die Garantie der Menschenrechte im Rahmen rechtsstaatlicher Verfahrensweisen befürworten.

Darum komme ich auf Hegel und seine nichtmaterialistische Geschichtsauffassung zurück, die auf dem von ihm so genannten „Kampf um Anerkennung" basiert. Laut Hegel haben sowohl Menschen als auch Tiere natürliche Bedürfnisse, die sich auf Objekte außerhalb ihrer selbst richten, wie etwa Essen. Der Mensch unterscheidet sich von den Tieren fundamental dadurch, dass er die Begierde anderer Menschen begehrt, das heißt „anerkannt" werden will. Vor allem will er als menschliches Wesen anerkannt werden, als ein Wesen, das einen gewissen Wert, eine gewisse Würde besitzt.

Laut Hegel trieb der Wunsch, anerkannt zu werden, die Menschen zu Beginn der Geschichte in einen blutigen Kampf auf Leben und Tod, bei dem es nur um Prestige ging. Das Ergebnis des Kampfes war die Teilung der Gesellschaft in eine Klasse von Herren, die bereit waren, ihr Leben zu riskieren, und in eine Klasse von Knechten, die ihrer natürlichen Todesfurcht nachgaben. Die Beziehung zwischen Herr und Knecht existierte in einer Vielzahl von Erscheinungsformen in allen durch Ungleichheit gezeichneten Gesellschaften. Hegel war der Ansicht, dass der „Widerspruch" in der Beziehung zwischen Herr und Knecht durch die Französische Revolution schließlich aufgehoben worden sei; die einstigen Knechte wurden ihre eigenen Herren, künftig galten die Prinzipien Volkssouveränität und Rechtsstaatlichkeit. An die Stelle der ungleichen Anerkennung trat eine universale, gegenseitige Anerkennung, die darin bestand, dass jeder Bürger die menschliche Würde jedes anderen Bürgers anerkennt. Auch der Staat erkannte die Würde an, indem er seinen Bürgern Rechte verlieh. Laut Hegel ist mit der Französischen Revolution das Ende der Geschichte gekommen.

Das Streben nach Anerkennung ist also das „missing link" zwischen liberaler Ökonomie und liberaler Politik. Wenn der Lebensstandard steigt und in der Gesamtgesellschaft eine größere Gleichheit der Lebensverhältnisse entsteht, dann streben die Menschen nicht mehr nur nach mehr Wohlstand, sondern sie wollen ihren Status anerkannt sehen.

Francis Fukuyama, Das Ende der Geschichte, S. 12f., 15-20 (gekürzt)

1 Gestalten Sie einen Dialog zwischen den beiden Personen. ➜ M1
2 Erarbeiten Sie die Thesen der beiden Texte. ➜ M2/3
3 Führen Sie ein Streitgespräch zwischen Herbert Gruhl und Fancis Fukuyama zum Thema „Sind wir am Ende?" ➜ M2/3
4 Überprüfen Sie Fukuyamas Thesen, indem Sie recherchieren, wie viele „liberale Demokratien" es 1914 gab und wie viele hundert Jahre später. ➜ M3

12 Utopie – Überwindung der Geschichte

Kein Ort, nirgends – Abstrakte Utopie

Seit Sir Thomas More, lateinisch Thomas Morus, das Buch „Utopia", in dem er das ideale Staatswesen einer Inselrepublik beschreibt, im Jahr 1516 veröffentlicht hat, ist das Wort „Utopie" zu einem der wichtigsten, aber auch umstrittensten Begriffe der Staatsphilosophie, ja, des intellektuellen Diskurses überhaupt geworden. Hergeleitet vom Griechischen „ou topos" – eigentlich: Ort, den es nicht gibt –, wird man „Utopia" wohl richtiger übersetzen als „Ort, den es *noch* nicht gibt", sogar als „Ort, den es eigentlich geben müsste" [...]. Wie könnte und müsste ein friedliches, gerechtes, geordnetes, freiheitliches, korruptions- und privilegienfreies Gemeinwesen aussehen?

Heiner Geißler, Ou Topos, S. 7

M1 Berechtigte Hoffnung – Konkrete Utopie

Erst wenn Vernunft zu sprechen beginnt, fängt die Hoffnung, an der kein Falsch ist, wieder an zu blühen. Das Noch-Nicht-Bewusste selber muss seinem Akt nach *bewusst*, seinem Inhalt nach *gewusst* werden, als Aufdämmern hier, als Aufdämmerndes dort. Und der Punkt ist damit erreicht, wo gerade die Hoffnung, dieser eigentliche Erwartungsaffekt im Traum nach vorwärts, nicht mehr nur [...] als bloße selbstzuständliche Gemütsbewegung auftritt, sondern *bewusst-gewusst* als *utopische Funktion*. Deren Inhalte repräsentieren sich zunächst in Vorstellungen, und zwar wesentlich in denen der Fantasie. [...] Und auch die Fantasievorstellungen sind hier nicht solche, die sich aus Vorhandenem lediglich zusammensetzen, auf beliebige Weise (steinernes Meer, goldener Berg und dergleichen), sondern die Vorhandenes in die zukünftigen Möglichkeiten seines Andersseins, Besserseins antizipierend festsetzen. Wonach sich die so bestimmte Fantasie der utopischen Funktion von bloßer Fantasterei eben dadurch unterscheidet, dass nur erstere ein Noch-Nicht-Sein erwartbarer Art für sich hat, das heißt, nicht in einem Leer-Möglichen herumspielt und abirrt, sondern ein Real-Mögliches psychisch vorausnimmt. [...] Pures wishful thinking diskreditierte seit alters die Utopien, sowohl politisch-praktisch wie in der ganzen übrigen Anmeldung von Wünschbarkeiten; gleich als wäre jede Utopie eine abstrakte. Und ohne Zweifel ist die utopische Funktion im abstrakten Utopisieren erst unreif vorhanden, das heißt, noch überwiegend ohne solides Subjekt dahinter und ohne Bezug aufs Real-Mögliche. Folglich ist sie leicht Abwegen verfallen, ohne Kontakt mit der wirklichen Tendenz nach vorwärts, ins Bessere. [...] [W]ichtig ist: der mit Hoffnung geladene, der fantasievolle Blick der utopischen Funktion wird nicht von der Froschperspektive her berichtigt, sondern einzig vom Reellen in der Antizipation selbst. Also von jenem einzig reellen Realismus her, der nur einer ist, weil er sich auf die Tendenz des Wirklichen versteht, auf die objektiv-reale Möglichkeit, der die Tendenz zugeordnet ist, mithin auf die selber utopischen, nämlich zukunfthaltigen Eigenschaften der Wirklichkeit. [...] Der Berührungspunkt zwischen Traum und Leben, ohne den der Traum nur abstrakte Utopie, das Leben aber nur Trivialität abgibt, ist gegeben in der auf die Füße gestellten utopischen Kapazität, die mit dem Real-Möglichen verbunden ist. Ja, die nicht nur in unserer Natur, sondern in der gesamten äußeren Prozesswelt das jeweils Vorhandene tendenzhaft übersteigt. Hier mithin wäre der nur scheinbar paradoxe Begriff eines Konkret-Utopischen am Platz, das heißt also, eines antizipatorischen, das keinesfalls mit abstrakt-utopischer Träumerei zusammenfällt, auch nicht durch die Unreife des bloß abstrakt-utopischen Sozialismus gerichtet ist. [...] So auch ist die utopische Funktion die einzig transzendierende, die geblieben ist, und die einzige, die wert ist zu bleiben: eine transzendierende ohne Transzendenz.

Ernst Bloch, Das Prinzip Hoffnung, S. 163–166

M2 Blochs Deutung der Geschichte

Ernst Blochs Philosophie unterscheidet sich nach Fragestellung und Methode von dem, was [...] noch bei Hegel und Marx an Versuchen zur Deutung der Geschichte unternommen wurde. Es geht ihm nicht darum, den faktisch geschehenen Wandel der Realverhältnisse und des Bewusstseins auf sein Gesetz zu bringen und auf diese Weise den „Grundriss einer ewigen und idealen Geschichte“ zu entwerfen, „auf den gegründet die Geschichte der Nationen verläuft“ [Vico (1668-1744), italienischer Geschichtsphilosoph]. Denn all dies liefe darauf hinaus, die offenkundige oder auch verborgene Rationalität dessen aufzuweisen, was wirklich geschehen ist. Bloch dagegen ist überzeugt, dass es in der Weltgeschichte, wie sie wirklich verlaufen ist, keineswegs „vernünftig zugegangen“ [Hegel] sei, und dass der Versuch Hegels, die Vernünftigkeit des Wirklichen und die Wirklichkeit des Vernünftigen nachzuweisen, dahin wirkt, die Widervernunft des bisher Geschehenen zu legitimieren und zu stabilisieren. [...] Bloch versteht also seine Philosophie als [...] Befreiung von demjenigen „Gesetz“, dem die Geschichte in ihrem bisherigen Verlauf beständig gefolgt ist: vom Gesetz der Gewalt und der Ausbeutung der Schwachen durch die Starken.

Richard Schaeffler, Einführung in die Geschichtsphilosophie, S. 258f.

M3 Geschichte ist machbar

Ich gehe davon aus, dass der Mensch nicht dazu verurteilt ist, dem blinden Spiel der Zufälle in der Geschichte unterworfen zu bleiben. [...] Wir können es ändern. Wir sind nicht hoffnungslose Idioten der Geschichte, die unfähig sind, ihr eigenes Schicksal in die Hand zu nehmen. Das haben sie uns jahrhundertelang eingeredet. Viele geschichtliche Zeichen deuten darauf hin, dass die Geschichte einfach nicht ein ewiger Kreisel ist, wo nur immer das Negative triumphieren muss. [...] Wir können eine Welt gestalten, wie sie die Welt noch nie gesehen hat, eine Welt, die sich auszeichnet, keinen Krieg mehr zu kennen, keinen Hunger mehr zu haben, und zwar in der ganzen Welt.

Rudi Dutschke / Günter Gaus, Rudi Dutschke zu Protokoll, S. 7, 15

M4 Das Prinzip Hoffnung

Max Bill, Endlose Treppe, 1991

1 Skizzieren Sie Ihre eigene Utopie; gehen Sie hierbei von der Annahme aus, dass 50 Menschen auf einer Südsee-Insel ein Zusammenleben auf völlig neuer Grundlage aufbauen könnten (s. S. 300). Diskutieren Sie, welche Vorkehrungen getroffen werden müssten, um die im Infokasten genannten Ziele zu erreichen.

2 Vergleichen Sie Ihre Ergebnisse aus Aufgabe 1 mit Blochs Begriff der „konkreten Utopie“. Erörtern Sie hiervon ausgehend die Möglichkeiten und Grenzen abstrakter und konkreter Utopien. → M1

3 Stellen Sie Blochs Geschichtsverständnis der Auffassung von Geschichte gegenüber, wie sie z. B. bei Schiller, Kant, Marx und Hegel anzutreffen ist. → M2

4 Weisen Sie nach, dass der Wortführer der 68er-Studentenbewegung, Rudi Dutschke, von Gedanken Blochs beeinflusst war. → M3

5 Die Plastik *Endlose Treppe* erinnert an Blochs *Prinzip Hoffnung*. Erläutern Sie den Zusammenhang. → M4

Thomas Morus: *Utopia* – Eine Ganzschrift lesen

Ein goldenes Büchlein ...

Ein
wahrhaft goldenes Büchlein
von
der besten Staatsverfassung
und von der neuen Insel Utopia
nicht minder heilsam als
kurzweilig zu lesen
verfaßt von dem hochberühmten
Thomas Morus
der weltbekannten Stadt London Bürger und Vicecomes
mit Hilfe des
Magisters Petrus Ägidius aus Antwerpen
und dank der Kunst des
Theodorus Martinus von Aelst
Druckers der Hohen Akademie
zu Löwen, jetzt zum ersten
Male aufs sorgfältigste
herausgegeben

Mit Genehmigung und Privileg

Titelblatt der Erstausgabe von Thomas Morus' „Utopia", 1516 (dt. Übersetzung)

1 Betrachten Sie die Titelseite der Erstausgabe und sprechen Sie über Ihre Erwartungen an das Buch, das hier beschrieben wird.

2 Recherchieren Sie, was eine Utopie ist und welche anderen, verwandten Begriffe es gibt. Sie können dafür auch ihren Englischlehrer fragen.

3 Fassen Sie die wichtigsten Informationen zum Utopiebegriff zusammen.

4 Vergleichen Sie die Informationen aus dem Lexikonartikel mit Ihrer Recherche aus Aufgabe 2. Sind Unterschiede erkennbar?

5 Diskutieren Sie, ob Erscheinungsort und -jahr für die Darstellung eine Rolle spielen.

Der Utopiebegriff

Utopie – Wortschöpfung des THOMAS MORUS *(Utopia, 1516), eigtl:* Nirgendland; meist in romanhafter Einkleidung ausgemalte Idealgesellschaft.
Als eine der frühesten Utopien wird PLATONS Staat angesehen, das Vorbild für viele spätere Utopien. MORUS' *Utopia* ist – typisch für die Gattung – ein in den Raum Abgeschlossenheit verbürgende Insel) projiziertes Wunschbild, das, gesellschaftskritisch vermittelt, ein ideales Gemeinwesen schildert, in dem die Probleme der zeitgenössischen Gesellschaft trefflich gelöst sind (wenn sich auf erforschter Erde kein unbekannter Raum mehr anbietet, erfolgt die Projektion auf andere Sterne oder in die Zeit). Eine Utopie richtet sich stets auf das Verändern der Gesellschaft und zielt, obzwar grundsätzlich unverwirklichbar, auf Verwirklichung. Der Idealzustand muss von den Menschen herbeigeführt werden; er ist somit abgrenzbar gegen andere Wunschvorstellungen, wie etwa den Chiliasmus (religiöse Lehre vom anbrechenden Tausendjährigen Reich).
Die Utopie tritt in stärkerem Maße mit der Entwicklung *frühbürgerlicher Verhältnisse* im Rahmen der feudalen Gesellschaft auf und reflektiert Erfordernisse der bürgerlichen Gesellschaft.
Sozialistische Gedanken finden sich im 18. und 19. Jahrhundert in den Utopien von SAINT-SIMON, FOURIER, OWEN, WEITLING u. a., die von ENGELS als „Stifter des Sozialismus" bezeichnet werden. In *Die Entwicklung des Sozialismus von der Utopie zur Wissenschaft* charakterisiert ENGELS den utopischen Sozialismus als unreife Theorie, die der unreifen Klassenlage des Proletariats entsprach. Der utopische Sozialismus „kritisierte die kapitalistische Gesellschaft, verurteilte und verfluchte sie, träumte von ihrer Vernichtung, phantasierte von einer besseren Ordnung und suchte die Reichen von der Unsittlichkeit der Ausbeutung zu überzeugen", er war „nicht imstande, einen wirklichen Ausweg zu zeigen" [...]. *Umgangssprachlich* ist ein Utopist ein Projektemacher, der sich durch weltfremdes Entwerfen nicht realisierbarer Pläne lächerlich macht.

Georg Klaus / Manfred Buhr (Hg.): Philosophisches Wörterbuch (Leipzig 1954), S. 577

Thomas Morus im Porträt

Hans Holbein d. J.: Porträt des Thomas Morus, 1527

6 Beschreiben Sie das Bild von Thomas Morus und stellen Sie Überlegungen zur seiner gesellschaftlichen Position an.

7 Recherchieren Sie Informationen zu Morus' Biographie.

8 Erläutern Sie, welche Funktion die Figur des Raphael Hythlodeus für das Werk *Utopia* insgesamt hat, und diskutieren Sie, warum Morus das Buch auf diese Weise konstruiert hat.

Ulysses oder gar Plato

In der Vorrede zu seinem Buch berichtet Thomas Morus von einer Reise nach Antwerpen, auf der er von seinem Freund Peter Aegid mit einem Mann bekannt gemacht worden sei, den er Aegid gegenüber für einen Seemann gehalten habe:

„Weit gefehlt!" erwiderte er, „wenigstens segelt er nicht als Palinurus, sondern als Ulysses oder gar Plato. Weißt du, dieser Raphael – so heißt er, mit Vatersnamen Hythlodeus – versteht nicht wenig Latein und sehr viel Griechisch! Letzteres deshalb mehr als die Römersprache, weil er sich früher ganz auf die Philosophie geworfen hatte, in der er nichts von Belang im Lateinischen fand außer einigem von Seneca und Cicero. Später hat er dann sein Erbgut, auf dem er wohnte, seinen Brüdern überlassen und hat sich (er ist Portugiese) dem Amerigo Vespucci angeschlossen, um die weite Welt kennenzulernen. Dessen ständiger Begleiter war er auf den letzten drei von seinen vier Weltreisen, von denen man schon hier und da gedruckt lesen kann [...]."

Was Raphael alles auf diesen Reisen gesehen hatte, bekamen wir zu hören; doch alles hier wiederzugeben würde zu weit führen, ist auch nicht der Zweck dieser Schrift. Vielleicht werde ich andernorts einmal Gelegenheit finden, vor allem das zu erzählen, was nützlich zu wissen ist; dazu gehört vor allem, was er an trefflichen und klugen politischen Maßnahmen bei allerhand gesitteten Völkern wahrgenommen hat. Nach solchen Dingen fragten wir ihn am eifrigsten; von ihnen sprach er auch am liebsten, während von den üblichen Reiseungeheuern (es gibt nichts Langweiligeres!) nicht weiter die Rede war. Denn an Scyllen und habgierigen Celänonen, an menschenfressenden Lästrigonen und dergleichen abscheulichen Ungetümen fehlt es fast nirgends in der Welt; aber eine heilsame und weise Staatsverfassung – das ist ein gar seltenes Ding.

Soviel er indessen bei jenen unbekannten Völkern an verkehrten Einrichtungen bemerkt hat, so wusste er doch auch nicht weniges zu berichten, das unseren Städten, Nationen, Völkern und Herrschaften als Beispiel dienen könnte, unsere eigenen Fehler zu verbessern. Wie gesagt, an anderer Stelle muss ich einmal davon sprechen. Für jetzt will ich nur das wiedergeben, was er von Sitten und Einrichtungen der Utopier erzählte, indem ich jedoch vorausschicke, welche Wendung des Gespräches ihn auf die Erwähnung dieses Staates brachte. *Thomas Morus, Utopia, S. 17-20*

Thomas Morus: *Utopia* – Eine Ganzschrift lesen

Methode I: Begriffspatenschaften

Beschreibung der Methode

Paten sind Menschen, die für ein Kind Verantwortung übernehmen, bis für das Kind selbst klar ist, welche Aufgabe es in seinem Leben und seiner Gesellschaft übernehmen will. Dabei beobachten sie die Entwicklung des Kindes; früher war es auch verbreitet, ein Fotoalbum anzulegen, welches diese Entwicklung nachzeichnet.

Bei einem Begriffspaten sind die „Patenkinder“ Begriffe oder Themenbereiche: Jeder Kursteilnehmer oder eine Gruppe von einigen wenigen Kursteilnehmern übernimmt dann zu Beginn der Unterrichtsreihe die Verantwortung für die genaue Beobachtung eines engeren Themenbereichs bzw. eines Begriffs und dessen Definition, Entwicklung und Verbindung mit anderen Begriffen.

Auf diese Art kann bei fortgeschrittener Lektüre im anschließenden Kursgespräch geklärt werden, welche Begriffe und Themen eine zentrale Rolle in einem philosophischen Werk spielen – und welche eher am Rande vorkommen.

Zu dieser Verantwortung gehört es, im Lektüreprotokoll (s. S. 391f.) genau zu vermerken, wenn der Begriff auftaucht und mit Blick auf die entsprechenden Textpassagen ggf. folgende Fragen zu beantworten:

1. Wird der Begriff eher positiv oder negativ bewertet?
2. In welchen Kontexten taucht der Begriff auf? Welche Themen sind dem Autor wichtig?
3. Mit welchen anderen Begriffen oder Themen steht „mein“ Begriff bzw. Thema im Zusammenhang, zu welchen eher im Gegensatz?

Begriffspatenschaften für Thomas Morus' Utopia

Für „unser“ Werk, die *Utopia* von Thomas Morus, könnten z. B. für folgende Begriffe Begriffspatenschaften übernommen werden. Natürlich sind hier Akzentsetzungen und Ergänzungen möglich:

1. **Gesetz(e) / Rechtswesen**
2. **Besitz / (Privat-)Eigentum**
3. **Ehe / Familie**
4. **Gemeinschaft / Zusammenleben**
5. **Geld / Preise**
6. **Geographie**
7. **Arbeit / Freizeit**
8. **Handel / Gewerbe**
9. **Bildung / Unterricht / Wissenschaft**
10. **Staat(-sorganisation) / Ämter / Institutionen**
11. **Religion**
12. **Bevölkerung / Gesellschaft**
14. **Militärwesen**
15. **Außenpolitik**
16. **... ?**

Methode II: Das Lektüreprotokoll

Beschreibung der Methode

Ein philosophisches Werk im Ganzen zu lesen ist Schwerstarbeit. Um den Überblick über eine Ganzschrift nicht zu verlieren, sollten Sie ein Protokoll über die Fortschritte bei dieser Arbeit anlegen. Solche Protokolle legen auch Studenten und Professoren an, wenn sie sich mit einem neuen Buch beschäftigen, weil man sich einfach nicht alles auf einmal merken kann – und manchmal sieht man erst am Ende eines Buches, was an den Anfangspassagen wichtig war. Man nennt so etwas dann auch ein *Exzerpt.*
Am einfachsten ist ein solches Protokoll in tabellarischer Form:

Kapitel / Abschnitt / Seite	Thema	Inhalt: Fragen / Thesen / Kernaussagen	„Patenkinder“: Begriffe / Stichworte

Die erste Spalte
ermöglicht die Orientierung mittels Seitenzahlen und / oder Inhaltsverzeichnis.

Die zweite Spalte
gliedert das Buch thematisch. Im Laufe der Lektüre lässt sich auf diese Weise feststellen, wie viele Kapitel sich mit dem Thema Justiz beschäftigen, wie viele mit dem Thema Wirtschaft usw. Auch kann hier deutlich gemacht werden, wenn ein Kapitel sich mit zwei verschiedenen Themen beschäftigt und untergliedert werden kann (s. Beispiel auf S. 392).

Die dritte Spalte
ist eigentlich die wichtigste: Hier sollte versucht werden, die Inhalte des Kapitels oder Abschnitts zusammenzufassen; dies kann in Form von Fragen geschehen, welche die angesprochenen Probleme benennen, und / oder in Form von Thesen, welche die Kernaussagen knapp zusammenfassen.

Die letzte Spalte
ist besonders bei *philosophischen* Lektüreprotokollen von Bedeutung, weil Begriffe und ihre genaue Bedeutung die wichtigsten Bestandteile einer philosophischen Theorie darstellen. Deshalb sollte für jeden Abschnitt notiert werden, welche Begriffe hier eine zentrale Rolle spielen, ob sie genau definiert werden, in welcher Bedeutung der Philosoph sie verwendet und ob daran etwas auffällig ist. Die Spalte ist besonders wichtig, wenn gleichzeitig Begriffspatenschaften übernommen worden sind: Dann kann hier jedes Auftauchen eines Teilthemas oder bestimmten philosophischen Begriffs genau protokolliert werden. Aber auch andere wichtige Stichworte können hier notiert werden. Wenn „Patenkinder“ eingetragen werden, sollte man diese unterstreichen, um die Übersicht zu behalten.

Die **erste** und **vierte Spalte** können schon beim Lesen ausgefüllt werden; der Inhalt der zweiten und dritten Spalte sollte nach der Lektüre eines Abschnitts nach einiger Überlegung über den Gesamtzusammenhang formuliert werden.
Ein Lektüreprotokoll kann auch vom Lehrer vorbereitet und auf einer Lernplattform (z.B. moodle oder LoNet) ins Internet gestellt werden, so dass jeder Kursteilnehmer einmal einen Abschnitt protokolliert – auf diese Art und Weise wird die Arbeit unter allen aufgeteilt.

Thomas Morus: *Utopia* – Eine Ganzschrift lesen

Beispiel für ein Lektüreprotokoll zu Thomas Morus' *Utopia*, 2. Buch, Kapitel 1

Kapitel / Abschnitt / Seite	Thema	Inhalt: Fragen / Thesen / Kernaussagen	„Patenkinder“: Begriffe / Stichworte
2. Buch (Bericht des Raphael Hythlodeus über die beste Staatsverfassung), 1. Abschnitt S. 58-62	Lage von Utopia; Städte und Landwirtschaft	Was für ein „Land“ ist Utopia? – Utopia ist eine schwer erreichbare Insel – Stadtgründer und Namensgeber war Utopus Wie ist die Insel strukturiert / organisiert? – 54 gleich angelegte Städte; Hauptstadt: „Amaurotum“ – in jeder Stadt beraten sich jährlich 3 Ältere – Bürger wohnen abwechselnd auf dem Land und in der Stadt (2 Jahre) – ländliche Haushalte, min. 30 Personen – „Phylarch“ = Vorsteher von 30 Haushalten Niemand soll auf Dauer zum Landleben gezwungen sein > Wechsel	Geographie: Insellage Utopus Städte: Amaurotum Staat / Ämter: Phylarch (Beamter); Organisation der Ernte

Zur Annäherung: Utopische Verfassung und Organisation

1 Fertigen Sie eine Zeichnung bzw. Karte der Insel anhand Morus' Beschreibungen zu Beginn des 2. Buches (auf S. 58-64) an.

2 Erstellen Sie ein Verfassungsschema des Staates der Utopier, in dem die Verfassungsstruktur, die wichtigen Ämter und deren Besetzung deutlich werden (2. Buch, „Von den Obrigkeiten“, S. 65f.). Sie können sich dabei an Verfassungsschemata Ihnen bekannter Länderverfassungen (Bundesrepublik, USA, ...) orientieren, die sich im Internet recherchieren lassen.

3 Diskutieren Sie, ob es in einem idealen Staat Privateigentum geben sollte oder nicht. Beurteilen Sie in diesem Zusammenhang die Position verschiedener Parteien und die Regelungen des Grundgesetzes.

4 Erarbeiten Sie die Regelungen der Utopier zu Geld und Privateigentum und sammeln Sie in einer Tabelle Pro- und Contra-Argumente für diese.

Für Fortgeschrittene: Utopische Pressekonferenz

5 Führen Sie in Gruppen eine Pressekonferenz mit vier Protophylarchen des Staates der Utopier durch. Bilden Sie fünf Gruppen:
Gruppe 1: Sie sind die Journalisten.
Entwickeln Sie kritische Fragen zur Politik in Utopia. Erarbeiten Sie die Texte der anderen Gruppen dazu arbeitsteilig.
Gruppe 2-5: Sie sind die Vertreter des Staates Utopia.
Wählen Sie ein Gruppenmitglied aus, das in der Pressekonferenz die Rolle des verantwortlichen Politikers übernimmt. Lesen Sie die für Ihren Bereich angegebenen Textstellen (s. u.) und informieren Sie Ihren Protophylarchen über die Arbeit in seinem Ressort, damit er bei der Pressekonferenz eine gute Figur machen kann!
Vier Protophylarchen des utopischen Staates stellen sich den Journalisten:
a) Protophylarch für Arbeit und Freizeit (S. 66-72)
b) Protophylach für Ehe und Familie (S. 106-109)
c) Protophylarch für Recht und Justiz (S. 109-112)
d) Protophylarch für Militär und Verteidigung (S. 115-119)

Zum Abschluss: Utopiekritik

Eine Weltkarte, die das Land Utopia nicht enthielte, wäre nicht wert, dass man einen Blick darauf wirft; denn auf ihr fehlte das einzige Land, in dem die Menschheit immer landet. Und wenn die Menschheit dort gelandet ist, hält sie wieder Ausschau, und sieht sie ein schöneres Land vor sich, setzt sie die Segel. Fortschritt ist die Verwirklichung von Utopien.

Oscar Wilde, Die Seele des Menschen unter dem Sozialismus, in: Richard Saage, Utopische Profile, S. 254

Dieser Abschied (von der Utopie) hat aber nun die Bedeutung, dass auch in den Nahzielen, den so außerordentlich proklamierten und gegen die Fernziele ausgespielten, vom Endziel ganz zu schweigen, nichts glückt, wenn man keine Fernziele hat. Die Spannung fehlt, die Erregung fehlt, der Wille, die Begeisterung, die Leidenschaft fehlen, um sich für Nahziele einfachster, praktischer Art einzusetzen, wie für die stufenweise Verbesserung von Gefängnisbetten oder Mieterschutz.

Ernst Bloch, Abschied von der Utopie?, S. 76

Illustration zu Thomas Morus' Utopia

Zuerst sind die Wünsche da. Die Utopie ist ein Rezept, das den Wunsch in ein Schema presst. Ich behaupte, dass dieses Schema die Menschen wenig interessiert. Sie glauben nicht an Rezepte. Sie glauben nicht, dass die Verstaatlichung der Produktionsmittel automatisch zu einer gerechten Gesellschaft führt. – [Es ist] nun ein Alltag angebrochen, der ohne Propheten auskommt [...]. Die fatalsten Momente des utopischen Denkens: der projektive Größenwahn, der Anspruch auf Totalität, Endgültigkeit und Neuheit.

Hans Magnus Enzensberger, Interview in der „Zeit" vom 20.01.1995, S. 47f.; Gangarten. Ein Nachtrag zur Utopie, in: Richard Saage, Hat die politische Utopie eine Zukunft, S. 68f.

Der Versuch, den Himmel auf Erden einzurichten, erzeugt stets die Hölle. – Wenn wir die Welt nicht wieder ins Unglück stürzen wollen, müssen wir unsere Träume der Weltbeglückung aufgeben. Dennoch können wir Weltverbesserer bleiben. Wir müssen uns mit der nie endenden Aufgabe begnügen, Leiden zu mindern, vermeidbare Übel zu bekämpfen und Missstände abzustellen.

Karl R. Popper, Die offene Gesellschaft und ihre Feinde, S. 277; Das Elend des Historizismus, S. VIII

6 Wählen Sie ein Zitat zur Utopiekritik aus und erläutern Sie, wie der Autor zum utopischen Denken steht.

7 Nehmen Sie mit Blick auf Ihre Kenntnisse des Buches von Thomas Morus begründet Stellung zu einem der Zitate.

1 Auf zum Diskurs!

Abendlicher Wortwechsel

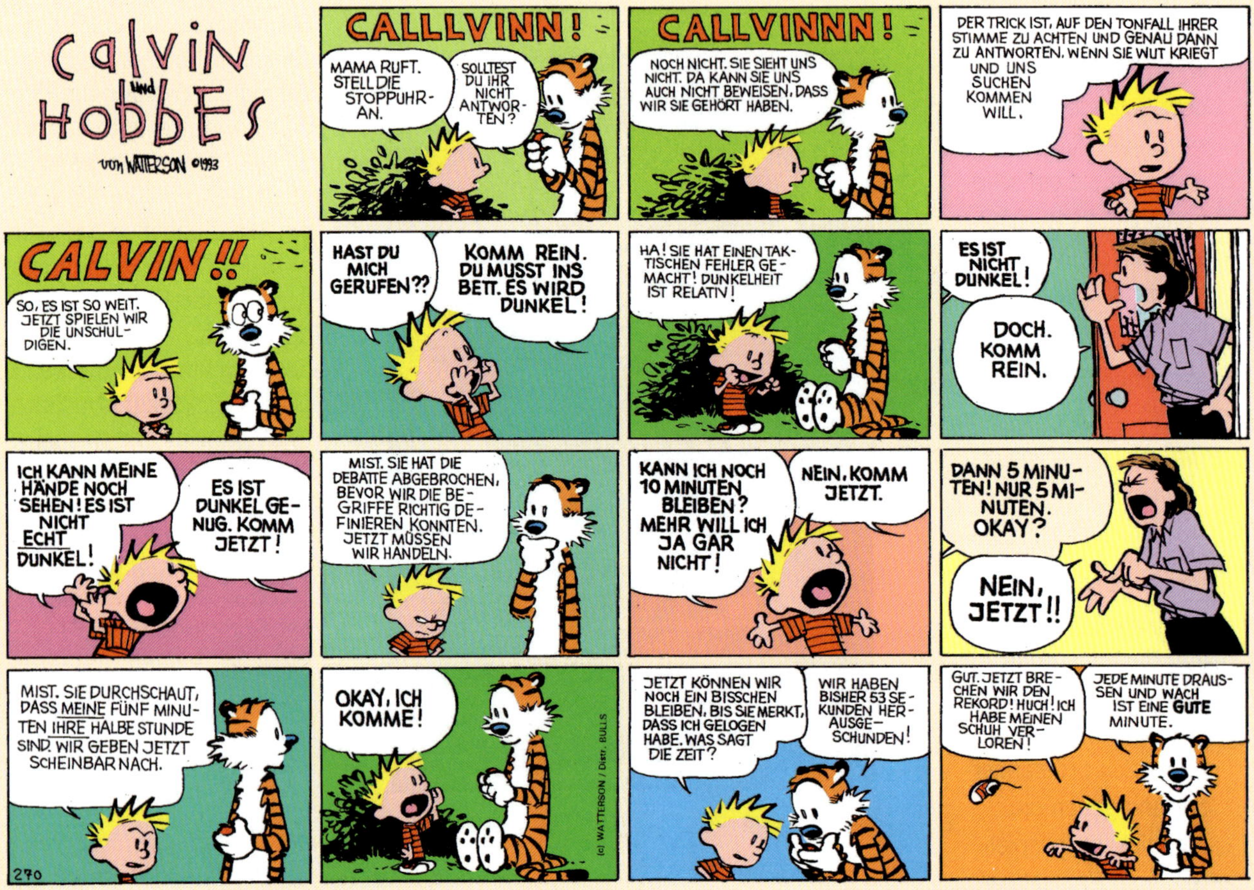

Bill Watterson, Calvin und Hobbes

Der Begriff „Diskurs"

Unter „Diskurs" finden wir in vielen Fremdwörterbüchern Begriffe wie „Gespräch" oder „Auseinandersetzung". Genauer charakterisieren philosophische Lexika dasjenige Denken in Gesprächen als „diskursiv, das von einer bestimmten Vorstellung zu einer bestimmten anderen logisch fortschreitet und dabei das ganze Gedankengebilde aus seinen Teilen aufbaut" (Heinrich Schmidt: Philosophisches Wörterbuch. Stuttgart [22]1991). An den Diskurs als „Methode" des Philosophierens werden also besondere Anforderungen gestellt, die z. B. Ihre Gespräche im Ethikunterricht bestimmen könnten.

Regeln des Sokratischen Gesprächs

Jürgen Habermas formuliert, wie Sie wissen, für die Diskursethik als theoretische Grundannahme eine „ideale Sprechsituation". Folgender Entwurf eines „Sokratischen Gesprächs" strebt eine größtmögliche Annäherung an dieses Ideal an. Dabei sind einige Regeln grundlegend:

1. *Jeder* Mensch als vernunftfähiges Wesen, das gutwillig und bereit ist, sich auf die folgenden Regeln einzulassen, kann an einem Sokratischen Gespräch teilnehmen.
2. Aufgabe eines Sokratischen Gesprächs ist die Bearbeitung eines *philosophischen*, d. h. eines auf Grundlegendes, Allgemeines abzielenden *Problems*.

Das Problem wird durch das Thema bestimmt, das nach Möglichkeit in Form einer Frage gestellt wird.

3. Gesprächs*grundlage* ist die (eigene) Erfahrung: „Fuß fassen im Konkreten“ [...].
4. Gesprächs*ziel* ist eine Wahrheitserkenntnis bzw. eine Problemlösung; sie dokumentiert sich in einem Konsens aller am Gespräch Beteiligten, der auf eigener Einsicht und Zustimmung beruht. [...]
5. Jede Person bemüht sich um eine klare und verständliche Sprache und um Klärung der eigenen Gedanken.
6. Jede Person bemüht sich um genaues Zuhören, Auffassen und Verstehen der Äußerungen der anderen Gesprächsteilnehmer und -teilnehmerinnen. Jede Person versucht, den anderen gegebenenfalls zur inhaltlichen Klärung und besseren Formulierung ihrer Gedanken zu verhelfen: die Sokratische Maieutik („Hebammenkunst“).
7. Jede Person sollte so viel sagen, wie notwendig ist, und so wenig, wie möglich ist, um gemeinsam der Wahrheit bezüglich des behandelten Problems näher zu kommen. Kurz: Beschränkung auf das Wesentliche, aber Sachangemessenheit.
8. *Aufrichtigkeit:* Jede Person stellt nur solche Behauptungen (inklusive Bezweiflungen) auf, hinter denen sie steht, d. h., von denen sie zum Zeitpunkt der Äußerung ernsthaft überzeugt ist und die sie argumentativ zu verteidigen bereit ist.
9. Jeder Einzelne, der eine Behauptung aufstellt, übernimmt die Verpflichtung, sie auf Nachfrage zu begründen. Dazu gehören folgende beiden Denkrichtungen [...]:
   - Abstrakte Aussagen sollen im Prinzip am Konkreten erläutert werden können, so dass die Zuhörer die Probe aufs Verstehen machen können. [...]
   - Umgekehrt soll man auch nicht beim konkret Erfahrenen stehen bleiben, sondern [...] die zugrunde liegenden allgemeinen Prinzipien und Überzeugungen aufsuchen und im Weiteren überprüfen.
10. Die Gesprächs*gruppe* ist gemeinsam verantwortlich für den Erkenntnisprozess, in dem jeweils nach der Phase des Auffassens des Singulären und Aufsuchens des Allgemeinen die Gültigkeitsprüfung vorzunehmen ist: so unvoreingenommen wie möglich Gründe und Gegengründe für aufgestellte Behauptungen gemeinsam zu untersuchen. Das Gespräch ist als Hilfsmittel zur Klärung und Vertiefung voll auszuschöpfen. Die Gruppe übernimmt die Verpflichtung, allen Widersprüchen in der Sache sowie ernsthaft geäußerten Einwänden von Teilnehmern und Teilnehmerinnen in gemeinsamer Prüfung nachzugehen, wenn möglich so lange, bis sie behoben sind. Über innere Zustimmung hat jeder allein, aber aufrichtig zu entscheiden.
11. Autorität für die Gültigkeit von Argumenten ist nicht: eine Person oder eine Gruppe, was man gelesen oder gehört hat, eine Lehre, sondern: das „Selbstvertrauen der Vernunft“ [...] und der Logos-Grundsatz: der „eigentümlich zwanglose Zwang des besseren Arguments“ (Habermas), aus Letzterem folgt:
12. *Revisionsbereitschaft:* Wer eine neue Einsicht gewonnen, gegebenenfalls einen alten Irrtum erkannt hat oder bemerkt, dass eine frühere Behauptung einzuschränken oder abzuwandeln ist, der sollte die Bereitschaft aufbringen, dies um der Wahrheit willen mitzuteilen und dem Gespräch zugutekommen zu lassen.
13. Abgesehen von der Nötigung der Vernunft ist keinerlei Zwang erlaubt [...]. Alle Gesprächsteilnehmer und -teilnehmerinnen bemühen sich um eine möglichst gute Annäherung der realen Gesprächsbedingungen an die „ideale Sprechsituation“ [...].

nach Gisela Raupach-Strey, Sokratische Didaktik, S. 138-140

2 Mit Gedanken arbeiten

Brainstorming

Oft schießen uns spontan Ideen und Gedanken durch den Kopf, die wir nur flüchtig wahrnehmen und selten festhalten. Die Methode des Brainstormings will uns helfen, diesen Gedankensturm auch in einer Gruppe zu bändigen.

Brainstorming ist ein schneller Weg, Gedanken und Ideen zu einer Frage oder einem Problem zu sammeln. Dabei sind alle [...] einbezogen. In der ersten Phase äußern die Teilnehmerinnen und Teilnehmer alle Einfälle und Gedanken zu einem Thema, und seien diese noch so „abwegig". Hierzu ist ein offenes Gruppenklima Voraussetzung. Eine Gruppe sollte dann zum Brainstorming greifen, wenn neue, unkonventionelle Ideen gefragt sind. [...]

Ablauf eines Brainstorming

> Das Problem, die Frage, zu dem/der Einfälle gesammelt werden sollen, muss klar benannt werden.
> Eine Zeitbegrenzung sollte festgelegt werden (5-10 Minuten).
> Es muss festgelegt werden, wer die Einfälle wie festhält. Am besten eignet sich eine große Tafel oder eine Wandzeitung.
> Die Teilnehmerinnen und Teilnehmer sollen nun alle Gedanken äußern, die ihnen zu dem Thema einfallen. Diese sollten am besten in Form eines Stichwortes benannt werden. Gelächter, Beifall usw. wirkt in dieser Phase störend.
> Alle Ideen werden so festgehalten, dass jede bzw. jeder sie sehen kann. Nach dieser Kreativphase kommt es in der Auswertungsphase darauf an, die Einfälle zu erläutern, sie zu ordnen und zu bewerten.

Günther Gugel, Methoden-Manual „Neues Lernen", S. 154

Mindmap oder Gedankenlandkarte

Bevor wir ein Problem logisch durchdringen können, hilft es manchmal, die vorhandenen Gedanken assoziativ (verknüpfend) in Beziehung zu setzen. Hierzu gibt es verschiedene Methoden. Das im Folgenden vorgestellte Verfahren der Mindmap erhebt den Anspruch, an die Arbeitsweise unseres Gehirns angelehnt vorzugehen.

Auf einer Tafel oder einem großen Bogen Papier wird das Thema oder der Ausgangsbegriff geschrieben und umrandet. Die zentralen Aspekte des Themas werden in Form von Linien („Hauptästen"), die von diesem Zentrum ausgehen, festgehalten. Die Hauptäste können nun in Nebenäste weitergeführt werden. Man kann nun an jeder beliebigen Stelle ergänzen und einfügen. Neben Begriffen können auch Symbole, Piktogramme[1], Zeichnungen, Fotos, Bilder usw. verwendet werden.

Günther Gugel, Methoden-Manual „Neues Lernen", S. 80f.

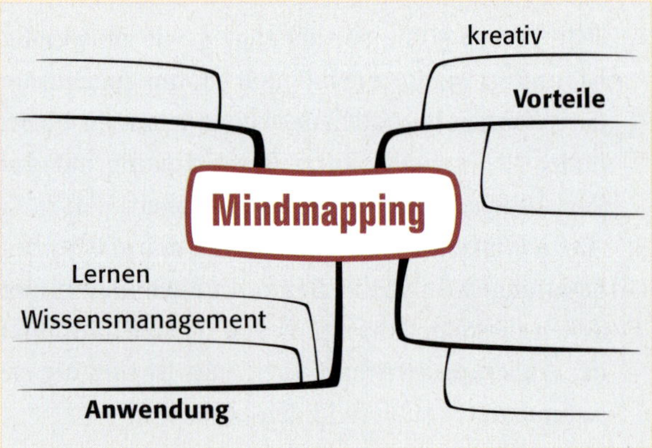

Das Denken soll wie eine Landkarte abgebildet werden. Unsere Gedanken springen von einem zentralen Thema zu einem anderen, befassen sich dazwischen mit einer Detailfrage oder streifen ganz entfernte Bereiche. Wir verfolgen Gedankenpfade, stellen Gabelungen und Verzweigungen her, verlassen plötzlich diesen Weg, suchen einen anderen auf, um dann wieder beim ersten oder bei einem anderen weiterzudenken. Und trotzdem bleibt der Überblick über das

[1] Piktogramm: eindeutiges, einfaches Bildzeichen (Gefahrensymbol, Verkehrszeichen etc.)

Ganze erhalten. Dieser komplexe Vorgang lässt sich mit linearen, logisch stringent geordneten Schreibtechniken nur ungenau abbilden, Gedanken müssen erst in Texte umgearbeitet werden. Dabei geht bisweilen viel Inhalt verloren. [...] Im Mindmapping-Prozess werden Gedanken nicht verarbeitet, sondern einfach notiert, so wie sie aus dem Kopf kommen. [...] Anwenden lässt sich diese Mindmapping-Technik überall da, wo Ideen produziert, geordnet und notiert werden sollen: Planungen, Manuskripte, Konzepte für Veranstaltungen, Redeunterlagen, Briefe, Prüfungsvorbereitungen usw.

Traute Langner-Geißler/Ulrich Lipp, Pinwand, Flipchart und Tafel, S. 66

Gedankenexperimente

Experimente sind ein allgemein anerkanntes Vorgehen, um Erkenntnisse zu gewinnen oder zu bestätigen. Allerdings werden sie zumeist mit den Naturwissenschaften in Verbindung gebracht. In der Philosophie und ihrem Gegenstand bekommen sie in der Tat eine andere Form.

Von der Wirklichkeit laufen unendlich viele Fäden in mögliche Welten, in denen der menschliche Geist auf Entdeckungs- und Abenteuerreisen gehen kann. Für diese Expeditionen in mögliche Welten benötigt der Reisende erfahrene Reiseführer; wo fände er kundigere als unter den großen Philosophen, den Spezialisten für Gedankenexperimente und „mögliche Welten“? [...] Um eine für den Erkenntnisprozess wesentliche Vorstellungskraft zu bezeichnen, prägte Leonardo da Vinci[2] die Formel „exakte Phantasie“ und Robert Musil[3] in seinem Romanwerk *Der Mann ohne Eigenschaften* den Begriff des „Möglichkeitssinns“. „Wer ihn besitzt, sagt beispielsweise nicht: Hier ist dies oder das geschehen, sondern er erfindet: Hier könnte, sollte oder müsste geschehen ... Nun, es könnte wahrscheinlich auch anders sein... [Das ist] die Fähigkeit, alles, was ebenso gut sein könnte, zu denken, und das, was ist, nicht wichtiger zu nehmen als das, was nicht ist. Man sieht, dass die Folgen solcher schöpferischen Anlage bemerkenswert sein können.“

Wenn wir ein Gedankenexperiment anlegen, denken wir hypothetisch, wir halten das Urteil darüber, ob unsere Setzungen wahr sind, absichtlich in der Schwebe; wir sagen dann etwa: *gesetzt den Fall, dass ...; angenommen, dass ...; stellen wir uns vor ...; es sei ...; tun wir so, als ob ...* oder gebrauchen ähnliche hypothetische Formulierungen. Während der Naturwissenschaftler im realen Experiment die Setzungen in Form von Eingriffen in die Natur realisiert, die Folgen, die diese Eingriffe hervorbringen, beobachtet und eine gedankliche Brücke zwischen den willkürlichen Veränderungen und ihren Folgen schlägt, ist der Philosoph, wenn er Gedankenexperimente ausführt, allein auf sein Vorstellungsvermögen, das ihm die möglichen Folgen einer Annahme, Unterstellung oder Setzung vor Augen führt, und das analytische Denken angewiesen. Erst über den Umweg des Nichtseienden durchbricht das erkennende Subjekt die Oberfläche der erscheinenden Wirklichkeit. [...] Viele spekulative Gedankenexperimente werden mit der Formel *Was wäre, wenn ... (nicht)* eingeleitet; dabei wird etwas, das den „Fakten“ widerspricht, das sogenannte Kontrafaktische, als gegeben unterstellt, und es werden die Konsequenzen, die sich aus dieser Annahme ergeben, untersucht. [...]

Die Philosophie kann wie andere Wissenschaften auch Schwieriges dadurch vereinfachen, dass sie die Abstraktionen, mit denen sie arbeitet, so oft wie möglich mit Anschauung und Leben erfüllt, durch den Rückgriff auf Bilder, Metaphern, konkrete Beispiele, Fallgeschichten, Gleichnisse, Sinngeschichten und nicht zuletzt durch Gedankenexperimente, das Durchspielen von kontrafaktischen Setzungen und das Experimentieren mit willkürlich veränderten Wirklichkeiten.

Hans-Ludwig Freese, Abenteuer im Kopf, S. 13, 19, 27, 30, 33f.

[2] Leonardo da Vinci (1452-1519): italienischer Maler, Bildhauer, Naturforscher und Ingenieur

[3] Robert Musil (1880-1942): österreichischer Schriftsteller

3 Begriffe klären I

Rationalität – eine Definition

Voraussetzung für die Arbeit mit Begriffen und den kritischen Umgang mit Argumenten ist eine Selbstverpflichtung auf Rationalität als Grundhaltung. Doch was heißt das?

Rationalität ist ein Ideal. Standards für die Rationalität zu formulieren, heißt zu beschreiben, wie wir denken und handeln würden, wenn wir die Art und Weise auswählen könnten, wie unser Gehirn arbeitet. Eine rationale Art, Überzeugungen zu erlangen, gäbe uns die größte Chance, wahre, nützliche und erklärende Überzeugungen zu gewinnen, und es würden Illusionen, Fehler und Trugschlüsse auf ein Minimum eingeschränkt. Das Ideal [...] ist allerdings ziemlich zweideutig: Ist es so wichtig, korrekt zu sein oder zu begreifen oder praktische Resultate zu erzielen? Ist es bei einer begrenzten Anzahl von Beweisen am rationalsten, die Schlüsse zu ziehen, die am sichersten sind und daher vermutlich am wenigsten falsch; oder die, die am stärksten zu einer Erklärung von Dingen beitragen, die uns verwirren; oder jene, die uns am meisten nützen? Es klingt plausibel, zu sagen, dass wir auf eine Kombination aller drei Wege aus sein sollten und dass es unterschiedliche Kombinationen gibt, die man rational für sich auswählen kann.
Es gibt aber noch zusätzliche Zwänge bei der Auswahl unserer Überzeugungen, sofern wir als rationale Denker gelten wollen. Ein grundsätzlicher Aspekt von Rationalität ist der Zusammenhang. Wir alle haben einen gewissen Grad an Zusammenhanglosigkeit in unseren Überzeugungen, aber ein rationaler Mensch sollte versuchen, sich in Richtung zusammenhängender Glaubensstrukturen zu bewegen. Wenn Überzeugungen kohärent, zusammenhängend sind, widersprechen sie einander nicht. Wenn also eine Person glaubt, alle Männer seien Monster, und zugleich, dass ihre drei Söhne perfekte Menschen seien, so enthalten ihre Überzeugungen einen auffälligen Grad an Inkohärenz. [...]
Kein Mensch kann aber ein Ideal der vollkommenen Rationalität leben, weil wir alle innerhalb der Grenzen unserer Erinnerungen und Aufmerksamkeitsspannen leben.

David Papineau (Hrsg.), Philosophie, S. 100f.

Begriffe bewusst machen

Ein bestimmtes Gebiet zu kartographieren, heißt im Grunde, ebenso wie die nähere Beschäftigung mit Begriffen, sich seiner alltäglichen „Umgebung“ bewusster zu werden. Uns mag ein Gebiet durchaus vertraut sein, weil wir dort gewesen sind und uns auskennen. Wir haben es aber nie so bewusst aufgenommen, dass wir eine Karte davon anfertigen könnten. Wir finden wahrscheinlich den Weg von einer Stadt zur anderen, und wir wissen vielleicht auch, dass bestimmte Gegenden des Gebietes hügelig, andere bewaldet sind usw., trotzdem können wir es nicht genau zu Papier bringen, denn wir kennen die Landschaft einfach nicht in der Weise, wie es dafür erforderlich ist. Ebenso sind wir unser ganzes Leben mit Wörtern umgegangen, haben sie erfolgreich in der Kommunikation mit unseren Freunden angewendet, und dennoch ist uns ihre Bedeutung nicht bewusst geworden.

John Wilson, Begriffsanalyse, S. 26

Definitionen

Ein Wort hat eine Bedeutung, wenn es eine *Konvention*[1] gibt, die ihm seine Bedeutung verleiht. Die Konvention kann mittels einer Definition formell vereinbart worden sein oder sich durch gewohnheitsmäßige Verwendung zwanglos entwickelt haben. [...] Es gibt viele Arten, die Bedeutungen von Wörtern anzugeben; folglich gibt es viele verschiedene Typen von Definitionen. Zunächst einmal können wir die Bedeutung eines Wortes durch seine Extension[2] oder durch seine Intension[3] angeben. Deshalb unterscheidet man

1 Konvention (lat.): allgemein gültige Übereinkunft
2 Extension (lat.): Ausdehnung
3 Intension (lat.): Sinn, Inhalt

grundsätzlich zwischen *extensionalen Definitionen und intensionalen Definitionen.*

Die Extension eines Wortes ist die Menge der *Dinge*, auf die das Wort zutrifft; die Intension eines Wortes ist die Menge der *Eigenschaften*, die die Dinge festlegen, auf die das Wort zutrifft.

Es gibt zwei ganz unterschiedliche Methoden, die *Extensionen* von Wörtern anzugeben. Erstens können wir einfach auf Dinge aus der Extension des Wortes zeigen. Um die Bedeutung des Wortes „Hund" einzugrenzen, können wir auf verschiedene Hunde hinweisen. Diese Methode, die Extension des Wortes anzugeben, bezeichnet man als „Hinweisdefinition". Eine andere Methode besteht darin, einige der Dinge aus der Extension des Wortes zu nennen (wenn die Dinge aus der Extension Eigennamen besitzen). Man kann deshalb Beispiele aus der Extension des Wortes „Hund" anführen, indem man verschiedene Hunde beim Namen nennt: Fido, Rover, Spot, Rex, Beauregard usw. [...] Man braucht so etwas wie eine Hinweisdefinition, um einige der Wörter mit Dingen in Beziehung zu setzen; es genügt nicht, wenn man bloß alle Wörter miteinander in Beziehung setzt.

Intensionale Definitionen sind sprachlicher Art. [...] Zum Beispiel:

„Verlogen" bedeutet „unehrlich".

„Pentagon" bedeutet „Fünfeck".

„Junggeselle" bedeutet „unverheirateter männlicher Erwachsener".

Das Wort, das definiert wird, steht immer auf der linken Seite; man bezeichnet es als das *Definiendum.* Das Wort oder die Wortverbindung auf der rechten Seite ist das Definierende; man bezeichnet es als das *Definiens.* [...] Wenn eine Definition gegeben wird, dann darf sie weder *zu weit* noch *zu eng* sein. Die Definition ist *zu weit*, wenn sie einige Dinge in die Extension einschließt, die mit Sicherheit außerhalb der Extension liegen. Die Definition ist *zu eng*, wenn sie Dinge von der Extension ausschließt, die mit Sicherheit zur Extension zählen. Man beachte, dass eine Definition gleichzeitig zu weit und zu eng sein kann. Zum Beispiel wurde die Definition „‚Mensch' bedeutet ‚vernünftiges Tier'" vorgeschlagen. Es gibt Grund zu der Annahme, dass sie in einigen Aspekten zu weit und in anderen zu eng ist. Wir würden normalerweise Säuglinge oder Geisteskranke für Menschen halten. Es ist jedoch zweifelhaft, ob solche Wesen vernünftig sind, so dass sie von der vorgeschlagenen Definition offenbar nicht zur Extension von „Mensch" gerechnet werden. Deshalb ist die Definition zu eng. Gleichzeitig scheinen bestimmte Affen ziemlich intelligent und zu elementaren Denkprozessen fähig zu sein. Solche Geschöpfe, die eindeutig nicht zur Extension von „Mensch", so wie wir das Wort verstehen, gehören, würden von der vorgeschlagenen Definition dazugezählt werden. In dieser Hinsicht ist die Definition zu weit.

Wenn es uns gelungen ist, eine intensionale Definition aufzustellen, die weder zu weit noch zu eng ist, dann müssen wir immer noch prüfen, wie sie mit den *Grenzfällen* fertig wird. Um zu unserem vorhergehenden Beispiel zurückzukehren: Wir stoßen auf Grenzfälle, wenn wir nach dem Zeitpunkt fragen, zu dem ein Organismus zu einem Menschen wird. Wird ein Individuum erst im Augenblick der Geburt zu einem menschlichen Wesen? Ist ein ungeborenes Kind ein menschliches Wesen? Wird ein Fetus zu einem Menschen, wenn die Mutter zum ersten Mal „Leben fühlt"? Ist das befruchtete Ei vom Augenblick der Befruchtung an ein menschliches Wesen? Das sind keine rein akademischen Fragen. Es geht um Probleme der folgenden Art. Besitzt ein ungeborenes Kind irgendwelche gesetzlichen Rechte? Kann ein ungeborenes Kind Geld erben oder der Begünstigte in einer Lebensversicherungspolice sein? Ist Abtreibung Mord? (Es ist per definitionem[4] unmöglich, etwas Nicht-Menschliches zu ermorden.) [...]

Einige der wichtigsten philosophischen Probleme sind im Grunde Definitionsprobleme. Philosophen fragen: Was ist Gerechtigkeit? Was ist Kunst? Was ist Religion? Was ist Wissen? Was ist Wahrheit? In allen diesen Fällen kann man die Frage umformulieren: Wie sollen wir das Wort „Gerechtigkeit" definieren? Wie sollen wir das Wort „Kunst" definieren?

Wesley C. Salmon, Logik, S. 247-263

---

[4] per definitionem (lat.): (schon) durch die Definition (des Begriffs)

4 Begriffe klären II

Klassifizieren

Bill Watterson, Calvin und Hobbes

Was sind analytische Aussagen?

a) Alle Junggesellen sind unverheiratet.

Es ist nicht nötig, dass man eine große Anzahl von Junggesellen beobachtet, um die Wahrheit von (a) in Erfahrung zu bringen. Weil ein Junggeselle per definitionem ein unverheirateter männlicher Erwachsener ist, kann man das Wort „Junggeselle" auf keine Person korrekt anwenden, die nicht unverheiratet ist. Aussagen dieses Typs, deren Wahrheit aus den Definitionen der in ihnen vorkommenden (logischen und nichtlogischen) Wörter folgt, bezeichnet man als analytische Aussagen. *Wesley C. Salmon, Logik, S. 265*

Notwendige und hinreichende Bedingungen

Aus wie vielen Teilen besteht die Definition? Männlich, Person, unverheiratet, im heiratsfähigen Alter, insgesamt also vier Bedingungen. Jede ist für eine vollständige Definition von Junggeselle notwendig. Es ist nicht möglich, Junggeselle und gleichzeitig nicht männlich zu sein. Das alleine ist jedoch noch nicht hinreichend. Mein Hund ist auch männlichen Geschlechts; man muss also außerdem auch ein Mensch sein. Ich jedoch bin ein männlicher Mensch und doch kein Junggeselle. Also ist auch dies noch keine hinreichende Bedingung. Ein Mann muss zusätzlich noch unverheiratet sein. Ein kleines männliches Baby wiederum kann unverheiratet und trotzdem kein Junggeselle sein. Also ist eine weitere Bedingung notwendig. Ein unverheirateter Mann muss im heiratsfähigen Alter sein, um ein Junggeselle sein zu können. Jede der vier Bedingungen ist notwendig; alle vier zusammen (gemeinsam) sind hinreichend für die Definition von Junggeselle. Philosophen verwenden dasselbe Analyseverfahren auch, um wichtige Begriffe wie z. B. Erkenntnis, Freiheit oder Gott zu erklären und schließlich zu verstehen.

Tom Morris, Philosophie für Dummies, S. 63

Vagheit

Ein Wort ist vage, wenn es Dinge gibt, von denen man mit Sicherheit weder sagen kann, dass sie zu seiner Extension gehören, noch dass sie nicht dazu gehören. Definitionen haben häufig die Aufgabe, vage Worte präziser zu machen. Zum Beispiel ist das Wort „reich" vage. Manche Leute besitzen sehr wenig Geld; sie sind mit Sicherheit nicht reich. Andere besitzen Millionen; sie sind mit Sicherheit reich. Nun gibt es aber manche Leute, die eine ganze Menge Geld haben, ohne dabei über ein sagenhaftes Vermögen zu verfügen. Selbst wenn wir wüssten, wie viel Geld so jemand besitzt, könnten wir wegen der Vagheit des Wortes „reich" nicht sagen, ob er reich ist oder nicht.

Wesley C. Salmon, Logik, S. 257

Schritte der Begriffsanalyse

DAS ISOLIEREN VON BEGRIFFSFRAGEN. Als Erstes müssen wir Begriffsfragen von anderen Fragen trennen. Es kommt nur selten vor, dass eine Begriffsfrage in reiner Form vorliegt, insofern ist es zwar möglich, aber unwahrscheinlich, dass man gefragt wird: „Was ist die logische Eigenart des Begriffs ‚Strafe'?" Man sieht sich fast immer mit einer viel verwirrenderen und komplexeren Frage konfrontiert wie zum Beispiel: „Sollten Menschen in Anstalten für geistig Behinderte jemals bestraft werden?" Hier muss man nun verschiedene Spiele spielen. Um die Frage erschöpfend zu beantworten, muss man (a) den Begriff „Strafe" analysieren, (b) über Angaben verfügen, welche Menschen sich tatsächlich in Anstalten für geistig Behinderte befinden, und (c) eine moralische Stellungnahme abgeben, ob diese Menschen überhaupt bestraft werden sollten. Diese Frage schließt also nicht nur eine begriffliche Analyse ein, sondern auch Tatsachenüberlegungen ebenso wie Überlegungen in Bezug auf Werte. [...] Trotz eines einzigen Fragezeichens werden im Grunde oft mehrere Fragen gestellt. Wir können demnach keiner gerecht werden, wenn wir sie nicht zuvor unterschieden haben. Deshalb müssen wir erst die Begriffsfragen herauslesen und sie vorrangig behandeln. [...]

EIGENTLICHE UND UNEIGENTLICHE FÄLLE. [...] In einigen Anwendungsfällen des Begriffs kommen wir dem Begriffskern näher als in anderen. Untersuchen wir zum Beispiel den Begriff „Wahrheit". Wir könnten da an drei Beispiele für das Wort „wahr" denken: (a) wenn wir eine Feststellung oder Aussage als „wahr" bezeichnen, (b) wenn wir von einem „guten und wahren Menschen" oder von einem „wahren Freund" sprechen, und (c) wenn wir zum Beispiel sagen: „Dort befanden sich wahre Menschenmassen." Es ist nicht schwer zu erkennen, dass der erste Fall dem Kern des Begriffs am nächsten kommt. Wahr sind in erster Linie Feststellungen oder Aussagen, und wenn wir auch von einem „wahren Freund" oder von „wahren Menschenmassen" sprechen können, so sind dies doch Erweiterungen oder Verschiebungen des eigentlichen Gebrauchs. [...]

MODELLFÄLLE. Besonders wenn uns der Begriffsumfang unsicher macht, sollten wir am besten mit einem Modellfall beginnen, d. h. mit einem Beispiel, das nicht in Zweifel zu ziehen ist und von dem wir sagen könnten: „Wenn *das* kein Beispiel für das und das ist, dann gibt es überhaupt keines." Wenn wir also dem Begriff „Strafe" nachgehen, könnten wir einen Fall nehmen, in dem jemand absichtlich gegen eine wichtige Vorschrift verstoßen hat und ihm dafür durch eine Autorität Leiden zugefügt wird: Stellen wir uns einen Jungen vor, der eine Fensterscheibe in der Schule eingeschlagen hat und dafür vom Schulleiter einen Verweis erhält. Hier handelt es sich sicherlich um einen Fall von Strafe. Wir können jetzt die Merkmale des Falles ansehen und herauszufinden versuchen, welche für den Gebrauch des Wortes „Strafe" wesentlich sind. [...] Dann könnten wir andere Modellfälle heranziehen, zum Beispiel jemanden, der einen Diebstahl begeht und durch einen Richter zu einer Strafe verurteilt wird, und sehen, ob all die Merkmale, die wir im ersten Fall festgestellt haben, wieder auftauchen. Wenn nicht, könnte es ein Zeichen dafür sein, dass die nicht vorkommenden Merkmale nicht wesentlich sind, denn wären sie es, würden sie vielleicht in allen Modellfällen auftauchen. Wir können also unsere Suche nach wesentlichen Merkmalen dadurch begrenzen, dass wir die unwesentlichen aussondern.

ENTGEGENGESETZTE FÄLLE. Das Gleiche lässt sich durch entgegengesetztes Vorgehen erreichen, indem wir Fälle nehmen, von denen wir sagen können: „Was immer das und das sein mag, *dies* ist kein Beispiel dafür." Angenommen, wir wären uns über den Begriff „Gerechtigkeit" im Unklaren. Dann würden wir uns einen Fall vornehmen, bei dem wir eindeutig sagen könnten, dass jemand ungerecht behandelt wurde. [...]

VERWANDTE FÄLLE. Nur selten können wir einen Begriff analysieren, ohne andere Begriffe einzubeziehen, die ihm verwandt oder ähnlich sind oder in irgendeiner wesentlichen Beziehung zu ihm stehen. [...]

GRENZFÄLLE. Es ist auch hilfreich, sich gerade solche Fälle vorzunehmen, bei denen wir nicht sicher sind, um zu sehen, was dabei herauskommt. Nehmen wir an, ein Kind berührt eine elektrische Leitung, obwohl es auf die Gefahr hingewiesen wurde, und bekommt einen leichten Schlag. Ist das eine „Strafe"? Dieser Fall hat einige Merkmale mit den Modellfällen von Strafe gemeinsam, aber vielleicht doch nicht genug. Versuchen wir deshalb herauszubekommen, welches wichtige Merkmal fehlt. [...]

ERDACHTE FÄLLE. Manchmal ist es erforderlich, sich Fälle auszudenken, die ganz außerhalb unserer üblichen Erfahrung liegen, weil uns nämlich unsere Alltagserfahrung nicht genügend Beispiele liefert, um den Begriff klären zu können.

nach John Wilson, Begriffsanalyse, S. 26-37

5 Argumente verwenden

Die drei Ks

In der Philosophie werden Meinungen oder Ansichten bewertet, indem man Beweise fordert, die ihre Wahrheit plausibel erscheinen lassen. Dabei vergleichen wir die zu bewertende Aussage mit anderen Aussagen, von deren Plausibilität oder sogar Wahrheit wir schon überzeugt sind. Bei der Beurteilung einer Weltanschauung oder einer wichtigen philosophischen Lehrmeinung (ebenso bei der Beurteilung von ganz allgemeinen Dingen des täglichen Lebens) müssen die folgenden drei Grundfragen gestellt werden. Wir wollen sie die drei Ks nennen:

K1 Besteht Kohärenz? Sind die verschiedenen Teile der geäußerten Anschauung oder Meinung logisch miteinander vereinbar? Sind sie auf sinnvolle und sich nicht gegenseitig ausschließende Weise miteinander verknüpft? Sind sie kohärent, d. h. in sich schlüssig?

K2 Sind sie komplett? Beinhalten die Aussagen und Behauptungen zu einem Thema alle für dieses Thema relevanten und unbedingt zu berücksichtigenden Aspekte, oder gibt es irgendwo Lücken oder blinde Flecken in der Argumentation?

K3 Sind sie korrekt? Es ist für Aussagen nicht genug, nur vollständig und in sich schlüssig zu sein. Es müssen außerdem genügend Beweise für ihre Wahrheit verfügbar sein. Schlüssigkeit ist notwendig; Vollständigkeit ist wichtig, aber nur die Korrektheit, der Wahrheitsgehalt einer Aussage erfüllt zusätzlich die Bedingung, die man an sie zu stellen hat. Mit einer in sich stimmigen Aussage, die jedoch nicht mit äußeren Tatsachen übereinstimmt, kann man für den praktischen Gebrauch wenig anfangen. [...] Ein Argument im philosophischen Sinne ist eine durchdachte Anordnung von Sätzen, vermittels derer man Beweise für die Wahrheit einer Schlussfolgerung vorbringt.

Tom Morris, Philosophie für Dummies, S. 46f.

Prämissen

„Prämissen" nennt man die Voraussetzungen, von denen die Schlussfolgerungen abgeleitet sind. Prämissen sind die Teile eines Arguments, die die Begründung geben für die Überzeugung, dass die Schlussfolgerung wahr oder falsch ist.

Nigel Warburton, Thinking from A to Z, S. 95f.

Vollständigkeit und Gültigkeit von Argumenten

Im wirklichen Leben ist die Struktur von Argumenten gar nicht so leicht zu erkennen. Gewöhnlich ist zumindest eine der Prämissen eher mitgedacht als explizit formuliert; Schlussfolgerungen kommen nicht immer hinter den Prämissen, sondern werden oft vorangestellt und sind selten durch Signalwörter gekennzeichnet wie „deshalb" oder „also". Daher ist es häufig notwendig, die präzise Beziehung zwischen Prämissen und Konklusion zu klären, bevor man versucht, irgendein Argument zu bewerten. Zum Beispiel könnten Sie Folgendem begegnen:

„Sie sollten Ihr Kind nicht diesen Film *A Clockwork Orange* ansehen lassen. Er ist so gewalttätig."

Nach weiterem Nachfragen mag zutage treten, dass das enthaltene Argument war:

„Gewalttätige Filme anzusehen verursacht, dass Kinder gewalttätig werden."

„Sie sollten Kinder davon abhalten, irgendetwas zu tun, was sie gewalttätig macht."

„Sie können Ihr Kind daran hindern, einen Film zu sehen."

„*A Clockwork Orange* ist ein gewalttätiger Film."

„Deshalb sollten Sie Ihr Kind davon abhalten, den Film *A Clockwork Orange* anzuschauen."

[...] Beachten Sie, dass, wenn beim obenstehenden Argument die Prämissen wahr sind, dann die Konklusion wahr sein muss: Da ist keine mögliche Situation, in der alle Prämissen wahr sind und dennoch die Konklusion falsch. Das liegt daran, dass die Struktur des Arguments eine gültige ist.

Nigel Warburton, Thinking from A to Z, S. 17f.

Fünf häufige Argumenttypen

DAS DU-AUCH-ARGUMENT

Dieses Argument entspricht der Aussage: „Diese Kritik ist nicht nur auf meine Position anwendbar; sie trifft ebenso auf deine eigene zu."

DER ANALOGIE-SCHLUSS

Bill Watterson, Calvin und Hobbes

DIE REDUCTIO AD ABSURDUM

Ein Beweisverfahren, das zeigt, dass eine Position falsch ist oder letztlich unhaltbar, indem es aufweist, dass, wäre sie wahr, sie zu absurden Konsequenzen führte. [...] Dies ist eine häufig und mit hohem Effekt angewandte Methode, um eine Position zu widerlegen. Wenn z. B. jemand behauptet, dass jeder, der bewusstseinsverändernde Drogen zu sich nimmt, eine Gefahr für die Gesellschaft sei und weggeschlossen gehörte, dann ist es leicht, ihn zu widerlegen, indem man eine Reductio ad absurdum unternimmt. Alkohol ist eine bewusstseinsverändernde Droge, die viele der größten Förderer der westlichen Tradition gelegentlich benutzt haben. Müssen wir dann jeden wegschließen, der jemals Alkohol genossen hat? Offensichtlich wäre das absurd. So können wir überzeugt sein, dass die Verallgemeinerung, die zu der Schlussfolgerung geführt hat, dass wir so handeln sollten, unhaltbar ist.

Nigel Warburton, Thinking from A to Z, S. 1

DAS ARGUMENT DER SCHLÜPFRIGEN BAHN

Ein Argumentationstyp, der auf der Prämisse beruht, dass, wenn man eine kleine Bewegung in eine bestimmte Richtung macht, es dann äußerst schwierig oder sogar unmöglich sein wird, einer weitaus substanzielleren Bewegung in dieselbe Richtung vorzubeugen. Wenn man einen Schritt hinab auf einem schlüpfrigen Hang tut, riskiert man, sich selbst hinabschliddern zu sehen mit einer stets wachsenden Geschwindigkeit, bis man den Grund erreicht. Je weiter man die Bahn hinabgerät, desto schwieriger ist es abzustoppen. Nach einer Weile kann man es nicht mehr, selbst wenn man es verzweifelt versucht. Diese Metapher einer schlüpfrigen Bahn [slippery sloap] wird oft entweder explizit oder implizit gebraucht als ein Weg, Leute zu überzeugen, dass die Akzeptanz einer relativ harmlosen Praxis unausweichlich zur Legitimation äußerst wenig wünschenswerter Verhältnisse führen wird.

Nigel Warburton, Thinking from A to Z, S. 108f.

DAS DILEMMA

Gewöhnlich sagen wir, dass sich jemand in einem Dilemma befindet, wenn er zwischen zwei in gleicher Weise unangenehmen Dingen wählen muss oder soll. [...] Das Dilemma ist bei Meinungsverschiedenheiten oder Auseinandersetzungen ein äußerst wirkungsvoller Argumentationstyp. [...] Das alte theologische Problem des Übels in der Welt kann als Dilemma dargestellt werden. Man argumentiert folgendermaßen: Die Welt ist voller Übel. Das bedeutet, dass Gott entweder die Übel nicht verhindern kann oder dass er die Übel nicht verhindern will. Wenn Gott die Übel nicht verhindern kann, dann ist er nicht allmächtig. Wenn Gott die Übel nicht verhindern will, dann ist er nicht gütig. Deshalb ist Gott entweder nicht allmächtig, oder er ist nicht gütig.

Wesley C. Salmon, Logik, S. 68f.

6 Das ABC der Bilder I

Barbara Kruger, Untitled, 1987

Krugers Arbeit scheint eine klare Aussage zu machen: „I shop therefore I am." Dennoch könnten über die Intention des Werkes die Meinungen auseinandergehen – oder?

Was ist eigentlich ein Bild?

1. Machen Sie einmal das Experiment und notieren Sie jeder für sich eine Erklärung des Begriffs „Bild". Versuchen Sie dann, im Austausch miteinander zu einer brauchbaren Definition zu kommen. Überprüfen Sie Ihr Ergebnis mit Hilfe der in Wesley Salmons Erläuterung zu Definitionen (s. S. 398f.) gegebenen Kriterien.
2. Gibt es bereits jetzt für Sie sichtbare Unterschiede zwischen den Medien „Text" und „Bild"? Welche Vorteile – denken Sie – haben Bilder gegenüber Texten? Welche Nachteile?
3. Diskutieren Sie, ob man die Arbeit *Untitled* von Barbara Kruger als „Bild" bezeichnen kann. Finden Sie eine Definition, die „den Fall Kruger" einschließt? Wo ziehen Sie Ihre Grenzen?
4. Überlegen Sie, wo die Arbeit Barbara Krugers aufgestellt oder abgebildet werden könnte und wie sich entsprechend die Bedeutung des Werkes verschieben könnte.
5. Begründen Sie: Spielt es eine Rolle, dass die Arbeit von einer Frau stammt?
6. Löschen Sie die erste Zeile des Textfeldes bei Kruger und füllen Sie sie mit einem eigenen Angebot. Diskutieren Sie Ihre Vorschläge.

Bilder, so zeigt sich selbst in einem so klaren Fall wie dem Barbara Krugers, sind mehrdeutig: Sie lassen mehrere Interpretationen nebeneinander zu und haben häufig zusätzlich mehrere Bedeutungsebenen. Das heißt allerdings nicht, dass eine falsche Bilddeutung nicht aufgrund ihrer schlechten Begründung und Widersprüchlichkeit von möglichen richtigen Deutungen unterscheidbar wäre. Eine Bilddeutung ist eine Art Hypothese; sie kann mehr oder weniger begründet sein durch Einzelbeobachtungen am Bild und über das Bild hinaus.

Wie kommt Philosophie ins Bild?

Sicherlich ist Ihnen schon aufgefallen, dass Sie bereits mit Barbara Krugers Bild *Untitled* philosophiert haben. Auch haben Sie vielleicht eine philosophische Problemebene im Bild entdeckt. Wie gelingt es eigentlich Bildern, sich von einer Abbildung einer konkreten Situation zu entfernen und Allgemeineres zu formulieren – eine notwendige Bedingung für „Philosophie in Bildern"? Zum Beispiel so:

Text-Bild-Interferenz

Das Bild *Untitled* enthält verbalsprachliche Elemente. Sie öffnen den Weg zu grundsätzlicheren Statements und kanalisieren die Deutungsrichtung. Man spricht in solchen Fällen von einer „Text-Bild-Interferenz"[1]. Eine ähnliche Funktion kann der Titel übernehmen, die Bildunterschrift oder auch die Sprechblase in Comics. Das Bild kann zum Text beispielsweise auch in Widerspruch stehen, in ironischer Spannung, es kann bestätigen, konkretisieren oder ergänzen.

[1] Interferenz (lat.): Überlagerung

Ikonizitätsgrad

Die Schwächung des Ikonizitätsgrads, d. h. die zunehmende Abstraktion und Reduzierung individueller Merkmale, ist ein zusätzliches Mittel, auf eine allgemeinere Bedeutungsebene hinzuweisen. Der Philosoph Charles W. Morris, der den Begriff 1946 in seinem Buch *Zeichen, Sprache, Verhalten* zuerst verwendete, schreibt: „Das Porträt einer Person ist in hohem Maße ikonisch[2], da die bemalte Leinwand nicht die Beschaffenheit der Haut oder die Fähigkeit zu sprechen oder sich zu bewegen hat. Ein Film ist ikonischer, aber er ist nicht völlig ikonisch. Ein völlig ikonisches Zeichen würde in jedem Fall denotieren[3], da es selbst ein Denotat[4] wäre.“

Abstraktion und Universalität

Exemplifikation

Ein gegenstandsloses Bild bildet keinen Gegenstand ab, es bezieht sich auf andere Weise auf die Wirklichkeit. Der Gegenwartsphilosoph Nelson Goodman prägte 1968 in seinem Buch *Sprachen der Kunst* in Reaktion auf die Entwicklungen der modernen Kunst den Begriff „Exemplifikation“: Wie ein Stoffmuster etwas über die Qualität des Stoffes auf einem Stoffballen aussagt, indem es auf seine Eigenschaften Bezug nimmt und diesen Aspekt an sich herausstellt, so kann ein abstraktes graues Bild die Farbe Grau exemplifizieren – und, wie Goodman seine Analyse verlängert, es kann zusätzlich sein, dass ein graues Bild „metaphorisch exemplifiziert“, und zwar ein Gefühl: Traurigkeit. Form und Farbe können so gesteigert werden, dass sie beim Betrachter gezielt Empfindungen auslösen. Man spricht hier auch vom Ausdruckswert des Bildes.

Metaphorik

Wenn wir nach der übertragenen Bedeutung eines Bildes suchen, stellen wir die Frage nach seiner metaphorischen Deutungsebene. In der Geschichte der Bildgestaltung haben sich bestimmte Darstellungskonventionen für Ideen, Allgemeinbegriffe, ethische und erkenntnistheoretische Ideale und deren Gegenteil immer wieder durchgesetzt. Eine besonders beliebte Darstellungsform ist die Personifikation oder Allegorie, die Begriffe als Personen mit festgelegten Kennzeichen sichtbar macht: So wird die Wahrheit gerne als unbekleidete junge Frau dargestellt, die Täuschung durch ein schönes Mädchen mit zwei linken Händen und Krähenfüßen, die Zeit durch einen weißbärtigen Greis mit Sanduhr und Sense usw. Allegorische Darstellungen waren besonders beliebt vom 15. bis zum 17. Jahrhundert. Ein Beispiel ist der abgebildete Holzschnitt aus Sebastian Brandts 1494 erschienenem Buch *Das Narrenschiff.*

Ideen werden in Bildern auch durch Gegenstände oder einfache grafische Zeichen symbolisiert: So kann eine Seifenblase die Vergänglichkeit symbolisieren, das Rad kann Schicksal oder auch Wiedergeburt bedeuten. Zu beachten ist allerdings, dass der Symbolwert kontextabhängig ist, d. h., über seine schließliche Bedeutung entscheidet der Bildzusammenhang und die überlieferte Darstellungskonvention: Rot kann in einem Bild Liebe symbolisieren, in einem anderen höllische Verdammnis.

---

[2] ikonisch (gr.): bildhaft

[3] denotieren (lat.): bezeichnen

[4] Denotat (lat.): das Bezeichnete

7 Das ABC der Bilder II

Die Botschaft der Bilder

Um einen unvoreingenommenen Zugang zu einer begründeten Bilddeutung zu finden, kann es nützlich sein, sich einem Bild zunächst ohne Beachtung des Titels zu nähern und seine Gesamtwirkung durch verschiedene „Brillen" gesondert zu untersuchen. Hilfreich ist hierbei, sich zu jedem Schritt Notizen zu machen, da unsere Einzelbeobachtungen dazu dienen werden, in der Interpretationsphase die Qualität unserer Gesamtdeutung zu überprüfen.

erster Eindruck

Betrachten Sie das Bild zunächst nur ca. drei Sekunden und halten Sie Ihren ersten Eindruck des Bildes kurz schriftlich fest.
Untersuchen Sie jetzt schrittweise das Bild unter folgenden Aspekten:

inhaltliche Analyse

Gibt es eindeutig identifizierbare Personen, Handlungen, Gegenstände? In welchem situativen Bezug stehen sie? Welche Hinweise entnehmen Sie der Mimik und Körpersprache, welche der Kleidung und den Attributen? Gibt es aus Kunst und/oder Literatur Ihnen schon bekannte Motive? Was macht besondere Schwierigkeiten?

metaphorische Analyse

Ist es denkbar, dass Gegenstände oder Gegenstandsbeziehungen, Farben, Licht, Komposition, Räumlichkeit, Zeitstruktur oder die Betrachterbeziehung eine symbolische Bedeutungsebene haben? Haben Gegenstandsform, Farben, Licht, Raum einen besonderen Ausdruckswert?

Interpretation

Welche Einzelbeobachtungen verstärken sich gegenseitig und ermöglichen eine fundierte Gesamtdeutung? Stimmt das Analyseergebnis mit dem notierten ersten Gesamteindruck überein? Wird er präzisiert, differenziert, korrigiert etc.? Welche Informationen beinhaltet der Bildtitel? Wie steht er zur Bildgestaltung (bestätigend, konkretisierend, kontrastierend, ironisch etc.)? Gibt es Informationen zum Autor, zur Entstehungszeit, zur Stil- oder Motivgeschichte, die das Ergebnis modifizieren oder bestätigen könnten?
Gibt es Bezugspunkte zur Zeitgeschichte, Literatur, Philosophie, Theologie, Psychologie, die zur Bildinterpretation hergestellt werden können? Lassen sich ursprüngliche Bildfunktion und Aufstellungsort ermitteln?

formale Analyse

1. Gegenstandsform. Gibt es Auffälligkeiten hinsichtlich der Form, Größe, Kontur, Farbe, Stofflichkeit, Körperhaftigkeit der Bildgegenstände? Wie würden Sie den Abstraktionsgrad und die Abstraktionsart bestimmen? Welche formalen Beziehungen der Bildgegenstände zueinander sind auffällig?

2. Farbigkeit. Ist das Bild harmonisch, kontrastreich oder monochrom in der Farbwirkung? Dominieren einzelne Farben durch Qualität oder Quantität? Gibt es auffällige Farben (Quantität, Qualität) oder Farbbeziehungen (Wiederholungen, Variationen, Kontraste)?

3. Licht. Wo liegt die Lichtquelle? Gibt es eine eindeutige Beleuchtungsrichtung? Lässt sich die Lichtart näher bestimmen? Gibt es auffällige Licht- oder Schattenzonen?

4. Komposition. Welches Format hat das Bild? Wirkt es eher geschlossen oder ausschnitthaft? Wo liegt das Hauptgewicht des Bildes? Werden bestimmte Richtungen betont? Wird mit dem Bildaufbau eher Stabilität, Labilität, Ordnung, Chaos, Unruhe, Erregung, Verlorenheit, Bedrohung, Geschwindigkeit, Enge, Weite etc. assoziiert?

5. Raum. Wirkt das Bild auf Sie eher räumlich oder flächig? Durch welche Mittel wird Räumlichkeit erreicht? Gibt es Spannungen zwischen räumlichen und flächigen Bildelementen? Gibt es sonstige Irritationen der Raumwirkung?

6. Zeit. Vermittelt die Darstellung einen Eindruck der Dauer, Geschwindigkeit, des Momentanen, der Ewigkeit?

7. Betrachter. Wie ist die Position des Betrachters zu Bildgegenständen bzw. zum Bildraum?

Wirkungen

Fragen an Karikaturen

Bei Karikaturen setzen die Zeichner nicht nur die Kenntnis des dargestellten Sachverhalts voraus, sondern auch die für Karikaturen typische Symbol- und Bildersprache wie Symbole und Metaphern (Waage für Gerechtigkeit), Personifikation und Allegorie („Uncle Sam" für die USA), visualisierte Redensarten („alle sitzen in einem Boot") oder historische Bildzitate („Die Freiheit führt das Volk").

Formale Kennzeichen (falls ersichtlich)

- Wer hat die Karikatur geschaffen oder in Auftrag gegeben?
- Wann und wo ist sie entstanden bzw. veröffentlicht worden?

Bildinhalt

- Wen oder was zeigt die Karikatur?
- Was wird thematisiert?
- Welche Werte und Wertvorstellungen enthält die Karikatur?
- Welche Darstellungsmittel werden verwendet und was bedeuten sie?

Philosophischer Kontext

- Auf welches moralisch relevante Ereignis oder welche Person bezieht sich die Karikatur?
- Auf welche ethische (politische) Diskussion spielt sie an?
- Wozu nimmt der Karikaturist konkret Stellung?

Intention und Wirkung

- An welche Adressaten wendet sich die Karikatur?
- Welchen Standpunkt nimmt der Karikaturist ein?
- Welche Aussageabsicht verfolgt er (z. B. auch bezüglich der enthaltenen Werte)?
- Inwiefern unterstützt ein eventueller Text die Wirkung der Zeichnung?
- Welche Wirkung wollte der Karikaturist beim Betrachter erzielen?

Bewertung und Fazit

- Wie lässt sich die Aussage der Karikatur insgesamt einordnen und bewerten?
- Wurde das Thema sinnvoll und überzeugend gestaltet?
- Welche Auffassung vertreten Sie zu der Karikatur?

8 Filmanalyse

Der Film als Medium vereinigt das Feld der Erzählung einer Geschichte (Narration) mit dem Feld des Theaters in Form des Bildinhaltes und dem Feld des Films in Form der Montage. Zusammengenommen bilden diese verschiedenen Felder einen codierten Text, der Gegenstand der Filmanalyse ist. Die Filmanalyse beschäftigt sich mit der Wirkungsweise der verschiedenen Felder im Einzelnen und im Zusammenspiel sowie deren Einfluss auf den Betrachter.
Für die Filmanalyse ist es notwendig, eine gewisse Distanz aufzubringen, um die „Grammatik“ des Films zur Kenntnis nehmen zu können. Wie der Film für sich Partei ergreift, muss der analysierende Betrachter die einzelnen filmischen Mittel als Indiz für diese Parteieinahme entziffern und als These formulieren.
So wird z. B. das Thema Mensch und Maschine in dem Film *Der 200 Jahre Mann* unter verschiedenen Aspekten thematisiert (s. hierzu S. 98-101). Um diese Diskussion zu führen, werden die spezifischen filmsprachlichen Mittel eingesetzt.

Die Perspektive auf die Spielszene

Der Winkel der Kamera zeigt die Person(en) und Situationen in einer Szene und gibt Anhaltspunkte, wie die Situation zu interpretieren ist.

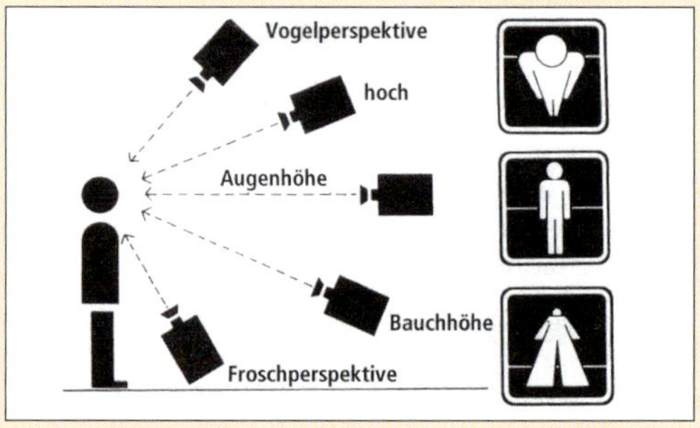

Schematische Darstellung unterschiedlicher Perspektiven

- Die **UNTERSICHT** versetzt den Zuschauer in eine untergeordnete Position, so dass die Figuren quasi auf ihn herabsehen. Es wird eine Überlegenheit der Filmfigur angezeigt.
- Bei der **FROSCHPERSPEKTIVE** liegt die Kamera praktisch auf dem Boden. Die Figur wird extrem vergrößert und wirkt dadurch auch aggressiv.
- Mit **AUGENHÖHE** bewegen sich Schauspieler und Zuschauer auf derselben Höhe und sind sich ebenbürtig. Diese Position wirkt neutral.
- Die **OBERSICHT** gibt dem Zuschauer ein überlegenes Gefühl, da er einen guten Überblick über die Szene besitzt. Insoweit wird auch ein souveränes Gefühl der gelassenen Betrachtung erzeugt.
- Mit der **VOGELPERSPEKTIVE** verschmilzt der Schauspieler fast mit dem Untergrund. Die Vorgänge werden bedeutungslos, da sie in weiter Ferne liegen.

Die Einstellungsgrößen

Auch die Einstellungsgröße ist ein filmisches Mittel, um Figurenkonstellationen zu interpretieren, die einzelnen Personen durch den Raum zu charakterisieren oder Emotionen einzelner Figuren besonders hervorzuheben.

Groß (G)

Mit dieser Einstellung (auch close-up) können Details des Gesichts gut gesehen werden und die emotionalen Reaktionen der Figur in der Mimik gut abgelesen werden. Es besteht eine intime Nähe des Zuschauers zur Figur.

Amerikanisch (A)

Diese Einstellung kommt aus dem amerikanischen Western, die Figur wird bis zur Hüfte dargestellt. Mit dieser Perspektive kann gut das unmittelbare Umfeld gezeigt werden, in dem die Figur sich zu anderen positioniert. Betont wird das individuelle Handeln einer Figur, die im Fokus der Aufmerksamkeit steht. Durch die Anordnung der Figuren wird deren Intention und Beziehung thematisiert.

Halbtotal (HT)

Die Figuren sind von Kopf bis Fuß bildfüllend dargestellt. Hier kann sich der Zuschauer gut im Raum orientieren und einen größeren Kommunikationszusammenhang erkennen und deuten. Für Gespräche wird hier die Situation der Umgebung mit thematisiert, um die Kommunikation besser zu deuten.

Total (T)

Hier erhält der Zuschauer einen räumlichen Plan, um sich zu orientieren. Die Figuren sind klein und es wird auf die Bewegung der einzelnen Akteure aufmerksam gemacht. Wenn der Zuschauer diese Einstellung erhält, kann er anschließende begrenztere Einstellung in diesen Raum zuordnen.

Subjektive Kamera

Bei der subjektiven Kamera (point-of-view shot) nimmt der Zuschauer die Perspektive einer Figur und deren Sichtweise ein. Damit soll die Situation der Filmfigur dem Zuschauer nahe gebracht werden und zugleich kann der Zuschauer verstehen, wie die Figur ihre Umwelt sieht.

Musik im Film

Die Filmmusik wirkt zumeist unbewusst und verschmilzt mit der Filmszene. Dieser Umstand ist jedoch gleichzeitig auch die Stärke der Musik im Film. Denn die Filmmusik hat eine wesentliche Aufgabe bei der Inszenierung der Szene und für ihre Interpretation durch den Zuschauer. Die Musik verschafft Zustimmung, erzeugt Spannung und bahnt Erwartung in einer Filmhandlung an. Deutlich wird eine solche Kraft der Musik, wenn man eine Szene mit und ohne Musik ansieht. Konzeptionell unterstützt die Musik die Spielszene. Beispielsweise kann es für bestimmte Filmthemen oder Figuren spezifische musikalische Themen geben, wie dies z. B. auch im Film *Der 200 Jahre Mann* (s. S. 98-101) der Fall ist. Weiterhin kann die Musik die psychische Einstellung einer Figur, einer Figurenkonstellation transportieren. Dabei ist die Musik quasi die innere Stimme der Figuren. Ebenso ist die Musik manchmal ein Kommentar zu einer Szene, die Ablehnung oder Zustimmung erzeugt.

Vorgehen bei der Filmanalyse im Unterricht

Für die Filmanalyse ist es sinnvoll, wenn die Beobachtungsaufgaben verteilt werden. Da der Film in der Regel nicht in ganzer Länge gezeigt wird, können die einzelnen Szenen durch Beobachtungsaufträge begleitet werden. Einzelne Gruppen beobachten nur einzelne Figuren, analysieren nur die Musik oder die Kameraeinstellungen.

Sequenzprotokoll für die Filmanalyse:
Zeit von ... bis ...

Thema der Sequenz	Handlung, Geschehen	Aussagekräftiges Szenenbild (Skizze=Zitat)	These des Films

9 Arbeit mit Texten

Texte als Gesprächspartner

Texte sind wichtig im Ethikunterricht! Aber warum eigentlich?

Philosophieren geschieht im Gespräch, weil ein Denken […] Erfahrungen und Einsichten anderer berücksichtigen muss. Dabei ist es für die argumentative Debatte über die Sache zunächst unerheblich, ob dieses Gespräch mit einem gegenwärtigen oder einem historischen Gesprächspartner (Text) geführt wird. […] In der Rolle als *Helfer* unterstützt der Partner die Klärung schon erkannter Probleme, z. B. durch begrifflich präzise Fassung von Unterscheidungen. Er verhilft dazu, einen Sachverhalt „auf den Begriff zu bringen", den das Subjekt bisher so klar terminologisch strukturiert noch nicht gesehen hat. […] In der Rolle des *Förderers* eröffnet der Partner neue Problemhorizonte und regt dazu an, den eigenen Denkhorizont um bisher nicht gesehene Problemstellungen zu erweitern. […] Begreift man Texte in der dargestellten Weise als historische Gesprächspartner, können Texte „als Verbündete im Geschäft des Selbstdenkens erfahren" werden, so dass „ein dialogisches Verhältnis zur Tradition" verwirklicht werden kann.

Klaus Langebeck, Verfahren der Texterschließung im Philosophieunterricht, S. 3f.

Bezeichnung von Sprechakten

Im Deutschunterricht wird Textarbeit allgemein beleuchtet. Besonders wichtig für die Textarbeit im Ethikunterricht ist das Erkennen der Argumentationsstruktur eines Textes. Hier hilft die Analyse von sogenannten „Sprechakten".

Der englische Sprachphilosoph John Langshaw Austin (1911-1960) führte den Begriff „Sprechakt" ein, um Handlungsakte sprachlicher Äußerungen zu bezeichnen. Gemeint ist damit, dass man mit einer Äußerung nicht nur deren Inhalt kundtut. Indem etwas gesagt wird, wird etwas getan. So wird z. B. mit einer Äußerung eine Frage gestellt, eine Warnung ausgesprochen oder ein Versprechen gegeben. Dies nennt Austin „illokutionäre" Akte. Mit folgender Sammlung aus der Unterrichtspraxis können Sprechakte in philosophischen Texten näher bezeichnet werden. Wenn deren Anwendung auf einen Text bzw. bei dessen Wiedergabe gelingt, ist bereits ein wichtiger Schritt zur Erfassung der Argumentationsstruktur geleistet.

ohne beschreibende Qualität: Der Autor…

> sagt
> schreibt

mit beschreibender Qualität: Der Autor…

> folgert (häufig zu erkennen an „deshalb" oder „daher")
> begründet (häufig zu erkennen an „weil")
> behauptet
> berichtet
> setzt voraus
> erläutert durch ein Beispiel
> wendet an
> stellt als Ursache fest
> zeigt Zusammenhänge auf
> zeigt Widersprüche auf
> widerlegt eine andere Auffassung
> vertritt den Standpunkt
> kritisiert
> untermauert seine Behauptung
> stellt in Frage
> führt eine Aussage auf ihre Voraussetzung zurück
> setzt in seiner Begründung neu an
> referiert den Standpunkt eines anderen
> distanziert sich
> erläutert
> greift zurück auf zuvor Gesagtes
> warnt
> äußert die Vermutung
> charakterisiert
> analysiert
> …

Philosophische Schreibanlässe

Selbst schreiben kann in der Schule und im Ethikunterricht viele Anlässe und Formen haben. Von der Hausaufgabe bis zur Klausur, von der Textwiedergabe bis hin zum selbst erdachten philosophischen Essay reicht die Palette. Hier einige Anregungen für spezifisch philosophische Anlässe bzw. Schreibformen:

> Das Fortschreiben einer angedachten Handlung oder Problemstellung, deren Ausgangssituation geschildert wurde („Gedankenexperiment"; s. S. 397).

> Ein philosophisches Tagebuch ermöglicht die Fortschreibung begonnener Überlegungen. Hier wird das Schreiben zur Erlangung neuer Klarheit genutzt.

> Dialogisches Schreiben ermöglicht es, dass unterschiedliche Sichtweisen, sich widersprechende Argumente und Überzeugungen sowie einseitige Darstellungen von strittigen Problemen zusammengeführt werden können. Die fiktiven (ausgedachten) oder realen Gesprächspartner (z. B. historische Persönlichkeiten, die sich real nie begegneten) können dabei unter Umständen zu argumentativen Lösungen kommen, die in der Realität nur schwer zu finden wären.

> Der Essay ist eine recht komplexe Form des philosophischen Schreibens, die einerseits formal recht frei ist, andererseits hohe Anforderungen an den Überblick des Schreibers stellt, wenn sie gut gelingen soll (s. S. 412f.).

Jörg Knobloch, Referate halten lernen, S. 5

Erörterndes Schreiben

Ein wichtiger Schritt hin zum Schreiben in der Philosophie kann die Form der Erörterung sein:

Unter einer schriftlichen Erörterung versteht man in der Regel eine systematische Abfolge von Denkoperationen. Ein solches Erörtern bedeutet

> ein Problem in seinem logischen Kern zu erfassen,
> es von verwandten Problemstellungen abzugrenzen,
> es in eine Reihe von Einzelfragen aufzugliedern,
> unterschiedliche Antworten auf diese Fragen gegenüberzustellen,
> diese Antworten mit Argumenten zu begründen,
> die Argumente durch Beispiele anschaulich zu machen und
> abschließend die dargestellten Positionen persönlich zu bewerten.

Heinrich Biermann/Bernd Schurf (Hrsg.), Texte, Themen und Strukturen, S. 490

Themenbezogenes Erörtern

Folgende Arbeitsschritte sollten erfolgen:

- **Thema analysieren:** Reichweite erfassen, zentrale Begriffe bestimmen
- **Stoff sammeln:** Vorwissen aktivieren, möglichst viele Aspekte des Themas erfassen, durch Antworten auf W-Fragen erweitern
- **Stoffsammlung strukturieren:** zusammengehörende Stichpunkte unter Oberbegriffen erfassen, Gliederungslogik entwickeln
- **Grobgliederung erstellen:** Thesen formulieren; Argumente, Beispiele und Belege zuordnen; sachlogisch anordnen; ähnliche Zahl von Unterpunkten anstreben
- **Einleitung formulieren:** gestelltes Thema am Ende nennen; Überleitung zum Hauptteil; Hinweis auf Aktualität des Themas oder auf eigene Erfahrungen, ohne Argumente vorwegzunehmen
- **Hauptteil verfassen:** auf differenzierte und umfassende Argumentation achten; Thesen durch Argumente erhärten und mit Beispielen und Belegen stützen; mögliche Gegenargumente einbeziehen; eigene Werthaltung deutlich machen; auf flüssige Überleitungen achten

Vermittlung von Widersprüchen

Wenn in der Erörterung unterschiedliche Antworten gegenübergestellt werden, dann haben wir es in der Regel mit sich widersprechenden Aussagen zu tun. Wie geht der philosophierende Schreiber damit um? Ein Vorschlag stammt aus der „dialektischen Logik":

Die „dialektische Vermittlung" solcher Widersprüche besteht meist darin, zu zeigen, dass beide Behauptungen in einer gewissen Weise berechtigt sind, das heißt, ein „Moment von Wahrheit" enthalten. Die dialektische Vermittlung oder – wie man unverfänglicher sagen könnte – die nähere Analyse widersprüchlicher Aussagen führt zur differenzierteren Beurteilung beider Behauptungen, das heißt zur Präzisierung beider Aussagen und damit ebenfalls zur Beseitigung des Widerspruchs. *Christof Helberger, Marxismus als Methode, S. 122*

10 Schreiben im Philosophieunterricht

Philosophische Essays

Das wichtigste Medium zur Entfaltung einer philosophischen Dialektik ist der philosophische Essay. [...] Es gibt viele verschiedene Arten philosophischer Essays. Jede hat ihre eigene charakteristische Struktur. [...]

A. Wie man eine Ansicht kritisch prüft

[...] Die kritische Prüfung einer Ansicht setzt natürlich voraus, dass da eine Ansicht ist, die es kritisch zu prüfen gilt. Das heißt, zunächst sind Sie mit etwas konfrontiert, das im Grunde *selbst* die Form eines philosophischen Essays hat: ein Stück Text, in dem eine Behauptung oder These aufgestellt wird sowie Überlegungen vorgebracht werden, die eine Annahme oder Übernahme der Behauptung befürworten. Dementsprechend kann man in der kritischen Prüfung einer Ansicht grob zwei Teile unterscheiden: Darstellung und Kritik. Die Darstellung besteht darin, die fragliche Ansicht, Position, Behauptung oder These zusammen mit der Struktur der Argumentation, die zu ihrer Stützung angeboten wird, zur Untersuchung und Diskussion zu stellen. Die Kritik übernimmt die Beurteilung und Bewertung jener Ansicht, indem sie die Struktur und den Inhalt der sie stützenden Argumentation untersucht. [...]

B. Wie man einen philosophischen Streit entscheidet

[...] Hier fungiert der Essayschreiber als Schiedsrichter in einem philosophischen Streit und versucht, zu einer Bewertung der Stärken und Schwächen der konkurrierenden Positionen zu gelangen. Zweckmäßig gliedert man einen solchen Essay in sechs Teile:

1. Formulierung des Problems
2. Darstellung der 1. Position
3. Bewertung der 1. Position
4. Darstellung der 2. Position
5. Bewertung der 2. Position
6. Entscheidung

Die Anordnung der einzelnen Schritte ist jedoch nicht zwingend. [...]

1. Die Problemformulierung stellt oft hohe Anforderungen an unsere Interpretationsfertigkeit. [...] Und es bedarf einer sorgfältigen und gründlichen Lektüre beider Texte, um aus den textimmanenten[1] Anhaltspunkten, wie sie sich aus den einzelnen Argumentationsschritten ergeben, zu entscheiden, ob die Schlüsselbegriffe von beiden Parteien gleich verstanden und gebraucht werden. [...]

2. und **4.** [...] Die Aufgabe besteht darin, die beiden Argumentationsstrukturen, die jeweils eine Ansicht zu dem strittigen Problem stützen, so zu präsentieren, dass man sehen kann, wie die Überlegungen, die beide Parteien zur Untermauerung ihrer eigenen Ansichten vorbringen, auf das Problem bezogen sind. [...]

3. und **5.** [...] Im urteilenden oder richtenden Essay soll die Angemessenheit einer jeden Position vom Standpunkt der jeweils *anderen* Position aus bewertet werden. [...] Dazu muss sich ein möglicher Schiedsrichter in Gedanken in die Rolle des anderen Philosophen versetzen, dazu muss man sich in den systematischen Standpunkt hineindenken, von dem der Text ausgeht, und muss versuchen, die argumentativen Möglichkeiten dieses Standpunktes zur Basis einer kritischen Beurteilung zu machen. Und das erfordert ein gewisses Einfühlungsvermögen. [...]

6. Nur selten wird die Entscheidung schließlich zu dem Urteil führen, dass die eine oder die andere der widerstreitenden Positionen völlig richtig ist. Häufiger wird es zu einer sorgfältigen Verflechtung komplementärer[2] Einsichten kommen, unter Umständen ergänzt durch manche eigene Einsicht. [...]

---

[1] textimmanent (lat.): dem Text innewohnend, im Text enthalten

[2] komplementär (lat.): ergänzend

C. Wie man ein Problem löst

Unser dritter Typ eines philosophischen Essays ist, wie der zweite, problemorientiert. Doch beruht die Lösung eines Problems viel stärker auf Selbständigkeit und kreativer Einsicht als auf Auslegungs- und Interpretationsfertigkeiten.

[...] Der Essay, dessen Aufgabe die Lösung eines Problems ist, lässt sich wie der urteilende oder richtende Essay sinnvollerweise in sechs Teile gliedern:

1. Formulierung und Analyse des Problems
2. Entwicklung von Kriterien für eine adäquate [angemessene] Lösung

(3. Untersuchung möglicher, aber inadäquater Lösungen)

4. Entfaltung der vorgeschlagenen Lösung
5. Prüfung der Adäquatheit der vorgeschlagenen Lösung

(6. Antworten auf erwartbare Kritik)

Auch hier sollten Sie nicht meinen, diese Gliederung sei für immer und ewig in Granit gemeißelt. [...]

D. Wie man eine eigene These verteidigt

Wahrscheinlich werden Sie [...] nicht in die Lage kommen, eine ganz neue philosophische Konzeption formulieren und verteidigen zu müssen. Und das ist gut so. Anders als in den bisher betrachteten Formen philosophischer Essays lässt sich für die Verteidigung einer eigenen These kein Rezept aufstellen. [...] Oft wird der Verfasser einer solchen Verteidigung auch erwartbare Kritik an seiner Position vorwegnehmen und beantworten wollen; er wird gewisse Missverständnisse vermeiden oder die philosophischen Folgen (vielleicht sogar die praktischen Folgen), die sich aus einer Annahme ergeben, ausführlich behandeln wollen. [...] Kommen wir von Kritik, Entscheidung und Problemlösung zum Thema Kreativität in der Philosophie, dann überschreiten wir, wie das in jeder Disziplin der Fall ist, den Punkt, bis zu welchem unser Gegenstand lehrbar ist. Ich kann Ihnen keine Anleitung geben, wie man solche Werke schreibt.

Jay F. Rosenberg, Philosophieren – ein Handbuch für Anfänger, S. 81f., 135ff., 139, 152f.

Kriterien zur Beurteilung eines philosophischen Essays

+ positiv +	– negativ –
+ philosophisch	- unphilosophisch
+ fragend, suchend, experimentierend	- thetisch (behauptend), dogmatisch
+ Selbstdistanz beweisend, über das Dargestellte reflektierend	- unkritisch sich selbst gegenüber
+ redlich, die eigenen Möglichkeiten richtig einschätzend	- anmaßend, übersteigert
+ aus der eigenen Erfahrung, authentisch	- bloß angelesen, nicht angeeignet, bloß ausgedacht, altklug
+ zusammenhängend, folgerichtig, stringent	- unzusammenhängend, sprunghaft, additiv, z. T. unfunktional, inkonsequent, widersprüchlich
+ logisch korrekt	- logisch fehlerhaft
+ rational	- nur Gefühle ausdrückend und ansprechend, bloß appellativ
+ argumentierend	- bloß behauptend
+ auch anschaulich	- nur abstrakt
+ auch abstrakt	- nur konkret
+ terminologisch scharf, treffend, genau	- verschwommen, unpräzise, vieldeutig
+ differenziert, reich	- undifferenziert, dürftig
+ gut lesbar: u. a. durch Angaben zum Vorgehen, durch explizite Formulierung von Sprechakten; Zusammenhänge klar durch Gebrauch treffender Konjunktionen und genauer Pronomina	- das Lesen erschwerender Satzbau, verworrene Darstellung, Fehlen expliziter Verbindungen, Unklarheit hinsichtlich der Intention
+ gedanklich und formal originell	
Falls auf andere Autoren verwiesen wird:	
+ Korrektheit der Wiedergabe, genaues Zitieren, gelungener Einbau der Zitate, richtiger Gebrauch performativer Ausdrücke	- verfälschende Wiedergabe, nachlässiges Zitieren, unbeholfener Einbau der Zitate, ungenauer, nichtssagender Gebrauch performativer Verben

Helmut Engels, Schreiben von Essays im Philosophieunterricht, S. 22

11 Präsentationen

PRÄSENTIEREN

Präsentationsformen

- *mündlich:* Vortrag, Referat
- *schriftlich:* Thesenpapier, Website, Seminararbeit, CD-Rom, Wandzeitung
- *visuell:* Beamer, Folie, Flip-Chart, Website, Plakat, Schaubild, Grafik, Mindmap, Fotos, Video, Tafelbild, Diagramm, Overhead-Projektor, Modell
- *interaktiv:* Diskussion, Unterrichtsstunde, Rollenspiel, Podiumsgespräch

Grundfragen jeder Präsentation

1. Welches Ziel verfolgen wir?
2. Welches sind unsere zentralen Aussagen?
3. Welche Aspekte des Themas wählen wir aus?
4. Wie gliedern wir unsere Präsentation?
5. Welches Vorwissen und welches Interesse hat unser Publikum?
6. Wie viel Zeit steht zur Verfügung?
7. Welche Medien setzen wir ein?
8. Wie können wir Zusammenhänge visualisieren?
9. Welche technischen Hilfsmittel und Geräte benötigen wir?
10. Wie gestalten wir den Präsentationsraum?

Elemente einer gelungenen Präsentation

Die gelungene Präsentation

Redestruktur
- motivierende Einleitung
- Formulierung des Redeziels
- logische Argumentation
- resümierender oder offener, weiterführender Schlusssatz

Inhalte
Relevanz und sachliche Richtigkeit

Körpersprache
- Blickkontakt mit Publikum
- Offenheit, Natürlichkeit, Freundlichkeit ausstrahlen
- natürliche Handbewegungen
- Fluchttendenzen vermeiden
- gerader Oberkörper
- ruhiges Stehen

Redetechnik
- Rücksichtnahme auf Zuhörer:
  - Verständlichkeit
  - angemessenes Tempo
  - klare Artikulation
  - Stimmmodulation
  - lebendige Sprache
  - Pausen
- anschauliche Sprache
- freies Sprechen

Zuhörerorientierung
- emotional
- kognitiv

Visualisierung
- keine Effekthascherei
- funktionaler Einsatz von Farben
- Anschaulichkeit, Übersichtlichkeit
- Lesbarkeit von Folien und Plakaten
- maximal 9 Zeilen pro Folie beschreiben

Übersicht: Vor- und Nachteile verschiedener Präsentationsmedien

+ VORTEILE +

Tageslichtprojektor	Flipchart	Moderationswand	Tafel/Whiteboard	Computer/Beamer
• Einfache Herstellung und Handhabung von Folien • Relativ einfache Technik, Einsatz auch vor großem Publikum möglich • Blickkontakt möglich • Folien können vorbereitet werden • Verwendbarkeit von Folien • Integration von Bildern, Grafiken etc. • Transportabel • Wiederverwendung von vorbereiteten Folien • Überraschungseffekt	• Einfache Handhabung • Kein Strom notwendig • Möglichkeiten zur Entwicklung von Sinnzusammenhängen • Blätter können vorbereitet werden • Ergänzungen (fast) jederzeit und ohne Aufwand möglich • Flexibler Einsatz möglich • Bereits präsentierte Blätter können für alle sichtbar an die Wand geheftet werden • Transportabel • Wiederverwendung von bereits vorbereiteten Folien	• Einfache Handhabung • Kein Strom notwendig • Möglichkeit zur Entwicklung von Sinnzusammenhängen • Kärtchen, Plakate etc. können vorbereitet werden • Ergänzungen jederzeit und ohne Aufwand möglich • Transportabel • Wiederverwendung von vorbereiteten Folien • Überraschungseffekt	• Einfache Handhabung • Kein Strom notwendig • Möglichkeiten zur Entwicklung von Sinnzusammenhängen • Veränderbarkeit des Tafelanschriebs	• Hoher Grad an Anschaulichkeit • Viele Effekte möglich • Möglichkeit zur Entwicklung von Sinnzusammenhängen • Ergänzungen jederzeit und ohne Aufwand möglich • Wiederverwendung von vorbereiteten Dateien möglich • Überraschungseffekte • Integration von Bildern, Grafiken, Filmausschnitten, Hörbeispielen etc. • Vorbereitung problemlos möglich

VISUALISIERUNGSMEDIEN

− NACHTEILE −

Tageslichtprojektor	Flipchart	Moderationswand	Tafel/Whiteboard	Computer/Beamer
• Ergänzungen nur bedingt möglich • Stromanschluss notwendig • Projektionsfläche notwendig • Nur eine Folie und nur für die Dauer der Projektion sichtbar • Tücken der Technik	• Verlust des Blickkontakts beim Schreiben • Übung notwendig (Schrift) • Begrenzte Teilnehmerzahl (20-30 Personen), da Lesbarkeit begrenzt • Bilder und Grafiken nur bedingt darstellbar (Größe) • Keine Überraschungseffekte möglich	• Verlust des Blickkontakts beim Anheften • Übung notwendig (Schrift) • Begrenzte Teilnehmerzahl (20-30 Personen), da Lesbarkeit begrenzt • Relativ hoher Materialaufwand (Kärtchen, Nadeln…)	• Verlust des Blickkontakts beim Anschreiben • Übung notwendig (Schrift) • Begrenzte Teilnehmerzahl (20-30 Personen), da Lesbarkeit begrenzt • Keine Vorbereitung möglich • Wenig Flexibilität • Bilder und Grafiken nur bedingt darstellbar (Größe) • Nicht transportabel • Keine Überraschungseffekte möglich • Keine Wiederverwendung	• Tücken der Technik • Technisches Wissen notwendig • Gefahr von Effekthascherei • Hohe Anschaffungskosten

Sigune Barsch-Gollnau u. a., Erfolgreich lernen – kompetent handeln, Lehrerband, S. 40

Heraklit (544-483 v. Chr.)
„Man kann nicht zweimal in denselben Fluss steigen." Heraklit drückt seine Lehrmeinung in rätselhaften Bildern aus, die ihm bereits in der Antike den Namen der „Dunkle" einbrachten. Er geht davon aus, dass die Welt, die in stetem Wandel und Werden ist, vom göttlichen Logos bestimmt wird, den er auch als Vernunft oder Natur bezeichnet. Der göttliche Logos oder die Natur wirkt nach festen Regeln und vereinigt Gegensätze wie Tag und Nacht, Sommer und Winter. Nach Heraklit kann jeder in sich selbst nach dem Logos von allem suchen. Die Natur ist jedoch für den Sterblichen nicht erkennbar, so dass der Mensch den Logos nicht findet, der alles verursacht. Heraklit wirkte vor Sokrates und gehört deshalb zu den Vorsokratikern. Durch seine Lehre von den Gegensätzen beeinflusste er Platon, Aristoteles und auch den Deutschen Idealismus, wie z. B. Hegel.
Werke: *Fragmente. Über die Natur* (ca. 480 v. Chr.)

Parmenides von Elea (ca. 540-480 v. Chr.)
Der griechische Philosoph Parmenides gehört zu den Vorsokratikern. Er stellt eine der wichtigsten Fragen der Philosophie, nämlich was das Wesen oder die Wahrheit ist. In der Welt der sinnlichen Wahrnehmung, die aus Veränderung, Entstehen und Vergehen besteht, kann es nach Parmenides kein wahres Sein geben. Er bezeichnet die Welt der sinnlichen Wahrnehmung als bloßen Schein, als Nicht-Sein. Dem Urteil der Sinne, die uns täuschen, stellt er das Urteil der Vernunft gegenüber. Das wahre Sein kann weder entstanden sein noch vergehen. Es ist unveränderlich und zeitlos. Es liegt alleine im Denken, in einer intelligiblen, also vernünftigen Wahrheit. Mit seiner Frage nach dem Wesen des Seienden und der Unterscheidung zwischen einer Welt des Seins und einer Welt des Nichtseins ist Parmenides Wegbereiter der Auseinandersetzung mit dem Seinsgedanken (Ontologie).
Werke: *Über die Natur* (515 v. Chr.)

Platon (427-347 v. Chr.)
Platon ist einer der bedeutendsten Philosophen der griechischen Antike. Er ist Schüler des Sokrates, der 399 v. Chr. zum Tode verurteilt wurde und dessen Denken er festgehalten hat. 387 v. Chr. gründet er die Platonische Akademie, deren bekanntester Schüler Aristoteles ist. Platon wird mit seiner Ideenlehre zum vielleicht wichtigsten Philosophen aller Zeiten. Er stellt die grundlegende Frage der Philosophie, nämlich was das Wesen oder die Wahrheit ist. Mit seinem Höhlengleichnis in dem Dialog *Politeia* veranschaulicht er, dass die Welt der sinnlichen Wahrnehmung, die wir für die wahre Wirklichkeit halten, bloßer Schein ist. Was wir sehen, hören, riechen, fühlen oder schmecken, ist für ihn nicht die eigentliche Wirklichkeit. Es ist ein Schatten einer Idee in einer Welt, die gedacht wird. Platon geht davon aus, dass wir ein der Erfahrung vorausgehendes Wissen (Ideen) von dem besitzen, was wir über die Sinne wahrnehmen. Dies lässt sich mit Hilfe eines Beispiels erläutern: Ein Pferd kann nur dadurch gesehen und gefühlt werden, dass der Mensch eine Idee des Pferdes, die er denkt, besitzt. In der Erfahrung ist somit eine vernünftige Bedeutung der Ideen enthalten, die das eigentliche Wesen sind. Ziel der platonischen Philosophie ist es, dass sich jeder Mensch mit Hilfe einer „Umkehr der Seele" dieser Bedeutung erinnert und bewusst wird. Die Ideen, die der Mensch besitzt, sind von der höchsten aller Ideen, der „Idee des Guten" hervorgebracht. So ist auch der ideale Staat gut und gerecht durch Teilhabe an der Idee des Guten und Gerechten und kann daher nur durch diejenigen verwirklicht werden, die zum Wissen um die Ideen gelangt sind: die Philosophen. Platons Ideenlehre ist von so großer Bedeutung für die Geschichte des abendländischen Denkens, dass der engl. Philosoph Alfred North Whitehead (1861-1947) die gesamte Philosophie als eine „Reihe von Fußnoten zu Platon" bezeichnete.
Hauptwerke: *Kriton, Protagoras, Laches* (ca. 399 v. Chr.), *Phaidon, Parmenides, Politeia, Symposion, Timaios, Theaitetos* (vor bzw. nach 347 v. Chr.)

Aristoteles (384-322 v. Chr.)
Neben Platon ist Aristoteles der wichtigste Philosoph der Antike. Er war zwar Schüler Platons, setzte sich aber von ihm ab. Für Aristoteles ist die Welt, die wir über Sinnne wie Sehen, Hören, Riechen, Fühlen und Schmecken wahrnehmen, die wahre Welt. Er kritisiert damit seinen Lehrer Platon, für den das Wesen eines Dinges nicht in dem liegt, was wir mit Hilfe der Sinne wahrnehmen, sondern in der Idee, die wir denken. Das Wesen eines Dinges kann nur mit den Sinnen und der Vernunft in der Erfahrung erkannt werden kann. Aristoteles verneint somit nicht die Existenz allgemeiner Wahrheiten, allerdings ist der Ausgangspunkt ihrer Erkenntnis nicht die Idee, sondern die sinnliche Erfahrung. Er bestimmt das Wesen eines Dinges als seine Ursache, die wir durch die Sinne und die Vernunft als eine im einzelnen Ding enthaltene allgemeine Bedeutung erkennen.
Für Aristoteles ist die Metaphysik die Grundlagenwissenschaft, da sie nach dem Wesen des Seienden fragt. Die erste Ursache und das höchste Wesen unterliegen keiner Veränderung: Diese erste Ursache bezeichnet er als den ewigen Beweger, der alles bewegt, was in Bewegung ist, dieser ist aber selbst unbewegt, somit Gott. Aristoteles beschäftigt sich auch mit der Logik und formuliert allgemeine Grundsätze unseres Denkens, wie den Satz der Identität und den Satz des Widerspruchs. In seiner Ethik legt Aristoteles den Grund für seine eudämonistische Handlungstheorie, die das letzte Ziel und den Zweck menschliches Handelns für ein tugendhaftes und glückliches Leben bestimmen will. Seine Tugendlehre unterscheidet zwischen Charaktertugenden, die die Mitte zwischen zwei Extremen wählen und den Verstandestugenden, die die höchste Glückseligkeit versprechen. In seiner Politik geht Aristoteles vom Menschen als einem in Gemeinschaft lebenden Lebewesen *(zoon politicon)* aus, für das der Staat die höchste Form des Zusammenlebens darstellt.
Aristoteles begründet die klassische Aufteilung der Philosophie in verschiedene Disziplinen, wie Theologie, Erkenntnislehre, Logik und Ethik.
Hauptwerke: *Nikomachische Ethik* (ca. 335 v. Chr.), *Metaphysik* (4. Jh. v. Chr.)

Epikur (341-270 v. Chr.)
„Der Tod betrifft uns nicht" - denn solange wir leben, ist der Tod nicht da, und wenn der Tod da ist, sind wir nicht mehr. Mit dieser paradoxen Aussage versucht Epikur den Menschen von der Angst vor dem Tod und den Göttern zu befreien. Der griechische Philosoph gründete eine Schule, die er nach seinem Garten (kepos) benannte, in dem er sich mit seinen Schülern traf. Ziel der Philosophie Epikurs ist ein Leben der persönlichen Glückseligkeit, die als seelische Ausgeglichenheit und Schmerzlosigkeit (Ataraxie) verstanden wird. Freude und Schmerz zeigen, was gut oder schlecht für die menschliche Natur ist. Der Mensch soll Unlust vermeiden und sich von äußeren Gütern unabhängig machen. Im Gegensatz zu Platon und Aristoteles sucht Epikur das Glück als individuelles Glück unabhängig von der Gemeinschaft. Seine Ethik wurde als Hedonismus missverstanden: Freude wurde lediglich als sinnlicher Genuss, nicht aber auch als Freude des Denkens aufgefasst. Der Epikureismus entwickelte sich in der Zeit des Hellenismus (334-30 v. Chr.) gleichzeitig mit der Lehre der Stoa.
Werke: *Brief an Menoikeus, Hauptlehre, Über die Natur* (ab ca. 306 v. Chr.)

Annaeus Lucius Seneca (4 v. Chr.-65 n. Chr.)
Wie kann der Mensch Glückseligkeit erreichen? Damit stellt Seneca eine Grundfrage der antiken Ethik. Glückseligkeit als Seelenruhe (Apathie) kann nur erreichen, wer sich tugendhaft verhält. Hierzu muss man vernünftig nachdenken, sich von äußeren Gütern unabhängig machen und in Übereinstimmung mit den Gesetzen der Natur leben. Der Mensch erlangt seine Freiheit nur, wenn er gegenüber seinem Schicksal gleichgültig bleibt. Der richtige Gebrauch der Vernunft ist nach Seneca identisch mit der Tugend. Die Freude folgt dem tugendhaften Verhalten. Damit wendet er sich gegen Epikur, der das höchste Glück mit der Freude gleichsetzt. Die Philosophie der Stoa, der Seneca angehört, und die frühe christliche Tugendlehre beeinflussten sich wechselseitig.
Hauptwerke: *Vom glückseligen Leben* (58/59), *Moralische Briefe an Lucius* (62-65)

Thomas von Aquin (1224-1274)
Thomas von Aquin ist der bedeutendste Theologe der Scholastik, der religiös geprägten Philosophie des Mittelalters. Sein Ziel ist es, Glaube und Vernunft miteinander zu vereinbaren. Dies zeigt sich besonders in seinem bekanntesten Lehrstück, in dem er fünf Wege aufzeigt, die Existenz Gottes zu beweisen. Thomas möchte damit die Gegner des christlichen Glaubens mit den Mitteln der Vernunft überzeugen. Für ihn sind die Wahrheiten des Glaubens, z. B. die Dreifaltigkeit Gottes, dem Wissen der Vernunft übergeordnet. Dennoch ist die Vernunft in der Lage, verschiedene Wahrheiten, zu denen auch die Existenz Gottes gehört, zu beweisen. Die Gottesbeweise beginnen mit dem, was wir über die Sinne wahrnehmen. Von hier aus schließt die Vernunft, dass es eine erste Ursache geben muss. Thomas verbindet die christliche Lehre mit dem aristotelischen Denken, das ihn stark geprägt hat.
Hauptwerke: *Über das Seiende und das Wesen* (1256), *Summe gegen die Heiden* (1264), *Summe der Theologie* (1273)

Nikolaus von Kues (1401-1464)
Die Schriften des Philosophen, Theologen, Juristen und Mathematikers kreisen um die Frage, wie Gott erkannt werden kann. Nikolaus von Kues wendet sich gegen die traditionellen Gottesbeweise. Er ist überzeugt, dass Gott oder die absolute Wahrheit weder mit Hilfe der Sinne, noch des Verstandes, noch der Vernunft wahrgenommen werden kann. Gott ist das „Nichtandere". Mit Rätselbildern wie der Quadratur des Kreises veranschaulicht er die Begrenztheit und Ausweglosigkeit des menschlichen Erkennens. Die absolute Wahrheit ist nicht erkennbar, sie ist jedoch die Bedingung dafür, dass der Mensch erkennen kann. Nikolaus von Kues steht an der Schwelle zwischen Mittelalter und Neuzeit: Der Philosoph, der seine „gelehrte Unwissenheit" erkannt hat, weiß, dass die Erkenntnisfähigkeiten des Menschen wiederum in Gott gründen.
Hauptwerke: *Über die belehrte Unwissenheit* (1440), *Über Mutmaßungen* (1440-1444), *Über den Gipfel der Betrachtung* (1464)

Francis Bacon (1561-1626)
„Wissen ist Macht" lautet das Motto der Wissenschaftstheorie des Engländers. Ihr Ziel ist eine „große Erneuerung" der Philosophie und der Wissenschaften. Bacon führt Beobachtung und Experiment als neue philosophische Methoden ein, um eine „unverfälsche Erfahrung" als einzig sichere Quelle des Wissens zu gewinnen. In *Neues Organ der Wissenschaften* beschreibt Bacon das Verfahren der Induktion, des Schlusses von Einzelerfahrungen auf allgemeine Gesetze. Die wahre Philosophie soll das durch Experiment gewonnene Material mit der Vernunft erkennen. Somit ist der Wissenschaftler empirisch, aber auch vernünftig tätig und bereitet seine Handlungen technisch vor. Bacon weist durch seine Kritik an spekulativen Methoden den Weg für Naturwissenschaften und Empirismus.
Hauptwerke: *Große Erneuerung der Wissenschaften* (1620), *Neu-Atlantis* (1627)

Thomas Hobbes (1588-1679)
Der Menschen ist „dem Menschen ein Wolf". Mit dieser Aussage stellt der Engländer Hobbes die traditionelle Ethik in Frage. Diese hatte das menschliche Handeln als ein von Gott bestimmtes Streben nach dem höchsten Gut, einer Einheit von Glück und Moral, verstanden. Für Hobbes handelt der Mensch dagegen egoistisch und strebt nur nach seiner Selbsterhaltung und seinem Glück. Im Naturzustand herrscht ein „Krieg aller gegen alle", der durch die – egoistisch motivierte – pragmatische Vernunft überwunden wird. Sie fordert vom Einzelnen, aus Gründen des Selbstinteresses auf das eigene natürliche „Recht auf alles" zu verzichten.
Hobbes legt in seiner Schrift *Leviathan* dar, wie ein Staat durch einen Staatsvertrag begründet wird. Damit wird die Macht des Einzelnen auf den Souverän übertragen. Dieser kann eine Person oder Versammlung sein, die allmächtig ist. Er alleine bestimmt Recht und besitzt die Macht über theologische Wahrheiten. Hobbes ist damit der Mitbegründer der absolutistischen Herrschaftsform.
Hauptwerke: *De cive* (1642), *Leviathan* (1651)

René Descartes (1596-1650)
Mit seinem Ausspruch „Ich denke, also bin ich" (lat. cogito, ergo sum) wurde der Franzose Descartes berühmt. Diese Aussage ist das Ergebnis einer Suche nach einer unbezweifelbaren Gewissheit, die zur Grundlage einer Universalwissenschaft werden soll. In seinem Hauptwerk *Meditationen über die Erste Philosophie* untersucht Descartes das, was wir mit Sicherheit wissen können. Er prüft alle bislang für gültig befundenen Wahrheiten, beispielsweise die der Sinne und der Mathematik. Beim Sehen oder Fühlen machen wir die Erfahrung, dass wir uns irren können. Mathematische Wahrheiten könnten die Eingebungen eines, wie er sagt, „Täuschergottes" sein. Selbst die Dinge in der Welt, die wir für existent halten, könnten bloß geträumt sein. Ein radikaler, die Grundlagen betreffender, „metaphysischer" Zweifel stellt somit alle bislang für gültig befundenen Wahrheiten in Frage. Descartes gelangt zu der Einsicht, dass alles Wissen Ausdruck des Denkens ist. Die Meinung, dass es Dinge gibt, die existieren, ist für ihn eine „Einsicht des Geistes". Ein Tisch beispielsweise ist nicht dadurch da, dass wir ihn sehen oder berühren, sondern dass wir ihn denken. Die Idee, die bei Platon das Wesen des Dinges darstellt, wird für Descartes zur bloßen Vorstellung, die wir von einem Gegenstand besitzen. Um eine absolute Gewissheit des Wissens zu erreichen, führt er einen ontologischen, vom Denken ausgehenden Gottesbeweis durch und gelangt zur Gewissheit der Existenz Gottes. Seine Erkenntnistheorie markiert den Beginn der Neuzeit. Sie zeigt, dass Erkennen nicht mehr mit Wahrheiten beginnen kann, die für selbstverständlich gehalten werden, wie dem „Sein Gottes" oder dem „Sein der Dinge". Alle Wahrheiten können nur durch Prinzipien des Verstandes erkannt werden. Mit dieser Wende zum erkennenden Menschen und dem Verstand als Prinzip der Realität gilt Descartes als Begründer des Rationalismus.

Hauptwerke: *Abhandlung über die Methode* (1637),
Meditationen über die Erste Philosophie (1641),
Die Prinzipien der Philosophie (1644)

John Locke (1632-1704)
Nach Locke, einem englischen Philosophen des Empirismus, ist der menschliche Geist bei der Geburt wie ein „weißes Blatt Papier". Ihn interessiert, wie der Verstand zu seinen Vorstellungen kommt. Sein Hauptwerk *Versuch über den menschlichen Verstand* fragt nach „Ursprung, Gewissheit und Umfang der menschlichen Erkenntnis", um das Erkennen vom Glauben abzugrenzen. Locke folgt der experimentellen Methode, die durch Beobachtung vorgeht: Alle Vorstellungen („ideas"), die der Geist hat, werden durch äußere und innere Erfahrung („sensation" und „reflection") erworben. Damit verwirft er die Lehre von den eingeborenen Vorstellungen. Für Locke sind die kleinsten Bausteine des Wissens, die einfachen Vorstellungen („simple ideas"), empirischen Ursprungs. Dies sind Vorstellungen der sinnlichen Erfahrung wie Farben, Empfindungen, Wärmegrade. Sie werden vom Verstand zu neuen komplexen Vorstellungen („complex ideas") zusammengesetzt. Locke gelangt zu der Einsicht, dass der Verstand unzulänglich ist, um zur Erkenntnis der Wahrheit an sich zu gelangen. Gegenstand der Philosophie ist daher insbesondere die Moralphilosophie. *Ein Brief über Toleranz* fordert, dass sich die staatlichen Institutionen nicht in Religionsangelegenheiten der Bürger einmischen dürfen. Atheisten müsse aber die Toleranz verwehrt werden, da sie mit der Existenz Gottes auch den Geltungsanspruch moralischer Normen ablehnen. In *Zwei Abhandlungen über die Regierung* begründet Locke die politische Macht eines Herrschers im Gesellschaftsvertrag, der zur Sicherung von Leben, Freiheit und Eigentum zwischen den Menschen geschlossen wird und den Bürgern ein Recht auf Widerstand zugesteht. Lockes Erkenntnistheorie und seine Gesellschaftlehre waren von folgenreicher Bedeutung für die Epoche der Aufklärung und für die amerikanische Unabhängigkeitserklärung. Sie beeinflussten u. a. Denker wie Berkeley, Hume, Rousseau oder Kant.

Hauptwerke: *Ein Brief über Toleranz* (1689),
Zwei Abhandlungen über die Regierung (1689),
Versuch über den menschlichen Verstand (1689)

Gottfried Wilhelm Leibniz (1646-1716)

Der Universalgelehrte Leibniz (Sprachen, Jura, Mathematik, Physik, Geschichte, Philosophie und Theologie) stellt die erkenntnistheoretische Frage nach dem Ursprung des Wissens. Für ihn ist eine empirische Begründung unzulänglich, die die Inhalte des Wissens aus der Erfahrung ableitet. Das erkennende Bewusstsein ist vielmehr selbstständig und kann vor aller Erfahrung Aussagen über die Dinge in der Welt machen. Leibniz vergleicht das erkennende Bewusstsein mit einer Monade, die die kleinste Einheit des Universums darstellt. Alles, was sie weiß, muss bereits in ihr selbst unabhängig von der Erfahrung enthalten sein. Leibniz nimmt an, dass Gott eine „prästabilierte Harmonie", eine die Erfahrung bedingende Übereinstimmung, zwischen den einzelnen Monaden eingerichtet hat. Somit stimmt das Denken mit der Realität überein. Gott hat nach Leibniz die Welt als die beste aller möglichen Welten geschaffen.

Hauptwerke: *Neuer Versuch über den menschlichen Verstand* (1703-1705),
Theodizee (1710), *Monadologie* (1714)

Jean-Jacques Rousseau (1712-1778)

„Zurück zur Natur" ist eine Lebensweisheit, die dem in Genf geborenen Rousseau zugeschrieben wird. Obwohl sie in keiner seiner Schriften zu finden ist, enthält sie einen Grundgedanken Rousseaus. Er teilt nicht den aufklärerischen Fortschrittsoptimismus, sondern entwirft das Ideal eines Naturzustandes. Die fortschreitende Zivilisation habe zur Unfreiheit und zum Sittenverfall des Menschen geführt. In der bürgerlichen Gesellschaft herrsche Ungleichheit und Unehrlichkeit, verursacht durch die Einführung des Privateigentums, das eine Entfremdung von dem ursprünglichen Naturzustand darstellt. Rousseau weist in seinen staatsrechtlichen und pädagogischen Schriften den Weg zu einem Neuanfang. Dieser findet innerhalb der Zivilisation statt und bedeutet kein Zurück zum Naturzustand. Rousseaus Schriften bereiteten die Französische Revolution vor und beeinflussten Pädagogik, Ethik und Staatstheorien.

Hauptwerke: *Vom Gesellschaftsvertrag* (1762),
Emile oder über die Erziehung (1762)

David Hume (1711-1776)

Der schottische Philosoph der Aufklärung stellt eine Frage, die in der Philosophiegeschichte von revolutionärer Bedeutung ist: Wie ist ein Erkennen von Naturgesetzen möglich, da diese die unmittelbare sinnliche Wahrnehmung übersteigen? Woher wissen wir beispielsweise, dass die Sonne jeden Morgen aufgeht? In seiner *Untersuchung über den menschlichen Verstand* folgt Hume der experimentellen Methode Lockes: Alle Inhalte des menschlichen Wissens gründen auf äußerer und innerer Sinneserfahrung. Vorstellungen des Verstandes sind bloße Abbilder von Eindrücken, die der Mensch mit seinen Sinnen wahrnimmt. Für ihn beruht die Erkenntnis der Naturgesetze auf einem inneren Gefühl der Gewohnheit: Wir machen beispielsweise jeden Morgen die Erfahrung, dass die Sonne aufgeht. Die Natur zeigt sich in einer Gleichförmigkeit. Aufgrund der Gewohnheit nimmt der Mensch an, dass die Sonne auch morgen aufgehen wird. Er projiziert somit ein inneres Gefühl auf die Welt. Das Naturgesetz, dass die Sonne jeden Morgen aufgeht, ist keine Erkenntnis des Verstandes, sondern eine Art natürlicher Instinkt, beziehungsweise ein Glaube („natural belief"). Die empirische Basis des menschlichen Erkennens führt Hume zur Kritik an metaphysischen Begriffen wie Gott als Ursache der Welt, Immaterialität und Unsterblichkeit der Seele, Identität der Person sowie Existenz von Wundern. Auch die moralische Bedeutung einer Handlung, so Humes Ausführungen in der *Untersuchung über die Prinzipien der Moral*, kann von der Vernunft nicht erklärt werden, sondern ist ein Urteil des moralischen Gefühls. Seine religionsphilosophischen Untersuchungen in den *Dialogen über die natürliche Religion* kritisieren insbesondere den teleologischen Gottesbeweis. Dieser erklärt Gottes Wesen als Ursache einer Zweckmäßigkeit des Naturverlaufs. Humes Kritik an dem Anspruch des theoretischen Begreifens, Wahrheit zu erkennen, beeinflusste vor allem Immanuel Kant.

Hauptwerke: *Ein Traktat über die menschliche Natur* (1739/40), *Untersuchungen über den menschlichen Verstand und über die Prinzipien der Moral* (1751),
Dialoge über die natürliche Religion (1779)

Immanuel Kant (1724-1804)
So wie Kopernikus das Bild von der Erde revolutionierte, so veränderte Kant das Denken. Kant bezeichnet seine Philosophie als eine „Revolution der Denkungsart". Der Mensch kann nicht die Dinge erkennen, wie sie „an sich" sind, sondern nur so, wie sie erscheinen. Folglich beginnt das menschliche Wissen nicht mit einer Erkenntnis des Wesens der Dinge, wie noch in der Antike und im Mittelalter, sondern mit dem Nachdenken über die Leistung des menschlichen Erkenntnisvermögens. Kant ist mit dieser „kopernikanischen Wende" der wichtigste Philosoph der Neuzeit. Ihm zufolge beantwortet die Philosophie drei Fragen: *Was kann ich wissen? Was soll ich tun? Was darf ich hoffen?*
Die erste – erkenntnistheoretische – Frage ist Gegenstand der *Kritik der reinen Vernunft*. Die darin entwickelte Transzendentalphilosophie fragt nach den Bedingungen der Möglichkeit unserer Erkenntnis und ihrer Grenzen. Nach Kant ist sowohl die Vernunft als auch die Erfahrung für die Erkenntnis von grundlegender Bedeutung. Die Gegenstände der Metaphysik, die Welt, die Seele und Gott können nicht erkannt werden, da wir von ihnen keine Erfahrungen haben können. Die zweite – moralphilosophische – Frage beantwortet die Kritik der praktischen Vernunft , die zeigt, dass es der Vernunft möglich ist, den Willen des Menschen und sein praktisches Verhalten durch ein reines Vernunftgesetz (kategorischer Imperativ) zu bestimmen. In dieser Moralfähigkeit gründet seine Freiheit und die Würde seiner Person als Zweck an sich selbst. Die dritte Frage hat ihren systematischen Ort in der Geschichts- und Religionsphilosophie, in der Kant eine philosophische Gotteserkenntnis entwirft, die auf dem Begriff der Moralität gründet. Alle drei Fragen führen zu der – anthropologischen – Frage: *Was ist der Mensch?*, die Kant vor allem in der *Anthropologie* behandelt. In seinen politischen Schriften erörtert Kant das Verhältnis von Politik und Moral und entwirft das zukunftsweisende Konzept eines dauerhaften Friedens.
Hauptwerke: *Kritik der reinen Vernunft* (1781), *Grundlegung zur Metaphysik der Sitten* (1785), *Kritik der praktischen Vernunft* (1788), *Kritik der Urteilskraft* (1790), *Die Religion innerhalb der Grenzen der bloßen Vernunft* (1793), *Zum ewigen Frieden* (1795)

Jeremy Bentham (1748-1832)
Der britische Philosoph Bentham begründet den Utilitarismus (lat. utilis: nützlich). Das „Nützlichkeitsprinzip" als das Ziel des menschlichen Handelns ist das Ergebnis von Benthams moralphilosophischen Überlegungen. Er ist davon überzeugt, dass das Streben nach Freude und die Vermeidung von Schmerz die Hauptmotive des menschlichen Handelns sind. Handlungen, die Freude bereiten, werden als gut empfunden. Zur Handlungsentscheidung formuliert er das „hedonistische Kalkül", das genaue Kriterien enthält, um die durch eine Handlung ausgelöste Freude zu messen. Alle sozialen und politischen Entscheidungen werden danach bestimmt, möglichst viele Menschen glück-lich zu machen. Alle Mitglieder einer Gesellschaft sollen unabhängig von Klasse, Geschlecht oder Religion in politischen Entscheidungen mitberücksichtigt werden. Benthams Denken gewann durch seine demokratischen und sozialreformerischen Forderungen großen Einfluss auf die Gesellschaftstheorie des 19.Jahrhunderts.
Hauptwerk: *Eine Einführung in die Prinzipien der Moral und Gesetzgebung* (1789)

John Stuart Mill (1805-1873)
Mill ist aufgrund seiner Theorie des qualitativen Utilitarismus und seines radikalen Empirismus der einflussreichste englische Denker des 19. Jahrhunderts. Er wendet sich gegen den Rationalismus, der die Vernunft als Ursprung des menschlichen Erkennens bestimmt: Auch mathematische Wahrheiten sind für Mill in der Erfahrung begründet. In seiner moralphilosophischen Schrift *Utilitarismus* fordert er, dass die von Bentham vertretene Theorie des Utilitarismus weiterentwickelt werden muss: Nicht nur die Quantität, das größtmögliche Glück der größtmöglichen Zahl, sondern die Qualität der Freude, ob geistig oder sinnlich, ist zu berücksichtigen. Als Parlamentsmitglied vertritt Mill seine Moralphilosophie auch praktisch. Gemeinsam mit seiner Frau Harriet Taylor setzte er sich beispielsweise für das Frauenstimmrecht und verschiedene Sozialreformen ein.
Hauptwerke: *Utilitarismus* (1861), *Über die Freiheit* (1859)

Georg Wilhelm Friedrich Hegel (1770-1831)
Hegel ist der bedeutendste deutsche Philosoph des 19. Jahrhunderts und Hauptvertreter des deutschen Idealismus. Ziel seines philosophischen Systems ist es, das Ganze zu erklären. Mit dem Grundsatz „Das Wahre ist das Ganze" versucht Hegel den Gegensatz, der gewöhnlich zwischen Denken und Sein, Idee und Natur, gemacht wird, zu überwinden. Die Idee ist dabei der Ausgangspunkt, um die Wirklichkeit zu begreifen, denn alles, was wirklich ist, ist nach Hegel auch vernünftig und alles, was vernünftig ist, ist auch wirklich. Darum ist die wirkliche Welt für Hegel vernünftig und kann von der Vernunft auch erkannt werden. Das absolute Wissen steht somit weder auf der Seite des Seins, noch auf der Seite des Bewusstseins, sondern hebt die Gegensätze auf. Hegel beschreibt in der *Phänomenologie des Geistes* den Weg, den das menschliche Wissen zu durchlaufen hat, um zum Absoluten zu gelangen. Dabei werden die verschiedenen Stufen des Wissens - sinnliche Erfahrung, Wissen des Verstandes und der Vernunft - beschrieben und auf ihren Wahrheitsanspruch geprüft. Die Phänomenologie ist „Wissenschaft der Erfahrung des Bewusstseins". Der Geist beginnt bei der unmittelbaren Sinneswahrnehmung, die von der Annahme des selbstständigen Bestehens der Gegenstände ausgeht und verworfen werden muss. Der Geist entwickelt sich somit über das Selbstbewusstsein bis zum absoluten Wissen. Hegel nennt diesen Prozess der Selbsterkenntnis des Geistes Dialektik. Jede Vorstellung, „These", enthält in sich ihr Gegenteil, die „Antithese", die wiederum nur durch eine „Synthese" aufzulösen ist. Der sich im Menschen bewusste subjektive Geist tritt als objektiver Geist aus der subjektiven Sphäre heraus und gestaltet seine Welt in Kunst, Religion und Philosophie. Die Weltgeschichte ist die Selbstentfaltung des objektiven Geistes. Hegels spekulativer Idealismus mit seinem Anspruch, die ganze Wirklichkeit in einem System zu begreifen, hatte großen Einfluss, z. B. auf den Marxismus und den Existentialismus.

Hauptwerke: *Phänomenologie des Geistes* (1807), *Wissenschaft der Logik* (1812-1816), *Enzyklopädie der philosophischen Wissenschaften* (1817)

Arthur Schopenhauer (1788-1860)
Der aus Danzig stammende Philosoph bezeichnet seine Philosophie als die Erläuterung eines einzigen Gedankens: „Die Welt ist die Selbsterkenntnis des Willens." Die Betrachtung der Welt als bloßer Vorstellung des Bewusstseins ist einseitig. Sie muss durch eine metaphysische Wahrheit, die das Wesen der Welt erklärt, ergänzt werden: Die Vorstellung und die Welt sind die Erscheinung des erkenntnislosen und blinden Willens. Das Wesen der Welt, der Wille, kann mit dem Leib erkannt werden. Schopenhauer weist auf die Möglichkeit hin, sich von der Bestimmung durch den Willen und dem damit verbundenen Leiden zu befreien: in der ästhetischen Kontemplation (die Betrachtung der Ideen in der Kunst), in der Askese und im Mitleid. Mitleid ist auch das Fundament der Moral und das entscheidende Motiv altruistischen Handelns.

Hauptwerk: *Die Welt als Wille und Vorstellung* (1819-1844)

Charles Darwin (1809-1882)
Die Evolutionstheorie des britischen Naturforschers Darwin stellt das christliche Menschenbild auf den Kopf: Der Mensch ist kein von Gott geschaffenes Wesen, das eine unsterbliche Seele besitzt, sondern bloßes Produkt einer Gesetzmäßigkeit der Evolution. Darwin erklärt das Wirken der Natur durch zwei Mechanismen: die natürliche Auslese *(natural selection)* und das Überleben des am besten Angepassten *(survival of the fittest)*. Die Arten passen sich an ihre Umgebung an, jedoch nur die optimal Angepassten überleben und vermehren sich. Somit beruhen die Veränderungen der Arten auf zum Teil auch zufälligen Prozessen, nicht aber auf einer von Gott geschaffenen Zweckbestimmung. Die Veröffentlichung der Evolutionstheorie rief große Kontroversen hervor, die bis heute andauern. Vor allem konservative Theologen, z. B. Vertreter des „intelligent design", kritisieren, dass die göttliche Schöpfung durch naturgesetzliche Abläufe in Frage gestellt werde.

Hauptwerke: *Über den Ursprung der Arten* (1859), *Die Abstammung des Menschen* (1871)

Søren Kierkegaard (1813-1855)
Der dänische Philosoph Kierkegaard ist der Begründer des Existentialismus, der im 20. Jahrhundert zu einer Hauptströmung der Philosophie wird. Seine Ausgangsfrage lautet: Was heißt es, „ein Mensch zu sein"? Für Kierkegaard ist menschliches Existieren ein Akt der Selbstwahl. Diese Selbstwahl wird begleitet von einem Gefühl der Angst, da der Mensch eine Entscheidung treffen muss. Die Freiheit, entscheiden zu müssen, macht den Menschen unsicher: „Die Angst ist der Schwindel der Freiheit." Im Frühwerk *Begriff Angst* stellt Kierkegaard fest, dass die Sünde die Grundbefindlichkeit von Menschsein ist: Jeder Mensch sündigt und kann alleine durch einen „Sprung" in den Glauben erlöst werden. Der Sprung in den Glauben ist die „glückliche Leidenschaft" der Menschen, in der er den „letzten Halt der Immanenz", des Daseins in der Welt, aufgibt. Kierkegaard tritt für eine subjektive Aneignung des Christentums ein und kritisiert das Kirchensystem.

Hauptwerke: *Entweder-Oder* (1843), *Der Begriff Angst* (1844), *Philosophische Brocken* (1844)

Karl Marx (1818-1883)
Der aus Trier stammende Philosoph Karl Marx ist der vielleicht einflussreichste politische Philosoph aller Zeiten. Nach Marx soll die Philosophie die Welt nicht bloß interpretieren, sondern verändern. Er unterscheidet den sogenannten Überbau, das Bewusstsein der Menschen, von den materiellen Besitzverhältnissen, der Basis. Das Denken ist im Besitz begründet. Marx bringt die Geschichte der Menschheit auf eine Formel: Die bisherige Geschichte ist die Geschichte von Klassenkämpfen. Die „Produktionsverhältnisse" zeigen, dass sich der Mensch des 19. Jahrhunderts nicht mehr mit seiner Arbeit identifizieren kann, sondern von ihr entfremdet ist. Die Entfremdung kann nur durch die Aufhebung des Privateigentums und die Revolution des Proletariats überwunden werden. Marx' Gesellschaftstheorie wurde zur Grundlage des Sozialismus und des Marxismus-Leninismus.

Hauptwerke: *Die Deutsche Ideologie* (1846), *Manifest der Kommunistischen Partei* (1848), *Das Kapital* (1867)

Wilhelm Dilthey (1833-1911)
Dilthey begründet die Erkenntnistheorie der Geisteswissenschaften und ist einer der Hauptvertreter der Hermeneutik (die Kunst der Interpretation). Unter dem Einfluss der Naturwissenschaften wurde Ende des 19. Jahrhunderts Disziplinen wie der Philosophie oder der Geschichte ihre Wissenschaftlichkeit abgesprochen. Dilthey bestimmt das Wesen der Geisteswissenschaften, um sie methodisch abzugrenzen. Die empirischen Naturwissenschaften unterscheiden sich von den Geisteswissenschaften, insofern diese erklärend vorgehen, jene verstehend. Dilthey betont, dass das Leben schöpferisch ist und erlebt werden muss, nicht aber vernunfttheoretisch begriffen werden kann. Er ist ein Vertreter der Lebensphilosophie, einer philosophischen Richtung, die auf das praktische Leben gerichtet ist, und beeinflusste die Anthropologie.

Hauptwerke: *Einleitung in die Geisteswissenschaften* (1883), *Die Entstehung der Hermeneutik* (1900), *Der Aufbau der geschichtlichen Welt in den Geisteswissenschaften* (1910)

Friedrich Nietzsche (1844-1900)
Nietzsche ist die Schlüsselfigur, um die Moderne und den durch sie bedingten Traditionsbruch zu verstehen. Von einem Standpunkt „jenseits von Gut und Böse" zerstört er die in der abendländischen Tradition überlieferten Werte und führt einen unerbittlichen Kampf gegen die überlieferte Philosophie, Religion und Moral. Er kritisiert die Philosophie Platons und die Unterordnung des Sinnlichen gegenüber dem Übersinnlichen. Dies habe zu einer „Selbstzerteilung des Menschen" geführt, die das Christentum weiter festschreibt. Der dadurch bedingten Entwertung des Lebens tritt Nietzsche entgegen und betont stattdessen die Wahrheit des Lebens, den „Willen zur Macht". Da sich nach dem von ihm postulierten Tod Gottes die obersten Werte entwerten, fordert er eine neue, am Diesseits orientierte Wertsetzung, die er mit dem oft missverstandenen Gedanken des „Übermenschen" verbindet, der den Sinn des Daseins ins Diesseits setzt.

Hauptwerke: *Die fröhliche Wissenschaft* (1882), *Jenseits von Gut und Böse* (1886), *Zur Genealogie der Moral* (1887), *Also sprach Zarathustra* (1885)

Max Weber (1864-1920)
Webers Analysen des menschlichen Handelns sind Schlüsseltexte der politischen Moderne. Er untersucht den Zusammenhang zwischen dem wirtschaftlichen Handeln und dessen religiösen Grundlagen. Seine vom protestantischen Arbeitsethos geprägte Weltauslegung koppelt die diesseitige Ordnung der Lebensführung an das jenseitige Schicksal. So habe die protestantische Vorstellung einer innerweltlichen Bewährung die Entstehung des modernen Kapitalismus befördert. Weber beschreibt zwei unterschiedliche Haltungen, die politisches Handeln auszeichnen und die miteinander in Einklang gebracht werden müssen: Eine am Erfolg orientierte Verantwortungsethik und eine auf eigenen Überzeugungen basierende Gesinnungsethik. Für wissenschaftliche Lehre und Forschung fordert Weber Wertfreiheit. Empirische Wissenschaften sollen „unbefangen" vorgehen.
Hauptwerke: *Die protestantische Ethik und der Geist des Kapitalismus* (1905), *Politik als Beruf* (1919)

Max Scheler (1874-1928)
Mit Scheler und Helmuth Plessner beginnt die philosophische Anthropologie des 20. Jahrhunderts. In Auseinandersetzung mit den Naturwissenschaften fragt Scheler nach der Sonderstellung des Menschen. Er unterscheidet einen natursystematischen Begriff, der das Wesen des Menschen aus dem gesamten Aufbau der biopsychischen Welt im Verhältnis zu Pflanze und Tier versteht, von einem Wesensbegriff, der sich aus der metaphysischen Sonderstellung des Menschen ergibt. Gemeinsam mit den höheren Tierarten (Primaten) kommt dem Menschen die organisch gebundene praktische Intelligenz zu, die ihn als *homo faber* kennzeichnet. Als Person ist der Mensch Träger des außerhalb der Vitalsphäre des Lebens stehenden Geistprinzips, das ihn prinzipiell vom Tier unterscheidet und durch das er über Weltoffenheit, Selbstbewusstsein und Gegenstandsfähigkeit verfügt. Verbunden mit der Fähigkeit zur Sachlichkeit ist er ein weltoffenes Wesen, das die Umweltgebundenheit des Tieres zu überschreiten vermag.
Hauptwerk: *Die Stellung des Menschen im Kosmos* (1928)

Ernst Cassirer (1874-1945)
Cassirer wurde durch seine Philosophie der symbolischen Formen berühmt. Er bezeichnet den Menschen als „animal symbolicum": Der Mensch unterscheidet sich vom Tier, indem er die Wirklichkeit formt. Hierdurch schafft er sich ein Universum symbolischer Formen, wie z. B. Kunst, Mythos, Wissenschaft, Religion, Recht, Erkenntnis, Technik und Sprache. Cassirer deutet die gesamte geistige Wirklichkeit als eine „Bildwelt", die der Mensch formt und womit er Sinn erzeugt. Er erweitert somit Kants Frage nach der Möglichkeit von Erkenntnis, indem er nach der Möglichkeit von Sinnverstehen fragt. Damit gelingt es Cassirer die verschiedenen Strömungen der Philosophie zu vereinen und von einem höheren Gesichtspunkt aus zu verstehen.
Hauptwerke: *Das Erkenntnisproblem in der Philosophie und Wissenschaft der neueren Zeit* (1906-1920), *Philosophie der symbolischen Formen* (1923-1929)

Karl Jaspers (1883-1959)
Für den deutschen Existenzphilosophen Jaspers ist die Philosophie zunächst eine individuelle Suche nach der Wahrheit. Der Mensch ist jedoch nicht in der Lage, die Wahrheit zu begreifen. Dies wird dem Menschen in Grenzsituationen wie Schuld, Leiden, Tod bewusst: Hier verwirklicht sich Existenz unmittelbar: Dies sind „letzte Situationen, die nicht verändert oder umgangen werden können". Der Einzelne wird zur Möglichkeit geführt, seine „existentielle Freiheit" zu übernehmen. Die Existenz des Menschen ist auf die Transzendenz (das über die Erfahrung Hinausführende) bezogen. Die Metaphysik enthält Zeichen, die Jaspers Chiffren nennt. Eine Chiffre, die unmittelbar zum Menschen spricht, ist beispielsweise das Sein im Scheitern. Die Chiffre ist eine Art Denkerlebnis, das dem Menschen das materiell nicht Erfassbare nahebringt. Jaspers kritisiert die christliche Offenbarungsreligion, die die Transzendenz als eine objektive Realität zu fassen sucht.
Hauptwerke: *Philosophie* (1931), *Die geistige Situation der Zeit* (1931), *Von der Wahrheit* (1947)

Martin Heidegger (1889-1976)
Heidegger ist ein bedeutender, aber wegen seines Engagements für den Nationalsozialismus auch umstrittener Philosoph des 20. Jahrhunderts. Er hat die Strömungen der Philosophie auf eine neue Grundlage gestellt und die Geschichte der Philosophie neu durchdacht. Seine Philosophie übte großen Einfluss auf die Existenzphilosophie, beispielsweise Sartres, aus. In seinem Hauptwerk *Sein und Zeit* stellt er die Frage: „Wie ist es, ein Mensch zu sein?" Seine Antwort lautet, dass sich der Mensch in der „Seinsvergessenheit" befindet: Dieser hat, da er mit bloß innerweltlichen Dingen, dem „Seienden", beschäftigt ist, die Frage nach dem, was das Wesen, das Sein ist, vergessen. Er verrichtet irgendwelche belanglosen Arbeiten und denkt weder an das Leben noch an den Tod. Somit muss der Mensch die Frage nach dem Sinn des Seienden „wieder-holen".

Hauptwerke: *Sein und Zeit* (1927), *Kant und das Problem der Metaphysik* (1929), *Holzwege* (1950), *Was heißt Denken?* (1971)

Helmuth Plessner (1892-1985)
Plessner ist neben Max Scheler einer der Begründer der philosophischen Anthropologie. Er entwickelt den berühmt gewordenen Gedanken der „exzentrischen Position" des Menschen. Der Mensch ist im Gegensatz zum Tier nicht durch angeborene Triebe festgelegt, sondern zeichnet sich durch eine Welt-Offenheit aus. Das Wesen des Lebendigen besteht in der Positionalität. Dies ist die Fähigkeit, zu den Mitmenschen Distanz zu gewinnen. Der Mensch kann im Gegensatz zum Tier zu sich „Ich" sagen. Er ist nicht instinktgesteuert, sondern muss sich entwerfen und zu sich selbst Stellung beziehen. Der Mensch hat keinen bestimmten Standort, sondern dieser ist „utopisch": Der Ort des Menschen ist das Nirgendwo. Mit den anthropologischen Grundgesetzen der natürlichen Künstlichkeit, der vermittelten Unmittelbarkeit und des utopischen Standorts bestimmt Plessner die Eigenheit des Menschen.

Hauptwerk: *Die Stufen des Organischen und der Mensch* (1928)

Arnold Gehlen (1904-1976)
Gehlen führt die philosophische Anthropologie von Max Scheler und Helmuth Plessner fort. Er versteht wie Scheler den Menschen als weltoffen, setzt sich aber von seiner Stufenlehre und der metaphysischen Begründungen des Geistprinzips ab, das über die Erfahrung hinausführt. Auch Gehlen fragt nach der Natur des Menschen und seiner Stellung in der Welt. Das menschliche Verhalten folgt wie das des Tieres dem Prinzip der Selbsterhaltung. Der Mensch ist aber im Gegensatz zum Tier ein nicht festgelegtes Wesen, das sich nur mit Hilfe einer von ihm selbst geschaffenen Kultur Überlebensbedingungen sichern kann. Als „Mängelwesen" und „Handlungswesen" verändert er die natürliche Umwelt durch Technik „ins Lebensdienliche". Eine Gesellschaft kann mit Hilfe der Gründung von Institutionen, aber auch mit Kulturleistun- gen wie Sprache oder Wissenschaft stabilisiert werden.

Hauptwerke: *Der Mensch. Seine Natur und seine Stellung in der Welt* (1940), *Urmensch und Spätkultur* (1956)

Karl Raimund Popper (1902-1994)
Der Wiener Philosoph Popper ist der Begründer des kritischen Rationalismus, einer der bedeutenden Wissenschaftstheorien der Moderne. Er entwickelt eine Position der prinzipiellen Ungewissheit von Wahrheit, indem er nachweist, wie empirische Naturwissenschaften vorgehen. Eine wissenschaftliche Hypothese, z. B. dass alle Schwäne weiß sind, lässt sich nicht als wahr erweisen. Sie kann nur dann, wenn sie falsch ist, widerlegt werden. So wurde festgestellt, dass es schwarze Schwäne gibt. Dies verdeutlicht, dass man sich wissenschaftlicher Hypothesen nicht absolut sicher sein kann. Popper kritisiert das induktive Prinzip, da es nicht möglich ist, von einzelnen Beobachtungen auf ein allgemeines Prinzip zu schließen. Theorien sind somit Vermutungen, die an der Realität getestet werden müssen. Popper wendet sich in gleicher Weise gegen totalitäre Weltdeutungen und Gesellschaftsmodelle.

Hauptwerke: *Die beiden Probleme der Erkenntnistheorie* (1930), *Logik der Forschung* (1935), *Die offene Gesellschaft und ihre Feinde* (1945)

Hans Jonas (1903-1993)
Die Verantwortungsethik von Hans Jonas ist in einem Zeitalter des technisch-wissenschaftlichen Fortschritts, der sowohl Chancen als auch Gefahren birgt, von grundlegender Bedeutung. Sie liefert bis heute Impulse für Umwelt-, Bio- und Medizinethik. In seinem Hauptwerk *Das Prinzip Verantwortung* fordert Jonas, dass ethisches Handeln auch zukünftige Generationen einschließen müsse. Er stellt den Grundsatz auf, dass Existenzrecht und Wesen des Menschen niemals gefährdet werden dürfen. Dazu weitet Jonas Kants Imperativ zu einem Imperativ gesamtmenschheitlicher Verantwortung aus. Er versucht, den anthropozentrischen Standpunkt der traditionellen Ethik zu überwinden, da er der geänderten Situation menschlichen Handelns nicht mehr gerecht wird. Die gesamte Biosphäre des Planeten wird zum Gegenstand menschlicher Verantwortung, da der Mensch in der Lage ist, Naturzwecke intuitiv zu erfassen, sie anzuerkennen und zu bewahren. Somit müssen Ressourcen geschont werden und vor allem dem technisch Möglichen eine Grenze gesetzt werden.
Hauptwerke: *Das Prinzip Verantwortung* (1979), *Technik, Medizin und Ethik* (1987)

Hannah Arendt (1906-1975)
Arendt studierte bei Martin Heidegger und Karl Jaspers und emigrierte wegen ihrer jüdischen Herkunft 1933 nach Paris, später in die USA. „Die Banalität des Bösen“ – auf diese Formel brachte Arendt ihre Erkenntnis aus dem Prozess gegen Adolf Eichmann (1961), einem Hauptverantwortlichen für die Ermordung von Millionen Juden während des 2. Weltkrieges. Für sie ist das Böse im Menschen nicht in Böswilligkeit, sondern in mangelnder Urteilsfähigkeit begründet. Somit ist das Böse etwas, zu dem alle Menschen fähig sind und das von politischen Systemen missbraucht werden kann. Arendt untersucht in ihren Schriften die Wurzeln von totalitären Systemen. Für sie ist das Politische als freies Handeln in der Moderne (durch die notwendige Konzentration auf die lebenserhaltende Arbeit) radikal gefährdet.
Hauptwerke: *Elemente und Ursprünge totaler Herrschaft* (1951), *Vita activa oder Vom tätigen Leben* (1958)

Jean-Paul Sartre (1905-1980)
Sartre ist einer der einflussreichsten Intellektuellen des 20. Jahrhunderts und Mitbegründer der Existenzphilosophie. Der Begriff der Existenz, d. h. das konkrete Dasein des Menschen steht im Mittelpunkt seines Philosophierens. „Der Mensch ist zur Freiheit verurteilt“, lautet sein Schlüsselsatz. Da es, so Sartre, keinen Gott gibt, der den Menschen zu einem bestimmten Zweck geschaffen hat, muss der Mensch sich seinen eigenen Zweck, seine Essenz, selbst setzen: „Der Mensch ist nichts anderes, als wozu er sich selbst macht.“ Die Existenz geht der Essenz voraus. Der Mensch ist als radikal Freier „in das Dasein geworfen“ und erlangt sein Sein, indem er sich selbst entwirft und wählt. Sein Wesen ist das, wozu er sich macht. Dieser absoluten Freiheit korrespondiert eine umfassende Verantwortung des Menschen für sein Tun.
Hauptwerke: *Das Sein und das Nichts* (1943), *Ist der Existentialismus ein Humanismus?* (1945), *Kritik der dialektischen Vernunft* (1960)

Albert Camus (1913-1960)
Nach Camus lässt sich das menschliche Leben einfacher leben, wenn wir akzeptieren, dass es keinen Sinn hat. Er beschreibt vor allem in philosophischen Romanen die Absurditätserfahrung des Menschseins. Sinnsuche und Unerreichbarkeit von Sinn rufen einen Widerspruch hervor. Dieser führt zur „Revolte“ gegen alle Ideologien, die das Streben des Menschen auf zukünftiges Heil richten. Camus' Verständnis der Revolte als permanent, führte zum Bruch mit Sartre, der eine marxistische Revolte, die in der klassenlosen Gesellschaft endet, vor Augen hatte. Der Mensch kann nach Camus durch einen existentiellen „Sprung“ dem Absurden entfliehen und eine vorweggenommene glückliche Todeserfahrung vollziehen. Sinnbild für den absurden Menschen, der ungeachtet der Absurdität glücklich ist, ist die mythologische Gestalt des Sisyphos, der sich sein Schicksal selbst geschaffen hat, es annimmt und weiß, dass es so gut ist. Der absurde Mensch bejaht das Leben.
Hauptwerke: *Der Fremde* (1942), *Der Mythos von Sisyphos* (1942), *Die Pest* (1947), *Der Fall* (1956)

John Rawls (1921-2002)
Die Gerechtigkeitstheorie des amerikanischen Philosophen Rawls stellt einen bedeutenden Beitrag zur politischen Ethik des 20. Jahrhunderts dar. In seiner *Theorie der Gerechtigkeit* greift er die Idee des Gesellschaftsvertrages auf, wie ihn etwa Hobbes, Locke, Rousseau, Kant formuliert haben. Gerecht ist eine Grundordnung, auf die sich ihre Mitglieder unter fairen Bedingungen einigen. In einem hypothetischen Urzustand wählen vernünftige Menschen unter dem „Schleier des Nichtwissens“ die Grundsätze einer „wohlgeordneten“ Gesellschaft: Aus Fairnessgründen dürfen sie in diesem Urzustand nicht wissen, welche Position sie in der Gesellschaft später einnehmen werden, ebenso sind ihnen ihre Zugehörigkeit zu einer Klasse, Religion, Ethnie und besondere Begabungen oder Behinderungen unbekannt. Somit soll die Idee der Gerechtigkeit am Maßstab der Unparteilichkeit geprüft werden. Nach Rawls würden sich die Menschen dann auf Gerechtigkeitsgrundsätze einigen, die Freiheit und Chancengleichheit garantieren.
Hauptwerke: *Eine Theorie der Gerechtigkeit* (1971), *Gerechtigkeit als Fairness* (2001)

Thomas Nagel (*1937)
Wie entsteht das menschliche Leben, worin gründen Vernunft und Geist? In seinem berühmt gewordenen Aufsatz *Wie ist es, eine Fledermaus zu sein?* behauptet der amerikanische Philosoph Nagel, dass wir prinzipiell nichts über fremdes Selbsterleben wissen. Auch wenn wir die Gehirnstruktur beispielsweise einer Fledermaus kennen, wissen wir nicht, wie es ist, eine Fledermaus zu sein. Die naturwissenschaftliche Erklärung kann nicht zur universalen Welterklärung herangezogen werden. Für Nagel ist die Entstehung des Geistes oder des Bewusstseins nicht durch die Materie zu begründen. Somit ist das menschliche Leben nicht bloßes Produkt der Evolution. Der den Naturwissenschaften zugrunde liegende Materialismus ist nach Nagel unzulänglich, um die Entstehung von Geist zu erklären.
Hauptwerke: *Wie ist es, eine Fledermaus zu sein?* (1974), *Was bedeutet das alles? Eine ganz kurze Einführung in die Philosophie* (1987), *Geist und Kosmos* (2013)

Peter Singer (*1946)
Der australische Moralphilosoph Singer vertritt mit utilitaristischen Argumenten eine Tierethik, in der er den höher entwickelten Tieren Bewusstsein und Leidensfähigkeit zuspricht. In seiner Auffassung, dass die Tiere dem Menschen im Leiden gleich gestellt sind, beruft er sich auf die utilitaristische Position von Bentham. Da Tiere Schmerzen empfinden, müssen auch sie in unsere Entscheidungen einbezogen werden. In seiner Ethik entfaltet Singer die Position des Interessen- oder Präferenzutilitarismus, dessen Wertbasis nicht mehr die Maximierung von Lust, sondern die maximale Erfüllung von Interessen ist. Umstritten sind seine Thesen, nur einem Wesen mit Selbstbewusstsein, intentionalen Interessen und Zukunftserwartungen absolutes Lebensrecht zuzugestehen, da dies für ihn entscheidende Kriterien für Personalität darstellen, die nicht nur dem Menschen, sondern auch höheren Tierarten zugesprochen werden müssen.
Hauptwerke: *Praktische Ethik* (1979), *Wie sollen wir leben?* (1999)

Martha Nussbaum (*1947)
Die amerikanische Philosophin und Altphilologin Nussbaum folgt der aristotelischen Idee einer dem Menschen wesentlichen Natur. Sie fragt, welche Fähigkeiten der Mensch entfalten muss, damit er ein gelingendes Leben führen kann. Ihre Theorie des „capability approach“ (Fähigkeitenansatz) benennt konstitutive Bedingungen von Menschsein wie die Bedürfnisse des menschlichen Körpers, emotionale und kognitive Fähigkeiten, soziale Verbundenheit, die Fähigkeit zur praktischen Vernunft oder den Zugang zu Bildung und Information. Aufgabe eines Staates ist es, dem Bürger die materiellen, institutionellen und pädagogischen Bedingungen zur Verfügung zu stellen, um ein gelingendes Leben zu führen. Nussbaum ergänzt die Gerechtigkeitstheorie von Rawls hinsichtlich dreier Aspekte: dem Bürgerstatus behinderter Menschen, der Frage globaler Gleichberechtigung sowie der Berücksichtigung von Tieren.
Hauptwerke: *Gerechtigkeit oder das gute Leben* (1998), *Vom Nutzen der Moraltheorie für das Leben* (2000)

Adorno, Theodor 366
Alain 108, 120
Anaximandros 308
Anaximenes 308
Aquin, Thomas von 130, 332, 340f.
Arendt, Hannah 73, 277f.
Aristoteles 10, 42, 70, 81, 130, 188, 194, 220ff., 272, 281, 313, 380
Asch, Solomon 172
Asimov, Isaac 100
Augustinus 30, 316, 353

Bachmann, Ingeborg 90
Bacon, Francis 141, 157
Badinter, Elisabeth 49
Baggini, Julian 104, 244, 344
Bayertz, Kurt 212
Beauvoir, Simone de 90, 363
Benjamin, Walter 370
Bentham, Jeremy 230f.
Berkeley, George 118f.
Bertram, Georg W. 87
Bichsel, Peter 94
Bielefeldt, Heiner 298f.
Bien, Günther 219
Bieri, Peter 205, 208f.
Birnbacher, Dieter 267
Bloch, Ernst 197, 386f., 393
Blumenberg, Hans 105
Brooks, David 35
Büchner, Georg 124, 336, 377

Camus, Albert 356
Canterbury, Anselm von 338
Carnap, Rudolf 164, 321
Cassirer, Ernst 76
Cervantes, Miguel de 105
Chalmers, Alan Francis 166f.
Cohen, Martin 122, 246

Dali, Salvador 105
Damasio, Antonio R. 139
Darwin, Charles 44f., 57, 175
de la Mettrie, Julien Offray 32
de Waal, Frans 47f., 50f.
della Mirandola, Giovanni Pico 36
Demokrit 328
Descartes, René 83, 116f., 136f., 199, 339
d'Holbach, Paul Thiry 31
Dilthey, Wilhelm 160f.
Drewermann, Eugen 329

Eagleton, Terry 357, 362
Eccles, John C. 23f., 37, 78f.
Edwards, Paul 345
Einstein, Albert 165
Engels, Friedrich 72f.
Enzensberger, Hans Magnus 393
Epikur 224f.
Ernst, Max 312

Fenner, Dagmar 237
Ferry, Luc 345
Feuerbach, Ludwig 343
Feyerabend, Paul 179
Fibonacci, Leonardo 176
Figal, Günther 131
Foerster, Heinz von 128
Forst, Rainer 290
Frankena, William K. 234f.
Franklin, Benjamin 162f.
Frege, Gottlob 89
Freud, Sigmund 71, 195, 342
Frisch, Max 366
Fromm, Erich 21, 361
Fukuyama, Francis 384f.

Galilei, Galileo 80
Geach, Peter 319
Gehlen, Arnold 22, 41, 43, 59, 64, 68, 70f.
Geißler, Heiner 386
Gerhardt, Volker 34f., 119, 211
Glasersfeld, Ernst von 128f.
Gloy, Karen 130
Gryphius, Andreas 80
Guest, Tim 112

Habermas, Jürgen 71, 130, 246, 291
Hartmann, Nicolai 222f.
Hawking, Stephen 174
Hegel, Georg Wilhelm Friedrich 14, 190f., 316, 321, 366, 368, 374ff.
Heidegger, Martin 58, 62, 192, 312, 317, 350f., 355, 358
Heine, Heinrich 8, 334
Heinemann, Fritz 306
Heisenberg, Werner 206
Henrich, Dieter 324f.
Heraklit 310
Herder, Johann Gottfried 40
Hirschberger, Johannes 135
Hobbes, Thomas 282f.
Hoerster, Norbert 215ff., 335
Höffe, Otfried 123, 149, 234, 313
Hölderlin, Friedrich 330
Horkheimer, Max 320, 335, 366
Horster, Detlef 212
Hossenfelder, Malte 218
Huisman, Denis 336, 339f., 343
Humboldt, Wilhelm von 81, 85
Hume, David 144f., 180ff., 199, 242

Jaspers, Karl 11, 38, 309, 348, 353, 363
Jonas, Hans 64, 252f.
Jünger, Ernst 364f.

Kafka, Franz 208
Kant, Immanuel 14f., 17, 23, 34, 119f., 123, 130, 132, 146ff., 182f., 200, 207, 238ff., 275, 278, 292, 307, 366, 372
Kelsen, Hans 296f.
Kierkegaard, Søren 90, 349, 352, 354
Kleist, Heinrich von 148, 196f., 318
Kritias 328
Kues, Nikolaus von 109, 136

Kuhlmann, Wolfgang 247
Kuhn, Thomas S. 176f., 201
Küng, Hans 327
Kurzweil, Ray 154
Kutschera, Franz von 8, 167, 184, 314, 321, 326f., 330

Laktanz 334
Landmann, Michael 65
Law, Stephen 10f., 15, 28, 132f., 154f., 186
Leibniz, Gottfried Wilhelm 142.f. 312, 314, 332, 334
Lenk, Hans 10, 39, 53 76f., 254f.
Levinas, Emmanuel 348, 352, 360
Libet, Benjamin 33
Lichtenberg, Georg Christoph 80
Locke, John 81, 86, 96, 117, 122, 140ff., 256, 283, 288
Lorenz, Konrad 57, 150
Lübbe, Hermann 331
Lyotard, Jean-François 383

Macchiavelli, Niccolo 274
Mackie, John Leslie 337
Malevich, Kazimir 129
Marx, Karl 72f., 378f.
Metzinger, Thomas 125
Mill, John Stuart 232f.
Mittelstraß, Jürgen 60
Mohr, Hans 33, 56
Montaigne, Michel de 37, 40, 52, 80
Montesquieu, Charles de 278, 294
Moravec, Hans 154
Morris, Tom 28f.
Morus, Thomas 388ff.
Musil, Robert 14

Nagel, Thomas 29, 124, 126, 208, 359
Nietzsche, Friedrich 97, 181, 209, 306, 309, 322, 324, 342, 348, 382
Nussbaum, Martha 228f.

Papineau, David 154, 187, 206, 341
Parmenides 311
Pascal, Blaise 344
Patzig, Günther 187, 245
Pfister, Jonas 91
Pieper, Annemarie 213
Platon 12f., 30, 87, 110f., 114f., 134f., 180, 188, 198, 280, 314, 318
Plessner, Helmuth 52f., 55, 66
Pogge, Thomas 299
Polybios 366
Popper, Karl Raimund 13, 23, 37, 78f., 152f., 164f., 177, 373, 393
Portmann, Adolf 45, 47, 67f.
Putnam, Hilary 99

Quante, Michael 257
Quine, William Van Orman 96f.,153, 177

Ravencroft, Ian 124
Rawls, John 286
Rilke, Rainer Maria 62, 178, 354
Rohbeck, Johannes 367ff.
Ropohl, Günter 254f.
Roth, Gerhard 25, 107, 204
Rousseau, Jean-Jacques 50, 284f.
Russell, Bertrand 135

Sartre, Jean-Paul 210, 346ff., 351, 357, 360, 362f.
Scheler, Max 54
Schiller, Friedrich 74, 180, 365, 373
Schleiermacher, Friedrich 326
Schnädelbach, Herbert 34, 131
Schockenhoff, Eberhard 204
Schöne-Seifert, Bettina 261ff.
Schopenhauer, Arthur 105, 192f., 227, 317, 319
Schwanitz, Dietrich 158
Searle, John 111, 204
Seel, Martin 85, 113, 184
Seneca 226
Shakespeare, William 86
Simon-Schaefer, Roland 315
Singer, Peter 27, 235
Singer, Wolf 204
Sokrates 110f., 134f., 188
Spinoza, Baruch de 293, 333
Steenblock, Volker 65, 156
Stendhal 180
Stirner, Max 348, 361f.

Tarski, Alfred 170
Taylor, Charles 279
Thales 308
Thyen, Anke 38f.
Tomasello, Michael 67, 70
Trabant, Jürgen 58
Treichel, Hans-Ulrich 380
Tugendhat, Ernst 82f., 247
Turing, Alan 154

Verdroß, Alfred 297
Vollmer, Gerhard 150f.

Walzer, Michael 287
Watzlawick, Paul 129, 166, 227
Weber, Max 250, 276, 293
Weischeidel, Wilhelm 209, 211
Weizsäcker, Richard von 293
Welsch, Wolfgang 113
Werder, Lutz von 361
White, Hayden 380f.
Wild, Markus 63
Wilde, Oscar 393
Williams, Bernard 28, 233
Wittgenstein, Ludwig 15, 80f. 90f., 92f., 94f.
Wittwer, Héctor 359
Wolf, Christa 24
Wolf, Ursula 27

Xenophanes 328

Zimmer, Dieter E. 46
Zoglauer, Thomas 260f., 263,. 271

Abstammung des Menschen 44f.
Absurdität 356f.
analytische Erkenntnistheorie 152f.
Angst 354f.
animal rationale / rationabile 34f., 38f.
Anthropologie 18ff.
Anthropologie, philosophische 38f.
Arbeit 72f.
Ästhetik 180ff.
Augenblick 352

Bedeutung 88ff.
Bedürfnishierarchie 233
Begriffe 140f.
Bewusstsein 22ff., 256
Bildung 158f.
Bindung 48

Challenger-Tragödie 251

Dammbruchargumentation 262f.
Dauer 122f.
Deduktion 164f., 201
Denkstrukturen 56
Dialektik 320f.
Dilemma 236f., 302, 320
Dinge 62f.
Diskursblocker 268f.
Diskursethik 246ff.
Dualismus 31

Elemente 308
Embryonenselektion 260f.
Empathie 48
Empirismus 140ff.
Entfremdung 72f.
Erfahrung 144ff.
Erfahrung, ästhetische 184f.
Erinnern 134f.
Erkenntnis 130ff., 198f.
Erkenntnistheorie 150ff.
Erkenntnistheorie, evolutionäre 56, 150f.
Ersatzbefriedigung 195
Erscheinung 118f.
Ethik 202ff.
Ethik, normative 216
Eudämonismus 219
Evidenz 132
Evolution 44f., 56f., 78f., 175
Evolution, wissenschaftliche 177
evolutionäre Erkenntnistheorie 56, 150f.
Ewigkeit 316f.
Existenz 346f., 350f., 358f.
Existenzialismus 346ff.
Experiment 162f., 172
exzentrische Positionalität 55

Fairness 286
Farbwahrnehmung 106f.
Fehlschluss 268
Fiktion 380f.
Filmanalyse 98ff.
Fragen 8f., 307
Freiheit 204ff., 278, 348f., 376
Freude 230f.
Fürsorgeverantwortung 254f.

Gedankenexperiment 300f.
Gefühle 26f.
Gegenstand 86f.
Gehirn 126f.
Geist 28f., 32f., 78f., 124f.
Geisteswissenschaften 158f.
Gerechtigkeit 286
Geschichte 364ff.
Geschichtskritik 382f.
Geschichtsmodelle 366f.
Geschmack 182f.
Gesellschaftsvertrag 285
Gesetz, moralisches 238
Gewalt 276f.
Gewaltenteilung 294f.
Gewissenskonflikt 250f.
Glauben 328f., 334f.
Glück 218ff.
Gott 332f.
Götterglauben 328f.
Gottesbeweise 338ff.
Grenzsituationen 352f.
Grundfähigkeiten 229

Hand als Werkzeug 42f.
Handlungsfreiheit 208f.
Handlungsutilitarismus 234f.
Handlungsverantwortung 254f.
Handlungswesen 41
Hedonismus 219
hedonistisches Kalkül 231
Heil 344f.
Hermeneutik 201
Herrschaft 276f.
Heuristik der Furcht 253
Hirnentwicklung 56f.
Hirnforschung 205
Höhlengleichnis 114f., 198
homo faber 66f.

Ideenlehre 135, 198
Identität 24ff., 28f., 256f.
Imperativ, kategorischer 245
Imperativ, utilitaristischer 234
Individuum, autonomes 211
Induktion 164f., 201
Institutionen 70f.
Intuitionismus 214f.

Kategorien 200
Katharsis 194
Kausalität 206f.
Klassenkampf 378f.
Klon 270f.
Kognitivismus 214f.
Kohärenztheorie 171
Konsens 247
Konsenstheorie 171
Konstruktivismus 128f.
Kontingenz 330f.
Körper 28f., 32f.
Korrespondenztheorie 170f.
kosmologisch-teleologischer Gottesbeweis 340f.
Kosmos 314f.
Kultur 64ff.
Kultus 194
Kunst 186ff.
künstliche Intelligenz 154f.

Leben, glückliches 226f.
Leben, gutes 228f.
Lebensende 264f.
Lebenssinn 362f.
Leib 30f.
Leid 230f.
Liebe 360f.
Literatur 380f.
Lust 224f.

Macht 276f., 294
Mängelwesen 40f.
Maschinen 83, 98ff.
Materie 32f.
Mehrheitsmeinung 172
Meinung 132f.
Mensch 20ff.
Mensch – Tier 43ff., 50ff., 82f.
Mensch, Definitionen 20f., 38f.
Menschenrechte 298f.
Menschenwürde 248f., 298f.
Metaphern 96f.
Metaphysik 304ff.
Metaphysikkritik 322f.
Mimesis 188
Monismus 31
Moral 212f., 274, 292f.
Moraltest 244
Mutterschaft 48f.

Nachahmung 188f.
Naturrecht 297
Naturwissenschaften 158f.
Naturzustand 282f.
Neurophilosophie 127
Nichts 312f., 351
Nutzenprinzip 234
Nützlichkeit 230ff.

Ökonomie 378f.
Ontologie 312f.
ontologischer Gottesbeweis 338f.
Organspende 266f.

Paradigma 176f., 201
Paradoxie 122

Patientenverfügung 264
Person 26f., 256f.
Pflicht 242f.
Philosophie der Freude 224f.
Philosophie, Disziplinen 16f.
Philosophie, Einführung 8ff.
Philosophie, Ursprung 308f.
Politik 272ff.
Präferenzutilitarismus 235
Pragmatismus 172f.
Präimplantationsdiagnostik 262f.
Prinzip des größten Glücks 233f.
Prinzip Verantwortung 252f.
Privatsprache 94f.

Rationalismus 138ff., 152
Raum 120f.
Realismus, externer 111
Realität, virtuelle 112f.
Recht 292f., 296f.
Rechtsstaat 290f.
Regeln des Zusammenlebens 300ff.
Regelutilitarismus 234f.
Relativismus, ethischer 213
Religion 326ff.
Religionskritik 342f.
Revolution, wissenschaftliche 176f., 201
Rollenverantwortung 254f.

Schönheit 180f., 190f.
Schöpfung 258f.
Seele 30f., 318
Seelenlehre 222
Sein 312f., 350ff.
Selbstbestimmung 210f.
Selbsterforschung 22f.
Sinn 330f.
Sinne 108f.
Sonderstellung des Menschen 36f., 54f.
Sorge 354f.
Spiel 74f.
Sprache 58f., 80ff.
Sprachfunktion 84
Sprachspiel 92f.
Staat 280f., 293
Stammesgeschichte 46f.
Stammzellforschung 260f.
Staunen 10f., 309
Sterbehilfe 265
Sterben 358f.
Subjekt 25
Subjekt – Objekt 198, 200
Syllogismus 215
Symbole 76f.
Synthetische Biologie 258f.

Täuschung 106ff.
Technik 64ff.
Theodizee 334f.
Theorie 164ff., 176f., 201
These – Antithese 207
Tit for tat 302f.
Tod 358f.
Todeskriterium 266
Toleranz 288ff.
Transzendentalphilosophie 148f., 200
Traum und Wirklichkeit 116f.
Triebe 68
Tugend 222f.

Ungleichheit 284f.
Unglück 227
Unsterblichkeit 318f.
Urgrund 308
Ursache 144f., 206, 332
Urteil, ästhetisches 182f.
Urteile, analytische und synthetische 146f.
Urteile, moralische 214ff.
Utilitarismus 230ff.
Utopie 196, 386ff.

Verantwortung 250ff.
Verantwortungsbereiche 254f.
Verifizierbarkeit 168f.
Vernunft 34f., 207, 320f., 372ff.
Vernunft, moralisch-praktische 239ff.
Verpflichtungsurteil 216
Vertragstheorie 282f.
Vollkommenheit 226f.
Vorstellung 118f.

Wahrheit 130ff., 168ff., 190f.
Wahrheitstheorien 170f.
Wahrnehmung 104ff.
Weltanschauung 326f.
Weltbild 174f., 201, 310f.
Weltoffenheit 54, 61
Werkzeug 42
Werturteil 216
Wesen 346f.
Wille, guter 240f.
Willensfreiheit 208f.
Wirklichkeit 104ff.
Wirkung 144f.
Wissen 110f., 130ff.
Wissenschaft 156ff., 201
Wissenschaftskritik 178f.
Wort 86f., 96f.
Würde 248f., 298f.

Zeichen 86f., 90f.
Zeit 122f., 316f., 370f.
Ziel 220
Zweck 249
Zweifel 136f., 144f., 336

Einführung in die Philosophie

Aristoteles: Metaphysik. Neubearbeitung der Übersetzung von Hermann Bonitz . Gr.-dt. Hamburg 1991. Meiner

Bochenski, Joseph Maria: Europäische Philosophie der Gegenwart. 2. Auflage. Bern 1951. A. Francke

Hegel, Georg Wilhelm Friedrich: Über den Vortrag der Philosophie auf Gymnasien, in: Werke in 20 Bänden. Bd. 4. Redaktion Eva Moldenhauer und Karl Markus Michel. Frankfurt am Main 1970. Suhrkamp

Heine, Heinrich: Werke. Ausgewählt und herausgegeben von Marin Greiner. Bd 1. Köln-Berlin o. J. Kiepenheuer&Witsch

HumeJaspers, Karl: Einführung in die Philosophie. München 1980. Piper

Kant, Immanuel: Logik. Akademie Textausgabe. Band IX. Berlin 1968. de Gruyter

Kunzmann, Peter / Burkard, Franz-Peter / Widmann, Franz: dtv-atlas zur Philosophie. Tafel und Texte. München 1991

Kutschera, Franz von: Die großen Fragen. Berlin 2000. de Gruyter

Law, Stephen: Philosophie. Übersetzt von Dr. Klaus Binder und Bernd Leineweber. München 2008. Dorling Kindersley

Lenk, Hans: Wozu Philosophie? München 1974. Piper

Musil, Robert: Die Verwirrungen des Zöglings Törless, in: Gesammelte Werke. Bd. 2. Hrsg. von Adolf Frisé. Reinbek bei Hamburg 1978. Rowohlt

Osborne, Richard: Philosophie. Eine Bildergeschichte für Einsteiger. Aus dem Englischen von Birger Brinkmeier. München 1996. Fink

Platon: Das Gastmahl. Bearbeitet von Dietrich Kurz. Werke in 8 Bänden. Band 3. Griechisch-deutsch. Darmstadt 1990. Wissenschaftliche Buchgesellschaft

Platon: Theätet. Griechisch-Deutsch. Übersetzt und herausgegeben von Ekkehard Martens. Stuttgart 1981. Reclam

Popper, Karl R.: Lesebuch. Hrsg. von David Miller. Tübingen 2000. UTB

Popper, Karl R.: Logik der Forschung. Übersetzt von Leonhard Walentik. 11. Auflage. Tübingen 2005. Mohr/Siebeck

Wittgenstein, Ludwig: Philosophische Bemerkungen. Aus dem Nachlass herausgegeben von Rush Rhees. Werkausgabe, Bd. 2. Frankfurt am Main 1993. Suhrkamp

Was ist der Mensch? – Anthropologie

Der Mensch als Gegenstand seiner Reflexion

Augustinus: Bekenntnisse. Übertragen und eingeleitet von Hermann Hefele. Köln 1958. Eugen Diederichs

Brooks, David: Das soziale Tier. Aus dem amerikanischen Englisch von Thorsten Schmidt. München 2011. Deutsche Verlagsanstalt

de la Mettrie, Julien Offray: L'homme machine. Die Maschine Mensch. Übersetzt und herausgegeben von Claudia Becker. Französisch-deutsch. Vollständige Neuausgabe mit neuer deutscher Übersetzung und dem französischen Text. Philosophische Bibliothek Band 407. Hamburg 1990. Felix Meiner

d'Holbach, Paul Thiry: Von der Seele und vom System der Spiritualität, in: ders.: System der Natur. Übersetzt von Georg Voigt. Frankfurt am Main 1978. Suhrkamp

Diemer, Alwin: Elementarkurs Philosophie. Philosophische Anthropologie. Düsseldorf/Wien 1978. Econ

Fromm, Erich: Die Revolution der Hoffnung. Übersetzt von Ernst und Liselotte Mickel. Stuttgart 1971. Klett

Gehlen, Arnold: Der Mensch – Seine Natur und Stellung in der Welt. 9. Auflage. Frankfurt am Main 1971. Athenäum

Gerhardt, Volker: Vernunft als Merkmal eigenen Verhaltens, in: ders.: Selbstbestimmung, Das Prinzip der Individualität. Stuttgart 1999. Reclam

Hoerster, Norbert: Abtreibung im säkularen Staat. Frankfurt am Main 1991. Suhrkamp

Jaspers, Karl: Einführung in die Philosophie. München 1971. Piper

Kant, Immanuel: Anthropologie in pragmatischer Hinsicht. Kants Werke. Akademie Textausgabe. Band VII. Berlin 1968. de Gruyter

Keupp, Heiner: Identitätskonstruktionen: Das Patchwork der Identitäten in der Spätmoderne. Hamburg 1999

Landmann, Michael: Philosophische Anthropologie. Menschliche Selbstdeutung in Geschichte und Gegenwart. Berlin 1969. de Gruyter

Law, Stephen: Philosophie. Abenteuer Denken. Aus dem Englischen von Anne Braun. 2. Aufl. Würzburg 2004. Arena

Lenk, Hans: Das flexible Vielfachwesen. Einführung in die moderne philosophische Anthropologie zwischen Bio-, Techno- und Kulturwissenschaften. Weilerswist 2010. Velbrück Wissenschaft

Libet, Benjamin: Mind Time. Wie das Gehirn Bewusstsein produziert. Übers. v. Jürgen Schröder. Frankfurt am Main 2005. Suhrkamp

Löw-Beer, Martin: Zur Einschätzung von Gefühlen und Gefühlsleben, in: Zur Philosophie der Gefühle. Hrsg. von Hinrich Fink-Eitel und Georg Lohmann. Frankfurt am Main 1993. Suhrkamp

Mohr, Hans: Natur und Moral. Ethik in der Biologie. Darmstadt 1987. Wissenschaftliche Buchgesellschaft

Montaigne, Michel de: Essais. Erste moderne Gesamtübersetzung von Hans Stilett. Frankfurt am Main Frankfurt am Main1998. btb (Goldmann)

Morris, Tom: Philosophie für Dummies. Übersetzt aus dem Amerikanischen von Aref Banakonandeh. Sonderausgabe. Weinheim 2005. Wiley-Vch Verlag

Nagel, Thomas: Was bedeutet das alles? Eine ganz kurze Einführung in die Philosophie. Aus dem Englischen übersetzt von Michael Gebauer. Stuttgart 1990. Reclam

Nietzsche, Friedrich: Menschliches, Allzumenschliches. Werke in drei Bänden. Bd. 1. Hrsg. von Karl Schlechta. Darmstadt 1960. 2. Aufl. Wissenschaftliche Buchgesellschaft

Pico della Mirandola, Giovanni: De dignitate hominis. Lateinisch und Deutsch. Übersetzer: Frank-Rutger Hausmann und Hans H. Reich. Bad Homburg 1968. Verlag Max Gehlen

Platon: Phaidros, in: ders.: Werke in 8 Bänden. Griechisch und deutsch. Band 5: Phaidros. Parmenides. Epistolai (Briefe). Bearb. von Dietrich Kurz. Darmstadt 21990. WBG

Popper, Karl R. / Eccles, John C.: Das Ich und sein Gehirn. München, Zürich 1982. 11. Auflage 2012. Piper

Roth, Gerhard: Denken, Fühlen, Handeln. Wie das Gehirn unser Verhalten steuert. Frankfurt am Main 2001. Suhrkamp

Schnädelbach, Herbert: Vernunft, in: Martens, Ekkehard / Schnädelbach, Herbert: Philosophie. Ein Grundkurs. Reinbek b. Hamburg 1985. Rowohlts Enzyklopädie

Singer, Peter: Praktische Ethik. Aus dem Englischen übersetzt von Oscar Bischoff, Jean-Claude Wolf, Dietrich Klose, Susanne Lenz. 3. rev. und erw. Ausgabe, Stuttgart 2013. Reclam

Thyen, Anke: Wer sind wir? Zum Streit über das Lebewesen Mensch, in: Herbert Schnädelbach et al.: Was können wir wissen, was sollen wir tun? Zwölf philosophische Antworten. Reinbek 2009. Rowohlt

Williams, Bernard: Probleme des Selbst. Philosophische Aufsätze 1965-1972. Aus dem Englischen übersetzt von Joachim Schule. Stuttgart 1978. Reclam

Wolf, Christa: Kindheitsmuster. Darmstadt und Neuwied 1979. Luchterhand

Wolf, Ursula: Gefühle im Leben und in der Philosophie, in: Zur Philosophie der Gefühle. Hrsg. von Hinrich Fink-Eitel und Georg Lohmann. Frankfurt am Main 1993. Suhrkamp

Der Mensch als Teil der Natur

Aristoteles: Über die Teile der Tiere (IV 10; 686a-687b). Griechisch und deutsch mit sacherklärenden Anmerkungen herausgegeben von Alexander von Frantzius. Neudruck der Ausgabe Leipzig 1853. Aalen 1978. Scientia

Darwin, Charles: Die Abstammung des Menschen. Übersetzt von Heinrich Schmidt, Jena. Mit einer Einführung von Christian Vogel, Göttingen. Stuttgart, 4. Auflage, 1982. Alfred Kröner Verlag

de Waal, Frans: Der Affe in uns. Warum wir sind, wie wir sind. Übersetzt von Hartmut Schickert. München 2006. Carl Hanser Verlag

de Waal, Frans: Der Affe und der Sushimeister. Das kulturelle Leben der Tiere. 3. Teil: Die menschliche Natur. Wie wir uns selbst sehen. Übersetzt von Udo Rennert. München/Wien 2002. Carl Hanser Verlag

Decker, Julia: Interview Süddeutsche Zeitung Magazin mit der Hebamme Irene Stadelmann, 20/2011, http://sz-magazin.sueddeutsche.de/texte/anzeigen/35750/Junge-Muetter-muessen-sich-auch-mal-locker-machen (Stand: 26.09.2013)

Gehlen, Arnold: Der Mensch, Seine Natur und seine Stellung in der Welt. 9. Auflage. Frankfurt/Main 1971. Athenäum

Heidegger, Martin: Unterwegs zur Sprache. Pfullingen 1959. Neske-Verlag

Herder, Johann Gottfried: Abhandlung über den Ursprung der Sprache. Hrsg. v. Hans Dietrich Irmscher. Stuttgart 1966. Reclam

Lenk, Hans: Wozu Philosophie? Eine Einführung in Frage und Antwort. München 1974. Piper Verlag

Lethmate, Jürgen: Vom Affen zum Halbgott, in: Funkkolleg Der Mensch. Anthropologie heute. Deutsches Institut für Fernstudien an der Universität Tübingen. Tübingen 1992

Lorenz, Konrad: Die Rückseite des Spiegels. Versuch einer Naturgeschichte menschlichen Erkennens. 4. Auflage, München 1980. dtv

Mohr, Hans: Natur und Moral. Ethik in der Biologie. Darmstadt 1987. Wissenschaftliche Buchgesellschaft

Montaigne, Michel de: Les Essais (1572 –1592), Apologie des Raimond Sebond. Die Essais, ausgewählt übertragen und eingeleitet von Arthur Franz. Stuttgart 1969. Reclam

Plessner, Hellmuth: Mensch und Tier (1946); hier zitiert nach: Linnemann, Manuela: Brüder – Bestien- Automaten. Das Tier im abendländischen Denken. Erlangen 2000, Harald Fischer Verlag

Plessner, Helmuth: Die Stufen des Organischen und der Mensch. Berlin 1975. Walter de Gruyter

Portmann, Adolf: Zoologie und das neue Bild vom Menschen. Biologische Fragmente zu einer Lehre vom Menschen. Reinbek b. Hamburg 1956. Rowohlt

Rousseau, Jean-Jacques: Abhandlung über den Ursprung und die Grundlagen der Ungleichheit unter den Menschen (1755). Herausgegeben und übersetzt von Philipp Rippel. Stuttgart 1999. Reclam

Sandberg, Britta: Elisabeth Badinter: Frauen sind keine Schimpansen, in: DER SPIEGEL 34/2010 vom 23.08.2010

Scheler, Max: Die Stellung des Menschen im Kosmos (1928). 10. Auflage, Bern 1983. Francke

Trabant, Jürgen: Artikulationen. Historische Anthropologie der Sprache. Frankfurt am Main 1998, Suhrkamp

Zimmer, Dieter E.: Unsere erste Natur. Die biologischen Ursprünge menschlichen Verhaltens. Frankfurt/ Berlin/ Wien 1982. Ullstein

Der Mensch als Wesen, das Kultur hat

Arendt, Hannah: Vita activa. München 1967. Piper

Aristoteles. Politik. Nach der Übersetzung von Franz Susemihl. Hrsg. von Nelly Tsouyopoulos und Ernesto Grassi. München 1968. Rowohlt

Bartsch, Udo: Mensch, langweile dich nicht – spiele!. FAZ Sonntagszeitung vom 13.07.12, Nr. 28

Buytendijk, Frederik Jacobus Johannes: Das menschliche Spielen, in: Neue Anthropologie. Hrsg. von Hans-Georg Gadamer und Paul Vogler. Band 4 Kulturanthropologie. München 1973. dtv

Cassirer, Ernst: Philosophie der symbolischen Formen. Darmstadt 1954. Wissenschaftliche Buchgesellschaft

Freud, Sigmund: Abriss der Psychoanalyse. Das Unbehagen in der Kultur. Frankfurt am Main 1972. Fischer Taschenbuch

Gehlen, Arnold: Anthropologische Forschung. Zur Selbstbegegnung und Selbstentdeckung des Menschen. Reinbek b. Hamburg 1961. Rowohlt

Gehlen, Arnold: Der Mensch – Seine Natur und Stellung in der Welt. 9. Aufl. Frankfurt am Main 1971. Athenäum

Habermas, Jürgen: Kultur und Kritik. Frankfurt am Main 1980. Suhrkamp

Heidegger, Martin: Der Ursprung des Kunstwerkes, in: ders. Holzwege. 4. Aufl. Frankfurt am Main 1963. Klostermann

Hügli, Anton / Lübcke, Poul (Hrsg.): Philosophielexikon. Personen und Begriffe der abendländischen Philosophie von der Antike bis zur Gegenwart. Reinbek b. Hamburg 1997. Rowohlt

Jonas, Hans: Das Prinzip Verantwortung. Versuch einer Ethik für die technologische Zivilisation. 3. Aufl. Frankfurt am Main 1985. Insel Verlag

Konersmann, Ralf: Kultur und Kulturphilosophie. Kiel 2012. Originalbeitrag

Kruse, Uta: Die Dinge des Lebens, in: DIE ZEIT, 25/1995. http://www.zeit.de/1995/25/Die_Dinge_des_Lebens (Stand: 26.09.2013)

Landmann, Michael: Philosophische Anthropologie. Menschliche Selbstdeutung in Geschichte und Gegenwart. Berlin 1969. de Gruyter

Lenk, Hans: Das flexible Vielfachwesen. Einführung in die moderne philosophische Anthropologie zwischen Bio-, Techno- und Kulturwissenschaften. 2009. Velbrück Wissenschaft. http://www.velbrueck-wissenschaft.de/pdf_ausfuehrlich/978-3-938808-59-7.pdf (Stand: 26.09.2013)

Marx, Karl / Engels, Friedrich: MEW. Das Kapital. / Ergänzungsband. Schriften – Manuskripte – Briefe bis 1844. Erster Teil. Berlin 1962 / 1977. Dietz

Marx, Karl: Frühschriften, in: MEW. Ergänzungsband 1. Berlin 1981. Dietz

Mittelstraß, Jürgen: Die Leonardo-Welt. Frankfurt am Main 1992. Suhrkamp

Plessner, Helmuth: Die Stufen des Organischen und der Mensch. Berlin 1975. de Gruyter

Popper, Karl R. / Eccles, John C.: Das Ich und sein Gehirn. München, Zürich 1982. Piper

Portmann, Adolf: Biologie und Geist. Frankfurt am Main 1956. Suhrkamp

Portmann, Adolf: Im Kampf um das Menschenbild, in: ders.: Um das Menschenbild. Biologische Beiträge zu einer Anthropologie. Stuttgart 1979. Reclam

Rilke, Rainer Maria: Briefe. Hrsg. vom Rilke-Archiv in Weimar. In Verbindung mit Ruth Sieber-Rilke, besorgt durch Karls Altheim. Wiesbaden 1950. Insel-Verlag

Schiller, Friedrich: Über die ästhetische Erziehung des Menschen. Ausgewählte Werke. Hrsg. und eingeleitet von Ernst Müller. Bd. V. Stuttgart 1955. Kohlhammer

Sommer, Volker: Homo ludens, in: Funkkolleg Der Mensch. Anthropologie heute. Deutsches Institut für Fernstudien an der Universität Tübingen. Tübingen 1992

Spree, Axel: Arbeit, in: UTB - Handwörterbuch Philosophie, http://www.Philosophie- woerterbuch.de/ (Stand: 26.09.2013)

Steenblock, Volker: Die großen Themen der Philosophie. Eine Anstiftung zum Weiterdenken. Darmstadt 2003. Wissenschaftliche Buchgesellschaft

Tomasello, Michael: Die kulturelle Entwicklung des menschlichen Denkens. Zur Evolution der Kognition. Aus dem Englischen von Jürgen Schröder. Frankfurt 2002. Wissenschaftliche Buchgesellschaft

Tomasello, Michael: Warum wir kooperieren. Aus dem Englischen von Henriette Zeidler. edition unseld 36. Berlin 2010. Suhrkamp

Wild, Markus: Der Mensch ist das Tier, das eine Welt hat, in: ders.: Tierphilosophie zur Einführung. Hamburg 2008. Junius

Der Mensch als Sprachwesen

Bachmann, Ingeborg: Frankfurter Vorlesungen: Probleme zeitgenössischer Dichtung, I Fragen und Scheinfragen, in: Christine Koschel / Inge von Weidenbaum / Clemens Münster (Hg.): Ingeborg Bachmann – Werke. Vierter Band: Essays, Reden, Vermischte Schriften. München und Zürich 1978. Piper

Beauvoir, Simone de, http://www.zitate-online.de/sprueche/kuenstler-literaten/16996/der-mensch-ist-ein-sprachbegabtes-tier-und.html (Stand: 16.05.2012)

Berman, John: Interview mit Kanzi – einem Bonobo, http://brightsblog.wordpress.com/2007/06/02/interview-mit-kanzi-einem-bonobo/ (Stand: 16.05.2012)

Bertram, Georg W.: Sprachphilosophie zur Einführung. Dresden 2011. Junius

Bichsel, Peter: Kindergeschichten. Darmstadt 1986. Luchterhand

Descartes, René: Bericht über die Methode – Französisch-Deutsch. Übersetzt und herausgegeben von Holger Ostwald. Stuttgart 2001. Reclam

Die Bibel. Einheitsübersetzung der Heiligen Schrift. Gesamtausgabe. Stuttgart, Auflage 2007. Verlag Katholisches Bibelwerk GmbH

Frege, Gottlob: Sinn und Bedeutung, in: ders.: Funktion, Begriff, Bedeutung – Fünf logische Studien. Göttingen 1962. Vandenhoeck & Ruprecht

Galilei, Galileo: Il Saggiatore, zitiert nach: Ehrhard Behrends: Ist Mathematik die Sprache der Natur? Mitteilungen der Mathematischen Gesellschaft Hamburg 29 (2010), 53-70, http://page.mi.fu-berlin.de/bhrnds/publ_papers/sprachedernatur_hamburg.pdf (Stand: 16.05.2012)

Gryphius, Andreas: Leo Armenius. Der fünffte Eingang. Reyen der Höfflinge, Zusatz 541. Stuttgart 1996. Reclam, http://gutenberg.spiegel.de/buch/2207/7 (Stand: 16.05.2012)

Humboldt, Wilhelm von: Über die Verschiedenheit des menschlichen Sprachbaues und ihren Einfluss auf die geistige Entwicklung des Menschengeschlechtes (d. i. Einleitung zu: Über die Kawi-Sprache auf der Insel Java; 1836), in: ders.: Schriften zur Sprache. Hrsg. von Michael Böhler. Stuttgart 1992. Reclam

Kierkegaard, Søren, zitiert nach: Horst Hanisch: Das große Buch der Rhetorik. Zweite Auflage. Bonn 2012. Books on Demand

Lewandowski, Theodor: Linguistisches Wörterbuch in drei Bänden. Band 3: S-Z. Artikel zum Stichwort „Sprachfunktionen“. Heidelberg und Wiesbaden, 5. Aufl. 1990. Quelle & Meyer

Lichtenberg, Georg Christoph: Aus den Sudelbüchern, J 443, http://www.zeno.org/Literatur/M/Lichtenberg,+Georg+Christoph/Aufzeichnungen+und+Aphorismen/%5BAus+den+%C2%BBSudelb%C3%BCchern%C2%AB%5D/%5BAus+%C2%BBSudelbuch%C2%AB+J%5D (Stand: 16.05.2012)

Locke, John: Versuch über den menschlichen Verstand. In vier Büchern. Band 2. Buch III und IV. Übersetzt von Carl Winckler. Philosophische Bibliothek. Band 76. Hamburg, 4., durchges. Auflage 1981. Felix Meiner

Maak, Niklas: Wolkig ist besser. FAZ am Sonntag vom 24.07.2011, http://m.faz.net/aktuell/feuilleton/apple-headquarter-wolkig-ist-besser-11113306.html (Stand: 17.01.2013)

Montaigne, Michel de: Essais. 2. Auflage. Herausgegeben von Ralph-Rainer Wuthenow, übertragen von Joachim Bode. Frankfurt am Main, 1980. Insel

Nietzsche, Friedrich: Werke in drei Bänden. Bd. 3. Hrsg. von Karl Schlechta. Darmstadt 1960. 2. Aufl. Wissenschaftliche Buchgesellschaft

Perse, Saint-John, zitiert nach: Horst Hanisch: Das große Buch der Rhetorik. Zweite Auflage. Bonn 2012. Books on Demand

Pfister, Jonas: Philosophie – Ein Lehrbuch. Stuttgart 2006. Reclam

Platon: Kratylos oder über die Richtigkeit der Namen, 1-2, in: ders.: Sämtliche Dialoge. Band 2. Herausgegeben von Otto Apelt. Hamburg 1993. Felix Meiner

Prechtel, Peter: Artikel „Privatsprache“, in: Glück, Helmut (Hg.): Metzler Lexikon Sprache. Stuttgart und Weimar, 3. Aufl. 2005. J. B. Metzler

Quine, Willard Van Orman: Theorien und Dinge. Übersetzt von Joachim Schulte. Frankfurt am Main 1985. Suhrkamp

Seel, Martin: Ist die Sprache ein Medium?, in: Die Zeit 05/1999 vom 28.01.1999

Shakespeare, William: Romeo und Julia. Zweisprachige Ausgabe. Übersetzt von Frank Günther. München 1995. dtv

Spiegel Special 04/2003

Swedenborg, Emanuel: Himmel und Hölle. Übersetzt von Johann Friedrich Immanuel Tafel im Jahre 1873. Herausgegeben von Hans J. Hube. Wiesbaden 2005. Marix

Traufetter, Gerald: Stimmen aus der Steinzeit, in: Der Spiegel 43/2002

Tugendhat, Ernst: Anthropologie statt Metaphysik. München 2007. C. H. Beck

Wittgenstein, Ludwig: Philosophische Untersuchungen, in: Rush Rees (Hg.): Ludwig Wittgenstein – Schriften in acht Bänden. Band 1. Frankfurt am Main 1964. Suhrkamp

Wittgenstein, Ludwig: Tractatus logico-philosophicus / Logisch-philosophische Abhandlung. Frankfurt am Main 71969. Suhrkamp

Zeit online / dpa: „Döner-Mord“ ist Unwort des Jahres, http://www.zeit.de/gesellschaft/2012-01/unwort-des-jahres (Stand: 17.01.2012)

Methode: Filmanalyse

Asimov, Isaac: Der Zweihundertjährige, in: ders.: Alle Robotergeschichten. Übersetzt von Wulf-H. Bergner. Köln 1987. Bastei Lübbe

Fromme, Claudia: Man kann mit Robotern eine Ehe führen, in: Süddeutsche Zeitung vom 8./9.12.2007, http://www.sueddeutsche.de/digital/kuenstliche-intelligenz-man-kann-mit-robotern-eine-ehe-fuehren-1.342591 (Stand: 03.12.13)

Putnam, Hilary: Vernunft, Wahrheit und Geschichte. Übersetzt von Joachim Schulte. Frankfurt am Main 1990. Suhrkamp

Was kann ich wissen? – Theoretische Philosophie

Wahrnehmung und Wirklichkeit

Alain: 81 Kapitel über den menschlichen Geist. Aus dem Französischen von Frauke Hamann und Peter Hammans. Hamburg 2000. Junius

Baggini, Julian: Das Schwein, das unbedingt gegessen werden möchte. 100 philosophische Gedankenspiele. Aus dem Englischen von Sonja Hauser. München 2007. Piper

Berkeley, George: Drei Dialoge. Übersetzt von Raoul Richter. Herausgegeben von Wolfgang Breidert. Hamburg 1980. Meiner

Berkeley, George: Prinzipien der menschlichen Erkenntnis. Übersetzt und herausgegeben von Alfred Klemmt. Hamburg 1979. Meiner

Büchner, Georg: Dantons Tod. Stuttgart 1989. Reclam

Brockhaus Philosophie. Hrsg. von der Lexikonredaktion des Verlages. Mannheim 2009. F.A. Brockhaus

Cervantes, Miguel de: Don Quixote. Unter Benutzung der anonymen Ausgabe von 1837, besorgt von Konrad Thorer. Einleitung von Iwan Turgenjew. Band 1. Wiesbaden 1955. Insel

Cohen, Martin: 99 philosophische Rätsel. Aus dem Englischen von Dirk Oetzmann. 10. Auflage. München 2006. Piper

Descartes, René: Meditationes de Prima Philosophia. Meditationen über die Erste Philosophie. Lateinisch / Deutsch. Übersetzt und herausgegeben von Gerhart Schmidt. Stuttgart 1986. Reclam

Dobelli, Rolf: Weshalb Sie viel weniger unter Kontrolle haben, als Sie denken, in: Frankfurter Allgemeine Zeitung vom 19.12.2010

Foerster, Heinz von: Entdecken oder Erfinden?, in: Einführung in den Konstruktivismus. München 2010. Piper

Gerhardt, Volker: Immanuel Kant. Stuttgart 2002. Reclam

Glasersfeld, Ernst von: Konstruktion der Wirklichkeit und des Begriffs der Objektivität, in: Einführung in den Konstruktivismus. München 2010. Piper

Guest, Tim: Die Welt ist nicht genug. Übersetzt von Bernd Rullkötter. Berlin 2008. Rogner und Bernhard

Höffe, Otfried: Immanuel Kant. Becksche Reihe Denker. München 2007. C.H. Beck

http://gehirnmanipulation.blogspot.de/ (Stand: 19.11.2013)

Jackson, Frank: What Mary Didn't Know, in: Julian Baggini: Das Schwein, das unbedingt gegessen werden möchte. 100 philosophische Gedankenspiele. Aus dem Englischen von Isolde Matkey. München 2007. Piper

Kant, Immanuel: Anthropologie in pragmatischer Hinsicht. Kants Werke. Akademie Textausgabe. Band VII. Berlin 1968. de Gruyter

Kant, Immanuel: Kritik der reinen Vernunft (1. Auflage 1781). Kants Werke. Akademie Textausgabe. Band IV. Berlin 1968. Walter de Gruyter

Kemmerling, Andreas: Ich, mein Gehirn und mein Geist, in: Norbert Elsner / Gerd Lüer (Hg.): Das Gehirn und sein Geist. http://www.philosophie.uni-hd.de/imperia/md/content/fakultaeten/phil/philosophischesseminar2/kemmerling/v_62_ichgehirngeist.pdf (Stand: 19.11.2013)

Könneker, Carsten: Mit Kant ins Labor, in: Gehirn und Geist 3/2008

Kues, Nikolaus von: Compendium, in: ders.: Philosophisch-Theologische Werke. Hamburg 2002. Meiner

Locke, John: Versuch über den menschlichen Verstand. In vier Büchern. Band 1. Buch I und II. Übersetzt von Carl Winckler. Philosophische Bibliothek. Band 76. 4., durchges. Auflage. Hamburg 1981. Felix Meiner

Locke, John: Versuch über den menschlichen Verstand. In vier Büchern. Band 2. Buch III und IV. Übersetzt von Carl Winckler. Philosophische Bibliothek. Band 76. 4., durchges. Auflage. Hamburg 1981. Felix Meiner

Ludwig, Ralf: Kant für Anfänger. Der kategorische Imperativ. München 5 ((hochgestellt)) 1999. dtv

Maffei, Lamberto / Fiorentini, Adriana: Das Bild im Kopf. Von der optischen Wahrnehmung zum Kunstwerk. Aus dem Italienischen von Dietmar Zimmer. Basel, Boston, Berlin 1997. Birkhäuser Verlag

Metzinger, Thomas: Was ist das Bewusstsein? SWR2 AULA http://www.swr.de/swr2/programm/sendungen/wissen/-/id=660374/nid=660374/did=2631700/19e5fwi/

Murr, Sandra: Second Life, Third Dimension, in: bild der wissenschaft, 10/2007

Nagel, Thomas: Was bedeutet das alles? Eine ganz kurze Einführung in die Philosophie. Aus dem Englischen übersetzt von Michael Gebauer. Stuttgart 1990. Reclam

Nagel, Thomas: What is it like to be a bat?, in: Baggini, Julian: Das Schwein, das unbedingt gegessen werden möchte. 100 philosophische Gedankenspiele. Aus dem Englischen von Sonja Hauser. München 2007. Piper

Nicola, Ubaldo: Bildatlas Philosophie. Die abendländische Ideengeschichte in Bildern. Übersetzt von Philip Schmalfeldt. Berlin 2007. Parthas

Platon: Politeia (Gr.-dt.). Übersetzt von Friedrich Schleiermacher. Herausgegeben von Karlheinz Hülser. Frankfurt am Main: Insel 1991.

Platon: Theätet. Griechisch-Deutsch. Übersetzt und herausgegeben von Ekkehard Martens. Stuttgart 1981. Reclam

Ravencroft, Ian: Philosophie des Geistes. Eine Einführung. Aus dem Englischen übersetzt von Joachim Schulte. Stuttgart 2008. Reclam

Roth, Gerhard: Wahrnehmung, Abbildung oder Konstruktion? In: Wahrnehmung, Kognition, Ästhetik: Neurobiologie und Medienwissenschaften. Hrsg. von Ralf Schnell. Bielefeld 2005. Transcript Verlag

Satorius, Christian: Ich sehe was, was Du nicht ...!, in: Rhein Main Presse vom 12. März 2011

Schröder, Jürgen: Einführung in die Philosophie des Geistes. Frankfurt am Main 2004. Suhrkamp

Schülerduden Philosophie. Mannheim 2009. Bibliographisches Institut & F. A. Brockhaus AG

Searle, John R.: Geist, Sprache und Gesellschaft. Aus dem Englischen von Harvey P. Gavagai. Frankfurt am Main 2001. Suhrkamp

Seel, Martin: Medien der Realität und Realität der Medien, in: Medien, Computer, Realität. Wirklichkeitsvorstellungen und Neue Medien. Hrsg. von Sybille Krämer. Frankfurt am Main 1998. Suhrkamp

Watzlawick, Paul: Die erfundene Wirklichkeit. München 1981. Piper

Welsch, Wolfgang: Eine Doppelfigur der Gegenwart, in: Wolfgang Welsch / Gianni Vattimo: Medien-Welten-Wirklichkeiten. München 1998. Wilhelm Fink Verlag

www.geschichteinchronologie.ch/USA/mondluege-fotos-Links2005.html (Stand: 11.04.2013), Beitrag von Michael Palomino

www.tausend-zitate.de/wirklichkeit-5.php (Stand: 11.04.2013)

Zhuang Zi (Dschuang Dsi): Das wahre Buch vom südlichen Blütenland. Buch II, 12. Übersetzung von Richard Wilhelm. www.zeno.org/pnd/118520768 (Stand: 11.12.2013)

Erkenntnis und Wahrheit

Aquin, Thomas von: Von der Wahrheit. De veritate. Lat.-deutsch. Hrsg. von Albert Zimmermann. Hamburg 1986. Meiner

Aristoteles: Metaphysik. Neubearbeitung der Übersetzung von Hermann Bonitz. Gr.-dt. Hamburg 1991. Meiner

Bacon, Francis: Große Erneuerung der Wissenschaften. Philosophie von Platon bis Nietzsche. Ausgewählt und eingeleitet von Frank-Peter Hansen. Berlin 1998. Directmedia. Digitale Bibliothek Band 2

Damasio, Antonio R.: Descartes' Irrtum. Übersetzt von Hainer Kober. München 1997. List

Descartes, René: Meditationes de Prima Philosophia. Meditationen über die Erste Philosophie. Lateinisch / Deutsch. Übersetzt und herausgegeben von Gerhart Schmidt. Stuttgart 1986. Reclam

Ernst, Gerhard: Einführung in die Erkenntnistheorie. 4. Auflage. Darmstadt 2012. Wissenschaftliche Buchgesellschaft

Essler, Wilhelm: Analytische Philosophie I. Stuttgart 1972. Kröner

Figal, Günther: Was ist Wissen? Die Frage des Sokrates, in: Der blaue Reiter. Wissen. Ausgabe 21/2006. Stuttgart 2006. Omega

Gelernter, David: Ein Geist aus Software. http://www.faz.net/aktuell/feuilleton/debatten/digitales-denken/kuenstliche-intelligenz-ein-geist-aus-software-1607431.html (Stand: 20.04.2011)

Gloy, Karen: Wahrheitstheorien. Tübingen 2004. Francke

Habermas, Jürgen: Wahrheitstheorien, in: Helmut Fahrenbach (Hg.): Wirklichkeit und Reflexion. Walter Schulz zum 60. Geburtstag. Pfullingen 1973. Neske

Hirschberger, Johannes: Geschichte der Philosophie. I. Altertum und Mittelalter. Freiburg 1949. Herder

Höffe, Otfried: Immanuel Kant, in: ders. (Hg.): Klassiker der Philosophie II. München 1995. C.H. Beck

Hume, David: Eine Untersuchung über den menschlichen Verstand. Übersetzt und herausgegeben von Herbert Herring. Stuttgart 1982. Reclam

Kant, Immanuel: Anthropologie in pragmatischer Hinsicht. Kants Werke. Akademie Textausgabe. Band VII. Berlin 1968. de Gruyter

Kant, Immanuel: Kritik der reinen Vernunft. Kants Werke. Akademie Textausgabe. Band III. Berlin 1968. Walter de Gruyter

Kant, Immanuel: Prolegomena, Kants Werke. Akademie Textausgabe. Band IV. Berlin 1968. Walter de Gruyter

Kleist, Heinrich von: Sämtliche Werke und Briefe II. 5. Auflage. München 1970. Hanser

Kues, Nicolaus von: De docta ignorantia 1,3. Philosophische Werke. Lat.-dt. Eing. von Karl Bormann. Band I. Hamburg 2002. Meiner

Law, Stephen: Philosophie. Kompakt & Visuell. Übersetzt von Klaus Bindner und Bernd Leineweber. München 2008. Dorling Kindersley Verlag GmbH

Leibniz, Gottfried Wilhelm: Neue Abhandlung über den menschlichen Verstand. Hamburg 1971. Meiner

Locke, John: Versuch über den menschlichen Verstand. Band 1. Buch I und II. Übersetzt von Carl Winckler. Philosophische Bibliothek. Band 76. 4., durchges. Auflage. Hamburg 1981. Felix Meiner

Lorenz, Konrad: Die Rückseite des Spiegels. München, Zürich 1973. Piper

Moravec, Hans, in: Stephen Law: Philosophie. Kompakt & Visuell. Übersetzt von Klaus Bindner und Bernd Leineweber. München 2008. Dorling Kindersley Verlag GmbH

Osborne, Richard: Philosophie. Eine Bildergeschichte für Einsteiger. Aus dem Englischen von Birger Brinkmeier. München 1996. Fink

Papineau, David (Hg.): Philosophie. Eine illustrierte Reise durch das Denken. Übersetzt von Nikolaus de Palézieux. Darmstadt 2006. Wissenschaftliche Buchgesellschaft

Platon: Menon. Platon. Werke in 8 Bänden. Griechisch und Deutsch. Bearbeitet von Heinz Hofmann. Deutsche Übersetzung von Friedrich Schleiermacher. Darmstadt 1990. Wissenschaftliche Buchgesellschaft.

Popper, Karl R.: Erkenntnis ohne Autorität, in: ders. Lesebuch. Herausgegeben von David Miller. Tübingen 1982

Quine, Willard Van Orman: Ontologische Relativität und andere Schriften. Aus dem Englischen übersetzt von Wolfgang Spohn. 2. Ausgabe. Frankfurt am Main 2003. Klostermann

Rigos, Alexandra: Die Geburt der Gedanken, in: GEO kompakt Nr. 28/2011

Russell, Bertrand: Philosophie des Abendlandes. Aus dem Englischen von Elisabeth Fischer-Wernecke und Ruht Gillischewski. Zürich 1999. 8. Aufl. Europaverlag

Schnädelbach, Herbert: Erkenntnistheorie zur Einführung. Hamburg 2002. Junius

Schülerduden Philosophie. Mannheim 2009. Bibliographisches Institut & F. A. Brockhaus AG

Stegmüller, Wolfgang: Hauptströmumgen der Gegenwartsphilosophie. Stuttgart 1969. Kröner

Turing, Alan, in: Stephen Law: Philosophie. Kompakt & Visuell. Übersetzt von Klaus Bindner und Bernd Leineweber. München 2008. Dorling Kindersley Verlag GmbH

Vollmer, Gerhard: Was können wir wissen? Band 1: Die Natur der Erkenntnis. Stuttgart 4((hochgestellt))2008. Hirzel

Zimmer, Dieter: Ich bin, also denke ich, in: Die Zeit, Nr. 24 vom 06.06.1980

Zitelmann, Arnulf: Nur dass ich ein Mensch sei. Die Lebensgeschichte des Immanuel Kant. Weinheim 1996. Beltz

Probleme der Wissenschaft

Albert, Hans: Traktat über kritische Vernunft. Stuttgart 1991. UTB

Andre, Thomas: Der Siegeszug von Wikipedia – Die Demokratisierung des Wissens, in: Hamburger Abendblatt vom 02.01.2010

Bräuer, Holm: Was ist Wahrheit – Einführung in die Theoretische Philosophie, Folie 255, http://tu-dresden.de/die_tu_dresden/fakultaeten/philosophische_fakultaet/iph/thph/braeuer/lehre/theophil_4/ET2%20SS%202007.pdf (Stand: 08.05.2012)

Capelle, Wilhelm (Hg.): Die Vorsokratiker. Stuttgart, 9. Auflage 2008. Kröner

Carnap, Rudolf: Einführung in die Philosophie der Naturwissenschaft. München, 2. Auflage 1974. Nymphenburger

Cathcart, Thomas / Klein, Daniel: Platon und Schnabeltier gehen in eine Bar.... München 2010. Goldmann

Chalmers, Alan Francis: Wege der Wissenschaft. Einführung in die Wissenschaftstheorie. Herausgegeben und übersetzt von Niels Bergemann und Jochen Prümper. Berlin, Heidelberg, New York 1986. Springer (Die überarbeitete 7. Auflage des Bandes erscheint 2014.)

Coyne, George V.: Was wusste Gott?, in: Der Spiegel 52/2000 vom 22.12.2000, http://www.spiegel.de/spiegel/print/d-18124579.html (Stand: 08.05.2012)

Darwin, Charles: Die Abstammung des Menschen. Mit einer Einführung von Christian Vogel. Übersetzt von Heinrich Schmidt. Stuttgart 1982. Kröner

Die Bibel. Einheitsübersetzung der Heiligen Schrift. Gesamtausgabe. Stuttgart 2007. Verlag Katholisches Bibelwerk GmbH

Dilthey, Wilhelm: Der Aufbau der geschichtlichen Welt in den Geisteswissenschaften. Frankfurt am Main 1970. Suhrkamp

Du Bois-Reymond, Emil: Kulturgeschichte und Naturwissenschaft, in: Estelle Du Bois-Reymond (Hg.): Reden von Emil Du Bois-Reymond in zwei Bänden. Band 1. Leipzig 1912. Verlag Veit & Comp

Einstein, Albert: Physik und Realität (Franklin Institute Journal 1936), in: ders.: Aus meinen späten Jahren. Frankfurt am Main / Berlin, 4. Auflage 1993. Ullstein

Fehr, Benedikt: Die Demokratisierung der Mathematik, in: FAZ am Sonntag vom 22.01.12

Feyerabend, Paul: Wider den Methodenzwang. Frankfurt am Main 1986. Suhrkamp

Fischer, Ernst Peter: Die andere Bildung – Was man von den Naturwissenschaften wissen sollte. Berlin 2003. Ullstein

Hawking, Stephen: Die kürzeste Geschichte der Zeit. Deutsch von Hainer Kober. Hamburg 2005. Rowohlt

Hildebrand, Florian: Der Kosmos und sein großes Rätsel, in: br-online am 18.03.2009, http://www.ardmediathek.de/ard/servlet/content/3517136?documentId=10037590 (Stand: 08.05.2012)

Holton, Gerald: Thematische Analyse der Wissenschaften. Frankfurt am Main 1981. Suhrkamp

James, William: Was will der Pragmatismus? Übersetzt von Wilhelm Jerusalem, in: Hans-Georg Gadamer: Philosophisches Lesebuch, Band 3. Frankfurt am Main, 2. Auflage 2007. Fischer

Klein, Michael / Rietschel, Ernst Theodor: Schnittstellen zwischen Geistes- und Kulturwissenschaften, in: Aus Politik und Zeitgeschichte (APuZ), Ausgabe 46/2007, http://www.fu-berlin.de/sites/dhc/dokumente/APuZ-GW.pdf?1307218860 (Stand: 07.05.2012)

Kuhn, Thomas S.: Die Struktur wissenschaftlicher Revolutionen. Übersetzt von Kurt Simon und Hermann Vetter. Frankfurt am Main, 2. revidierte und um das Postskriptum von 1969 ergänzte Auflage 1976. Suhrkamp

Kutschera, Franz von: Die falsche Objektivität. Berlin 1993. de Gruyter

Lubbadeh, Jens: Darwins Gegner holen zum Gegenschlag aus, in: Spiegel online am 23.02.2009, http://www.spiegel.de/wissenschaft/mensch/0,1518,609344,00.html (Stand: 08.05.2012)

Popper, Karl R.: Die deduktive Überprüfung der Theorien, in: David Miller (Hg.): Karl Popper Lesebuch. Tübingen 1995. UTB

Popper, Karl R.: Objektive Erkenntnis – Ein evolutionärer Entwurf. Hamburg, 2. Auflage 1994. Hoffmann und Campe

Pulte, Helmut: Originalbeitrag

Quine, Willard Van Orman: Von einem logischen Standpunkt – Neun logisch-philosophische Essays. Übersetzt von Peter Bosch. Frankfurt am Main 1979. Ullstein

Reichenbach, Hans: Der Aufstieg der wissenschaftlichen Philosophie. Herausgegeben von Maria Reichenbach und Andreas Kamlah. Braunschweig, 2. Auflage 1968. Vieweg

Rescher, Nicholas: Kritik an der Korrespondenztheorie, in: Jakob Ossner / Michael Rumpf / Joachim Vahland: Kurs Erkenntnis- und Wissenschaftstheorie. Heidelberg 1984. Quelle & Meyer

Rilke, Rainer Maria: Gesammelte Werke in fünf Bänden. Band I. Hrsg. von Manfred Engel, Ulrich Fülleborn, Horst Nalewski, August Stahl. Frankfurt am Main 2003. Insel

Saltzwedel, Johannes: Märchen des Geistes, in: Der Spiegel 07/1999 vom 15.02.1999

Schäfer, Lothar: Das Bacon-Projekt – Von der Erkenntnis, Nutzung und Schonung der Natur. Berlin 1999. Suhrkamp

Schneider, Reto U.: Das neue Buch der verrückten Experimente. München 2011. Goldmann

Scholz, Gunter: Zur Bedeutung der Geistes- oder Kulturwissenschaften, in: Volker Steenblock: Die großen Themen der Philosophie. Darmstadt, 2. Auflage 2011. Primus

Schwanitz, Dietrich: Bildung – Alles, was man wissen muss. München 2002. Goldmann

Steenblock, Volker: Arbeit am Logos – Aufstieg und Krise der wissenschaftlichen Vernunft. Münster 2000. LIT-Verlag

Tammer, Teresa: Welchen Zweck hat Wahrheit?, in: Tabula Rasa No 42 (08/2009), http://www.tabularasa-jena.de/artikel/artikel_1143/ (Stand: 08.05.2012)

Tarski, Alfred: Die semantische Konzeption der Wahrheit und die Grundlagen der Semantik, in: Gunnar Skirbeck (Hg.): Wahrheitstheorien – Eine Auswahl aus den Diskussionen über Wahrheit im 20. Jahrhundert. Frankfurt am Main 1977. Suhrkamp

Warnock, Geoffrey James: Englische Philosophie im 20. Jahrhundert. Übers. von Eberhard Bubser. Stuttgart 1971. Reclam

Watzlawick, Paul: Anleitung zum Unglücklichsein. München 1993. dtv

Das Schöne und das Wahre

Aristoteles: Poetik. Eingeleitet, übersetzt und erläutert von Manfred Fuhrmann. München 1976. Heimeran Verlag

Arnswald, Ulrich / Schütt, Hans-Peter (Hg.): Thomas Morus' Utopia und das Genre der Utopie in der Politischen Philosophie. Karlsruhe 2010. KIT Scientific Publishing

Brandes, Uta: Design ist keine Kunst. Regensburg 1998. Lindinger + Schmid Verlag

Burke, Edmund: Philosophische Untersuchung über den Ursprung unserer Ideen vom Erhabenen und Schönen. Übersetzt von Friedrich Bassenge, hrsg. von Werner Strube. Hamburg 1989. Meiner

Freud, Sigmund: Das Unbehagen in der Kultur, in: ders.: Das Unbewusste. Schriften zur Psychoanalyse. Frankfurt am Main 1950. Fischer

Fricke, Christel: Zeichenprozess und ästhetische Erfahrung. München 2001. Fink Verlag

Fuhrmann, Manfred: Einführung, in: Aristoteles: Poetik. Eingeleitet, übersetzt und erläutert von Manfred Fuhrmann. München 1976. Heimeran Verlag

Goodman, Nelson: Sprachen der Kunst. Ein Ansatz zu einer Symboltheorie. Übersetzt von Jürgen Schlaeger. Suhrkamp. Frankfurt am Main 1973

Hauskeller, Michael: Was ist Kunst? Positionen der Ästhetik von Platon bis Danto. München, 3. Auflage 1999. Beck

Hegel, Georg Wilhelm Friedrich: Vorlesungen über die Ästhetik, in: ders.: Werke in zwanzig Bänden. Frankfurt am Main 1970. Suhrkamp

Heidegger, Martin: Der Ursprung des Kunstwerkes, in: ders. Holzwege. 4. Auflage. Frankfurt am Main 1963. Klostermann

http://news.bgfashion.net/article/5778/7/top-worst-dressed-guests-at-the-royal-wedding (Stand: 01.06.2012)

Hume, David: Über den Maßstab des Geschmacks, in: ders.: Vom schwachen Trost der Philosophie. Auswahl, Übersetzung und Nachwort von Jens Kulenkampff. Göttingen 1990. Steidl

Jäschke, Walter: Hegel-Handbuch. Stuttgart und Weimar 2003. Metzler

Jørgensen, S.-A.: Nachahmung der Natur, in: Historisches Wörterbuch der Philosophie. Hrsg. von Joachim Ritter, Karlfried Gründer und Gottfried Gabriel. Darmstadt 1983/84. Wissenschaftliche Buchgesellschaft

Kabakov, Ilya, übersetzt von Annelore Nitschke, www.lwl.org/skulptur-projekte-download/muenster/97/kabako/index.htm; www.lwl.org/skulptur-projekte-download/muenster/97/kabako/k_01.htm (Stand: 01.06.2012)

Kant, Immanuel: Kritik der Urteilskraft, in: ders.: Werke, Band V. Hrsg. von Wilhelm Weischedel. Wiesbaden 1957. Insel. 6. Auflage, Darmstadt 1981. Wissenschaftliche Buchgesellschaft

Kleist, Heinrich von: Erdbeben in Chili, in ders.: Sämtliche Werke. München 1952. Droemersche Verlagsanstalt

Kuhland, Claudia, http://www.wdr.de/tv/west-art/sendungsarchiv231008/meisterwerke.phtml (Stand: 20.11.2013)

Kutschera, Franz von: Ästhetik. Berlin 1989. Walter de Gruyter

Law, Stephen: Warum die Kreter lügen, wenn sie die Wahrheit sagen. Eine Anleitung zum Philosophieren. Übersetzt von Carl Freytag. Frankfurt am Main 2010. Eichborn

news.bbc.co.uk vom 03.12.2007 (Stand: 01.06.2012)

Nietzsche, Friedrich: Götzendämmerung, in: ders: Werke in drei Bänden, Band 2. München, 8. Auflage 1977. Carl Hanser Verlag

Papineau, David (Hg.): Philosophie. Eine illustrierte Reise durch das Denken. Übersetzt von Nikolaus de Palézieux. Darmstadt 2006. Wissenschaftliche Buchgesellschaft

Patzig, Günther: Über den ontologischen Status von Kunstwerken, in: Reinold Schmücker: Identität und Existenz. Paderborn, 3. Auflage 2009. Mentis

Platon: Der Staat (Politeia). Übersetzt und herausgegeben von Karl Vretska. Durchgesehene, verbesserte und bibliographisch ergänzte Ausgabe. Stuttgart 1982. Reclam

Platon: Symposion (übersetzt von Friedrich Schleiermacher), in: ders.: Werke. Band 3. Darmstadt, 5. Auflage 2005. Wissenschaftliche Buchgesellschaft

Plinius, Naturalis Historia XXXV, 64, in: Bärbel Hedinger / Gottfried Böhm (Hg.): Täuschend echt – Illusion und Wirklichkeit in der Kunst. München 2010. Hirmer Verlag

Reicher, Maria E.: Einführung in die philosophische Ästhetik. Darmstadt, 2. Auflage 2010. Wissenschaftliche Buchgesellschaft

Rentsch, Thomas, in: Mittelstraß, Jürgen (Hg.): Enzyklopädie Philosophie und Wissenschaftstheorie, Band 3. Stuttgart und Weimar 1995. Metzler Verlag

Richter, Gerhard, in: Dietmar Elger / Hans Ulrich Obrist (Hg.): Gerhard Richter – Text 1961-2007. Köln 2008. Verlag der Buchhandlung Walther König

Schiller, Friedrich: Kallias oder über die Schönheit, in: ders.: Sämtliche Werke, Band V. München, 9. Auflage 1993. Carl Hanser Verlag. Lizenzausgabe für die Wissenschaftliche Buchgesellschaft

Schmücker, Reinold: Was ist Kunst? Eine Grundlegung. München 1998. Fink Verlag

Schopenhauer, Arthur: Die Welt als Wille und Vorstellung. Werke in fünf Bänden. Herausgegeben von Ludger Lütkehaus. Zürich 1988. Haffmanns Verlag

Seel, Martin: Ästhetik und Aisthetik, in: Birgit Recki / Lambert Wiesing (Hg.): Bild und Reflexion. München 1997. Fink Verlag

Stendhal: Über die Liebe. Übersetzt von Walter Hoyer. Frankfurt am Main 1977. Insel

Stobaios: IV, 40 H; Frg. D4, in: Michael Hauskeller (Hg.): Was das Schöne sei. München 1994. dtv

Terra-X: Entdeckung der Eiszeit-Kultur. Sendung vom 31.08.2008. http://www.zdf.de/Terra-X/Entdeckung-der-Eiszeit-Kultur-5247580.html (Stand: 02.01.2012)

Was soll ich tun? – Praktische Philosophie

Freiheit und Moral

Bieri, Peter: Das Handwerk der Freiheit. Über die Entdekkung des eigenen Willens. 6. Auflage. Frankfurt am Main. Fischer (Lizenzausgabe des Carl Hanser Verlags, München, Wien 2001)

Bieri, Peter: Unser Wille ist frei, in: Der Spiegel Nr. 2 vom 10.01.2005

Das Manifest. Elf führende Neurowissenschaftler über Gegenwart und Zukunft der Hirnforschung, in: Gehirn & Geist Nr. 6/2004, Heidelberg: Spektrum der Wissenschaft

Düwell, Marcus / Hübenthal, Christoph / Werner, Micha H. (Hg.): Handbuch Ethik. Stuttgart, Weimar 2002. Metzler

Gazzaniga, Michael: Wir sind nur Maschinen. Spiegel-Gespräch mit den Redakteuren Philip Bethge und Gerald Traufetter, in: Der Spiegel 50/2011 (Zitat auf S. 150)

Geo Wissen Nr. 35/2005: Sünde und Moral. Hamburg. Gruner + Jahr

Gerhardt, Volker: Selbstbestimmung. Das Prinzip der Individualität. Stuttgart 1999. Reclam

Heisenberg, Werner: Das Naturbild der heutigen Physik. Hamburg 1956. Rowohlt

Hoerster, Norbert: Ethik und Moral, in: Birnbacher, Dieter / Hoerster, Norbert (Hg.): Texte zur Ethik. 6. Auflage. München 1987. dtv

Hoerster, Norbert: Moralbegründung ohne Metaphysik, in: Aufklärung und Kritik. Zeitschrift für freies Denken und humanistische Philosophie. Hrsg. v. d. Gesellschaft für kritische Philosophie Nürnberg. Sonderheft 7/2003

Kafka, Franz: Sämtliche Erzählungen. Herausgegeben von Paul Raabe. Frankfurt am Main und Hamburg 1970. Rowohlt

Kant, Immanuel: Grundlegung zur Metaphysik der Sitten. Kants Werke. Akademie Textausgabe. Band IV. Berlin 1968. de Gruyter

Kraft, Ulrich: Schöne Neue Neuro-Welt, in: Gehirn & Geist Nr. 6/2004, Heidelberg. Spektrum der Wissenschaft

Nagel, Thomas: Was bedeutet das alles? Eine ganz kurze Einführung in die Philosophie. Aus dem Englischen übersetzt von Michael Gebauer. Stuttgart 1990. Reclam

Nietzsche, Friedrich: Menschliches, Allzumenschliches. Werke in drei Bänden. Bd. 1. Hrsg. von Karl Schlechta. Darmstadt 1960. 2. Aufl. Wissenschaftliche Buchgesellschaft

Papineau, David (Hg.): Philosophie. Eine illustrierte Reise durch das Denken. Übersetzt von Nikolaus de Palézieux. Darmstadt 2006. Wissenschaftliche Buchgesellschaft

Pieper, Annemarie: Einführung in die Ethik. 2. Auflage. Tübingen 1991. UTB

Pothast, Ulrich: Einleitung, in: ders. (Hg.): Seminar: Freies Handeln und Determinismus. 2. Aufl. Frankfurt am Main 1988. Suhrkamp

Prinz, Wolfgang: Freiheit oder Wissenschaft? Zum Problem der Willensfreiheit, in: Cranach, Mario v. / Foppa, Klaus (Hg.): Freiheit des Entscheidens und Handelns. Heidelberg 1996. Asanger (Zitat auf S. 87)

Roth, Gerhard: Fühlen, Denken, Handeln. Wie das Gehirn unser Verhalten steuert. Frankfurt am Main 2001. Suhrkamp (Zitat auf S. 453)

Roth, Gerhard / Schockenhoff, Eberhard: „Das Hirn trickst das Ich aus". Spiegel-Streitgespräch, in: Der Spiegel, 20.12.2004

Sartre, Jean-Paul: Das Sein und das Nichts. Bearbeitet, herausgegeben und übersetzt von Justus Streller. Hamburg 1952. Rowohlt

Scarano, Nico, in: Düwell, Marcus / Hübenthal, Christoph / Werner, Micha H. (Hg.): Handbuch Ethik. Stuttgart, Weimar 2002. Metzler

Searle, John, in: Blackmore, Susan: Gespräche über Bewusstsein. Aus dem Englischen von Frank Born. Frankfurt am Main 2007. Suhrkamp

Singer, Wolf: Verschaltungen legen uns fest: Wir sollten aufhören von Freiheit zu sprechen, in: Geyer, Christian (Hg.): Hirnforschung und Willensfreiheit. Zur Deutung der neuesten Experimente. Frankfurt am Main 2004. Suhrkamp (Zitat auf S. 30)

Strawson, Peter F.: Der ethische Intuitionismus, in: Sprache und Ethik. Herausgegeben von Günther Grewendorf und Georg Meggle. Frankfurt am Main 1974. Suhrkamp

Weischedel, Wilhelm: Skeptische Ethik. Frankfurt am Main 1980. Suhrkamp

Wuchterl, Kurt: Lehrbuch der Philosophie. 3. Auflage. Stuttgart 1989. UTB

Das Glück und der Nutzen

Aristoteles: Nikomachische Ethik. Übersetzt von Franz Dirlmeier. Stuttgart 1983. Reclam

Bentham, Jeremy: Eine Einführung in die Prinzipien der Moral und der Gesetzgebung. Aus dem Englischen übersetzt und herausgegeben von Otfried Höffe, in: Höffe, Otfried (Hg.): Einführung in die utilitaristische Ethik. Tübingen und Basel 5 ((hochgestellt))2013. A. Francke

Bien, Günther: Über das Glück, in: Schummer, Joachim (Hg.): Glück und Ethik. Würzburg 1998. Königshausen und Neumann

Coen, Amrai: 40,9 Prozent sind schon glücklich, in: Die Zeit 49 vom 01.12.2011

Epikur: Philosophie der Freude. Übersetzt von Johannes Mewaldt. Stuttgart 1973. Kröner

Frankena, William K.: Analytische Ethik. Eine Einführung. Herausgegeben und übersetzt von Norbert Hoerster. 5. Aufl., München 1994. dtv

Hartmann, Nicolai: Einführung in die Philosophie. Überarbeitete, vom Verfasser genehmigte Nachschrift der Vorlesung im Sommersemester 1949 in Göttingen. 5. Auflage. Hannover o.J. Luise Hanckel Verlag

Höffe, Otfried: Einleitung, in: ders. (Hg.): Einführung in die utilitaristische Ethik. Klassische und zeitgenössische Texte. Tübingen und Basel 5 ((hochgestellt))2013. A . Francke

Hossenfelder, Malte (Hg.): Antike Glücksethik. Stuttgart 1996. Kröner

Mill, John Stuart: Der Utilitarismus. Übersetzung, Anmerkungen und Nachwort von Dieter Birnbacher. Stuttgart 2002. Reclam

Nussbaum, Martha: Gerechtigkeit oder das gute Leben. Frankfurt am Main 1999. Suhrkamp

Schopenhauer, Arthur: Die Welt als Wille und Vorstellung. Schopenhauer Werkausgabe. Zweiter Band. Zürich 1988. Haffmans Verlag

Schülerduden Philosophie. Mannheim 2009. Bibliographisches Institut & F. A. Brockhaus AG

Seligman, Martin E. P.: Der Glücks-Faktor. Warum Optimisten länger leben. Aus dem Englischen von Siegfried Brockert. 6. Auflage. Bergisch Gladbach 2009. Bastei Lübbe

Seneca: Über das glückliche Leben, in: Weinkauf, Wolfgang (Hg.): Die Philosophie der Stoa. Ausgewählte Texte. Stuttgart 2001. Reclam

Singer, Peter: Praktische Ethik. Aus dem Englischen übersetzt von Oscar Bischoff, Jean-Claude Wolf, Dietrich Klose, Susanne Lenz. 3. rev. und erw. Ausgabe. Stuttgart 2013. Reclam

Watzlawick, Paul: Anleitung zum Unglücklichsein. 51. Auflage. München 1998. Piper

Wiesen, Brigitte: Braucht man Recht und Gerechtigkeit für ein gutes Leben?, in: Zeitschrift für Didaktik der Philosophie und Ethik (ZDPE), Heft 1/2002. Hannover, Siebert

Williams, Bernhard: Der Begriff der Moral. Eine Einführung in die Ethik. Stuttgart 1986. Reclam

Gesinnung und Verantwortung

Baggini, Julian: 100 philosophische Gedankenspiele. Aus dem Englischen von Sonja Hauser. München / Zürich 2007. Piper

Böhler, Dietrich: Philosophischer Diskurs im Spannungsfeld von Theorie und Praxis. Nach Funkkolleg Praktische Philosophie/Ethik, Studientexte, Band 2. Herausgegeben vom Deutschen Institut für Fernstudien an der Universität Tübingen. Tübingen 1981

Cohen, Martin: 99 moralische Zwickmühlen. Eine unterhaltsame Einführung in die Philosophie des richtigen Handelns. Übersetzt von Rita Seuß und Thomas Wollermann. 4. Auflage. München 2008. Piper

Fenner, Dagmar: Ethik. Wie soll ich handeln? Tübingen 2008. Francke

Habermas, Jürgen: Erläuterungen zur Diskursethik. Frankfurt am Main 1991. Suhrkamp

Habermas, Jürgen: Moralbewusstsein und kommunikatives Handeln. Frankfurt am Main 1983. Suhrkamp

Hubig, Christoph / Lenk, Hans / Maring, Matthias: Die Challenger-Tragödie, in: Funkkolleg Technik: einschätzen - beurteilen - bewerten. Hrsg. vom Deutschen Institut für Fernstudienforschung an der Universität Tübingen. Studienbrief 2. Tübingen 1994

Hume, David: Eine Untersuchung über die Prinzipien der Moral. Übersetzt und herausgegeben von Gerhard Streminger. Stuttgart 1984. Reclam

Jonas, Hans: Naturwissenschaft versus Naturverantwortung, in: Böhler, Dietrich (Hg.): Ethik für die Zukunft. München 1994. Beck

Jonas, Hans: Das Prinzip Verantwortung. Frankfurt am Main 1979. Suhrkamp

Kant, Immanuel: Grundlegung zur Metaphysik der Sitten. Kants Werke. Akademie Textausgabe. Band IV. Berlin 1968. de Gruyter

Kant, Immanuel: Kritik der praktischen Vernunft. Kants Werke. Akademie Textausgabe. Band V. Berlin 1968. de Gruyter

Kuhlmann, Wolfgang: Ist eine philosophische Letztbegründung moralischer Normen möglich?, in: Funkkolleg Praktische Philosophie. Studienbegleitbrief 8. Herausgegeben vom Deutschen Institut für Fernstudien an der Universität Tübingen. Tübingen 1981

Leist, Anton: Kants Ethik in der Diskussion, in: Philosophie. Die Zeitschrift, die über Philosophie informiert. http://www.information-philosophie.de/?a=1&t=816&n=2&y=1&c=60 (Stand: 22.01.2010)

Nienhaus, Lisa / von Petersdorff, Winand: Jedes Menschenleben hat seinen Preis, in: Frankfurter Allgemeine Zeitung am Sonntag vom 10.08.08

Patzig, Günter: Ethik ohne Metaphysik. Göttingen 1971. Vandenhoeck

Ropohl, Günter: Neue Wege, die Technik zu verantworten, in: Lenk, Hans / Ropohl, Günter (Hg.): Technik und Ethik. 2. revidierte und erweiterte Auflage. Stuttgart 1993. Reclam

Tugendhat, Ernst: Vorlesungen über Ethik. Frankfurt am Main 1993. Suhrkamp

Vaas, Rüdiger: Wie das Gehirn sein Urteil fällt, in: bild der wissenschaft 1/2008.

Weber, Max: Politik als Beruf, in: ders.: Gesammelte politische Schriften. 3., erneut vermehrte Auflage. Hrsg. von Johannes Winckelmann. Tübingen 1971. Mohr

Die Würde der Person

Ach, Johann S. / Marckmann, Georg: Transplantationsmedizin, in: Wiesing, Urban, unter Mitarbeit von Johann S. Ach, Matthias Bormuth und Georg Marckmann (Hg.): Ethik in der Medizin. Ein Studienbuch. Stuttgart 2004. Reclam

Bahnsen, Ulrich / Spiewack, Martin: Die Zukunftskinder. Die Medizin verhilft nicht nur unfruchtbaren Paaren zu Nachwuchs, sie entwickelt auch Instrumente, um das Kind zu optimieren. Wird der Mensch neu erfunden?, in: Die Zeit Nr. 23/2008

Birnbacher, Dieter: Organtransplantation, in: Wiesing, Urban, unter Mitarbeit von Johann S. Ach, Matthias Bormuth und Georg Marckmann (Hg.): Ethik in der Medizin. Ein Studienbuch. Stuttgart 2004. Reclam

Bundesärztekammer: Grundsätze der Bundesärztekammer zur ärztlichen Sterbebegleitung, in: Deutsches Ärzteblatt, Jg. 108, Heft 7, 18.02.2011, A 346-348, http://www.bundesaerztekammer.de/downloads/Sterbebegleitung_17022011.pdf (Stand: 25.02.2014)

Bundesärztekammer: Richtlinien zur Feststellung des Hirntodes. Dritte Fortschreibung 1997 mit Ergänzungen gemäß Transplantationsgesetz, in: Deutsches Ärzteblatt 95, Heft 30, 24.07.1998, http://www.bundesaerztekammer.de/downloads/Hirntodpdf.pdf (Stand: 13.06.2013)

Deutsches Referenzzentrum für Ethik in den Biowissenschaften (DRZE): Blickpunkt Sterbehilfe, http://www.drze.de/im-blickpunkt/sterbehilfe (Stand: 05.06.2013)

Goethe, Johann-Wolfgang: Faust. Der Tragödie erster und zweiter Teil. dtv-Gesamtausgabe, Bd. 9. München 1964. dtv

Golombok, Susan: Auf die Liebe kommt es an. Künstlich gezeugte Kinder entwickeln sich ganz normal. Aber sie wollen um ihre Herkunft wissen. Ein Gespräch mit der britischen Psychologin Susan Golombok, in: Die Zeit 23/2008

Grolle, Johann: Konkurrenz für Gott, in: Der Spiegel 1/2010.

Grunwald, Armin: Synthetische Biologie. Verantwortungszuschreibung und Demokratie, in: Information Philosophie 12/2011. Hrsg. von Peter Moser. Lörrach 2011. Verlag Claudia Moser

Höffe, Otfried: Medizin ohne Ethik? Frankfurt am Main 2. Auflage, 2003. Suhrkamp

Keller, Christoph: Bioethik: Ihr Kinderlein kommet. Dieser Tage soll das angeblich erste geklonte Kind auf die Welt kommen, in: Die Zeit Nr. 50/2002, www.zeit.de/2002/50/P-Antinori (Stand: 02.07.09)

Kettner, Matthias: Neue Formen gespaltener Elternschaft, in: Aus Politik und Zeitgeschichte B 27/2001

Lanzerath, Dirk: Der geklonte Mensch, in: Düwell, Marcus / Steigleder, Klaus: Bioethik - Zu Geschichte, Bedeutung und Aufgaben, in: dies. (Hg.), Bioethik. Eine Einführung. Frankfurt am Main 2003. Suhrkamp

Locke, John, in: Brasser, Martin (Hg.): Person. Philosophische Texte von der Antike bis zur Gegenwart. Stuttgart 1999. Reclam (= Abdruck aus: Locke, John: Versuch über den menschlichen Verstand. In vier Büchern. Band 2. Buch III und IV. Übersetzt von Carl Winckler. Philosophische Bibliothek. Band 76. Hamburg 1981. Felix Meiner)

Pöltner, Günther: Grundkurs Medizin-Ethik. Wien 2002. Facultas (UTB)

Quante, Michael: Menschenwürde und personale Autonomie. Hamburg 2010. Meiner

Raffler, Nikolai: Synthetische Biologie, www.dfg.de/dfg_magazin/forschungspolitik_standpunkte_perspektiven/synthetische_biologie/index.html (Stand: 04.12.13)

Rau, Johannes: Wird alles gut? - Für einen Fortschritt nach menschlichem Maß. Berliner Rede von Bundespräsident Johannes Rau im Otto-Braun-Saal der Staatsbibliothek zu Berlin am 18. Mai 2001, www.bundespraesident.de/dokumente/-,2.621933/Artikel/dokument.htm (Stand: 01.01.09)

Sass, Hans-Martin: Medizinethik, in: Pieper, Annemarie / Thurnherr, Urs (Hg.): Angewandte Ethik. Eine Einführung. München 1998. C. H. Beck

Schöne-Seifert, Bettina: Grundlagen der Medizinethik. Stuttgart 2007. Kröner

Schöne-Seifert, Bettina: Medizinethik, in: Nida-Rümelin, Julian (Hg.): Angewandte Ethik. Die Bereichsethiken und ihre theoretische Fundierung. Ein Handbuch. Stuttgart 1996. Kröner

Schramme, Thomas: Bioethik. Frankfurt am Main / New York 2002. Campus

Schüklenk, Udo: Klonen - gegen das schlechte Image einer guten Sache, in: der blaue Reiter: Journal für Philosophie. Bd. 9 (1999): Naturlos. Stuttgart 1999. Omega Verl. Reusch

Shakespeare, William: Der Sturm, zitiert nach: Aldous Huxley: Schöne neue Welt. Ein Roman der Zukunft. Frankfurt am Main 1953. Fischer

Vasec, Thomas: Damit die Würde bleibt, in: DIE ZEIT, Nr. 20/2011 vom 12.05.2011

Weitze, Marc-Denis: Synthetische Biologie, in: Information Philosophie 12/2011. Hrsg. von Peter Moser. Lörrach 2011. Verlag Claudia Moser

Wüsthof, Achim: Entscheidung an der Wiege, in: Die Zeit, Nr. 6 vom 3.2.2005, www.zeit.de/2005/06/M?Sterbehilfe_Kinder (Stand: 05.01.08)

http://**www.patientenverfuegung.de**/erfahrungen-mit-patientenverfuegungen (Autor: Frank Spade)

Zoglauer, Thomas: Der Mensch als Gebrauchsgegenstand. Argumente gegen das Klonen, in: der blaue Reiter: Journal für Philosophie. Bd. 9 (1999): Naturlos. Stuttgart 1999. Omega Verl. Reusch

Zoglauer, Thomas: Konstruiertes Leben. Ethische Probleme der Humangenetik. Darmstadt 2002. Wissenschaftliche Buchgesellschaft

Recht und Staat

Alexander, Dietrich: Iraner sitzt in der Todesfalle, weil er Christ wurde; http://www.welt.de/politik/ausland/article 13886003/Iraner-sitzt-in-der-Todeszelle-weil-er-Christ-wurde.html (Stand: 01.12.2009)

Arendt, Hannah: Freiheit und Politik, in: dies.: Zwischen Vergangenheit und Zukunft. Übungen im politischen Denken I. München, Zürich 2000. Piper

Arendt, Hannah: Macht und Gewalt. München 1970. Piper

Aristoteles: Politik. Übers. und hrsg. v. Olof Gigon. München 2003. dtv

Bielefeldt, Heiner: Die Würde des Menschen - Fundament der Menschenrechte, in: Hans Jörg Sandkühler (Hg.): Recht und Moral. Hamburg 2010. Meiner

Detjen, Joachim: Die Werteordnung des Grundgesetzes. Wiesbaden 2009. VS Verlag für Sozialwissenschaften

Deutsche Shell (Hg.): Jugend '97. Zukunftsperspektiven. Gesellschaftliches Engagement. Politische Orientierungen. 12. Shell-Jugendstudie. Opladen 1997

Deutsche Shell (Hg.): Jugend 2000. 13. Shell-Jugendstudie. Band 2. Opladen 2000

Forst, Rainer: Toleranz im Konflikt: Geschichte, Gehalt und Gegenwart eines umstrittenen Begriffs. Frankfurt am Main 2003. Suhrkamp

Habermas, Jürgen: Vorpolitische Grundlagen des demokratischen Rechtsstaates?, in: Habermas, Jürgen / Ratzinger, Joseph: Dialektik der Säkularisierung. Über Vernunft und Religion. Mit einem Vorwort herausgegeben von Florian Schuller. Bonn 2005. Bundeszentrale für politische Bildung

Hobbes, Thomas: Leviathan. Hrsg. u. eingeleitet v. Iring Fetcher. Übers. v. Walter Euchner. Neuwied und Berlin 1966. Luchterhand

Idriz, Benjamin: Appell zur Amnestierung und Freilassung von Pastor Youcef Nadarkhani, in: Jörg Lau: Ein Blog über Religion und Politik, http://blog.zeit.de/joerglau/2012/03/01/youcef-nadarkhani-darf-nicht-sterben_5496 (Stand: 01.12.2009)

Kant, Immanuel: Metaphysik der Sitten. Kants Werke. Akademie Textausgabe. Band VI. Berlin 1968. de Gruyter

Kant, Immanuel: Zum ewigen Frieden. Kants Werke. Akademie Textausgabe. Band VIII. Berlin 1968. de Gruyter

Kelsen, Hans: Reine Rechtslehre. 2. Auflage, Wien 1960. Deuticke Verlag (heute Verlag Österreich, Wien)

Kersting, Wolfgang: Thomas Hobbes zur Einführung. Hamburg 2002. Junius

Leyendecker, Hans: V wie Vierte Gewalt, in: SZ-Magazin, Heft 19/2009

Locke, John: Ein Brief über Toleranz. Engl./Dt. Übers., eingeleitet und in Anmerkungen erläutert von Julius Ebbinghaus. Hamburg 1996, Meiner

Locke, John: Über die Regierung. Hrsg. v. Peter Cornelius Mayer-Tasch. Übersetzt v. Dorothee Tidow. Stuttgart 1974. Reclam.

Machiavelli, Niccolo: Vom Fürsten. Hrsg. v. Hans Floerke und übersetzt von Johann Ziegler und Franz Nicolaus, Gesammelte Schriften Bd. 2. München 1925. Georg Müller

Mises, Ludwig von: Im Namen des Staates - oder die Gefahren des Kollektivismus. Stuttgart 1978. Bonn aktuell

Montesquieu, Charles de: Vom Geist der Gesetze. Buch 11, 3 und Buch 12, 2. Übers. v. Kurt Weigand. Stuttgart 1965, Reclam

Nonnenmacher, Günther: Der Unterschied von Herstellen und Handeln, in: Frankfurter Allgemeine Zeitung vom 23.02.1985

Osborne, Richard: Philosophie. Eine Bildergeschichte für Einsteiger. Aus dem Englischen von Birger Brinkmeier. München 1996. Fink

Platon: Der Staat. Übers. v. Rudolf Rufener. Zürich und München 1991. Artemis

Pogge, Thomas: Gerechtigkeit in der einen Welt. Essen 2009. Klartext

Rawls, John: Eine Theorie der Gerechtigkeit. Übers. v. Hermann Vetter. Frankfurt am Main 1994 Suhrkamp

Rousseau, Jean-Jacques: Schriften zur Kulturkritik. Hrsg. u. übers. von Kurt Weigand. Hamburg 51995. Meiner

Rousseau, Jean-Jacques: Vom Gesellschaftsvertrag. Hrsg. u. übers. von Hans Brockard. Stuttgart 1977. Reclam

Schulz, Stephan: Zwergenwerfen und der Schutz der Menschenwürde. http://stephan-schulz.suite101.de/zwergenwerfen-und-der-schutz-der-menschenwuerde-a119567#ixzz1leUNf7Mn (Stand: 01.12.2009)

Soul asylum: Without a trace. 1992. Text: David Anthony Pirner. Copyright: LFR Music, WB Music Corp. Neue Welt Musikverlag GmbH, Hamburg

Spinoza, Baruch de: Theologisch-Politischer Traktat. Übers. v. Carl Gebhardt. Werke in drei Bänden, Bd. 2. Hamburg 2006. Meiner

Taylor, Charles: Der Irrtum der negativen Freiheit, in: ders: Negative Freiheit? Zur Kritik des neuzeitlichen Individualismus. Übersetzt von Hermann Kocyba. Frankfurt am Main 1988. Suhrkamp

Uchatius, Wolfgang: Kapitalismus in der Reichtumsfalle, in: DIE ZEIT, Nr. 46 vom 10.11.2011

Verdroß, Alfred: Die naturrechtliche Basis der Rechtsgeltung, in: Recht und Moral. Texte zur Rechtsphilosophie. Hrsg. v. Norbert Hoerster. Stuttgart 1990. Reclam

von der Pfordten, Dietmar: Zur Differenzierung von Recht, Moral und Ethik, in: Hans Jörg Sandkühler (Hg.): Recht und Moral. Hamburg 2010. Meiner

Walzer, Michael: Kritik und Gemeinsinn. Frankfurt am Main 1993. Fischer

Weber, Max: Politik als Beruf, in: ders.: Schriften zur Sozialgeschichte und Politik. Stuttgart 1997. Reclam

Weber, Max: Wirtschaft und Gesellschaft. Grundriss der verstehenden Soziologie. Erster Halbband. Köln, Berlin 1964. Kiepenheuer und Witsch

Wefing, Heinrich: Wir! Sind! Wütend!, in: DIE ZEIT vom 01.03.2012

Weizsäcker, Richard von: Markt und Staat. Ökonomisches Symposium der HU-Berlin, 2006, zitiert nach http://de.wikiquote.org/wiki/Staat (Stand: 01.12.2009)

Methode: Gedankenexperiment

Hofstadter, R. Douglas: TIT FOR TAT. Kann sich in einer Welt voller Egoisten kooperatives Verhalten entwickeln?, in: Spektrum der Wissenschaft – Digest Kooperation und Konkurrenz, Nr. 1 / 1998. Heidelberg. Spektrum-Verlag

Was darf ich hoffen? – Metaphysik

Zeitlichkeit und Endlichkeit

Aristoteles: Metaphysik. Neubearbeitung der Übersetzung von Hermann Bonitz . Gr.-dt. Hamburg 1991. Meiner

Augustinus: Bekenntnisse. 11. Buch, 14./15. Kapitel. Übertragen und eingeleitet von Hermann Hefele. Köln 1958. Eugen Diederichs

Bouvier, Raphael / Jimborean, Ioana: Saaltexte. Ausstellung Max Ernst. 26.5.-8.9.2013. Fondation Beyeler. Riehen/Basel

Brockhaus Philosophie. Ideen, Denker und Begriffe. Hrsg. von der Lexikonredaktion des Verlags. Mannheim 2004. F.A. Brockhaus.

Capelle, Wilhelm (Hg.): Die Vorsokratiker. Stuttgart, 9. Auflage 2008. Kröner

Carnap, Rudolf: Überwindung der Metaphysik durch logische Analyse der Sprache (1931), in: Metaphysik. Hrsg. von Georg Janoska und Frank Kaus. Darmstadt 1977. Wissenschaftliche Buchgesellschaft

Cathcart, Thomas/Klein, Daniel: Platon und Schnabeltier gehen in eine Bar ... Philosophie verstehen durch Witze. Aus dem amerikanischen Englisch von Thomas Pfeiffer und Reinhard Tifert. München 2010. Goldmann

Geach, Peter: Unsterblichkeit der Seele, in: Norbert Hoerster (Hg.): Glaube und Vernunft. Texte zur Religionsphilosophie. Stuttgart 1985. Reclam

Hegel, Georg Wilhelm Friedrich: Enzyklopädie der philosophischen Wissenschaften, in: Werke in zwanzig Bänden. Bd. 9. Redaktion Eva Moldenhauer und Karl Markus Michel. Frankfurt am Main 1970. Suhrkamp

Heidegger, Martin: Kant und das Problem der Metaphysik. 4. Auflage. Frankfurt am Main 1975. Klostermann

Heidegger, Martin: Sein und Zeit. Tübingen 2001. Max Niemeyer Verlag

Heinemann, Fritz: Metaphysik, in: ders. (Hg.): Die Philosophie des XX. Jahrhunderts. Stuttgart 1959. Klett

Heintel, Peter: Hegel. Der letzte universelle Philosoph. Göttingen 1979. Musterschmidt-Verlag

Henrich, Dieter: Bewusstes Leben. Untersuchungen zum

Verhältnis von Subjektivität und Metaphysik. Stuttgart 1999 Reclam

Heraklit, in: Capelle, Wilhelm (Hg.): Die Vorsokratiker. Stuttgart, 9. Auflage 2008. Kröner

Heuser, Harro: Als die Götter lachen lernten. Griechische Denker verändern die Welt. München 1992. Piper

Höffe, Otfried: Aristoteles. München, 4. Auflage 2014. C.H. Beck

Horkheimer, Max: Materialismus und Metaphysik (1933/1968), in: Metaphysik. Hrsg. von Georg Janoska und Frank Kaus. Darmstadt 1977. Wissenschaftliche Buchgesellschaft

Jaspers, Karl: Einführung in die Philosophie. München 1980. Piper

Kant, Immanuel: Kritik der reinen Vernunft. Herausgegeben von Ingeborg Heidemann. Stuttgart 1966. Reclam

Kleist, Heinrich: Der Prinz von Homburg. Sämtliche Werke und Briefe, Bd. 1. München o.J., Hanser

Kutschera, Franz von: Die großen Fragen. Philosophisch-theologische Gedanken. Berlin 2000. de Gruyter

Leibniz, Gottfried Wilhelm: Die in der Vernunft begründeten Prinzipien der Natur und der Gnade, in: Kleinere philosophische Schriften. Herausgegeben und übersetzt von Robert Habs. Leipzig o. J. Reclam jun.

Leibniz, Gottfried Wilhelm: Die Theodizee. Übersetzung von Artur Buchenau. Hamburg 1968. Meiner

Nietzsche, Friedrich: Die Philosophie im tragischen Zeitalter der Griechen, in: Werke in drei Bänden. Bd. III. Hrsg. von Karl Schlechta. 2. Auflage. Darmstadt 1960. Wissenschaftliche Buchgesellschaft

Nietzsche, Friedrich: Menschliches, Allzumenschliches, in: Werke in drei Bänden. Bd. 1. Hrsg. von Karl Schlechta. 2. Auflage. Darmstadt 1960. Wissenschaftliche Buchgesellschaft

Parmenides. in: Capelle, Wilhelm (Hg.): Die Vorsokratiker. Stuttgart, 9. Auflage 2008. Kröner

Platon: Phaidon. Werke Bd. 3. Bearbeitet von Dietrich Kurz. Darmstadt 1990. Wissenschaftliche Buchgesellschaft

Platon: Timaios. Werke Bd. 7. Bearbeitet von Klaus Widdra. Darmstadt 1990. Wissenschaftliche Buchgesellschaft

Popper, Karl R.: Der Zauber Platons, in: Die offene Gesellschaft und ihre Feinde, Bd.1. Übersetzt von Dr. P. K. Feyerabend. 3. Auflage. Bern 1973. Francke

Schopenhauer, Arthur: Parerga II. 2. Band. Zürich 1988. Haffmans

Simon-Schaefer, Roland: Kleine Philosophie für Berenike. Stuttgart 1996. Reclam

Glaube und Vernunft

Anselm von Canterbury: Der ontologische Beweis, in: Hoerster, Norbert (Hg.): Glaube und Vernunft. Texte zur Religionsphilosophie. Stuttgart 1988. Reclam

Aquin, Thomas von: Summa theologiae. I 2, 3 Utrum deus sit. Übersetzt von Maren Saiko, Bamberg

Aquin, Thomas von: Summe gegen die Heiden, in: Klassische Metaphysik. Hrsg. von Uwe Meixner. Freiburg/München 1999. Alber

Baggini, Julian: Das Schwein, das unbedingt gegessen werden möchte. 100 philosophische Gedankenspiele. München 2007. Piper

bild der wissenschaft 7/2005

Büchner, Georg: Dantons Tod. Ein Drama. Stuttgart 1998. Reclam

Demokrit, in: Capelle, Wilhelm (Hg.): Die Vorsokratiker. Stuttgart, 9. Auflage 2008. Kröner

Descartes, René: Meditationen über die Grundlagen der Philosophie. Auf Grund der Ausgaben von Artur Buchenau neu herausgegeben von Lüder Gäbe. Hamburg 1960. Meiner

Edwards, Paul: Unglaube, Pessimismus und Sinn des Lebens, in: Hoerster, Norbert (Hg.): Glaube und Vernunft. Texte zur Religionsphilosophie. Stuttgart 1985. Reclam

Ferry, Luc: Leben lernen: Eine philosophische Gebrauchsanweisung. Aus dem Französischen von Lis Künzli. Verlag Antje Kunstmann. o. J.

Feuerbach, Ludwig: Gott als Projektion des idealen Menschen, in: Hoerster, Norbert (Hg.): Glaube und Vernunft. Texte zur Religionsphilosophie. Stuttgart 1988. Reclam

Freud, Sigmund: Der illusionäre Charakter religiösen Glaubens, in: Hoerster, Norbert (Hg.): Glaube und Vernunft. Texte zur Religionsphilosophie. Stuttgart 1988. Reclam

Heine, Heinrich: Zum Lazarus, in: Werke in zwei Bänden. Ausgewählt und herausgegeben von Martin Greiner. 5. Auflage, Köln/Berlin 1970. Kiepenheuer und Witsch

Hick, John: Verifikationen im Jenseits, in: Hoerster, Norbert (Hg.): Glaube und Vernunft. Texte zur Religionsphilosophie. Stuttgart 1988. Reclam

Hölderlin, Friedrich: Sämtliche Werke. Stuttgarter Hölderlin-Ausgabe. Band I. Hrsg. von Friedrich Beissner. Stuttgart 1943. J.G. Gottasche Buchhandlung

Hoerster, Norbert (Hg.): Glaube und Vernunft. Texte zur Religionsphilosophie. Stuttgart 1988. Reclam

Horkheimer, Max: „Was wir ‚Sinn' nennen, wird verschwinden“: Max Horkheimer im Gespräch mit Georg Wolff und Helmut Gumnior (urspr. in: Der Spiegel, 24. Jg., 05.01.1970, Nr. 1/2, S. 79-84), in: Gesammelte Schriften. Hrsg. v. Alfred Schmidt und Gunzelin Schmid Noerr. Bd. 7: Vorträge und Aufzeichnungen 1949-1973. Frankfurt am Main 1985. Fischer

Huisman, Denis: Philosophie für Einsteiger. Aus dem Französischen von Ludwig Fehlen und Ute Penner. Reinbek bei Hamburg 1984. Rowohlt

Kritias, in: Capelle, Wilhelm (Hg.): Die Vorsokratiker. Stuttgart, 9. Auflage 2008. Kröner

Küng, Hans: Projekt Weltethos. 5. Auflage, München 1993. Piper

Kutschera, Franz von: Die großen Fragen. Philosophisch-theologische Gedanken. Berlin 2000. de Gruyter

Laktanz, in: Hossenfelder, Malte: Antike Glückslehren. Quellen in deutscher Übersetzung mit Einführungen. Stuttgart 1996. Kröner

Leibniz, Gottfried Wilhelm: Die Theodizee. Übersetzung von Artur Buchenau. Hamburg 1968. Meiner

Leibniz, Gottfried Wilhelm: Über den letzten Ursprung der Dinge, in: Kleinere philosophische Schriften. Herausgegeben und übersetzt von Robert Habs. Leipzig o. J. Reclam jun.

Lübbe, Hermann: Religion nach der Aufklärung. Graz/Wien/Köln 1986. Verlag Styria

Mackie, John Leslie: Das Wunder des Theismus. Aus dem Englischen übersetzt von Rudolf Ginters. Stuttgart 1985. Reclam

Nietzsche, Friedrich: Die fröhliche Wissenschaft, in: Werke in drei Bänden. Hrsg. von Karl Schlechta. Darmstadt 1960. Wissenschaftliche Buchgesellschaft

Papineau, David (Hg.): Philosophie. Eine illustrierte Reise durch das Denken. Übersetzt von Nikolaus de Palezieux. Darmstadt 2006. Wissenschaftliche Buchgesellschaft

Pollack, Detlef: Rückkehr des Religiösen? Studien zum religiösen Wandel in Deutschland und Europa II. Tübingen 2009. Mohr Siebeck

Schleiermacher, Friedrich: Über das Wesen der Religion, in: Religionsphilosophie der Neuzeit. Hrsg. von Carl-Friedrich Geyer. Darmstadt 1999. Wissenschaftliche Buchgesellschaft

Schülerduden Philosophie. Mannheim 2009. Bibliographisches Institut & F. A. Brockhaus AG

Spinoza, Baruch de: Die Ethik nach geometrischer Methode dargestellt. Übersetzung von Otto Baensch. Hamburg 1989. Meiner

Xenophanes, in: Capelle, Wilhelm (Hg.): Die Vorsokratiker. Stuttgart, 9. Auflage 2008. Kröner

Wesen und Sinn des Daseins

Augustinus: Bekenntnisse. Übertragen und eingeleitet von Hermann Hefele. Köln 1958. Eugen Diederichs

Beauvoir, Simone de: Das andere Geschlecht. Übersetzt von Uli Aumüller und Grete Osterwald. Hamburg 2009. Rowohlt

Camus, Albert: Der Mythos des Sisyphos. Deutsch und mit einem Nachwort von Vincent von Wroblewsky. Hamburg 1999. Rowohlt

Die Bibel. Einheitsübersetzung der Heiligen Schrift. Gesamtausgabe. Stuttgart 2007. Verlag Katholisches Bibelwerk GmbH

Eagleton, Terry: Der Sinn des Lebens. Übersetzt von Michael Bischoff. Berlin 2010. List

Fromm, Erich: Die Kunst des Liebens, Frankfurt am Main, Berlin, Wien 1980. Ullstein

Heidegger, Martin: Sein und Zeit. Tübingen 2001. Max Niemeyer

Jaspers, Karl: Einführung in die Philosophie. München 1996. Piper

Jaspers, Karl: Von der Weite des Denkens. München 2012. Piper

Kierkegaard, Søren: Der Begriff Angst. Übersetzt von Gisela Perlet. Herausgegeben von Uta Eichler. Stuttgart 2008. Reclam

Kierkegaard, Søren: Die Wiederholung. Übersetzt von Günther Jungbluth. München 2007. dtv

Kierkegaard, Søren: Entweder-Oder. Teil II. Deutsche Übersetzung von Heinrich Fauteck. München 1988. dtv

Levinas, Emmanuel: Die Zeit und der Andere. Übersetzt von Ludwig Wenzler. Hamburg 2003. Felix Meiner

Manegold, Thomas: Morbus Dei. Ketzereien vom Rande des Universums. Berlin 2010. Periplaneta

Nagel, Thomas: Der Tod, in: ders.: Was bedeutet das alles? Stuttgart 1990. Reclam

Nietzsche, Friedrich: Götzen-Dämmerung, in: Werke in drei Bänden. Band III. Hrsg. von Karl Schlechta. Frankfurt am Main, Berlin, Wien 1984. Ullstein

Rilke, Rainer Maria: Duineser Elegien. Die Sonette an Orpheus. Baden-Baden 1991. Insel

Sartre, Jean-Paul: Das Sein und das Nichts. Übersetzt von Hans Schöneberg und Traugott König. Hamburg 1993. Rowohlt

Sartre, Jean-Paul: Der Ekel. Übersetzt von Heinrich Wallfisch. Hamburg 1980. Rowohlt

Sartre, Jean-Paul: Der Existentialismus ist ein Humanismus, in: ders.: Der Existentialismus ist ein Humanismus und andere philosophische Essays. Deutsch von Werner Bökenkamp, Hans Georg Brenner, Margot Fleischer, Traugott König, Günther Scheel, Hans Schöneberg und Vincent von Wroblewsky. Hamburg 2000. Rowohlt

Sartre, Jean-Paul: Zum Existentialismus – Eine Klarstellung, in: ders.: Der Existentialismus ist ein Humanismus und andere philosophische Essays. Deutsch von Werner Bökenkamp, Hans Georg Brenner, Margot Fleischer, Traugott König, Günther Scheel, Hans Schöneberg und Vincent von Wroblewsky. Hamburg 2000. Rowohlt

Schüler-Duden: Politik und Gesellschaft. Mannheim, Wien, Zürich 1979. Duden Verlag

Stirner, Max: Der Einzige und sein Eigentum. Stuttgart 1981. Reclam

The Doors: The end. Text: Densmore, John / Krieger, Robert A. / Manzarek, Raymond d. / Morrison, Jim. Copyright: Doors Music Company. Melodie der Welt J. Michel KG Musikverlag, Frankfurt am Main

Werder, Lutz von: Existenzialismus jetzt! Berlin, Strasburg, Milow 2012. Schibri Verlag

Wittwer, Héctor: Philosophie des Todes. Stuttgart 2009. Reclam

Sinn und Ziel der Geschichte

Aristoteles: Poetik (griechisch/ deutsch). Übersetzt und hrsg. von Manfred Fuhrmann. Stuttgart 1997. Reclam

Benjamin, Walter: Geschichtsphilosophische Thesen, in: ders.: Zur Kritik der Gewalt und andere Aufsätze. Frankfurt am Main 21971. Suhrkamp

Bloch, Ernst: Das Prinzip Hoffnung. Frankfurt am Main 1985. Suhrkamp

Büchner, Georg: Dantons Tod. Ein Drama. Stuttgart 2002. Reclam

Büchner, Georg: Werke und Briefe. Hrsg. von Franz Josef Görtz. Zürich 1988. Diogenes

Conrady, Karl Otto (Hrsg.): Der neue Conrady. Das große deutsche Gedichtbuch. Von den Anfängen bis zur Gegenwart. Düsseldorf und Zürich 2000. Artemis und Winkler

Deschner, Karlheinz: Ärgernisse. Aphorismen. Reinbek bei Hamburg 1994. Rowohlt

Dutschke, Rudi und Günter Gaus: Rudi Dutschke zu Protokoll. Ein Fernsehinterview von Günter Gaus. Hrsg. von Bernward Vesper. Frankfurt am Main 1968. Voltaire Flugschrift 17

Fetscher, Iring: Im Namen des Vaters, in: DIE ZEIT Geschichte Nr. 3/2009

Frisch, Max: Homo faber. Ein Bericht. Mit einem Kommentar von Walter Schmitz. Frankfurt am Main 1998. Suhrkamp

Fukuyama, Francis: Das Ende der Geschichte. Wo stehen wir? Aus dem Amerikanischen von Helmut Dierlamm, Ute Mihr und Karlheinz Dürr. München 1992. Kindler

Geißler, Heiner: Ou Topos. Suche nach dem Ort, den es geben müsste. Köln 52009. Kiepenheuer & Witsch

Gruhl, Herbert: Die Menschheit ist am Ende, in: Der Spiegel 13/1992

Hegel, Georg Wilhelm Friedrich: Vorlesungen über die Philosophie der Geschichte. Stuttgart 2013. Reclam

Hegel, Georg Wilhelm Friedrich: Vorlesungen über die Philosophie der Weltgeschichte. Erste Hälfte, Bd. I: Die Vernunft in der Geschichte. Hrsg. von Johannes Hoffmeister. Hamburg 51955. Meiner

Horkheimer, Max und Theodor Wiesengrund Adorno: Dialektik der Aufklärung. Philosophische Fragmente. Frankfurt am Main 172008. Fischer

Jünger, Ernst: Der Kampf als inneres Erlebnis, in: ders.: Sämtliche Werke. Bd. 7. Stuttgart 1980. Klett-Cotta

Kant, Immanuel: Beantwortung der Frage: Was ist Aufklärung?, in: ders.: Schriften zur Anthropologie, Geschichtsphilosophie, Politik und Pädagogik. Hrsg. von Wilhelm Weischedel. Frankfurt am Main 1977. Suhrkamp

Kant, Immanuel: Idee zu einer allgemeinen Geschichte in weltbürgerlicher Absicht (1784), in: Karl-Heinz Lembeck (Hrsg.): Geschichtsphilosophie. München 2000. Alber

Koselleck, Reinhart: Geschichte, Historie, in: Otto Brunner / Werner Conze / Reinhart Koselleck (Hg.): Geschichtliche Grundbegriffe. Historisches Lexikon zur politisch-sozialen Sprache in Deutschland. Band 2. Stuttgart 1975. Klett

Lyotard, Jean-François: Postmoderne für Kinder. Briefe aus den Jahren 1982-1985. Hrsg. von Peter Engelmann. Aus dem Französischen von Dorothea Schmidt unter Mitarbeit von Christine Pries. Wien 1987. Passagen

Marx, Karl: Manifest der kommunistischen Partei, in: ders.: Kapital und Politik. Frankfurt am Main 2008. Zweitausendeins

Marx, Karl: Zur Kritik der politischen Ökonomie, in: ders.: Kapital und Politik. Frankfurt am Main 2008. Zweitausendeins

Nietzsche, Friedrich: Sämtliche Werke. Kritische Studienausgabe [KSA] in 15 Bänden. Hrsg. von Giorgio Colli und Mazzino Montinari. München 1999. dtv

Polybios: Geschichte. Gesamtausgabe in zwei Bänden. Eingeleitet und übertragen von Hans Drexler. Zürich und Stuttgart 1961. Artemis

Popper, Karl R.: Die offene Gesellschaft und ihre Feinde. Bd. 2: Falsche Propheten: Hegel, Marx und die Folgen. 8., durchges. u. erg. Auflage. Tübingen 2003. Mohr Siebeck

Rohbeck, Johannes: Geschichtsphilosophie. Handwörterbuch der Philosophie. UTB, http://www.philosophie-woerterbuch.de (Stand: 09.04.2013)

Rohbeck, Johannes: Geschichtsphilosophie zur Einführung. Hamburg 2004. Junius

Schaeffler, Richard: Einführung in die Geschichtsphilosophie. Darmstadt 41994. WBG

Schiller, Friedrich: Was heißt und zu welchem Ende studiert man Universalgeschichte? Eine akademische Antrittsrede. Übersetzt von Paul Feyerabend, in: Karl-Heinz Hahn (Hg.): Schillers Werke. Nationalausgabe. Bd. 17. Weimar 1970. Böhlhaus

White, Hayden: Auch Klio dichtet oder die Fiktion des Faktischen. Studien zur Tropologie des historischen Diskurses. Aus dem Amerikanischen von Brigitte Brinkmann-Siepmann und Thomas Siepmann. Stuttgart 1986. Klett-Cotta

Wimmer, Franz M.: Typen und Theorien von Geschichtsphilosophie, in: Mitteilungen des Instituts für Wissenschaft und Kunst. Wien 43/1988, Heft 4

VDI Nachrichten vom 07.02.2003 (B. Genath/wip), hier zitiert nach: www.ingenieur.de/Themen/Architektur/Kleine-Hindernisse-retten-Menschenleben (Stand: 24.08.2013)

Methode: Lektüre einer Ganzschrift

Bloch, Ernst: Abschied von der Utopie? Frankfurt am Main 1980. Suhrkamp

Enzensberger, Hans Magnus: Interview in der „Zeit" vom 20.01.1995

Enzensberger, Hans Magnus: Gangarten. Ein Nachtrag zur Utopie, in: Saage, Richard (Hg.): Hat die politische Utopie eine Zukunft? Darmstadt 1992. Wissenschaftliche Buchgesellschaft

Klaus, Georg / Buhr, Manfred (Hg.): Philosophisches Wörterbuch. Leipzig 1954. Verlag Enzyklopädie

Morus, Thomas: Utopia. Stuttgart 2002. Reclam

Popper, Karl R.: Das Elend des Historizismus. Tübingen 1979. Mohr/Siebeck

Popper, Karl R.: Die offene Gesellschaft und ihre Feinde. Band II. Tübingen 1992. Mohr/Siebeck

Wilde, Oscar: Die Seele des Menschen unter dem Sozialismus, hier zitiert nach Saage, Richard: Utopische Profile. Münster 2002. Lit-Verlag

Methoden-Bausteine

Barsch-Gollnau, Sigune u. a.: Erfolgreich lernen – kompetent handeln. Lehrerband. Bamberg 2006. C.C. Buchner

Biermann, Heinrich / Schurf, Bernd (Hg.): Texte, Themen **und Strukturen. Berlin 2000. Cornelsen**

Engels, Helmut: Schreiben von Essays im Philosophieunterricht – Ein Reader, in: Der Vorstand des Landesverbandes Philosophie in Nordrhein-Westfalen, Dr. Bernd Rolf (Hg.): Philosophieunterricht in Nordrhein-Westfalen. Beiträge und Informationen Nr. 36: Neue Arbeitsformen im Philosophieunterricht. Kevelaer 2001. Selbstverlag

Freese, Hans-Ludwig: Abenteuer im Kopf – Philosophische Gedankenexperimente. Weinheim, Berlin 1995. Quadriga

Gugel, Günther: Methoden-Manual „Neues Lernen" – Tausend Praxisvorschläge für Schule und

Lehrerbildung. Weinheim, Basel 1997. Beltz

Helberger, Christof: Marxismus als Methode. Frankfurt am Main 1974. Fischer Athenäum

Knobloch, Jörg: Referate halten lernen – Inhaltsangabe, Protokoll, Referat, Facharbeit. Lichtenau 1998. AOL Verlag

Langebeck, Klaus: Verfahren der Texterschließung im Philosophieunterricht, in: Zeitschrift für Didaktik der Philosophie 01/1985.

Langner-Geißler, Traute / Lipp, Ulrich: Pinwand, Flipchart und Tafel. Mit den Augen lernen. Band 3. 2. Auflage. Weinheim, Basel 1994. Beltz

Morris, Tom: Philosophie für Dummies. Übersetzung aus dem Amerikanischen von Aref Banakonandeh. Sonderausgabe. Weinheim 2005. Wiley-Vch Verlag

Papineau, David (Hg.): Philosophie. Eine illustrierte Reise durch das Denken. Unter Mitwirkung von Tim Crane, Jesse Prinz, Adam Morton, John Cottingham, Brenda Almond und Jonathan Wolff. Übersetzt von Nikolaus de Palézieux. Darmstadt 2006. Wissenschaftliche Buchgesellschaft

Raupach-Strey, Gisela: Sokratische Didaktik – Die didaktische Bedeutung der Sokratischen Methode in der Tradition von Leonard Nelson und Gustav Heckmann. Frankfurt am Main, 2. Auflage 2012. Dipa-Verlag

Rosenberg, Jay F.: Philosophieren – ein Handbuch für Anfänger. Übersetzt von Brigitte Flickinger. Frankfurt am Main 1986. 6. Auflage 2009. Vittorio Klostermann GmbH

Salmon, Wesley C.: Logik. Übersetzt von Joachim Buhl. Stuttgart 1983. Reclam

Warburton, Nigel: Thinking from A to Z. New York 1996. Routeledge. (Übersetzt von Stefan Maeger)

Wilson, John: Begriffsanalyse. Übersetzt von Karin Guth. Stuttgart 1984. Reclam

Die Beiträge der Seiten „Das ABC der Bilder I" (S. 404f.) und der erste Beitrag der Seite „Das ABC der Bilder II" (S. 406) stammen von Stefan Maeger. Die Beiträge der Seiten „Filmanalyse" (S. 408f.) stammen von Hans-Joachim Vogler. Der zweite Beitrag der Seite „Arbeit mit Texten" (S. 410) stammt von Klaus Draken. Die Beiträge der Seite „Präsentationen" (S. 414) stammen von Volker Herrmann.

Agentur Focus/SPL/Detlev van Ravenswaay, Hamburg – S. 340
akg-images – S. 12, 30, 312, 334, 344
akg-images/Album/Oronoz – S. 74, 98 (2), 361
akg-images/John Hios – Einband
akg-images/Laurent Lecat – S. 106
akg-images/viennaslide – S. 320
Artothek/Blauel/Gnamm, Weilheim – S. 338
Associates Press/Arturo Rodriguez – S. 242
Baaske Cartoons/Thomas Plassmann – S. 167
Beck/www.schneeschnee.de – S. 78
Benjamin Franklin Tercentenary, Philadelphia – S. 162
Bild der Wissenschaft, Zeit ist nur eine Illusion, Nr. 1/2008, S. 89f. – S. 236
Bill, Max, Endlose Treppe © VG Bild-Kunst, Bonn 2014 – S. 387
Bökels Stefan, Hamburg – S. 248
bpk/Félicien Faillet – Inhaltsverzeichnis, S. 202/203
bpk/Nationalgalerie, SMB/Jörg P. Anders – S. 306
Brandt, Sebastian, Das Narrenschiff, Reclam Verlag, Stuttgart 1964, S. 257 – S. 405
Breuer, Martin, Framersheim – S. 175
Carnegie, Dale, Sorge dich nicht – lebe! Scherz Verlag, München 1995 – S. 218
Chirico, Giorgio de, Der große Metaphysiker © VG Bild-Kunst, Bonn 2014 – S. 306
Cinetext Bildarchiv – S. 26, 83, 98 (2), 100 (4), 284,
Cinetext Bildarchiv/X Verleih – S. 292
Cinetext Bildarchiv /20th Century Fox – S. 20
Commonwealth Institute, London – S. 68
CORBIS/Historical Picture Archive – S. 132
CREO, Bamberg – S. 92, 134, 294, 348
Der Spiegel 40/2009 – S. 40
Der Spiegel, Hamburg – S. 178, 270
DPA picture alliance (2): epa Christophe Karaba // akg-images – S. 276
DPA picture alliance (3): EPA/Asahi Shimbun // Joel Robine // epa efe/Antonio Aragon – S. 252
DPA picture alliance (4): Globe ZUMA/g49 // dpa-Fotoreport/Handout/epa HO // dpa-Report/ZPress/Keystone Arthur Grace // Everett Collection/Scott Davis – S. 272
DPA picture alliance/91050/United_Archives/TopFoto – S. 108
DPA picture alliance/AP Images/British Museum/HO – S. 194
DPA picture alliance/Artcolor/Bildarchiv Hansmann – S. 28, 98
DPA picture alliance/dpa-Bildarchiv/Hinze – S. 298
DPA picture alliance/dpa-Fotoreport/A0009-dpa/ Wolfgang Bera – S. 296
DPA picture alliance/dpa-Report/DB Munch-Museum, Oslo – S. 354
DPA picture alliance/dpaweb/Tade Modern – S. 22
DPA picture alliance/Eventpress Herrmann – S. 190
DPA picture alliance/maxppp/Costa Leemage – S. 393
DPA picture alliance/Uli Deck – S. 189
dtv Atlas Philosophie, Deutscher Taschenbuch Verlag GmbH & Co. KG, München 2003, S. 10, 98, 236 – S. 10/11, 36, 55
Du Zhenjun, Romainville, Frankreich – S. 364
Ernst, Max, Naissance d'une galaxie © VG Bild-Kunst, Bonn 2014 – S. 312
Fisk, Adrian, New Delhi – S. 248
Fontana, Lucio, Spatial Concept „Waiting" © Lucio Fontana by SIAE/VG Bild-Kunst, Bonn 2014 – S. 352
Fotolia – S. 266
Fotolia/janaka Dharmasena – S. 60, 98
Galerie Vladimira Rencina – S. 34
Gallerie Beckel-Odille-Boïcos, Paris – S. 256
Getty Images (2): AFP/Carl de Souza // Pascal de Segretain – S. 182
Getty Images (2): Gamma Rapho/A 163 // Bloomberg/Scott Eells – S. 276
Getty images/AFP/Quique Garcia – S. 276
Getty Images/Dr. Clive Bromhall – S. 50
Getty Images/Gunter Ziesler – S. 44
Getty Images/Matheisl – S. 200
Getty Images/Montadori Portfolio/Luca Carrà – S. 352
Getty Images/Photographer's Choice/Dimitry Otis – S. 210
Getty Images/Stocktrek Images; LindenLab, Boston – S. 112
Getty Images/Universal History Archive – S. 186
Getty Images_Athanasios Gioumpasis – S. 372
Goussiou, Billie/www. griechische-kultur.de – S. 70
Groß, Friederike, Karikatur in: Landeszentrale für politische Bildung Baden-Württemberg, Politik und Unterricht 3/4 2005, Stuttgart, S. 10 – S. 224
Grün, Anselm, Das Buch der Lebenskunst, Herder, Freiburg im Breisgau 2002 – S. 218
Grundig, Hans, Opfer des Faschismus © VG Bild-Kunst, Bonn 2014 – S. 334
Gruner + Jahr AG, Hamburg – S. 204
Haitzinger, Horst, München – S. 164
HARRIS, Sidney – S. 66
Hirschhausen, Dr. med., Eckart, Glück kommt selten allein, Rowohlt Verlag, Reinbek 2009 – S. 218
Hoimar von Ditfurth, Der Geist fiel nicht vom Himmel. Die Evolution unseres Bewusstseins. Deutscher Taschenbuch Verlag GmbH & Co. KG, München 1991, S. 239 – S. 42
Huisman, Denis, Philosophie für Einsteiger, rororo, Reinbek bei Hamburg 2004, S. 25, 32 – S. 336, 343
Kahlo, Frida, Die gebrochene Säule © Banco de México Diego Rivera Frida Kahlo Museums Trust, VG Bild-Kunst, Bonn 2014 – S. 22
Kahn, Fritz, Der Mensch als Industriepalast, Plakat als Anlage zu Fritz Kahn, Das Leben des Menschen III (1927) – © U.S. National Library of Medicine, Bethesda – S. 32
Koller, Frühwerke von Anselm Kiefer, Zürich – S. 238
Laif/Fromman, Köln – S. 329
Leemage/ecole-du-regard – S. 22
Lichtenstein, Roy, Self-Portrait © VG Bild-Kunst, Bonn 2014 – S. 22

Liebelt, Wolf, The Language of Film. Fachausdrücke, Interpretationsfragen und Redemittellisten für die Arbeit mit Filmen im Englischunterricht, Niedersächsisches Landesinstitut für Fort- und Weiterbildung im Schulwesen und Medienpädagogik (NLI), Hildesheim 2000 – S. 408
M.C. Escher Company-Holland, NL-Baarn – S. 120
Magritte, René, Das ist kein Apfel © VG Bild-Kunst, Bonn 2014 – S.118
Magritte, René, Das Jenseits © VG Bild-Kunst, Bonn 2014 – S. 344
Magritte, René, Die durchbohrte Zeit © VG Bild-Kunst, Bonn 2014 – Inhaltsverzeichnis, S. 102/103
Magritte, René, Die Liebenden © VG Bild-Kunst, Bonn 2014 – S. 361
Magritte, René, Le chateau des Pyrénées © VG Bild-Kunst, Bonn 2014 – S. 144
Magritte, René, Le Rossignol © VG Bild-Kunst, Bonn 2014 – S. 333
McCloud, Comics richtig lesen, Carlsen Verlag, Hamburg 1994, S. 140 (2) – S. 405, 407
Munch, Edvard, Der Schrei © The Munch Museum/The Munch Ellingsen Group/VG Bild-Kunst, Bonn 2014 – S. 354
Museum of Fine Art, Berlin – Inhaltsverzeichnis, S. 18/19
© NetDoktor.de – S. 84
Oeser, Erhard, Psychozoikum © Paul Paray Verlag, Berlin – S. 56
Osborne, Richard, Philosophie. Eine Bildergeschichte für Einsteiger, Wilhelm Fink Verlag, München 1997, S. 20f., 107, 110, 187 – S. 16, 134, 146, 151, 280
Ottino, J.M., The Mixing of Fluids, Scientific American – S. 174
Paech, J., Didaktik der Massenkommunikation 3, Schülerfernsehen, J.B. Metzlersche Verlagsbuchhandlung und Carl Ernst Poeschel Verlag GmbH, Stuttgart 1977, S. 218 – S. 408f.
Patrick PIEL/Gamma-Rapho/Getty Images – S. 22
Paul Klee Zentrum, Bern – S. 326
© Perscheid/Distr. Bulls – S. 80, 161, 376
Picasso, Pablo, Der Friede © Succession Picasso/VG Bild Kunst, Bonn 2014 – Inhaltsverzeichnis, S. 202/203
Pulte, Prof. Dr. Helmut, Universität Bochum – S. 160
RECLAMS UNIVERAL BIBLIOTHEK Nr. 513, Philipp Reclam jun. GmbH & Co.KG, Stuttgart 2003 – S. 388 S. 202/203
Sajtinac, Borislav, Der Ökofreak © VG Bild-Kunst, Bonn 2014 – S. 250
Sammlung Harry Torczyner, New York – S. 144
Sanderson, Bill, New Scientist vom 13.05.1976, London – S. 52
Seligman, Martin E.P., Der Glücksfaktor, BASTEI LÜBBE Verlagsgruppe Lübbe, Bergisch Gladbach 2003 – S. 218
Sipress, David, 2008 – S. 384
Speth, Frank, norddt. Bildhauer und Maler, Quickborn, www.kunstsam.de – S. 130
Sportin Gallery, BAL Wingfield, London – S. 206
Stangos, N. (Hrsg.), Concepts of modern Art. Thomas and Hudson Ltd., 1994, Abb. 131, London – S. 404
Tennant, Rich, www.the5twave.com; - S. 362
The Bridgeman Art Library/Art Institute of Chicago, IL, USA – Inhaltsverzeichnis, S. 102/103
The Bridgeman Art Library/Christie's Images/Private Collection – S. 118
The Bridgeman Art Library/Giraudon/Privat Collection – S. 333
© The Great Ape Trust – S. 82
Thinkstock/Dorling Kindersley – S. 198
Thinkstock/Hemera/Andrew Doran – S. 279
Thinkstock/iStock/IakovKalinin – S. 300/301
Thinkstock/iStock/wiangya – S. 316
Thinkstock/Photodisc/David Fairfield – S. 153
thinkstock/Zoonar – S. 86
toonpool.com/Josef Schewe – S. 80
Tresckow, Peter von - FAZ für C.C. Buchner – S. 14
Watterson/Distr. Universal Uclick/Distr. Bulls – S. 394, 400, 403 (2)
Watzlawik, Paul, Anleitung zum Unglücklichsein, R. Piper & Co. Verlag, München 1993 – S. 227
Wieland, Tobias - Comics & Illustration, Leipzig – S. 274
Wikimedia – Inhaltsverzeichnis, S. 288, 304/305, 346, 369, 375
Wikimedia (2): Sailko // Micha L. Rieser – S. 186
Wikimedia CC BY-SA 3.0 – S. 62
Wikimedia Commons NASA (2): Apollo Archive/Neil A. Armstrong – S. 104
Wikimedia Commons/Bansky – S. 196
Wikimedia/Art database – S. 318
Wikimedia/C:\Fibbonacci – S. 176
Wikimedia/Fab1/CC-BY-SA 3.0 – S. 358
Wikimedia/Florian Adler – S. 184
Wikimedia/Immanuel Giel – S. 387
Wikimedia/K. Weisser /CC-BY-SA-2.0-DE – S. 382
Wikimedia/Kazimir Malevich 1915, Tretjakow Galerie, Moskau – S. 129
Wikimedia/Lienhard Schulz – S. 158
Wikimedia/NASA/JPL – S. 77
Wikimedia/Peter Brueghel d.Ä. – S. 156
Wikimedia/Ramessos – S. 194
Wikimedia/Takahe – S. 308
Wikimedia/The Yorck Project: 10 000 Meisterwerke der Malerei – S. 324
Wikimedia/United States Department of Defense/Eric Draper/# 030114-O-0000D-001 – S. 275
Wikipaintings – S. 389
Wikipedia – S. 126
Wikipedia/Manfred Bückels – S. 94
Witt, Stefanie, Bamberg – S. 170
www.gerhard.glueck.de – S. 8
YOSHIHARU NUGA/a.collectionRF – S. 198